José-Luis Martín
Carlos Martínez Shaw
Javier Tusell

Historia de España

Dirigida por Javier Tusell

TAURUS

PENSAMIENTO

Grupo Santillana de Ediciones, S. A., 1998
Torrelaguna, 60. 28043 Madrid
Teléfono (91) 744 90 60
Telefax (91) 744 92 24

• Aguilar, Altea, Taurus, Alfaguara S. A.
Beazley 3860. 1437 Buenos Aires
• Aguilar, Altea, Taurus, Alfaguara S. A. de C. V.
Avda. Universidad, 767, Col. del Valle,
México, D.F. C. P. 03100
• Distribuidora y Editora Aguilar, Altea, Taurus, Alfaguara, S. A.
Calle 80, n.º 10-23
Teléfono: 635 12 00
Santafé de Bogotá, Colombia

Diseño de cubierta: Juan Pablo Rada
Fotografía de cubierta: Alfonso Zubiaga
Créditos fotográficos de cubierta: Antonio Moro: *Retrato de Felipe II,* Real Monasterio de El Escorial, © Joseph Martín; Francesco da Ponte Bassano: *Faenas campestres,* Museo del Prado (en depósito en el Museo de Bellas Artes de Sevilla); Pablo Iglesias, foto: Carles, Archivo Santillana; Pintura de Altamira, Archivo Aguilar; Gil de Siloé: *Sepulcro del infante Alfonso* (1490), Cartuja de Miraflores; Antonio María Esquivel: *Juan Prim,* Museo Romántico, Madrid; Ocho escudos de oro, Archivo Aguilar; Joaquín Sorolla: *Alfonso XIII con uniforme de húsar,* Archivo Santillana; Aurelio Arteta: *Pichichi conversando con su novia* (fragmento); Francisco de Goya: *La vendimia* o *El otoño,* Museo del Prado, foto: Francisco Po Egea; Adolfo Suárez, foto: Cover; Felipe González, foto: Efe-José Huesca; José María Aznar, foto: Eric Hadj-Sipa Press.
Mapas: Fernando de Santiago

ISBN: 84-306-0264-X
Dep. Legal: M-15.506-1998
Printed in Spain - Impreso en España

ÍNDICE

INTRODUCCIÓN 15
OTRAS LECTURAS DE HISTORIA DE ESPAÑA 17

PRIMERA PARTE
TIEMPOS PREHISTÓRICOS,
HISPANIA ROMANO-VISIGODA Y EDAD MEDIA
José-Luis Martín

OCUPACIÓN PRIMITIVA DEL TERRITORIO PREHISPÁNICO 25
EL HOMBRE DEL PALEOLÍTICO 25
Las primeras huellas «humanas» 26
El arte paleolítico 28
EL AGRICULTOR NEOLÍTICO 31
Arte levantino y construcciones megalíticas 31
DE LA PIEDRA A LOS METALES 33
Los pueblos ibéricos 34

HISPANIA ROMANO-VISIGODA 37
ROMANIZACIÓN DE HISPANIA 37
La conquista 38
Integración en el mundo romano 41
Hispania al servicio de Roma 43
Los hispanos en el Imperio 45
La crisis del Imperio 46
La sociedad hispanorromana 47
Religión y cultura 49
LA ÉPOCA VISIGODA 51
Los visigodos en Occidente 51
El Reino de Toulouse 52
De Toulouse a Toledo 54
De Leovigildo a Recaredo 55
El triunfo del catolicismo 56

La sucesión al trono ... 57
Fortalecimiento aparente de la monarquía ... 59
Los años finales ... 60
La destrucción del reino ... 63
Sociedad y economía visigoda ... 64
Cultura aristocrática ... 65

LA EDAD MEDIA ... 69
ENTRE ORIENTE Y OCCIDENTE ... 69
Árabes y musulmanes ... 70
El emirato independiente (756-929) ... 71
La adopción del rito malequí ... 72
Revueltas muladíes ... 73
Musulmanes y cristianos ... 75
Las relaciones exteriores de al-Andalus ... 78
Los emires y el mundo cristiano ... 80
Origen de los reinos y condados cristianos ... 82
Covadonga y los orígenes de la Reconquista ... 82
La intervención carolingia ... 84
Los condados catalanes ... 84
El Reino de Pamplona y el condado de Aragón ... 86
El califato cordobés ... 88
Pacificación de la Península ... 89
Defensa de la dinastía y protección del comercio ... 90
Símbolos y organización del califato ... 92
Pensamiento y cultura califal ... 94
La fragmentación de al-Andalus ... 96
Las bases del predominio musulmán ... 98
El imperio de los clérigos leoneses ... 100
La división leonesa ... 100
Castilla independiente ... 101
Navarra y Aragón ... 103
Los condados catalanes ... 105
La sociedad feudal ... 107
Arte y cultura de los reinos cristianos ... 108
VINCULACIÓN A EUROPA ... 110
El mundo islámico ... 111
Taifas y parias ... 111
Almorávides y almohades ... 112
Esplendor literario y científico de las cortes musulmanas ... 113
Traducción y traductores ... 115
Los reinos cristianos de los siglos XI-XII ... 116
Uniones y separaciones castellano-leonesas ... 117
Navarros y aragoneses: entre la unión y la separación ... 121
Cataluña y los inicios de la política ultrapirenaica y mediterránea ... 122

Reyes de Aragón-condes de Barcelona.......... 124
La gran expansión cristiana 126
Los reinos occidentales 126
Problemas internos y expansión aragonesa.......... 127
Navarra «francesa».......... 128
Revueltas nobiliarias y proyección exterior 130
El sueño imperial de Alfonso X 131
De Occitania al Mediterráneo 134
Los monarcas portugueses ante la Iglesia y las Cortes 135
Nazaríes y Escayuelas en Granada 136
Repoblación y organización social 137
Las tierras nuevas.......... 138
La repoblación monástica.......... 139
Efectos sociales de la expansión del siglo XIII 140
Ganaderos y agricultores.......... 142
Artesanos y mercaderes.......... 144
Los dirigentes de la sociedad 145
Defensores y caballeros.......... 146
Los intercesores ante Dios 148
Escuelas catedralicias y universidades 151
Curia y Cortes.......... 151
El Derecho nacional.......... 153
Arte y literatura militar, cortesana y clerical.......... 155
EL TRIUNFO DEL ATLÁNTICO.......... 158
Nobleza y monarquía en Castilla 159
Minorías y hermandades.......... 159
Afianzamiento de la monarquía.......... 161
De los problemas internos a la Guerra de los Cien Años 162
Los Trastámara 163
Proyección peninsular de Fernando de Antequera 166
Isabel y Fernando, reyes de Castilla y de Aragón.......... 169
Portugal atlántico.......... 171
Legitimidad, crisis económica y revuelta.......... 171
La expansión africana.......... 173
Unidad y división de la Corona aragonesa.......... 175
Consecuencias internas de la ocupación de Sicilia.......... 175
De Sicilia a Cerdeña 177
La revuelta anticatalana 180
Política y conflictos sociales 181
Los Trastámara en Aragón 185
Enfrentamientos sociales en Cataluña y en Mallorca 186
El control del monarca.......... 188
Navarra: entre Francia y Castilla 191
Recuperación de la independencia 192
Los Trastámara en Navarra.......... 193

La guerra civil 195
La conquista del reino granadino 196
Arte y literatura 198
Castilla, centro de los dominios de Isabel y Fernando 200

CRONOLOGÍA 203
BIBLIOGRAFÍA 207

SEGUNDA PARTE
LA EDAD MODERNA
Carlos Martínez Shaw

LOS ORÍGENES DE LA ESPAÑA MODERNA (1474-1516) 211
LA UNIDAD TERRITORIAL DE ESPAÑA 211
La unión de Castilla y Aragón 211
La conquista de Granada 213
La anexión de Navarra 215
LOS REINOS HISPÁNICOS A FINES DEL SIGLO XV 215
Cinco millones de habitantes 215
Bazas y carencias de la economía 216
El primer mercantilismo 220
LA SOCIEDAD A FINES DEL SIGLO XV 220
La nobleza, primer grupo dominante 221
El clero, segundo grupo dominante 223
Las clases urbanas 224
La variante aragonesa 225
LA CONSTITUCIÓN DEL ESTADO MODERNO 226
Las bases sociales de la Monarquía 227
Los instrumentos del absolutismo: el ejército y la diplomacia 229
Los instrumentos del absolutismo: la hacienda 230
Los instrumentos del absolutismo: los órganos de gobierno 231
La administración de justicia 233
La unidad religiosa 234
La Inquisición 235
La expulsión de los judíos 237
Los orígenes de la cuestión morisca 238
LA POLÍTICA DE EXPANSIÓN 239
Los caminos de Aragón 239
Los caminos de Castilla 240
El descubrimiento de América 242
Las consecuencias de la política matrimonial 244
LA PRODUCCIÓN CULTURAL: EL OTOÑO DE LA EDAD MEDIA 245
El primer humanismo 246
Del gótico al Renacimiento 247

LA EXPANSIÓN DEL SIGLO XVI 251
La elección imperial de Carlos V y la crisis interna 251
La expansión económica 259
La sociedad española del Renacimiento 264
La consolidación de la sociedad aristocrática 265
La incidencia social del clero 266
Los campesinos 268
Los grupos urbanos 269
La marginación social 270
El gobierno de la Monarquía hispánica 274
El sistema de consejos, secretarios y juntas 275
Las bases financieras 282
Los ejércitos y las armadas 284
La política exterior 286
La expansión ultramarina del Imperio español 291
La primera vuelta al mundo 292
La conquista y explotación del Nuevo Mundo 292
La expansión por otros continentes 295
La cultura del Renacimiento 296
La corriente erasmista 298
El pensamiento teológico y filosófico 299
El pensamiento político 300
El pensamiento económico 301
Las ciencias experimentales 301
La historia 303
La literatura 303
Las artes plásticas 305
La edad de oro de la música española 308

LA DECADENCIA DEL SIGLO XVII 309
La crisis económica 310
La reacción de los privilegiados 314
La crisis política 318
La expulsión de los moriscos 321
El regeneracionismo de Olivares y la crisis constitucional 323
La prolongación de la crisis 328
De la reputación a la resignación 330
La generación pacifista de 1600 330
La defensa de ultramar 334
La cultura del Barroco 337
La vida religiosa 337
La teoría económica del arbitrismo 338
Neoestoicismo y tacitismo político 339
La investigación científica 340

La historia y la erudición . . . 341
Las grandes creaciones literarias . . . 342
La arquitectura cortesana y la arquitectura religiosa . . . 344
La edad de oro de la imaginería española . . . 346
La edad de oro de la pintura española . . . 347
La guitarra y la zarzuela . . . 349

EL REFORMISMO DEL SIGLO XVIII . . . 351
LA GUERRA DE SUCESIÓN . . . 352
EL CRECIMIENTO ECONÓMICO . . . 355
El aumento sostenido de la población . . . 355
Extensión e intensificación agrícola . . . 356
Industria dispersa, fábricas privadas y manufacturas reales . . . 359
«Las Indias y el comercio» . . . 361
LA DEFENSA DE LA SOCIEDAD TRADICIONAL . . . 364
LA CENTRALIZACIÓN ADMINISTRATIVA . . . 368
La Nueva Planta de la Corona de Aragón . . . 369
Los nuevos órganos de gobierno . . . 370
El reforzamiento del regalismo . . . 371
Hacienda, Ejército y Marina . . . 372
Los equipos de gobierno y la política interior . . . 375
LA RESTAURACIÓN DE LA POLÍTICA EXTERIOR . . . 378
EL REFORMISMO EN ULTRAMAR . . . 382
LA CULTURA DE LA ILUSTRACIÓN . . . 384
Los instrumentos de la Ilustración . . . 385
Del mercantilismo tardío a la fisiocracia . . . 387
El debate ideológico . . . 388
La Ilustración cristiana . . . 390
El progreso de las ciencias . . . 391
La producción literaria . . . 393
La creación artística . . . 394
Un siglo aficionado a la música . . . 396
EL FIN DEL ANTIGUO RÉGIMEN . . . 397

CRONOLOGÍA . . . 403
BIBLIOGRAFÍA . . . 407

TERCERA PARTE
EDAD CONTEMPORÁNEA

Javier Tusell

EL FIN DEL ANTIGUO RÉGIMEN: FERNANDO VII . . . 411
La guerra contra los franceses. Afrancesados y patriotas . . . 411
Las alternativas bélicas: las Cortes de Cádiz . . . 415

La primera Restauración 420
El Trienio constitucional. La independencia americana 424
La década absolutista. Hacia la transición 429
La transición hacia el liberalismo (1833-1843) 433
El sistema político del Estatuto Real 433
La guerra carlista, 1833-1840 436
La ruptura liberal: Mendizábal y la constitución de 1837 439
La Desamortización 442
Moderados y progresistas 446
El reinado de Isabel II 453
Los moderados en el poder. La Constitución de 1845 453
La construcción del Estado liberal 456
La práctica del parlamentarismo pretoriano 461
La alternativa progresista: el bienio 1854-1856 464
El liberalismo pragmático de la Unión Liberal 467
Sociedad y cultura en la España liberal 473
Los españoles 473
Clases dirigentes y clases populares 476
La España dual: estancamiento agrario y capital extranjero 481
Industrialización y comunicaciones 484
El Estado y la cultura 487
El sexenio democrático 495
La revolución de 1868. La etapa constituyente 495
La Monarquía democrática (1871-1873) 500
La oposición: Cuba, los federales, los carlistas, el movimiento obrero 503
La República (1873-1874) 508
Entre el cantonalismo y la vuelta al orden 511
La Restauración de 1876 515
Cánovas y su sistema político 516
La dinámica política: el turno. La aceptación exterior 519
Las bases económicas y sociales de la Restauración 523
Al margen del sistema: los movimientos sindicales 528
Tiempos de positivismo y naturalismo 530
El fin de siglo 535
La remodelación liberal de la Restauración 535
La crisis económica y social finisecular 540
La política de los noventa. Del regionalismo cultural al nacionalismo político . . . 543
La guerra de Cuba y sus consecuencias 546
El malestar en la cultura 551
La época regeneracionista: el reinado de Alfonso XIII (1902-1913) . . . 555
Alfonso XIII: los inicios de un reinado 557
Al margen del turno: nacionalistas y republicanos 560
Un regeneracionista en el poder: Maura 563
El regeneracionismo liberal de Canalejas. Clericalismo y catolicismo 567
El desarrollo económico. Los movimientos obreros 570

LA CRISIS DEL PARLAMENTARISMO (1913-1923) 575
España y la I Guerra Mundial 576
La crisis política: 1917 579
La crisis de la posguerra 583
Los gobiernos conservadores: Marruecos 587
España en el plano inclinado hacia la dictadura 589
LA DICTADURA DE PRIMO DE RIVERA 595
La dictadura regeneracionista 597
Marruecos y la política exterior 600
El directorio civil. Política económica y social 603
Intento institucionalizador y crisis del régimen dictatorial 607
España en 1930 611
LA EXPERIENCIA DEMOCRÁTICA REPUBLICANA 615
Las circunstancias de un cambio de régimen 615
El gobierno constitucional y las Constituyentes 619
La época de las grandes reformas 622
Los adversarios del reformismo 631
LA CRISIS DE LA REPÚBLICA 635
Una nueva mayoría 635
Octubre de 1934 y sus consecuencias 641
La crisis del segundo bienio 644
Victoria del Frente Popular. La pendiente hacia la guerra civil 648
El final de la República. La cultura 650
LA GUERRA CIVIL 655
La conspiración y la revolución 656
Las fases de la guerra 660
La guerra civil como acontecimiento internacional 666
Dos ejércitos y dos retaguardias 668
La evolución política de las dos Españas 671
Una derrota y una victoria. Cultura en guerra 673

CRONOLOGÍA 677
BIBLIOGRAFÍA 683

CUARTA PARTE
ÉPOCA ACTUAL

Javier Tusell

INTRODUCCIÓN 687
EL RÉGIMEN DE FRANCO: LA ERA AZUL 689
El general Franco 690
El régimen, una peculiar dictadura 693
Vencedores y vencidos. El Nuevo Estado 696
España ante la II Guerra Mundial 700

Tiempos de autarquía 705
La estabilidad del franquismo (1945-1959) 709
El ostracismo y la presión de la oposición 709
El colaboracionismo católico y la normalización exterior 714
La política en los años cincuenta 716
La economía y el comienzo de la descolonización 720
Cultura y sociedad en la primera posguerra 724
La era del desarrollo 729
El crecimiento económico en los sesenta 729
La modernización de la sociedad española 735
La apertura y el nombramiento de sucesor 737
De la oposición política a la oposición social 741
El cambio en el catolicismo español 745
El tardofranquismo 749
La protesta social. El terrorismo 749
La controversia interna en el régimen 753
Oposición radical y moderada 757
España ante la descolonización y ante Occidente 762
España a la muerte de Franco. La cultura 764
Transición hacia la democracia: la reforma política 769
La peculiaridad de la vía española 770
El gobierno de Arias Navarro 773
Suárez: la reforma política 777
Los problemas de la transición 780
España, dueña de su destino 783
La construcción de la democracia española 789
La Constitución de 1978 y los primeros estatutos de Autonomía 789
Triunfo y caída de Adolfo Suárez. El 23-F 793
El gobierno de Calvo Sotelo 796
La política exterior de la transición 800
Hacia el final de la transición. El cambio cultural 804
El gobierno socialista (1982-1996) 811
Los gobiernos socialistas y la oposición 811
Un modo de consolidación democrática 815
La política económica y sus consecuencias sociales 820
La normalización exterior 823
España al final de la etapa de gobierno socialista 827

CRONOLOGÍA 833
BIBLIOGRAFÍA 837

PROCEDENCIA DE LOS MAPAS 839
ÍNDICE ALFABÉTICO 841

ÍNDICE DE MAPAS

1. Los pueblos indígenas de la Península a partir del siglo III a. C. 35
2. La colonización fenicia y cartaginesa en el Mediterráneo Occidental . 39
3. Las provincias hispanas durante el Bajo Imperio. 41
4. El Emirato de Córdoba 72
5. La Península Ibérica entre 1031 y 1035 117
6. El Mediterráneo Occidental (siglos XIV y XV) 179
7. La Península Ibérica en 1480 213
8. Estados de Carlos V en Europa 253
9. El Imperio Mundial de Felipe II 293
10. De Westfalia (1648) a los Pirineos (1659) 331
11. Paz de Utrecht (1713) 354
12. Inicio de la Guerra 661
13. 1937-1938 664
14. Final de la Guerra. 665

Introducción

Este libro responde a una necesidad sentida a la vez por sus autores y por sus editores: la de disponer de un texto que, en una extensión no desmesurada —menos de mil páginas impresas—, presente una *Introducción* a la Historia de España que resulte, a la vez, un estado de la cuestión, tal como la ven los profesionales de la Historia en la actualidad, esté redactado por especialistas que hayan probado con la investigación previa sus conocimientos y su dedicación a esta ciencia, y pueda estar dirigido a un público lo más amplio posible, no exclusivamente universitario.

La tarea abordada en un libro de las características del presente es quizá la más difícil con la que se enfrenta un historiador. Exige abandonar la propensión a preguntarse una y otra vez acerca del pasado que constituye, al mismo tiempo, su razón de ser y su pasión. Obliga a permanecer en un nivel de sobriedad expositiva que no esté reñida con la amenidad ni con el rigor. Supone una capacidad de síntesis que a veces es trabajosa. Se ha de procurar, en fin, evitar la tentación del ensayismo, es decir de la especulación libre pero sin fundamento serio.

Los autores del presente libro han probado en numerosos trabajos monográficos su dedicación a la investigación en la parcela cronológica que aquí abordan. Tienen una edad parecida, en torno a los cincuenta años, y saben de sobra que cada generación escribe su Historia desde una perspectiva propia que luego podrá ser total o parcialmente superada pero que siempre tiene una vigencia temporal considerable. Son conscientes, además, de que cada generación se enfrenta al pasado insistiendo en determinados aspectos. El conocedor apreciará en este libro, por ejemplo, un mayor interés por la narración como método expositivo, la política, la vida cotidiana o la cultura que aquella que habría caracterizado a otra obra semejante en otro periodo anterior.

Una obra de estas características tiene sobre todo que estar compensada. Los autores pensamos que cumple ese requisito no sólo por la plural dedicación de quienes la han redactado, sino también porque la extensión de cada una de sus partes remite a la óptica del tiempo presente y porque, también desde el punto de vista temático, el énfasis cambia a medida que avanzamos en el tiempo, en el sentido de, por ejemplo, dar mayor importancia a la vida política en la etapa contemporánea.

Los autores confiamos haber cumplido con estas páginas una obligación que ha sido también una tarea muy satisfactoria desde el punto de vista intelectual. Un historiador francés muy conocido ha escrito que al menos una de cada diez páginas escritas por el ser humano desde que se inventó este medio de comunicación ha estado dedicada a la Historia. Cuando nos acercamos al final del siglo XX la pasión por el conocimiento del pasado no sólo no ha disminuido, sino que parece haberse acrecentado. En nuestro propio país problemas de identidad y de pluralismo animan la discusión acerca de ella cuando conmemoramos el centenario del 98. Pero la Historia no sólo permite conocer sino también contribuir a una ética de convivencia y construir el futuro. Animados por estos propósitos hemos escrito las páginas que siguen.

JAVIER TUSELL
Madrid, marzo de 1998

OTRAS LECTURAS DE HISTORIA DE ESPAÑA

En un libro de las características del presente no tiene sentido ofrecer una abundante lista bibliográfica, más propia de una *guía* para un estudiante o un profesor. En cambio resulta imprescindible, al margen de las indicaciones que podrán encontrarse más adelante, relativas a cada una de las etapas cronológicas en que se divide este libro, repasar con brevedad aquellos libros o aquellas colecciones que pueden servir a cualquier lector para ampliar sus conocimientos o para contrastar aquellos que haya recibido como consecuencia de la lectura de estas páginas. Como es lógico tampoco se hará mención aquí a las Historias regionales, ni a aquellas otras de carácter temático, ni a los ensayos históricos que harían larguísima esta relación. Tan solo se va a aludir a aquel tipo de libros que resulte coincidente en los propósitos con el que tiene el autor en las manos.

Son escasos los libros que pretenden encerrar el conjunto de la Historia de España en tan sólo un millar de páginas. Sin duda de entre ellos es preciso hacer mención de la *Historia de España* de Editorial Teide, redactada por quienes han sido maestros de generaciones posteriores de historiadores (Ubieto, Reglá, Jover y Seco) y objeto de una reciente reedición ilustrada. También responde a idénticas características la *Historia de España* editada por Labor, de la que fueron autores Tuñón de Lara, Valdeón y Domínguez Ortiz. Si se quiere una obra de características semejantes con la óptica de un historiador extranjero puede consultarse la editada por Joseph Pérez en París, Fayard, 1996.

Estos libros, escritos por grandes historiadores de otra generación, pueden servir de contraste del presente, pero información más amplia podrá encontrarse, sin duda, en las grandes colecciones históricas que son abundantes aunque, como es lógico, tienen un valor variado que depende principalmente de la fecha de redacción, del autor y del director de la obra.

El primer esfuerzo editorial reciente para agrupar en tan sólo unos cuantos volúmenes el conjunto de la Historia de España fue dirigido por Miguel Artola en su *Historia de España* en siete volúmenes, objeto de una reciente reedición en Alianza Editorial. Posteriores son las llevadas a cabo por la Editorial Rialp bajo la dirección de José Luis Comellas, la de *Historia 16* y la publicada por Editorial Gredos. Editorial Crítica tiene, también, en curso de edición una *Historia de España* dirigida por el hispanista británico John Lynch. Mención especialísima debe hacerse a la *Historia de España,* fundada por Ramón Menéndez Pidal y continuada con la dirección de José María Jover, muy extensa y en la que es posible encontrar, al mismo tiempo, estudios de investigación y también excelentes puestas al día, en especial en los últimos tomos.

PRIMERA PARTE

TIEMPOS PREHISTÓRICOS, HISPANIA ROMANO-VISIGODA Y EDAD MEDIA

José-Luis Martín

Entre las cosas que [los antiguos] hallaron, enseñaron y dejaron a la posteridad figura la escritura, mediante la cual perpetuaron su memoria y el recuerdo de sus descubrimientos... Por esta invención de los primeros hombres, se conocen sus hechos y vida así como la de sus descendientes.

ENRIQUE DE VILLENA, *Arte Cisoria*

La historia se inicia con la aparición sobre la tierra del primer *hombre,* hace aproximadamente quinientos mil años, en cuyo transcurso la invención y difusión de la escritura establece los límites entre lo que llamamos Prehistoria, periodo que conocemos a través del análisis de los restos dejados por el hombre, y la Historia propiamente dicha, etapa en la que nuestra fuente de conocimiento más importante es el escrito. La primera cubre la mayor parte de la presencia del hombre sobre la tierra, pero de ella sólo sabemos lo que, lentamente, van descubriendo las excavaciones arqueológicas; la segunda es apenas un minuto del largo día de la humanidad, iluminado por la luz de la escritura, que nos permite conocer esta parte mínima de nuestra historia, este minuto, cien veces mejor que el largo y oscuro día prehistórico, al que dedicamos la primera parte de nuestro estudio, *Ocupación primitiva del territorio prehispánico.*

En la mayoría de las tierras que hoy forman España, la difusión de la escritura coincide con el momento en el que Roma ocupa la Península, hace poco más de dos mil años, y ésta pasa a ser conocida con el nombre de Hispania. Sus huellas perduran hasta los tiempos actuales, herederos directos y cercanos del periodo romano-visigodo, que se extiende entre los siglos III a. C. y VIII d. C., y estudiamos en el apartado *Hispania romano-visigoda.*

Con la entrada en la Península de los musulmanes procedentes del mundo árabe y del norte de África se inicia un nuevo periodo histórico que conocemos como Edad Media, así llamada por quienes, en los siglos XV-XVI, consideran que entre el resplandor del mundo clásico greco-romano y su época hay una etapa intermedia, una edad oscura, que ha impedido apreciar en todo su valor el modelo romano. Contra esta visión negativa de la Edad Media, conviene recordar que los renacentistas llegan al conocimiento del mundo clásico gracias a los hombres medievales, comenzando por los musulmanes instalados en la Península a partir del año 711, a los que debemos, en estrecha colaboración con los clérigos cristianos y los sabios judíos, la conservación y difusión del saber clásico enriquecido con las aportaciones orientales.

Desde el punto de vista político, la presencia musulmana significa la desaparición de Hispania como unidad y su división en dos sociedades separadas por la religión, vinculada la primera al mundo norteafricano y oriental y la segunda a la Europa heredera de Roma, a la Cristiandad occidental. La primera, el Islam, dominará la Península entre los siglos VIII-XII; la segunda, la Hispania cristiana, se impondrá a los musulmanes a partir del siglo XIII, a pesar de las divisiones y enfrentamientos entre los reinos surgidos tras la desaparición del mundo visigodo, divididos y en guerra constante entre sí y contra los musulmanes, y partidarios, al mismo tiempo, de ciertas formas de unidad que llevan a formar la Corona de Aragón (Reino de Aragón, Principado de Cataluña y reinos de Valencia y Mallorca) y la Corona de Castilla, que engloba las tierras de Asturias y Galicia, León, Castilla y Vasconia, Castilla la Nueva, Extremadura, Murcia, Andalucía y, desde comienzos del siglo XV, las islas Canarias.

No se recupera la unidad de Hispania, pero no faltan los intentos de vincular entre sí los antiguos dominios romano-visigodos mediante acuerdos y alianzas político-matrimoniales que desembocan, tras múltiples tentativas, en el matrimonio de Isabel de Castilla y Fernando de Aragón; Isabel y Fernando no innovan, continúan la política de sus antecesores y respetan las diferencias existentes entre los reinos; no unen pero sí reúnen sus dominios, a los que se añadirá Navarra, siempre discutida entre Aragón y Castilla, e intentan que sus herederos sean al mismo tiempo reyes de Portugal con lo que se reunirían de nuevo los antiguos territorios de Hispania.

Dividimos el estudio de la Edad Media en tres periodos, el primero de los cuales, *Entre Oriente y Occidente,* se extiende entre los siglos VIII-XII: la mayor parte del territorio hispano, vinculado hasta ahora a la cristiandad occidental, se islamiza y orientaliza bajo la dirección de los emires y califas instalados en Córdoba, que mantienen la unidad de al-Andalus, de la Hispania musulmana, y ejercen un cierto control de las tierras del norte, de la Hispania cristiana, hasta los años iniciales del siglo XI. La desaparición del califato da lugar a la división de al-Andalus en una serie de reinos, taifas, tan pronto enfrentados entre sí como unidos, tan pronto aliados o vasallos de los reinos del norte como en guerra con los cristianos, contra los cuales solicitan la ayuda de tribus norteafricanas (almorávides, almohades y benimerines) que terminan imponiéndose a los reyes musulmanes y unificando momentáneamente al-Andalus.

El poder de emires y califas se extiende a todo el territorio peninsular, pero las tierras del norte escapan al control político de Córdoba y sólo en determinadas circunstancias reconocen su dependencia mediante el pago de tributos y el envío a Córdoba de embajadas de sumisión alternadas con ataques militares que sirven para consolidar el poder de los reyes y condes que, considerándose herederos de los visigodos o vinculados al mundo carolingio, sólo aceptan el poder islámico cuando no les es posible enfrentarse a él. Al desaparecer el califato cordobés, reinos y condados amplían considerablemente su territorio y consolidan sus fronteras a costa de los musulmanes y de los reinos próximos, a los que une la religión y separan los intereses fronterizos. Aunque divididos, los cristianos mantienen una mayor cohesión que los musulmanes y mientras éstos crean y destruyen las taifas, los cristianos se agrupan en torno a cuatro grandes unidades políticas: Navarra, Portugal, Aragón y Castilla, cuya expansión hacia el sur —Navarra, sin fronteras con el islam, colabora con Aragón y Castilla— hace que en el siglo XIII el predominio islámico sea sustituido por el de los cristianos, según tendremos ocasión de ver en el capítulo dedicado a la *Vinculación a Europa*.

Granada es el único reino musulmán que sobrevive al siglo XIII, en estrecha alianza y dependencia de Castilla, que acabará ocupando el reino vasallo en 1492, el mismo año en el que naves al servicio de los reyes castellanos creen haber convertido en realidad el viejo sueño de llegar a las Indias a través del Atlántico, sin pasar por el Mediterráneo, dominado por las naves de la Corona de Aragón y de las ciudades italianas y bloqueado en su extremo oriental por la presencia de los turcos, que impiden el activo comercio de las especias y cierran la ruta que ha unido durante siglos China y la India con el mundo occidental. La marcha hacia la India a través del Atlántico se inicia mucho antes, y fruto de esta política es la ocupación de las Azores, Madeira y diversos lugares de la costa africana por los marinos y mercaderes de Portugal al tiempo que tropas y marinos de Castilla se establecen en las islas Canarias, según tendremos ocasión de ver en el apartado que titulamos *El triunfo del Atlántico*.

Ocupación primitiva del territorio prehispánico

En función del material empleado por el hombre para sus primeras herramientas, se ha dividido la Prehistoria en dos edades o periodos: de la Piedra, y de los Metales, dividida la primera en Paleolítico (cuando el hombre se sirve de piedras rudimentariamente talladas) y Neolítico (en el que utiliza piedra pulimentada); entre uno y otro periodo de la Edad de Piedra se sitúa una etapa intermedia conocida como Epipaleolítico o Mesolítico. Los metales utilizados por el hombre primitivo son el cobre, el bronce y el hierro, cada uno de los cuales da nombre a un periodo histórico.

La extensión de cada uno de estos periodos, subdivididos a su vez, varía considerablemente de unas zonas a otras por lo que cualquier clasificación cronológica sólo puede ser aproximada. Limitándonos a la Península, puede aceptarse que el Paleolítico se extiende desde la aparición de las primeras huellas de homínidos, hace algo más de quinientos mil años, hasta el año 10.000 a. C. aproximadamente; se extiende el Neolítico hasta mediados del tercer milenio, en el que aparecen los primeros objetos de cobre, sustituidos por el bronce hacia el año 1800 a. C. El trabajo del hierro está probado en los primeros años del último milenio antes de Cristo, y, tradicionalmente, se sitúa el final de la Prehistoria en el momento en el que se produce (año 218) el desembarco de Escipión en las costas de Ampurias y se inicia la conquista de la Península por Roma, en el momento en el que nace Hispania.

El hombre del Paleolítico

Durante este periodo parece haberse confirmado la lenta y larga transformación de un grupo de primates en homínidos, caracterizados por un aumento considerable de la capacidad craneal y por pasar de cuadrúpedos a bípedos al transformarse en manos sus extremidades anteriores; estas manos cuentan con un pulgar oponible a los demás dedos, lo que permite fabricar herramientas y sostener utensilios de todo tipo con los que domina el medio hostil en que vive y se enfrenta, con éxito, a animales más fuertes, ágiles y veloces que él.

Del homínido primitivo, de alguna de las numerosas ramas del *Australopithecus africanus*, el primer primate inteligente, descendería el género *Homo* al que se han dado nombres que señalan su progreso: *habilis* o *faber,* para indicar su capacidad o habilidad de fabricar utensilios; *erectus,* calificativo con el que se designa al primate que camina sobre sus extremidades posteriores; *sapiens* arcaico, con una capacidad craneal de mil centímetros cúbicos —sus antecesores apenas llegaban a los cuatrocientos—, cuyos restos se fechan entre los quinientos mil y los doscientos mil años; *Homo sapiens neanderthalensis,* cuyos representantes clásicos aparecerían hace cien mil años en el valle de Neander, en las proximidades de Düsseldorf, y tendrían una capacidad craneal próxima a los mil quinientos centímetros cúbicos; y el *Homo sapiens sapiens,* aparecido hace cuarenta mil años y considerado el precedente del hombre moderno, del hombre de Cro-Mañón o cromañón.

Originarios de África, los primeros homínidos llegarían a Asia y Europa siguiendo a las grandes manadas de animales de los que dependía su vida, y su presencia en tierras peninsulares parece atestiguada hace algo más de millón y medio de años en zonas próximas a los abrevaderos a los que acuden los animales de los que se alimentan estos primates evolucionados, cazadores y carroñeros. Los restos *humanos* más antiguos se localizan en Orce (Granada) o Cueva Victoria (Murcia), aunque su número sólo es significativo en la Sierra de Atapuerca (Ibeas de Juarros, Burgos) en la Sima de los Huesos, donde desde 1978 —las excavaciones continúan y acaban de merecer el premio Príncipe de Asturias 1997 a la Investigación Científica y Técnica— se han encontrado cerca de doscientos restos del llamado hombre de Ibeas, representado en esta sima por personas de diferentes edades y sexo, cuya antigüedad se cifra en unos trescientos mil años.

Noventa y cinco mil años antes de nuestra era, el hombre de Neanderthal ocupa toda la zona mediterránea y sesenta mil años más tarde puede hablarse del hombre moderno, del *homo sapiens sapiens,* que habita en cuevas, controla el fuego, fabrica utensilios cada vez más complejos, es capaz de manifestar sus creencias y aspiraciones pintando las paredes de las cavernas, y se preocupa del más allá, según se desprende del cuidado que pone en enterrar a sus muertos, en perpetuar su *existencia* después de la muerte.

Las primeras huellas «humanas»

Los restos del hombre paleolítico llegados hasta nosotros no son numerosos, pero sus cuevas y lugares de caza han conservado un número relativamente importante de utensilios, que van, para el Paleolítico Inferior, desde la simple piedra que sirve para romper los frutos, o los huesos de los animales que le sirven de sustento, hasta el canto rodado al que se da, mediante percusión, el filo cortante que se observa en las bifaces (hachas de mano talladas por dos lados), triedros (especie de picos tallados en tres planos) y hendedores (piedras con filo cortante en un extremo), descubiertas junto a restos de animales en los depósitos fluviales de los ríos (yacimientos de Pinedo en el Tajo, La Maya en el Tormes, San Isidro en el Manzanares, Áridos en el Jarama, Martinete en el Guadiana...), en cuevas como las de Bolomor (Valencia), El Castillo (Cantabria), Cueva Horá (Granada) o las Grajas (Málaga)..., o en yacimientos como los de Torralba y Ambrona en Soria con abundantes restos de elefantes, rinocerontes, caballos, ciervos, bueyes, leones, perros y aves... cuyos huesos parecen haber sido trabajados en forma semejante a la empleada para fabricar las bifaces de piedra, haber sido transformados en utensilios al servicio del hombre para descarnar la caza o extraer el tuétano de los huesos. El homínido que usa estos útiles conoce el fuego y lo utiliza, por ejemplo, para endurecer y transformar los palos en lanzas como las encontradas en Torralba; vive de la cogida de frutos silvestres y, sobre todo, de la caza con la que comparte el nomadismo, aunque aparezcan lugares de residencia como el descubierto en San Quirce del Río Pisuerga, en Palencia.

A la cultura achelense, típica del Paleolítico Inferior, sucede en Europa, durante el Paleolítico Medio, el complejo o la industria musteriense desarrollada por el hombre de Neanderthal y caracterizada por el uso de raederas, puntas, denticulados y cuchillos de dorso rebajado, como los útiles hallados en las cuevas de El Castillo en Cantabria, Lezetxiki en el País Vasco, Peña Miel en La Rioja, L'Arbreda en Gerona, la cueva de los Moros de Gabasa en Huesca, el Covacho de Eudoviges en Teruel, o Carihuela-Carigüela en Granada... por citar algunos ejemplos de estas cuevas repartidas por todas las zonas montañosas de la Península; junto a los útiles hallados en los abrigos montañosos, se han encontrado otros muchos en lugares abiertos en los que se caza o se extrae la materia prima —sílex o cuarcita— para la fabricación de los útiles empleados por este nuevo homínido, nómada como su antecesor, pero dentro de un territorio reducido cuyo centro es la cueva, aunque ésta pueda ser sustituida por otra temporalmente. Los restos humanos de este periodo están representados por la mandíbula de Bañolas en Gerona y el parietal de Cova Negra en Játiva. Se han atribuido al hombre de Neanderthal las primeras manifestaciones de religiosidad, visibles en los enterramientos, pero éstos no existen o no se han encontrado aún en el ámbito mediterráneo.

El precedente del hombre actual, el *homo sapiens sapiens,* el homínido dotado de una inteligencia superior, capaz de representar sus aspiraciones y creencias de forma artística en objetos de uso cotidiano o en las paredes de las cuevas que le sirven de vivienda, aparece hace treinta mil o cuarenta mil años durante el Paleolítico Superior, y su presencia en la Península, desde los comienzos de este periodo hasta el año 10.000 antes de Cristo, es conocida gracias a las excavaciones realizadas en Cueva Morín (Cantabria); Las Caldas y Tito Bustillo (Asturias), Parpalló (Valencia); o Urtiaga (Guipúzcoa)... con restos semejantes a los encontrados en Europa, a los que deben sus nombres los periodos en los que subdividen los prehistoriadores el Paleolítico final o Superior: auriñaciense, solutrense y magdaleniense.

Los yacimientos y los restos en ellos encontrados son mucho más numerosos, lo que se considera prueba de un aumento de la población motivado por una mejora considerable en los útiles de caza, más perfectos y al mismo tiempo especializados en función de los animales contra los que se dirigen las armas; junto a la piedra se utilizan los huesos y astas de los animales, más fáciles de trabajar y no obstante de gran dureza, para la fabricación de útiles que presentan nuevas formas o perfeccionan las existentes: azagayas y arpones en forma de diente, unidos a un mango; buriles, raspadores, punzones y agujas perforadas... que sirven para fabricar armas y, también, vestidos y objetos que no son útiles económica sino socialmente: colgantes formados por huesos de animales o conchas de moluscos que, sin duda, formaban parte del vestido, no conservado, de nuestros antepasados, a los que se enterraba con ofrendas (armas, útiles, alimentos...) que denotan un cierto tipo de creencia, probado, además y sobre todo, por las manifestaciones artísticas dejadas en las paredes de las cuevas que les sirven de refugio estacional o de vivienda permanente.

El arte paleolítico

El hallazgo en 1835 de un hueso grabado con figuras de ciervas en una cueva situada en Chaffaud-à-Sevigné y el descubrimiento, por Marcelino Sanz de Sautuola cuarenta y cuatro años más tarde, de las pinturas de la cueva de Altamira, son las primeras pruebas del cambio cualitativo sufrido por el que ya podemos llamar el primer hombre actual, estudiado, entre otros, por el abate Henry Breuil, Hugo Obermayer, Luis Pericot, Francisco Jordá, o, por citar a prehistoriadores que se han ocupado del arte rupestre en los últimos tiempos, Eduardo Ripoll y Alfonso Moure, cuyos estudios seguimos en estas páginas.

Del arte mueble se han conservado esculturas y grabados realizados en objetos de uso cotidiano (bastones, arpones, azagayas...) y en otros cuyo valor principal es el artístico y lo que esta actividad significa: la expresión de un estado anímico; el artista esculpe o graba sobre marfil, huesos, dientes, astas, piedra o barro, figuras de animales (leones, caballos, elefantes, osos, bisontes y serpientes), de seres humanos como las llamadas venus prehistóricas, sin que falten las representaciones abstractas que van desde la simple línea a la representación esquemática de formas animales; para algunos, la decoración realista se reserva para los objetos de uso prolongado y personal (bastones y espátulas), y la abstracta está presente en objetos de corta duración (azagayas y arpones) que, tal vez, sean significativos de un determinado grupo más que de una persona concreta. Se explicaría así el predominio de determinadas formas en un periodo o en una región concreta como puede ser la cornisa cantábrica durante el magdaleniense.

Para explicar la presencia de las venus, pequeñas esculturas de mujeres en las que se acentúan la obesidad y los órganos sexuales y se abrevian cabeza y extremidades, se ha hablado del papel predominante que en la sociedad paleolítica tiene la mujer, cuya imagen simbolizaría la *gran madre* del grupo social, la protectora de los animales o la diosa de la fecundidad a la que estarían dedicadas cuevas o santuarios femeninos como el localizado en Angles-sur-l'Anglin con bajorrelieves de venus de medio cuerpo y sexo pronunciado. En la Península no se han encontrado venus ni representaciones femeninas pero sí parece haber existido un santuario femenino, el *santuario de las vulvas,* en la cueva de Tito Bustillo en Ribadesella.

El arte plasmado en las paredes se ha conservado en cuevas —pintura fundamentalmente—, y en abrigos abiertos, escultura sobre todo, de la que no se conocen ejemplos en la Península. La pintura se adapta a la forma de las paredes, de las que se utilizan o se retocan los relieves naturales y las hendiduras así como las estalactitas y las estalagmitas para hacer más visible la representación pictórica. Los colores básicos son el negro de manganeso o de carbón y el rojo de ocre o de óxidos de hierro en sus numerosas variantes, y se representan, dibujan o pintan animales (caballos, bisontes, cabras monteses, renos, toros...), seres humanos en escaso número, manos, y signos no figurativos que van desde puntos y palotes o bastoncillos hasta rectángulos con numerosas divisiones internas, en los que se ha querido ver la representación de trampas para la caza de animales, empalizadas para retenerlos, o el símbolo de los techos de las cabañas, de los lugares reservados a los espíritus de los antepasados. Para otros, con Leroi-Gourhan a la cabeza, los distintos signos pueden reducirse a dos grupos que representan, de manera más o menos abstracta, los órganos sexuales masculinos y femeninos, o, como quiere Ripoll, simbolizan en algún caso concreto a los espíritus guardianes de la cueva-santuario, y, siempre, «corresponden a un mundo de ideas y a un fondo mitográfico» —mal conocido debemos añadir— «muy difundido en el espacio y con una larga perduración temporal». El mismo sentido habría que atribuir a las numerosas manos cuya huella dejaron los hombres paleolíticos poniendo sobre la pared las manos manchadas de pintura o derramando la pintura sobre las manos apoyadas en la pared.

La función de santuario que tienen muchas de estas cuevas pintadas se refuerza al observar las figuras humanas. Frente al cuidado que se pone en la figura animal, el ser humano está representado de una forma tosca más propia de un niño que del consumado artista que es el hombre de las cavernas, y en la mayoría de los casos la cara humana no es visible o aparece cubierta por una especie de máscara-representación de animales, rasgos que han llevado a la hipótesis de que el artista «estaba sometido», en frase de Ripoll, «a una poderosa inhibición que le impedía reproducir el ser humano en una forma que lo hiciera inmediatamente reconocible [...] En el origen de estas representaciones se encuentran preocupaciones de origen mágico y religioso que se traducen en el deseo de ocultar la identidad del sujeto, enmascarándolo y haciéndolo partícipe de la forma animal». La tosquedad de la imagen se debería a su carácter mágico y así parece probarlo el naturalismo con el que aparece la figura humana en abrigos abiertos o en las entradas de las cuevas, en lugares que no tienen función o valor mágico.

También se han buscado explicaciones mágicas a las figuras de animales pintadas en las cuevas: en principio se consideró que el animal era un tótem, una representación del antepasado del grupo social; más tarde, se pensó que las pinturas de animales formaban parte de ritos o ceremonias propiciatorias de la caza (se pinta el animal que se quiere cazar), del mismo modo que la presencia de signos sexuales eran la manifestación del rito de la fecundidad, y, dentro de esta corriente, analizando los animales predominantes en las pinturas, se ha llegado a la conclusión de que los animales más representados, el caballo y el bisonte, son símbolos del principio femenino el segundo y del masculino el primero. Para otros, en cambio, el arte paleolítico surge de forma natural cuando el hombre dispone de largos periodos de ocio en los que, sin pretender nada más, talla madera, pule piedras, graba bastones o pinta paredes, de las que interesa analizar el arte por sí mismo tanto o más que su posible significación que, hoy por hoy, desconocemos.

Las manifestaciones del arte mueble se encuentran en toda Europa y llegan hasta Siberia; el arte parietal, la decoración de las cavernas, parece exclusiva de Francia, España y, en menor medida, Italia. El arte mueble peninsular no es muy abundante, pero merece la pena recordar las placas grabadas de la cueva de El Parpalló en Gandía, los omóplatos de ciervos de El Castillo y de Altamira, o las cabezas de animales esculpidas en cuernas de ciervos de Tito Bustillo. Más importante es el arte parietal, que tiene por centro la región pirenaica y cantábrica, en la que se encuentra el noventa por ciento de los yacimientos, algunos tan importantes como los ya citados de Tito Bustillo (con gran número de caballos y renos y un santuario con signos sexuales femeninos, fechados hacia el año 13.000 a. C.) o Altamira, llamada por el abate Breuil la «Capilla Sixtina del Arte Paleolítico». En Altamira pueden verse todavía hoy, a pesar del deterioro provocado por la afluencia de visitantes, 38 bisontes, 10 bóvidos, 26 caballos, 14 cabras, 63 cérvidos, 5 jabalíes, 1 mamut, 1 alce, 1 felino, 1 pez, 1 lobo, 10 figuras inidentificables, 9 figuras humanas, varias manos y cerca de un centenar de signos. La sala más llamativa es la llamada de los polícromos, de las pinturas pintadas en el techo de la cueva entre las que destaca el bisonte con cara humana, de todos conocido.

El pueblo de Puente Viesgo y su monte El Castillo son visita obligada para los prehistoriadores, que allí pueden admirar las pinturas reunidas en las cuevas de El Castillo, situadas en el monte del mismo nombre, con manos, signos diversos y figuras de animales; de La Pasiega, con cerca de doscientas cincuenta representaciones; de Las Monedas, así llamada por las monedas del siglo xvi allí encontradas, en la que pueden verse numerosas siluetas de animales fechadas alrededor del año 10.000 a. C.; y de Las Chimeneas, con siluetas de ciervos de gran realismo.

Otras cuevas cantábricas de interés son las de Santimamiñe en Vizcaya, Ekain y Altxerri en Guipúzcoa en la que sitúan los prehistoriadores «el conjunto de caballos más perfecto de todo el arte cuaternario...»; alejados del Cantábrico pero no menos interesantes son los yacimientos de Los Casares, en Guadalajara; del Parpalló en Valencia, con cerca de cinco mil plaquetas decoradas; Cova Fosca en Alicante; La Pileta o Nerja en Málaga; los santuarios al aire libre de La Griega en Segovia y de Mazouco en Freixo de Espada-a-Cinta (Portugal), lugar próximo a la frontera salmantina... que convierten a la Península en cuna del primer arte de la Humanidad.

El agricultor neolítico

Hacia el año 10.000 antes de Cristo se producen cambios de gran importancia: desaparecen los grandes fríos y, como consecuencia, cambian la flora y la fauna; aumentan las extensiones boscosas, con ellas los frutos y raíces a disposición de los humanos, que cada vez tienen menos necesidad de perseguir a la caza para asegurar su alimentación; los productos del bosque, unidos a los animales que han venido a sustituir al reno, el oso o el mamut, colaboran a reducir el nomadismo de épocas anteriores; el hombre se hace sedentario y, aunque no renuncia a la caza, concede cada vez más importancia al cultivo del campo, a la agricultura, y al mismo tiempo domestica animales como el perro, que le ayuda en las tareas de caza y, sobre todo, en el pastoreo de las ovejas, cabras y vacas que le sirven de alimento y, vacas y bueyes, como medio de transporte y de arrastre. La horda de cazadores comienza a transformarse en comunidad que se organiza para hacer frente a las nuevas realidades y para disponer de los medios necesarios para la obtención y conservación de los alimentos; la piedra servirá ahora para fabricar hoces primitivas, hachas y azuelas capaces de romper la tierra, molinos y morteros para romper y triturar el grano; cereales, carne y leche podrán ser conservadas en las vasijas que el hombre inventa desecando o cociendo el barro en hornos primitivos, de los que sale en un primer momento (cuevas de Montserrat) la cerámica cardial, así llamada por la decoración que se logra con el borde de la concha de un molusco llamado *Cardium edule,* berberecho.

La evolución se da prácticamente en todas partes, pero está más documentada y es más amplia en el Próximo Oriente donde Jericó es una *ciudad* en la que pueden vivir cerca de tres mil personas que practican el cultivo intensivo de trigo, cebada, lentejas y guisantes, hacia el año 8.000 a. C. Los contactos entre los distintos grupos acelerarán la difusión de la nueva cultura bien representada en toda la Península, especialmente en el litoral catalán, valenciano y andaluz.

Arte levantino y construcciones megalíticas

La mejora del clima permite alternar los *poblados* al aire libre con las cuevas, a las que se han atribuido funciones de establo, de almacén y de enterramiento. Los sepulcros, encontrados tanto en las cuevas como al aire libre, están excavados; las fosas, protegidas con lanchas de piedra, han conservado, junto a los huesos, recipientes de cerámica tanto cardial como decorada con punzones o lisa, con formas entre las que destacan por su originalidad los vasos de boca cuadrada; en muchos casos las incisiones se pintan o se rellenan con pintura roja (cerámica a la almagra). Abundan los cuchillos triangulares, las puntas de flecha y las hachas pulimentadas, de materiales de gran dureza como la obsidiana, y es frecuente el hallazgo de molinos de mano, prueba evidente de la dedicación agrícola de estas poblaciones, situadas en muchos casos en las tierras bajas y fértiles de los valles. No faltan los objetos de adorno; cuentas de collar de piedra verde procedentes, en Cataluña, de la mina de variscita descubierta en Gavá: se han podido reconstruir los pozos y galerías de los que podemos considerar los primeros *mineros* de nuestra historia, capaces no sólo de extraer el material sino también de trabajarlo y de difundirlo por una zona relativamente amplia.

En Andalucía siguen habitadas cuevas como la de Carigüela en Granada o la de Nerja en Málaga, en la última de las cuales, además de cerámica y útiles de piedra y hueso, se encontró un almacén o silo de cereal y restos de grano, bellotas y piñones, que, sin duda, formaban parte de la ofrenda hecha a los difuntos. Los yacimientos más importantes de este periodo se encuentran en las actuales provincias de Valencia y Alicante, y a través de los restos conservados puede seguirse la evolución desde las formas de vida cazadora (cuevas de La Cocina o Mallaetes) hasta la agrícola-ganadera claramente visible en las cuevas de la Sarsa y las Cendres, en Valencia, o la cueva del Oro *(L'or)* en Beniarrés, Alicante, donde se han encontrado numerosos restos de ovejas, cabras, cerdos y vacas; cerámica, utensilios de sílex y de hueso, adornos de conchas perforadas; y restos de trigo y de cebada que parece haber sido trillada y, tal vez, tostada.

Si durante el Paleolítico el arte rupestre se concentra en el Cantábrico y los Pirineos y en cuevas, en este periodo las manifestaciones artísticas son especialmente notables en las tierras del interior próximas a la costa mediterránea (actuales provincias de Huesca, Lérida, Teruel, Albacete y Jaén) en abrigos a la luz del día. Se representan escenas de caza o de guerra protagonizadas por hombres (Morella) mientras las mujeres aparecen realizando actividades domésticas (recolección o siega en La Araña o Pajarejo), y de danza o rituales (Cogull y Alpera), lo que ha llevado a considerar sacerdotisas o divinidades a estas mujeres. Los hombres aparecen ataviados con gorros, plumas en la cabeza y adornos en cintura, brazos y piernas, y las mujeres vestidas con largas faldas anudadas en la cintura. Los animales son los que, por los restos hallados, sabemos que cazaba el hombre de esta época: ciervos, toros, jabalíes, cabras..., a diferencia del periodo anterior en el que se pinta el animal que se quiere cazar.

Junto a las pinturas y a los sepulcros en fosa cubiertos con una lancha de piedra, pueden servirnos para conocer al hombre del Neolítico los conjuntos de grandes piedras (megalitos), lugares de enterramiento colectivo que reciben distintos nombres según la disposición de las piezas que lo forman: cista o caja, en su forma más sencilla; dolmen o mesa (cámara formada por grandes piedras clavadas en tierra y cubiertas por una gran losa), a la que puede añadirse una entrada en forma de corredor (sepulcros de corredor), o estar formada por paredes paralelas (galerías cubiertas)... Las formas más antiguas se localizan en Portugal y provincias españolas próximas, y las más evolucionadas (sepulcros de corredor con falsa cúpula, llamados tholos) en Almería. Este tipo de construcciones supone una sociedad evolucionada que respeta y rinde culto a sus antepasados construyéndoles sepulcros que se convierten en lugar de encuentro del grupo y son, al mismo tiempo, referencia o señal diferenciadora de sus tierras frente a las de otras comunidades. Por otra parte, el esfuerzo físico que exigen estas construcciones —en muchos casos las piedras han sido llevadas desde sitios lejanos— habla de una sociedad organizada, capaz de obligar a trabajar y de coordinar el trabajo de sus miembros, y que dispone de un excedente de población que le permite liberar a una parte del trabajo necesario para obtener los recursos alimenticios.

De la piedra a los metales

El dominio del fuego, de sistemas de riego, del abono de los campos y la introducción del arado cambian la vida del hombre de hace dos mil o tres mil años, que refuerza su dominio de la tierra y se organiza en sociedades cada vez más complejas, fuertemente apegadas a un territorio para cuya defensa construye murallas como las descubiertas en el poblado de Los Millares (Almería) o en Vila Nova de São Pedro, en la desembocadura del Tajo. La proximidad al mar de estos y de otros poblados hace pensar en la posibilidad de que los cambios técnicos señalados tengan que ver con la presencia de pueblos procedentes de Oriente o de Europa. Junto a los útiles de piedra y de hueso, en los yacimientos de los años 2200-1800 a. C. se encuentran hachas, punzones, puñales y cuchillos de cobre, y vasos de cerámica en forma de campana invertida (vaso campaniforme) de los que se encuentran ejemplares en toda Europa, prueba evidente de las relaciones existentes entre los hombres del Calcolítico o Edad del Cobre.

El paso del cobre al bronce —aleación de cobre y estaño— está documentado en los poblados de El Argar (Almería) y Cogotas (Ávila) donde el ajuar funerario de las tumbas individuales permite conjeturar la existencia de una sociedad jerarquizada que distingue claramente entre los jefes de la comunidad que se hacen acompañar de piezas metálicas de gran interés técnico y, seguramente, de gran valor social, y aquéllos cuya posición social no les permite incluir ajuar de ningún tipo en el enterramiento. De esta época parecen ser las construcciones ciclópeas de las Baleares, de las que se han conservado algunas *taulas* o mesas y los *talayots* o torres que flanqueaban el recinto amurallado de los lugares de asentamiento. Aparte de las funciones defensivas, los *talayots* parecen haber sido utilizados como lugares de incineración cuando se generaliza la práctica de quemar a los muertos y guardar sus cenizas en vasijas o urnas de cerámica, de acuerdo con la tradición mediterránea o con la práctica introducida por los pueblos célticos de la llamada cultura de los campos de urnas.

Esta cultura está directamente relacionada con la entrada en la Península de grupos procedentes del sur de Alemania en los años iniciales de la Edad del Hierro, que se establecen en la actual Cataluña. Aunque es posible que las comunidades locales hubieran llegado al conocimiento de las técnicas metalúrgicas, no cabe duda de que estos pueblos indoeuropeos aceleraron el proceso e introdujeron nuevas técnicas, como lo harían en el valle del Ebro otros pueblos indoeuropeos, llegados a través de los Pirineos centrales, a los que se atribuye la introducción del arado y el perfeccionamiento de la metalurgia del hierro en la zona que se extiende desde Lérida hasta Navarra. De esta cultura, también llamada hallstáttica por el lugar austriaco de Hallstatt, son características las urnas o vasijas de panza abultada, cuello alto y reborde saliente, decoradas con incisiones en zigzag, en las que se depositan las cenizas junto con las ofrendas de armas, brazaletes y otros objetos personales.

Por mar llegan a las costas gallegas grupos humanos y técnicas que darán lugar, hacia el año 500 a. C., a la cultura castreña, así llamada por habitar sus representantes en poblados fortificados en zonas altas o castros, provistos de una o más murallas con función defensiva. En los castros se han hallado armas y joyas, torques (collares abiertos) similares a los encontrados en el mundo atlántico europeo, y esculturas que parecen estar relacionadas con el mundo de los pastores: cerdos, jabalíes y ovejas, y guerreros con torques en el cuello, puñal y escudo.

Los pueblos ibéricos

A la influencia de estos pueblos europeos, a los que se ha dado el nombre de celtas, se añadirá en las costas mediterráneas y en las atlánticas de Andalucía la presencia de fenicios y griegos procedentes del Mediterráneo oriental. No se trata en este caso de migraciones masivas sino de pequeños grupos de mercaderes que comercian con las poblaciones indígenas y en ocasiones se establecen en lugares aptos para el mantenimiento de relaciones comerciales permanentes, como pueden ser Cádiz, Málaga, Almería o Almuñécar para los fenicios, y Rosas o Ampurias para los griegos. Atraen la presencia de unos y otros las minas de cobre, estaño, oro y plata por los que intercambian tejidos, objetos de adorno, perfumes y, en menor medida, objetos de cerámica que pronto serán imitados en los talleres locales. Los pueblos influidos por los colonizadores griegos y fenicios desarrollan un tipo de cultura que conocemos como ibérica, cuyas manifestaciones más conocidas se encuentran en Andalucía y en el litoral valenciano.

La presencia fenicia estimula las actividades locales y favorece la creación de un mundo cultural claramente diferenciado, el de Tartesos, reino cuyos límites coincidirían con los de la actual Andalucía y cuya capital estaría situada en la desembocadura del Guadalquivir. De su importancia, todavía no suficientemente corroborada por la arqueología, dan idea la mención en la Biblia de barcos procedentes de Tarsis cargados de oro, plata, hierro, estaño y plomo, y las palabras que Heródoto dedica a Tartesos y a su rey Argantonio. El contacto entre fenicios y tartesios se traduce en un aumento de los yacimientos mineros y en la aparición de nuevas técnicas de trabajo de los metales (tesoros de Aliseda y el Carambolo), en la difusión del torno de alfarero, la explotación de las salinas o la salazón de pescado que permite su comercialización en el exterior y da lugar a cambios importantes en la organización

Los pueblos indígenas de la Península a partir del siglo III a.C.

social: aparición de grupos especializados que producen los artículos destinados al comercio, tendencia a concentrarse en núcleos urbanos y creación de una organización política que tiene como objeto el control de los centros mineros y de los caminos que a ellos conducen desde la costa.

Una de las manifestaciones más conocidas de la cultura ibérica son las esculturas en piedra, bronce y tierra cocida, y la pintura sobre cerámica; las esculturas, con un claro sentido religioso, representan figuras humanas (Damas de Elche, de Baza o del Cerro de los Santos) o son representación de animales fantásticos (bicha de Balazote). El gran número de bronces en los santuarios de Sierra Morena (Collado de los Jardines y Castillar de Santisteban) obedece, sin duda, a la existencia de talleres especializados en la fabricación de figuras, entre las que abundan las femeninas en posición de rezo. La escultura en tierra cocida se obtiene, como en el caso del bronce, a partir de moldes originales y los mejores ejemplares proceden del santuario de la Serreta de Alcoy. La pintura se encuentra sobre todo en las vasijas de cerámica, decoradas con motivos geométricos en los casos más simples y con figuras de animales o humanas que pueden formar escenas de caza, de guerra o de baile, acompañadas en ocasiones de inscripciones en idioma ibérico, del que se conocen los signos pero no su significado.

Aunque la influencia de griegos y fenicios se extiende a todo el territorio peninsular, en el centro y norte predominan las influencias indoeuropeas, por lo que ha podido hablarse de iberos en las tierras próximas a la costa mediterránea y de celtas en el interior, con zonas de confluencia habitadas por celtíberos, y se ha definido a los iberos como agricultores sedentarios y a las tribus del interior como nómadas preferentemente ganaderos, dedicación a la que, sin duda, no son ajenas las grandes figuras de toros o de verracos halladas en las actuales provincias de Ávila o Salamanca. Uno de estos pueblos del interior, el vacceo, mantendrá hasta época romana la propiedad comunal de la tierra: cada año se divide la tierra en lotes, se echan suertes y cada familia cultiva la parte que le ha correspondido; la cosecha se recoge en graneros comunes de los que cada vecino saca la parte que necesita. También la organización política sería igualitaria en los primeros momentos, pero con el tiempo la riqueza se concentra en manos de unos pocos que se constituyen en aristocracia y se rodean de clientes que les están sometidos a través de la *devotio:* los clientes están obligados a seguir al jefe, incluso en la muerte, y éste se obliga a protegerlos y facilitarles la manutención y el vestido.

Los textos griegos y romanos, aunque posteriores en muchos casos a la época que estudiamos, permiten por primera vez conocer los nombres de los pueblos peninsulares, nombres que en muchos casos han llegado a nuestros días en forma de gentilicios o como nombres de lugar. La mayor parte de Andalucía está ocupada por los turdetanos o antiguos tartesios; en Almería y Murcia se establecen los bastetanos; los edetanos se extienden desde el litoral valenciano hasta Zaragoza, los ilérgetes tienen su capital en Lérida, y más al norte se disputan el territorio catalán layetanos, ausetanos y ceretanos. Dominan el alto Aragón los jacetanos, y las tierras del País Vasco se dividen entre vascones, bárdulos y caristios. El centro de la Península está en manos de celtíberos, vacceos, vettones y carpetanos; los lusitanos se extienden por las tierras de Portugal, y en Galicia se encuentran los gallegos bracarenses y lucenses, y cierran esta relación, necesariamente incompleta, astures y cántabros.

HISPANIA ROMANO-VISIGODA

Entre fenicios y griegos hay una fuerte rivalidad por el control del Mediterráneo, rivalidad que heredarán Cartago, colonia fenicia en el norte de África, y Roma, convertida en potencia mediterránea desde mediados del siglo IV antes de nuestra era. La Península será uno de los campos de batalla entre Cartago y Roma a partir de la segunda guerra púnica (238-237 a. C.) cuando los generales cartagineses intentan compensar las pérdidas sufridas en la guerra mediante la ocupación de los antiguos enclaves fenicios y cartagineses en la Península, y en su intento chocan con Roma, protectora de las antiguas colonias griegas. La llegada de tropas romanas a la Península el año 218 a. C. es el comienzo de la ocupación de su territorio, de la transformación de Iberia en Hispania, de su integración en el mundo romano y de la unificación-conversión en provincia romana del mosaico de pueblos dibujado en páginas anteriores. La cultura romana y la unidad se mantienen incluso tras la desaparición del Imperio Romano, durante los dos siglos de asentamiento en Hispania del pueblo germano de los visigodos, señores de la Península hasta que los musulmanes, procedentes de Oriente y del norte de África, ponen fin al mundo romano el año 711.

ROMANIZACIÓN DE HISPANIA

La incorporación de la Península al mundo romano es uno de los hechos que marca nuestra historia incluso en los tiempos actuales. Roma no se limita a ocupar el territorio sino que impone su lengua y su derecho, su religión, arte y literatura, su organización social y política a todos los pueblos hispánicos, aunque no en todas partes con la misma profundidad, en función de las resistencias encontradas y de las circunstancias de la ocupación. Romanización equivale durante mucho tiempo a civilización: civilizados son los pueblos romanizados y bárbaros los que no han entrado en contacto con Roma o han resistido su influencia.

La conquista

El límite de las zonas de influencia griega y cartaginesa se sitúa desde mediados del siglo IV a. C. en Mastia (Cartagena): el norte estará reservado a las colonias griegas organizadas en torno a Marsella y protegidas por Roma, y los cartagineses controlarán el sur hasta que la primera guerra entre romanos y cartagineses (264-241 a. C.) modifica la situación: Cartago, además de perder Sicilia y Cerdeña, se ve obligado a pagar grandes cantidades a los vencedores, y busca compensación a estas pérdidas en un mayor protagonismo en la Península; sus generales logran que el área de influencia cartaginesa se extienda hasta el Ebro e intentan convertir en dominio efectivo lo que antes era sólo control del comercio; en sus campañas, Aníbal ocupa Sagunto y lleva sus ejércitos a Italia cuando Roma interviene en favor de su aliado. Puesto que el general cartaginés cuenta con apoyos entre los pueblos hispánicos y de Hispania procede la mayor parte de sus recursos económicos, Roma hace desembarcar sus tropas en Ampurias (218 a. C.) y en pocos años consigue el control de la costa oriental y meridional de la Península, en unos casos de forma pacífica y en otros tras derrotar a los pueblos aliados de los cartagineses, como el de los ilergetes dirigidos por Indíbil y Mandonio.

Desde este momento, la historia peninsular es inseparable de la romana, pero la totalidad del territorio no será conquistada hasta el año 19 a. C., en función de la situación en Roma y de la resistencia ofrecida por los pueblos hispanos. Hispania fue dividida en las provincias Ulterior (la más alejada de Roma) y Citerior separadas por una línea imaginaria que cortaba en diagonal la Península, y al frente de cada una se situó un pretor servido por una legión encargada de mantener el orden en las zonas dominadas y de conseguir la sumisión de los pueblos independientes, en cuya conquista se distinguen normalmente tres fases o épocas: desde el desembarco en Ampurias hasta la toma de Numancia (133 a. C.), Roma mantiene una política agresiva, que se paraliza o se ve dificultada en el segundo periodo, dominado por las guerras civiles en las que participan los pueblos hispanos a favor de uno u otro de los que aspiran a hacerse con el poder en Roma. Augusto llevará a cabo (29-19 a. C.) las últimas campañas de control de los pueblos del norte.

Roma alterna la guerra con la diplomacia, la acción del cónsul M. Porcio Catón, conquistador de numerosas localidades entre los Pirineos y el Ebro cuyos habitantes fueron muertos o vendidos como esclavos (195 a. C.), con la de T. Sempronio Graco, gobernante de la Citerior en los años 180-179 a. C., que recurre a los pactos con los celtíberos para convertirlos en aliados de Roma con la obligación de proporcionar tropas o dinero cuando fuera preciso. El incumplimiento de estos pactos produjo la gran sublevación de celtíberos y vacceos (153-133 a. C.), de cuya resistencia es símbolo Numancia, la última de las ciudades en rendirse. En adelante, vacceos y celtíberos perderán la propiedad de sus tierras, que les serán cedidas por Roma en usufructo a cambio del pago de tributos. Coincidiendo prácticamente con la guerra celtibérica, tiene lugar el ataque a los lusitanos que, dirigidos por Viriato, resis-

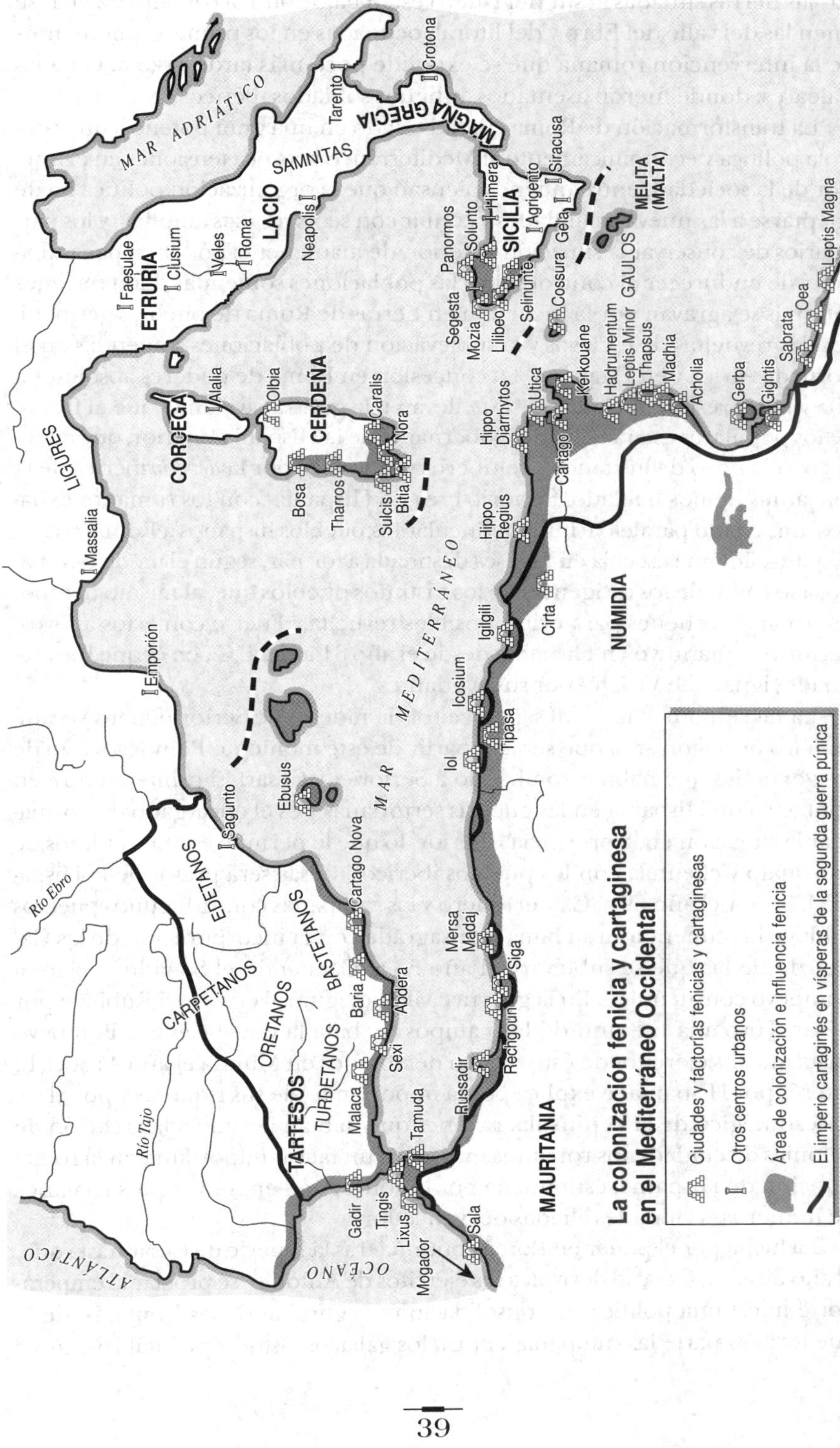
La colonización fenicia y cartaginesa
en el Mediterráneo Occidental
Ciudades y factorías fenicias y cartaginesas
Otros centros urbanos
Área de colonización e influencia fenicia
El imperio cartaginés en vísperas de la segunda guerra púnica
OCÉANO ATLÁNTICO
MAR MEDITERRÁNEO
MAR ADRIÁTICO
Río Tajo
Río Ebro
TARTESOS
TURDETANOS
ORETANOS
CARPETANOS
BASTETANOS
EDETANOS
LIGURES
ETRURIA
LACIO
SAMNITAS
MAGNA GRECIA
CORCEGA
CERDEÑA
SICILIA
MELITA (MALTA)
GAULOS
MAURITANIA
NUMIDIA
Gadir
Malaca
Sexi
Abdera
Baria
Cartago Nova
Sagunto
Ebusus
Emporion
Massalia
Alalia
Olbia
Caralis
Nora
Bitia
Sulcis
Tharros
Bosa
Faesulae
Clusium
Veleis
Roma
Neapolis
Tarento
Crotona
Siracusa
Himera
Agrigento
Gela
Cossura
Selinunte
Lilibeo
Mozia
Segesta
Panormos
Solunto
Mogador
Sala
Lixus
Tingis
Tamuda
Russadir
Rechgoun
Siga
Mersa Madaj
Iol
Tipasa
Icosium
Igilgili
Cirta
Hippo Regius
Cartago
Hippo Diarrhytos
Utica
Kerkouane
Hadrumentum
Leptis Minor
Thapsus
Madhia
Acholia
Gerba
Gightis
Sabrata
Oea
Leptis Magna

tieron a los romanos durante los años 147-139 a. C. Tras estas campañas, todas las tierras situadas al sur del Duero están bajo control romano y a ellas se unen las del valle del Ebro y del litoral, ocupadas en los primeros momentos de la intervención romana que se extiende poco más tarde (123 a. C.) a las Baleares, donde fueron asentados antiguos soldados ibéricos.

La transformación de Roma ciudad-estado en una gran potencia que controla política y económicamente el Mediterráneo provoca tensiones en el interior de la sociedad, entre quienes piensan que la organización política ha de adaptarse a las nuevas realidades y contar con sectores más amplios, y los partidarios de conservar la situación anterior, de mantener el poder en pocas manos y de endurecer el control sobre las poblaciones sometidas. Las tensiones internas se agravan por la incursión en tierras de Roma de pueblos germánicos, las revueltas de esclavos y la sublevación de poblaciones sometidas en el norte de África y en Hispania. La concesión en Roma de poderes absolutos a Sila y la represión iniciada por éste llevan a la guerra civil en la que al frente de los populares estará Sertorio, gobernante de la Hispania Citerior, que cuenta con el apoyo de lusitanos y celtíberos unidos a él por la *devotio* ibérica de la que antes hemos hablado. Sertorio crea en Hispania, con los romanos exilados, un senado paralelo e intenta vincular los pueblos hispanos a Roma, creando para ellos una escuela en Huesca destinada a formar, según el modelo romano, a los hijos de los dirigentes de los distintos pueblos que, al mismo tiempo, servirían de rehenes para evitar posibles revueltas. Fuerte con estos apoyos, Sertorio se mantuvo en Hispania desde el año 81 al 73 a. C., en el que fue asesinado, igual que Viriato, por sus ayudantes.

La tensión interna no desaparece tras la muerte de Sertorio, pero sí cambian los protagonistas, que serán a partir de este momento Pompeyo, uno de los generales que habían combatido a Sertorio, y César. El primero entra en contacto con Hispania en las guerras sertorianas y es el encargado de normalizar la situación en la provincia Citerior, lo que le permite establecer lazos de patronato y clientela con los pueblos ibéricos; César será pretor de la Hispania Ulterior el año 69 a. C., y el dinero y las campañas contra algunos pueblos sublevados cimentarán su fama, consagrada con la incorporación de las Galias, desde las que se sublevará el año 53 a. C. cuando el Senado declare a Pompeyo cónsul único. En la guerra civil que siguió al cruce del Rubicón por César, Hispania fue uno de los campos de batalla entre César y Pompeyo hasta que los ejércitos de éste fueron derrotados en Munda el año 44 a. C. El interés por Hispania se explica por la importancia de sus riquezas y por el valor estratégico de la Península, razones que habían llevado a la creación de colonias de ciudadanos romanos que serán un factor importante en la romanización de Hispania, estimulada por la conversión en municipios romanos de numerosas ciudades aliadas del vencedor.

La lucha por el poder en Roma continúa tras la muerte de César hasta que, el año 30 a. C., Octavio derrota a los ejércitos de Antonio, se proclama emperador e inicia una política de consolidación y seguridad de las fronteras, de la que forman parte las campañas contra los galaicos, astures y cántabros, cuyos

Las provincias hispanas durante el Bajo Imperio

ataques sobre los pueblos sometidos a Roma creaban continuas dificultades; la campaña finaliza el año 19 a. C. con la creación de guarniciones permanentes frente a estos pueblos y la fundación de algunos núcleos urbanos destinados a romanizar a los pueblos conquistados. Junto a la defensa de los pueblos aliados o sometidos a Roma, las campañas de Augusto se explican por la riqueza minera de esta zona en oro, malaquita y minio, a cuya explotación al servicio de Roma fueron obligados los astures.

Integración en el mundo romano

La primitiva división de Hispania en dos provincias deja de ser útil cuando se incorporan nuevos territorios y la Ulterior se dividirá, en época de Augusto, en Bética, con capital en Córdoba, y Lusitania, dirigida desde Mérida, ciudad creada para facilitar las campañas contra galaicos y astures; la capital de la Hispania Citerior es Tarragona y a ella se incorporan las zonas mineras de Galicia y Asturias y las de Sierra Morena, pertenecientes antes a la provincia Ulterior. La Bética es provincia senatorial y la dirige un procónsul representante del Senado, y tanto la Lusitania como la Citerior o Tarraconense tienen rango de provincias imperiales y están dirigidas por un legado del emperador. La clasificación y la atribución de determinados territorios a una u otra de las provincias significa que los ingresos serán administrados por el Senado o por el emperador. La dificultad de administrar justicia desde la capital a todo el territorio lleva a la creación de administraciones más reducidas, los *conventus,* con centro en Tarragona, Cartagena, Zaragoza, Clunia, Astorga, Lugo y Braga en la Tarraconense, Mérida, Santarem y Beja en Lusitania, y Córdoba, Cádiz, Sevilla y Écija en la Bética. Doscientos años más tarde, el emperador Caracalla separó Galicia —capital Braga— de la Tarraconense, y el año 297 Diocleciano agrupó las provincias en diócesis y éstas en pretorios o prefecturas y atribuyó a la diócesis Hispana, de la prefectura de las Galias, seis provincias, añadiendo a las ya citadas la provincia Cartaginense con capital en Cartagena, desgajada de la Tarraconense que queda reducida a Cataluña y el valle del Ebro, y la provincia Mauritania Tingitana, con capital en Tingis, en el norte de África. A finales del siglo IV las islas Baleares, separadas de la Cartaginense, forman la séptima provincia de la diócesis hispana.

La división en provincias y conventos equipara Hispania al resto de las tierras romanas y sirve, además, para romper la organización de los pueblos hispanos. El mismo proceso se da en niveles inferiores: el territorio se divide en *populus* (la traducción actual sería algo parecido a pueblo o poblado), que mantiene la organización indígena y carece de centros urbanos; si adquiere mayor importancia, el pueblo se convierte en *civitas stipendiaria* (sometida al pago de un tributo a Roma), formada, igual que el pueblo, por el núcleo central y el territorio que lo rodea con sus lugares de población. En un nivel superior, mucho más romanizadas, están las *civitates liberae* (libres), el municipio, equivalente a una ciudad italiana y que como éste puede recibir el derecho latino o el romano, y las colonias creadas por y para ciudadanos romanos. A medida que el proceso romanizador avanza, los pueblos se transforman en ciudades y éstas en municipios y en colonias, que ejercen una fuerte influencia sobre las poblaciones indígenas situadas en su territorio. La concesión por Vespasiano, el año 74, del derecho latino a todas las ciudades hispanas supone la transformación de los dirigentes indígenas en ciudadanos romanos de pleno derecho, adelantándose a la decisión de Caracalla (211-217) de otorgar la ciudadanía romana a todos los habitantes del Imperio.

Las ciudades *romanas* están dirigidas por dos magistrados, duunviros, equivalentes a los cónsules de Roma, y por un senado del que forman parte miembros de la aristocracia local. Los duunviros están auxiliados por ediles y cuestores, encargados respectivamente de la policía urbana (conservación y limpieza de calles y edificios, orden público, control de precios, pesos y medidas...) y de la administración de los fondos públicos. El nombramiento de los duunviros es anual, y antes y después de ejercer el cargo están obligados a hacer declaración de bienes. El senado programa las fiestas locales, controla la administración de la ciudad, se ocupa de la defensa del territorio, fija las prestaciones personales que los ciudadanos han de realizar (trabajan gratuitamente de cinco a siete días en las obras públicas), e incluye entre sus competencias el nombramiento de los *sacerdotes,* ministros o funcionarios religiosos, porque en el mundo romano la religión es uno de los soportes de la comunidad.

También en este campo se da un proceso de asimilación, de adaptación o conversión de los dioses locales en los dioses greco-romanos, comenzando por la sustitución de los nombres púnicos, por la transformación de Melkart en Hércules, de Tanit en Juno... Los santuarios indígenas dedicados a las divinidades propiciadoras de la salud, la fertilidad, la protección de los ganados..., pierden importancia a partir de la romanización, y son sustituidos por templos romanos en las ciudades, municipios y colonias, que acuñan monedas dedicadas a Júpiter, Apolo, Marte... y dedican a estos dioses los exvotos antiguamente destinados a las divinidades locales, cuyo culto se mantiene en las ciudades estipendiarias. Durante el Imperio, en todas las ciudades, estipendiarias o romanas, se rendirá culto al emperador. Factor esencial de la romanización y de la unificación de los pueblos hispanos es el latín, el idioma de los conquistadores, que alterna en los primeros tiempos con el ibérico y lo va sustituyendo progresivamente, gracias por ejemplo a la escuela fundada en Huesca por Sertorio, al interés de los nuevos ciudadanos romanos por preparar a sus hijos para la nueva situación, a la integración de hispanos en el ejército romano y a la intensa relación comercial que se establece entre las distintas provincias del Imperio, que se comunican por medio del latín.

Hispania al servicio de Roma

Las ciudades están comunicadas entre sí a través de una red de caminos potenciada y mejorada por Roma, que construye puentes, acondiciona los antiguos caminos y los transforma en calzadas, abre nuevas vías de comunicación y da seguridad a quienes circulan por ellas. Las calzadas relacionan los distintos centros peninsulares y se comunican con las grandes vías que tienen como punto de partida o final la ciudad de Roma, hacia la que se dirigen los productos hispanos y de la que proceden soldados y funcionarios. Las grandes vías son las que comunican Hispania con Italia y con la Galia: la vía Heraclea, que cambia su nombre por el de Augusta, comunica Italia con el valle del Guadalquivir a lo largo de las costas italianas, francesas e hispanas, y la comunicación con la Galia se realiza a través de la calzada que une Burdeos con Astorga pasando por Roncesvalles, Pamplona y Pancorbo y enlaza con la vía de la Plata trazada entre Astorga y Mérida. De cada una de estas calzadas salen ramales que comunican Barcelona con Lérida, Mérida con Huelva o Sevilla, o con Zaragoza, Astorga con Galicia, vía que enlaza con la que une Braga y Lisboa... La red de carreteras se completa con la fluvial (Guadiana, Guadalquivir, Tajo, Duero, Ebro y ríos menores son navegables en una parte importante de su recorrido) y con el acondicionamiento de los puertos mediterráneos: calzadas y ríos facilitan el acceso a las zonas de mayor interés, a las regiones mineras de Galicia, Asturias o Sierra Morena y a los centros agrícolas del valle del Guadalquivir o del interior, y permiten acercar los productos a los grandes puertos que comunican Hispania con Roma mientras el transporte marítimo sea más barato y fácil que el terrestre.

La importancia de los minerales no puede hacer olvidar que Hispania es para los romanos productora de alimentos, que de los valles del Ebro y del Guadalquivir o de la Meseta y de Lusitania procede una parte del trigo y de la cebada llegados a Roma; la Bética produce y envía aceite a Italia en cantidades tales que se atribuye la creación del monte Testacio a la acumulación de los trozos de las ánforas en que era enviada; también es conocido el vino hispano, que compite con el italiano hasta el punto de que el emperador Domiciano prohibirá, el año 92, plantar nuevos viñedos y mandará arrancar parte de los existentes; las salazones de Cádiz y el *garum* de Cartagena, hecho a base de caballa, se exportan desde época púnica y tienen ahora como destino más importante Roma. La relación de artículos exportados incluye el lino y el esparto, lana, caballos, perros de caza, animales salvajes para los juegos, cochinilla de la Bética y de Lusitania para el tinte de las telas... y, sobre todo, minerales.

Una de las justificaciones de la campaña de Augusto contra los galaicos fue, sin duda, la importancia de las minas de estaño y de oro, que se une al extraído desde mucho antes en Sierra Morena; Cartagena debe su importancia a las minas de plata y al plomo que se obtiene en los yacimientos argentíferos, y en Río Tinto se extrae cobre en grandes cantidades; en el norte, en los dominios cántabros, abunda el hierro, y en Almadén el cinabrio o mercurio. La explotación de estas minas la lleva a cabo el Estado directamente por mediación de los censores que auxilian al gobernador o pretor de cada provincia, o indirectamente confiando las minas a sociedades de publicanos formadas por miembros de las clases acomodadas que arriendan en subasta los ingresos del Estado, los bienes públicos (impuestos, minas...), pagan la cantidad acordada y se ocupan de todos los trámites y actividades, contando siempre con la protección de los gobernantes de cada provincia para llevar a cabo la explotación y obtener considerables beneficios.

Una parte del oro, plata y cobre que llega a Roma procede del botín obtenido en el momento de la conquista y de los impuestos, entre los que ocupa el primer lugar el *stipendium*, así llamado por servir para el pago de la soldada o estipendio de los legionarios romanos. El pago de este impuesto, símbolo de sumisión, establece una clara diferencia entre las ciudades hispanas. Al estipendio se añaden aportaciones en especie, entrega de hombres para el ejército o para la explotación de las minas, el pago del quinto de las cosechas y diversos impuestos sobre la circulación de mercancías, sobre los bienes dejados a herederos indirectos o sobre el valor de los esclavos a los que se concede la libertad.

Las ciudades libres o romanas tienen una relativa autonomía a la hora de fijar los impuestos locales, consistentes en prestaciones personales o dinerarias para la realización de determinadas obras, pero no parece que estas aportaciones fueran suficientes, y los textos hablan de *munera* o regalos hechos a la comunidad por las autoridades locales para pagar juegos y fiestas o realizar obras de embellecimiento, o por los particulares que aspiran a convertirse en miembros de la oligarquía local. Son gastos de prestigio que tienen compensación social y económica: permiten acceder al orden ecuestre y arrendar los ingresos públicos. La práctica habitual de estos regalos hace que cuando se produce una grave crisis económica, la ciudad se ve inmediatamente afectada al no haber quien se haga cargo de las magistraturas y de los gastos que éstas suponen.

Los impuestos se pagan normalmente en dinero, y para conseguirlo se obliga o se autoriza a algunas ciudades ibéricas a acuñar moneda de plata y bronce, con leyenda en alfabeto ibérico pero siguiendo el patrón monetario romano, que sustituye a las acuñaciones griegas de Ampurias, las primeras realizadas en Hispania. Con el tiempo, la leyenda en latín sustituye a la ibérica como prueba, una más, del avance de la romanización de la Península, a la que se une el uso cada vez más extendido de monedas acuñadas en Roma y en la Galia durante la época imperial.

Los hispanos en el Imperio

La intensa romanización de la Bética hace posible que el año 40 a. C. uno de sus habitantes, Cornelio Balbo, sea el primer cónsul de Roma nacido en las provincias, y de la Bética procederán el primer emperador provincial, Trajano (98-117) y su sobrino Adriano; o escritores latinos tan importantes como Séneca, su sobrino Lucano, el tratadista de temas agrarios Julio Columela y el geógrafo Pomponio Mela; y en la Tarraconense, en Calahorra y Calatayud, nacieron el orador Quintiliano y el poeta Marcial, que no son casos aislados sino símbolos de una romanización que llevará a Vespasiano a conceder los derechos latinos a todas las ciudades de Hispania hacia el año 73, aunque el momento en que se realizó la concesión —tras una guerra civil por el control del Imperio— induce a pensar que con ella el emperador buscaba el apoyo hispano, facilidades para reclutar legionarios y ayudas para resolver los graves problemas económicos.

El culto al emperador, una de las señas más claras de la aceptación del mundo romano en este periodo, es tempranamente aceptado en Tarragona y en Mérida, donde se erigen altares dedicados a Augusto los años 26 y 15 a. C.; poco más tarde, ciudades, conventos y provincias crean la magistratura de los flámines, encargados de organizar el culto al emperador, al que se dedican obras como el puente de Alcántara, construido el año 106 con las aportaciones de doce municipios.

La paz impuesta por Augusto permite trasladar por innecesarias algunas de las legiones hispanas a la frontera del Rin a partir del año 15 a. C., y durante cerca de dos siglos el Imperio sólo tuvo que hacer frente a una revuelta de los astures en tiempo de Nerón, a los ataques sobre la Bética de grupos procedentes del norte de África los años 171 y 178 y a las guerras civiles provocadas por aspirantes al trono imperial como Sulpicio Galba, gobernador de la Tarraconense, y Otón, gobernador de Lusitania, en los años 68-69, o a las que tuvieron lugar tras el asesinato del emperador Cómodo, el año 192, para decidir dónde radicaba el poder real: en el Senado, en las legiones o en la guardia pretoriana del emperador. Frente a Septimio Severo, elegido por las legiones orientales, el ejército y los senadores de Occidente, los hispanos entre ellos, apoyaron al gobernador de Britania, Clodio Albino, y tras su victoria, Septimio Severo condenó a muerte a algunos senadores hispanos, confiscó sus bienes y los incorporó a su patrimonio personal.

La crisis del Imperio

La guerra entre Septimio Severo y Clodio Albino refleja, además de las luchas por el poder en Roma, los desequilibrios existentes entre las partes oriental y occidental del Imperio, la primera de las cuales, zona enriquecida por el comercio y una fuerte artesanía, produce para la segunda que, desde Roma, absorbe las riquezas de aquél. Las diferencias se agudizarán en el siglo III, cuando las fronteras de aquél sean amenazadas en Occidente por la llegada de los francos y alamanes, y en Oriente por la presión de los godos y del imperio persa. Los ataques de francos y alamanes a las ciudades hispanas a mediados del siglo III obligaron a éstas a rodearse de murallas. Roma no amplía su territorio sino que, por primera vez, tiene problemas para mantener sus fronteras y para garantizar la seguridad de las poblaciones del interior.

Las necesidades militares se traducen en un predominio cada vez mayor del ejército, que dio el poder entre los años 235-284 a cerca de treinta emperadores-soldados, y concentró la parte más importante de sus tropas en la defensa de Oriente, la parte más amenazada y la más rica. En Oriente será proclamado emperador Diocleciano el año 284. A él se debe el nombramiento de un segundo emperador encargado de resolver los problemas de Occidente, y aunque la unidad se mantiene durante casi un siglo, en la práctica Oriente actúa con total independencia, y ésta se formaliza por primera vez el año 364 cuando Valentiniano divide el Imperio con su hermano Valente, y, de forma definitiva, cuando el emperador Teodosio confió Oriente, Bizancio o Constantinopla, al mayor de sus hijos y Occidente, Roma, al segundo, a Honorio (395). El imperio occidental desaparecería bajo la presión de los germanos un siglo más tarde, y el oriental perduraría hasta la segunda mitad del siglo XV.

Durante este periodo, Hispania sigue la suerte de las provincias occidentales, amenazadas por los germanos a mediados del siglo III y, de manera mucho más seria, en los años iniciales del siglo V: el año 409, vándalos, suevos y alanos se asientan en territorio hispánico y Roma tiene que recurrir a otro pueblo germánico, el de los visigodos, para expulsarlos de Hispania o, al menos, alejarlos de los caminos que llevaban a Roma. La escasa resistencia encontrada por los germanos se explica por los problemas internos del Imperio, amenazado por revueltas campesinas y por el resurgimiento de los particularismos de los pueblos del norte, tardía y escasamente romanizados.

Si en el siglo I se retiran legiones romanas de Hispania y se confía su defensa a la *Legio VII Gemina* —a la que debe su nombre León—, Diocleciano tuvo que desplegar sus efectivos a lo largo de la cordillera cantábrica, fortificar el *limes,* la frontera con los pueblos del norte, desde Galicia hasta el País Vasco, cuya semiindependencia se ve reforzada por las agitaciones campesinas contra la excesiva presión fiscal exigida por la economía de guerra del Imperio y contra la autoridad de los propietarios de grandes latifundios. Los enfrentamientos de fines del siglo II facilitaron la primera revuelta, conocida por el nombre de su dirigente, Materno, y la desorganización provocada por las invasiones del siglo V fue aprovechada por grupos de campesinos —bagaudas— para saquear villas y ciudades y crear un ejército capaz de resistir, a veces en alianza con los germanos, a las tropas imperiales y a las de sus federados visigodos hasta el año 454.

La sociedad hispanorromana

En el mundo romano, la primera gran división se establece entre libres y esclavos, susceptibles de derechos los primeros y simple mano de obra al servicio de sus propietarios los segundos. En el interior de cada grupo hay diferencias considerables en función de la riqueza y de la posición social, de la dedicación laboral o del propietario al que pertenecen los esclavos, que pueden ser liberados por su dueño o comprar la libertad y formar parte del grupo intermedio de los libertos.

Los dirigentes de esta sociedad, los más romanizados, forman parte del *ordo* senatorial, al que no se puede pertenecer si no se tiene, al menos, una fortuna de un millón de sextercios. Son ante todo ciudadanos romanos que envían a sus hijos a formarse en Roma y procuran establecerse en la ciudad incluso después de que Trajano pusiera como requisito invertir la tercera parte de la fortuna personal en Italia; su relación con Hispania es prácticamente inexistente salvo que se les destine a alguna de las provincias en el curso de su carrera política. La pertenencia a este grupo es un honor que supone grandes gastos de prestigio, compensados con los ingresos que producen sus tierras, los altos cargos y, a veces, con la exigencia a los súbditos de mayores contribuciones de las debidas, como en los casos del procónsul de la Bética y del legado de la Hispania Citerior, acusados de corrupción en tiempos del emperador Tiberio (14-37). El primer senador hispano, también el primero que llega al Senado desde una de las provincias del Imperio, está documentado, como hemos señalado en páginas anteriores, en el año 40 a. C. Lógicamente, la mayoría de los senadores proceden de la Bética y de las ciudades costeras de la Tarraconense. Su riqueza procede mayoritariamente de la tierra, de la explotación de los grandes latifundios existentes desde época prerromana y mantenidos o ampliados a pesar de que Roma, para poner fin a las revueltas de los pueblos ibéricos y a las bandas de salteadores, procedió a repartos de tierra en diversas ocasiones y dictó normas para evitar la concentración de la tierra.

Aunque algunos miembros de la clase senatorial se dedican a actividades comerciales y financieras (préstamo y arriendo de impuestos), éstas son ejercidas fundamentalmente por miembros de un segundo *ordo,* el de los equites o caballeros, al que se accede a partir de una fortuna de 400.000 sextercios. Los miembros de este grupo, del que se pasa fácilmente al senatorial, inician su *carrera* en el ejército, del que pasan a cargos administrativos imperiales o a puestos de responsabilidad en las ciudades y en los organismos religiosos. Forman la oligarquía local junto con los decuriones, orden al que se accede a partir de los 100.000 sextercios, desde la aristocracia indígena y los ciudadanos romanos instalados en las ciudades hispanas. La fijación del mínimo a partir del cual se puede acceder a los órdenes citados busca garantizar los regalos o *munera* que las autoridades han de hacer, y tiene como consecuencia la reserva de los cargos a un reducido grupo de familias y la existencia de numerosas vacantes en las pequeñas ciudades en las que no es fácil encontrar cada cinco años —no se puede volver a los cargos hasta pasado este plazo— dos duunviros, dos ediles, un cuestor y seis encargados del culto imperial, tres augures y tres pontífices. Imitando a Roma, en las ciudades más importantes se crea un senado o curia de la que forman parte hasta un máximo de cien caballeros y decuriones.

El resto de los libres no privilegiados forman la plebe: artesanos de la ciudad, desocupados que viven de los repartos de víveres hechos por el poder público —*plebs frumentaria*—, campesinos que explotan las parcelas familiares, trabajadores de las minas arrendadas a particulares...; los artesanos se agrupan a veces en *collegia* o asociaciones cuyo fin es la celebración de actividades religiosas y la ayuda mutua entre los miembros de un oficio en las ciudades más importantes de la Bética y de la Tarraconense, donde hay número suficiente de zapateros, pescadores, barqueros. La crisis del siglo III obligó a muchos campesinos libres a buscar la protección de los grandes propietarios, a cederles sus tierras y convertirse en jornaleros o colonos que trabajan la tierra en condiciones no muy distintas a las de los esclavos. A ellos se unirán los artesanos cuando la ciudad sea incapaz de atender sus necesidades.

Muchos de los rebeldes a Roma y de los delincuentes fueron condenados, ellos y sus descendientes, a esclavitud, condición que tendrán los hijos de esclava sea quien sea el padre. Las profesiones que ejercen los esclavos documentados en Hispania son las de mineros, artesanos especializados, trabajadores de la industria de salazón de pescado, campesinos, domésticos, funcionarios de rango menor, que son los que más posibilidades tienen de adquirir la relativa libertad que caracteriza a los libertos, libres desde el punto de vista legal y sometidos a quien les concede la libertad mientras viva el patrono o protector, incluso cuando la libertad es comprada con el peculio reunido por el esclavo: paga y se compromete a ayudar a su antiguo dueño, cuidar de su tumba, atenderle en su vejez... Simples libres y esclavos-libertos tienden a equipararse por la mejora de la situación de los segundos y el empeoramiento de las condiciones de vida de los primeros: mientras campesinos libres y colonos se ven obligados a buscar el patronato de un gran propietario, el Imperio pone límites a los poderes absolutos de los señores, prohíbe dar muerte a los esclavos, reconoce la validez de los matrimonios contraídos por éstos y les permite tener bienes personales, peculio con el que, tal vez, puedan comprar su libertad si antes no se la concede el señor, que nada pierde con la manumisión del esclavo mientras se asegure sus servicios. A fines del Imperio se mantiene la diferencia entre libres y esclavos, pero tanto éstos como los simples libres forman un solo grupo social, el de los *humiliores*, que tanto si trabajan en la ciudad como en el campo dependen de los *honestiores*, grupo que engloba a senadores, caballeros y curiales, y a medida que se desorganiza la vida política y económica del Imperio y se abandonan las ciudades, puede hablarse de dos grandes grupos sociales: los propietarios de la tierra y los colonos o siervos que la cultivan.

En una sociedad mal comunicada, en guerra permanente y en la que la moneda ha desaparecido del circuito comercial por falta de utilidad, la producción se limita a lo necesario para sobrevivir. Sin la existencia de un público comprador, los grandes propietarios no tienen interés en producir más de lo que necesitan, y tampoco están en condiciones de producir excedentes por carecer de la mano de obra necesaria: todos los brazos disponibles deben dedicarse a la agricultura, que normalmente no produce más de dos o tres veces lo sembrado. Simultáneamente al proceso de ruralización e íntimamente unido a él, se produce una regresión en todos los órdenes: se abandonan las vías romanas, desaparecen los talleres artesanos, y la escasa producción no agrícola se realiza en las grandes propiedades para atender a las necesidades del dominio; los sistemas de irrigación caen en desuso; se olvida o se renuncia al trabajo en piedra, y dadas las dificultades que presenta la extracción, transporte y trabajo del hierro, éste se dedica exclusivamente a fines militares, y los útiles de labranza se construyen en madera, con lo que pierden eficacia.

El abandono de las ciudades por la aristocracia romana pone fin a las escuelas urbanas, y la Iglesia se convierte en el depositario único de la cultura que, en adelante, estará al servicio del cristianismo, aunque para ello sea preciso olvidar las obras clásicas o aceptar sólo la parte de ellas que no se opone a la doctrina o sirve para reforzarla. Representante típico de este nuevo planteamiento cultural es Cesáreo de Arles: formado tardíamente en la escuela romana, renunció a este tipo de cultura por considerarla fuente de herejías y escuela de inmoralidades y por creer firmemente que su misión como obispo consistía en extender el cristianismo entre los rústicos carentes de cultura, incapaces de entender a un *romano,* que para hacerse comprender debe ponerse a la altura de los ignorantes, debe renunciar a su cultura o adaptarla al nivel del público que escucha las predicaciones y sermones.

Religión y cultura

Hispania debe a Roma, aparte de su unidad, la difusión del cristianismo, el acercamiento de sus habitantes al mundo cultural y la existencia de una serie de obras públicas que cumplen una misión práctica y son al mismo tiempo manifestación del poder romano.

En una sociedad como la romana, la doctrina cristiana tiene fácil y rápida aceptación y, de la misma forma que Hispania acata las normas y la organización romana o acoge sus ideas religiosas y rinde culto al emperador o a los dioses romanos, desde los primeros momentos las provincias romanizadas aceptan el cristianismo, y la organización imperial servirá de base a la organización eclesiástica cuando el cristianismo sea declarado religión oficial del Imperio por el emperador Teodosio a fines del siglo IV.

Quiere la tradición que evangelizaran Hispania los apóstoles Santiago y Pablo y los llamados varones apostólicos, enviados desde Roma por San Pedro; pero al margen de la fe que cada uno preste a estos relatos, conviene recordar que las primeras referencias a la venida de Santiago son del siglo VI y las menciones de los varones apostólicos no son anteriores al siglo VIII; de Pablo sólo sabemos su intención de pasar por Roma cuando vaya a España, y si realmente llegó a España nada se sabe de su misión. Los primeros testimonios seguros sobre la presencia de cristianos en Hispania aparecen en cartas de Ireneo de Lyón y de Tertuliano, escritas la primera hacia el año 188 contra los herejes que rompen la unidad existente entre todas las iglesias, incluida la de Iberia, y dedicada la segunda (200-206) a defender el universalismo cristiano frente al localismo judío; en ella se recuerda que el cristianismo está implantado en todos los términos de Hispania.

Del año 254 es la carta de Cipriano de Cartago en la que se menciona la persecución del emperador Decio y la actitud de los obispos de Astorga y de Mérida, depuestos por los fieles tras aceptar, para librarse del martirio, un certificado de haber sacrificado a los dioses romanos. El primero recurrió a Roma y el segundo a Cartago, lo que podría indicar el origen africano del cristianismo hispano. A partir de estos años, abundan los relatos sobre mártires de Alcalá de Henares, Barcelona, Córdoba, Gerona, León, Mérida, Tarragona, Toledo, Valencia y Zaragoza, que son comerciantes, soldados, nobles, mujeres y niños, con predominio claro de los humildes. Para el siglo IV podemos hablar no sólo de cristianos sino de una organización eclesiástica relativamente fuerte que reúne a sus obispos en concilios como los de Elvira (a comienzos del siglo), Zaragoza (380) o Toledo (397-400), con asistencia en Zaragoza de doce obispos, de diecinueve en Toledo y de otros tantos, acompañados por veintiséis presbíteros, en Elvira.

Los concilios prueban la extensión del cristianismo por toda la geografía hispana, y la pervivencia entre los cristianos de prácticas paganas como el sacrificio de fieles y sacerdotes a los ídolos después de haber recibido el bautismo, o la costumbre, aceptada por señores y colonos, de ofrecer una parte de las cosechas a los ídolos. El concilio toledano dedica las últimas reuniones a refutar y condenar las teorías de Prisciliano, importantes en sí mismas y, sobre todo, porque sirven de base a movimientos campesinos de protesta. Contra Prisciliano y sus seguidores actuaron unidos el Imperio y la Iglesia, pero la condena de sus doctrinas (Tréveris, 385) no puso fin a la actuación de los priscilianistas, que mantuvieron sus creencias hasta bien entrado el siglo VI, según recuerda el concilio celebrado en Braga el año 561 para condenar «la peste de la herejía de Prisciliano», muy extendida en Galicia entre la población poco romanizada, entre los campesinos.

Hablar de escritores hispanos en este periodo es hablar de *romanos* nacidos en Hispania como Séneca, Lucano, Quintiliano, Marcial, Columela o Pomponio Mela, representantes claros de la cultura romana, como las calzadas, puentes, acueductos, arcos triunfales, anfiteatros, circos y termas construidos de acuerdo con los modelos romanos para *romanos* instalados en Mérida, Salamanca, Segovia, Tarragona o Mérida, ciudades de las que proceden las esculturas, pinturas y mosaicos encontrados en las provincias hispanas del Imperio Romano.

La cristianización se refleja de una manera directa en el arte y en la literatura, en la construcción de basílicas y de iglesias martiriales como la de Marialba, próxima a León, dedicada tal vez a conmemorar el martirio del centurión Marcelo, su mujer y sus hijos; en el campo literario, el cristianismo es una limitación porque no le interesa deleitar sino convencer, no interesa el texto sino su utilización; se deforma así el pensamiento clásico, se incurre en anacronismos constantes, se plagia descaradamente y se hace decir a los textos, a veces, lo contrario de lo que querían expresar pero, a pesar de todos estos problemas, la Iglesia es en los años finales del Imperio la depositaria única de la cultura y la transmisora del saber griego y romano al mundo medieval.

La época visigoda

Provincia del Imperio Occidental, Hispania pasa, entre los siglos v al viii, por las mismas situaciones que el resto de las tierras imperiales; en su suelo se asientan, en el siglo v, tribus germánicas que luchan entre sí y se enfrentan a las tropas imperiales y a los indígenas para formar sus propios reinos, y la Península será escenario, en el siglo vi, de las guerras promovidas desde Bizancio para desalojar a los pueblos germánicos y reconstruir la unidad del Imperio. El fracaso de las campañas de Justiniano significará la ruptura definitiva de la unidad imperial, e Hispania se convierte en un reino independiente con un sistema económico, social y cultural caracterizado por la ruralización de la sociedad y la regresión cultural, cuyos orígenes se sitúan en los años del Bajo Imperio Romano.

Los visigodos en Occidente

Por causas no bien conocidas, los pueblos escandinavos inician en el siglo iii a. C. una lenta migración que los llevará, quinientos años más tarde, hasta las actuales Francia y Alemania en Occidente y, por el este, a través de la costa sur del Báltico, hasta Ucrania y las estepas rusas, desde donde pueblos como el godo caerán sobre las fronteras orientales del Imperio a mediados del siglo iii, en plena época de anarquía militar, lo que facilita el saqueo de numerosas ciudades de Tracia, Grecia y Asia Menor. Rechazados por Diocleciano e instalados entre los Cárpatos, el Don, el Vístula y el mar de Azof, los godos se dividen en visigodos y ostrogodos, y desde el año 332 ambos pueblos adquieren la calidad de federados del Imperio: a cambio de subsidios se comprometen a defender la frontera danubiana y a suministrar contingentes militares al Imperio. Este primer contacto con el mundo romano marcará decisivamente a los godos, que abandonan sus cultos religiosos y aceptan el cristianismo en su versión arriana. A través de la religión llegan a la escritura, y la lengua gótica se convierte en literaria por obra del obispo Ulfila, que traduce a ella el Nuevo Testamento.

Atacados en el año 375 por los hunos procedentes de las estepas asiáticas, los visigodos penetran en el Imperio, donde alternan el saqueo con la prestación de servicios militares hasta que uno de sus reyes, Alarico, nombrado jefe del ejército imperial de Iliria, lleva a su pueblo hasta Italia, cuyas ciudades, Roma incluida, saquea el año 410 mientras el ejército occidental está ocupado en rechazar los ataques de otros pueblos germánicos. El largo peregrinaje finaliza el año 418 al aceptar Valia un tratado por el que Roma, a cambio de que los visigodos colaboren con los ejércitos imperiales, les cede tierras en la región que comprende las ciudades de Burdeos, Agen, Angulema, Saintes, Poitiers, Perigueux y Toulouse. El lugar de asentamiento de estas tropas está cuidadosamente elegido: desde allí podrán defender la frontera del Rin, reducir a los germanos instalados en la Península y hacer frente a los ataques de los vascones y de las bandas de campesinos sublevados contra el orden social. Al tiempo que se halla lo bastante cerca de las zonas de peligro para Roma, Aquitania está lo suficientemente alejada de las costas mediterráneas para evitar que los visigodos puedan interceptar las rutas terrestres o marítimas que unen Italia con el norte de África y con la Península, de las que dependía el avituallamiento de la ciudad imperial.

El Reino de Toulouse

Las primeras intervenciones visigodas al servicio de Roma se dirigirán contra los suevos, vándalos y alanos que, al igual que los visigodos, penetraron en las tierras imperiales empujados por los hunos y buscando tierras donde asentarse: los suevos y la rama asdinga del pueblo vándalo ocupan Galicia, mientras los vándalos silingos se establecen en la Bética y los alanos en la Lusitania y la Cartaginense. Contra ellos enviará Roma al ejército visigodo que, entre los años 416 y 418, aniquila a los alanos y a los silingos. Poco más tarde (429) el resto del pueblo vándalo pasa al norte de África, donde creará un poderoso imperio naval que perdura durante un siglo.

A las órdenes de Aecio, el último gran general romano, los visigodos combaten y derrotan a los hunos de Atila y penetran en la Península para reducir a los bagaudas, bandas de campesinos poco romanizados que se oponen al sistema de la gran propiedad imperante en el mundo romano del Bajo Imperio. Derrotados en numerosas ocasiones, los movimientos resurgen una y otra vez y sus miembros se unen a los invasores germánicos en el saqueo y destrucción de villas y ciudades, por lo que serán considerados en muchos casos simples salteadores; en otras ocasiones, la protesta adopta formas religiosas (priscilianismo), quizá como reacción contra la jerarquía eclesiástica identificada desde el siglo IV con los grupos dominantes. Contra los bagaudas actuaron los ejércitos imperiales visigodos en los años 441 y 443 y contra los suevos combatirá el ejército visigodo hasta conseguir, en el año 456, saquear Braga y Mérida y dar muerte a Rekhiario y a gran número de sus nobles; no se pretende ocupar o destruir el reino suevo sino hacer que se respete la autoridad de Roma y de sus aliados visigodos, cuyo lugar de asentamiento no está en Hispania sino en Galia.

A la muerte de Aecio, los reyes visigodos aspiran a controlar el Imperio Occidental, como tantos otros jefes militares que eligen emperadores a su antojo en las zonas que controlan, y se hacen pagar sus servicios con la entrega de ciudades y tierras. Eurico (466-484) sigue la política de intervención en las luchas civiles del Imperio y aprovecha la anarquía y la necesidad de ayuda militar de los candidatos para extender sus dominios a Provenza y la zona sur de los Pirineos. Al desaparecer el Imperio de Occidente, en el año 476, los visigodos dominan las vertientes norte y sur de los Pirineos, desde el Atlántico hasta el Mediterráneo en el norte y desde las costas catalanas hasta las tierras gallegas controladas por los suevos. El resto de la Península no reconoce a ningún poder: en el interior resurgen las divisiones tribales, y en el litoral y zonas de intensa romanización los grandes propietarios gobiernan sus dominios con absoluta independencia mediante la ayuda de grupos armados; las ciudades son regidas por los obispos que, en muchos casos, han logrado reunir en sus manos los poderes civiles, militares y eclesiásticos.

General victorioso y primer rey *independiente,* Eurico es también un hombre de Estado al que se debe el primer cuerpo legal visigodo, el llamado Código de Eurico: el nacimiento del reino visigodo debía acompañarse necesariamente de un derecho propio aplicable a todo el reino, a los visigodos y a los romanos, a los soldados y a los obispos, uno de los cuales, León de Narbona, parece haber sido el redactor del Código hacia los años 475-477, es decir, en los momentos de desaparición del Imperio. Se completa la labor legislativa en tiempos de Alarico II (484-507), al que se atribuye la redacción del código que lleva su nombre, promulgado en el año 506 tras haber sido aprobado por una asamblea de obispos y magnates.

Alarico fue incapaz de mantener los dominios heredados de su padre y sucumbió ante los ataques del franco Clodoveo. La derrota de Vouillé (507) significa el fin del reino tolosano, que se extendía desde el Atlántico al Mediterráneo en las Galias y se prolongaba en Hispania por la Tarraconense. Mantener la autoridad y el control en tan amplio territorio con una población visigoda que no debió de ser superior a las cien mil personas, incluyendo mujeres y niños, era imposible si tenemos en cuenta que una parte de esta población, al asentarse, había abandonado las costumbres guerreras para dedicarse a la agricultura. Sólo las buenas relaciones con la población indígena habrían permitido mantener el reino, y éstas se deterioraron pronto, quizá, como se indica en algunos textos, debido a la diferencia religiosa entre los visigodos y los galorromanos, que contaron con la ayuda del recién convertido Clodoveo, que ocupó Toulouse mientras el burgundio Gondebaldo se apoderaba de Narbona. El grupo más importante del ejército visigodo resistió los ataques francos en Carcasona hasta la llegada de refuerzos enviados desde Italia por el ostrogodo Teodorico, cuyas tropas permitieron a los visigodos mantener en sus manos Provenza, es decir, las rutas de comunicación entre la Península e Italia.

De Toulouse a Toledo

La intervención del ostrogodo Teodorico permitió a los visigodos sobrevivir como pueblo a cambio de un regreso a la situación del año 418: los visigodos serán de nuevo soldados al servicio del Imperio que intenta restaurar Teodorico, con la única diferencia de que sus lugares de acantonamiento han pasado de Aquitania a la Narbonense y a la Tarraconense, y de que los funcionarios romanos serán sustituidos por ostrogodos dirigidos por los generales Teudis y Teudisclo, que, más tarde, se convertirán en reyes del pueblo visigodo y dirigirán la instalación definitiva en la Península.

Las circunstancias políticas no habían permitido a los emperadores bizantinos intervenir directamente en Occidente contra los germanos, y se habían limitado a enviar en su nombre a otros pueblos germánicos tras dar a sus reyes cargos militares imperiales; de esta forma, hacen públicos sus derechos sobre la zona occidental del Imperio al tiempo que alejan de sus dominios directos el peligro que representan estos pueblos poco romanizados: así se deshicieron primero de los visigodos y más tarde de los ostrogodos, aunque unos y otros no tardaron en actuar por su propia cuenta. Cuando las fronteras orientales de Bizancio estén controladas, el Imperio lanzará sus fuerzas contra las tierras occidentales, en primer lugar contra los vándalos del norte de África, único pueblo bárbaro que disponía de una flota capaz de perturbar el comercio griego, y tras destruir el reino vándalo Bizancio ataca Italia. El ataque hizo revivir la vieja alianza goda y, para distraer fuerzas imperiales de la península italiana, Teudis atacó Ceuta (542), aunque no pudo conservar el control de la ciudad.

Tras la aventura africana y la destrucción del reino ostrogodo por los bizantinos, los visigodos concentraron sus esfuerzos en la ocupación efectiva del territorio peninsular cuyo dominio dará lugar a enfrentamientos entre los jefes militares germánicos, uno de los cuales pedirá ayuda a los bizantinos para hacer valer sus derechos. Proclamado rey con la ayuda bizantina (551), Atanagildo tendrá que enfrentarse a sus auxiliares, sólidamente asentados en la Bética, y la guerra llevará a los visigodos a instalarse en la zona central de la Península aunque el centro del reino siga situado al norte de los Pirineos. A la muerte de Atanagildo, se llega a una solución de compromiso entre los partidarios de mantener la primacía de las guarniciones de Septimania y los que consideran fundamental el control del centro de la Península: será elegido rey Liuva, duque de Septimania, que asocia al trono a su hermano Leovigildo (568-586), establecido en Toledo.

De Leovigildo a Recaredo

El paso del centro de gravedad desde Septimania al centro de la Península es consecuencia de la situación militar, pero va mucho más allá: es prueba de un deseo consciente de transformar un pueblo guerrero en el soporte de un Estado que englobe a visigodos e hispanorromanos. Para conseguir sus objetivos, el monarca necesita modificar la mentalidad de su pueblo, hacer que vean en él no al jefe militar —aunque sus éxitos guerreros, basados a su vez en las riquezas que posee, sean la base de su poder— sino a un rey, a un jefe de Estado con poderes equiparables a los de los emperadores bizantinos, a imitación de los cuales adopta un ceremonial, acuña moneda con su nombre, hace nombrar herederos a sus hijos y promulga leyes destinadas al conjunto de los súbditos: a visigodos e hispanorromanos cuya cooperación, la de los dirigentes al menos, es necesaria para mantener el orden interior y la paz exterior.

La fusión entre las dos poblaciones es el camino elegido por Leovigildo para crear un verdadero reino y para salvar a su pueblo, pero todos sus esfuerzos serían inútiles si antes no lograba mantener unidos a los visigodos y hacer frente a las amenazas exteriores de vascones, suevos, bizantinos y tribus del interior. El peligro externo es conjurado mediante campañas militares acompañadas de la creación o consolidación de fortalezas bajo cuya protección se asienta una población de soldados-campesinos encargados de la defensa de las fronteras. Se explica así la creación o consolidación de numerosas plazas a lo largo de la calzada romana que va desde Astorga a Burdeos: Vitoria, Olite y Pamplona para contener a los vascones; Amaya, León y Astorga frente a cántabros y astures...

La consolidación de las fronteras se acompaña de cambios políticos en la dirección del reino: Leovigildo asocia al trono a sus hijos Hermenegildo y Recaredo y les confía cargos y fuerzas militares que les permitan consolidar su posición y, llegado el momento, ser *elegidos* de acuerdo con la norma germánica. Para romper las barreras entre germanos e hispanorromanos, Leovigildo promulgó el llamado *Codex Revisus* en el que corrigió las leyes de Eurico que se consideraban confusas, suprimió las superfluas o en desuso y añadió otras exigidas por la nueva situación; entre las derogadas, la más importante era la ley romana que prohibía el matrimonio de germanos y romanos, supresión que tiene, sin duda, un valor propagandístico de atracción de los miembros de la aristocracia romana interesados en unirse a la nobleza visigoda y que, de hecho, habían hecho caso omiso de la prohibición, pues el motivo que alega el monarca para suprimir esta ley es precisamente su ineficacia práctica; la desaparición o debilitamiento de las barreras se observa igualmente en la conversión al catolicismo de algunos nobles godos que, como Juan de Bíclaro o Massona, llegaron a ser obispos de Gerona y de Mérida antes de la conversión oficial de los visigodos.

Las diferencias religiosas serán, sin embargo, el mayor problema al que deberá enfrentarse Leovigildo en su política unificadora: en los primeros momentos intenta llevar a los obispos católicos al arrianismo y, aunque fracasa, se muestra conciliador y únicamente cuando el problema religioso se politiza y pone en peligro la obra realizada, el monarca actúa con dureza, pero sólo con su hijo Hermenegildo y con los suevos que le apoyaron, por lo que no puede hablarse de fanatismo ni de persecución religiosa. La fama de mártir de Hermenegildo fue extendida por los cronistas francos pero no por los hispanos, que se limitan a calificar a Hermenegildo de tirano, término que emplean para designar al usurpador o rebelde que se alza contra la autoridad legítima. Hermenegildo será canonizado en tiempos de Felipe II, en 1586.

El triunfo del catolicismo

El mismo año en que moría Hermenegildo, Leovigildo destruía el reino suevo y Recaredo detenía en Septimania un nuevo ataque franco que, al decir de Gregorio de Tours, estaba motivado por el martirio de Hermenegildo y puede incluirse dentro de la larga lista de ataques francos a Septimania sin necesidad de buscarle razones de tipo religioso, que perderán toda su fuerza cuando el nuevo rey, Recaredo, se convierta al catolicismo junto con su pueblo, en el III Concilio de Toledo (589). Los historiadores atribuyen esta conversión a múltiples causas, entre las que destacan la piedad del rey, el ejemplo de Hermenegildo y de las demás monarquías germánicas, el deseo de atraerse a la población hispana y evitar así una posible alianza con francos y bizantinos..., y sin duda todas estas razones influyeron en la conversión de Recaredo, pero conviene recordar que ésta no es una cuestión personal del rey sino el resultado de la política unificadora iniciada por Leovigildo.

El concilio toledano confirma la integración de los hispanorromanos, dirigidos por obispos y abades, en la maquinaria estatal, hasta el punto de que puede hablarse de confusión entre Iglesia y Estado en el mundo visigodo. El rey, a imitación del emperador bizantino, se convierte en jefe de la Iglesia visigoda: él nombra los obispos entre sus partidarios, convoca los concilios y decide los asuntos que deben ser tratados; el concilio se inicia con el discurso real, que recibe el nombre de *thomus regis* y en el que se hallan especificados todos y cada uno de los temas que los padres conciliares deben estudiar así como, en muchos casos, las soluciones y las medidas apropiadas. Los acuerdos del concilio, aun en el caso de que se limiten a asuntos eclesiásticos o canónicos, carecen de validez si no son confirmados por el monarca.

La sucesión al trono

El problema sucesorio no aparece regulado en el Concilio quizá porque ni el rey ni los obispos quieren sacar a la luz un tema sobre el que no hay acuerdo entre los hispanorromanos, partidarios de la sucesión hereditaria que asegura una relativa estabilidad, y los germanos, defensores del sistema electivo tradicional. Herederos asociados al trono y jefes militares elegidos por el ejército alternan en el poder hasta la elección de Suintila (621-631), general que logró la expulsión definitiva de los soldados bizantinos. Su prestigio y su fuerza militar no fueron suficientes, sin embargo, para asociar al trono a su hijo, contra cuyo nombramiento se sublevó el jefe de las guarniciones godas de Septimania, Sisenando (631-636), que buscará la aprobación de su revuelta por el Concilio IV de Toledo, dirigido por Isidoro de Sevilla.

El canon más importante es, sin duda, el número 75, en el que se intenta conciliar en difícil equilibrio el fortalecimiento de la autoridad real y el control del monarca por el concilio a través de las disposiciones que regularán la sucesión al trono. Las argumentaciones son un prodigio de habilidad y finura dialéctica en la que se mezclan motivaciones religiosas y razones políticas. Los padres conciliares intervienen en un asunto tan poco eclesiástico como la sucesión al trono basándose en la prestación de un juramento de fidelidad al rey por parte de los súbditos. Como representantes de Dios, en cuyo nombre se hace el juramento, los obispos se consideran autorizados y obligados a intervenir en asuntos políticos e intervienen amenazando con la excomunión a quienes se atrevan a violar el juramento hecho al rey depuesto. Los párrafos del canon condenaban sin remisión al monarca, llegado al trono por medio de una sublevación y, de rechazo, la excomunión se volvía contra los obispos asistentes al concilio, quienes con el juramento de fidelidad prestado a Sisenando rompían la promesa hecha anteriormente a Suintila. Era preciso salvar esta dificultad y justificar *a posteriori* la actuación del rey, eximiéndole de toda culpa y librando, de paso, a los obispos de sus obligaciones respecto al rey destronado, y se consigue recordando que Suintila, vencido, renunció al trono: el concilio pasa por alto la guerra civil que llevó a la renuncia y se fija sólo en ésta para concluir que los súbditos son liberados del juramento cuando el monarca renuncia al trono. La revuelta de Sisenando es legitimada al disponer, y darle valor retroactivo, que si alguno de los monarcas actúa despóticamente puede ser destituido por el concilio, representante de Dios con poder para juzgar y deponer a Suintila y a otros reyes cuando falten a sus juramentos de respetar las leyes y de gobernar rectamente.

El monarca reinante fortalecía su posición personal y obtenía para él y para su familia la protección del concilio que, además, reconocía al monarca importantes beneficios económicos al permitírsele conservar los bienes que habían pertenecido a Suintila, pero la monarquía como institución salía debilitada al quedar sometida al concilio, que ratifica su triunfo al disponer que la elección del nuevo rey compete a magnates y obispos conjuntamente. Esta medida es claramente un compromiso entre las dos tendencias: elección sí, pero controlada por los obispos y por la nobleza; el reino no será gobernado sólo por militares sino por éstos y por los eclesiásticos, que unidos, sin distinción de raza, forman una aristocracia en cuyas manos queda la elección del rey, reservada antes a la asamblea de todos los hombres libres del pueblo germano. El VIII Concilio (653) limita aún más el número de electores al disponer que elegirán al rey los obispos y los oficiales de palacio y se realizará la elección en Toledo o en el lugar donde falleciera el monarca, con lo que, de hecho, serán los miembros del séquito permanente del rey los únicos que intervengan en la elección.

Al poder que da la condición de elector se añaden los beneficios económicos otorgados a nobles y eclesiásticos por los reyes a los que sirven, beneficios que en principio duran tanto como los servicios que prestan y que se hacen hereditarios a partir del V Concilio: el carácter electivo de la monarquía hacía que se preparara la sucesión en vida del monarca y que los nobles movieran sus influencias para acceder al trono y prometieran a quienes les prestasen apoyo los bienes poseídos por la familia del monarca reinante y por sus colaboradores que, ante el temor de verse desplazados en un futuro próximo y privados de sus bienes, no tendrían demasiado interés en servir al rey. La garantía dada por el concilio de mantener a los fieles en la posesión de los bienes recibidos del monarca tiende a crear alrededor de éste un núcleo de adictos, pero lleva en sí el germen de la destrucción del reino al hacer hereditarios los beneficios: el rey paga los servicios de los fieles no con sus bienes sino con los de la Corona y, al hacerse hereditarias las donaciones, el monarca priva al sucesor de los medios económicos necesarios para hacer respetar su autoridad, por lo que el nuevo monarca, si no quiere ser destronado, tendrá que buscar nuevos bienes que distribuir: confiscando los de los rebeldes y, si es posible, los otorgados por el monarca anterior a sus fieles. En cualquier caso, el reino entrará en una serie ininterrumpida de guerras civiles que causarán a medio plazo su destrucción.

La iglesia visigoda, dirigida por Braulio de Zaragoza, tendrá su oportunidad dos años más tarde, en el VI Concilio (638), reunido para legalizar una nueva asociación al trono. Chintila se atrajo el apoyo de los obispos con medidas antijudías que incluyen la confiscación de los bienes de los hebreos y la expulsión del reino de los que no aceptaran convertirse; el concilio condena la revuelta de los nobles descontentos, agradece al monarca la extirpación del error judío, señala como condición previa para acceder al trono que el rey electo jure mantener la política antijudía; acepta y repite los cánones que daban carácter hereditario a los bienes otorgados a los fieles del monarca y aprovecha la buena disposición o las necesidades de Chintila y de sus colaboradores para recordar que si ellos, los obispos, hacen un gran favor a los fieles del rey al sancionar en concilio la posesión de los bienes recibidos, no menos justo es que el mismo principio se aplique a las donaciones hechas por el rey o por cualquier otra persona a la Iglesia.

Fortalecimiento aparente de la monarquía

Pese al apoyo del concilio, Chintila fue depuesto por Chindasvinto (642-649) en nombre de los defensores del principio electivo de la monarquía, cuyo poder se realza haciendo aprobar y ejecutar leyes por las que se disponía la muerte y la confiscación de los bienes de los que conjurasen contra el rey. Según los cronistas, dio muerte a doscientos miembros de la alta nobleza y a quinientos de sus vasallos o fieles y entregó los bienes de los condenados a los partidarios del rey, convertidos de este modo en defensores acérrimos de la dinastía reinante, ya que una sublevación victoriosa habría ido acompañada necesariamente de la restitución a sus propietarios de los bienes confiscados.

La política de terror sistemático llevada a cabo por Chindasvinto permitió al rey conculcar las leyes sucesorias y asociar, dejándole el trono en vida, a su hijo Recesvinto (649-672), que llevó a cabo una política completamente opuesta a la de su padre, cuya obra fue anulada en el VIII Concilio toledano (653). En los tres meses que median entre la muerte del rey y la celebración del concilio, Recesvinto da satisfacción a los nobles promulgando una ley que diferenciaba claramente el patrimonio real de los bienes de la Corona y limitaba los poderes del monarca sobre los bienes confiscados, y el concilio ratifica, ampliándola y aplicándola a casos concretos, la ley de Recesvinto y la incorpora a las actas; tras un preámbulo de carácter general en el que se hace una clara distinción entre bienes de la Corona y del rey, se estudia la situación concreta, caracterizada por la ruina de muchos nobles y gardingos (miembros de las clientelas armadas) cuyos bienes confiscados no han sido de utilidad al fisco ni a los servidores del rey, sino incorporados al patrimonio personal de Chindasvinto. No se discute la legalidad de la confiscación sino la apropiación y la falta de distribución de estos bienes entre los gardingos y los nobles para que éstos puedan vivir de acuerdo con su dignidad y categoría, y el concilio pone remedio mandando inventariar, antes de su ascenso al trono, los bienes de Chindasvinto, únicos que pasarían a sus hijos y herederos. Los demás serán entregados a Recesvinto, pero no a título personal sino como bienes de la Corona, para que los distribuya entre aquellos a quienes él elija, siempre que antes procure dar satisfacción a quienes demuestren que fueron injustamente privados de sus bienes por Chindasvinto.

El interés político de este canon es extraordinario y puede servirnos para conjeturar la historia política de los últimos veinte años. Chintila, al hacer hereditarios los beneficios concedidos a sus fieles, elevó a un grupo de nobles por encima de los restantes, y fueron los relegados, dirigidos por Chindasvinto, los que destronaron a Tulga, dieron muerte a sus partidarios, confiscaron los bienes de uno y otros e hicieron condenar canónicamente a los clérigos y laicos que habían apoyado a Chintila y a su hijo. Llegados al poder, los nuevos nobles aspiran a perpetuar su situación frente al rey y frente a los restos de la antigua nobleza, pero su actuación debió de fracasar ante la firmeza de Chindasvinto y los nobles buscaron la alianza con los obispos, afectados por la política del monarca en cuanto miembros de la aristocracia y en cuanto clérigos obligados a aceptar entre ellos a los obispos nombrados por Chindasvinto. El concilio no hará sino dar carácter oficial a esta alianza entre el clero y la nobleza en el poder, con los mismos intereses: recortar las atribuciones del monarca e impedir a toda costa el resurgimiento del grupo nobiliario anulado por Chindasvinto, del que sólo se habla una vez para negar a los supervivientes y herederos todo derecho sobre sus antiguas propiedades, que son confiadas a Recesvinto después de asegurarse de que la voluntad del rey era «otorgar a cada uno lo que justamente le es debido», en atención a sus méritos.

Paralela al proceso de concentración de la riqueza en manos de una minoría que, al mismo tiempo, tiene el poder político, ha sido la creación de un ejército *territorial,* entendiendo por tal que cada propietario, lo fuera por herencia o en virtud del cargo desempeñado, dirigiría a sus propios hombres, a sus clientelas armadas y a sus siervos en la guerra, y, lógicamente, los intereses particulares de la nobleza territorial predominarán sobre los generales del reino, con lo que se producirá un absentismo creciente, explicable, además, por el carácter de las guerras emprendidas por la monarquía visigoda en el siglo VII: salvo algunas campañas contra montañeses insumisos, que no exigen la participación de toda la nobleza, las expediciones militares se dirigen contra los miembros de la nobleza sublevados contra el rey. Los simpatizantes de los rebeldes, si no se deciden a apoyarlos, tampoco tienen interés en colaborar con el monarca y se abstienen o abandonan el ejército antes del combate, como ocurrirá años más tarde en Guadalete.

Mientras el reino se disgrega en la práctica, en el campo legislativo se mantiene la ficción unitaria, y tanto Recesvinto como su padre llevan a cabo una importante labor al reunir, adaptadas, las leyes visigodas en el llamado *Liber Iudiciorum* o *Lex Wisigothorum,* cuyas normas pasarán a la Edad Media con el nombre de *Fuero Juzgo.* Su validez se extiende a todo el territorio y los jueces deberían aplicar sus leyes en todos los casos, excepto cuando se juzgara a mercaderes de ultramar, judíos y griegos, que siguen rigiéndose por leyes propias en los pleitos existentes entre ellos. En los casos no previstos, la decisión no corresponde a los jueces sino al rey, cuyos dictámenes serán incorporados a las leyes.

Los años finales

A la muerte de Recesvinto, los miembros del séquito real designaron rey a Wamba sin dar tiempo a que intervinieran en la elección los jefes militares, los duques provinciales, los condes de las ciudades ni la mayor parte de los obispos. El nuevo rey (672-680), hechura de una minoría, tuvo que hacer frente a los descontentos dirigidos por el jefe de las guarniciones de Septimania, a las que se unirá el jefe militar encargado de poner fin a la rebelión, el duque Paulo, que se proclamaría rey con el apoyo de francos y vascones. El duque y sus cómplices fueron severamente castigados; sus bienes pasaron a la Corona o fueron entregados a personas adictas al monarca, y a quienes habían negado su apoyo militar a Wamba se les aplicó, con carácter retroactivo, una ley militar dictada por éste en la que se fijaban las obligaciones militares de los súbditos, incluyendo a los clérigos, tradicionalmente exentos del servicio de armas.

La ley refleja claramente el absentismo, la territorialización y las divisiones existentes en el interior del ejército, del que forman parte por igual germanos e hispanorromanos, clérigos y laicos, en cuanto propietarios servidos por clientelas armadas y por siervos. Wamba insiste en la necesidad de anteponer los intereses del reino a los personales y, después de fijar las penas en que incurren quienes deserten o se nieguen a acudir al ejército, ordena que todos los convocados por el rey acudan con la mitad de sus hombres en edad militar, es decir entre veinte y cincuenta años, bajo pena de perder en beneficio del rey la propiedad de los siervos que no acudieran a la leva.

El descontento nobiliario y eclesiástico ante esta ley, ante la dureza de la represión que siguió a la revuelta de Paulo y ante el agravio social causado a los nobles y eclesiásticos al nombrar algunos siervos para el desempeño de cargos palatinos desde los que podían mandar a sus señores, y al confiar a los judíos la administración de los bienes del fisco, halló su expresión en la conjura que privaría del trono a Wamba, después de que éste fuera narcotizado y recibiera la tonsura eclesiástica que lo incapacitaba para reinar. El nuevo rey, legitimado por el Concilio, repuso en sus cargos a los nobles castigados por Wamba, y la Iglesia completó su acción levantando la excomunión en que habían incurrido los sublevados según anteriores disposiciones conciliares. El perdón de los rebeldes debe llevar consigo la devolución de los bienes confiscados, pero ésta plantea problemas puesto que las propiedades habían pasado a la Corona y tanto Wamba como Ervigio las habían utilizado para pagar los servicios de sus colaboradores, y no era conveniente ni posible despojar a éstos para contentar a los otros. Por este motivo, la restitución se limitó a los bienes que continuaban en manos del rey; los *abusos* cometidos por los libertos y siervos encumbrados por Wamba fueron reprimidos al prohibir nombrar para el oficio palatino a los no libres, de modo que el siervo o liberto «no pueda igualarse ni causar daño a sus señores ni a sus descendientes».

Agradecidos a la magnanimidad del monarca, que, además, perdona los impuestos de los últimos años, los padres conciliares se consideran obligados a «promulgar algo que sirva de recompensa a la misericordia real» y dictan normas de protección a la familia del rey, incluyendo en ella a su esposa Liuvigotona, a los hijos e hijas, con sus respectivas esposas y maridos en el caso de estar casados, y a los prometidos o prometidas si los hijos son solteros. Prohíben igualmente las segundas nupcias de la viuda del rey para evitar que ésta sea molestada o utilizada para fortalecer el poder monárquico.

Las disposiciones tienen su razón de ser en la existencia de un importante grupo de nobles que, apoyados por Wamba desde el monasterio de Pampliega, reprochan a Ervigio su origen bizantino y aspiran a sustituirlo por uno de los suyos. Incapaz de derrotar a sus enemigos, Ervigio pacta con ellos y propicia el matrimonio de una de sus hijas con el pariente más próximo de Wamba, Égica, al que hizo jurar que protegería y defendería a su familia en cualquier circunstancia que pudiera darse. Muerto Ervigio, Égica se apresuró a convocar el XV Concilio para desligarse de las promesas hechas a Ervigio e iniciar, en forma legal, la persecución de los parientes del monarca fallecido. Sin embargo, la fuerza de los partidarios de Ervigio, capitaneados por Julián de Toledo, impidió la aceptación plena de las tesis del monarca. Égica plantea al concilio un problema personal con repercusiones políticas: según el juramento prestado tenía que defender a los parientes de Ervigio, y según sus deberes reales debía administrar justicia a los súbditos sin distinción de ninguna clase. El cumplimiento de una de las promesas podía ir contra la otra, y Égica pedía que se decidiera cuál de los dos juramentos era más importante y, por consiguiente, a cuál debía el rey dar preferencia. La respuesta del Concilio fue tan hábil como cabía esperar: el segundo juramento anulaba al primero ya que el interés general debía prevalecer sobre el particular, pero el primer juramento no carecía de validez y debía quedar subsumido en el segundo: Égica tenía obligación de apoyar a los parientes del mismo modo que a todos los demás súbditos y a éstos igual que a los parientes de Ervigio.

Si el concilio toledano hizo caso omiso de los deseos del rey, no ocurrió lo mismo en el concilio provincial celebrado en Zaragoza (691), con claro predominio de los partidarios de Égica que, frente a lo dispuesto en el XIII Concilio de Toledo, ordenaron y dieron valor retroactivo a una disposición según la cual la viuda del rey estaba obligada a tomar el hábito monacal, hábito que fue impuesto a Liuvigotona quizá como recuerdo de la tonsura aplicada a Wamba años antes. La eliminación política de la reina formaba parte de la campaña de represión iniciada por el monarca contra los partidarios de Ervigio. Anulada la reina y muerto un año antes (690) el arzobispo Julián de Toledo, Égica se presenta ante el concilio (XVI) para hacer aprobar su política y, subsidiariamente, para proceder a la destitución de Sisberto, sucesor de Julián, que había participado en una conspiración contra el rey.

El monarca inicia sus peticiones recordando las calamidades que azotan al reino a consecuencia de los pecados de la población y pide al concilio que reforme el estado de las iglesias rurales, semiarruinadas, que tome medidas contra el resurgimiento de la superstición, extendida al mundo de los obispos. Ofrece satisfacción a los clérigos poniendo en vigor las viejas leyes contra los judíos y, tras estos preámbulos, entra en el campo de la política al pedir que se castigue a los miembros del oficio palatino que han conspirado o conspiren en el futuro contra el rey o contra la patria: pide que se confisquen los bienes de los conspiradores y se convierta a éstos y a sus descendientes en esclavos. Los padres conciliares atendieron las peticiones monárquicas y extendieron el castigo no sólo a los conspiradores palatinos sino a todos, haciendo la salvedad de que el rey podría perdonar a quienes creyera oportuno pero que en ningún caso podría devolver los bienes confiscados, que se distribuirían entre los hijos del monarca, la Iglesia y otros muchos «por sus méritos y servicios». El concilio confirma, sin paliativos, la condena contra el arzobispo Sisberto.

Poco después, Égica asociaba al trono a su hijo Vitiza (702-710) quien, confiando en su poder, devolvió a algunos nobles propiedades confiscadas por Égica y los reintegró a sus cargos. Nuevas sublevaciones fueron duramente reprimidas, a pesar de lo cual la nobleza pudo reorganizar sus efectivos y proceder a la elección de Rodrigo, mientras que los favorecidos por Vitiza proclamaban a su hijo Akhila, que actuó como tal en Septimania y en la actual Cataluña. El equilibrio entre los dos grupos nobiliarios que ha llevado al poder, alternativamente, a los partidarios de Wamba, de Ervigio, de Égica-Vitiza y de Rodrigo, se rompe por la intervención en la guerra civil de los musulmanes que, como aliados de los vitizanos, derrotaron a Rodrigo en la batalla de Guadalete (711) y pusieron fin al reino en medio de la total indiferencia de la mayor parte de la población, sometida al poder aristocrático y poco interesada en el triunfo de uno u otro bando.

La destrucción del reino

Uno más de los numerosos enfrentamientos por el poder entre la monarquía y la nobleza, entre grupos nobiliarios que apoyan o se oponen al rey, fue la causa próxima de la desaparición del reino visigodo. Como en otras ocasiones, los vencidos perdieron la vida y los bienes, que fueron distribuidos entre los vencedores musulmanes y sus aliados hispanos, pero estos últimos, a diferencia de lo ocurrido en casos semejantes, no pudieron disfrutar políticamente su triunfo: se conformaron con mantener sus propiedades y su situación de privilegio respecto a los simples libres, libertos y esclavos, y dejaron el poder político a sus auxiliares, que apenas encontraron resistencia porque la población no tenía motivos para preferir los nobles hispanovisigodos a los musulmanes.

Los esclavos, sometidos enteramente a la autoridad del señor, los libertos, cuya suerte no era mucho mejor que la de los esclavos, y los campesinos encomendados, obligados a pagar tributo y a trabajar las tierras del señor, no habían intervenido en ningún momento en la política del reino salvo para sufrir sus consecuencias (guerras civiles, saqueos, destrucciones y ruina económica) y no harán nada para defender el reino contra los musulmanes, a los que aceptaron en muchos casos como libertadores, igual que habían hecho sus antepasados cuando los germanos amenazaban con destruir el Imperio y poner fin a su organización social.

El clero, al menos la jerarquía, había renunciado, mucho antes de que el reino fuera destruido, a disociar su labor religiosa del papel civil y actuaba de acuerdo con la nobleza laica, cuya suerte compartió en todo momento; los partidarios de Rodrigo murieron o se exiliaron, los vitizanos se acomodaron a la nueva situación y mantuvieron sus puestos bajo el poder musulmán, al que no se opondrían sino en forma anárquica y desorganizada hasta cien años más tarde e incluso en este caso, la jerarquía seguirá al lado del poder político frente a los mártires mozárabes, y serán los monjes —a ellos se debe la mayor parte de la actividad religiosa y cultural durante el dominio visigodo— los únicos que mantengan el espíritu religioso sin concesiones a la política.

Junto a los católicos, más o menos convencidos de su fe, convive un cierto número de judíos, llegados como mercaderes de productos orientales, en cuyas manos queda la mayor parte del comercio interior. Tampoco ellos estarán interesados en defender el reino frente a los musulmanes: tras la conversión visigoda, son el elemento discordante en el aspecto religioso y también en el aspecto económico-social al no deber a la tierra, a las armas o a la oración, sus medios de subsistencia, y su *diferencia* los convertirá en víctimas de la intolerancia de los eclesiásticos, que olvidan fácilmente la época en la que su religión no era oficial y reclamaban el derecho a mantenerla; y serán también las víctimas predilectas de la monarquía, que disimula su apetencia de las riquezas hebreas bajo el tinte del celo religioso. En los momentos graves, los judíos fingirán ceder y se someterán a llevar distintivos infamantes o a convertirse para no perder los bienes y la vida, para más tarde servirse de la avaricia de nobles y eclesiásticos para recuperar su posición..., y jamás olvidarán las humillaciones sufridas y ayudarán a los musulmanes cuando éstos intenten sustituir a los visigodos.

Sociedad y economía visigoda

El carácter hereditario otorgado a las tierras que los *funcionarios* reciben en pago de sus servicios es sólo un aspecto de la confusión entre propiedad pública y privada, que se observa igualmente en la atribución o usurpación de los cargos públicos por los propietarios. Esta segunda vertiente es la más antigua y la más importante desde el punto de vista social: surge durante el Bajo Imperio y se mantiene a lo largo de los siglos V-VI gracias a la independencia de que gozan los propietarios hispanorromanos. Puesto que la tierra es la fuente casi única de riqueza, la sociedad se organiza en torno a la tierra. El propietario dirige a sus esclavos en las expediciones militares y dispone además de mesnadas de auténticos profesionales, de bucelarios, que aceptan el patrocinio del señor y reciben de él tierras que pueden trasmitir a sus herederos mientras éstos cumplan las obligaciones pactadas. Simples bienes, los esclavos tienen un valor económico garantizado y protegido por las leyes, que regulan minuciosamente los derechos de los señores sobre los esclavos y las relaciones de éstos entre sí y con las personas libres. Sin duda, las exhortaciones eclesiásticas aceleraron el ritmo de las manumisiones, pero la religión no era estímulo suficiente para hacer que se renunciara a unos bienes de alto valor, y la propia Iglesia puso trabas a la liberación de sus esclavos al ordenar que ningún obispo o abad se atreviera a enajenar bienes o a manumitir esclavos si antes no daba, de sus bienes personales, dos o tres veces el valor de las cosas perdidas por la Iglesia.

Siervos, libertos y hombres libres acogidos al patrocinio de un señor forman su *familia*. Las leyes obligan a pertenecer a estas familias señoriales a los esclavos y a sus descendientes, y a los libertos mientras viva quien les concedió la libertad; los campesinos libres se ven obligados a integrarse en la familia para eludir las cargas fiscales, para obtener protección, para hallar un medio de alimentarse o por imposición del gran propietario, provisto de poderes judiciales, administrativos y militares.

Finalizadas las campañas de saqueo dirigidas contra elementos ajenos a la comunidad (suevos, vascones, tribus del interior) y reducidos a esclavitud o expulsados los judíos, el reino visigodo vive de los recursos que le proporciona la tierra: los cereales son sin duda el producto más importante y la base de la alimentación, que se completa con las hortalizas, el vino, la fruta y el aceite, a los que se añaden los productos ganaderos —carne, leche y miel—, cuya importancia supera a la de los cereales en zonas montañosas como Galicia. Las normas que regulan el pastoreo, el cuidado de las colmenas y las leyes que protegen las tierras de cereal, viñedo y huerta son prueba suficiente de la base agrícola-ganadera de la economía visigoda, cuyos recursos se complementan con los procedentes de la caza y de la pesca.

La industria se reduce a la transformación de los productos agrarios: molturación de cereales, elaboración del vino, aceite y cera, textura y batanado de los paños de lana y lino... Mención especial merece el trabajo de los metales realizado por los orfebres, que fabrican las coronas de oro con cadenas que se exhiben en las iglesias y sirven para poner de relieve la riqueza y la piedad de los reyes que las mandan construir. Al lado de los orfebres y de los herreros, que fabrican las espadas, lanzas y armaduras y las piezas de hierro de los molinos, hallamos a los monederos, encargados de acuñar los trientes o tremises, las monedas de oro visigodas que, desde la época de Leovigildo, prescinden de los emperadores romanos y llevan, como símbolo de la independencia del reino y de su organización estatal, el nombre del monarca reinante.

La relativa importancia de las acuñaciones monetarias no puede inducirnos a imaginar una economía monetaria: sin duda, se bate moneda para pagar al ejército y los trientes pueden ser prestados e incluso se prevé la posibilidad de que el dinero sirva para hacer negocios, pero estos datos no pueden hacernos olvidar que las leyes sobre compras, ventas, préstamos y empeños se refieren casi en su totalidad a bienes raíces o a animales, y que era mucho más rentable el préstamo de artículos alimenticios que el de dinero. La fórmula de dote redactada en hexámetros, sin duda por y para personas de envidiable posición, resume claramente la situación económica del reino visigodo: la desposada recibe diez esclavos y otras tantas esclavas, diez caballos e igual número de mulos con sus arreos, los campesinos establecidos en los dominios del marido, tierras de cereal, viñedo y olivares, bosques y zonas de pasto, ganado, objetos de plata, bronce, oro y cerámica, y paños de lino.

Cultura aristocrática

La instrucción fue en época romana un privilegio de las clases acomodadas y lo seguirá siendo durante el dominio visigodo, pero la pérdida de importancia de las ciudades y la huida al campo de los grandes terratenientes pusieron fin a la escuela clásica, y sólo los centros eclesiásticos impartieron en adelante una instrucción elemental de tipo religioso en las escuelas monásticas y en las episcopales a las personas destinadas a la vida eclesiástica, entre las que sobresalen, en el periodo tolosano, las figuras de Sidonio Apolinar, obispo de Clermont, Salviano de Marsella y Cesáreo de Arles, cuya vida transcurre en la zona *francesa* del reino; en territorio peninsular cabe mencionar a los obispos e historiadores Idacio y Orosio, en cuyas obras se resumen las posturas adoptadas por el mundo romano ante los germanos. Idacio ve a los invasores como agentes de la destrucción del mundo romano, y para Orosio las invasiones han sido permitidas por la Providencia para llevar a estos pueblos hacia el cristianismo, que es el centro de gravedad del nuevo mundo: lo importante no es que Roma recupere su antiguo esplendor sino que el cristianismo se difunda.

El gran siglo cultural del periodo visigodo es el siglo VII, centrado en la figura de Isidoro de Sevilla, cuya labor fue preparada por la existencia de importantes núcleos culturales en la periferia peninsular durante el siglo VI, representados sobre todo por Leandro de Sevilla y Martín de Dumio o de Braga, que representan la cultura oriental y la atracción de la cultura católica: el primero vivió durante algún tiempo en Constantinopla y fue el organizador del III Concilio de Toledo; el segundo, natural de Panonia, fue monje en Palestina y a él se debe la conversión de los suevos al catolicismo.

A pesar de la importancia de estos núcleos de cultura, los hombres de la época no tienen un contacto directo con la cultura clásica, que sólo conocen a través de manuales, antologías y comentarios entre los que sobresalen las *Etimologías* de Isidoro de Sevilla, obra en la que intenta realizar una síntesis del saber antiguo, tomando como punto de partida la investigación etimológica de las palabras para mejor comprender su significado. En esta obra se definen, con ayuda de una importante biblioteca, las artes liberales, la medicina y la jurisprudencia, temas teológicos, políticos, antropológicos, los animales y minerales, las actividades humanas... La importancia de esta obra es tal que de ella tomarán los hombres medievales durante siglos todos sus conocimientos. El obispo andaluz es también autor del *Liber de viris illustribus* o noticia de cuarenta y seis personajes que vivieron en los siglos V-VI, de la *Historia de los godos, vándalos y suevos,* que se inicia con una alabanza de España que ha sido copiada y reproducida en numerosas ocasiones, y a Isidoro se debe un *Chronicon* o Historia universal desde la creación del mundo hasta el año 616.

A pesar de la existencia de una biblioteca real en Toledo y de otra propiedad de un conde palatino, así como del conocimiento de algunos poemas y de una vida de san Desiderio escritos por el rey Sisebuto, el cultivo de las letras es casi siempre obra de eclesiásticos de formación monástica, como Braulio y Tajón de Zaragoza, Fructuoso de Braga y Valerio del Bierzo, Eugenio, Julián e Ildefonso de Toledo, autor este último de un *De viris illustribus* o noticia sobre el monje Donato y doce obispos entre los que figura Isidoro de Sevilla.

El arte, igual que la literatura, es continuación del paleocristiano y se manifiesta en las basílicas mediterráneas, aras de altar, piscinas bautismales, mosaicos, sarcófagos y esculturas con valor decorativo en las que es posible observar la influencia norteafricana, visible en el cristianismo hispano, pero esta influencia no es exclusiva: Roma ejerce un poderoso atractivo que puede verse en los monumentos funerarios de Centcelles y de la Alberca, próximos a Tarragona y Elche, respectivamente, en los que la disposición y los adornos son de claro origen romano. Durante el siglo VI la costa catalana pierde importancia política y el arte se desplaza hacia las zonas interiores controladas por la aristocracia hispanorromana, hacia tierras dominadas por los bizantinos y, sobre todo, hacia Toledo, centro artístico-cultural del reino visigodo en el que se dieron cita las distintas escuelas de cuya interacción surgió un arte oficial, áulico, que se extendería por todo el reino.

Desgraciadamente, no se han conservado los grandes templos de Toledo, Mérida y Córdoba, destruidos o adaptados como mezquitas por los musulmanes, y sólo conocemos ejemplares arquitectónicos situados en localidades pequeñas que jamás contaron con una población importante y que, por consiguiente, no dispondrían sino de medios limitados. Por ello, no podemos imaginar cuáles serían las características de los grandes templos, de los que sólo sabemos a través de los restos escultóricos y ornamentales incorporados a las construcciones musulmanas. Elemento común a todos los monumentos conservados es el arco de herradura, del que pueden verse ejemplos en las iglesias de San Juan de Baños de Cerrato, Idanha-a-Velha, San Pedro de Balsemão y San Fructuoso de Montelios en Portugal, la cripta de San Antolín de Palencia, San Pedro de la Mata, cerca de Orgaz, Santa Comba de Bande en Orense, San Pedro de la Nave, cerca de Zamora, y Quintanilla de las Viñas en Burgos.

El arte propiamente germánico no ha dejado monumentos arquitectónicos ni escultóricos de interés; es un arte personal y se reduce a objetos encontrados en las sepulturas: broches de cinturón con hebilla circular y pedrería en el interior, fíbulas para sujetar la túnica, con formas de águila, circulares o rectangulares, que desaparecen al producirse la fusión de las dos sociedades y adoptar los germanos el vestido romano, que no precisaba fíbulas para su sujeción. En muchos casos, no es fácil atribuir origen germánico o romano a estos objetos personales y a los de utilidad litúrgica fechados en los siglos VI y VII: vasos de bronce adornados con frisos vegetales, inscripciones y, a veces, anagramas bizantinos; patenas terminadas en mango con cabezas de animales y cuyo interior está adornado con inscripciones alusivas a la finalidad litúrgica que tienen; incensarios como los de Lledó y Cuenca, con forma prismática y de clara influencia copta, o el de Aubinyà, de origen sículo-bizantino por su técnica y por la inscripción griega...

Más conocidas son las piezas de orfebrería elaboradas en los talleres reales de Toledo y que nos son conocidas por los hallazgos de los tesoros de Guarrazar y Torredonjimeno; el primero está formado por una serie de coronas de oro con cadenas para ser colgadas del techo a modo de lámparas, y con letras e inscripciones colgando de ellas. Estas coronas fueron dadas por los reyes a la iglesia toledana, según atestiguan las fuentes documentales que fechan la más antigua en época de Suintila —no se conserva— y sitúan la más rica en la época de Recesvinto, aunque es seguro que sólo ha llegado hasta nosotros una mínima parte: entre el botín capturado por los musulmanes se citan veinticuatro diademas de oro y la llamada mesa de Salomón, que algunos textos describen como hecha «de oro puro, incrustado de perlas, rubíes y esmeraldas, de tal suerte, que no se había visto otra semejante».

La Edad Media

Entre Oriente y Occidente

La organización política visigoda no sobrevivió a los ataques musulmanes, pero sí pervivieron las bases económicas, sociales y eclesiásticas. La desaparición del reino fue el resultado de uno más de los numerosos enfrentamientos nobiliarios, y los vencedores recibieron del nuevo *monarca,* de los musulmanes, garantías de que mantendrían su preeminencia social y su situación económica, a pesar de lo cual algunos no dudan en aceptar el islam, mientras otros se limitan a firmar acuerdos por los que se avienen a pagar determinados impuestos en su nombre y en el de los que residen en las comarcas sometidas a su jurisdicción. La organización eclesiástica fue igualmente respetada, aunque sometida al poder superior de los jefes musulmanes que sustituyen, también en este campo, a los reyes visigodos.

Aunque toda la Península estuvo durante siglos bajo control musulmán, la ocupación sólo fue efectiva en las comarcas del sur, las más romanizadas y las más fértiles y, también, las mejor controladas por la nobleza hispanovisigoda. Sólo en las zonas montañosas del norte se mantendrá una población insumisa, que se opone a los musulmanes de la misma forma que se había opuesto a romanos y visigodos, y crea, en el siglo VIII, el reino asturleonés, del que se desgaja en el IX el condado de Castilla, convertido en reino en la primera mitad del siglo XI. Más al este, los musulmanes heredan de los visigodos la vecindad y la enemistad de los francos, cuyos reyes ayudarán a los montañeses a crear el Reino de Pamplona y los condados de Aragón, Urgel-Cerdaña, Pallars-Ribagorza, Barcelona, Gerona, Ampurias y Rosellón, que oscilan entre la colaboración-dependencia con los reyes francos y con los emires y califas instalados en Córdoba; Aragón se convertirá en reino a comienzos del siglo XI, y los condes de Barcelona llevarán a cabo una política de unificación de los condados catalanes, independizados del mundo carolingio a lo largo de los siglos IX y X.

La historia de este periodo es, pues, la historia de la convivencia y del enfrentamiento entre dos modos de vida, entre dos sociedades, entre dos economías: la de al-Andalus, heredera en parte de la hispanovisigoda y revitalizada por las aportaciones islámicas, y la de los reinos del norte, no menos herederos de los visigodos y vinculados por su religión y por sus formas de vida al mundo europeo; oposición y convivencia, por último, de dos religiones: el islam victorioso en las tierras del sur y el catolicismo, que impregna y dirige las comarcas norteñas gracias a la actividad de algunos clérigos europeos y de otros que se decidieron a abandonar las tierras ocupadas por los musulmanes y pusieron sus conocimientos, no sólo los religiosos, al servicio de las tribus insumisas de las que surgirán los reinos medievales hispánicos.

Árabes y musulmanes

La descomposición interna del reino visigodo explica en gran parte el éxito de las expediciones musulmanas en las que numerosas crónicas conceden un papel decisivo a un personaje conocido como el conde don Julián, al que unos hacen jefe de una tribu beréber dedicada al comercio, y otros consideran un noble de origen godo gobernador de Ceuta. El conocimiento de la historia del islam puede ayudarnos a comprender el papel desempeñado por este personaje rodeado de leyendas: igual que habían hecho en otros territorios, en el norte de África los musulmanes respetan los derechos y la posición privilegiada de la nobleza local que se muestra dispuesta a colaborar, y Julián pudo ser uno de estos dirigentes norteafricanos que, por conveniencia propia o forzado por las circunstancias, puso a disposición de los musulmanes los barcos y la experiencia naval de la población de la costa, con cuya colaboración se produjo en el año 710 el primer desembarco de reconocimiento.

El éxito de esta campaña animó a Musa, gobernador del norte de África, a enviar una nueva expedición a la que nadie opuso resistencia en los primeros momentos por hallarse Rodrigo combatiendo a los vascones. Antes de la llegada de Rodrigo al sur, en julio del 711, los musulmanes entran en contacto con los partidarios de Vitiza, que, al iniciarse el combate, abandonan al monarca y con su defección facilitan la victoria musulmana en la batalla de Guadalete. La facilidad de la ocupación, realizada en menos de cinco años, se explica por la descomposición del mundo visigodo y por la política musulmana de llegar a pactos o acuerdos con los dirigentes que pueden organizar la resistencia. Ciudades como Sevilla, Écija, Córdoba, Mérida, Lisboa, Toledo, Mérida o Pamplona capitularon y sus dirigentes firmaron, sin duda, un pacto similar al conservado para la región de Murcia, firmado por Abd al-Aziz y el conde Teodomiro. Aunque no se han conservado los textos completos de otros acuerdos, debieron de ser numerosos los nobles hispanovisigodos acogidos al sistema; otros nobles preferirían la conversión al islam y mantendrían íntegramente sus derechos, como el conde Fortún, afincado en las actuales provincias de Huesca y Navarra, cuya dinastía —los Banu Qasi— desempeñó un papel de primera importancia en la historia posterior de la Península.

La importancia que las crónicas y los pactos dan al botín y al cobro de tributos por los musulmanes ha llevado a hablar no de una política de ocupación sino de explotación del territorio y, sólo en una segunda etapa, cuando el botín y la posibilidad de nuevos tributos desaparecen tras ser derrotados en Poitiers por Carlos Martel (732), se plantea la posibilidad de establecerse definitivamente en al-Andalus, operación que enfrentará entre sí a los conquistadores; para Mahoma, todos los creyentes son iguales, pero la salida de los territorios árabes y la ocupación de nuevos países se traduce en una solidaridad entre los conquistadores, que se diferencian por su modo de vida militar de los conquistados, aun cuando éstos acepten el islam. La igualdad teórica de los creyentes se convierte en la práctica en una superioridad real de los árabes, que se consideran y actúan como una aristocracia dentro del islam, sin que su unión frente a los nuevos musulmanes impida el mantenimiento de las diferencias entre árabes del norte y del sur, surgidas entre nómadas y sedentarios de Arabia en los tiempos preislámicos.

Los beréberes norteafricanos, que formaban el grueso del ejército musulmán llegado en el 711 y años posteriores, recibieron las tierras de peor calidad: mientras los árabes se asientan en las fértiles comarcas andaluzas y en el valle del Ebro, los norteafricanos son relegados a la Meseta y a las zonas montañosas de Portugal y alejados de los puestos de gobierno. Su situación de inferioridad es denunciada por los predicadores jarichíes, para quienes el mérito ante Dios no lo dan la raza ni el origen sino la actitud moral y religiosa, y en el año 739 se produce la gran sublevación de los beréberes del norte de África y de los asentados en la Península, coincidiendo con uno de los enfrentamientos entre árabes del norte y del sur, que olvidarán sus diferencias y unirán sus fuerzas frente a los nuevos musulmanes. Los beréberes fueron vencidos y, pasado el peligro, surgen de nuevo los enfrentamientos entre árabes del norte y del sur, hasta la llegada a al-Andalus del omeya Abd al-Rahmán, seis años después de que su familia fuera depuesta en Damasco (756) por los abasíes. Lógicamente, el nuevo emir rompió la vinculación política con el islam oriental, y con él se inicia un nuevo periodo de la historia peninsular.

El emirato independiente (756-929)

La implantación de los omeyas habría sido inútil si el nuevo emir no hubiera logrado poner fin a las diferencias entre los árabes y hacer frente a la reacción abasí. Para conseguirlo, reorganizó el ejército y confió el mando a personas de probada fidelidad reclutadas entre los familiares y clientes omeyas escapados de las matanzas abasíes, lo que le permitió sofocar diversas revueltas árabes apoyadas por los abasíes o movimientos jarichíes, siempre bien acogidos por los beréberes. Sometidos árabes y beréberes, todavía tuvo Abd al-Rahmán que hacer frente a conspiraciones urdidas por sus propios familiares o por los gobernadores de algunas regiones alejadas de Córdoba que actúan con absoluta libertad e independencia. Uno de estos rebeldes pidió ayuda al monarca franco, Carlomagno, y logró que éste interviniera en la Península al frente de sus tropas. En su retirada, al paso por el desfiladero de Roncesvalles, el ejército de

Carlomagno fue atacado por los montañeses, que destruyeron la retaguardia del ejército carolingio y dieron muerte al duque de Bretaña, Roldán, inmortalizado por la épica francesa en la *Chanson de Roland.*

A la retirada carolingia sucedió la ocupación de Zaragoza por el emir cordobés, pero los movimientos secesionistas de las zonas alejadas continuaron y explican, en parte, la entrega de Gerona, Urgel y Cerdaña a los francos. En la zona noroccidental, los problemas del emir omeya permiten a los astures consolidar la independencia lograda durante las revueltas beréberes de mediados del siglo, que hicieron posible la ocupación de Galicia y el desmantelamiento de las guarniciones de la Meseta, abandonadas por los beréberes.

La adopción del rito malequí

Del breve reinado de Hisham I (788-796) hay que destacar el intento de poner fin a la anarquía existente en la administración de justicia, debida a que el derecho islámico se basaba en el Corán y en la Sunna o conjunto de tradiciones relativas a la conducta del profeta sobre los que había lecturas e interpretaciones distintas cuando no opuestas, e insuficientes para resolver las múltiples cuestiones que se planteaban al creyente y al juez. En los primeros tiempos, los califas, gobernadores y jueces innovan o se atienen a las costumbres locales en las cuestiones no reguladas por los textos islámicos, contando siempre con el asesoramiento de los alfaquíes, personas versadas en la religión (juristas-teólogos), entre los que destacan pronto los de la escuela de Medina, dirigidos por Malik ibn Anas, para quien la práctica jurídica ha de basarse en la verdad revelada y no en la costumbre; en los casos no previstos se recurrirá al juicio dado en situaciones análogas por Mahoma, a la decisión de los juristas de Medina y al interés común.

La doctrina malequí, que deja escaso margen a la iniciativa de los jueces, no llega a la Península en su forma original sino a través de la versión realizada en Cairuán, dos de cuyos juristas recogieron en forma sistemática los posibles casos y los resolvieron de acuerdo con las respuestas dadas por un discípulo de Malik. Esta codificación, en la que todo está previsto y dispuesto de antemano, fue impuesta como texto oficial y único para los juristas peninsulares, debido a la sencillez de su doctrina una vez codificada, al deseo omeya de acentuar sus diferencias frente a los abasíes, a la necesidad de poner fin a las disputas entre los creyentes, y a la existencia de un grupo de alfaquíes que supo aprovechar hábilmente las dificultades de los soberanos frente a los súbditos: aceptados, los alfaquíes garantizan el orden; rechazados, utilizan su influencia sobre el pueblo contra los gobernantes y pueden poner en dificultades a los emires. Las aportaciones culturales de la escuela malequí fueron reducidas, porque, como afirma uno de sus máximos oponentes en el siglo XI, el poeta y filósofo Ibn Hazm, los alfaquíes se limitaron a repetir «maquinalmente la letra de los textos sin entender su sentido y sin preocuparse de entenderlo».

Revueltas muladíes

La pacificación de los árabes y la desaparición de los beréberes como fuerza militar no puso fin a las guerras entre musulmanes. Los hispanovisigodos convertidos al islam, los muladíes, lucharán a lo largo de todo el siglo IX y comienzos del X por ver reconocida su igualdad con los árabes; estos enfrentamientos tienen lugar en la capital de al-Andalus y en las ciudades fronterizas, en las que predomina la población muladí sobre la árabe. Las sublevaciones fronterizas y las guerras contra los reinos y condados del norte obligaron a Al-Hakam I (796-822) a incrementar los efectivos del ejército y, en consecuencia, los impuestos. Una conjura organizada por los notables de Córdoba y por los alfaquíes —los impuestos, según el islam, eran ilegales— fue abortada por el emir en mayo del 805 y sus jefes condenados a muerte. La represión sólo sirvió para acentuar el descontento y el emir se vio obligado a reforzar su defensa mediante la contratación de una guardia personal de mercenarios dirigidos por el jefe de la comunidad cristiana de Córdoba, el conde Rabí, al que además encargó el cobro de los impuestos.

La nueva ofensa junto con la vida del emir, poco acorde con las prescripciones coránicas, lanzó a los alfaquíes a una campaña de agitación entre los habitantes del arrabal de Secunda, en Córdoba, comerciantes y artesanos que se amotinaron en el año 818 y llegaron a cercar al emir. Vencidos, los dirigentes del motín fueron ajusticiados, el arrabal convertido en campo de labranza y sus habitantes se refugiaron entre los muladíes de Toledo, rebeldes al emir cordobés; otros repoblaron la ciudad de Fez, y un grupo relativamente numeroso llegó por mar a Alejandría desde donde realizaron expediciones por mar que acabaron con la ocupación de Creta (827), donde se mantuvieron hasta la conquista de la isla por el emperador bizantino Nicéforo Focas en el año 961. Para aplacar a los alfaquíes, el nuevo emir, Abd al-Rahmán II (822-852), hizo condenar en los primeros años de su reinado al conde Rabí y mandó destruir el mercado de vinos de Secunda, tolerado por su padre pese a la prohibición coránica. Estas medidas le valieron el apoyo de los alfaquíes que, desde este momento, retiraron su ayuda a los rebeldes.

Mayor consistencia que el motín del arrabal de Córdoba tienen las sublevaciones de los muladíes fronterizos de Mérida, Toledo y el valle del Ebro, que se suceden desde los años finales del siglo VIII y alcanzan su apogeo en los últimos años del IX y comienzos del X, cuando tanto Toledo como Mérida-Badajoz o el valle del Ebro ignoran la autoridad del emir y llegan a poner en peligro la capital del emirato. Los muladíes fronterizos actúan en muchos casos de acuerdo con los cristianos del norte, que pudieron, gracias a la cortina protectora de estos movimientos, consolidar y organizar sus dominios, pero ninguno de los reinos y condados cristianos disponía de fuerza suficiente para inquietar a Córdoba y las revueltas muladíes fueron fácilmente sofocadas hasta que, en la segunda mitad del siglo, los omeya se vieron obligados a concentrar todas sus fuerzas en el sur para hacer frente a los muladíes andaluces.

La revuelta andaluza, desorganizada en principio, se origina como protesta contra el pago de impuestos y es fácilmente controlada hasta que los movimientos dispersos son organizados por Umar ibn Hafsún, personaje al que las crónicas describen, en el año 882, como jefe de una cuadrilla de salteadores —calificativo que se da con frecuencia a quienes se oponen al poder— que tienen su residencia en la fortaleza de Bobastro, en la serranía de Ronda, desde la que atacan a las poblaciones de la llanura. Detenido un año más tarde, fue incorporado al ejército cordobés, en el que, a pesar de su habilidad militar, corrió la misma suerte que otros caudillos muladíes: despreciado por los jefes árabes, desertó del ejército, regresó a Bobastro y atrajo a las poblaciones cercanas a su causa, ahora ya claramente definida: la lucha contra los dirigentes árabes. El *programa* de Ibn Hafsún puede resumirse en las frases que, según los cronistas musulmanes, dirigía a las poblaciones muladíes: «Desde hace demasiado tiempo habéis tenido que soportar el yugo de este sultán que os toma vuestros bienes y os impone cargas aplastantes, mientras los árabes os oprimen con sus humillaciones y os tratan como esclavos. No aspiro sino a que os hagan justicia y a sacaros de la esclavitud».

La revuelta está directamente relacionada con diversas sublevaciones muladíes en las montañas de Jaén, y a imitación suya se produjeron otros movimientos en el sur de Portugal, pero las revueltas más importantes, por su alcance y duración, tuvieron lugar en Granada y Sevilla, donde la población no árabe se enfrentó abiertamente a la aristocracia a partir del año 889. Tanto en Granada como en Sevilla, los árabes vencedores actuaron con total independencia mientras las tropas del emir estuvieron ocupadas en el control de Bobastro.

Mérida, Toledo, Zaragoza, Granada, Sevilla y las regiones montañosas de Jaén no fueron las únicas que escaparon al control de Córdoba; a ellas hay que añadir la región de Almería, donde surgió una república de navegantes y mercaderes cuyos orígenes se relacionan con el conflicto muladí de Granada. Las relaciones comerciales de al-Andalus con el mundo islámico fueron mantenidas por mediación de los marinos de la costa andaluza, que de transportistas se convirtieron pronto en mercaderes y acabaron controlando el comercio y la producción del norte de África. Grupos numerosos de mercaderes se trasladaban anualmente a África donde invernaban y traficaban con las tribus beréberes para, en primavera, regresar a la Península. Uno de estos grupos, procedente de Pechina, llegó a establecer una colonia permanente en la ciudad norteafricana de Tenes, en el año 875, y su éxito fue tal que obligó a modificar la organización de la ciudad de Pechina. Concebida como centro marítimo-comercial y militar, su territorio se hallaba dividido entre marinos y soldados instalados por Abd al-Rahmán II para hacer frente a posibles desembarcos normandos. Desaparecido el peligro militar e incrementadas las relaciones comerciales con el norte de África, la ciudad amplió la zona comercial a costa del territorio cedido a los militares y, no pudiendo contar con el apoyo político del emir ni con los productos manufacturados de al-Andalus al interrumpir el comercio las revueltas muladíes, Pechina se organizó de forma independiente, se convirtió en una república de marineros-mercaderes y creó su propia industria de artículos destinados a la exportación. Esta confederación o república de marinos se mantuvo independiente de Córdoba, que nada pudo hacer para dominar la ciudad mientras la revuelta de Umar ibn Hafsún exigió la concentración de todas las fuerzas cordobesas.

Musulmanes y cristianos

Los musulmanes no realizaron en ninguna de las zonas conquistadas una labor de proselitismo o de persecución de los creyentes de otras religiones, sino que toleraron la existencia y el culto público de otras creencias porque así lo dispuso Mahoma, porque la conversión llevaba consigo la supresión del impuesto territorial y personal pagado por los no creyentes, y porque, inferiores en número y en preparación cultural a las poblaciones sometidas, los musulmanes necesitaban su ayuda y colaboración. Con el paso del tiempo, la nobleza rural y una parte de los campesinos aceptaron el islam, mientras que los habitantes de las ciudades conservaron el cristianismo, quizá debido a su mayor preparación, a la existencia de monasterios en los que se mantuvo vivo el sentimiento y las ideas cristianas y al hecho de que, al carecer de bienes territoriales, los ciudadanos no hallaron en la conversión al islam las ventajas materiales concedidas a los campesinos, al menos teóricamente.

La tolerancia no se ejerce sólo hacia las personas sino también con la Iglesia, cuya organización fue escrupulosamente respetada. Sin duda, algunos miembros de la jerarquía eclesiástica, partidarios de Rodrigo, abandonaron la Península o fueron removidos de sus cargos, pero la mayor parte de los obispos se acomodó a la nueva situación, del mismo modo que la nobleza laica, y permaneció al frente de sus diócesis. Los emires actúan del mismo modo que los reyes visigodos habían actuado como jefes políticos de la Iglesia católica; su autorización es necesaria para convocar los concilios, aceptan o rechazan a los obispos elegidos en las distintas diócesis..., y si en el plano personal no dudan en utilizar los servicios de los cristianos como miembros de la guardia personal del emir, como administradores y funcionarios y como recaudadores de impuestos, institucionalmente se sirven de la organización eclesiástica para influir en todo el territorio peninsular: incluso en zonas donde la autoridad del emir es discutida, su influencia puede llegar a través del mundo eclesiástico, que mantiene la unidad de la época visigoda hasta que discusiones sobre la naturaleza de Cristo derivan en planteamientos políticos y en la independencia eclesiástica de las zonas donde la población cristiana discute o no acepta el poder político del emir.

Conscientes de las limitaciones de su autoridad mientras no tengan en sus manos el control de los eclesiásticos, los reyes asturianos y el monarca carolingio intentarán romper la unidad de la Iglesia visigoda y crear su propia organización, en el caso asturiano, o someter a los eclesiásticos hispanos a la disciplina de la Iglesia franca, en el caso carolingio. En definitiva, se trata de reforzar el sistema político con una organización eclesiástica estrechamente vinculada a él y cuyos límites de actuación coincidan exactamente. La oportunidad se presenta cuando la Iglesia toledana acepta las teorías adopcionistas según las cuales Jesucristo era hijo adoptivo de Dios en cuanto a la naturaleza humana, mientras que la ortodoxia afirmaba que Cristo era hijo único y propio de Dios Padre en cuanto a la naturaleza humana y en cuanto a la divina. El padre de las nuevas teorías parece haber sido el monje Félix, que habría llegado al adopcionismo en un intento de explicar y de hacer comprender a los musulmanes y a los cristianos islamizados el dogma de la Trinidad; su fama le llevaría al obispado de Urgel hacia el año 782 y desde el nuevo cargo siguió propagando su doctrina, que fue aceptada por los obispos mozárabes reunidos en el concilio de Sevilla en el año 784, bajo la dirección de Elipando de Toledo.

Las teorías adopcionistas tuvieron la réplica del presbítero Beato de Liébana y del obispo Eterio de Osma, residentes en Asturias, cuya oposición dogmática será utilizada políticamente: durante estos años predominan en Asturias los defensores de la sumisión a al-Andalus y, consiguientemente, de mantener la vinculación con la iglesia toledana; al monarca se oponen los partidarios de romper la vinculación con Córdoba-Toledo, dirigidos políticamente por Alfonso II e ideológicamente por Beato y Eterio. Con el triunfo político de Alfonso, se rompen las relaciones con al-Andalus, el antiadopcionismo será doctrina oficial y la iglesia asturleonesa abandona su dependencia respecto a la iglesia primada de Toledo. En Urgel la reacción fue más tardía, pero el gran propagador del adopcionismo, el obispo Félix, fue condenado y obligado a retractarse en el concilio de Ratisbona, convocado por Carlomagno en el año 792. Los obispos mozárabes, reunidos un año más tarde, se dirigieron a sus compañeros de la Galia, Aquitania y Austrasia y al propio emperador para refutar las teorías de Beato de Liébana y protestar contra la persecución de que era víctima Félix, que se había visto obligado a buscar refugio en tierra musulmana. La respuesta carolingia fue condenar de nuevo al obispo en el concilio de Francfort (794), aunque la condena sólo fue efectiva cinco años más tarde, cuando Félix fue detenido y obligado a acudir al concilio de Aquisgrán. que lo condenó a permanecer en Lyón hasta su muerte. Monjes y obispos francos evangelizaron la comarca urgelitana, completando de este modo la anexión política lograda por los ejércitos carolingios.

La tolerancia musulmana hacia los cristianos disminuye a comienzos del siglo IX, debido entre otras causas al odio suscitado por la actuación del conde Rabí, recaudador de impuestos y jefe de las tropas mercenarias que pusieron fin a la revuelta del Arrabal de Córdoba y a la participación de los mozárabes en las revueltas fronterizas contra el emir, contando con el apoyo exterior de astures y carolingios. Los alfaquíes, por su parte, contribuirían con su intransigencia a hacer más difícil la situación de los mozárabes, muchos de los cuales intentarían evitar la discriminación aceptando las modas, costumbres y cultura musulmanas que ofrecían, además, el aliciente de tener un nivel muy superior al de la anquilosada cultura visigótico-mozárabe: en menos de cien años los musulmanes han adquirido, partiendo de los conocimientos de las poblaciones sometidas, una preparación que les permite prescindir de sus antiguos auxiliares y que obliga a éstos, para sobrevivir, a renunciar a sus modos tradicionales de vida, a islamizarse culturalmente aunque conserven su religión.

A esta situación se refiere Eulogio de Córdoba, de cuyas palabras pueden deducirse las dos posturas adoptadas por los mozárabes ante el empeoramiento de su situación y ante la seducción de la cultura musulmana: unos la imitan en un inconsciente o consciente deseo de igualarse a los musulmanes, y otros intentan reafirmar su personalidad acentuando los rasgos diferenciales, profundizando en los libros sagrados y realizando una intensa labor de proselitismo para convencer a sus correligionarios de la necesidad de mantener las costumbres, la cultura y la religión tradicional. Esta segunda corriente provocaría choques violentos entre mozárabes y musulmanes y llevaría a cierto número de los primeros al martirio, al blasfemar públicamente de la religión musulmana. El elevado número de quienes buscan el martirio llevó al emir Abd al-Rahmán II a buscar una solución basándose en la postura de los mozárabes tibios que, por temor a perder sus cargos o por miedo a que el misticismo cristiano diera origen a una masacre de la comunidad mozárabe, desautorizaron a los mártires y compararon su búsqueda del martirio con el suicidio, prohibido por Dios. Eulogio y sus seguidores insisten en la existencia de una provocación previa por parte de los musulmanes que destruyen las basílicas cristianas, insultan a los sacerdotes, permiten que éstos sean apedreados por los chiquillos, oprimen a los cristianos con pesados tributos, ofenden a la religión cristiana y se consideran «contaminados y sucios sólo con acercarse a nosotros y rozarse con nuestros vestidos». Pese a la defensa apasionada de Eulogio, el concilio reunido por el emir en Toledo (852) y presidido por el cristiano Gómez, recaudador de impuestos, prohibió a los cristianos buscar el martirio.

Fuerte con esta condena que le eximía de responsabilidades, el emir mandó detener a los jefes del movimiento, pero no por ello cesaron las provocaciones hasta la muerte de Abd al-Rahmán, atribuida por los cristianos a castigo divino. El nuevo emir, Muhammad (852-866), buscó una política conciliadora y liberó a todos los detenidos. a pesar de lo cual los mozárabes, siempre dirigidos por Eulogio, mantuvieron su actitud de desafío y sus ataques al islam. Muhammad ordenó ejecutar a los blasfemos, destruyó el monasterio de Tábanos, refugio y centro de los provocadores y, decidido a terminar con el movimiento, detuvo a Eulogio, al que los insumisos toledanos habían elegido metropolitano como una muestra más de su desafío al poder cordobés, y lo hizo ejecutar en el año 859. Con su muerte finalizó la exaltación mística, no sin grave daño para la convivencia de cristianos y musulmanes pues, tras estos choques, la actitud de los alfaquíes se endureció y, en adelante, los funcionarios cristianos de la corte del emir fueron obligados a convertirse al islam so pena de perder sus cargos.

Las relaciones exteriores de al-Andalus

En sus incursiones en busca de botín, los normandos o vikingos no tardaron en pisar suelo peninsular, con varia fortuna. El año 844 naves vikingas saquearon Gijón, las costas gallegas y Lisboa y penetraron por el Guadalquivir hasta Sevilla, que fue abandonada por los musulmanes y saqueada durante cuarenta días. Incapaz de hacer frente a los normandos con sólo las tropas cordobesas, Abd al-Rahmán II mandó llamar a las tropas que defendían las fronteras con los reinos cristianos y con su colaboración obtuvo una clara victoria sobre los piratas en Tablada. Importantes en sí mismos, los ataques a las tierras musulmanas interesan sobre todo por sus efectos, que van desde la instalación en las proximidades de Sevilla de algunos normandos convertidos al islam, hasta la creación de una flota encargada de defender las costas y que, con el tiempo, serviría para afianzar el comercio andaluz, pasando por el reforzamiento de la independencia en el valle del Ebro del caudillo muladí Musa ibn Musa, artífice de la victoria sobre los normandos.

El aviso normando fue serio, y el emir cordobés no se limita a dotar a Sevilla de nuevas murallas sino que ordena situar centinelas en toda la cosa y armar una flota de guerra abastecida por numerosos astilleros y atarazanas, que servirán igualmente a la navegación comercial. La unión de los intereses comerciales y militares tiene su mejor exponente en Pechina, convertida en una ciudad floreciente dotada de una industria textil importante cuyos mercaderes controlan el comercio con el norte de África, en competencia con los marinos y mercaderes de las islas Baleares, cuya conquista por los cordobeses (848) fue posible gracias a la creación de la flota antinormanda. La marina andalusí cuenta desde mediados del siglo con el fuego griego, es decir, con instrumentos o máquinas para arrojar betún ardiendo contra los enemigos: su utilización permitió, catorce años más tarde, rechazar un nuevo ataque normando sobre Sevilla, donde llegaron después de penetrar en el Reino de Pamplona y saquear las costas gallegas y portuguesas; como en el año 844, los sobrevivientes pasaron al norte de África y más tarde saquearon las Baleares y penetraron en tierras francesas e italianas. Entre ambos ataques pudo tener lugar un intercambio de embajadores descrito en forma novelesca por el poeta musulmán Tamman ibn Alqama, que se hace eco del relato de uno de los embajadores, Al-Gazal, que se presenta a sí mismo como un dechado de ingenio, fuerza y habilidad militar, cualidades que le atraen la simpatía no encubierta de la reina vikinga, de cuyos labios oyó el poeta una de las primeras declaraciones de independencia femenina: «los celos no existen en nuestras costumbres. Entre nosotros, las mujeres no están con sus maridos sino mientras que ellas lo tienen a bien, y una vez que sus maridos han dejado de agradarles, los abandonan».

La creación de la flota omeya y su equipamiento con el fuego griego quizá pueda relacionarse con el intercambio de embajadores entre los emperadores bizantinos y los emires cordobeses, que tienen en común al enemigo abasí, contra el que Bizancio intenta crear una gran coalición en la que estarían los carolingios y los omeyas de al-Andalus. El emperador augura la reinstalación de la dinastía omeya en todo el islam y para ello ofrece la colaboración de sus ejércitos si Abd al-Rahmán II se decide a atacar y, sobre todo, si hace valer sus buenos oficios ante los emigrados andaluces que habían ocupado Creta después del motín del arrabal de Córdoba. El emir agradeció las buenas intenciones del bizantino, le expuso la dificultad de intervenir en el problema cretense, planteado por traidores y fugitivos que escapaban a su autoridad, y evitó cualquier compromiso formal, aunque aceptó enviar embajadores a Bizancio para informarse más detalladamente de los planes imperiales.

Más directa fue la relación con los reinos creados en el norte de África y separados de Bagdad: una flotilla andaluza colaboró con los aglabíes de Túnez en la ocupación de Sicilia; el emir cordobés intervino en el rescate de marroquíes capturados por los normandos; los reinos idrisí y rustemí se convirtieron en los principales proveedores de cereales y de mercenarios a los omeyas y en los principales clientes del comercio andaluz..., y a través de estos contactos, los omeyas tuvieron acceso al oro que, desde el centro de África, llegaba a las costas norteafricanas siguiendo las rutas de las caravanas del desierto.

Aceptada por los abasíes la independencia de al-Andalus, desaparecieron las razones que habían impulsado a los omeyas a destacar las diferencias de su reino respecto al califato de Bagdad. El radicalismo malequí fue temperado, durante los años de Abd al-Rahmán II y Muhammad I, con la aceptación de los conocimientos científicos adquiridos por los musulmanes de Oriente en contacto con el mundo griego, hindú y chino. Con el tiempo, la organización del reino copió la abasí, y de Oriente recibió al-Andalus las modas literarias, musicales y culturales en tiempos de Abd al-Rahmán II, cuya riqueza y el deseo de emular a los califas de Bagdad atrajeron a la corte omeya a gran número de literatos, músicos y hombres de ciencia, favorablemente acogidos e integrados en la aristocracia árabe. El más conocido de estos personajes es el cantor iraquí Ziryab, al que se debe el refinamiento de la alta sociedad musulmana en la mesa, en el vestido y en el aseo personal. Junto a este personaje, dictador de la moda, conocemos desde mediados del siglo IX los nombres de algunos astrónomos, matemáticos y médicos de al-Andalus formados en Oriente, que contribuyeron al desarrollo cultural del islam peninsular y, también, a su orientalización, a la creación de una nueva cultura que desplazará a la heredada del mundo visigodo, cuyos representantes, los mozárabes, serán sustituidos en la administración del reino por personas de formación oriental.

La apertura de al-Andalus hacia Oriente no puede hacer olvidar las dificultades puestas por los alfaquíes a quienes pretenden basarse no en la revelación sino en la razón, como hacen los mutazilíes, contrarios a la sumisión ciega al Corán, que sólo es aceptado tras razonarlo, si sus verdades no repugnan a la razón. Más peligrosas por más populares eran las doctrinas batiníes, según las cuales el Corán podía y debía ser interpretado de forma alegórica. Si por un lado, estas alegorías ofrecían amplias posibilidades a la especulación filosófica, por otro dejaban el camino abierto a las interpretaciones, a las ideas personales y a los oportunismos político-religiosos. Las ideas batiníes, que están en la base del imperio fatimí creado en el norte de África a comienzos del siglo X, se difundieron principalmente entre los beréberes peninsulares y entre las masas populares, por lo que Abd al-Rahmán II se decidió a intervenir y a ordenar la crucifixión del principal propagandista de las doctrinas batiníes el año 851.

Los emires y el mundo cristiano

Aunque desde el año 715 toda la Península está bajo el control teórico de los musulmanes, el dominio efectivo no se extendió a los Pirineos occidentales ni a las montañas de Cantabria y Asturias: el escaso interés de estas zonas y el reducido número de los conquistadores no animaban a poblarlas, y los musulmanes se limitaron a establecer guarniciones beréberes en el llano con la finalidad de exigir el pago de tributos y prevenir posibles ataques. Los conflictos entre árabes y beréberes, que terminaron con la derrota de los últimos y el abandono de las guarniciones fronterizas, facilitaron sin duda el avance hacia el sur de las tribus de la montaña, que darán origen a los reinos de Asturias y de Pamplona.

El foco principal de resistencia a los musulmanes se localiza en las montañas cantábricas y asturianas, donde la tradición quiere que se refugien los restos del ejército visigodo, organicen a los montañeses y, dirigidos por Pelayo, obtengan (722) la primera victoria sobre el islam en las montañas de Covadonga; pero habrá que esperar a los años de Alfonso I (739-757) para poder hablar de un reino astur consolidado, gracias a la primera revuelta beréber que obligó a desguarnecer las fortalezas del valle del Duero e hizo posible que Alfonso extendiera sus dominios hasta Galicia y hasta el valle alto del Ebro. La actuación de Alfonso tuvo dos consecuencias importantes: en primer lugar, entre los musulmanes y el reino astur se creó una zona de nadie, el llamado «desierto estratégico del Duero», tan escasamente poblado que, en adelante, los ejércitos musulmanes en sus ataques a Galicia, Asturias y León, procuran evitar esta zona donde es prácticamente imposible avituallarse, y penetran por el valle del Ebro, desde donde se dirigen hacia el Oeste. Los reinos o comarcas situados en el valle del Ebro son, por tanto, los que hacen frente inicialmente a los ataques musulmanes, y este carácter fronterizo será decisivo en la historia de Pamplona y en la constitución del condado de Castilla. En segundo lugar, Alfonso lleva a sus dominios a los mozárabes que habitaban en las zonas atacadas, y la incorporación de estos grupos da un nuevo carácter a la guerra contra el islam. En adelante, sin que cese la guerra de los hombres de la montaña contra los del llano, se crea en el reino astur la conciencia de que con sus campañas militares buscan la reconstrucción, la reconquista, del destruido reino visigodo, de cuyos reyes se proclaman herederos los asturianos.

La necesidad de pacificar al-Andalus no fue obstáculo para que el primer omeya atacara al rey asturiano Fruela I, que había continuado el desmantelamiento de las guarniciones abandonadas por los beréberes en el valle del Duero. Los sucesores siguieron una política de amistad y sumisión a los musulmanes, que atacan Asturias y las zonas pirenaicas cuando Alfonso el Casto y Carlomagno pretenden actuar al margen de Córdoba y liberar a la iglesia astur y urgelitana de la tutela toledana. A las campañas contra Astorga y Oviedo se unen los ataques a Gerona, el saqueo de los alrededores de Narbona y la victoria obtenida en el año 793 ante el duque Guillermo de Toulouse. Las revueltas de los muladíes fronterizos permitieron a Alfonso el Casto reorganizar sus dominios y repoblar las tierras incorporadas por Alfonso I y Fruela; en los Pirineos, los carolingios logran establecerse en Aragón, Pallars, Urgel y Barcelona, donde se mantendrán a pesar de las campañas realizadas por los emires que, del mismo modo que los cristianos intervienen en los asuntos internos de al-Andalus y apoyan a los muladíes, toman parte en las sublevaciones de los condes *hispanos* —de origen visigodo— contra los francos. Las revueltas muladíes de finales del siglo IX encuentran el apoyo decidido del rey de Asturias, Alfonso III, que lleva sus fronteras hasta Oporto y Coimbra o, por el este, hasta Deza y Atienza, tras derrotar a los musulmanes en la batalla de Polvoraria. En los años siguientes, ni Asturias ni los condados carolingios tuvieron que hacer frente a los ataques de Córdoba, asediada por los rebeldes de Sevilla, Granada, Jaén, Bobastro o del valle del Ebro.

Origen de los reinos y condados cristianos

El dominio musulmán sobre la Península no fue total. Protegidos por las montañas y por su escasa vinculación al reino visigodo, astures, cántabros y vascones occidentales mantuvieron o acrecentaron su independencia o, en el peor de los casos, se limitaron a pagar tributos como símbolo de dependencia respecto a Córdoba, sin que los emires tuvieran el control del territorio ni pudieran impedir los avances de estas tribus hacia Galicia y León. Más al este, navarros, aragoneses y catalanes, aliados a los muladíes rebeldes a Córdoba o apoyados por los carolingios, crearon, hacia el año 800, reinos y condados en los que la autoridad cordobesa apenas fue efectiva.

Covadonga y los orígenes de la Reconquista

Hasta hace pocos años, Covadonga indicaba el comienzo de la recuperación o si se prefiere de la reconquista de las tierras ocupadas por los musulmanes a los visigodos. Los cronistas mozárabes huidos o expulsados de al-Andalus en la segunda mitad del siglo IX convierten a los reyes astures en sucesores de los visigodos a través de Pelayo, del que harán partir el proyecto reconquistador, cuya mejor definición encontramos en la llamada *Crónica Profética,* adaptación a los años finales del siglo IX y a la situación hispana de la profecía de Ezequiel sobre Gog y Magog: Gog es el pueblo de los godos sometido por decisión divina a Magog (los musulmanes) durante ciento setenta años, pasados los cuales se impondrá a su enemigo y recuperará las tierras perdidas. A través de estos y otros textos se afirma que Alfonso III y sus sucesores tienen el derecho y la obligación de reconstruir la unidad de la época visigoda y de combatir a los musulmanes como hizo Pelayo en Covadonga.

La realidad, sin embargo, es distinta y los orígenes del reino astur hay que retrasarlos hasta mediados del siglo, según hemos indicado en páginas anteriores al referirnos a Alfonso I; bastará que Abd al-Rahmán se proclame emir (756) y pacifique al-Andalus para que el reino asturleonés vuelva a convertirse en vasallo de Córdoba. La sumisión se expresa mediante la entrega de tributos con los que no todos están de acuerdo, y los descontentos se agrupan en torno a Alfonso II. Si Alfonso I fue el creador del reino, al segundo de los Alfonsos (791-843) se debe el afianzamiento y la independencia, que tiene sus manifestaciones más claras en la independencia eclesiástica y en la supresión de los impuestos pagados a Córdoba entre los que, según la tradición, figuraba la entrega anual de cien doncellas; la leyenda no carece de base, pues sabemos que entre los presentes ofrecidos a los emires y califas por los condes y reyes cristianos figuran grupos de esclavos y que es frecuente, incluso en épocas posteriores, la entrega de mujeres de la familia real como esposas o concubinas de los dirigentes cordobeses. Nada se opone, por tanto, a que el tributo de las Cien Doncellas refleje una realidad: el pago de tributos, cuyo cese sólo es posible si el reino tiene fuerza militar suficiente para oponerse a los ejércitos que los emires envían de cuando en cuando a las tierras del norte.

Aunque mitificada por las leyendas surgidas en torno a la batalla de Clavijo y a la aparición en ella del apóstol Santiago combatiendo al lado de los cristianos, la independencia astur es una realidad confirmada por la ruptura con la iglesia toledana, porque los hombres medievales son plenamente conscientes de que no hay independencia real mientras el clero esté sometido a otras fuerzas políticas, y ésta era la situación del reino astur, cuyos clérigos siguen dependiendo del metropolitano de Toledo hasta que la disputa adopcionista dé a Alfonso la oportunidad de romper los lazos con la iglesia *musulmana.* La ruptura eclesiástica, propiciada por los escritos de Eterio, obispo de Osma, y de Beato de Liébana, fue acompañada de una fuerte visigotización del reino, que se organiza a imitación del visigodo y cuyo código, el *Liber Iudiciorum,* es adoptado como norma jurídica.

Afianzado el reino a pesar de los ataques musulmanes, Alfonso inicia una política ofensiva: presta ayuda a los muladíes y mozárabes de Toledo y Mérida, ampara en sus tierras a los sublevados contra Córdoba, realiza ataques contra los dominios musulmanes y llega a saquear Lisboa, apoderándose de un abundante botín que quizás no sea ajeno a las obras realizadas en Oviedo, donde se construyen palacios, baños, iglesias y monasterios. El reino astur permanece a la defensiva, protegido de los ataques musulmanes por las montañas y por las revueltas de los muladíes fronterizos, e intenta unificar el conglomerado de pueblos que lo forman —gallegos, astures, cántabros y vascos—, en numerosas ocasiones enfrentados entre sí o rebeldes al incipiente poder central. Pese a estas revueltas y a los ataques de los vikingos a las costas gallegas (844), Ramiro I pudo adelantar las fronteras y ocupar León, aunque su conquista definitiva sea obra de Ordoño I (850-866), al que se debe la repoblación de ciudades como Astorga, Tuy o Amaya, tras cuyos muros se instala una población de campesinos de relativa importancia. Nuevos conflictos entre muladíes y árabes permiten a Alfonso III ampliar sus dominios con la conquista de Porto y Coimbra y repoblar el norte de Portugal antes de firmar en el año 883 un tratado de paz con el emir, tratado que no le impedirá la realización de algunas expediciones en busca de botín durante los años de sublevación de Umar ibn Hafsún. Las campañas de Ordoño I y Alfonso III van seguidas del asentamiento sistemático de repobladores en las tierras ocupadas; ya en los años iniciales del siglo se habían producido las primeras ocupaciones o presuras a cargo de particulares que se apropian de tierras yermas y las ponen en cultivo, pero estas iniciativas están condenadas al fracaso si los campesinos no se hallan protegidos de los ataques musulmanes, si no hay una repoblación oficial, que se inicia con la reconstrucción de las murallas y la creación de nuevas fortalezas desde las que defender el territorio y sus campesinos.

La intervención carolingia

La expansión iniciada en época de Carlos Martel y continuada por su hijo Pipino el Breve encuentra dificultades en el Reino de Aquitania y en Provenza, que sólo fueron ocupadas a los musulmanes en la segunda mitad del siglo. Las poblaciones de una y otra comarca no aceptaron de buen grado el dominio franco, y su proximidad a los dominios musulmanes y a las tribus independientes de los Pirineos supuso siempre un peligro que Carlomagno se apresuró a conjurar llevando su acción más hacia el sur. Las campañas del 778, terminadas con la derrota de Roncesvalles, son un claro intento de someter a los vascones de Pamplona, y serán éstos los que ataquen la retaguardia franca y consigan alejar a los carolingios de los Pirineos orientales durante treinta años. Unidos a los Banu Qasi del Ebro, los pamploneses mantienen su independencia frente a Córdoba y contra Aquisgrán, frente a musulmanes y carolingios, hasta que Amrús, valí de Huesca, pone fin a la revuelta muladí en el año 806. Pamplona, aislada, acepta la presencia franca para protegerse de los ataques cordobeses, pero sólo hasta que sus aliados naturales, los Banu Qasi, logran sacudirse la tutela omeya y ayudan a los pamploneses a expulsar a los condes francos en el año 824.

La desastrosa campaña carolingia del 778 tuvo una compensación en los movimientos anticordobeses iniciados en Gerona y Urgel-Cerdaña, cuyos habitantes buscaron la alianza con los francos contra los musulmanes y aceptaron la autoridad carolingia en el año 785. Si Abd al-Rahmán I, ocupado en pacificar sus dominios, no pudo intervenir, su hijo Hisham recuperó las comarcas sublevadas y saqueó los territorios francos entre Narbona y Toulouse. El peligro musulmán era demasiado grave y Carlomagno presionó militarmente sobre Urgel, donde la presencia militar carolingia fue acompañada de la renovación eclesiástica tras la deposición y condena del adopcionista Félix de Urgel. Simultáneamente a los avances sobre Urgel, los carolingios ocupan Aragón, Pallars-Ribagorza, Vic, Cardona y Pamplona, y, controlada la barrera pirenaica, Carlomagno intenta dominar las ciudades de Huesca, Lérida, Barcelona y Tortosa como medio de mantener sus conquistas, pero fracasó en todas las expediciones excepto en la dirigida contra Barcelona, ciudad que fue ocupada el año 801.

Los condados catalanes

El uso de la expresión «marca hispánica» por los textos del siglo IX y la posterior unión política de los condados de la zona catalana ha llevado a los historiadores a creer que las tierras catalanas controladas por los carolingios habían sido agrupadas en una entidad administrativa y militar con mando único, que sería el precedente de Cataluña. Frente a estas teorías, los estudios de don Ramón de Abadal han probado que el término «marca hispánica» sirve a los cronistas para designar una parte de los dominios carolingios, tiene un valor geográfico y no responde a una división administrativo-militar dirigida por un jefe único; la marca o el *regnum hispanicum* está dividida en condados, unidos o separados de acuerdo con los intereses del emperador y del imperio carolingio del que forman parte los condados.

La historia de estos condados hispánicos resulta ininteligible si se ignora la historia del imperio carolingio, si no se tiene en cuenta que dentro del Imperio cada conde aspira a convertir en hereditario su cargo y las posesiones recibidas con él. La tendencia a hacer hereditarios los cargos cristaliza a la muerte de Carlos el Calvo (877), al sucederse al frente del reino, en un periodo de once años, tres monarcas, ninguno de los cuales es capaz de hacer frente al peligro normando ni a los ataques musulmanes y, en consecuencia, los condes se ven obligados a actuar por su cuenta, a defender el territorio sin contar con el poder central. Uno de estos condes, Eudes, será elegido rey el año 888, y la ruptura de la continuidad dinástica proporcionará a los condes carolingios, a los catalanes entre ellos, el pretexto necesario para afianzar la independencia. El imperio carolingio ha desaparecido, es sólo un recuerdo al que se refieren los antiguos súbditos fechando los documentos por los años del reinado del monarca franco al que, por lo demás, ignoran. La independencia se manifiesta en el reparto y distribución de los condados entre los hijos del conde; los condados no son ya bienes públicos sino propiedad del conde que, del mismo modo que distribuye sus tierras personales, reparte los condados entre sus hijos y llega, si es preciso, a crear otros nuevos o a confiar el gobierno a varios de sus hijos conjuntamente: Vifredo, el primer conde catalán independiente, dejará a su hijo Sunifredo el condado de Urgel, a Mirón II los de Cerdaña y Besalú, a Vifredo Borrell y Suñer, conjuntamente, los de Barcelona-Gerona-Vic, que se mantendrán unidos y serán el núcleo de la futura Cataluña.

La dependencia de los condados catalanes respecto al mundo carolingio ha hecho que se preste especial atención a la crisis del imperio para explicar la progresiva desvinculación de los condes, pero ésta sería inexplicable sin la existencia del mundo islámico: por un lado, la presencia de los musulmanes hace que la población apoye a los condes porque ve en ellos a sus jefes naturales, por encima del rey, cuya lejanía e impotencia le resta importancia ante los súbditos, especialmente cuando se producen ataques musulmanes que sólo el conde rechaza; por otra parte, es indudable que las disensiones musulmanas permiten la consolidación de los condados; gracias a ellas pudo Vifredo ocupar sin grandes dificultades la comarca de Vic, la extensa tierra de nadie entre carolingios y musulmanes, y crear en ella el condado de Ausona, el obispado de Vic y los monasterios de Ripoll y San Juan de las Abadesas, fundados como centros de repoblación de las tierras ocupadas, bajo el control de los hijos de Vifredo: en el primero ingresa como monje Adulfo, que aporta a Ripoll la parte que le corresponde en la herencia paterna, y la primera abadesa del segundo es Emma, hija del conde.

A la muerte de Vifredo (897), y tras ser restaurada la dinastía carolingia en la persona de Carlos el Simple, los condes catalanes reconocieron de nuevo la autoridad monárquica, pero ésta ya no fue efectiva. Vifredo Borrell fue el último conde de Barcelona que prestó homenaje de fidelidad a los reyes francos, para conseguir el reconocimiento oficial de los derechos heredados y, posiblemente, para buscar ayuda frente a los musulmanes del valle del Ebro que habían dado muerte a Vifredo I y habían obligado a evacuar la ciudad de Barcelona.

El Reino de Pamplona y el condado de Aragón

El valle del Ebro se sometió a los musulmanes, del mismo modo que el resto de la Península, sin oponer prácticamente resistencia; las escasas ciudades y los puntos estratégicos (Pamplona, Zaragoza y Huesca) recibieron guarniciones árabes o beréberes y se islamizaron rápidamente al convertirse a la religión de los vencedores los jefes visigodos. La separación respecto a Córdoba se inicia al mismo tiempo y tiene las mismas causas que en el territorio catalán: aprovechando las guerras civiles islámicas, los carolingios intentan dominar los pasos pirenaicos para prevenir nuevos ataques cordobeses, y hacia el año 800 los valles de Pallars y Ribagorza están unidos al condado de Toulouse; gobierna la zona de Jaca, en nombre del emperador, el franco Aureolo, y seis años más tarde el gascón Velasco está al frente de Pamplona.

Coincidiendo con los primeros enfrentamientos entre Luis el Piadoso y sus hijos, el conde aragonés expulsó del condado a los partidarios de mantener la vinculación con el imperio carolingio, pues a diferencia de lo que ocurre en los condados catalanes, donde el dominio franco sustituye al musulmán, en los Pirineos occidentales los carolingios son rechazados una vez que han liberado el territorio de la presencia islámica. Durante las guerras civiles carolingias de mediados del siglo, los aragoneses intentan mantener su independencia en un difícil equilibrio entre los poderosos vecinos: para hacer frente a la presión musulmana y carolingia, el conde se alía con el navarro García Íñiguez y cuando, una vez debilitado el Imperio y fragmentados los dominios musulmanes por las revueltas muladíes de la segunda mitad del siglo, la expansión hacia el sur y hacia el este de los navarros corte toda posibilidad de ampliación del territorio aragonés, Aznar II y Galindo II establecerán alianzas y pactos con los musulmanes de Huesca y con los condes de Gascuña, a pesar de lo cual no pudieron evitar que Sancho Garcés I de Navarra (905-925), con la ayuda de los asturleoneses, ocupara las zonas situadas al sur de Aragón y sometiera el condado a una discreta tutela que se reflejará en el matrimonio de la aragonesa Andregoto Galíndez con el navarro García Sánchez, cuyo hijo, Sancho Abarca, unirá en su persona Aragón y Navarra. El condado mantiene su propia organización interna, políticamente está dirigido por los barones aragoneses, e incluso refuerza su autonomía con la creación, en los primeros años del siglo x, de un obispado propio que rompe la vinculación eclesiástica con el mundo carolingio, que pierde fuerza, además, al producirse una importante migración de clérigos mozárabes que, a mediados del siglo IX, sustituyeron la organización y la cultura carolingia por la hispanogoda y crearon monasterios como el de San Juan de la Peña, al que las crónicas atribuyen orígenes legendarios parecidos a los de Covadonga.

Navarros y aragoneses se independizan al mismo tiempo que los carolingios, pero mientras los segundos, quizá por influencia visigoda o carolingia, se mantienen en un cierto estado de subordinación que se refleja en el título condal de sus dirigentes, los primeros forman una monarquía: sus jefes adoptan el título de reyes, con el que destacan su independencia frente a los carolingios y frente a los emires cordobeses. El carácter de esta monarquía durante el siglo IX nos es prácticamente desconocido, pero la escasa cristianización-visigotización del territorio y el rechazo de la influencia carolingia parecen indicar que los reyes no tenían otras características que las derivadas de su papel de señores naturales del país que se oponen a toda injerencia extraña y lo consiguen mediante una estrecha alianza con la poderosa familia muladí de los Banu Qasi del Ebro, aunque si las circunstancias lo aconsejan no dudarán en oponerse a ellos.

A fines del siglo VIII gobernaba Pamplona, en nombre del emir cordobés, un miembro de esta familia de conversos, Mutarrif, contra el que se sublevaron los pamploneses el año 798. Aliados a la familia pamplonesa de los Arista, los Banu Qasi recuperaron Pamplona el año 803 y extendieron su influencia hasta Zaragoza, pero su excesivo poder y las tendencias independentistas de los muladíes obligaron a intervenir al emir cordobés, que puso al frente del territorio a uno de sus fieles. Tras la muerte de éste, Carlomagno logró ocupar Pamplona, pero su dominio fue de corta duración. Los Arista, dirigidos por Íñigo Íñiguez, y los Banu Qasi bajo la dirección de Musa ibn Musa, expulsaron a los carolingios (816) y derrotaron a un nuevo ejército enviado por los francos ocho años más tarde. Debilitado el imperio carolingio y defendido en el sur por los muladíes, el Reino de Pamplona se afianza, aunque sin alcanzar la total independencia, pues en cierto modo es un protectorado de Musa ibn Musa, que alterna sus manifestaciones de independencia con la colaboración y la sumisión a los emires cordobeses y arrastra en su política a los reyes de Pamplona. La ruptura entre navarros y muladíes se produce hacia el año 858, cuando una flota vikinga penetra por el Ebro hasta los dominios navarros y se apodera del rey García Íñiguez sin que Musa interviniera en favor de su aliado; libre éste tras pagar un cuantioso rescate, se une a los astures de Ordoño I y juntos vencen a Musa en la batalla de Albelda (859), que algunos han querido identificar con la legendaria batalla de Clavijo. Un año más tarde, los Banu Qasi vengaban su derrota permitiendo el paso por sus dominios de un ejército cordobés que hizo prisionero a Fortún, hijo de García de Pamplona, y lo retuvo en Córdoba durante más de veinte años.

La fragmentación del territorio muladí a la muerte de Musa (862) fue catastrófica para el reino astur, ya que el foco muladí representaba una defensa indirecta frente a Córdoba; con la desaparición del escudo muladí, el reino astur queda expuesto a los ataques cordobeses y se hace preciso recrear una fuerza, un reino que impida o al menos debilite esta amenaza: tanto Ordoño I como su hijo y sucesor Alfonso III hicieron frente a los emires mediante una estrecha alianza con los hijos y nietos de Musa y, cuando éstos fueron derrotados y sustituidos por los tuchibíes, dedicaron especial atención a reforzar los lazos de amistad con Pamplona, donde la ausencia de Fortún Garcés —prisionero en Córdoba— permitió el ascenso de una nueva familia, la de los Jimeno, cuyo jefe, Sancho Garcés I (905-925) subió al trono con la ayuda asturleonesa.

El califato cordobés

El año 929, el emir Abd al-Rahmán III ponía fin a la teórica dependencia religiosa del islam peninsular respecto a Bagdad y se proclamaba califa o sucesor del profeta y jefe de los creyentes, título que usarían sus herederos hasta la desintegración política de al-Andalus en los primeros años del siglo XI. La adopción del título califal habría sido un gesto innecesario si se hubiese realizado pensando en Bagdad, a cuyos califas ignoran los omeyas desde fines del siglo VIII; el título no ataca ni pone en duda los derechos de los abasíes lejanos sino de los cercanos fatimíes que, desde el norte de África y basándose en las corrientes igualitarias del islam, pretenden reunificar el mundo musulmán bajo la bandera de los sucesores de Fátima, hija del Profeta, que da nombre al movimiento religioso-político.

Abd al-Rahmán III, que sólo después de veinte años de guerra había logrado dominar a los descontentos muladíes, necesitaba contrarrestar la propaganda fatimí y realzar su figura personal, objetivos que pretende al hacerse nombrar califa y que refuerza con una política intervencionista en el norte de África para alejar a los fatimíes de las rutas comerciales controladas por los mercaderes de al-Andalus; para defender los derechos y el prestigio de la dinastía dentro y fuera de al-Andalus y proteger los intereses comerciales, el califa modifica la organización militar e introduce en el ejército, junto a los árabes, cuerpos de mercenarios reclutados entre las tribus beréberes que le apoyan frente a los fatimíes y entre los esclavos o eslavos comprados en gran número en los mercados europeos.

Mientras los califas logran mantener unido el mosaico andalusí a través de un fuerte control de los dirigentes militares, al-Andalus es la mayor potencia política y económica y el centro cultural más importante de Occidente, pero en los años finales del siglo, la figura del califa ha perdido el prestigio de los primeros tiempos y el poder queda en manos de quien sea capaz de hacerse con él: Almanzor y sus hijos primero y, más tarde, los jefes militares beréberes, eslavos y árabes que se enfrentan por el control del califa y, a través de él, de al-Andalus. Los enfrentamientos son utilizados en beneficio propio por los cristianos del norte que, aliados a uno u otro de los bandos en lucha, saquean el territorio musulmán. La guerra civil y la anarquía se prolongan durante más de veinte años, al cabo de los cuales, en 1031, el califato omeya desaparece y es sustituido por una multitud de señoríos o reinos independientes dirigidos por los jefes militares árabes, eslavos o beréberes.

Pacificación de la Península

En el largo reinado de Abd al-Rahmán III (912-961) pueden distinguirse claramente dos etapas divididas por la aceptación, en el año 929, del título califal, que celebra el fin de las revueltas internas y señala el comienzo de la expansión cordobesa. Ninguna de las sublevaciones (Sevilla, Bobastro, Badajoz-Mérida, Toledo, Zaragoza...) será olvidada por el emir, pero sus campañas se dirigen inicialmente contra los rebeldes andaluces, sin cuyo control todo intento de dominar las marcas fronterizas habría sido inútil. Bobastro es el símbolo de la pérdida de autoridad de los emires y será el símbolo del nuevo poder; los restos de Umar y de su hijo Chafar fueron desenterrados y expuestos públicamente en Córdoba, medida con la que Abd al-Rahmán recuerda a los sublevados la suerte que pueden esperar y se acerca a los alfaquíes, que no olvidan la conversión de Umar al cristianismo.

El medio siglo de anarquía musulmana ha permitido a los reinos y condados cristianos afianzar y extender sus fronteras, especialmente en la parte occidental y en la zona oeste de los Pirineos, donde pamploneses y asturianos llevan a cabo una política conjunta frente a Córdoba y contra los caudillos semiindependientes de Zaragoza, a los que se unirán en ocasiones contra los cordobeses. Los avances por el norte de Portugal tuvieron su continuación en el saqueo de los castillos de Évora y Alange por Ordoño II, que resistió victoriosamente el ataque lanzado por el emir sobre San Esteban de Gormaz y atacó Talavera, al tiempo que Sancho Garcés de Navarra saqueaba las comarcas de Nájera, Tudela y Valtierra. Contra ambos combate el emir desde el año 918 hasta conseguir la victoria de Valdejunquera (920).

De la misma forma que las divisiones entre los musulmanes facilitan los avances cristianos, éstos se detienen debido a la falta de acuerdo entre los distintos reyes o a causa de los problemas internos en cada uno de los reinos y condados: las luchas por el poder en León, a la muerte de Ordoño II (924), dejaron aislado al monarca navarro cuya capital fue saqueada por el emir, y cuando Ramiro II logra unir a navarros y castellanos consigue una importante victoria en Simancas (939). A la muerte de Ramiro II, las disputas por el trono hacen innecesaria la intervención de las tropas cordobesas, aunque éstas realicen esporádicamente ataques en busca de botín: el califa explota en su beneficio las rivalidades entre Castilla y León, entre los diversos pretendientes al trono leonés, y entre la monarquía navarra y los reyes leoneses en un intento claro, y conseguido, de dividir y lanzar a unos cristianos contra otros de forma que las fronteras musulmanas no sean molestadas. El califa se convierte en el árbitro de las querellas entre cristianos y apoya a uno u otro de los pretendientes al reino leonés, al conde de Castilla o a los reyes de Navarra, de acuerdo con los intereses de Córdoba. Un intento de unir las fuerzas de León, Castilla, Navarra y los condados catalanes para sacudirse la tutela musulmana será fácilmente desbaratado por Al-Hakam II (961-976) a cuya corte acudirán a pedir ayuda y consejo los rebeldes y descontentos cristianos y los príncipes reinantes en una ininterrumpida sucesión de embajadas, como la que reunió el 1 de agosto de 974 en Córdoba al embajador del conde de Barcelona, al representante del conde castellano y al enviado de Fernando Ansúrez, señor de Peñafiel.

Si Abd al-Rahmán III y Al-Hakam II lograron la sumisión de los cristianos a través de una hábil política intervencionista, acompañada cuando era preciso del envío de expediciones militares, en los años de Hisham II Almanzor dio preferencia a las campañas de castigo, con las que busca prestigio y recursos económicos. Enriquecido en la administración califal y bien relacionado con los jefes de las tropas mercenarias, Almanzor pasa al primer plano político tras una brillante campaña contra los cristianos (977) que le permite sustituir al *hachib* o primer ministro de Hisham II, pero su riqueza y fuerza militar no bastan para hacer olvidar a los alfaquíes que el caudillo musulmán está usurpando los poderes del califa, y Almanzor se hace perdonar dando pruebas de extremado celo religioso manifestado en la depuración de la biblioteca de Al-Hakam II, en la ampliación de la mezquita de Córdoba y en la realización de continuas campañas contra los cristianos, las cuales sirven al mismo tiempo para sufragar los gastos exigidos por el mantenimiento de los mercenarios y para mantener a éstos alejados de toda ambición política. Durante el *reinado* de Almanzor (977-1002), las tropas cordobesas intervienen en León para sostener al pretendiente Vermudo II frente a Ramiro III, saquean las tierras cristianas y arrasan la mayor parte de sus ciudades, entre ellas Barcelona, León y Santiago de Compostela, contando para ello con el apoyo de algunos nobles leoneses opuestos a Vermudo II o del heredero de Castilla, Sancho García, contra su padre García Fernández. La tradición cristiana quiere que castellanos y leoneses unidos derroten al caudillo musulmán en Calatañazor (1000), pero en realidad esta batalla fue una victoria más de Almanzor sobre los cristianos, que sufrirán nuevas derrotas a manos de Abd al-Malik, hijo y sucesor del caudillo entre los años 1002 y 1008. Sólo cuando se rompe la colaboración entre los árabes andaluces y los mercenarios beréberes y eslavos, a partir del año 1008, pueden castellanos y catalanes inquietar las fronteras musulmanas con éxito y llevar sus tropas hasta Córdoba como auxiliares de uno u otro de los grupos musulmanes enfrentados.

Defensa de la dinastía y protección del comercio

La victoria del omeya Mohavia sobre los partidarios de Alí, yerno del Profeta, no puso fin a las aspiraciones políticas de éstos, que mantuvieron su oposición a los omeyas y, posteriormente, a los abasíes. La dureza de la persecución les obligó a transformarse en una organización secreta en cuyo seno surgieron teorías mesiánicas, según las cuales llegaría un día en el que la comunidad musulmana sería regida por uno de los descendientes de Alí, que permanecería oculto hasta que las circunstancias aconsejaran su aparición. Junto a este carácter mesiánico, el chiismo, y más concretamente el grupo más radical —el ismailismo—, desarrolla teorías igualitarias y ofrece una mejora en su situación a quienes acepten sus doctrinas, divulgadas en todo el islam a través de misioneros y mercaderes, uno de los cuales logra la adhesión de una tribu beréber, la organiza y la lanza contra los reinos aglabí y rustumí del norte de África en los años iniciales del siglo X. El califa fatimí no tardó en extender sus dominios a costa del reino idrisí y en dirección a Egipto con lo que controla todo el norte de África y amenaza por igual a los enemigos tradicionales del chiismo, a los omeyas peninsulares y a los abasíes de Oriente.

El peligro de sublevaciones internas suscitadas por las predicaciones fatimíes y el temor a que la ocupación de Sicilia y de las costas mediterráneas anulara el comercio de al-Andalus, y diera lugar con el tiempo a un desembarco en la Península, llevó a Abd al-Rahmán III a buscar el apoyo de los alfaquíes, guardianes de la ortodoxia, y a intervenir en el norte de África lanzando contra los fatimíes, miembros de la tribu kutama, a sus enemigos tradicionales, los beréberes zanata, y cuando la situación interna lo permite Abd al-Rahmán interviene directamente en el norte de África, ocupa Melilla en el año 927 y Ceuta cuatro años más tarde. La adopción del título califal (929) es el símbolo de la legitimidad de la dinastía omeya frente a quienes niegan sus derechos y utilizan la religión como vehículo de penetración política.

La ocupación de Ceuta obedece a dos razones que se complementan mutuamente: la ciudad ha sido siempre el lugar más apropiado para iniciar un desembarco en la Península, y es uno de los puntos terminales de las caravanas que desde el centro de África llevan el oro al Mediterráneo y, en consecuencia, lugar importante de intercambios comerciales. Su ocupación por los omeyas dificultaba o impedía el desembarco fatimí y garantizaba la continuidad del comercio por lo que, cubiertos estos objetivos, carecía de interés para el soberano omeya la ocupación real de un territorio fragmentado en numerosos principados difícilmente gobernables; menos costoso y más efectivo resultaba apoyar a los rebeldes, fuesen quienes fuesen —política que practica en la Península frente a los cristianos— y comprar o conseguir por otros medios la defección de los aliados fatimíes, que no tardan en concentrar sus fuerzas en la ocupación de Egipto. Frente a los gobernadores fatimíes del norte de África, la misión más importante no es militar sino política y se realiza mediante la distribución de espléndidos regalos entre los jefes beréberes y a través del envío de agentes secretos al campo enemigo con la misión de informar a los notables y al pueblo de que el omeya sólo aspira a mejorar su situación. Simultáneamente a estos esfuerzos, que movilizan todos los recursos económicos de al-Andalus, los sabios y poetas ponen a punto una teoría de la legitimidad de la dinastía omeya y de la doctrina malequí.

Esta política de atracción económica y religiosa de la población norteafricana puede verse claramente expuesta en la recepción dada en Córdoba, el 10 de junio del año 973, a los jefes beréberes: en ella se reparten donativos en dinero, ropas, armas y caballos entre los notables y se les distribuyen diplomas en los que se hace un breve resumen de los puntos básicos de la fe musulmana, tal como se la entiende en al-Andalus, y se detallan minuciosamente los derechos y obligaciones económicas de los súbditos respecto a los jefes beréberes, lo que no impide recordar la obligación de que se trate por igual a todos, palabras posiblemente destinadas a contrarrestar la propaganda igualitaria fatimí. Almanzor mantuvo la política de Abd al-Rahmán y de su hijo Al-Hakam II, y a medida que el peligro fatimí se aleja convierte el norte de África en el centro de reclutamiento de los soldados mercenarios utilizados en sus campañas contra los cristianos de la Península: el alejamiento de los turbulentos beréberes le permite mantener el control del Magreb, asegurar su posición en al-Andalus y llevar a cabo su política anticristiana.

África no monopoliza la política exterior de al-Andalus, cuyos mercaderes, piratas y embajadores se encuentran por todo el Mediterráneo y entran en contacto con el Imperio Romano-Germánico a través de los corsarios que desde Fraxinetum (La Garde-Freinet) saquean Provenza y la región de los Alpes, pese a la protesta del emperador Otón I. A los embajadores germanos y provenzales se unen mercaderes de Amalfi y de Cerdeña, embajadores de Roma en busca de reliquias de mártires y representantes de los emperadores bizantinos que traen consigo el manuscrito de la *Materia Médica* de Dioscórides y de la *Historia* de Paulo Orosio, así como columnas, fuentes y mosaicos para decorar la residencia califal, la ciudad-palacio de Medina al-Zahra, cuya construcción se inicia en el año 936 y se prolonga durante más de cuarenta años, utilizando materiales procedentes de todo el mundo conocido.

Símbolos y organización del califato

La orientalización iniciada en la primera mitad del siglo VIII se acentúa al adoptar Abd al-Rahmán el título califal: en adelante, los omeyas se considerarán no sólo jefes políticos sino también representantes de Dios en la tierra, lo que se traduce en una sacralización de la persona del califa, en la creación de una pompa que la realce y en el alejamiento respecto a los súbditos, que se logra mediante la implantación de un ceremonial estricto. El título califal se refleja igualmente en la acuñación de moneda. Abd al-Rahmán II fue el primer omeya en acuñar moneda de plata, aunque conservando en ella el nombre de los califas abasíes, y el califa cordobés acuña monedas de plata y de oro en las que pone su nombre en la leyenda central del reverso. Las relaciones con el norte de África proporcionan el oro en abundancia, y el activo comercio de al-Andalus, así como el prestigio de la dinastía, exigen una moneda prestigiosa y cotizada, por lo que el califa centraliza la acuñación en Córdoba para garantizar y controlar la calidad, aunque en ocasiones, y para facilitar el pago de las soldadas al ejército, se acuñe moneda en las ciudades de Sichilmasa, Fez y Nakur para evitar el trasporte del oro africano a la Península y el envío al norte de África de la moneda acuñada.

Como jefe espiritual y temporal de los creyentes, el califa preside la oración solemne de los viernes, juzga en última instancia, decide sobre el gasto público, dirige la política exterior, es el jefe supremo del ejército y dirige la administración personalmente o a través del *hachib* (primer ministro) que está al frente de los divanes, oficinas o ministerios entre los que tiene gran importancia la Cancillería o Secretaría de Estado, dividida en época de Abd al-Rahmán III, en cuatro departamentos, cada uno bajo la dirección de un visir. Directamente relacionado con la cancillería se halla el servicio de correos, que utiliza mulas para el trasporte de la correspondencia, negros sudaneses cotizados por su velocidad y resistencia física, palomas mensajeras para las noticias urgentes, y un sistema de señales luminosas y de humo para comunicar entre sí las distintas torres de vigía del litoral.

El diván de Hacienda está dirigido por tesoreros pertenecientes a la aristocracia árabe, bajo los cuales actúa un gran número de cristianos y judíos, como el jefe de las aduanas de Córdoba, médico y diplomático Hasday ibn Saprut, enviado por Abd al-Rahmán III a Pamplona para negociar la sumisión y el viaje a la capital del califato de la reina Toda y, de paso, curar la gordura del aspirante al trono leonés Sancho.

La administración de justicia está centralizada en manos de los omeyas, que nombran directamente a los cadíes o jueces y se reservan el papel de jueces supremos. Entre los jueces especiales, además del califa, existe el llamado *sahib al-mazalim* o juez de los agravios, que juzga fundamentalmente los casos de abuso de poder, siempre de acuerdo con procedimientos extraordinarios. El juez del zoco o mercado, el zabazoque de los textos castellanos, dirige al principio los servicios de policía, seguridad y administración urbana, pero desde mediados del siglo IX su actuación se limita a vigilar la actividad económica: represión de los fraudes, vigilancia de la calidad de los productos, de las pesas y medidas, de los precios... Las funciones de policía son competencia del *sahib al-shurta,* que entiende en las causas en las que el cadí o juez normal se declara incompetente y sanciona los delitos contra las personas y contra el interés público. Otro funcionario con atribuciones judiciales es el *sahib al-medina* (zalmedina), prefecto o gobernador de la ciudad.

El ministerio o diván del ejército está unido al de los servicios financieros, ya que una parte considerable de las rentas del Estado se dedica al mantenimiento del ejército encargado de la seguridad del emir, al pago de los mercenarios que aparecen ya en la época de Al-Hakam I. El ejército está integrado por los árabes y por sus descendientes quienes, a cambio de la concesión de tierras, están obligados al servicio militar, que prestan agrupados en sus organizaciones de origen tribal durante seis meses al año, en verano, cuando las cosechas están a punto de recogerse, cuando el daño causado es mayor y cuando los ejércitos cordobeses pueden encontrar a su paso abundantes provisiones que hacen innecesario el servicio de intendencia o reducen su importancia y gastos. Los mercenarios beréberes adquieren importancia a medida que aumentan los intereses de al-Andalus en el norte de África y de manera especial durante los años de Almanzor, que los utiliza como contrapeso a la aristocracia árabe y a los mercenarios eslavos que controlan Córdoba y pueden ser un peligro para su poder. Evitar este riesgo es la razón por la que el caudillo musulmán modifica la organización del ejército y rompe la organización tribal para evitar o dificultar las posibles conjuras, al tener que contar los jefes militares con los suyos y con soldados que nada les deben y que difícilmente se sumarán a la conspiración.

Pensamiento y cultura califal

A pesar de la resistencia de los alfaquíes, renace en estos años la tolerancia hacia las corrientes filosóficas no ortodoxas, hacia los mutazilíes y batiníes, cuyas doctrinas comenzaron a difundirse a mediados del siglo anterior, pero la tolerancia no supera los tiempos de Almanzor, necesitado del apoyo alfaquí, y si en el siglo IX se asalta la casa y se queman los libros del mutazilí Jalil al-Gafla, Almanzor manda expurgar la biblioteca reunida por Al-Hakam II, a pesar de lo cual la doctrina mutazilí se trasmite de manera clandestina y estará en la base de las ideas del primer gran filósofo hispanoárabe, Ibn Hazm.

El reducido número de musulmanes llegados a la Península y las dificultades de todo tipo que tuvieron que vencer antes de estabilizarse no permitieron o no hicieron necesaria la creación de centros para el culto islámico, y la apropiación de una parte o de la totalidad de las iglesias cristianas fue el sistema empleado por los árabes y beréberes de los primeros tiempos para dotarse de mezquitas hasta que Abd al-Rahmán I inició la construcción de la mezquita cordobesa en los años 785-786, como lugar de culto sin duda y, también, como manifestación de la independencia de la dinastía omeya frente a los abasíes de Bagdad. El segundo Abd al-Rahmán amplía la mezquita de Córdoba y construye otras, hoy desaparecidas, en Sevilla, Baena y Jaén; restaura y construye puentes, caminos, murallas y fortalezas como la alcazaba de Mérida, construida para asegurar el control de la ciudad frente a los levantiscos muladíes.

La adopción del título califal por Abd al-Rahmán III repercute también en el campo artístico; el califa necesita demostrar que el nuevo título va unido a un nuevo concepto del poder y lo probará con la construcción de edificios que, además de cumplir sus finalidades específicas, recuerden a los cordobeses y a los visitantes la riqueza e importancia del soberano omeya. Estos edificios son la residencia construida en Medina al-Zahra y el alminar o campanario de la mezquita de Córdoba, desde donde el almuédano llama a la oración. Medina al-Zahra es una auténtica ciudad que servirá al califa de residencia y de sede de los organismos centrales de gobierno. Para los califas, la construcción de palacios o la ampliación de la mezquita son una manifestación de poder y a ella añade Almanzor el deseo de probar su fervor religioso y atraerse a los alfaquíes, muchos de los cuales figurarían entre los 159 agregados al servicio del palacio. Reservada Medina al-Zahra como residencia del califa, Almanzor hizo construir otro palacio de gobierno, Medina al-Zahira, que compitió en importancia y esplendor con la residencia califal.

Junto a estas magníficas construcciones se encuentran otras que en nada desmerecen y convierten a Córdoba en la ciudad más importante del mundo occidental, con veintiún arrabales o barrios, dotado cada uno de mezquita, mercado y baños; con siete puertas que se abren a los caminos de Algeciras, Zaragoza, Toledo, Talavera, Badajoz, Sevilla...; con numerosos puentes sobre el Guadalquivir; con un palacio hasta el que llega el agua de las montañas y es distribuida desde él a todos los barrios de la ciudad, donde hay jardines en gran número y de extraordinaria calidad desde la época del primer omeya, apasionado de las flores y nostálgico de su lugar de procedencia hasta el punto de intentar reconstruir en Córdoba los jardines de Siria.

Menos llamativas que las construcciones, pero no menores exponentes de la época califal, son las actividades literarias y científicas que tienen lugar por estos años en al-Andalus. Los conocimientos literarios de los primeros árabes llegados a la Península son limitados y, como en tantos otros campos, hay que esperar a los años de Abd al-Rahmán I para que se difunda en la Península la poesía clásica árabe, cuyo canto de la vida del desierto y de la gloria de tribus y clanes se opone a la nueva poesía (abasí), abierta a temas de la vida comunitaria que ya nada tienen que ver con el medio geográfico ni con la sociedad en la que surgió el islam. Al reanudarse los contactos con Oriente, en época de Abd al-Rahmán II, se difunde la nueva poesía en la que se abandona el canto a los camellos, que pocos han visto, por la descripción de escenas de la vida diaria, como las narradas por Yahya ibn al-Hakam, llamado Al-Gazal, al que se debe una descripción de la vida libertina y bohemia de al-Andalus a mediados del siglo IX. La difusión de esta poesía popular, liberada de la rígida estructura métrica clásica, daría lugar, en contacto con la poesía romance, a composiciones populares hispánicas como la *muasaja,* formada por una serie de estrofas, la última de las cuales es una cancioncilla romance.

La magnificencia de los califas y su interés por la cultura atrae a la corte a numerosos poetas áulicos, encargados de glosar en sus poemas los hechos de los califas, y a historiadores que se ocupan del pasado de al-Andalus, como Ahmad ibn Muhammad al-Razi, autor de una historia general de la Península desde la época legendaria hasta mediados del siglo X; su hijo Isa ibn Ahmad al-Razi redactó unos *Anales* de al-Andalus, que fueron utilizados por la mayoría de los cronistas posteriores; Muhammad al-Jushani nos ha trasmitido una *Historia de los jueces de Córdoba* que permite conocer no sólo la actuación de los cadíes sino también la vida cordobesa. Un descendiente de los reyes visigodos, Ibn al-Qutiyya (el Hijo de la Goda), es el autor de una Historia de la conquista de al-Andalus desde la invasión musulmana hasta la toma de Bobastro por Abd al-Rahmán III...

El cultivo de las ciencias en el mundo musulmán se inicia tempranamente en Oriente, al favorecer los califas la traducción de obras médicas y científicas del mundo antiguo, sea éste griego, indio, persa o chino, y pronto estos conocimientos llegan a Occidente, como se comprueba en el caso de la matemática india, adaptada por Al-Huarizmí el año 839 y llegada a la Península en el reinado de Abd al-Rahmán II hacia el año 844. Los números actualmente utilizados proceden de la India y, tras la exposición de Al-Huarizmí —guarismo es la lectura romance del nombre del matemático árabe— de las reglas necesarias para operar con ellos, pasan de al-Andalus a los dominios cristianos de la Península en el siglo x y más tarde a Europa, adonde llegan por los mismos caminos andalusíes novedades técnicas y productos como el papel, fabricado en el Turquestán por artesanos chinos en el año 757, conocido en el norte de África a comienzos del siglo x y utilizado en la Península en los años centrales del siglo. No menos importante es la difusión de la técnica de construcción de molinos de viento, de la conservación de la nieve, el uso de la vela latina en la navegación o la captación de aguas subálveas a la que parece deber su nombre Madrid, que, según Vernet, significaría algo parecido a curso de agua abundante.

Entre los estudios científicos más desarrollados en al-Andalus figuran los de medicina y astronomía. La medicina, ejercida de un modo práctico por cristianos y judíos hasta los años de Abd al-Rahmán II, comienza a ser cultivada por los musulmanes emigrados de Oriente, basándose en una traducción incompleta de la obra de Dioscórides realizada por un tal Esteban, que tradujo el texto del griego al árabe dejando en griego los nombres de los medicamentos, de los que nada sabía; esta versión se ve reforzada en la época califal al enviar la obra de Dioscórides como regalo el emperador bizantino Constantino VII, que recuerda que de nada sirve el texto si no es traducido por alguien «avezado en el griego y que conozca las propiedades de esas drogas». La falta de traductores expertos fue subsanada con el envío desde Bizancio del monje Nicolás que, junto a los médicos de Córdoba, tradujo la obra e hizo posible el conocimiento de las propiedades de las plantas.

La astronomía, aunque no permitida por los malequíes, tuvo gran número de cultivadores en la época de Al-Hakam II; entre ellos destaca Abu-l-Qasim Maslama, el Madrileño, considerado el astrónomo más sabio de su tiempo, que se dedica a observar los astros y a entenderlos con ayuda de las obras de Ptolomeo y de Al-Juarizmí, y es el maestro de una generación de astrónomos y autor de textos que en versión latina llegan al monasterio de Ripoll, donde a fines del siglo x son consultados por Gerberto, que, nombrado papa con el nombre de Silvestre II, mantuvo los contactos con los traductores latinos y árabes, entre los que figura *Josephus Sapiens,* José el Sabio, nombre que por sí sólo habla de la alta estima en que se tenían sus conocimientos.

La fragmentación de al-Andalus

La pacificación de los dominios musulmanes, la renovación cultural y administrativa y los éxitos militares conseguidos frente a cristianos y fatimíes no fueron suficientes para poner fin a las tendencias disgregadoras de los musulmanes peninsulares, que fueron reforzadas por los conflictos étnico-sociales provocados por el ascenso social, económico y militar de los mercenarios beréberes y de las tropas eslavas.

Almanzor sigue en apariencia las directrices señaladas por los primeros califas: mantenimiento del orden en el interior y expansión militar y económica, pero las diferencias son importantes: la política expansiva de Abd al-Rahmán y Al-Hakam es la culminación de un proceso cuyo punto de partida es la pacificación interior, sin la cual no hay ni puede haber expansión; ésta es el resultado de la coordinación de los intereses del califa y de la aristocracia hispanoárabe, con la que colaboran y a cuyo servicio están las tropas mercenarias. Con Almanzor, los términos se invierten: enfrentado a la nobleza árabe, sólo puede dominarla con la ayuda de los mercenarios, que pasan al primer plano político y social y cuyos éxitos militares son imprescindibles para mantener el orden en el interior. En el primer caso, la pacificación interna estaba al servicio de la expansión; en el segundo, sin triunfos militares no hay paz interior. Simple escribano público en sus comienzos, Muhammad ibn Abi Amir (Almanzor), en pocos años logró ser nombrado administrador de los bienes del heredero califal, director de la Ceca, cadí de Sevilla-Niebla, administrador del dinero destinado a pagar los servicios de los beréberes norteafricanos contra los fatimíes y, finalmente, inspector general de las tropas mercenarias, cargo que desempeñaba al morir Al-Hakam (976) y que le permitirá acceder al poder, con poderes absolutos, a partir del año 981. De esta fecha data el sobrenombre honorífico de Al-Mansur (Almanzor, el Victorioso) y la adopción del ceremonial reservado a los califas; diez años más tarde renunciará en favor de su hijo Abd al-Malik al título de *hachib* y adoptará el de Señor, completado en el año 996 con el de Noble Rey, a pesar de las continuas protestas de la aristocracia árabe, cuyos cuadros militares fueron desorganizados al obligar a los árabes a integrarse en las compañías de mercenarios, cuyo número aumenta continuamente hasta llegar a consumir la mayor parte de los ingresos del Estado.

A través de estos mecanismos y actuaciones, las diferencias entre los diversos grupos étnicos se exacerban y al-Andalus entra en un círculo vicioso que provocará su ruina: sin un aumento continuo de los efectivos mercenarios, Almanzor será incapaz de gobernar, y para pagar a sus tropas el caudillo árabe necesita incrementar los impuestos —lo que se reflejará en un aumento del malestar y de la oposición interna— o desviar la atención de los súbditos proyectándola hacia el exterior, hacia el mundo cristiano y fatimí que, al mismo tiempo, proporcionan abundante botín con el que cubrir las crecientes necesidades y exigencias de los mercenarios. Indispensables en el terreno militar, eslavos y beréberes exigen una mayor participación en el poder, por el que se enfrentan abiertamente, y desplazan a la aristocracia árabe de los puestos de gobierno.

La fuerte personalidad de Almanzor y de su hijo Abd al-Malik (1002-1008), así como la próspera situación económica de al-Andalus, hicieron posible la supervivencia del edificio político omeya, pero bastará que Abd al-Rahmán Sanchuelo, segundo hijo de Almanzor, se haga proclamar heredero por Hisham II, para que se manifieste públicamente, una vez más, el descontento de la nobleza árabe, que nombra califa al omeya Muhammad II; Abd al-Rahmán, abandonado de todos, fue ejecutado el año 1009, restableciéndose de este modo la legitimidad dinástica. Al triunfo de la aristocracia árabe siguió una persecución de los mercenarios beréberes, que no tardaron en sublevarse y en elegir califa, con el apoyo de Castilla, a otro omeya contra el que combatirán árabes y eslavos con la ayuda de los condes de Urgel y de Barcelona. En menos de dos años, los musulmanes han pasado de árbitros en las querellas entre cristinos a solicitar el apoyo de éstos en sus luchas internas, formalmente en defensa del califa y en realidad luchas por el control del poder por cada uno de los grupos militares, que nombran y deponen califas, en principio entre miembros de la familia omeya hasta que los beréberes aceptan, el año 1016, a uno de los suyos. Con este nombramiento desaparece la ficción de legalidad y aunque hasta 1031 haya un califa en Córdoba, desde mucho antes al-Andalus está dividido en reinos independientes dirigidos por los jefes beréberes, eslavos o árabes, que mantendrán sus enfrentamientos en los años posteriores y con ellos favorecerán el afianzamiento de los reinos cristianos.

Las bases del predominio musulmán

Junto al botín y los tributos pagados por cristianos y musulmanes, la explotación de los campesinos mozárabes y de los musulmanes no árabes fue la base de las finanzas estatales y de los ingresos de la nueva aristocracia de al-Andalus durante los siglos VIII y IX. Las tierras, los bienes y los hombres de los nobles visigodos derrotados fueron repartidos entre los musulmanes como pago de los servicios prestados y de los que, fundamentalmente de carácter militar, deberían prestar en el futuro.

Igual que en época visigoda, predomina la gran propiedad cultivada por siervos a los que se unirán en el trabajo campesinos libres que pagan censos variables o se hacen cargo de la tierra mediante contratos de aparcería. Los productos más frecuentes son los cereales y la aceituna, para cuya molturación existían numerosos molinos de viento e hidráulicos, algunos de los cuales estaban montados sobre balsas y podían, por consiguiente, desplazarse a lo largo de los ríos. También la vid, a pesar de las prohibiciones coránicas sobre el consumo de alcohol, tuvo gran importancia. Pero los musulmanes no se limitaron a estos productos ni mantuvieron durante mucho tiempo el cultivo extensivo de épocas anteriores; procedían del desierto, en el que era preciso aprovechar al máximo los recursos, y practicaban un cultivo intensivo que exigía frecuentes y complicadas obras de irrigación gracias a las cuales aumentó considerablemente el rendimiento de la tierra; al mismo tiempo, aclimataron productos hasta entonces desconocidos en la Península como arroz, caña de azúcar, granadas, agrios, dátiles... y plantas aromáticas e industriales como el azafrán, el algodón, la morera para los gusanos de seda...

Por otra parte, los éxitos militares del islam irán seguidos de la puesta en circulación de grandes cantidades de oro y plata procedentes del botín, del pago de impuestos por los pueblos sometidos y del establecimiento de un comercio activo o de un control político-militar sobre las zonas productoras de oro y plata. Este incremento monetario, combinado con una mano de obra barata (esclavos turcos, africanos y eslavos), permite diversificar la producción, llegar a una división del trabajo sin la cual no habrían existido las ciudades, centros en los que proliferan artesanos y mercaderes junto a hombres de ciencia y de religión que hacen suya la cultura griega que, más tarde, pasará en traducciones del árabe al latín a todo Occidente.

En al-Andalus, como en el resto del mundo islámico, el asentamiento de la aristocracia árabe y de los funcionarios en los centros urbanos atrajo hacia éstos a los hombres y productos del campo en forma de censos, impuestos o productos alimenticios que contribuyeron a revitalizar las ciudades en las que, desde fecha temprana, aparecieron las primeras industrias y los mercaderes encargados de captar las materias primas y de distribuir los artículos elaborados. Mercados permanentes cuya importancia exige que se regulen las actividades comerciales, que se nombre un jefe del mercado o zabacoque y que se escriban manuales para uso de estos funcionarios, las ciudades de al-Andalus son también centros artesanales en los que se trabaja la madera, el cuero, el vidrio, los metales..., en los que existe una importante industria textil cuyas materias primas son la lana, el lino, el algodón y la seda, donde se preparan medicamentos y colorantes... Como industrias especializadas del mundo islámico y de al-Andalus, destacan las de fabricación de tejidos de lino, lana, algodón y seda, la de tapices, trabajo de la madera, cuero, metales y marfil; industrias del vidrio y de la cerámica, fabricación de papiro, pergamino y papel..., artículos que por sí solos están indicando que la industria no se alimenta sólo ni produce exclusivamente para el mercado interior; las materias primas y la mano de obran proceden en parte del exterior, de Europa, del mundo islámico o de China y la India, y los mercaderes de al-Andalus llevan por todo el Mediterráneo los productos elaborados en las ciudades. La existencia de este activo comercio interior e internacional supone una moneda que, sin perder su carácter político (es ante todo reflejo y manifestación del poder de quien la acuña), es al mismo tiempo el instrumento que posibilita los intercambios con Oriente y con Europa.

El triunfo abasí en Oriente (750) repercutió de modo negativo sobre el incipiente comercio peninsular, pero ya en la primera mitad del siglo IX los contactos se habían restablecido hasta el punto de que Abd al-Rahmán II pudo organizar su corte a imitación de la de Bagdad. Las relaciones comerciales fueron especialmente intensas con el norte de África donde marinos y mercaderes de al-Andalus desembarcaban en otoño, permanecían comerciando con las tribus del litoral durante el invierno y regresaban a la Península en primavera; durante sus ausencias, los intereses de los andalusíes quedaban en manos de representantes que fijaban su residencia en los lugares más aptos para los intercambios, en forma similar a la empleada cien años más tarde por los escandinavos en territorio eslavo. Las diferencias religiosas no impidieron los intercambios con Europa, donde se compran pieles, madera para la construcción naval, metales, armas —a pesar de las prohibiciones pontificias— y esclavos a cambio de productos manufacturados y moneda. El comercio más importante es el de los esclavos, cuyo tráfico estaba asegurado por los mercaderes judíos establecidos en las zonas del Alto Danubio y del Rin y en los valles del

Mosa, Saona y Ródano, desde donde los *rebaños* de esclavos llegan a Córdoba pasando por Narbona y Barcelona.

El imperio de los clérigos leoneses

La unidad visigoda, resucitada por los cronistas de Alfonso III, choca con la realidad política, con una Hispania fragmentada en reinos y condados que si están de acuerdo en la conveniencia de expulsar a los musulmanes, de reconquistar el viejo territorio godo, no están dispuestos a reconocer la autoridad del monarca leonés reflejada en el título de emperador, de rey de reyes, que algunos clérigos leoneses dan a Alfonso III aunque éste jamás utilice el título imperial. Con el traslado de la capital a León en los años iniciales del siglo X y la ocupación-repoblación de numerosos lugares en el valle del Duero, León es el reino cristiano más poderoso y su importancia se refuerza por la invención o descubrimiento del sepulcro de Santiago, que convierte a Compostela en la segunda sede apostólica de Occidente después de Roma y le concede una cierta autoridad sobre los clérigos de los demás reinos y condados cristianos o, al menos, así lo creyó el monje Cesáreo de Montserrat cuando, a mediados del siglo, pretendió restaurar la sede arzobispal de Tarragona y en lugar de acudir a Roma se hizo nombrar por los obispos leoneses.

Si en el campo de las ideas, la unidad era aceptada por clérigos como Cesáreo, en la práctica reyes y condes cristianos no aceptan la dirección leonesa: los condes catalanes no concedieron validez al nombramiento de Cesáreo, y la hegemonía real durante la segunda mitad del siglo X corresponde al Reino de Navarra, cuyos monarcas intervienen en el nombramiento y destitución de los reyes leoneses, que fueron incapaces de mantener la unidad de sus dominios, de los que se independizó Castilla y en los que los condes gallegos actuaron con gran independencia, con el apoyo en algunos casos de los musulmanes, árbitros entre los aspirantes al trono leonés.

La división leonesa

Las diferencias entre los territorios que forman el reino surgen de nuevo en los años finales de Alfonso III, cuyos hijos se sublevan contra el monarca y, a su muerte, se proclaman reyes de León, Asturias y Galicia (años más tarde, los hijos de Ordoño se titularán, respectivamente, reyes de León, de Galicia o de Portugal), aunque reconociendo la superioridad leonesa. Cuando Ordoño II (914-924) reconstruye la unidad del reino, los castellanos se niegan a secundar la política real de alianzas con Navarra, por entender que favorece la expansión de este reino por La Rioja a costa de los castellanos, cuyos condes son destituidos por no participar en la batalla de Valdejunquera (920), con la que Abd al-Rahmán III recuerda a los cristianos —leoneses y navarros— que los problemas internos de al-Andalus han finalizado y que en adelante impedirá la repoblación de lugares estratégicos como San Esteban de Gormaz, Osma, Viguera...

A la muerte de Ordoño, sus hijos se dividen el reino, y León no recobra la unidad hasta el reinado de Ramiro II (931-951), que intenta unir a los cristianos contra el califa, apoya a los rebeldes toledanos, refuerza la alianza con Navarra e intenta atraer a los tuchibíes del Ebro para enfrentarse a Abd al-Rahmán, al que derrota en Simancas (939), victoria que le permite consolidar las posiciones leonesas en el valle del Duero y repoblar Sepúlveda, Ledesma y Salamanca. Las victorias frente a los musulmanes no impidieron que el conde castellano Fernán González se sublevara y pusiera las bases de la independencia del condado, efectiva a la muerte de Ramiro, con la que se inicia la decadencia del reino leonés, cuyos monarcas son nombrados por castellanos y navarros, tan pronto aliados como enfrentados entre sí y ambos sometidos a la tutela de los omeyas, en cuya corte hallan refugio los monarcas destronados y los aspirantes al trono, y a la que acuden condes y reyes para buscar la salud y apoyo militar o para reconocer su dependencia de Córdoba y pagar los tributos exigidos por los califas.

Fernán González y la reina Toda de Navarra ponen y quitan reyes a su antojo, llegando en ocasiones a unirse a los musulmanes, lo que no evitará que leoneses, castellanos y navarros sean derrotados por Al-Hakam (963) y que Córdoba se convierta en lugar de peregrinación de los condes de Barcelona, de Galicia, de Castilla y de Saldaña, de los reyes de Navarra y de León. Su obediencia y sumisión no evitaron la destrucción de Zamora por Almanzor el año 981 ni la derrota de castellanos, navarros y leoneses ante Rueda el mismo año. Las tropas cordobesas permanecen en León y saquean Coimbra, Sahagún, Eslonza... con ayuda de condes gallegos y leoneses rebeldes al monarca. Tras las campañas contra Santiago de Compostela (997), Almanzor será nuevamente llamado a actuar como árbitro entre el conde castellano y el portugués Menendo González, que se disputan la tutela del nuevo rey, Alfonso V...

El reino leonés, debilitado por las guerras civiles que se suceden desde mediados del siglo x, es incapaz de ampliar sus fronteras al disgregarse el califato y no puede evitar la presión castellana, que será sustituida por la navarra al morir el conde García (1029) e incorporarse Castilla a los dominios de Sancho el Mayor, cuyas tropas llegaron a ocupar León, donde algunos documentos dan a Sancho el título de emperador, quizá para indicar su poder y su autoridad sobre tierras leonesas. Fernando I, hijo de Sancho el Mayor de Navarra, convertido en rey de Castilla en 1035, derrotará al último rey leonés, Vermudo III, dos años más tarde y se proclamará rey de León.

Castilla independiente

En sus orígenes, Castilla no es sino la frontera oriental, escasamente poblada, del reino asturleonés, la zona más expuesta a los ataques cordobeses por el sur y a la penetración de los musulmanes del Ebro por el este. Al mismo tiempo, es una zona de predominio de llanuras, si se compara con las tierras montañosas del reino, y estas circunstancias harán de Castilla una comarca diferenciada dentro del reino. Por una parte, su población ha de ser eminentemente guerrera: cuando Alfonso I de Asturias aprovecha la sublevación beréber para desmantelar las guarniciones musulmanas, la población mozárabe de Castilla se retira a las montañas, donde es más fácil la defensa, y Castilla será repoblada en los siglos IX y X por vascos occidentales poco *civilizados,* es decir, poco adaptados al sistema de vida romanovisigodo. La libertad individual frente a la servidumbre gótico-asturleonesa será la primera característica de la población castellana, de los campesinos-guerreros que defienden la frontera de los ataques muladíes y cordobeses.

Los repobladores de Castilla no conocen la jerarquización social acentuada que, derivada del mundo visigodo, se impone en el reino leonés, y las desigualdades que pueden observarse entre los primeros castellanos proceden no de la herencia sino de la función que cada uno desempeña en una sociedad guerrera: será noble aquel que por su riqueza esté capacitado para combatir a caballo, pero su situación no es muy diferente a la de sus convecinos si exceptuamos una cierta benevolencia del fisco hacia estos caballeros villanos. El carácter fronterizo de Castilla no anima, al menos hasta época tardía, a instalarse en ella ni a la vieja nobleza visigoda ni a los clérigos mozárabes huidos de Córdoba, y en Castilla no existirán grandes linajes ni proliferarán, como en León, los monasterios y las grandes sedes episcopales que son los dueños de la tierra, de la riqueza, y poseen la fuerza necesaria para someter a los campesinos libres que subsisten en las montañas asturleonesas o en las nuevas tierras repobladas. En Castilla no se produce, por tanto, al menos hasta época tardía, la concentración de la propiedad que puede observarse en otras zonas, y se mantiene la libertad individual, que está además garantizada por la mayor resistencia que pueden ofrecer las comunidades rurales —frente al hábitat disperso de la montaña, la población castellana está agrupada en núcleos de relativa importancia— a la absorción de sus bienes y personas por los grandes propietarios.

El origen de sus pobladores y la situación fronteriza del territorio explican las diferencias sociales y económicas del territorio castellano, distinto también desde el punto de vista jurídico: sin una tradición visigótica fuerte, Castilla, como todas las sociedades primitivas, prefiere la costumbre ancestral, la decisión de hombres justos, a la ley representada por el *Liber Iudiciorum* visigodo, y cuando los castellanos crean sus propias leyendas las centran en los jueces de Castilla, que son los representantes y defensores de la diferenciación jurídica y política respecto a los leoneses, diferenciación que no es sino la expresión de formas distintas de vida.

El proceso de independencia de Castilla es, en muchos puntos, similar al de los condados catalanes; la división de Castilla en numerosos condados, cuyos dirigentes no siempre actúan de acuerdo, permite a los monarcas de León mantener la autoridad sobre la zona, pero las necesidades militares exigen un poder unificado al que se llega cuando Fernán González recibe de Ramiro II los condados de Burgos, Lantarón, Álava, Lara y Cerezo. Las dificultades internas de León a la muerte de Ramiro serán utilizadas por Fernán González para afianzar su independencia y ampliar sus dominios mediante una hábil política de injerencia en los asuntos leoneses, apoyando según su conveniencia a uno u otro candidato al trono leonés. Alternando la sublevación armada con la sumisión y con los pactos con Navarra, Fernán González consigue mantener unidos los condados castellanos y trasmitirlos a su hijo García Fernández que actuará como señor independiente aun cuando reconozca la superioridad teórica del monarca leonés.

Enfrentado a los mejores generales musulmanes, el conde castellano favorece a los campesinos que puedan disponer de un caballo apto para la guerra, les concede la categoría de infanzones o miembros de la nobleza de segundo grado y con su ayuda ocupa diversas plazas en la zona del Duero. García alterna la guerra con la sumisión a Córdoba y provoca disensiones entre los musulmanes al atraer a su bando a uno de los hijos de Almanzor, pero no puede evitar que su propio hijo, Sancho, colabore con los musulmanes y, más tarde, pida a Almanzor, sin éxito, la tutela del rey leonés Alfonso V.

Desaparecido el peligro musulmán al producirse los enfrentamientos entre beréberes y eslavos, Sancho vende sus servicios militares a los primeros, de los que obtiene algunas plazas fronterizas en el valle del Duero, en el que se intensifica por estos años la labor de repoblación y se fortalece la autoridad condal hasta el punto de que a la muerte de Sancho (1017) el condado pudo ser regido por un menor de edad, García. El asesinato de García en León, cantado por los juglares en el *Romanz del Infant García,* llevaría a los castellanos a entregar el condado a Sancho el Mayor de Navarra, que lo entregaría a uno de sus hijos, Fernando, convertido en reino.

Navarra y Aragón

La rapidez y profundidad de los avances cristianos en la zona occidental sólo puede explicarse si aceptamos la relativa despoblación de esta zona y el escaso interés de los musulmanes por asentarse en ella tras el abandono de las guarniciones beréberes a mediados del siglo VIII. El valle del Ebro está mucho más poblado y sus dirigentes, árabes o miembros de la nobleza visigoda convertidos al islam, ofrecen una gran resistencia, por lo que los avances cristianos serán mucho más lentos.

Ya antes de la intervención carolingia, los pamploneses se habían negado a seguir pagando tributo a los musulmanes, y probablemente adoptaron la misma medida los habitantes del Pirineo aragonés, con lo que unos y otros rompían el único lazo que los unía al mundo musulmán, con el que comienzan a tener fronteras en una línea que se extiende desde la sierra de Codés en occidente hasta Benabarre pasando por el valle de Berrueza, las estribaciones de Montejurra y el Carrascal hasta el río Aragón en Pamplona, y desde el Aragón por Luesia, Salinas, Loarre, Guara y Olsón en el condado aragonés. Esta línea no fue superada hasta comienzos del siglo X, en tiempos de Sancho

Garcés I (905-925). Con la ayuda leonesa, Sancho I extiende sus dominios sobre Monjardín, Nájera, Calahorra y Arnedo a pesar de la derrota sufrida en Valdejunquera; su expansión se realiza igualmente hacia el este por la cuenca del Aragón, con lo que el condado aragonés queda sin posibilidad de ampliar su territorio excepto por la orilla izquierda del Gállego: Aragón acabará uniéndose al reino navarro aunque conserve sus instituciones y su propia personalidad. El artífice de la unión navarro-aragonesa, con la que se inicia la hegemonía navarra sobre los reinos cristianos, parece haber sido la reina Toda, regente de García Sánchez I, al que casó con Andregoto Galíndez de Aragón y al que hizo intervenir decisivamente en León al morir Ramiro II.

Toda, aliada al castellano Fernán González o de acuerdo con los califas, nombra y depone reyes en León y pone en peligro la independencia de Castilla, cuyo conde tuvo que renunciar, en favor de Navarra, al monasterio de San Millán de la Cogolla y a su entorno, que sería saqueado por Almanzor lo mismo que Santiago de Compostela, a pesar de la sumisión navarra y leonesa a los musulmanes en los últimos años del siglo X. Tanto Vermudo II de León como Sancho II de Navarra reconocieron su dependencia de Córdoba mediante la entrega a Almanzor de una hermana y una hija como esposas, respectivamente.

Sancho III el Mayor (1005-1035), al que algunos textos llaman *emperador* cuando ocupa León, la capital de los sucesores de los visigodos, puede ser considerado el primer monarca europeo de la Península sobre cuyos reinos cristianos ejerce un auténtico protectorado; como defensor y cuñado del infante García de Castilla interviene en este condado, se enfrenta al monarca leonés y ocupa la capital del reino; incorpora a sus dominios los condados de Sobrarbe y Ribagorza, obtiene el vasallaje del conde de Gascuña y, no sin razón, puede afirmar que su reino se extiende desde Zamora hasta Barcelona, aunque su autoridad es muy desigual: en unos casos se hace efectiva mediante la intervención militar, como en el caso castellano; en otros, su hegemonía es reconocida gracias a una hábil combinación de la diplomacia y de las armas que le permiten alternar los ataques al reino leonés con la creación en los dominios leoneses de un partido favorable al monarca navarro; en Gascuña y en Barcelona la autoridad de Sancho es más nominal que efectiva y adopta la forma feudal europea... Los territorios anexionados en ningún caso pierden su personalidad: Castilla fue incorporada a Navarra previo el compromiso de Sancho de confiar el gobierno del condado al segundo de sus hijos, y puede suponerse que a un acuerdo similar se llegaría en el caso de Sobrarbe y Ribagorza, dejados por Sancho en su testamento a otro de sus hijos, Gonzalo.

Sancho es el protector de las nuevas corrientes eclesiásticas representadas por Cluny, cuya observancia introduce en el monasterio aragonés de San Juan de la Peña y en el navarro de Leyre, desde los que se realiza una importante labor de cristianización de las masas rurales. A Sancho se debe la reparación y modificación de los caminos seguidos por los peregrinos que atraviesan Navarra para dirigirse a Santiago de Compostela, y sus contactos políticos con el mundo europeo le llevan a considerar el reino como una monarquía cuya unidad vendría dada por las relaciones feudales existentes entre sus hijos, entre los que distribuye sus dominios aunque reservando la hegemonía, una cierta superioridad feudal, a García, rey de Navarra, sobre sus hermanos los reyes de Castilla (Fernando), de Aragón (Ramiro) y de Sobrarbe-Ribagorza (Gonzalo). La división es fruto no sólo de la decisión personal del rey sino también el reconocimiento de que tanto los castellanos como los aragoneses se sienten y son distintos de los navarros.

Los condados catalanes

La frontera cristiano-musulmana se estabiliza desde comienzos del siglo IX en la línea formada por las sierras de Boumort, Cadí, Montserrat y Garraf, quedando entre las primeras una amplia zona de nadie que no será ocupada hasta la época de Vifredo y de manera definitiva en los años finales del siglo X, coincidiendo con los ataques de Almanzor. La repoblación fue hecha por el sistema de *aprisio* o presura controlada por los condes y por sus funcionarios y en ella colaboraron activamente la sede episcopal de Vic y los monasterios de Ripoll y de San Juan de las Abadesas, a los que se unen los nobles con sus siervos y vasallos, y grupos numerosos de campesinos, pequeños propietarios cuya situación y evolución histórica será semejante a la de los instalados en Galicia y León: libres inicialmente, perderán la libertad en un largo proceso que se extiende hasta el siglo XI y del que nos ocuparemos más adelante.

La fragmentación política es una constante en la historia de los dominios cristianos de la zona oriental, pero esta corriente disgregadora coexiste con una tendencia a la unidad, manifestada en el reconocimiento de un prestigio y de una autoridad superior de los condes de Barcelona, que intentarán en el siglo X unificar eclesiásticamente los condados catalanes mediante la reconstrucción de la metrópoli tarraconense, lo que reforzará la unidad política y, además, permitirá romper los vínculos con el mundo franco, representados por la archidiócesis de Narbona de la que depende el clero de los condados catalanes. Fracasado el intento de Cesáreo de Montserrat, que buscó el nombramiento en León, los condes de Barcelona recurren a Roma y logran que el obispo de Vic, Atón, sea nombrado arzobispo de Tarragona con jurisdicción sobre todas las diócesis situadas en territorio catalán: Barcelona, Gerona, Vic, Urgel y Elna; el nuevo arzobispado no sobrevivió al arzobispo, pero su creación es prueba inequívoca de la corriente unitaria que animan los condes de Barcelona. El recurso a Roma para contrarrestar o evitar la presencia carolingia se fortalece a través de los monjes cluniacenses, dependientes directamente del Pontificado, cuya regla adoptan en el siglo X la mayoría de los monasterios catalanes.

Aunque debilitada la presencia franca, la ruptura abierta con los monarcas no era aconsejable mientras persistiera el peligro musulmán, al menos mientras los reyes francos fueran capaces de ofrecer ayuda en caso de ataque. Fiados en este apoyo indirecto, los condes catalanes dirigen algunas expediciones contra los dominios musulmanes en la primera mitad del siglo x, pero al afirmarse la autoridad de Abd al-Rahmán III y de sus sucesores, Borrell II (954-992) se apresura a reconciliarse con el califa y las embajadas barcelonesas alternan en Córdoba con las leonesas, castellanas y navarras, y rivalizan con ellas en probar la buena disposición de los cristianos hacia los musulmanes y su obediencia a los deseos califales, sin que por ello Barcelona se viera libre de los ataques de Almanzor (985), cuyos ejércitos atacaron sistemáticamente las capitales de los reinos y condados cristianos.

La falta de ayuda franca ante estos ataques, la extinción de la dinastía carolingia definitivamente en el año 987 y el convencimiento de que nada podía esperar de los capetos fueron el pretexto invocado por Borrell II para romper los lazos que unían el condado barcelonés con la monarquía franca, y los catalanes de Urgel y de Barcelona actuarán en adelante con total independencia, real y teórica. Juntos colaboran con los eslavos en las luchas internas ocurridas en al-Andalus a la muerte del segundo de los hijos de Almanzor; por primera vez los condes catalanes abandonan la política defensiva y emprenden una campaña que, pese a su relativo fracaso —en ella murieron el conde de Urgel y el obispo de Barcelona— constituyó un triunfo psicológico de gran trascendencia y, además, el botín logrado permitió una mayor circulación monetaria y una relativa activación del comercio; hizo posible la reconstrucción de los castillos derruidos por Almanzor y la repoblación de las tierras abandonadas y, sobre todo, sirvió para afianzar la autoridad del conde barcelonés frente a sus vasallos y ante los demás condes catalanes.

En los conflictos surgidos entre los condes catalanes, y entre éstos y sus vasallos, actúa como intermediario el abad Oliba, cuya personalidad llena la primera mitad del siglo xi catalán. Descendiente de los condes de Cerdaña, monje de Ripoll, abad del mismo monasterio y del de Cuixá y obispo de Vic, culmina su acción pacificadora con la difusión en Cataluña de las Constituciones de Paz y Tregua en las que —hasta fines del siglo xiii— se basarán los condes de Barcelona para mantener pacificados sus dominios. Por la Paz se tiende a proteger los bienes y personas eclesiásticas en todo tiempo, y los de los fieles entre las últimas horas del sábado y primeras del lunes, es decir, en los días festivos, para facilitar el cumplimiento de los deberes religiosos. Los infractores serán castigados con la pena de excomunión, más civil que religiosa: ningún cristiano puede comer ni beber con los excomulgados, ni besarlos, saludarlos ni hablar con ellos excepto para tratar del arrepentimiento; el que muere excomulgado no recibe sepultura en sagrado ni se permite a los cristianos rezar por ellos...

La Paz de Dios se completa con la Tregua que se impone desde el primer día de Adviento hasta la octava de Reyes, desde el lunes anterior al inicio de la Cuaresma hasta el primer lunes después de la Pascua de Resurrección, desde el lunes anterior a la Ascensión hasta el lunes posterior al domingo de la octava de Pentecostés... y en las vigilias y festividades de la Virgen, de los Apóstoles, de San Juan Bautista... Con el tiempo, la Paz y Tregua de Dios se hace laica, se transforma en *paz y tregua del príncipe*, según se hace constar en los *Usatges* (usos y costumbres) de Barcelona o en las asambleas celebradas por los condes-reyes, que utilizan la fórmula eclesiástica para mantener pacificados los dominios durante sus ausencias.

La sociedad feudal

La mención de artículos manufacturados y de objetos de lujo adquiridos en el exterior, la importancia del botín y las continuas referencias a compraventas pueden inducirnos a pensar que en el norte hay una economía artesanal, comercial y monetaria que en realidad no existe. Los ingresos de la guerra se consumen en la compra del equipo militar, de objetos de adorno y en donaciones piadosas; la población vive de la ganadería y de la agricultura, con predominio del pastoreo en los primeros tiempos debido al carácter montañoso, poco apto para el cultivo, de las tierras ocupadas por los cristianos y a la mayor facilidad con la que se puede salvar el ganado en caso de ataque. Los avances hacia el sur y el alejamiento de la frontera harán posible el cultivo de cereales y viñedo.

A pesar de las semejanzas que se pueden establecer entre la economía de Galicia-León-Castilla y la de los territorios orientales, las diferencias son considerables: Navarra y los condados catalanes son lugar de paso entre el mundo islámico y el carolingio, y por sus tierras cruza un activo comercio que, sin duda, contribuyó a acelerar el paso de la economía natural a la monetaria. Por otro lado, mientras en León no existió *conciencia* monetaria ni siquiera en el nivel político, como lo prueba el hecho de que se utilizaran el modio de cereal y la oveja como monedas de cuenta y de que las primeras acuñaciones tuvieran lugar en la segunda mitad del siglo XI, en Cataluña los bienes se valoran siempre en moneda, aunque se paguen en productos, y tanto los reyes carolingios como los condes independientes acuñaron piezas en territorio catalán.

El predominio de la economía rural no es incompatible con la existencia de centros urbanos de relativa importancia, especialmente en Cataluña, donde se pasa de una organización tribal cuyo marco es el valle a una organización religioso-política en torno a las parroquias-castillos y obispados-condados. La ciudad es centro de residencia de condes y obispos y, por esta razón, lugar de atracción de los productos campesinos, cuya venta permite obtener pequeñas cantidades de moneda que será utilizada para adquirir mejores útiles y animales de tiro, para mejorar el regadío..., es decir, para perfeccionar la agricultura. Aunque en menor medida, puede hablarse de una atracción similar de la ciudad sobre el campo en la zona occidental de la Península: a León acudían en el siglo X judíos con productos de al-Andalus, campesinos que intercambiaban sus animales, que vendían el ganado caballar indispensable para la guerra, que abastecían las escasas tiendas de la ciudad o vendían sus productos alimenticios en el mercado semanal...

Propietarios libres en los siglos VIII y IX, numerosos campesinos de los reinos y condados cristianos pierden o están a punto de perder a comienzos del siglo XI la propiedad de la tierra y, con ella, la libertad personal para convertirse en hombres dependientes del señor cuyas tierras cultivan. El grado y el ritmo de evolución depende de la mayor o menor proximidad de la frontera y de la tradición cultural existente en cada zona.

La guerra fue decisiva en la organización social: mientras la frontera está próxima se respeta y reconoce oficialmente la libertad individual de los campesinos-guerreros, como los que habitaban en Cardona, a los que se concedió, para asegurar la repoblación y defensa del territorio, exención de impuestos, reducción de los derechos de peaje, libertad para los siervos y perdón para los delincuentes —cláusulas semejantes se encuentran en numerosos fueros castellanos—. A largo plazo, la guerra produce el efecto contrario: da origen a la aparición de jefes militares cuya fuerza les permitirá imponerse a los simples libres y reducirlos a servidumbre, una vez que la frontera se aleja y dejan de ser necesarios sus servicios militares.

Este doble proceso puede observarse en todos los reinos y condados hispánicos con predominio de la gran propiedad, no sólo en los lugares alejados de la frontera sino también donde la población está más romanizada, más influida por los modelos visigótico y carolingio: la población catalana se encuentra durante este periodo en una situación similar a la de Galicia o León mientras que la aragonesa y navarra puede ser comparada a la de Castilla. Con el tiempo, Castilla, Aragón y Navarra verán aparecer grupos dirigentes que concentran en sus manos la tierra y el poder sobre los hombres, pero al menos hasta el siglo XI puede afirmarse que la guerra y la abundancia de tierras disponibles permitieron la supervivencia de hombres libres propietarios de la tierra que cultivaban.

Arte y cultura de los reinos cristianos

La independencia asturiana y los avances territoriales durante los años de Alfonso II el Casto se reflejan en el traslado de la capital a Oviedo y en la construcción en esta ciudad de una serie de edificios cuyo centro será la catedral, dedicada al Salvador. La nueva ideología de los monarcas asturianos, defensores ahora ya del cristianismo, se plasma en la leyenda de la Cruz de los Ángeles, conservada en la Cámara Santa o capilla del palacio real de Alfonso: «Con este signo se protege al piadoso, con este signo se vence al enemigo». Ramiro I continuaría la labor constructora de Alfonso en las proximidades de Oviedo con la edificación de las iglesias de San Miguel de Lillo, Santa María del Naranco y Santa Cristina de Lena, y al monarca Alfonso III se debe la construcción de la iglesia del Salvador de Valdediós y la elaboración en los talleres reales de la llamada Cruz de la Victoria.

La visigotización de los reyes asturianos es el reflejo de la influencia cultural de los mozárabes llegados de al-Andalus, a los que se debe la reorganización de la vida eclesiástica y con ella la construcción de iglesias mozárabes como las de San Miguel de Celanova (Orense), San Miguel de Escalada y Santiago de Peñalba (León), San Cebrián de Mazote (Valladolid), Santa María de Lebeña (Santander)..., cuyos precedentes pueden encontrarse en la iglesia de Santa María de Melque, edificada en las cercanías de Toledo todavía bajo dominio musulmán. Para los clérigos de estas iglesias y de las sedes episcopales restauradas, se iluminan en los monasterios obras como el *Antifonario* de León, el *Salterio* de San Millán de la Cogolla, las Biblias de Roda, Ripoll y León o el *Comentario al Apocalipsis* de Beato de Liébana...; mozárabes son las Crónicas escritas en el siglo VIII *(Byzantina-Arabica* del 741, *Mozárabe* del 754) así como las asturianas, escritas en la corte de Alfonso III a finales del siglo IX *(Rotense* y *Albeldense)* y continuadas por el obispo de Astorga, Sampiro, a comienzos del siglo XI, y mozárabes parecen ser los autores de los himnos dedicados al apóstol Santiago.

Los centros culturales más importantes o, al menos, los mejor conocidos se sitúan en la región leonesa del Bierzo, en las tierras discutidas por Castilla y Navarra y en torno al monasterio de Ripoll. La cultura berciana gira alrededor de la figura de san Genadio, restaurador y fundador de monasterios como los de San Pedro de Montes, San Andrés y Santiago de Peñalba, a los que dotó de una biblioteca relativamente importante para la época; sus conocimientos se plasman en el *Testamento* o escrito de dotación de Peñalba que es, al mismo tiempo, un relato de la vida del fundador-colonizador. En Astorga construye iglesias cuya belleza fue realzada por arquetas y cruces como las regaladas a Peñalba por Alfonso III o por Ramiro II, conservadas actualmente en la catedral de Astorga y en el museo de San Marcos de León.

Conocemos la vida cultural de los monasterios navarros a través de la carta enviada por Eulogio de Córdoba al obispo Wilesindo de Pamplona que lo acogió y acompañó en su viaje por estas tierras en las que visitó Leyre, Igal, Urdaspal, Cillas y Siresa, leyendo y haciendo copiar para su biblioteca obras de san Agustín, Virgilio, Juvenal, Avieno..., que no se conservaban en el mundo mozárabe. La copia de libros se convierte en arte en el monasterio de San Martín de Albelda donde, el año 951, el monje Gomesano copia para el obispo y peregrino jacobeo Godescalco del Puy una obra de Ildefonso de Toledo y la vida de éste compuesta por Julián; abad de Albelda fue Salvo, autor de diversos himnos, oraciones, antífonas y misas cuya biografía pudo ser escrita por Vigilán, copista de un códice con abundantes miniaturas, algunas de las cuales contienen retratos de reyes visigodos y navarros, del copista y de sus colaboradores Sarracino y García. Centro cultural de primera línea es el monasterio de San Millán de la Cogolla, del que interesa destacar las llamadas glosas emilianenses, de mediados del siglo X, consideradas como el primer testimonio escrito de las lenguas castellana y eusquera: al copiar sermones, letanías y otros textos en latín, el copista explica algunas palabras que le parecen de difícil comprensión, y si a veces aclara los conceptos con nuevas palabras latinas, en otros momentos recurre a palabras tomadas de la lengua oral, en castellano o en vascuence. Glosas semejantes se conservan en otro texto escrito en el monasterio de Silos, y al dorso de una donación hecha el año 959 alguien anotó con rasgos más romances que latinos una relación de los quesos dispensados por el monasterio de Rozuela. La *Nodicia de kesos* y las glosas son por hoy la primera manifestación del idioma en que ha derivado el latín, que es todavía la lengua culta de los reinos hispánicos.

También en los condados catalanes se abre paso el idioma romance, aunque sus manifestaciones escritas sean más tardías, y también son los centros eclesiásticos los conservadores y difusores de la cultura heredada del mundo visigodo, del carolingio y de los musulmanes de al-Andalus, cuya influencia es visible en el monasterio de Ripoll, único en el que se enseñan, por influencia musulmana, las ciencias del *quadrivium* (aritmética, música, geometría y astronomía) que allí aprenderá Gerberto de Aurillac, el futuro papa Silvestre II, para el que es posible que se copiaran algunos de los numerosos libros conservados en la biblioteca monástica, en la que, sin duda, figuraban tratados sobre el astrolabio como los traducidos del árabe al latín por Seniofré Llobet, que se adelanta así en cerca de tres siglos a la más conocida Escuela de Traductores de Toledo.

VINCULACIÓN A EUROPA

A partir del siglo XI, los reinos y condados cristianos salen del relativo aislamiento en que se hallaban y se incorporan a las corrientes políticas, económicas, sociales y culturales europeas; los musulmanes, a su vez, intensifican las relaciones con el norte de África, pero éstas cambian de signo: desaparece el protectorado omeya en la orilla sur del Mediterráneo occidental y al-Andalus se convierte en zona de expansión, en provincia de los imperios surgidos en el mundo islámico norteafricano. Las diferencias en la vinculación a Europa y al norte de África y la diferente situación del mundo europeo y africano pueden explicar en parte el predominio de los cristianos sobre los musulmanes peninsulares; menos visible pero más efectiva, la influencia europea permite a los cristianos, divididos políticamente, resistir los ataques de los musulmanes, unificados a fines del siglo XI por los almorávides y en la segunda mitad del XII por los almohades, y hace posibles los avances cristianos al disgregarse ambos imperios norteafricanos y reproducirse las diferencias entre los reinos de taifas.

La ocupación de extensos territorios musulmanes en Extremadura, La Mancha, Andalucía y Murcia convierte a Castilla —unida a León en 1230— en el reino más importante de la Península, cuya hegemonía sólo se halla contrarrestada por Aragón-Cataluña, unidos en 1137 y a cuya Corona se incorporan en el siglo XIII los reinos musulmanes de Mallorca y de Valencia, que acentúan la proyección mediterránea del principado catalán, convertido en protagonista de la política de la Corona de Aragón. Navarra, cercada por castellanos y aragoneses, busca ayuda al norte de los Pirineos y se vincula a la monarquía francesa; la zona suroccidental del reino leonés, Portugal, se independiza en los años iniciales del siglo XII, y en el sur de la Península se mantiene el reino musulmán de Granada, desgajado del imperio almohade antes de iniciarse la gran expansión castellana, y tan pronto sometido a Castilla como vinculado al último gran imperio surgido en el norte de África, a los benimerines.

El mundo islámico

Desaparecido el califato cordobés en 1031, al-Andalus se halla durante el siglo XI dividido en numerosos reinos enfrentados entre sí; cada rey lucha por la supervivencia o para ampliar sus dominios a costa de los vecinos y correligionarios, y para someterlos no duda en recurrir a la ayuda de los cristianos, entrando así en un círculo vicioso: para evitar los ataques cristianos necesitan pagar protección; el aumento de la presión fiscal para recaudar el dinero da origen a un fuerte descontento popular, que sólo podrá ser reprimido con la ayuda de tropas cristianas, es decir, con el pago de nuevas parias, que provocan a su vez nuevos levantamientos y que sirven a los cristianos para organizar sus dominios y preparar campañas de conquista.

Taifas y parias

Oficialmente, el califato desaparece en el año 1031, cuando los cordobeses deciden convertir la capital en una ciudad-estado controlada por los notables locales, pero desde mucho antes el califato es sólo una ficción a cuyo frente alternan omeyas y magrebíes, ayudados y combatidos unos y otros por las intrigas cortesanas y familiares, por los jefes eslavos que sólo buscan crear sus propios dominios y por los cristianos, ávidos de botín y parias o interesados en controlar determinadas plazas fronterizas. La facilidad con la que los distintos reinos se unen y separan impide hablar de un número concreto de taifas, pues habría que indicar en cada caso si estamos hablando o no del momento en que Calatayud, Tudela, Huesca y Lérida están unidas a Zaragoza, Lisboa a Badajoz, Murcia a Sevilla..., pero podemos aceptar con María Jesús Viguera la existencia de al menos veintiséis reinos controlados por los beréberes (Granada, Málaga-Algeciras...), por los andalusíes o hispanoárabes y beréberes de primera hora hispanizados (Córdoba y Sevilla; Zaragoza, Lérida, Toledo, Badajoz...) y por los eslavos (Almería-Murcia, Denia-Baleares, Valencia y Tortosa...)

A la primera época de disgregación siguen diversos intentos de unificar regional o étnicamente los dominios musulmanes: Sevilla y Granada, en el sur, se extienden a costa de los pequeños reinos y terminarán enfrentándose por la supremacía andaluza; Zaragoza y Lérida-Tudela se unen hacia el 1040, y a mediados del siglo sólo subsisten las taifas andalusíes de Sevilla, Córdoba (se uniría a Sevilla en el año 1070), Toledo, Badajoz y Zaragoza, la beréber de Granada y las eslavas de Valencia y Denia-Baleares que han ido absorbiendo a las demás.

Tras una larga etapa en la que reyes y condes cristianos se conforman con el cobro de parias, el monarca castellano-leonés Alfonso VI llegó a un acuerdo con los toledanos que, tras cuatro años de asedio, entregaron la antigua capital visigoda después de que Alfonso diese garantías de respetar las personas y bienes de los musulmanes y de permitirles seguir en posesión de la mezquita mayor. Por su parte, los toledanos se comprometían a abandonar las fortalezas y el alcázar, es decir, a renunciar a toda actividad bélica. La ocupación de Toledo, las nuevas presiones económicas ejercidas por el castellano, que llegó a nombrar fiscalizadores de las finanzas de los reinos musulmanes, y la construcción de la fortaleza de Aledo, entre Lorca y Murcia, hicieron ver a los musulmanes que al cobro de parias podía suceder una nueva etapa caracterizada por la ocupación del territorio, y los reyes de Sevilla, Badajoz y Granada se decidieron a solicitar la intervención de los musulmanes del norte de África, unificados por Yusuf ibn Tashufín, emir de los almorávides.

Yusuf y sus aliados derrotaron a Alfonso en Zalaca o Sagrajas (1086), pero su victoria no tuvo efectos graves por la falta de acuerdo entre los reyes hispanos y los almorávides, que sólo unos años más tarde se asentaron en la Península, llamados por los alfaquíes y por los creyentes musulmanes que acusaban a los reyes de incumplir los preceptos coránicos y de cobrar impuestos ilegales. En el año 1090 Abd Allah de Granada era depuesto y desterrado al norte de África; un año más tarde, Yusuf ocupaba Sevilla y en 1094 se apoderaba de Badajoz, y sólo Valencia y Zaragoza pudieron resistir durante algún tiempo a los almorávides: Valencia sería ocupada en el año 1102, poco después de la muerte de su defensor, Rodrigo Díaz, el Cid Campeador, y este mismo año los almorávides atacaron Zaragoza, que fue ocupada en 1110.

Almorávides y almohades

El segundo emir almorávide tuvo que hacer frente al malestar de los musulmanes de al-Andalus, a la oposición de los mozárabes de sus dominios y a los ataques del monarca navarro-aragonés, Alfonso el Batallador, que llega en sus incursiones hasta las más importantes ciudades andaluzas, al tiempo que en África se sublevan y atacan el Imperio los almohades. Las tensiones con los mozárabes están motivadas por la intransigencia de los almorávides y de los alfaquíes, que les asesoran y exigen la destrucción de iglesias como la de Granada (1099) o la prisión del obispo de Málaga; años más tarde, los mozárabes apoyarán a Alfonso el Batallador cuando éste lleve a cabo campañas contra las principales ciudades andaluzas, y hasta Marrakech viajará el cadí de Córdoba para explicar cómo estos cristianos han roto el pacto y han perdido el derecho a la protección que el Corán dispensa a los hombres del Libro; la petición del cadí fue atendida y en 1126 numerosos mozárabes fueron desterrados al Magreb.

Frente a los reinos cristianos, Alí consigue éxitos militares que ponen en peligro el mantenimiento de Toledo en manos cristianas, pero estas expediciones no tuvieron continuidad, quizá porque el emir era consciente de la falta de apoyo de los musulmanes de al-Andalus y porque la necesidad de mantener en el Magreb numerosos soldados para hacer frente a los almohades dejó relativamente desguarnecidas las plazas andalusíes e hizo posible la sublevación de sus jefes, que actúan con total independencia desde 1140 y crean lo que se han llamado las segundas taifas, de corta vida por cuanto al-Andalus pasa casi en su totalidad en un plazo de diez años de manos de los almorávides al control de los almohades. Entre los reinos que merecieron tal nombre figuran los de Mértola, en el Algarbe; Córdoba, donde los rebeldes están sometidos y pagan tributo al monarca castellano igual que el cadí Ibn Hassun de Málaga o Sayf al-Dawla (Zafadola en las fuentes cristianas), que se hizo fuerte en Murcia y llegó a tener apoyos en Córdoba y Granada. En Valencia se hizo con el poder Ibn Mardanis, conocido por los cristianos como el rey Lope o Lobo, que se mantuvo frente a los almohades hasta 1172, con el apoyo de Castilla, Aragón y Barcelona, interesados en mantener este escudo frente a los almohades. También las Baleares se independizan del imperio norteafricano y resisten a los almohades, al menos hasta 1203, bajo la dirección de los Banu Ganiya almorávides.

La unificación de las tierras de al-Andalus fue obra del segundo califa almohade, Abu Yaqub (1163-1184), al que se debe la ocupación de Jaén, Murcia y Valencia, éxitos que no impidieron la expansión de los reinos cristianos, tan pronto unidos (Castilla y Aragón) para ocupar Cuenca en 1177 como enfrentados entre sí —Portugal, León y Castilla— por el control de Extremadura. La defensa del territorio cristiano se confía en muchos casos a las milicias de cada uno de los concejos de frontera, entre las que destacan las milicias abulenses que llevan sus ataques hasta Tarifa y Algeciras, según textos almohades que cuentan la gran derrota sufrida por el caudillo abulense tras haberse apoderado de doscientas vacas y cincuenta mil ovejas y haber hecho prisioneros a ciento cincuenta musulmanes en una de sus campañas. A la derrota de las milicias concejiles siguió, en época del tercer califa, Abu Yusuf Yaqub (1184-1199), una gran victoria lograda en Alarcos (1195) contra Alfonso VIII de Castilla, atacado al mismo tiempo por leoneses y navarros. Siete años más tarde los almohades ocupan las Baleares donde, apoyados por la Corona de Aragón, se mantenían los Banu Ganiya almorávides, una de cuyas ramas controla Túnez hasta 1207. La ocupación de las islas va precedida de la firma de un tratado comercial con los pisanos, enemigos comerciales de los mallorquines, a los que el califa permite comerciar con el imperio almohade desde las plazas de Ceuta, Orán, Bugía y Túnez.

El peligro musulmán y los requerimientos del pontífice Inocencio III, decidido partidario de la teocracia pontificia, del predominio del poder papal sobre el civil, llevaron a la unión de los reinos cristianos que obtuvieron en 1212 la victoria de Las Navas de Tolosa que, en la práctica, puso fin al imperio almohade aunque la apariencia de unidad se mantenga hasta 1228, año en el que los dominios musulmanes aparecen divididos entre Ibn Hud de Murcia, Zayyan ben Mardanis de Valencia y Muhammad ben al-Ahmar de Granada.

Esplendor literario y científico de las cortes musulmanas

La decadencia político-militar de al-Andalus durante este periodo no afecta al mundo literario, artístico o científico que, en muchos casos, llega a cotas muy superiores a las de la época califal. Los reyes de taifas deben su ascenso a razones militares y sus construcciones tenderán a reforzar militarmente las ciudades que controlan; al mismo tiempo, cada rey aspira a superar a los demás y a reproducir en sus dominios la corte califal, para lo que necesitan construir palacios a imitación de Abd al-Rahmán III o Almanzor, que les sirvan de residencia y de centros de gobierno. De esta época pueden recordarse los palacios toledanos, de los que sólo se conservan algunos capiteles que dan idea de su riqueza decorativa, y parte de las obras de fortificación emprendidas en el siglo XI, la llamada puerta de Bisagra. El palacio real de los tuchibíes de Zaragoza, la Aljafería, se conservó hasta el siglo XIX y en la actualidad sólo pervive un pequeño oratorio. Málaga, Granada y Almería han conservado sus palacios-fortalezas, las alcazabas...

Cada rey favorece la creación de escuelas o centros poético-culturales, y su protección se extiende a filósofos y científicos como Avempace (1070-1138), comentador crítico de Aristóteles, Euclides y Galeno, y autor de una clasificación racional de las plantas... Entre los muchos poetas y literatos cordobeses que cabría citar tiene un lugar especial Ibn Hazm (994-1063), conocido fundamentalmente por su obra *El collar de la paloma,* en la que ilustra poéticamente, partiendo de sucesos reales, la esencia y las diversas formas del amor, considerado, según la idea neoplatónica, como «la reunión de las dos mitades de un espíritu que había sido creado como una sola esfera». En Sevilla el rey Al-Mutamid y su visir Ibn Ammar, poetas ambos, acogen a los literatos de al-Andalus, del norte de África y de la Sicilia ocupada por los normandos, y los demás taifas procuraron atraer a sus cortes a los poetas que podían realzar su importancia: en Granada, el gran poeta Abu Ishaq de Elvira dedicó sus versos a combatir a los visires judíos Samuel y José ben Nagrella, llamados a gobernar a causa de la desconfianza existente entre los beréberes y los árabes y a la falta de preparación de los primeros. Samuel es, además de político y literato, protector de correligionarios como Salomón ben Gabirol (Avicebrón), poeta, filósofo y gramático.

La historia tiene su mejor representante en el cordobés Ibn Hayyan, autor del *Muqtabis,* antología de textos básicos para la historia de al-Andalus. Obra de gran importancia es el *Ajbar Machmua* o *Colección de tradiciones,* en la que se reúnen obras redactadas entre los años finales del siglo VIII y los comienzos del XI..., y cierra la relación de historiadores el rey granadino Abd Allah, destronado por los almorávides y desterrado al norte de África, donde escribe las que podemos considerar sus *Memorias* y la historia del reino granadino.

Aristóteles es el gran maestro de los sabios andaluces, que no se limitan a sus obras filosóficas y se sirven de sus trabajos como punto de partida de un considerable desarrollo técnico y científico, representado por Azarquiel, autor de unas *Tablas astronómicas,* predecesoras y modelo de las elaboradas dos siglos más tarde por los científicos del entorno de Alfonso X; al toledano se atribuyen asimismo diversas modificaciones del astrolabio y la construcción de dos clepsidras que señalaban la hora del día y las fases de la luna y estuvieron en funcionamiento hasta mediados del siglo XII. Fabricante de astrolabios en Toledo, primero, y, más tarde, en Valencia fue Ibrahim ben Said, personaje que pudo coincidir en Toledo con el agrónomo Ibn Bassal, especializado en injertos y mejora de las especies botánicas en la Huerta del Rey de Toledo y, posteriormente, en el Jardín del Sultán de Sevilla, enriquecido por las innovaciones y conocimientos técnicos que aportan los musulmanes a su regreso de la peregrinación a La Meca.

Sevilla es la capital andalusí de los dominios almohades, y a los califas norteafricanos debe la ciudad la construcción de una nueva mezquita cuyas obras se inician en 1172. El alminar estaba terminado en 1195 y poco después se coronaba con un remate de tres bolas o manzanas de oro que se desprendieron en 1355 a consecuencia de un terremoto y fueron sustituidas por una gran figura de bronce que ha dado nombre al edificio, La Giralda. Los estudios filosóficos, ahogados durante el periodo almorávide, resurgen en época almohade con la obra de Ibn Tufayl y de Averroes, protegidos del sultán Abu Yaqub, que tuvo a ambos filósofos como médicos personales, al primero desde 1163 hasta 1182 y al segundo hasta 1195. De Ibn Tufayl, autor de libros de medicina y astronomía, sólo se ha conservado su obra filosófica conocida con el título de *El filósofo autodidacta,* en la que intenta dar respuesta a los problemas de la coincidencia o contraposición entre religión y razón, y entre creencia y forma de vida. Averroes (1126-1198) es el último de los grandes filósofos musulmanes y el *primero* de los occidentales por cuanto su pensamiento fue continuado por la escolástica medieval cristiana.

Traducción y traductores

La tolerancia almohade hacia los filósofos desaparece durante el califato de Abu Yusuf, al que se atribuye la destrucción de todos los libros de lógica y de filosofía así como la prohibición de algunas obras de Averroes, la conversión forzada de cristianos y judíos al islam y la imposición a éstos de un signo distintivo. Estas medidas influyeron, sin duda, en la emigración de numerosos hebreos hacia los territorios cristianos en los que, siguiendo la tradición de época califal, divulgaron los conocimientos musulmanes tanto en el campo de la filosofía como en el de las ciencias o la técnica.

Mose ben Ezra (1055-1135), que confiesa su amistad y colaboración con los sabios musulmanes de Granada, se ve obligado a refugiarse en Castilla, desde donde se traslada a Navarra y Aragón para, finalmente, establecer su residencia en Barcelona. A él se atribuye una de las reglas de oro de la traducción: fijarse en el sentido y no traducir literalmente, ya que las lenguas no tienen una única sintaxis. La tercera generación desarrolla su trabajo íntegramente en los reinos cristianos, desde los que extiende la cultura hebrea y la musulmana por toda Europa gracias al trabajo de personas como Mose Sefardí, quien, convertido al cristianismo con el nombre de Pedro Alfonso, fue médico personal de Enrique I de Inglaterra y es el primer difusor de la astronomía y de la matemática árabe en Europa; a su labor de difusión cultural se debe la llegada de numerosos europeos a la Península para ponerse en contacto con estas ciencias que otros hebreos divulgan entre las comunidades judías de Francia, Italia o Inglaterra, hasta donde viaja Abraham ben Ezra de Tudela entre 1140-1167, enseñando los conocimientos hispanoárabes y redactando numerosas obras de tema filosófico, gramatical, matemático y astronómico en hebreo y en latín...

Por los años en los que Pedro Alfonso redactaba en latín la *Disciplina clericalis,* colección de apólogos de origen oriental que tendrían una gran difusión en toda Europa, en Tarazona funcionaba, bajo la dirección del obispo Miguel (1119-1152), una auténtica escuela de traductores cuyo máximo representante es Hugo Sanctallensis. Allí se tradujeron obras de astronomía, matemáticas, astrología, alquimia y filosofía. No faltaron las traducciones del *Corán,* como la realizada para Pedro el Venerable, abad de Cluny, por Roberto de Ketten, Hermán el Dálmata, Pedro de Toledo y el sarraceno Muhammad.

La convivencia en Toledo de mozárabes, musulmanes, judíos y cristianos peninsulares y europeos activará esta corriente de traducciones. Se traduce en Toledo porque en esta ciudad se conserva un gran número de obras, porque a ella llegan continuamente mozárabes y judíos cultos expulsados por almorávides y almohades, y porque los obispos favorecieron y estimularon a los traductores. Entre éstos figuran los ya citados colaboradores de Pedro el Venerable, a los que se deben numerosas traducciones de obras astronómicas, de alquimia, álgebra y astrología; Juan de Sevilla, autor de más de treinta y siete traducciones y de obras originales; en ocasiones los traductores trabajan en equipo, como el clérigo Domingo Gundisalvo y el judío converso Ibn Dawnd, traductores de los filósofos árabes...

En la segunda mitad del siglo XII trabaja en Toledo Gerardo de Cremona y las traducciones continúan a fines de este siglo y a comienzos del XIII con Marcos de Toledo, el italiano Platón de Tívoli, Rodolfo de Brujas, el inglés Miguel Scoto... Durante su reinado, Alfonso X impulsó las traducciones al latín y al castellano, y en Burgos el obispo García Gudiel (1273-1280), el cristiano Juan González y el judío Salomón siguieron traduciendo a Avicena y continuaron su labor en Toledo al ser nombrado arzobispo García (1280-1299). Para terminar, recordemos que el *Libro de la Escala,* en el que se recoge una serie de leyendas relativas a un viaje hecho por Mahoma al infierno y al paraíso, fue traducido al castellano por el círculo de Alfonso X antes de 1264, y posteriormente Buenaventura de Siena lo tradujo al latín y al francés y en cualquiera de estas versiones puso ser conocido por Dante y servir de base argumental a la *Divina comedia.*

Los reinos cristianos de los siglos XI-XII

Históricamente, el siglo XI se inicia en la Península en 1031, año en el que se rompe la unidad del mundo musulmán y el califato es sustituido por los reinos de taifas; o en 1035, cuando muere Sancho el Mayor de Navarra, se dividen entre sus hijos las tierras por él unificadas, y recuperan la independencia, convertidos en reinos, los condados de Castilla y Aragón.

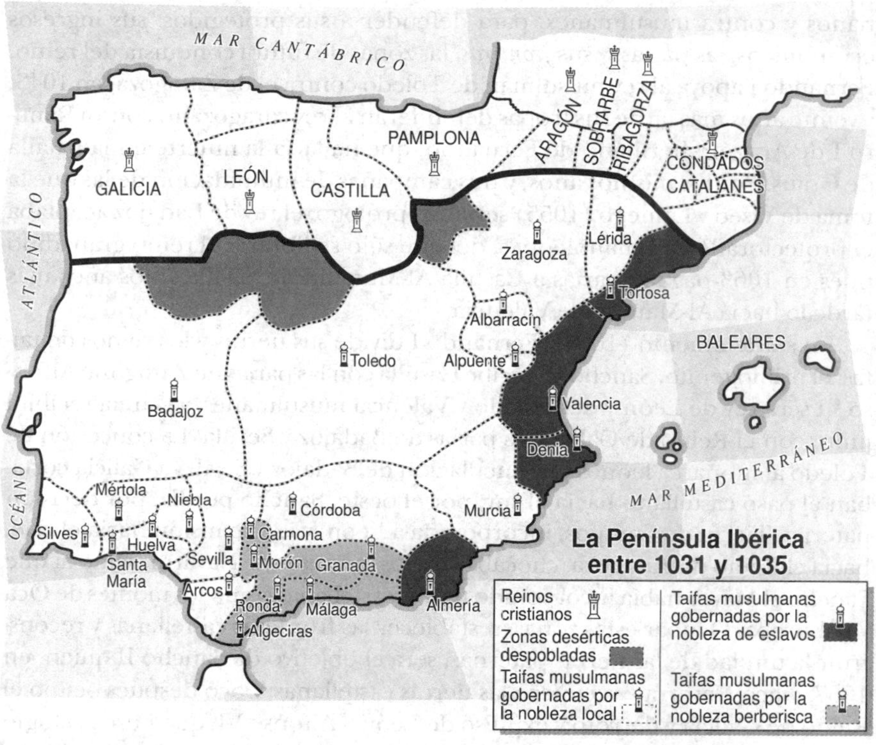

Uniones y separaciones castellano-leonesas

Con la sucesión de Sancho el Mayor se inicia el largo proceso de unificación y división que culminará en 1230 con la unión definitiva de Castilla y León bajo la hegemonía del primer reino, puesta de manifiesto en 1065 y en 1157, cuando Fernando I y Alfonso VII, al dividir sus dominios, confían al primogénito el Reino de Castilla.

La división de al-Andalus coincide en el tiempo con la unión de castellanos y leoneses que, unidos, disponían de fuerza militar suficiente para derrotar a los reyes musulmanes, pero la conquista de nada servía si no era posible establecer guarniciones y situar repobladores que aseguraran la permanencia de las zonas ocupadas en manos cristianas, y Castilla-León no disponía de recursos humanos ni siquiera para repoblar la tierra de nadie del valle del Duero, por lo que las campañas de conquista quedarán reducidas a la zona portuguesa de Viseo y Lamego; en los demás casos se preferirán las campañas de intimidación a las de conquista, se ofrecerá ayuda militar a unos reinos contra otros a cambio de parias, que llevan implícito el reconocimiento por quien las paga de una cierta dependencia vasallática hacia quien las recibe: las fronteras del reino protector se extienden teóricamente hasta las del protegido, y los monarcas cristianos no dudan en tomar las armas, contra cristianos y contra musulmanes, para defender a sus protegidos, sus ingresos económicos, las parias, y sus *fronteras*, las zonas de futura conquista del reino. Fernando I apoya al rey musulmán de Toledo contra el de Zaragoza, en 1043, y veinte años más tarde sus tropas defenderán al rey zaragozano contra Ramiro I de Aragón, hermano de Fernando, que hallaría la muerte en la batalla de Graus. Por los mismos años, y tras campañas de intimidación de las que la toma de Viseo y Lamego (1055) serían el prólogo, el rey de Badajoz aceptaba el protectorado castellanoleonés, del que sólo se libraría el reino granadino pues en 1063 pagaba parias a Castilla Al-Mutadid de Sevilla y dos años más tarde lo hacía Al-Mamún de Valencia.

En su testamento (1065), Fernando I divide sus tierras y los reinos de taifas: el primogénito, Sancho II, recibe Castilla con las parias de Zaragoza; Alfonso VI será rey de León y del Toledo y Valencia musulmanes, y García recibirá junto con el Reino de Galicia las parias de Badajoz y Sevilla. La concesión de Toledo al monarca leonés y la vinculación de Badajoz y Sevilla a Galicia cortaban el paso castellano hacia el sur; por el oeste, Sancho perdía, por decisión paterna, Tierra de Campos, incorporada a León, y la expansión hacia el este, hacia el Reino de Zaragoza, chocaba con los intereses de Navarra, reino al que Sancho el Mayor había incorporado tierras castellanas como los montes de Oca y la Bureba. Ocupar estas zonas, restablecer las fronteras castellanas y reconstruir la unidad de las tierras paternas, será el objetivo de Sancho II quien, en 1067, atacó Navarra y recuperó las tierras castellanas; poco después ocupó el Reino de Galicia y derrotó y expulsó de León a Alfonso VI, que buscó refugio en Toledo, de donde regresará meses después al ser asesinado Sancho durante el cerco de Zamora. Con la muerte de Sancho, Alfonso reunifica los dominios paternos después de haber jurado en Santa Gadea que no había tenido parte en el asesinato de su hermano.

Alfonso VI, rey de León y de Castilla, seguirá las directrices políticas de su padre frente a los musulmanes, y las parias seguirán afluyendo al reino hasta que en 1085 Alfonso convirtió en realidad el viejo sueño de los monarcas leoneses: la ocupación de Toledo, ciudad en la que sería restablecida la sede primada como símbolo de la unidad eclesiástica de España, mientras el título imperial utilizado por Alfonso reflejaba la unidad política. En el campo musulmán, la ocupación de Toledo llevó a los reyes de taifas a pedir ayuda a los almorávides norteafricanos, cuyos ejércitos ponen en peligro las conquistas del siglo XI y unifican al-Andalus. Sólo Rodrigo Díaz, el Cid Campeador, será capaz de hacer frente a los almorávides en Valencia, reino sometido al pago de parias por Alfonso VI.

A la penetración africana desde el sur se contrapone la entrada en los reinos cristianos de numerosos francos, europeos, que se instalan en los monasterios que jalonan el Camino de Santiago como artesanos, mercaderes y monjes, o contribuyen a la defensa del territorio y a la repoblación de las ciudades situadas en el valle del Duero. Monjes y caballeros adquieren extraordinaria importancia en el reino, y mientras entre los primeros se reclutan los abades y obispos de los monasterios y sedes episcopales, personajes como Raimundo de Borgoña o Enrique de Lorena se convierten en el brazo derecho del monarca, que les dará a sus hijas Urraca y Teresa en matrimonio, y con ellas los condados de Galicia y Portugal respectivamente.

A la muerte de Alfonso (1109) sin hijos varones, la situación militar hizo aconsejable un segundo matrimonio de Urraca, viuda de Ramón de Borgoña, y entre los posibles candidatos fue elegido el rey de Navarra y Aragón, Alfonso el Batallador.

De haberse afianzado el matrimonio podría haber supuesto la unión de León-Castilla y Navarra-Aragón, pero ni hubo entendimiento entre los esposos —los cronistas hablan de las «malditas y descomulgadas bodas»— ni los súbditos de Urraca aceptaron el matrimonio, por cuanto suponía el olvido de los derechos de Alfonso Raimúndez —el hijo de Urraca y Raimundo de Borgoña—, apoyado fundamentalmente por la influyente minoría de los clérigos francos. Tras varios años de guerra civil entre los partidarios de Urraca y los de su marido Alfonso, y de enfrentamientos entre los clérigos francos y sus vasallos, que apoyan al monarca navarro para liberarse de la dependencia feudal, el matrimonio fue disuelto por Roma y reconocido como rey Alfonso VII, el hijo de Raimundo de Borgoña. Su autoridad se verá reforzada al morir Alfonso el Batallador (1134) y separarse sus dominios aragoneses y navarros. En este contexto se produce la coronación de Alfonso VII como emperador, con un sentido totalmente distinto al de sus antecesores: mientras para éstos el título imperial tiene un valor simbólico, unitario, visigodo, Alfonso se declara emperador porque es rey de reyes, porque entre sus vasallos feudales se encuentran los reyes de Navarra y de Aragón, los condes de Barcelona, reyes musulmanes, y el conde de Portugal, que ha utilizado la guerra civil provocada por el matrimonio de Urraca y Alfonso para actuar en su condado con absoluta independencia, como un rey más, título que adoptará unos años más tarde.

El título imperial de Alfonso y los derechos feudales que reflejaba no sobrevivieron al emperador, que dividió el reino ente sus hijos: Sancho III sería rey de Castilla y Fernando II de León; la frontera entre ambos reinos, la polémica Tierra de Campos, sería atribuida a Castilla, y el emperador intentaría suavizar las tensiones convirtiéndola en el Infantado, la dote de la infanta Sancha, hermana de Alfonso VII (1157). Aunque León no acepta la frontera con Castilla, el problema mayor procede de Extremadura, donde la presencia de tropas portuguesas y castellanas cierra el paso del reino hacia el sur y, sobre todo, puede dejar al clero leonés sometido al arzobispo de Toledo o al de Braga, dependientes de los reyes de Castilla y de Portugal respectivamente.

Mientras Castilla-León-Portugal han permanecido unidos políticamente, poco importa que Toledo sea castellano o leonés pero, al separarse los reinos, quien controle Toledo tendrá indirectamente el control del clero, puesto que todas las sedes episcopales dependen de la sede primada. Contra esta *intromisión* eclesiástica reacciona Fernando II, ya que en sus dominios no existía un arzobispado del que pudieran depender las sedes leonesas pues el arzobispo compostelano lo era en cuanto se había trasladado a Santiago la antigua metrópoli emeritense, con carácter provisional, hasta que Mérida fuera ocupada por los cristianos. Si León no ocupaba Mérida, si la ciudad caía en manos de portugueses o de castellanos, la independencia eclesiástica se vería amenazada y con ella la independencia política. Para León era mejor que Extremadura permaneciera en poder de los almohades, y Fernando II no dudará en aliarse a los musulmanes (1169) para hacer frente a portugueses y castellanos.

Castilla, por su parte, amenazada por León en el oeste y por Navarra y Aragón-Cataluña, no tardará en firmar la paz con los almohades (1173), que se convierten así en árbitros de la situación y rompen los pactos y alianzas cuando conviene a sus intereses, seguros de que los cinco reinos cristianos no se unirán mientras subsistan los problemas que los enfrentan. Todos los intentos de consolidar las alianzas fracasaron, y sólo en 1197, tras un nuevo ataque almohade, se llegará a una nueva alianza, ratificada esta vez mediante el matrimonio del leonés Alfonso IX y la castellana Berenguela, que llevaría como dote la zona en litigio, la Tierra de Campos. Este matrimonio hará posible la unión política de ambos reinos en la persona de Fernando III, que recibiría de Berenguela el Reino de Castilla al morir sin herederos Enrique I (1217) y sucedería a su padre, Alfonso IX de León, en 1230.

La unificación no se extiende a Portugal, cuyos condes actúan con total independencia durante la guerra civil provocada por el matrimonio de Urraca y Alfonso el Batallador. Enrique de Portugal apoya a uno u otro según su conveniencia, y se hace pagar los servicios prestados con la entrega de plazas que amplían el territorio del condado. La misma política siguen Teresa y su hijo Alfonso Enríquez, que sustituye el título de conde por los de infante, príncipe o, desde 1139, el de rey. Alfonso VII reconocería la validez del título en 1143, aunque con las limitaciones y obligaciones propias de un vasallo feudal. Portugal sigue formando parte de León, aunque tenga a su frente a un rey pues éste es vasallo del emperador. Librarse de la dependencia feudal será el objetivo de Alfonso I de Portugal, que seguirá el sistema empleado por otros reyes y condes: frente al señorío de León elegirá el de la Santa Sede, a la que encomienda el reino y a la que se compromete a pagar un tributo anual. La independencia política fue reforzada con la eclesiástica al unir todos los obispados portugueses bajo la dirección del metropolitano de Braga.

La vinculación de Portugal a Roma facilitó su independencia y la puso en peligro cuando el rey portugués descuidó sus obligaciones como vasallo de Roma y se atrajo las iras de Inocencio III, que exigió en 1198 el pago de los censos debidos desde 1179 y amenazó, en caso de no ser obedecido, con estimular la alianza de castellanos y leoneses contra Portugal, amenaza que se repetirá cada vez que los monarcas intenten reducir el poder del clero, y que se transformará en realidad en el siglo XIII, cuando los obispos de Portugal proponen sustituir a Sancho II por su hermano Alfonso. Esta candidatura fue abiertamente apoyada por Roma, interesada en hacer una demostración pública de fuerza sobre el poder civil. Como señor de Portugal y dirigente de la cristiandad, Inocencio IV depuso a Sancho y aceptó el nombramiento de Alfonso, después de que éste se comprometiera a guardar los fueros eclesiásticos, usos y costumbres del tiempo de su abuelo y a suprimir las modificaciones introducidas por sus antecesores, contrarias al fuero clerical.

Navarros y aragoneses: entre la unión y la separación

Sancho no dividió el reino entre sus hijos: se limitó a confiar el gobierno de Castilla, Aragón y Sobrarbe-Ribagorza a sus hijos Fernando, Ramiro y Gonzalo que, jurídicamente, dependerían del único rey, García de Navarra. En la práctica, los hijos de Sancho actuaron como reyes independientes y se opusieron a las pretensiones de García, contra el que se sublevaron, en 1043, Ramiro y, en 1054, Fernando, en ambos casos para rectificar las fronteras fijadas por Sancho, para ocupar Sobrarbe y Ribagorza en el primer caso y Álava, Vizcaya, Santander y Burgos en el segundo. Frente a sus vecinos, en especial frente al rey de Navarra, que puede alegar derechos feudales sobre el aragonés, Sancho Ramírez buscará la vinculación con Roma, se declarará vasallo de la Santa Sede como antes habían hecho los condes catalanes para romper la tutela carolingia y como hará cincuenta años más tarde Alfonso Enríquez de Portugal para librarse del control castellanoleonés y afirmar la independencia del reino.

Los cluniacenses son los agentes de esta intervención romana que se manifiesta en la infeudación del reino, en la supresión del rito mozárabe y, antes, en el ensayo de lo que a finales de siglo serán las Cruzadas, que tiene como objetivo la ocupación de la plaza musulmana de Barbastro (1064) como consecuencia de la predicación de Alejandro II. En la campaña militar participan caballeros italianos, franceses y catalanes, dirigidos éstos por el conde de Urgel, que compartirá con Sancho el control de la plaza, reconquistada en 1065 por el rey musulmán de Zaragoza. La competencia entre urgelitanos y aragoneses se extiende al cobro de las parias zaragozanas, cuya importancia, así como los excesos de los cruzados, explica que en 1069 el rey navarro y el conde de Urgel se comprometieran a no apoyar a los francos que pretendían atacar Zaragoza y a mantener la paz y la seguridad de los caminos a cambio del pago de parias por Zaragoza, reino cuya integridad y parias defienden frente a Aragón el monarca navarro y el conde de Barcelona.

La pugna entre navarros y aragoneses perjudica a ambos, y cuando en 1076 muere el monarca navarro, Sancho Ramírez de Aragón es aceptado como rey único, atendiendo a sus derechos y también al interés de los barones de uno y otro reino, que esperan obtener, actuando unidos, nuevos beneficios en el cobro de parias cuya cuantía se incrementa desde la unión, así como las tierras ocupadas a los musulmanes aprovechando las dificultades del rey de Zaragoza tras la invasión almorávide. Por estos años Aragón se extiende por Monzón, Albalate de Cinca y Zaidín, Almenar y Graus, y Sancho inicia los ataques a Huesca, en cuyo asedio murió en 1096. Su hijo Pedro (1096-1104) ocupará la ciudad y cuatro años más tarde incorporará a sus dominios la fortaleza de Barbastro.

Alfonso el Batallador (1104-1134), muy influido por las órdenes militares del Temple y del Hospital, proyecta una magna cruzada peninsular que sería el preludio de su marcha como cruzado a Jerusalén. La cruzada contra Zaragoza, en la que participaron numerosos francos, fue un éxito total; tras la ciudad, los ejércitos aragoneses ocuparon Tudela, Tarazona y toda la comarca próxima al Moncayo (1119) y se aprestaron a llevar sus armas hasta Lérida, Tortosa y Valencia, intentos que fracasaron ante la oposición del conde de Barcelona, que no podía tolerar que se le privara de las parias ni que sus tierras fueran rodeadas por los dominios aragoneses y se cerrara la expansión de su condado hacia el sur, como en la práctica se había cerrado la posibilidad de expansión del reino navarro al reunir Alfonso el Batallador las nuevas tierras en un reino independiente, el de Zaragoza.

Alfonso dejará sus reinos a las órdenes militares, pero zaragozanos, aragoneses y navarros decidieron ignorar el testamento; antes que poner sus señoríos bajo las órdenes, los nobles prefieren elegir un rey que reconozca, como precio de su elección, el carácter hereditario de los señoríos. Los habitantes de Zaragoza entregan el reino al monarca castellano, único que disponía de fuerzas suficientes para oponerse a los almorávides; García Ramírez es elegido en Navarra, y en Aragón Ramiro, monje al que su condición clerical impedía ejercer plenamente como rey, pues, según el derecho aragonés, un clérigo o una mujer trasmiten sus derechos al trono pero no los ejercen plenamente sino por medio de un *bajulus*, equiparado normalmente al marido o tutor, del que pasarán los derechos reales al hijo varón. Ramiro contrajo matrimonio para dar un heredero al reino, y el nacimiento de Petronila obligó a buscar marido al que los nobles pudieran obedecer sin desdoro.

El testamento afecta también al condado barcelonés, enfrentado con Aragón desde el siglo XI por el control de las parias y futuras zonas de expansión sobre Lérida y Tortosa, poblaciones que siguen en poder de los musulmanes gracias a las disensiones entre los cristianos. Las órdenes reclaman el cumplimiento de las disposiciones testamentarias y con ellas Roma, que intervendrá para llegar a un acuerdo con Ramón Berenguer IV de Barcelona, elegido por Ramiro II y por los nobles aragoneses como marido de Petronila, como afirma el historiador aragonés Jerónimo Zurita, porque no se juntase este reino con el de Castilla y porque así convenía a los nobles: mientras Alfonso el Batallador consideraba vitalicios los señoríos y exigía su devolución a las órdenes una vez fallecido el titular, en Barcelona los señoríos eran hereditarios desde el siglo XI.

Cataluña y los inicios de la política ultrapirenaica y mediterránea

El saqueo y destrucción de Barcelona por Almanzor el año 985 tuvo la virtud de obligar a los condes de Barcelona, por un lado, a romper los lazos con la monarquía francesa, cuyos derechos feudales pierden fuerza al desaparecer la dinastía carolingia (987); por otra parte, el conde de Barcelona, convertido de hecho en la cabeza de los condes y territorios catalanes, toma la iniciativa en las relaciones con los musulmanes, al tiempo que intenta consolidar su poder feudal en el interior de los condados que reconocen su autoridad. La expedición a Córdoba como aliado de los eslavos fue un éxito político-psicológico y económico para el conde Ramón Borrell: el botín logrado permitió una mayor circulación monetaria y la reactivación del comercio; hizo posible la reconstrucción de los castillos destruidos y la repoblación de las tierras abandonadas y, sobre todo, sirvió para afianzar la autoridad del conde barcelonés frente a sus vasallos.

Tras la desaparición del califato, los condes siguen una política similar a la de los demás reinos hispánicos y se centran en el cobro de parias más que en la ocupación de tierras. La dirección barcelonesa se manifiesta también, en este aspecto, en la firma de acuerdos con los condes de Urgel o de Cerdaña para, juntos, conseguir y distribuirse las parias. Al final de este periodo, Barcelona se ha consolidado como centro y cabeza de Cataluña, después de que sus condes hayan hecho frente a numerosos problemas, el primero de los cuales es la tendencia a dividir el condado entre sus hijos, que se ven obligados a dedicar una parte de sus energías a la unificación de los dominios paternos, para dividirlos a su vez. El proceso, con sus secuelas de inseguridad, se agrava cuando en 1035 Berenguer Ramón I rompe la unidad Barcelona-Gerona-Vic, mantenida desde la época de Vifredo. La tutela de Ermesinda sobre sus nietos mantuvo la unión teórica de los condados hasta la mayoría de edad de Ramón Berenguer I, pero no pudo evitar que los magnates actuaran en sus dominios con entera libertad, y al llegar a su mayoría (1041) Ramón Berenguer tuvo que hacer frente a los intentos de independencia de nobles como Mir Geribert, con los que acabaría firmando pactos o acuerdos feudales. Sus hermanos renunciaron a sus posibles derechos sobre Vic y Barcelona en 1049 y 1054 y, tres años más tarde, Ramón Berenguer I reconstruía la unidad de los dominios paternos al comprar los derechos de su abuela Ermesinda. Esta política de unificación fue posible gracias, en parte, al dinero de las parias pagadas por los musulmanes de Lérida y Zaragoza, que sirvieron, además, para comprar algunos derechos sobre el condado de Razés y la ciudad de Carcasona, destinados en principio a heredar a los hijos habidos en el segundo matrimonio sin romper la unidad de los condados. Pero, una vez más, el conde de Barcelona repartió los condados entre sus dos hijos, y la unidad no se recupera hasta la mayoría de edad de Ramón Berenguer III (1097-1131), que ha merecido el sobrenombre de El Grande por la ambición de su política y por los éxitos logrados tanto frente a los musulmanes como al norte de los Pirineos, donde hizo efectivos los derechos sobre Razés y Carcasona, lo que serviría de enlace entre Barcelona y Provenza al casar el conde de Barcelona con Dulce de Provenza. La muerte sin herederos de los condes de Besalú (1111) y Cerdaña (1118) permitió al barcelonés incorporar estos territorios y acentuar la presencia catalana al norte de los Pirineos, de la que las crónicas catalanas ofrecen una visión poético-caballeresca: el conde de Barcelona habría recibido el condado de manos del emperador alemán como recompensa a las hazañas del conde, que cual caballero andante se presentó ante la corte imperial y combatió a los nobles que acusaban a la emperatriz de adulterio.

Frente a los ataques almorávides, el conde intensificó la repoblación de la comarca de Tarragona, abandonada por los musulmanes durante las guerras de fines del siglo XI y ocupada por grupos aislados de repobladores cuya presencia permitió restaurar la sede arzobispal de Tarragona (1089-1091), aunque fijando provisionalmente la residencia del metropolitano en el obispado de Vic. La colaboración con el mundo europeo y cruzado tiene otras manifestaciones no menos importantes para la futura orientación política de Cataluña: en 1114-1115 Ramón Berenguer colabora en la conquista de Mallorca con una flota pisana interesada en poner fin a la piratería de los mallorquines; para conseguirlo no bastaba tomar militarmente las islas sino que era preciso establecer una población permanente, pero los intentos de conseguir que los catalanes permanecieran en la isla fracasaron, porque ni éstos se hallaban interesados en otra cosa que en el botín ni disponían de hombres ni de medios para mantener el control de Mallorca, y la isla sería rápidamente ocupada por una flota almorávide. El contacto con los cruzados pisanos hizo pensar en la posibilidad de utilizar la cruzada contra los musulmanes de Tortosa, y con esta idea se dirigió a Roma en 1116 al tiempo que renovaba la infeudación del condado a la Santa Sede, a la que convertía en protectora no sólo de las tierras catalanas sino también de Provenza, disputada por el emperador alemán y por el conde de Toulouse.

Reyes de Aragón-condes de Barcelona

Dos testamentos señalan el inicio y marcan el condado de Ramón Berenguer IV: el de su padre y el de Alfonso el Batallador; en el primero, tras una serie de mandas piadosas finalizadas con la entrega de algunos bienes a las órdenes militares del Sepulcro, el Temple y el Hospital, se nombra a Ramón Berenguer IV heredero de los condados al sur de los Pirineos. El segundo de los hijos del conde, Berenguer Ramón, recibiría Provenza, así como las posesiones paternas en Rodez, Cavaldá y Carlat, y ambos quedaban bajo el patrocinio de Roma, señor feudal de los condes. Del mismo año (1131) es el testamento de Alfonso el Batallador, que deja como herederos de sus dominios a las órdenes militares del Temple, el Hospital y el Sepulcro, y cede Tortosa, si llegara a conquistarla, a la Orden del Hospital. Las órdenes recibirían igualmente las tierras y señoríos cedidos a los nobles, aunque éstos podrían conservarlos mientras vivieran. Como hemos señalado en páginas anteriores, el testamento no fue respetado y Ramón Berenguer IV, a través de su matrimonio con la heredera, se convertiría en rey de Aragón (1137). Los condados catalanes y el reino mantendrán su personalidad, pero unos y otros están unidos por la Corona y por la pertenencia a una misma archidiócesis, la de Tarragona, bajo cuya autoridad está también el territorio navarro.

Los condes de Barcelona-reyes de Aragón recuerdan con esta vinculación eclesiástica sus derechos sobre el reino, derechos que intentan hacer efectivos política y militarmente desde los primeros momentos, aunque para ello sea preciso negociar con Castilla una serie de tratados, fechados entre 1140 y 1244, en los que los dos reinos se reparten Navarra. En 1151, al morir García Ramírez, castellanos y catalanoaragoneses no sólo se dividen Navarra sino que, además, fijan las zonas de influencia y de futura conquista de las tierras musulmanas. El conde recibiría la ciudad de Valencia con toda la tierra desde el Júcar hasta el término del Reino de Tortosa, así como la ciudad de Denia, con la condición de tener tales tierras en nombre del emperador y de prestarle homenaje feudal; también corresponderían al barcelonés el reino y ciudad de Murcia, excepto las plazas fuertes de Lorca y Vera, que serían para el emperador tanto si colabora en la conquista como si se abstiene de intervenir. La dependencia feudal se mantiene hasta 1177, año en que se suprime a costa de que el conde-rey renuncie a la conquista de Murcia. Dos años más tarde, reunidos en Cazola, renuevan el pacto contra Navarra y modifican las zonas de influencia sobre las tierras musulmanas: Alfonso el Casto recibiría Valencia y su reino, Játiva y Denia, es decir, toda la tierra situada entre el puerto de Biar, en el interior, y Calpe; en la zona de conquista castellana se incluirían las tierras situadas al sur de Biar o, lo que es lo mismo, el Reino de Murcia. Con este acuerdo, indirectamente relacionado con el testamento de Alfonso el Batallador, se fijaban los límites orientales de Castilla y Aragón-Cataluña, ratificados por último en el tratado de Almizra de 1244.

Las obligaciones feudales de Ramón Berenguer IV incluyen la ayuda militar a su señor, Alfonso VII, con el que colabora en la campaña emprendida contra Almería (1147), en la que intervino igualmente en virtud del vasallaje el navarro García Ramírez. Alfonso VII contó, además, con el apoyo naval de Génova, cuyos barcos acudirán después a la conquista de Tortosa (1148) a la que siguió, un año más tarde, la caída de Lérida en manos de los catalanoaragoneses. Más al sur, se ocupa Teruel y se realizan diversos ataques contra las tierras musulmanas de Valencia.

La unión permitirá unificar la política ultrapirenaica de aragoneses y catalanes y afianzar el control feudal de Ramón Berenguer IV sobre Provenza, control que es más teórico que real pues el territorio está dividido en multitud de condados y vizcondados relacionados entre sí por una maraña de acuerdos feudales que permiten cambiar de alianzas continuamente en función de los intereses del momento o prestar vasallaje simultáneo al conde de Toulouse y al de Barcelona, que aspiran a controlar Provenza. Tras la muerte sin herederos del conde provenzal, Alfonso el Casto, el primer rey de Aragón-conde de Barcelona, consiguió la renuncia de los condes de Toulouse a sus posibles derechos sobre Provenza, y en su testamento separó una vez más estos territorios de los peninsulares, que fueron confiados al primogénito, Pedro el Católico, mientras Provenza era confiada a su segundo hijo, Alfonso.

Pedro consiguió poner fin a las luchas con los condes de Toulouse cuando Inocencio III, elegido papa en 1198, inició la guerra contra los albigenses y contra su protector, el conde tolosano, que buscó la amistad del rey aragonés, convertido así en protector y señor feudal de la mayor parte del sur de Francia, especialmente a partir de su matrimonio con María de Montpellier. Pedro intentó conjugar los intereses de sus vasallos y aliados con sus deberes hacia Roma y con esta intención acudió a la ciudad pontificia (1204) y se hizo coronar por el papa, al que renovó su vasallaje. Inocencio III le recordó la obligación de combatir a los herejes, y tras realizar algunas campañas que le justificaran ante el papa, el monarca abandonó el sur de Francia y volvió a ocuparse de los asuntos peninsulares, pactando con el monarca castellano una nueva división de Navarra; Alfonso VIII de Castilla recuperó Álava y Guipúzcoa, pero el monarca aragonés tuvo que renunciar a las campañas militares por no disponer de medios económicos, situación que permitió a Sancho VII de Navarra comprar la paz mediante un préstamo hecho al aragonés. En 1212, el rey de Aragón colaboró en la cruzada castellana contra los almohades e intervino activamente en la victoria de Las Navas de Tolosa. Un año más tarde moría en Muret al intentar defender a sus aliados y vasallos contra los cruzados de Simón de Montfort, es decir, contra Francia, que es la gran beneficiada de la cruzada contra los albigenses.

La gran expansión cristiana

El siglo XIII se inicia en la Península con dos hechos de distinto signo y de consecuencias similares. La victoria sobre los almohades en Las Navas de Tolosa (1212) sirvió para acelerar la disgregación del imperio norteafricano e hizo posibles los avances de castellanos, leoneses y portugueses hacia el sur. La derrota y muerte de Pedro el Católico de Aragón en Muret (1213) obligó a los catalanes y aragoneses a renunciar a su presencia en Occitania y a buscar la expansión por los dominios islámicos.

Los reinos occidentales

Rey de Castilla desde 1217 y de León en 1230, Fernando III ampliará considerablemente a costa de los musulmanes la extensión de los dominios recibidos. Las campañas, en las que tuvieron un papel destacado las órdenes militares hispánicas, creadas hacia 1170 y a las que se debió la conquista y repoblación de la mayor parte de La Mancha y de Extremadura, siguen el modelo de Fernando I-Alfonso VI o de Alfonso VII: el monarca interviene en ayuda de señores sublevados contra los almohades o en apoyo de reyes taifas enfrentados entre sí, y cuando las circunstancias son favorables ocupa plazas y reinos: con la ayuda del rey de Granada ocuparía Córdoba en 1236, mientras el aliado musulmán extendía su autoridad a Málaga y Almería e intentaba ocupar Murcia; este reino, amenazado en el sur y en el oeste por Granada y en el norte por los catalanoaragoneses, buscó y obtuvo la protección castellana (1238) y aceptó el establecimiento de guarniciones militares en los centros más importantes del reino, en el que sólo Mula, Lorca y Cartagena opusieron alguna resistencia a las tropas castellanas dirigidas por el heredero, Alfonso X el Sabio. Poco después se revisarían los tratados de Tudillén y Cazola, por los que castellanos y aragoneses se repartían los reinos de Murcia y Valencia, con fronteras en constante movimiento, y en Almizra (1244) se definirían de manera definitiva los límites de ambos reinos.

Aseguradas las fronteras en la zona oriental, Fernando III concentró sus fuerzas en la ocupación de Jaén, importante centro cuyo dominio garantizaba el paso hacia Andalucía occidental, donde los ejércitos portugueses obtenían importantes victorias y amenazaban con *invadir* tierras castellanoleonesas. Jaén se rindió en 1246 y Muhammad de Granada renovó el vasallaje respecto a Fernando III para salvar el resto de sus dominios. Como vasallo, el granadino colaboró con Castilla en los ataques a Sevilla por tierra mientras una flota procedente del Cantábrico impedía la llegada de refuerzos norteafricanos. La ciudad se entregó en 1248. En menos de veinte años, aprovechando la debilidad islámica, la Corona de Castilla redujo a los musulmanes al reino granadino y limitó la expansión de aragoneses y portugueses hacia el sur, convirtiéndose de este modo en el reino de mayor importancia de la Península.

El reino independiente de Portugal mantuvo frente a los musulmanes una política similar a la de sus vecinos; la oposición de los hispanos a los almorávides y las divisiones entre los reyezuelos de Mértola, Silves y Beja facilitaron el avance de las fronteras hasta el Tajo con la ocupación de Santarem y Lisboa en 1147 a las que siguieron Alcacer do Sal en 1158, Beja en 1162...; pero las tierras situadas al sur del Tajo se perdieron al afianzarse el poder almohade. En el siglo XIII, los portugueses incorporaron a sus dominios el Algarbe no sin hacer frente a los castellanos, interesados en la ocupación de las tierras situadas al este del Guadiana. Una vez más la falta de fronteras bien definidas entre las zonas de influencia de los reinos cristianos dio lugar a un enfrentamiento que sería resuelto (1253) mediante el matrimonio del rey portugués con una hija de Alfonso X: el hijo de este matrimonio, don Dionís, recibiría las tierras en litigio al cumplir los siete años.

Problemas internos y expansión aragonesa

La muerte de Pedro el Católico en Muret (1213) dejó el reino en manos de Jaime I, menor de edad, sometido a la tutela del pontífice Inocencio III, señor feudal de Aragón y Cataluña. El pontífice procedió a organizar el reino, devastado por continuas sublevaciones nobiliarias y arruinado por la mala administración de Pedro el Católico. Roma apoya la guerra contra el islam que servirá, además, para buscar solución a los graves problemas internos planteados por la actitud de los nobles: al dirigir las campañas de conquista y ocupar en ellas a la nobleza, la monarquía le facilitaba nuevos ingresos e indirectamente ponía fin a las revueltas nobiliarias.

Pacificados los dominios aragoneses y catalanes, Jaime I pudo preparar la expedición contra Mallorca, realizada por deseo, y en parte a expensas, de las ciudades catalanas, Barcelona sobre todo, interesadas en mantener e incrementar su comercio, amenazado por los piratas y competidores mallorquines a los que se acusa, en 1228, de haber capturado naves de mercaderes barceloneses que se ofrecieron al monarca para invadir y ocupar las Baleares en un momento en el que la división almohade impedía cualquier ayuda al reino balear. Organizada la campaña en 1229, con participación de los ciudadanos de Marsella y de Montpellier, la isla de Mallorca se rindió en diciembre del mismo año; Menorca se declaró tributaria del rey en 1231, e Ibiza fue conquistada en 1235.

Poco después de la ocupación de Mallorca se iniciarían las campañas contra el reino musulmán de Valencia. La conquista fue lenta: tras un periodo en el que la iniciativa correspondió a los nobles aragoneses y a las milicias de Teruel, el rey se hizo cargo personalmente de la dirección de la campaña para evitar el incremento de los honores nobiliarios y ocupó Burriana en 1233 y con esta ciudad toda la Plana castellonense; poco más tarde se ocuparían la llanura y la huerta valenciana con la capital del reino (1238) y, por último, las tropas reales incorporarían la zona del Júcar entre 1239 y 1245.

La conquista de las Baleares fue posible por la coincidencia de intereses entre las ciudades costeras, Barcelona ante todo, y la nobleza catalana que veía en la guerra exterior una posibilidad de incrementar sus ingresos y de recuperar el prestigio y la situación social que le disputaba, con éxito, la burguesía urbana. En la conquista valenciana, los intereses fueron distintos y a menudo contrapuestos. Por una parte, la conquista interesaba a la nobleza de Aragón, deseosa de aumentar sus dominios, y se inscribía en la línea de actuación típica de las ciudades de frontera aragonesas. Por otro lado, el rey estaba interesado en la conquista y también en evitar un excesivo protagonismo de los nobles aragoneses; y, por último, el reino valenciano era para mercaderes y nobles catalanes zona natural de expansión. En líneas generales, puede admitirse que en la conquista valenciana intervinieron, de un lado, los nobles de Aragón y, de otro, el rey, secundado por los catalanes y por los aragoneses de la frontera.

Aunque las campañas mallorquina y valenciana ocuparon la mayor parte de los esfuerzos del monarca, no por ello se desentendió Jaime I de la política occitana. Por medios pacíficos intentó contrarrestar la presencia de los Capetos en el sur de Francia y aunar los esfuerzos de los condes de Toulouse y Provenza, pero, perdida toda posibilidad de recuperar Provenza, Jaime I firmaba con Luis IX el tratado de Corbeil (1258), por el que renunciaba a sus posibles derechos sobre Provenza y el Languedoc a cambio de la supresión de los vínculos feudales que, teóricamente al menos, unían al conde de Barcelona con el rey de Francia. Corbeil fue el reconocimiento oficial de dos realidades que ambos monarcas consideraban irreversibles.

Navarra «francesa»

Los repartos de sus tierras son neutralizados por García Ramírez y Sancho VI de Navarra (1150-1194) mediante una hábil política de equilibrio entre Castilla y Aragón y una mayor presencia al norte de los Pirineos mediante alianzas matrimoniales con Ricardo Corazón de León, rey de Inglaterra, y con

Teobaldo de Champaña, cuyos descendientes se convertirán en el siglo XIII en reyes de Navarra. Sancho VII (1194-1234) inició su reinado en alianza con Castilla, que pronto fue sustituida por un acuerdo entre leoneses y navarros contra los castellanos. Solucionados estos problemas, Sancho ofreció sus servicios militares a los almohades, a cuyo lado combatió en el norte de África, lo que no impediría su presencia al lado de Castilla en Las Navas de Tolosa. En 1230, unificados de nuevo León y Castilla por Fernando III, la presión castellana obligó al monarca navarro a buscar un acuerdo con Jaime I, con el que firmó un pacto de prohijamiento mutuo que, como el testamento de Alfonso el Batallador, no fue respetado por los navarros; al morir Sancho en 1234 los navarros ofrecieron la Corona al sobrino del rey, a Teobaldo de Champaña, después de hacerle jurar los fueros de Navarra y de comprometerse a reparar los agravios hechos por Sancho a barones y nobles, que son los que rechazan a Jaime I, quizá porque unos años antes el monarca aragonés se había opuesto a privilegios de los nobles aragoneses similares a los de los navarros; por otro lado, Jaime era un rey impuesto por Sancho VII y los nobles prefirieron elegir ellos mismos y pedir al nuevo rey, que les debía el nombramiento, la confirmación de los derechos tradicionales de la nobleza navarra, incluidos en el Fuero Antiguo de Navarra, redactado por una comisión presidida por Teobaldo y por el obispo de Pamplona e integrada por diez ricoshombres, veinte caballeros y diez eclesiásticos. En el prólogo de este fuero, los nobles recuerdan que tras la desaparición del último rey godo, los caballeros continuaron combatiendo a los musulmanes, y peleando entre ellos por el reparto del botín; para poner fin a las disputas acordaron elegir como rey a uno de entre ellos, que estaría sometido a normas de conducta previamente fijadas. Con esta declaración los comisionados situaban a la comunidad por encima del monarca, cuyo derecho no derivaba de Dios, como en la monarquía francesa con la que se relacionaba Teobaldo, sino de la comunidad, de sus electores.

Al iniciar su reinado (1253) Teobaldo II prestó el juramento exigido por los ricoshombres, caballeros, infanzones y representantes de las villas y se comprometió a aceptar hasta su mayoría de edad la tutela de una persona elegida por la comunidad y asesorada por doce consejeros; se comprometió igualmente a mantener estable la moneda durante doce años. La sumisión de los monarcas navarros se contrarresta mediante la introducción de prácticas jurídicas y de consejeros franceses apoyados por los eclesiásticos, que aceptan ungir al nuevo rey como símbolo de que el poder venía de Dios y no de la comunidad. Estrechamente vinculado al pontificado, Teobaldo participó en la cruzada contra Túnez dirigida por Luis IX de Francia (san Luis) y en ella encontró la muerte en 1270. El sucesor designado por los navarros fue Enrique I, hermano de Teobaldo, durante cuyo breve reinado (1270-1274) se forman y consolidan tres grupos claramente definidos, favorables unos a la unión con Castilla, a la incorporación del reino a la Corona de Aragón otros, y a la alianza con la monarquía francesa los últimos; la heredera del reino es Juana, de año y medio de edad, a la que se busca marido en Castilla, Aragón y Francia, cuyos reyes se comprometen a mantener la independencia de Navarra.

Para dar cumplimiento a su promesa, Jaime I dejó los asuntos navarros en manos del infante Pedro, que fue aceptado como rey en las Cortes de Olite de 1274, después de haberse comprometido a respetar los fueros, a incrementar el valor de las concesiones hechas a los nobles y, tras prometer que mantendría las donaciones de reyes anteriores a que todos los oficiales serían elegidos entre los naturales del reino siendo, durante sus ausencias, el nombramiento de lugarteniente competencia de la curia navarra. El nombramiento no tuvo efectividad porque una nueva sublevación de los nobles aragoneses y catalanes requirió toda la atención de Jaime I y de su hijo. Sus partidarios, ante la falta de apoyo militar, y quizás también ante la actitud del monarca hacia los nobles rebeldes, se unieron a los que defendían la candidatura de Fernando de Castilla o pasaron a incrementar el número de los adictos al monarca francés, quien nombró rey de Navarra a su hijo, Felipe IV, casado finalmente con Juana. En adelante, Felipe III hará caso omiso de los fueros y gobernará con entera libertad, a pesar de la oposición de la hermandad de las villas y de la junta de hidalgos.

Revueltas nobiliarias y proyección exterior

Durante la segunda mitad del siglo XIII, al finalizar el impulso expansivo, resurgen los problemas que las campañas militares habían enmascarado. Alfonso X de Castilla, Alfonso III de Portugal, Jaime I de Aragón y sus sucesores tienen que hacer frente a continuas revueltas nobiliarias en las que se ven implicados miembros de las familias reinantes, que actúan como jefes naturales de los nobles en la lucha por el poder que los enfrenta a la monarquía.

Las causas de las revueltas son complejas y no es posible determinar exactamente cuál precede en orden cronológico o de importancia a las restantes. La introducción del Derecho Romano en Occidente disminuyó las atribuciones y privilegios de la nobleza al reforzar la posición y autoridad del monarca, y la debilidad política de los nobles va acompañada de una pérdida de importancia militar, económica y social: la caballería, pesada y con pocas posibilidades de maniobra, pierde importancia ante la infantería; las huestes feudales, nobiliarias, dejan de ser el grupo militar exclusivo y, por otra parte, el aumento de la circulación monetaria permitió contratar y utilizar soldados mercenarios, profesionales de la guerra. Económica y socialmente, la nobleza vio amenazada su posición privilegiada por el ascenso de mercaderes y juristas: la riqueza de los primeros los situaba económicamente por encima de los nobles, y los juristas, convertidos en funcionarios de la monarquía, adquirieron un gran prestigio social y, en ocasiones, importantes riquezas a través de los cargos que desempeñaban; para mantener su preeminencia sobre los mercaderes y oponerse a los juristas, la nobleza recurrió a la revuelta y a la guerra para ampliar sus dominios y posesiones en el interior de los reinos, adquirir nuevas tierras en el exterior y forzar al rey a limitar la influencia de los juristas, a reducir su autoridad.

El sueño imperial de Alfonso X

Los dos primeros actos conocidos del reinado de Alfonso se complementan entre sí y son el mejor exponente de la situación del reino en 1252. Alfonso devaluó la moneda y como consecuencia «encarescieron todas las cosas en los regnos de Castilla e de León», lo que obligó a fijar los precios máximos de numerosos artículos, poner límite a los gastos suntuarios, intentar frenar la especulación, prohibir la exportación de productos alimenticios y de animales y tomar diversas medidas tendentes a restaurar la decaída economía castellana. La subida de salarios y precios y la tendencia al lujo termina por arruinar a cuantos dependen de ingresos fijos y en general a todo el reino, excepto a los mercaderes, y son decisivas para explicar las continuas sublevaciones nobiliarias y el fracaso de la política exterior y de las reformas intentadas por Alfonso X.

En los primeros años, la nobleza encontró una salida a sus problemas económicos en la intervención en el Algarbe portugués o en Navarra, donde Alfonso pretendía ser reconocido como señor feudal por Teobaldo II. Las campañas contra Navarra fueron suspendidas al producirse una sublevación de nobles castellanos que ofrecieron sus servicios a Jaime I de Aragón. A pesar del fracaso, Alfonso no renunció a sus pretensiones y durante todo su reinado mantuvo una intensa actividad diplomática destinada a incorporar Navarra a la Corona de Castilla; sólo al final del mismo, ante el fracaso de la diplomacia, se decidió a intentar de nuevo la aventura militar, que provoca la intervención de Felipe III de Francia y condiciona la política exterior de los reinos hispánicos.

Los intereses peninsulares aparecen claramente vinculados a los europeos tras la muerte del emperador alemán-siciliano Federico II (1250), cuya herencia se disputan, entre otros, los reyes de Castilla y de Aragón, que intervienen activamente en los enfrentamientos entre güelfos y gibelinos, partidarios los primeros de la hegemonía del pontífice y los segundos del predominio del emperador. El trono imperial fue ofrecido a Alfonso X, como hijo de Beatriz de Suabia, en 1256 por la ciudad gibelina de Pisa, y Alfonso X intentó movilizar las fuerzas económicas del reino para hacer efectivo el título, pero su elección no fue aceptada por el Pontificado, y Castilla se negó a financiar las campañas imperiales, a pesar de lo cual Alfonso mantuvo sus pretensiones hasta 1275 y orientó la política exterior del reino hacia la obtención de aliados que le permitieran convertir en realidad el sueño imperial. El acuerdo con Pisa no prosperó: los pisanos, al referirse al imperio, aludían única y exclusivamente a su parte italiana, y Alfonso sólo se interesaba por la zona central, por Alemania.

Las aspiraciones imperiales condicionan la política interior del reino, y la situación económica de Castilla unida al malestar de los nobles convierten, a su vez, en irrealizable el sueño de Alfonso. Las medidas tomadas por Alfonso X en 1252 fueron incapaces de contener el alza de precios y el desmedido lujo de la población castellana, y nuevas Cortes suprimieron las tasas, ya que si antes los precios subían de un modo oficial, después de los acuerdos los mercaderes se negaron a vender a los precios fijados y los revendedores acapararon los productos, provocaron su escasez artificial y los vendieron a precios más elevados, creando problemas económicos a todos y sociales a los nobles. Para resolver unos y otros se aprueban en las Cortes de Valladolid (1258) leyes suntuarias con las que se trata de reducir el gasto y, al mismo tiempo, evitar la confusión externa entre los diferentes grupos sociales: cada uno habrá de vestir, calzar y comer de acuerdo con su categoría y dentro de ciertos límites en cada grupo; para evitar gastos innecesarios se prohíbe a los nobles acudir a la corte excepto cuando sean llamados por el rey o tengan asuntos que resolver, e incluso en estos casos su estancia se limitará a tres días y su séquito no podrá incluir más de diez caballeros; no más de dos serán los representantes de los concejos ante la corte, sólo acudirán a ella cuando sea necesario, y serán elegidos entre personas que «no tengan otra cosa que hacer», es decir, cuyo trabajo no fuera necesario desde el punto de vista de la producción lo que, indirectamente, reconocía y dejaba la representación de los concejos en manos de los grupos privilegiados que no necesitaban trabajar para vivir.

Poco más tarde, Alfonso obtendría de las Cortes subsidios para una cruzada norteafricana destinada, sin duda, a congraciarse con Roma. La campaña tuvo como único resultado la conquista de Salé (1260), abandonada ese mismo año. Su pérdida fue compensada con la victoria obtenida sobre los musulmanes del Reino de Niebla (1262) que, tras haberse acogido a la protección castellana, se sublevaron por estos años adelantándose a la gran sublevación de los mudéjares de Andalucía y Murcia, apoyados por Granada y por los benimerines norteafricanos que respondían de esta manera a la cruzada castellana. Con grandes dificultades pudo Alfonso X reducir a los andaluces mientras Jaime I sometía a los murcianos, cuya revuelta podía extenderse a Valencia.

La penuria de la monarquía y de los súbditos fueron la causa de la convocatoria de las Cortes de Jerez (1268), en las que se tomaron medidas económicas que superaron con mucho a las acordadas anteriormente. En primer lugar, el monarca se comprometió a no alterar la moneda y a uniformar los pesos y medidas como medio absolutamente necesario para dar efectividad al resto de los acuerdos, referidos a los precios de una serie de productos de lujo; se repitieron algunas de las leyes suntuarias, se fijaron los salarios que podían cobrar por su trabajo sastres, armeros, mozos de labranza, carpinteros, albañiles...; se prohibió la exportación de oro, plata, cueros, seda, lana sin hilar, trigo, vino, carne y pescado, y se fijaron los puertos por los que debía realizarse la exportación en los casos en que fuera autorizada; se dispuso, para paliar la escasez de mano de obra, que «ningún peón ande baldío [sin trabajar]... pidiendo o robando...». Por primera vez nos hallamos ante un intento serio de organizar la economía castellana: por un lado se busca incrementar la producción y, por otro, se ordena que ésta no sea exportada, que esté al servicio del reino, del que sólo podrá salir en casos muy concretos y a cambio de artículos considerados de interés para Castilla, como el oro, la plata y los metales en general.

Para cumplir los acuerdos de las Cortes era precisa la tranquilidad interior y el control de la situación por el monarca, pero en 1269 la autoridad del rey fue discutida por los nobles, que ofrecieron sus servicios a Jaime I de Aragón, al rey de Navarra y, más tarde, al granadino; entre los sublevados figuran los hermanos de Alfonso y los personajes más importantes de la nobleza castellana, que olvidan las viejas rivalidades familiares para hacer frente común contra el monarca (1271), del que se sienten agraviados porque intenta sustituir el Fuero Viejo de Castilla, favorable a los privilegios nobiliarios, por un nuevo código en el que se fortalece la autoridad del rey; al agravio jurídico se une el económico: los nobles se quejan del exceso de impuestos, de la extensión de la alcabala —impuesto del diez por ciento sobre las ventas— a los hidalgos, y de la creación de pueblos de realengo en León y Galicia, pueblos que atraen a los campesinos de las tierras nobiliarias. Si los rebeldes no triunfaron plenamente, los nobles y eclesiásticos que permanecieron fieles al monarca obtuvieron concesiones que de hecho equivalían a las pedidas por los sublevados: Alfonso X redujo los impuestos, limitó el cobro de los diezmos de los puertos a un plazo máximo de seis años y accedió a que los nobles se rigieran por los fueros antiguos. Las concesiones se extendieron a los rebeldes en 1274 para conseguir su apoyo en el *fecho del Imperio*.

Pacificado el reino, Alfonso X abandonó Castilla para entrevistarse en la ciudad francesa de Beaucaire con Gregorio X y conseguir el reconocimiento de sus aspiraciones imperiales. El gobierno fue confiado al primogénito, Fernando, que murió en Andalucía al intentar contener los avances benimerines (1275). Teóricamente, la sucesión correspondía a los hijos de Fernando, a los infantes de la Cerda, a cuyo lado se situarán los Lara, mientras otra parte de la nobleza, dirigida por los Haro, aceptará como heredero al segundo de los hijos de Alfonso, a Sancho IV, alegando que es el único capaz de hacer frente a la amenaza de los benimerines. Los éxitos militares de Sancho fueron decisivos para que al regresar de Beaucaire, sin haber visto atendidas sus peticiones, Alfonso X aceptara como heredero a Sancho, cuyo nombramiento interesaba, además, por razones de política exterior: los infantes de la Cerda están apoyados por Felipe III de Francia, cuyos ejércitos impiden la presencia de Alfonso X en Navarra. El problema sucesorio castellano se transforma así en un conflicto internacional en el que el objetivo inconfesado era el Reino de Navarra, y el conflicto, como veremos, no tardará en afectar a la Corona de Aragón.

El matrimonio de la heredera navarra con el primogénito del monarca francés puso fin a las pretensiones de Alfonso y con ellas desapareció el apoyo a Sancho: el rey castellano buscó una solución de compromiso que le permitiera repartir el reino entre Sancho y los infantes, refugiados en Aragón. Sancho se opuso a la división y encabezó una nueva revuelta en la que tuvo a su lado a gran parte de la nobleza, a los eclesiásticos y a numerosas ciudades, mientras Alfonso X sólo pudo contar con algunos nobles, con las ciudades de Sevilla y Murcia y, en el exterior, con el monarca francés, interesado en asegurarse a través de los infantes un cierto control sobre Castilla. El aliado natural de Sancho en el exterior sería el rey de Aragón, enfrentado al monarca francés desde la ocupación de Sicilia en 1282 y *guardián* de los infantes de la Cerda, refugiados en sus dominios. En su último testamento, Alfonso X desheredó a su hijo y proclamó herederos a los infantes bajo la tutela de Felipe III de Francia, que heredaría Castilla si los infantes murieran sin descendencia. Abandonado por todos, el Rey Sabio murió en Sevilla en 1284; su testamento no fue respetado.

De Occitania al Mediterráneo

Durante el periodo que media entre la muerte de Pedro el Católico y la mayoría de edad de Jaime I la anarquía fue total en Aragón, y al ser proclamado rey, Jaime tuvo que reprimir los abusos y revueltas de diversos nobles aragoneses y catalanes. La campaña mallorquina permitió resolver las dificultades económicas de los nobles catalanes y desviar su belicosidad hacia el exterior; la conquista del Reino de Valencia pudo tener en Aragón los mismos efectos que la de Mallorca en Cataluña, pero los problemas surgidos sobre la aplicación del fuero aragonés complicaron las relaciones entre el monarca y la nobleza y entre Aragón y Cataluña.

A partir de la ocupación del reino valenciano se observa una alianza de la nobleza aragonesa como grupo contra el monarca, que cuenta con el apoyo de los nobles catalanes; la división por familias, predominante en la nobleza castellana y en la catalanoaragonesa de los primeros momentos, es sustituida por la oposición por países; aunque nunca falten los tránsfugas de uno y otro campo, los catalanes apoyan al rey, los aragoneses se le oponen. A la supresión del fuero aragonés en Valencia, problema que no será solucionado hasta mediados del siglo XIV, se unieron como motivo de los agravios aragoneses los repartos y divisiones de sus dominios por Jaime I para dotar a los hijos de su matrimonio con Violante de Bar, a los que prometió en 1235 el Reino de Mallorca, los condados de Rosellón y Cerdaña, el Conflent, Vallespir, la ciudad de Montpellier y las conquistas que llevase a cabo en Valencia... La asignación de tierras a los hijos de este segundo matrimonio dejó la herencia del primogénito reducida al antiguo Reino de Aragón, del que se desprendieron el Reino de Valencia y la ciudad de Lérida, que fue incluida en Cataluña.

La desmembración de Lérida, la negativa real a aceptar el fuero aragonés en Valencia y, sobre todo, la preferencia dada a Cataluña mantuvieron el resentimiento aragonés, que se manifestó de nuevo en 1264 con motivo de la petición de ayuda económica y militar para intervenir en Murcia contra los mudéjares sublevados contra Castilla. Las Cortes de Aragón, controladas por los nobles, tras recordar que no estaban obligadas a servir al rey fuera de Aragón y mucho menos en aquel caso en el que la guerra no les afectaba de modo directo, negaron la ayuda solicitada por el monarca hasta que se repararan los agravios sufridos y se aceptara la vigencia del fuero aragonés en Valencia. Jaime accedió en parte a las peticiones nobiliarias, pero la nobleza aragonesa no participó en la campaña murciana.

En Cataluña, quizá por la mejor situación económica del principado, no puede hablarse hasta 1270 de sublevaciones nobiliarias sino de banderías o enfrentamientos entre grupos de nobles, pero la devolución del Reino de Murcia a los castellanos provocó un malestar que se tradujo en oposición abierta cuando Jaime I solicitó ayuda para una nueva expedición a Andalucía en apoyo de Alfonso X, amenazado por los benimerines, por Granada y por los nobles sublevados. Jaime respondió a la negativa de los nobles ordenando el embargo de los castillos y honores recibidos en feudo por los rebeldes, y el grupo nobiliario justificó la revuelta con la necesidad de defender «los usos y costumbres que se habían guardado por los reyes pasados» y no respetaban Jaime ni su hijo Pedro. El peligro de nuevas revueltas se alejó en 1282 cuando Pedro el Grande reconoce a los nobles sus derechos tradicionales a cambio de ayuda para ocupar Sicilia, entregada a Carlos de Anjou por Roma al morir el emperador Federico II.

La aceptación del reino siciliano por el conde de Provenza perjudicaba al infante Pedro de Aragón, casado en 1262 con Costanza de Sicilia. Este matrimonio, realizado contra los deseos de Roma, tenía como objetivo garantizar las relaciones pacíficas y combinar los intereses de Sicilia y Cataluña en Túnez, cuyos reyes musulmanes estaban sometidos a un cierto control político desde Sicilia y donde el comercio catalán estaba sólidamente asentado. Una parte de los sicilianos partidarios de Costanza se acogió a la corte catalana y otros muchos se refugiaron en Túnez bajo la protección de milicias catalanoaragonesas al servicio del rey musulmán; contra estos sicilianos, políticamente, y contra sus valedores catalanes se dirigirá, económicamente, la cruzada organizada por Luis IX de Francia contra Túnez en 1270 para desde aquí, por tierra, llegar a Egipto, Siria y Jerusalén. El único resultado de esta cruzada fue la disolución de las milicias cristianas, catalanas, al servicio de los musulmanes y la firma de un tratado comercial entre Sicilia y Túnez, es decir, en perjuicio de los catalanes. Pedro, conjugando los intereses familiares y los económicos de Cataluña, intervendrá en Sicilia en la primera ocasión favorable, que se presentó en 1282 cuando los sicilianos sublevados contra los Anjou solicitaron la intervención del monarca aragonés, que envió una flota para incorporar Sicilia a los dominios catalanes y poner de nuevo el comercio tunecino bajo control de los mercaderes de Barcelona.

Los monarcas portugueses ante la Iglesia y las Cortes

Alfonso III (1248-1279), elegido por los obispos portugueses, mantuvo respecto a la Iglesia una política de amistad durante los primeros años de su reinado, en los que devolvió los bienes confiscados por Sancho II y pagó con nuevas donaciones los servicios prestados por los eclesiásticos. Más tarde, frente a los clérigos, se apoyó en los concejos y en los mercaderes. Dentro de esta política de acercamiento a los concejos y a los mercaderes se inscriben la concesión de fueros a numerosas poblaciones y la creación de ferias o mercados permanentes en diversos lugares.

Las dificultades económicas del rey y del reino se hallan en la base de las primeras Cortes portuguesas conocidas, las de Lisboa-Leiria-Coimbra de 1253-1254. Alfonso garantizó la estabilidad monetaria y aprobó un ordenamiento de precios y salarios que, tal vez como ocurrió en Castilla por los mismos años, tuvo efectos contraproducentes y sólo sirvió para ocultar y encarecer los artículos tasados. La negativa de una parte del clero a pagar el servicio extraordinario a cambio de la estabilidad de la moneda disminuyó considerablemente los ingresos del monarca, que se vio obligado a reducir gastos y a intentar la recuperación de los derechos usurpados: en 1258, Alfonso ordenó realizar *inquiriçoes* (pesquisas o investigaciones) en la zona situada entre el Duero y el Miño para conocer la situación de los bienes y de los derechos pertenecientes a la Corona y, como resultado de estas investigaciones, en 1265 se prohibió a los nobles y oficiales del rey exigir posada y yantar a los hombres de realengo, se ordenó que fueran devueltos a la Corona numerosos bienes pasados a poder de eclesiásticos y nobles, se castigó a los vasallos que habían abandonado los lugares de realengo a la pérdida de sus bienes y se dispuso que las *caballerías,* las concesiones hechas a los nobles, estuvieran sometidas al pago de impuestos, ya que la exención era la contrapartida de los servicios militares contra los musulmanes y al cesar éstos no había razón para mantener el privilegio.

Los obispos fueron los más afectados por estas medidas, cuyo cumplimiento intentaron evitar mediante la amenaza de penas canónicas y el recurso a Roma: si el papa había nombrado rey a Alfonso también podía deponerlo, pero la situación no era la misma en 1266 que en 1245: la autoridad pontificia era menor, la nobleza no secundó a los obispos; éstos no permanecieron unidos y en 1265 el rey podía apoyarse en los concejos, que habían pagado los subsidios votados en las Cortes y votarían nuevas ayudas en 1261 para mantener estable la moneda, al tiempo que concejos como los de Lisboa hacían préstamos al monarca, y, con su apoyo, el rey portugués podía hacer oídos sordos a las quejas de los clérigos que acusaban al rey de no respetar el fuero eclesiástico ni el derecho de asilo, no obligar a cumplir las sentencias dictadas por los tribunales eclesiásticos, prohibir las reuniones de los clérigos, nombrar y deponer abades, párrocos y canónigos, intervenir en el nombramiento de obispos, tener funcionarios judíos, obligar a los eclesiásticos a dar albergue al monarca y a su séquito...

Nazaríes y Escayuelas en Granada

El reino granadino fue creación de Muhammad ben Yusuf ben Nasir ben al-Ahmar (Muhammad I), sublevado en Arjona hacia 1232 contra Ibn Hud de Murcia, el unificador de los dominios almohades. Tras la muerte de Ibn Hud, el reino granadino se extendió por Málaga y Almería, pero no pudo evitar que los castellanos ocuparan Jaén en 1246. A partir de esta fecha, Muhammad figura como vasallo de Fernando III, colabora en sus campañas militares contra

Sevilla y paga tributo al castellano; la sumisión granadina fue confirmada en los primeros años del reinado de Alfonso X (1254), pero los problemas internos de Castilla permitieron reducir el alcance del tributo.

La sublevación de los nobles castellanos y el descontento de la población musulmana de Andalucía y Murcia permitirán a Muhammad recuperar alguno de los territorios perdidos y, sobre todo, evitar la sumisión a Castilla; pero los éxitos militares se vieron limitados, igual que en los demás reinos hispánicos, por las revueltas nobiliarias a las que tuvo que hacer frente el monarca granadino. Durante la sublevación de los mudéjares andaluces y murcianos, Granada contó con la colaboración de milicias norteafricanas cuyos jefes fueron ampliamente recompensados en perjuicio de la aristocracia local dirigida por los Askilula (Escayuela) que gobernaban Guadix, Málaga y Comares. Al verse postergados por las milicias norteafricanas, los Escayuelas ofrecieron sus servicios al rey castellano que pudo, de este modo, obligar a los granadinos a firmar el Pacto de Alcalá por el que el rey musulmán se comprometía a pagar anualmente un tributo y a colaborar militarmente en la ocupación de Murcia; en adelante las relaciones castellano-granadinas estarán influidas por la presencia en ambos campos de fuerzas rebeldes: los Escayuelas actuarán en todo momento como aliados de Alfonso X y los rebeldes castellanos hallarán acogida en el Reino de Granada.

La alianza entre los Escayuelas y el monarca de Castilla se fortaleció en 1272, año en el que Alfonso concedió a un hijo del arraez de Málaga diversos bienes en Murcia para contrarrestar la colaboración de los nobles castellanos con Muhammad I, muerto en 1273 combatiendo a sus nobles. Su hijo y sucesor, privado del apoyo de los nobles castellanos al acceder Alfonso a las pretensiones nobiliarias, se vio obligado a firmar la paz, a hacerse armar caballero por Alfonso y a pagar un nuevo tributo, que intentará evitar aliándose a los benimerines norteafricanos. Éstos mantendrán la amenaza sobre Castilla hasta mediados del siglo XIV, aunque en ocasiones meriníes y castellanos se alíen contra Granada.

Repoblación y organización social

Tanto en los reinos occidentales como en los orientales, los avances cristianos se efectúan sobre tierras de difícil defensa si no se consigue atraer a pobladores ofreciéndoles privilegios que compensen el evidente riesgo que supone habitar en zonas expuestas a las correrías de los musulmanes o a los ataques de los reinos vecinos. El ofrecimiento de condiciones favorables, entre ellas la libertad para los pobladores de las nuevas tierras, tuvo repercusiones sociales no sólo sobre el territorio fronterizo sino también sobre las zonas alejadas de la frontera, cuyos pobladores intentarán trasladarse a las nuevas tierras o conseguir unas condiciones similares en sus lugares de origen. Se produce así un doble fenómeno en las regiones del norte de todos los reinos peninsulares: por una parte, los señores reforzarán los lazos jurídicos que unían a los campesinos a la tierra (para evitar que la abandonen) y, por otra, mejorarán las condiciones materiales de estos mismos campesinos.

Las tierras nuevas

La repoblación tiene carácter político-militar y está dirigida por el rey o por personajes allegados a él y encargados de organizar las nuevas poblaciones, los concejos surgidos en la cuenca del Duero, en la Extremadura castellana, leonesa o portuguesa. Cada concejo tiene sus propias milicias, cuya actividad apoyan los fueros con el reconocimiento de una superior categoría social a quienes dispongan de un caballo de guerra y por la concesión a los concejos de amplias zonas de influencia, de tierra no conquistada, por la que pueden y deben extenderse por la acción de estos *caballeros* concejiles, populares o villanos, que alternan la guerra con el pastoreo. La superioridad militar de los pastores-guerreros sobre los campesinos sedentarios se traduce en una superioridad social de los primeros que, con el tiempo, se reservarán en exclusiva el gobierno de los municipios.

A diferencia de lo ocurrido en los reinos occidentales, la conquista aragonesa se efectuó sobre tierras que, a excepción de la comarca turolense, tenían abundante población musulmana, cuya permanencia garantizaban las capitulaciones firmadas entre vencedores y vencidos y el interés de los primeros en mantener en cultivo unas tierras que su escaso número impedía cultivar directamente. En el campo puede afirmarse que se mantuvo la mayor parte de la población. En las ciudades se toleró la presencia de los musulmanes durante un año; después fueron obligados a fijar su residencia extramuros de la ciudad, en sitios donde no fueran una amenaza para el control militar de la zona. Ni Aragón ni Navarra disponían de hombres suficientes ni los monarcas se hallaban en condiciones de obligar a la nobleza a permitir la salida de sus colonos o siervos de las zonas del norte, y para atraer pobladores era preciso ofrecerles, como en el Tajo, condiciones ventajosas: propiedad de las tierras que cultivaran, dentro y fuera de la ciudad y concesión de la libertad. Francos, campesinos libres y siervos fugitivos de Aragón y de Navarra acudieron en estas condiciones a repoblar Zaragoza, pero su número sólo fue suficiente para cultivar las tierras más rentables, las de regadío, pero no las de secano. Las dificultades para hallar repobladores aumentan en las zonas fronterizas expuestas a la guerra y se hace preciso conceder los fueros de los concejos castellanos, el de Sepúlveda, a las poblaciones de Soria, Almazán, Medinaceli, Calatayud, Daroca, Belchite o Teruel, que gozan de una organización diferente a la de los núcleos del norte. En los núcleos originarios, zona de valles y de hábitat disperso, predomina el campo sobre la ciudad, la organización señorial sobre el derecho territorial; en la Tierra Nueva, de hábitat concentrado, predominan los núcleos locales con derecho y normas de gobierno propias. Los vecinos de la Tierra Vieja necesitan poseer caballo para ser libres, los de la frontera son libres por habitar en esta zona y sus hombres sólo acuden al fonsado, a la guerra, con el rey y bajo su dirección, por lo que se convierten o se intenta convertirlos en eficaz contrapeso del poder nobiliario y en valiosos auxiliares del monarca.

La Cataluña Vieja sólo ligeramente supera los límites alcanzados en vida de Carlomagno, es decir, la línea que partiendo del Llobregat enlazaba con las aguas del Cardoner para seguir por la cuenca superior del Segre hasta el Montsec. Las diferencias entre la zona situada al norte de esta línea y las comarcas del sur eran tan evidentes, que ya desde el siglo XII puede darse a las segundas el nombre de Cataluña Nueva para indicar su distinta organización social, directamente relacionada con el sistema de repoblar el territorio. El sistema concejil y la concesión de fueros especiales a los repobladores de frontera no es una innovación aparecida en el siglo XI ni se limita a Castilla; también en Cataluña los condes ofrecen privilegios cuando se trata de repoblar zonas fronterizas como Cardona, a la que Vifredo I concedió en la temprana fecha del 880-886 privilegios por los que se equipara a los pobladores con un cierto tipo de nobleza. La creación de estos concejos se incrementó en el siglo XI y se afianzó con la concesión de fueros o cartas de población como las otorgadas a Barcelona en 1025 por el conde Ramón Berenguer: la concesión de la libertad a los habitantes de Barcelona, situada en un territorio en el que predominaba la servidumbre, serviría para atraer a numerosos pobladores y no sería ajena al desarrollo económico de la ciudad en años posteriores. Barcelona, Lérida, Tortosa o Tarragona son los puntos sobresalientes de una repoblación que se extiende en los siglos XI y XII a otros muchos lugares y lleva a la instalación de nuevas poblaciones en las zonas protegidas por los castillos. Para evitar la huida de los campesinos del norte hacia estas localidades, los señores feudales se vieron obligados a mejorar las condiciones de sus hombres, como ocurrió en el Conflent con la declaración de villa libre o villa franca de Vilafranca del Conflent, pero este tipo de documento es raro y sólo será utilizado de modo sistemático a fines del siglo XII y durante el XIII por los condes-reyes para crear núcleos fieles al monarca y contrarrestar la influencia de los señores feudales.

La repoblación monástica

La emigración hacia el sur y la insuficiencia demográfica de los reinos cristianos dejaron sin poblar numerosos lugares del interior que serán repoblados por los artesanos y mercaderes de origen franco a lo largo del Camino de Santiago, bajo la dirección de clérigos cluniacenses en el siglo XI, y por los monjes del Císter a partir de mediados del XII. Aunque los caminos por los que llegaban a Santiago los peregrinos eran muy numerosos, la vía más importante, el Camino de Santiago por antonomasia, es el llamado Camino Francés, la ruta que seguían los peregrinos desde que atravesaban la frontera por los puertos de Somport y Roncesvalles para unirse en Puente la Reina tras haber pasado por Jaca, Sangüesa y Monreal en el primer caso y por Pamplona en el segundo; desde Puente la Reina los peregrinos seguían por Estella, Monjardín, Logroño, Nájera, Santo Domingo de la Calzada, Belorado y Burgos, donde se unía otro camino que desde Bayona cruzaba Tolosa, Vitoria, Miranda de Ebro y Briviesca. Las etapas a partir de Burgos estaban situadas en Castrojeriz, Frómista, Carrión, Sahagún, León (una parte de los peregrinos se desviaba desde esta ciudad hasta Oviedo y seguía el camino de la costa hasta Santiago), Astorga, Ponferrada, Villafranca del Bierzo, Cebrero, Portomarín, Palas del Rey y Santiago.

En todos estos lugares se estableció una población relativamente importante de francos que trabajan como campesinos en algunos casos y en otros como artesanos y mercaderes que gozan de una situación de privilegio con relación a los campesinos, aunque bajo la dependencia de los abades y obispos cluniacenses. La búsqueda de la libertad llevará a los francos de Nájera, Carrión, Burgos, Palencia y Sahagún, así como a los de Zamora y Lugo, a unirse a Alfonso el Batallador frente a Urraca y Alfonso VII, apoyados por la jerarquía eclesiástica. A pesar de la actividad comercial realizada en las ciudades situadas en el Camino, ni en Aragón ni en Navarra ni en Castilla surgió una burguesía activa durante la Edad Media a causa de que, en ningún caso, estas ciudades crearon una artesanía o industria de mediana importancia y se limitaron a recoger los beneficios del comercio efectuado a través del Camino en al-Andalus y Europa, entre los cristianos y musulmanes.

Los monjes cistercienses llegados a mediados del siglo XII se instalan en lugares desiertos de las montañas de Galicia, León y en las nuevas tierras de Cataluña y Portugal. Los monasterios más importantes fueron los de Fitero, Sacramenia, Veruela, Valbuena, Huerta, Carracedo, Melón, Alcobaça, Tarouca, Poblet y Santes Creus. Todos los monasterios se hallan en la mitad norte de la Península y la mayor parte está en la Meseta, a ambas orillas del Duero. El Tajo parece actuar como frontera de las abadías: el sur es zona reservada a las órdenes militares, quizá porque los cistercienses buscan lugares aislados, alejados de las rutas de peregrinación, de comercio y de guerra. El establecimiento de los cistercienses se inicia con la deforestación de las cercanías del monasterio, tarea que realizan personalmente los monjes, auténticos maestros en el trabajo agrícola, en el que se hacen ayudar por los conversos o por jornaleros cuando el dominio se extiende lejos de la abadía; en estos casos se crean granjas en las que residen estos trabajadores y que, con el tiempo, se transforman en villas, en nuevos centros de población. En determinados casos las abadías cistercienses se transforman en verdaderos señoríos feudales, como ocurre en el monasterio de las Huelgas de Burgos o en el de Poblet que, además de cinco granjas próximas al monasterio, poseía numerosas baronías en las que el abad ejercía plenamente los derechos feudales.

Efectos sociales de la expansión del siglo XIII

La fertilidad de las tierras ocupadas en el siglo XIII y las facilidades dadas por los soberanos deberían haber atraído a la gran masa de campesinos semilibres del norte, pero sabemos que el número de gallegos, asturianos y leoneses instalados en Sevilla fue considerablemente inferior al de castellanos y leoneses procedentes de los concejos creados en los siglos XI y XII y de las zonas castellanas de Burgos, Palencia y Valladolid, donde la fuerza nobiliaria era menor; los nobles no podían permitir que fueran abandonadas sus tierras para trasladarse a Andalucía, y sólo aceptando este supuesto puede entenderse la permanencia de la población musulmana hasta 1264 y la relativa despoblación posterior de las tierras ocupadas por los monarcas de los reinos occidentales. A la insuficiencia demográfica y a la resistencia nobiliaria se añadieron razones de carácter político-militar, psicológico y económico: Fernando III debió la mayor parte de sus conquistas a la alianza con los reyes musulmanes, y más que de conquista debe hablarse de capitulaciones cuyos acuerdos han de respetarse, entre ellos el de permitir la permanencia de los antiguos habitantes, y, por otra parte, los siglos de convivencia en la Península de cristianos y musulmanes, aun cuando frecuentemente se hallaran enfrentados, no habían producido un odio irreparable entre ambas comunidades, y tanto la experiencia aragonesa y valenciana como la castellana demostraron a los cristianos que era posible y deseable la convivencia pacífica de unos y otros si se privaba a los vencidos de sus dirigentes y si los vencedores controlaban castillos y plazas fortificadas. Sólo tras la sublevación de 1264 se produjo un cambio de población en Andalucía y en Murcia. En Andalucía predominaron los grandes latifundios, cuyos dueños terminarían controlando a los repobladores de las ciudades. Todos los intentos de los reyes castellanos para contrarrestar la influencia nobiliaria fracasarían al no instalar en las ciudades una población artesanal-comercial; la escasa industria y el importante comercio sevillano quedaron en manos de extranjeros a los que el fuero vedaba la participación en el gobierno municipal, y en poco tiempo los grandes propietarios agrícolas extenderían su acción sobre las ciudades. Los pequeños propietarios de los concejos de la zona del Duero, los únicos que podían moverse libremente, fueron los más atraídos por las nuevas tierras, y para acudir a Andalucía malvendieron o abandonaron sus propiedades y con su actitud facilitaron la concentración de la propiedad y la aparición de las dehesas o latifundios salmantinos y extremeños, que si no alcanzaron la importancia de los andaluces, sirvieron como éstos para romper en favor de la nobleza local el equilibrio económico y político entre nobles y concejos.

En Murcia, Alfonso X completó la repoblación inicial dirigida por Jaime I, aunque con criterios diferentes: mientras el rey aragonés llevó a cabo un reparto de carácter señorial al otorgar grandes extensiones de tierras de regadío a un grupo reducido de caballeros a los que estarían sometidos los habitantes de la ciudad, Alfonso X quiso evitar la excesiva fuerza de los nobles y alejó a éstos de Murcia dándoles grandes extensiones de tierra en las zonas próximas a la frontera granadina donde la población era escasa; en estas comarcas la economía fue predominantemente ganadera y la población se agrupó alrededor de las fortalezas; en la huerta, la atribución de bienes a los repobladores se realiza con gran cuidado, y cuando se conceden grandes extensiones, éstas se dividen en lotes separados y sin posibilidad de unirlos por compras, permutas o donaciones, expresamente prohibidas por el rey para evitar la concentración de la propiedad.

En el Reino de Aragón, a lo largo del siglo XIII los nobles obtuvieron de la monarquía concesiones judiciales y económicas que dejaron a los colonos de las tierras señoriales totalmente en manos de los dueños de la tierra. Ciertamente, un recrudecimiento de la dependencia campesina habría sido inconcebible mientras hubiera tierras libres si no hubiese ido acompañado de una mejora de la situación económica de las campesinos; las condiciones de trabajo, arbitrarias hasta el siglo XIII, comenzaron a ser especificadas en los contratos y desaparecieron o disminuyeron las prestaciones personales, que fueron sustituidas por el pago de una cantidad en productos o en dinero.

En Cataluña, la expansión hacia el sur y hacia el Mediterráneo fue acompañada en el interior del doble fenómeno ya descrito: concesión de franquicias y de privilegios a los campesinos y, por otro lado, aumento de las presiones señoriales en las zonas montañosas y de escaso rendimiento. De esta forma se produjo una diferenciación en el mundo campesino de la Cataluña Vieja. En las zonas fértiles, de llanura, no fue preciso someter al campesino a una mayor dependencia para evitar la huida; bastó hacer algunas concesiones económicas que, por otra parte, el señor podía permitirse dada la fertilidad de la tierra. En las zonas pobres, los privilegios y franquicias eran insuficientes para retener a los campesinos y se les impidió la emigración de manera legal. La remensa, la obligación de pagar un rescate para abandonar la tierra, se fijó en el siglo XIII, sin duda para frenar el movimiento emigratorio, y en 1283 Pedro el Grande reconoció su vigencia y dispuso que los campesinos de los lugares donde acostumbraban redimirse no podían fijar su residencia en villas de realengo si antes no pagaban la cantidad exigida; en estas mismas Cortes, se fijó la dependencia de los vasallos respecto a su señor y se dio vigor a una disposición en desuso, aprobada en 1202, por la que se reconocía a los señores el derecho de maltratar a sus rústicos y de ocupar sus bienes.

Ganaderos y agricultores

La insuficiencia demográfica y las condiciones en las que se efectúa la ocupación del territorio son importantes para comprender el desarrollo ganadero: la ganadería es más fácilmente defendible en caso de ataque enemigo, y se le dará preferencia cuando, a finales del siglo XI, se repueblen frente a los almorávides numerosos lugares situados a orillas del Duero. Los primeros fueros se conceden no a núcleos rurales predominantemente agrícolas sino a tierras altas de interés militar y más adaptadas a la economía pastoril que a la agrícola, aunque ésta no se abandona porque las nuevas poblaciones de frontera son en muchos casos avanzadas en territorio enemigo, mal comunicadas con el resto del territorio, obligadas a autoabastecerse y situadas, por ello, en lugares de contacto entre sierra y llanura en los que sea posible, a la vez, el laboreo de la tierra, que lleva a cabo una población estable de campesinos, y el pastoreo del ganado que, con frecuencia, busca pastos lejos de los lugares de población y, por tanto, exige protección armada. Los pastores son, al mismo tiempo, guerreros y su fuerza militar y económica les lleva con el tiempo a convertirse en dirigentes de los concejos, puestos desde los que exigen la dedicación de las mejores tierras a pastos. La absorción de tierras por los ganaderos no se limitó al sur del Duero sino que se extendió al norte, al generalizarse la trashumancia, para mejor aprovechar los pastos. Amplias zonas de los montes de León quedaron así inutilizadas para la agricultura.

Al hablar de la Corona de Aragón y de Navarra es preciso tener en cuenta que la expansión oriental fue más lenta y se produjo sobre tierras más pobladas y, en consecuencia, no se llegó a una situación de privilegio de la ganadería. Agricultura y ganadería se equilibran aunque la segunda predomine en las zonas pirenaicas, donde los pastos de verano atraen a los rebaños de particulares y de monasterios, que inician una trashumancia documentada desde el siglo XII, al menos por lo que se refiere a los monasterios de Santes Creus y de Poblet.

Los propietarios de ganado crean e impulsan las mestas locales o agrupaciones de ganaderos para defender el ganado y para buscar nuevas tierras a costa de los musulmanes o en perjuicio de los concejos limítrofes. Las milicias concejiles, formadas por guerreros-pastores, se encargan de esta misión y utilizan su fuerza para ampliar los derechos ganaderos: quedándose con determinados terrenos, atribuyéndose los beneficios derivados del uso de los pastos por ganado ajeno y organizando la trashumancia cuando los pastos propios son insuficientes y la situación militar permite llevar el ganado hacia el sur. La adquisición de tierras de pastos no basta cuando crece el número de cabezas de ganado y, además, no siempre es fácil vencer las resistencias de los dueños de la tierra, por lo que se hace necesario lograr acuerdos de carácter general y para todo el reino, que serán recogidos al crearse el Honrado Concejo de la Mesta, reconocido oficialmente por Alfonso X en 1273. También en la Corona de Aragón se agrupan los ganaderos y crean la Casa de Ganaderos de Zaragoza, Tauste y Ejea, la Mesta de Albarracín, los Lligallós de Calatayud y Teruel..., y organizaciones semejantes, mal conocidas, existieron en las zonas ganaderas del Pirineo catalán y en tierras del Maestrazgo.

La principal misión de la Mesta es organizar las cañadas o caminos entre zonas de pasto de verano y de invierno. Las cañadas más importantes son la leonesa, segoviana y manchega: la primera partía de León, atravesaba y atraviesa en la actualidad los términos de Zamora, Salamanca y Béjar, desde donde se dirigía a las zonas de pastos de Plasencia, Cáceres, Mérida y Badajoz, con ramificaciones hasta Portugal y Andalucía; la cañada segoviana partía de Logroño con dos ramales de los que uno se dirigía al suroeste por Burgos, Palencia, Segovia y Ávila para unirse en Béjar con la leonesa, y el otro ramal pasaba por tierras sorianas, atravesaba el Sistema Central hasta Talavera, Guadalupe y Almadén para llegar finalmente al valle del Guadalquivir; la cañada manchega unía Cuenca con las llanuras murcianas, atravesando La Mancha y la parte alta de la cuenca del Guadalquivir.

Artesanos y mercaderes

En todo el territorio hispánico puede observarse el surgimiento de nuevos barrios o burgos cuyos habitantes, artesanos y mercaderes, sin dejar de ser *laboratores,* de vivir de su labor o trabajo, ya no son labradores, pero estos *burgueses* sólo adquieren verdadera importancia en las zonas costeras del Mediterráneo o del Atlántico, en contacto comercial con el mundo europeo. En las zonas del interior sólo puede hablarse de una artesanía en sentido estricto cuando se organizan, en la segunda mitad del siglo XI, los núcleos urbanos del Camino de Santiago y se establecen en ellos zapateros, sastres, herreros... y mercaderes atraídos por el mercado potencial de los peregrinos jacobeos, pero no puede afirmarse que en las ciudades y concejos del Camino, lo mismo en León-Castilla que en Aragón o Navarra, existiera una artesanía capaz de exportar, y al desaparecer su privilegiada situación geográfica en el siglo XIII estas ciudades *artificiales* desaparecieron como centros económicos y perdieron importancia del mismo modo que la perdió el Camino de Santiago. No hay una artesanía fuerte pero sí un comercio activo que atrae una o más veces al año a gran número de mercaderes que acuden en fecha fija a cada lugar; estos mercados o ferias se han conservado hasta la actualidad, aunque hayan perdido su carácter comercial y sólo conserven el aspecto festivo que acompañaba a las transacciones comerciales.

En Cataluña la reactivación agraria de los siglos X y XI se manifiesta en la creación de industrias que, en principio, servirían para atender a las necesidades locales y que a partir del siglo XIII suministran los productos para un activo comercio, cuyos inicios se sitúan en los años finales del siglo XI. Ya en el siglo XII se mencionan talleres u obradores (lo que indica un trabajo en común) textiles, de curtido, de forja y herrería, carpintería... en ciudades como Barcelona, Gerona, Urgel, Montblanc, Lérida y Vic, entre otras muchas; en el siglo XIII aparecen los primeros gremios que agrupan y organizan a estos artesanos. La industria textil fue la más importante y son conocidos los paños de Barcelona, Lérida, Valencia, Perpiñán y Montpellier y de diversos lugares del Pirineo gerundense, algunos de los cuales se exportan a países industrialmente poco desarrollados como Castilla y el norte de África. Junto a la industria textil destaca la elaboración de joyas, el trabajo del coral, de productos metálicos en las forjas pirenaicas, la fabricación de papel, jabón, vidrio y, naturalmente, la construcción naval, en la que destacan los puertos de Tortosa, Valencia, Barcelona y Mallorca.

Junto a las actividades industriales o artesanales se desarrollan las comerciales, facilitadas por la proximidad al Mediterráneo y por la pacificación de los condados desde mediados del siglo XI. Conocemos el mercado interior gracias a numerosos aranceles aduaneros, el más antiguo de los cuales es el referido al tráfico por el Ebro, que data de época de Alfonso el Casto (1162-1196). Los barcos que navegan entre Tudela y Tortosa pagan este peaje, que se reparte proporcionalmente a la importancia de las ciudades entre diez poblaciones situadas a orillas del Ebro, entre Tortosa y Tudela.

Una gran parte de los artículos mencionados en los diversos peajes procede del comercio exterior, cuya ruta más importante es la norteafricana, documentada desde los primeros años del siglo XIII. En todas las ciudades del litoral, desde Ceuta hasta Túnez, parece haber existido una pequeña colonia de mercaderes catalanes y mallorquines que compran oro y esclavos, marfil, incienso, cera, atún, coral, dátiles, azúcar, pimienta, ámbar, alumbre y, desde el siglo XIV, cereales que se obtienen a cambio de paños de lujo procedentes de Europa, de madera, hierro y esparto para la construcción naval, de plomo, estaño, cobre, sal y aceite. La ruta del Mediterráneo central y el acceso a Bizancio, a las islas griegas, a Siria y a Egipto están amenazados por Carlos de Anjou, que aspira al trono de Constantinopla, se ha hecho coronar rey de Jerusalén y utiliza Sicilia y Túnez como plataforma económica y política para convertir en realidad sus aspiraciones, a las que se oponen los catalanes para defender el comercio tunecino y su acceso a la ruta de las especias.

El comercio con el norte de África, las islas del Mediterráneo, Bizancio, Siria y Egipto proporciona numerosos artículos que los mercaderes catalanes negocian en el mundo europeo: los productos orientales son cambiados en las ferias de Champagne por paños flamencos que más tarde serán distribuidos por Roma, Gaeta, Nápoles, Palermo y el norte de África; está documentada la presencia de mercaderes catalanes en Flandes e Inglaterra y a lo largo de la ruta que une Marsella con Burdeos; en Lenguadoc y Provenza la presencia catalana es de tal importancia que el catalán se convierte en la lengua comercial de estas regiones. Otro centro importante del comercio catalán es la ciudad de Sevilla, donde los barceloneses obtuvieron numerosos privilegios durante los reinados de Alfonso X y Sancho IV; y desde mediados del siglo XIV misioneros y comerciantes catalanes y mallorquines se establecen en las islas Canarias, convertidas en el gran centro de exportación de esclavos...

Los dirigentes de la sociedad

Campesinos y pastores, artesanos y mercaderes integran el grupo de los *trabajadores,* y de su trabajo viven directa o indirectamente los encargados de la defensa de la sociedad y los que tienen como misión interceder ante la divinidad, facilitar el contacto entre el mundo material y el espiritual. La función de defensores y clérigos les reserva un lugar preeminente en la sociedad, los convierte en privilegiados.

Defensores y caballeros

En una sociedad como la medieval, en guerra permanente, los defensores son necesarios, y en pago de su función reciben del monarca tierras y derechos sobre los campesinos que las habitan y cultivan, así como una parte del botín y de los tributos alcanzados en su actividad militar; mientras ésta es victoriosa, la presión sobre los campesinos es relativamente débil, pero bastarán los primeros reveses militares o el alejamiento de la frontera para que se acentúe la presión, para que se acelere el proceso de señorialización en las tierras del norte, para que los nobles exijan un estatuto que garantice sus derechos, para que una parte de la nobleza, considerándose marginada o atacada por el monarca, se subleve contra éste y llegue a poner sus armas a disposición de los enemigos exteriores del rey, prácticamente en todos los reinos hispánicos.

Inicialmente la nobleza es un grupo abierto al que se accede por intervenir en la guerra, en la repoblación del territorio o en el gobierno y administración del reino, o por disponer de tierras y medios suficientes para adquirir vasallos campesinos que cultiven la tierra y vasallos militares que la defiendan; a medida que la tierra y cargos se hacen hereditarios, el nacimiento, el origen familiar, se convierte en un factor decisivo para pertenecer a la nobleza, al menos en la categoría de los ricoshombres, y simultáneamente comienzan a establecerse diferencias jurídicas entre los simples libres y los nobles, caracterizados éstos por el disfrute de privilegios fiscales y judiciales, que intentan consolidar dándoles carácter oficial, haciendo que se recojan en un texto legal, en un fuero nobiliario. Hasta nosotros ha llegado el fuero nobiliario castellano en versión del siglo XIV, pero sus orígenes son anteriores o, al menos, así lo pretenden los nobles cuando insistentemente reclaman en el siglo XIII que se respeten los buenos fueros de época del emperador Alfonso VII y de sus sucesores, que, si existieron, no serían muy distintos de los reunidos en el *Fuero Viejo de Castilla* y en el *Libro de los Fueros de Castilla*.

La defensa del fuero *explica* en casi todos los casos las sublevaciones de los nobles, aunque en ocasiones la verdadera razón haya que buscarla en los enfrentamientos entre linajes o bandos nobiliarios, polarizados en Castilla en torno a las Casas de Lara y de Castro en el siglo XII, o Lara y Haro en el XIII. La privanza de unos significa pérdida de poder para los otros, que buscarán en el exterior ayuda para convencer al monarca de que no se puede prescindir de su colaboración, de que sin ellos el reino no es gobernable. Oposición y colaboración con el monarca son, en el fondo, dos maneras de alcanzar el mismo objetivo: nuevas tierras, mayores soldadas o cuantías, cargos que realcen social, económica y políticamente a los nobles, y reconocimiento de sus derechos específicos. La aparición de familiares del rey al frente de los ricoshombres en el reinado de Alfonso X es una novedad importante no por la fuerza que puedan tener los infantes sino por el prestigio que les da su pertenencia a la familia real y por el hecho de que, en determinadas circunstancias, los nobles pueden aspirar a sustituir al monarca por uno de sus hermanos o hijos si logran atraerlos hacia su parcialidad.

La situación no es muy diferente en Portugal, donde es posible hablar desde el siglo XII de la división en bandos de los grandes nobles, cuyo papel va perdiendo fuerza en favor de los oficiales del monarca y de una nueva nobleza, más cortesana que militar, creada por Alfonso II; manifestación de esta política centralizadora es la realización de *inquiriçoes*, o investigaciones sobre los derechos señoriales, con las que el monarca pretende recuperar los derechos usurpados por la nobleza o por la Iglesia. Contra la política centralizadora de la monarquía reacciona la nobleza colectivamente hasta llegar a la guerra civil y provocar una situación de anarquía a la que responde el monarca haciendo aprobar en 1264 y 1272 una *Ley dos Ricos homens e dos cavalleiros e dos outros que fazen asunadas*, en la que puede verse un intento de separar a los ricoshombres de los hidalgos, a los que se considera víctimas, al mismo tiempo que colaboradores, de la actuación de la gran nobleza. Entre las medidas tomadas para reducir los gastos de los nobles y, consiguientemente, su necesidad de nuevos ingresos y mantener pacificado el reino, se dispone que sólo acudan a la corte cuando el rey los llame o cuando tengan asuntos que resolver de manera directa, e incluso en estos casos acudirán con un séquito reducido: un caballero por cada millar de maravedís que tenga del rey, medidas que recuerdan las tomadas en Castilla por Alfonso X.

Si en los reinos occidentales los nobles —entre ellos hay que incluir desde muchos puntos de vista a los miembros de la jerarquía eclesiástica— hacen coincidir con sus intereses el *bien de la Tierra* y utilizan las dificultades del rey para imponer sus puntos de vista, en Navarra aprovechan el cambio de dinastía para imponer al primer rey de la Casa de Champaña la vigencia de un fuero que limita considerablemente las atribuciones del monarca, según hemos indicado en páginas anteriores. La formación de un frente común ante los reyes extranjeros no impide la formación de bandos como los encabezados en 1275 por Pedro Sánchez de Monteagudo y García de Almoravid, partidario el primero de elegir como rey al monarca aragonés y al castellano el segundo, y apoyado Almoravid por el burgo de la Navarrería de Pamplona; el triunfo de la candidatura francesa, además de dar ocasión al saqueo de la Navarrería, supuso la pérdida de fuerza de los ricoshombres, muertos en la guerra u obligados a exiliarse hasta que, en negociaciones entre Alfonso X de Castilla y Felipe el Atrevido de Francia, se incluye una amplia amnistía y la devolución de los bienes y honores perdidos tras la revuelta, que fue el punto de partida de la victoria de la monarquía francesa en Navarra.

Los *Usatges* son el Fuero de Barcelona, que se extiende a todos los dominios del conde, y aunque en sentido estricto no pueden ser definidos como un fuero nobiliario, son mayoría en ellos las disposiciones referentes a los nobles, comenzando por las que regulan la compensación que se ha de pagar por la muerte o herida causada a un vizconde, a un caballero, un burgués o un campesino «que no tiene otra dignidad que la de cristiano» y cuya muerte se castiga con una multa cuarenta veces menor que la pagada por quien mata a un vizconde. Otras disposiciones regulan las relaciones entre los caballeros y sus señores, entre éstos y los campesinos que cultivan sus tierras..., pero donde verdaderamente puede verse el derecho feudal catalán es en las *Commemoracions* redactadas por el canónigo barcelonés Pere Albert a mediados del siglo XIII, subtituladas acertadamente *Costumbres de Cataluña entre señores y vasallos.* Fijados los derechos feudales en los *Usatges* y en las *Commemoracions,* las Constituciones de Paz y Tregua confirman la independencia de los señores y su autoridad sobre los campesinos: en 1173, Alfonso el Casto ponía bajo la protección de la paz y tregua las iglesias, personas y bienes de los eclesiásticos, las personas y propiedades de los campesinos y sus casas «siempre que no se hallaran en alodios de caballeros» sobre los que el conde-rey carece de jurisdicción; en 1202 se precisó aún más la independencia nobiliaria al adoptarse una disposición según la cual los señores que maltrataran a los campesinos o les quitaran sus cosas no deberían composición alguna al rey, y en 1214, tras señalar las personas y bienes protegidos por la constitución, se aludió directamente «a los hombres de los alodios y castillos de los caballeros en los que el rey sólo poseía la potestad» (la justicia criminal); estos hombres no podían ser incluidos en la paz y tregua sin una declaración expresa de sus señores...

Los problemas de la nobleza aragonesa son los mismos que los de los demás nobles peninsulares: necesitan defender su posición económica, social y política frente a los intentos centralizadores del monarca y lo harán protestando contra la actuación del monarca y dando forma legal a sus derechos después de la asamblea celebrada en Huesca en 1247, de la que salió el proyecto de encargar al obispo Vidal de Canellas la recopilación-unificación de los fueros aragoneses para poner fin a las diferencias entre quienes se regían por el Fuero de Jaca, el de Zaragoza o el de las zonas turolenses de frontera; el sentido de estos fueros podemos conocerlo a través de los agravios planteados ante Jaime I en 1264: los aragoneses exigen la reparación de desafueros como la concesión de honores a extranjeros y a personas que ni eran ni podían ni debían ser ricoshombres; piden igualmente que se respete el derecho de los ricoshombres a juzgar los pleitos; protestan por la concesión de un fuero propio al Reino de Valencia sin tener en cuenta la opinión de los ricoshombres, necesaria «por ser aquel reino de la conquista de Aragón...» y por la presencia junto al rey de legistas formados en el Derecho Romano, y si los nobles castellanos invocan un fuero concedido por Alfonso VII en Nájera, los aragoneses reclaman la ratificación y confirmación de los fueros antiguos aprobados en el monasterio de San Juan de la Peña y anulados, según ellos, por Ramón Berenguer IV.

Los intercesores ante Dios

Los *oratores* no se limitan a rezar; su función en cuanto intermediarios entre los cristianos y Dios es doble: interceder por aquéllos mediante el rezo, simbolizado por antonomasia en la Santa Misa, y trasmitir a los fieles las verdades de la fe mediante la predicación, una de cuyas formas es la enseñanza, monopolio eclesiástico hasta el punto de que los escolares, los universitarios medievales, se acogen al fuero clerical. Indisolublemente unida a la función religiosa de los clérigos se halla la institución eclesiástica, la organización de los creyentes en este mundo para lograr la salvación en el otro. Desde este punto de vista, los clérigos hispanos se organizan en diócesis (clero secular, dependiente del obispo) y en órdenes cuyos miembros —hombres o mujeres— siguen una regla (clero regular); seculares y regulares tienen los mismos objetivos religiosos, pero sus intereses no siempre coinciden puesto que unos y otros se disputan el control de los fieles y, en ocasiones, los beneficios económicos derivados de la administración de los sacramentos. A caballo entre el estamento clerical y el nobiliario se sitúan los miembros no clérigos de las órdenes militares, laicos sometidos parcialmente a la regla cisterciense o a la de San Agustín, cuya profesión es la guerra contra los musulmanes. El mundo clerical se amplía con la incorporación de laicos que se declaran y son considerados *familiares,* miembros de la familia de un centro eclesiástico al que se da o promete parte o la totalidad de sus bienes para asegurar su salvación y, en ocasiones, para conseguir seguridad material cuando lleguen a la vejez, estén enfermos o sean incapaces de asegurar el sustento material.

Los fieles han de ser conscientes de que no son dueños de los bienes que poseen, de que éstos pertenecen a Dios y, en consecuencia, deben compartirlos con sus ministros, con los clérigos que, a cambio de su intercesión, reciben donaciones que convierten a la Iglesia en un poder económico equiparable o superior al de los nobles, de los que sólo se diferencian por una mayor preparación cultural.

La Iglesia hispana se organiza en época romana y visigoda, época unitaria, y mantiene la idea de unidad incluso cuando la situación política es de clara diversidad. La restauración del primado toledano es el símbolo de esta unidad, de esta fidelidad a la Historia, que no excluye una hábil adaptación a la realidad política permitiendo la restauración de sedes episcopales o la traslación de éstas y de sedes metropolitanas a lugares donde no las hubo en época romana o visigoda. La autoridad teórica del toledano encontrará numerosas resistencias, inicialmente entre los condes de Barcelona, que se apresuran a restaurar la metrópoli tarraconense para evitar cualquier posible intervención del toledano-castellano. Cuando Aragón y Barcelona se unan, la unidad política será reforzada con la eclesiástica y Tarragona extenderá su autoridad sobre las diócesis catalanas, sobre los territorios de Aragón y, también, sobre Navarra, aunque este reino se haya separado de Aragón; en el siglo XIV, cuando se acentúen las diferencias entre aragoneses y catalanes, Zaragoza se convertirá en arzobispado con jurisdicción sobre Huesca, Tarazona, Calahorra, Pamplona y Albarracín-Segorbe...

Problemas semejantes se plantean al independizarse Portugal a comienzos del siglo XII y separarse León y Castilla en 1157: el primado de Toledo-Castilla se contrarresta desde los arzobispados de Braga, bajo el que se ponen las diócesis y clérigos portugueses, y de Mérida, trasladado éste a Santiago de Compostela por iniciativa de Diego Gelmírez. Esta realidad explica que Fernando II y los arzobispos de Santiago centren sus esfuerzos en la ocupación de Extremadura, amenazada por castellanos y portugueses, y explica que la Orden militar de Cáceres o de la Espada se convierta en Orden de Santiago al hacerse *familiar* de ella el arzobispo compostelano, que ofrecerá a los freires la mitad de Mérida puesto que el control de la ciudad garantiza que la sede metropolitana podrá seguir en Santiago y no volverá a Mérida. La restauración de Sevilla en 1249 chocará igualmente con Toledo, que ha extendido sus límites hasta Córdoba, ciudad conquistada antes que la antigua metrópoli, y la expansión de Portugal hacia el sur hará que se cree una nueva provincia eclesiástica en Lisboa, cuyos intereses chocarán con los del metropolitano de Sevilla; éste por su parte, incorporará a su provincia la diócesis de Canarias y el obispado de Marruecos...

Los reinos hispánicos no son una excepción en la cristiandad y hasta ellos llegan, como hemos señalado antes, los monjes cluniacenses y cistercienses y las órdenes militares. San Bernardo de Claraval, cisterciense, está en la base de la creación y organización de estas órdenes, creadas para acoger y defender a los peregrinos que se dirigían a Tierra Santa y combatir a los musulmanes, objetivo que despierta temprano interés en la Península, según hemos visto al hablar del testamento de Alfonso el Batallador, al que deben su existencia cofradías como las de Zaragoza, Uncastillo, Monreal o Belchite, precedentes de las órdenes que se crearán en la segunda mitad del siglo XII. Calatrava es la primera de una larga serie que incluye a las de Santiago, Alcántara y Avis y órdenes menos conocidas, como las de Montegaudio, Santa María de España o San Jorge de Alfama; la disolución del Temple dio lugar en 1319 a la creación de dos nuevas órdenes, la de Montesa en la Corona de Aragón y la de Cristo en Portugal, que heredaron los bienes de los templarios...

Por los mismos años en que surge el Císter y con características semejantes, se fundan en Francia y se extienden por la Península órdenes como la de Fontevrault, la Cartuja o la de los Premostratenses que, como los cistercienses, buscan la reforma de la Iglesia mediante el ejemplo personal, huyendo de los honores y riquezas; otros grupos de clérigos y laicos aspiran a reformar las costumbres mediante la predicación, intentando convencer no sólo con el ejemplo sino también con la palabra; su actitud choca con la jerarquía eclesiástica, que se resiste a abandonar el monopolio de la predicación-enseñanza en favor de los laicos, y que teme que los fieles contrasten la teoría evangélica de los predicadores con la práctica de los clérigos y se opongan a la jerarquía por cuanto ésta se identifica con la nobleza feudal en el campo y con el patriciado en las ciudades. Entre los predicadores laicos destacan Pedro Valdo y Francisco de Asís; el segundo se acomodaría a las exigencias de la jerarquía y su movimiento será incorporado, tras la adaptación correspondiente, al sistema eclesiástico; sus seguidores formarán la orden franciscana. Para combatir doctrinalmente a los valdenses y a los cátaros, fue creada en el siglo XIII por Domingo de Guzmán la orden de los dominicos; completan esta relación de órdenes surgidas durante este periodo, las creadas a comienzos del siglo XIII para redimir cautivos (trinitarios y mercedarios) y las de origen eremítico (carmelitas y agustinos). Todos estos frailes, por estricta que sea la regla, viven en el mundo, en las ciudades, y desempeñan un papel fundamental en la centralización realizada por Roma en el siglo XIII, y en las universidades.

Escuelas catedralicias y universidades

La ciencia y la cultura han sido hasta el siglo XII patrimonio exclusivo del clero, que ha logrado mantener un cierto nivel cultural a través de las escuelas monásticas y episcopales, pero la limitación al campo exclusivamente religioso y el rígido control que la jerarquía mantiene sobre la enseñanza, equiparada a la predicación, aleja de estos centros a los laicos y hace de las escuelas centros de conservación más que de creación del saber. Los contactos con el mundo y la cultura griega, directamente o a través de los musulmanes, amplían el campo de la cultura; la difusión del Derecho Romano y su utilidad para monarquías y principados hacen que su estudio sea favorecido por el poder civil, y la nueva situación económica de Europa permite que un grupo relativamente importante de personas abandone las ocupaciones tradicionales para dedicarse al estudio, para ampliar sus conocimientos más allá del mundo religioso-eclesiástico. El movimiento intelectual se inicia en los círculos eclesiásticos: en cada catedral hay un maestrescuela que se encarga de enseñar a los clérigos; las Constituciones de los cabildos catedralicios facilitan la asistencia a las escuelas famosas, al mantener los derechos económicos de quienes acuden a estudiar como si estuvieran presentes a los oficios; y sínodos y concilios peninsulares, como los de Valladolid de 1228 y 1322, hacen obligatorio el estudio para los beneficiados...

La primera universidad hispánica, o la primera escuela catedralicia capaz de atraer a estudiantes de otros lugares, parece haber sido la de Palencia, conocida desde los años finales del siglo XII y reconocida y confirmada en 1212 por Alfonso VIII, que lleva a Palencia maestros de Francia e Italia y les paga con largueza. Su importancia pronto quedó eclipsada por la escuela-universidad fundada en Salamanca en 1218 por Alfonso IX de León, quizá para no depender en este campo de Castilla. Esta primera fundación será refrendada en 1254 por Alfonso X quien, en las Partidas, establece un plan completo de lo que debería ser un estudio general, una universidad o «ayuntamiento de maestros e de escolares» para enseñar y aprender artes, gramática, lógica, retórica, aritmética, geometría, música y astronomía, ciencias a las que se añade el derecho al disponer que haya «maestros de decretos e señores de leyes». A mediados del siglo XIII se crea la Universidad de Valladolid, la de Sevilla en 1254, la de Lisboa-Coimbra en 1290 y la de Lérida en 1300.

Curia y Cortes

Los reyes y condes hispánicos, igual que los europeos o los señores feudales, gobiernan aconsejados por nobles y eclesiásticos, que siguen a la Corte o son llamados en circunstancias extraordinarias y forman la curia, el consejo del rey; a medida que concejos y ciudades adquieren importancia, sus representantes serán llamados a intervenir en el asesoramiento al monarca, y en este sentido se considera que la asamblea leonesa de 1188 es la primera manifestación de las Cortes peninsulares porque Alfonso IX habla de la presencia de «ciudadanos elegidos de cada una de las ciudades», lo que daría a esta reunión un carácter representativo. Por otra parte, la reunión se inicia con la confirmación de las buenas costumbres de épocas anteriores, dirigiéndose tanto a clérigos como laicos con las palabras «a todos los de mi reino». Se dan garantías procesales y —el aspecto que más ha llamado la atención— el rey se compromete a «no declarar la guerra, hacer la paz ni firmar tratados sino con el consejo de los obispos, nobles y hombres buenos por cuyo consejo debo regirme», lo que puede interpretarse no sólo como la obligación de dar consejo los vasallos sino también como de seguimiento del consejo por el rey.

Las Cortes heredan de la curia la función de consejo, pero éste va perdiendo importancia en favor de la ayuda económica, política y militar, que sólo en ocasiones es gratuita. La simple petición de ayuda refleja una debilidad del poder monárquico y de ella se servirán las Cortes para exigir contrapartidas, para imponer sus condiciones y llegar a un acuerdo o pacto con el rey que, en adelante, no podrá gobernar sin el consentimiento de las Cortes, de los grupos sociales representados en ellas, que si a veces defienden los intereses generales, con frecuencia se preocupan ante todo de sus propios intereses; las limitaciones al poder monárquico entrevistas en León en 1188 aparecen claramente expresadas en las reuniones celebradas a catalanes, aragoneses y valencianos en 1283 y 1284 o en las asambleas convocadas en Navarra para hacer jurar los fueros.

Los asistentes a las Cortes, clérigos-nobles-ciudadanos, representan al reino si no de acuerdo con la idea actual de representación sí según el concepto medieval y la forma de organizarse la sociedad en estos siglos. La fuerte jerarquización de la Iglesia hace que el clero secular o diocesano esté suficientemente representado con la presencia en las Cortes de arzobispos, obispos y miembros de los cabildos catedralicios; los clérigos regulares (monjes y frailes) y los caballeros-monjes de las órdenes militares tienen como representantes a los abades, priores y maestres o comendadores, y unos y otros no sólo tienen la voz de los clérigos sino también la de los laicos que dependen de ellos, cultivan sus tierras o viven en lugares sometidos a su jurisdicción, y lo mismo puede decirse de los nobles, convocados a título personal pero que, en cuanto señores, representan a los guerreros a su servicio y a los campesinos que de ellos dependen. El resto de los habitantes del reino vive en zonas de realengo, en lugares en los que el rey es el señor directo y, en buena lógica, podrían haber estado representados por el monarca de la misma forma que lo están por su señor quienes viven en lugares de solariego (de los nobles) o de abadengo (de los eclesiásticos); al diferenciarse en este tercer grupo campo y ciudad, adquirir ésta mayor importancia económica, política y militar y, en cierta manera, desvincularse del rey-señor feudal, sus hombres son llamados a las reuniones o asambleas del Reino, a título personal o como procuradores elegidos por cada ciudad que, juntos, forman el brazo real, indebidamente llamado en épocas posteriores llano o popular.

La representación es la que corresponde a una sociedad basada en la desigualdad y en el privilegio de unos pocos frente a las obligaciones de la mayoría, y a las Cortes sólo son llamados, junto a los grandes nobles y a la jerarquía eclesiástica, los miembros de la caballería villana que controla y se reserva los cargos municipales en los concejos semiurbanos de Castilla, León o Portugal, o quienes se han destacado en los centros urbanos como mercaderes, a los que las fuentes llaman patricios, ciudadanos o burgueses.

El Derecho nacional

Los monarcas del siglo XIII aspiran a reforzar la unidad del reino mediante la uniformidad jurídica de sus dominios. Aunque las normas locales no desaparecen, ya desde el siglo XI comienzan a estar limitadas por otras de mayor amplitud: Cataluña adquiere cierta uniformidad jurídica por medio de los *Usatges* de Barcelona, extendidos a Urgel y Tortosa en el siglo XII, al Rosellón, Cerdaña y Ampurias en el XIII y a Besalú en el XIV; en León, el *Liber Iudiciorum* visigodo, adaptado y transformado en el *Fuero Juzgo,* desplaza paulatinamente a los fueros locales e igual ocurre en Toledo, desde donde pasará a las poblaciones más importantes de Andalucía y Murcia; el derecho castellano aparece unificado en el siglo XIII, aunque no de forma sistemática, en las colecciones de *Fazañas* (sentencias dadas por los jueces en casos concretos a los que se da valor general) o en el *Fuero Viejo;* en el siglo XIII se hallarán igualmente fijados el *Fuero General de Navarra* y los *Fueros de Aragón.*

Unificar el Derecho es importante, pero los reyes pretenden hacerlo a partir del Derecho Romano, que concede a los monarcas más poderes que el derecho consuetudinario; el intento encontró la oposición de la nobleza que no aceptó el Fuero Real, redactado por el círculo de juristas de la Corte castellana antes de 1255, y la revuelta nobiliaria de 1272 llevó a la confirmación de los fueros antiguos e impidió la aplicación en la corte castellana del *Espéculo,* escrito entre 1255 y 1260, para que los jueces del rey pudieran realizar mejor su función y desenvolverse entre la maraña de los fueros locales, y sólo en 1348 conseguirá Alfonso XI, en las Cortes de Alcalá, imponer el código de las Partidas, redactado en su primera versión hacia 1258-1260. En Portugal, los fueros locales mantuvieron su vigencia, pero desde mediados del siglo XIII los reyes dictaron normas con validez para todo el reino y procuraron adaptar en sus tierras normas castellanas basadas en el Derecho Romano como el Fuero Real o las Partidas. La primera recopilación fue hecha en el siglo XIV en el *Livro das leis e posturas.*

Mientras en el ámbito castellano coexisten normas de distinto origen, con predominio del nuevo derecho en Castilla y León y de la costumbre en el País Vasco —donde se distinguen jurídicamente la tierra de Álava, la de Ayala, Guipúzcoa, Vizcaya, Las Encartaciones y el Duranguesado—, el derecho aragonés se halla codificado y unificado en el siglo XIII de acuerdo con las normas tradicionales de la Alta Edad Media, que se mantienen hasta época moderna sin grandes cambios. En el Reino de Navarra la situación jurídica es similar a la descrita al hablar de Aragón. El derecho local subsiste y, sin perjuicio de estas normas, se crea en el siglo XIII un derecho común a todo el reino y en gran parte similar al vigente en Aragón. El deseo de diferenciarse claramente de los franceses y de imponer a los monarcas extranjeros el respeto a las costumbres navarras aparece insinuado en el prólogo del *Fuero General de Navarra* citado en diversas ocasiones.

Tampoco en el Principado de Cataluña consiguió el Derecho Romano desplazar a las antiguas normas jurídicas, sólidamente arraigadas y en gran parte recogidas por escrito, pero sí influyó en ellas y las modificó de modo importante. En la tarea de reformar o adecuar el derecho consuetudinario catalán a las nuevas corrientes jurídicas, destaca la figura del canónigo y legista barcelonés Pere Albert, en cuya obra se recogen las costumbres feudales catalanas, vertiendo sobre ellas nuevos conceptos al atribuir al conde de Barcelona algunas prerrogativas reservadas por el derecho romano al emperador. A las instituciones feudales superpone un nuevo orden político según el cual se reconoce la preeminencia y superioridad del príncipe sobre un ámbito territorial definido: Cataluña. Con la obra de Pere Albert puede decirse que adquiere reconocimiento *oficial* el Principado de Cataluña: el conde de Barcelona ya no es un señor más en sus dominios, sino que su autoridad se extiende a todo el ámbito territorial. La labor de los legistas viene así a reforzar, por un lado, las instituciones feudales al precisarlas y, por otro, fortalece la autoridad del príncipe al reconocer sus derechos en todo el principado.

El sistema jurídico valenciano presenta dos modalidades: la zona conquistada y repoblada por los aragoneses recibió el fuero de Aragón, y en las comarcas ocupadas por Jaime I rigió un nuevo fuero a partir de 1240, año de promulgación de los *furs de Valencia* por Jaime I, que mandó ponerlos por escrito especificando claramente que en la ciudad y en el Reino de Valencia no podría regir otra costumbre. Las nuevas leyes tienen orígenes diversos, con predominio del Derecho Romano, junto al que se incluyen normas procedentes de las costumbres de Lérida, de los *Usatges* de Barcelona, del derecho aragonés... El fuero valenciano no aspira a *romanizar* el nuevo reino sino a diferenciarlo claramente de Aragón y de Cataluña y a darle uniformidad jurídica.

En Mallorca, al igual que en Valencia, no existe una costumbre anterior que respetar y el monarca tiene gran libertad para establecer el sistema jurídico. La primera disposición legal fue la *Carta de franqueza* o de población, concedida en 1230 por Jaime I siguiendo los modelos de Lérida-Tortosa, convenientemente ampliados y adaptados a las circunstancias de la isla. El predominio catalán en la conquista y repoblación del reino se observa en la remisión a los Usatges en las materias penales. Junto al monarca legislan para el reino las autoridades delegadas y los órganos de gobierno de la isla como los *Jurados* de la Ciudad de Palma y el *Gran i General Consell,* que agrupaba a representantes de la Ciudad y de las villas. En 1344 el gobernador Arnau d'Erill recogió y ordenó algunas de estas normas en la colección *Stili sive ritus curiarum.*

Arte y literatura militar, cortesana y clerical

En una sociedad dominada por defensores y clérigos, las manifestaciones culturales son obra de estos dos grupos o están dirigidas a ellos y, desde el siglo XIII, a los ciudadanos y dirigentes concejiles o al rey que, junto con los anteriores, tiene el poder sobre el reino. El arte es casi exclusivamente religioso, y trazar su historia equivale a hacer un recorrido por las principales iglesias y monasterios de la Península siguiendo las rutas del románico y del gótico, símbolos de la unificación de la cristiandad occidental que se difunden con las órdenes monásticas de Cluny, el románico, y del Císter, el gótico. La interminable lista de iglesias románicas se inicia con Sant Pere de Roda o el monasterio de Ripoll en Cataluña; sigue con el monasterio de Leyre en Navarra, la catedral de Jaca, las iglesias de San Isidoro de León, San Martín de Frómista, las catedrales de Zamora y Salamanca, la colegiata de Toro, iglesias parroquiales de casi todas las ciudades de la meseta norte, iglesias y catedrales de Orense y Lugo... para terminar en Santiago de Compostela, culminación de este arte que se identifica geográficamente con las peregrinaciones jacobeas. Entre las manifestaciones escultóricas románicas cabe citar el Pórtico de la Gloria o la Puerta de las Platerías de Santiago, el claustro del monasterio de Silos, la portada de San Vicente de Ávila o de Santa María la Real de Sangüesa. La pintura tiene su mejor representación en Sant Joan de Bohí, el Pantocrator de Sant Climent de Taüll, la Virgen de Santa María de Taüll, el ábside de San Juan de Uncastillo, la sala capitular del monasterio aragonés de Sigena, San Baudelio de Casillas de Berlanga, Santa Cruz de Maderuelo, San Isidoro de León...

El arte gótico, introducido por los monjes cistercienses, sigue la ruta y la irradiación de sus fundaciones en Moreruela, Las Huelgas, Poblet, Santes Creus y Alcobaça y tiene sus mejores representaciones en las iglesias catedralicias de ciudades como Burgos, Toledo y León del siglo XIII, y en las iglesias de Santa María del Mar, Santa María del Pi de Barcelona, y las catedrales de Gerona y de Pamplona en el siglo XIV. Románico y gótico vinculan a la Península con Europa, y el arte mudéjar recuerda las diferencias que todavía existen en edificios como la Seo de Zaragoza, las iglesias del Salvador y de San Martín de Teruel, San Pablo de Zaragoza, Santa María de Calatayud... Contemporáneos de iglesias y monasterios son los numerosos castillos construidos por la nobleza y edificios civiles como las lonjas comerciales de Barcelona, Valencia, Palma de Mallorca y Perpiñán, el palacio real de Barcelona con el Salón del Tinell, el edificio de las atarazanas barcelonesas, el palacio-castillo de Bellver en Palma de Mallorca..., símbolos de la importancia de las ciudades, de la actividad comercial y de la necesidad de realzar el papel de la monarquía.

Estas construcciones civiles tienen su equivalente literario en el uso de las lenguas romances que, lentamente, van imponiéndose al latín aunque éste conserve durante siglos importancia como lengua filosófica, científica y litúrgica. Tampoco es casualidad que sean dos reyes, Alfonso X y Jaime I, quienes eleven las lenguas romances al rango de literarias: los monarcas están interesados en favorecer la difusión de las lenguas habladas, no sólo porque éstas reflejan mejor el sentir de la población y pueden ser entendidas por quienes ignoran el latín, sino también porque el uso de un idioma propio es una nota diferencial que permite a los reyes acentuar sus diferencias frente a los dos poderes universales: el Pontificado y el Imperio. Cuando Alfonso X afirma que él es «emperador en su reino», está negando al emperador el derecho de intervención en los asuntos castellanos, y cuando él o Jaime I escriben sus crónicas en castellano o en catalán utilizan una lengua que aspira a ser *nacional* frente al universalismo del latín.

La literatura no es, en muchos casos y al margen de sus valores intrínsecos, sino uno de los medios para difundir doctrinas, ideas y creencias de todo tipo, y nada tiene de extraño que en una sociedad en manos de clérigos y nobles, la literatura sea obra de estos grupos y esté a su servicio. Los clérigos y los juglares que siguen a la Corte y recitan a los nobles las hazañas de los antepasados, son los primeros poetas en lengua castellana, autores de obras como el *Poema de Mío Cid* y *Los Milagros de Berceo,* representativas de lo que se ha dado en llamar, significativamente, mester u oficio de juglaría y mester de clerecía. El juglar entretiene, distrae al público de múltiples formas, entre las que destaca el recitado de poemas de temática diversa pero entre los que, en una sociedad militar, tienen especial acogida los poemas épicos, de exaltación de los héroes. El tema épico no es el único cantado por los juglares de una sociedad religiosa, y entre sus obras se incluyen poemas hagiográficos y no faltan debates y disputas como la de *Elena y María,* en la que cada una de las mujeres ensalza el modo de vida y las cualidades de sus amantes que son, como no podía ser menos, un clérigo y un caballero.

Junto a las obras de los juglares, populares, se produce en el siglo XIII poesía erudita, obra de personas cultas con formación latinoeclesiástica como Gonzalo de Berceo, monje del monasterio dedicado a San Millán, que escribe la vida del patrón de su monasterio, la de santo Domingo de Silos y la de santa Oria, santos vinculados al monasterio hacia el que se pretende atraer los donativos de los fieles recordando, por ejemplo, que san Millán salvó a los castellanos del peligro musulmán y éstos, en agradecimiento, están obligados a pagar los *Votos de San Millán* del mismo modo que los leoneses pagan los *Votos de Santiago.*

En las cortes señoriales europeas, al margen del mundo clerical, surge un nuevo tipo de poesía, la poesía lírica o cortés, que se manifiesta en canciones de mujer y canciones de amor cantadas por los trovadores, portavoces de una sociedad en la que la actividad militar deja paso a la vida cortesana, la guerra a las justas y torneos, y los violentos poemas épicos a canciones de homenaje a la mujer, que es equiparada al señor feudal del que el trovador se declara vasallo. La *profesionalidad* de algunos trovadores, que tienen en la poesía su forma de vida, hace que incluso en la guerrera corte castellana de Alfonso VII aparezcan trovadores, pero donde verdaderamente tienen importancia es en la corte catalano-aragonesa, donde tanto Ramón Berenguer IV como Alfonso el Casto se identifican con el mundo de los trovadores y, en ocasiones, los utilizan con finalidad política, pues la poesía cantada ha sido siempre, y es en esta época, un arma política cuyo interés puede verse en el poema encargado en 1181 por Ramón V de Toulouse a Beltrán de Born para desacreditar al rey aragonés, al que se presenta como traidor, falso rey, perjuro y ladrón; las acusaciones son negadas por otro trovador, Peire Vidal, al servicio del monarca aragonés. Ligeramente posterior en el tiempo a la poesía provenzal es la poesía gallegoportuguesa, que para unos es una derivación lógica y natural de la lírica mozárabe, mientras que para otros se trataría de una imitación de la poesía provenzal llegada a Galicia con los peregrinos jacobeos. Junto a cantigas de amor y de amigo, equiparables a las provenzales, se escriben en gallego cantigas de romería y de mar y cantigas de escarnio y maldecir.

Los poetas goliardos son otra de las múltiples manifestaciones de los cambios experimentados en los siglos XI-XIII. Estos poetas vagabundos son fruto de la movilidad social provocada por el auge demográfico y por el desarrollo del comercio y de las ciudades. No se encuadran en ninguno de los grupos sociales existentes, carecen de recursos y viven en las escuelas urbanas como domésticos de los estudiantes acomodados, de la mendicidad y, en muchos casos, como juglares y bufones. Sin domicilio fijo, se desplazan continuamente siguiendo a los maestros célebres. Sus poemas atacan a la sociedad, a todos los grupos establecidos; cantan al juego, el vino y el amor y uno de sus blancos preferidos es la jerarquía eclesiástica, a la que se caricaturiza o refleja en poemas como la parodia del evangelio de San Marcos convertido en el *Evangelio del marco de plata,* del que puede verse una réplica indirecta y tardía en el poema del arcipreste de Hita sobre «la propiedat quel dinero ha». En el monasterio de Ripoll, uno de los centros culturales más importantes de Europa en estos siglos, se han conservado algunas composiciones amatorias de fines del siglo XII, escritas por un monje anónimo.

Aceptable poeta en gallego, autor de las *Cantigas* o alabanzas de la Virgen y de numerosas cantigas de escarnio, Alfonso X tiene, sobre todo, el mérito de haber reunido todo el saber de su época en el idioma hablado por sus súbditos; para él trabajan sabios musulmanes y judíos que traducen las obras árabes y hebreas, y cristianos que colaboran con el monarca y escriben en castellano obras jurídicas, tratados científicos o la *Primera Crónica General de España,* atribuida al círculo de Alfonso X, aunque su redacción definitiva corresponda al reinado de su hijo Sancho IV. A la Crónica de Alfonso cabe contraponer y equiparar la Crónica o *Llibre dels Feits* (Libro de los hechos) del reinado de Jaime I, escrita en catalán por el monarca para que los hombres conozcan los favores hechos por Dios al rey. Con esta obra se inicia la literatura catalana, que tendrá su mejor representante durante el siglo XIII en Ramón Llull (1232 o 1234-1316), autor de más de doscientas setenta obras escritas en catalán, árabe, latín y provenzal, entre las que destacan el *Art abreujat d'atrobar veritat* (Arte abreviado de hallar la verdad) o el *Arbre de Sciència,* que es una verdadera enciclopedia en la que se jerarquizan todos los aspectos del saber bajo la alegoría de árboles, tronco, ramas, hojas... Junto a estas obras de carácter enciclopédico, Llull escribió tratados científicos, de medicina, física, geometría, astronomía y astrología, generalmente traducidos del árabe y cuyo principal mérito reside en la utilización por primera vez de un léxico científico en catalán. La educación es otra de sus preocupaciones constantes, y para sus contemporáneos escribe la *Doctrina Pueril* sobre la educación de los niños, o el *Livre del ordre de cavayleria*, tratado didáctico destinado a la formación del caballero cristiano; en Blanquerna expone sus enseñanzas y experiencias en forma novelada y describe la vida humana en todos los estados posibles: matrimonio o estado civil y estado eclesiástico en todos sus grados: monje, ermitaño, obispo, papa...

La difusión y el ascenso social de las lenguas romances no puede hacer olvidar que el latín no perdió su carácter de lengua cultural, y en latín se escribieron himnos y poemas religiosos y numerosas obras de tipo histórico. En el monasterio de Ripoll se redacta la *Gesta veterum comitum Barcinonensium et regum Aragonensium*, cuya primera parte comprende desde la época de Vifredo el Velloso hasta el final del reinado de Jaime I. En Castilla-León, el primer continuador importante de las crónicas del ciclo de Alfonso III es *Sampiro*, notario real y obispo de Astorga (1035-1041), que lleva su narración hasta el año 982; hasta 1065 llega el relato de la *Crónica silense* escrita en 1115 con la idea de historiar el reinado de Alfonso VI; manipula la historia para ensalzar su diócesis el obispo *Pelayo de Oviedo;* en la *Crónica najerense*, de mediados del siglo XII, tienen cabida los temas de la épica popular castellana; y cierra las crónicas reales del siglo XII la *Crónica de Alfonso VII*, escrita por un testigo presencial de los hechos que narra. A estos relatos oficiales inspirados por los reyes hay que añadir dos obras de tema particular: la *Historia compostelana* o historia del obispo compostelano Diego Gelmírez, y la *Primera crónica anónima de Sahagún* sobre este monasterio y sobre la revuelta de los burgueses contra el abad. Durante el siglo XIII, se escribe la *Crónica latina de los reyes de Castilla* —1236— que dedica especial atención a los reinados de Alfonso VIII, Enrique I y Fernando III; por los mismos años el obispo Lucas de Tuy cumple el encargo de Berenguela, madre de Fernando III, y reúne en el *Chronicon Mundi* los datos contenidos en las crónicas posteriores a san Isidoro; y contemporánea de ambas es la redactada, a petición de Fernando III, por el arzobispo toledano Rodrigo Jiménez de Rada con el título de *Rerum in Hispania gestarum chronicon.*

EL TRIUNFO DEL ATLÁNTICO

Construida sobre las ruinas del mundo romano, Europa ha ampliado sus fronteras en los siglos medievales al evangelizar a irlandeses y británicos e incorporar a los pueblos germanos y eslavos, pero su centro de gravedad será hasta el siglo XIV el Mediterráneo; en los últimos siglos medievales el centro de Europa se traslada hacia el Atlántico, que será el mar europeo de los tiempos modernos, y el protagonismo pasa de los reinos y Estados surgidos en las orillas del Mediterráneo a los países atlánticos. En la Península, los grandes beneficiados y artífices del despegue atlántico serán Portugal y Castilla, con predominio de los castellanos, que incorporan a sus dominios el Reino de Granada y sitúan bajo su influencia a Navarra y a los países de la Corona de Aragón.

Nobleza y monarquía en Castilla

Las continuas revueltas nobiliarias que llevan a la sublevación de Sancho IV contra Alfonso X en 1282 y culminan en la destitución en imagen de Enrique IV en la llamada farsa de Ávila (1465) y en la elección de un rey-sucesor en la persona del infante Alfonso y de su hermana Isabel la Católica al morir éste, pueden hacer creer que la monarquía castellana carece de fuerza y está a merced de la nobleza, lo que no deja de ser cierto, pero, a diferencia de lo que ocurre en Aragón, los reyes de Castilla no están limitados, salvo en momentos excepcionales, por las Cortes ni por el derecho local-señorial, sustituido durante el siglo XIV por el Derecho Romano a través del cual pueden legislar o crear impuestos con relativa libertad, y les bastará comprar los servicios de una parte de la nobleza, siempre dividida, para gobernar sin trabas, como podrá verse en la época moderna: Castilla será la base de la monarquía hispánica precisamente por la libertad que en este territorio tienen los monarcas, cuya actuación sigue limitada en Aragón o en Navarra por fueros y privilegios señoriales, locales y nacionales.

Minorías y hermandades

La historia interna del reino castellano durante los años finales del siglo XIII e iniciales del XIV puede resumirse en un esquema constantemente repetido: los reinados de Sancho IV (1282-1295), Fernando IV y Alfonso XI (1312-1350) se inician con grandes dificultades provocadas, en el primer caso, por el enfrentamiento entre Sancho y Alfonso X y, en los otros dos, por la menor edad de los monarcas en el momento de iniciar el reinado. En todos los casos, las dificultades de la monarquía son utilizadas por los nobles para incrementar su poder apoyando al rey, para controlarlo, o combatiéndolo, para arrancarle concesiones; los concejos sirven de eficaz contrapeso a las exigencias nobiliarias y su apoyo permite superar las dificultades, pero al mismo tiempo ponen precio a su ayuda en forma de concesiones que reducen la autoridad de los monarcas, y estabilizado el reino o desaparecidos los problemas más acuciantes, los reyes intentan anular las concesiones hechas a las ciudades y a los nobles, pero la muerte prematura pone fin a la política de afirmación monárquica y de nuevo se inicia el ciclo revueltas nobiliarias-apoyo de las ciudades-concesiones de los reyes-afirmación de la autoridad monárquica.

Las concesiones hechas a los concejos tienen su origen en la necesidad económica o política de reyes y tutores durante estos agitados años y, también, en la presión militar y de todo tipo que realizan las villas organizadas en hermandades para defender sus derechos y mantener el orden en sus territorios. El origen de las hermandades con finalidad política parece situarse en 1282 por iniciativa de Sancho IV, enfrentado a su padre Alfonso X: para mantener la unión entre sus partidarios, el infante autorizó la formación de hermandades de clérigos y de ciudades; una vez creadas, intentaron mantener su independencia incluso frente a Sancho IV por lo que, pasado el peligro, el monarca las suprime en 1284; su ejemplo será seguido por María de Molina, que da cobertura legal en las Cortes de 1295 a las hermandades de Castilla, León, Galicia, Extremadura, y el Arzobispado de Toledo, cuyo objetivo es poner remedio a los desafueros, daños, muertes, prisiones e impuestos que se les ponían y habían puesto sin razón y sin tener en cuenta los fueros municipales desde la época de Alfonso X. En los primeros años de la minoría de Alfonso XI, los concejos se unieron en la Hermandad General, que englobaba a los caballeros hidalgos, no a los miembros de la gran nobleza, a los caballeros villanos y a los vecinos de las villas de todo el reino... Junto a estas asociaciones que engloban a todos los concejos de uno o de todos los reinos, abundan las hermandades entre dos o más ciudades o entre nobles y eclesiásticos. Entre las nobiliarias, muy numerosas aunque poco estables, se cuentan las formadas por miembros de la alta nobleza para mantener su situación privilegiada o para apoyar a cualquiera de los aspirantes a la tutela de los reyes durante las minorías; y también los nobles de segunda fila se unen a veces y forman la hermandad de los caballeros e hidalgos que hemos visto actuar en 1315 junto a los representantes ciudadanos y erigirse en tutores de Alfonso XI para poner remedio «a los muchos males, daños y agravios que hemos recibido hasta aquí de los hombres poderosos». También la Iglesia intentó paliar los efectos de la anarquía mediante la creación de hermandades como las de los monasterios benedictinos, cistercienses y premostratenses de Castilla y de León, autorizada por Sancho IV e integrada más tarde en otra con representación de obispos y de comendadores y priores de las órdenes militares. La necesidad de hacer frente a las concesiones hechas a los concejos y de poner freno a los abusos nobiliarios llevará a los clérigos, reunidos en sínodos y concilios, a la creación y organización de hermandades clericales.

Entre las hermandades de carácter económico merece especial atención la creada por las ciudades del Cantábrico en 1295 para lograr la supresión de los diezmos y de los derechos de exportación del hierro, para concertar acuerdos con el rey y con los mercaderes portugueses de Porto y de Lisboa y para tomar medidas comunes respecto a la guerra anglofrancesa, a sus repercusiones comerciales. La hermandad inicial la integran los concejos de San Sebastián, Guetaria, Fuenterrabía, Laredo, Santander, Castro Urdiales —es la capital—, Bermeo y Vitoria. Otra hermandad con fines económicos es la formada por los propietarios de colmenas de Toledo, Ciudad Real y Talavera, unidos para expulsar a los bandoleros que proliferaban en la zona desde fines del siglo XIII. La finalidad de esta asociación, mantener el orden en los caminos y montes, hizo de ella un organismo militar al que los reyes dieron ayuda y protección por cuanto era una garantía de seguridad en el Reino de Toledo y porque suministraba ballesteros a la monarquía en los momentos de apuro. La organización militar de esta hermandad será ampliada a todo el reino por Pedro I en 1351; los Trastámara aprovecharán ampliamente la experiencia toledana que, convenientemente adaptada, dará lugar a la creación de la Santa Hermandad por los Reyes Católicos.

Afianzamiento de la monarquía

En 1325 termina la larga minoría de Alfonso XI, decidido partidario del acuerdo con los nobles, a los que se atrajo dotándolos convenientemente y exaltando el modo de vida y los ideales caballerescos: él mismo se hizo armar caballero en el monasterio de Las Huelgas por una imagen articulada de Santiago, creó la Orden de la Banda, destinada a premiar a quienes se distinguieran en hechos de caballería, y armó caballeros a veintidós ricoshombres y a más de cien caballeros en una ceremonia celebrada en Burgos en 1332, y en 1338 fijó el sueldo de nobles, caballeros y peones, señaló el tipo de armas que deberían llevar unos y otros, la calidad de los caballos, el tiempo de servicio..., es decir, dio forma a un verdadero estatuto del grupo militar, que será perfeccionado en 1348 al aprobarse los ordenamientos de Nájera atribuidos a Alfonso VII el Emperador.

El control sobre la nobleza es posible gracias a la colaboración voluntaria o forzosa de los concejos, que carecen de fuerza para oponerse a las peticiones del monarca desde el momento en que desaparece la Hermandad General y, por otra parte, están interesados en que los nobles se mantengan tranquilos o se dediquen a la guerra exterior: ya en 1325 habían pedido al monarca que reorganizara la Hacienda y fijara las soldadas de ricoshombres y caballeros de manera que pudieran vivir dignamente sin necesidad de recurrir al robo y destrucción del reino. Desunidos, los concejos serán fácilmente controlados por el monarca a través del nombramiento de corregidores o alcaldes veedores, hombres del monarca al frente de cada ciudad, a pesar de las disposiciones contrarias de los fueros. Las Cortes de 1348 confirman el triunfo monárquico frente a las ciudades y la política de colaboración y apoyo a la nobleza, en la que participan los concejos cuando piden que el rey no entienda en las querellas de los vasallos contra los señores, que prohíba la prisión por deudas o la tortura a los hidalgos, peticiones que Alfonso acepta con una salvedad importante desde el punto de vista social: se reserva el derecho de encarcelar a los hidalgos que merezcan cárcel por no haber desempeñado correctamente el cargo de cobradores o arrendadores de los impuestos, porque al aceptar un trabajo que no correspondía a su *status* renunciaban implícitamente a los privilegios de su grupo social.

De los problemas internos a la Guerra de los Cien Años

Los acuerdos con los nobles en 1338 tienen como finalidad conseguir la colaboración y la cohesión de las huestes nobiliarias para poder contrarrestar los ataques de los benimerines e intentar la recuperación de Gibraltar, plaza que puede servir de cabeza de puente para nuevos desembarcos de los musulmanes norteafricanos, aliados en este momento de Granada. Para conjurar el peligro benimerín, Alfonso pacta con los nobles, aumenta los impuestos, impone su autoridad sobre los concejos y las Cortes, y cuando la flota castellana es destruida por los norteafricanos, el monarca castellano no duda en pedir la ayuda de los demás reinos y en contratar los servicios de naves y marinos de Portugal, Génova, Aragón e Inglaterra al tiempo que activa la construcción de nuevas galeras en las atarazanas de Sevilla, en las que se forma la potencia marítima de Castilla por estos años. Aunque absorbida por los problemas internos y peninsulares, Castilla no está al margen de Europa; la defensa de los intereses castellanos, de los marinos del Cantábrico, exige tomar partido en la Guerra de los Cien Años y la presencia de contingentes ingleses en el Estrecho es prueba de la elección hecha por Alfonso XI.

Si el monarca y los nobles en los que se apoya son partidarios de la alianza con Inglaterra, quienes aspiran a sustituirlos al frente del reino se organizan en torno al heredero, y una de las primeras medidas que adoptará Pedro I (1350-1369) al llegar al trono será apoyar a Francia frente a los nobles, capitaneados por sus hermanastros, hijos de Alfonso XI y Leonor de Guzmán. Los Trastámara serán desde este momento portavoces del malestar nobiliario provocado, ahora, por la solución dada en las Cortes de 1351 al problema de los lugares de behetría, lugares cuyos habitantes pueden elegir señor. Los nobles piden al rey que suprima la libertad de elegir y que adjudique estos lugares a los nobles con carácter perpetuo. Pedro accedió a efectuar el reparto sólo después que una comisión de prelados, caballeros y hombres de las villas hubiera realizado un inventario de los lugares de behetría, especificando en cada caso quiénes tenían derecho sobre ellos y cuáles eran éstos. La comisión nombrada fue más allá de lo solicitado por los nobles y no se limitó a averiguar a quién pertenecían las behetrías, sino que redactó un verdadero *índice fiscal* en el que, además de figurar los lugares de behetría con la mención de sus señores, de los tributos pagados por los campesinos y de los beneficiarios (ésta es la parte conservada), se copiaron los privilegios y cartas recibidas por cada lugar o por quienes alegaban derechos sobre las behetrías. Estos documentos habrían permitido al rey conocer con todo detalle las cantidades que percibían los señores, las que correspondían al monarca y, lo que es más importante, averiguar la autenticidad o falsedad de los derechos nobiliarios.

Sometido momentáneamente a los nobles, Pedro logró dividirlos y derrotar a Enrique de Trastámara y a sus hermanos que, al declararse la guerra entre Castilla y Aragón (1356) tendrán el apoyo de Pedro el Ceremonioso. La Guerra de los Dos Pedros tiene como pretexto uno de los episodios de la guerra entre Aragón y Génova, pero las cartas de desafío cruzadas entre los reyes permiten conocer en toda su amplitud las razones del enfrentamiento: el control de los pastos del Sistema Ibérico, la dependencia de las encomiendas aragonesas de Santiago y Calatrava respecto a las casas castellanas, la frontera entre Valencia y Murcia, la colaboración de la marina castellana en la guerra que enfrenta a Génova y Barcelona y el apoyo que cada uno de los monarcas presta a los nobles rebeldes al otro.

La guerra *oficial* dura desde 1356 a 1365, aunque las operaciones bélicas se prolongaron hasta la victoria de Enrique de Trastámara sobre Pedro I de Castilla en 1369 o, si se prefiere, hasta 1374, año en el que se firma la Paz de Almazán, que consagra el triunfo y la hegemonía castellana. En este periodo podemos hablar realmente de tres guerras o de tres fases de una misma guerra: en la primera se enfrentan el rey de Castilla y el de Aragón y éste cuenta entre sus auxiliares con un gran número de nobles castellanos dirigidos por Enrique de Trastámara; en la segunda fase los protagonistas son el rey castellano, que cuenta con la colaboración de ingleses, portugueses, granadinos y navarros, y Enrique, convertido en aspirante al trono de Castilla con el apoyo del monarca aragonés y de compañías de mercenarios franceses; en la tercera y última fase, el nuevo rey castellano se impondrá a su antiguo aliado, Pedro el Ceremonioso, y a los antiguos partidarios de Pedro el Cruel, a todos los cuales impondrá la paz en términos ventajosos para Castilla que incluyen alianzas matrimoniales destinadas a hacer olvidar el origen ilegítimo de Enrique.

A partir de 1365, desde el momento en que Enrique de Trastámara dejó de ser un auxiliar de Pedro el Ceremonioso y se convirtió en aspirante al trono castellano, la guerra entre los nobles y el monarca fue acompañada de una activa propaganda destinada a desacreditar a Pedro I, del que se dirá que es hijo de un judío llamado Pero Gil. Con esta maniobra los nobles no sólo disipaban los recelos de los legitimistas opuestos a Enrique por su origen ilegítimo sino que llamaban la atención sobre el predominio económico e incluso político de los judíos, uno de los cuales podría llegar a ser rey. El odio hacia los hebreos recaudadores de impuestos y prestamistas será utilizado por los Trastámara, que se presentan ante los castellanos como los libertadores de la tiranía personal del monarca (se dio una gran publicidad a los crímenes, confiscaciones y arbitrariedades de Pedro) y como defensores del pueblo frente a los judíos y contra los musulmanes, cuya alianza con el monarca castellano permitirá convertir en Cruzada la intervención de los nobles y justificar la presencia en suelo castellano de compañías extranjeras bendecidas por el pontífice.

Los Trastámara

Los primeros años del reinado de Enrique fueron difíciles. En el interior abundaban los partidarios de Pedro, y en el exterior se formó contra Castilla una coalición en la que entraron todos los reinos peninsulares: Portugal y Granada, como antiguos aliados de Pedro, y Aragón y Navarra, que exigían el cumplimiento de las promesas hechas por Enrique o Pedro: entrega de Murcia y de Guipúzcoa. Junto a ellos Inglaterra, que sigue reclamando Vizcaya y refuerza la petición mediante el matrimonio de Juan de Gante con una de las hijas de Pedro I, lo que le permitirá presentarse como rey de Castilla. El problema interno fue resuelto mediante la concesión de mercedes a la nobleza (parientes del rey, capitanes extranjeros, pequeña nobleza y adictos a Pedro pasados al servicio del Trastámara); los petristas del interior fueron fácilmente sometidos, y la falta de coordinación entre Granada, Portugal, Aragón y Navarra hizo posible que Castilla negociara o combatiera por separado con cada uno e impusiera su paz. Para enfrentarse con posibilidades de éxito a Inglaterra, Enrique necesitaba la colaboración de los marinos del Cantábrico, a los que supo convencer de que a largo plazo la defensa de sus intereses exigía la destrucción de la flota inglesa, única capaz de competir con la cantábrica por el control del comercio atlántico. La decisión de Carlos V de Francia de eximir de impuestos a las mercancías transportadas en naves castellanas y los privilegios otorgados por el conde de Flandes acabaron de decidir a las ciudades marítimas, y su flota, unida a la del rey bajo la dirección del genovés Ambrosio Bocanegra, derrotó a la inglesa en el puerto de La Rochela en 1372; nuevos éxitos navales dejaron el comercio del Cantábrico y del Canal de la Mancha en manos de los marinos y mercaderes castellanos.

De nada habrían servido los éxitos militares y diplomáticos en la Península y en Europa sin el control y reorganización del reino, devastado tras casi veinte años de guerra y dividido entre los intereses de la nobleza y los de las ciudades. Tras el triunfo definitivo de 1369, las Cortes fueron reunidas en Toro para buscar una solución a los graves problemas del reino: aumento del bandolerismo y de la mendicidad, escasez de mano de obra, alza de salarios y precios..., problemas semejantes a los abordados por todos los reyes de la época y por Pedro I en las Cortes de 1351. En 1369 se repiten, a veces de modo literal, los acuerdos de 1351, pero hay diferencias considerables: los acuerdos de 1351 favorecían claramente a los propietarios, ya que se fijaban los sueldos de jornaleros y artesanos pero no los precios de venta de los diversos productos, y en 1369, junto a los salarios, se fijaron los precios de venta del pan, vino, tejidos, hierro, ganado..., es decir, de todos los artículos de primera necesidad, y se puso coto al acaparamiento de mano de obra por los grandes propietarios al reducir a doce jornaleros como máximo los que cada uno podía contratar, para que todos tuvieran trabajadores para sus campos.

Dos años más tarde, al reunir a las Cortes en Toro (1371), Enrique ha consolidado su poder y puede llevar a cabo su propia política sin tener en cuenta las peticiones de las ciudades contra las mercedes hechas a los nobles o contra los judíos, que han conservado sus puestos a pesar de la propaganda antisemita y a los que se acusa de ser los más ricos del reino y de ocupar los cargos importantes en la casa del rey y en las de los nobles, razones por las que los cristianos los obedecen, temen e incluso reverencian. Puesto que no es posible sustituir a los judíos, las ciudades piden que, al menos, se les humille socialmente obligándoles a llevar un distintivo que los diferencie de los cristianos y prohibiéndoles el uso de determinados vestidos.

A pesar de las donaciones hechas a los nobles y de la aprobación de leyes suntuarias en las que se busca diferenciar a la nobleza de los restantes grupos sociales, no puede afirmarse que Enrique estuviera totalmente sometido a aquélla: el rey confió los cargos de gobierno a miembros de la segunda nobleza y a juristas que no representaban peligro para la monarquía, y favoreció económica y socialmente a la alta nobleza, pero la mantuvo alejada de los cargos de gobierno, política que seguirán cien años más tarde los Reyes Católicos.

El equilibrio entre la nobleza y las Cortes, impuesto por las necesidades militares y económicas, había sido la norma de gobierno de Enrique II que, al mismo tiempo, intentaba evitar la intervención política de unos y otros mediante una decidida protección al clero y a los juristas, convertidos en los máximos soportes del poder real. Juan I (1379-1391) siguió en los primeros años esta triple orientación: mantuvo su apoyo a los nobles, a los que confirmó las donaciones hechas por Enrique, y se atrajo al estamento ciudadano y a los eclesiásticos con la aprobación de algunas leyes antijudías y la promulgación de leyes suntuarias, pero se negó a renunciar al derecho de modificar las decisiones de las Cortes sin aprobación de éstas: el rey es la fuente suprema del Derecho y las Cortes tienen un papel asesor, no decisorio.

En la pugna que oponía a nobles y clérigos por el control de los monasterios y de sus riquezas, la actitud del monarca fue claramente favorable a los eclesiásticos, y éstos lograron evitar la presión abusiva y altamente rentable que los nobles ejercían sobre los monasterios con el pretexto de defenderlos en épocas de inseguridad y anarquía. El cisma eclesiástico será una excelente ocasión para acentuar la colaboración del monarca y de la clerecía: mientras Enrique II se había mantenido neutral entre romanos y aviñoneses, Juan aceptó la decisión del clero, favorable al papa de Aviñón y coincidente con los intereses del monarca, aliado de Francia, e intentó atraer hacia la causa aviñonesa a Navarra y Aragón, que mantendrán la neutralidad mientras vivan Carlos II y Pedro el Ceremonioso y aceptarán al papa de Aviñón al comienzo de los reinados de Carlos III y Juan I.

El equilibrio mantenido en el interior no tuvo equivalencia en las relaciones de Castilla con Portugal. Enrique II se había limitado a ejercer un discreto y lejano control de los asuntos portugueses sin intervenir de modo directo. Juan I se inmiscuirá en los asuntos internos de Portugal y aspirará a ser rey consorte de los portugueses, que se unen a Inglaterra frente a Castilla y derrotan a las tropas castellanas en Aljubarrota en 1385. Los primeros reveses de la dinastía Trastámara mostraron la fragilidad de su poder: Juan necesita ayuda económica ya no para atacar a los enemigos sino para evitar la entrada en Castilla de los ejércitos portugueses y de las tropas inglesas, y para conseguir los subsidios, se vio obligado a permitir que entraran en el Consejo Real cuatro representantes de las ciudades en plan de absoluta igualdad con clérigos y nobles. La firma de la paz con Inglaterra en 1387 aumentó las competencias y atribuciones de las Cortes: la paz ha sido comprada y el precio lo pagarán las

Cortes mediante la concesión de subsidios que cobrarán y administrarán no los hombres del rey sino seis hombres buenos de las ciudades. Con treinta años de retraso respecto a las Cortes de la Corona de Aragón, las de Castilla reclaman el derecho a intervenir en el cobro y gasto de las ayudas, pero el control de las Cortes durará tanto como duren los problemas del rey; atenuados éstos, el monarca castellano se apoyará en la nobleza y utilizará a las Cortes sólo para que le concedan las ayudas que precisa.

Como sus antecesores, Enrique III (1390-1406) se apoyó en la segunda nobleza y en las Cortes para fortalecer el poder real frente a los grandes nobles, y con su ayuda económica y militar se impuso a la alta nobleza de parientes del rey, que en dos años perdió toda su fuerza política en beneficio de la segunda nobleza y del poder real, pero la solución no fue definitiva: por un lado, al adquirir importancia, esta segunda nobleza se convierte en un peligro para el poder monárquico y, por otro, la eliminación de los Trastámara de la primera generación fue acompañada de la creación de una nueva fuerza en la persona de Fernando, hermano del monarca. Más éxito tuvo en el control de las ciudades: la existencia de bandos facilitó la intervención del monarca en los asuntos municipales mediante el nombramiento de corregidores que tienen como misión fundamental pacificar las ciudades y son al mismo tiempo agentes del poder central. La sumisión de las ciudades tuvo como consecuencia lógica una pérdida de importancia de las Cortes, en las que los representantes de las ciudades se hallarán en adelante mediatizados por la autoridad del corregidor o delegado real. A partir de 1396 las Cortes se limitan a conceder los subsidios pedidos, a ratificar los acuerdos tomados previamente y a solicitar la adopción de medidas contra los judíos, a los que se sigue haciendo responsables de todas las desgracias que afligen a los castellanos: quizá por esta razón el saqueo de los barrios judíos en 1391 no fue castigado con la severidad que cabía esperar, y en 1405 el monarca dictó normas que equivalían a suprimir los privilegios y modos de vida pacientemente adquiridos por los hebreos, a los que se prohibió ejercer el préstamo o tener jueces especiales, al tiempo que se perdonaba la mitad de las deudas contraídas por los cristianos y se imponía a los judíos la obligación de llevar una señal que los distinguiese claramente.

Proyección peninsular de Fernando de Antequera

Para enfrentarse a la alta nobleza, el monarca favoreció ampliamente a su hermano Fernando, al que podemos considerar como una de las personas más ricas de Castilla en los últimos años de Enrique III. A la riqueza se une la fuerza militar que le dan sus bienes y los mantenimientos y mercedes que, como otros nobles, recibe del monarca a cambio de los servicios militares de los caballeros que de él dependen y que le serán de gran utilidad cuando el monarca proyecte la guerra con Granada y, dada su débil salud, confíe la dirección a Fernando; la guerra granadina servirá a éste, regente de Castilla a la muerte de Enrique, para controlar a los nobles y para imponer su autoridad sobre las Cortes. Con la ocupación de Antequera, Fernando unía a sus riquezas y poder político un prestigio militar considerable, realzado por una hábil campaña de propaganda que haría de esta victoria un éxito resonante, gracias al cual las Cortes no se opusieron a conceder nuevos fondos para cualquier guerra que en adelante emprendiera el infante. Aunque una vez más pidieron que el dinero fuese gastado en la guerra contra los musulmanes, no se nombró ninguna comisión para vigilar las cuentas y no hubo protestas cuando el dinero fue destinado a financiar las campañas de Fernando para ser elegido rey de Aragón tras la muerte de Martín el Humano en 1410.

Sus derechos, así como los del rey castellano Juan II, proceden del matrimonio de Juan I con Leonor de Aragón, proyectado por Enrique II para ratificar la paz con Aragón, y la nobleza castellana apoyó al regente olvidando los derechos del rey, confiando en que, al ser nombrado, abandonaría la regencia y el poder volvería a manos de los nobles; pero Fernando no renunció a su posición en Castilla y la utilizó para situar convenientemente a sus hijos: Alfonso el Magnánimo le sucederá en Aragón, Juan será rey de Navarra y, desde 1458, de Aragón, y en Castilla tendrán un papel fundamental Enrique, maestre de Santiago, y María, casada con Juan II. Otra de las hijas de Fernando, Leonor, casará con el rey Duarte de Portugal.

Muerto Fernando de Antequera, la nobleza castellana, unida o dividida entre los partidarios de los infantes de Aragón, Enrique y Juan, en la primera parte del reinado de Juan II (1406-1454), o de Álvaro de Luna y Juan Pacheco, controla el reino y anula totalmente a las ciudades y a las Cortes: los procuradores cobrarán de la Corona con lo que, de hecho, se convierten en funcionarios carentes de autonomía, y las ciudades pasan definitivamente a ser gobernadas por regidores nombrados por el monarca, por sus consejeros nobles. La intervención en el nombramiento de los regidores coincide con una aristocratización de las ciudades castellanas en cuyos concejos sólo tienen asiento los caballeros urbanos, prácticamente equiparados a la nobleza de sangre, con la que mantienen estrechos contactos y a la que en numerosas ocasiones se subordinan.

Las relaciones exteriores de Castilla dependen en gran medida de la situación interna y se firman paces o se declara la guerra en función del juego de fuerzas interior: las campañas de Fernando de Antequera contra Granada tienen su origen en la necesidad del regente de crearse un prestigio para imponerse a los nobles que discuten su poder, y años más tarde, Álvaro de Luna utilizará de nuevo el pretexto granadino para obtener dinero de las Cortes y realizar una nueva expedición contra los musulmanes, con la que pretendía adquirir un prestigio similar al obtenido por Fernando. Enrique IV reinició las campañas contra Granada pero, a diferencia de Fernando de Antequera y Álvaro de Luna, el monarca no parece buscar éxitos a corto plazo sino duraderos; su guerra no es caballeresca sino económica y política, como lo será años más tarde la emprendida por los Reyes Católicos. A pesar de los éxitos logrados en las campañas de 1455-1457, la guerra granadina no fue bien acogida por la población: la guerra sólo interesaba a los lugares fronterizos, mientras que su financiación corría a cargo de todo el reino; la nobleza no aprobaba el plan militar de Enrique, que pocos o nulos beneficios le reportaba, y algunos eclesiásticos llegaron a acusar al monarca de connivencia con los musulmanes y exigieron la ocupación total del reino granadino. Apoyándose en el malestar popular y en las protestas de los clérigos, la alta nobleza obligó a suspender la guerra granadina para atender a los problemas internos.

Las relaciones con Navarra dependen, como es lógico, de la posición del infante Juan en Castilla. Navarra, en líneas generales, fue aliada de Castilla cuando en este reino dominaba Juan, y enemiga cuando triunfaban sus contrarios, aunque es preciso tener en cuenta que Álvaro de Luna y Juan Pacheco utilizarán en su beneficio las diferencias entre Juan y su hijo Carlos de Viana para suscitar dificultades a Juan en Navarra. Respecto a Aragón, las relaciones siguieron hasta 1430 una tónica similar a la descrita para Navarra: alianza cuando dominan los infantes en Castilla y oposición o guerra abierta cuando Juan y Enrique son expulsados del poder, pero, a diferencia de lo ocurrido en Navarra, los súbditos de Alfonso el Magnánimo consideraron siempre la guerra con Castilla una empresa personal del monarca, se negaron a colaborar en ella y forzaron la firma de las treguas de Majano (1430) a partir de las cuales el rey de Aragón se desentiende totalmente de Castilla hasta que Juan de Navarra sucede a Alfonso el Magnánimo en Aragón. Contra él se concertará la alianza de Castilla y de Carlos de Viana, al que llega a proponerse el matrimonio con Isabel de Castilla, hermanastra de Enrique IV. Juan II de Aragón reaccionó mandando encarcelar al príncipe, con lo que se enemistó con la Diputación del General de Cataluña, que ofrecerá el condado de Barcelona y principado de Cataluña al rey de Castilla, en cuanto enemigo de Juan II. El malestar popular por el coste de la guerra catalana será el pretexto para una nueva ofensiva nobiliaria coordinada por Juan II de Aragón, que obligará a Enrique a renunciar al título real catalán. El poder en Castilla volvía de nuevo a manos de la nobleza, apoyada por Juan II de Aragón durante los más de cincuenta años transcurridos desde la muerte de Fernando de Antequera.

Las relaciones con Portugal se vieron igualmente afectadas por la situación interna castellana. Los diversos grupos nobiliarios buscaron siempre el apoyo portugués, y si los infantes lo obtienen mediante el matrimonio de su hermana Leonor con Duarte I, Álvaro de Luna lo conseguirá a través del enlace de Juan II con Isabel de Portugal, madre de la que más tarde será conocida como Isabel la Católica. También Enrique IV buscará la alianza portuguesa y, tras conseguir la anulación de su primer matrimonio, se casaría con Juana de Portugal, madre de Juana, apodada la Beltraneja por quienes, para desacreditar al monarca y a su hija y realzar los derechos al trono de Isabel, la hacen hija del favorito Beltrán de la Cueva.

La actuación de Castilla en el problema eclesiástico refleja igualmente la situación interna. Francia y Castilla son los apoyos más firmes de los papas de Aviñón hasta que fue elegido el aragonés Benedicto XIII (el papa Luna), al que Francia negó obediencia siguiendo el dictamen de la Universidad de París, cuyos doctores pedían la renuncia de los dos papas existentes para proceder a una nueva elección. Castilla y Aragón protestaron por el empleo de la violencia contra Benedicto XIII, pero mientras el rey castellano, siguiendo el ejemplo francés, le negó su obediencia, Aragón se mantuvo fiel al pontífice y la escuadra aragonesa levantó el asedio de Aviñón. La indisciplina del clero y la impotencia de la cristiandad para hallar una solución al cisma harán que Castilla reconozca nuevamente a Benedicto XIII en 1403, y el apoyo prestado por el papa a la candidatura de Fernando de Antequera hará que éste mantenga la obediencia hasta que el concilio exige la dimisión de Benedicto XIII. Cuando Fernando de Antequera pronunció la sustracción de obediencia (1415), la corregente castellana, Catalina de Lancaster, se negó a seguir esta orientación y mantuvo su apoyo al papa Luna hasta julio de 1417, es decir, hasta que los infantes de Aragón se impusieron en Castilla. En la pugna que oponía a los cardenales, partidarios de mantener la organización tradicional de la Iglesia, y el emperador Segismundo, los embajadores castellanos se unieron al grupo cardenalicio y con su voto arrastraron a la nación hispánica: aragoneses, castellanos, portugueses y navarros. Al declararse abiertamente el conflicto entre el papa Eugenio IV y el concilio de Basilea, la delegación castellana estuvo al lado de los conciliares hasta que el Concilio decidió apoyar a Portugal en el conflicto que oponía a castellanos y portugueses por la posesión de las islas Canarias. Los castellanos abandonaron Basilea juntamente con los franceses.

Isabel y Fernando, reyes de Castilla y de Aragón

Más propenso a negociar que a combatir, Enrique IV aceptó cuanto le pidieron los nobles para desdecirse más tarde, con lo que perdió toda autoridad e hizo posible su deposición en efigie en la farsa de Ávila (1465) y la proclamación como rey de Castilla de su hermanastro, el infante Alfonso, que tenía once años y por tanto dependería totalmente de la nobleza. Al morir el príncipe-rey Alfonso (1468), los nobles ofrecieron el trono a su hermana Isabel. Aunque apoyada por la nobleza rebelde, Isabel evitó el enfrentamiento abierto con los partidarios del monarca y no se proclamó reina de Castilla sino heredera de Enrique IV, que aceptó en la entrevista celebrada en Guisando este mismo año la solución ofrecida por Isabel, que significaba reconocer la ilegitimidad de su hija Juana.

Para asegurar su triunfo, los nobles necesitaban buscar un marido *conveniente* a Isabel y entre los numerosos candidatos que se ofrecieron y desfilaron por la corte castellana, el elegido fue el monarca portugués Alfonso V, que se mostró dispuesto a aceptar las condiciones del marqués de Villena y a dejar el gobierno de Castilla en manos de la oligarquía nobiliaria, en manos de los nobles que siguen a Pacheco, pues frente a ellos otros nobles se mantienen fieles al infante Juan, rey de Navarra y de Aragón, quien, para hacer frente a los catalanes rebeldes, precisaba el apoyo o al menos la neutralidad de Castilla y para lograr uno u otra propuso el matrimonio de Isabel con su hijo Fernando. La habilidad de Juan II de Aragón y de sus partidarios castellanos convirtió en realidad el matrimonio de Isabel y Fernando en 1469, y contra ellos los nobles descontentos, dirigidos por el marqués de Villena, proclamarán heredera legítima a la hija de Enrique: quienes habían utilizado a Isabel para oponerse a Enrique IV se hallan ahora al lado de éste y de su hija. La guerra civil fue inevitable y se prolongó hasta después de muerto Enrique IV; durante estos años la posición de Isabel y Fernando fue consolidándose, sobre todo desde el momento en que Juan II logró poner fin a la guerra catalana en 1472. Su victoria repercutirá en Castilla y, a la muerte de Enrique IV, Isabel y Fernando fueron reconocidos por la mayor parte de los nobles castellanos mientras los seguidores de Juana, apoyados por Alfonso V de Portugal, seguían la lucha hasta 1479.

Coincidiendo con los momentos de predominio nobiliario y como reacción contra los abusos de los grandes, resurgen o aparecen nuevas hermandades, como la formada por las villas y campesinos de Guipúzcoa contra los nobles, sin distinción entre Oñacinos y Gamboinos, enfrentados entre sí, a los que se destruyeron numerosas fortalezas y obliga a alejarse del territorio durante algún tiempo. En Galicia, la revuelta de los *irmandiños* es efecto de tensiones anteriores, reflejadas en los capítulos de las hermandades gallegas creadas para poner coto a los robos, saqueos y destrucciones de las que se responsabiliza a los nobles, cuyos castillos son vistos como refugio, cuando no vivienda, de los malhechores. En la lucha participaron los campesinos, intervinieron las ciudades, coordinaron y dirigieron el combate miembros de la nobleza, y participaron en los gastos y en la organización de la hermandad numerosos clérigos. El monarca no fue ajeno al levantamiento y autorizó la constitución de la hermandad seguramente poco después de su deposición en Ávila y del nombramiento del infante Alfonso como rey de Castilla, cuyos partidarios son atacados por los agermanados. La presencia del monarca en la revuelta gallega no es un hecho aislado; la hermandad está estrechamente relacionada con la Hermandad de Castilla, creada en 1464 para reprimir los abusos nobiliarios y para fortalecer el poder monárquico. Hasta 1466 parece seguir el partido del monarca contra los nobles rebeldes y, a partir de esta fecha, la hermandad se radicaliza y ataca por igual a los nobles partidarios de Enrique y a los seguidores del príncipe Alfonso. Representa un peligro para la nobleza y para el monarca, y ambos se unirán para ponerle fin tras la firma del Pacto de Guisando, pero la experiencia de las hermandades será ampliamente utilizada por Isabel y Fernando, que hacen de la Hermandad un instrumento de pacificación y de centralización del reino.

Pese a los enfrentamientos nobiliarios, que se prolongan hasta 1480, Castilla se mantiene como una de las mayores potencias del momento: sus marinos conservan el control del comercio del Atlántico norte, en competencia con Inglaterra y la Hansa o liga de las ciudades comerciales del norte de Alemania, y en el sur Castilla logra, en los concilios de Basilea y Costanza convocados para acabar con el cisma de la Iglesia, que se reconozcan sus derechos sobre las Canarias, disputadas a Portugal. Numerosas expediciones de reconocimiento y comerciales se dirigieron a la costa africana y a las Canarias, Madeira y Azores, conocidas desde el siglo XIV pero apenas exploradas y de ningún modo ocupadas, aunque en 1402 se produjera el primer desembarco en Canarias de marinos normandos y franceses al servicio de Castilla, pero en ningún momento las expediciones fueron comparables a las portuguesas; el éxito castellano vendrá de la mano de Cristóbal Colón, que intentará llegar a la India no bordeando la costa africana sino navegando hacia el oeste. Rechazado en Portugal, el navegante genovés se traslada a Castilla y durante años peregrina en busca de apoyos para su empresa, hasta que el 17 de abril de 1492 se firmaron las Capitulaciones de Santa Fe por las que se concedía a Colón el oficio y título de Almirante de la Mar Océana en todas las islas y tierra firme que ganara, y el de virrey y gobernador de los territorios que descubriera. Cuatro meses más tarde salían del puerto de Palos, camino de las Indias, los descubridores del Nuevo Mundo.

Portugal atlántico

Legitimidad, crisis económica y revuelta

Las revueltas de los eclesiásticos en tiempos de Alfonso III no terminaron con la muerte del rey, aunque sí cambiaron sus manifestaciones: los ataques frontales contra la monarquía y la guerra abierta fueron sustituidos por el apoyo *ideológico* a los nobles rebeldes. Frente a Dionís (1279-1325) alegan la ilegitimidad de su nacimiento, arma política que se utiliza según convenga, se olvida piadosamente cuando parece oportuno y se resucita si es útil a los intereses de los grupos nobiliarios, que con este pretexto ocultan la causa real de su oposición al monarca: la escasez de medios y la realización de *inquiriçoes* ordenadas por Dionís no como en épocas anteriores, para conocer y delimitar claramente los derechos monárquicos, sino para conocer la legitimidad de los derechos señoriales; los nobles responden con la guerra al tiempo que buscan reforzar su posición económica alegando que no les es posible servir al rey como sería su deseo si no tienen bienes suficientes.

El perdón concedido por el monarca a los sublevados y el acuerdo logrado con la Iglesia no pusieron fin a las revueltas nobiliarias, pero concedieron al reino unos años de tranquilidad durante los cuales Dionís pudo intervenir en los asuntos castellanos al lado del rey o a favor de los nobles sublevados. La intervención militar en Castilla es sólo una de las manifestaciones de la política independiente emprendida por Portugal: ya en 1288 Dionís lograba un éxito considerable al obtener de Roma el nombramiento de un maestre propio para los santiaguistas portugueses que, de esta forma, se libraban de la tutela castellana, y el mismo año creaba una universidad nacional destinada a evitar la dependencia de la universidad salmantina. Pocos años más tarde, al ser disuelta la Orden del Temple, el monarca portugués transformaba las casas portuguesas en una nueva orden enteramente portuguesa, la Orden de Cristo.

Los problemas internos de Portugal son los ya enumerados al hablar de Castilla, y las soluciones no fueron distintas: aprobación de leyes suntuarias para poner fin a los gastos excesivos en la comida y en el vestido y para poner coto a la actitud de los nobles de segunda fila que pretenden vivir como los ricoshombres, y de los ciudadanos que se creían, por su dinero, en condiciones de equipararse a los nobles. La diferenciación social llega hasta el punto de autorizar comidas distintas para los ricoshombres y para los invitados sentados en su mesa.

Las medidas de 1340 de nada sirvieron ante los estragos causados por la Peste Negra de 1348, cuyos efectos eran todavía visibles cuando en 1372 y 1375 se aprobaron las llamadas leyes de las *sesmarias,* con las que se pretendía poner en cultivo las tierras abandonadas por quienes no quieren trabajar o exigen salarios tan altos que nadie puede pagar. Se obligó a dedicarse a la agricultura a los antiguos campesinos, a sus hijos y nietos y a los que vivían de la mendicidad: sólo podrían pedir quienes no estuviesen en condiciones de ganarse la vida, lo que se justificaría mediante albaranes dados por los oficiales de cada lugar. No hay sitio en la sociedad portuguesa —disposiciones similares pueden encontrarse en Castilla o en Valencia— para quienes no trabajan y además reciben las limosnas que deberían darse a los verdaderos pobres, viejos, mancos, ciegos y enfermos que no están en condiciones de ganarse la vida.

Tan importante como la agricultura en el Portugal del siglo XIV era el comercio exterior, cuyo desarrollo favorecieron monarcas como Pedro I (1357-1367) al estimular la construcción y compra de naves, y al generalizar y hacer obligatorio el seguro de mercancías: el monarca ordenó que en los principales puertos del reino, Porto y Lisboa sobre todo, se hiciese una matrícula de los navíos superiores a cincuenta toneladas y se llevase nota de los beneficios obtenidos por cada propietario, que daría el dos por ciento para una bolsa común destinada a compensar a quienes perdiesen, sin culpa, sus naves. Si la bolsa fuera insuficiente, el resto lo pagarán los demás dueños de barcos, proporcionalmente a la importancia de sus bienes.

Nobles y mercaderes condicionan la política exterior del reino: a la amistad con Francia incitan al rey los nobles y a la alianza con Inglaterra los mercaderes, interesados en mantener sus actividades comerciales en el Atlántico; y tanto unos como otros piden al rey, en las Cortes de 1372, que les consulte, que por sí solo no tome decisiones que pueden llevar el país a la ruina a causa de la guerra, petición que recuerda casi literalmente la hecha por los aragoneses a Pedro el Grande en 1282, cuando pide su colaboración en la guerra provocada por la ocupación de Sicilia. Sea cual sea la elección del monarca, la paz es siempre ratificada mediante alianzas matrimoniales de las que interesa recordar, por su trascendencia, el previsto matrimonio de Fadrique de Benavente, hijo de Enrique II de Castilla, con Beatriz, heredera del trono portugués. Al llegar al trono castellano Juan I, temeroso de la fuerza que podía alcanzar Fadrique, lo sustituyó por su hijo y heredero, el futuro Enrique III, y cuando enviudó se propuso a sí mismo como marido de Beatriz en lugar de su hijo, no sin comprometerse antes a que el reino fuera gobernado por la reina viuda, Leonor Téllez, como regente hasta que los hijos de Juan y Beatriz llegaran a la mayoría de edad, y a mantener separados los reinos: en Castilla reinaría Enrique, hijo del primer matrimonio del monarca, y en Portugal los posibles hijos de Juan y Beatriz.

El matrimonio es el símbolo de un cambio profundo en la política internacional de Portugal, que reconoce al papa de Aviñón y rompe las relaciones comerciales con Inglaterra; se unan o no los reinos, los grandes perjudicados son los ingleses y la burguesía comercial de Porto y Lisboa a la que, en adelante, se cerrarían los puertos de Inglaterra, mientras que en los de Flandes y Francia tendría que competir con los marinos y mercaderes castellanos del Cantábrico. El matrimonio deja de ser un asunto personal para inscribirse dentro del contexto político-económico europeo. A través de lo que el matrimonio representa, Castilla logra aislar a los ingleses en el Atlántico, desarma a los núcleos de petristas del interior que contaban con el apoyo inglés, y asegura a los marinos castellanos el control del comercio atlántico, pero la decisión de Juan I tuvo efectos contrarios a los buscados y sólo sirvió para unir a los nobles disidentes con la burguesía comercial de Porto y Lisboa, que dirigidos por el infante Juan, maestre de Avis, solicitaron la intervención de Inglaterra contra los castellanos. La entrada de Juan I en Portugal halló una fuerte resistencia en las ciudades comerciales, y la expedición militar desacreditó ante los portugueses a Leonor Téllez y a Beatriz, cuyos derechos al trono comienzan a ser discutidos o negados por las Cortes reunidas en Coimbra en 1385 para tratar de la atribución de la Corona, de la financiación de la guerra contra Castilla y de los agravios de los concejos. Al maestro João das Regras se atribuye en estas Cortes un papel decisivo, semejante al que años más tarde tendrá Vicente Ferrer en el compromiso de Caspe, y tanto en un caso como en otro los argumentos jurídicos de poco habrían servido si los candidatos de Vicente Ferrer o de João das Regras no hubieran contado de antemano con los apoyos económicos, militares y políticos para ser aceptados e imponerse como reyes. Probar la ilegitimidad de Beatriz y de otros candidatos al trono de nada habría servido a la hora de elegir rey al maestre, clérigo e ilegítimo; el éxito de los discursos de João das Regras radicó en dejar en manos de las Cortes la elección del rey, elección que recayó en quien de hecho venía reinando y en quien tenía mayor número de partidarios en las Cortes y en el reino.

La expansión africana

El siglo XV portugués se inicia políticamente con la ocupación de Ceuta el año 1415. Los objetivos de esta campaña fueron múltiples: de un lado, se trataba de dar una salida a la belicosidad y a las necesidades de los nobles ofreciéndoles una aventura rentable y a la medida de sus ideales caballeresco-cristianos: la lucha contra los musulmanes. En principio, el monarca pensó atacar Granada, pero la oposición castellana le disuadió de este proyecto, y se fijó como destino del ejército Ceuta por su importancia estratégica y económica, por ser uno de los puntos terminales de las rutas saharianas por las que el oro de Tombuctú llegaba al Mediterráneo. La ocupación de una parte de Marruecos habría permitido a los portugueses obtener, además del oro, abundante mano de obra esclava y disponer de trigo, escaso en la Península y abundante en el norte de África, pero el botín conseguido en la campaña enfrió los ánimos de *reconquista* de la nobleza portuguesa, que se limitó a ocupar la ciudad sin profundizar en Marruecos. Los objetivos económicos a largo plazo no fueron alcanzados hasta mucho más tarde, gracias a la labor del infante Enrique el Navegante, señor de Ceuta.

Para mantener e incrementar sus dominios, Enrique necesita controlar otras poblaciones de la costa atlántica africana y bajo su dirección se realizarán a lo largo del siglo numerosas expediciones que culminaron en 1434 en el paso del cabo Bojador, con el que termina la primera etapa de los descubrimientos portugueses, etapa de tanteo y escasamente rentable, pero sin la cual no habrían sido posibles las expediciones posteriores. Junto a las expediciones oficiales, organizadas y dirigidas por el rey o por el infante Enrique, los portugueses realizaron muchos otros viajes que los llevarán en la primera mitad del siglo XV a las islas próximas a la costa norteafricana: Canarias, Madeira y Azores, conocidas desde el siglo XIV pero apenas explotadas y de ningún modo ocupadas. Sobre las Canarias realizaron numerosas expediciones con finalidad económica (obtención de esclavos y colorantes) castellanos, portugueses y catalanes en los años finales del siglo XIV, pero pronto quedaron descartados los catalanes y el archipiélago será disputado por castellanos y portugueses, por los dos reinos atlánticos, que sólo llegarán a un acuerdo tras la paz firmada en 1480 por los Reyes Católicos y Alfonso V de Portugal. El fracaso portugués en Canarias fue compensado con la ocupación de Madeira y de las Azores, igualmente disputadas por Castilla: en 1419 y 1420 Portugal ocupó las islas de Madeira y Porto Santo y siete años más tarde redescubrieron e iniciaron el asentamiento de pobladores en el archipiélago de las Azores, entregadas al infante Enrique en concepto de feudo vitalicio.

Tras la muerte de Enrique en 1460, impulsó la navegación hacia el sur el mercader lisboeta Fernando Gomes, pero los problemas con Castilla paralizaron momentáneamente las expediciones. Una vez firmada la paz y proclamado rey, Juan II (1481-1495) dedicó sus esfuerzos a buscar el camino de Asia y organizó diversas expediciones que dieron como resultado la llegada a Angola y la exploración del río Zaire por Diego Cão, escudero del rey, en 1482-1483; cinco años más tarde, Bartolomeu Dias llegaba al cabo de Buena Esperanza, es decir, al extremo meridional de África, y una expedición dirigida por Vasco da Gama llegaría en 1498 a la tierra de las especias, a la India.

La importancia de estos descubrimientos para Europa y para Portugal no es necesario destacarla. Madeira y Azores proporcionaban madera, colorantes, cereales, vino y azúcar; de la costa africana llegan a Europa esclavos en gran número, especias, algodón, marfil, pescado e ingentes cantidades de oro. Por intermedio de los portugueses toda Europa participa de este comercio: banqueros y prestamistas se instalan en Lisboa y financian las expediciones a cambio de una participación en los beneficios y de algunas concesiones de tipo comercial. La obtención del oro, esclavos, especias y demás productos se hacía en la mayor parte de los casos por intercambio de artículos que Portugal no producía y que, lógicamente, adquirirá en Europa y en el norte de África. Brujas fue, hasta finales del siglo xv, el centro de las compras y ventas de los portugueses y, consiguientemente, el centro comercial más importante de Europa desde los años cuarenta. Esta capitalidad pasó a Amberes a partir de 1494, año en el que la colonia portuguesa se trasladó a esta ciudad, que será a comienzos del siglo xvi el centro del mercado mundial del oro y de las especias portuguesas a cambio de las cuales se obtenían tejidos, metales (plata, cobre, latón), artículos de lujo, armas y trigo procedentes de toda Europa.

Unidad y división de la Corona aragonesa

Los reinos peninsulares de Aragón y Valencia, el principado de Cataluña y el Reino de Mallorca, con las tierras ultrapirenaicas de Rosellón, Cerdaña y Montpellier, forman lo que ha dado en llamarse la Corona de Aragón, que más que una unidad es una confederación a cuyos miembros une la dependencia de un mismo monarca y separan diferencias importantes, puestas de manifiesto tras la ocupación de Sicilia en 1282 por Pedro el Grande de acuerdo con los intereses de Cataluña, centro político y económico de la Corona.

Consecuencias internas de la ocupación de Sicilia

Enfrentado a Carlos de Anjou, al papa, rey de derecho de la isla, al monarca francés, protector de ambos, y al rey de Mallorca, Pedro el Grande necesita que aragoneses, valencianos y catalanes le faciliten hombres de guerra y dinero, y para conseguir unos y otro aceptará todas las exigencias o peticiones de los súbditos, alzados en armas como los aragoneses o pacíficos como los valencianos o los catalanes. En los tres reinos, la monarquía actúa de la misma forma: acepta un pacto que le compromete a reunir periódicamente a los súbditos y a no tomar medidas de carácter general ni dictar leyes sin el consentimiento de las Cortes de cada uno de los reinos, cuya unidad interna así como las diferencias con los demás están aceptadas y expresadas en la confirmación de un derecho nacional que da cohesión interna a aragoneses, catalanes o valencianos al tiempo que realza las diferencias existentes entre los distintos territorios de la Corona.

Desde 1283 las limitaciones impuestas al poder monárquico, el pactismo, serán un factor esencial en la historia política de Cataluña y también en su historia económica y social, pues el pacto no es una simple conquista política sino el resultado de un juego de fuerzas en el que los catalanes (los dueños de la tierra y los dirigentes urbanos), sirviéndose de sus riquezas y de su fuerza política, imponen sus normas al monarca y al mismo tiempo utilizan el pacto para afianzar su posición económico-social. Los propietarios de la tierra consiguen en 1283 que se restablezca en todo su vigor una constitución de 1202 por la que se autorizaba a los señores a maltratar a *sus rústicos* y se prohíbe a los campesinos abandonar la tierra sin licencia del señor, licencia que podía ser gratuita aunque en la Cataluña Vieja era costumbre, es decir ley, que los campesinos no podían abandonar la tierra sin antes pagar al señor una cantidad en concepto de redención o *remensa*.

La ocupación de Sicilia divide a los mallorquines: mientras la burguesía comercial se une al monarca aragonés y colabora en la campaña, la nobleza y Jaime II se alían al Pontificado y a la monarquía francesa contra el rey de Aragón. Pedro el Grande mantuvo su política de atracción de los mercaderes mallorquines y confirmó las exenciones concedidas en las ciudades de la Corona, hecho que explica la facilidad con la que se acepta la ocupación del reino por el monarca aragonés en 1285 y las buenas relaciones que mantienen los mercaderes de Mallorca y de la Corona después de la devolución del reino en 1298 a Jaime II de Mallorca, aliado económico de Aragón frente a la monarquía francesa cuando ésta cierra a la navegación catalana y mallorquina los puertos de acceso a Montpellier, centro distribuidor de los paños flamencos y del norte de Francia, para potenciar la actividad comercial de poblaciones controladas por la monarquía francesa; la medida afectó seriamente a los mercaderes mallorquines y catalanes, que vieron cómo los paños, una de las bases de su comercio, se encarecían, pero a largo plazo la presión francesa sirvió de estímulo para la creación de una industria textil de calidad destinada a sustituir a los paños de Francia y Flandes.

Entre los aragoneses, la expedición siciliana es sentida como una prueba de su pérdida de importancia y del predominio de los intereses mediterráneos por los cuales el monarca hace sufrir a los aragoneses, ajenos a esta política en la que nada tienen que ganar, las consecuencias, la guerra con Francia, para la que ni siquiera han sido consultados los nobles. Al descontento de la nobleza se une el malestar de la población, a la que preocupan la guerra y los nuevos impuestos que deberán pagar, y con este planteamiento resultó fácil lograr un acuerdo entre los reunidos en las Cortes convocadas por Pedro para obtener la ayuda que necesita y utilizadas por los aragoneses para exigir el respeto a sus derechos y la reparación de los agravios sufridos. La defensa de estos derechos llegará, si es preciso, hasta la destitución del monarca y la aceptación como rey del mayor de sus hijos, Alfonso, si éste acepta las condiciones de la Unión; en caso contrario, los aragoneses se considerarán desligados de la fidelidad a la dinastía y podrán ofrecer el reino a otra persona, que podría ser, aunque no lo expresen directamente, Carlos de Valois, el rey nombrado por Roma para sustituir al monarca aragonés excomulgado.

Ante esta amenaza, fácilmente convertible en realidad, Pedro el Grande se declaró dispuesto a confirmar en las Cortes de Zaragoza de octubre de 1282 los fueros, usos y costumbres antiguas de Aragón y de los territorios *aragoneses:* Valencia, Teruel y Ribagorza. Suprimió algunos impuestos, se comprometió a reunir y consultar a las Cortes en los asuntos de interés general y confirmó privilegios nacionalistas y nobiliarios: solucionar en Aragón los pleitos aragoneses, no nombrar jueces a los extranjeros —los catalanes son extranjeros—, devolver a los nobles las ciudades y villas que solían ser *honor* de los ricoshombres, mantener a éstos en el estado de preeminencia que les corresponde, no actuar contra ellos sin conocimiento del Justicia de Aragón... Las Cortes piden también la vigencia de los fueros de Aragón en Valencia y aunque el monarca no acepta, porque esto habría creado malestar en el reino levantino, con el que está negociando al mismo tiempo y al que también prometerá el mantenimiento de sus leyes tradicionales, accede a que en Valencia se rijan por el fuero aragonés quienes deseen hacerlo. A la muerte de Pedro, los unionistas recordaron a Alfonso el Franco que sólo sería rey después de haber jurado los fueros del reino, y amenazaron, como cinco años antes, con retirarle la obediencia y elegir otro rey, que puede ser el de Francia o el de Castilla, con los que entran en negociaciones, así como con Roma y con los musulmanes del reino valenciano, como medio de presionar al monarca. Sólo cuando se dé solución al problema siciliano podrá el rey hacer caso omiso de la Unión, que resurgirá a mediados del siglo XIV.

De Sicilia a Cerdeña

A la guerra siciliana puede añadirse Castilla, y tanto Pedro el Grande como sus sucesores intentarán conseguir la ayuda o, al menos, la neutralidad castellana. Dividido el reino entre los partidarios de Alfonso X y los de Sancho IV y aliado el primero al monarca francés y a Roma, Pedro el Grande buscará el apoyo de Sancho, que lo ofrece pero no lo da porque necesita que Roma legalice su matrimonio y legitime a los hijos habidos con su prima María de Molina. Castilla condiciona y se ve condicionada por la política italiana: el temor a una intervención castellana obliga al rey de Aragón a buscar la paz en el Mediterráneo, y cuando ésta se consigue los monarcas vuelven sus armas contra Castilla, apoyan a los nobles rebeldes y reclaman las tierras mediterráneas de Murcia.

La firma del tratado de Anagni (1295) pone fin a la guerra siciliana: Jaime II abandona Sicilia, donde se proclama rey su hermano Federico, renuncia a Mallorca y, en la negociación, obtiene de Roma los derechos de ocupación de Córcega y Cerdeña y la paz con los angevinos y con Francia. El acuerdo era claramente favorable a la Corona de Aragón: renunciaba a las islas de Sicilia y Baleares pero éstas permanecían en manos de miembros de la dinastía, y se obtenían derechos sobre otras dos islas cuya conquista aseguraría un mejor control del Mediterráneo occidental y la eliminación de competidores tan importantes como los pisanos y genoveses que controlan las islas y el comercio de la zona. La muerte este mismo año (1295) de Sancho IV dio a Jaime la posibilidad de intervenir en Castilla, gobernada por la viuda del monarca, María de Molina. El rey aragonés no pudo anexionar el reino de Murcia pero sí ocupó y unió a Valencia las plazas de Orihuela, Alicante, Elda, Novelda y Elche antes de que en 1301 fueran legitimados los hijos de María de Molina y perdiera validez el pretexto invocado por Jaime para intervenir en Castilla.

La retirada de Sicilia de Jaime II no impide la permanencia en la isla, al servicio ahora de Federico, de las compañías de almogávares hasta la firma del tratado de Caltabellota (1302), que dejó libres a los mercenarios de uno y otro campo, cuyos servicios fueron reclamados por diversas ciudades y señores italianos y por el emperador bizantino para defender sus tierras contra los turcos. Estos almogávares no tardan en actuar por cuenta propia y crear los ducados de Atenas y Neopatria (1311), que pusieron bajo la soberanía de los reyes sicilianos.

Recuperada la Corona de los cuantiosos gastos ocasionados por la actividad política de Jaime II en Sicilia, Italia, la Península y el norte de África, pudo el rey llevar a efecto la ocupación militar de Cerdeña (1323-1324) con la que ponía fin al dominio comercial de Pisa, basado en gran parte en la posesión de la isla. Los genoveses vieron el peligro que la presencia catalana representaba para su comercio y, tras una colaboración inicial para deshacerse de Pisa, Génova inició la guerra contra Aragón. La guerra de corso mantenida por los genoveses dificulta el comercio, convierte en deficitaria a la isla sarda y exige hombres y dinero que el rey no tiene y de los que no puede disponer sin autorización de las Cortes, que otorgan no la ayuda necesaria sino la que creen conveniente y en las condiciones que estiman oportunas, condiciones que retrasan considerablemente la concesión de ayuda. Quizá por esta razón, y para evitar las exigencias de las Cortes, a mediados del siglo XIV se buscan nuevas fórmulas para hacer frente a los genoveses y se firman acuerdos con Venecia que, lógicamente, explota las dificultades del monarca para imponer sus condiciones: Aragón pone barcos y hombres que paga Venecia para que las galeras catalanas bloqueen a la flota genovesa en el Mediterráneo occidental e impidan su paso hacia Oriente, hacia las zonas controladas por Venecia. Pese a la ayuda veneciana, Pedro el Ceremonioso fue incapaz de cumplir su parte del compromiso porque desde 1283 no le estaba permitido al monarca reclutar tripulaciones en los lugares de señorío, y en las tierras de realengo no había suficientes carpinteros, calafates, cómitres, expertos en vientos y corrientes marinas, ballesteros, remeros...; para armar las naves, Pedro tiene que acudir a las Cortes, pedir préstamos y autorizar el corso contra Génova, para estrangular su economía.

El bloqueo y el desgaste económico habrían anulado a la ciudad italiana si el monarca y sus súbditos hubieran estado interesados y capacitados para llevar a cabo esta guerra de desgaste, y no fue así: las ayudas de las Cortes serán insuficientes y las ciudades, con Barcelona a la cabeza, recordarán al monarca que han dado más de lo que podían y están empeñadas a causa de la deuda pública emitida para ayudar al rey justo en un momento en el que, a causa de la guerra en el mar, no pueden navegar ni comerciar. El cambio de actitud experimentado entre 1282 y 1350 es un signo claro de la pérdida de interés por el comercio y de la ruptura de la alianza entre el monarca y las ciudades, base del expansionismo militar y comercial de Cataluña.

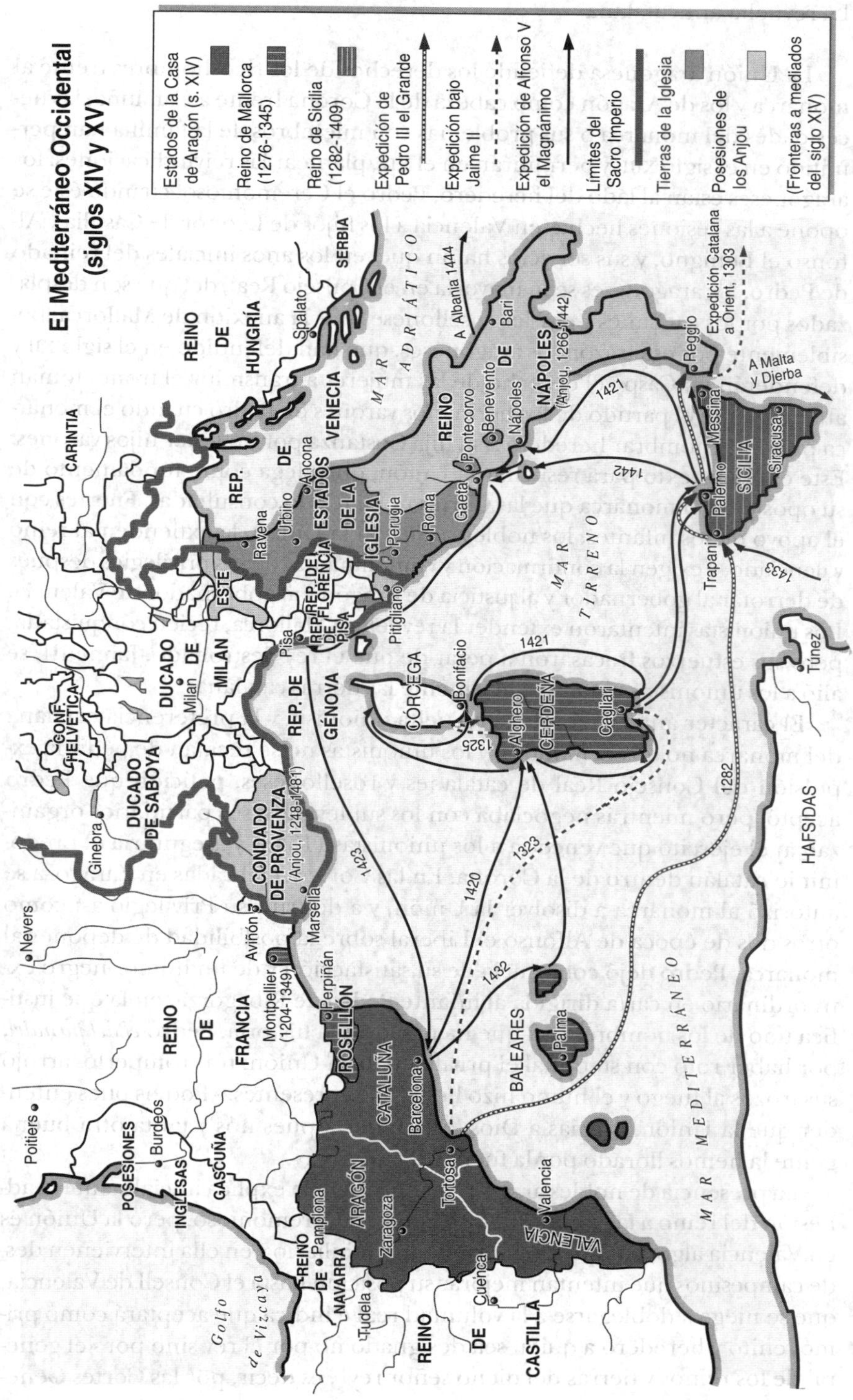
El Mediterráneo Occidental
(siglos XIV y XV)
Estados de la Casa de Aragón (s. XIV)
Reino de Mallorca (1276-1345)
Reino de Sicilia (1282-1409)
Expedición de Pedro III el Grande
Expedición bajo Jaime II
Expedición de Alfonso V el Magnánimo
Límites del Sacro Imperio
Tierras de la Iglesia
Posesiones de los Anjou
(Fronteras a mediados del siglo XIV)
REINO DE HUNGRÍA
CARINTIA
SERBIA
Spalato
CONF. HELVÉTICA
Ginebra
DUCADO DE SABOYA
DUCADO DE MILÁN
Milán
ESTE
REP. DE VENECIA
Ravena
Urbino
Ancona
ESTADOS DE LA IGLESIA
Perugia
Roma
REP. DE FLORENCIA
REP. DE PISA
Pisa
Pitigliano
REP. DE GÉNOVA
CÓRCEGA
Bonifacio
CERDEÑA
Alghero
Cagliari
REINO DE NÁPOLES
(Anjou, 1266-1442)
Gaeta
Pontecorvo
Benevento
Nápoles
Bari
A Albania 1444
Reggio
Expedición Catalana a Orient, 1303
A Malta y Djerba
SICILIA
Messina
Palermo
Trapani
Siracusa
Túnez
HAFSIDAS
MAR ADRIÁTICO
MAR TIRRENO
MAR MEDITERRÁNEO
CONDADO DE PROVENZA
(Anjou, 1248-1481)
Marsella
Aviñón
Montpellier (1204-1349)
Nevers
REINO DE FRANCIA
POSESIONES INGLESAS
Poitiers
Burdeos
GASCUÑA
ROSELLÓN
Perpiñán
CATALUÑA
Barcelona
BALEARES
Palma
ARAGÓN
Zaragoza
Tortosa
VALENCIA
Valencia
REINO DE NAVARRA
Pamplona
Tudela
Cuenca
REINO DE CASTILLA
Golfo de Vizcaya
1282
1323
1325
1420
1421
1423
1432
1433
1442

La revuelta anticatalana

La Unión aragonesa defiende los derechos de los ricoshombres frente al monarca y los de Aragón como cabeza de la Corona frente a Cataluña; las necesidades del monarca o sus problemas con miembros de la familia han permitido en el siglo XIII, y permitirán en el XIV, plantear las reivindicaciones: los aragoneses están al lado del heredero, Pedro el Ceremonioso, cuando éste se opone a las cesiones hechas en Valencia a los hijos de Leonor de Castilla y Alfonso el Benigno, y sus servicios harán que, en los años iniciales del reinado de Pedro, los aragoneses sean mayoría en el Consejo Real, del que son desplazados por los catalanes y por los roselloneses tras la anexión de Mallorca; posiblemente por esta razón los aragoneses, que han defendido en el siglo XII y defenderán en Caspe el derecho de las mujeres a transmitir el trono, toman abiertamente el partido de los hermanos varones de Pedro cuando el monarca pretende nombrar heredera a su hija Costanza por no tener hijos varones. Éste es el pretexto para resucitar la Unión, que alega como fundamento de su oposición al monarca que las Cortes no han sido consultadas. Fuertes con el apoyo de los infantes, los nobles resucitan la Unión, la extienden al reino valenciano, y exigen la confirmación y cumplimiento de sus privilegios después de derrotar al gobernador y al justicia de Aragón y al gobernador de Valencia. Los unionistas intentaron extender la revuelta a Mallorca, recién conquistada, pero sus esfuerzos fracasaron a pesar de que el rey destronado, Jaime III, se alió a los unionistas y atacó militarmente las tierras catalanas.

El carácter anticatalán de la revuelta unionista y la preferencia catalana del monarca no ofrecen dudas, y los unionistas no se recatan de pedir la expulsión del Consejo Real de catalanes y roselloneses, petición que Pedro aceptó, pero mientras negociaba con los sublevados, sus partidarios organizaban el ejército que vencería a los unionistas (1348) y aseguraría el predominio catalán dentro de la Corona. En las Cortes celebradas en Zaragoza se autorizó al monarca a disolver la Unión, y a destruir su Privilegio así como otros dos de época de Alfonso el Liberal sobre la posibilidad de deponer al monarca. Pedro dejó constancia de su satisfacción y de un humor negro extraordinario en carta dirigida al infante Pedro de Ribagorza, en la que justifica uno de los nombres con que ha pasado a la historia, Pedro *el del puñalet,* por haber roto con su puñal el privilegio de la Unión; tras romperlo, arrojó sus trozos al fuego y el humo hizo llorar a los presentes: «Podéis pues entender que la Unión, gracias a Dios, está muerta pues nós y tanta otra buena gente la hemos llorado por la fuerza del humo...».

La presencia de nobles aragoneses en Valencia explica inicialmente la adhesión del reino a la revuelta contra Pedro el Ceremonioso, pero la Unión es en Valencia algo más que un movimiento nobiliario y en ella intervienen desde campesinos que intentan mejorar su posición hasta el Consell de Valencia, que se niega a doblegarse a la voluntad real e indica que aceptará como primogénito y heredero a quien sea designado no por el rey sino por «el general de los reinos y tierras del dicho señor rey», es decir, por las Cortes Generales de la Corona. La llamada a constituir la Unión, hecha por el Consell en mayo de 1347, recoge los agravios sufridos por la ciudad y por el reino: el monarca y sus oficiales han atentado contra los fueros, usos y privilegios de la ciudad alegando que el rey no está obligado a cumplirlos, han creado impuestos ilegales, exigido préstamos recurriendo en algunos casos al tormento, han aplicado la pena capital sin dar opción a los acusados a defenderse, han interferido en la actuación de los jueces ordinarios...; si en Aragón dirigen la revuelta los nobles, por lo que ha podido hablarse de revuelta feudal en defensa de los intereses señoriales, que se confunden conscientemente con los del reino, en Valencia son los burgueses que controlan el Consell los protagonistas de la Unión como protesta contra la excesiva presión fiscal, provocada por las continuas peticiones de dinero del monarca para financiar su política, a la que, por otra parte, se responsabiliza de las dificultades de avituallamiento y del alto precio que se ha de pagar para defender las costas y mantenerlas abiertas al comercio.

La rivalidad y los enfrentamientos entre la ciudad y los nobles por el control del reino, por el uso de los pastos comunales o por la extensión y límites de los privilegios nobiliarios de exención fiscal pueden explicar que mientras la primera dirige la Unión, los nobles se agrupan en torno al gobernador del Reino y forman una germanía o *fraternitat* para oponerse a los unionistas que, lógicamente, tendrán el apoyo de los campesinos dependientes de los nobles, como en el caso de los vasallos de la Orden de Montesa, que utilizan un conflicto teóricamente político para plantear sus reivindicaciones sociales. El predominio burgués y de la ciudad de Valencia en la Unión aparece claramente cuando se analiza la composición de los organismos de dirección unionista o se lee la crónica de Pedro el Ceremonioso quien, tras recordar la mala imagen de los roselloneses, alude en repetidas ocasiones a la presencia activa y como organizadores de algunos menestrales por lo que, una vez sofocada la revuelta y vencidos los unionistas en Mislata (1348), incluye entre los veinte condenados a muerte a trece mercaderes y menestrales.

Política y conflictos sociales

La colaboración entre política y comercio exterior, entre el monarca y los ciudadanos-mercaderes, pierde consistencia al debilitarse el poder monárquico y disminuir el interés en el comercio de numerosos ciudadanos, que prefieren comprar tierras y derechos sobre los campesinos que las cultivan. La transformación de los grandes mercaderes en rentistas hará que dejen de coincidir sus intereses con los de los ciudadanos que viven de la artesanía y del comercio, y éstos buscarán en el control del municipio la forma de impulsar su actividad económica, por lo que pedirán al monarca que modifique el régimen municipal de Barcelona, y dé un mayor peso en el municipio a los gremios.

A la pugna entre ciudadanos y gremios por el control de Barcelona se unen los enfrentamientos entre los campesinos y sus señores a partir de la

Peste Negra, que despobló los campos catalanes y redujo considerablemente los ingresos de los señores, que buscan nuevos ingresos en la reimplantación de abusos o malos usos, como recibir parte de los bienes del campesino que muere sin hacer testamento o sin dejar herederos directos, así como parte o la totalidad de los bienes de la payesa adúltera, usos que recuerdan que el campesino forma parte de la *familia* señorial. Los derechos sobre la tierra se reflejan en el pago de una cantidad por autorizar su hipoteca y en la compensación de los daños que aquélla sufra a causa de incendios. De poco habrían servido estos derechos si los campesinos abandonaban la tierra, y para retenerlos se recurre a diversos sistemas: mientras en las zonas de montaña poco productivas se restablece la *remensa,* en comarcas como la Plana de Vic, el Maresme y el Vallés se ofrece reducción de censos y se permite la ocupación de los mansos abandonados. Mientras unos campesinos se enriquecen gracias a las nuevas condiciones, otros ven agravada su situación, y ha podido hablarse de campesinos cuyo objetivo es conseguir la libertad y de campesinos ricos *(pagesos grassos),* que aspiran a mantener su posición y encabezan la revuelta cuando los señores intentan recuperar los derechos cedidos durante la crisis y aumentarlos donde sea posible mediante la reimplantación de los malos usos. Para librarse de estos abusos los campesinos llegarán a ofrecer a los reyes cantidades importantes para conseguir la redención en masa. La oferta de los payeses será bien vista por la monarquía, que ve en ella parte de la solución a sus problemas económicos y, al mismo tiempo, una forma de limitar el poder señorial, pero la falta de organización impedirá que las protestas tengan continuidad por el momento.

Enfrentamientos urbanos y campesinos tienen su reflejo y cobertura en el campo político: el pactismo, el control del monarca por las Cortes, se mantendrá mientras el rey necesite el dinero de éstas para intervenir en Cerdeña, Castilla, Sicilia, Mallorca o el norte de África. A partir de mediados del siglo, cuando las Cortes conceden ayudas al monarca, ya no se conforman con pedir la reparación de los agravios sino que se reservan en exclusiva, al margen del monarca y de sus oficiales, el cobro, la administración y el destino de las cantidades recaudadas, y en ocasiones no dan ayudas gratuitas sino préstamos retornables cuya devolución garantiza el rey con todos sus bienes; no cabe forma más clara de expresar la debilidad de la monarquía, la sumisión del rey a las Cortes contra las que el monarca sólo tiene el recurso de aliarse a campesinos y artesanos con los que tiene en común el interés por debilitar a los miembros de las Cortes, a los nobles, clérigos y ciudadanos.

El descontento de la población barcelonesa se manifiesta en la revuelta de 1283 contra la escasez y carestía provocadas por la guerra de Sicilia, y en los motines y algaradas callejeras que tienen lugar en la primera mitad del siglo XIV cada vez que escasean los cereales o su precio aumenta por exigencias del mercado o, como se hace correr en varias ocasiones, porque los dirigentes urbanos acaparan el trigo y provocan artificialmente su encarecimiento. Hambres y motines preceden y preparan la gran Peste de 1348 que diezmó a la población urbana, hacinada y subalimentada. El hambre y la peste fueron seguidas de un alza considerable de precios y salarios, de una escasez de mano de obra que paralizó el desarrollo de la ciudad, de la ruina de numerosos cambistas-banqueros y de la renuncia al comercio de algunos mercaderes, que prefirieron invertir en la compra de tierras.

A estos y otros problemas se pretende poner remedio con la reforma del gobierno municipal pedida por un grupo de artesanos y de pequeños mercaderes que solicitan permiso, en 1386, para reunirse y formar un sindicato que se preocupe de analizar la situación y velar por el bienestar de la ciudad. Pedro el Ceremonioso autorizó las reuniones y aprobó el proyecto de reforma presentado, que buscaba fundamentalmente una mayor democratización del gobierno municipal dando entrada a las clases medias y un saneamiento de la hacienda municipal mediante la disminución de los salarios de los *consellers* y oficiales y a través de un riguroso control de su actuación. La muerte de Pedro el Ceremonioso unos días después de aprobar la reforma puso fin a estos intentos, y la misma suerte corrieron los cambios previstos en Gerona o Lérida.

La muerte del rey pone fin a los intentos de democratizar el poder municipal, y el descontento sigue manifestándose de forma violenta como en 1391, año en el que se saquean los barrios judíos de Barcelona y de otras muchas ciudades. Los ataques a los judíos se inscriben dentro de un movimiento mucho más amplio iniciado en las ciudades andaluzas, y en muchos lugares se presenta como una revuelta de carácter social: la protesta está dirigida contra quienes tienen el poder y la riqueza, y ante el peligro los ciudadanos desvían a la muchedumbre hacia los barrios de los judíos, que unen a su condición de ricos y prestamistas la de extraños a la comunidad, pero el pueblo dueño de la calle no olvida el objetivo municipal y tras saquear los *calls*, consigue que se autorice la participación en las deliberaciones del Consejo de Ciento de gran número de personas que no forman parte del mismo; en estas reuniones, se piden las cuentas del trigo y de los impuestos municipales, la rebaja de los sueldos de *consellers* y oficiales del municipio, el control de las remuneraciones de abogados, notarios y médicos y, para dar satisfacción a los amotinados, se destituye al *clavari* o tesorero de la ciudad, se rebajan los impuestos sobre los productos alimenticios de primera necesidad (carne y trigo), y se reducen los alquileres de las casas. Durante cinco meses, hasta diciembre de 1391, Barcelona, Gerona, Lérida, Villafranca del Panadés y otras ciudades estuvieron en manos de los menestrales; después, la oligarquía urbana recuperó el poder y asumió algunas de las peticiones de los populares: disminución de los impuestos sobre los productos alimenticios, reforma de la moneda y adopción de medidas favorables al comercio.

La oposición entre la ciudad y las villas de Mallorca se manifiesta ya en el momento de la conquista de la isla por Alfonso el Franco en 1285: sólo los campesinos, la parte foránea, ofrecieron resistencia mientras artesanos y mercaderes de la ciudad negociaban las condiciones de la rendición, e igual sucede en 1343, cuando Pedro el Ceremonioso incorpora definitivamente el reino a la Corona. El distinto planteamiento no se debe sólo a las diferencias económicas (predominio del comercio y de la artesanía en la ciudad y de la agricultura en las villas) sino, sobre todo, al malestar de los campesinos ante el control que los ciudadanos pretenden ejercer sobre todo el territorio insular. Los representantes del mundo campesino no están en el Consejo restringido en el que se toman las decisiones, ni intervienen en el control de la gestión económica, a pesar de que se crean impuestos que han de pagar las Villas y en ocasiones se obliga a éstas a contribuir, por ejemplo, en la reparación de los perjuicios causados a los mercaderes de la ciudad.

La reorganización de las villas iniciada en 1300 por Jaime II da a éstas una mayor cohesión y fuerza, que se manifiestan en la reforma o sentencia arbitral del rey Sancho de Mallorca en 1315: la ciudad pagará sus gastos específicos y las villas, puesto que tienen un tercio del potencial económico, contribuirán con un tercio de los gastos comunes y podrán controlar la gestión económica. Tan importante o más que el reconocimiento efectivo de la proporcionalidad es conseguir la independencia de las villas en sus asuntos propios, sometidos tradicionalmente al control de los jurados de la ciudad hasta que, en 1374, se dispone que, en adelante, ni los jurados de las villas ni los síndicos estarán obligados a rendir cuentas ante los jurados de la ciudad en lo relativo a fondos de cada villa o de la comunidad foránea.

Un proceso similar se da en el interior de la ciudad donde, a partir de 1351, los menestrales tendrán el mismo número de representantes que ciudadanos, mercaderes y caballeros, tanto en el Consejo General *(Consell plener de dins i de fora)* como en su comisión delegada o Consejo restringido *(Consell secret)*. Igual que sucede en Barcelona por los mismos años, los menestrales de la ciudad consideran que sus derechos no están suficientemente defendidos por el Consejo y aspiran a ejercer un mayor control político para resolver sus problemas económicos, y su postura encuentra apoyo en los foráneos. En este caldo de cultivo llegan al reino las noticias de los ataques a los barrios judíos en las ciudades peninsulares, y tras el asalto al *call* de Inca, foráneos y menestrales desahogan su odio hacia los judíos y hacia los dirigentes de la ciudad, de los que los judíos son instrumento, saqueando y destruyendo el barrio de Palma y las viviendas de algunos ciudadanos, a los que acusan de manejar fraudulentamente los fondos públicos. La ciudad fue cercada por los ejércitos foráneos que sólo levantaron el asedio cuando el gobernador aceptó sus peticiones para *democratizar* el Consell y sanear la administración. Pese a las medidas tomadas, la economía mallorquina no se recupera y en 1405 se produce la quiebra de las finanzas del reino: los intereses de la deuda pública superan a los ingresos, y los acreedores intentan cobrar sus deudas mediante embargos que dificultan o imposibilitan la vida comercial. En este año se firma el llamado Contrato Santo por el cual se crea una junta administradora, formada por los acreedores, que centralizará lo recaudado y realizará los pagos: en primer lugar a los acreedores catalanes, los más numerosos y con mayor volumen de deudas, y, si es posible, a los mallorquines.

Los Trastámara en Aragón

La muerte de Martín el Humano en 1410 sin hijos legítimos llevó al trono aragonés al castellano Fernando de Antequera, elegido en Caspe, en 1412, por una comisión de nueve personas. En principio, los únicos candidatos con posibilidades reales son Jaime de Urgel y Luis de Anjou, que cuentan con el apoyo de uno de los bandos en que está dividida la nobleza en los reinos y en el principado. El asesinato del arzobispo de Zaragoza, cabeza de los partidarios de Luis de Anjou, llevó a los aragoneses de su parcialidad a buscar un candidato capaz de hacer frente a la amenaza de sus enemigos, y éste fue el regente castellano Fernando de Antequera, cuyos derechos —tan discutibles o tan válidos como los de los restantes candidatos— adquieren fuerza por las riquezas personales del candidato, por el poder que le da ser regente de Castilla y por el respaldo del papa Benedicto XIII, que ve en el nombramiento de Fernando un apoyo firme para mantener sus derechos pontificios.

Las tropas castellanas dominaron rápidamente la mayor parte de Aragón y, protegido por ellas, se reunió en Alcañiz el parlamento aragonés formado por los partidarios de Fernando; de él salió la idea de confiar la elección del nuevo rey a un grupo reducido de personas, nueve en total, divididas en grupos de tres: el monarca debería obtener como mínimo seis votos y, al menos, uno de cada grupo. El parlamento catalán reunido en Tortosa aceptó la proposición aragonesa, pero mientras en Alcañiz se confía la elección de los nueve al gobernador y al justicia del reino, en Tortosa se deja en manos de una comisión cuyos miembros fueron incapaces de ponerse de acuerdo y, en definitiva, tuvieron que aceptar íntegramente la propuesta de Alcañiz al amenazar los aragoneses con actuar por sí mismos como cabeza de la Corona. Desde este momento, el único rey posible era Fernando de Antequera, pues no es imaginable que un parlamento reunido bajo la protección de las armas castellanas eligiera compromisarios que pusieran en peligro la candidatura del pretendiente castellano, que cuenta con el apoyo de los valencianos, pues mientras se intenta llegar a un acuerdo entre catalanes y aragoneses, las tropas castellanas han penetrado en Valencia, derrotado a los urgelistas y conseguido que el parlamento acepte a los nueve compromisarios ofrecidos por Aragón. El Consejo mallorquín enviará una delegación cuyos puntos de vista no fueron considerados porque para todos Mallorca es parte del principado.

El triunfo de Fernando se debió a la división existente entre los reinos y en el interior de cada uno. Benedicto XIII favoreció al castellano al autorizar que se destinase a la campaña el dinero recaudado en Castilla para la cruzada contra los granadinos, y la situación interior de Castilla favoreció también al infante: la nobleza y la reina Catalina de Lancaster confían en que Fernando renunciará a la regencia si sale elegido y dan toda clase de facilidades a pesar de que, legalmente, pudiera tener mayores derechos al trono aragonés el rey castellano Juan II.

Enfrentamientos sociales en Cataluña y en Mallorca

Alfonso el Magnánimo, rey de Aragón desde 1416, mantiene la política mediterránea de los reyes catalanes, pero sus empresas no hallan el apoyo necesario en la población, que vive de espaldas a su política. Aunque Alfonso pretende gobernar al margen de las Cortes, precisa el apoyo económico de éstas para intervenir en Italia, para comprar la libertad perdida al ser derrotado en la batalla de Ponza, para ocupar Nápoles... y sus peticiones de ayuda se traducen en un incremento del poder de las Cortes y de su representación permanente, Diputación del General o Generalitat, a la que se encomienda la defensa de los fueros, usos y privilegios de Cataluña ante cualquier extralimitación del monarca, real o imaginada por los grupos representados en Cortes que son los grandes nobles, la jerarquía eclesiástica y los dirigentes urbanos, antiguos mercaderes convertidos ahora en rentistas con aspiraciones a equipararse a la nobleza. Frente a las Cortes y para conseguir el dinero que éstas le niegan, el monarca se apoyará en los menestrales de Barcelona y en los payeses de remensa, en quienes se oponen a los ciudadanos y a los nobles y eclesiásticos.

La falta de solución a los problemas económicos de Barcelona dividió a los barceloneses, a partir de 1450, en dos grupos claramente enfrentados: la Biga, que engloba a los patricios, y la Busca. Entre la Busca y la Biga, Alfonso el Magnánimo mantiene una postura ambigua, al igual que entre señores y campesinos: por un lado, necesita dinero continuamente, y lo aceptará de buscaris y de bigaris, de señores y de remensas, de acuerdo con la cuantía de las ofertas y con la posibilidad de que se hagan efectivas; por otra parte, aspira como los demás reyes del siglo XV a imponer su autoridad sobre las Cortes, sobre los dirigentes del principado, y para ello necesita debilitarlos, reforzar a los enemigos de señores y ciudadanos, y entre las dos posturas se inclinará finalmente en favor de campesinos y buscaris.

La oposición sistemática a los mayores, la divulgación de las irregularidades cometidas y de los altos salarios cobrados por los ciudadanos, la insistencia en la necesidad de devaluar la moneda y la promesa de rebajar los impuestos sobre la carne dieron a la Busca el apoyo del pueblo e hicieron posible el reconocimiento por el monarca del Sindicato de los Tres Estamentos (mercaderes, artistas y menestrales) que fue acompañado, el 20 de octubre de 1451, por una modificación del sistema de elección de los *consellers* y una reorganización del Consejo de Ciento que, en la práctica, dejaban el municipio en manos del sindicato. El triunfo de la Busca fue seguido de las reformas pedidas o prometidas: se rebajaron los salarios de los funcionarios municipales y se suprimieron algunos cargos innecesarios; se prohibió la acumulación de cargos y se redujo la duración de los vitalicios a dos o tres años; la moneda fue devaluada; se tomaron medidas para mantener el abastecimiento de carne y de trigo; se impulsó la construcción naval..., y se favoreció a la industria local al prohibir importar paños de lujo y tomar medidas para facilitar la fabricación de este tipo de paños en la ciudad.

No todo fueron éxitos en la gestión de los buscaris, y con frecuencia cayeron en los mismos errores que los bigaris: algunos cargos fueron dados a personas cuyo único mérito consistía en pertenecer al sindicato; no siempre se respetaron las prohibiciones de acumular cargos y no faltó quien comprara votos para acceder a algún puesto de importancia. La negativa de los ciudadanos y de algunos expertos profesionales a colaborar con el nuevo Consejo, y la entrada masiva en él de personas poco y mal conocedoras de los mecanismos de gobierno, causaron graves perjuicios a la ciudad en asuntos importantes: la falta de secreto en la aplicación de las medidas monetarias estuvo a punto de provocar la bancarrota de la *taula* de Barcelona pues, al conocerse la devaluación, se produjo una fuga de capitales. La venta de trigo a precios inferiores a los de coste evitó alteraciones del orden, pero aumentó los gastos y deudas de la ciudad que pronto se vio obligada a aumentar los impuestos para hacer frente a las continuas necesidades de dinero..., pero el fracaso no es imputable sólo a la Busca. Desde el primer momento, la Biga —apoyada por las Cortes y por la Diputación— se opuso por todos los medios a las reformas y las hizo fracasar o retrasó su puesta en marcha: logró que no fueran aceptados en las Cortes los representantes de Barcelona por no ser constitucional el nombramiento de sus electores, hizo fracasar, retrasó o anuló los efectos de la devaluación monetaria y de la prohibición de importar paños de lujo al declarar ilegal la devaluación y recordar que la ordenanza de 1422 que se pretende poner en vigor había sido aprobada por las Cortes y sólo éstas o la Diputación pueden darle validez...

Por los mismos años en los que se reconoce al Sindicato de los Tres Estamentos barcelonés tiene lugar la autorización a los payeses para reunirse, para crear el Sindicato remensa, cuyo objetivo es conseguir la libertad personal, la supresión de los malos usos mediante la compra de los derechos de los señores. Las protestas de las Cortes contra los instigadores de estas reuniones no se hicieron esperar y en 1447 llega a culparse de la agitación campesina a los *malos* juristas, es decir, a los oficiales del rey al que las Cortes pretenden atraer ofreciéndole un subsidio de treinta mil florines siempre que prohíba las asambleas de los payeses. Alfonso se limitó a disolver las Cortes y se inclinó abiertamente hacia los campesinos, a los que autorizó a reunirse, en 1448, para nombrar síndicos que distribuyeran y recogieran los cien mil florines ofrecidos al monarca a cambio y como medio de llevar a cabo la remensa. El 5 de octubre de 1455 Alfonso suprimió los malos usos y servidumbres hasta que se llegara a un acuerdo entre señores y campesinos, y la sentencia fue confirmada el 9 de septiembre de 1457, cuando el rey renunció definitivamente a volver a Cataluña y a recibir la ayuda ofrecida por las Cortes.

La política mediterránea de Alfonso el Magnánimo y los gastos que ésta conlleva fueron el detonante de la gran revuelta foránea de mediados del siglo XV. Obligados a pagar, menestrales y foráneos se levantaron en armas e hicieron responsables de la situación a los ciudadanos, a los que acusaron una vez más de malversar los fondos del reino. Desde Nápoles Alfonso el Magnánimo ordenó atender las quejas respecto a la mala administración y que se revisaran las cuentas del reino desde 1405, desde la firma del Contrato Santo. Mandó igualmente nombrar un oidor de cuentas del grupo menestral, sustituir algunos impuestos indirectos (sobre el pan y la sal) por otros que gravaran más fuertemente a quienes más poseyeran, y excluir de los cargos del Consejo a los mercaderes que controlaban la importación de cereales para que no pudieran servirse de sus puestos para especular a costa de la población. La parcialidad del gobernador, aliado a los ciudadanos, le llevó a condenar a los foráneos al pago de dos mil libras anuales en concepto de «servidumbre perpetua irredimible», concepto que fue rechazado por los foráneos con una nueva revuelta en la que llegaron a poner cerco a la ciudad de acuerdo con algunos menestrales. En mayo de 1454, libre de los asuntos italianos, pudo Alfonso dictar sentencia en la que se concedía un indulto general, excepto para los delitos de sangre, y se mantenía la organización tradicional del reino. Los foráneos tendrían que pagar los daños causados, pero obtenían que se hiciera la revisión de cuentas solicitada, y se comprometían no a pagar una multa sino a hacer al rey un donativo de ciento cincuenta mil libras; los ciudadanos tendrían que pagar los gastos hechos por la armada enviada por el rey para pacificar la isla.

La economía mallorquina, en crisis antes del levantamiento foráneo, se resintió gravemente después de los tres años de guerra abierta. Los campesinos tenían que pagar, además de la multa-donativo impuesta por el monarca, las contribuciones atrasadas, los daños causados, parte de los gastos de las tropas reales y los censos debidos a los acreedores de la ciudad. Cuatro años de malas cosechas y el pago de estas cantidades los arruinaron e intentaron por todos los medios emigrar a la ciudad para no contribuir a los gastos y evitar el pago de censos y multas; tampoco la ciudad, cuya artesanía y comercio habían quedado arruinados, pudo rehacerse durante algunos años. Las tensiones sociales continuaron, agravadas por el resurgimiento de las banderías, en el campo y en la ciudad hasta la época de Fernando el Católico, y nuevamente en época de Carlos V, con el nombre de germanías.

El control del monarca

La concesión de ayuda económica y militar a los reyes lleva aparejado desde el siglo XIV el nombramiento de una comisión administradora de la ayuda, comisión que hacia 1359 se hace permanente, para evitar la coincidencia en el tiempo de varias comisiones, y recibe el nombre de Diputación del General. Con el tiempo, este organismo crea y administra sus propios impuestos (generalidades) y alcanza funciones políticas en las Cortes celebradas por Fernando de Antequera tras su elección: en adelante será competencia suya la defensa de las constituciones, usos, capítulos de corte y demás leyes de Cataluña; sus diputados, con un mandato de tres años, elegirán libremente a los sucesores sin intervención del monarca ni de las Cortes. El nuevo organismo, controlado por nobles, eclesiásticos y patricios, se opondrá a las reformas emprendidas por

Alfonso el Magnánimo e intentará anular las disposiciones favorables a remensas y buscaris, especialmente cuando Juan II suceda en el reino a su hermano (1458). Las Cortes convocadas en 1454 por Juan, todavía lugarteniente, transcurren entre discusiones sobre la legalidad del nombramiento de los buscaris y de las medidas tomadas por éstos y se cierran sin acuerdos, si se exceptúa la intervención de las Cortes en los asuntos político-familiares de Juan de Navarra, enfrentado a su hijo Carlos de Viana. La defensa de éste, heredero de Cataluña desde 1458 al suceder Juan a su hermano Alfonso, será el pretexto para oponerse abiertamente al monarca. Los conflictos económicos y sociales en la ciudad y en el campo y la pugna por el poder entre el monarca y las Cortes se centran ahora en la persona de Carlos de Viana, cuya defensa asumen las Cortes desde el momento en que es encarcelado, en diciembre de 1460.

Las Cortes confiaron la solución de las diferencias entre Juan y Carlos a la Diputación y al Consejo de Barcelona, donde la Biga había recuperado poder, y fruto de este encargo será la creación del *Consell representant lo Principat de Catalunya* que actúa como árbitro y, en la práctica, único poder político al descalificar al rey acusándolo de vulnerar el derecho nacional catalán; un año más tarde, Juan II se verá obligado a firmar la concordia de Villafranca del Panadés, con la que culmina el proceso pactista iniciado en 1283: Juan II no podrá entrar sin permiso en Cataluña. La Concordia de Villafranca da paso, en Barcelona, al ajusticiamiento de los dirigentes buscaris, y es seguida por los intentos de Diputación y Consell de aproximarse a los remensas, lo que no evitará la sublevación de los campesinos en clara connivencia con Juan II, cuya posición cambia al morir su hijo Carlos en septiembre de 1461. La capitulación se mantiene íntegramente, pero ahora el representante del monarca es el infante Fernando bajo la tutela de su madre Juana Enríquez, que inmediatamente inició los contactos con remensas y buscaris para restablecer el poder real. El 28 de mayo de 1462, con la entrada del monarca en Cataluña, se inicia una guerra civil de diez años de duración.

La guerra se internacionalizó rápidamente por obra de Juan II, que busca el apoyo del monarca francés Luis XI, al que ofrece dinero y, hasta que reciba la cantidad fijada, los condados, las rentas, de Rosellón y Cerdaña. El Consejo de Cataluña buscará ante todo la unidad interior y negociará alianzas externas capaces de contrarrestar la presión francesa y la neutralidad o el apoyo al monarca de aragoneses, valencianos y mallorquines. Desarticulado el partido buscari y obligados sus miembros a enrolarse en la bandera de la ciudad, el mayor peligro interno procede de los remensas, a los que la Diputación ofrece en 1462 y 1463 acuerdos que fueron rechazados, al igual que las peticiones de ayuda enviadas a los demás territorios de la Corona.

Ante esta situación, el Consejo ofrece el principado a candidatos que, teniendo algunos derechos al trono aragonés, puedan al mismo tiempo inclinar la guerra a favor de los catalanes rebeldes a Juan II. Cincuenta años después del Compromiso de Caspe veremos reinar en Cataluña a los descendientes de los candidatos rechazados en 1412 contra el hijo del candidato vencedor; pero a esta solución, a la búsqueda de un rey en el exterior, sólo se llegó después de agotar todas las posibilidades. En los primeros momentos, y ante la gravedad de la situación militar, el Consejo pidió ayuda militar a Castilla (dos mil caballeros durante dos a cuatro meses) y solicitó el envío de vituallas y armas por mercaderes castellanos. Sólo cuando los dirigentes catalanes se convenzan de que la ayuda militar exterior es insuficiente ofrecerán el principado a Enrique IV de Castilla, que habría de comprometerse a respetar los fueros, costumbres y privilegios de Cataluña así como la Capitulación de Villafranca. La elección de Enrique IV se justifica por los derechos al trono aragonés heredados de su padre, Juan II, y su verdadera razón de ser está en la enemistad existente entre Enrique y Juan y en el poder militar y económico de Castilla, que puede contar además con la ayuda de los beamonteses navarros, enfrentados a Juan II. Las tropas de Castilla, dirigidas por el navarro Juan de Beaumont, obligaron a levantar el cerco de Barcelona, pero Juan II utilizará hábilmente las divisiones de la nobleza de Castilla y en abril de 1463 Enrique renuncia a los títulos de conde de Barcelona y señor del Principado.

Tras el abandono del aliado castellano, los catalanes aceptaron el ofrecimiento del condestable Pedro de Portugal, descendiente de Jaime de Urgel, que sería el segundo de los llamados reyes intrusos de Cataluña; el condestable no estaba en condiciones de ayudar ni económica ni militarmente a los rebeldes, pero sirvió a los intereses catalanes actuando como jefe militar y mediante una alianza con Carlos el Temerario de Borgoña, enemistado con Luis XI. En el interior fracasó al no conseguir atraer a valencianos, aragoneses y mallorquines, que se mantienen neutrales o apoyan a Juan II; éste cuenta en Cataluña con remensas y buscaris y, desde 1464, con el apoyo de uno de los tres diputados del General de Cataluña, Bernat Saportella, que se intituló miembro único de la Diputación al afirmar que sus dos compañeros permanecían en Barcelona forzados y sin libertad, y organizó el organismo supremo de Cataluña en los dominios realistas. Desde este momento, el rey cuenta con una Diputación que le permite *legalizar* su situación y atraer nuevos partidarios, ante los que se comprometió a respetar las condiciones fijadas en Villafranca y a mantener los privilegios de las ciudades.

Al morir el condestable en 1466, la elección de los catalanes recae en Renato de Anjou, descendiente de otro de los pretendientes de Caspe. La designación del nuevo rey modifica el sistema de alianzas internacionales: Carlos obtendrá el apoyo de Luis XI de Francia y Juan II tendrá como aliado a Carlos el Temerario de Borgoña y a los ingleses. Una vez más, los conflictos internos de los reinos peninsulares enlazan con la Guerra de los Cien Años, en la que también entra Castilla, pues tanto Luis XI como Juan II buscarán la neutralidad o la ayuda de uno de los bandos nobiliarios que se dividen Castilla después de haber depuesto en efigie a Enrique IV en la llamada farsa de Ávila, y haber proclamado heredero del trono al infante Alfonso y, a su muerte, a Isabel la Católica. Juan II envía a Castilla embajadas para buscar la alianza con el bando de Isabel y ofrece el matrimonio del heredero aragonés, Fernando, que tuvo lugar en 1469. La muerte en 1470 de Juan de Lorena, jefe del cuerpo expedicionario francés, privó a los catalanes de apoyos exteriores y en 1472 Barcelona se rindió a las tropas realistas, después de que Juan II concediera un perdón general y reiterara las ofertas hechas en 1463 y 1465: respeto a las constituciones del país y a los privilegios de las ciudades. Por la Capitulación de Pedralbes (1472) la guerra terminaba oficialmente sin vencedores ni vencidos; Juan II reconocía que sus antiguos adversarios habían actuado de buena fe en defensa de los privilegios y fueros de Cataluña, y su única exigencia como vencedor fue que se tuviera «por no hecha» la capitulación firmada en Villafranca del Panadés.

Las excepcionales condiciones otorgadas se explican en parte por la necesidad de poner fin a los graves problemas económicos: ruina de la agricultura, de la industria y del comercio y endeudamiento de una gran parte de la población, de los municipios, de la Diputación y del propio monarca que, además, está obligado a recuperar los condados de Rosellón y Cerdaña que Luis XI se niega a devolver. Las Cortes reunidas en 1473 abordaron la recuperación de los condados, pero ni el país disponía de los medios necesarios para hacer frente a una nueva guerra ni los catalanes se mostraron dispuestos a ayudar al rey hasta que éste resolviera los problemas planteados por la devolución de los bienes confiscados en uno y otro bando, problema que se arrastrará hasta el reinado de Fernando el Católico al igual que el de la ocupación de Rosellón y Cerdaña, la crisis económica o el problema remensa, al que dará salida Fernando el Católico en la Sentencia Arbitral de Guadalupe (1486), que obligaba a señores y campesinos: los malos usos serán redimidos mediante el pago de sesenta sueldos por cada manso; los campesinos podrán fijar libremente su domicilio, conservarán los mansos *ronecs*, abandonados tras la peste y ocupados por ellos, no precisarán permiso señorial para vender los productos del campo, dispondrán de los bienes muebles... Aunque la sentencia no pone fin a los derechos de los señores sobre los campesinos que cultivan sus tierras, los payeses obtienen considerables mejoras, como la prohibición a los señores de obligar a las mujeres a ser amas de cría de sus hijos, o el final de la costumbre de dormir con la mujer de su campesino la noche de su boda, tanto en la versión real como en la simbólica consistente en «la noche de las bodas, de que la muger será echada en la cama, pasar encima de aquella sobre la dicha muger» en manifestación y reconocimiento del señorío sobre el campesino y su familia, señorío que evidentemente no suprime la Sentencia de Guadalupe aunque ponga fin a sus manifestaciones más humillantes.

Navarra: entre Francia y Castilla

Unida de hecho a Francia tras el matrimonio de Juana y Felipe IV, Navarra mantuvo sin embargo una cierta independencia teórica reconocida por los monarcas franceses, que en sus intentos de incorporar el reino a sus dominios renunciaron a ejercer personalmente el poder y cedieron sus derechos a los herederos, que serían reyes privativos de Navarra mientras los padres eran reyes del reino *protector*, de forma que en ningún momento coincidieran en una misma persona los títulos de rey de Francia y de Navarra, donde reinaría siempre el heredero. Sólo a la muerte de Felipe IV en 1314 tendrán navarros y franceses el mismo rey (Luis) cuya sucesión planteó numerosos problemas al fallecer sin hijos varones: de acuerdo con el derecho francés, el reino correspondía a Felipe V, hermano de Luis, mientras el derecho navarro reconocía, como el aragonés, la capacidad de las mujeres para transmitir los derechos al trono a los hijos, y en virtud de estos principios jurídicos, tanto más defendidos cuanto que de su respeto dependía la independencia del reino, los navarros reconocieron como únicos soberanos legítimos a la hija de Luis, Juana II, y a su marido Felipe de Evreux, cuyo reinado no será efectivo hasta la sustitución de los Capeto por los Valois al frente de la monarquía francesa.

Recuperación de la independencia

El nuevo rey consorte (el reino pertenece a su mujer y a los hijos de ésta) supo atraerse a los súbditos al jurar ante los tres Estados navarros que conservaría los fueros, franquezas y libertades de cada estamento, repararía los agravios, mantendría la estabilidad de la moneda durante doce años, compartiría con los súbditos los bienes del reino, no tendría a su servicio más de cinco extranjeros, entregaría los castillos a hidalgos del reino, no permitiría la venta, cambio o cesión de bienes, dejaría el reino a su hijo mayor al llegar éste a la mayoría de edad y si la reina moría sin dejar hijos, Felipe abandonaría Navarra y dejaría que los tres Estados eligieran libremente al sucesor en el reino. En el exterior, Felipe mantuvo una política de amistad con los reinos vecinos, amistad que sólo fue alterada por las disputas con Castilla sobre el monasterio de Fitero y el castillo de Tudején, disputas que no impidieron que tropas navarras participaran en las campañas de Alfonso XI contra los musulmanes.

La independencia navarra se confirma durante la época de Carlos II (1349-1387) que inicia su reinado con acciones tendentes a sanear la administración y asegurarse el apoyo de los nobles, afectados por los mismos problemas que sus contemporáneos de otros reinos, por el abandono de la tierra por los campesinos o su negativa a pagar los pechos. Para evitar la huida de los collazos fue preciso reducir las pechas así como otros tributos de carácter feudal (mañería, cena o yantar, hospedaje...) y aceptar contratos de carácter perpetuo para atraer pobladores. Ante esta situación, los nobles buscan una salida en la guerra exterior, tanto en Francia como en Castilla, al servicio del monarca u ofreciéndose como soldados de fortuna a quien los necesite, y presionan al monarca para que confirme y actualice las mesnadas y caballerías que perciben por sus servicios nobiliarios.

Pacificado el reino, Carlos II intervino activamente en la política francesa a partir de la muerte de Felipe VI, el primer rey de la dinastía Valois. Señor de diversos condados y casado con una hija del monarca francés, el navarro era uno de los nobles de mayor categoría en la Corte y aspiraba a controlar el reino, para lo que no dudó en utilizar los sistemas tradicionalmente empleados por la nobleza: alterna la obediencia al rey con la revuelta, se apoya en caso necesario en los ingleses o se hace portavoz del descontento popular ante la fuerte presión fiscal provocada por la guerra y la mala administración. Hecho prisionero en 1356 por el monarca francés, su encarcelamiento precedió en poco tiempo a la derrota de Juan II en Poitiers y su traslado a Inglaterra, hechos con los que se inicia el intento de los burgueses, dirigidos por Étienne Marcel, de controlar el reino ante la incapacidad del monarca y de sus nobles; Carlos de Navarra apoya a la burguesía parisina contra el Delfín y sólo abandona a sus aliados cuando Marcel se une a los campesinos sublevados. El monarca navarro será uno de los dirigentes de la represión contra los miembros de la *Jacquerie*.

La paz dejó sin trabajo a las compañías de mercenarios, y sus efectivos fueron utilizados por la monarquía francesa para anular al monarca navarro. Vencido en Cocherel (1364), Carlos renunció a intervenir en los asuntos franceses y concentró su actuación en la Península, donde participó en el conflicto castellano-aragonés tan pronto al lado de Pedro el Ceremonioso como de Pedro el Cruel, del que obtuvo la promesa de recibir, a cambio de su ayuda militar, las zonas de Guipúzcoa y Álava. Muerto Pedro el Cruel, Carlos se unió a los monarcas de Portugal, Granada y Aragón contra Enrique de Trastámara pero, como ya hemos indicado, los aliados no fueron capaces de coordinar sus acciones bélicas y uno tras otro fueron obligados a firmar acuerdos que implicaban el reconocimiento de la nueva dinastía castellana con la que el rey navarro suscribió un tratado de paz, firmado en 1373 y ratificado tras nuevos enfrentamientos en 1379, en el que se estipulaba el matrimonio del heredero navarro, Carlos III, con Leonor, hija de Enrique II de Castilla.

Los Trastámara en Navarra

Frente a la capacidad política y la energía desplegada por Pedro el Ceremonioso de Aragón y por Carlos II de Navarra para engrandecer sus dominios y evitar la integración en la órbita política castellana, los herederos de ambos reinos desarrollaron una política de amistad con Castilla y con sus aliados. Sólo a la muerte de Carlos II y Pedro el Ceremonioso (1387) Navarra y Aragón prestaron obediencia al papa aviñonés y tomaron partido abiertamente por la causa francesa en la Guerra de los Cien Años.

El cambio de actitud simbolizado por la aceptación de Benedicto XIII no parece que pueda ser atribuido a la personalidad de los monarcas sino a causas más profundas, directamente relacionadas con la situación en el interior de ambos reinos: los repetidos fracasos militares y diplomáticos sólo sirvieron para agravar la crisis económica, a consecuencia de la cual se produjo en ambos reinos una aristocratización de la sociedad, observable en la compra de tierras y derechos por los mercaderes catalanes y en el abandono de los intentos de Carlos II de dotar a Navarra de una industria moderna. El cambio fue mental al tiempo que material: el ideal de vida burgués cedió ante el caballeresco y esta modificación se reflejó en la actitud de aragoneses y navarros respecto a Castilla; ni las fuerzas dirigentes de ambos reinos se hallaban en condiciones de lanzarse a nuevas guerras ni tenían interés en oponerse a los dos reinos, Castilla y Francia, en los que había triunfado el ideal caballeresco. Por otro lado, la aristocratización de la sociedad había dado lugar, tanto en Navarra como en Aragón, a tensiones sociales que exigían la dedicación de las energías de los dirigentes a los asuntos internos. La conjunción de cambios económicos, mentales y sociales explicarán la nueva actitud de Navarra y de Aragón, cuyos intérpretes serán los monarcas Carlos III y Juan I, el Cazador o el Músico.

Al morir Carlos II, el heredero del trono navarro se hallaba en Castilla, con cuyos monarcas mantuvo las mejores relaciones a lo largo de su reinado. Contingentes navarros colaboraron en las campañas de Fernando de Antequera contra los musulmanes y, al morir Martín el Humano, Carlos III apoyó la candidatura de Fernando de Antequera, y poco después autorizó el matrimonio de Juan, el segundo de los hijos de Fernando, con su hija Blanca de Navarra. Las relaciones con la Corona de Aragón fueron igualmente pacíficas y los escasos problemas fronterizos que se plantearon fueron resueltos amistosamente. El progresivo alejamiento de Francia se observa en los intentos de solucionar definitivamente y por medios pacíficos los problemas pendientes desde la época de Carlos II: en 1404 se llegó a un acuerdo por el que Carlos renunciaba a los condados de Champagne y de Brie a cambio de una renta anual.

En el interior, Carlos III continuó la política de navarrización emprendida por su padre mediante el nombramiento de navarros para todos los cargos administrativos, y uno de sus primeros actos fue hacerse coronar de acuerdo con el viejo ritual del reino: tras el juramento de respetar y hacer cumplir los fueros, privilegios y costumbres navarros y recibir el juramento de los súbditos, los eclesiásticos le dan la unción que simboliza el origen divino de su poder y él toma la corona y el cetro real, se ciñe la espada y sube a un escudo en el que están pintadas las armas de Navarra. Partidario decidido del ideal caballeresco, el monarca navarro creó las órdenes del *lebrel blanco* y de la *bonne foi* para premiar a los caballeros más distinguidos; armó caballeros, de acuerdo con el ceremonial clásico, a numerosas personas; creó nuevos títulos e hizo donación a algunos nobles de importantes señoríos en los que el monarca renunciaba al cobro de los impuestos ordinarios y a la administración de justicia... Su política no sirvió, sin embargo, para poner fin a las guerras nobiliarias protagonizadas en Navarra por los Agramont y los Beaumont, que darán nombre a agramonteses y beamonteses, cuyos enfrentamientos llenan el siglo XV navarro, y en los que ha querido verse el enfrentamiento entre dos sociedades, entre las dos partes de Navarra, el Llano y la Montaña.

También en las ciudades tuvo que intervenir el rey para poner fin a las banderías, como en los casos de Lumbier y Tafalla, donde se enfrentan hidalgos y francos, o en Estella, donde los Ponce y Learza se disputan el control de la villa. Posiblemente se relacione con las luchas de bandos el excesivo lujo desplegado por las mujeres de Estella, limitado por Carlos III mediante las primeras leyes suntuarias conocidas para Navarra; según el monarca, una de las causas de la ruina o endeudamiento de los estelleses era el excesivo lujo de las dueñas y mujeres de la villa, a las que se prohibirá en adelante el uso de cadenas y guirnaldas de oro, plata, piedras preciosas, vestidos de armiño... En Pamplona continúan los enfrentamientos y rivalidades entre el Burgo, la Población y la Navarrería hasta la firma de un acuerdo en 1423 por el que se forma un solo municipio después de más de trescientos años de guerras y enfrentamientos entre francos y navarros pamploneses.

La guerra civil

El matrimonio de Blanca con Juan, hijo segundo de Fernando de Antequera, convierte a Juan en futuro rey de los navarros, según él, y en rey-consorte o rey-gobernador hasta la mayoría de edad de sus hijos según el derecho navarro, recordado en las capitulaciones matrimoniales en las que se hizo constar que el reino pertenecía a Blanca y a sus hijos; la reina, en su testamento, declaró heredero universal de sus bienes y derechos a su hijo Carlos de Viana y pidió a éste que no utilizara sin el consentimiento paterno los títulos y cargos que legalmente le correspondían, lo que equivalía a aceptar junto a las normas legales, que defendían los derechos del príncipe, la situación de hecho del gobierno efectivo de Juan.

La solución no fue bien acogida por el príncipe ni por una parte de la población, especialmente a partir de 1444, año en el que, al agravarse las dificultades de Juan en Castilla se aumentaron los impuestos en Navarra. La derrota de los infantes de Aragón en Olmedo (1445) y la pérdida de las rentas castellanas obligaron a Juan a ocuparse directamente del gobierno de Navarra, y su actuación chocó con los intereses de importantes núcleos nobiliarios: para rehacer su posición económica y situar a sus partidarios castellanos, cuyos bienes habían sido confiscados por Álvaro de Luna, el rey inició una política de recuperación del patrimonio real enajenado desde los años de Carlos III, sustituyó a los consejeros navarros por castellanos y creó una Diputación, o representación permanente de las Cortes, con la intención de prescindir de las convocatorias generales, agilizar los trámites y ejercer una mayor presión sobre los diputados para conseguir los subsidios necesarios. Frente a esta política, en la que fue secundado por los nobles del bando agramontés, se alzó el príncipe apoyado por los nobles que seguían a Carlos de Beaumont. El conflicto político entre el rey y el príncipe es utilizado por grupos nobiliarios, enfrentados ya desde los años de Carlos III, para dirimir sus diferencias. Al igual que en los restantes conflictos nobiliarios de la Península, los nobles luchan por el control político del reino, pero en el enfrentamiento entre agramonteses y beamonteses parece posible hallar, además, causas más profundas: los beamonteses representan un modo de vida pastoril; son los representantes de la Montaña, de economía ganadera, frente a los agramonteses del Llano o de la Ribera, agrícola y en parte urbana. El conflicto supera el marco estrictamente político de las tensiones príncipe-rey y las rivalidades nobiliarias, para alcanzar la naturaleza de enfrentamiento entre dos tipos de vida, entre dos partes claramente diferenciadas dentro del reino navarro.

La guerra abierta se inicia en 1447 al casar Juan con la castellana Juana Enríquez. El nuevo matrimonio anulaba los dudosos derechos del infante castellano al trono de Navarra y contra el monarca se sublevarán los beamonteses, dirigidos por Carlos de Viana y apoyados desde Castilla por Álvaro de Luna. La guerra civil se prolongará, con suerte alterna, hasta que en 1458 murió Alfonso el Magnánimo dejando como sucesor en los Estados peninsulares, en Mallorca, Sicilia y Cerdeña a su hermano Juan de Navarra. La nueva situación modificó los términos del conflicto navarro al extenderlo a la Corona de Aragón. Carlos es el heredero de la Corona y se convierte en la bandera de los catalanes opuestos a Juan II. La muerte del príncipe no puso fin a los enfrentamientos: quienes se habían apoyado en él ofrecerán sus servicios a Blanca, una de las hijas de Juan, y cuando los catalanes ofrezcan el principado a Enrique IV de Castilla, al frente de las tropas castellanas estará Juan de Beaumont. La renuncia de Enrique en 1463 hizo que los beamonteses volvieran a la obediencia de Juan II aunque por poco tiempo. Si los agramonteses conservan su influencia ante el rey, sus rivales apoyarán a Leonor, otra de las hijas de Juan, y la guerra civil continuará hasta la intervención en 1476 de tropas castellanas dirigidas por Fernando el Católico, que creó en el reino una especie de protectorado castellano, que culminará con la incorporación del reino en 1512.

La conquista del reino granadino

Las victorias de Alfonso XI de Castilla sobre los benimerines tuvieron mayor trascendencia política que militar. Los norteafricanos mantuvieron algunas plazas fuertes, pero éstas perdieron su carácter de cabeza de puente para una penetración en la Península, que dejará de ser objeto de los ataques meriníes. Granada no podrá en adelante mantener su política de equilibrio entre norteafricanos, aragoneses y castellanos; durante el siglo XIV el reino musulmán puede todavía servirse de la rivalidad castellano-aragonesa, pero en el XV la pervivencia política de Granada dependerá sólo del interés de los monarcas y de los problemas internos castellanos: las guerras nobiliarias le permitirán en ocasiones ampliar sus fronteras y en otras serán la causa de nuevos ataques que producen continuas divisiones entre los granadinos. Controlada la nobleza castellana por los Reyes Católicos después de 1480, la conquista del último reino musulmán de la Península será cuestión de tiempo.

A mediados del siglo XIV se produjeron transformaciones fundamentales en la economía y en la sociedad granadina. La crisis social y económica dio lugar a continuas sublevaciones nobiliarias que se inician en el siglo XIV y se prolongan hasta la desaparición del reino que, por otro lado, es incapaz de atender a la creciente población que desde el siglo XIII va llegando al único reino musulmán que sobrevive. La emigración hacia Granada de los musulmanes expulsados o fugitivos de Castilla y de Aragón fue un factor positivo en el desarrollo del arte, de la cultura y de las actividades comerciales nazaríes, pero el territorio granadino no puede alimentar a este exceso de población y los monarcas se ven obligados a intensificar la compra de ganado y de cereales en el exterior. En la primera mitad del siglo, los genoveses suplieron las deficiencias granadinas y llegaron a controlar el comercio de los productos básicos, cuyo pago se logra mediante una especialización agraria creciente: se intensifica el cultivo de productos de gran valor comercial y de escasa o nula utilidad alimenticia: seda, caña de azúcar y frutos secos. Los puertos granadinos se convierten en centros distribuidores del comercio genovés, a través del cual llegan los productos alimenticios de los que carece el reino y los artículos de lujo de la Europa atlántica y del Mediterráneo. Bastará el bloqueo económico, hábilmente empleado por los Reyes Católicos, para que se agudicen las divisiones internas y el reino pierda su independencia.

La nobleza granadina se vio afectada por los mismos problemas que la de los demás reinos peninsulares y reaccionó de idéntica forma: mediante la revuelta y la sublevación abierta en la que se mezclan razones sociales (malestar y descontento popular ante los excesivos impuestos y las dificultades de avituallamiento) y defensa de los intereses y derechos del grupo nobiliario, que, como en otras partes, busca el apoyo de los enemigos exteriores del reino con lo que, indirectamente, obliga a los monarcas a aceptar la amistad o la tutela de los poderosos vecinos cristianos. Muhammad V (1354-1359 y 1362-1391), para librarse de la presión nobiliaria, se sometió al castellano Pedro I, intervino activamente en las campañas contra Pedro el Ceremonioso de Aragón, e intentó librarse de la protección castellana al subir al trono Enrique II, contra el que se alió a los demás reyes peninsulares, con la misma suerte que éstos. Los problemas castellanos de los años finales del siglo XIV y comienzos del XV permitieron a Granada mantener la estabilidad de sus fronteras, que sólo fueron inquietadas por ataques de las poblaciones fronterizas hasta las campañas de Fernando de Antequera entre los años 1406 y 1410.

Al producirse la victoria de Álvaro de Luna sobre los infantes de Aragón (1430) y para consolidarla, el favorito castellano atacó Granada con la intención de crearse un prestigio militar que lo situara por encima de los bandos nobiliarios; la guerra de asedio tuvo como consecuencia para los granadinos un periodo de hambres que llevaron a motines contra el monarca y contra los nobles dirigidos por los Banu Sarrag (los abencerrajes de las crónicas castellanas). Trece años más tarde, los nobles opuestos a los abencerrajes proclaman un nuevo monarca y la anarquía es total: se disputan el trono simultáneamente, y en un plazo de ocho años, cinco reyes, entre los que logrará imponerse en 1453 Abu Nasr Sa'd, que cuenta con el apoyo de los abencerrajes y de los castellanos, interesados en el mantenimiento de las luchas internas o en la designación de un candidato fiel, sometido a Castilla. Tanto Abu Nasr como sus sucesores reinan en medio de continuas revueltas promovidas por Castilla y dirigidas por los abencerrajes o por los familiares del rey. En 1482 serán los hijos y un hermano del monarca quienes se subleven con el apoyo de Castilla, que por estos años se prepara para ocupar definitivamente el reino granadino; hecho prisionero en esta guerra uno de los príncipes rebeldes, Boabdil, fue liberado para fomentar y agravar la descomposición interna del reino, y en 1492 Boabdil hace entrega de Granada a los Reyes Católicos.

La rendición de Granada se hizo con determinadas condiciones: perdón general a todos los musulmanes y garantías de no imponerles autoridades molestas; respeto a los usos y costumbres granadinas, incluidas las religiosas; mantenimiento de su propia organización administrativa y política aunque no en el campo militar ni hacendístico. Boabdil recibió un importante señorío y le fueron reconocidas las propiedades particulares que poseía antes de alcanzar el emirato; condiciones semejantes fueron otorgadas a los notables granadinos.

Arte y literatura

Muchos temas y formas de expresión son todavía monopolio de los clérigos, pero al lado de un arte y de una cultura clericales, e influyéndose mutuamente, existen una cultura y un arte laicos, caballerescos, a los que se añade el arte y la cultura generada en las ciudades a partir del siglo XIV.

Junto a catedrales como las de Sevilla, la Nueva de Salamanca o la de Segovia, la capilla sepulcral de Álvaro de Luna o el monasterio de San Juan de los Reyes de Toledo —mandado construir por los Reyes Católicos para celebrar la victoria obtenida en Toro frente a los portugueses, del mismo modo que éstos conmemoran la victoria de Aljubarrota con la edificación del monasterio e iglesia de Batalha—, encontramos edificios civiles como el palacio o casa del duque del Infantado en Guadalajara, hospitales como los de San Marcos de León o de los Reyes Católicos de Santiago de Compostela, lonjas de comercio de Barcelona, Valencia y Mallorca, palacios de Ayuntamiento y Diputación de Barcelona, y casas particulares de las que son ejemplo y modelo las de María la Brava o la Casa de las Conchas en Salamanca, Dávila en Ávila, Juan Bravo en Segovia, del Cordón en Burgos... Los castillos pierden en gran parte su finalidad militar durante la época de los Reyes Católicos, por lo que puede hablarse de castillos-palacios como el mandado construir en Coca por el arzobispo Alonso de Fonseca, el castillo de la Mota en Medina del Campo, el Alcázar de Segovia, o el conjunto de la Alhambra de Granada, que tal como ha llegado a nosotros es obra de mediados del siglo XIV: una ciudad real en cuyo interior se distinguen hasta seis palacios, de los que se han conservado los de Comares con el Patio de los Arrayanes y el de los Leones. La escultura está directamente unida a la arquitectura y los principales ejemplos se encuentran en las portadas de las catedrales, en los claustros y, sobre todo, en las tumbas que enriquecen las capillas, de las que puede ser ejemplo el sepulcro de Martín Vázquez de Arce (el doncel de Sigüenza). Las manifestaciones pictóricas se encuentran en los muros y retablos de monasterios y catedrales y en la bóveda de la biblioteca de la universidad salmantina.

El mundo literario cuenta con clérigos tan conocidos como el arcipreste de Hita o el de Talavera en Castilla, Francesc Eiximenis, Vicente Ferrer o Anselm Turmeda, y con nobles como don Juan Manuel, Pedro López de Ayala, Íñigo López de Mendoza, marqués de Santillana, Enrique de Villena o Jorge Manrique, a los que se pueden añadir los nombres de Jordi de Sant Jordi, Àusias March o Joanot Martorell, y cortesanos al servicio de los reyes como Juan de Mena, secretario de Juan II de Castilla, o Bernat Metge, consejero de Juan I de Aragón. Junto a la literatura culta, escrita, con autor conocido, existe una literatura oral, anónima, de carácter muchas veces épico, que ha llegado a nosotros en forma de romances.

Con Pedro López de Ayala se inicia en Castilla la historia moderna, que no se limita a reflejar hechos sino que los interpreta en las crónicas de los reinados de Pedro I, Enrique II, Juan I y Enrique III, fuentes indispensables para el conocimiento de este periodo. La biografía de los reyes es el tema central de la mayoría de las crónicas, pero, a partir del siglo XV, junto a los monarcas figuran personajes cuya importancia no es menor que la de los propios reyes, y las crónicas se ocupan de sus hazañas, a veces de un modo colectivo y en ocasiones en forma particular. Entre las que podemos considerar biografías colectivas figuran las *Generaciones y semblanzas* escritas por Fernán Pérez de Guzmán, los *Claros varones de España* de Hernando del Pulgar y las *Batallas y quinquagenas* de Gonzalo Fernández de Oviedo. Entre las biografías individuales figuran las crónicas de *Pero Niño, conde de Buelna,* del *Condestable Miguel Lucas de Iranzo,* o de *Álvaro de Luna.*

No menos importante que la castellana es la historiografía de los demás reinos hispánicos. Bernat Desclot, en su *Crònica,* narra el reinado de Pedro el Grande poco después de la ocupación de Sicilia; Ramon Muntaner tomó parte activa en la política y en los hechos de armas de su tiempo y en la *Crònica* por él escrita dejó a la posteridad una descripción extraordinaria de la actuación de los almogávares en Oriente. El reinado de Pedro el Ceremonioso es descrito en la *Crónica* redactada o mandada escribir por él en forma autobiográfica, y por iniciativa del monarca fue escrita la *Crónica de San Juan de la Peña,* historia de Aragón desde los primeros pobladores hasta el reinado de Pedro el Ceremonioso, conservada en versiones latina, catalana y aragonesa. La historia de Navarra tiene sus cultivadores en García de Eugui y García López de Roncesvalles, que posibilitan y preparan la *Crónica de los reyes de Navarra,* patrocinada por Carlos, príncipe de Viana, para exaltar el reino y al mismo tiempo para justificar los derechos al trono que le niega su padre Juan. La historiografía portuguesa cuenta con muchas e importantes obras, entre las que sobresalen las *Crónicas* de los reyes Pedro I, Fernando I y Juan I escritas por Fernando Lopes en 1434 por encargo de don Duarte, interesado en legitimar cronísticamente la revolución de 1383-1385 y la llegada al poder de Juan I de Avis de la misma manera que en Castilla Pero López de Ayala legitima la entronización de la dinastía Trastámara. Gomes Eanes de Zurara es el continuador de estas crónicas nacionales encargadas por los reyes y a él se debe la narración de los últimos años de Juan I, la *Crónica do descobrimento e conquista de Guiné* y la descripción de las campañas norteafricanas en la *Crónica do Conde D. Pedro de Meneses* y en la *Crónica de D. Duarte de Meneses.* En 1497 Ruy Pina recibió el encargo de continuar estas obras y a él se deben las *Crónicas de D. Duarte, D. Alfonso V y D. Juan II,* imprescindibles para el conocimiento de los descubrimientos portugueses de la segunda mitad del siglo XV.

La apertura de los hispanos hacia el mundo conocido se refleja en libros de viajes como el *Libro del conosçimiento de todos los reynos e tierras e señoríos que son por el mundo...,* la *Historia del Gran Tamerlán,* escrita por Ruy González de Clavijo tras su visita a Tamerlán en 1403-1406, las *Andanzas e viajes de Pero Tafur* o el anónimo *Livro de Arautos,* escrito por un servidor del conde de Barcelos que formó parte de la delegación portuguesa enviada al concilio de Costanza; no menos interesantes son las *Cartas de Itália,* relato del viaje realizado por Lopo de Almeida, conde de Abrantes, miembro del séquito que acompañó en 1451 a la princesa Leonor en su viaje para contraer matrimonio con el emperador alemán Federico III.

Castilla, centro de los dominios de Isabel y Fernando

En 1474, al morir Enrique IV, sube al trono de Castilla la infanta Isabel y cinco años más tarde Fernando era proclamado rey de Aragón. Tras solucionar los graves problemas internos de ambos Estados (anarquía nobiliaria en Castilla y secuelas de la guerra civil en Cataluña), Fernando e Isabel ocupaban en 1492 el último de los reinos musulmanes de la Península, poco después decretaban la expulsión de los judíos y en su nombre Cristóbal Colón llegaba al continente americano. La unión de castellanos y aragoneses bajo unos mismos reyes, la conquista del reino granadino, y la expulsión de los judíos cierran, para muchos historiadores, la Edad Media, cuyos límites cronológicos coincidirían en la Península con los de la *reconquista,* entendiendo por tal la búsqueda consciente de la unidad política y religiosa perdida tras la invasión musulmana.

Contra lo que tantas veces se ha afirmado, el matrimonio de Isabel y Fernando no fue la culminación de tendencias unificadoras conscientes sino el resultado de situaciones concretas. Por sí solo no significa la unidad. Castilla y Aragón —lo mismo puede decirse de Navarra, incorporada en 1512 a Castilla— mantuvieron su propia organización independiente hasta el punto de que Fernando el Católico fue expulsado de Castilla después de la muerte de Isabel y contrajo nuevo matrimonio, que, de haber tenido descendencia, habría llevado a separar nuevamente Aragón y Castilla: el primer reino sería para los hijos del segundo matrimonio, y Castilla pertenecía a Juana, hija de Fernando e Isabel. El matrimonio no fue, por tanto, la culminación de un proceso consciente de unidad sino el comienzo de una fase de unificación histórica, cuya suerte dependerá del juego de fuerzas existentes, de la voluntad de quienes en adelante integren el nuevo Estado y de la habilidad de sus dirigentes, obligados a compaginar los intereses de todos los reinos.

Este proceso unificador se realiza desde y por Castilla, el reino más importante, con mayores recursos humanos y económicos, y en el que los reyes gozan de mayor libertad al no estar limitado su poder por las Cortes ni por los fueros nacionales. Por estas razones, Castilla se convierte en el centro del nuevo Estado, con el que inconsciente o deliberadamente se tiende a identificarla, hasta el punto de que castellano y español son, para muchos, para bien o para mal, sinónimos.

Cronología

(a. C.)

500.000-200.000. Primeros restos *humanos:* Hombre de Atapuerca.

95.000. Hombre de Neanderthal.

40.000. Aparición del *Homo sapiens sapiens,* antecesor directo del hombre actual.

10.000. Neolítico. Primeros agricultores.

3.000. Control del fuego: Edad de los metales.

2.100. Difusión del vaso campaniforme.

1.000-900. Formación de la cultura tartésica.

800. Colonización fenicia: fundación de Málaga.

700. Edad del Hierro.

650. Colonización cartaginesa: fundación de Ebusus.

600. Colonización griega: fundación de Ampurias.

600-575. Formación de la cultura ibérica.

400. Acuñación de monedas ibéricas.

226. Tratado del Ebro: división de Hispania entre Roma y Cartago.

219. Toma de Sagunto por Aníbal.
Desembarco romano en la Península.

206. Expulsión de los cartagineses. Revuelta de Indíbil y Mandonio contra Roma.

197. División de Hispania en Ulterior y Citerior.

147-139. Sublevación de Viriato.

133. Asedio y destrucción de Numancia.

80-72. Hispania participa en la guerra civil romana al lado de Sertorio.

49-45. Guerra civil entre Pompeyo y César.

43-19. Augusto pacifica Hispania tras derrotar a los cántabros.

27. Reorganización de Hispania en tres provincias: Lusitana, Bética y Tarraconense.

(d. C.)

65. Muere el filósofo hispano L. Anneo Séneca.

70. Vespasiano concede a Hispania el *Ius Latinum.*

98-117, 117-138. Trajano y Adriano, emperadores hispanos de Roma.

104. Muere Marcial, poeta satírico originario de Calatayud.

171. Primeras invasiones moras en la Bética.

211-217. El emperador Caracalla concede la ciudadanía romana a todos los súbditos libres del Imperio.

260. Primeras invasiones francas.

284. División de Hispania en seis provincias: Tarraconense, Gallecia, Cartaginense, Lusitania, Bética y Mauritana Tingitana.

297. Invasión de los francos.

313. Promulgación del Edicto de Milán por el que se concede libertad religiosa a los súbditos del Imperio, a los cristianos entre ellos.

379-395. Teodosio I, emperador de Oriente, declara el cristianismo religión oficial del Imperio.

384. El concilio de Burdeos condena las teorías priscilianistas.

395-476. División del Imperio Romano. Los germanos se instalan en Occidente.

408-409. Invasión de suevos, vándalos y alanos.

418. Valia acepta el pacto con Roma y los godos pasan al servicio del Imperio.
Orosio escribe la *Historia adversus paganos.*

429. Los vándalos se instalan en el norte de África.

454. A la muerte de Aecio los visigodos actúan con independencia de Roma.
Los suevos crean un reino en Galicia.

470. Hidacio escribe un *Crónicon* o Historia de los años 378-469.

475-477. Promulgación del Código de Eurico, redactado por el obispo León.

476. Desaparece el Imperio Romano de Occidente.

506. Aprobación por una asamblea de obispos del Breviario de Alarico.

507. Derrota visigoda ante los francos en la batalla de Vouillé e instalación definitiva en Hispania.

549. Ocupación de la Bética por los bizantinos.

568. Leovigildo traslada la capital del reino desde Toulouse a Toledo.

574-581. Unificación de la Península por Leovigildo y promulgación de un Código común para hispanos y germanos.

582-589. Sublevación de Hermenegildo y conversión de los visigodos al catolicismo.

622. Comienzo de la era o hégira islámica.

624. Isidoro de Sevilla escribe la *Historia de los godos, vándalos y suevos*.

654. Promulgación del *Liber Iudiciorum*, el *Fuero Juzgo* de la Edad Media.

705-708. Ocupación del norte de África por los musulmanes.

711. Intervienen en la guerra civil visigoda los musulmanes.

722-732. En Covadonga y Poitiers se pone freno a los avances musulmanes.

756. El omeya Abd al-Rahmán I se proclama emir de al-Andalus.

785. Abd al-Rahmán I inicia la construcción de la mezquita de Córdoba.

788. Derrota de los ejércitos de Carlomagno en Roncesvalles.

842-850. Construcción de las iglesias asturianas *ramirenses*.

850. Protesta y sublevación de los mozárabes cordobeses.

877. Vifredo el Velloso actúa con independencia de los reyes carolingios.

882-928. Sublevación en Bobastro del muladí Umar ibn Hafsún y sus hijos.

883. Se escriben las crónicas *Albeldense*, *de Alfonso III* y *Profética*.

929. Abd al-Rahmán III se proclama califa.

936-945. Construcción de Medina al-Zahra.

950. Fernán González actúa con independencia de los reyes de León.

951. Dependencia y sumisión de los reyes y condes cristianos al califa.

958. El médico judío Hasday ben Saprut, cura la gordura de Sancho el Craso.

961. El obispo Recemundo escribe y dedica al califa un Calendario agrícola.

967. Gerberto de Aurillac, Silvestre II, estudia en Ripoll.

977. Almanzor se hace con el poder en Córdoba.

987. Desaparece la dinastía carolingia y con ella la dependencia catalana.

1008. Se inician los enfrentamientos entre árabes, beréberes y eslavos.

1027. El abad Oliba hace aprobar unas Constituciones de Paz y Tregua.
Ibn Hazm escribe en Játiva *El collar de la paloma*.

1029. Muere el conde García y Castilla entra en la órbita de Navarra.

1031. Desaparece el califato cordobés; se crean los reinos de taifas.

1035. Sancho el Mayor crea los reinos de Castilla y de Aragón.

1037. Fernando I anexiona León después de vencer a Vermudo III.

1064. Un ejército cruzado ocupa la plaza fuerte de Barbastro.

1065. Fernando I divide sus dominios entre sus hijos.

1073-1080. Gregorio VII exige la supresión del rito mozárabe.

1080. Llegan a Castilla clérigos cluniacenses y caballeros francos.

1076. Unión de Navarra y Aragón en la persona de Sancho Ramírez de Aragón.

1085. Ocupación de Toledo por Alfonso VI de León y Castilla.

1086. Entrada en la Península de los almorávides.

1092-1099. Rodrigo Díaz, El Cid, ocupa Valencia.

1128. Teresa y Alfonso Enríquez actúan con independencia en Portugal.

1134. Alfonso el Batallador deja sus reinos a las Órdenes Militares.

1137. Se unen el Reino de Aragón y el condado de Barcelona.

1147. Cruzados ingleses colaboran en la ocupación de Lisboa.

1148-1149. El conde de Barcelona y rey de Aragón ocupa Tortosa y Lérida.

1157. Alfonso VII separa León y Castilla.

1162-1276. Se componen en Ripoll las *Gesta Comitum Barcinonensium*.

1163-1184. El califa almohade Abu Yaqub unifica al-Andalus.

1165-1173. Viaja por Europa y Oriente Próximo el judío Benjamín de Tudela.

1170. Muere el granadino Abu Hamid, viajero por el mundo eslavo y oriental.

1183-1185. Relato del viaje a La Meca del valenciano Ibn Yubayr.

1188. Celebración de las que se consideran las primeras Cortes en León.

1212. Victoria cristiana de Las Navas de Tolosa.

1212. Creación del Estudio o Universidad de Palencia.

1213. Derrota de Pedro el Católico en Muret ante Simón de Montfort.

1218-1254. Creación de la Universidad de Salamanca.

1229-1238. Jaime I ocupa Mallorca y el Reino de Valencia.

1230. Castilla y León se unen en la persona de Fernando III.

1234. Los navarros aceptan como rey a Teobaldo I de Champaña.

1236-1248. Fernando III ocupa los reinos de Córdoba y Sevilla.

1244. Se firma el tratado de Almizra entre Aragón y Castilla.

1244-1274. Se redacta el *Llibre dels Feits* de Jaime I en dos etapas.

1247. El obispo de Huesca, Vidal de Canellas, redacta los Fueros de Aragón.

1247. Muere el arzobispo toledano e historiador Rodrigo Jiménez de Rada.

1248. Los obispos portugueses deponen a Sancho II y eligen a Alfonso III.

1273. Alfonso X reúne las mestas locales en el Concejo de la Mesta.

1282. Ocupación de Sicilia por el rey de Aragón y sublevación de los unionistas aragoneses.

1300. Se crea el Estudio General de Lérida.

Siglo XIV (comienzos). Expedición de Lanzarote Malocello a Canarias.

1304. Por el tratado de Alcalá, Aragón ocupa Alicante, Elche y Orihuela.

1311. Los almogávares crean los ducados de Atenas y Neopatria.

1324. Ocupación de Cerdeña por Jaime II de Aragón.

1325-1349. Viaje del tangerino Ibn Battuta por África y Asia.

1343-1349. Incorporación de Mallorca a Cataluña.

1348. La Peste Negra diezma la población europea.

1369. Entronización de los Trastámara en Castilla.

1385. Victoria portuguesa sobre Castilla en Aljubarrota.

1391. Asalto de los barrios judíos de las ciudades hispanas.

1403-1406. Embajada de Enrique III de Castilla a Tamerlán.

1410. Muere, sin descendientes legítimos directos, Martín el Humano.

1412. Los compromisarios de Caspe eligen a Fernando de Antequera.

1415. Ocupación de Ceuta por los portugueses.

1434. Fernando Lopes escribe las *Crónicas* de los reyes portugueses.

1447. Enfrentamientos entre Juan de Navarra y Carlos de Viana.

1450-1451. Enfrentamientos entre ciudadanos y foráneos en Mallorca.

1451. Legalización y reconocimiento de la Busca barcelonesa.

1462-1472. Guerra civil catalana.

1462. Enrique IV de Castilla, rey de los catalanes.

1469. Matrimonio de Isabel de Castilla y Fernando de Aragón.

1473. Ataques a los barrios judíos castellanos.
Introducción de la imprenta en España.

1474. Isabel y Fernando, reyes de Castilla.
Jorge Manrique escribe las *Coplas a la muerte de su padre.*

1478. Abraham Zacut, escribe un tratado sobre astronomía. Se establece la nueva Inquisición.

1479. Fernando e Isabel reyes de Aragón.

1479-1480. Tratados de Alcaçobas-Toledo.

1486. Sentencia Arbitral de Guadalupe sobre el problema remensa.

1488. Bartolomé Dias logra doblar el cabo de Buena Esperanza.

1492. Conquista de Granada, expulsión de los judíos, descubrimiento de América.

BIBLIOGRAFÍA

PREHISTORIA

J. Alvar y J. Mª Blázquez, *Los enigmas de Tartesos,* Madrid, 1993.
A. Beltrán Martínez, *De cazadores a pastores. El arte rupestre del Levante español,* Barcelona, Ediciones Encuentro, 1982.
V. Cabrera, F. Bernaldo de Quirós, M. Molist, P. Aguayo y A. Ruiz, Prehistoria, *Historia 16,* Madrid, 1992.
A. J. Domínguez, *La polis y la expansión colonial griega. Siglos VIII-VI a. C.,* Madrid, 1991.
T. Champion y colaboradores, *Prehistoria de Europa,* Barcelona, Ed. Crítica, 1988.
C. Gamble, *El poblamiento paleolítico de Europa,* Barcelona, Ed. Crítica, 1990.
—*La colonización fenicia en el sur de la Península Ibérica. 100 años de investigación,* Almería, 1992.
P. López (coord.), *El neolítico en España,* Madrid, Ed. Cátedra, 1988.
A. Moure, J. Santos, M. Roldán, «Prehistoria e Historia antigua», Madrid, Historia 16, 1991.
E. Ripoll, «El arte paleolítico», *Historia 16,* Madrid, 1989.
J. Santos Yanguas, «Los pueblos de la España antigua», Madrid, Información y Revistas, 1989 (Biblioteca Historia 16).
Varios autores, *El megalitismo en la península Ibérica,* Madrid, Ministerio de Cultura, 1987.

HISPANIA ROMANO-VISIGODA

J. Arce, *El último siglo de la España romana: 284-409,* Madrid, Alianza, 1982.
J. M. Blázquez, *Historia económica de la Hispania romana,* Madrid, Cristiandad, 1978.
L. García Moreno, *Historia de España visigoda,* Madrid, Cátedra, 1989.
A. González, L. García Moreno (eds.), *Los visigodos. Historia y civilización,* Murcia, Universidad de Murcia, 1987.
A. Mª Jiménez Garnica, *Orígenes y desarrollo del reino visigodo de Tolosa,* Valladolid, Universidad de Valladolid, 1983.
L. Musset, *Las invasiones bárbaras. Las oleadas germánicas,* Barcelona, Labor, 1967 (Nueva Clio, 12).
J. Orlandis, *Historia del reino visigodo español,* Madrid, Rialp, 1988.
P. de Palol, *Arte cristiano de la época visigoda,* Barcelona, 1968.
D. Plácido, *Historia de España. I. La Antigüedad,* Madrid, 1994.
W. Reinhardt, *Historia general del reino hispano de los suevos,* Madrid, CSIC, 1952.
J. M. Roldán, *La España romana,* Madrid, Información y Revistas, 1986 (Biblioteca Historia 16).
R. Teja, *El cristianismo primitivo en la sociedad romana,* Madrid, Istmo, 1990 (La historia en sus textos).
E. A. Thompson, *Los godos en España,* Madrid, Alianza, 1971.
C. Torres, *Galicia sueva,* La Coruña, 1977.

Varios autores, *Conquista romana y modos de intervención en la organización urbana y territorial,* Roma, 1992.

Varios autores, *La ciudad hispanorromana,* Barcelona, 1993.

EDAD MEDIA

A. Barbero y M. Vigil, *La formación del feudalismo en la península Ibérica,* Barcelona, Crítica, 1978.

P. Bonnassie, *Catalunya mil anys enrera. Creixement econòmic i adveniment del feudalisme a Catalunya, de mitjan segle X al final del segle XI,* Barcelona, Ed. 62, 1981.

P. Chalmeta, *Invasión e islamización. La sumisión de Hispania y la formación de al-Andalus,* Madrid, 1994.

J. A. García de Cortázar, B. Arizaga, M. L. Ríos, I. del Val, *Bizcaya en la Edad Media,* San Sebastián, 1985.

P. García Martín, *La Mesta,* Madrid, Información y Revistas, 1990 (Biblioteca Historia 16).

Th. F. Glick, *Cristianos y musulmanes en la España medieval (711-1250),* Madrid, Alianza, 1991 (Alizanza Universidad).

V. M. Godinho, *Mito e mercadoria. Utopia e prática de navegar. Seculos XIII-XVIII,* Lisboa, 1990.

M. González Jiménez, *En torno a los orígenes de Andalucía. La repoblación del siglo XIII,* Sevilla, Universidad de Sevilla, 1980.

P. Guichard, *Al-Andalus. Estructura antropológica de una sociedad islámica en Occidente,* Barcelona, Barral, 1976 (B. B. de Reforma).

P. Iradiel, *Las claves del feudalismo, 860-1500,* Barcelona, Planeta, 1991 (Las claves de la historia, 11).

J. M. Lacarra, *Aragón en el pasado,* Madrid, Espasa-Calpe, 1972 (Austral, 1435).

Historia del reino de Navarra en la Edad Media, Pamplona, Caja de Ahorros de Navarra, 1975.

J. M. Lacarra, L. Vázquez de Parga, J. Uría, *Las peregrinaciones a Santiago,* Oviedo, Diputación Provincial de Asturias, 1981 (2ª ed.).

M. A. Ladero, *Fiscalidad y poder real en Castilla (1252-1369),* Madrid, 1993.

J. Lalinde Abadía, *La Corona de Aragón en el Mediterráneo medieval (1229-1479),* Zaragoza, CSIC, 1979.

J. A. Maravall, *Estudios de historia del pensamiento español. Edad Media,* Madrid, Cultura Hispánica, 1967 (Historia).

J. L. Martín, *Economía y sociedad en los reinos hispánicos de la Baja Edad Media,* Barcelona, Albir, 1983, 2 vols. (El Albir Universal, n.º 6-7).

J. Mattoso, *Identificação de um pais. Ensaio sobre as origens de Portugal 1096-1325,* Lisboa, 1985.

J. M. Monsalvo, *Teoría y evolución de un conflicto social. El antisemitismo en la Corona de Castilla en la Baja Edad Media,* Madrid, Siglo XXI España, 1985 (Historia de los movimientos sociales).

J. M. Salrach, *El procés de formació nacional de Catalunya (segles VIII-IX),* Barcelona, Ed. 62, 1978 (Llibres a l'Abast).

C. Sánchez-Albornoz, *Despoblación y repoblación del valle del Duero,* Buenos Aires, 1966.

Orígenes de la nación española. El Reino de Asturias, Oviedo, Caja de Ahorros de Asturias, 1972.

A. Santamaría, *Mallorca del medioevo a la modernidad,* Palma de Mallorca, 1970.

J. Lee Shneidman, *L'imperi catalano-aragonés (1200-1350),* Barcelona, Ed. 62, 1975 (Estudis i documents, 23).

J. Vernet, *El islam y Europa,* Barcelona, 1982.

M. J. Viguera, *Los reinos de taifas y las invasiones magrebíes,* Madrid, MAPFRE, 1992, (Al-Andalus).

Segunda parte

La Edad Moderna

Carlos Martínez Shaw

Los orígenes de la España Moderna (1474-1516)

El periodo del reinado de los Reyes Católicos (entendido en sentido lato entre la proclamación de Isabel I como reina de Castilla en diciembre de 1474 y la muerte de Fernando II de Aragón en enero de 1516) puede ser considerado como el del comienzo de la Edad Moderna en España, e incluso como el del nacimiento de la propia España como una entidad política unitaria, siempre que se introduzcan algunas matizaciones y se tengan en cuenta algunos debates en torno al sentido de esa unidad y en torno al concepto del propio Estado Moderno.

Los Reyes Católicos fueron, efectivamente, en buena medida los fundadores de la España Moderna. Así, por un lado, pusieron las bases para la unidad territorial de lo que hoy día continúa siendo España. Por otro, arbitraron fórmulas para fomentar la unidad política aboliendo los muchos siglos de división que habían seguido a los acontecimientos que produjeron el fin de la Hispania romana o, si se quiere, a la reconstrucción operada por la Monarquía visigoda. Además, fabricaron los instrumentos necesarios para la creación y consolidación de una monarquía absoluta, que pronto habría de beneficiarse, además, de la política expansiva abierta en un triple frente (militar, diplomático y explorador) para convertirse en el núcleo de una formación imperial. Finalmente, pudieron conocer ya los primeros frutos de la que habría de ser una larga época de crecimiento económico y esplendor cultural.

La unidad territorial de España

La unión de Castilla y Aragón

El proceso de gestación de la unidad territorial fue, sin embargo, sumamente complejo, incluso intrincado y constantemente sometido a un azar lleno de riesgos. En primer lugar, fue necesaria la debilidad de Enrique IV, desheredando a su propia hija Juana (apodada injustamente la Beltraneja por la conspiración nobiliaria) en beneficio de su hermano Alfonso y, a su muerte, de su hermana Isabel, la futura reina Católica. En segundo lugar, fue necesario el matrimonio de Isabel con Fernando, el heredero de la Corona de Aragón, celebrado precipitadamente en Valladolid (octubre de 1469) y posibilitado por la decisión del arzobispo Alonso Carrillo, quien no dudó en falsificar la bula de dispensa de la consaguinidad de los contrayentes (cuya unión en todo caso sería sancionada por el papa Sixto IV en 1471). En tercer lugar, fue necesario el triunfo de Isabel y Fernando en una larga guerra civil (1474-1479), iniciada a la muerte de Enrique IV de Castilla.

La guerra civil castellana enfrentó, por un lado, a Juana, que contaba con la ayuda de su prometido, Alfonso V, rey de Portugal, y de una serie de grandes magnates castellanos (entre los que destacaban por su empeño a favor de la causa el arzobispo Carrillo, tránsfuga del otro bando, el marqués de Villena y el conde de Arévalo), y, por el otro, a Isabel, fortalecida con el apoyo de su esposo, Fernando, heredero de la Corona de Aragón, y de otra serie de grandes nombres de la aristocracia castellana. La victoria de las armas de Fernando en la batalla de Toro (marzo de 1474) permitió encauzar el curso de la guerra, que quedó sentenciada tras el nuevo triunfo obtenido en la batalla de Albuera (febrero de 1479). El Tratado de Alcáçovas (septiembre de 1479), de enorme trascendencia para el futuro de la España moderna, alejaba a Juana del trono de Castilla y resolvía los contenciosos con Portugal: las fronteras entre ambos reinos volvían a los límites anteriores al conflicto sucesorio, se concertaba el matrimonio entre Alfonso V de Portugal y la princesa Isabel (la primogénita de Isabel y Fernando) y se procedía a delimitar las áreas de la expansión atlántica mediante la reserva a Portugal de los territorios africanos (y de la ruta a la India: *usque ad Indos)* con la única excepción de las islas Canarias.

Finalmente, el mismo año de Alcáçovas, el acceso de Fernando al trono de Aragón a la muerte de su padre, el rey Juan II (enero de 1479), permitió hacer realidad la unión dinástica de ambas coronas. Sin embargo, una serie de factores negativos acaecidos a la muerte de Isabel (noviembre de 1504) volverían a poner en peligro una unidad que reposaba legalmente sobre las solas personas titulares de los respectivos reinos. En efecto, la heredera del trono de Castilla resultó ser (por el fallecimiento del príncipe Juan y de la primogénita Isabel y de su hijo Miguel) la tercera hija de los monarcas, Juana, casada con el archiduque Felipe llamado el Hermoso, los cuales hicieron su entrada en el reino en abril de 1506, poniendo fin al periodo de regencia de Fernando el Católico, que entretanto se había casado en segundas nupcias con la princesa francesa Germana de Foix (por poderes, en octubre de 1505). La nueva situación hallaría pronto un dramático desenlace con la muerte de Felipe I (septiembre de 1506), que significó el regreso a Castilla de Fernando y el comienzo de su segunda regencia, tras decretarse la incapacidad mental de Juana, que fue confinada definitivamente en el palacio real del monasterio de Santa Clara de Tordesillas. Entretanto, había quedado conjurado el peligro de una separación de las dos coronas de Aragón y Castilla por la muerte del único descendiente de Fernando y Germana, el príncipe Juan de Aragón (mayo de 1509). Tal hecho permitió que el testamento de Fernando el Católico (enero de 1516) nombrase a Juana heredera universal de todos sus reinos, que quedaban, por su declarada

incapacidad, bajo el gobierno del príncipe Carlos, mientras su ausencia era cubierta por dos regentes, el cardenal Francisco Jiménez de Cisneros en Castilla y Alfonso, hijo natural del monarca y arzobispo de Zaragoza, en Aragón. Y así, sólo esta proclamación de Carlos I, nieto de los Reyes Católicos, como soberano de Castilla y Aragón, permitió alejar el riesgo de una nueva separación y consolidar la unidad territorial, que para entonces se había completado con la incorporación de los reinos de Granada y de Navarra.

La conquista de Granada

Los Reyes Católicos, que habían heredado la tradición secular de la Reconquista, otorgaron a la ocupación del último reino musulmán de la Península un lugar de privilegio en su programa político. El proyecto granadino podía reportar, en efecto, grandes beneficios a los soberanos: proseguir el proceso de la unidad peninsular, suprimir una dilatada cabeza de puente para el avance turco en la cuenca mediterránea (que se había cobrado en 1480 la ciudad italiana de Otranto, produciendo una gran conmoción en el mundo cristiano), incorporar a la nobleza, todavía dividida por los rescoldos de la guerra civil recién terminada, a una campaña militar conjunta y promover la participación de aragoneses y castellanos en una empresa común que estrechase los lazos entre las dos comunidades vinculadas por la unidad dinástica. Finalmente, el éxito de la guerra no sólo ratificó el acierto de tales previsiones, sino que además permitió fortalecer a la Monarquía por el desarrollo de sus instrumentos de acción (singularmente, la hacienda y el ejército) y por la potenciación de una campaña de exaltación providencialista y mesiánica al amparo del triunfo obtenido sobre los enemigos de la fe poniendo fin a una invasión que había durado casi ocho siglos.

El sultanato de Granada, que ocupaba prácticamente toda el área de la Andalucía oriental (un total de casi treinta mil kilómetros cuadrados), era una región próspera (agricultura intensiva, manufacturas tradicionales, comercio mediterráneo), densamente poblada (tal vez quinientos mil habitantes), fuertemente cohesionada por la civilización islámica compartida y por la conciencia de comunidad asediada y bien defendida por un poderoso ejército y un gran número de fortalezas. Sin embargo, justamente en el transcurso de la guerra, su capacidad de resistencia se vería debilitada por el estallido en el seno de la dinastía nazarí de una disensión intestina, que enfrentaría al sultán Abul Hassan (Muley Hacén para los cristianos) con la rebelión de su hijo Boabdil (o más propiamente Abu Abdallah, apodado El Chico), enfrentado a su vez con la secesión de las provincias en manos de su tío Muhammad Al Zagal. Una circunstancia que permitiría a los Reyes Católicos alternar la guerra contra Al Zagal y los sucesivos acuerdos con Boabdil, facilitando el desenlace del conflicto a su favor.

El comienzo de la guerra se originó en un típico altercado fronterizo, la ocupación musulmana de la plaza de Zahara (diciembre de 1481), que motivó la réplica espontánea de un noble andaluz, el marqués de Cádiz, que tomó dos meses después la fortaleza de Alhama en pleno corazón del reino nazarí (febrero de 1482). Éste fue el *casus belli* utilizado por los Reyes Católicos para iniciar una guerra de diez años, en la que se sucedieron las alternativas bélicas con las negociaciones para obtener acuerdos provisionales de paz que, incumplidos repetidamente, conducirían a la capitulación de la capital granadina y la entrada solemne de los soberanos por sus puertas al comenzar el que había de ser el *annus mirabilis* del reinado (enero de 1492).

La guerra exigió un gran esfuerzo financiero y militar, acreditado por la complicada organización de la intendencia, el empleo en el año culminante de 1491 de hasta cincuenta mil hombres a pie y diez mil a caballo (tropas reales, mesnadas feudales de los nobles y las órdenes militares y, sobre todo, milicias concejiles de Jaén, Córdoba, Écija, Sevilla o Jerez), el empleo masivo de la artillería y las armas de fuego individuales y la propia presencia de los soberanos en el campo de Santa Fe, en las cercanías de la capital. El desarrollo de la contienda puede ser dividido en varias fases: la primera (1482-1484) estaría centrada en la defensa de Alhama, mientras en el interior del sultanato se producía la revuelta de Boabdil, que se convertiría en el interlocutor válido para los monarcas cristianos; la segunda (1484-1490) comprende dos etapas de conquista sistemática de los territorios dominados por Al Zagal, cuyos principales hitos fueron la toma, tras encarnizados asedios, de Málaga (1487), Baza

(1489) y Almería (1490); la última fase (1491-1492) corresponde, finalmente, al cerco y ocupación de la Granada defendida por Boabdil. De ese modo, los Reyes Católicos incorporaban a su escudo la heráldica granada y se encontraban con las manos libres para proseguir su política de unificación y modernización del nuevo Estado.

La anexión de Navarra

Antes, sin embargo, del advenimiento de Carlos I, todavía pudo Fernando el Católico incorporar una nueva pieza a la unidad peninsular, el Reino de Navarra. Regido por una dinastía vinculada con el soberano aragonés (a través de Leonor, hija de Juan II de Aragón y de Blanca de Navarra), la adhesión del reino a la Monarquía francesa en el contencioso que mantenía en Italia contra las pretensiones aragonesas permitió a Fernando la obtención de una bula pontificia de excomunión contra sus monarcas, Catalina y Juan de Albret, y con ella el instrumento legal para ordenar la invasión del territorio, llevada a cabo por el segundo duque de Alba (julio de 1512). Tras algunas vicisitudes (los pactos para obtener la adhesión de la nobleza, la ocupación de la sexta merindad o área ultrapirenaica, retenida hasta 1530), Navarra sería finalmente incorporada a la Corona de Castilla (julio de 1515), aunque conservando su condición de reino propio y sus instituciones particulares, por más que los reyes de Francia mantuvieran hasta el final del Antiguo Régimen el título de reyes de Navarra, que ya figuró siempre igualmente en la titulación de los soberanos españoles. Este desenlace completaba la unidad de la España peninsular, mientras la política expansiva añadía nuevos territorios a la Corona.

LOS REINOS HISPÁNICOS A FINES DEL SIGLO XV

Cinco millones de habitantes

A fines del siglo XV, el territorio de Castilla (comprendiendo Galicia, Asturias, las Provincias Vascongadas, León, ambas Castillas, Extremadura, Murcia y la Andalucía occidental, y aumentado con la incorporación del reino musulmán de Granada desde 1492), se extendía por una superficie de unos 385.000 kilómetros cuadrados y contaba con una población difícil de evaluar pero que debía superar con creces los cuatro millones de habitantes. El territorio de la Corona de Aragón (comprendiendo el Principado de Cataluña y los reinos de Aragón, Valencia y Mallorca) se extendía por un área de unos 110.000 kilómetros cuadrados pero sólo contaba con una población algo superior a los 800.000 habitantes, lo que suponía una densidad muy inferior al otro gran reino hispánico, tres veces más grande y cinco veces más poblado.

Por su parte, Navarra, el último reino que llegaría a la unidad, no sólo era el más pequeño territorialmente con sus escasos doce mil kilómetros cuadrados, sino también el más modesto demográficamente con sus aproximadamente ciento veinte mil habitantes. De este modo, la demografía aparece como uno de los primeros datos objetivos sobre los que reposaría la hegemonía castellana.

La población, desigualmente distribuida por reinos, también lo estaba en el interior de los mismos, tanto en su reparto por regiones como en la división entre el campo y la ciudad. En este último aspecto, la población fue en uno y otro reino masivamente rural, concentrada en localidades que raramente superaban uno o dos millares de habitantes. En Castilla, las regiones cantábricas se caracterizaron por una gran profusión de núcleos rurales con una densidad tal vez cercana a los treinta habitantes por kilómetro cuadrado, mientras que el valle del Duero se beneficiaba de una apretada red urbana con numerosos núcleos superando la media y algunos con una población por encima de los diez mil habitantes (Burgos, Valladolid, Salamanca, Medina del Campo), por delante de la región manchega (donde sólo Toledo alcanzaba aquella cota) y en paralelo con Andalucía, donde se ubicaban varias ciudades de importancia, tanto en la región oriental (con las recién conquistadas Málaga y, sobre todo, Granada) como en la occidental (con Córdoba y, sobre todo, Sevilla, que podía alcanzar ya los cuarenta y cinco mil habitantes).

La Corona de Aragón presentaba una fisonomía casi desértica en la mayor parte de su territorio, salvo en algunas zonas del litoral. Si las capitales de los distintos Estados (Zaragoza, Barcelona, Palma de Mallorca) podían ofrecer una población superior a los diez mil habitantes, el mejor ejemplo de desarrollo urbano estaba representado por la ciudad de Valencia, que con sus setenta mil habitantes se destacaba como un verdadero gigante, como la ciudad más poblada de España.

Bazas y carencias de la economía

La economía castellana (como, por otra parte, todas las economías de la época) era esencialmente agrícola. Sin embargo, el paisaje agrario variaba sensiblemente en un país distribuido entre las áreas húmedas del norte (Galicia y todas las regiones bañadas por el Cantábrico), las zonas de clima continental de la Meseta (caracterizadas por la falta de precipitaciones y por el predominio de la vegetación esteparia) y finalmente las zonas también secas pero más equilibradas desde el punto de vista climático de la Andalucía mediterránea y del valle del Guadalquivir.

Así, la extensa meseta castellana era el dominio de las tierras de secano destinadas a la producción de cereal, principalmente trigo y otros granos menores (cebada, avena), aunque en algunos terrenos fuesen desarrollándose también el cultivo de la vid (como en La Mancha o en el valle del Duero). En el norte, los terrenos dedicados al cereal (centeno y otros cereales, como mijo, panizo o escanda) alternaban con las parcelas dominadas por los frutales septentrionales (especialmente, manzana) y por los pastizales, necesario complemento para el equilibrio de la explotación agropecuaria. En Andalucía, en cambio, la agricultura se basaba en el cultivo de la llamada tríada mediterránea (cereal, en primer lugar, y después vid y olivo), con algunas manchas de plantaciones de caña de azúcar, frutales y huertas en las zonas más fértiles. En cualquier caso, ni que decir tiene que la agricultura era fundamentalmente extensiva (sin abonado), de secano (apenas aliviado con algunos escasos instrumentos de riego), de tecnología tradicional (siembra a voleo, arado romano) y obligada a la práctica ordinaria del barbecho (en régimen de año y vez, y a veces con descanso de dos años consecutivos, dejando que en el intermedio las rastrojeras sirvieran para pasto del ganado), con el resultado de un bajo rendimiento, entre tres y cinco granos por semilla en el caso de los cereales.

Una agricultura así dependía completamente de la meteorología y del azar que la preservase del ataque de los parásitos y de la invasión de las langostas o de los ratones. La coyuntura fue particularmente desfavorable en tiempos de los Reyes Católicos, que se vieron asediados (especialmente en la primera década del siglo XVI) por una serie de fitopatologías que culminaron con la gran hambruna de 1506. En esos casos, la falta de un sistema de previsión y la desigualdad de las rentas potenciaban los efectos negativos de la escasez, que en ocasiones se veía acompañada también de epidemias, como ocurriera con la epidemia de peste de 1507-1508.

La agricultura tenía su contrapunto en la ganadería, tanto estante (ganado vacuno de las regiones gallegas y cantábricas, caprino, caballar y porcino), como trashumante (ganado ovino). Precisamente la independencia de la actividad pecuaria fue una característica singular de la economía castellana de los tiempos modernos, que alcanzó su más alto grado en el caso de la oveja. Práctica heredada de la época medieval, la trashumancia había llegado a ser un sector estratégico, debido a la conjunción de una serie de factores favorables: el fácil aprovechamiento de los pastos del norte en verano y de las tierras semicoloniales propiedad de las órdenes militares de La Mancha, Extremadura y el valle del Guadalquivir en invierno, la fuerte demanda por parte de las potencias textiles del norte de Europa (especialmente Flandes) de la lana producida por la oveja merina (famosa por su fino vellón blanco ligeramente dorado) y la organización de un entramado de intereses económicos, que incluía a los grandes propietarios de ganado (eclesiásticos y nobiliarios), a los industriales de las ciudades laneras andaluzas y castellanas, a los comerciantes de Burgos interesados en la exportación y a los armadores de las villas costeras de Cantabria y las Provincias Vascongadas. La trashumancia estaba controlada por una institución singular, el Honrado Concejo de la Mesta, que reunía a los grandes propietarios de ganado para organizar los itinerarios (a través de las largas cañadas leonesa, segoviana o soriana, recorridas de norte a sur y viceversa cada año) y para la defensa de los intereses comunes frente a los agricultores, que podían invadir los caminos y las dehesas. La importancia económica de la cabaña ovina (tal vez tres millones de cabezas a finales del siglo XV), la enorme influencia de la Mesta en los círculos cortesanos donde se decidía la política económica, y la presencia constante de los rebaños mesteños en el paisaje castellano convirtieron al sector en uno de los más representativos de la vida castellana no sólo durante el reinado de los Reyes Católicos sino a lo largo de todo el Antiguo Régimen.

Sin embargo, no hay que pensar en una economía castellana atrasada en relación con su época. El reino contaba también con un significativo sector industrial, dominado como era de esperar por el sistema artesanal de producción. Como en todas las sociedades de su tiempo, la principal manufactura era la textil, que se veía favorecida por la abundancia de materia prima y que se concentraba en varios importantes centros laneros (en primer lugar, Segovia, seguida por Córdoba, Cuenca, Baeza) y en varias ciudades especializadas en la sedería (Toledo, Granada, Sevilla), cuyos obrajes se inspiraban en la tradición musulmana. Si los géneros de seda atendían a una clientela acomodada, los artículos de lana, por el contrario, se destinaban también al consumo popular, por lo que su fabricación no se ceñía a los talleres urbanos, sino que se repartía entre numerosas poblaciones rurales, que trabajaban por iniciativa de empresarios encargados de la distribución de los productos acabados. Completaban el cuadro industrial las ferrerías dispersas por toda la geografía vascongada, la construcción naval vizcaína y guipuzcoana y diversas especialidades manufactureras locales acreditadas por una fama proverbial, como las armas de Toledo, los cueros de Córdoba, la cerámica de Talavera, el vidrio de Murcia o el jabón de Sevilla.

El comercio castellano se vio perjudicado en el interior por el obstáculo de la geografía y la falta de caminos, inconvenientes que apenas pudieron contrarrestar la creación de una Cabaña Real de Carreteros (1497) y el apoyo real a las ferias que tenían lugar en Medina del Campo, Medina de Rioseco y Villalón de Campos, llamadas a un brillante porvenir en el siglo XVI. Por tanto, los intercambios tendieron a concentrarse en las fachadas marítimas del Cantábrico y de Andalucía. La principal ruta comercial era la que unía al centro de contratación de la lana de Burgos con los puertos del Norte (especialmente Bilbao, que había conseguido imponerse sobre sus rivales, las «cuatro villas» de Laredo, Castro Urdiales, Santander y San Vicente de la Barquera) y de ahí con los mercados consumidores de los Países Bajos y, en menor medida, de las regiones septentrionales de Francia. Fruto de este tráfico nacieron dos de las principales instituciones mercantiles castellanas, el Consulado de Burgos (1494) y el Consulado de Bilbao (1511), destinadas ambas al control de los agentes comerciales, la defensa de los intereses colectivos y la sustanciación de los pleitos ante sus tribunales privativos.

En Andalucía, el tráfico se orientó, por un lado, hacia el mundo mediterráneo (particularmente las ciudades italianas) y, por otro, también hacia el mundo atlántico (particularmente las plazas flamencas): el vino, la sal y el atún de las almadrabas del estrecho de Gibraltar permitían contrarrestar las importaciones. Sin embargo, a medida que avanzó el tiempo, otras actividades y otros mercados animaron la vida de los puertos meridionales: Málaga se dedicó al corsarismo y al rescate de cautivos y Cádiz se convirtió en el centro de las expediciones depredadoras contra los plazas africanas, del tráfico de productos subsaharianos y de la pesca en los ricos bancos situados entre las Canarias y las costas africanas fronteras, mientras Sevilla se aprestaba a convertirse en la cabecera del comercio con la América recién descubierta.

La economía castellana vivió bajo los Reyes Católicos una etapa expansiva (no exenta de vacilaciones y aun de retrocesos, como el experimentado por la agricultura en la primera década del siglo XVI), pero sus estructuras acusaban ciertas fragilidades que se harían más evidentes durante los reinados siguientes. En efecto, por un lado, la rivalidad y falta de complementariedad de la agricultura y la ganadería trashumante pudo ser el origen de una serie de conflictos que enfrentaron a los interesados por el control de las tierras destinadas a dehesas en una época de presión demográfica. En segundo lugar, el comercio exterior se basaba especialmente en la exportación de materias primas (lana castellana, hierro vascongado, vino andaluz) y en la importación de productos manufacturados (esencialmente textiles de la Europa atlántica), con el consiguiente reflejo negativo en la balanza mercantil. En tercer lugar, una parte de ese comercio estaba en manos de mercaderes extranjeros, especialmente genoveses asentados en las plazas meridionales, con la lógica pérdida de protagonismo de los agentes del reino y la consiguiente transferencia de beneficios fuera de las fronteras. Estas notas parecen señalar un progresivo deslizamiento hacia un modelo de economía dependiente que paradójicamente el descubrimiento de América no haría sino acelerar e intensificar.

La economía de la Corona de Aragón no podía competir con la castellana, sobre todo porque la crisis sufrida a lo largo del siglo por el Reino de Aragón y el Principado de Cataluña había hecho olvidar los tiempos gloriosos y no tan lejanos de la expansión por el Mediterráneo. Aragón seguía descansando sobre una economía agropecuaria de subsistencia que sólo se animaba en los oasis creados por los cursos de los ríos, donde era posible la convivencia de los viñedos, las huertas y los frutales. Cataluña entró en una fase de decadencia que se manifestó en el retroceso de todos los sectores que habían hecho su prosperidad: crisis social en el campo, declive de la industria textil (de los famosos paños que no hacía mucho habían conquistado la cuenca mediterránea), estrechamiento de los mercados (limitado ahora el radio de acción a la vertiente occidental con abandono casi completo de las escalas de levante), quiebra del sistema financiero ejemplificada en la suspensión de pagos de la *Taula de Canvi* de Barcelona (1468), el primer banco de depósito creado en la Corona de Aragón (1401), constituido algunos años antes de la aparición de la *Taula de Canvi* de Valencia (1407). Sólo este último reino daba muestras de vitalidad, manifestada en la aparición de una agricultura especializada (arroz, almendra, azafrán, azúcar, morera, lino, cáñamo), en el desarrollo de una industria diversificada (lana, seda, cuero, armas, plata) y en el auge del comercio dentro del espacio mediterráneo, a bordo de una flota mercante propia, intercambiando sus productos agrícolas y manufacturados por remesas de trigo (dada la insuficiencia de su producción frumentaria), oro, especias y esclavos (capítulo donde destacó hasta convertirse en uno los más importantes mercados del área) y atrayendo a una nutrida colonia de mercaderes extranjeros, que contribuyeron al brillo indudable de la capital. En cualquier caso, durante los dos primeros siglos de la modernidad, la economía de la Corona de Aragón se mantendría en un modesto nivel, a la espera de una revitalización que no llegaría hasta el Setecientos.

El primer mercantilismo

La política económica de los Reyes Católicos se manifestó como un conjunto limitado de medidas que merecen el calificativo de mercantilistas, tendentes a regular algunos sectores especialmente estratégicos de la economía española. En ese sentido, dictaron algunas disposiciones para favorecer los intereses de la Mesta (ya que la trashumancia beneficiaba al mismo tiempo a ganaderos, mercaderes y navieros y constituía el nervio del comercio internacional, además de brindar una fuente de ingresos fiscales nada desdeñables para la Corona), para el fomento de la industria textil y para la protección de la propia flota frente a la competencia de las naves extranjeras en el mercado de los fletes. Otra medida de inspiración mercantilista, que tendría larga vida, sería el establecimiento de la tasa del trigo a fin de garantizar un bien indispensable para el conjunto de la población, uno de los fundamentos más visibles de la economía moral del Antiguo Régimen. Finalmente, la voluntad de unidad se manifestaría también en el terreno de la economía mediante una disposición de excepcional trascendencia, que significaría la creación del sistema monetario castellano para más de una centuria: una pragmática dictada en Medina del Campo (junio de 1497) instauraría el excelente de Granada (del que derivaría inmediatamente el ducado castellano) como nueva moneda de oro más adaptada al patrón europeo, al tiempo que se imponía un estricto control real sobre la acuñación de moneda y se señalaban taxativamente las cecas autorizadas para tal función. En definitiva, una política mercantilista elemental, con sus rasgos característicos de control, uniformización y proteccionismo.

La sociedad a fines del siglo XV

La España de los Reyes Católicos presentaba la configuración social típica de la época del feudalismo avanzado. Es decir, en primer lugar, era una sociedad estamental, dividida en los tres órdenes o estamentos (heredados de la Edad Media) de la nobleza, el clero y el estado llano. Esta divisoria estaba sancionada jurídicamente por los privilegios, es decir, por las leyes privadas que se aplicaban de modo diferenciado a cada uno de los tres órdenes. Una diferenciación que implicaba la superioridad de los dos primeros estamentos (los verdaderamente privilegiados en la actual acepción del calificativo) frente al tercero, el estado llano, que se caracterizaba en realidad de modo negativo, es decir, por la ausencia de privilegios.

Pero la sociedad estamental admitía también una divisoria clasista, manifestada por su acceso a los medios de producción. En este sentido, cada estamento podía contener en su seno diferentes clases sociales (así: títulos e hidalgos, alto y bajo clero, artesanos y mercaderes), del mismo modo que miembros de diversos estamentos se podían aproximar en sus funciones económicas y en su consideración social (así: la nobleza comerciante y la burguesía ennoblecida), todo ello debido al creciente desarrollo de la vida económica que dinamitaba el esquematismo social de la Edad Media. En este sentido, sin embargo, es preciso señalar que quizás el trazo más grueso era el que dividía a los terratenientes del campesinado sin tierra, aunque también en la ciudad el fabricante o el mercader aparecían claramente distanciados de todos aquellos grupos que sólo disponían de sus manos para trabajar. Y finalmente, un reducido mundo de ricos se contraponía a un extenso mundo de pobres.

La sociedad del Antiguo Régimen era también una sociedad organizada en cuerpos, los cuales servían para encuadrar a los individuos en distintas unidades sucesivas, que se iniciaban con la familia y seguían con los linajes, las asociaciones profesionales (gremios, consulados), las cofradías, las parroquias y los municipios para terminar con los estamentos reunidos en los órganos representativos del reino. Fuera de estas fronteras quedaban una serie de grupos marginados en razón de su raza (gitanos, judíos, moros), de su origen (extranjeros) o de su conducta (nómadas, mendigos, herejes) o de su condición (esclavos, oficios viles y mecánicos), aunque en este último caso era posible imaginar algún tipo de encuadramiento.

La familia como célula básica de la sociedad no sólo garantizaba la reproducción biológica, sino que era también la unidad demográfica y fiscal (se contaba siempre por vecino o por fuego, que equivalía a casa, hogar o familia) y la unidad de producción (en las explotaciones campesinas, en los talleres artesanales o en las firmas mercantiles), además de constituir la instancia de representación ante los poderes públicos (municipales, señoriales, etcétera). De ahí la necesidad de promover, para la defensa de los intereses familiares, estrategias matrimoniales, redes clientelares, alianzas entre linajes o mecanismos económicos de protección de los patrimonios (mayorazgos, capellanías). La familia era el fundamento tanto de las solidaridades aldeanas como de las banderías políticas a todos los niveles. De ahí la repulsa y el miedo a los individuos aislados (y también a los nómadas, sin casa estable), considerados siempre como una anomalía en el seno de una sociedad radicalmente corporativa.

La nobleza, primer grupo dominante

En cualquier caso, el grupo dominante en la España de los Reyes Católicos (y a todo lo largo de la Edad Moderna, conviene adelantar) era la nobleza, o, para ser más exactos, la nobleza titulada, es decir aquella que ostentaba un título frente a aquella otra que sólo podía acreditar la condición de caballero o presentar una ejecutoria de hidalguía. La alta nobleza castellana provenía de la llamada tercera generación nobiliaria, la que había aparecido a partir de las mercedes enriqueñas del siglo xiv. En sus filas destacaban una serie de ilustres apellidos (los Mendoza, Velasco, Enríquez, Álvarez de Toledo, Lacerda, Guzmán, Girón, Fajardo, Stúñiga, Pacheco y algunos otros), que constituían el selecto grupo consagrado a comienzos del reinado siguiente (1520) como el de los Grandes, aquellos que se repartían los títulos más acrisolados, poseían las más extensas propiedades agrarias y gozaban del mayor prestigio social y de la mayor influencia política.

Toda la nobleza compartía algunos privilegios personales, como los fiscales (exención de la mayoría de los impuestos, todos aquellos que eran pagados por los pecheros), los penales (tratamiento desigual ante la ley) y los que les reconocían la reserva de ciertos cargos en el ejército o en la administración tanto central como local (mitad de oficios en los municipios, repartidos entre nobles y plebeyos). Sin embargo, su poder se basaba esencialmente en la titularidad de los dominios señoriales y en la propiedad de tierras y rebaños.

En efecto, el señorío, una de las instituciones heredadas de la Edad Media, fue una de las piezas básicas de la organización social y política castellana no sólo en la época de los Reyes Católicos, sino a todo lo largo de la Edad Moderna, hasta su abolición por las Cortes de Cádiz (1811), ya en pleno proceso de la revolución liberal. El señorío era la delegación por parte de los monarcas de una serie de competencias que pasaban a ser ejercidas por los titulares del dominio: competencias jurisdiccionales (ejercicio de la justicia), administrativas (nombramiento de determinados cargos, incluyendo los municipales), fiscales (administración de determinados impuestos) y de orden público (promulgación de ordenanzas, organización de la policía). Este señorío jurisdiccional se doblaba con el señorío solariego, que significaba el disfrute de determinados monopolios (horno, molino, lagar, almazara, peaje, portazgo, etcétera) y la percepción de una serie de contribuciones como reconocimiento de la propiedad eminente del señor sobre las tierras del dominio, que en mayor o menor medida también podían ser de su entera propiedad. En general, en Castilla, una parte de las tierras señoriales había pasado a manos de campesinos particulares (que pagaban sólo el canon señorial), mientras las que seguían siendo de propiedad del señor se explotaban tanto en régimen de colonato (arrendamiento y en menor grado aparcería) como bajo la dirección directa de los capataces del señor mediante la contratación de jornaleros para las faenas agrícolas. Una de las características de este régimen era el mayor peso de los ingresos por la propiedad plena sobre los derivados del dominio señorial propiamente dicho y el recurso al arrendamiento a corto plazo como medio de preservarse de los vaivenes de la coyuntura. El señorío jurisdiccional, por el contrario, era la base de la influencia política y del control sobre las personas de los vasallos, que manifestaron en muchas ocasiones su preferencia por el régimen de realengo, es decir, por el vigente en aquellos territorios directamente bajo el dominio de los soberanos.

El señorío, como estructura básica de ordenación de la sociedad, no era exclusivamente nobiliario, sino también eclesiástico y municipal. Así, existían extensos señoríos detentados por los monasterios o los obispados, por las abadías y los capítulos catedralicios, así como por las órdenes militares, situadas a medio camino entre el mundo eclesiástico y el mundo nobiliario. Del mismo modo, los municipios poseían bajo su dominio tierras que generalmente se denominaban tierras baldías o simplemente baldíos (por su carácter frecuente de tierras sólo aptas para pastos o para la explotación forestal) o también baldíos concejiles (para diferenciarlos de los baldíos reales, de las tierras propiedad de la Corona, normalmente también de escasa calidad) y se distribuían entre los bienes de propios (que servían tras su oportuno arriendo para proveer a las necesidades de los propios municipios) y los bienes comunes (que eran de aprovechamiento colectivo de los vecinos). De ese modo, el señorío aparecería como una realidad omnipresente en la vida de la España Moderna.

El clero, segundo grupo dominante

Si el estamento nobiliario aparecía recorrido por líneas divisorias de grueso trazo (esencialmente separando a los grandes y los títulos de los caballeros e hidalgos), otro tanto ocurría con el clero. Una primera separación funcional dividía a los eclesiásticos en seculares y regulares, es decir en sacerdotes y religiosos, que a su vez podían ser monjes (viviendo en monasterios) o frailes (viviendo en conventos), mientras la representación femenina se incluía exclusivamente en este último grupo. Una divisoria que, siendo también funcional, se reflejaba en el terreno de los ingresos económicos y la consideración social y estratificaba a los miembros del alto clero (obispos, abades y beneficiados eclesiásticos, a su vez escalonados en dignidades, canónigos, racioneros, capellanes, etcétera) y del bajo clero (párrocos, frailes, ordenados de menores, etcétera). También diferían los eclesiásticos por su asentamiento, ya fuera en el campo (monjes y curas rurales), ya fuera en la ciudad (clero urbano y frailes). Incluso las diócesis y las comunidades religiosas se encontraban insertas de lleno en el reino de la desigualdad, que distinguía a los obispados ricos de las diócesis modestas y a los monasterios propietarios de extensas tierras o grandes rebaños de los conventos que subsistían precariamente a base de donaciones y limosnas.

En cualquier caso, las diócesis solían tener un alto nivel de rentas, obtenidas de la administración de sus tierras y sus señoríos, de sus propiedades urbanas y sus censos, así como de esa gran fuente de ingresos que era la percepción de los diezmos (esencialmente la décima parte de todas las cosechas entregada por los cultivadores directos, pero también otras variedades, como el diezmo del mar), que los obispos administraban directamente, destinándolos más o menos escrupulosamente al mantenimiento de los ministros del culto, a la conservación de las iglesias y a las obras de caridad. Como corolario, los arzobispados y obispados solían estar en manos de miembros de las familias aristocráticas (en muchos casos proclives al absentismo), mientras entre los párrocos, que por su parte sólo percibían las primicias (o primeros frutos), las ofrendas y los derechos de estola y pie de altar, se denotaba por regla general la persistencia de una baja preparación y de una vida aseglarada, frecuentemente criticada en la literatura y la documentación de la época.

Las clases urbanas

Si el campesinado era mayoritario, un fenómeno relevante, producido en el transcurso de la Edad Media pero que alcanzaría su máxima expresión en la Edad Moderna, sería el desarrollo de un proceso de urbanización, que incrementaría hasta niveles insospechados el protagonismo de las ciudades en la vida económica, política y cultural. La composición social de las ciudades de tiempos de los Reyes Católicos anticipaba ya los rasgos que perdurarían en los tiempos posteriores: un patriciado urbano (integrado sobre todo por la nobleza de segundo orden), una burguesía mercantil y financiera, una clase intelectual (funcionarios y otros profesionales), un artesanado encuadrado en sus gremios y una población residual de desempleados y desarraigados de diversa consideración pero ocupando siempre el lugar más bajo de la escala social y viviendo siempre aquejada de una pobreza irremediable.

Junto al patriciado nobiliario, la burguesía mercantil constituía, sin duda, el grupo más característico de la sociedad urbana. Su crecimiento numérico y su promoción económica y social estaban ligados al desarrollo del comercio, a la madurez de los instrumentos de pago y crédito, a la coyuntura alcista de la época (prolongada durante el siglo siguiente) y a la inserción castellana en los nuevos circuitos atlánticos. Su localización se ajustaba a las grandes líneas del tráfico comercial: el eje de Burgos-Bilbao (unido al comercio de la lana) y el núcleo bajoandaluz, en torno a Sevilla y a Cádiz (favorecida pronto la primera por su proyección americana y la segunda por su papel de avanzada frente a las costas africanas). Su inserción, finalmente, quedaba limitada por el obstáculo del predominio del mundo feudal vinculado a la tierra y la consiguiente descalificación social del comercio y del trabajo en general. Obstáculo que no le impidió ejercer una función significativa en la vida económica y desempeñar un papel relevante en la sociedad urbana de los reinos castellanos.

Otro grupo urbano característico era el artesanado. Heredado de la época medieval, el gremio, como corporación que establece las condiciones del ejercicio de la profesión y detenta el monopolio de la producción y la comercialización en el interior de las ciudades, conocerá desde esta época, y hasta el final de los tiempos modernos, una evolución que irá desde el apogeo (debido a la expansión de la manufactura y a la multiplicación de los ramos industriales) a la decadencia, desgarrado interiormente por una diferenciación social cada vez más acusada y combatido desde fuera por otras formas de organización, como el *domestic system* (trabajo a domicilio, fundamentalmente rural) o la producción en fábricas mediante la contratación libre de trabajo asalariado. Sin embargo, en tiempos de los Reyes Católicos, las corporaciones forman una pieza insustituible dentro de la economía y la sociedad de las ciudades en pleno crecimiento.

El resto del mundo urbano está constituido por los desarraigados y los marginados. Entre los primeros hay que contabilizar al numeroso grupo de los desempleados, que se defienden mediante diversas prácticas, que van del nomadismo a la mendicidad y la delincuencia, situaciones apenas atendidas institucionalmente durante la época, salvo por el ejercicio de la caridad eclesiástica y por la represión física. Entre los segundos, hay que referirse a los esclavos (varios miles empleados en el servicio doméstico o explotados como mano de obra por sus dueños, cuando no destinados por los poderes públicos a los trabajos más duros en las minas, las fortalezas o las galeras), a los gitanos (establecidos posiblemente en fechas recientes y duramente perseguidos durante la época, especialmente a partir de la pragmática promulgada en Medina del Campo en 1499) y a los cristianos nuevos, es decir los judíos y los moriscos conversos (tal vez unos trescientos mil en el primer caso, tal vez unos trescientos mil también en el segundo), perseguidos por la Inquisición y discriminados por los estatutos de limpieza de sangre, pero que conocerán un destino diferente en los tiempos venideros.

La variante aragonesa

La sociedad de la Corona de Aragón presentaba rasgos similares a los de la castellana, aunque también ofrecía determinadas particularidades propias, que a su vez diferían según los distintos reinos. La alta aristocracia era mucho menos numerosa y mucho menos poderosa que en Castilla, aunque no faltaban las grandes familias que ostentaban los más importantes títulos: los duques de Villahermosa (y también condes de Ribagorza) y de Híjar en Aragón, los duques de Segorbe y Gandía en Valencia, los duques de Cardona en Cataluña. Del mismo modo, la pequeña nobleza podía estar constituida por los hidalgos aragoneses y los caballeros o *donzells* de Valencia y Cataluña, mientras era muy específico de la Corona aragonesa el grupo paranobiliario de los ciudadanos honrados, verdaderos representantes del patriciado urbano, que en Barcelona llegaron a obtener el privilegio de portar espada y de quedar exentos de contribuciones.

El clero de la Corona de Aragón sólo se diferenciaba del castellano en la mayor modestia de sus rentas, aunque no por ello dejaban de ser codiciadas las diócesis más importantes, como el arzobispado de Tarragona, cuya permanente prosperidad era garantizada, entre otras razones, por el señorío que detentaba sobre cuarenta pueblos de su entorno. Y lo mismo podría decirse de la riqueza de sus grandes monasterios, como Ripoll, Santes Creus, Poblet o Montserrat.

Las principales ciudades de la Corona de Aragón habían conocido un desarrollo urbano vigoroso, auspiciado por la temprana expansión comercial, así como por la menor influencia ejercida por una nobleza menos presente que la castellana. En Zaragoza, en Valencia, en Barcelona y, en inferior grado, en algunas otras poblaciones, el patriciado urbano de los ciudadanos honrados marcaba una insensible transición con la burguesía mercantil e intelectual, acompañada también en muchos casos de las capas superiores de un artesanado que había sabido mantener su consideración social. La constitución de los gobiernos municipales con la inclusión de mercaderes y artesanos (tanto artistas como menestrales) resulta un testimonio significativo de la articulación alcanzada por la sociedad urbana en las grandes ciudades.

Finalmente, la sociedad urbana de la Corona aragonesa mantendrá también sus bolsas de marginación, en forma de un contingente de desempleados (vagabundos, mendigos, delincuentes, etcétera), de esclavos (introducidos a través de los puertos de Barcelona y, sobre todo, de Valencia, importante mercado para los esclavos musulmanes, es decir turcos, berberiscos y, durante unos años, malagueños) y de integrantes de las minorías étnicas, judeoconversos (con algún grupo muy individualizado como el de los *xuetes* mallorquines) y moriscos, muy numerosos en el Reino de Valencia pero también con una representación significativa en Aragón y en Cataluña.

LA CONSTITUCIÓN DEL ESTADO MODERNO

Pese a las opiniones contrarias a la utilización del concepto de Estado con anterioridad a la aparición del régimen liberal, la constitución de una comunidad territorial bajo la soberanía de un monarca que se reserva las regalías de acuñar moneda, recaudar impuestos, promulgar leyes, declarar la paz y la guerra y erigirse en juez supremo y que se dota de unas instituciones centrales de gobierno (una administración servida por un cuerpo de funcionarios, una hacienda pública, un ejército profesional y una diplomacia reconocida) implica el nacimiento de una nueva formación política que bien merece el nombre de Estado Moderno.

El Estado de los Reyes Católicos se presenta, como ocurre prácticamente en toda Europa, bajo la apariencia de una monarquía compuesta, es decir, integrada por una serie de formaciones históricas menores dotadas de instituciones propias y reacias a aceptar la uniformidad que trata de imponer la instancia superior del poder encarnada por el monarca. Esta dialéctica entre la centralización y la resistencia de los distintos bloques constitutivos de la nueva unidad será por tanto una constante a lo largo de toda la existencia de la Monarquía hispánica, que sólo se atenuará (sin llegar a desaparecer) a partir de la conclusión de la guerra de Sucesión, en pleno siglo XVIII. Por otra parte, esta fragilidad constitucional se verá incrementada a causa de la política expansionista de los Reyes Católicos, que pondrá sucesivamente bajo la soberanía de los monarcas españoles una serie de territorios europeos (parte de Italia, Flandes, Franco Condado, Portugal), multiplicando así los factores de inestabilidad política.

En efecto, la solución constitucional al problema de la articulación de los distintos bloques integrantes de la Monarquía hispánica, tanto durante el reinado de los Reyes Católicos como posteriormente, fue la aplicación de un modelo federal, por el cual los diversos reinos conservaron intactos sus aparatos institucionales propios, cerrados todos ellos en su vértice por la figura del monarca. Las limitaciones que tal fórmula implicaba se paliaron con la creación de órganos comunes a todos los reinos y con el diseño de una política exterior que comprometía conjuntamente a todos los territorios de la Monarquía. No obstante, tal dispositivo mostró sus debilidades en más de una ocasión, sobre todo en aquellos momentos en que fue necesario dar una respuesta inmediata a una cuestión urgente, originando una serie de conflictos constitucionales que jalonaron la trayectoria de la vida política española al menos hasta la conclusión de la guerra de la Sucesión.

El Estado Moderno de los Reyes Católicos puede asimismo ser designado con el término de Monarquía Absoluta. En efecto, si por una parte el sistema reúne todos los elementos esenciales (unidad de soberanía, regalías privativas, instrumentos de centralización administrativa, autonomía respecto de las distintas fuerzas políticas y sociales), por otra los mecanismos de control sobre el poder real son los tradicionales de la época: las leyes divinas, las leyes naturales y los usos consuetudinarios consagrados a veces en forma de documentos negociados entre el rey y el reino en las sesiones de sus organismos representativos, las Cortes de las coronas castellana y aragonesa. En cualquier caso, la tradición del pactismo político imperante en la Corona de Aragón mantuvo siempre más viva la oposición a la tendencia autoritaria inherente a las monarquías absolutas, un fenómeno que sin duda explica, entre otras razones (singularmente, la significativa diferencia territorial, demográfica y económica existente entre ambas coronas), la inclinación de los reyes españoles a apoyarse para el ejercicio del gobierno en una Castilla que se mostró menos interesada en defender sus prerrogativas de control a través de sus representantes en las Cortes, pese a la existencia de una abundante y vigorosa literatura política sobre la obligación del soberano a someterse a la ley natural y a la ley de Dios.

Las bases sociales de la Monarquía

Apenas terminada la guerra civil castellana, los Reyes Católicos, que ya habían asentado la unidad de acción política a partir del compromiso conocido como la Concordia de Segovia (enero de 1475) y que además habían sabido potenciar los signos que permitían visualizar esa voluntad de gobierno conjunto, se creyeron en la necesidad de definir sus bases sociales de apoyo. Las primeras actuaciones en ese sentido se vieron facilitadas por la derrota de parte de la nobleza en el conflicto sucesorio, que permitió a los monarcas reforzar el concepto de una soberanía indivisible que no podía compartirse con ninguna otra instancia, así como proceder a refrenar las conductas nobiliarias consideradas más abusivas, mediante la revisión de las mercedes enriqueñas, la exigencia de devolución de las rentas reales enajenadas desde el comienzo de la agitación nobiliaria en el reinado anterior (concretamente, desde 1464), la destrucción de muchas fortalezas (sería el origen de las torres mochas, abundantes sobre todo en tierras extremeñas), la posterior transferencia a Fernando del maestrazgo de las órdenes militares (que eran una de las bases del poder material y militar de la nobleza) y la imposición de su arbitraje sobre las banderías nobiliarias, aunque esta última medida indica más bien la voluntad de acabar con las disfunciones creadas por las disensiones en el seno de la aristocracia. Porque, en efecto, a pesar de estas disposiciones, más espectaculares que efectivas, y pronto abandonadas en muchos casos, hay que convenir en que la política antinobiliaria de los Reyes Católicos es una *pertinaz leyenda*.

En realidad, los Reyes Católicos se mostraron generosos con los linajes que habían sido sus rivales en el transcurso de la guerra civil y procedieron a articular un tácito programa de acuerdo con la nobleza, que ofrecía, a cambio de su aceptación de la soberanía indiscutible de los monarcas y de la renuncia a sus pretensiones particulares de intervención pública en aras de la política general elaborada desde el nuevo centro de poder, la conservación y ampliación de los fundamentos de su situación privilegiada en la sociedad tardofeudal. Así, los Reyes Católicos favorecieron la estabilidad estamental de la nobleza (por ejemplo, mediante las leyes de Córdoba de 1492 sobre las pruebas de hidalguía), alentaron durante la guerra de Granada una participación nobiliaria que supieron recompensar y, sobre todo, sancionaron con las leyes de Toro de 1505 sobre el mayorazgo el mejor sistema de protección de los patrimonios nobiliarios. En efecto, el mayorazgo declaraba inalienable la propiedad de la nobleza (incluso frente al poder real, que no podía retrotraer los bienes cedidos ni podía confiscarlos salvo en casos muy excepcionales), permitía la inclusión del capital circulante (alcabalas y censos) y obstaculizaba frente a los colonos la cesión enfitéutica y los contratos a largo plazo. Al mismo tiempo, sin sanción legal, se permitió una nueva ofensiva feudal sobre las tierras: usurpación de los comunales, libertad en la contratación del trabajo agrícola, transferencia de lugares de realengo a la jurisdicción señorial, etcétera.

Esta política claramente favorable a los nobles se completó con la intervención real en los conflictos que enfrentaban a terratenientes y campesinos en buena parte de la geografía española. Tal vez haya que señalar como precedente de esta política la creación de la Santa Hermandad, nacida en las Cortes de Madrigal (1476) como una organización de policía que tenía como función genérica el restablecimiento del orden público, profundamente deteriorado durante los años de la guerra civil, pero que en la práctica se dedicó a la erradicación de la violencia contra personas y bienes en el ámbito rural, en un momento de intensa agitación antiseñorial en el campo.

En cualquier caso, los Reyes Católicos dieron una solución a los graves enfrentamientos campesinos que habían sacudido a lo largo de buena parte del siglo XV territorios tan distantes como Castilla, Galicia o Cataluña. En el primer caso, los solariegos obtuvieron en 1480 un decreto real confirmándoles en su condición de hombres libres, aunque la disposición no mejoró su situación económica. En Galicia, el triunfo del bloque feudal (señores laicos y eclesiásticos) sobre los campesinos en la segunda guerra de los *irmandiños* (1467-1469) sería ratificado por la acción pacificadora del gobernador Fernando de Acuña al término de la guerra civil. En Cataluña, las dos guerras (1461-1472 y 1484-1486) sostenidas por los llamados payeses de remensa (campesinos de condición servil sometidos a los llamados malos usos, es decir, a unas prestaciones particularmente insufribles) terminaron con la derrota militar de Llerona (marzo de 1485), que abrió la puerta a la Sentencia Arbitral de Guadalupe dictada por Fernando el Católico (abril de 1486), que si bien eliminó las cargas serviles y los malos usos, también sirvió, como en los casos anteriores, para perpetuar en Cataluña el régimen señorial amenazado por la revuelta armada.

El tópico que complementa la supuesta política antinobiliaria de los Reyes Católicos es el de su apoyo a las clases medias de las ciudades, en especial su propósito de hallar en el mundo urbano el contrapeso a las pretensiones de la nobleza y su preferencia por los funcionarios de extracción burguesa frente a la nobleza en el seno de la administración. En el primer caso, hay que admitir que es cierto que los grupos urbanos apoyaron en la guerra civil la causa de Isabel, confiando que su triunfo pusiese fin a la agitación feudal de la alta aristocracia (del mismo modo, por otro lado, que una parte de la nobleza vio en el fortalecimiento del poder real un seguro para evitar el desgaste de los enfrentamientos suicidas entre facciones y para mantener a raya a los descontentos), pero también es verdad que una vez concluida la contienda la nobleza dirigió una ofensiva (paralela a la desarrollada en el campo) contra las tierras y las rentas municipales, mientras las ciudades veían aumentar su carga impositiva para hacer frente a las crecientes necesidades de la Monarquía en el interior y en el exterior. Una concatenación de motivos que diseñan el contexto en que se producirían las Comunidades.

En el segundo caso, hay que comprender que el recurso a esas clases medias, intelectualmente preparadas para encargarse de la administración pública, respondía al doble propósito de los soberanos de apartar a los nobles de las instancias de poder y de garantizarse un personal profesionalmente cualificado para mover los engranajes de la nueva maquinaria del Estado absolutista. Sin embargo, los Reyes Católicos nunca soñaron en sustituir a un grupo por otro en los órganos de decisión política, sino tan sólo reservar a los letrados las áreas técnicas de la administración en beneficio de la mayor eficacia de su proyecto político.

Los instrumentos del absolutismo: el ejército y la diplomacia

La guerra civil castellana puede considerarse, en cierto sentido, un episodio del proceso de reordenamiento feudal de las fuerzas políticas procedentes de la Edad Media. En efecto, la opción de los Reyes Católicos consistió, como acabamos de ver, en articular un sistema de gobierno que permitiera acabar con las más graves disfunciones del sistema (enfrentamientos nobiliarios, guerras de banderías, levantamientos antiseñoriales en el campo) mediante la implantación de un régimen autoritario que impusiera el arbitraje entre las clases dominantes, sometiera al campesinado e integrara los intereses de las ciudades dentro de un proyecto común que consiguiera un amplio consenso social. Ese proyecto político exigía, además de las medidas señaladas en relación con la reacomodación de los diversos grupos, la creación de un nuevo aparato institucional centralizado compatible con las funciones de los órganos representativos tradicionales del reino, es decir, una profunda modernización del ejército, la hacienda y la administración en todos sus niveles.

La imposición de la autoridad regia en el interior y la política expansionista en el exterior exigieron la creación de los instrumentos adecuados, esto es, un ejército profesional y un cuerpo diplomático permanente. En ese sentido, si la guerra de Granada descansó todavía sobre las huestes señoriales y las milicias concejiles, las guerras de Italia permitieron consolidar ya un ejército moderno, basado en las coronelías organizadas por Gonzalo Fernández de Córdoba. Se trataba de grandes cuerpos de tropa (unos seis mil hombres) divididos en capitanías donde el peso del combate descansaba en los soldados de infantería dispuestos en formación cerrada y armados de pica, espada corta y rodela. La participación creciente de los arcabuceros y el apoyo de la caballería ligera completaban la eficacia militar de un nuevo modelo de ejército que constituirá el antecedente inmediato de los famosos tercios, destinados a mantener la supremacía militar española en los campos de batalla europeos hasta 1643.

La política exterior española, basada no sólo en la fuerza de las armas, sino también en la firma de acuerdos con las restantes potencias, exigió también la puesta en funcionamiento de un cuerpo de informadores y negociadores en las distintas cortes europeas. Así, los Reyes Católicos fueron los primeros en establecer embajadores permanentes en Roma, Venecia, Londres, Bruselas y Viena, adelantándose con ello a las restantes monarquías del momento e iniciando una práctica que habría de perfeccionarse con los soberanos de la casa de Austria.

Los instrumentos del absolutismo: la hacienda

El ejército precisaba de recursos económicos para el pago de los hombres, el armamento y la intendencia, hasta el punto de constituir con mucho la principal partida del gasto de la Monarquía de los Reyes Católicos, que también establecían aquí un precedente para los restantes titulares de la Corona española. Los soberanos no transformaron radicalmente el sistema heredado, pero supieron ordenarlo y racionalizarlo de tal modo que la eficacia quedaría demostrada tanto por el aumento sustancial de los fondos disponibles como por la perduración de sus fundamentos hasta el siglo XVIII. La base de la hacienda real fue la hacienda castellana, nutrida por una serie de ingresos ordinarios entre los que destacaban la alcabala (un impuesto del diez por ciento sobre todas las transacciones), los derechos de aduanas, el derecho de servicio y montazgo (pagado por la ganadería trashumante) y las rentas de los maestrazgos de las órdenes militares (las castellanas de Santiago, Alcántara y Calatrava, pues el de la aragonesa de Montesa no sería incorporado hasta 1585) desde su asunción por Fernando el Católico. Una segunda fuente de ingresos se derivó de las contribuciones que los monarcas se hicieron conceder por parte de la Iglesia en razón de su defensa de la verdadera fe y de su cruzada contra los musulmanes de Granada: las tercias reales (dos novenas partes del diezmo) y la cruzada, que constituyeron una forma de conseguir la contribución eclesiástica a los gastos del Estado sin violentar formalmente el estatuto privilegiado del estamento clerical que, al igual que la aristocracia, estaba exento de todo impuesto directo, pagado solamente por los pecheros, es decir por el estado llano. Finalmente, las Cortes podían conceder al rey de Castilla un servicio, una contribución extraordinaria que se hacía efectiva recurriendo a diversos tipos de expedientes contributivos que variaban en cada ocasión.

La administración de Hacienda pasó a depender de dos organismos centrales, la Contaduría Mayor de Hacienda (que llevaba el control de ingresos y gastos) y la Contaduría Mayor de Cuentas (que se reservaba la intervención de la gestión hacendística). Las dificultades de la recaudación efectiva se solventaron en el caso de algunos de los principales impuestos (singularmente las alcabalas y las tercias reales) mediante el recurso al sistema de encabezamiento, es decir mediante el pacto de una cantidad fija con las poblaciones afectadas. Del mismo modo, la mayor parte de las contribuciones eran adelantadas por unos asentistas o arrendadores de impuestos, que se encargaban posteriormente de su cobro a los contribuyentes, dibujándose así una práctica que habría de tener continuidad a todo lo largo de la época de los Austrias.

La Corona de Aragón mantuvo su particular sistema contributivo, que se basaba en la dualidad entre la hacienda del reino (regentada por organismos permanentes emanados de las Cortes y las generalidades o diputaciones) y la hacienda del rey, que se nutría tan sólo de los menguados recursos del patrimonio real (administrados por los bailes generales, y por el procurador general en Mallorca) y de los servicios votados en Cortes (también regentados por los representantes de los distintos reinos). Además existía la diferencia fundamental de que mientras la hacienda castellana contribuía a los gastos generales de la Monarquía, los ingresos de Aragón (excepto el impuesto de cruzada) eran destinados exclusivamente a las necesidades de los propios reinos, creando así una contraposición que habría de revelarse conflictiva en épocas posteriores, singularmente en el siglo XVII.

Los instrumentos del absolutismo: los órganos de gobierno

La centralización administrativa era la última exigencia del Estado Moderno. También en este caso, los Reyes Católicos fueron capaces de adaptar las instituciones heredadas a las nuevas necesidades, como ocurrió con el Consejo Real de Castilla, instrumento de gobierno que venía funcionando desde mucho tiempo atrás (1385) y que, reorganizado en las Cortes de Toledo de 1480, se convertiría en el organismo donde se adoptaban todas las medidas importantes de política interior y exterior y donde se decidían todos los nombramientos para los diversos cargos públicos, además de ejercer como tribunal supremo del reino. Esta pauta sería seguida en la Corona aragonesa, con la creación del Consejo Supremo de Aragón (1494), que en su ámbito concentraba parecidas atribuciones políticas, decidía igualmente sobre los nombramientos para cargos públicos y ejercía como tribunal de apelación. Aquí fue necesario además hacer frente a la cuestión de la frecuente ausencia del rey, que fue solventada merced a la creación de la figura del lugarteniente (1479, llamado más tarde virrey) y al nombramiento de gobernadores territoriales para cada uno de los Estados.

Si la composición de los consejos (con predominio abrumador de los letrados con formación universitaria sobre los miembros de la nobleza y el clero) denotaba ya la preferencia de los Reyes Católicos por los administradores profesionales frente a las clases privilegiadas tentadas siempre por la intervención directa en la vida política, esta tendencia se vería reforzada por el recurso permanente a los secretarios, también hombres «medianos» que servían de enlace entre la maquinaria de los consejos y la persona de los soberanos, ante los que podían adquirir un notable ascendiente. Y así, ambas piezas, el sistema de consejos y la figura del secretario, serían transmitidas por los Reyes Católicos a sus sucesores de la casa de Austria.

Si la administración real quedaba centralizada en los consejos y los secretarios, el órgano de representación del reino eran las Cortes. Las Cortes castellanas reunían a los tres estamentos, aunque la participación de la nobleza y del clero quedaba oscurecida por la de los procuradores de las dieciocho ciudades con voto (tras la incorporación de Granada en 1498), que se arrogaban la representación de todo el territorio. Las Cortes jugaron un papel de relieve en la adopción de importantes medidas de gobierno en algunos momentos en que el consenso debía ser lo más generalizado posible (como ocurrió, por ejemplo, en las Cortes de Toledo de 1480, a la salida de la guerra civil), pero en general fueron perdiendo peso en la marcha de la vida pública, sirviendo su convocatoria esencialmente para la jura de los soberanos y de los príncipes herederos y para la concesión de servicios que contribuyesen a aumentar la capacidad financiera de la Monarquía. En la Corona de Aragón, tampoco Fernando el Católico sintió la necesidad de una convocatoria regular de las Cortes, aunque se celebraron varias asambleas, tanto separadas como generales de la Corona, que cumplieron su cometido de dirimir agravios frente al rey o los funcionarios reales, votar el servicio y emitir capítulos y constituciones, entre ellas la famosa de la *Observança* de 1481, que ratificó el compromiso real de respetar los privilegios y los usos de Cataluña.

La reorganización de los órganos centrales de gobierno debía complementarse con la intervención en la administración local, fundamentalmente con el fin de transmitir la voluntad real a todos los rincones de los distintos reinos. En Castilla, la figura que representa esta presencia real en las provincias es el corregidor, que aparece como un verdadero gobernador en el territorio de su jurisdicción y como un verdadero alcalde que preside el principal municipio frente a los regidores que encarnan los intereses locales. Provistos de amplias atribuciones administrativas, judiciales y militares, como agentes de la política real su autoridad sufrirá las consecuencias de la política pronobiliaria de los Reyes Católicos, que terminará por enajenarles la confianza de la mayoría de los grupos urbanos.

En la Corona de Aragón, la presencia real en las ciudades estará garantizada por la actuación de los merinos, los *batlles* y los *veguers,* según los distintos estados. Además, Fernando el Católico mantendrá una política de intervención constante en el gobierno de las principales ciudades de sus territorios. En Barcelona, sus iniciativas más relevantes se dirigieron a modificar la composición del *Consell de Cent* en favor del grupo de los *cavallers* y los *ciutadans honrats* (aunque sin suprimir la participación de los restantes grupos sociales representados) y a establecer el régimen de insaculación (literalmente, sorteo entre los candidatos cuyos nombres estaban introducidos en un saco) para la elección de los principales cargos municipales (1498, después de que se hubiera aplicado a la Generalitat por un acuerdo de Cortes de 1493), como medio de erradicar los conflictos entre facciones y de crear una nueva clase dirigente en el seno de la ciudad. En Zaragoza y en Valencia, su actuación fue más autoritaria y sus decisiones fueron más discutidas, hasta el punto de prevalecer una valoración negativa sobre la incidencia de su gobierno en ambas ciudades, así como sobre el Reino de Mallorca, sumido en una profunda depresión económica y preso de la agitación social, de tal modo que lo que antes aparecía como la «excepción en su política reformista» ahora aparece como la regla, ya que incluso se llega a cuestionar su contribución al modesto *redreç* o recuperación de la capital del Principado en estos años.

La administración de justicia

La impartición de la justicia constituía el principal fundamento de la autoridad de los monarcas en las sociedades medievales, y esta imagen había de prolongarse a lo largo de los tiempos modernos. Por tanto, los Reyes Católicos buscaron también en la reorganización del aparato judicial una de las bases de su legitimación, al tiempo que uno de los instrumentos de la reafirmación de su soberanía. En ese sentido, las medidas más importantes fueron la potenciación de la corriente romanista del derecho que privilegiaba la legislación real frente a las fuentes jurídicas locales, el apoyo a las tareas de recopilación y edición del corpus legal existente (en especial, las *Ordenanzas Reales de Castilla,* publicadas por Alonso Díaz de Montalvo, 1484) y la instalación de una Chancillería en Valladolid (1489) y más tarde de otra en Ciudad Real (1494), transferida posteriormente y de modo definitivo a Granada (1505), como grandes tribunales de apelación del reino (con su ámbito de jurisdicción a uno y otro lado del río Tajo) situados entre las instancias ordinarias inferiores y el Consejo de Castilla. En la Corona de Aragón, este papel fue asignado a las audiencias de Zaragoza (1493), Barcelona (1493) y Valencia (1507), creadas como altos tribunales y consejos reales en los respectivos territorios que pronto fraguaron como organismos indispensables para el funcionamiento institucional de los distintos estados.

La unidad religiosa

Uno de los rasgos más visibles de la nueva monarquía de los Reyes Católicos fue su marcado carácter confesional. Es cierto que el proceso de secularización abierto en la conciencia europea por el humanismo y su adhesión a los valores de la cultura clásica fue asumido por las élites intelectuales y las clases dominantes de los distintos países a partir de su difusión desde Italia, pero también es verdad que esta corriente, que tendía a dotar de un contenido esencialmente laico y cívico a la vida pública, sería muy pronto contrarrestada por otra tendencia que basaba la legitimación del poder en su sometimiento a los mandatos de la religión cristiana y que inducía al poder político a intervenir en la vida privada de los súbditos para acomodarla a las exigencias de la verdadera fe.

Esta confesionalización de la política se dio de manera paradigmática en el reinado de los Reyes Católicos, que siempre enmarcaron sus actos en una orla de propaganda mesiánica y providencialista. Ésta fue la justificación de muchos de sus actos: la conquista de Granada significó esencialmente la derrota de los enemigos de la cristiandad, la expansión africana se realizó bajo el signo de la prolongación del espíritu de cruzada, la colonización de América encontró su legitimación en la evangelización de los indígenas. La concesión del título de Católicos por bula del papa Alejandro VI (1496) no fue otra cosa que la sanción de un proyecto obstinado de política cristiana.

En este contexto, pues, los soberanos estuvieron convencidos de que la unidad religiosa era consustancial con la unidad política del Estado moderno. Y de ahí se derivan otra serie de intervenciones de extraordinaria trascendencia: el impulso a la reforma del clero (tanto de la jerarquía como de las órdenes religiosas), el permanente intervencionismo en la vida eclesiástica (tanto en España como en las Indias), la organización institucional de la represión contra los enemigos de la fe (mediante la creación del Tribunal de la Inquisición) y, finalmente, la expulsión de los judíos y la presión sobre la comunidad musulmana, que también habría de resolverse con la expulsión, aunque ya un siglo más tarde.

La reforma del clero fue contemplada por los soberanos y sus colaboradores próximos como una premisa indispensable para asegurar la incorporación del estamento a su proyecto político. Especialmente hiriente parecía, por un lado, la situación del episcopado, muchos de cuyos miembros se mostraban proclives a las conductas escandalosas (concubinato, simonía) y al absentismo de sus diócesis, mientras, por otro, los monasterios y conventos adolecían asimismo de una profunda relajación disciplinar. La acción de los monarcas sólo pudo en el primer caso iniciar un proceso para controlar los nombramientos mediante la presión diplomática sobre Roma y expresar también aquí sus preferencias por los «medianos» frente a los vástagos de las grandes familias aristocráticas, para quienes las diócesis eran más una fuente de saneados ingresos que un espacio para el ejercicio de la acción pastoral. En el segundo caso, una primera etapa de resistencia romana dejó paso a la entente con Alejandro VI y a una mayor libertad de actuación, que permitió la reforma de las órdenes femeninas con la exigencia estricta de la clausura y el apoyo a la corriente de los observantes en las órdenes masculinas, especialmente entre los franciscanos. El empeño de Cisneros fue decisivo para llevar adelante un proceso que al final del reinado presentaba algunos avances pero también había cosechado muchos fracasos y finalmente se revelaba claramente insuficiente en sus resultados.

Si la reforma del clero pareció una exigencia de unos tiempos preocupados por la vigilancia de la ortodoxia, el fortalecimiento de la disciplina y el relanzamiento de la evangelización, los Reyes Católicos trataron asimismo de mantener con la Iglesia la unidad de acción obligada por la concepción confesional del Estado. Ahora bien, esta necesaria cooperación adoptó tempranamente en España la forma de un intervencionismo de corte regalista, que llevó a la Corona a arrogarse una importante serie de atribuciones en el orden eclesiástico. Así, los Reyes Católicos negociaron repetidamente con Roma el derecho de presentación de los obispos, que no obtendrían sino sus sucesores, mientras sí conseguían el regio patronato en el Reino de Granada, en las islas Canarias y en las Indias, lo que puso en sus manos la dirección de toda la vida eclesiástica (a través de la percepción de los diezmos, el nombramiento de los obispos, la dotación de las iglesias, la organización de la evangelización, etcétera) en los territorios recién incorporados. Además, a estas prerrogativas pronto sumarían los soberanos la oportunidad de disponer de otro instrumento de control religioso que, tras una breve disputa con el papado, acabaría situado también bajo su exclusiva autoridad, el Santo Oficio de la Inquisición.

La Inquisición

La Inquisición moderna aparece en el contexto de la conciencia antisemita de la comunidad cristiana española. Esta conciencia se había manifestado ya en la época bajomedieval, con los ataques a las aljamas que habían motivado un abundante número de conversiones de urgencia, duplicando el número de los enemigos, por la separación de los judíos y los conversos. También era medieval la creación de un primer aparato inquisitorial de fundación pontificia que en España había funcionado activamente en la Corona de Aragón. Los orígenes de la animadversión contra los judíos son complejos, pues entran en juego factores socioeconómicos (el ascenso de un floreciente grupo urbano especializado en actividades profesionales, comerciales y financieras, que suscitaba el recelo tanto de las clases populares como de la nobleza terrateniente), religiosos (el permanente estigma de la práctica de la religión de los responsables de la muerte de Cristo), culturales (el mantenimiento de unas señas de identidad propias, la resistencia al cambio de los hábitos cotidianos) y en definitiva racistas, como demuestran la persistencia del odio después de la conversión (con la permanente sospecha del criptojudaísmo), el establecimiento de los primeros estatutos de limpieza de sangre (al margen de la sinceridad de la conversión) y la incapacidad de asimilación de la existencia del otro en una sociedad intolerante con la alteridad.

La Inquisición nació como un tribunal destinado a preservar la ortodoxia entre las filas de los cristianos, respondiendo por tanto, en primer lugar, a la necesidad inmediata de vigilar la conducta de los conversos que pudieran haber mantenido en secreto la fidelidad a su antigua fe, pero de modo natural fue evolucionando hasta convertirse en un instrumento para el control ideológico en su sentido más amplio y, en general, para el mantenimiento del orden social y político del Antiguo Régimen. Una orientación que se fundamentaba principalmente en la atribución del nombramiento de los inquisidores no a la jerarquía eclesiástica sino a la Corona, lo que acentuaba su subordinación a los intereses de la Monarquía, mientras la extensión de su jurisdicción a todos los territorios (Castilla, Aragón, Granada, Navarra y América) hacían de ella otro instrumento al servicio de la unidad política. Instituida por bula del papa Sixto IV (noviembre de 1478), una primera etapa, caracterizada por la improvisación (actuación arbitraria de los inquisidores nombrados para Sevilla, 1482) y la resistencia (particularmente en la Corona de Aragón, donde se llegó hasta el asesinato del inquisidor Pedro de Arbués en Zaragoza, en 1485), se fue cerrando con la puesta en funcionamiento del Consejo de la Inquisición (creado en 1483), el nombramiento de Tomás de Torquemada como Inquisidor General para Castilla y Aragón (1484) y el establecimiento de tribunales en las distintas regiones hasta completar a final de siglo una tupida red repartida por los distintos reinos.

El funcionamiento procesal de la Inquisición se iniciaba con la aceptación de denuncias secretas, siguiendo con la detención preventiva del acusado, la confiscación de sus bienes, el juicio a puerta cerrada y la sentencia, absolutoria o condenatoria. La condena era leída en una solemne ceremonia (el famoso auto de fe), donde se detallaban las penas, las más graves de las cuales eran los azotes, la prisión perpetua, el servicio forzado en galeras y, en último extremo, la entrega del reo a la justicia civil para su ejecución en la hoguera (lo que se designaba con el eufemístico término de la relajación al brazo secular), tanto si el condenado estaba presente como si estaba ausente y era quemado solamente en efigie. Un procedimiento de este tipo llegó a crear naturalmente una atmósfera de miedo constante ante una delación secreta que podía conllevar la miseria (por la confiscación de los bienes), la infamia (por la publicación de la sentencia y la conservación de la memoria de la misma) y la muerte en la hoguera. Ante esta realidad, las alegaciones a su favor aducen la existencia de ciertas cautelas (la posibilidad de aportar testigos o de señalar enemigos como presuntos delatores), la actuación conforme al derecho natural y al derecho canónico (que implicaban una norma y un control), la racionalidad manifestada en ciertos casos (como en los de brujería, donde se tendió a encontrar conductas histéricas más que pactos satánicos), la aceptación social (atestiguada por la organización de una red de colaboradores voluntarios conocidos como familiares del Santo Oficio) y el número relativamente moderado de los procesos (ciento cincuenta mil para todo el periodo de vigencia del tribunal, más de tres siglos), aunque el conjunto de atenuantes apenas si corrigen la imagen de un instrumento represivo al servicio de la intolerancia, que actuó con excesiva libertad y autonomía, no ofreció garantías suficientes a los inculpados y generó un sentimiento de alerta permanente y de temor difuso en el conjunto de la sociedad. La Inquisición aparece así, aun dentro de su lógica interna de servicio a la unidad religiosa, como una pieza disonante en la historia moderna de España.

Una vez constituido el Santo Oficio, su actuación se centró en la erradicación del verdadero o falso criptojudaísmo, supuesto al que se fue incorporando la represión de otras heterodoxias, fundamentalmente en los reinados siguientes (moriscos, erasmistas, alumbrados, protestantes, etcétera). Ahora bien, después del periodo de gran intensidad persecutoria que significó el reinado de los Reyes Católicos y del silenciamiento de erasmistas y la supresión de alumbrados y protestantes (objetivo cumplido en 1560), los tribunales inquisitoriales, que, aunque desde la segunda mitad del siglo XVI no necesitaron mantenerse como hasta entonces con las multas y confiscaciones de bienes de sus víctimas (al serles asignadas fuentes de ingresos más estables), sí que precisaban de una actividad permanente que justificase su propia existencia, se vieron obligados a buscar una nueva clientela, que incluyó a los acusados de superstición, blasfemia, delitos sexuales (sodomía, incesto, bigamia, solicitación) y de desviaciones ideológicas (defensa de ideas subversivas y lectura y difusión de libros prohibidos), extremo este último que se revelaría sumamente fecundo en la época de la Ilustración.

La expulsión de los judíos

Una vez sometidos los conversos a estrecha vigilancia, los Reyes Católicos aprovecharon el fin de la guerra de Granada para dar una solución radical a la cuestión de los judíos que se habían mantenido fieles a la ley mosaica. En efecto, la conciencia de la radical imposibilidad de convivencia entre dos comunidades separadas por la fe se manifestaba de forma extremada en el caso de los judíos, que pese a su indiscutible hispanización ni siquiera eran considerados verdaderos súbditos por los monarcas y ni siquiera disfrutaban de los derechos políticos concedidos a los cristianos. La expulsión, que había venido precedida de la emisión de todo un arsenal de medidas discriminatorias (obligación de llevar sellos distintivos, segregación de las aljamas, etcétera), se decretó inmediatamente después de la toma de la capital granadina (marzo de 1492) y se realizó en el breve plazo de cuatro meses, que hubieron de emplearse en la liquidación de las pertenencias, en general malbaratadas por la urgencia y vendidas por papel ante la prohibición de la saca de metales preciosos, amonedados o no.

El número de los que prefirieron los caminos del exilio a la conversión forzada puede estimarse plausiblemente en más de cien mil personas, una cifra que no resulta demasiado relevante desde el punto de vista demográfico, pero que adquiere mayor significado si se atiende al criterio de la distribución regional (con mayor incidencia en la mitad meridional de la Corona castellana) o al impacto en el mundo de la economía urbana (importante para algunas ciudades) o a la valoración de la cualificación profesional, donde se debe incluir la pérdida de algunas personalidades ilustres, como el famoso cosmógrafo Abraham Zacuto o Jehudá Abrabanel, posteriormente conocido como León Hebreo y celebrado por sus famosos *Dialoghi di Amore*. Muchos desterrados buscaron un primer refugio en el vecino Reino de Portugal (de donde también volverían a ser expulsados más tarde), mientras otros alcanzaban destinos más lejanos, singularmente en el norte de África y en el Imperio Otomano, donde todavía algunas de las comunidades originadas por esta diáspora de los judíos sefardíes mantienen vivas su cultura y hasta la lengua castellana.

Los orígenes de la cuestión morisca

La conquista de Granada multiplicó tal vez por cinco el número de los musulmanes de los reinos hispánicos. En efecto, los mudéjares castellanos sumaban tal vez unos veinticinco mil (asentados principalmente en las regiones meridionales del reino), mientras que los mudéjares de la Corona aragonesa ascendían quizás a unos noventa mil desigualmente distribuidos entre la reducida colonia de Cataluña (unos cinco mil), la más nutrida del Reino de Aragón (unos veinticinco mil) y la más numerosa de todas del Reino de Valencia (unos sesenta mil). Los mudéjares granadinos se incorporaron en condiciones semejantes a las de las restantes comunidades, pues el avance cristiano en el reino nazarí se había visto favorecido (salvo alguna excepción, como la muy llamativa de Málaga, donde sus defensores fueron reducidos a la esclavitud) por una sucesión de capitulaciones que garantizaban a los vencidos no sólo la práctica de su religión, sino la conservación de sus bienes, de sus jueces y de sus hábitos culturales.

Ahora bien, semejante generosidad contrastaba poderosamente no sólo con el trato dispensado a los judíos, sino con la tendencia general de la política de unidad e intolerancia religiosa de los Reyes Católicos. De ese modo, al día siguiente de la toma de Granada se pusieron en marcha toda una serie de mecanismos de presión para obtener la conversión de los mudéjares. En un principio, el arzobispo Hernando de Talavera llevó a cabo una política de evangelización pacífica, convencido como estaba del poder de la verdad cristiana.

Sin embargo, los escasos frutos obtenidos movieron al cardenal Cisneros a organizar verdaderas campañas de conversión forzosa, primero de los *helches* o renegados granadinos (es decir, de los cristianos que habían abrazado el islam) y después del conjunto de la población musulmana, poniendo así el detonante para el estallido de una situación ya de por sí explosiva. Entre 1499 y 1501 se produjo en extensas zonas del reino granadino (el barrio del Albaicín, la comarca de las Alpujarras, las sierras de los Filabres y Níjar, la serranía de Ronda) una sublevación que sólo pudo ser reprimida al precio de penosas operaciones militares y que originó consiguientemente el exilio de nuevos contingentes de musulmanes al otro lado del estrecho de Gibraltar.

La rebelión de 1499-1501 tuvo como efecto derivado la supresión del estatuto de mudejaría en el Reino de Castilla. Como había ocurrido con la población judía, los musulmanes castellanos se vieron obligados a elegir entre la conversión o el destierro. Los que quedaron pasaron a ser conversos o moriscos, es decir llegaron a constituir, al lado de los judeoconversos, una nueva categoría de cristianos nuevos, susceptibles de engrosar las filas de las víctimas de la Inquisición, que sin embargo mantuvo frente a ellos una posición menos rigurosa e impaciente que frente a la minoría de origen hebreo. En todo caso, quedaban puestas así las bases de la cuestión morisca, que habría de aflorar de nuevo en los reinados de Carlos V (con la supresión definitiva del estatuto de mudejaría, en 1525), de Felipe II (con la guerra de las Alpujarras) y de Felipe III, con su definitiva expulsión ante la evidencia de la continuidad de sus prácticas y de la imposibilidad de asimilación por parte de la sociedad de los cristianos viejos.

La política de expansión

Los caminos de Aragón

Concluida la conquista de Granada, los Reyes Católicos orientaron su política expansiva en nuevas direcciones, con tal éxito que, al final del reinado, sus sucesores se encontraron no sólo con una comunidad peninsular unida, sino también con una serie de territorios extrapeninsulares que, vinculados jurídicamente de forma diversa a la Monarquía hispánica, constituían ya el gran imperio de los tiempos modernos. En este proceso, Aragón aportó su experiencia bajomedieval, manifestada en la política conducida personalmente por Fernando, que culminaría con la incorporación de los condados de Rosellón y Cerdaña (que permanecerían insertos en la Corona aragonesa hasta 1659) y del Reino de Nápoles, que se uniría así a las posesiones insulares de Sicilia y Cerdeña, heredadas del pasado), todas las cuales permanecerían igualmente vinculadas a los soberanos españoles hasta 1713. En el mismo capítulo cabe incluir las acciones diplomáticas para el aislamiento de Francia, que se completarían con la política matrimonial llevada a cabo con gran tenacidad a todo lo largo del reinado por los monarcas.

Apenas terminada la conquista de Granada, una iniciativa francesa permitió al rey Fernando la reincorporación de una vieja dependencia del Reino de Aragón, los condados de Rosellón y Cerdaña, enajenados en el fragor de la guerra civil del reinado de Juan II. En efecto, el rey Carlos VIII, necesitado para su proyecto de invasión del Reino de Nápoles de la neutralidad del monarca aragonés, rey de Sicilia y señor de Cerdeña, ofreció la devolución de aquellos territorios ultrapirenaicos a cambio del compromiso de Fernando de no intervenir en favor del soberano napolitano, su pariente como sucesor de Alfonso el Magnánimo. El Tratado de Barcelona (enero de 1493) refrendó formalmente el pacto, que permitió la movilización de las tropas francesas, inaugurando así un largo ciclo bélico conocido como las guerras de Italia, que se prolongarían más allá de mediados del siglo siguiente. Este primer episodio no tuvo, sin embargo, mayores consecuencias, pues, alegando que el ataque de los franceses al Papa le liberaba de sus compromisos, Fernando se alió a la Santa Liga promovida por la república de Venecia y el duque de Milán (marzo de 1495) y envió un cuerpo expedicionario al mando de Gonzalo Fernández de Córdoba, llamado el Gran Capitán, que obligó a las tropas galas que Carlos VIII había dejado tras de sí a capitular tras una penosa guerra de desgaste en la región de Calabria (1497).

El segundo acto de las guerras de Italia se saldó con un resultado aún más positivo para Fernando el Católico. El Tratado de Granada (noviembre de 1500) entre el monarca aragonés y Luis XII de Francia estipulaba ya directamente el reparto del reino napolitano entre ambos soberanos. Sin embargo, una vez más, la colaboración prevista se trocó en conflicto armado entre ambas potencias, dando lugar a una nueva intervención del Gran Capitán, que derrotó a las tropas francesas en las batallas de Ceriñola (abril de 1503) y Garellano (diciembre de 1503). El éxito militar fue refrendado por la diplomacia: el Tratado de Lyon (marzo de 1504) otorgaba al monarca aragonés el Reino de Nápoles, que se mantendría bajo el dominio español durante más de dos siglos.

Los caminos de Castilla

Si la política exterior de tradición aragonesa miró hacia los Pirineos (Rosellón, Navarra) y al Mediterráneo (Italia meridional), Castilla impulsó la prosecución de la Reconquista en el Norte de África, así como la expansión por el Atlántico (Canarias, América), mientras la política matrimonial de ambos soberanos tenía también en cuenta el fomento de las buenas relaciones con Portugal y con Inglaterra.

El espíritu de reconquista de los Reyes Católicos no se remansó con la conquista de Granada, sino que franqueó el estrecho de Gibraltar, tratando de alejar la posible amenaza de los Estados situados en la otra orilla, algunos de los cuales, como Marruecos, se había visto engrosado con los fugitivos de la guerra granadina, que restaurarían Tetuán, fundarían Xauen y se instalarían en otros muchos lugares. Ahora bien, la política africana de los soberanos no sólo se apoyaba en este sentimiento de cruzada, sino también en otras consideraciones, tanto militares (ocupar posiciones frente a un Imperio otomano que amenazaba Nápoles), como políticas (contrarrestar la influencia portuguesa en las áreas más occidentales, donde había ocupado Ceuta y Tánger) y comerciales (establecer un tráfico estable con Berbería, centralizado en Cádiz, con la pretensión de alcanzar por esa vía los productos subsaharianos). El primer éxito militar sería también el más duradero: la ocupación por el duque de Medinasidonia del abandonado núcleo de Melilla (1497), que sólo más tarde, tras ser convenientemente fortificado, quedaría bajo el control directo de la Monarquía (1556). Tras un periodo de ralentización, las operaciones militares se reemprendieron con nuevo brío durante los años de las regencias de Fernando, al tiempo que se desplazaban hacia las áreas más orientales: conquista de Mazalquivir (1505), Peñón de Vélez de la Gomera (1508 y, definitivamente, 1564), Orán (1509), Bugía (1510) y Trípoli (1510). Organizada la ocupación como un cinturón de presidios o plazas fuertes dotadas de guarnición, el aislamiento de tales puestos avanzados y la falta de control del traspaís los hicieron muy vulnerables, de modo que algunos se perdieron a lo largo del siglo XVI (Trípoli y Bugía), aunque no Mazalquivir ni Orán (conservados durante casi tres siglos y cuya fisonomía todavía recuerda su pasado español), ni tampoco el Peñón de Vélez de la Gomera y Melilla, que han seguido permanentemente bajo soberanía española, la última sin interrupción durante cinco siglos.

Si el Tratado de Alcáçovas, que había obligado a Castilla a renunciar a las expediciones a Guinea (emprendidas por iniciativa del duque de Medinasidonia al calor de la participación portuguesa en la guerra civil), había por el contrario exceptuado a las Canarias de la exclusión de los castellanos del continente africano, la razón no fue otra que la efectiva implantación de una serie de vasallos castellanos en aquel archipiélago desde mucho tiempo atrás. En efecto, si el descubrimiento de Lanzarote databa de principios del siglo XIV (por Lancelotto Malocello, 1312) y si durante la misma centuria se contabilizaron ya algunas expediciones mallorquinas, vizcaínas y andaluzas, además de portuguesas, al archipiélago, la verdadera conquista se había iniciado a comienzos del siglo XV por obra de los caballeros normandos Jean de Béthencourt y Gadifer de La Salle, quienes se habían puesto bajo la protección de Enrique III de Castilla. Y así, tras una serie de incidencias, el archipiélago había llegado a estar bajo el señorío de una serie de súbditos de los monarcas castellanos, hasta que los Reyes Católicos (antes incluso de la conclusión de la guerra civil) rescataron sus derechos sobre las islas mayores (llamadas también desde ahora reales) de Gran Canaria (ocupada en 1483 por Juan Rejón y Pedro de Algaba), La Palma (ocupada por Juan Fernández de Lugo en 1492) y Tenerife (conquistada por el mismo, con el título de adelantado, en 1496).

La conquista de las Canarias posee un gran significado. Por un lado, constituiría el banco de pruebas de la futura conquista de América: sistema de capitulaciones de los soberanos con particulares, sometimiento de los indígenas (guanches de Tenerife, bimbaches del Hierro y habitantes de las restantes islas), empleo alternativo de la fuerza o la negociación con los jefes o guanartemes (integrados y evangelizados), declive de los pobladores aborígenes (diezmados por las epidemias o vendidos como esclavos), establecimiento de las instituciones castellanas e introducción de nuevos cultivos (particularmente caña de azúcar). Por otro lado, la situación geográfica del archipiélago le confería una función de portaaviones en relación con las futuras exploraciones dirigidas rumbo a las regiones más occidentales, que se beneficiarían, además, de su enclave en el callejón de los alisios que desembocaba directamente en el mar de las Antillas. Finalmente, la conclusión de la conquista permitió la reconstrucción, con objetivos comerciales, de la fortaleza de Santa Cruz de la Mar Pequeña, construida durante la etapa anterior de la instalación española, muy cerca del territorio que más tarde se denominaría Ifni (1496). En cualquier caso, la consecuencia más importante sería la incorporación definitiva de las islas Canarias a la comunidad española, de la que a partir de entonces habría de formar parte de modo permanente.

El descubrimiento de América

Aunque el Tratado de Alcáçovas había negado explícitamente a Castilla la posibilidad de explorar la costa africana y de alcanzar las tierras de la India y de los países productores de especias, el reconocimiento de sus derechos sobre las Canarias y el silencio sobre las exploraciones en dirección a occidente permitirían a los Reyes Católicos atender el plan que les sería presentado por un navegante genovés llamado Cristoforo Colombo (Cristóbal Colón) y que concluiría con el descubrimiento y colonización de un nuevo continente, América, y más allá, con la instalación española en tierras de Asia (Filipinas) y Oceanía (Marianas y Carolinas).

El descubrimiento de América fue posible gracias a la aplicación a la navegación atlántica de una serie de adelantos técnicos puestos a punto a fines del siglo XV (singularmente la brújula, el astrolabio y la carabela), pero el proyecto que permitiría la efectiva incorporación del Nuevo Mundo fue concebido por Cristóbal Colón, quien tuvo la idea original (aunque estuviera basada en cálculos equivocados) de alcanzar las Indias navegando en dirección a occidente, una propuesta que encontró buena acogida en la corte de los Reyes Católicos, por cuanto (a pesar de sus debilidades científicas) ofrecía una solución a las ansias castellanas de expansión atlántica sin violar las cláusulas del Tratado de Alcáçovas, que no había previsto esta ruta alternativa a la que llevaría a los portugueses a las costas asiáticas. De este modo, las capitulaciones firmadas por los Reyes Católicos en el campamento de Santa Fe (cerca de Granada, abril de 1492) autorizaron la expedición, otorgando a Colón los títulos de virrey y almirante y los derechos sobre la décima parte de las tierras que fuesen descubiertas, al tiempo que facilitaban los medios financieros (básicamente dinero tomado en préstamo de las rentas de la Santa Hermandad que tenía arrendadas el converso valenciano Luis de Santángel junto al genovés Francisco de Pinelo, sumado a alguna cantidad allegada por el propio Colón a partir de sus amigos andaluces, genoveses y florentinos) y la colaboración de los armadores onubenses (en particular, de los hermanos Martín Alonso y Vicente Yáñez Pinzón), fundamental para la organización de la expedición (compuesta por una nao y dos carabelas) que zarparía el mismo año del puerto de Palos (agosto de 1492).

La llegada de Colón, después de algo más de dos meses de navegación (octubre de 1492), a la isla de Guanahaní (bautizada San Salvador, en las Bahamas, seguramente la actual Watling), significó el descubrimiento de un Nuevo Mundo (aunque para el almirante siguiera siendo Asia o la India, la antesala del Cipango y el Catay de Marco Polo), hecho que desató inmediatamente un conflicto diplomático con Portugal, que se solventó con la emisión por parte del papa Alejandro VI (un Borja, un hombre de la Corona aragonesa) de las famosas bulas (mayo de 1493) concediendo a los soberanos todas las tierras halladas a 100 leguas al oeste de las islas de Cabo Verde y, finalmente, con la firma del Tratado de Tordesillas (junio de 1494), que establecía el definitivo reparto del ámbito de las exploraciones entre España y Portugal, fijando la divisoria en una línea imaginaria situada de norte a sur a 370 leguas al oeste de las islas de Cabo Verde. Este acuerdo reservaba América para España (aunque permitía el asentamiento lusitano en Brasil, que se haría efectivo después de la arribada de Pedro Álvarez Cabral, abril de 1500), a cambio de garantizar la expansión portuguesa por Asia y las islas de las especias (aunque no evitaría el contencioso por la posesión de las Molucas, solventado durante el reinado de Carlos I).

Las exploraciones fueron seguidas durante el reinado de los Reyes Católicos, tanto por el propio Colón, que completaría su ciclo de cuatro expediciones, como por otros navegantes, los protagonistas de los llamados viajes menores. A comienzos de la década siguiente se había recorrido todo el perímetro del mar Caribe y se habían ocupado las islas de Cuba, Santo Domingo, Puerto Rico, Jamaica y algunas de las Antillas menores. Y aun antes de la muerte de Fernando el Católico, Vasco Núñez de Balboa atravesaría el istmo de Panamá alcanzando el océano Pacífico (septiembre de 1513). La ocupación abrió la posibilidad de iniciar la colonización de los territorios, que se revelaron pobres en recursos con la salvedad del oro, que empezó a ser explotado intensivamente con el concurso de la mano de obra indígena, un factor más que explica el rápido declinar de la población autóctona. De este modo, aunque Isabel la Católica se negó desde el primer momento a la esclavización de los indios, el régimen de trabajo forzado y las encomiendas o repartos de contingentes al servicio de los descubridores provocaron el primero de los numerosos incidentes generados por la incompatibilidad entre los intereses materiales de los colonizadores y las exigencias morales de los evangelizadores más celosos: el famoso sermón del dominico Antonio de Montesinos en la Navidad de 1511 no evitó la lógica de la explotación económica de las tierras recién adquiridas, pero obligó a la promulgación de las Leyes de Burgos (diciembre de 1512), que trataban de arbitrar soluciones de compromiso que aliviasen la situación de la población amerindia.

Al mismo tiempo que se iniciaba la colonización americana, se vio la necesidad de establecer una sistema que regulase los intercambios mercantiles entre la metrópoli y el Nuevo Mundo. Después de algunas vacilaciones, el tráfico fue centralizado en Sevilla, ciudad que reunía las condiciones geográficas y económicas idóneas: las de poseer un puerto de fácil control, constituir una próspera plaza mercantil y disponer de un rico traspaís capaz de garantizar el abastecimiento de las tripulaciones y la exportación de productos agrícolas. La organización se encomendó a la Casa de la Contratación, una institución que, regida por el arcediano de la catedral sevillana, Juan Rodríguez de Fonseca, se ocuparía no sólo de las cuestiones administrativas, sino también de las técnicas concernientes a la navegación, puestas bajo la dirección del piloto mayor, un cargo que sería desempeñado por expertos de la talla de Juan de la Cosa y Américo Vespucio (Amerigo Vespucci). Y a partir de entonces, la Casa de la Contratación y el sistema monopolista de puerto único así establecido funcionarían de modo ininterrumpido durante casi tres siglos. De este modo, el descubrimiento de América significaba para la Monarquía hispánica no sólo la incorporación de un territorio, sino la posibilidad de explotar en su beneficio un continente que, tras unos primeros pasos inciertos, se revelaría como un depósito de inmensas riquezas capaces de sostener un Imperio.

Las consecuencias de la política matrimonial

Capítulo aparte merece la política matrimonial de los Reyes Católicos, sobre todo por las consecuencias que habría de tener para la Monarquía hispánica durante los dos siglos siguientes.

Los Reyes Católicos utilizaron de modo perfectamente sistemático este mecanismo para aproximarse a Portugal, Inglaterra y Borgoña, con el triple fin de conseguir la unidad de todos los reinos ibéricos, de aislar a Francia y de consolidar sus posiciones en el Mediterráneo. Así, casaron a su primogénita, la infanta Isabel, primero con el heredero de Portugal y a su muerte con el nuevo rey, Manuel el Afortunado, que, tras la muerte de su esposa y del fruto de su matrimonio (el príncipe Miguel, que hubiera unido todos los reinos ibéricos), contraería nuevas nupcias con la infanta María, también hija de los Reyes Católicos. Aunque la unión ibérica no fue entonces posible, el enlace permitiría a Felipe II reclamar con éxito los derechos a la Corona de Portugal y ser proclamado soberano del vecino reino en 1580.

Del mismo modo, como instrumento para reforzar la alianza concertada con Inglaterra por el Tratado de Medina del Campo (marzo de 1489), la infanta Catalina contraería matrimonio con Arturo, príncipe de Gales, y a su muerte con el nuevo heredero, el príncipe Enrique, el futuro Enrique VIII. En este caso, el enlace serviría a los fines inmediatos de garantizar la amistad entre los dos Estados y de salvaguardar los intereses comerciales comunes. Finalmente, el doble enlace de Margarita y Felipe, hijos de María de

Borgoña y del emperador Maximiliano de Austria, con el primogénito Juan y la infanta Juana traería la consecuencia prevista (pero por caminos imprevistos, debido a la temprana muerte del príncipe Juan) de hacer recaer las herencias castellana, aragonesa, borgoñona y austriaca sobre el hijo de Felipe y Juana, el futuro Carlos I.

LOS REYES CATÓLICOS

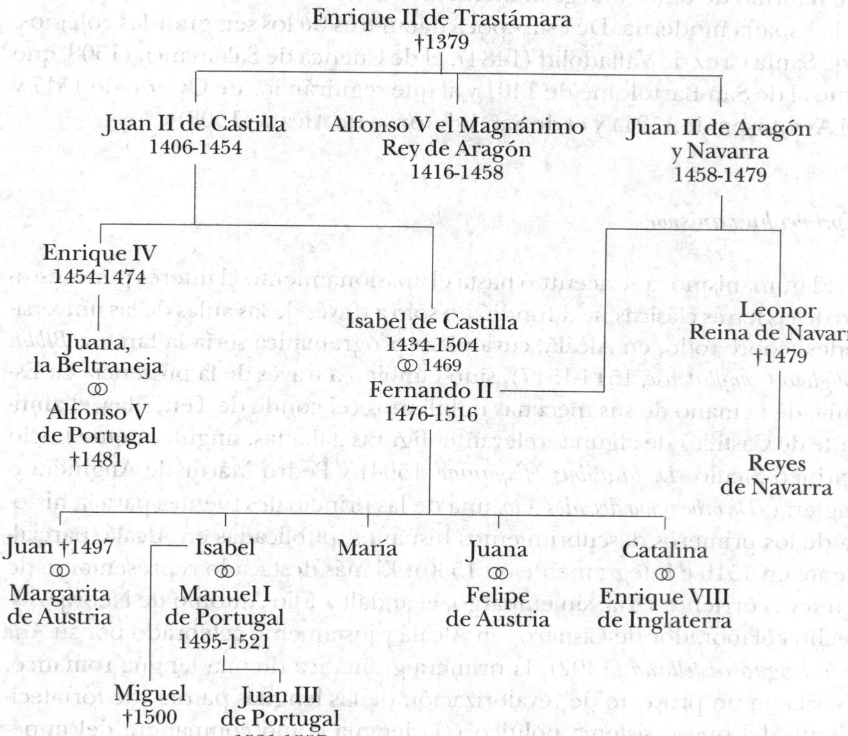

LA PRODUCCIÓN CULTURAL: EL OTOÑO DE LA EDAD MEDIA

El extraordinario dinamismo económico y político de la época no podía dejar de reflejarse en el mundo de la producción cultural. La difusión del saber continuó esencialmente en poder de las universidades y de los centros vinculados a las órdenes religiosas, al tiempo que la imprenta ponía al alcance de un público cada vez más numeroso una creciente cantidad de libros a medida que se multiplicaban los talleres en las distintas ciudades españolas, tanto en la Corona de Aragón (Zaragoza, Valencia, Barcelona) como en la de Castilla (Sevilla, Salamanca, Zamora, Burgos, Toledo, Alcalá). Si las universidades más prestigiosas ya se habían erigido en épocas anteriores (Salamanca y Valladolid en el siglo XIII, Huesca y Lérida en el siglo XIV), ahora se da un decidido impulso a la fundación de nuevos centros, tanto en la Corona de Aragón (Estudio General Luliano en Palma de Mallorca y Universidad de Valencia), como en tierras castellanas (Universidad de Sevilla y, sobre todo, Universidad de Alcalá, la creación del cardenal Cisneros, plenamente inserta en la tradición de renovación teológica y humanista que se vivía en otras regiones europeas). También en Castilla se desarrolló el sistema de los colegios mayores, fundaciones para el mantenimiento de estudiantes sin recursos, que habrían de tener una gran incidencia en el futuro de la vida intelectual de la España moderna. De esta época datan tres de los seis grandes colegios: el de Santa Cruz de Valladolid (1484), el de Cuenca de Salamanca (1508, que sigue al de San Bartolomé de 1401 y al que seguirán los de Oviedo de 1517 y del Arzobispo de 1521) y el de San Ildefonso de Alcalá (1508).

El primer humanismo

El humanismo, que acentuó hasta el apasionamiento el interés por el estudio de las letras clásicas, se difundió no sólo a través de las aulas de las universidades (sobre todo, en Alcalá, cuya pieza programática sería la famosa *Biblia Políglota Complutense,* 1514-1517), sino también a través de la presencia en España, de la mano de sus mecenas nobiliarios (el conde de Tendilla y el almirante de Castilla) de algunas relevantes figuras italianas, singularmente Lucio Marineo Sículo *(De laudibus Hispaniae,* 1504) y Pedro Mártir de Anghiera o Anglería *(De orbe novo decades octo,* una de las principales fuentes para la historia de los primeros descubrimientos hispanos, publicadas en Alcalá, parcialmente en 1516 e íntegramente en 1530). El más destacado representante de la nueva corriente sería, sin embargo, el andaluz Elio Antonio de Nebrija, estrecho colaborador de Cisneros en Alcalá y justamente celebrado por su *Arte de la lengua castellana* (1492), la primera gramática de una lengua romance, inscrita en un proyecto de revalorización de las lenguas patrias, de fortalecimiento del nuevo sistema político («la lengua como compañera del imperio») y de unificación lingüística en apoyo de la unidad territorial, política y religiosa que estaban a llevando a cabo los Reyes Católicos.

A su servicio pusieron también los monarcas una serie de cronistas que, de formación y estilos muy diferentes, supieron dejar en su conjunto un valioso testimonio de la historia coetánea. Algunos de ellos tuvieron una comisión oficial, como Alonso de Palencia (cuyas *Décadas* se centran en el reinado de Enrique IV), Diego de Valera (cuya obra responde todavía a una concepción plenamente medieval), Hernando del Pulgar (cuya crónica, de estilo humanista, aparece marcada por la influencia de Tito Livio) y Elio Antonio de Nebrija, más conocido por otras vertientes de su actividad. Otros trabajaron por su cuenta, aunque siempre estuvieron ligados a la corte, como Andrés Bernáldez, el cura de Los Palacios, considerado como el último cronista medieval, antes de la eclosión de la historia humanista representada por el ya citado Pedro

Mártir de Anglería o por Lorenzo Galíndez de Carvajal. A su lado deben situarse, además, las crónicas de Indias, obra de hombres que, al enfrentarse con la nueva realidad americana, convierten la vieja tradición medieval en un género diferente: el *Diario del primer viaje* de Cristóbal Colón (copiado por Bartolomé de Las Casas) y las *Quatuor Americi Vespucii Navigationes* de Américo Vespucio (aparecidas en 1507), sin tener todavía el nombre, pueden, sin embargo, considerarse las primeras de estas crónicas.

En el terreno de la creación literaria, la época produjo también algunas grandes obras. Si el mayor poeta en lengua catalana de todos los tiempos, el valenciano Ausiàs March, había ya desaparecido en 1459 (por más que su obra continuara reeditándose), el mayor poeta castellano del siglo, Jorge Manrique, publicaría su más famoso poema (las *Coplas a la muerte de su padre, el maese don Rodrigo)* en los comienzos del reinado de Isabel, en 1476. Los mayores éxitos literarios del momento fueron, sin embargo, la novela sentimental *Cárcel de Amor* (1492) de Diego de San Pedro, la obra dramática *Tragicomedia de Calixto y Melibea* (conocida como *La Celestina,* 1499) de Fernando de Rojas (sin duda la obra maestra del reinado) y la novela de caballería *Amadís de Gaula* (1508) de Garci Alonso de Montalvo.

Del gótico al Renacimiento

La Monarquía, la Iglesia y la nobleza rivalizaron en su mecenazgo para con humanistas, escritores y artistas. Fruto de ello fue una rica floración de la creación artística en todas sus vertientes, expresada en un lenguaje que combinaba las formas del gótico tardío, el estilo mudéjar y las novedades renacentistas. La prosperidad económica y las relaciones mercantiles y políticas con Italia y con el norte de Europa atrajeron a numerosos artistas italianos, alemanes, flamencos y franceses a tierras españolas. Sus nombres son inseparables de una historia del arte del periodo: Juan Guas, Enrique Egas, Simón de Colonia, Juan de Flandes, Gil de Siloé, Lorenzo Mercadante de Bretaña, Domenico Fancelli y otros muchos dejaron en su tierra de adopción lo mejor de su genio artístico.

Aunque resulta difícil ofrecer el catálogo de las muchas obras de consideración acometidas en el periodo, hay que destacar entre las grandes empresas la construcción de las últimas catedrales góticas, como la de Sevilla, finalizada durante el reinado, o las de Salamanca, Plasencia y Segovia, iniciadas ahora. Por otro lado, la fórmula estilística que simboliza mejor que ninguna el carácter de la época es el llamado estilo Isabel, que aparece como el estilo oficial, representado sobre todo en las edificaciones de iniciativa real (la cartuja de Miraflores de Burgos, fundación de Juan II concluida ahora, el monasterio de San Juan de los Reyes de Toledo, las iglesias de los conventos de Santo Tomás de Ávila y de San Pablo de Valladolid y el colegio de San Gregorio, también en Valladolid), en todas las cuales se impone el uso reiterado de los símbolos y emblemas de la nueva Monarquía y la exuberancia decorativa, que se manifiesta especialmente en sus fachadas-retablos. Más sobrias aparecen otras construcciones funcionales, como los hospitales de principios de siglo, tanto los reales de Santiago y Granada como el de Santa Cruz de Toledo, fundado por Pedro González de Mendoza, el Gran Cardenal. Finalmente, las obras emprendidas al final de la época por el cardenal Cisneros (en Toledo y en Alcalá) buscarán su inspiración en la tradición constructiva y decorativa islámica.

Entre las construcciones debidas al mecenazgo nobiliario, si los Velasco se mantienen fieles al gótico flamígero (capilla del Condestable en la catedral de Burgos), los Mendoza introducen ya las nuevas formas italianas, tanto en el Colegio de Santa Cruz de Valladolid (que patrocina el Gran Cardenal y que constituye quizás el primer monumento renacentista español), como en el palacio de los duques del Infantado en Guadalajara o el cercano de Cogolludo (construido para residencia de la esposa de Rodrigo de Mendoza, hijo del Gran Cardenal), mientras los Ribera combinan la pasión italiana con el estilo mudéjar e incluso con los últimos fulgores del gótico final en su palacio sevillano conocido como Casa de Pilatos.

Y naturalmente, las restantes artes acuden a decorar los monumentos arquitectónicos. La escultura se ilustra con los esplendores tardogóticos de Gil de Siloé en la cartuja de Miraflores de Burgos (retablo mayor y sepulcros de Juan II e Isabel de Portugal y del príncipe Alfonso), pero también con el arte ya plenamente renacentista del italiano Domenico Fancelli, muy vinculado a la corte de los soberanos, como demuestran sus principales obras: el sepulcro del príncipe Juan en el convento de Santo Tomás de Ávila (1513) y el sepulcro de los Reyes Católicos en la capilla Real de la catedral de Granada (1517).

La pintura tiene como máximos representantes a Fernando Gallego (autor del retablo de San Ildefonso de la catedral de Zamora y de los frescos que decoran la bóveda de la biblioteca de la Universidad de Salamanca, 1590), Juan de Flandes (exquisito pintor en toda sus obras, como puede apreciarse en las tablas del retablo mayor de la catedral de Palencia) y Pedro Berruguete, que combina las influencias flamencas e italianas dentro de un espíritu tradicional, como se manifiesta en sus retablos de la catedral y del convento de Santo Tomás de Ávila, así como en la tabla del *Auto de Fe* del museo del Prado, famosa sobre todo por su valor iconográfico. La misma combinación de belleza artística e interés iconográfico se halla presente en la no menos famosa *Virgen de los Navegantes* del pintor probablemente alemán Alejo Fernández, que en Sevilla marca la transición con el periodo siguiente.

E incluso otras artes decorativas pueden presentar nombres ilustres, como el ceramista Niculoso Pisano (que realiza el altar de la capilla de los Reyes Católicos en el alcázar de Sevilla), el rejista Francisco de Salamanca (que ejecuta las rejerías de la cartuja de El Paular), el retablista maestro Dancaert (autor del monumental retablo mayor de la catedral hispalense) o el orfebre Enrique Arfe (autor de las custodias monumentales de las catedrales de Burgos y Toledo).

En la Corona de Aragón, el estilo gótico aún se prolonga por más tiempo, produciendo sus últimas obras maestras, particularmente en la arquitectura civil: los edificios del Consell de Cent y de la Generalitat de Barcelona o la lonja de Valencia. En el terreno de la escultura, es sintomática la evolución del más importante creador del periodo, el valenciano Damián Forment, que esculpe en estilo gótico su portentoso retablo del Pilar de Zaragoza (1509-1515), mientras asume las formas renacentistas en el no menos admirable retablo de la iglesia del monasterio de Poblet, realizado ya en pleno reinado de Carlos I (1527-1529). La pintura gótica, que tan excelentes creaciones había producido en el estilo gótico internacional, también ofrece ahora sus últimas obras maestras, singularmente en Cataluña las debidas a Jaume Huguet (cuyos retablos conservados corresponden, sin embargo, al periodo inmediatamente anterior, pese a la fecha de su muerte en 1492) y al artista de origen cordobés pero activo en distintas ciudades de la Corona de Aragón Bartolomé Bermejo, autor de la monumental *Piedad del canónigo Desplá* de la catedral de Barcelona. Por el contrario, es ya plenamente renacentista la magnífica *Virgen del caballero de Montesa,* conservada en el museo del Prado, obra del pintor italiano del círculo levantino del cardenal Borja Paolo de San Leocadio.

Finalmente, también la música se cultivó en ambos reinos, donde los soberanos mantuvieron en activo sendas capillas reales, que serían fundidas en una sola capilla real española por Fernando a la muerte de Isabel. La música profana de la época puede apreciarse a través del famoso *Cancionero de Palacio* (conservado en el Palacio Real de Madrid y publicado en 1890), con sus más de 450 piezas, entre las que destacan las del también autor dramático Juan del Encina. Finalmente, algunos notables músicos (como Juan de Anchieta o Francisco de Peñalosa) señalan la transición a la época siguiente, sin duda el siglo de oro de la música española.

La expansión del siglo XVI

La llegada de Carlos I a la playa de Tazones, cercana a la localidad asturiana de Villaviciosa (septiembre de 1517), marca el inicio no sólo de un nuevo reinado, sino de una nueva etapa de la historia de España. El siglo XVI se caracteriza en el terreno de la política interior por la consolidación del Estado Moderno (con el perfeccionamiento de su sistema institucional), en el terreno de las realidades socioeconómicas por los efectos de una coyuntura favorable que se dilata hasta las postrimerías de la centuria (perceptible en el auge de los distintos sectores y en la relativa movilidad social), en el terreno de la vida cultural por la extraordinaria creatividad de la primera etapa del llamado Siglo de Oro (la etapa correspondiente al Renacimiento) y en el terreno de la política exterior por el despliegue imperialista apoyado en la herencia territorial de Carlos I y financiado por la plata procedente de América.

Si el conjunto de la centuria puede entenderse por tanto bajo el signo de la expansión (económica, social, institucional, cultural, imperial), en oposición a un periodo de declive representado por el siglo XVII, esta época, conocida también por el mismo motivo como la de los Austrias Mayores, admite una división en dos mitades, siguiendo aproximadamente la línea de los dos reinados de Carlos I y Felipe II: la primera está dominada por los compromisos europeos de un soberano que era al mismo tiempo Carlos V, es decir, el titular del Sacro Imperio, mientras que durante la segunda la política exterior responde más a los intereses de una Monarquía hispánica que ha asumido los presupuestos de la defensa de la religión católica junto a los de su propia reputación como primera potencia mundial.

La elección imperial de Carlos V y la crisis interna

Carlos V reunió en su persona la herencia de sus cuatro abuelos. Así pasó primero a ser titular de los estados del ducado de Borgoña (los Países Bajos y el Franco Condado, 1516), antes de que la muerte de Fernando el Católico (enero de 1516) le otorgase la titularidad de los reinos de Castilla con sus pertenencias (Canarias, Indias, presidios del norte de África) y de Aragón con sus pertenencias (Nápoles, Sicilia, Cerdeña), mientras que la muerte del emperador

Maximiliano (1519) le daría la soberanía sobre los territorios patrimoniales de Austria (Alta y Baja Austria, Estiria, Carintia, Carniola, Tirol y Vorarlberg) y los derechos a la Corona imperial.

A la llegada a España de Carlos, se planteó el problema constitucional de la titularidad de su madre, Juana, al trono de Castilla, que fue solventado con el reconocimiento de ambos como soberanos hasta la muerte de la reina (1555), del mismo modo que la dificultad práctica de la preferencia de algunos sectores aragoneses por su hermano Fernando (educado en España y no en Flandes) se resolvió con la salida de éste fuera de España y la posterior cesión por parte de Carlos de los territorios austriacos en su favor (1521). Las Cortes de Valladolid (febrero de 1518) reconocieron al nuevo soberano como rey de Castilla, mientras las Cortes de Zaragoza lo juraban como rey de Aragón (enero de 1519). De Zaragoza, Carlos se trasladó a Barcelona, en cuya catedral celebraría el solemne capítulo de la Orden del Toisón de Oro y donde le llegaría la noticia primero de la muerte de su abuelo Maximiliano y después de su elección como Rey de Romanos, Emperador del Sacro Imperio Romano-Germánico (que se había producido a finales de junio de 1519).

Estos hechos, que tendrían gran importancia no sólo para la futura trayectoria política de Carlos V, sino para la historia de España, significarían una alteración del programa previsto para esta toma de contacto de un rey extranjero con sus nuevos súbditos. El soberano hubo de marchar precipitadamente, sin celebrar Cortes en el Reino de Valencia, hacia Castilla, donde convocaría Cortes con el fin de obtener el servicio necesario para hacer frente a los gastos de la elección imperial y del viaje que había de emprender inmediatamente para su coronación en Aquisgrán (que tendría lugar en octubre de 1520). Las Cortes de Santiago, transferidas a La Coruña (de donde zarparía Carlos, en marzo de 1520), se vieron agitadas por la resistencia de los procuradores a conceder el servicio (que sería finalmente votado) y por la insistencia (ya manifestada en las Cortes de Valladolid) en exigir un gobierno de naturales, frente a la realidad de un rey que abandonaba su reino tras apenas haber sido jurado como soberano para ir en pos de una dignidad superior, que había promovido a los más altos honores a sus consejeros flamencos (presididos por Guillaume de Croy, señor de Chièvres, quien en su corta estancia se había manifestado como hombre codicioso y desconsiderado) y que dejaba como regente a otro extranjero, su tutor, el humanista Adriano de Utrecht, recientemente designado obispo de Tortosa y que sería más tarde elegido papa con el nombre de Adriano VI. De este modo, apenas producida la partida del nuevo emperador, las ciudades castellanas iniciaban un movimiento de contestación que bien puede calificarse de revolucionario.

Si el detonante para la revuelta de las Comunidades fue la agresión a los sentimientos protonacionales de los grupos urbanos dominantes (es decir, el patriciado y la burguesía), que se resistían al abandono del reino por parte del monarca, al expolio fiscal en favor de las aspiraciones imperiales, a la concesión de cargos y de rentas al personal extranjero y, en suma, a la concepción patrimonial del Estado que denotaban tales conductas, las razones de fondo

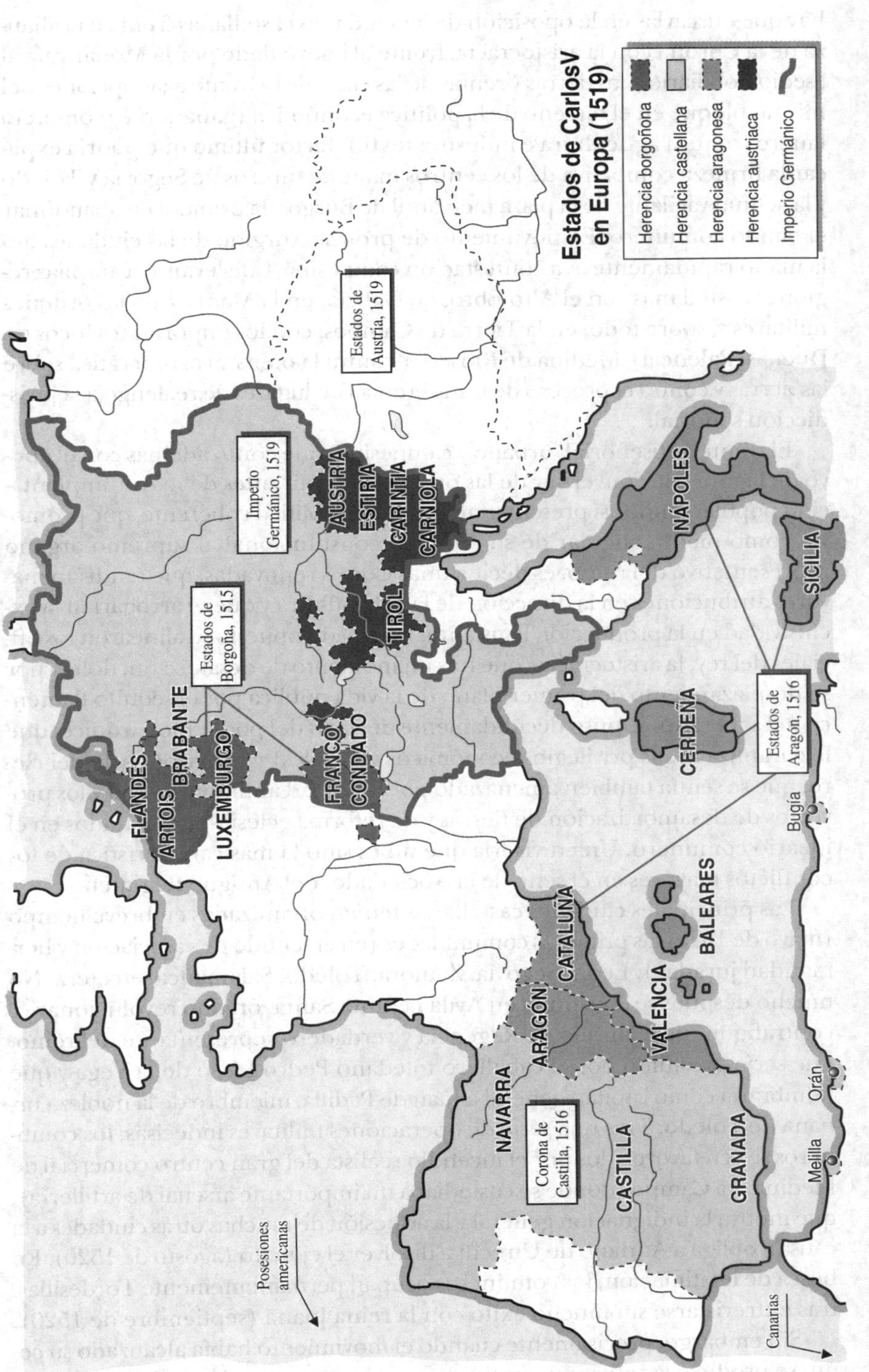
Estados de CarlosV en Europa (1519)
Herencia borgoñona
Herencia castellana
Herencia aragonesa
Herencia austriaca
Imperio Germánico
Estados de Austria, 1519
Imperio Germánico, 1519
Estados de Borgoña, 1515
Estados de Aragón, 1516
Corona de Castilla, 1516
FLANDES
ARTOIS
BRABANTE
LUXEMBURGO
FRANCO CONDADO
TIROL
AUSTRIA
ESTIRIA
CARINTIA
CARNIOLA
NÁPOLES
SICILIA
CERDEÑA
BALEARES
CATALUÑA
VALENCIA
ARAGÓN
NAVARRA
CASTILLA
GRANADA
Bugía
Orán
Melilla
Posesiones americanas
Canarias

hay que buscarlas en la oposición de las ciudades castellanas frente a la alianza de la Corona con la aristocracia, frente al apoyo dado por la Monarquía al asedio nobiliario a las tierras y rentas de las ciudades y frente a las opciones del mismo bloque en el terreno de la política económica (ganadería y comercio lanero frente a agricultura e industria textil), factor último que podría explicar la firmeza combativa de los centros manufactureros de Segovia y Toledo y la actitud vacilante de la plaza mercantil de Burgos, la primera en abandonar el bando comunero. El movimiento de protesta surgido de las ciudades dio la mano rápidamente a la contestación campesina, que levantó a amplias regiones castellanas (en el Alto Ebro, en Galicia, en la Mancha de las órdenes militares y, sobre todo, en la Tierra de Campos, con los importantes focos de Dueñas, Palencia y Medina de Rioseco) contra la ofensiva aristocrática sobre las tierras y contra el proceso de transferencia de lugares de realengo a la jurisdicción señorial.

El frente antiseñorial, urbano y campesino, que contó además con el apoyo de la minoría conversa y de las órdenes mendicantes de mayor implantación popular, pudo así presentar un programa político coherente, que promovía como piedra angular de su régimen constitucional al supremo órgano representativo del reino, es decir a unas Cortes renovadas, que tendrían mayores atribuciones en la dirección de la vida pública y que se arrogarían la exclusividad en la producción legislativa. En el lado opuesto se alinearon los oficiales del rey, la aristocracia (que tras un momento de desafección, dolida por su desplazamiento del primer plano de la vida pública por el séquito flamenco del soberano, se puso decididamente del lado del poder monárquico, que le garantizaba sus privilegios económicos y sociales) y la mayor parte del clero, que se sentía también amenazado por la actitud antiinquisitorial y los proyectos de desamortización de tierras y de reforma eclesiástica incluidos en el ideario comunero. Una divisoria que no es sino la más característica de los conflictos mayores en el seno de las sociedades del Antiguo Régimen.

Las principales ciudades castellanas tenían organizadas en breve tiempo (mayo de 1520) las primeras comunidades (en el sentido de «asociación y hermandad jurada»): León, Segovia, Zamora, Toledo, Salamanca, etcétera. No mucho después se constituía en Ávila la Junta Santa, órgano revolucionario, contrafigura del Consejo de Regencia y verdadero representante del reino, que sería presidido por el caballero toledano Pedro Lasso de la Vega y que nombraría como capitán general a Juan de Padilla, miembro de la nobleza urbana de Toledo. Tras una serie de operaciones militares indecisas, los comuneros se ven favorecidos por el incendio realista del gran centro comercial de Medina del Campo (donde se custodiaba un importante arsenal de artillería), que motiva la indignación general y la adhesión de muchas otras ciudades a la causa y obliga a Adriano de Utrecht a disolver el ejército (agosto de 1520). En busca de legitimación, los comuneros ocupan permanentemente Tordesillas, tras entrevistarse sin mucho éxito con la reina Juana (septiembre de 1520).

Sin embargo, precisamente cuando el movimiento había alcanzado su cenit, se produce la inflexión, motivada por la contraofensiva realista, apoyada en tres medidas de gran oportunismo político: la suspensión del cobro del servicio votado en las Cortes de Santiago-La Coruña, la prohibición de la saca de moneda del reino y el nombramiento de dos prominentes miembros de la nobleza como corregentes, Fadrique Enríquez, almirante de Castilla, e Íñigo Velasco, condestable de Castilla. Declarada formalmente la guerra a los comuneros (debilitados por las disensiones entre los grupos más moderados y los más radicales y la defección de algunas importantes ciudades, como Burgos y Valladolid), sus principales dirigentes emprenden diversas operaciones militares (Juan Bravo ocupa Zaratán y Juan de Padilla se instala en Torrelobatón, donde espera inútilmente la llegada de refuerzos o una solución negociada), hasta llegar a la batalla decisiva de Villalar (abril de 1521), donde el ejército rebelde es derrotado a la primera acometida y sus jefes (Padilla, Bravo y Francisco Maldonado) apresados y ejecutados al día siguiente. La resistencia de Toledo bajo el mando de María Pacheco, la viuda de Padilla, y el obispo Antonio de Acuña es una página heroica pero sin consecuencias para la resolución del conflicto (febrero de 1522).

La derrota del movimiento comunero significa el triunfo definitivo del absolutismo monárquico y la instauración de la hegemonía de lo que se ha dominado el complejo monárquico-señorial, es decir, de la alianza de las clases privilegiadas con la nueva Monarquía. A partir de este momento, las ciudades pierden su fuerza política, se restablece el orden señorial en el campo y el reino en su conjunto ve menguar su capacidad dialéctica en el seno de unas Cortes debilitadas.

Sin embargo, la Monarquía de Carlos I aún habría de sufrir una nueva crisis en estos primeros años del reinado. Las Germanías del Reino de Valencia fue una revuelta originada de la conjunción de varios factores políticos, como el malestar generado por la continua injerencia de la Monarquía en el sistema foral y municipal valenciano, el práctico monopolio de las funciones públicas ejercido por las clases dominantes frente a la exclusión de artesanos y menestrales, la corrupción de los titulares del aparato institucional (malversación, incuria, abusos, despotismo) y la contestación popular del absolutismo a la muerte de Fernando el Católico. A ellos se unían los efectos de una precaria situación económica y social, tanto en la capital (masificación y clasismo en el interior de los gremios, competencia del capital mercantil italiano, endémica insuficiencia del abastecimiento triguero y aumento de la carga impositiva como consecuencia del endeudamiento de las instituciones para atender las necesidades de la Monarquía), como en el campo (fuerte presión señorial y conflictiva convivencia entre los campesinos musulmanes y cristianos).

Con esas premisas el frente agermanado quedó constituido en primer lugar por los componentes de los gremios (tal vez los maestros más desprovistos de medios o las corporaciones más empobrecidas), a los que se sumaron los campesinos cristianos (que duplicaron la movilización urbana, sobre todo en la fase más radical de la revuelta) y a los que ayudaron algunos representantes del bajo clero, que tuvieron un cierto protagonismo en la gestación del conflicto y en los primeros enfrentamientos. En el lado contrario tuvieron a las autoridades locales, a la nobleza (formando un solo bloque en su voluntad represora), a la jerarquía eclesiástica, a las clases profesionales y, en el campo, a los mudéjares, que formaban parte de la clientela nobiliaria y que aparecían como los competidores mal retribuidos de los campesinos cristianoviejos.

Las medidas adoptadas por el gobierno revolucionario de Valencia ilustran perfectamente el programa reivindicativo de los sublevados. Las disposiciones de orden político se dirigieron, sobre todo, a franquear a los representantes de los gremios la participación en el gobierno municipal (elección de los *jurats* por votación, exigencia de un artista y un menestral entre los *jurats,* creación de nuevas instituciones como la Comisión del *Almodí* y la Junta de los Trece, que dirigirá la insurrección en su moderada primera fase) y a sanear la administración pública, mediante la rebaja de los salarios municipales y la sobriedad en el gasto. Entre las medidas de orden económico-social, las más significativas fueron la democratización de la estructura jerárquica de los gremios, el permanente esfuerzo por resolver la cuestión del aprovisionamiento de trigo, la abolición de los impuestos sobre el tráfico comercial (por su incidencia sobre los precios de la producción gremial) y sobre el consumo (por su incidencia sobre las clases populares) y la supresión de los censales (que se hallaban en la base del endeudamiento municipal y del aumento de la presión fiscal). Finalmente, en el campo, durante la fase más radical del conflicto la acción más repetida fue el bautismo forzoso de los mudéjares, como fruto a la vez del sentimiento antinobiliario y de la conciencia del papel decisivo de la utilización de trabajo servil en el empeoramiento de las condiciones laborales del campesinado cristiano.

El detonante de la revuelta fue el abandono de Valencia por parte de las clases dirigentes (funcionarios reales y miembros de la aristocracia) ante la amenaza del brote de peste que se apoderó de la ciudad en el verano de 1519 (julio-agosto). Poco después, los gremios solicitaban al rey permiso para armarse en germanía ante la amenaza de los corsarios musulmanes (noviembre de 1519), antes de la creación de la Junta de los Trece, así llamada por el número de síndicos representantes de los gremios que la componían (diciembre de 1519). De este modo, aunque a renglón seguido el rey se volvía atrás de su decisión tras recibir una embajada de la nobleza (enero de 1520), el movimiento, dirigido ahora por el pelaire Joan Llorenç, era ya capaz de dar el primer paso revolucionario con la imposición del nuevo sistema de elección de los *jurats* (mayo de 1520). El resto del año 1520 se caracterizó por la llegada y posterior huida del virrey, el conde de Mélito, ante la presión de los motines populares, que alcanzan su momento culminante en la capital bajo la dirección de los artesanos y en el campo bajo la dirección de los hortelanos cristianos. Al año siguiente, tras una última victoria sobre la hueste del virrey (julio de 1521) que dispara los bautizos de moriscos (el «verano del miedo»), el movimiento entra en una fase de reflujo, debido a una serie de factores, como son la radicalización de algunos grupos, la consiguiente pérdida de cohesión del frente revolucionario (cuya dirección pasa a Vicenç Peris), la derrota de los comuneros (que aísla al movimiento valenciano) y la inconsistencia militar de los sublevados. Las sucesivas derrotas agermanadas ante el duque de Segorbe y el marqués de los Vélez permiten el regreso del virrey y obligan a la capitulación de la Junta de los Trece (noviembre de 1521). Sin embargo, meses después, Vicenç Peris vuelve a entrar en Valencia, manteniendo la resistencia hasta su asesinato (marzo de 1522). La segunda y definitiva ocupación de la capital por las autoridades reales traslada el movimiento al campo, donde surge la figura del Encubierto, personaje aureolado de un prestigio mesiánico que (haciéndose pasar por el príncipe Juan, hijo de los Reyes Católicos, cambiado en la cuna por el cardenal Mendoza) mantuvo la llama del radicalismo antinobiliario y antimudéjar hasta su asesinato en Burjasot (mayo de 1522). La caída de los últimos focos en Játiva y Alcira (diciembre de 1522) permitió ejecutar una severa represión (física y económica) contra los sublevados, perseguidos con saña por la nueva virreina (lugarteniente general del reino), Germana de Foix.

Las Germanías de Valencia fueron, por tanto, una nueva respuesta a la implantación de un sistema absolutista basado en el mantenimiento íntegro de los privilegios jurídicos y económicos de la nobleza terrateniente, agudizado en este caso por la crisis económica de las corporaciones artesanales, el incremento de la presión fiscal para pagar la política expansiva del Estado Moderno y la ofensiva feudal en el campo, posibilitada por la existencia de un ejército de reserva de mano de obra musulmana. Ahora bien, si durante la primera fase la revuelta trató de mantener la legalidad y la colaboración con la Monarquía, pese al asalto al poder municipal representado por la creación de la Junta de los Trece, durante la segunda fase el movimiento adquirió ya un tinte claramente subversivo, tendente a derribar el orden establecido. La implacable represión fue paralela a la restauración del orden amenazado, al restablecimiento también en el Reino de Valencia de la alianza de las clases dominantes tradicionales con la nueva Monarquía Absoluta.

Las Germanías de Mallorca tuvieron un origen, un desarrollo y un resultado en todo similar a las de Valencia. También aquí el movimiento revolucionario hundió sus raíces en una profunda crisis económica y social, que se manifestaba en la decadencia de los gremios textiles, en la progresiva pérdida de los mercados tradicionales de Nápoles y Sicilia, en el acuciante problema triguero (con sus corolarios de desabastecimiento, acaparamiento y especulación) y en el permanente malestar en el campo, que ya había protagonizado la revuelta de los foráneos (es decir de los habitantes de las áreas rurales) de 1450 contra la nobleza terrateniente. Esta precaria situación se agravaba a causa del fuerte incremento de la presión fiscal motivado por el endeudamiento foral y municipal como consecuencia de las importaciones de cereales, de los gastos de la administración, de los desembolsos para la defensa contra la piratería y de los servicios a la Corona, que obligaban a la creación de censales y a la multiplicación de los impuestos sobre el consumo (harina, vino, aceite, tejidos, molienda). Y, finalmente, la derrama contributiva se distribuía entre la ciudad y las villas según un sistema tradicional que se había convertido en obsoleto e injusto.

El enfrentamiento puso de un lado a los menestrales y los campesinos y del otro a los nobles, los eclesiásticos y los mercaderes, es decir movilizó a las clases populares urbanas y rurales contra las grupos terratenientes y censalistas. Una divisoria que quedó perfectamente definida, al igual que en el caso valenciano, por las medidas de gobierno adoptadas por el organismo revolucionario creado al efecto, el Comité de los Trece (o *Tretzena),* en contacto permanente con los insurrectos valencianos: la «Santa Quitación», es decir la reducción y redención de los censales (durante la etapa moderada dirigida por Joan Crespí) y finalmente la supresión de los mismos así como de los impuestos sobre el consumo (durante la etapa radical dirigida por Joanot Colom), el reparto equitativo de los impuestos a partir de los trabajos de una comisión constituida al efecto para calcular las proporciones entre la ciudad y las villas, la solución del problema triguero (mediante la organización por Colom de una flotilla corsaria para capturar posibles cargamentos transportados por vía marítima, los registros domiciliarios y el secuestro de los depósitos de granos) y la permanente persecución contra los nobles y los funcionarios reales.

El jueves de Carnaval (febrero de 1521) la fiesta se convirtió en una revuelta protagonizada por los menestrales, que obtuvieron el apoyo del campesinado de las villas, organizaron el gobierno de la *Tretzena* y suspendieron en sus funciones y expulsaron al virrey (marzo de 1521). La radicalización del movimiento fue rápida, como demuestran el asalto al castillo de Bellver en la capital (donde se había refugiado la nobleza) y la sustitución de Joan Crespí por Joanot Colom en la dirección de la revuelta (octubre de 1521). El fracaso del sitio de Alcudia por parte de los sublevados (noviembre de 1521) fue seguido de una sistemática persecución de la nobleza tanto en Palma de Mallorca como en Manacor (donde se había producido un levantamiento antiagermanado) y de un intento fallido de apoderarse de la isla de Ibiza (junio-septiembre de 1522), que marca el punto de inflexión de la revuelta. La caída de Palma de Mallorca significó el inicio de una sangrienta represión, que se saldó con más de cien condenas a muerte, otras sentencias a galeras y confiscación de bienes y la imposición de fuertes contribuciones punitivas a las principales plazas agermanadas, como Sóller, Llucmajor, Pollensa, Felanitx y Manacor.

El fin de las Germanías de Mallorca (la última revuelta en extinguirse, después de la represión de las Comunidades, de las Germanías de Valencia y del movimiento de protesta antiseñorial y antioligárquico que se había producido en Cataluña al mismo tiempo, aunque no con la misma violencia, en el año 1520) significó el fin de la oleada revolucionaria que siguió a la llegada de Carlos I y la consolidación de la Monarquía Absoluta. A partir de ahora, los territorios españoles van a conocer un largo periodo de paz, una verdadera *pax hispanica,* que puede explicarse por la conjunción del silenciamiento de las corrientes discrepantes, de una coyuntura económica favorable, de la parcial financiación de la expansión imperialista con la plata americana, de la progresiva adhesión de los españoles al proyecto político de la Monarquía y del alejamiento de la guerra fuera de las fronteras peninsulares, salvo en el caso del levantamiento morisco de las Alpujarras en el reinado de Felipe II.

La expansión económica

Si la época de los Reyes Católicos ya había conocido los beneficios de la coyuntura favorable de la segunda mitad del siglo XV (pese a las fragilidades manifestadas especialmente en la primera década de la centuria siguiente), la España del Quinientos vivió una prolongada época de expansión debida tanto al crecimiento interno de las fuerzas productivas (aumento de la población, despegue de todos los sectores) como a la llegada masiva del metal precioso procedente de América, que permitió acumular capitales, disponer de medios de pago, favorecer la circulación monetaria y facilitar las operaciones de crédito. Sólo a final de siglo empezarían a observarse los síntomas inequívocos de una depresión económica generalizada que, al haber precedido en varias décadas a la caída de las remesas metálicas, debe atribuirse a los efectos nocivos que a la larga produjo la propia abundancia de numerario sobre una economía sin suficiente nivel de desarrollo.

Sin embargo, los datos del crecimiento de las fuerzas productivas durante la mayor parte de la centuria son también incontestables. La población, según demuestra la coincidencia de los diversos testimonios cuantitativos y cualitativos, aumentó en todos los reinos, hasta llegar a unos siete millones y medio de habitantes para el territorio de la España actual. El Reino de Castilla debió de situarse en torno a los seis millones en 1591 (es decir, en el momento inmediatamente anterior a la generalización de la recesión económica), mientras la Corona de Aragón también vería crecer su población hasta alcanzar tal vez más de un millón y cuarto de habitantes (bien repartido entre los tres estados peninsulares con ventaja del Reino de Valencia y alcanzando las islas las ciento treinta mil almas, de acuerdo con el censo de 1583), uniéndose a la tendencia tanto el Reino de Navarra (quizás con más de ciento cincuenta mil habitantes a final de siglo), como las islas Canarias, cuya población total debió alcanzar los cincuenta mil habitantes aproximadamente.

Este crecimiento se basó (como en todas las poblaciones de los tiempos modernos) en el alza de la tasa de natalidad (de 35‰-40‰), dado que la mortalidad siguió siendo también muy elevada, con agudas puntas debidas a varias catástrofes epidémicas, especialmente la peste de 1563-1566 (que, por ejemplo, debió dejar reducida a Zaragoza a la mitad de la población) y la llamada peste atlántica de 1596-1602 que afectó a todos los rincones de Castilla, donde ocasionó tal vez un total de seiscientas mil muertes (el 10% de la población del reino), inaugurando así de forma dramática el periodo de reflujo del siglo siguiente. Escasas fueron las pérdidas al margen de los factores naturales, ya que la única corriente de emigración exterior de alguna importancia, la emigración a América, no tuvo un gran significado cuantitativo, saldándose en todo caso con la salida de unas doscientas mil personas (fundamentalmente procedentes de Andalucía, Extremadura y Castilla la Nueva) a lo largo de todo el siglo. En el lado opuesto, la inmigración francesa adquirió un considerable volumen en Aragón y en Cataluña, territorios donde pudieron llegar a representar en la segunda mitad de siglo una quinta parte de la población.

Esta población en auge siguió estando desigualmente repartida por la geografía española. En Castilla, la línea divisoria del Tajo separaba las regiones de fuerte densidad del norte (más de 20 habitantes/km^2) de las regiones más despobladas de Extremadura y La Mancha (5 habitantes/km^2), hasta llegar al valle del Guadalquivir, donde se alcanzaban de nuevo mayores densidades en contraste con la Andalucía oriental, muy afectada por el conflicto entre cristianos y musulmanes, especialmente después de la guerra de las Alpujarras. En la Corona aragonesa tanto el desértico Reino de Aragón (7 habitantes/km^2) como en menor grado Cataluña (11 habitantes/km^2) contrastaban con la fuerte densidad de Valencia (20 habitantes/km^2) y la excepcionalmente elevada de Mallorca (hasta 25 habitantes/km^2).

Si bien el predominio rural era abrumador en todas partes, mientras en Aragón la población urbana se concentraba en las cuatro capitales (administrativa Zaragoza, y con una fuerte componente mercantil y artesana las restantes, Valencia, Barcelona y, en menor grado, Palma de Mallorca), en Castilla el tejido urbano aparecía particularmente tupido en Castilla la Vieja con el predominio de núcleos de moderadas dimensiones (León, Burgos, Segovia, Salamanca, Valladolid, Medina del Campo) y menos en Castilla la Nueva, aunque con núcleos más poblados (Toledo, Cuenca, Madrid), y Extremadura (Plasencia, Cáceres, Mérida) para volver a adensarse en la Andalucía occidental (Córdoba y Sevilla, pero también Jaén, Úbeda y Baeza en la cabecera del valle del Guadalquivir, y Antequera, Osuna, Écija o Lucena), mucho más que en la oriental (Granada, Málaga). Estas ciudades protagonizan, de modo paradójico, la vida económica y la vida política de una sociedad eminentemente rural, al convertirse en centros receptores de la producción agraria y en centros proveedores de productos manufacturados y de servicios de todo tipo, tanto comerciales como administrativos. Algunas se individualizan por su alto grado de especialización, como Segovia (ciudad industrial con un numeroso proletariado), Burgos (centro de la contratación de la lana), Salamanca (la ciudad universitaria por antonomasia), Medina del Campo (plaza volcada hacia el negocio mercantil y financiero), Toledo (capital oficiosa, con la impronta de su sede arzobispal y el prestigio de su variada artesanía), Sevilla (que pasa de «fortaleza y mercado» a convertirse en el «puerto y puerta de las Indias»), etcétera. De este modo, el avanzado proceso de urbanización constituye así otro signo evidente de la prosperidad española del momento.

La agricultura, sin embargo, es la base de la vida económica. Ni la estructura de la propiedad ni las formas de explotación ni el nivel tecnológico variaron de modo significativo a lo largo del siglo, de modo que el crecimiento de la producción se operó por el simple aumento de las tierras cultivadas, que debió de producirse, según diversos testimonios coincidentes, por la presión del mayor número de habitantes, que procedieron a roturar tierras abandonadas y a efectuar rompimientos de montes y dehesas en las tierras de propios y comunes, así como en los baldíos reales. Las únicas innovaciones promovidas a lo largo del siglo fueron la creación de pósitos (impulsados por Felipe II, especialmente a finales de su reinado) y la puesta en funcionamiento de nuevos instrumentos de riego (primer impulso para el Canal Imperial de Castilla, pantano de Tibi al norte de Alicante, azuda de Écija, etcétera), aunque no puede decirse que el esfuerzo fuera demasiado continuado ni los resultados demasiado significativos. En cualquier caso, la agricultura siguió su ciclo malthusiano (la presión demográfica propicia la reconquista de la superficie arable hasta que el equilibrio entre la población y los recursos se rompe y se produce la crisis agraria de tipo antiguo), creciendo durante el Quinientos hasta la quiebra de gran alcance que se registra a partir de finales del siglo y se prolonga durante la centuria siguiente.

La ganadería trashumante alcanzó durante el siglo XVI su cenit, pero el estallido y la prolongación de las guerras de Flandes durante el último tercio de la centuria supusieron su declive, tanto por las dificultades para la regularización del tráfico como por el propio retroceso de la producción de sus principales clientes, los Países Bajos del Sur, y pese a la búsqueda desesperada de mercados alternativos en las regiones pañeras italianas. La lana siguió potenciando, en cambio, la actividad de los grandes centros pañeros castellanos, de modo especial, aunque en absoluto exclusivo, las ciudades de Segovia y Córdoba, que conocen ahora, y hasta la inflexión de la última década, una verdadera edad de oro. El cuadro industrial incluía también a la industria sedera, que se mantuvo próspera en numerosos lugares, tanto de Castilla (Granada, Toledo, Córdoba, Sevilla y Murcia, donde la morera avanzó hasta convertirse en el primer cultivo de la región), como de la Corona de Aragón (singularmente, Valencia). Tras el textil, la industria del hierro se desarrolló en las ferrerías de Vizcaya, Guipúzcoa y Cataluña, que pronto se dedicaron también a la producción de armas blancas y de fuego para el consumo de los ejércitos profesionales. La industria vascongada se completaba con el continuado auge de la construcción naval, tanto de barcos para el servicio del tráfico cantábrico, como de galeones para la marina de guerra y para el comercio ultramarino, en una época en que la marina militar y la marina mercante no estaban separadas por un trazo demasiado grueso, sino que predominaba la adaptación de un mismo buque a uno u otro cometido según las necesidades.

Finalmente, la minería se desarrolló en tres ramos: la plata de Guadalcanal (cuya efímera explotación movilizó a un ejército de asentistas), el alumbre de Mazarrón en el Reino de Murcia (producto utilizado como mordiente ordinario en la industria textil y muy solicitado en razón del práctico monopolio detentado por el yacimiento pontificio de Tolfa) y, sobre todo, el mercurio (o azogue, en la terminología usual de la época), extraído de Almadén, en La Mancha, mediante una concesión real a la familia alemana de los Fugger, con el concurso del trabajo forzado (esclavos, moriscos, condenados) a causa de la dureza de la explotación, y llamado a una gran fortuna en razón de su utilización para el procedimiento conocido como amalgama y empleado en el beneficio de los yacimientos americanos de plata, que tenían que recurrir a las importaciones desde la metrópoli a causa de la existencia de una sola alternativa ultramarina, la mina de Huancavelica en el virreinato del Perú.

La falta de integración siguió lastrando el espacio comercial español del siglo XVI. En ese sentido, a las barreras geográficas (acentuadas por la falta de caminos) se sumaban las barreras aduaneras (aduanas entre los distintos reinos conocidas generalmente como puertos secos, almorifazgo del Reino de Sevilla, derechos de puerta a la entrada de las ciudades, etcétera) para obstaculizar la complementariedad de las economías regionales. Del mismo modo, la comercialización, que intramuros se hacía en los talleres de los artesanos o en las tiendas abiertas de los comerciantes al por menor, se reducía muchas veces a la presencia ocasional del buhonero o al mercado local o comarcal celebrado periódicamente, mientras las grandes ferias castellanas servían para saldar las transacciones de ámbito más amplio, incluyendo las de radio internacional.

Las grandes líneas del comercio exterior se mantuvieron a lo largo del siglo XVI. El tráfico del Cantábrico, que siguió basado en el intercambio de materias primas castellanas (lana, hierro) contra manufacturas atlánticas (tejidos, productos metalúrgicos, suministros navales), sufrió durante el reinado de Felipe II la ruptura del eje que unía a Medina (o Burgos) con Amberes a causa de la inseguridad creada en el mar del Norte por la revuelta de Flandes, el conflicto con Inglaterra o la intervención en las guerras de religión de Francia. En el Mediterráneo, las exportaciones de la Corona de Aragón se habían venido reduciendo también al ramo de las materias primas (aceite mallorquín, hierro catalán, lana y azafrán aragoneses, seda valenciana y sal ibicenca), mientras el trigo (más barato si entraba por vía marítima que si llegaba desde tierras castellanas) seguía siendo un capítulo básico de las importaciones, al tiempo que el volumen del tráfico se mantenía en niveles modestos debido al lento desplazamiento del centro de gravedad comercial hacia el Atlántico y al entorpecimiento originado por el continuo hostigamiento del corso berberisco. En cualquier caso, la actividad no cesó, como demuestran los peajes del puerto de Valencia, en un momento en que está a punto de ceder la primacía a Alicante, camino de convertirse en el primer puerto del Mediterráneo español.

Una de las mayores novedades de la centuria fue el despegue del Atlántico andaluz, que se convirtió en el espacio más dinámico del comercio exterior español cuando su tráfico tradicional con el norte de Europa (aceite, vino y sal contra las telas del mar del Norte y los suministros navales del Báltico) se vio potenciado por el monopolio sevillano del comercio americano, que exigió más manufacturas de sus proveedores habituales para su expedición al Nuevo Mundo y al mismo tiempo permitió su pago en plata y la redistribución de productos coloniales en dirección opuesta hacia los países septentrionales. La Carrera de Indias quedó perfectamente articulada a lo largo del siglo XVI, con la consolidación de la dualidad entre la Casa de la Contratación (como institución técnica y administrativa para la ordenación del tráfico) y el Consulado o Universidad de Cargadores (creado en agosto de 1543 y confirmadas sus ordenanzas en 1556), que actuaba como órgano representativo de los mercaderes interesados en los intercambios coloniales y como tribunal privativo de comercio. Así, si Sevilla quedaba instituida como único puerto de salida y llegada de las flotas, el monopolio mercantil era ejercido por los miembros del Consulado, que debían ser españoles (en el sentido de la España actual, es decir naturales de Castilla, incluyendo las islas Canarias, de Navarra y de los estados de la Corona de Aragón, pese a la también pertinaz leyenda de la exclusión de Cataluña, que nunca existió) o extranjeros naturalizados, siempre católicos y originarios de países amigos, que obtenían su carta de naturaleza por avecindamiento, estancia continuada, matrimonio con española o nacimiento en segunda generación (los llamados jenízaros). Una norma que estimuló el establecimiento en Sevilla o lugares cercanos, junto a los comerciantes andaluces, de nutridas colonias de mercaderes vascongados, cántabros y castellanos, amén de genoveses, italianos de otra procedencia, flamencos y, en menor número, otros extranjeros: ellos fueron los agentes y beneficiarios del monopolio.

Después de algunas vacilaciones, el sistema comercial de la Carrera de Indias quedó regulado por el llamado Proyecto de Flotas y Galeones (octubre de 1564), que establecía la salida de dos grandes flotas compuestas esencialmente de galeones (la primera llamada usualmente «la flota», mientras la segunda recibía habitualmente el nombre de «los galeones»), que desde Sevilla se dirigían respectivamente al puerto mexicano de Veracruz (después de tocar en Santo Domingo y La Habana) y a la llamada Tierra Firme (puertos de Nombre de Dios, Portobelo y Cartagena de Indias), donde descargaban sus productos, que eran internados hasta la ciudad de México, en el primer caso, y, en el segundo, hasta la ciudad de Panamá, ya en el Pacífico, donde eran embarcados con destino al puerto del Callao para su distribución por el inmenso territorio del virreinato del Perú. Naturalmente, el viaje de regreso seguía el camino inverso. Por último, desde la segunda mitad de siglo se puso en funcionamiento una línea de prolongación que se consolidaría igualmente por varios siglos: el llamado galeón de Manila, que partía de Acapulco, en el Pacífico mexicano, para alcanzar las islas Filipinas, donde intercambiaba sus cargamentos de plata contra las sederías y las porcelanas de China, antes de regresar por la llamada ruta de Poniente.

Los intercambios no pudieron tener una base más sencilla a lo largo de todo el siglo. Consistieron en la exportación de productos agrícolas andaluces (vino y aceite, los llamados «frutos» por antonomasia) y productos manufacturados europeos (sobre todo telas, las llamadas «ropas» por antonomasia), más los cargamentos de mercurio de Almadén (embarcados en una flota separada de galeones conocidos con el nombre de «los azogues») y en la importación de metales preciosos (fundamentalmente plata), que se complementaban con algunos otros productos, entre los cuales destacaban los colorantes (grana y añil), destinados a alterar profundamente el mercado y el ramo del tinte en la Europa de la segunda mitad de la centuria. La plata indiana servía por tanto para pagar las remesas metropolitanas, por lo que una parte importante pasaba directamente a las arcas de los mercaderes (españoles y también extranjeros) que habían hecho de intermediarios con los proveedores del norte de Europa, destino final de un porcentaje difícil de calcular del metal precioso, lo que ha hecho pensar en la economía española como mero «puente de plata» entre América y Europa. Sin embargo, tampoco debe desdeñarse la plata retenida en las arcas hispanas, tanto a través de la propia actividad comercial (avituallamiento de los buques, venta de licencias de embarque, importe de los fletes, beneficios del comercio a comisión, retribución de las exportaciones nacionales y participación en los seguros y en los riesgos de mar, el sistema crediticio fundamental para el funcionamiento de la Carrera), como a través de los ingresos propios de la Corona, esencialmente los derechos de aduana y el quinto real sobre los metales preciosos.

La llegada de plata produjo además uno de los fenómenos mayores de la historia de la economía de los tiempos modernos, la llamada revolución de los precios. En un sentido, se trata del proceso de potenciación del crecimiento europeo iniciado en la anterior centuria (que tenía como siempre un origen demográfico y agrario) gracias a la disposición de abundantes medios metálicos de pago, los cuales habrían evitado el estrangulamiento de los intercambios y habrían propiciado la inversión en todos los sectores a partir de una inflación moderada y por tanto estimulante. En el caso español, sin embargo, el fenómeno se presentó bajo su aspecto patológico, ya que la riada de plata produjo una inflación excesiva en una economía caracterizada por la escasa flexibilidad de la demanda y por el bajo nivel tecnológico que impedía aumentar la producción al ritmo de la inversión. Este doble techo de la demanda y de la tecnología (propio en mayor o menor medida, es cierto, de todas las economías preindustriales), enfrentado con la fuerte inyección de metal precioso, provocó el aumento de los precios españoles en relación con los europeos al tiempo que la circulación de dinero barato, lo que llevó a los empresarios a desinteresarse por la inversión en una economía cada vez menos competitiva y empujó a los consumidores a adquirir los productos importados a mejor precio. De este modo, como señalaban los contemporáneos, la riqueza de España fue la causa de su pobreza, por más que en el declive económico del siglo XVII entren otros factores más relacionados con la evolución del mundo rural.

LA SOCIEDAD ESPAÑOLA DEL RENACIMIENTO

La sociedad española del Renacimiento siguió también la evolución que vimos caracterizar el reinado de los Reyes Católicos. La sociedad presentaba una estructura deliberadamente jerárquica basada en el disfrute de los privilegios, hasta tal punto que cuando no podían esgrimirse para marcar claramente la línea divisoria (de ahí por ejemplo el interés por eludir la insignificante blanca de la carne, pues la exención podía separar al hidalgo del pechero), había de recurrirse a otros criterios de estratificación y distinción social. Uno de estos signos de diferenciación fue la limpieza de sangre que, al tiempo que servía como arma para la exclusión de los conversos (de cargos públicos, de beneficios eclesiásticos, de encomiendas militares, de la enseñanza universitaria, etcétera), afirmaba la precedencia del cristiano viejo sobre otros grupos que no podían estar tan seguros de sus antecedentes. En cualquier caso, todas las clases compartieron el sentido del honor, un concepto que al no fundamentarse en la propia virtud, sino en el factor subjetivo de la estima de los demás, estaba siempre sometido a la amenaza del cambio de la opinión ajena no sólo sobre la propia persona, sino también sobre los miembros de la propia familia, en particular de las mujeres puestas bajo la autoridad del padre o del marido. El concepto, esgrimido hasta la saciedad, fue pervirtiéndose a lo largo de la época de los Austrias hasta convertirse en un artefacto oxidado, casi un mero reflejo condicionado contra la descalificación social.

La consolidación de la sociedad aristocrática

Carlos V consolidó la hegemonía de la alta nobleza con la publicación de la nómina de los Grandes (1520), al tiempo que dejaba abierta la posibilidad de promoción nobiliaria (a través del paso de los hidalgos a la caballería y de los caballeros a la nobleza titulada, normalmente a través de su conversión en señores de vasallos como fórmula intermedia) e incluso de acceso a la nobleza desde el estado llano, es decir desde la burguesía mercantil, mediante el nombramiento directo, las enajenaciones de pueblos o la venta de títulos y ejecutorias. En todo caso, estos mecanismos correctores sirvieron de válvula de seguridad a la sociedad estamental, evitando una excesiva rigidez, garantizando un cierto grado de movilidad y permitiendo la insensible renovación de los grupos dirigentes.

Esta movilidad suponía, en todo caso, la pervivencia de distintos estratos dentro del estamento nobiliario. La estadística de la nobleza señalaba a finales de siglo un centenar largo de títulos castellanos (y algo menos de medio centenar en Aragón) frente a más de cien mil familias hidalgas en Castilla (a las que se debían sumar los barones catalanes o los infanzones aragoneses), es decir, demasiados hidalgos para que la sociedad pudiera mantener sus privilegios económicos y su consideración social durante mucho tiempo. La geografía indicaba un paulatino descenso de la población nobiliaria a medida que se bajaba del norte al sur, con altas concentraciones hidalgas en las provincias septentrionales (incluyendo la hidalguía masiva guipuzcoana y la nobleza universal vizcaína), un mayor equilibrio entre la baja nobleza y la aristocracia titulada en Castilla y el agudo contraste de algunos grandes magnates dominando un paisaje abrumadoramente pechero en Andalucía. La sociología, finalmente, constataba el desplazamiento desde la nobleza esencialmente militar de los tiempos de los Reyes Católicos a la nobleza progresivamente cortesana de los Austrias, dedicada al servicio civil de la Corona o al disfrute de la propia riqueza en suntuosos palacios, escenarios de fiestas (a veces con recuerdos militares, como los torneos de cañas) y lugares de recepción de intelectuales y artistas apadrinados por su mecenazgo.

Las leyes de Toro de 1505 habían dado un espaldarazo legal a la institución del principal mecanismo de defensa de los patrimonios nobiliarios, el mayorazgo, la forma que adoptó el sistema de vinculación de bienes en el caso de la aristocracia. La vinculación consistía, en efecto, en adscribir legalmente los bienes a una persona jurídica (un título nobiliario, una diócesis episcopal, una casa religiosa o una corporación municipal), de tal modo que los individuos fuesen meros administradores de los mismos y quedasen incapacitados para enajenarlos y obligados a transmitirlos íntegros a sus sucesores al frente de la familia, de la diócesis, de la casa religiosa o del gobierno municipal. De este modo, el sistema de vinculación o amortización (aunque el término de bienes de manos muertas tendiese a aplicarse específicamente a los eclesiásticos) fue uno de los mayores elementos de estabilidad social y de perpetuación de las clases dirigentes en la España del Antiguo Régimen.

Sin embargo, el mayorazgo (cuyo nombre deriva de la transmisión del patrimonio vinculado por vía de primogenitura) no impidió el endeudamiento de muchas familias, que debían hacer frente al tren de vida impuesto por su condición aristocrática, que incluía el servicio al rey (levantando tropas, desempeñando cargos diplomáticos, recibiendo a visitantes ilustres, alojando a la corte en sus frecuentes desplazamientos), el mantenimiento de los inmuebles y del numeroso servicio doméstico y el ejercicio del mecenazgo y la caridad (en forma de limosnas, mandas y causas pías), además de los gastos domésticos ordinarios que también debían guardar relación con el rango. En este caso, la Corona venía en ayuda de la nobleza, a través de la puesta en administración de los patrimonios cargados de deudas y de la concesión de honores con rentas aparejadas (como las encomiendas de las órdenes militares) o de cargos públicos remuneradores, entre los cuales los más apetecidos eran los virreinatos en Italia y América. Por el contrario, la Corona tendió a gravar a la Iglesia (con la justificación de la defensa que la Monarquía hacía de la religión católica) y a conceder licencias a obispos y abades para proceder a la enajenación de parte de sus propiedades amortizadas, que de esa forma entraban en el mercado libre, posibilitando el ingreso de la burguesía en el mundo de la economía agraria.

La incidencia social del clero

El clero mantuvo también en el siglo XVI no sólo su condición de estamento privilegiado, sino también su poder económico y su influencia social y política. Sus fuentes de ingresos continuaron siendo los diezmos (cuyo producto era convenientemente almacenado en las cillas o silos diocesanos) y los beneficios obtenidos de sus tierras, sus rebaños, sus casas y sus censos, que constituían un patrimonio preservado por la práctica de la amortización o vinculación eclesiástica. Del mismo modo, su incidencia en la sociedad siguió siendo inmensa, debido a su presencia permanente en los actos centrales de la biografía de los individuos (el nacimiento, el matrimonio, la muerte), así como en la propia vida cotidiana de las comunidades (misa, sacramentos, funciones religiosas), donde su influencia se servía de poderosos instrumentos, como la catequesis (única vía para muchos del aprendizaje de las primeras letras), el sermón (único órgano de opinión al alcance de las clases populares), la confesión (medio por excelencia para la tranquilidad del espíritu), la defensa ante las catástrofes naturales (exorcismos, rogativas) y también la represión de las conductas desviadas (excomunión o denuncia ante los tribunales inquisitoriales). Finalmente, el alto clero pudo expresar su opinión en los diversos órganos políticos en los que participaba e incluso hablarles directamente a los soberanos por su contacto continuado con la corte o por el ejercicio del cargo de confesor real.

Algo menos de cien mil personas componían el estamento clerical a finales del siglo XVI. En términos aproximados la mitad pertenecían al clero secular, una cuarta parte eran regulares de las órdenes masculinas y la cuarta parte restante eran miembros de las órdenes femeninas. Esta abundancia de personal eclesiástico se explica naturalmente por el carácter religioso de la sociedad, pero también por las oportunidades que el servicio a la Iglesia ofrecía a las restantes clases sociales. Así, el episcopado estuvo en buena parte en manos de miembros de la alta nobleza, mientras que muchos hijos segundones de la nobleza inferior fueron destinados a cubrir los beneficios eclesiásticos disponibles a fin de ganarse la vida como dignidades, canónigos, racioneros o capellanes dentro de los capítulos de catedrales y colegiatas. Del mismo modo, los conventos femeninos ofrecieron un modo de vida a las mujeres que no encontraban acomodo matrimonial, tanto más cuanto que la dote para el ingreso en religión era por lo general más reducida.

El mundo eclesiástico era un mundo heterogéneo. A las diferencias de la situación socioeconómica (alto y bajo clero, diócesis ricas y pobres) se unían las diferencias del asentamiento (clero urbano y rural), cuando no las establecidas entre los verdaderos clérigos (tonsurados) y las situaciones liminares (sacristanes, ermitaños, beatas, hermanos legos). Si las funciones del clero secular presentaban algunas diferencias, el clero regular era el paradigma de la diversidad. Por un lado, el antiguo monacato estaba representado por los grandes monasterios medievales, especialmente los benedictinos (San Martín Pinario en Galicia, Santo Domingo de Silos en Castilla, San Juan de la Peña en Aragón, Santa María de Ripoll en Cataluña, por citar algunos ejemplos), aunque otras órdenes se habían abierto camino en tiempos más recientes, como era el caso de los cartujos (cartujas de Miraflores en Burgos, de las Cuevas en Sevilla, de El Paular o de Jerez de la Frontera) o de los jerónimos, promocionados por el favor que les dispensaron los Austrias (Guadalupe, Yuste, El Escorial). Las órdenes mendicantes, implantadas en los núcleos urbanos, eran las más populares, especialmente la gran familia franciscana (que comprendía también a los capuchinos, a las clarisas, a los terceros y terceras regulares, y también a la orden tercera secular, que permitía la integración de los laicos). La reforma tridentina potenció, por último, las comunidades de clérigos regulares, representados particularmente en España por los jesuitas, dedicados a las labores de enseñanza y evangelización, aunque el espíritu tridentino también alcanzó a otras órdenes, como los carmelitas, especialmente los descalzos, sobre todo a partir de la labor fundadora y reformadora de Juan de la Cruz y, sobre todo, de Teresa de Jesús entre los conventos femeninos.

En efecto, y para concluir, hay que señalar la inflexión sufrida en su comportamiento por el estamento a raíz de la aplicación en España de los decretos tridentinos, que reforzaron el papel de los obispos como gobernadores de sus diócesis, que propiciaron la elevación de la vida material, moral e intelectual del clero (a partir de una mejor asignación de los recursos, de la creación de seminarios y de la multiplicación de los sínodos diocesanos y de las visitas pastorales) y que fijaron con mayor precisión las tareas de los párrocos, dedicados a las funciones religiosas (con especial atención al sermón dominical), la administración de los sacramentos, la catequesis, el cuidado de la fábrica de la iglesia, el ejercicio de la caridad y el contacto con los feligreses, integrados a través de la proliferación de las cofradías de laicos. Por último, en el mundo de los regulares, el espíritu tridentino se manifestó en el afán de fundación de nuevas comunidades y en la aparición de activas minorías capaces de impulsar la reforma dentro de sus órdenes, mientras aparecían nuevas formas de organización en común de la vida contemplativa o ascética, todo lo cual contribuía a crear una atmósfera progresivamente sacralizada que encontraría su máxima expresión en la época del Barroco.

Los campesinos

El mundo rural, que englobaba a más del 80% de la población, era un microcosmos recorrido por marcadas líneas divisorias y signado por profundas desigualdades. Como rasgo más general y sobresaliente, la acumulación de la propiedad agraria en manos de la aristocracia y el clero tenía como lógica consecuencia la existencia de un numeroso campesinado sin tierras, cuya situación, siempre precaria, admitió gradaciones desde el bracero o jornalero (trabajador eventual que sólo disponía de sus manos para ganarse el sustento y condenado por tanto al paro estacional, muy característico de las regiones más meridionales, por ejemplo de las áreas de latifundio de Andalucía) hasta el colono que cultivaba una parcela por contrato con el dueño del predio y cuyas condiciones de vida dependían de las estipulaciones del contrato (arriendo o aparcería, largo o corto plazo) y del encadenamiento favorable o desfavorable de las cosechas.

En Castilla, este colono subsistió en unas condiciones precarias, debido al bajo rendimiento de sus tierras (cinco granos por semilla, en la mayoría de los casos), a las pesadas cargas fiscales (diezmo eclesiástico, impuestos reales, derechos señoriales, canon de arriendo) y a la amenaza que el progresivo avance del contrato a corto término hizo planear constantemente sobre su existencia. Finalmente, también en Castilla, entre el gran propietario, que vive de las rentas obtenidas del trabajo de sus colonos, y el campesino arrendatario o jornalero, sólo quedaba el labrador acomodado, dueño de su modesta explotación, una figura mitificada precisamente por su reducida representatividad: era el «labrador honrado» o el «villano en su rincón», cristiano viejo, autosuficiente y escrupuloso como el que más en lo tocante al honor.

Estas gradaciones tenían su correspondencia en otros ámbitos. Por ejemplo, en Cataluña los propietarios alodiales de explotaciones en régimen de policultivo *(masos)* podían ceder temporalmente parte de sus predios en arriendo a una serie de colonos *(masovers)*, mientras otros campesinos eran instalados en las tierras por tiempo indefinido mediante contratos enfitéuticos *(establiments* o, para el caso de los viñedos, contratos *a rabassa morta)* y muchos de los recién liberados payeses de remensa *(pagesos de remença)*, sometidos, si no ya a los malos usos, a onerosas prestaciones económicas, ocupaban el escalón más bajo del mundo rural. Y lo mismo podía decirse de Galicia, donde el sistema de foros multiplicaba los arriendos y subarriendos, componiendo una escala de casi infinita diversidad, desde el gran señor que disfrutaba de sus espléndidas rentas en la comodidad de su pazo hasta el último labrador situado en el límite de la subsistencia y siempre, con el hato en la mano, dispuesto a abandonar la región en busca de mejores oportunidades para sí y su familia.

Los grupos urbanos

La sociedad urbana estaba dominada por los caballeros, los artesanos y los mercaderes, además del extramuros de la marginación. Los caballeros asumieron de manera natural su preeminencia económica (basada en las partidas que recibían de sus propiedades agrarias y de sus ingresos por otros conceptos, como alquileres urbanos, préstamos hipotecarios, etcétera) y su influencia social, fundamentada en el desempeño continuado de cargos públicos, que permiten consolidar dinastías hereditarias en los principales municipios, en un ejemplo habitual y cotidiano del ejercicio oligárquico del poder. En ese sentido, la consolidación de las oligarquías urbanas es un fenómeno característico de este periodo llamado a perdurar a todo lo largo del Antiguo Régimen.

Los mercaderes fueron cada vez más numerosos en un reino próspero y con un sector comercial y financiero en incesante desarrollo. Una de las características del grupo fue el ingreso, tanto en las ciudades castellanas como aragonesas, de una burguesía capitalista extranjera, que llegó a ser preponderante en las ciudades más volcadas a los intercambios, las cuales llegaron a albergar numerosas colonias foráneas que les confirieron un tono auténticamente cosmopolita. Al lado de estos representantes del capitalismo internacional se mueven las burguesías locales, tanto en la Corona de Aragón como en Castilla, donde las dinastías mercantiles cristianoviejas alcanzan uno de los momentos de mayor esplendor, como atestiguan los ejemplos de los Maluenda de Burgos, los Espinosa de Medina de Rioseco, los Cuéllar de Segovia o los Ruiz de Medina del Campo.

La convivencia entre un comercio como dinámica fuente de promoción económica y social y una mentalidad dominante esencialmente nobiliaria originó algunos dilemas en la sociedad de la época. El primero fue el de la compatibilidad entre comercio y nobleza, que sólo fue solucionado, y siempre imperfectamente, en aquellos lugares donde la oportunidad de las grandes operaciones mercantiles de radio internacional o colonial permitió una incorporación discreta de la aristocracia, como ocurrió en Sevilla, donde el ejemplo de los genoveses llegó a generar una verdadera «nobleza comerciante». Por otra parte, el propio éxito da alas a las aspiraciones de ascenso de la burguesía, que termina aceptando los valores dominantes y opta por insertarse en la sociedad nobiliaria, abandonando el escritorio por la tierra y buscando en un mayorazgo o en un título una mayor cota de reconocimiento social. Una opción esta (la de «pasar del purgatorio de los negocios al paraíso de la hidalguía») que a final de siglo se ve favorecida por la recesión económica que estrecha los campos de inversión y fomenta la tentación del rentismo, de la apuesta por un ingreso reducido pero menos expuesto a altibajos, dentro de una corriente que definirá la mentalidad económica española durante la siguiente centuria.

Dentro de la burguesía debe incluirse también a los miembros de las profesiones liberales, aunque sus posibilidades de ascenso fueran evidentemente mucho menores. Ente ellos destacan los abogados, que hacen valer sus títulos universitarios para conseguir un cargo público (un oficio que permite vivir en el mundo civil del ingreso seguro que procura de modo equivalente el beneficio en la esfera eclesiástica), seguidos a distancia por los demás, menos considerados socialmente: los médicos, los notarios, los profesores (en buena parte clérigos y con presencia reseñable sólo en las poblaciones universitarias) y los maestros de primeras letras. Sin embargo, el grupo numéricamente más importante es el de los artesanos, organizados en sus gremios y cofradías, representados en todas las ceremonias ciudadanas y atendiendo a las necesidades fundamentales del vestido, el calzado y la construcción de viviendas. Todos ellos constituyen el conjunto de la población integrada, que forma parte de la comunidad y que puede contar con medios de subsistencia más o menos estables. Fuera queda el extramuros de los que no tienen «ni oficio ni beneficio», el grupo siempre numeroso de los marginados.

La marginación social

La población que se mantiene al margen de la «sociedad constituida» puede a su vez formar parte de diversos grupos. Así, algunos están compuestos por gentes legalmente discriminadas, como pueden ser las minorías étnicas (los judeoconversos, los gitanos y, en esta época, sobre todo los moriscos, en razón de su mayor número y de la mejor identificación de sus efectivos) y los esclavos. Otros se sitúan fuera simplemente por su incapacidad de insertarse de manera estable en el mundo laboral, lo que significa la pobreza y la búsqueda de formas de supervivencia que van desde el nomadismo a la mendicidad o la delincuencia. Finalmente, otros son rechazados por la práctica de oficios considerados degradantes (verdugos, prostitutas) o incluso por sus conductas sexuales consideradas antinaturales y perseguidas por los agentes inquisitoriales (homosexualidad, bestialismo).

La suerte de los judeoconversos es paradójica, ya que su afán de asimilarse a la mayoría cristiana y de borrar sus orígenes tropieza con el racismo de una sociedad que traslada el estigma de generación en generación mediante la publicación de sus nombres con sus sambenitos, la exigencia de la limpieza de sangre para entrar en comunidades religiosas, órdenes militares o colegios mayores y para obtener ejecutorias de hidalguías, y la prohibición de acceder a numerosos oficios o cargos públicos. El antisemitismo, más allá de la persecución inquisitorial del criptojudaísmo, fue una constante fuertemente interiorizada de la mentalidad española de la época de los Austrias, que impregnó toda su vida social y cultural y que sólo lentamente iría desapareciendo a lo largo del siglo XVIII.

La revuelta de las Germanías, con sus sistemáticos bautizos forzosos de la población musulmana, propició la abolición del estatuto de mudejaría por una disposición de Carlos V (1525), que todavía hubo de sofocar una última resistencia morisca en la sierra de Espadán (1526). A partir de este momento todos los musulmanes españoles pasaron a ser oficialmente cristianos y, por tanto, a convertirse en posibles víctimas de la Inquisición al igual que los judeoconversos, aunque les fuese concedida una tregua de cuarenta años para su completa asimilación y aunque en el reino valenciano su condición de mano de obra servil en las tierras de la aristocracia les granjeara la interesada protección de sus señores. Este periodo de tolerancia terminó en el reinado de Felipe II (edicto de noviembre de 1566, promulgado en enero de 1567), cuando la taxativa prohibición del empleo de la lengua árabe y de cualquier expresión de su religión y cultura, celosamente conservadas, provocó una nueva rebelión en las Alpujarras (diciembre de 1568), que llegó a movilizar a unos treinta mil moriscos bajo la dirección de Hernando de Válor, que adoptó el nombre de Abén Humeya. La guerra de guerrillas puesta en práctica por los insurrectos permitió mantener en jaque a las fuerzas nobiliarias y concejiles mandadas por el marqués de Mondéjar hasta el asesinato del dirigente morisco en Laujar (octubre de 1569). A partir de entonces, las tropas cristianas, puestas al mando de Juan de Austria, el hermanastro del rey, arrinconarían a los sublevados, mandados ahora por Abén Aboo, otro noble morisco que, pese a tener la batalla perdida desde mucho antes, consiguió resistir durante más de un año hasta que su asesinato provocó la rendición de las fuerzas supervivientes (primavera de 1571), justo antes de que la batalla de Lepanto alejase el peligro de una alianza de los moriscos con los otomanos. La deportación masiva decretada de modo inmediato afectó a casi ochenta mil moriscos granadinos, que fueron obligados a instalarse primero en Andalucía y más tarde en ambas Castillas. Aunque de este modo se liquidó el más importante foco de resistencia musulmana, la cuestión morisca subsistió como una asignatura pendiente cuya resolución se remitió al reinado siguiente.

La persecución contra los gitanos prosiguió a todo lo largo de los tiempos modernos. Temidos por sus hábitos de nomadismo y vagabundaje, sospechosos de conducta religiosa heterodoxa y acusados de graves delitos (robo, adivinación e incluso antropofagia), los gitanos fueron sometidos al vaivén de medidas alternativamente asimiladoras (prohibición de hablar su lengua y de vestir sus trajes típicos, obligación de avecindarse y de dedicarse a la labranza) y favorecedoras de su segregación (prohibición de ejercer como herreros, esquiladores o panaderos), todas bajo la amenaza de terribles penas. Si ya en tiempos de Felipe II se decretaron levas para convertirlos en galeotes al servicio de las galeras reales, la petición de los procuradores de Burgos en 1599 (cien años después de la pragmática de Medina del Campo) urgía a la adopción de disposiciones para «extinguir la raza» de los gitanos, que sin embargo conseguirían sobrevivir hasta nuestros días.

Los esclavos nunca constituyeron más que una pequeña minoría en las tierras peninsulares, tal vez al terminar el siglo unos cincuenta mil, débil porcentaje dentro de una población total no alejada de los ocho millones. A lo largo de la centuria, fueron quedando reducidos a dos grupos, el de los musulmanes y el de los negros africanos. Los primeros eran capturados en los continuos enfrentamientos que se sucedían en la cuenca mediterránea (cuya contrapartida eran los esclavos cristianos de Argel y otros lugares del imperio otomano y las regencias berberiscas) y eran tratados con la desconfianza y la dureza autorizadas por su condición de infieles e insumisos. Los esclavos negros provenían de la trata atlántica y, juzgados más asimilables, eran objeto de un trato más benévolo, que terminaba en muchas ocasiones con su evangelización y bautismo y, en algunas ocasiones, con su integración en cofradías exclusivas. Discriminados y explotados en todos los casos, su declive biológico hizo que, pese al funcionamiento ininterrumpido de los mercados peninsulares (Valencia y Málaga, Cádiz y Sevilla, ahora el segundo de Europa después de Lisboa), su número se mantuviese estable hasta los años centrales del siglo XVII para empezar a disminuir desde 1640 en adelante.

La pobreza fue un fenómeno estructural a lo largo no sólo del siglo XVI sino de todo el Antiguo Régimen. Un porcentaje variable, pero tal vez oscilando generalmente en torno al 20% de la población, es decir, una quinta parte del total, fue siempre incapaz de procurarse los medios indispensables de subsistencia, y esta cifra se disparaba dramáticamente en los muchos momentos de penuria vividos a lo largo del siglo, y también de los siguientes. Así, los pobres constituyeron un grupo heterogéneo inmerso en una cultura de la supervivencia que les llevaba alternativamente a errar de ciudad en ciudad en busca de alguna oportunidad, a mendigar una limosna o un plato de sopa boba a la puerta de los conventos o a procurarse lo necesario mediante el robo en las ciudades o el asalto a mano armada en los campos. Se trata de un mundo que vive instalado en la precariedad y en la obsesión del pan cotidiano, de una realidad social tan extendida que llega a originar un género literario autónomo, el de la picaresca que narra las andanzas y las desventuras cotidianas de *Lazarillo de Tormes* o de *Guzmán de Alfarache*.

La cuestión de la pobreza no encontró ninguna solución definitiva en la época, que confió su remedio a la acción caritativa de las instituciones eclesiásticas o de los particulares, que fundaron hospitales, casas de misericordia o casas cuna (asimismo atendidas por religiosos y religiosas) y también cofradías piadosas que podían dedicarse a la acogida de enfermos y desvalidos, a la dotación de doncellas pobres o al entierro de los que morían en el desamparo. Estas iniciativas de tipo práctico corrieron paralelas a la aparición de una abundante y cualificada literatura sobre el pauperismo, que marcan la transición desde el concepto tradicional de la caridad indiscriminada hacia el «pobre de Dios» (que reza por sus benefactores a los que además pone en el camino de su salvación) hasta la nueva consideración del pobre como un ocioso que debe ser empleado en el trabajo provechoso o atendido por los poderes públicos. Desarrolladas ya las nuevas propuestas por Juan Luis Vives y por Juan de Robles o de Medina (en polémica con Domingo de Soto), su expresión madura se encuentra en la segunda mitad de siglo en la obra de Miguel Giginta *(Tratado de remedio de pobres,* 1579) y de Cristóbal Pérez de Herrera *(Amparo de los legítimos pobres y reducción de los fingidos,* 1598).

La marginación se abatía también sobre aquellos que ejercían determinadas profesiones, de acuerdo con una gradación que distinguía a los oficios viles y mecánicos de los oficios infamantes (carniceros, verdugos). En este contexto, la prostitución conoció un estatuto ambiguo, ya que, por un lado, su práctica fue objeto de una regulación municipal (con sus responsables, los padres y las madres de las mancebías, que cuidaban tanto de la edad de sus pupilas, que en general debían tener más de doce años, como de la asistencia sanitaria para evitar los contagios o de la observancia de las fiestas de guardar), mientras por otro debió sufrir (sobre todo, a raíz de la recepción de los decretos tridentinos) las acometidas de los eclesiásticos celosos (que trataron de desterrar las mancebías y crearon las casas de arrepentidas para la redención de mujeres pecadoras), pero en cualquier caso prevaleció la tolerancia en razón de su utilidad para el mantenimiento del orden social: el sosiego de los solteros, la salvaguarda de las doncellas y de las honestas casadas y la satisfacción de los maridos incontinentes.

Si la «simple fornicación» (cuando se trataba de hombres, como era de esperar) fue mirada con condescendencia por la sociedad en su conjunto, no ocurrió lo mismo con otras conductas sexuales que, consideradas delictivas, fueron perseguidas cada vez con más severidad por las autoridades eclesiásticas. Así la Inquisición se mostró progresivamente rigurosa con los casos de incesto, de bigamia, de violencia y de solicitación de favores sexuales al amparo del confesionario. Por otra parte, reprimió contundentemente la homosexualidad masculina (ignorando la existencia de conductas lésbicas) y la bestialidad. Ambas prácticas fueron naturalmente fruto no de la búsqueda de nuevas fronteras de erotismo, sino producto de las circunstancias de marginación que se daban en ciertos ambientes cerrados (conventos, prisiones, etcétera) y en ciertas circunstancias personales (castidad forzada, esclavitud, soledad). Ambas fueron objeto de duras condenas, que podían llevar al convicto a la hoguera, sobre todo si unía al «pecado nefando» o al «pecado *contra natura»* otras circunstancias agravantes, como el origen converso o cualquier otra situación de marginalidad.

El gobierno de la Monarquía hispánica

El siglo XVI asiste a la consolidación y despliegue del sistema político creado por los Reyes Católicos. Los Austrias perfeccionan los instrumentos del absolutismo monárquico, ampliando el sistema de gobierno por consejos y secretarios, espaciando las consultas a los representantes de los reinos reunidos en Cortes, articulando una maquinaria hacendística de enorme complejidad para hacer frente a un gasto creciente y modernizando y multiplicando los efectivos del ejército. Todas estas piezas son puestas al servicio del mantenimiento de la paz en el interior de los propios estados y del desarrollo de una política imperialista en los campos de batalla europeos (y también en los restantes continentes), al tiempo que se prosigue una política de expansión ultramarina, que conduce a la incorporación de nuevos territorios en América, en Asia y en Oceanía. Carlos V, por exigencias de su política exterior, fue un monarca viajero, que hubo de dejar muchas veces la regencia de sus reinos peninsulares en manos de diversas personas de su familia, singularmente de la emperatriz Isabel de Portugal y de su hijo Felipe. El heredero se curtirá así en tareas de gobierno, antes de recibir de manos del emperador primero el Reino de Nápoles y el ducado de Milán (al contraer matrimonio con María de Inglaterra, en 1554) y finalmente la soberanía de los Países Bajos y los reinos españoles con sus dependencias italianas y extraeuropeas tras las abdicaciones de Bruselas (1555-1556). De este modo, Felipe II será rey de España antes de la muerte de su padre en su retiro del monasterio jerónimo de Yuste (septiembre de 1558). Por el contrario, renunciará no sólo a los estados austriacos (ya transferidos por Carlos V a su hermano Fernando y por tanto ya bajo la soberanía de la rama segundona de la estirpe), sino también a la candidatura imperial. De este modo, la monarquía universal de Carlos V deja paso definitivamente con Felipe II a la Monarquía hispánica.

El fin de las revueltas de las Comunidades y las Germanías supuso el inicio de un largo periodo de paz en el interior de los reinos peninsulares, en contraste con el dinamismo bélico de la política internacional a todo lo largo del siglo, confirmando la tendencia a exportar la guerra de todo imperialismo. Una paz que significa la ausencia de conflictos internos graves (con las excepciones de la guerra de las Alpujarras y de las llamadas Alteraciones de Aragón), pero que estuvo sometida a la acción permanente de hostigamiento del corsarismo musulmán (con sus consecuencias de inseguridad de las costas y continua sangría humana a manos de los traficantes de esclavos), a la inquietud de un bandolerismo mediterráneo endémico (el popular fruto de la miseria, el morisco de los *monfíes* o las *bandositats* típicamente valencianas), a la violencia nobiliaria de Cataluña (banderías de *nyerros* y *cadells)* y a la agitación social en Aragón (disturbios del condado de Ribagorza y de Teruel y Albarracín, 1586-1588), por no mencionar el drama palaciego de la rebeldía, encarcelamiento y muerte del príncipe don Carlos, el primogénito del rey (julio de 1568).

En cualquier caso, al margen de la sublevación morisca de Granada, la única crisis de importancia que hubo que resolver en el interior fue la crisis constitucional aragonesa provocada incidentalmente por el enrarecido clima político generado por la guerra de Flandes. En efecto, el asesinato de Juan de Escobedo, secretario de Juan de Austria (marzo de 1578), por sospecha de traición en los asuntos flamencos, fue el primer acto de un drama que siguió con la prisión y proceso del principal instigador del crimen político, el secretario Antonio Pérez (arrestado en julio de 1579), cuya huida a Aragón (abril de 1590) pondría de relieve las sólidas barreras constitucionales que el reino oponía al soberano para hacer frente a la agitación social y para permitir el despliegue del absolutismo monárquico. La revuelta zaragozana contra la pretensión del rey de reclamar el procesamiento del secretario por el tribunal del Santo Oficio decidió a Felipe II a enviar un ejército a Aragón (octubre de 1591) para restablecer su autoridad. La represión del partido fuerista junto a la simbólica y resonante ejecución de Juan de Lanuza, el justicia mayor, es decir el garante de las libertades aragonesas, precedió a la reunión de las Cortes de Tarazona (junio de 1592), que si bien mantuvieron en su conjunto el sistema constitucional aragonés aprobaron una serie de disposiciones para aumentar el poder de los funcionarios reales y recortar las atribuciones de las instituciones representativas. Como consecuencia derivada, la huida de Antonio Pérez a París (noviembre de 1591) le permitió redactar unas *Relaciones* (publicadas en Inglaterra, en 1594), que, junto con otros escritos (como la literatura proindigenista de Las Casas o la *Apología* de Guillermo de Orange) constituyeron una de las piezas claves de la «leyenda negra» antiespañola.

El sistema de consejos, secretarios y juntas

La Monarquía de Carlos V y Felipe II estaba formada por la agregación de numerosos estados, cada uno de los cuales disponía de su propia constitución y de su propio aparato institucional. Sin embargo, la misma acumulación de territorios dispares bajo un mismo soberano obligó a los Austrias a definir una unidad política superior que no fuese la mera suma o yuxtaposición de los estados heredados de sus antecesores. De esta forma, la Monarquía hispánica (o Monarquía católica en la terminología cancilleresca) fue una monarquía compuesta donde dominaron progresivamente los elementos que permitían una unidad de gobierno y creaban un centro de decisiones que afectaban al mismo tiempo a todos los bloques de la federación. Esta tendencia se fue imponiendo desde la corte por la voluntad de los monarcas y sus oficiales más próximos, que consiguieron robustecer su autoridad dentro de la lógica del absolutismo y saltar las barreras opuestas por los intereses particularistas de los distintos estados, no sin algunas crisis y sobresaltos, como en el caso de las Alteraciones de Aragón ya señaladas o como en el caso de la revuelta de los Países Bajos.

Una plasmación geográfica del nacimiento de esta Monarquía hispánica fue el tránsito de una corte itinerante a una corte fija, que quedó establecida durante el reinado de Felipe II (con la salvedad del breve paréntesis del traslado a Valladolid a principios del siglo siguiente) en Madrid (con el Alcázar y la Casa de Campo como centro) y los Sitios Reales situados en su entorno (El Pardo, Valsaín, Aranjuez y, más tarde, El Escorial). Al mismo tiempo, los Austrias reafirmaron el aparato de gobierno de los Reyes Católicos (consejos y secretarios, virreinatos y corregidores), completando el organigrama polisinodal y acentuando la presencia de los representantes y funcionarios reales en la administración territorial.

El sistema polisinodal fue adquiriendo su fisonomía definitiva a lo largo del siglo. Por un lado, se configuraron una serie de consejos encargados de los distintos ramos del gobierno, mientras, por otro, se creaban otros de carácter territorial. Entre los primeros, el más importante fue el Consejo de Castilla, que no sólo se ocupó de los asuntos específicamente castellanos, sino que fue asumiendo la dirección general de la política de la Monarquía hispánica, convirtiéndose en el órgano de donde emanaban las principales decisiones de gobierno. Una emanación del anterior fue la Cámara o Consejo de la Cámara de Castilla (desde 1588), que se encargaba de la gracia real, es decir, de todo lo concerniente a la provisión de cargos en consejos, chancillerías y audiencias, así como de la dispensa de mercedes y del ejercicio del patronazgo regio. La atención a materias más especializadas fue el cometido de otros consejos, como el de la Inquisición (1483), que presidido por el Inquisidor General servía como suprema instancia de apelación de los tribunales regionales y nombraba a los inquisidores y restantes agentes del Santo Oficio. Poco después se fundó el Consejo de Órdenes (1495), para el gobierno y la justicia en los territorios de las órdenes militares, cuyos maestrazgos habían sido asumidos por la Corona. El Consejo de Cruzada (1509) fue creado para la administración de tres de las gracias eclesiásticas concedidas por la Iglesia a los soberanos españoles (además de las tercias reales): la cruzada, el subsidio y el excusado. El Consejo de Hacienda (1523), de gran importancia para la buena marcha de las finanzas de la Monarquía, fue absorbiendo atribuciones de las viejas Contadurías Mayores de Hacienda y de Cuentas, hasta sustituirlas por completo a partir de 1593. Por último, el Consejo de Guerra (1517) quedó prácticamente subordinado al Consejo de Estado (1522), que era el organismo director de la política exterior de la Monarquía.

El primer consejo territorial en acción fue el Consejo de Aragón (1494), que pronto celebró sus sesiones no en aquel reino, sino en la corte, como una muestra paradigmática del carácter centralizador de la nueva Monarquía. Le siguió el Consejo de Indias (1524), que asumió la dirección de todos los asuntos concernientes a América, incluyendo la función como tribunal supremo de apelación, la provisión de cargos y el ejercicio del regio patronato sobre la Iglesia indiana. El Consejo de Italia (1555) se desgajó del de Aragón, mientras el de Flandes y Borgoña se ocupó de los territorios de la herencia borgoñona (1588), después de que la agregación del reino portugués hubiera aconsejado la creación del Consejo de Portugal (1582). Finalmente, tan sólo el Consejo de Navarra quedó fuera de la corte, desempeñando en aquel reino las mismas funciones que el Consejo de Castilla.

SISTEMA DE CONSEJOS BAJO FELIPE II (1588)

Consejos temáticos

Consejo de Castilla (1480) + Cámara de Castilla (1588)
Inquisición (1483)
Órdenes (1495)
Cruzada (1509)
Guerra (1517)
Estado (1522)
Hacienda (1523)

Consejos territoriales

Aragón (1494)
Indias (1524)
Italia (1555)
Portugal (1582)
Flandes (1588)

La complicada maquinaria polisinodal hizo más acuciante la necesidad de contar con agentes que agilizasen el trámite de la toma de decisiones, es decir potenció la figura del secretario, que también había funcionado bajo los Reyes Católicos. Carlos V, después del primer periodo en que estuvo rodeado de un séquito internacional (el señor Chièvres y Mercurino Gattinara, los hermanos Alfonso y Juan de Valdés, Nicolás Perrenot de Granvela), contó durante el resto de su reinado con el concurso de Francisco de los Cobos, que administró la política interior española hasta su muerte (1547). Por su parte, Felipe II mantuvo como único secretario de Estado a Gonzalo Pérez hasta su muerte (1566), tras la cual otorgó su confianza a una serie de secretarios adjuntos al Consejo de Estado (como Gabriel de Zayas, responsable de los asuntos del norte, frente a Antonio Pérez, ocupado en los asuntos del sur, a quien sustituiría Juan de Idiáquez, hijo de Alonso de Idiáquez, que había sido el hombre de confianza de Cobos) y, en la segunda mitad de su reinado, a Mateo Vázquez de Leca. Al lado de los secretarios, hombres por lo general letrados y expertos en la administración, otros personajes de origen más encumbrado obtuvieron gran influencia al lado de los soberanos, como ocurriera en el reinado de Felipe II con el príncipe de Eboli, el cardenal Granvela o Cristóbal de Moura, sentando el precedente para la oficialización de la figura del privado o valido en el siglo siguiente. Finalmente, el reinado de Felipe II dio también alas al sistema alternativo de las juntas o reunión de expertos para tratar monográficamente algunos asuntos, como ocurrió con la Junta de Presidentes (creada en 1573 para la reforma de la hacienda) o la Junta de Noche (formada en 1585 para tratar de cuestiones más generales).

La obligada ausencia del rey de sus numerosos estados exigió la creación de una figura que representase su persona de modo permanente. De esa forma, se crearon las figuras del virrey y el gobernador, no sólo como cabeza visible de la administración periférica, sino como auténtico *alter ego* del soberano en aquellos territorios. Así, a lo largo del siglo, se constituyeron los virreinatos de Valencia, Cataluña, Aragón, Mallorca, Nápoles, Sicilia y Cerdeña, a los que se incorporó más tarde (1583) el de Portugal, reino que ya tenía desde antes su virrey de la India, al igual que España había creado en América los virreinatos de Nueva España (1535) y Perú (1543). A su lado, con similares funciones y parecida dignidad, deben situarse las gobernaciones de Milán y de los Países Bajos con el Franco Condado. Tal solución (que satisfacía la exigencia constitucional de la presencia del rey o su representante en cada reino, pero que al mismo tiempo permitía transmitir las directrices de la política general) no era sino una consecuencia del carácter compuesto de la Monarquía hispánica.

La presencia real en las demarcaciones locales fue más acentuada en Castilla, gracias al sistema de los corregidores, cuyo número fue aumentando hasta llegar a ser de 68 al fin del reinado de Felipe II y cuya figura y cuyas funciones serían objeto de profundo estudio por Jerónimo Castillo de Bobadilla (*Política para Corregidores,* 1597). Del mismo modo, el aumento de los litigios y los litigantes exigió la creación en el territorio castellano de tres audiencias, Galicia (1563), Sevilla (1566) y Canarias (1568), al tiempo que también en la Corona aragonesa se dotaba con otra audiencia al Reino de Mallorca (1571). Finalmente, el robustecimiento de la autoridad real permitió el distanciamiento de la convocatoria de los órganos representativos del reino, llegándose en el caso de las Cortes castellanas a la salida de los estamentos privilegiados de la nobleza y el clero (a partir de 1538), mientras en Aragón la reforma acometida en las Cortes de Tarazona también favorecía el poder del rey frente a los estamentos del reino. Signos todos ellos, en definitiva, del avance del absolutismo monárquico, que también supo fortalecer sus restantes instrumentos, la hacienda y el ejército, así como modificar en su favor el carácter de sus relaciones con la Iglesia.

Las relaciones entre los Austrias y la Iglesia presentan un carácter sorprendentemente paradójico, ya que si por un lado su sintonía espiritual y su colaboración práctica son extremadas, por otro, el afán intervencionista de la Monarquía en materias eclesiásticas, es decir, su declarado regalismo, provoca frecuentes conflictos a la hora de las actuaciones concretas.

Las bases de la injerencia de los soberanos se amplían en el siglo XVI, debido a la obtención del derecho de presentación de obispos en Castilla, Aragón y Navarra (1523), al aumento de las contribuciones eclesiásticas a la Corona (subsidio y excusado) y a la definitiva ordenación de la Inquisición (gracias a la labor del inquisidor general Fernando de Valdés, 1561). Sin embargo, subsistieron las diferencias en varios terrenos, como el jurisdiccional, donde las cuestiones más controvertidas eran los recursos de fuerza (la posibilidad de los eclesiásticos de apelar a los tribunales civiles, que tenía su contrapartida en la capacidad penal de la Iglesia sobre los laicos en algunas materias mixtas que eran reclamadas por los tribunales ordinarios), la inmunidad eclesiástica (que generaba litigios ante la oposición de la Iglesia a la condena de clérigos por jueces civiles) y el derecho de asilo, que permitía a los delincuentes refugiarse en sagrado, es decir, eludir la justicia ordinaria acogiéndose a la protección de los recintos de las iglesias.

Por otra parte, la voracidad fiscal del Estado no sólo afectó a la obtención de mercedes reales sobre los ingresos eclesiásticos, sino que también derivó en una verdadera desamortización de los bienes de la Iglesia, llevada a cabo precisamente por Felipe II y que redujo notablemente el poder económico de los obispados y los monasterios, al mismo tiempo que los funcionarios reales mostraban más de una vez su impaciencia por las cantidades remitidas a Roma procedentes de las bulas de los obispos preconizados, las vacantes episcopales, los expolios (o bienes dejados por los obispos a su fallecimiento), los gastos por canonizaciones o por dispensas matrimoniales, etcétera.

Finalmente, último elemento de discordancia, el papado no siempre secundó la política de la Monarquía católica en el ámbito europeo. La actitud de Clemente VII en el reinado de Carlos V y, sobre todo, la de Paulo IV y Sixto V, claramente decantados políticamente en favor de Francia (el segundo incluso a favor de la candidatura de Enrique IV), son el mejor testimonio de esta disparidad de criterios a la hora de aplicar una determinada política pese a la coincidencia en los principios generales.

En cualquier caso, la unidad de acción se reconstruye rápidamente cuando se trata de materia de fe. En efecto, la Inquisición siguió ejerciendo sus funciones de celoso guardián de la ortodoxia dentro de las fronteras peninsulares, al mismo tiempo que el ejército y la diplomacia se enfrentaban a los príncipes protestantes en Europa. Así, a lo largo del siglo, si bien prosigue la ofensiva contra los judeoconversos y los moriscos, la orientación de la represión ideológica cambia de signo de acuerdo con el nuevo clima espiritual que se estaba adueñando de la cristiandad, de modo que a partir de 1525 los principales enemigos pasan a ser los erasmistas, los alumbrados y los protestantes.

El erasmismo español fue un movimiento intelectual interesado al mismo tiempo por las letras humanas y por las cuestiones religiosas. Su humanismo cristiano propugnaba la preeminencia del sentimiento interior sobre las formas exteriores de la religiosidad, del soplo de la espiritualidad sobre la aridez del ritualismo, de la depuración de las escrituras sobre la tradición sin crítica y de la sencillez de la fe sobre el artificio del ceremonial. El avance de la herejía luterana convierte así a los erasmistas en víctimas propiciatorias de la lucha por la ortodoxia, de tal modo que en los años treinta se desencadena la represión inquisitorial contra el núcleo de Alcalá con el proceso del helenista Juan de Vergara (1533), al que seguirán otros, como los de su hermano Bernardino de Tovar, el librero Miguel de Eguía (1533), el antiguo rector del colegio de San Ildefonso Mateo Pascual (1535) y el antiguo canciller de la universidad alcalaína Pedro de Lerma (1537). Por este sistema quedaron desarticulados los grupos erasmistas (que fueron perseguidos también en otros lugares, singularmente en Valencia, donde se producen resonantes autos de fe en la década de los sesenta), de modo que el pensamiento inspirado en el humanista holandés se perpetuaría a partir de entonces como una corriente subterránea que, eso sí, regaría amplias regiones de la cultura española de la época.

El primer movimiento específicamente religioso considerado heterodoxo fue el de los alumbrados (por su búsqueda de la iluminación directa del alma por Dios), conocidos también como dejados (por su dejación o abandono del alma a la voluntad de Dios). El primer grupo fue localizado en los palacios del duque del Infantado en Guadalajara y del marqués de Villena en la localidad toledana de Escalona, donde la beata Isabel de la Cruz predicaría su doctrina inspirada en la espiritualidad franciscana y basada en la absoluta certeza de gozar del amor de Dios, proposición que sería elaborada por Pedro Ruiz de Alcaraz, que confiado en la fe y en la escritura negaría la eficacia de las obras y de otros medios (indulgencias, devoción mariana, culto a los santos, etcétera) para alcanzar la salvación, un planteamiento próximo por tanto a la confesión luterana. Condenado el grupo en diversas oportunidades (entre 1525 y 1529), la Inquisición desmanteló seguidamente (entre 1529 y 1530) al grupo de los recogidos de Valladolid, cuyas figuras descollantes eran la beata Francisca Hernández y el franciscano Francisco Ortiz, los cuales, en contacto con los alumbrados, ponían el acento en la iluminación por el espíritu como vía hacia la transformación en Dios. No obstante estos procesos, que prosiguieron con el encarcelamiento y condena de María Cazalla (1532-1534), discípula de Isabel de la Cruz, las corrientes alumbradas rebrotarían en otros momentos a lo largo del siglo, singularmente en Andalucía y Extremadura, donde el grupo de Llerena (condenado entre 1570 y 1582) proporcionaría la versión más radical.

A continuación se produjo la liquidación de los focos luteranos en España. Si Juan de Valdés, al instalarse en Italia, pudo eludir la persecución de la Inquisición, el Santo Oficio actuó contra otros adeptos a la nueva doctrina durante la década de los cuarenta y los cincuenta, mientras otros famosos reformadores eran acosados dentro y fuera de las fronteras del reino, como fue el caso de Jaime de Encinas (condenado a la hoguera por la Inquisición romana en 1546) y el de su hermano Francisco de Encinas, conocido también por su seudónimo de Dryander, que, después de traducir el Nuevo Testamento al castellano por consejo del reformador alemán Felipe Melanchton, hubo de escapar de las cárceles de Bruselas (1543), donde había sido detenido por su adhesión al luteranismo. Por su parte, Juan Pérez de Pineda, autor de una bella traducción de los *Salmos* al castellano, salvó la vida con su oportuna salida del país, aunque no se libró de ser quemado en efigie en uno de los autos de fe organizados contra los luteranos de Sevilla.

Uno de los dos grandes focos del luteranismo español se constituyó en Valladolid, en el convento de Belén y, sobre todo, en la casa de los Cazalla, donde Leonor de Vivero era el alma del grupo integrado por el dominico Domingo de Rojas, Carlos de Seso, Pedro de Cazalla, cura de Pedrosa, y Agustín de Cazalla, capellán del emperador Carlos V. Los dos autos de fe de mayo de 1559 (ejecución de Agustín de Cazalla y quema de los huesos de Leonor de Vivero) y octubre del mismo año (ejecución de Carlos de Seso, Domingo de Rojas y Pedro de Cazalla) pusieron fin al luteranismo en la ciudad castellana.

El segundo gran foco luterano tuvo asiento en Sevilla, donde la nueva doctrina se difundió entre los dominicos de San Pablo, las franciscanas de Santa Isabel, las jerónimas de Santa Paula y, sobre todo, los jerónimos del cercano monasterio de San Isidoro del Campo, de donde saldrían dos grandes figuras del protestantismo europeo, el morisco granadino Casiodoro de Reina, autor de una famosa traducción de la Biblia al español (Biblia de Basilea, 1569), y Cipriano de Valera, que publicó una segunda edición revisada de la Biblia de Reina (Amsterdam, 1602). Tras la masiva huida de los monjes jerónimos comprometidos con el protestantismo, la antorcha luterana fue recogida por Juan Gil, llamado el Doctor Egidio, canónigo magistral de la catedral sevillana, obligado a abjurar en un auto de fe (1552) y encarcelado durante tres años, hasta poco antes de su muerte (1555), y por Constantino Ponce de la Fuente, predicador del emperador y también canónigo magistral de la catedral hispalense, asimismo detenido y encarcelado durante dos años, hasta su muerte (1560). Los restos mortales de ambos serían exhumados y quemados tras los dos autos de fe celebrados en Sevilla (septiembre de 1559 y diciembre de 1560), que, tras enviar a la hoguera a más de treinta personas, pondrían fin a la difusión de las doctrinas protestantes en Sevilla y en España.

La condena de los alumbrados y la persecución del erasmismo constituyeron las primeras etapas de un periodo de activa represión religiosa, que se agudizó en las décadas centrales del siglo con los autos de fe contra los luteranos de Valladolid y Sevilla y con otras actuaciones inquisitoriales. En efecto, otros hitos de esta ofensiva fueron el famoso proceso incoado al arzobispo de Toledo Bartolomé de Carranza (1559), sospechoso de herejía por las proposiciones contenidas en su *Catecismo cristiano* (Amberes, 1557), los interrogatorios y procesos abiertos a muchas de las grandes figuras de la espiritualidad de la época (nada menos que Ignacio de Loyola, Juan de Ávila, fray Luis de Granada y fray Luis de León, entre otros, fueron objeto de la vigilancia del Santo Oficio en distintos momentos) y la publicación del primer *Índice de libros prohibidos* (1559) auspiciado por el inquisidor Fernando de Valdés (al que seguiría el más completo del inquisidor Gaspar de Quiroga, 1583 y expurgatorio de 1584), que expurgaría o prohibiría las obras de numerosos autores considerados posteriormente como ejemplos de devoción y ortodoxia. Esta intensificación de la persecución y esta universalización de la sospecha recibirá nuevo aliento cuando la clausura de las sesiones del Concilio de Trento (1563) proporcione un cuerpo seguro de doctrina y unos medios perfeccionados de combate intelectual para impulsar ese proceso de rearme ideológico de la Iglesia Católica que conocemos con el nombre de Contrarreforma.

La Contrarreforma, en efecto, signó a partir de entonces todos los actos de la vida religiosa española. Como en otros lugares, la recepción de Trento reforzó el encuadramiento pastoral de los fieles (mediante la mejora de las condiciones materiales, la conducta moral y la formación intelectual del clero), la cristianización de la sociedad (mediante la pastoral educativa ejercitada por la catequesis y la predicación y el ejemplo de la caridad) y la uniformización de la práctica (mediante la unidad litúrgica y la supresión de las supersticiones), aunque en este caso la voluntad universalizadora hubo de pactar con las formas de la religión local, que imponía sus propias advocaciones, su relación privilegiada con determinados patronos y su calendario particular de fiestas y celebraciones. No obstante, la síntesis lograda en este campo generó en el conjunto de la sociedad un sentimiento ampliamente compartido de adhesión a la mentalidad contrarreformista y preparó la eclosión de la religiosidad barroca.

Las bases financieras

Las crecientes necesidades económicas del Estado de los Austrias para hacer frente a los gastos de la corte, de la burocracia administrativa y, sobre todo, de los ejércitos empleados en una activa política internacional obligaron, por un lado, a ampliar las fuentes de ingresos y, por otro, a organizar un complejo sistema de crédito que permitiese disponer del numerario con la celeridad exigida por la urgencia de los compromisos militares. El sistema fue objeto de constante perfeccionamiento a todo lo largo del siglo, pese a lo cual el permanente déficit originó frecuentes atascos que en muchos casos llegaron a condicionar la marcha y el resultado de las acciones militares y diplomáticas.

Los ingresos ordinarios de la Corona no variaron sustancialmente en su composición con respecto a la época de los Reyes Católicos: la alcabala y las tercias reales, los derechos de aduana (puertos secos, almojarifazgo mayor de Sevilla, almojarifazgo de Indias, etcétera), servicio y montazgo y diversas rentas (renta de la seda) y monopolios (salinas, estanco de negros, fabricación y venta de naipes, pólvora, azogue y solimán y señoreaje y monedaje cobrado a los propietarios de metales preciosos que utilizaban las cecas o casas de la moneda que funcionaban en Valladolid, Burgos, Toledo, Segovia, La Coruña, Cuenca, Sevilla y Granada), más las regalías sobre la extracción minera (hierro, azufre o alcohol, es decir galena). Los ingresos extraordinarios siguieron presididos por el servicio (al que se unió el servicio de millones a partir de 1590), que dejó de ser votado periódicamente en Cortes para convertirse en un impuesto regular por concesión perpetua de los representantes del reino (1538). Los ingresos eclesiásticos aumentaron gracias a la incorporación a la bula de cruzada de las otras dos de las llamadas tres gracias, es decir el subsidio (concedido en 1561 para mantener una flota de galeras contra los turcos) y el excusado (es decir el mayor diezmo de cada parroquia que quedaba excusado de pasar a la Iglesia y se entregaba al Estado desde 1571), más en cierto sentido las rentas de las mesas maestrales de las órdenes militares por haber pasado su titularidad al rey (las tres castellanas, entre 1488 y 1498, y la aragonesa de Montesa, en 1587). Finalmente, la quinta parte de los tesoros americanos (de las *huacas* o tesoros indígenas descubiertos, de las perlas y esmeraldas, pero sobre todo de la plata) se ingresaba directamente en las arcas del soberano por su derecho de regalía sobre el subsuelo.

El conjunto componía sobre el papel una suma considerable. Sin embargo, las condiciones de cobro disminuían con frecuencia su valor. Las fórmulas más habituales de recaudación fueron el encabezamiento (por el que la comunidad cobraba una cantidad fijada estableciendo la derrama entre los contribuyentes), el repartimiento (cuando la Hacienda real determinaba la distribución del gravamen) y el arrendamiento, es decir el adelanto del monto calculado del impuesto por parte de una compañía particular que a continuación se encargaba de cobrar a los afectados. Otras exacciones tenían otros sistemas, como era el caso del subsidio (cuya recaudación realizaba la Congregación de las Iglesias de Castilla) o el servicio y los millones , que solían cobrarse mediante sisas impuestas por las comunidades sobre el consumo de artículos básicos (vino, vinagre, aceite y carne, especialmente). En cualquier caso, la administración fue en general incapaz de organizar la recaudación directa, lo que dejó un margen para la intervención permanente del capital mercantil en las finanzas estatales.

No fue, sin embargo, ésta la única forma de intervención de los mercaderes y financieros en la Hacienda real. Las urgencias de la Monarquía, especialmente las de índole militar, requerían la transferencia inmediata de fondos a una plaza determinada, normalmente situada fuera de las fronteras españolas. Esta operación (que implicaba la concesión de un crédito, el giro de la suma al extranjero y el cambio de moneda) sólo era posible mediante la firma con un consorcio de financieros de un asiento, es decir de un contrato estipulando la suma adelantada, el cambio de moneda, la forma, los plazos y el lugar del pago y las modalidades y los plazos de reembolso con el tipo de interés aplicado. Los asientos se solían concertar en Madrid, en el seno del Consejo de Hacienda, mientras los pagos de la Corona se situaban en las ferias internacionales (Amberes, Besançon, Piacenza o Frankfurt), cuando no en la feria castellana de Medina del Campo, que había ya pasado a convertirse de un centro de contratación de mercancías y de compensación financiera (una especie de *clearing house* ligada originalmente al comercio de la lana y progresivamente dependiente del ritmo de las flotas americanas) en un verdadero centro bancario que podía negociar los contratos estatales, hasta su paulatino abandono en favor de la banca madrileña a medida que se acercaba el cambio de siglo.

Los asentistas fueron diferentes para cada asiento. Ahora bien, de modo general puede decirse que Carlos V prefirió el concurso de los banqueros alemanes de las casas Fugger (castellanizados como Fúcares) y Welser (Belzares), cuya asidua colaboración fue recompensada con amplias concesiones, como fueron la administración de las minas de Almadén y Guadalcanal en el primer caso y la autorización para intervenir en algunas expediciones comerciales en Ultramar y para emprender la colonización de Venezuela en el segundo. Por su parte, Felipe II hubo de recurrir, tras la retirada de los alemanes a raíz de la crisis financiera de 1557, a la banca genovesa (representada por las ilustres firmas de los Centurione, los Fiesco, los Giustiniani o los Spinola), que se mantuvo al servicio de la Corona hasta la nueva crisis de 1627, que puso fin al «siglo de los genoveses» en la historia de la Hacienda pública de los Austrias.

Estas crisis derivaban de las dificultades endémicas de los soberanos para hacer frente al pago de los créditos concertados. El reembolso podía situarse sobre una renta fija, de tal modo que pronto la Hacienda tuvo un «situado» permanente, que significaba una disminución obligada de sus ingresos regulares, que estaban adjudicados de antemano a los asentistas acreedores. Con el mismo objeto los Austrias recurrieron a la sistemática creación de juros, es decir de rentas constituidas o préstamos hipotecarios (al estilo de los censos particulares pero con la garantía del Estado), que eran colocados entre el público a través de nuevas compañías financieras. Estos juros podían entregarse directamente a los asentistas como garantía del anticipo (eran los llamados juros de resguardo), pero en cualquier caso fueron la forma usual de la deuda pública a todo lo largo de la época. Una deuda cuya redención estaba prevista en las condiciones de emisión (juros al quitar), pero que terminaron por perder en la práctica su condición de redimibles por la penuria de las arcas reales.

El «situado» (para el pago de unos créditos onerosos y de los intereses de unos juros irredimibles) constituyó una pesada hipoteca sobre la Hacienda real, que en determinados momentos hubo de declararse en quiebra, es decir, en suspensión de pagos. Estas crisis, que se sucedieron aproximadamente cada veinte años (1557, 1575, 1596, 1627, 1647), obligaban a un concurso de acreedores (llamado en el lenguaje de la época un Medio General) para la negociación de la deuda, normalmente siguiendo el procedimiento de convertir la deuda flotante en deuda consolidada, es decir de aplazar su liquidación mediante el pacto de nuevos intereses o de una nueva emisión de juros. De este modo, la Hacienda pública quedó enfeudada durante todo el siglo (y los siguientes, como enseguida veremos) a los representantes del capitalismo internacional radicados en España, mientras los tímidos intentos de crear un banco estatal (proyectos de «erarios públicos» de Peter van Oudegherste en 1576 y de Luis Valle de la Cerda en 1598-1601) no conseguían fructificar, pese a que el segundo sería aprobado incluso por las Cortes de Castilla.

Los ejércitos y las armadas

La tortuosa trayectoria de la Hacienda española se explica esencialmente por la incidencia del gasto militar, derivado tanto de la necesidad de proteger un dilatado imperio como de la actitud intervencionista en defensa de la integridad del patrimonio heredado (guerra de Flandes, guerra de Portugal), de los intereses dinásticos (frente a Francia o el Papado), de la religión católica (frente a turcos y protestantes) y de la propia «reputación» como potencia hegemónica. Estos numerosos compromisos obligaron a la movilización constante de fuertes contingentes de tropas, que sin embargo no llegaron a constituir un ejército permanente salvo en algunos casos, singularmente en el de la guerra de Flandes a partir de 1569. De cualquier modo, el reclutamiento de tropas dejó de ser una acción improvisada para hacer frente a cada amenaza concreta y se convirtió en una preocupación cotidiana de la administración, y naturalmente en una partida fija y cada vez más onerosa de la contabilidad real. La defensa del Imperio no adoptó una modalidad uniforme. Los reinos peninsulares sólo contaron con las exiguas fuerzas de las milicias concejiles, lo que obligó a recurrir a las fuerzas reclutadas por la nobleza y a la urgente formación de cuerpos reales en los momentos de crisis, como en el transcurso de la guerra de las Alpujarras. La situación fue similar en los territorios de Ultramar, que quedaron reducidos a sus propias fuerzas, a la propia capacidad de movilización de los conquistadores y sus descendientes. En el norte de África se impuso el sistema de guarniciones o presidios, como también ocurrió en algunos otros lugares, como la línea de presidios erigida en el litoral de la Toscana (Montefilippo, Monteargentario, Orbetello, Talamone, Porto Ercole y Porto San Stefano, más la isla de Elba, adquirida en 1548).

Los mejores ejércitos fueron los que combatieron en los campos de batalla de Europa. Las unidades características fueron los famosos tercios (singularmente de Italia y de Flandes), herederos de la reforma introducida por Gonzalo Fernández de Córdoba en la conquista del Reino de Nápoles a principios de siglo y cuya composición se había estabilizado en unos 2.500 hombres, de origen geográfico muy diverso, aunque procedentes en general de los reinos bajo influencia hispana (lansquenetes alemanes bajo Carlos V, más a lo largo de todo el siglo italianos, borgoñones, valones e incluso ingleses católicos) y siempre flanqueados por los soldados españoles, lo que daba al ejército un cierto aire confesional y nacional. El mando correspondió siempre a un general que uniese a las cualidades de estratega su condición de pariente del soberano o de aristócrata o de cortesano en el disfrute de la confianza real, mientras que la oficialidad se nutría esencialmente de segundones o de hidalgos, frente a los soldados mercenarios que se incorporaban a través de un capitán provisto de una carta real para proceder a la recluta o de un simple contratista militar, pero siempre de modo voluntario a todo lo largo de la centuria. La intendencia exigió un esfuerzo de organización notable para atender el abastecimiento del pan de munición, solucionar el arduo problema de los alojamientos, garantizar una cierta asistencia sanitaria y mantener el orden en el furgón de buhoneros, cantineros y prostitutas que acompañaban a las tropas en sus desplazamientos. El retraso en la soldada constituía una de las mayores amenazas a la disciplina, como atestiguaron dramáticamente, al margen de otras circunstancias coadyuvantes, el famoso saco de Roma (mayo de 1527-abril de 1528) o la terrible «furia de Amberes» (noviembre de 1576).

La vastedad de los dominios españoles exigió una gran movilidad a los tercios. En este sentido uno de los problemas básicos de la estrategia militar española de la segunda mitad de siglo, desde el fin de las guerras de Italia, fue el de garantizar la circulación de sus tropas entre Milán, verdadera plaza de armas de la Monarquía, hasta Flandes, principal escenario bélico durante el reinado de Felipe II. La solución se encontró con la puesta a punto del llamado camino de los españoles, que desde Milán atravesaba el ducado de Saboya (tradicional aliado de España) hasta alcanzar el Franco Condado y el ducado de Lorena (convertido en potencia neutral desde 1547) y de allí el sur de los Países Bajos. De este modo, el Flandes español pudo contar durante todo el transcurso de la guerra con un cuerpo permanente de ejército que el duque de Alba, en una espectacular operación (llevada a cabo entre abril y agosto de 1569), consiguió elevar de trece mil a sesenta y siete mil hombres.

Por otro lado, la eficacia del ejército español se debió también en buena parte a la promoción de grandes estrategas al frente de los ejércitos. Carlos V dispuso de notables generales, como demostraron ser en las guerras de Italia Hugo de Moncada, Antonio de Leiva, Georg von Frundsberg, el condestable de Borbón, el marqués de Pescara y el marqués del Vasto, mientras en los años finales del reinado destacaría sobre todo la figura de Manuel Filiberto de Saboya, que sería el vencedor de San Quintín. Por su parte, Felipe II contó sobre todo con su hermanastro Juan de Austria, vencedor de Granada y de Lepanto y gobernador de Flandes en los difíciles días que siguieron al saqueo de Amberes, mientras durante la segunda mitad del reinado el general más destacado fue Alejandro Farnesio, que hizo posible tras una campaña impecablemente organizada la reconquista de los Países Bajos meridionales.

La defensa marítima del Imperio no cosechó tantos éxitos, a pesar del esfuerzo mantenido por Carlos V y, sobre todo, por Felipe II en la construcción de buques para la marina de guerra y a pesar de contar asimismo con el concurso de una serie de grandes almirantes, como el genovés Andrea Doria en la primera mitad de siglo y después Álvaro de Bazán, marqués de Santa Cruz, comandante de la flota en las decisivas acciones de Lepanto y de las Azores. La defensa naval se basó en el mantenimiento de una serie de escuadras con más o menos efectivos: la flota de galeras de España (para patrullar el Mediterráneo y el estrecho de Gibraltar), la flota del Mar Océano (para vigilar el Atlántico europeo, especialmente a partir de la incorporación de Portugal) y, al final del reinado (tal vez desde 1578 pero quizás más tarde), la Armada del Mar del Sur, encargada de la defensa de las costas del Pacífico americano. Por el contrario, el proyecto de creación de una Armada de Barlovento, largo tiempo discutido, no se llevaría a efecto hasta el siglo siguiente. De este modo, frente a algunas victorias resonantes, predominaron los sinsabores en la guerra marítima: el desastre de Djerba (1560), el de la Armada Invencible (1588), los ataques de John Hawkins y Francis Drake a las posesiones americanas, el saqueo de Cádiz por el duque de Essex (1596).

La política exterior

Mucho se ha discutido sobre las bases de la política exterior de Carlos V. El origen de su idea imperial pudo inspirarse en la concepción humanista de una «monarquía universal» del canciller Mercurino Gattinara, o bien pudo proceder de la noción tradicional castellana de una «universitas christiana» tal como fue predicada por el obispo de Badajoz, Pedro Ruiz de la Mota, en las Cortes de Santiago-La Coruña, o bien pudo fraguarse a través de una serie de etapas que fueron conformando su pensamiento, nutrido, en distintas proporciones, del universalismo político de base cristiana, del espíritu de cruzada y de la conciencia de sus compromisos dinásticos. Una concepción que no diferiría mucho de la defendida posteriormente por Felipe II, que transferiría las responsabilidades desde el Imperio a la Monarquía hispánica, afirmando su decisión en una literatura política que señalaría la defensa de la verdadera fe como justificación suprema de la autoridad del soberano.

Resulta difícil separar en la política exterior de Carlos V aquellas directrices derivadas de su condición de emperador del Sacro Imperio Romano Germánico de aquellas otras que emanan de su condición de rey de España, aunque la política mediterránea frente a los otomanos pueda explicarse desde el contexto hispánico (espíritu de cruzada, más intereses aragoneses en la zona), la intervención frente al protestantismo alemán deba adscribirse a sus responsabilidades imperiales y la constante rivalidad con Francia responda al interés dinástico de aislar a los Valois (un interés que compartirán los Habsburgos alemanes y españoles hasta mediados del siglo XVII). En cualquier caso, el siglo XVI (y más aún su primera mitad) es una época en que la historia de España se confunde con la historia universal.

Los tres grandes enemigos exteriores de Carlos V fueron, pues, los franceses, los protestantes alemanes y los musulmanes turcos y norteafricanos. En el primer caso, el emperador mantuvo hasta seis guerras, cuyas bazas fueron el Reino de Navarra, el ducado de Borgoña y la hegemonía en Italia. La primera guerra (1521-1529) tuvo dos partes separadas por la resonante victoria española en Pavía (en tierras italianas, febrero de 1525) y el Tratado de Madrid (enero de 1526), hechos que fueron seguidos por una alianza antiimperial que, favorecida por el papa Clemente VII, llevó a las tropas españolas a ejecutar el famoso saco de Roma (1527-1528) y, tras el paso de la república de Génova (con el almirante Andrea Doria a su cabeza) al bando imperial (en una alianza que se revelaría duradera), concluyó con la llamada Paz de Cambrai (o de las Damas, agosto de 1529) que significaba la renuncia de Francia al ducado de Milán, el restablecimiento de los Médicis en Florencia (que quedaba bajo el influjo de España) y, finalmente, la coronación solemne de Carlos V por el Papa en la iglesia de San Petronio de Bolonia (1530).

Las restantes guerras no tuvieron el significado de la primera, aunque hubo circunstancias notables (como la alianza de Francisco I de Francia con el sultán turco, Solimán el Magnífico, o el resonante fracaso de las tropas imperiales ante los muros de Metz, ciudad ocupada por Enrique II de Francia en 1552), hasta llegar a la última (dirimida ya tras la abdicación del emperador), que terminó con la decisiva victoria de los tercios españoles en San Quintín (agosto de 1557). La Paz de Cateau-Cambrésis (abril de 1559) concluyó con unos acuerdos duraderos, que dejaban de modo definitivo en poder de España, y sólo a cambio de la renuncia a los derechos al ducado de

Borgoña, todos los demás territorios en litigio, confirmando así la hegemonía española en Italia y en Europa. Una hegemonía que se reforzaría frente a Francia gracias a las buenas relaciones mantenidas con Portugal y con Inglaterra a través de una brillante actuación diplomática y del buen uso de la política matrimonial.

La vigorosa ofensiva turca de comienzos del reinado de Solimán el Magnífico afectó a Carlos V en su doble condición de heredero de la tradición mediterránea aragonesa (toma de Rodas, en 1522, que obliga a los caballeros de San Juan a buscar refugio en la isla de Malta, al sur de Sicilia, cedida por el emperador y que daría su nuevo nombre a la orden) y de príncipe austriaco (ocupación de Hungría, en 1526, y amenaza sobre Viena, en 1529 y 1532). Después de acudir por dos veces en defensa de la capital austriaca, Carlos V se vio obligado a hacer frente a la ofensiva desencadenada por Jair al-din (o Jaireddín), llamado Barbarroja, señor de Argel y aliado de Solimán, contra Túnez, cuya conquista por las tropas cristianas (julio de 1535) se convirtió en uno de los hechos de armas más resonantes del reinado. Fue, sin embargo, el último éxito, ya que todas las demás operaciones se saldarían a favor de los musulmanes: derrota de la flota imperial en Preveza (frente a Albania, septiembre de 1538), fracaso en el asedio de Argel pese al poderoso dispositivo ofensivo puesto a punto (octubre de 1541), toma por parte de Dragut (Turgud), el sucesor de Barbarroja, de Trípoli, cedida para su custodia a los caballeros de Malta (1551), y de Bugía (1555), pérdidas que contrarrestaban la ocupación de Túnez. A finales del reinado, las fuerzas españolas habían retrocedido en el Mediterráneo, del mismo modo que la cristiandad había retrocedido en todos los frentes europeos ante la acometida del gran sultán otomano.

El problema protestante estalló en el Imperio casi simultáneamente a la elección de Carlos V. Por ello, aprovechando su estancia en tierras alemanas, Carlos V condenó la actitud de Martín Lutero en la Dieta imperial celebrada en Worms (abril de 1521). Una década después, el emperador hubo de enfrentarse no sólo con la herejía, sino con la organización militar de que se habían dotado los príncipes protestantes, la Liga de Esmalcalda (febrero de 1531), por más que el encuentro armado se demorase por mucho tiempo, debido a los restantes compromisos militares del emperador. La victoria de Mühlberg (abril de 1547), uno de los hitos cumbres en la biografía del soberano (debidamente inmortalizado en el famoso cuadro de Tiziano), no sirvió, sin embargo, y como era de esperar, para resolver la cuestión. Carlos V se mostró generoso con los vencidos, a los que impuso la solución transaccional conocida como el Ínterin de Augsburgo (junio de 1548), antes de que una nueva sublevación de los príncipes protestantes le obligase a una dramática huida a través de los pasos alpinos, mientras su hermano Fernando negociaba una tregua en Passau (agosto de 1552). Así, mientras se esperaban los resultados del Concilio de Trento (que ya se había reunido durante 1545-1548 y 1552-1553), el emperador hubo de aceptar la paz religiosa de Augsburgo (septiembre de 1555), que consagraba la división religiosa en el Imperio. En cualquier caso, su muerte alejaba las materias del Imperio del horizonte próximo de la política exterior española, por más que la alianza con Austria siguiese constituyendo por mucho tiempo uno de los pilares de la diplomacia hispana.

Felipe II heredó del reinado anterior la política antimusulmana, antifrancesa y antiprotestante, aunque en este último caso sus enemigos no fueron los príncipes alemanes, sino los calvinistas flamencos y franceses y la Inglaterra anglicana.

El primer esfuerzo por restablecer la situación en el frente mediterráneo se saldó con una severa derrota española a manos de Dragut en la isla de Djerba (fue el «desastre de los Gelves», marzo-julio de 1560). La amenaza turca volvió a hacerse apremiante con el asedio otomano de la isla de Malta (mayo-septiembre 1565) y el riesgo de la conjunción con los moriscos españoles sublevados en las Alpujarras (1568-1571), la caída de Túnez en poder de los argelinos (enero de 1570) y la conquista de la isla de Chipre ocupada por la república veneciana (septiembre de 1571). Como respuesta por parte cristiana se formó una Santa Liga entre España, el papa Pío V y Venecia (mayo de 1571), cuya flota conjunta, al mando de Juan de Austria, obtuvo la aplastante victoria de Lepanto (octubre de 1571), saludada con entusiasmo por la opinión pública y calificada más tarde como «la más alta ocasión que vieron los siglos presentes». La contraofensiva musulmana no se hizo esperar, con la ocupación definitiva de Túnez (septiembre de 1574, tras un breve periodo de reconquista española en octubre de 1573), la derrota del rey Sebastián de Portugal en Marruecos (batalla de Alcazarquivir, agosto de 1578) y el recrudecimiento del corso argelino en el Mediterráneo occidental. Sin embargo, Lepanto no se dio en vano, sino que sirvió para establecer un nuevo equilibrio, pues la firma de una simple tregua (1581), prorrogada indefinidamente, sirvió para repartir el Mediterráneo entre una zona de influencia del imperio otomano (preocupado por su frontera oriental, que le era disputada por la Persia safawí) y otra de influencia española, precisamente en el momento en que los acontecimientos obligaban a Felipe II a concentrar todos sus efectivos en el Atlántico.

El difícil encaje de algunos territorios en la superior unidad de la Monarquía hispánica, junto con la presión protestante en el norte de Europa, explican el comienzo de la revuelta de los Países Bajos, que terminaría ochenta años más tarde con la independencia de Holanda. Así, las reivindicaciones de autonomía política de la nobleza, atendidas parcialmente con la remoción del cardenal Granvela, consejero de la gobernadora, Margarita de Austria (o de Parma, por su matrimonio), fueron seguidas por un movimiento insurreccional de las clases populares ganadas por el calvinismo que se manifestó en la destrucción de las imágenes religiosas (agosto de 1566). La discusión en el Consejo de Estado terminó con la victoria de los partidarios de una política de rigor, lo que motivó el envío a Flandes de un ejército al mando del duque de Alba (agosto de 1567), que impuso un régimen autoritario (después de la severa represión que llevó a la ejecución de los condes de Egmont y Horn en la plaza mayor de Bruselas tras su condena por el llamado Tribunal de los Tumultos, en junio de 1568), hasta que los rebeldes calvinistas ocuparon la ciudad de Brill (o Brielle), cortando en dos la región (abril de 1572). El fracaso de la solución militar obligó a emprender la vía de la negociación por medio de Luis de Requesens, pero la bancarrota de 1575 motivó el amotinamiento del ejército y el brutal saqueo de la ciudad de Amberes, provocando la unión de todos los flamencos en la llamada Pacificación de Gante (noviembre de 1576), que obligó al nuevo gobernador, Juan de Austria, a retirarse con sus tercios y a aceptar los términos de una tregua conocida como el Edicto Perpetuo (febrero de 1577), poco duradero pese a su título. En efecto, si por un lado la Monarquía española no estuvo dispuesta a aceptar las condiciones impuestas por los rebeldes, la entente en las filas flamencas entre el sur católico, aristocrático y moderado, y el norte calvinista, burgués y radical (con Guillermo de Orange, llamado el Taciturno, a la cabeza) se rompió con la creación de dos federaciones diferentes, la Unión de Arras y la Unión de Utrecht (ambas, en enero de 1579), que prefiguraban los futuros Estados de Holanda y Bélgica. Alejandro Farnesio, hábil político y excelente general, pudo así emprender la reconquista de las provincias meridionales en el transcurso de una guerra que al final del reinado distaba mucho de haber concluido.

Si la revuelta de los Países Bajos transfirió la atención del Mediterráneo al Atlántico, otros hechos habrían de confirmar esta orientación de la política exterior española hasta el fin de la centuria. En primer lugar, la unión o «agregación» de Portugal, posibilitada remotamente por la política matrimonial con el vecino reino y en el plano inmediato por la muerte del rey Sebastián en los campos de batalla de Marruecos y la del siguiente titular del trono, el anciano Cardenal don Enrique (enero de 1580). La candidatura de Felipe II, cuyos derechos gozaban de una perfecta legitimación jurídica y del apoyo de las clases privilegiadas y de la burguesía mercantil, fue sin embargo contestada por Antonio, prior de Crato, que obtuvo el respaldo de muchas ciudades, incluyendo Lisboa. La inevitable intervención de los ejércitos españoles aprestados en la frontera venció toda posible resistencia, aunque la huida del prior de Crato obligó a una confrontación naval en el archipiélago de las Azores (llamadas también en la época Terceras), en aguas de la isla de San Miguel (aunque al principio el objetivo fue la isla Terceira), donde la flota mandada por el marqués de Santa Cruz obtendría una victoria decisiva (julio de 1582). Ya antes, las Cortes de Thomar (abril de 1581) habían reconocido como rey a Felipe II, quien garantizó la autonomía política de Portugal, llegando incluso a pensar en trasladar la corte a Lisboa, antes de salir del reino dejando como virrey al archiduque Alberto de Austria. En cualquier caso, la incorporación de Portugal a la Monarquía hispánica acentuó la inclinación de su política hacia el Atlántico.

La tradicional amistad entre Inglaterra y España, que había conocido su máximo apogeo con el matrimonio de Felipe II con la reina María I Tudor, se deterioró rápidamente con la muerte de la soberana (noviembre de 1558). El avance del protestantismo (bajo la forma del anglicanismo oficial, pero también del calvinismo de los independientes), los continuos ataques de los corsarios ingleses a las colonias americanas (con la connivencia de la nueva reina, Isabel I), el apoyo sistemático a los rebeldes holandeses y, finalmente, la ejecución de la reina católica de Escocia, María Estuardo (febrero de 1587), hicieron inevitable una confrontación abierta. La jornada de Inglaterra debía consistir en la invasión del reino insular por un ejército de noventa mil hombres aprestado por Alejandro Farnesio en los Países Bajos, pero la acción combinada de los elementos naturales y la mayor flexibilidad de la flota inglesa permitieron la dispersión de la Armada Invencible (agosto de 1588), muchos de cuyos ciento treinta navíos se perdieron en el canal de La Mancha o bien cuando trataban de regresar a España rodeando las islas Británicas. Al igual que ocurría en los restantes escenarios de guerra, el reinado de Felipe II concluyó aquí sin dar solución a una rivalidad que se prolongaría (con algunos momentos de tregua) durante más de dos centurias.

Los últimos años del reinado estuvieron dedicados principalmente a los asuntos de Francia, donde las llamadas guerras de religión enfrentaban en un sangriento conflicto a católicos y protestantes. Felipe II, llevado por el doble interés dinástico y religioso, apoyó naturalmente a la Liga Católica para impedir el acceso al trono al rey de Navarra, Enrique de Borbón, quien fue proclamado rey de Francia pese a la oposición española (febrero de 1594). La guerra prosiguió algunos años más, pero la bancarrota de 1596 privó a España de los medios para prolongar el esfuerzo bélico, viéndose obligada a firmar el Tratado de Vervins (mayo de 1598), que no significó más que la ratificación de la Paz de Cateau-Cambrésis, es decir la renuncia española a Borgoña contra la renuncia francesa a Navarra e Italia. En un ambiente de crisis (económica, financiera, social, diplomática), el Rey Prudente se extinguió en su retiro del monasterio de El Escorial (septiembre de 1598).

La expansión ultramarina del Imperio español

La política exterior española fue en gran parte posible gracias al metal precioso procedente de América. En efecto, los tesoros americanos pagaron esencialmente la guerra y la cultura, contribuyendo así, por un lado, a mantener el imperio español durante tres siglos y, por otro, a acumular un patrimonio artístico que ha quedado como legado para los españoles de hoy y de mañana. El acicate de los tesoros corrió paralelo a la justificación de la evangelización para proseguir la política iniciada por los Reyes Católicos de explorar, incorporar y colonizar nuevos territorios en Ultramar. Así, si por un lado el continente americano fue recorrido de norte a sur (desde el centro de los actuales Estados Unidos hasta la última punta meridional), la expansión continuó desde México hacia las Filipinas, pasando por los archipiélagos de la Micronesia, y desde Perú hacia las islas de Melanesia y Polinesia. La disputa de las Molucas, finalmente, proporcionó la oportunidad para realizar la primera vuelta al mundo.

La primera vuelta al mundo

La primera circunnavegación del planeta fue el resultado de un proyecto para alcanzar por occidente las tierras de Asia (siguiendo el viejo sueño colombino) y reclamar para España frente a Portugal la posesión de las islas Molucas. Firmadas las capitulaciones entre Carlos I y el navegante portugués Fernando de Magallanes (Fernão de Magalhães) en 1518, los cinco barcos aparejados al efecto zarparon de Sevilla al año siguiente (agosto de 1519). Tras efectuar la invernada en las costas de Patagonia, el descubrimiento del que sería llamado estrecho de Magallanes permitió alcanzar el océano Pacífico (noviembre de 1520). La flota arribó primero a las islas Marianas y más tarde a las islas Filipinas, sobre las cuales se decidió establecer el dominio español, con la adversa circunstancia de la muerte en el empeño tanto del propio Magallanes como de los restantes responsables de la escuadra y de parte de la oficialidad. Asumido el mando por el español Juan Sebastián Elcano, la expedición llegó a las Molucas, atracando en Tidore, donde se procedió a la carga de las codiciadas especias de la región. Inmediatamente después, la nave *Victoria,* que finalmente sería la única que completaría la travesía, inició el retorno, doblando el cabo de Buena Esperanza y entrando en el puerto de Sevilla con sólo dieciocho tripulantes supervivientes (septiembre de 1522). Así se realizó la primera circunnavegación del planeta, cuyos pormenores serían narrados por el italiano Antonio de Pigafetta.

La conquista y explotación del Nuevo Mundo

La conquista del área mesoamericana (1519-1521, casi todo el México actual y parte de Centroamérica) partió de Cuba (once navíos y quinientos cincuenta soldados) y corrió a cargo de Hernán Cortés, cuya alianza con los tlaxcaltecas y los totonacas (enemigos de los aztecas o mexicas) le facilitó la entrada en México-Tenochtitlan y la custodia del emperador Moctezuma. La sublevación de la capital obligó a la huida («Noche Triste», 30 de junio de 1520), a nuevos enfrentamientos militares (batalla de Otumba, 7 de julio siguiente) y a nuevas alianzas políticas para lograr la definitiva ocupación de México. La muerte de Moctezuma y la ejecución de Cuauhtémoc, que dejaron al imperio azteca decapitado, permitieron la dominación del extenso territorio mexicano.

El mito de Eldorado fue el motor que impulsó a Francisco Pizarro a emprender desde Panamá la conquista del Tahuantinsuyu (1532-1533) o gran imperio incaico del Perú (cuatro mil kilómetros entre el sur de Colombia y el centro de Chile). Pizarro desembarcó en Túmbez, atravesó los Andes, llegó a Cajamarca (donde le había citado Atahualpa, enfrentado en guerra civil a su hermano Huáscar), capturó y ejecutó al soberano deificado (aunque le había prometido la libertad a cambio de un fabuloso rescate en oro y plata), entrando en Cuzco, la capital, sin oposición. La fundación de Lima

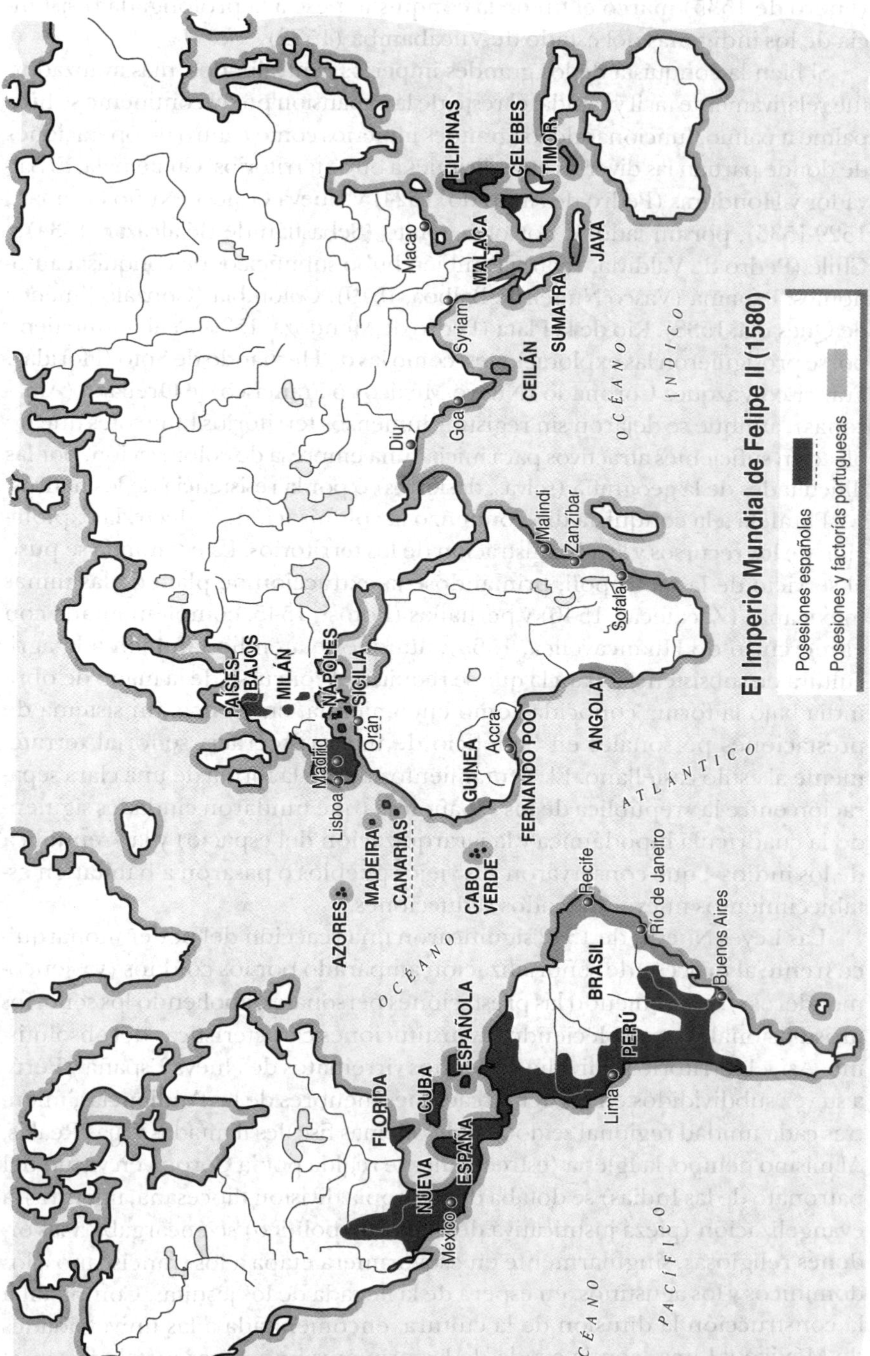
El Imperio Mundial de Felipe II (1580)
Posesiones españolas
Posesiones y factorías portuguesas
NUEVA ESPAÑA
México
FLORIDA
CUBA
ESPAÑOLA
PERÚ
Lima
BRASIL
Recife
Río de Janeiro
Buenos Aires
OCÉANO PACÍFICO
OCÉANO ATLÁNTICO
AZORES
MADEIRA
CANARIAS
CABO VERDE
GUINEA
FERNANDO POO
Accra
ANGOLA
Lisboa
Madrid
Orán
PAÍSES BAJOS
MILÁN
NÁPOLES
SICILIA
Sofala
Zanzíbar
Malindi
Diu
Goa
OCÉANO ÍNDICO
CEILÁN
Syriam
SUMATRA
MALACA
JAVA
Macao
FILIPINAS
CELEBES
TIMOR

(enero de 1535) marcó el fin de la conquista, pese a la prolongada resistencia de los indígenas del estado de Vilcabamba (1572).

Si bien la conquista de los grandes imperios centralizados, más avanzados, fue relativamente fácil y rápida, el resto de la expansión por el continente se hizo palmo a palmo, funcionando los grandes imperios como centro de operaciones de donde partían las diversas expediciones a otros territorios: Guatemala, El Salvador y Honduras (Pedro de Alvarado, 1524) y Nueva Galicia (Nuño Guzmán, 1529-1536), por un lado, y, por otro, Quito (Sebastián de Belalcázar, 1534) y Chile (Pedro de Valdivia, 1540). También hubo subnúcleos de conquista autónomos: Panamá (Vasco Núñez de Balboa, 1519), Colombia (Gonzalo Jiménez de Quesada, 1538), Río de la Plata (Pedro de Mendoza, 1534). Y al mismo tiempo, se prosiguieron las exploraciones, como las de Hernando de Soto (Florida), Francisco Vázquez Coronado (Nuevo México) o Francisco de Orellana (Amazonas), aunque se dejaron sin registrar inmensos territorios limítrofes que no ofrecían suficientes atractivos para iniciar una empresa de colonización, por las dificultades de la geografía (selvas, desiertos) o por la resistencia de los nativos.

Paralela a la conquista dio comienzo la colonización, es decir, la explotación de los recursos y la administración de los territorios. La economía se puso al servicio de la metrópoli, primándose la extracción de plata de las minas mexicanas (Zacatecas, 1546) y peruanas (Potosí, 1545, complementada con el mercurio de Huancavelica, 1563), aunque se atendió también a la agricultura de subsistencia, para la que se requirió el concurso de la mano de obra india bajo la forma conocida como encomienda, en esencia un sistema de prestaciones personales en beneficio de una aristocracia señorial terrateniente al estilo castellano. El asentamiento adoptó la forma de una clara separación entre la «república de los españoles» (que fundaron ciudades siguiendo la cuadrícula hipodámica y la jerarquización del espacio) y la «república de los indios», que conservaron sus viejos pueblos o pasaron a habitar en establecimientos nuevos llamados reducciones.

Las Leyes Nuevas de 1542 significaron una reacción del poder monárquico frente al proceso de señorialización amparado por los colonos (ya «encomenderos»), suprimiendo las prestaciones personales, aboliendo los señoríos jurisdiccionales y estableciendo las instituciones características del absolutismo. Así, el territorio se dividió en los dos virreinatos de Nueva España y Perú, a su vez subdivididos en las demarcaciones menores de las Audiencias, mientras cada unidad regional se dotaba de oficinas fiscales llamadas Cajas Reales. Al mismo tiempo, la Iglesia (estrechamente regida por la Corona en virtud del patronato de las Indias) se dotaba de su propia división diocesana, mientras la evangelización (pieza justificativa del dominio político) se encargaba a las órdenes religiosas, singularmente en esta primera etapa a los franciscanos, los dominicos y los agustinos, en espera de la llegada de los jesuitas. Completaba la construcción la difusión de la cultura, encomendada a las universidades de México y Lima, con la ayuda de las primeras imprentas instaladas en el Nuevo Mundo a partir de 1539. La mayor parte de América quedaba así incorporada de manera definitiva al mundo hispánico.

La tarea de explicar la historia de la conquista (que habían iniciado Colón y Vespucio en el reinado anterior) fue espontáneamente asumida por una serie de cronistas de Indias: Bernal Díaz del Castillo *(Historia verdadera de la conquista de la Nueva España,* 1568), Francisco López de Gómara *(Historia General de las Indias,* 1552) o Pedro Cieza de León *(Crónica del Perú,* 1553). Por otra parte, apareció también pronto una literatura centrada en la población indígena, desde diversos puntos de vista: Toribio de Benavente, llamado Motolinía *(Historia de los indios de la Nueva España,* 1558) o Bernardino de Sahagún *(Historia General de las cosas de Nueva España,* inédita hasta nuestro siglo), más los escritos proindigenistas de Bartolomé de las Casas *(Brevísima historia de la destrucción de las Indias,* 1552). Finalmente, otros autores trataron de revelar el Nuevo Mundo al público europeo mediante una visión panorámica de sus riquezas y sus habitantes, ámbito donde destacan las obras de Gonzalo Fernández de Oviedo *(Historia natural de las Indias,* 1535) y José de Acosta *(Historia natural y moral de las Indias,* 1590). Al margen, la América española asistió a la aparición de una literatura y un arte propios, aunque estrictamente dependientes de las formas importadas de la metrópoli, como atestigua el mejor poema épico de la época, *La Araucana* de Alonso de Ercilla (publicado entre 1569 y 1592).

La expansión por otros continentes

La primera expedición a las Molucas había tenido como consecuencia imprevista la realización del primer viaje de circunnavegación del planeta y el descubrimiento de las islas Marianas y las islas Filipinas. Los dos siguientes viajes al Maluco (como se solía llamar en la época), realizados por García Jofre de Loayza (1525-1527) y Álvaro de Saavedra (1527-1529) permitieron a su vez el descubrimiento de las islas del Almirantazgo y de las islas Carolinas. El Tratado de Zaragoza (abril de 1529), que reconoció a las Molucas como zona de influencia portuguesa, puso fin a este ciclo de exploraciones, pero algunos de sus resultados secundarios fructificarían más tarde con la colonización de los archipiélagos micronésicos de las Marianas y las Carolinas (ya en el siglo XVII) y la conquista y colonización de las Filipinas.

Si el primer viaje expresamente destinado a las Filipinas, el dirigido por Ruy López de Villalobos (1542-1545), sirvió para tomar las primeras posiciones y explorar parte de sus costas, el segundo, bajo el mando de Miguel López de Legazpi (1564-1565), supuso ya el asentamiento definitivo de los españoles y el inicio de la conquista de las islas mayores, que pronto tuvo como centro de operaciones la ciudad de Manila en la isla de Luzón (fundada en 1571), que asumió las funciones de capital del territorio y que junto con Cavite (sede de los principales astilleros) fue la plataforma para la completa ocupación del archipiélago, que se prolongaría hasta finales del siglo XIX. Del mismo modo, el éxito de la expedición se completaría con el descubrimiento por Andrés de Urdaneta de la llamada vuelta de Poniente, la ruta que posibilitaba el tornaviaje y más adelante haría factible la Carrera de Acapulco a cargo del llamado galeón de Manila. Por último, la base filipina permitiría no sólo la presencia española en el «Pacífico de los Ibéricos», sino la arribada a los puertos asiáticos, japoneses y continentales.

Si las Filipinas potenciaron las expediciones al Pacífico Norte, el virreinato peruano fomentó la navegación a las islas de Oceanía al sur del ecuador. En esta dirección, la realización más importante fue la acometida por Álvaro de Mendaña, que dirigió dos expediciones (la primera con el concurso de Pedro Sarmiento de Gamboa), que concluyeron respectivamente con el descubrimiento del archipiélago melanésico de las Salomón (1567-1569) y del archipiélago polinésico de las Marquesas (1595). Aunque ninguna de las expediciones concluyó con una ocupación efectiva de los territorios descubiertos, ambas sirvieron para perfilar el mapa de Oceanía, al tiempo que la segunda ofrecía al piloto Pedro Fernández de Quirós la experiencia necesaria para la nueva empresa llevada a cabo en estas latitudes, la que permitiría el descubrimiento de las Nuevas Hébridas, ya en el siglo siguiente (1605-1607). La expansión española habría alcanzado así casi sus máximos límites, justificando la frase de Felipe II de que en sus dominios no se ponía nunca el sol.

La cultura del Renacimiento

La expansión general iniciada en la época de los Reyes Católicos alcanzó también a la vida cultural. La cultura española conoce así su etapa de máximo esplendor, que se prolonga a lo largo del siglo XVI y la mayor parte del XVII, aunque para simbolizar la unidad profunda de este estallido de creatividad se habla en singular de un Siglo de Oro en los campos del pensamiento, del arte y de la literatura. Este largo periodo permite establecer, sin embargo, algunas divisiones, sobre todo la que separa al Quinientos de la centuria siguiente. Así, las expresiones, originariamente procedentes del campo del arte pero dotadas posteriormente con mayor contenido semántico, de Renacimiento y Barroco facilitan el análisis separado de ambos siglos.

La cultura española del Renacimiento es, por un lado, una cultura muy imbuida de las corrientes imperantes en otros marcos europeos, muy influida por el humanismo, por el erasmismo, por el reformismo religioso, por las formas literarias italianas y por las formas artísticas elaboradas en Flandes y en Italia. Al mismo tiempo, algunos movimientos brotan de fuentes hispanas y algunas creaciones originales se exportan fuera de las fronteras peninsulares, ya sea el pensamiento neoescolástico, ya sea el derecho de gentes, ya sean los grandes escritos de espiritualidad (y singularmente la literatura mística), las obras de ciencia aplicada a la navegación (tratados de náutica o artes de navegar), las partituras de música religiosa o profana, las mejores producciones literarias, para no mencionar las obras que descubren a los europeos la geografía, la historia y la historia natural del Nuevo Mundo.

La producción cultural se expande a partir de la extraordinaria difusión de la imprenta que, establecida tal vez en España el mismo año de la llegada al trono de los Reyes Católicos (quizás en Zaragoza, más probablemente en Barcelona o Valencia), se instala, como ya indicamos, en las principales ciudades de la Corona de Aragón y del Reino de Castilla, generando una brillante industria de la edición, que tras producir un millar de incunables publica más de diez mil títulos a lo largo del siglo XVI. Por otro lado, el consumo cultural se ve limitado por el nivel de alfabetización, que manifiesta un alto grado de diferenciación social (nobleza y clero frente a artesanos y campesinos, con los mercaderes ocupando posiciones intermedias), sexual (los hombres frente a las mujeres) y geográfica (las ciudades frente al campo), aunque en términos estadísticos generales se situó en los ámbitos urbanos entre el 13% de Huelva y el 52% de Ávila y Santiago, con valores intermedios para Madrid (45%), Badajoz (44%) Córdoba (40%) o Toledo (39%). En cualquier caso, las bibliotecas se incrementan en las casas de los intelectuales, los nobles, los clérigos y los mercaderes, que se nutren de libros religiosos, pero también de obras jurídicas, históricas o científicas, junto a la literatura clásica griega y latina y la española.

Otro límite a la difusión cultural fue la censura inquisitorial. Aunque ninguna materia se libró de la sospecha enfermiza del Santo Oficio, su vigilancia fue especialmente celosa con respecto a la letra impresa, hasta el punto de poderse hablar de un verdadero proceso al libro en la España del Siglo de Oro, que se articuló por los más diversos métodos, desde la prohibición expresa después de los pasos reglamentarios (delación, calificación por censores expertos y provisión o sentencia final) hasta la institucionalización de las visitas a las librerías (cuyos propietarios terminarían siendo obligados a entregar un inventario anual a los inspectores, desde 1614). La condena inquisitorial recayó, en primer lugar, sobre los libros de temática religiosa o simplemente de espiritualidad, un ámbito donde la frontera entre ortodoxia y heterodoxia estaba trazada con una línea sumamente delgada, que a veces respondía a apreciaciones arbitrarias o, al menos, sujetas a criterios completamente aleatorios. Sin embargo, la voracidad de los censores les llevó a dictar prohibiciones sobre toda clase de libros: filosóficos y científicos, poéticos y novelescos, clásicos y modernos, españoles y extranjeros.

Si la imprenta fue el principal instrumento de difusión cultural, la formación intelectual se impartió desde las instancias escalonadas de la escuela de primeras letras, la escuela de gramática y la universidad. La implantación de escuelas y la contratación de maestros dependió habitualmente del celo de los municipios, que no siempre situaban esta instrucción primaria entre las prioridades de su política a la hora de la asignación de los recursos. La educación secundaria quedó encomendada a las escuelas de gramática, que ofrecían una preparación general en latín, lengua, geografía, historia, matemáticas y filosofía, y que proliferaron en las ciudades y villas de la mayor parte del país, hasta el punto de llegar a ser más de setenta mil sólo en el Reino de Castilla. A su lado floreció la educación más elitista de los colegios de la Compañía de Jesús, que llegó a regentar más de cien centros que, prestigiados por su plan de estudios, su disciplina, su nivel de exigencia y la competencia de sus profesores, eran capaces de acoger a unos quince mil estudiantes a finales de siglo.

La Universidad fue el principal centro de formación intelectual y de producción humanística y científica de la España del siglo XVI. Sin embargo, su número no era muy grande, pues a las medievales (Salamanca, Valladolid, Lérida) sólo se sumaron en pie de igualdad a lo largo del siglo las de Valencia (1500), Alcalá (1508), Granada (1542), Zaragoza (1531) y Oviedo (1574). Del mismo modo, sus carencias fueron haciéndose más visibles a medida que transcurrían los años: control de los colegios mayores por los estudiantes acomodados, con la consiguiente impermeabilización social del acceso, derivación de sus estudios hacia la vertiente práctica de la formación de letrados (para ejercer como burócratas y administradores), control ideológico contrarreformista conllevando el rechazo de las novedades científicas, corporativismo y conservadurismo. En cualquier caso, no debe menospreciarse la nómina de los profesores que impartieron clases y de los estudiantes que se formaron en las aulas de las principales universidades, pues entre ellos se encuentra la flor y nata de la intelectualidad española del Siglo de Oro.

Ahora bien, si las universidades difunden los productos culturales más elaborados y si la literatura escrita es patrimonio preferente de las clases dominantes, que son las clases cultivadas, el siglo XVI es también un momento de especial creatividad de la cultura popular, cuya vinculación con la cultura erudita se afirma por una serie de lazos que permiten hablar de la existencia entre ambas de una comunicación circular. Representantes de todas las clases sociales consumen, en efecto, la literatura popular de los pliegos sueltos (romances, canciones, villancicos), se sienten atraídos por la imaginería popular, comparten el gusto por las representaciones teatrales, cuentan chistes o «cuentos» (como los recogidos a principios del siglo siguiente por el poeta sevillano Juan de Arguijo) y participan en las fiestas populares tanto religiosas (procesiones, romerías, peregrinaciones) como laicas, especialmente las de la «estación del amor», el ciclo del verano (con la noche de San Juan) y el ciclo abierto entre Navidad y Epifanía y cerrado con el Carnaval.

La corriente erasmista

El pensamiento español del siglo XVI responde a la tensión mantenida entre el proyecto de secularización planteado por el humanismo de principios de siglo y la corriente de confesionalización que sumerge toda la vida social, política e intelectual de la época antes de promediar la centuria. Así, si la primera mitad del siglo está presidida por la difusión del erasmismo, cuyo discurso impregna la creación intelectual del reinado de Carlos V, el pensamiento neoescolástico toma su relevo a partir de este momento y domina toda la cultura española hasta el final del siglo (y más allá), hasta el punto de que son teólogos los que fundamentan la filosofía política o la teoría económica, del mismo modo que la Inquisición no sólo se abate sobre los tratados religiosos, sino sobre todos los escritos con independencia de la materia tratada, política o económica, científica o literaria. Este tránsito de una a otra de las dos corrientes hegemónicas del pensamiento español del siglo XVII puede quedar simbolizado por la desarticulación del círculo erasmista de Alcalá, una universidad nacida para la difusión del humanismo y para el servicio a la reforma intelectual de la Iglesia, y el correlativo ascenso de la Universidad de Salamanca, con sus escuelas de teólogos que son al mismo tiempo economistas y teóricos del derecho y de la política.

Entre los adeptos del erasmismo figuraron, sin duda, las más señeras figuras intelectuales del momento. En primer lugar, aquellos que recibieron directamente su magisterio, como Juan Luis Vives (exiliado premonitoriamente en los Países Bajos y autor de obras tan importantes como *De institutione feminae christianae,* 1523, *De concordia et discordia in humano genere,* 1529, y *De anima et vita,* 1538) o los hermanos Alfonso de Valdés (que justificó el saco de Roma en su célebre *Diálogo de las cosas de Roma* y la política del emperador en su *Diálogo de Mercurio y Carón,* ambos en 1529) y Juan de Valdés, que defendió los puntos de vista erasmistas en materia religiosa en su *Diálogo de doctrina cristiana* (1529), hizo el elogio del castellano en su *Diálogo de la lengua* (escrito en torno a 1535, pero no publicado hasta 1737) y ejerció una poderosa influencia en los círculos espiritualistas romanos y napolitanos. Otro de los personajes claves de la corriente fue Fernán Pérez de Oliva, ejemplo de humanista con preocupaciones universales, autor de un programático *Diálogo sobre la dignidad del hombre* (editado póstumamente en 1546), inspirado en la obra de Giovanni Pico della Mirandola y publicado poco antes de que la represión se abatiese sobre los máximos representantes del erasmismo hispano. La persecución, sin embargo, no impediría que las ideas erasmistas siguieran empapando la obra de muchos otros humanistas, como Pedro Mexía (autor de una popularísima *Silva de varia lección,* 1540), el humanista sevillano Juan de Mal-Lara o el desconocido autor del *Viaje de Turquía* (c. 1559) atribuido a Cristóbal de Villalón y, con más consistencia, al médico Andrés Laguna. Y más allá, su influjo difuso seguiría siendo patente en numerosos escritores de la segunda mitad de siglo, incluyendo a Cervantes.

El pensamiento teológico y filosófico

Paralelamente a la erradicación de todas las corrientes que pudiesen considerarse heterodoxas, la teología española alcanzó a partir de mediados de siglo sus mayores cimas, merced a un asombroso cuadro de grandes personalidades vinculadas en buena parte con la restablecida cátedra *de prima* de la Universidad de Salamanca. Su primer titular fue Francisco de Vitoria, cuya figura es importante tanto por la introducción del neoescolasticismo tomista en las aulas universitarias como por sus aportaciones a la filosofía del derecho y a la filosofía política en sus famosas *Relectiones theologicae* (1527-1543), en especial aquella en que discutió los títulos españoles al dominio de América (*De indis,* 1539), que puede considerarse como el texto fundacional del derecho de gentes.

El dominico Melchor Cano, que sucedió a Vitoria en la cátedra *de prima*, fue el fundador de la teología positiva (expuesta en su influyente tratado *De locis theologicis*, publicado póstumamente en 1563), participando en las dos primeras sesiones del Concilio de Trento, así como en las polémicas doctrinales de su tiempo, tomando partido contra el arzobispo Carranza y contra la Compañía de Jesús. Domingo de Soto, igualmente dominico, sustituyó a Cano en la cátedra salmantina, participó asimismo en el Concilio de Trento e intervino en otra de las grandes controversias del momento, la que enfrentó a Bartolomé de Las Casas con Juan Ginés de Sepúlveda sobre la condición de los indios americanos, antes de escribir la más importante de sus obras, el tratado jurídico *De iustitia et de iure* (1557). Por su parte, el también dominico Domingo Báñez polemizó con el jesuita portugués Luis de Molina a raíz de la publicación del libro *Concordia liberi arbitrii* (Lisboa, 1588) sobre la cuestión fundamental de la gracia santificante, punto crucial para resolver el problema de la conciliación de la libertad humana con la omnisciencia divina (cuestión llamada *de auxiliis)*. En la misma querella intervino finalmente la máxima figura de la escolástica moderna, el jesuita Francisco Suárez, que aportó la solución de la tercera vía o congruismo (por hacer intervenir la gracia congrua para otorgar eficacia al libre acto humano), pero cuya obra mayor es el tratado titulado *Disputaciones metafísicas* (1597), que constituyó un gran éxito editorial no sólo en España sino en toda Europa. El capítulo puede cerrarse con la figura del gran hebraísta Benito Arias Montano, que preparó la reedición de la *Biblia Políglota* conocida con el nombre de *Biblia Regia* o *Biblia de Amberes* y que fue impresa en los talleres de la imprenta Plantin en aquella ciudad flamenca (1568-1572).

El pensamiento político

Francisco de Vitoria fue también el verdadero fundador del pensamiento político español del Siglo de Oro, especialmente con otras dos de sus clases magistrales, *De potestate civili* (1528) y *De iure belli* (1539), que abren la vía a la fundamentación de una monarquía absoluta limitada no por la ley positiva, pero sí por la ley divina y la ley natural y por su objeto de contribuir a la defensa del ordenamiento cristiano de la sociedad y a la realización de los fines terrenales y trascendentes de los individuos. Un planteamiento que se halla también en otros teóricos (como Diego de Covarrubias y Fernando Vázquez de Menchaca) y que se verá reforzado tanto por el neoescolasticismo tomista como por los principales tratadistas políticos jesuitas, como Pedro de Ribadeneyra, autor, entre otras diversas obras, de un *Tratado de la religión y virtudes que debe tener el príncipe cristiano* (1595), Juan de Mariana, que en su obra *De rege et regis institutione* (1599) llega a justificar incluso el tiranicidio por incumplimiento del pacto entre el rey y el reino, y el ya citado teólogo y filósofo Francisco Suárez, especialmente con su *De legibus* (1612). Finalmente, al margen de la filosofía política, otros autores se ocuparon del análisis de la práctica política, como el ya citado Castillo de Bobadilla o el erasmista del círculo valenciano Fadrique Furió Ceriol, que analizó el régimen polisinodal español en su *Consejo y consejeros del príncipe* (1559).

El pensamiento económico

La teoría económica se desarrolló al compás de los problemas suscitados por la revolución de los precios y el déficit de la balanza comercial española. El memorial dirigido por el contador Luis Ortiz a Felipe II (1558) se ha considerado como el primer programa de una política mercantilista, que debía evitar el intercambio desfavorable de materias primas contra productos manufacturados e inspirarse en el ejemplo de Flandes para poner la protección industrial a la cabeza de las prioridades. Los otros dos nombres relevantes del momento forman parte de lo que se ha denominado la «escuela de Salamanca» por la vinculación tanto del teólogo y canonista Martín de Azpilcueta, llamado el Doctor Navarro, como del eclesiástico Tomás de Mercado con aquella universidad. Azpilcueta, al tratar de los problemas morales de las transacciones mercantiles y de las especulaciones con los cambios, expondrá por vez primera la teoría cuantitativista de la moneda *(Comentario resolutorio de cambios,* 1556, publicado como apéndice a su *Manual de confesores y penitentes).* Por su parte, Mercado, basándose en la experiencia acumulada en Sevilla y en América, pondrá también por primera vez en relación la llegada masiva de la plata americana con el aumento incontrolado de los precios y la consiguiente pérdida de poder adquisitivo de la moneda *(Suma de tratos y contratos,* 1571, segunda edición ampliada de un primer texto editado en 1569).

Las ciencias experimentales

Las ciencias experimentales también florecieron en las universidades españolas del Renacimiento, así como en otros centros de investigación creados durante el siglo XVI, como fueron la ya citada Casa de la Contratación de Sevilla, la Academia de Matemáticas de Madrid y la Biblioteca de El Escorial. Del mismo modo, las necesidades de la economía y de la política impulsaron el desarrollo de las ciencias aplicadas y la tecnología en numerosos campos, como fueron la construcción naval, la cartografía, la navegación o la minería, donde la invención de la amalgama de la plata (atribuida a Bartolomé de Medina y aplicada por primera vez en Nueva España en los años cincuenta) permitiría la llegada a Europa de los tesoros americanos. No sería, por tanto, sino en el siglo siguiente cuando España cobraría su retraso respecto a la revolución científica.

Las matemáticas tuvieron a su máximo cultivador en Pedro Sánchez Ciruelo, cuyas obras conocieron extraordinaria difusión. La astronomía centró su atención en el debate del sistema copernicano, que fue estudiado en la Universidad de Salamanca (posiblemente por iniciativa del titular de la cátedra, Juan de Aguilera), así como en sus aplicaciones prácticas, como la reforma gregoriana del calendario (en la que participó decisivamente el español Pedro Chacón) y, sobre todo, la navegación. En este sentido, los pilotos mayores y cosmógrafos de la Casa de la Contratación de Sevilla consagraron sus esfuerzos a la cartografía y al perfeccionamiento del arte de navegar, publicando en este último campo una serie de obras que constituyen una de las máximas aportaciones españolas a la ciencia renacentista. Entre los títulos más significativos, deben destacarse los de Martín Fernández de Enciso *(Suma de geografía que trata largamente del arte de marear,* 1519, el primero de la serie) y los dos más difundidos, el de Pedro de Medina *(Arte de navegar,* 1545) y el de Martín Cortés *(Breve compendio de la esfera y de la arte de navegar,* 1551), aunque se pueden enumerar muchos otros como los debidos al portugués Francisco Falero (o Faleiro), Alonso de Chaves, Rodrigo Zamorano, Baltasar Vellerino de Villalobos, Juan Escalante de Mendoza o Diego García de Palacio. Finalmente, también otros ramos de la geografía se vieron beneficiados por los descubrimientos, aunque las obras de mayor empeño tuvieron como objeto la Península, destacando especialmente la empresa de descripción geodésica llevada a cabo, junto a un equipo de colaboradores, por Pedro Esquivel, catedrático de matemáticas de Alcalá, que quedó incompleta a su muerte. Sólo resta añadir las dos primeras guías de viajeros publicadas en España: el *Repertorio de todos los caminos de España* (1546), de Juan de Villuga, y el *Repertorio de caminos* (1576), de Alonso de Meneses.

La medicina española también fue capaz de seguir los pasos de los avances que se estaban produciendo en Europa. Así, la anatomía vesaliana fue introducida en la Universidad de Valencia por los médicos Pedro Jimeno *(Dialogus de re medica,* 1549) y Luis Collado *(Galeni Pergameni Liber de Ossibus,* 1555). Del mismo modo, la ciencia médica española hizo una de las más importantes aportaciones de su tiempo a una fisiología todavía en ciernes: la formulación de la circulación pulmonar, incluida en su obra teológica *Christianismi Restitutio* (1553) por Miguel Servet, cuya condena a muerte en la Ginebra de Calvino implicaría también la persecución de su obra, de tal modo que el descubrimiento sería dado a conocer por Juan de Valverde *(Historia de la composición del cuerpo humano,* 1556). La experiencia americana nutrió asimismo la obra de otros dos destacados médicos y botánicos españoles: Francisco Hernández, comisionado por Felipe II para estudiar en México la flora y la materia médica, cuyos trabajos sirvieron para redactar una *Historia natural de Nueva España* (en 17 tomos) que, no publicada en su momento, sólo ha podido ser reconstruida parcialmente, y Nicolás Monardes, cuyos estudios de las plantas americanas y su valor farmacológico en su jardín botánico sevillano dieron por resultado los tres libros de su *Historia medicinal de nuestras Indias Occidentales* (1574). Finalmente la medicina tuvo su vertiente humanista en la obra de dos científicos imbuidos del pensamiento erasmista, Andrés Laguna (traductor al castellano de la *Materia médica* de Dioscórides) y Juan Huarte de San Juan, autor de una de las obras más editadas de los tiempos modernos (ochenta y dos ediciones en siete idiomas en dos siglos), su *Examen de ingenios para las ciencias* (1575), donde su convicción de que el cerebro era la base orgánica del comportamiento humano le sirvió para sentar las bases de la moderna psicología diferencial.

La historia

El siglo XVI se vio favorecido asimismo por la obra de algunos grandes historiadores. En efecto, en ese sentido el emperador ya contó con una notable serie de ilustres cronistas, como Hernán Pérez del Pulgar, llamado «el de las hazañas» (biógrafo del Gran Capitán por orden de Carlos V), Alonso de Santa Cruz (autor de una *Crónica de los Reyes Católicos,* continuando la de Hernando del Pulgar), Antonio de Guevara (más conocido por su excelente ejercicio retórico *Menosprecio de corte y alabanza de aldea* o por su obra moral para educación de soberanos *Marco Aurelio o Relox de Príncipes)* y Juan Ginés de Sepúlveda, más famoso también por su controversia contra Vitoria sobre los «justos títulos» de la dominación española en Indias, sin incluir a los primeros que se ocuparon de relatar los hechos del Nuevo Mundo, a los que ya hemos aludido.

Felipe II no llegó a conocer las grandes crónicas de su reinado, ya que casi todos los testigos de los acontecimientos relevantes, tanto la guerra de Granada como la guerra de Flandes o los enfrentamientos contra los turcos en el Mediterráneo, publicarían sus obras en el siglo XVII. Sin embargo, su época es la de la aparición de las primeras crónicas regionales y de las primeras historias locales. En efecto, los distintos reinos también empiezan ahora a disponer de testimonios rigurosos de su pasado, como ocurrió en el Reino de Valencia con la obra de Pedro de Viciana *(Crónica de Valencia,* 1564-1566) y, sobre todo, con el primer cronista oficial del Reino de Aragón, el mejor investigador de su época, Jerónimo de Zurita, autor de una obra básica para rastrear en el pasado la identidad de la comunidad política *(Anales de la Corona de Aragón,* 1562). Finalmente, el despertar de un nuevo espíritu cívico es el motor para la aparición del género de las historias locales, cuyos primeros ejemplos fueron la *Historia de la ciudad de Segovia* de Luis Peraza (c. 1540) y la *Historia o descripción de la Ciudad Imperial* de Pedro Alcocer (1554). El reinado se cierra con dos ambiciosos proyectos de redacción de sendas historias generales de España, el primero llevado a cabo por Esteban de Garibay *(Compendio historial,* 1571) y el segundo por el jesuita Juan de Mariana (ya citado como pensador político), que publica (primero en latín en 1592 y luego en castellano en 1601) su *Historia General de España,* una obra de gran aliento muy estimada en los tiempos modernos, pero más por sus valores humanísticos que por los puramente científicos.

La literatura

La literatura renacentista española (inserta en el Siglo de Oro de las letras hispanas) cultivó distintos géneros tanto en verso como en prosa. Así, la poesía de inspiración italiana se introduce a través de la obra de Juan Boscán y, sobre todo, de Garcilaso de la Vega, militar al servicio de Carlos V y autor de unas bellísimas *Églogas* en el más puro estilo virgiliano. La generación siguiente (la del reinado de Felipe II) se ilustra con las delicadas *Odas* horacianas de fray Luis de León, con los sonetos y canciones (publicados entre 1589 y 1591) de Francisco de Aldana y con la elaborada poesía, tanto épica *(A la batalla de Lepanto),* como lírica, de Fernando de Herrera, llamado «el Divino» por sus contemporáneos y verdadero precursor de la literatura sevillana del Barroco.

La época también fue fértil en el cultivo de diversos géneros novelescos, como la novela de caballerías (cuyo más cumplido modelo fue el ya citado *Amadís de Gaula),* la picaresca (del anónimo *Lazarillo de Tormes,* 1554, al *Guzmán de Alfarache,* de Mateo Alemán, 1599-1604), la bizantina o de aventuras (cuyo mejor ejemplo es el *Persiles y Segismunda* de Cervantes, escrita ya en el siglo siguiente y publicada póstumamente en 1617), la histórica (cuyo pionero es Ginés Pérez de Hita con la primera parte de su *Historia de los bandos de los zegríes y abencerrajes,* 1599) y la pastoril, donde por encima de las más tardías contribuciones de Cervantes *(La Galatea,* 1585) y Lope de Vega *(La Arcadia,* 1598), destacan los *Siete Libros de la Diana* del portugués Jorge de Montemayor (c. 1559) y la *Diana enamorada* de Gaspar Gil Polo (1564).

El teatro se acredita con la obra de Juan del Encina, verdadero fundador del teatro renacentista español. Coetáneos suyos son, por una parte, el más delicado autor de su tiempo, el portugués Gil Vicente, autor de deliciosas comedias sentimentales (como *Don Duardos),* y, por otra, Bartolomé Torres Naharro, que en el proemio de su *Propalladia* (publicada en 1517) anuncia ya algunas de las características de la comedia clásica española, mientras, ya en tiempos de Felipe II, Juan de la Cueva adelanta algunos de los temas que triunfarán en el siglo siguiente. Lugar destacado en la historia del teatro ocupa asimismo Lope de Rueda, un verdadero profesional de la escena que recorrió el país representando ante los más variados públicos sus celebrados pasos *(Las aceitunas)* y sus comedias italianizantes *(Eufemia, Armelina, Medora).* De esta forma el teatro renacentista dejaba puestas las bases para los esplendores del Barroco.

Finalmente, merece un capítulo aparte una modalidad literaria muy característica de la época como fue la literatura de espiritualidad. Entre sus cultivadores, algunos propugnaron movimientos religiosos concretos, como fue el caso del franciscano Francisco de Osuna, autor del *Tercer Abecedario Espiritual* (1527), inspirador de la corriente considerada ortodoxa del recogimiento (que llevó a otros a las prisiones de la Inquisición), o como fue el caso del fundador de la Compañía de Jesús, Ignacio de Loyola, autor de los famosos *Ejercicios espirituales* (1548), llamados a perpetuarse como lectura devocional a través de los siglos.

Uno de los más importantes representantes de este tipo de literatura fue el infatigable predicador fray Juan de Ávila (uno de cuyos sermones motivó la vocación del futuro Juan de Dios, el fundador de la orden hospitalaria de su nombre), autor de un difundido comentario sobre el *Audi, filia,* 1556). Muy popular fue asimismo la obra del dominico fray Luis de Granada, autor de varios tratados muy divulgados en la época, como fueron el *Libro de la oración y la meditación* (1541), sobre todo la *Guía de pecadores* (publicada en 1556 y que sería incluida en el *Índice* de 1559), y también la *Introducción al símbolo de la Fe* (1583).

Del mismo modo, fray Luis de León no fue sólo un prodigioso poeta, sino también uno de los más prolíficos autores de libros de espiritualidad: *Exposición del Cantar de los Cantares* (1580), *La perfecta casada* (1583), *Exposición del Libro de Job* (redactada tal vez entre 1570 y 1591) y, sobre todo, su mejor obra en prosa, *De los nombres de Cristo* (1583).

Capítulo aparte merece la consideración de la obra de los místicos Teresa de Jesús y Juan de la Cruz. Teresa de Jesús dedicó su vida a la reforma de la orden carmelita, tal como nos dejó referido en la prosa sencilla y espontánea de sus obras autobiográficas *Vida* (1562) y *Libro de las Fundaciones* (1573), a las que hay que unir el tratado de espiritualidad *Camino de perfección* (1583) y, sobre todo, el más original de sus escritos, *Las Moradas* (1578), que está inspirado en sus experiencias místicas personales. Juan de la Cruz, a su vez, representa la cumbre de la mística española por sus tratados *Subida al Monte Carmelo, Noche oscura del alma, Cántico espiritual* y *Llama de amor viva* (publicados póstumamente entre 1618 y 1627), glosas de su poesía lírica (escrita entre 1578 y 1584), que también lo convierten en uno de los grandes poetas españoles de todos los tiempos.

Las artes plásticas

El siglo XVI es en España el periodo de asimilación de las formas renacentistas italianas, que son ya aplicadas de manera decidida en toda clase de proyectos arquitectónicos y urbanísticos. Desde el punto de vista estilístico, el primer tercio del siglo está presidido por el plateresco, que más que un estilo nacional influido por las formas italianas marca un momento de transición caracterizado por la hibridación de las estructuras constructivas góticas con los repertorios decorativos renacentistas, tal como se manifiesta de manera admirable en la fachada de la Universidad de Salamanca, que trata de simbolizar plásticamente la incorporación de la vieja universidad medieval a las nuevas corrientes del humanismo. De los años veinte arranca el estilo clasicista que, teorizado entre otros por Diego de Sagrera (*Medidas del romano,* 1526) e iniciado con el palacio encargado por Carlos V a Pedro Machuca en la Alhambra de Granada, encontrará su máxima expresión en el monasterio (y también palacio) de San Lorenzo de El Escorial.

El palacio de Carlos V en la Alhambra respondió a la voluntad del soberano de dotarse de un escenario para las ceremonias oficiales que, a través de sus formas arquitectónicas y de su programa iconográfico, ofreciese una imagen de la nueva monarquía acorde con los valores del humanismo renacentista. La actividad constructiva del emperador se proseguiría con las sucesivas intervenciones en el alcázar de Sevilla, el alcázar de Madrid y, sobre todo, el alcázar de

Toledo, que fue transformado casi completamente por obra de Alonso de Covarrubias. Por su parte, Felipe II, que había encargado a Juan Bautista de Toledo la ejecución de nuevas obras en la Casa de Campo de Madrid y en el palacio de Aranjuez, dedicaría la mayor parte de sus esfuerzos al proyecto arquitectónico más ambicioso del reinado, el monasterio de San Lorenzo de El Escorial.

El Escorial, cuya construcción fue decidida como conmemoración de la batalla de San Quintín, debía ser al mismo tiempo un monasterio (con su convento, su claustro y su iglesia) y un palacio concebido como lugar de retiro espiritual del soberano, mientras que un área de transición incluiría un colegio-seminario y una biblioteca como base de un centro de estudio e investigación. Dibujadas sus trazas iniciales por Toledo, la realización del proyecto correría a cargo de Juan de Herrera, que imprimiría su sello personal al conjunto de la obra, en la que habían de destacar su magnífica teoría de patios y sus edificios principales, la iglesia, el palacio real y la biblioteca. La iglesia responde a una concepción monumental y depurada, pese a la riqueza de su programa decorativo, que incluye los grupos escultóricos fríos y solemnes de Carlos V y Felipe II con sus respectivas familias en actitud orante a ambos lados del presbiterio (debidos a los italianos Leone y Pompeo Leoni) y las pinturas religiosas de Juan Fernández de Navarrete, el Mudo, y de los italianos Federico Zuccaro y Peregrino Tibaldi. Por su parte, el palacio se decoraba con frescos con representaciones de la naturaleza y temas heroicos referidos en muchas ocasiones a los fastos militares del reinado (San Quintín, Isla Tercera en la sala de las Batallas), entre los cuales se incluía un cuadro de Tiziano, una alegoría de la batalla de Lepanto. Finalmente, la biblioteca, espacio de unión entre el convento y el colegio (entre lo sagrado y lo profano) se enriquecería con un programa iconográfico diseñado por Tibaldi y por Vicente Carducho.

Al margen de la arquitectura cortesana, la construcción religiosa se manifestó especialmente en la conclusión de las últimas catedrales góticas del reinado y en las intervenciones en catedrales levantadas en épocas anteriores. Así, entre las obras más relevantes deben citarse la escalera dorada de la catedral de Burgos (obra de Diego de Siloé, 1519), la sacristía de la catedral de Sigüenza (obra de Alonso de Covarrubias, 1532), la sacristía mayor de la catedral de Sevilla (atribuida a Diego de Riaño, 1532), la capilla real de dicho templo (obra de Martín de Gaínza, 1544) y la sala capitular de la misma catedral hispalense (ejecutada por Hernán Ruiz el Joven, 1558-1579). Entre los edificios ya plenamente clasicistas de nueva planta, las obras mayores son sin duda la catedral de Granada, debida a Diego de Siloé (1528), y las grandes construcciones de Andrés de Vandelvira, la iglesia del Salvador de Úbeda (ordenada por Francisco de los Cobos, 1540) y la catedral de Jaén (1548), cuya sacristía es una de las creaciones más geniales de su autor y de todo el Renacimiento español.

Los palacios reales y los edificios religiosos no son, sin embargo, las únicas grandes empresas constructivas del siglo. A ellas hay que unirles el nuevo sentido urbanístico que se manifiesta en el diseño de espacios muy significativos en diversas ciudades españolas, como Baeza (plaza del Pópulo), Sevilla (alameda de Hércules) o Valladolid (plaza Mayor) y la notable profusión de edificios civiles que contribuyen a embellecerlas. Así, entre las máximas obras maestras de la arquitectura civil hay que destacar al menos los numerosos ayuntamientos y casas consistoriales edificados en la época, algunos palacios de excepcional factura, como puede ser el arzobispal de Alcalá de Henares (debido a Covarrubias), el del banquero Zaporta de Zaragoza («espejo de palacios aragoneses») o el del conde de Monterrey de Salamanca (obra de Rodrigo Gil de Hontañón), y algunas construcciones dedicadas a otros fines: cárceles (Cárcel de Corregidores de Baeza), lonjas (Zaragoza), carnicerías (Medina del Campo), hospitales (Hospital Tavera de Toledo) o centros universitarios, entre los que destaca la perfecta armonía clásica de la fachada del Colegio de San Ildefonso de Alcalá de Henares, obra maestra de Rodrigo Gil de Hontañón (1541-1553). Al margen hay que citar otros edificios situados en marcos diferentes, como el palacio del marqués de Santa Cruz, emplazado en el lugar del Viso del Marqués, la gran obra maestra de la arquitectura manierista española, diseñada por Giovanni Castello, llamado El Bergamasco. Finalmente, debe mencionarse la construcción de un sinnúmero de villas de recreo en torno a algunas grandes ciudades, como los cigarrales de Toledo, las quintas de Madrid o las casas de los alrededores de Sevilla a orillas del Guadalquivir.

La escultura española del Renacimiento, si prescindimos del retratismo áulico ya citado (encarnado ejemplarmente por Pompeo Leoni), fue esencialmente religiosa. Las figuras más relevantes fueron el italiano Pietro Torrigiano *(San Jerónimo* del museo de Bellas Artes de Sevilla), Alonso Berruguete (que, influido por la grandiosidad miguelangelesca, dejó numerosas imágenes agitadas por una poderosa emoción que mueve sus miembros y sus ropajes, como se puede comprobar en *El sacrificio de Isaac* del museo de Escultura de Valladolid) y Juan de Juni (cuya obra se extiende por ambos reinados, con varias obras maestras, como el retablo de la antigua de la catedral de Valladolid o el famoso *Santo Entierro* del museo de Escultura de Valladolid). Finalmente, es difícil no recordar otros nombres y otras obras maestras, como el trascoro de la catedral de Barcelona (debido a Bartolomé Ordóñez, autor también del sepulcro del Cardenal Cisneros en la iglesia de San Ildefonso de Alcalá de Henares y del sepulcro de Felipe y Juana en la capilla Real de Granada), la sillería del coro de la catedral de Toledo (obra de colaboración entre un anciano Felipe Bigarny y un joven Berruguete), el retablo mayor de la catedral de Astorga (debido a Gaspar Becerra) o el retablo mayor de la colegiata de Medina de Rioseco, obra perfectamente clásica de Esteban Jordán.

La pintura del siglo XVI, salvo en la vertiente del retratismo cortesano de tiempos de Felipe II (con el flamenco Antonio Moro, Alonso Sánchez Coello y Juan Pantoja de la Cruz), fue igualmente devocional en la mayoría de sus expresiones. Entre los mejores cultivadores pueden citarse algunos nombres (como los de Luis de Vargas, Juan de Juanes o Pedro de Campaña, autor del impresionante *Descendimiento* de la catedral de Sevilla), pero la figura más destacada es la de Luis de Morales, pintor que supo combinar en una fórmula inimitable la serenidad clásica con los efectos expresivos y dramáticos en sus numerosos retablos (como el de la iglesia parroquial de Arroyo de la Luz, en Extremadura) o, sobre todo, en su creación de la *Piedad,* repetida más de una vez de modo magistral (catedral de Badajoz, Academia de Bellas Artes de San Fernando de Madrid).

Sin embargo, la segunda mitad de siglo conoció el momento de máximo vigor creativo del pintor más singular del siglo, el griego Domenico Theotocopuli, llamado El Greco, autor que reúne las experiencias bizantinas e italianas con un profundo proceso de españolización en una obra intelectual y mística a un tiempo, que se manifiesta en el retrato *(Cardenal niño de Guevara* del Metropolitan Museum de Nueva York), como en el cuadro religioso *(El expolio* de la catedral de Toledo) o en esa obra maestra de género incalificable que es *El entierro del señor de Orgaz* de la iglesia de Santo Tomé de Toledo.

Finalmente, no debe dejar de mencionarse el extraordinario auge de todas las artes decorativas, como corresponde a un periodo de excepcional riqueza material. El Renacimiento español produjo excelentes piezas de mobiliario (creando el tipo del bargueño), de cerámica (especialmente en los centros de Talavera de la Reina y del barrio de Triana en Sevilla) y de otras especialidades suntuarias, dejando el recuerdo de algunos nombres sobresalientes, como, por ejemplo, el de Arnao de Vergara (que sucedió a su padre, Arnao de Flandes, al frente del taller de vidrieras de la catedral de Sevilla), los de los rejeros Cristóbal de Andino (reja de la capilla del Condestable en la catedral de Burgos, 1523) o Francisco de Villalpando (reja de la capilla mayor de la catedral de Toledo, 1548) o el del último representante de una ilustre familia de orfebres, Juan de Arfe, autor de las custodias monumentales de la catedral de Ávila (1564) y, sobre todo, de la catedral de Sevilla (1587).

La edad de oro de la música española

El siglo XVI constituye la edad de oro de la música española. En primer lugar se cultivó naturalmente la polifonía, admirablemente representada por la escuela sevillana (Cristóbal de Morales y Francisco Guerrero, cuyas obras corresponden respectivamente a los reinados de Carlos V y Felipe II), la escuela catalana (Mateo Flecha el Viejo, que cultivó el madrigal y cuyas *Ensaladas* serían publicadas por su sobrino en Praga, 1581) y la castellana, cuya principal figura, Tomás Luis de Victoria, sería también la de toda la música española de su tiempo. La música para cuerda y para clave encontró a un gran compositor y teórico en Diego Ortiz, autor de un famoso *Tratado de glosas para cláusulas en la música de violones* (1553). Gran importancia adquirió la escuela española de vihuelistas, con una serie de sobresalientes figuras, como fueron Luis Milán, Luis de Narváez, Diego Pisador y Alonso de Mudarra, mientras la guitarra, continuadora de la vihuela, encontraba un teórico de altura en el médico Juan Carlos Amat, autor del primer tratado conocido de ese instrumento *(Guitarra española,* 1586). Finalmente, hay que mencionar a dos excepcionales organistas, Antonio de Cabezón (que cultivó la música instrumental, influyendo en los virginalistas ingleses) y Francisco de Salinas, inmortalizado por la célebre oda de fray Luis de León.

La decadencia del siglo XVII

Si ya en los últimos años del reinado de Felipe II habían aparecido los primeros síntomas de una inflexión en la tendencia expansiva del Quinientos, el siglo XVII conocerá un proceso de progresiva decadencia, que se manifestará en los ámbitos de la economía, la convivencia social y las relaciones internacionales, aunque la producción cultural permitirá seguir hablando de un Siglo de Oro. En efecto, la crisis económica española (que se inscribe en lo que se ha denominado la crisis general del siglo XVII) se manifestará en el descenso de la población y en la contracción de todos los sectores (agricultura, industria y comercio, tanto interior como exterior). Del mismo modo, la convivencia interior se verá perturbada por la persistencia de viejos problemas políticos sin resolver (expulsión de los moriscos, guerras de separación de Portugal y Cataluña, rebeldía nobiliaria) y por la persistencia de la contestación popular endémica (bandolerismo) o esporádica (motines andaluces, alzamientos campesinos catalanes y valencianos). Finalmente, la política imperial, falta de los recursos materiales necesarios a causa de la caída de las remesas de plata y de las insuficiencias de los expedientes desesperados de la Corona (presión fiscal, manipulaciones monetarias, suspensiones de pagos), sufrirá un grave retroceso, que se traslucirá en la derrota militar, el desmembramiento territorial y la pérdida de peso específico en el escenario internacional. En un sentido inverso, la cultura del Barroco prolonga los esplendores del Renacimiento, tanto en el campo del pensamiento (político y económico, aunque no teológico y científico) como en el de la creación literaria y artística, ámbito en que el periodo no puede considerarse agotado hasta la última década del siglo, con la desaparición de Calderón (1681), Murillo (1682) y Valdés Leal (1690).

El reinado de Felipe III se distingue por la conciencia de la crisis y por la bonanza que se implanta provisionalmente en las relaciones internacionales. Sin embargo, el reinado de Felipe IV, presidido en buena parte por la figura del conde-duque de Olivares, asistirá al desencadenamiento sin paliativos de la crisis presentida y a la reapertura de todos los frentes militares, dentro y fuera de Europa. Finalmente, el reinado de Carlos II aparece signado por la confirmación del agotamiento general de la Monarquía, por más que en sus años finales parezca percibirse un incierto clima de recuperación. Es el momento en que el agotamiento físico del propio soberano, unido a la falta de descendencia, anuncian el fin de la dinastía y plantean la cuestión de la sucesión a la Corona de España.

La crisis económica

La conciencia de la crisis se instaló firmemente en los medios oficiales ya en el reinado de Felipe III, como demuestra la famosa consulta del Consejo de Castilla de 1619 sobre los males de la monarquía, donde ya se señalaban la despoblación, el retroceso de la agricultura, la ruina de la industria y la presión fiscal entre las principales causas de una decadencia ya adivinada. Ésta sería, además, la base para que los más avisados observadores del momento (los que serían llamados arbitristas) profundizasen en el análisis de aquellas causas y propusiesen los remedios correspondientes para la recuperación de la economía, aunque sus recomendaciones o no fueron tenidas en cuenta o tropezaron con dificultades insalvables para ponerlas en práctica.

La crisis debió de tener el mismo origen malthusiano de todas las crisis del Antiguo Régimen, es decir, debió de principiar por un desajuste entre el aumento de la población experimentado a lo largo del siglo XVI y la insuficiencia de una agricultura extensiva para mantener el ritmo de la demanda generada por el crecimiento demográfico, que además producía altos beneficios para los terratenientes (nobles, eclesiásticos y propietarios en general) pero deterioraba la situación de los dependientes (colonos enfrentados a elevados contratos y jornaleros enfrentados a altos precios de los alimentos). En efecto, esta incapacidad agrícola se vería acompañada de los efectos nocivos de la revolución de los precios, no sólo en lo relativo al consumo, sino en el ámbito de la producción industrial, que se revelaría también incapaz de competir con los géneros manufacturados extranjeros, susceptibles de ser adquiridos con facilidad gracias a la disponibilidad de numerario debida a la explotación de los tesoros americanos. El cuadro de la crisis se completó con la caída de las remesas de plata, debida posiblemente al aumento de los costos de extracción en América, pero también a las mayores retenciones efectuadas por la administración colonial, a las mayores dificultades para colocar en el mercado indiano unas contrapartidas de mercancías cada vez menos competitivas y, sobre todo y por esta última razón, al drenaje del tráfico por parte de las potencias europeas, que practicaban ya un comercio de contrabando que la deteriorada máquina administrativa de la Casa de la Contratación no podía ni reprimir ni siquiera controlar, con lo cual desaparecía la única baza española para mantener el nivel de las importaciones internacionales, cuando ya la industria había quedado arruinada por la concurrencia extranjera.

La despoblación fue el primer síntoma advertido. A lo largo del siglo las ciudades, especialmente las que conformaban esa densa red urbana del centro castellano, fueron perdiendo sus efectivos de manera paulatina pero irrefrenable, de tal modo que vieron disminuir su peso específico dentro de la economía y la sociedad, lo que permite hablar de un proceso de ruralización. Sin embargo, los ámbitos rurales también debieron sufrir los efectos de la crisis, como puede deducirse de las abundantes denuncias sobre la desaparición de lugares y su conversión en despoblados, aunque en este caso el hecho enmascara muchas veces un proceso de concentración de la población campesina, que abandona las aldeas y lugares acuciada por el exceso de tributación y por la presión de los señores sobre las tierras comunales. Con carácter general, el fenómeno ha de ponerse, por tanto, en relación con el descenso de los rendimientos por unidad de superficie cultivada, agravado por la serie de malas cosechas constatadas a través de numerosos testimonios y también por el aumento de la presión fiscal tanto de origen real como señorial y por la disminución de la capacidad de resistencia de las comunidades causada por la venta de baldíos, factores todos que confluyen en lo que ha sido calificado de ruina de la aldea castellana. La caída de la producción observable en extensas regiones del país generó además un estado de desnutrición permanente que dejó el terreno abonado para la mayor incidencia de las enfermedades endémicas y la aparición de terribles epidemias de peste, que se abatieron con especial virulencia sobre las ciudades, que ya habían sido castigadas por la crisis industrial y mercantil y donde la aglomeración, aumentada puntualmente en cada hambruna por el aflujo de mendigos en busca de la caridad de las instituciones asistenciales, favorecía sin duda el contagio.

En cualquier caso, hasta cuatro grandes epidemias de peste pudieron contabilizarse a lo largo del siglo. Como ya señalamos, la peste atlántica (1596-1602) se propagó desde el Cantábrico hasta Andalucía, asolando la mayor parte del territorio castellano. La peste milanesa (1629-1630), originada en Lombardía, alcanzó España por Provenza y afectó sobre todo a los territorios de Cataluña y Aragón. La tercera epidemia (1647-1654), también de origen mediterráneo, fue posiblemente la más mortífera: la ciudad de Valencia perdió tal vez un 20% de su población, antes de que la plaga se extendiese hacia el norte por Cataluña (coincidiendo con los últimos años de la guerra de Separación) y Aragón, donde Zaragoza sufrió la pérdida de la cuarta parte de sus habitantes, y hacia el este y el sur por las zonas meridionales del Reino valenciano y por el Reino de Murcia hasta alcanzar Andalucía, donde Sevilla llegó a perder hasta la mitad de su población en un solo año (sesenta mil muertes en 1649), en la peor crisis demográfica de su historia. Finalmente, una cuarta epidemia (1678-1684) volvió a reproducir el recorrido de la anterior, desde Valencia hacia el sur para agotar su virulencia en la Andalucía occidental y en Castilla la Nueva.

La incidencia combinada de las carencias agrícolas y los brotes patológicos endémicos y epidémicos fue muy superior a la acción de los restantes factores negativos. El principal fue la expulsión de los moriscos (cuyas restantes implicaciones analizaremos más adelante), que significó el extrañamiento de unos trescientos mil individuos, lo que puede representar casi el 4% de la población española total en aquel momento. Menos relevante fue la emigración a América, que si bien pudo significar la salida de unas cincuenta mil personas en el primer tercio de siglo, apenas si llegó a representar otro tanto en los dos tercios restantes. Finalmente, si la inmigración francesa se detuvo para Cataluña en la segunda década de la centuria, la corriente no hizo sino desplazarse al vecino Reino de Aragón, que también la conocía desde el siglo anterior.

En cualquier caso, pese a la justificada alarma de los políticos y arbitristas, la crisis demográfica del siglo XVII no se saldó con un desastre. Por un lado, los factores de compensación (aumento de la natalidad y la nupcialidad) actuaron para restablecer el equilibrio, de modo que ya en los primeros años del siglo XVIII se habían alcanzado los niveles de la última década del XVI, por lo que el conjunto del siglo ofrece un balance final de estancamiento más que de retroceso. Y, por otro lado, si las regiones del centro castellano no recuperaron su antigua vitalidad, las áreas periféricas vinieron a relevarlas, de modo que en términos globales el resultado final se presenta bajo el aspecto de redistribución más que de disminución de los efectivos. Una valoración que no debe inducir a olvidar ni la consideración del siglo como una época de crisis ni su incidencia particularmente negativa para regiones enteras y para las clases más desfavorecidas de la sociedad.

El campo experimentó las consecuencias del proceso de refeudalización puesto en marcha por la crisis. La tierra volvió a convertirse en un valor refugio, cuando se hundía la rentabilidad de los restantes sectores, ya fuera la industria, el comercio o los censos y juros. Sin embargo, la refeudalización significó esencialmente una reacción señorial, que trató de exigir más rigurosamente los derechos de la propiedad eminente o los cánones de arriendo de la propiedad útil (véase, por ejemplo, el proceso de revisión de los *capbreus* catalanes), que se apropió de los comunales de las aldeas (convertidos muchas veces en cotos redondos dedicados a pastos), que se adueñó también ahora de las tierras enajenadas en otros momentos (a través del endeudamiento campesino, es decir, tras haber sido ofrecidas por labradores en dificultades como garantía de préstamos hipotecarios) y que trató de imponer condiciones más duras de explotación allí donde fue posible, como en el caso de la Valencia repoblada tras la expulsión de los moriscos.

En estas circunstancias, la respuesta a la crisis de productividad no podía ser suficiente. En la mayoría de las ocasiones, como acabamos de ver, se ciñó a la conversión de las tierras de cultivo en pastizales para la ganadería estante. En algunos casos, la baja de la población permitió la reconversión de los campos de cereal al cultivo de la vid (en diversas áreas castellanas y andaluzas) o al cultivo del olivo (en Mallorca, en toda la fachada mediterránea y en extensas zonas de la campiña bajoandaluza, donde aumentan las haciendas de olivar). En otras regiones (singularmente en Galicia y en toda la fachada del Cantábrico) se encontró una solución parcial en la introducción del maíz, que permitía rendimientos más elevados que los restantes cereales y la nitrogenación de la tierra para suprimir el barbecho y garantizar el forraje a los ganados. Sin embargo, en general, el equilibrio se restableció fundamentalmente porque la caída de la población permitió aumentar los rendimientos por unidad de superficie y poner en marcha un nuevo periodo de expansión.

Los demás sectores sufrieron igualmente los rigores de la crisis. La importación de manufacturas extranjeras acabó por arruinar la industria nacional, que vio decaer drásticamente la actividad de los telares de Segovia, Córdoba y Toledo y de los de Zaragoza, Teruel y Barcelona, mientras la producción de seda se hundía en Valencia, Murcia, Granada y Sevilla. Tampoco aquí la respuesta fue suficiente, pues ni los gremios fueron capaces de adaptarse a las exigencias de una producción de calidad ordinaria, ni las fábricas tenían capacidad de invertir en tecnología para abaratar costos ni los empresarios consiguieron organizar una red de trabajo doméstico en las áreas rurales que permitiese alcanzar precios competitivos. El sector que mejor resistió fue el sector estatal, es decir la industria bélica (que se expande con el aumento de la demanda militar, como puede testimoniar la fundación de los altos hornos de Liérganes y La Cavada en Cantabria) y la construcción naval, que pese a la necesidad de importar materias primas del Báltico mantuvo en el Cantábrico (astilleros cántabros y vascongados) una actividad destinada a fabricar barcos para la Armada y para la Carrera de Indias, sobre todo una vez que la Corona hubo de renunciar a su política de contratar o requisar barcos privados y hubo de recurrir a concertar asientos con los empresarios y los constructores. En cualquier caso, y con numerosas situaciones particulares, la industria española no recobró la iniciativa al menos hasta las últimas décadas de la centuria.

Por su parte, el comercio experimentó también una visible contracción, tanto en el ámbito mediterráneo como en el atlántico, al tiempo que pasaba progresivamente a manos de los comerciantes extranjeros, con el relevo de los genoveses y los flamencos por los franceses, los holandeses y los ingleses, particularmente a partir de la segunda mitad de siglo. El comercio con América, que con sus importaciones había servido para compensar la balanza comercial española, sufrió asimismo un verdadero colapso a partir de la década de los veinte con la espectacular caída de las remesas de plata, el impacto psicológico del apresamiento de la flota en Matanzas (Cuba) por el corsario holandés Piet Heyn (septiembre de 1628) y la incapacidad de las autoridades para controlar siquiera el importe de las partidas metálicas, como hubo de reconocerse oficialmente a partir de 1660. Cuando José de Veitia y Linaje publica su exhaustivo tratado *Norte de la contratación de las Indias Occidentales* (1672), su obra adquiere la dimensión de un llamamiento a la regeneración de un sistema comercial sumido en la más profunda decadencia.

A finales de siglo, se producen algunos signos de cambio en la economía española, hasta el punto de que parece observarse a partir de 1680 una recuperación catalana, tal vez una recuperación de la periferia e incluso una recuperación general de todo el país. Una tendencia en todo caso incierta y lastrada por contracciones violentas, como la crisis final castellana de 1677-1687 (donde se unieron las catástrofes climáticas, las pésimas cosechas y el desorden monetario), o los levantamientos rurales en Cataluña y el Reino de Valencia. En cualquier caso, Cataluña presenta signos inequívocos de reactivación (extensión de la viticultura, renovación de las industrias tradicionales de la lana, la seda, la piel y el hierro, auge de la construcción naval, despegue de la exportación de aguardiente y aumento del movimiento del puerto de Barcelona, además de la aparición de una literatura económica señalando los cauces para el despegue definitivo), mientras la Corona ampara diversos proyectos de fomento industrial y se adoptan algunas medidas económicas de indudable trascendencia, como la creación de la Junta de Comercio (enero de 1679), la devaluación de 1680 (febrero), la reforma fiscal acometida durante el gobierno de Oropesa (1685-1691) y la insistente legislación en favor de la industria, incluyendo la declaración formal de compatibilidad entre nobleza y manufactura (tanto en Aragón como en Castilla, 1677 y 1682 respectivamente), lo que da lugar a la instalación de algunos nuevos establecimientos, como la fábrica de vidrio de San Martín de Valdeiglesias, los telares patrocinados en su dominios por el duque de Béjar para la producción de paños o la Mantelería de La Coruña que, dedicada a la fabricación de jarcias y lonas, lienzos y manteles, inicia sus actividades en 1692. De este modo, a finales de siglo, si no una clara recuperación, al menos se vislumbran algunos signos premonitorios de la reactivación económica del siglo siguiente.

LA REACCIÓN DE LOS PRIVILEGIADOS

El proceso de refeudalización se manifestó también en un aumento del número de privilegiados (creación de numerosos títulos nuevos, ventas de señoríos y otras concesiones menores, como hidalguías, hábitos de órdenes militares o ciudadanías honradas) y en una revitalización de la presencia de la nobleza en el gobierno del país (que en los últimos años de Carlos II llega a ser compartido por la tetrarquía nobiliaria del almirante de Castilla, el condestable de Castilla, el marqués de Montalto y el conde de Monterrey) e incluso en los altos puestos de la administración. Los aristócratas hacen frente a la crisis mediante el incremento de la presión sobre sus vasallos y colonos, el ejercicio de cargos bien remunerados (o con posibilidad de enriquecimiento, que venía a ser lo mismo) y la colocación de sus hijos en encomiendas de órdenes militares, en oficios públicos o en la Iglesia (en los obispados o mediante los numerosos patronatos de legos, que gozan de la potestad de presentar candidatos familiares al disfrute de beneficios y capellanías). Aun así, la nobleza tampoco se libra de los efectos de la recesión, ya que sus esfuerzos por aumentar sus ingresos no siempre alcanzan los frutos deseados, mientras la inflación incrementa el monto de sus desembolsos en productos de lujo, mantenimiento de una clientela y una servidumbre acordes con su rango y contribución obligada al servicio de la Corona.

El clero, por el contrario, al socaire del programa de cristianización de los fieles impuesto por el Concilio de Trento, experimenta un progreso que es a la vez material, moral e intelectual. En cualquier caso, si las rentas de un modesto beneficio permiten ganarse la vida a muchos clérigos de la época (e incluso a algunos intelectuales muy encumbrados por la fama), los obispos encuentran dificultades en mantener sus gastos suntuarios, la construcción de edificios religiosos y el ejercicio de la caridad, al tiempo que la Corona continúa imaginando medios para aumentar el volumen de su contribución a los gastos generales del Estado. Fenómeno también propio del siglo es la intensificación, en la vida cotidiana de una sociedad imbuida de una profunda religiosidad, de la presencia del clero, particularmente del clero regular y, sobre todo, de las órdenes mendicantes (a las que se incorporan los capuchinos, llamados a conseguir un gran arraigo popular) y de los jesuitas, que se ocupan de la educación de las clases dirigentes con gran éxito, mientras las comunidades femeninas ofrecen un modo de vida a las numerosas mujeres que por distintas razones no acceden al estado matrimonial.

Por su parte, entre las clases plebeyas los letrados tratan de hacer valer sus títulos universitarios buscando el favor del poderoso que les permita instalarse en un puesto burocrático, mientras los mercaderes (cuyos negocios pierden seguridad y rentabilidad) experimentan cada vez de un modo más pronunciado la tentación del ennoblecimiento y los artesanos acentúan su tendencia hacia la oligarquización y el anquilosamiento de sus gremios. La disminución de las oportunidades se manifiesta, por último, en la extensión del fenómeno del pauperismo, que afecta a un tanto por ciento muy elevado de la población (entre un 20% y un 50% según los lugares) y que es combatido mediante iniciativas asistenciales (acondicionamiento de los hospitales existentes o creación de nuevas instituciones hospitalarias, como la Hermandad del Refugio de Madrid o la Hermandad de la Caridad de Sevilla) o con medidas represivas, que tratan de expulsarlos de las ciudades (donde se concentran en los momentos de mayores dificultades) e incluso de enviarlos al servicio forzoso en las galeras o en los presidios africanos.

Naturalmente, esta situación de pauperismo extendido y escasez de oportunidades provoca el aumento de la conflictividad social, que se expresa bajo diversos aspectos. En algunos casos la tensión larvada estalla bajo formas disfrazadas, como la caza de brujas, que se recrudece en la primera mitad de siglo, aunque la actitud racionalista de la Inquisición, ejemplificada en la actuación del inquisidor Alonso de Salazar, el «abogado de las brujas», en relación con el famoso caso de Zugarramurdi en el norte de Navarra, reduce el alcance del fenómeno, que aunque todavía se cobra varias víctimas en el auto de fe de Logroño (noviembre de 1610) que pone fin al proceso contra las brujas y los brujos navarros, pierde fuerza en los años inmediatamente siguientes tras la difusión la doctrina oficial que advierte contra las visiones de las mujeres simplemente «ilusas» y contra los raptos de histeria colectiva. En otros casos, la protesta adopta la forma de la escapatoria individual del bandolerismo social en el campo o del ejercicio de la picaresca o la delincuencia ordinaria en la ciudad. Finalmente, a veces se producen revueltas violentas, que se presentan bajo el modelo del levantamiento campesino en el ámbito rural, del motín de subsistencias en el marco urbano o del motín antifiscal tanto en pueblos como en ciudades.

Una de las respuestas clásicas a la crisis agraria fue el bandolerismo, que floreció en Castilla, Andalucía o Murcia, pero especialmente en Valencia (donde el bandolerismo morisco se acaba con la expulsión, pero el cristiano persiste sin desmayo) y en Cataluña, donde el fenómeno, que arranca de tiempos de Felipe II, se prolonga a lo largo del siglo XVII. El bandolerismo catalán del barroco es, como en otros lugares, consecuencia de la pobreza y la desarticulación de la sociedad agraria en lugares alejados de la influencia del Estado. Si ya en el siglo anterior las expediciones de plata con destino a Génova habían incrementado el número de salteadores, el punto culminante de su acción se sitúa en la primera mitad del XVII, cuando aumenta la acción represiva de los virreyes (especialmente intensa durante el mandato del duque de Alburquerque, 1615-1618) y cuando aparecen las figuras románticas de Perot Rocaguinarda (que abandonará a tiempo su vida al margen de la ley para convertirse en capitán de los tercios españoles en Nápoles), y de Joan Sala, conocido como Serrallonga, que será finalmente capturado y ejecutado en Barcelona (enero de 1634).

Si la recuperación económica de las últimas décadas del siglo pareció darse con mayor claridad en Cataluña y, en general, en las regiones de la periferia, el carácter todavía indeciso de la reactivación se manifestó de manera dramática precisamente en tierras catalanas y valencianas con el estallido de sendas revueltas antiseñoriales. La llamada *revolta dels gorretes* (o *dels barretines* o *de la terra),* que asoló el campo catalán durante más de dos años (1687-1689), encontró su detonante en la cuestión nunca resuelta de los alojamientos militares, exigidos en una situación de crisis agrícola coyuntural (plagas de langosta de 1685-1687) y de generalizado malestar por la excesiva presión fiscal, que hacía aún más intolerable el agravio de las exenciones. Una primera sublevación contra los alojamientos originó un levantamiento general de cerca de diez mil campesinos, que partiendo de la comarca de Osona entraron en Mataró (donde quemaron varias casas de privilegiados) y pusieron cerco a Barcelona (abril de 1688), al tiempo que se disparaban una serie de motines antiseñoriales en diversas localidades (siendo el más importante y radical el de Manresa, dirigido contra los diezmos y conocido como *avalot de les faves,* en junio de 1688). La revuelta, espoleada ahora por la guerra contra Francia, rebrotó al año siguiente (noviembre de 1689), llegando a movilizar hasta un total de dieciocho mil campesinos que asediaron de nuevo la capital, hasta que la enérgica actuación del virrey duque de Villahermosa puso fin al movimiento.

La dureza del régimen señorial valenciano, que se había visto agravada por las condiciones impuestas por la nobleza a los colonos cristianos establecidos en sustitución de los moriscos, mantuvo una agitación permanente en el reino, que se manifestó en el bandolerismo endémico de toda la centuria, en numerosos levantamientos y pleitos antiseñoriales, hasta desembocar en el levantamiento campesino conocido como la Segunda Germanía de Valencia (julio de 1693). La revuelta, que se propuso como principal reivindicación la revisión de los títulos señoriales a fin de que los señores justificasen los fundamentos de las exacciones, tuvo como epicentro el área de Játiva, dirigiéndose fundamentalmente contra las tierras del duque de Gandía, el marqués de Albaida y el conde de Cocentaina. Sin embargo, la característica unión del virrey, los señores y el alto clero (que se significó por las intolerantes posturas del obispo y de los monjes, especialmente los benedictinos) permitió organizar una fuerza represiva que derrotó a los agermanados, dirigidos políticamente por el síndico Francisco García y militarmente por el médico José Navarro. La desarticulación de la revuelta no hizo más que acentuar el malestar del campesinado, que volvería a sublevarse contra sus señores en el transcurso de la guerra de Sucesión.

Las protestas por la escasez de subsistencias fueron una constante en un país duramente castigado por la crisis agraria y cuya administración no estaba en condiciones de aplicar las reglas tácitas que regulaban la economía moral. Así, las clases populares urbanas se encontraron en muchas ocasiones sin medios monetarios para adquirir el pan, cuyo precio había subido muy por encima de la tasa y era objeto de la ocultación de los poderosos y de la especulación de los acaparadores en un sistema de oferta cerrada por la inexistencia de un verdadero comercio de granos. Esta situación se agravó en Andalucía por la conversión de tierras dedicadas a trigo en viñedos y olivares, por la excesiva presión fiscal, por el malestar suscitado por las permanentes alteraciones monetarias y por el clima opresivo originado por la reciente epidemia de peste sufrida. Éste fue el caldo de cultivo para las revueltas que se produjeron en Córdoba, Granada y Sevilla (y en otros lugares, como Ayamonte) durante los siempre difíciles meses de mayo y junio, en el año 1652.

Los disturbios tuvieron en común, además de su origen (sencillamente el hambre), su carácter urbano, el protagonismo de las clases populares del artesanado y el proletariado de las respectivas ciudades, la enemiga del patriciado local (con la alianza de nobles, hidalgos y burgueses ennoblecidos en la causa común de restablecer por la fuerza de las armas el orden social) y el desarrollo de los hechos, que incluyó (salvo en Granada, donde el movimiento quedó abortado por las autoridades alertadas por otro anterior ocurrido en 1648) la imposición de la tasa, el asalto a las casas de los acaparadores y la hostilidad contra el corregidor (que huye en Ayamonte y es destituido en Córdoba, donde se procede a un nuevo nombramiento). En todos los casos, la represión del movimiento fue rápida, quedando sólo constancia del malestar generado entre los grupos más desvalidos por las dificultades de la economía en una sociedad regida por la desigualdad estructural. Precisamente en este clima se fraguaría la rebeldía primitiva del arbitrista Francisco Martínez de Mata.

Finalmente, otra de las formas más recurrentes de la contestación social en el siglo XVII fueron los motines antifiscales, como consecuencia lógica de la desmedida presión tributaria ejercida por la Monarquía. En efecto, una serie de motines contra el cobro del servicio extraordinario o contra la fiscalidad señorial (el más importante, uniendo ambas motivaciones, fue el de Lucena contra el duque de Cardona, enero de 1647) precedieron a las revueltas por la escasez de subsistencias que se dieron en Andalucía. Del mismo modo, la revuelta de los *gorretes* englobó al menos el motín claramente fiscal de Manresa, mientras la segunda Germanía de Valencia estuvo antecedida por la negativa a pagar los derechos señoriales de distintos lugares (singularmente en torno a Sagunto).

Sin embargo, el más resonante y característico fue el motín de la sal de Bilbao. Uno de los expedientes ideados por Olivares para obtener ingresos para la Corona fue la implantación del estanco de la sal, es decir, del monopolio real sobre dicho producto (enero de 1631). Ahora bien, semejante medida encarecía el precio de un artículo vital para la alimentación del ganado, para la salazón del pescado y para la conservación de otros alimentos y, además, violentaba los fueros del señorío de Vizcaya. De este modo, a los pocos meses estalló la revuelta (septiembre de 1631), dirigida esencialmente por los artesanos y otros grupos populares bilbaínos, cuyas reclamaciones, al obtener el respaldo del Ayuntamiento (octubre de 1632), alcanzarían una nueva dimensión política. Los desórdenes originados por el conflicto alarmarían, sin embargo, a la burguesía comercial de la capital vizcaína, que llegaría a un compromiso a espaldas de los amotinados para restablecer la situación a cambio de la supresión del estanco. El pacto pondría fin a la revuelta, que se saldaría con la condena y ejecución de sus principales dirigentes a cambio de la retirada de la disposición por parte de Olivares (mayo de 1634).

En cualquier caso, la amenaza de la asonada antifiscal fue una constante de una época en la que la Monarquía debió emplear buena parte de sus energías en la tarea de conseguir desesperadamente dinero para cumplir con los compromisos a que le obligaba su necesidad de mantener la reputación entre las naciones europeas.

LA CRISIS POLÍTICA

Una de las mayores novedades introducidas en el gobierno en el siglo XVII es la definitiva consolidación de la figura del valido o privado, que se había insinuado tímidamente en el reinado anterior, pero que adquiere ahora su fisonomía definitiva y un protagonismo indiscutible en el manejo de los negocios públicos. Se trata de una figura no institucionalizada, que ejerce su autoridad exclusivamente por la confianza que le otorga el rey y que representa el retorno de la nobleza al ejercicio directo del poder político. Si algunos consideraron a los validos como verdaderos usurpadores de la voluntad real, los analistas políticos más equilibrados contemplaron su aparición como una necesidad generada por la creciente complejidad de los asuntos de gobierno e incluso como una pieza instrumental que permitía deslindar la titularidad de la soberanía del ejercicio cotidiano del gobierno, lo que liberaba al rey de las posibles críticas ante las consecuencias de medidas desacertadas o los reveses inevitables de unos tiempos desventurados. En cualquier caso, el valido aleja al monarca de los asuntos de Estado, provocando un distanciamiento de los reinos o las clases dirigentes respecto de la política de la Corona, una falta de identificación que en algunos casos llegó a convertirse en desafección, como ocurrirá en la crisis de 1640.

El duque de Lerma, valido de Felipe III, y el conde-duque de Olivares, valido de Felipe IV, fueron los privados por antonomasia, mientras los hombres de confianza tanto del propio Felipe IV en la última etapa de su reinado (Luis de Haro), como de la regente Mariana de Austria (el padre Juan Everardo Nithard o Fernando Valenzuela) y de Carlos II (Juan José de Austria, el duque de Medinaceli o el conde de Oropesa) nunca gozaron del poder omnímodo de sus antecesores, que sí dominaron entre ambos la política española de la primera mitad de siglo. Los validos se distinguieron por prácticas semejantes, como el gobierno al margen de los consejos por medio de juntas reducidas integradas por personas de su confianza (un sistema que gozaría del favor de los ministros a todo lo largo del siglo), la delegación de parte de sus funciones en otros personajes que son criaturas o hechuras del valido (como Pedro Franqueza o Rodrigo Calderón, que fueron arrastrados por la caída de Lerma, o el protonotario Jerónimo de Villanueva, en el caso de Olivares) y en general la concesión de puestos y cargos claves a una clientela de amigos y parientes como medio de asegurarse mejor el control del poder.

Si el sistema de juntas ya permitía al valido o al primer ministro prescindir de la opinión de los consejos, el interés de los gobernantes por la representación del reino decayó igualmente a lo largo del siglo, de tal modo que las sesiones de Cortes fueron muy espaciadas y, aunque las exigencias financieras obligaron en algunos momentos a su convocatoria en los distintos estados, la discusión de las reivindicaciones y la resistencia a las pretensiones fiscales de la Corona no estimularon precisamente a los ministros a insistir, salvo en el caso de Navarra, que se mostró siempre dispuesta a responder positivamente a los requerimientos del virrey.

El correcto funcionamiento de una administración perfectamente organizada durante el siglo anterior fue una de las más sólidas bazas de la Monarquía en el periodo de crisis. La profesionalidad de los letrados salidos de los colegios mayores de las universidades y el establecimiento de una suerte de carrera administrativa en el seno de los consejos contrarrestaron algunos vicios arraigados en el transcurso de la centuria, como la venta de ciertos cargos, la consolidación de redes clientelares o el inevitable porcentaje de corrupción entre el cuerpo de oficiales. Por el contrario, la Monarquía renunció desde los años finales del reinado de Felipe III a retener la administración directa del sector militar, que pasó íntegramente a manos privadas (reclutamiento del ejército, construcción de buques para la armada, fabricación de armas y municiones, avituallamiento de galeras, presidios y guarniciones), aunque esta obligada «devolución» o dejación de atribuciones a favor de asentistas particulares resultó ser una decisión acertada, que redundó en la mayor eficacia de las fuerzas encargadas de la defensa del Imperio.

En el siglo XVII la confesionalización del Estado siguió siendo perfectamente compatible con el ejercicio de un activo regalismo, que originó continuos conflictos con Roma, especialmente en la primera mitad de la centuria, sobre todo en los años en que la cátedra de San Pedro estuvo ocupada por Urbano VIII, de marcada inclinación profrancesa en un momento en que Luis XIII estaba apoyando, frente a España, la causa protestante en la guerra de los Treinta Años. En este contexto, la embajada de Juan Chumacero (miembro del Consejo de Castilla) y de fray Diego Pimentel (obispo de Osma) a Roma (iniciada en octubre de 1633) sirvió para redactar un pliego de agravios de la Monarquía católica contra el pontificado que sería en lo sucesivo el manual del regalismo español. Del mismo modo, las tensiones provocadas por las exigencias fiscales de la Corona y su permanente campaña contra la salida de numerario hacia Roma (por un importe de dos millones de ducados, según los cálculos de una junta creada por Olivares) desembocaron en la crisis del cierre del Tribunal de la Nunciatura en Madrid (1639), acusado de derivar a su jurisdicción toda clase de pleitos, gracias y dispensas. Sin embargo, desde los últimos años del reinado de Felipe IV y durante los del reinado de Carlos II se asistió a una progresiva atenuación del conflicto y a una reconducción prudente de las relaciones entre el Papado y la Monarquía católica.

La principal preocupación de la Monarquía, enfrentada en el exterior con una coalición de poderosos enemigos, fue solucionar en el interior el problema fundamental de galvanizar los recursos financieros necesarios para combatirlos con las armas en los campos de batalla de Europa. En efecto, el estancamiento de los ingresos ordinarios, gravados además por los intereses de la deuda, se unió al descenso de las remesas metálicas procedentes de América para crear un déficit hacendístico permanente, que impedía atender a los grandes capítulos del gasto público, el ejército y la marina, la corte y la administración. Este déficit obligó a los gobernantes a un constante despliegue de expedientes para conseguir aumentar los ingresos. Entre ellos, figuraban la creación de nuevos impuestos, la venta de oficios, jurisdicciones y rentas (cargos públicos, pueblos de realengo, incluso votos en Cortes), la exigencia de donativos teóricamente voluntarios a instituciones y particulares y la apropiación sistemática de un porcentaje de los intereses de los juros.

Dado que ninguno de estos procedimientos bastaba, el recurso más empleado (y el que ocasionó efectos más negativos desde el punto de vista económico y social) fue el de la acuñación de moneda de cobre y la alteración monetaria. Las acuñaciones de vellón, prácticamente iniciadas con el reinado, pusieron en circulación una moneda fiduciaria, que la Hacienda pública utilizó arbitrariamente al compás de sus necesidades, mediante la emisión de cantidades abusivas (provocando la inflación consiguiente), el resello (o aumento facial del valor) o la devaluación cuando el premio de la plata (sobrevalor de la moneda de plata sobre la de cobre) se hacía insostenible. Esta «revolución del cobre» (que además tenía como inconvenientes la necesidad de importar el metal desde Suecia, los elevados gastos de fabricación y la pérdida de un tercio del material en residuos inaprovechables) fue una constante fuente de malestar en las relaciones entre el rey y el reino, entre los gobernantes y los gobernados, al tiempo que un signo evidente del tránsito de una época de expansión y prosperidad a otra de recesión y dificultades.

En cualquier caso, tampoco la emisión de moneda de vellón fue capaz de resolver el problema de la financiación de la Monarquía, que repetidamente hubo de declararse en bancarrota. La primera del siglo se produjo en 1607, saldándose con la creación de un nuevo Medio General controlado por los genoveses, sin que se adoptasen medidas para enderezar la situación de cara al futuro. La llegada del conde-duque de Olivares creó un clima de reformas que en materia de hacienda se tradujo en diversas iniciativas para elaborar un presupuesto equilibrado de ingresos y gastos, para buscar una alternativa al servicio de «millones» y para resucitar el viejo proyecto de los erarios o bancos públicos. El fracaso del proyecto (febrero de 1626) tuvo como efecto inmediato la catastrófica bancarrota del año siguiente (enero de 1627) , que significó el fin del siglo de los genoveses, la ruina de muchas casas comerciales y la necesidad de buscar un nuevo grupo financiero, que Olivares creyó encontrar en los judíos portugueses, que seguramente presionaron para obtener una devaluación del vellón (1628), pero que no fueron capaces de evitar la bancarrota de 1647 (octubre), aunque la caída de Olivares (1643) había hecho ya precaria su situación ante el cerco del Santo Oficio. El Medio General subsiguiente no pudo ya restablecer la confianza en las finanzas españolas, que se hunden en la espiral de una sucesión de suspensiones de pagos (1652, 1662, 1666) que denotan el agotamiento del sistema y preparan las medidas quirúrgicas llevadas a cabo en las últimas décadas del siglo por el duque de Medinaceli y el conde de Oropesa.

Naturalmente, una hacienda en permanente bancarrota no podía sostener un Imperio. Así, por un lado, los estados no sólo debieron tender hacia la financiación de su administración y su defensa (caso de Italia), sino que Olivares decidió en 1626 aplicar una idea surgida del Consejo de Castilla en 1619 consistente en aumentar y equilibrar la contribución de los reinos peninsulares al gasto militar mediante un ambicioso proyecto llamado la Unión de Armas. Soluciones que en realidad eran todas ellas caminos por los que la crisis de la hacienda derivaría hacia una crisis constitucional que estuvo a punto de desintegrar la Monarquía a partir de 1640.

Del mismo modo, el dinero disponible no alcanzó para seguir manteniendo la presencia militar española en la medida de los reinados anteriores. Por un lado, el reclutamiento voluntario trató de sustituirse parcialmente por las levas forzosas, con las consiguientes resistencias y con la previsible disminución de la eficacia de las tropas, mientras que, por otro, los soldados disponibles fueron disminuyendo sensiblemente en todos los frentes, del mismo modo que los efectivos navales en todos los mares, el Mediterráneo y el Atlántico, tanto en Europa como en América, sobre todo a partir del desastre de Las Dunas (octubre de 1639). La crisis interior y la crisis exterior venían así a confluir en el completo declive del Imperio.

La expulsión de los moriscos

El reinado de Felipe III empezó de modo brillante con la fastuosa boda del joven monarca con Margarita de Austria en Valencia, como una señal premonitoria de cambio de época, de paso de la austeridad de la corte del Rey Prudente a los fastos de la corte del Barroco. El rey cedió las riendas del gobierno al duque de Lerma, un gran magnate que se preocupó mucho más de su fortuna personal y del establecimiento de un sistema de clientela y corrupción que de los asuntos de Estado. Su mandato coincidió además con una época, si no de paz permanente, sí de apaciguamiento de los conflictos exteriores, que hubiera permitido al valido ocuparse de la política interior y de emprender la tarea de restablecer una hacienda debilitada. Sin embargo, el gobierno se estancó en las cuestiones de la administración ordinaria y en la organización de alguna operación insólita, como fue el traslado de la corte a Valladolid, que por otra parte se revelaría efímero (1601-1606), sin llegar a abordar otras cuestiones pendientes de mayor importancia, salvo la de la expulsión de los moriscos.

En efecto, la principal medida de política interna adoptada en el transcurso del reinado fue la expulsión de los moriscos. Mientras que los Reyes Católicos habían procedido a la expulsión de los judíos como una medida exigida por la unidad religiosa de la Monarquía, los moriscos habían gozado de una mayor tolerancia (pese a las dos sublevaciones granadinas de 1499 y 1568), posiblemente porque constituían una población marginada de pobres recursos y además porque contribuían como mano de obra servil a la prosperidad de las tierras de los señores valencianos. En cualquier caso, la solución de la expulsión se impuso cuando la coyuntura económica derribó las defensas de la nobleza terrateniente: el descenso de la rentabilidad de los cultivos y el paralelo endeudamiento de la aristocracia con la burguesía censalista de la capital permitieron que se oyeran las voces de los políticos que denunciaban la siempre posible alianza con el enemigo turco y norteafricano y la persistencia del bandolerismo de los monfíes y las voces de los eclesiásticos contrarreformistas (con el patriarca Juan de Ribera a la cabeza) que clamaban contra la inasimilación cultural y contra el fracaso de la evangelización entre los moriscos.

Finalmente, el gobierno se decidió a extender el decreto de expulsión (abril de 1609). La operación dio comienzo en el Reino de Valencia, donde los moriscos representaban casi la tercera parte de la población, con el despliegue de un gran dispositivo militar para evitar las posibles resistencias (que en cualquier caso se dieron, tal como se había previsto, sobre todo en el lugar de La Muela de Cortes y en el valle de Laguar) y el apresto de una nutrida flota para asegurar su embarque con destino al norte de África. Al año siguiente se procedió a la expulsión de los moriscos de la Corona de Castilla y del Reino de Aragón, aunque el proceso no pudo darse por cerrado hasta el año 1614.

Las consecuencias de la expulsión fueron importantes desde el punto de vista demográfico (pérdida de un total de trescientos mil individuos, de ellos más de ciento veinte mil en el solo reino valenciano), desde el punto de vista económico (tanto en Valencia como en las demás áreas donde su población era significativa, como ocurría en diversas zonas de Castilla, Andalucía, Extremadura y Aragón, el Reino de Murcia en su conjunto y el delta del Ebro en Cataluña) y desde el punto de vista moral, por cuanto la orden de destierro afectó a poblaciones que llevaban siglos viviendo en España y que no querían salir de sus lugares, lo que generaría la posterior cuestión de los retornos furtivos. La nobleza valenciana, en principio la más afectada (por la pérdida estimada de un tercio de sus rentas), trató de amortiguar el golpe mediante la apropiación de los bienes de los moriscos expulsos, el aplazamiento del pago de sus deudas, incluidos los intereses de los censales, y la instalación de campesinos cristianoviejos como colonos en las tierras forzosamente abandonadas bajo un régimen señorial particularmente opresivo para la época. En cualquier caso, la operación no resultó para nadie un éxito, ya que la aristocracia valenciana no fue capaz de detener el proceso de contracción de sus ingresos efectivos ni de frenar la protesta campesina en sus tierras (que rebrotaría a finales de siglo y durante la guerra de Sucesión), mientras los enemigos de la Monarquía española podían enriquecer su publicística denunciando un nuevo caso de intransigencia religiosa y los moriscos expulsados eran capaces de incrementar la amenaza militar sobre las costas españolas con la creación de la importante república corsaria de Salé, al otro lado de Rabat, en el Reino de Marruecos.

El reinado se canceló con la desgracia de Lerma y su sustitución en la confianza del rey por su hijo, el duque de Uceda, cuya privanza ni tuvo el alcance de la anterior ni pudo prolongarse más allá de la muerte del soberano (1621). Durante su mandato, las Cortes castellanas, que retoman sus viejas atribuciones, exigen al rey la adopción de medidas para combatir la recesión económica, obteniendo como respuesta la ya citada consulta del Consejo de Castilla de 1619, que significa un primer paso en la toma de conciencia ante la crisis, por más que los remedios propuestos no sean muy imaginativos, sobre todo en comparación con los que contemporáneamente estaban redactando los arbitristas. En los mismos años, la situación exterior cambia por completo, con el comienzo de la guerra de los Treinta Años y el fin de la tregua en Flandes, sin que la Monarquía se encuentre mejor preparada que veinte años antes para hacer frente a sus nuevos y acuciantes compromisos militares.

El regeneracionismo de Olivares y la crisis constitucional

El reinado de Felipe IV aparece presidido por la relevante figura política del conde-duque de Olivares, un verdadero «político en una época de decadencia». Empeñado en los primeros momentos en desplazar al clan de Lerma de las posiciones de poder y en erradicar los mecanismos de la corrupción (por ejemplo, mediante la exigencia del levantamiento de inventarios de bienes a los funcionarios), el conde-duque se dispuso a poner en práctica el plan propuesto por el Consejo de Castilla, confiando más en la organización de juntas que en los consejos y en los órganos representativos del reino para la eficacia de la acción del gobierno. Así, durante su mandato, puso en marcha una serie de juntas específicas (Armada, Minas, Sal, Población, Millones, etcétera), más una Junta de Ejecución como instrumento para la adopción de decisiones rápidas. Sin embargo, la más importante fue la llamada Junta Grande de Reformación, que emitió una serie de medidas de corte mercantilista con el fin de fomentar la demografía (entorpecer la entrada en religión, ayudar a las familias numerosas y favorecer la inmigración de artesanos católicos), imponer un régimen de austeridad en el gasto público (reducir los oficiales de las secretarías, así como los cargos palatinos) y decretar una serie de leyes suntuarias para combatir el lujo y la ostentación. En cualquier caso, el dispositivo había fracasado casi por completo pocos años más tarde, tanto porque las juntas no tenían bien definidas sus atribuciones y entraban en conflicto con los organismos más antiguos y consolidados que seguían en funcionamiento, como porque las medidas, de por sí de corto alcance, tropezaban con fuertes resistencias dentro y fuera de la corte (por ejemplo, las leyes suntuarias se fueron al garete con las obligadas fiestas celebradas a la llegada del príncipe de Gales, en marzo de 1623) y, finalmente, porque las urgencias militares obligaron pronto al valido a afrontar retos más difíciles.

El llamado Gran Memorial de 1624 contenía todo un programa para el ejercicio del poder absoluto frente a los distintos grupos sociales (incluidos los privilegiados con respecto a quienes el soberano debía mantener sus distancias), y también frente a los distintos reinos, cuando el valido apremiaba a Felipe IV a convertirse en «rey de España» y no sólo de cada uno de los bloques constitutivos de la Monarquía hispánica. Este proyecto político contenía una vertiente fiscal, pues la igualación de los reinos debía plantearse también en el plano de la contribución económica solidaria a los compromisos de la Monarquía.

Así, de la propuesta del Consejo de Castilla (que reflejaba el sentir del reino sobre la desigualdad contributiva de los diferentes estados de la Corona) y del programa político del Gran Memorial surgiría el proyecto de la Unión de Armas (noviembre de 1625), que preveía la formación de un ejército de ciento cuarenta mil hombres sufragado por los distintos reinos según una cuota establecida en función de sus supuestos recursos humanos y económicos. Para llevar a cabo su objetivo, Olivares convocó las Cortes de Aragón (Barbastro), Valencia (Monzón) y Cataluña (que no se avino a la propuesta real de celebrarlas en Lérida e impuso Barcelona como sede, en un primer indicio de la posterior y más grave divergencia de criterios). Así, mientras Aragón y Valencia aceptaban una parte considerable de la contribución propuesta, Cataluña se negaba a la menor concesión, convirtiéndose, tras anunciarse la aceptación de Flandes y de Italia, en el único estado que quedaba al margen de la Unión de Armas.

En cualquier caso, la política fiscal del valido, que se salda con nuevos fracasos en años sucesivos (bancarrota de 1627, motín de la sal de 1631, nueva negativa catalana en las Cortes de 1632), genera un malestar cada vez mayor entre los diversos estamentos y los diversos reinos, justamente cuando las necesidades financieras de la Corona se hacen más acuciantes, sobre todo por los nuevos frentes de batalla abiertos en Europa debido a la intervención francesa en la guerra de los Treinta Años (y la declaración de guerra a España, en mayo de 1635), mientras la costosa construcción del nuevo palacio del Buen Retiro en Madrid (iniciada en julio de 1632) contrasta clamorosamente con la dramática situación de un reino empobrecido. En este marco, la desafección entre Cataluña y la Monarquía prosigue su escalada, por un lado, con una nueva negativa a apoyar el esfuerzo militar (rechazo a participar en la defensa de Fuenterrabía frente a la positiva respuesta de castellanos, aragoneses y valencianos, en julio de 1638) y, por otro, con el estallido de continuos conflictos entre la población y las tropas estacionadas en el Principado para proteger el frente oriental de la amenaza francesa. Este es el contexto que prepara el desencadenamiento de la rebelión de Cataluña (junio de 1640), que será seguida de otros movimientos secesionistas, dentro y fuera de la Península, que ponen en cuestión el sistema constitucional de la Monarquía hispánica.

La ocupación francesa de la fortaleza de Salses, en el Rosellón, pareció la ocasión apropiada para la colaboración entre las tropas reclutadas en Cataluña y las que habían sido enviadas desde otros lugares. Sin embargo, la recuperación de la fortaleza (en enero de 1640, aunque por otra parte se perdería definitivamente al año siguiente) no permitiría la desmovilización del ejército, cada vez más enfrentado con la población por la cuestión de los alojamientos y las requisas. En este clima, una primera confrontación violenta en Santa Coloma de Farners (abril de 1640) prenderá la llama de un levantamiento masivo en el campo y en algunas ciudades (como Manresa y Vic), hasta desembocar en el alzamiento conocido como el Corpus de Sangre (junio de 1640), en cuyo transcurso los segadores congregados en Barcelona se apoderan de la ciudad después de dar muerte al virrey, el conde de Santa Coloma. El vacío político y la revuelta popular inducen a la Generalitat a convocar una Junta de Brazos (unas Cortes sin la autorización del rey), que bajo la dirección del diputado eclesiástico Pau Claris transforma el levantamiento en un movimiento político dirigido contra el gobierno de la Monarquía (septiembre de 1640). La rápida conquista de Tortosa y Tarragona (septiembre y diciembre de 1640) por el ejército real del marqués de los Vélez empuja a la Junta de Brazos a proclamar una república catalana y, comprobada su inviabilidad, a reconocer la soberanía de Luis XIII de Francia (enero de 1641), mientras la inmediata derrota del ejército real en la colina de Montjuïc en Barcelona consolida la secesión.

A partir de este momento, la vuelta de Cataluña a la obediencia real se convirtió en objetivo prioritario de la Monarquía, que fue avanzando sus posiciones gracias a la defección de Lérida (julio de 1644), el cansancio producido por la ocupación francesa (cuyo ejército era tanto o más gravoso que el español y cuya política era más absolutista y desconsiderada que la del propio Olivares) y la desmoralización ocasionada por el brote de peste que alcanzó al principado (1650-1651), hasta la gran ofensiva llevada a cabo por Juan José de Austria y el marqués de Mortara, que condujo a la rendición de Barcelona (octubre de 1652). Pese a las heridas abiertas por doce años de confrontación armada, la pacificación subsiguiente abrió un periodo de mayor sintonía entre Cataluña y la Monarquía que se prolongaría durante el resto de la centuria.

El levantamiento de Cataluña dio alas a otros movimientos secesionistas. En Portugal, el sentimiento favorable a la independencia se nutrió de la crisis financiera (como demostró el prolongado motín de Évora, verano de 1637-marzo de 1638), de la animadversión contra los banqueros conversos protegidos por Olivares, del descontento entre los letrados por el gobierno cada vez más personalista del valido y de la incapacidad de la unión para defender el imperio ultramarino portugués, como se había demostrado de forma visible con la permanente ocupación de Pernambuco (a partir de marzo de 1630) y de San Jorge de la Mina (Elmina, desde agosto de 1637, después de un asalto fallido en octubre de 1625) por los holandeses, que oscurecían el éxito de la defensa de Macao (abril de 1622) y la ayuda brindada en Taiwan (ocupada por Holanda desde 1624, pero sólo parcialmente gracias a la resistencia mantenida por los presidios españoles de Tamsui y Kilung hasta finales de agosto de 1642) y las Molucas (Ternate y Tidore, atacadas por Holanda desde 1605, pero igualmente defendidas por una guarnición española hasta 1663). El levantamiento de Lisboa dio principio con el asalto al palacio de la virreina Margarita de Saboya, la muerte del secretario de Estado Miguel de Vasconcelos y la proclamación del duque de Braganza como Juan IV de Portugal (diciembre de 1640). Aquí también, la inmediata intervención militar del conde de Monterrey se saldó con un fracaso, mientras la victoria portuguesa de Montijo (mayo de 1644) consagraba el éxito de la revuelta, por más que una intermitente guerra de fronteras se prolongase hasta que las dos derrotas de Ameixial (o Estremoz, en junio de 1663) y Villaviciosa (o Montesclaros, en junio de 1665) obligase a Felipe IV a aceptar lo inevitable y a Carlos II a firmar la Paz de Lisboa (febrero de 1668), reconociendo la independencia de Portugal bajo la soberanía de la nueva dinastía de los Braganza y obteniendo a cambio la plaza de Ceuta, que España sigue conservando en el norte de África.

El movimiento disgregador alcanzó a otros territorios de la Monarquía. Así, en Andalucía fue descubierta la conspiración del duque de Medinasidonia y el marqués de Ayamonte (agosto de 1641), que, aunque contaba posiblemente con la connivencia portuguesa, no parecía tener ningún objetivo político definido, por más que la difícil situación económica y la incidencia de la política fiscal de Olivares estuviesen sin duda en la base del descontento de ambos magnates, que sufrieron diversa suerte, pues mientras Medinasidonia era desterrado y privado del señorío de Sanlúcar de Barrameda, Ayamonte pagaría la conjura con su vida. Del mismo modo, en Aragón fue desarticulada años más tarde (agosto de 1648) la conspiración del duque de Híjar, que, después de haber sido enemigo declarado de Olivares y haber aspirado a sucederle en la privanza, tal vez se hubiera propuesto como objetivo proclamarse rey de Aragón antes de que una delación le supusiese la prisión perpetua en el castillo de León. Finalmente, en Navarra, el capitán Miguel de Itúrbide, caballero de Santiago, enarboló la bandera del legitimismo de los Albret, duques de Bearne, para una intentona separatista, aunque no tuvo ni seguidores ni éxito (1648).

Fuera de España, los movimientos insurreccionales más amplios tuvieron como escenario las ciudades de Palermo y Nápoles. La revuelta de Palermo se inició como un motín de subsistencias (mayo de 1647), que derivó hacia reivindicaciones sociales y políticas más amplias contra los privilegios nobiliarios y el gobierno municipal, aunque la habilidad del virrey, marqués de los Vélez, concediendo la suspensión de los impuestos sobre los productos alimenticios y garantizando el perdón de los insurrectos, permitió el control de la situación (septiembre), que no estuvo sin embargo resuelta hasta la promulgación de una amnistía general al año siguiente. Más radical fue la revuelta de Nápoles (julio de 1647), donde una primera fase de marcado acento social, protagonizada por el dirigente popular Masaniello, dejó paso tras su asesinato a un movimiento independentista que llegó a proclamar una república napolitana, hasta que el ejército real, mandado por Juan José de Austria, fue capaz de sofocar la revuelta no sin antes conceder el cese del virrey, un indulto general y la abolición de los gravámenes sobre los productos de mayor consumo (abril de 1648).

Genealogía de la Casa de Austria (siglo XVII)

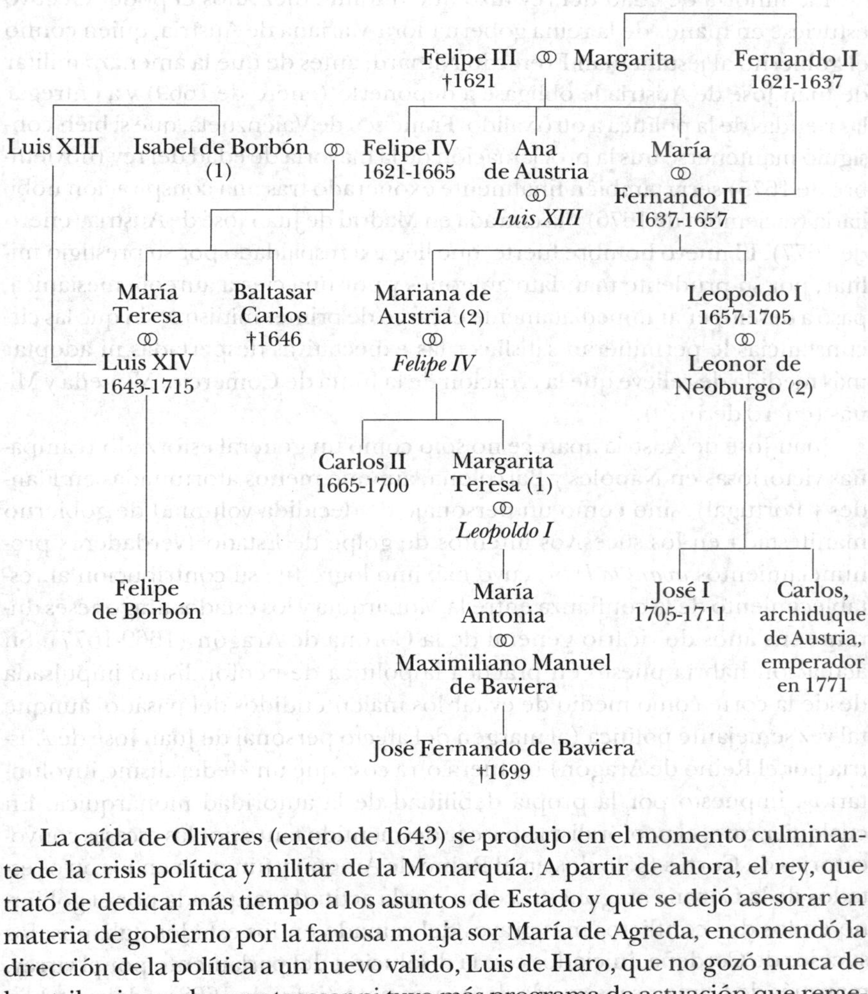

La caída de Olivares (enero de 1643) se produjo en el momento culminante de la crisis política y militar de la Monarquía. A partir de ahora, el rey, que trató de dedicar más tiempo a los asuntos de Estado y que se dejó asesorar en materia de gobierno por la famosa monja sor María de Agreda, encomendó la dirección de la política a un nuevo valido, Luis de Haro, que no gozó nunca de las atribuciones de su antecesor ni tuvo más programa de actuación que remediar en lo posible la dramática situación que había heredado, aceptando la derrota en aquellos casos en que se imponía por su evidencia. De este modo, Haro dirigió la guerra de Cataluña y la guerra de Portugal, la restauración del orden en Sicilia y Nápoles y la negociación de las paces de Westfalia y de Los Pirineos. En un ambiente dominado por la conciencia del fracaso, conmocionado por los últimos sinsabores militares, acosado por el fantasma de la insolvencia financiera (que se manifiesta en nuevos disturbios antifiscales en Andalucía, La Rioja y Galicia y en la suspensión de pagos de 1662 y la organización del Medio General de 1664), Felipe IV muere en Madrid en septiembre de 1665.

La prolongación de la crisis

La minoría de edad del rey hizo que durante diez años el poder efectivo estuviese en manos de la reina gobernadora Mariana de Austria, quien confió el gobierno al jesuita Juan Everardo Nithard, antes de que la amenaza militar de Juan José de Austria le obligase a deponerlo (enero de 1669) y a entregar las riendas de la política a otro valido, Francisco de Valenzuela, que si bien consiguió mantenerse tras la proclamación de la mayoría de edad del rey (noviembre de 1675) sería también finalmente exonerado tras una conspiración nobiliaria (diciembre de 1676) y la entrada en Madrid de Juan José de Austria (enero de 1677). El nuevo hombre fuerte, que llegaba respaldado por su prestigio militar, por su prudente mandato aragonés y por una cierta aureola mesiánica, pasó a desempeñar inmediatamente el cargo de primer ministro, sin que las circunstancias le permitieran satisfacer las expectativas despertadas ni adoptar más medida de relieve que la creación de la Junta de Comercio, Moneda y Minas (enero de 1679).

Juan José de Austria aparece no sólo como un general esforzado (campañas victoriosas en Nápoles y Barcelona, aunque menos afortunadas en Flandes y Portugal), sino como un personaje de decidida voluntad de gobierno manifestada en los sucesivos intentos de golpe de Estado (verdaderos pronunciamientos *avant la lettre)* cuyo máximo logro fue su contribución al restablecimiento de la confianza entre la Monarquía y los estados aragoneses durante sus años de vicario general de la Corona de Aragón (1669-1677). Su actuación habría puesto en práctica la política de neoforalismo impulsada desde la corte como medio de evitar los malentendidos del pasado, aunque tal vez semejante política (al margen del afecto personal de Juan José de Austria por el Reino de Aragón) no fuera otra cosa que un «federalismo involuntario», impuesto por la propia debilidad de la autoridad monárquica. En cualquier caso, el neoforalismo parece desmentido tanto por las escasas convocatorias de Cortes (sólo dos en el Reino de Aragón y ninguna en los otros estados de la Corona aragonesa) como por la actitud mantenida por el gobierno en los dos conflictos más graves del reinado en los estados italianos: los sucesos de Cerdeña, iniciados con la disolución del parlamento por el virrey, marqués de Camarasa, seguida de su asesinato (julio de 1668) y del restablecimiento del orden tras la severa represión llevada a cabo por el nuevo virrey, duque de San Germán, y la revuelta de Messina, que estalla en julio de 1674 como un motín de subsistencias, pero sigue con la invasión francesa de la isla y no acaba sino después de cuatro años con la retirada del ejército ocupante (marzo de 1678), que permite a las autoridades controlar la situación y proceder a la suspensión de los privilegios de la ciudad.

SUCESIÓN A LA CORONA ESPAÑOLA (1700)

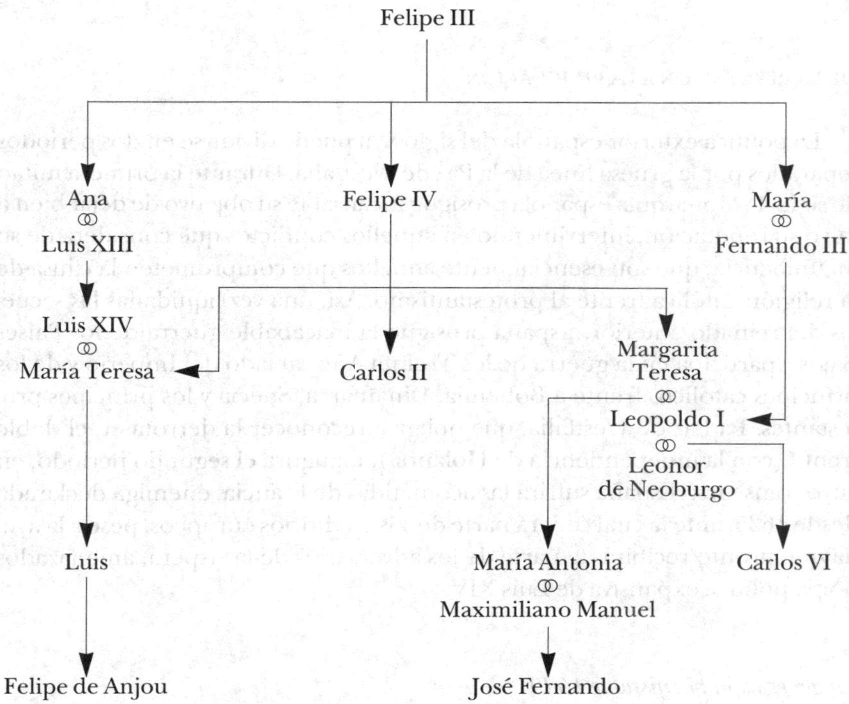

La segunda mitad del reinado conoció un rebrote de la voluntad reformista de comienzos del reinado anterior. A Juan José de Austria le sucedió en el cargo de primer ministro el duque de Medinaceli (febrero de 1680), que llevó a cabo nada más acceder a su cargo una drástica devaluación monetaria (una medida quirúrgica que aseguró la estabilidad del sistema pese a sus dramáticos efectos inmediatos) y reorganizó la administración de las alcabalas y los millones ajustando los encabezamientos a la capacidad contributiva de las poblaciones (a través de la Junta de Encabezamientos, 1683). El nuevo primer ministro, conde de Oropesa (abril de 1685-junio de 1691), prosiguió, ayudado por el marqués de los Vélez y Manuel de Lira, la reforma fiscal, mediante la supresión de los millones acrecentados en el reinado anterior y la creación del cargo de superintendente general de rentas, del mismo modo que trató de imponer orden en la administración, mediante la supresión de puestos innecesarios y la reversión de los oficios enajenados. La última década del siglo vive, sin embargo, pendiente de un rey enfermo, cuya falta de descendencia plantea una difícil cuestión sucesoria, que se saldará con el triunfo del partido del cardenal Portocarrero, que, tras instrumentalizar a su favor un nuevo motín de subsistencias protagonizado por las clases populares madrileñas (llamado el motín de los gatos, abril de 1699), impondrá la candidatura francesa al trono en la persona de Felipe de Anjou, que será proclamado rey a la muerte de Carlos II (noviembre de 1700).

De la reputación a la resignación

La política exterior española del siglo XVII puede dividirse en dos periodos separados por la gruesa línea de la Paz de Westfalia. Durante la primera mitad de siglo, la Monarquía española prosigue incansable su objetivo de dejar bien a salvo su reputación, interviniendo en aquellos conflictos que considera de su incumbencia, que son esencialmente aquellos que comprometen la causa de la religión católica frente al protestantismo. Así, una vez liquidadas las secuelas del reinado anterior, España prosigue la inacabable guerra de los Países Bajos y participa en la guerra de los Treinta Años al lado del Imperio y de los príncipes católicos frente a Bohemia, Dinamarca, Suecia y los príncipes protestantes. La Paz de Westfalia, que obliga a reconocer la derrota en el doble frente (con la independencia de Holanda), inaugura el segundo periodo, en cuyo transcurso España sufrirá las acometidas de Francia, enemiga declarada desde 1635, ante la cual cederá parte de sus territorios europeos, pese a la ayuda que pronto recibirá de parte de los adversarios de la víspera, amenazados por la política expansiva de Luis XIV.

La generación pacifista de 1600

La multiplicación de los frentes de batalla en los últimos años de Felipe II contrasta con la voluntad por resolver los conflictos pendientes del equipo de Felipe III y el duque de Lerma, en un momento en que las restantes potencias (al menos Jacobo I de Inglaterra, el emperador Rodolfo II y el gran pensionario Jan Oldenbarneveldt en Holanda), parecen también abogar por la paz. Sin embargo, pese a esta coincidencia de los integrantes de la presunta «generación pacifista de 1600», España estuvo sumida en un rosario de conflictos limitados a todo lo largo de los veinte años que van desde la muerte del Rey Prudente hasta el estallido bélico de 1618. En efecto, España debió primero liquidar la larga guerra con Inglaterra, tras el desafortunado desembarco de Kinsale en Irlanda durante el verano de 1601 (que concluyó desastrosamente en enero del año siguiente) y gracias al tratado concluido con el nuevo rey, Jacobo I (Tratado de Londres, agosto 1604). Simultáneamente, tuvo que pro-

seguir la guerra en Flandes, que tras una serie de combates favorables y desfavorables (derrota de Nieuwpoort o primera batalla de las Dunas, en junio de 1600, contra conquista de Ostende, en septiembre de 1604) concluyó momentáneamente con la firma en Amberes de la tregua de los Doce Años (abril de 1609). Por otro lado, se vio obligada a intervenir en el frente norteafricano, con la ocupación de Larache (noviembre de 1610) y La Mámora (agosto de 1614), aunque sin evitar la consolidación de la república corsaria de Salé. Finalmente, tuvo que intervenir en numerosos conflictos con el objetivo de mantener el equilibrio en Italia, especialmente la cuestión de la Valtelina (enclave estratégico del «camino español» que garantizaba el tránsito de las tropas entre Milán y Flandes, disputado entre los habitantes católicos y la protestante Liga de los Grisones), la sucesión en los ducados de Mantua y Monferrato (zanjada por la Paz de Asti, en junio de 1615, contraria a los intereses hispanos y por ello mismo revisada en términos más favorables por la Paz de Pavía, en octubre de 1617) y la supuesta conjuración española contra Venecia (mayo de 1618).

La resolución de tales conflictos, así como el acercamiento a la regente María de Médicis a la muerte de Enrique IV («mudanza» de Francia, garantizada por las dobles bodas de Luis XIII con Ana de Austria y del futuro Felipe IV con Isabel de Borbón) y la conclusión del acuerdo con el archiduque Fernando de Estiria (que dejaba expedito el camino de Alsacia y permitía ocupar los enclaves italianos de Piombino en Toscana y Finale en Liguria), fueron posibles gracias a una red de diplomáticos y gobernadores, de grandes «políticos periféricos», que defendieron los intereses españoles en todos los confines del Imperio. En efecto, si entre los embajadores se encuentran el conde de Gondomar (en Londres), el marqués de Aytona (en Roma, donde organiza la operación de la triple canonización de 1622), Baltasar de Zúñiga (en Viena, donde pone las bases del «austracismo» o alianza entre las dos ramas de los Habsburgos), entre los administradores territoriales hay que mencionar a los enérgicos gobernadores de Milán (el conde de Fuentes, el marqués de Villafranca, el duque de Feria, todos ellos relevantes protagonistas en el caso de la Valtelina) o al inquieto virrey de Nápoles, el duque de Osuna, activo en la lucha contra los piratas del Adriático y presunto cerebro de la supuesta conjuración de Venecia, denunciada por la Serenísima República y que terminó con la expulsión (y posterior huida) del embajador español, marqués de Bedmar, y la desautorización de la excesivamente independiente actuación del virrey.

El comienzo de la guerra de los Treinta Años empuja de nuevo a los tercios españoles a los campos de batalla de Europa. Así, mientras Ambrosio Spinola invade el Palatinado (septiembre de 1620), un contingente hispano combate en la famosa batalla de la Montaña Blanca en las inmediaciones de Praga (noviembre de 1620), pero a partir de 1621 la reanudación de la guerra en los Países Bajos reduce la participación española en la contienda, aunque todavía las tropas del cardenal-infante don Fernando sean capaces de obtener la última gran victoria en campo abierto de los tercios españoles (Nördlingen, septiembre de 1634), poco antes de que la entrada en la guerra de Francia, aliada con el bando protestante para defender sus intereses dinásticos frente a los Habsburgos, obligue a España a un nuevo esfuerzo en el frente occidental y meridional de un conflicto que se ha convertido en la primera guerra general de Europa.

El fin de la tregua de los Doce Años (abril de 1621) llevó de nuevo a los tercios españoles al norte de los Países Bajos, abriendo así una nueva fase en la larga contienda, que ahora adquirió además una dimensión colonial, por el sistemático acoso holandés a las posesiones españolas y, sobre todo, portuguesas de Ultramar. En Europa, el gran éxito de Breda (junio de 1625) fue seguido de una contraofensiva holandesa que fijó definitivamente las fronteras entre las Provincias Unidas (los actuales Países Bajos) y el Flandes bajo soberanía española (la actual Bélgica), tras la conquista de s'Hertogenbosch (septiembre de 1629) y Maastricht (agosto de 1632) y la recuperación de Breda (octubre de 1637). En otras latitudes, la resonante victoria española de Bahía (abril de 1625, el mismo año de Breda, de la recuperación de Puerto Rico ocupada por los holandeses, de la defensa de Cádiz ante los ingleses, convertidos de nuevo en enemigos aunque de modo efímero, y del afortunado «socorro de Génova») fue contrarrestada por el golpe de mano de Piet Heyn contra la flota española en el Caribe (septiembre de 1628) y por la ocupación permanente de Pernambuco (marzo de 1630), centro de un Brasil holandés hasta 1654. La situación quedó así congelada en espera de que el Tratado de Münster (mayo de 1648, dentro de la paz general de Westfalia, que ponía fin también a la guerra de los Treinta Años) reconociese definitivamente la independencia de los Países Bajos.

La entrada de Francia en la guerra de los Treinta Años en 1635 produjo un fuerte impacto en la conciencia de los españoles de aquella generación y levantó una fuerte polémica que contraponía dos concepciones antitéticas de la razón de Estado. La intervención había sido preparada por una serie de enfrentamientos menores, singularmente el replanteamiento de la cuestión de la Valtelina (saldado provisionalmente con el Tratado de Monzón, de enero de 1626, pero que no se resolvería definitivamente hasta el Tratado de Milán, de septiembre de 1637, con la renuncia de España al derecho de paso por el valle) y la segunda sucesión a los ducados de Mantua y Monferrato (que concluyó con el Tratado de Cherasco, de mayo 1631, a favor del candidato francés). La guerra abierta empezó con el avance del cardenal-infante sobre Corbie, en Picardía (cuya caída provocaría el pánico en París, en agosto de 1636), pero enseguida la suerte de las armas se tornó desfavorable para España, que en 1640 entraba en una fase de profunda descomposición interna (movimientos secesionistas de Cataluña y Portugal). Dos encuentros decisivos vencieron toda resistencia: la flota española fue destruida en la batalla naval de Las Dunas (octubre de 1639), mientras la batalla campal de Rocroi en tierras francesas (mayo de 1643) acababa con la secular invulnerabilidad de los tercios españoles, que unos años después volverían a ser derrotados en Lens (agosto de 1648).

La Paz de Westfalia no supuso, sin embargo, el fin de la guerra franco-española, que rebrotaría con nueva fuerza a partir del fin de la revuelta de La Fronda (agosto de 1653), que había permitido una cierta recuperación militar hispana. Las victorias iniciales de Juan José de Austria (Valenciennes, junio de 1656, y Cambray, mayo de 1657) no alterarían el resultado final del enfrentamiento, máxime cuando Francia pudo contar con la ayuda de la Inglaterra de Cromwell, que pudo quedarse así con la isla de Jamaica (ocupada en mayo de 1655) y con la plaza de Dunkerque (entregada en junio de 1658), mientras la segunda batalla campal de Las Dunas (entablada días antes, junio 1658) obligaba a España a entrar en negociaciones para la firma de la paz.

La Paz de los Pirineos (noviembre de 1659) supuso la confirmación de la pérdida del Rosellón y la Alta Cerdaña, con el establecimiento de la «frontera decana de Europa» entre Francia y España. Sobre todo, significó el fin definitivo de la hegemonía española y el comienzo de una nueva era en la historia de las relaciones internacionales. Por otra parte, una de las cláusulas del tratado, que acordaba el matrimonio de Luis XIV con María Teresa de Austria, condicionando la renuncia de la infanta española a sus derechos al trono al pago por parte de España de una dote de quinientos mil escudos de oro (artículo imposible de cumplir por un país agotado financieramente), justificaría más tarde el intervencionismo francés en los Países Bajos y, sobre todo, dejaría expedito el camino para que la Corona española recayese a final de siglo en una rama de los Borbones, dando paso así a la actual dinastía reinante en España.

La política exterior de la segunda mitad de siglo se resume en el relato de las sucesivas agresiones francesas contra los territorios españoles de Flandes. La guerra de Devolución (llamada así porque la excusa jurídica fue la reclamación de unos supuestos derechos de María Teresa de Austria a ciertas poblaciones flamencas) concluyó con la Paz de Aquisgrán (mayo de 1668), que obligaba a España a ceder algunas importantes plazas del sur de Flandes. La llamada guerra de Holanda, en la que España, amenazada por Francia, participó al lado de sus antiguos adversarios, se saldó con la cesión definitiva del Artois (la región más meridional de Flandes) y del Franco Condado en la Paz de Nimega (septiembre de 1678, aunque el emperador no se adhiere hasta el año siguiente). La llamada guerra de las reuniones (porque pretendía la reunión de algunos territorios a otros ya en poder de Francia, utilizando argumentos de escaso o nulo valor jurídico) significó una nueva agresión francesa, que tuvo como objetivo principal el ducado de Luxemburgo, pieza clave en la defensa del territorio flamenco, aunque también incluyó el bombardeo de la ciudad de Génova, secular aliada de España, antes de concluir con la firma de la tregua de Ratisbona (agosto de 1684), que dejaba Luxemburgo en manos francesas y Flandes desprotegido. La entrada de España en una cuarta y última guerra, llamada de la Liga de Augsburgo, implicó la invasión por parte de Francia no sólo de Flandes e Italia, sino también de Cataluña, donde la actuación de los ejércitos galos (bombardeo de Barcelona, en julio de 1691, poco antes del todavía más terrible de Alicante, ocupación de Gerona, en junio de 1693, y de Barcelona, en agosto de 1697) dejaría una estela de resentimiento que se sumaría a los restantes factores determinantes de la actitud del Principado durante la guerra de Sucesión, por más que en esta ocasión Luis XIV, interesado en asegurar la sucesión a su nieto Felipe de Anjou, se mostrase generoso y devolviese todas las conquistas hechas desde Nimega en la Paz de Rijswijk (septiembre de 1697). En su conjunto, en la segunda mitad de siglo España se había visto obligada a trocar su política ofensiva en defensiva y a sustituir la reputación por la resignación.

La defensa de ultramar

Las Indias españolas consolidan en el siglo XVII sus estructuras económicas, sociales y administrativas, pero al mismo tiempo se enfrentan con el problema de la caída de la población indígena (que se resuelve con la llegada de unos trescientos mil esclavos africanos) y con la instalación en el continente americano de otras potencias europeas (Francia, Inglaterra y Holanda), que llegan a amenazar los territorios colonizados, especialmente en las Antillas, donde los holandeses ocupan Puerto Rico de modo efímero (1624-1625), los ingleses se apoderan de Jamaica (1655, conservándola tras la firma de la Paz de los Pirineos) y los franceses se adueñan de la parte occidental de Santo Domingo (que llamarán Saint-Domingue —hoy Haití—, viendo confirmada su ocupación por el Tratado de Rijswijk, mientras los corsarios y piratas de diversas nacionalidades atacan numerosas poblaciones costeras, sin que la Armada de Barlovento pueda oponer una resistencia firme a su actividad. Esta amenaza se extiende también a la América portuguesa, codiciada particularmente por los holandeses, que tras una efímera ocupación de Bahía (1624-1625) consiguen instalarse de modo más duradero en la región de Pernambuco (1630), de donde no serán desalojados sino después de la ruptura de la unión hispano-portuguesa (1654), aunque se mantendrán (desde 1634 y hasta hoy) en las islas de Aruba, Curaçao y Bonaire (frente a Venezuela) y en Guayana (el actual Surinam).

La economía americana se diversifica a lo largo del siglo, sumando a la agricultura de subsistencia y a la explotación minera los cultivos de plantación (tabaco, azúcar y cacao), que navegan hacia la metrópoli junto con las remesas metálicas, por más que la contracción de la Carrera de Indias haga descender de manera alarmante el volumen del tráfico. El fenómeno social más importante es la formación de una nueva clase, la de los criollos, es decir, los europeos nacidos ya en América, que cobran conciencia de su diferencia respecto de los metropolitanos (cuyo flujo migratorio se reduce a la mínima expresión a partir de 1630) y respecto de la población indígena o africana y empiezan a proclamar el valor autónomo del Nuevo Mundo, como hacen Bernardo de Balbuena en su *Grandeza mexicana* (1602), Antonio de León Pinelo con *El paraíso en el Nuevo Mundo* (en torno a 1640) o Carlos de Sigüenza en su *Paraíso occidental* (1690). Por otra parte, la administración colonial es ya objeto de reflexión teórica en *El gran canciller de las Indias,* de Antonio de León Pinelo (escrito en Lima hacia 1625) y, sobre todo, en la gran historia crítica de Juan de Solórzano Pereira, *Política indiana* (1647).

La cultura hispanoamericana encuentra también ya sus primeros cultivadores criollos, aunque dependa de modelos europeos. A principios de siglo, el Inca Garcilaso de la Vega redacta sus dos grandes obras historiográficas: *Historia de la Florida* (1605, una exaltación de la conquista de Hernando de Soto) y *Comentarios reales de los incas* (1609, un intento de recuperar el pasado peruano). Hacia finales de siglo, la gran figura de las letras es, sin duda, Sor Juana Inés de la Cruz, una de las personalidades más sugestivas del siglo, pensadora, compositora, autora dramática y, sobre todo, excelente poetisa, feminista y apasionada. Finalmente, Carlos de Sigüenza, otra de las cimas intelectuales de la época, alcanza la celebridad por mantener una explicación racionalista en el debate sobre los cometas, por dotar de una base histórica y religiosa al sentimiento criollo y por dar forma literaria al relato autobiográfico de los *Infortunios de Alonso Ramírez* (1690), una peripecia que tiene por escenario el territorio del imperio ultramarino, desde Puerto Rico a las Filipinas.

Filipinas se organiza bajo la soberanía española según el modelo colonial americano. Así se dota de un gobierno encarnado por el capitán general y la Audiencia de Manila, articula un sistema de explotación de los recursos basado en la encomienda y la tributación indígena y deja a los religiosos que se ocupen de la enseñanza superior en la Universidad de Santo Tomás, regida por los dominicos (1601), y que se conviertan a la vez en agentes de evangelización y de hispanización de la población indígena. Sin embargo, la escasa guarnición militar debe todavía hacer frente a algunas insurrecciones locales y a las frecuentes incursiones de la piratería musulmana, mientras la administración territorial se implanta con lentitud por falta del personal necesario. En tanto se investigan las posibilidades productivas del archipiélago, el comercio se separa en un sector local dominado por los comerciantes chinos y en la comunicación regular con México a través de Acapulco, que convierte a las Filipinas en una subcolonia de Nueva España.

Las Filipinas sirvieron además de trampolín para impulsar los contactos con los imperios asiáticos y para iniciar la colonización de Micronesia. En el primer sentido, hay que consignar el naufragio (en 1609) del gobernador Rodrigo de Vivero en las costas japonesas (que le permitió realizar una estancia en la corte shogunal, de la que dejó constancia en una *Relación del Japón),* la misión comercial (en 1611) de Sebastián Vizcaíno (que le permitió explorar las costas de Honshu después de permanecer casi tres años en la corte, como reseñó en la correspondiente *Relación* del viaje) y la embajada (1615) del franciscano Diego de Santa Catalina, directamente enviada por Felipe III a Tokugawa Ieyasu (que se saldó con un fracaso, tal como se explica en la correspondiente *Relación* de lo sucedido).

Finalmente, la unión ibérica dio a los españoles nuevas oportunidades para intervenir desde Manila en el continente asiático, como demuestran la expedición militar a Camboya del reinado anterior (1596-1598) o la ya citada defensa de Macao (abril de 1622).

Por otro lado, la conquista y colonización de las islas Marianas se abordarían a partir de la llegada de una expedición de misioneros jesuitas (1668, patrocinada por la reina gobernadora Mariana de Austria con cuyo nombre sería bautizado el archipiélago), aunque la pacificación de la isla no pudo darse por concluida hasta treinta años más tarde (1698). Del mismo modo, las Carolinas, cuyo descubrimiento había caído en el olvido, volvería a entrar en la órbita hispana a raíz de la arribada al grupo de las Palaos de Francisco Lezcano (quien le daría su nombre en honor de Carlos II, 1686), aunque las sucesivas misiones enviadas por los jesuitas que, tras varios intentos infructuosos, consiguieron poner el pie en las islas en los primeros años del siglo siguiente (1710), no lograrían la evangelización del archipiélago, que fue abandonada unos años después (1733). En cualquier caso, las expediciones evangelizadoras lograron echar los cimientos de una Micronesia española, que habría de ser el último territorio del Pacífico en mantenerse bajo la soberanía hispana (hasta junio de 1899).

Finalmente, España prosiguió durante los primeros años del siglo XVII la exploración de los territorios del Pacífico Sur. La única expedición (1605-1607), heredera de la tradición de las dos anteriores de Mendaña y puesta bajo el mando de Pedro Fernández de Quirós, tenía como misión el descubrimiento de la *Terra Australis,* que el piloto portugués creyó encontrar en la isla del archipiélago melanesio de las Nuevas Hébridas que puso bajo la soberanía de Felipe III y bautizó como Austrialia del Espíritu Santo, antes de iniciar el retorno, en el transcurso del cual una de las naves, mandada por Luis Váez de Torres, descubrió el estrecho de su nombre (demostrando la insularidad de Nueva Guinea y avistando tal vez Australia), antes de rendir viaje en Manila. De este modo, España se retiraba de aquellas regiones hasta la segunda mitad del siglo XVIII.

La cultura del Barroco

El Siglo de Oro de la cultura española traspone la frontera entre las dos centurias y se prolonga a todo lo largo del siglo XVII. Sin embargo, algunas rupturas son evidentes en este tránsito en que el Renacimiento cede el paso al Barroco. En efecto, el Barroco, término referido en principio al mundo del arte, sirve ahora para designar el conjunto de las creaciones culturales de la centuria (e, incluso más allá, el conjunto de todas las manifestaciones del siglo XVII). El Barroco ofrece una respuesta a un tiempo de crisis, un escenario a la exaltación del soberano absoluto, una imaginería al catolicismo triunfante, una ilusión a las clases populares, una expresión a los sentimientos de una época. Y lo hace apelando al gusto por la ostentación, al sentido del espectáculo, al placer de la extroversión, a la sofisticación del lenguaje, a la ruptura de las formas clásicas, a la llamada ambivalente al espíritu y a los sentidos.

El Barroco español alcanzó sus máximas cotas en el terreno de la expresión literaria (incluyendo el teatro) y artística, especialmente en la escultura y la pintura. En el campo del pensamiento, si bien se puede hablar de una notable serie de teóricos de la economía y de tratadistas políticos, la producción humanística y científica experimentó un visible retroceso, especialmente acentuado en los años centrales del siglo. Finalmente, las últimas décadas, coincidiendo con los postreros fulgores literarios y artísticos del Siglo de Oro, ven aparecer una corriente de renovación de las letras y las ciencias, cuyo espíritu, sin embargo, ya anuncia una nueva época, es decir, se sitúa en el umbral de la Ilustración del siglo XVIII.

La vida religiosa

La expansión del Barroco en España se realiza en el marco de una profunda exaltación del sentimiento religioso. Este fervor se manifiesta en la profusión de fiestas religiosas, procesiones (en particular el día del Corpus y durante la Semana Santa), misiones en los pueblos (donde triunfan los capuchinos) y sermones que reúnen a verdaderas muchedumbres atraídas por la fama de los predicadores. También se expresa en la publicación y circulación del libro religioso, en todas sus variantes, desde los clásicos de la espiritualidad (escritos el siglo anterior) hasta las historias eclesiásticas, aunque la máxima novedad la constituyen las vidas de santos o de personas virtuosas y ejemplares y las historias particulares de órdenes religiosas o incluso de comunidades concretas. Del mismo modo, este ambiente de sacralización de la vida cotidiana se presta a los milagros (que se hacen extremadamente frecuentes y que son referidos en hojas volanderas impresas con celeridad) y a los favores concedidos a numerosas beatas, que reciben el don de las lágrimas o el don de la profecía (a veces política) y gozan de visiones celestiales que describen con todo lujo de detalles en obras de éxito aunque sospechosas a los ojos del Santo Oficio, reticente ante este «diluvio de ilusas». El máximo nivel de identificación colectiva se alcanza en ocasiones especiales, como la triple canonización de Teresa de Jesús, Francisco Javier e Ignacio de Loyola (1622), del mismo modo que determinadas controversias dividen a los fieles en una atmósfera de extremada pasión, como ocurre con el debate sobre el dogma de la inmaculada concepción de María, que concita la animadversión de las clases populares contra los dominicos, reacios a su proclamación por razones teológicas, y que llega a originar movilizaciones masivas, como en el caso de Sevilla en los años 1614-1617.

Sin embargo, esta unanimidad religiosa no genera un pensamiento teológico comparable al del siglo anterior. El neoescolasticismo expande sus últimos fulgores con las obras que Francisco Suárez escribe en Coimbra, para después quedar congelado en manos de escritores de menor entidad. Precisamente la obra teológica más difundida es la fundamentación de una heterodoxia, el quietismo, defendido por Miguel de Molinos en su *Guía espiritual* (publicada en Roma, en 1675), que privilegia la contemplación y declara inútiles las devociones externas, lo que le vale un largo proceso, la condena de sus propuestas por la Inquisición romana (1687) y la muerte en prisión.

La teoría económica del arbitrismo

Si el pensamiento económico del siglo XVI se había centrado en la cuestión de la revolución de los precios, la segunda generación de «primitivos de la economía española» se dedicó a analizar las causas de la decadencia y a proponer los remedios necesarios para restablecer la prosperidad perdida. Estos nuevos economistas, que publican sus escritos en el primer tercio del siglo XVII, fueron llamados despectivamente arbitristas (es decir, personas que inventan arbitrios o soluciones extravagantes) por los defensores del orden establecido, de tal modo que su voz fue incomprendida por la opinión pública y desatendida por los gobernantes, incapaces de sobreponerse al coro de los intereses creados. Sin embargo, los arbitristas forman un grupo coherente de pensadores, cuya obra, inserta dentro de la corriente mercantilista, representa la primera plasmación intelectual del reformismo económico en España.

El primero de ellos puede considerarse a Martín González de Cellorigo, autor de un escrito cuyo título podría servir de declaración programática de los objetivos del arbitrismo (*Memorial de la política necesaria y útil restauración a la política de España y estados de ellas y desempeño universal de estos reinos,* 1600), donde se denuncian las perjudiciales consecuencias de la acumulación monetaria y se predica el retorno a las olvidadas virtudes del trabajo. La obra más importante es, sin embargo, la de Sancho de Moncada (*Restauración política de España,* 1619), que viene a ser un tratado de mercantilismo aplicado al caso español, donde se defiende un proteccionismo a ultranza frente a la competencia de las naciones extranjeras. Por su parte, Pedro Fernández de Navarrete, autor de *Conservación de Monarquías* (1626), vuelve a hacer un dramático diagnóstico de la situación antes de proponer como remedios el aumento de la nupcialidad, la retención de la plata, el crecimiento de la producción agrícola, el fomento de la industria y la abolición de los juros. La solución agrarista encuentra su formulación clásica en la obra de Lope de Deza, *Gobierno político de agricultura* (1618). Y, finalmente, Miguel Caxa de Leruela, en su obra *Restauración de la antigua abundancia de España* (1631) basa la recuperación en el restablecimiento de la ganadería, mediante una nacionalización de los pastos y la creación de una clase media de propietarios de rebaños.

Las obras de los arbitristas (no sólo las referidas sino también las de Gaspar Gutiérrez de los Ríos, Pedro de Valencia, Alberto Struzzi, Mateo Lisón y Biedma, Benito de Peñalosa, etcétera) representan un hito en el pensamiento económico español y en la literatura del reformismo, pero sus fundamentados análisis no consiguieron influir de manera significativa ni en la política económica ni mucho menos en la marcha de la economía española a lo largo del siglo. A mediados de la centuria se escucha la voz de Francisco Martínez de Mata, que en sus conocidos *Memoriales* y *Discursos* (escritos en 1650-1660) vuelve a insistir en muchos de los temas del arbitrismo de principios de siglo, como la decadencia de la industria y el negativo efecto del comercio extranjero, proponiendo entre los remedios la creación de erarios o bancos públicos y de una Compañía Universal de Fábricas y Comercio siguiendo el modelo holandés. Del mismo modo, en los años finales de la centuria, Narcís Feliu de la Penya defenderá también para Cataluña la eficacia del ejemplo holandés en sus obras *Político discurso* (1681) y, sobre todo, *Fénix de Cataluña* (1683), donde plantea la necesidad de la protección y fomento de la industria local y de la creación de compañías privilegiadas, especialmente una destinada a facilitar el comercio con América, propuestas que se enmarcan dentro del clima de despegue económico que empieza a patentizarse en el Principado.

Neoestoicismo y tacitismo político

La filosofía política española del siglo XVII prolonga la corriente antimaquiavélica del siglo anterior, es decir el sometimiento de la actuación política (inclusive la del soberano) a la ley divina y a la ley natural, de modo que la razón de Estado no pueda justificar la transgresión del orden moral.

Dentro de este marco, donde se hace patente la influencia del gran humanista flamenco Justo Lipsio, los pensadores matizan sus posiciones, bien acentuando el contenido neoestoico de sus obras (como en el caso de Quevedo y su *Política de Dios y Gobierno de Cristo,* 1626, o de Juan Mártir Rizo y su *Norte de príncipes,* 1626), bien vinculándose a la corriente del tacitismo político, que trata de conciliar la tradición cristiana con la finalidad pragmática y que encuentra ahora expresión cumplida en la obra de Baltasar Álamos de Barrientos

(Tácito español, 1614), Mateo López Bravo *(De rege et regendi ratione,* 1616) y Jerónimo de Cevallos *(El arte real para el buen gobierno,* 1623).

La entrada de Francia en la guerra de los Treinta Años fue un aldabonazo en la conciencia española. Al margen de la polémica, que enfrentó a publicistas franceses y españoles (entre estos últimos, Alonso Guillén de la Carrera, Juan Adam de la Parra, Gonzalo Céspedes y Meneses y José Pellicer), la reflexión suscitada se tradujo en otros escritos más elaborados, el más profundo y más famoso de los cuales es el de Diego de Saavedra Fajardo, *Idea de un príncipe cristiano representada en cien empresas* (publicado en Múnich, en 1640), que analiza los aspectos negativos de la política española y propugna el abandono de la idea imperial defendida en los campos de batalla europeos, considerada como una de las causas de la decadencia de la Monarquía.

La investigación científica

Los efectos de la impermeabilización ideológica impuesta por la Monarquía católica desde tiempos de Felipe II se dejaron sentir en el siglo siguiente. La Universidad, centro máximo de elaboración humanística y científica, entra en una profunda decadencia, manifestada en la disminución a veces drástica del número de estudiantes matriculados, en la inflación de los estudios de derecho (civil y canónico), en el retroceso en la enseñanza de las restantes disciplinas, en el control ejercido por los colegiales, atentos sólo a las oportunidades de encontrar un oficio en la administración pública, en el creciente predominio de las órdenes religiosas en la función docente y en la escasa sensibilidad hacia las corrientes más innovadoras del pensamiento europeo. En los niveles inferiores, la situación no debió de ser mucho más halagüeña, pese a algunos hechos positivos, como la expansión de las Escuelas Pías (fundadas en Roma a fines del siglo anterior por José de Calasanz) en los territorios de la Corona de Aragón o la fundación por la Compañía de Jesús con el apoyo de Olivares del Colegio Imperial de Madrid (1625), destinado a la formación de la nobleza, dentro de la orientación pedagógica característica de los jesuitas.

Este panorama explica suficientemente el vacío científico de la España del siglo XVII, al menos hasta el último cuarto de la centuria. Así, por un lado, los primeros años prolongan los éxitos en ciencias aplicadas, como ocurre, por ejemplo, en el caso de la minería (con el libro singular de Álvaro Alonso Barba, *Arte de los metales,* 1640), la náutica (con el epigonismo de la obra de Andrés García de Céspedes, *Regimiento de navegación,* 1606) y de la construcción naval (con la conocida obra de Tomé Cano, *Arte para fabricar y aparejar naos,* 1611). Más adelante, sólo algunos nombres propios brillan en un paisaje desértico, como pueden ser los de Francisco Suárez Argüello (que en sus *Efemérides generales de los movimientos de los cielos,* 1608, expresa su respeto por la teoría copernicana), Benito Daza Valdés (que en su *Uso de los anteojos,* 1623, mantiene una postura abierta ante las teorías astronómicas de Galileo) o Gaspar Bravo de Sobremonte, médico de cámara de Felipe IV y de Carlos II, que en su *De san-*

guinis circulatione et de arte sphygmica (1662) defendió la doctrina de Harvey sobre la circulación de la sangre.

Sin embargo, la recepción de la revolución científica en España no se producirá hasta final de siglo por obra de una serie de pioneros que se conocen con el nombre de *novatores*, es decir, de innovadores científicos. La fecha simbólica de la consagración de esta línea de pensamiento en la ciencia española es la de 1687, cuando se produce la publicación de la *Carta filosófica médico-química* de Juan de Cabríada («auténtico documento fundacional de la renovación científica»), el viaje de Crisóstomo Martínez a París (donde prepara su *Atlas astronómico)* y la introducción de la doctrina de la circulación de la sangre en la Universidad de Zaragoza. Sin embargo, el grupo de los *novatores* incluía a otras personalidades, como los astrónomos Vicente Mut (famoso por el establecimiento de la trayectoria parabólica del cometa de 1664 y autor de unas *Observationes motuum calestium,* 1666) y su discípulo José Zaragoza (autor de una *Esfera en común, terrestre y terráquea,* 1675), el médico Juan Bautista Juanini (autor de un *Discurso político y físico,* 1691, dedicado a Juan José de Austria) y los matemáticos Juan Bautista Corachán (autor de unos *Rudimentos filosóficos,* redactados en 1690), Tomás Vicente Tosca (cuyo pensamiento científico queda reflejado en su *Compendio matemático,* editado en 1705-1715) y Hugo de Omerique (famoso por sus trabajos de análisis geométrico), además de Juan de Caramuel, prolífico publicista que descolló en matemáticas, en astronomía y en arquitectura *(Cursus Mathematicus,* 1667-1668). Finalmente, hay que destacar como una última e importante contribución al triunfo de la ciencia moderna la creación de algunos importantes círculos científicos, singularmente la Academia de Matemáticas de Valencia (1687), animada por Baltasar Íñigo, y la Regia Sociedad de Medicina y Ciencias de Sevilla (1697), fundada por los médicos Diego Mateo Zapata y Juan Muñoz Peralta.

La historia y la erudición

El siglo XVII asiste a la publicación de algunas de las mejores crónicas de los siglos anteriores, como son las de fray Prudencio de Sandoval *(Historia de la vida y hechos del emperador Carlos V,* 1604-1606) y Luis Cabrera de Córdoba (que publicó la primera parte de su excelente *Historia de Felipe II* en 1619, dejando inédita la segunda, que sólo aparecería en 1876). También aparecen ahora las historias de otros hechos del reinado, como la revuelta holandesa, reflejada en la obra de Carlos Coloma *(Las guerras de los Estados Bajos desde el año 1588 hasta el de 1599,* 1625), y sobre todo la guerra de las Alpujarras, que es relatada por dos testigos presenciales, el humanista Diego Hurtado de Mendoza *(Guerra de Granada,* publicada tardíamente en 1627) y el soldado Luis del Mármol Carvajal *(Historia de la rebelión y castigo de los moriscos,* 1600), mientras Ginés Pérez de Hita publica, con más contenido histórico pero igualmente con muchos elementos fantasiosos, la segunda parte de su ya citada *Historia de los bandos de los zegríes y abencerrajes* (1619).

Apenas iniciado el siglo, Castilla sigue el ejemplo de Aragón y oficializa el cargo de cronista del reino, que recae en Antonio de Herrera, que ya había sido nombrado anteriormente cronista mayor de Indias, quien compondrá una historia universal durante la época de Felipe II y, sobre todo, una historia de América desde la conquista, conocida generalmente como las *Décadas* (1601-1615) y destinada a un gran éxito inmediato. Por su parte, en Aragón, destacará la obra de Bartolomé Leonardo de Argensola, que además de continuar los anales de Zurita, escribe sendos estudios sobre las *Alteraciones populares de Zaragoza en 1591* (que permanecería inédita) y la *Conquista de las islas Molucas* (1609). En Valencia, hay que señalar la magnífica obra de Gaspar Escolano, su *Historia de la ciudad y reyno de Valencia. Década primera* (Valencia, 1610), mientras en Cataluña destaca por su valor literario más que por la exactitud de la narración la crónica del portugués Francisco Manuel de Melo sobre la revuelta de 1640 *(Historia de los movimientos, separación y guerra de Cataluña,* Lisboa, 1645).

También las últimas décadas de siglo serán fructíferas. En la Corona de Aragón destacará la obra historiográfica de Diego José Dormer, que clausura la línea de los continuadores de Zurita con sus *Anales de Aragón desde el año 1525 hasta 1540* (1697), y de Narcís Feliu de la Penya, que publica sus *Anales de Cataluña* ya en la centuria siguiente (1709). La erudición se enriquece asimismo con la obra excepcional de Nicolás Antonio, que reúne un completo catálogo de la producción científica y humanística española, presentada en dos volúmenes, la *Bibliotheca Hispana Vetus* (1672) y la *Bibliotheca Hispana Nova* (1696).

Las grandes creaciones literarias

La natural evolución desde la segunda mitad del siglo XVI conduce a la poesía del Barroco, cuya eclosión tiene lugar en la primera mitad de la nueva centuria, momento a partir del cual desaparecen sus grandes cultivadores y se agota la veta lírica en la literatura de la época. Los grandes nombres son los de Lope de Vega (autor de numerosas poesías de todo tipo, especialmente religiosas y amorosas, amén de las incluidas constantemente en su producción teatral), Francisco de Quevedo (representante del conceptismo poético, que escribe melancólicas poesías morales junto a delicados poemas amorosos, sin olvidar la veta satírica de sus obras en prosa) y, sobre todo, Luis de Góngora, máximo exponente del culteranismo poético en sus grandes poemas mayores, la *Fábula de Polifemo y Galatea* (1613) y las *Soledades* (escrita la primera en 1613 y nunca concluida la segunda), aunque también cultivador de la vena popular en sus deliciosos romances, letrillas o villancicos. Junto a ellos, una pléyade de otros excelentes poetas completan el riquísimo cuadro de la lírica barroca: Lupercio y Bartolomé Leonardo de Argensola (cuyas *Rimas* se publican conjunta y póstumamente en 1634), el conde de Villamediana (más famoso por su vida aventurera), el príncipe de Esquilache (animador de una famosa tertulia literaria en el virreinato del Perú), Esteban Manuel de Villegas (poeta anacreóntico en la primera parte de sus *Eróticas,* 1617-1618) y, finalmente el grupo sevillano, integrado por Juan de

Arguijo (compilador también de una interesantísima colección de chistes o cuentos), Juan de Jáuregui, Rodrigo Caro, Francisco de Rioja y el anónimo autor de la *Epístola moral a Fabio,* quizás el capitán Andrés Fernández de Andrada.

La novela prolonga asimismo los géneros puestos en circulación en la etapa anterior. La novela picaresca se enriquece con nuevos títulos que mantienen la comparación con sus modelos precedentes: la *Vida del buscón don Pablos* (1626), de Francisco de Quevedo, la *Vida del escudero Marcos de Obregón* (1618), de Vicente Espinel y la anónima *Vida y hechos de Estebanillo González* (publicada en Amberes, en 1646), a cuyo lado hay que colocar, por las andanzas del protagonista y por su intención satírica, *El diablo cojuelo* (1641), de Luis Vélez de Guevara. Del mismo modo, los personajes femeninos irrumpen en este mundo con *La pícara Justina* (1605), de Francisco López de Úbeda, y *La garduña de Sevilla y anzuelo de las bolsas* (1642), de Alonso de Castillo Solórzano. Miguel de Cervantes escribió una serie de relatos breves que llamó *Novelas ejemplares* (1613), donde compendió casi todos los géneros narrativos en boga, pero su obra maestra es sin duda una sátira de las novelas de caballerías escrita justamente en el momento en que el género declina irremisiblemente, *El ingenioso hidalgo don Quijote de la Mancha* (en dos partes, 1605 y 1615), que constituye una verdadera suma de los deseos y temores de una época y que se convirtió en el mayor éxito editorial español de todos los tiempos.

La prosa ensayística cuenta asimismo con dos grandes nombres, ambos insertos en la corriente conceptista y ambos maestros de la literatura de contenido moral. Francisco de Quevedo aparece ahora en su faceta de desaforado censor de costumbres en *Los sueños* (cuya publicación fue aprobada después de no pocas resistencias en 1612 y aun hubo de ser expurgada para su edición de 1631) y en *La hora de todos y la fortuna con seso* (escrita en 1635 y publicada póstumamente en 1650). Por su parte, Baltasar Gracián, jesuita siempre acosado por sus superiores, publicó diversas obras donde proponía modelos de conducta (para el héroe, el político o el discreto) teñidos de un profundo pesimismo sobre la naturaleza humana, que también rezuma de sus escritos más conocidos, *Agudeza y arte de ingenio* (1648) y *El criticón* (en tres partes, sucesivamente publicadas en 1651, 1653 y 1667).

El barroco se distinguió por su sentido de la teatralidad. Y así, en España, la tradición de la literatura para la escena se combinó con las sugestiones de la época para producir el esplendor de la comedia clásica, cultivada por una pléyade de excelentes dramaturgos. La nómina debe comenzar por la gran figura de Lope de Vega, autor polifacético pero que dio lo mejor de sí en sus innumerables comedias de muy diversa temática (desde las religiosas, mitológicas o históricas hasta las llamadas de enredo y de capa y espada), donde destacan algunas obras maestras, como las comedias dramáticas *El mejor alcalde, el rey, Peribáñez y el comendador de Ocaña, Fuenteovejuna, La estrella de Sevilla* y *El caballero de Olmedo,* y las más ligeras *La dama boba* o *El perro del hortelano,* que forman parte del patrimonio mental de los españoles.

Tirso de Molina, aunque también escribió excelentes comedias de enredo (como *El vergonzoso en palacio* o *Don Gil de las calzas verdes),* debe su fama a dos grandes obras dramáticas, *El burlador de Sevilla* (que pone en escena a uno de los personajes literarios de mayor resonancia en la historia de la cultura universal) y *El condenado por desconfiado*, que es una trasposición dramática de la famosa controversia teológica sobre la gracia santificante y el libre albedrío (cuestión *de auxiliis)* que enfrentó a Domingo Báñez con Luis de Molina y en la que terció Francisco Suárez.

Pedro Calderón de la Barca, por su parte, representa la culminación del teatro barroco, al que dota de mayor carga ideológica, exigiendo una mayor colaboración intelectual por parte del espectador, como se manifiesta en sus dramas filosóficos como *El gran teatro del mundo* o *La vida es sueño*, o en sus reflexiones sobre el tema del honor como *El médico de su honra* o *El alcalde de Zalamea*. En cualquier caso, no deben olvidarse otras de sus contribuciones a la escena, como su aportación a la comedia de enredo *(La dama duende)*, o su decisivo impulso a la aparición del teatro musical español con sus libretos para óperas y zarzuelas o, finalmente, su renovación de la escenografía y la carpintería teatral.

La fama conseguida por los anteriores autores ha ocultado a veces la extraordinaria riqueza del teatro de la época y ha relegado a un segundo plano a otros excelentes autores dramáticos. Así, contemporáneos de Lope de Vega fueron Antonio Mira de Amescua, cuya comedia más interesante es *El esclavo del demonio* (1612), basada en la leyenda hagiográfica de Gil de Santarem, Guillén de Castro, animador del círculo de dramaturgos valencianos y autor de la famosa comedia de fondo histórico *Las mocedades del Cid* (1618), y el mexicano Juan Ruiz de Alarcón, cuya mejor obra quizás sea *La verdad sospechosa* (1630). Ya posteriores son Francisco Rojas Zorrilla, celebrado por sus comedias de figurón, entre las cuales destaca *Entre bobos anda el juego* (1638, aunque el conjunto de su obra aparece publicado entre 1640 y 1645), y Agustín de Moreto, autor de algunas de las mejores comedias de enredo del teatro clásico español, como son *El desdén con el desdén* (1654) y *El lindo don Diego* (publicada en 1662, mucho después de escrita y representada, como ocurrió en la mayoría de los casos).

La arquitectura cortesana y la arquitectura religiosa

La arquitectura en la España del siglo XVII estuvo condicionada por el declive económico del país, que limitó los programas constructivos o urbanísticos de gran aliento, que obligó al empleo de materiales pobres (a veces encubiertos por la profusión decorativa típica del Barroco) y que ocasionó la lentitud de las obras, que se demoraban en muchas ocasiones por falta de recursos. De este modo, la Monarquía se convirtió en la principal impulsora de proyectos arquitectónicos, singularmente en Madrid, obligada por su calidad de capital del reino a ofrecer una imagen de riqueza y monumentalidad ante los súbditos y los visitantes, que alcanzó su máxima expresión con la construcción del palacio del Buen Retiro. En el resto de España, las principales edificaciones fueron de carácter religioso, abarcando indudablemente iglesias de nueva planta, pero también meras reformas de edificios anteriores y, sobre todo, añadidos siguiendo el nuevo estilo: fachadas, capillas, torres, sagrarios, sacristías, camarines, etcétera. Finalmente, hay que señalar la proliferación de las arquitecturas efímeras como uno de los rasgos más característicos de una época proclive a la teatralidad.

La arquitectura madrileña debe mucho de su configuración a Juan Gómez de Mora, sobrino del también arquitecto real Francisco de Mora (discípulo de Herrera y autor del magnífico conjunto de la villa de Lerma para el valido de Felipe III), como creador de un estilo caracterizado por el orden compositivo, la elegancia y el diseño geométrico, que dan un aire de gran sobriedad a sus edificaciones. Sus actuaciones en la capital comprenden la remodelación del Alcázar Viejo, el trazado de la Plaza Mayor (inspirado en la de Valladolid y alterado por los sucesivos incendios, especialmente el de 1672) y, sobre todo, la construcción de los dos espléndidos edificios civiles del Ayuntamiento y la Cárcel de Corte (hoy Ministerio de Asuntos Exteriores), mientras fuera deben destacarse el panteón de El Escorial y la espléndida fábrica de La Clerecía, el colegio real e iglesia de los jesuitas en Salamanca.

Madrid se enriqueció a lo largo del siglo con muchos otros edificios, tanto religiosos (convento de la Encarnación, 1611-1616; iglesia de las benedictinas de San Plácido, 1641-1661; iglesia de las comendadoras de Santiago, 1667; iglesia del monasterio benedictino de Montserrat, 1668; iglesia de las calatravas, c. 1670; iglesia del convento de las bernardas o del Santísimo Sacramento, 1671-1692), como civiles (especialmente el Colegio Imperial de la Compañía de Jesús, cuya iglesia es hoy catedral de San Isidro, 1622-1651, y cuyo patio lo es del Instituto de San Isidro, 1676). Sin embargo, el mayor proyecto del siglo fue el palacio del Buen Retiro, un palacio para el rey Felipe IV construido por iniciativa del conde-duque de Olivares. Concebido por el arquitecto Alonso Carbonell (1632-1633) como centro de un extenso escenario de plazas, jardines, estanques, ermitas, teatro o coliseo y casón o salón de baile, su pieza principal, concebida como un «salón de la virtud del príncipe» y llamada el salón de Reinos, sería decorada por los artistas más prestigiosos del momento, como Carducho, Maíno, Caxés, Pereda, Zurbarán o Velázquez (1634-1635). Arruinado durante la guerra de la Independencia, sus restos actuales (ala norte del palacio, hoy museo del Ejército, casón o salón de baile, hoy sala de exposiciones, y jardines, muy transformados), no pueden dar cuenta del esplendor de un palacio que, concebido como mera residencia de recreo del rey, terminó por ser la máxima expresión de la grandeza de una Monarquía que quería olvidar las horas difíciles que le había tocado vivir.

Fuera de Madrid, el Barroco también exhibió sus galas en otros lugares de la geografía española, singularmente en los edificios religiosos. En Andalucía debe destacarse la iglesia del Sagrario de la catedral de Sevilla (1617-1662, respondiendo al modelo tan característico de la época de las iglesias de cajón de una sola nave) y las magníficas fachadas antepuestas a las catedrales renacentistas de Granada (por Alonso Cano, 1664 en adelante) y de Jaén (por Eufrasio López de Romas, 1667-1668), levantadas antes del inicio de la época de mayor creatividad del arquitecto que marcará con su impronta el cambio de siglo, Leonardo de Figueroa. En Galicia, la finalización de las obras del monasterio de San Martín Pinario de Santiago (por obra de Bartolomé Fernández Lechuga, 1626-11637) y la construcción de la iglesia del monasterio de Celanova en Orense (Melchor de Velasco, 1661) preceden al periodo de mayor actividad de la gran figura de la arquitectura barroca de la región, Domingo de Andrade, autor de la Torre del Reloj de la catedral de Santiago (1676-1680). Finalmente, Valencia mantiene en la segunda mitad de siglo un acelerado ritmo de construcciones, que se ilustra, entre otros edificios, con la capilla de los Desamparados (Diego Martínez, 1647-1666) y la torre de Santa Catalina (Juan Bautista Viñes, 1688-1705).

La edad de oro de la imaginería española

La escultura barroca española fue fundamentalmente una escultura devocional encargada por los cabildos catedralicios, los conventos, las parroquias y las cofradías de clérigos y seglares como instrumento para promover el fervor de los fieles. Dentro del más puro concepto contrarreformista, las esculturas se distinguieron por su estilo realista (que las hacía fácilmente comprensibles a todas las clases sociales) y expresivas (a fin de provocar los sentimientos religiosos de los espectadores). Del mismo modo, los tipos fueron determinados por su destino como figura exenta destinada a la contemplación espiritual o como figura procesional aislada o formando parte de un paso, es decir, de un conjunto de imágenes con intención narrativa en una escenografía teatral. En cualquier caso, el predominio absoluto correspondió a una imaginería religiosa ejecutada en madera, un material barato, liviano y maleable, cuya policromía (encarnado y estofado) acentuaba el realismo y aseguraba el impacto emocional.

La escuela vallisoletana se circunscribe prácticamente a su principal representante, Gregorio Fernández, cuyo talento (que se sintió atraído por el efímero traslado de la corte a la ciudad vallisoletana) le sería reconocido por una gran variedad de clientes (desde el rey Felipe III al valido duque de Lerma, desde la catedral de Plasencia a las grandes órdenes monásticas). Sus obras más conseguidas responden a unos modelos creados por el propio artista: imágenes de la Inmaculada, de diversos santos o, sobre todo, de *Cristo yacente,* en que logra un perfecto naturalismo y un seguro efecto dramático (como el del convento de capuchinos de El Pardo, 1614, un encargo real). Asimismo hay que citar sus pasos procesionales, entre los cuales destaca, sin duda, el de la *Piedad,* encargado para la iglesia de las Angustias de Valladolid y actualmente en el museo de Escultura de la misma ciudad (1616).

La escuela sevillana gira en torno a la gran personalidad de Juan Martínez Montañés, cuyo estilo destaca por su perfecto equilibrio entre el característico naturalismo barroco y su personal inclinación hacia la serenidad de la expresión y la elegancia de las formas. Sus obras maestras son el *Cristo de la Clemencia* de la catedral de Sevilla (1603), la popular *Inmaculada* conocida como

La Cieguecita, también en la catedral hispalense (1629), y la figura central de *San Jerónimo* del retablo del monasterio de San Isidoro del Campo, cercano a Sevilla (1609). Entre sus discípulos debe destacarse en primer lugar a Juan de Mesa, autor de algunas de las mejores y más dramáticas imágenes procesionales sevillanas (el *Cristo del Buen Amor* del Salvador (1618), el *Cristo de la Buena Muerte* de la capilla de la Universidad (1620) y *El Cristo del Gran Poder* de San Lorenzo (1620), aunque se considera como su obra maestra el *Cristo de la Agonía* (1622) de la parroquia de San Pedro en Vergara (Guipúzcoa). Ya en la segunda mitad de siglo, la tradición se prolonga con la escultura de Pedro Roldán (retablo de la iglesia del hospital de la Caridad, 1670-1673), su hija Luisa Roldán, llamada La Roldana (autora de obras de pequeño tamaño en madera y barro cocido) y Francisco Antonio Gijón, autor de una de las más populares imágenes procesionales sevillanas, el *Cristo de la Expiración,* conocido como *El Cachorro,* de la capilla del Patrocinio (1682).

El iniciador de la escuela granadina de imaginería es Alonso Cano, artista completo (también arquitecto y pintor), que se distingue por sus valores de gracia y delicadeza frente a las corrientes más dramáticas de la escultura barroca española. Entre sus obras puede destacarse la *Inmaculada* (1655) y la *Virgen de Belén* (1660-1667), ejecutadas ambas para el cabildo de la catedral de Granada, donde se conservan. Pedro de Mena, por su parte, aportó su profundo sentimiento ascético, patente en imágenes como el *San Francisco* de la catedral de Toledo (1663) o la *Magdalena penitente* ejecutada para la Casa Profesa de los jesuitas en Madrid y hoy en el museo del Prado (1664). José de Mora, con su *San Bruno* de la cartuja de Granada (1695), cierra el catálogo de la escuela.

La edad de oro de la pintura española

El Barroco se singulariza en la pintura española por la altísima calidad de su conjunto y por la actividad de un considerable número de artistas de proyección universal. El clima de intensa religiosidad y el carácter confesional de la Monarquía convierten a las instituciones eclesiásticas en los grandes clientes de las obras salidas de los talleres, de tal modo que la pintura devocional predomina abrumadoramente sobre los restantes géneros, como el retrato cortesano, la naturaleza muerta, el paisaje o la temática mitológica, tan presentes en otras culturas de la época. Singular es también la concentración de la producción en los focos de Madrid, Sevilla y, en menor grado, Valencia (gracias aquí a la presencia de un pintor de genio, Francisco Ribalta y a su probable influjo sobre uno de los grandes nombres del siglo, José Ribera). Finalmente, desde el punto de vista cronológico, el primer tercio de siglo prepara la eclosión del periodo de esplendor de los años centrales, mientras el final de siglo se demora en el arte de los últimos maestros de la escuela sevillana.

En la primera mitad de siglo trabajan en la corte Vicente Carducho, Eugenio Caxés y Juan Bautista Maino, a quien se debe la monumental *Rendición de Bahía* (1635) para el salón de Reinos del Buen Retiro (hoy en el museo del Prado), además de los extraordinarios bodegonistas Juan Sánchez Cotán y Juan van der Hamen. Valencia se ilustra en esta época con la actividad de Francisco Ribalta, autor entre muchas otras obras del *Abrazo de Cristo a san Bernardo* (1627-1628, museo del Prado). En Sevilla, por último, trabajan Francisco Pacheco (autor del influente tratado *Arte de la Pintura,* de 1649, donde fija la iconografía de la Contrarreforma), Juan de Roelas (pintor de monumentales lienzos, como el del *Martirio de San Andrés,* 1610-1615, del museo de Bellas Artes de Sevilla) y Francisco de Herrera el Viejo, cuya obra mayor es el programa inconográfico para el Colegio franciscano de San Buenaventura de la ciudad hispalense.

Los años centrales del siglo representan la cima de la pintura barroca española. José Ribera, que trabajó casi toda su vida en Nápoles, es uno de los maestros de la pintura realista, de la observación directa del natural, como muestra en sus lienzos tanto religiosos *(San Andrés, El martirio de san Felipe* o *El sueño de Jacob,* todos en el museo del Prado) como profanos *(La barbuda de los Abruzzos* del hospital Tavera de Toledo o *El patizambo* del museo del Louvre). Francisco de Zurbarán es el pintor de la vida monástica española, con sus espléndidas series de la cartuja de Jerez, de la cartuja de las Cuevas de Sevilla o de la sacristía del monasterio de Guadalupe (única actualmente *in situ),* aunque también merecen una mención especial sus portentosos bodegones. Diego de Velázquez es una de las cimas de la pintura universal, cuyo arte singular se anuncia ya desde sus primeras composiciones sevillanas dotadas de profundo realismo (la *Vieja friendo huevos* de la National Gallery de Edimburgo o *El aguador de Sevilla* del Wellington Museum de Londres), aunque adquiere su suprema madurez tras su paso por Italia y su afincamiento en la corte, donde pinta magníficos retratos áulicos (de Felipe IV, de Mariana de Austria, del príncipe Baltasar Carlos, del conde-duque de Olivares), lienzos para la glorificación de la Monarquía *(Las lanzas o la Rendición de Breda,* 1634-1635, para el palacio del Buen Retiro), escenas de la vida cortesana (desde su admirable galería de bufones hasta la obra maestra por antonomasia que es *Las meninas,* 1656), obras religiosas *(Cristo crucificado,* 1632) y cuadros de tema mitológico *(Los borrachos,* 1632; *La fragua de Vulcano,* 1630; *La Venus del espejo,* 1650; *Las hilanderas,* 1657). Obras todas ellas que, al margen de su excelencia artística, también forman parte de la imaginería colectiva española.

Aunque Velázquez domina desde su altura toda la pintura de su época, también otros excelentes pintores trabajaron coetáneamente en la corte, como su yerno Juan Bautista del Mazo (autor de retratos, paisajes y vistas de ciudades), como el polifacético artista granadino Alonso Cano (que en Madrid deja algunas de sus mejores obras pictóricas, como el *Milagro de san Isidro en el pozo,* 1646-1649, o la delicada *Virgen y el niño,* 1646-1650, ambas en el museo de Prado), como el bodegonista Juan de Arellano o como Antonio de Pereda, maestro del bodegón alegórico o *vanitas (El sueño del caballero,* 1655-1660, Academia de San Fernando de Madrid), los cuales marcan la transición hacia los años finales del siglo, donde todavía desarrollan su actividad algunos grandes artistas, como Juan Carreño de Miranda (principal retratista de Carlos II y su familia), Francisco Rizi, Francisco de Herrera el Mozo, Juan Antonio Escalante, José Antolínez, Mateo Cerezo y, sobre todo, Alonso Coello, autor de la obra maestra que cierra de modo grandioso el siglo, la *Sagrada Forma* (1685-1690, monasterio de El Escorial).

Por su parte, la escuela sevillana también concluye la centuria con la obra de otros dos excepcionales pintores. Bartolomé Esteban Murillo dedicó la mayor parte de su vida artística a la pintura devocional, en la que confluían la naturaleza de su clientela (conventos, parroquias y otras instituciones eclesiásticas) y su propia inclinación hacia la expresión dulce y delicada en el tratamiento de sus personajes, como se transparenta en sus numerosas representaciones de la *Inmaculada* (que difundida en estampas y grabados ha llegado a resultar una imagen tópica), en el resto de sus pinturas religiosas (como la famosa *Sagrada Familia del pajarito*, anterior a 1650, museo del Prado) o en la admirable colección de escenas infantiles que constituyen una de sus más celebradas aportaciones a la pintura universal (por ejemplo, sus *Niños jugando a los dados*, de la Alte Pinakothek de Múnich, que custodia otros más de una serie pintada aproximadamente entre 1665 y 1675). Juan de Valdés Leal, por su parte, debe buena parte de su fama a los dos lienzos de los *Jeroglíficos de las postrimerías (In ictu oculi* y *Finis gloriae mundi*, 1671-1672) que, junto con el resto del programa decorativo realizado por Murillo y por Roldán, hacen de la iglesia del hospital de la Caridad de Sevilla uno de los grandes conjuntos barrocos de España.

La guitarra y la zarzuela

La música del siglo XVII manifestó signos de decadencia respecto de la centuria anterior, aunque no por ello dejó de producir obras notables y de lograr hallazgos originales. Si la polifonía religiosa conoce un innegable declive, la música profana se ilustra con numerosos cancioneros y otras colecciones (donde pueden destacarse las composiciones de Mateo Romero y Juan Blas de Castro), del mismo modo que la música instrumental puede presentar al menos varios cultivadores de primera fila, como Bartolomé de Selma (el primer español en componer para violín, activo en la primera mitad de siglo), los organistas Sebastián Aguilera de Heredia (que trabaja en el reinado de Felipe III), Francisco Correa de Araujo (activo en el reinado de Felipe IV), Juan Cererols (activo en el reinado de Carlos II) y Juan Cabanilles (que alcanza el siglo XVIII) y, sobre todo, los guitarristas Luis de Briceño *(Método para aprender a tañer la guitarra a lo español*, 1626), Gaspar Sanz *(Instrucción de música sobre la guitarra española*, 1674), Francisco Guerau (cuya obra cubre el reinado de Carlos II) y Lucas Ruiz de Ribayaz (autor de música para danza, como sus conocidas *españoletas)*, todos los cuales inician la gran tradición guitarrística española.

Sin embargo, la mayor novedad la constituye la temprana aparición de las primeras óperas españolas: *La selva sin amor* (1629, con libreto de Lope de Vega, pero cuya música se ha perdido), *La púrpura de la rosa* y *Celos aun del aire matan* (ambas estrenadas en 1660 con libreto de Calderón de la Barca y música de Juan Hidalgo, aunque ni la música de la primera, destinada a conmemorar la Paz de los Pirineos, ni la música de los dos últimos actos de la segunda se han conservado). Del mismo modo, se inaugura un género nuevo típicamente español, la zarzuela (del nombre del palacete madrileño, entonces rodeado de zarzas), caracterizada por la combinación de partes habladas y partes cantadas, cuyos primeros títulos fueron escritos igualmente por Calderón *(El jardín de Falerina,* 1649) y cuyos cultivadores más conocidos fueron el citado Hidalgo, José Marín, Juan Navas y Sebastián Durón.

El Reformismo del siglo XVIII

El siglo XVIII se abre para España con la novedad del cambio dinástico establecido en el testamento de Carlos II. La nueva dinastía se encontrará con un país despoblado, atrasado en su economía, anquilosado en su estructura social, desorientado en su política interior e indefenso ante sus enemigos exteriores. De ahí que los soberanos y sus ministros pusiesen en marcha un vasto programa de modernización en todos los terrenos, de acuerdo con los principios rectores del llamado Despotismo Ilustrado. Un programa que aborda una política de fomento económico, de reordenación social, de eficacia administrativa y de renovación cultural. Un programa que trata de obtener el consenso de todos los grupos sociales, pero que tiene sus límites: el crecimiento económico basado en el progreso técnico predomina sobre el desarrollo basado en la transformación de las relaciones de producción, el respeto a las estructuras heredadas se impone sobre cualquier tentación de cambio social, la eficacia administrativa se fundamenta estrictamente en el robustecimiento del absolutismo y la producción cultural se subordina a las necesidades de una nueva cobertura ideológica para generar la adhesión al sistema, mantener la paz social y exaltar los avances del reformismo patrocinado por la Monarquía.

El reformismo borbónico se manifiesta, sin embargo, en todos los campos. El reformismo articula una política económica tardomercantilista en los diversos sectores de la producción y los intercambios, promueve concepciones sociales favorables a la inversión y al trabajo, racionaliza la administración pública en todos sus ramos, centraliza la acción política por encima de los particularismos de los distintos reinos, revitaliza los instrumentos de la política exterior (la hacienda, el ejército, la marina, la diplomacia), recupera el prestigio perdido en el ámbito internacional, patrocina unas veces y ampara otras el movimiento de profunda renovación cultural de la Ilustración. En ese sentido, el siglo XVIII significa una nueva época de expansión en la historia de España.

Una expansión que encuentra sus límites a final de siglo. Después de una centuria de fomento, la modernización de la economía no ha alcanzado a superar las desigualdades del desarrollo regional, el carácter extensivo de la agricultura, la dependencia de la manufactura respecto de la iniciativa pública, el déficit de la balanza comercial compensado sólo por las remesas americanas. La vida política experimenta un proceso de regresión, que se manifiesta en el interior con la reaparición de la figura del privado, el recrudecimiento de la conspiración cortesana y los movimientos pendulares en la toma de decisiones y en la selección de los equipos de gobierno, y en el exterior con el sometimiento a las directrices de la política francesa y la confrontación permanente con Inglaterra. Finalmente, si la Ilustración había sido un eficaz instrumento a favor del reformismo, el clima ideológico alterado por la Revolución Francesa convierte en sospechosos a los colaboradores de la víspera, al mismo tiempo que se produce una radicalización de signo opuesto que genera la aparición del movimiento liberal en España y del movimiento independentista en la América española.

La guerra de Sucesión

El testamento de Carlos II otorgaba la Corona de España con todos sus territorios europeos y ultramarinos a Felipe V de Borbón, duque de Anjou. De esta forma, una nueva dinastía, de procedencia francesa, sustituía a la dinastía de los Austrias, entronizada a consecuencia de la política matrimonial de los Reyes Católicos, del mismo modo que el nuevo monarca había recibido sus derechos a través del matrimonio del rey de Francia Luis XIV con la infanta María Teresa hija de Felipe IV, tal como había sido concertado en el Tratado de los Pirineos. Sin embargo, la soberanía de Felipe V sería contestada por una coalición internacional opuesta a la formación de un poderoso bloque borbónico y constituida por Inglaterra, Austria y las Provincias Unidas (firmantes de la Gran Alianza de La Haya, en septiembre de 1701), potencias a las que se uniría más tarde el Reino de Portugal por el llamado Tratado de Methuen (mayo de 1703). De este modo, se iniciaría la llamada guerra de Sucesión de España, que concluiría en el plano internacional con el Tratado de Utrecht (marzo de 1713-febrero de 1714) y en el plano interior con la superación de las últimas resistencias (caída de Barcelona, en septiembre de 1714, capitulación de Mallorca e Ibiza, en julio de 1715). Así quedaría consolidada la nueva dinastía de los Borbones que, salvo durante algunos periodos (en los siglos XIX y XX), habría de continuar ostentando la titularidad de la Corona española hasta nuestros días.

Felipe V hizo su entrada en Madrid (febrero de 1701) sin ninguna oposición. Ese mismo año marchó a Barcelona, celebrando Cortes en el Reino de Aragón y en el Principado de Cataluña, en las cuales concedió numerosos privilegios de nobleza y accedió a las peticiones que le fueron formuladas por los diversos estamentos, que le reconocieron como soberano. Sin embargo, al año siguiente hubo de marchar a Italia porque las tropas imperiales habían roto ya las hostilidades atacando Milán, mientras una escuadra anglo-holandesa desembarcaba en la bahía de Cádiz y posteriormente atacaba la flota española procedente de América en la ría de Vigo (octubre de 1702). La contienda, que ya se había enseñoreado de los campos europeos, volvió a hacer acto de presencia en el escenario español con el desembarco del pretendiente a la Corona, el archiduque Carlos, en la ciudad de Lisboa, abriendo así un frente portugués (marzo de 1704), mientras meses más tarde la flota del almirante Rooke ocupaba la mal protegida fortaleza de Gibraltar (agosto de 1704).

En 1705 la guerra dio un vuelco espectacular en la Península con el desembarco aliado en las costas de Valencia y de Cataluña. En el Reino de Valencia, la causa austracista encontró apoyo en un nuevo movimiento campesino que reclamaba una vez más la abolición de los derechos señoriales, pero esta misma alianza le enajenó las simpatías de la aristocracia, el alto clero, los funcionarios reales y la burguesía mercantil, de tal modo que cuando se quiso controlar la revuelta para ampliar la base social fue demasiado tarde. En Cataluña, las fuerzas aliadas pudieron firmar un acuerdo político y militar conocido como el pacto de Génova (junio de 1705) con un grupo de caballeros y comerciantes, que mostraban así el resentimiento económico y emocional del Principado contra los franceses y la confianza en un mayor respeto a la constitución por parte del representante de una dinastía con la que se había mantenido una particular luna de miel en los años de Carlos II. Poco después la insurrección de Zaragoza en defensa de sus fueros ponía al Reino de Aragón a favor del pretendiente (diciembre de 1705). Y finalmente se consolidaba una Corona de Aragón austracista con la proclamación del pretendiente por el consejo de Ibiza (septiembre de 1706) y las sucesivas insurrecciones de las islas de Mallorca (septiembre de 1706) y Menorca (octubre de 1706), que sería ocupada dos años más tarde por un flota inglesa (septiembre de 1708).

La pinza entre el frente portugués y el frente oriental permitió una primera entrada del archiduque Carlos en Madrid (julio de 1706), de donde hubo de salir debido al masivo pronunciamiento de la capital y de los reinos castellanos por Felipe V, pese a la actitud austracista de algunos prominentes miembros de la nobleza. La decisiva victoria de Almansa (abril de 1707) permitió la recuperación de Valencia y Aragón, además de las ciudades de Lérida (1707) y Tortosa (1708). Sin embargo, la situación en Europa, muy desfavorable a las armas de Luis XIV, permitieron una contraofensiva aliada y la segunda entrada del archiduque en Madrid (septiembre de 1710), donde tampoco esta vez pudo mantenerse con su ejército. En un nuevo y también decisivo enfrentamiento armado, las batallas de Brihuega y Villaviciosa de Tajuña (diciembre de 1710), el ejército borbónico consiguió derrotar a las tropas inglesas y alemanas del archiduque, que a a partir de este momento quedó reducido a parte de Cataluña y al Reino de Mallorca.

Si la doble victoria marcaba el punto de inflexión militar en la Península, el frente diplomático dio un giro completo a partir de 1711, cuando el archiduque sucedió a su hermano en el Imperio, mientras el partido *tory* retiraba a Inglaterra de la coalición. El Tratado de Utrecht ponía fin al conflicto internacional, aunque el reconocimiento de Felipe V implicaba graves contrapartidas para España: la pérdida de todas sus pertenencias europeas (Milán, Nápoles, Sicilia y Cerdeña, más los Países Bajos meridionales), así como la

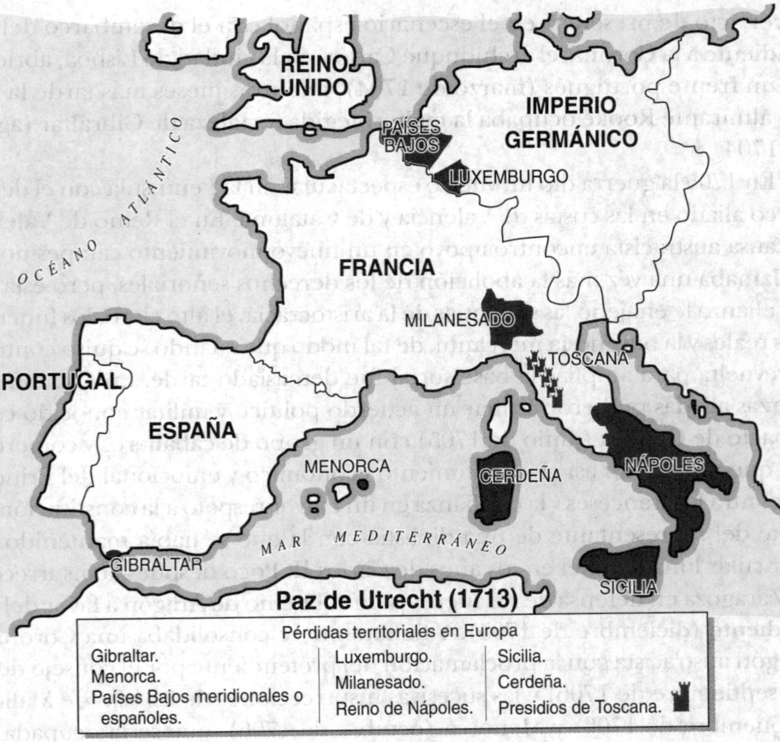

cesión a Inglaterra de la isla de Menorca (que no sería recuperada sino a partir de 1782 y, tras un breve paréntesis, definitivamente en 1802) y de la plaza de Gibraltar (que todavía hoy permanece bajo la soberanía inglesa) y la concesión de una serie de privilegios comerciales en América, como eran el «asiento de negros» o monopolio para la introducción de esclavos (a través de la South Sea Company) y la autorización de un «navío de permiso anual» (que podía exportar hasta 500 toneladas de mercancías a los territorios hispanoamericanos), a lo que se sumaba la implantación británica en Acadia (New Scotland) y Terranova (Newfoundland), con la consiguiente expulsión de los pescadores españoles de los bancos bacaladeros pese a las ambigüedades con que el tratado se expresaba en el asunto.

En España, la resistencia se mantuvo durante más de dos años y concluyó con la toma al asalto de Barcelona (septiembre de 1714) y la capitulación de Mallorca e Ibiza (julio de 1715). En el ínterin, se habían ya constituido dos equipos de gobierno diferentes (el primero con predominio de funcionarios franceses y el segundo encomendado al italiano Julio Alberoni), se habían puesto las bases para la reforma de la administración y se habían adoptado una serie de medidas contra las organizaciones autónomas de los estados de la Corona de Aragón (conocidas como Decretos de Nueva Planta) que implicaban un nuevo estatuto constitucional de la Monarquía española.

El crecimiento económico

La economía conoció en el siglo xviii una coyuntura abiertamente expansiva, que en algunos casos, y aunque con muchas vacilaciones, había empezado a manifestarse ya desde los últimos años de la centuria anterior. Esta expansión no fue uniforme, sino que benefició especialmente a algunas regiones de la periferia frente a un crecimiento más moderado y asentado sobre bases menos firmes en la España interior, un fenómeno que acentuó la diferencia de los ritmos de desarrollo, produciendo una serie de desigualdades regionales que se legarían al siglo siguiente. El proceso de recuperación obedeció en un principio a las mismas causas que habían disparado otros semejantes en el pasado: el crecimiento de la población reconquistó para el cultivo las tierras abandonadas y generó una demanda que dinamizó los restantes sectores. Sin embargo, este movimiento espontáneo recibió la ayuda de una política económica intervencionista que (frente a un siglo xvii casi exclusivamente interesado en las manipulaciones arancelarias y monetarias) trató de ofrecer soluciones a determinados problemas de infraestructura (caminos, canales de riego), de adoptar medidas proteccionistas en la industria y el comercio, de respaldar las empresas más prometedoras surgidas en los distintos sectores y de sustituir la iniciativa privada en algunos ramos estratégicos.

El aumento sostenido de la población

Si la frágil recuperación de finales del siglo xvii había vuelto a situar la población española en torno a los ocho millones del siglo xvi, el Setecientos conoce un crecimiento sostenido que le lleva a alcanzar los diez millones en torno a la fecha del censo del conde de Aranda (1768) y los once millones en torno a la fecha del censo del conde de Floridablanca (1787). Un alza por tanto de considerables proporciones, que implica un aumento neto del 40% y que sitúa la densidad española de una media de quince a una media de veinte habitantes por kilómetro cuadrado. Un aumento que se reparte desigualmente, que beneficia a la periferia sobre el interior, que produce movimientos migratorios desde las zonas montañosas hacia las llanuras y desde el campo hacia las ciudades, entre las cuales crecen más los puertos (Alicante, Málaga, Cádiz, Bilbao), mientras Barcelona se convierte en la gran metrópoli del Mediterráneo (con sus más de cien mil habitantes a final de siglo) y Madrid despuebla su entorno, favorecida por su condición de capital del reino y sede de la corte, hasta alcanzar los doscientos mil habitantes a finales de la centuria.

Sin embargo, pese a estos datos positivos, el Antiguo Régimen demográfico continúa vigente a todo lo largo del siglo. Mientras la tasa de natalidad sigue siendo el motor de la recuperación, la tasa de mortalidad se mantiene en cotas altas, aunque ahora el mayor protagonismo corresponde a las causas ordinarias, más que a las pandemias (sin desdeñar, en todo caso, la incidencia permanente de la viruela) y a las grandes epidemias de épocas anteriores, que ahora apenas se manifiestan después de la amenaza de la llamada peste de Marsella (1720), que puso en situación de alerta a toda la costa mediterránea, aunque el final de siglo se enfrenta con el azote de la fiebre amarilla que diezma la población de los puertos meridionales (Cádiz o Málaga). El siglo se abre igualmente con una gran carestía de granos en el terrible año de 1709 y se cierra con el motín de subsistencias de Barcelona (los llamados *rebomboris del pà,* 1789) y la carestía de 1804, que motiva asaltos a tahonas y alhóndigas en diversas localidades castellanas, mientras a mediados de la centuria una oleada de movimientos semejantes sacude todo el territorio español creando el clima apropiado para el llamado motín de Esquilache (1766).

En el terreno de la demografía poco podían hacer las autoridades. La alarma de la peste de Marsella tuvo como consecuencia la creación de una Junta Central de Sanidad y de otra serie de juntas locales en las costas mediterráneas, pero la situación sanitaria española no mejoró excesivamente con respecto a épocas precedentes. Más importancia tuvo el impulso dado a la implantación de un sistema de regulación agraria, singularmente a la creación de una red de pósitos, que suministraban granos en años de malas cosechas tanto para el consumo como para la siembra y era además un instrumento de crédito agrícola, cuya eficacia puede medirse por su número (más de cinco mil en todo el territorio a finales del reinado de Carlos III) y por la menor incidencia de las crisis de subsistencias respecto a épocas pretéritas. En cualquier caso, tales medidas pudieron contribuir de algún modo a una recuperación de la población que se basó no en un cambio revolucionario de las variables demográficas, sino en la atenuación de los factores negativos y en la favorable evolución de la economía en general y de la agricultura en particular.

Más que a motivaciones de orden demográfico, se debió a otras consideraciones el mayor esfuerzo de repoblación llevado a cabo durante el siglo. La creación de las «nuevas poblaciones» de Sierra Morena y del camino de Andalucía fue un proyecto de colonización agraria ideal para demostrar la eficacia de una explotación libre de los estorbos tradicionales, al tiempo que cumplía con su primitivo objetivo de ofrecer puntos de acogida a los viajeros que cruzaban los desiertos entre Sierra Morena y Sevilla, donde sólo Córdoba y Écija ofrecían albergue seguro. La operación, diseñada por el intendente Pablo de Olavide, consiguió atraer a una serie de colonos de la Europa católica (singularmente alemanes) y de algunas regiones peninsulares, que se repartieron lotes de tierra y dieron vida a una serie de nuevos pueblos y aldeas (La Carolina, La Carlota, La Luisiana) que han permanecido activos hasta nuestros días.

Extensión e intensificación agrícola

El crecimiento de la producción agrícola fue fundamentalmente el resultado de la extensión de los cultivos, de la reconquista del suelo. En este sentido, España mantuvo intactas las estructuras heredadas del pasado, tanto en lo relativo a la propiedad (mayorazgos y manos muertas, implantación señorial y reparto desequilibrado con predominio del latifundio), como a la explotación (preferencia por los arrendamientos a corto plazo o por el trabajo asalariado realizado por jornaleros), como a las técnicas de cultivo (predominio abrumador del secano, del barbecho y del baldío frente a la falta de inversiones para el riego, el abonado o la experimentación agraria). Esta situación implica, naturalmente, bajos rendimientos por unidad de superficie, desigualdad en el reparto de los beneficios del alza de los precios inducida por el aumento de la demanda y persistencia del endeudamiento campesino.

Sin embargo, la diferenciación regional también era muy patente en la agricultura. Castilla se distinguía por el escaso peso de las exacciones señoriales frente al papel de la renta de la propiedad vinculada detraída mediante el sistema del contrato corto y el trabajo a jornal, de modo que el terrateniente no precisaba de la inversión en un sistema rentable por los escasos costos de mantenimiento y de mano de obra, mientras el colono tampoco estaba interesado por la inseguridad de su contrato de arriendo o aparcería. Valencia, por el contrario, sufría los efectos de la acumulación de tierras en manos de una minoría de privilegiados, de la grave presión de la fiscalidad señorial y del endurecimiento de las condiciones del establecimiento de los colonos por parte de los propietarios, pese a lo cual lograría un notable progreso en la intensificación de su agricultura. Galicia basaba la solidez de su agricultura de tipo tradicional en el sistema del foro, que permitió el mantenimiento de la pequeña propiedad y la adopción del cultivo del maíz en fecha temprana. Cataluña, pese a la persistencia del sistema señorial, se benefició de la extensión de la enfiteusis (y de su forma mitigada en el sector vitícola, la *rabassa morta*) para garantizar la permanencia de las tierras en manos de unos cultivadores que no podían ser desalojados de las tierras convertidas así en una cuasi-propiedad y que permitió llevar adelante un proceso de intensificación, especialización y comercialización sin parangón en otras regiones.

De este modo, si la extensión de las roturaciones fue la norma, algunas regiones escaparon a la regla y protagonizaron notables ensayos de renovación agrícola. Fue el caso de Valencia, que no sólo amplió las tierras cultivadas mediante obras de desecación de marismas, pantanos y albuferas, sino que promovió el regadío (por ejemplo, reactivando la acequia real del Júcar) como modo de diversificar su producción y dedicar la tierra a cultivos altamente remuneradores (vid, olivo, arroz, morera, frutas y hortalizas). Galicia, por su parte, consiguió el equilibrio gracias a la introducción del maíz (desde el siglo anterior) y más tarde de la patata, de tal modo que si resulta quizás excesivo hablar de «revolución amarilla», sí que hubo una verdadera «revolución silenciosa» en su agricultura. Cataluña, finalmente, constituye el mejor ejemplo de modernización agraria, mediante la ampliación de la tierra de labor (a costa de bosques, pastos, etcétera), la inversión técnica (regadío en primer lugar, pero también utillaje, abonado y sistemas de rotación), la especialización productiva (arroz, frutos secos, viñedo) y la transformación y comercialización del vino y el aguardiente.

El apoyo oficial a la agricultura se manifestó esencialmente en el impulso dado a los pósitos como instrumento de regulación de las cosechas y en la inversión en algunos grandes proyectos de regadío, como el canal de Castilla (a partir de 1753) y el canal Imperial de Aragón (a partir de 1768). Al mismo tiempo, el avance de las ideas fisiocráticas favoreció el interés del gobierno por el campo, como se manifestó en la política de rompimiento de baldíos de tiempos de Carlos III, es decir, de repartir entre los jornaleros tierras de propiedad comunal, práctica que iniciada en Extremadura (1767) se extendería posteriormente a todo el reino (1770), aunque sus resultados no respondieran a las expectativas anunciadas por la propaganda oficial. Por último, a finales de siglo, la iniciativa oficial patrocinó la aparición del *Semanario de Agricultura y Artes,* dirigido a los párrocos (1797-1808), órgano destinado a ofrecer información técnica para el fomento de la agricultura y las manufacturas rurales a través de la instrucción que los eclesiásticos podían transmitir a sus feligreses.

Más importante resulta la apertura de ese gran debate nacional que fue el Proyecto de Ley Agraria, que permitió a Olavide pintar con tintes oscuros la situación del campo andaluz y a Jovellanos escribir la mejor reflexión general sobre los males estructurales de la agricultura española, pero que en cualquier caso nunca se llevó a la práctica por la oposición de los privilegiados, como se refleja en la cortedad de la legislación propuesta a las Cortes de 1789, que sólo preveía la limitación de los mayorazgos, la puesta en cultivo de las grandes propiedades y la autorización para el cercado de las tierras. De este modo, el evidente progreso de la producción agrícola no debe ocultar sus límites: con algunas excepciones el mundo agrario, lastrado por sus obstáculos estructurales, no fue capaz de generar capitales destinados a otros sectores, retuvo gran cantidad de mano de obra subempleada, mantuvo para el trigo altos precios que encarecieron el trabajo urbano y no creó una suficiente demanda campesina de producción manufacturada.

La ganadería experimentó asimismo una notable recuperación en el siglo, aunque también en este caso una parte del crecimiento no se debió al auge de la estabulación, sino que fue responsabilidad de la trashumancia, siempre dirigida por la Mesta. Del mismo modo, los aprovechamientos forestales se incrementaron a causa de las necesidades industriales (carbón vegetal, resinas, zumaque y, sobre todo, madera para la construcción de viviendas y para la construcción naval), de tal modo que una explotación poco controlada produjo un proceso de desforestación contra el que clamaron los escritores de la época. Otra novedad en el sector primario fue el desarrollo de la pesca, especialmente la pesca de arrastre para la explotación de la sardina en las costas gallegas y andaluzas, aunque aquí el gobierno frenó la expansión por consideraciones conservacionistas, postura negativa que no pudieron compensar otras medidas, como la reclamación diplomática del derecho a faenar en los caladeros de Terranova o el apoyo a las iniciativas para promover el sector de altura, sobre todo la Compañía de Pesca Marítima (febrero de 1775) y la Compañía Marítima, creada para la captura de ballenas y lobos marinos en aguas de Patagonia (septiembre de 1789).

Industria dispersa, fábricas privadas y manufacturas reales

Arruinados por la crisis los tradicionales centros laneros castellanos, una de las novedades del siglo fue el notable desarrollo de una industria pañera dispersa en la mayoría de las regiones, aunque a finales de la centuria empezaban a manifestarse algunas tendencias a la concentración que parecían dibujar una nueva geografía textil que se legaría al siglo siguiente: Alcoy en Valencia, Antequera en Andalucía, Béjar en Castilla, la comarca de los Cameros en La Rioja, amén de los numerosos núcleos de Cataluña (donde Sabadell y Tarrasa todavía no descollaban sobre Vic, Olot o Manresa). Por su parte, la sedería tampoco recuperaría su esplendor en la mayoría de sus centros históricos (aunque seguiría funcionando en Granada, Sevilla, Toledo o Murcia), pero, por el contrario, en Valencia conocería un gran periodo de auge en la segunda mitad de siglo, para iniciar después un imparable declive arrastrada por la opción regional en favor del desarrollo agrario, por su anacrónica estructura gremial y por la presión del comercio interesado en la exportación de la seda en rama.

Las ferrerías vascongadas, que conocerían un auge coyuntural durante la primera mitad de siglo, entrarían más tarde en un periodo de recesión, motivado por las dificultades de abastecimiento de carbón, la falta de renovación técnica y el peso de la competencia exterior, pese a la reserva del mercado americano. Por el contrario, consiguieron un alto ritmo de producción las fábricas de armas de Liérganes-La Cavada en Cantabria, San Sebastián de la Muga (desde 1768) en Cataluña, y Eugui y Orbaiceta (desde 1784) en Navarra, las tres últimas hasta su ocupación por los franceses durante la guerra de la Convención (1794). Del mismo modo, se ensayaron algunos otros proyectos como la fábrica de hojalata de Cartajima, al sur de Ronda (octubre de 1726) y la de cañones y balería con destino a América de Jimena de la Frontera (septiembre de 1777), ambas en Andalucía, o la planta siderúrgica de Sargadelos en Galicia (1788), que produjo munición desde 1794 y donde además se fabricaría una loza de excelente calidad que ha perdurado hasta nuestros días.

Sin embargo, el gran triunfo de la iniciativa privada se produjo en Cataluña, que no sólo fue capaz de renovar sus manufacturas tradicionales (lana, seda, cuero, papel, hierro, construcción naval), sino que supo aprovechar la especialización vitícola para establecer una poderosa industria del aguardiente y crear de nueva planta una floreciente industria algodonera. La manufactura del algodón, que utilizó algodón hilado procedente de Malta (pese a los intentos fallidos de introducir el de origen americano), se especializó más que en el tejido en el estampado, en la producción de telas pintadas o indianas, remitiendo su producción a los mercados peninsulares y ultramarinos con creciente éxito, como acredita el centenar de fábricas contabilizadas en la década de los ochenta. La concentración en establecimientos fabriles, el proceso de mecanización y la producción de géneros de consumo masivo eran otros tantos índices de modernidad, que hicieron del ramo de las indianas el más avanzado y por ello el más preparado para ponerse a la cabeza de la revolución industrial en España.

Otra de las industrias catalanas que conocieron un extraordinario auge fue la de la construcción naval. Aquí la dirección fue asumida por las modestas sociedades de armadores que tomaban la iniciativa de encargar la fabricación de las unidades a las también modestas sociedades de constructores dirigidas por los carpinteros de ribera. Esta reactivación se unió a la de los numerosos astilleros vascongados de Vizcaya y de Guipúzcoa (y, en menor medida, de otras regiones costeras) para producir la recuperación de la flota mercante española, que a final de siglo había alcanzado el tonelaje que había llegado a desplazar en el momento de su máximo esplendor en la víspera del desastre de la Armada Invencible. Una recuperación que obviamente hay que poner en relación con el incremento del tráfico marítimo, tanto de cabotaje como de altura.

La intervención de la Monarquía en el fomento industrial fue mucho mayor. Por un lado, adoptó medidas proteccionistas en sectores básicos, como ocurrió con la prohibición de las importaciones de tejidos de algodón, la reserva al hierro vascongado de la exclusiva para navegar a América o la preferencia dada a las naves de fábrica española para el transporte de mercancías en la Carrera de Indias, así como con la discriminación fiscal a favor de los productos nacionales frente a los extranjeros. Por otro lado, favoreció las iniciativas particulares, mediante la concesión de franquicias a la importación de materias primas y a la exportación de los productos manufacturados o mediante la autorización dada a los establecimientos para utilizar el título de real fábrica.

Entre estas fábricas de iniciativa privada con apoyo oficial se contaron algunas de las fábricas de indianas de Cataluña, así como otras empresas aisladas, como pudieron ser la Mantelería de La Coruña (fundada, como vimos, a finales del siglo anterior), el complejo industrial de Nuevo Baztán cerca de Madrid, obra del empresario navarro Juan de Goyeneche y en funcionamiento a partir de 1710, o la fábrica de Lonas de Granada, activa tal vez desde 1773 y dedicada al abastecimiento del departamento marítimo de Cádiz y de los Correos Marítimos radicados en La Coruña. Otra serie de empresas, las llamadas Compañías de Comercio y Fábricas, fundadas con capital privado y destinadas a combinar la manufactura industrial con la comercialización de sus productos, también contaron con el respaldo oficial gracias al particular interés de José de Carvajal: fueron las de Extremadura en la villa de La Zarza (mayo de 1746), Zaragoza (julio de 1746), Granada (abril de 1747), La Unión (junio de 1747), San Fernando de Sevilla (agosto de 1747), Toledo (febrero de 1748), Requena (septiembre de 1753) y San Carlos de Burgos (noviembre de 1767). Otro tipo de empresas disfrutó, por el contrario, de un régimen de financiación mixta, como fueron las fábricas de Paños de Ezcaray (que nació como empresa privada en 1751, pero que hubo de recibir una inyección de capital estatal a partir de 1773), la de Paños Superfinos de Segovia (1763) y la de Algodón de Ávila (1788). Ahora bien, aun teniendo en cuenta que las fórmulas no fueron siempre las mismas, se puede decir que en ningún caso la colaboración de la Hacienda pública garantizó ni la rentabilidad ni la continuidad de ninguno de los establecimientos, que por lo general vivieron con dificultades y se saldaron con el fracaso.

La intervención más directa en el ámbito industrial fue la fundación de empresas estatales en diversos sectores estratégicos. Así, en el ramo militar la Corona construyó arsenales reales en Ferrol, Cartagena y San Fernando, mientras asumía el control del complejo de Liérganes-La Cavada (1763). Del mismo modo, mantuvo el monopolio sobre las minas de mercurio de Almadén y sobre la fabricación de tabacos, para la que construyó a mediados de siglo la enorme fábrica de Sevilla (iniciada en 1726 y concluida en 1757). Las necesidades suntuarias de la corte también fueron asumidas ahora con la erección de una serie de establecimientos bajo la directa administración pública, como fueron la fábrica de Tapices de Santa Bárbara de Madrid (1720), la fábrica de Vidrio o de Cristales de La Granja (1734) y la fábrica de Porcelana del Buen Retiro de Madrid (1759), que superaba los tradicionales talleres que funcionaban en Manises o Talavera de la Reina y al establecimiento de Alcora, fundado por el noveno conde de Aranda (1727). La necesidad de garantizar el suministro de uniformes al ejército promovió la creación de la más importante industria estatal en el ramo del textil, la Real Fábrica de Paños de Guadalajara (asentada definitivamente en 1719), que instalaría más tarde sucursales en San Fernando de Henares (a partir de 1746) y en Brihuega (a partir de 1750), aunque todos los establecimientos (concebidos como polos de desarrollo para sustituir la iniciativa privada y lastrados por los altos costos de transporte) necesitaron de la muleta financiera del Estado para hacer frente a un déficit permanente, pese a las ventajas de la concentración del proceso productivo y la reserva de un mercado exclusivo. El equivalente en el ramo de la sedería fue la Real Fábrica de Sedas de Talavera de la Reina (1748) que, pese a las esperanzas despertadas, sería cedida ya en 1762 en régimen de explotación privada a la Casa Uztáriz de Cádiz, y de nuevo, tras un breve periodo de administración oficial (1780-1785), a la Compañía de los Cinco Gremios Mayores de Madrid.

«Las Indias y el comercio»

El mercantilismo tardío fundamentó la recuperación económica en la consecución de una balanza comercial favorable, lo que se traducía en el apoyo a la producción nacional de manufacturas y en el desarrollo de los intercambios en todos los niveles. Por ello, las instituciones públicas (Junta de Comercio y Moneda, consulados establecidos por el Decreto de Libre Comercio, incluso las Sociedades Económicas de Amigos del País, aunque su objetivo básico fuera el fomento rural) se preocuparon por favorecer la labor de los comerciantes. Del mismo modo, la iniciativa oficial patrocinó la aparición de una prensa económica con este propósito, como fue *El Correo Mercantil de España y sus Indias* (1792-1808) que, dirigido por Diego María Gallard y Eugenio

Larruga, trataba de ofrecer toda suerte de información que fuese de utilidad para los comerciantes, además de sufragar con los ingresos obtenidos una Oficina de la Balanza de Comercio. O como fue también el espléndido *Almanak Mercantil o Guía de Comerciantes* (1795-1808), un anuario que, editado también por Diego María Gallard, recopilaba un ingente volumen de noticias para uso de mercaderes y fabricantes.

La intervención oficial en el comercio interior se centró primero en la supresión de los puertos secos, singularmente las barreras aduaneras establecidas entre Castilla y Aragón (al final de la guerra de Sucesión) y las existentes entre algunas regiones castellanas como Galicia y Asturias (1717), aunque no las que separaban a Castilla de las provincias vascongadas, donde un intento en ese sentido provocó una revuelta o «machinada» (agosto de 1718). Después los esfuerzos se dirigieron a la construcción de caminos, como los que garantizaban el acceso de Castilla al Cantábrico (hacia Santander por Reinosa y hacia Bilbao a través de la Peña de Orduña) o como la red de seis grandes caminos radiales que debían unir Madrid con La Coruña, Badajoz, Cádiz, Alicante y Francia por ambas fronteras (en dirección a Bayona y a Perpiñán, respectivamente), un proyecto aprobado en 1761, al tiempo que los canales de Castilla e Imperial de Aragón servían también como vías de comunicación interior, puesto que los proyectos de navegación fluvial tropezaron siempre con las dificultades técnicas y económicas derivadas de la geografía.

Al margen de la infraestructura viaria, la medida más importante adoptada fue el decreto de liberalización del comercio de granos de julio de 1765, que trató de acabar con el sistema tradicional de intervención (basado en las trabas a la circulación, la tasa del pan y su corolario del acaparamiento y la especulación en los momentos de escasez) favoreciendo la libre comercialización y el automatismo de la ley de la oferta y la demanda para la formación de los precios y prohibiendo explícitamente todas las prácticas monopolísticas. Sin embargo, inicialmente la implantación del nuevo sistema generó el efecto diametralmente opuesto de un aumento incontrolado de los precios por la insuficiencia de la red mercantil para responder de modo inmediato a la incentivación gubernamental y por la exacerbación de las tendencias especulativas, ahora liberadas de las limitaciones anteriormente existentes dentro de la tradición de la economía moral respetada por las autoridades. En este contexto bastó la incidencia de una serie de malas cosechas para disparar las revueltas de 1766, en conexión con el motín de Esquilache.

De cualquier forma, el siglo XVIII vio crecer la red de intercambios interiores. Por un lado, se incrementaron las rutas cubiertas por los arrieros, cuya presencia fue más frecuente en los caminos. Por otro lado, los pueblos, que siguieron dependiendo de los mercados periódicos para buena parte de sus transacciones, empezaron paulatinamente a disponer de tiendas abiertas, que compusieron una red que cada vez incluyó a mayor número de localidades de dimensiones modestas, como demuestra la expansión de la *botiga* catalana. A otro nivel, las transacciones mercantiles de mayor volumen fueron garantizadas progresivamente por el sistema de corresponsales y consignatarios, sin precisar de la instalación de agentes de la compañía matriz en las poblaciones con que se mantenían tratos comerciales. La corte, finalmente, se convirtió en un gran centro mercantil y financiero, cuyo papel adquirió aún mayor relieve con la creación de la Compañía de los Cinco Gremios Mayores de Madrid (1734, con capital procedente en principio de las corporaciones de mercaderes de paños, sedas, telas, especias y joyas) y, más tarde, con la fundación de una banca estatal, el Banco de San Carlos (junio de 1782).

Sin embargo, el comercio con América sería para los gobernantes ilustrados el principal motor para facilitar la rápida recuperación de la economía española. En este sentido, la legislación sobre la Carrera de Indias transformó profundamente el sistema comercial ultramarino a lo largo del siglo. La primera medida adoptada fue el traslado de la Casa de la Contratación y el Consulado desde Sevilla a Cádiz, confirmando un movimiento que se estaba produciendo espontáneamente desde el siglo anterior (mayo de 1717). Seguidamente se procedió a la racionalización administrativa y fiscal del tráfico mediante la promulgación del Proyecto de Flotas y Galeones de abril de 1720. Y, a continuación, se trató de incrementar el volumen del comercio incluyendo en el sistema a las regiones americanas marginales, mediante la creación de compañías privilegiadas, las más importantes de la cuales fueron la Guipuzcoana de Caracas (septiembre de 1728, para Venezuela), la de La Habana (diciembre de 1740, para Cuba) y la de Barcelona (mayo de 1755 y ordenanza en abril de 1756, para Santo Domingo y Puerto Rico), más la de Filipinas (marzo de 1785), que radicada en la metrópoli venía a sumarse al comercio tradicional del galeón de Manila con base mexicana y una de cuyas misiones era atender el desarrollo del archipiélago.

Este periodo de saneamiento mercantilista del comercio ultramarino (que en cualquier caso no acabó con la dependencia de las exportaciones gaditanas respecto de los suministros extranjeros) culminaría con la implantación del más flexible sistema de registros sueltos (o barcos que no navegaban en conserva de la flota) que, impuesto por la larga guerra con Inglaterra de mediados de siglo (1739-1748), acabaría por convertirse en una adquisición permanente. Los registros sueltos marcaban el camino para una segunda etapa de liberalización comercial, que significaba sobre todo la apertura de distintas regiones americanas al comercio directo desde diversos puertos españoles. El Reglamento de Comercio Libre de Barlovento (octubre de 1765) abrió a nueve puertos metropolitanos (Barcelona, Alicante, Cartagena, Sevilla, Málaga, La Coruña, Gijón y La Coruña, más el de Cádiz), el área del Caribe, con ampliaciones posteriores a Canarias, a Yucatán y a Nueva Orleáns, que había pasado a poder de España.

Más importante fue el Reglamento de Libre Comercio de 1778 (octubre, precedido por otro de menor alcance en febrero), que permitió el tráfico directo entre veintidós puertos americanos (prácticamente todos, excepto los de Venezuela y Nueva España, que se incorporarían al nuevo régimen en 1789) y trece puertos españoles (los anteriores, más Palma de Mallorca, Los Alfaques de Tortosa, Almería y Santa Cruz de Tenerife), con el propósito de quebrar el monopolio gaditano y facilitar la exportación de productos nacionales procedentes de las distintas regiones. El Libre Comercio se saldó con un éxito considerable durante los años en que funcionó en paz (1782-1796): multiplicó las exportaciones (y el porcentaje de los productos nacionales en el conjunto), multiplicó las importaciones (más diversificadas que en épocas anteriores), incrementó considerablemente la flota colonial (y el número absoluto y el porcentaje de las unidades de fabricación nacional dentro del conjunto) y contribuyó poderosamente al equilibrio de la balanza comercial y de la balanza de pagos española. Los resultados fueron diversos según las regiones, pues mientras la participación de algunos puertos fue nula (Almería) o casi nula (Cartagena), otros mantuvieron un tráfico de un volumen inusitado (Málaga y, sobre todo, Barcelona), aunque Cádiz siguió beneficiándose inercialmente de su posición de partida y controlando las tres cuartas partes del tráfico. La crisis del Libre Comercio se debió a la prolongación de los enfrentamientos con Inglaterra (de modo ininterrumpido entre 1797 y 1808, salvo el paréntesis de la Paz de Amiens, 1802-1804), que desarticuló el sistema de comunicaciones, disparó el tráfico interregional americano y permitió el comercio directo de los extranjeros, bajo la equívoca voz del «comercio de neutrales». Un factor más a sumar a la crisis del reinado de Carlos IV.

LA DEFENSA DE LA SOCIEDAD TRADICIONAL

Si el fomento de la economía fue objetivo prioritario de la política reformista, en cuanto que permitía el reforzamiento de los cimientos materiales de la Monarquía, incrementando, por un lado, los ingresos de la Hacienda pública y generando, por otro, una prosperidad generalizada que garantizaba la paz social, las novedades introducidas en el terreno de las relaciones sociales sólo podían ser aceptadas si contribuían al objetivo de consolidar la economía, pero nunca si alteraban las estructuras tradicionales, es decir, el predominio de las clases dominantes privilegiadas sobre el conjunto de los grupos que integraban el estado llano. De este modo, el reformismo social de los Borbones quedó limitado a algunas medidas cosméticas y al fomento de una más favorable consideración del trabajo productivo. Por ello, la crítica social provino de algunos escritores ilustrados, que manifestaron ideas más avanzadas que las que los gobernantes estaban dispuestos a consentirse.

Las bases económicas de la nobleza y sus plataformas de poder continuaron así intactas en el transcurso del siglo XVIII. Tan sólo puede observarse una tendencia al crecimiento numérico (en todo caso controlado) de los títulos nobiliarios (más de cien Grandes de España, más de quinientos nobles titulados en 1787) frente a la desvalorización numérica y social de la hidalguía, desprestigiada por su escasa contribución al progreso general. En este contexto, la Orden de Carlos III (septiembre de 1771), pese a su divisa *Virtute et Merito,* quedó reservada exclusivamente para nobles, aunque sirviera sobre todo para recompensar servicios prestados, singularmente en la administración, constituyendo por tanto una medida a incluir dentro del mismo contexto que la creación de las Maestranzas de Caballería, órgano colectivo destinado a la conservación de los privilegios y de las virtudes militares de la aristocracia. En cualquier caso, la transmisión meramente biológica de la nobleza empezó a parecerles a algunos escasa justificación del carácter ejemplar de una clase dirigente, a la que se le exigió otras cualidades que favoreciesen la aceptación de su posición dominante en el seno de la sociedad.

El clero mantuvo asimismo intactas las bases de su preeminencia social y económica. En la Corona de Castilla, la Iglesia poseía a mediados de siglo el 15% de las tierras (por las que obtenía el 24% del producto bruto de la agricultura, lo que significaba que eran de la mejor calidad) y recibía el 10% del producto de la ganadería y el 73% de los censos y las rentas hipotecarias y vitalicias, a todo lo cual había que sumar su inmenso patrimonio inmobiliario y artístico. Además, seguía incrementando sus propiedades, gracias a los cuantiosos ingresos percibidos en concepto de diezmos, donaciones, limosnas y estipendios y gracias al sistema de amortización que permitía una acumulación irreversible. Del mismo modo, el clero aumentó su número al ritmo del crecimiento demográfico, contándose hacia 1768 casi ciento cincuenta mil religiosos, a los que había que añadir veinticinco mil ministros subalternos. Y su implantación en la sociedad permaneció inalterable, pese a las medidas del gobierno frente al clero regular (restricción en la demanda de limosnas, limitación del trabajo directo de los monjes granjeros o artesanos, cierre de conventos con recursos escasos) y frente a las cofradías, que fueron objeto de la constante enemistad de Campomanes. Y pese también a la difusión de una literatura ilustrada sumamente crítica contra los privilegios, el modo de vida y la actuación pública del estamento eclesiástico.

Una de las orientaciones del reformismo borbónico que más impronta social dejaron fue la promoción de la carrera militar. Su origen se halla en el nuevo prestigio adquirido por el ejército y la marina gracias a la tenaz política de reconstrucción de las fuerzas armadas llevada cabo durante todo el siglo, como enseguida veremos. A partir de ahí, Ensenada favoreció el ascenso de los *corbatas* o militares frente a los *garnachas* o juristas, dentro de una línea de progresiva presencia de la clase militar en todos los órganos de la administración, tanto en la corte como en los diferentes estados o incluso en América. Esta incorporación de los militares llegó a su máximo extremo con el gobierno del conde de Aranda (1767-1773), fundador de un verdadero partido apoyado en los nobles y los militares, pero tropezó con la oposición de los *golillas* (o también *manteístas*), es decir los funcionarios, normalmente de ascendencia hidalga y formación jurídica, que habían dedicado su vida profesional al servicio del Estado y que habían conquistado sus puestos en rivalidad con los colegiales, es decir, con los miembros de la nobleza que habían monopolizado durante el siglo anterior los cargos públicos. En cualquier caso, la victoria final de los funcionarios de carrera no significa otra cosa que el gobierno de los «medianos» bajo los Reyes Católicos, el reclutamiento de una clase política y burocrática al servicio del absolutismo monárquico y del régimen establecido.

Con respecto a las restantes clases sociales, tampoco la actitud de las autoridades reformistas difirió mucho de la de tiempos pretéritos. La deferencia manifestada hacia la burguesía mercantil y hacia la naciente burguesía industrial estuvo condicionada, como en el pasado, por su necesaria colaboración al proyecto de restablecimiento económico del país, pero nunca por una política favorable al ascenso de la burguesía, cuya mejor recompensa solía ser la promoción a las filas nobiliarias. En otro orden de cosas, el progreso de la industria concentrada motivó la lenta erosión del sistema corporativo, aunque los operarios de las primeras fábricas mantuvieron su etiqueta gremial y aportaron su saber tradicional a las nuevas manufacturas, mientras las preocupaciones reformistas se orientaban hacia la liberalización del trabajo en el sector industrial y a la proclamación de la honorabilidad del trabajo manual (tardíamente, en 1783) a fin de contrarrestar las concepciones imperantes que suponían un obstáculo al programa de reactivación de la economía. Éstas eran algunas de las escasas disposiciones que podían admitirse para proseguir la vía de una modernización del sistema productivo que había de operarse por medio de la innovación técnica y no del cambio social.

La pervivencia estructural del Antiguo Régimen se manifestó también en la política reformista frente a la marginación social. Los pobres, asimilados a los vagos o incluso a los delincuentes, recibieron el mismo tratamiento que en los siglos anteriores. Ignorando el origen social de la pobreza (la situación de desempleo o subempleo, tanto en el campo como en la ciudad), las autoridades se pronunciaron alternativamente por una solución asistencial (es decir, el encierro en hospitales y casas de misericordia) o una solución represiva (es decir, el encierro en las cárceles, el trabajo forzado en los arsenales y otros lugares o el enrolamiento forzoso en el ejército o la marina). No fue mejor el trato dispensado a los gitanos, perseguidos como siempre por el uso de su lengua y por su vida nómada, que fueron objeto de la terrible represión de Ensenada, cuyo draconiano decreto de 1746 les obligaba al avecindamiento obligatorio al arbitrio de las autoridades bajo pena de muerte, mientras que otra disposición dada en 1749 moderando los términos hizo que el acoso concluyera finalmente con la condena de varios miles de personas a trabajos forzados y su envío a las minas de Almadén y a los arsenales de la Marina. Tan sólo bajo el reinado de Carlos III se suavizaron las medidas contra los gitanos, aunque la equiparación con los cristianos viejos dictada en 1783 dependía una vez más del abandono del idioma y de la vida errante. También en el mismo reinado se registrarían las primeras medidas de tolerancia hacia una minoría judeoconversa, la de los chuetas *(xuetes)* mallorquines, contrastando con el recrudecimiento represivo contra los judíos de los años de Felipe V, cuando se celebraron los últimos autos de fe contra una minoría a punto de extinguirse absorbida por el conjunto de la población cristianovieja.

Pese a estos brotes de una mentalidad punitiva, la conflictividad social no alcanzó ni mucho menos las cotas de la centuria anterior, en buena parte debido a la favorable coyuntura económica y a la preocupación constante del gobierno por mantener la paz social. Además, muchos de los conflictos de intereses se resolvieron por la vía judicial, como ponen de manifiesto la multiplicación de los pleitos entablados por los campesinos castellanos contra los abusos de sus señores, el recurso a la magistratura en la polémica gallega por los despojos (la renovación de los foros a favor de sus usufructuarios) y en la polémica catalana sobre la *rabassa morta* (la controversia sobre la duración de los contratos entre propietarios y cultivadores de viñedos) o los contenciosos mantenidos por los pescadores contra el pago del diezmo de mar. Otras veces, el descontento popular opta por la solución individual del bandolerismo, que sigue manifestando su presencia en tierras catalanas, valencianas, vascongadas y, sobre todo, andaluzas, donde la figura del bandido generoso Diego Corrientes presenta ya los rasgos típicos de la etapa del bandolerismo romántico del siglo siguiente. No obstante, a veces los conflictos desembocan en revueltas abiertas, que siguen en general los modelos característicos del Antiguo Régimen, es decir los motines antifiscales, los motines de subsistencias y las revueltas campesinas, mientras otros responden a las condiciones nuevas creadas por la centralización administrativa, como los levantamientos contra las quintas o contra la aplicación de las matrículas.

El mejor ejemplo de motín antifiscal, teñido de defensa de las libertades forales como en otros casos, fue la *machinada* de 1718, originada, como ya adelantamos, por la pretensión gubernamental de trasladar las aduanas a los puertos del mar y a la frontera francesa (agosto de 1717) La agitación, que prendió en numerosos pueblos (agosto-noviembre de 1718), se cobró varias víctimas (entre los recaudadores de rentas y los negociadores del decreto de traslado), provocando además diversos ataques a notables, saqueos e incendios, hasta que la llegada del ejército permitió el restablecimiento del orden y la ejecución de varios de los dirigentes de la revuelta. Una solución de compromiso mantuvo el sistema aduanero limitado a la entrada de diversos artículos coloniales, hasta que el decreto fue finalmente retirado (parcialmente en 1722 y definitivamente en 1723).

El más importante suceso revolucionario de la España del siglo XVIII fue el llamado motín de Esquilache, que constituyó el último intento de los grupos más retardatarios de la sociedad tradicional para detener el proceso de reformas impulsado por la dinastía borbónica y avivado con la llegada de Carlos III. Sin embargo, el motín de Esquilache aprovechó la oportunidad del descontento provocado por la incidencia del decreto de libre comercio de granos de 1765 sobre una serie de sucesivas malas cosechas que habían generado un difuso malestar entre las clases populares. Dejando al margen las implicaciones políticas del levantamiento de Madrid contra Esquilache (marzo de 1766), el rosario de revueltas (a partir de abril) afectó tal vez a un centenar de poblaciones españolas, cobrando especial virulencia en Zaragoza (donde se persiguió a los acaparadores y se impuso la tasa y la venta pública del pan), en la provincia de Guipúzcoa, donde generó la segunda *machinada* del siglo (que reivindicó la baja del precio del pan frente a la burguesía comercial favorable a la abolición de la tasa y a la libre circulación del grano), y en el Reino de Valencia, donde, como en otras ocasiones, derivó hacia un levantamiento antiseñorial en Albátera (contra el marqués de Dos Aguas) y en Elche y Crevillente, contra el duque de Arcos y marqués de Elche. Más adelante, Barcelona se vio sacudida por otro motín de subsistencias, conocido como los *rebomboris del pà,* que, provocado por la pésima cosecha de 1788 y dirigido por grupos surgidos del proletariado industrial en formación, fue rápidamente sofocado (mayo de 1789).

Aunque en la *machinada* de 1766 hubo también participación campesina y aunque fueron campesinos los principales protagonistas de los motines valencianos, el mejor ejemplo de levantamiento rural fue el que sacudió una vez más las tierras valencianas en 1801. Sus protagonistas fueron esencialmente los jornaleros del arroz de las comarcas de la Ribera Alta y la Huerta de Valencia (dirigidos por un legendario y anónimo Pep de l'Horta), que reivindicaron fundamentalmente la abolición de los derechos feudales con el ritual característico de la destrucción de escudos nobiliarios, horcas y otros signos de la jurisdicción señorial y el saqueo de los archivos donde se custodiaban los títulos justificativos de las exacciones. La represión señorial fue tan rigurosa que hubo de ser mitigada posteriormente por la justicia real. Aunque aislado, el movimiento representa el descontento de la población campesina contra la pervivencia de una estructura de la propiedad y unas formas de explotación que parecían incompatibles con el proclamado programa de reformas.

Si los motines antifiscales, antiseñoriales y de subsistencias prolongan los modos tradicionales de la contestación social, los motines contra las quintas tienen su origen en la reforma del sistema de reclutamiento militar, que sustituyó al ejército de mercenarios voluntarios por la leva forzosa entre una población que se había mantenido alejada de cualquier prestación de tipo militar desde tiempos de los Reyes Católicos. Los levantamientos más importantes de este tipo se suceden en Barcelona *(aldarull de les quintes,* mayo 1773), en Valencia (motín contra el sorteo de quintos con destino a la formación de milicias provinciales, en agosto de 1801, con repercusión en Castellón, Segorbe y Alcira) y en Bilbao *(zamacolada* que subleva a las anteiglesias de Begoña, Deusto, Baracaldo y Abando contra un presunto plan de recluta militar, de agosto a septiembre de 1804, aunque el ejército enviado se mantuvo hasta septiembre de 1807). Una situación similar se crea también con la implantación de la Matrícula de Mar (enero de 1751), que impone a los gremios de mar y de maestranza el servicio obligatorio en la Armada, originando una resistencia pasiva que se salda a veces con la huida de los afectados a la llegada del inspector de Marina y en alguna ocasión con la revuelta abierta contra las autoridades, como ocurre en Lloret, en la Costa Brava, durante la llamada *revolta dels Joseps* (febrero de 1788). En todos los casos se trata, pues, de la respuesta de regiones forales de escasa tradición militar frente a la imposición centralizadora del Estado absolutista.

La centralización administrativa

El reformismo ilustrado significaba también un proceso de racionalización y centralización administrativa, con el objetivo de robustecer el poder de la

Monarquía absoluta. En este sentido, los Borbones trataron de uniformar el sistema institucional en detrimento de las constituciones particulares de los distintos estados que componían la Monarquía hispánica, instauraron un nuevo sistema de gobierno concentrando las decisiones políticas en las secretarías de Estado, controlaron de un modo más firme las provincias mediante la figura del intendente, asentaron de un modo más enérgico la superioridad del Estado sobre la Iglesia acentuando la tendencia regalista de la dinastía anterior y destinaron la mayor parte de los ingresos obtenidos de una Hacienda más eficaz a la tarea de potenciar todos los instrumentos de la política exterior, desde el ejército y la marina a la diplomacia, con el objeto de conservar el Imperio e incluso revisar algunas de las cláusulas más onerosas de Utrecht.

La Nueva Planta de la Corona de Aragón

La revisión de la constitución federal de España fue mucho más profunda de lo que se había atrevido a imaginar un Olivares, gracias singularmente al derecho de conquista esgrimido frente a los estados rebeldes de la Corona de Aragón. Aun así, no se procedió a la completa homogeneización institucional del territorio (tarea que correspondería a la Monarquía liberal), sino sólo a la abolición del sistema foral de cada uno de los reinos y a la implantación de un nuevo régimen que respondiese a las exigencias del absolutismo ilustrado. Aunque con algunos matices según el momento de la instauración de los decretos de Nueva Planta en los distintos estados (junio de 1707 para Valencia y Aragón, noviembre de 1715 para Mallorca y enero de 1716 para Cataluña), que implicó para el reino valenciano la pérdida de su derecho privado propio (mientras lo conservaban los demás), el nuevo marco institucional contemplaba la instauración de un gobierno presidido por el capitán general, sucesor del antiguo virrey, que era a la vez comandante militar y gobernador general, aunque debía contar con las atribuciones de gobierno concedidas a las audiencias junto a las judiciales para constituir el Real Acuerdo, que en la práctica fue una diarquía muy descompensada en favor de la autoridad militar. Del mismo modo, la Nueva Planta local implicaba la supresión de los viejos consejos municipales de Valencia, Zaragoza, Palma de Mallorca y Barcelona, al tiempo que establecía el sistema de corregimientos, abolía las asambleas municipales, imponía la designación de todos los cargos por la autoridad real e implantaba la figura del regidor vitalicio en las principales ciudades de los distintos reinos. La remodelación de Hacienda significó la transferencia de la gestión fiscal a manos del intendente, que se hizo cargo de los ingresos correspondientes al monarca, los ingresos percibidos por las viejas instituciones forales y los nuevos impuestos creados para equiparar la carga impositiva con la castellana, llamados equivalentes o catastros. Finalmente, se suprimían las Cortes separadas y se decretaba la incorporación de los representantes de Aragón y Valencia (1709) y más tarde de Cataluña y a través de ella de Mallorca (1724) a las Cortes de Castilla, que pasaban a ser unas verdaderas Cortes españolas con la salvedad de Navarra. Si la uniformización no llegó a ser completa en los territorios aragoneses y si se mantuvieron las autonomías de las muy castellanizadas provincias vascongadas (con las diputaciones forales de Álava, Vizcaya y Guipúzcoa) y del Reino de Navarra (con sus Cortes separadas), la Nueva Planta de la Corona de Aragón, que no dejó de suscitar resistencias en los antiguos estados forales, significó sin duda un nuevo paso adelante en la construcción de un Estado centralizado y también en el largo proceso de la unidad de España.

Los nuevos órganos de gobierno

La máxima innovación del siglo en el sistema de gobierno fue la creación de las secretarías de Estado, a partir de la división en cuatro departamentos de la vieja Secretaría del Despacho Universal (instaurada en 1621). Las secretarías de Estado se convertirían en el órgano de gobierno por excelencia a todo lo largo del siglo, desdibujando el papel de los consejos, algunos de los cuales serían sencillamente suprimidos (los territoriales de Flandes, Italia y Aragón, más el de Cruzada), mientras otros eran marginados de las decisiones de importancia (Estado, Indias, Guerra, Inquisición, Órdenes). Tan sólo el Consejo de Castilla mantuvo sus extensas atribuciones en el diseño de la política interior de Castilla y de toda España, además de continuar siendo el órgano rector de la función pública mediante el nombramiento de los oficiales (a través de la Cámara de Castilla) y el tribunal supremo del reino.

Sistema de secretarías de Estado bajo Felipe V (1721)

Secretaría de Estado (Primera Secretaría)
Secretaría de Gracia y Justicia
Secretaría de Hacienda
Secretaría de Guerra
Secretaría de Marina e Indias

Las secretarías de Estado no fueron siempre las mismas, pero su número y su especialización no variaron demasiado a lo largo del siglo. La primera secretaría fue siempre la llamada por antonomasia de Estado, que se ocupaba esencialmente de la política exterior, pero que fue asumiendo la dirección de otros asuntos generales de política interior, hasta el punto de que su titular llegó a ser un auténtico primer ministro, sobre todo con Floridablanca. Las restantes secretarías estuvieron más circunscritas a sus respectivos ramos, de modo que la de Guerra se ocupó de los asuntos militares, mientras la de Gracia y Justicia se ocupaba de las cuestiones judiciales, eclesiásticas y educativas (sobre todo, en este último caso, las referentes a las universidades) y, finalmente, la de Marina e Indias atendía sobre todo a la defensa y administración de los territorios ultramarinos, cuestión que adquirió tanta importancia que indujo a segregar una secretaría individualizada de Indias (entre 1776 y 1790). Finalmente, el

Consejo de Hacienda quedó asimilado de hecho a una quinta secretaría, que repartió sus competencias con la Superintendencia de Hacienda. Dando un paso más, las secretarías acabaron integrando también un organismo superior, la Junta Suprema de Estado (1787-1792), que, presidida por el titular de la primera secretaría y hasta su supresión durante el segundo gobierno del conde de Aranda, funcionó como un verdadero consejo de ministros, que en efecto tiene en ella su precedente inmediato.

Si las secretarías de Estado significan un gran progreso en la centralización de las decisiones políticas, la autoridad real se hizo sentir en las provincias a través de la figura del intendente, una novedad gestada en el transcurso de la guerra de Sucesión que acabó consolidándose plenamente a partir de 1718. El intendente acumulaba cuatro funciones básicas (la hacienda, la guerra, la justicia y la «policía», es decir las cuestiones de abastecimientos, sanidad, obras públicas y urbanismo), aunque después de una serie de vacilaciones tendieron a concentrarse en la administración de los impuestos, el mantenimiento de las fuerzas militares y, además, las tareas de fomento, que llegaron a ser muy amplias, incluyendo la información económica, la elaboración de estadísticas, la propuesta de medidas concretas y la transmisión de proyectos a los organismos centrales, como la Junta General de Comercio y Moneda.

Los municipios fueron perdiendo atribuciones ante el avance del intervencionismo estatal, que se dejó sentir poderosamente, como vimos, en la Corona de Aragón, pero también en Castilla, donde se mantuvo y aun se acentuó el carácter aristocrático de su composición y donde la hacienda real pasó a controlar los bienes de propios e incluso la totalidad de la hacienda municipal, especialmente a partir del reinado de Carlos III. La única novedad sobresaliente fue la llamada reforma municipal de 1766, promovida como respuesta a los sucesos de aquel mismo año, que creó los cargos populares y electivos del diputado del común (encargado de la administración de los abastos públicos) y el síndico personero (responsable de la defensa de los vecinos frente a los posibles abusos de los corregidores y demás autoridades locales), aunque ambos magistrados tropezaron con la hostilidad y el menosprecio de las oligarquías tradicionalmente usufructuarias de las regidurías vitalicias. Menos alcance tuvo, tras la división de las ciudades más populosas en cuarteles y barrios, la creación de los alcaldes de barrio, también de extracción popular y encargados de la vigilancia de sus respectivos distritos.

El reforzamiento del regalismo

Las relaciones entre el Estado y la Iglesia se movieron dentro de las coordenadas regalistas ya diseñadas por los reyes de la casa de Austria y revigorizadas ahora por el ejemplo de los demás monarcas ilustrados, que también trataron por todos los medios de imponer su autoridad sobre sus respectivas iglesias. En este sentido, la ruptura con Roma tras el reconocimiento del pretendiente por el papa Clemente XI (enero de 1709) permitió una renegociación de los términos de la relación, sucesivamente en 1717, 1737 y 1753. El concordato firmado en este última fecha (enero) amplió prácticamente el derecho de patronato del rey en Granada y América a la totalidad de los territorios españoles, poniendo así a su disposición la adjudicación de unos cincuenta mil beneficios, muchos de ellos dotados con cuantiosas rentas. Del mismo modo, el gobierno español mantuvo en Roma no sólo a un embajador normalmente muy bien seleccionado, sino también una Agencia de Preces (1778), que debía negociar las cuestiones con implicaciones materiales y espirituales al mismo tiempo. La preeminencia de la autoridad política se manifestó asimismo en el nuevo marco de relación establecido con el Santo Oficio, que hubo de plegarse a la voluntad del soberano en una serie de polémicas resonantes (prohibición de suprimir del *Índice* la *Historia pelagiana* del agustino Enrico Noris en 1747, destierro del inquisidor Manuel Quintano por aceptar la condena papal del catecismo del abate François-Philippe Mésenguy sin la expresa autorización del rey en 1761, etcétera), así como negociar los procesos interpuestos contra ministros allegados al soberano, admitir la limitación de sus atribuciones en materia de censura (1768) y en el plano judicial (1770) y, sobre todo, aceptar su utilización por parte de Carlos III como una verdadera oficina de control ideológico mucho más de orden político que religioso, función que se vería elevada a su máxima expresión a partir del estallido de la Revolución Francesa. Finalmente, Roma hubo de ceder a los requerimientos del monarca en la ocasión de la expulsión de los jesuitas, como veremos más adelante.

Hacienda, Ejército y Marina

La reforma más importante de la Hacienda fue la llevada a cabo en los territorios de la Corona de Aragón tras el final de la guerra de Sucesión. La incorporación de los impuestos tradicionales a la hacienda real fue seguida de la implantación de un nuevo gravamen que debía resultar equivalente en cuantía a las rentas provinciales castellanas, concebido como el instrumento para paliar la desigualdad contributiva entre los diversos estados. La nueva figura, bajo diversas denominaciones (catastro de Cataluña, equivalente de Valencia, contribución única de Aragón y talla de Mallorca), consistía en un impuesto sobre la propiedad agraria y sobre las actividades industriales y comerciales, cuya recaudación debía alcanzar el monto calculado por la administración. De este modo, si una primera estimación excesivamente elevada (quizás con afán punitivo) hizo gravoso el nuevo impuesto, la posterior reducción del cupo unida al distanciamiento de las revisiones periódicas y al alza de precios experimentada a lo largo de la centuria lo convirtió en una contribución estable y cada vez más llevadera, lo que unido a la justicia en la distribución de la carga y a la universalidad de la aplicación lo convirtió en un modelo a proponer para la reforma de la arcaica hacienda castellana.

La hacienda castellana, en efecto, continuaba funcionando de acuerdo con el sistema de agregación de contribuciones dispares que los Austrias habían heredado de los Reyes Católicos. Los Borbones manifestaron naturalmente también en este campo su voluntad reformista, tanto más dado que un aparato fiscal eficiente era condición indispensable para mantener los instrumentos de la política internacional, pero sus esfuerzos en este sentido no tuvieron ni el vigor ni la continuidad para obtener los resultados deseados. Así, las medidas más importantes adoptadas a lo largo del siglo fueron la simplificación y regularización de la administración fiscal, la sustitución del sistema de arrendamiento de impuestos por la gestión directa (rentas generales desde 1740, rentas provinciales y estancos desde 1749, bienes de propios desde 1760) a cargo de los funcionarios reales (oficiales de la secretaría de Hacienda, corregidores, intendentes, más funcionarios del Consejo de Castilla para los bienes de propios), la fundación del Real Giro como oficina de pagos al exterior (agosto de 1752) y la creación de algunas nuevas fuentes de ingresos, como la lotería (agosto de 1763).

Sin embargo, el gran proyecto de reforma hacendística como alternativa a las rentas provinciales fue el de la Única Contribución. En efecto, el catastro implantado en Cataluña por José Patiño había ya suscitado la admiración de algún tratadista, como Miguel Zabala, que en su *Miscelánea económico-política* (1732) lo había propuesto como base para una reorganización racional de la Hacienda pública castellana, alabando sus virtudes de simplicidad y de equidad en el reparto de los gravámenes. Así, la propuesta sería retomada por el marqués de Ensenada, quien inició (a partir de 1749) la fase previa de información que permitiría levantar el Catastro, una extensa recopilación de datos sobre la población y la riqueza del Reino de Castilla que debía servir de base para la implantación del nuevo impuesto. Sin embargo, el ingente material acumulado y el enorme esfuerzo realizado no bastaron para vencer las resistencias suscitadas entre los privilegiados, de modo que, después de algunas discusiones teóricas de no mucha altura, los libros se archivaron y el proyecto nunca pudo ser llevado a la práctica. El resultado de la falta de una verdadera reforma fiscal sería finalmente la quiebra de la hacienda real a fines de siglo, uno de los hechos que contribuirían a la crisis del Antiguo Régimen.

En cualquier caso, el viejo aparato financiero de la Corona española respondió bien a las medidas de racionalización administrativa, al tiempo que la bonanza económica del siglo y la recuperación de las remesas metálicas procedentes de América repercutían también favorablemente en los ingresos de la Hacienda. De este modo, la Monarquía pudo atender a sus gastos, que se repartieron como antaño entre las obligaciones cortesanas, la burocracia y, sobre todo, el ejército y la marina, que absorbían en 1778 el 72% del presupuesto, frente al 11% de la corte y el 17% del resto de la administración central. Este crecimiento fiscal permitiría, por tanto, realizar los proyectos de creación de un ejército permanente y de renovación de la marina de guerra, las apuestas más importantes de los sucesivos gobiernos reformistas.

Las reformas acometidas en el ejército se refirieron a la reorganización de las unidades, a la promulgación de una normativa de carácter general, a la instauración de un nuevo sistema de reclutamiento y a la nacionalización y multiplicación de los efectivos. En el primer caso, el hecho más importante fue la sustitución de los tercios por regimientos, a la par que se fortalecía la artillería y se creaba el arma de ingenieros, llamada a desempeñar un papel relevante como cuerpo técnico al servicio del proyecto de modernización. Por otra parte, la primera normativa militar de carácter general de la historia española fueron las famosas Ordenanzas de Carlos III (1768), que estuvieron en vigor hasta bien entrado el siglo XX. El reclutamiento combinó el voluntariado (que siempre fue el primer recurso para la constitución de las unidades) con el nuevo sistema del servicio militar obligatorio (o sistema de quintas, por cuanto era elegido por sorteo uno de cada cinco hombres en edad militar), medios ordinarios a los que se sumaban las levas forzosas de vagabundos y otras clases de marginados. También hay que destacar la formación de un cuerpo de milicias provinciales que debía funcionar como tropa auxiliar para la defensa del propio territorio y cuyo reclutamiento, como ya vimos, tropezó con dificultades en algunas provincias periféricas. La tendencia a la nacionalización del ejército no pudo ver cumplidos sus objetivos, pues, aunque aumentó el porcentaje de soldados españoles, las unidades siguieron estando compuestas por voluntarios suizos, valones, irlandeses o italianos. Por su parte, los efectivos aumentaron hasta la constitución de un ejército permanente que a finales de siglo contaba con más de cien mil hombres, mientras la mayor atención dedicada a las fortalezas y los presidios cerraba el cuadro de los esfuerzos realizados para mejorar la defensa del territorio. Finalmente, la preparación de los cuadros encontró respuesta en la creación de diversas academias militares, como la de Matemáticas de Barcelona (1720, para el arma de ingenieros), la de Artillería de Segovia (1764), la de Infantería de Ávila (1774) y la de Caballería de Ocaña (1775).

La reforma de la Marina se acometió en tres frentes, identificados por la necesidad de contar con barcos, con oficiales y con tripulaciones. Como preámbulo, la reorganización administrativa se inició con la supresión de las distintas armadas y la constitución de una Armada Real (1714), siguió con la creación de los tres departamentos marítimos de Ferrol, Cartagena y Cádiz (1726), que se subdividirían a partir de 1748 en provincias marítimas con un ministro de Marina a la cabeza de las más importantes, y con la instauración del Almirantazgo (marzo de 1737, como vértice de la jurisdicción de Marina, bajo la cual entrarían los sujetos de la matrícula, cuyos derechos y deberes se especificaban, por más que la completa implantación del sistema hubiese de aguardar hasta 1751), y se cerró con la redacción de unas Ordenanzas de la Armada (1748) que sin embargo nunca serían promulgadas (salvo en lo concerniente a la Matrícula, que componía el título III del tratado X del texto normativo). La construcción de barcos de guerra, realizada a principios de siglo por el sistema de asientos con empresarios particulares, fue pasando a la administración directa del Estado a medida que empezaron a funcionar los arsenales establecidos en los tres departamentos marítimos (Ferrol, Cartagena y La Carraca junto a Cádiz), a los que hay que sumar el arsenal de La Habana (construido a partir de 1723), el más importante del Imperio, y otros astilleros reales que trabajaron tanto para la marina mercante como de guerra a lo largo del siglo (Guarnizo en Cantabria, Zorroza en Vizcaya, Pasajes en Guipúzcoa, etcétera), de tal modo que a finales de siglo (1792) la Armada podía contar con 80 navíos de línea (de 58 a 112 cañones) y 14 fragatas de guerra. La formación de la oficialidad fue encomendada fundamentalmente a la Escuela de Guardias Marinas de Cádiz, que se convirtió, al igual que la Academia de Matemáticas para la formación de ingenieros militares de Barcelona, en un gran centro científico y técnico a lo largo del siglo, induciendo así a la creación de otros dos establecimientos semejantes en Cartagena y Ferrol, ya más tardíamente (1776). Finalmente, la Ordenanza de Matrícula de enero 1751 (que siguió a la famosa Ordenanza de Montes de enero 1748), perfeccionando normativas anteriores, declaraba obligatorio el servicio en la marina de guerra para la gente de mar (marineros y pescadores) y para la gente de maestranza (carpinteros de ribera y calafates), lo que permitiría contar con las tripulaciones adecuadas en los momentos de guerra, aunque a costa de causar los lógicos perjuicios al sector pesquero, a la marina mercante y al comercio marítimo.

Sin ninguna duda, los distintos gobiernos borbónicos obtuvieron grandes éxitos en la política de centralización y racionalización administrativas. Sin embargo, junto a las novedades indudables, también en este terreno el Antiguo Régimen se siguió manifestando a través de múltiples permanencias. Así, la mayoría de los consejos del viejo sistema polisinodal continuaron en funciones pese a la duplicación que suponía su coexistencia con las nuevas secretarías de Estado, la legislación siguió constituyendo una floresta de órdenes y contraórdenes particulares (pese a los esfuerzos recopiladores que se plasmaron en la *Novísima Recopilación de las leyes de España,* 1805), la diversidad de las jurisdicciones siguió creando problemas de precedencia legal y alargó espectacularmente los procesos, la selva del sistema fiscal no dejó de dar continuos quebraderos de cabeza a industriales y comerciantes, el mapa territorial continuó siendo un perfecto laberinto objeto de escándalo para los escritores ilustrados. También aquí pueden observarse, por tanto, los límites del reformismo.

Los equipos de gobierno y la política interior

La guerra de Sucesión impuso un gobierno provisional, que funcionó bajo la influencia de los consejeros franceses enviados por Luis XIV, la princesa de los Ursinos en la corte, Jean Orry en la administración de hacienda y el vizconde de Amelot para la dirección de la política internacional, aunque no debe olvidarse la personalidad de Melchor de Macanaz, cuya obra de gobierno anunciaba el espíritu que habría de presidir la vida política española a todo lo largo del siglo. El fin de la guerra y el nuevo matrimonio de Felipe V trajeron consigo la presencia del italiano Julio Alberoni (1714-1719), encargado fundamentalmente de dirigir la política de recuperación de los territorios europeos cedidos en Utrecht, misión también desempeñada por el holandés barón de Ripperdá años más tarde (1725-1726). Este carácter de interinidad de la política española, que se vería acentuado por la abdicación de Felipe V en su hijo Luis I (enero de 1724), relacionada tal vez con la sucesión al trono francés, y por su reasunción de la Corona tras la rápida muerte del nuevo soberano (agosto de 1724), terminaría con la llegada al poder de José Patiño, que inaugura una serie de primeros ministros españoles de ascendencia hidalga y formación jurídica que (salvo excepciones, como las de Carvajal o el conde de Aranda, de más alta extracción) llevarían a cabo las principales reformas económicas y políticas del siglo.

José Patiño (1726-1736), que hubo de afrontar otra crisis personal del soberano (saldada con el traslado de la corte a Sevilla, que vivió así su «lustro real», de 1729 a 1733), se distinguió por su labor en la racionalización de la hacienda, en el fortalecimiento de la marina y en la dirección de la política internacional. Más breve fue el mandato de José del Campillo (1741-1743), cuya muerte dio entrada en el gobierno a una de las grandes personalidades políticas del siglo, el marqués de Ensenada (de extracción hidalga y ennoblecido *a posteriori)*, a quien se debe el gran impulso reformista del reinado de Fernando VI, gracias a sus atrevidos proyectos (como el de la Única Contribución) y a sus brillantes realizaciones, como la firma del Concordato de 1753 o la completa renovación de la Armada. Su caída, promovida tal vez por el embajador inglés, asustado por el éxito de la reconstrucción naval (en connivencia con Ricardo Wall, que había sustituido en la secretaría de Estado a José de Carvajal, en activo desde 1746 hasta su muerte en 1754), abrió un periodo de interinidad que la enfermedad mental del rey prolongaría hasta su muerte y la llegada al trono de su sucesor.

Carlos III, hermano de Fernando VI y hasta entonces rey de Nápoles, representa el momento culminante del reformismo ilustrado. Su segundo equipo de gobierno (el primero fue esencialmente continuista) ya era suficientemente expresivo de esta voluntad, integrado como estaba por los italianos marqueses de Grimaldi en Estado (sustituyendo a Wall en 1763) y de Esquilache (Squillace) en Guerra y Hacienda y los españoles Julián de Arriaga en Marina e Indias (herencia del reinado anterior), Manuel de Roda en Gracia y Justicia (a partir de 1765) y Pedro Rodríguez Campomanes desde su más modesto cargo de fiscal del Consejo de Castilla. Su actuación iba a tropezar pronto con la hostilidad de los grupos contrarios al reformismo, que aprovecharían la conmoción popular originada por la carestía de 1766 para dotar de contenido político al levantamiento que se conoce como el motín de (o contra) Esquilache (marzo de 1766).

En efecto, el malestar por la penuria de trigo confluyó en Madrid con el sentimiento xenófobo contra los ministros extranjeros y con la irritación ante la drástica imposición de una serie de medidas de orden público (que implicaban la prohibición del uso de la capa larga y el sombrero chambergo por motivos de seguridad) para el estallido de la revuelta, que obligó al rey a aceptar las peticiones de los sublevados (que incluían el destierro de Esquilache) y a huir precipitadamente de la capital. El conde de Aranda, cabeza visible de un partido aragonés (por su procedencia geográfica) o militar (por su ascendencia nobiliaria), fue el encargado de ponerse a la cabeza de un nuevo gobierno para hacer frente a la crisis, restablecer el orden público (que a partir de ahora sería garantizado por el despliegue de una fuerza militar de quince mil hombres en los alrededores de la corte), procesar a los amotinados y dirimir las responsabilidades investigando la condición de los instigadores que se ocultaban tras la sublevación popular, aunque en este último aspecto nunca se llegó a una conclusión clara, por más que se implicase al marqués de Ensenada (lo que reducía el conflicto a una simple conspiración cortesana por el control del poder) y a la Compañía de Jesús, lo que significaba otorgarle finalmente un significado político conservador.

Los agravios contra los jesuitas se concretaban en su doctrina moral laxista (que tropezaba con el rigorismo jansenista que estaba desarrollándose en los medios eclesiásticos favorables a las reformas), en su teoría política reticente al fundamento y a la práctica del absolutismo y en su oposición al regalis-

GENEALOGÍA DE LA CASA DE BORBÓN
(Desde Felipe V hasta Fernando VII)

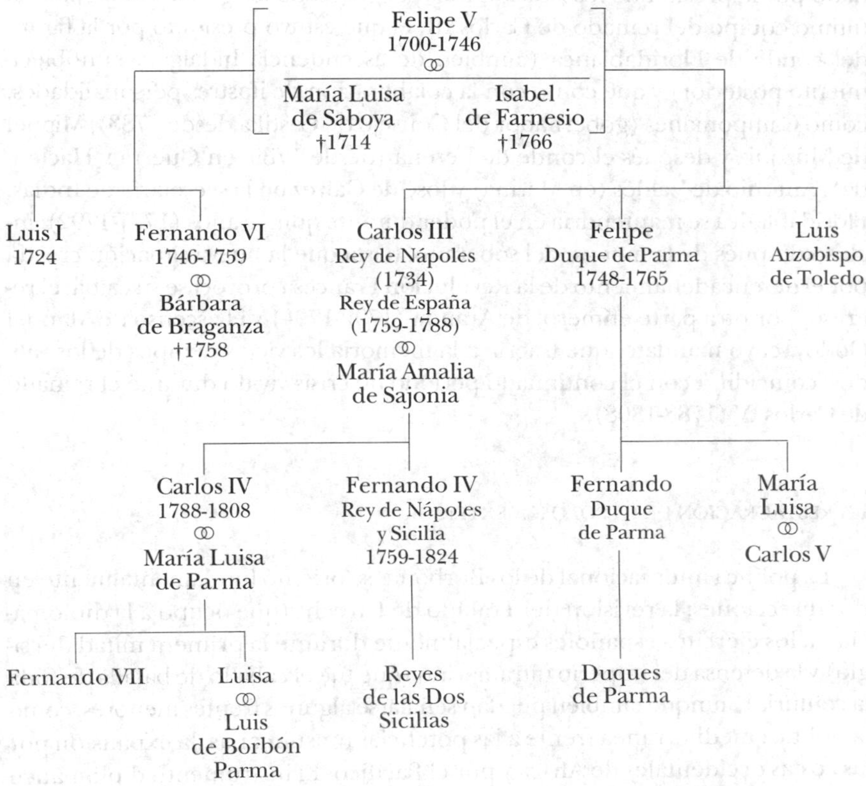

mo como consecuencia de su voto de obediencia al papa. De esta forma, tras el dictamen de una comisión creada específicamente para valorar la cuestión, y contando con el apoyo de una parte considerable del episcopado y de las órdenes religiosas rivales, se dictó el decreto de extrañamiento de la Compañía (febrero de 1767), que expulsaba a sus miembros de todos los dominios de la Corona española. Las consecuencias, al margen de los sufrimientos infligidos a una comunidad integrada en su mayoría por súbditos fieles de la Corona y que contaba con una notable representación de destacados intelectuales, se dejaron sentir sobre todo en el ámbito de la enseñanza, al quedar sin profesorado las numerosas fundaciones docentes regentadas por la Compañía, tanto en España como en América, donde además quedaron desprotegidas las poblaciones indígenas amparadas por el sistema de las reducciones, una de las variantes más humanitarias de la colonización española en el Nuevo Mundo. Finalmente, la persecución terminó con la supresión de la orden, decretada por Roma tras atender las presiones diplomáticas de España (julio de 1773).

La expulsión de la Compañía de Jesús vino así a ser la consecuencia más relevante del motín, que en cualquier caso no consiguió su propósito de frenar el proceso de reformas, que proseguiría con redoblada energía a lo largo de las décadas siguientes. El gobierno del conde de Aranda (1767-1773), erosionado por la presión de los funcionarios (el grupo de los *golillas),* dejó paso al último equipo del reinado de Carlos III, el que estuvo presidido por la figura del conde de Floridablanca (también de ascendencia hidalga y ennoblecimiento posterior) y que contó con la colaboración de ilustres personalidades, como Campomanes (gobernador del Consejo de Castilla desde 1783), Miguel de Múzquiz y después el conde de Lerena (desde 1785, en Guerra y Hacienda), Antonio de Valdés (en Marina) y José de Gálvez en la secretaría de Indias. Floridablanca se mantendría en el poder durante quince años (1777-1792), incluso después de la muerte del soberano, hasta que la nueva situación creada por el desencadenamiento de la Revolución Francesa provocase su caída, el regreso, por otra parte efímero, de Aranda (1792-1794) y el ascenso de Manuel Godoy, cuyo mandato, que traería a la memoria los viejos tiempos de los validos, coincidiría con el continuado periodo de crisis vivido durante el reinado de Carlos IV (1788-1808).

LA RESTAURACIÓN DE LA POLÍTICA EXTERIOR

La política internacional de los Borbones se orientó fundamentalmente en dos direcciones: la revisión del Tratado de Utrecht (que ocupó a la diplomacia y a los ejércitos españoles especialmente durante la primera mitad del siglo) y la defensa del Imperio ultramarino (que fue el caballo de batalla de toda la centuria), aunque también puedan señalarse algunos frentes menores, como la política mediterránea frente a las potencias musulmanas, la expansión por las costas occidentales de África y por el Pacífico. El instrumento diplomático más utilizado para la consecución de tales objetivos fue la alianza francesa, una alianza dinástica (similar a la que unió a las dos ramas de los Austrias en los siglos anteriores) que adoptó la forma de los Pactos de Familia (firmados en 1733, 1743 y 1761). El instrumento militar fue el nuevo ejército permanente forjado en la primera mitad de siglo y, sobre todo, la marina, objeto de la atención prioritaria de políticos como Patiño y Ensenada y fundamental para la conservación del imperio ultramarino hasta el desastre naval de Trafalgar (octubre de 1805).

La revisión del Tratado de Utrecht se manifestó sobre todo bajo la forma del irredentismo mediterráneo, pues, del mismo modo que no se hizo nada por revisar la cesión de Flandes, España trató por todos los medios a su alcance de volver a instalarse en sus viejos dominios de Italia. La primera acción se inició con el desembarco en Cagliari y la ocupación de Cerdeña (agosto de 1717), seguida del desembarco en Palermo y la invasión de Sicilia (julio de 1718), pero la derrota de la flota española frente al cabo Passaro (agosto de 1718) obligó al abandono de ambas islas, que fue ratificado diplomáticamente poco después (febrero de 1720). La segunda ocasión (después de un primer asedio a Gibraltar, de enero a junio de 1727) fue brindada por la llamada guerra de Sucesión de Polonia, que, tras propiciar el primer Pacto de Familia (noviembre de 1733), permitió tras la victoria militar de Bitonto (mayo de 1734) y la firma de los preliminares de Viena (octubre de 1735, aunque la adhesión española no se hizo hasta mayo de 1736, ratificados por el Tratado de Viena, en mayo de 1738, aunque también aquí la adhesión española se retrasaría hasta abril de 1739) entronizar al tercer hijo de Felipe V, Carlos (el futuro Carlos III de España), en los reinos de Nápoles y Sicilia, donde la dinastía se habría de perpetuar hasta poco antes de proclamarse la unidad italiana en la segunda mitad del siglo XIX (octubre de 1860). Finalmente, la guerra de Sucesión de Austria, en cuyo transcurso se firmó el segundo Pacto de Familia (octubre de 1743), permitió el dominio del cuarto hijo de Felipe V, el infante Felipe, sobre los ducados de Parma, Piacenza y Guastalla (este último diminuto estado a cambio del pretendido gran ducado de Toscana, según las cláusulas de la Paz de Aquisgrán, en octubre de 1748), constituyéndose así un segundo dominio borbónico en Italia, que también habría de prolongarse a través de numerosas vicisitudes hasta poco antes de la unidad italiana (marzo de 1860). Aquisgrán, en cualquier caso, significó el abandono definitivo de la política italiana por parte de España.

Entretanto, el conflicto abierto con Inglaterra había vuelto a estallar en las colonias con la llamada guerra del Asiento (y por los ingleses, guerra de la Oreja de Jenkins, capitán inglés capturado por un guardacostas español), una consecuencia de la permanente tensión creada por el comercio ilegal británico al amparo de las cláusulas del Tratado de Utrecht. La guerra, que enlazó con la Sucesión de Austria, se prolongó durante diez años (octubre de 1739-octubre de 1748), durante los cuales la comunicación regular entre España y América quedó interrumpida (siendo las flotas sustituidas por los registros sueltos para eludir a los barcos enemigos que patrullaban el Atlántico), pese a que (con la excepción del saqueo de Portobelo en noviembre de 1739) las acciones militares más importantes (ataques a La Habana, Santiago de Cuba y Cartagena de Indias, brillantemente defendida por Blas de Lezo, en abril de 1741) se saldaron a favor de las fuerzas españolas. El fin del conflicto significó al menos la supresión de una de las cláusulas más onerosas del Tratado de Utrecht, la concesión del asiento de negros a la South Sea Company (octubre de 1749).

La política pacifista de Fernando VI alejó el siguiente enfrentamiento con Inglaterra hasta la firma del tercer Pacto de Familia (agosto de 1761) y la consiguiente participación española en la etapa final de la guerra de los Siete Años, ya en tiempos de Carlos III. Sin embargo, el breve espacio que transcurrió desde la entrada de España en la guerra hasta el fin de las hostilidades no impidió el éxito de la ofensiva inglesa, que se concretó en la ocupación de La Habana (agosto de 1762) y Manila (septiembre de 1762), dos piezas claves en el engranaje militar y comercial de Ultramar. La Paz de París (enero de 1763) devolvió ambas plazas a España, que hubo de ceder el territorio de las dos Floridas (Florida y Pensacola), aunque recibió a cambio el dominio francés de Luisiana (que conservaría hasta su transferencia definitiva en 1802 a Napoleón, quien seguidamente la vendería a Estados Unidos), al tiempo que seguía excluyendo a España de Terranova y reconocía a los ingleses (que habían sido expulsados definitivamente de Campeche en 1756) el derecho a cortar palo de tinta en Honduras, en su establecimiento de Belice.

La Paz de París no puso fin a las apetencias inglesas sobre los territorios ultramarinos españoles, como demostró el conflicto que terminó con la instalación británica en las islas Malvinas (fundación de Port Egmont, en enero de 1765) que, aunque fueron abandonadas poco después (1774), serían ocupadas de nuevo décadas más tarde (1833), pese a las insistentes reclamaciones argentinas. Finalmente, la llamada guerra de las Trece Colonias (que concluiría con la independencia de Estados Unidos) permitió una nueva intervención española contra Inglaterra tanto en España como en América, que se saldaría favorablemente por la Paz de Versalles (septiembre de 1783), que devolvía a España las dos Floridas y la isla de Menorca (aunque no Gibraltar, el otro territorio peninsular amputado en Utrecht, pese a los repetidos esfuerzos españoles por recuperarlo), al tiempo que exigía a Inglaterra el abandono del área de explotación de la madera tintórea en Honduras (aunque los cortadores de palo británicos mantendrían sus posiciones en el territorio de Belice, reclamado a lo largo del siglo XIX primero por México y después por Guatemala, finalmente sin éxito). En definitiva, Versalles pasaba a ser una suerte de desquite borbónico, aunque el apoyo dado a la independencia de Estados Unidos era un arma de doble filo por el ejemplo ofrecido a las propias colonias de la América española.

La defensa del Imperio ultramarino también motivó un tenaz enfrentamiento con Portugal, fundamentalmente debido a su constante expansión desde el territorio brasileño, tanto hacia las bocas del Orinoco como hacia los territorios de la orilla izquierda del Río de la Plata, donde la colonia de Sacramento (fundada en 1680 en el actual Uruguay) se convirtió en el principal punto de fricción. Un primer Tratado de Límites (o de Madrid, enero de 1750) no solucionó la cuestión, que sólo terminó de resolverse con la firma del Tratado de San Ildefonso (octubre de 1777), que cedió definitivamente Sacramento a España y que además abrió el camino a un periodo de entendimiento hispanolusitano, con la consecuencia inesperada (tratado del Pardo, marzo de 1778) de la instalación española en el golfo de Guinea, merced a la cesión portuguesa de su dominio sobre el territorio continental en torno al río Muni y sobre las islas de Fernando Poo (hoy Bioko), Annobón, Corisco y las Elobey, posesiones que, exploradas y colonizadas en el transcurso del siglo XIX, permanecerían bajo soberanía española hasta bien entrado el siglo XX (octubre de 1968).

La política mediterránea tuvo también su vertiente africana, con dos etapas definidas respectivamente por los enfrentamientos bélicos y por la firma de sucesivos tratados de paz y comercio. La pérdida de Orán en el transcurso de la guerra de Sucesión (enero de 1708) significó una reactivación de la piratería musulmana, que obligó a Felipe V a enviar una expedición que reconquistaría Orán y Mazalquivir (julio de 1732) y que pondría fin a las hostilidades abiertas durante varias décadas. En tiempos de Carlos III, la firma de un primer tratado de paz con Marruecos (mayo de 1767) no evitó un nuevo episodio bélico, que se saldó con la afortunada defensa de Melilla (septiembre de 1774-enero de 1775) y del Peñón de Vélez de la Gomera, febrero de 1775) pero también con la desastrosa expedición contra Argel (junio de 1775). Finalmente, la sucesión de los tratados de paz y comercio (Marruecos, marzo de 1780; Turquía, octubre de 1782; y Trípoli, septiembre de 1784), más la firma de una tregua con Túnez (1784, pero no ratificada hasta 1791) y la apertura de negociaciones con Argel, concluidas con la cesión definitiva de Orán a cambio de ciertas concesiones en Mazalquivir (febrero de 1792), inaugurarían una nueva etapa en las relaciones españolas con el norte de África.

La exploración del Pacífico tuvo en el siglo XVIII una doble motivación, al mismo tiempo tiempo científica y política. En este último sentido, debe reseñarse la ocupación de diversos territorios tanto en las costas del Pacífico americano como en el Pacífico Sur. En el primer caso, fueron numerosas las expediciones dirigidas a las actuales costas estadounidenses y canadienses, que motivaron algún grave incidente con los ingleses, como el de la bahía de Nutka (1790), que acabaría poniendo fin a la expansión española en la zona a partir de 1794. En el Pacífico Sur, sólo la ocupación de la isla de Pascua (noviembre de 1770) permitió su incorporación definitiva al mundo hispánico, mientras que, por el contrario, la proclamación de la soberanía española sobre Tahití y otras islas del archipiélago de la Sociedad (enero de 1775 en la segunda de las tres expediciones enviadas desde Lima) y sobre las islas Tonga, después de una estancia en el grupo de las Vavao perteneciente a este archipiélago (mayo de 1793), no tuvo continuidad ante la imposibilidad de organizar su colonización o de garantizar su defensa a causa de su lejanía respecto de las bases hispanoamericanas.

El reformismo en ultramar

Durante el siglo XVIII, el Imperio español de Ultramar alcanza sus máximas dimensiones, si dejamos al margen el periodo de la unión ibérica cuando sumó a sus colonias las correspondientes al Reino de Portugal. En efecto, el empuje militar y misionero al norte de Nueva España culmina con la creación de una línea de presidios desde California a la frontera de Florida, incluyendo Nuevo México y Texas, que quedaron insertos en la Comandancia General de las Provincias Internas (1776), mientras los ya referidos tratados de París y Versalles permitían adquirir el dominio sobre la Luisiana (1763) y recuperar las dos Floridas (1783). Del mismo modo, en América del Sur, el esfuerzo misionero consolida la implantación en los territorios fronterizos de Mojos, Chiquitos, Paraguay y Misiones, al tiempo que los tratados hispano-portugueses permiten afirmar el dominio sobre Uruguay, sin mencionar la posibilidad de la instalación en el golfo de Guinea, en el continente africano. En el Pacífico, la isla de Pascua se incorpora al ámbito hispano y la expansión por las costas americanas alcanza por el norte la bahía de Nutka, mientras avanza la implantación en Filipinas y en los archipiélagos micronésicos de las Marianas y las Carolinas.

El reformismo borbónico se extendió a América, afectando a todos los campos y alcanzando un ritmo especialmente acelerado a partir de la llegada de José de Gálvez a la Secretaría de Indias (1775-1787). Las reformas económicas más importantes se produjeron en la minería de la plata de México (donde beneficiaron a un poderoso empresariado minero, llevaron a su apogeo la explotación argentífera e impulsaron el progreso tecnológico con la creación de una Escuela de Minería en 1772) y en la Carrera de Indias, sobre todo a partir de la publicación del decreto de Libre Comercio de 1778, que abrió el tráfico a numerosos puertos españoles y americanos, dando una nueva flexibilidad a la navegación y contribuyendo a incrementar el volumen de los intercambios coloniales.

Las reformas administrativas también fueron importantes. Se crearon dos nuevos virreinatos (Nueva Granada, en 1717 y definitivamente en 1739, y Río de la Plata, 1776), se erigieron nuevas audiencias (particularmente, Caracas en 1776, Buenos Aires en 1785, y Cuzco en 1787) y se implantó el sistema de intendencias para modernizar todo el aparato administrativo. La hacienda se benefició de un proceso de mayor racionalización y rigor, al tiempo que la Corona aumentaba y controlaba mejor sus monopolios: pólvora, azogue, tabaco, papel sellado, lotería, naipes y pulque y aguardiente de caña. La defensa fue reforzada, mediante la atención dedicada a los ocho apostaderos para la marina de guerra y a la red de fortificaciones, y por la creación de un ejército regular compuesto de cuerpos fijos (reclutados *in situ*) y expedicionarios (procedentes de España) para reforzar las milicias urbanas y mediante la creación de eficaces instituciones para la protección de las fronteras (como la Comandancia General de las Provincias Internas, 1776) o de otros lugares estratégicos (como la Capitanía General de Venezuela, 1777). El ejercicio del regalismo culminó con la expulsión de los jesuitas, que dejaron un vacío imposible de colmar en muchas instituciones educativas, así como en las misiones y reducciones que regentaban, especialmente las famosas de los guaraníes del Paraguay.

La Ilustración americana fue en buena medida una versión provincial de la Ilustración metropolitana, con similitudes evidentes en el programa de modernización, en las instituciones y en las realizaciones. Las nuevas ideas se difundieron a través de las universidades reformadas o de nueva planta (la de San Jerónimo de La Habana, la de Santa Rosa de Caracas, la de Santiago de Chile), de la prensa (que empieza a proliferar en los grandes centros regionales), de las Sociedades Económicas de Amigos del País (que llegan a ser un total de quince, si se cuenta la de Manila) y de las instituciones (cátedras, observatorios, jardines botánicos) creadas a raíz de las grandes expediciones científicas.

Ésta fue una de las razones para que la afirmación del orgullo criollo del siglo precedente alcanzase una nueva expresión. Es el sentido que puede atribuirse a las proclamaciones de las élites ilustradas de las capitales virreinales, que ante el crecimiento de la población (se superan los quince millones de habitantes), el progreso de la urbanización, el embellecimiento de las ciudades, la proliferación de las obras públicas (fuentes, alamedas, paseos) o la edificación de nuevos palacios o nuevas iglesias no pueden por menos de creer que la Lima del virrey Amat es una de las más bellas poblaciones del orbe y que México, que ha superado en número de habitantes a la capital metropolitana, es la «Roma del Nuevo Mundo». Por este camino de reivindicación de los valores específicos americanos, y ya dentro de una posición independentista, las obras de fray Servando Teresa de Mier (por ejemplo, sus *Memorias,* que permanecerían inéditas) le convierten en la encarnación del criollismo militante y en uno de los adelantados de la teoría de la emancipación.

Sin embargo, la expansión de la ciencia es quizás el máximo exponente de la penetración de la Ilustración. Así, por un lado, la erudición produce figuras considerables en varios campos, como José de Alcedo (autor de un *Diccionario geográfico-histórico de las Indias Occidentales,* 1786-1789), el gran divulgador José Antonio Alzate *(Asuntos varios sobre ciencias y artes,* 1772-1773, *Observaciones sobre la física, historia natural y artes útiles,* 1787-1788, publicaciones periódicas ambas) o José de Baquíjano, que en el más puro espíritu del mercantilismo tardío acusa a la apertura comercial de ser una de las causas de la crisis de la economía peruana *(Disertación histórica y política sobre el comercio del Perú,* 1791). La ciencia experimental también cuenta con cultivadores de primera fila, como los médicos José Ignacio Bartolache (cuya obra más importante son las *Lecciones de Matemáticas,* 1769), Eugenio Espejo, gran agitador cultural *(Discurso dirigido a la muy ilustre ciudad de Quito,* 1786), e Hipólito Unanue, autor de unas admirables *Observaciones sobre el clima de Lima* (1806). Finalmente, las expediciones científicas dejan constituidos importantes centros de producción científica, donde brillan con luz propia nuevos talentos, como Francisco José de Caldas, director del Observatorio Astronómico de Santa Fe de Bogotá (1803).

El siglo XVIII marca el apogeo del arte barroco colonial. Pese a los intentos por reconducir las artes plásticas hacia el Clasicismo, patente en la actuación de la Academia de Bellas Artes de San Carlos de México (que, activa desde algunos años antes, recibe sus estatutos en 1785), el Barroco produce ahora sus más celebradas obras maestras en La Habana (Cuba), México, Querétaro y Guanajuato (Nueva España), Cartagena de Indias y Popayán (Nueva Granada), Lima y Arequipa (Perú). La música también deja multitud de obras y de figuras, algunas de primera línea, como Manuel de Zumaya, considerado el mejor compositor mexicano de todos los tiempos. En definitiva, si América no pudo arrogarse la hegemonía cultural del mundo hispánico (como pretendía el criollismo más exaltado), sí que puede decirse que consiguió alcanzar en el siglo XVIII un indiscutible esplendor en el terreno de la creación artística.

Incluso Filipinas, todavía un finisterre colonial en el siglo XVIII, conoce los efectos de la voluntad reformista de la época. Si, por un lado, la Compañía de Filipinas rompía el monopolio comercial del galeón de Manila, por otro la creación en la capital de la primera Sociedad Económica de Amigos del País del mundo colonial hispano (1781) permitía abordar el fomento económico y educativo del archipiélago, además de impulsar el estudio de su geografía y de su historia, como haría uno de sus socios de número el agustino Juan de la Concepción, en su *Historia General de Philipinas* (1788). Estudio que se completaría gracias a los resultados obtenidos por diversas expediciones, la mayoría hidrográficas, pero también de otro tipo, como la expedición botánica de Alonso de Cuéllar (1785), las visitas de las de Malaspina y de la Vacuna y la expedición del Escuadrón Hispano-Asiático de Ignacio María de Álava (1795-1796).

LA CULTURA DE LA ILUSTRACIÓN

La cultura ilustrada fue el fundamento intelectual del reformismo. Los intelectuales ilustrados teorizaron el protagonismo de la Monarquía como motor de la modernización, la prioridad del fomento económico, la utilización de la crítica como herramienta para el perfeccionamiento de la organización social, la aplicación del conocimiento científico al bienestar general, la finalidad educativa de la creación literaria y artística, el progreso y la felicidad como metas últimas del pensamiento y la práctica reformistas. La Ilustración se dotó de sus propios instrumentos de difusión cultural, que al mismo tiempo lo eran de acción reformista: las academias, las universidades intervenidas para acompasarlas a las exigencias del momento, una serie de nuevas instituciones de enseñanza superior, las sociedades económicas de Amigos del País, los consulados y la letra impresa en libros o en publicaciones periódicas. La Ilustración finalmente obtuvo resultados muy considerables en todos los campos: el pensamiento económico, la crítica social, la renovación eclesiástica, el pensamiento científico y la producción literaria y artística.

Los instrumentos de la Ilustración

El espíritu de centralización y racionalización que presidió la obra de los gobiernos reformistas se manifestó también en el ámbito cultural. En este sentido, la creación más característica fueron las academias centrales enclavadas en Madrid y destinadas a impartir las directrices oficiales en las diversas áreas de su competencia: la Academia Española de la Lengua (1713), que a lo largo del siglo publica un *Diccionario de autoridades* (1726-1739), una *Ortografía* (1741), una *Gramática* (1771) y un *Diccionario usual* (1780), la Academia de la Historia (1735-1738), la Academia de Jurisprudencia de Santa Bárbara (1739) y la Academia de Bellas Artes de San Fernando (1744, con estatutos definitivos en 1757).

La reforma universitaria no fue acometida con urgencia. La única iniciativa de importancia de la primera mitad de siglo fue en cierta medida accidental, la fundación de la Universidad de Cervera (1717), que sustituía a los antiguos estudios en Cataluña y que en el propósito de sus promotores estaba destinada a convertirse en la *Atenas borbónica*. La expulsión de los jesuitas y el vacío dejado en la enseñanza superior fue el detonante que obligó a la reforma universitaria, iniciada con la redacción por Pablo de Olavide de un nuevo plan de estudios para la Universidad de Sevilla (aprobado por el gobierno en 1769) e impulsada más decididamente aún con la reforma de los colegios mayores de Salamanca, Alcalá y Valladolid emprendida por Francisco Pérez Bayer (a partir de 1771), mientras las restantes universidades sólo tímidamente respondían a los requerimientos oficiales de renovación, salvo quizás la de Valencia, movilizada por el rector Vicente Blasco. En cualquier caso, las universidades no estuvieron en general a la vanguardia de la reforma educativa, lo que exigió la fundación de una serie de nuevas instituciones de enseñanza superior que constituyen sin duda una de las creaciones más características de la Ilustración.

La educación de la clase nobiliaria indujo a la fundación del Seminario de Nobles de Madrid (1725), al que siguieron otros institutos similares en otras ciudades, el más importante de los cuales fue el Seminario Patriótico de Vergara (1776), rebautizado más tarde también como Seminario de Nobles y regentado por la Sociedad Económica Bascongada de Amigos del País. La formación especializada de militares motivó, como ya vimos, la creación de la Academia de Matemáticas de Barcelona para la formación de ingenieros militares (1720), la Academia de Artillería de Segovia (1764) y las academias de Guardias Marinas de Cádiz (1717, trasladada en 1769 a San Fernando), Cartagena y Ferrol (ambas en 1776). La misma motivación militar tuvo también la fundación de los reales colegios de Cirugía, para la Marina de Cádiz (1748) y para el ejército de Barcelona (1760) y San Carlos de Madrid (1787), regidos por algunos de los mejores médicos del momento, Pedro Virgili y Antonio Gimbernat. Finalmente, al margen de la preocupación estrictamente militar, funcionaron otras importantes escuelas de enseñanza técnica debidas a la iniciativa oficial, como fueron la Escuela de Mineralogía de Madrid (1789), la Escuela de Veterinaria también de Madrid (1793), la Academia de Minas de Almadén (1777) o el Real

Instituto Asturiano de Minas (1794), la gran creación de Gaspar Melchor de Jovellanos, con sede en Gijón.

Finalmente, otro tipo de instituciones combinaron la enseñanza con otras funciones culturales y científicas. En Madrid hay que señalar la Librería Real (1716), el Gabinete de Historia Natural (1752), el Gabinete de Máquinas (1791, vinculado a la figura del ingeniero Agustín Betancourt) y el Jardín Botánico (instalado en Migas Calientes en 1755 y trasladado a su actual emplazamiento en 1781, cuyo ejemplo sería seguido, entre otros, por el de la Universidad de Valencia y el de La Orotava, debido a la iniciativa del sexto marqués de Villanueva del Prado). Fuera de Madrid, la fundación científica más importante fue el Observatorio de Cádiz (1753, pero trasladado más tarde a San Fernando), que serviría de modelo al de Madrid, construido finalmente en 1790.

Una de las instituciones más originales y más representativas del movimiento ilustrado en la España de la segunda mitad del siglo XVIII fueron las sociedades económicas de Amigos del País, reuniones de notables e intelectuales locales dedicadas al adelanto de las ciencias y al fomento de la economía en sus respectivas regiones. Si el primer impulso, que fraguó en la Sociedad Bascongada de Amigos del País (1764), provino de la iniciativa particular, el gobierno pronto se apropió de la idea y envió una circular a todos los rincones del reino incitando a las autoridades locales a promover la creación de sociedades patrióticas con los mismos fines que la vascongada, con gran éxito, puesto que en quince años (1775-1789) se fundaron más de setenta de estas sociedades, que se dispusieron a secundar los proyectos del gobierno.

Las sociedades económicas fueron una agrupación de ilustrados de buena voluntad y un instrumento de fomento al servicio del reformismo oficial. Sus actividades más características fueron la redacción de memorias e informes y la creación de escuelas de primeras letras y de formación profesional, aunque algunas se embarcaron en proyectos de mayor alcance en el terreno de la enseñanza científica y técnica. De este modo, contribuyeron sin duda a despertar la conciencia crítica sobre los males de la nación y a difundir la ilusión de que era posible acabar con el atraso, aunque sus realizaciones concretas naufragaran a finales de siglo a causa de las dificultades económicas, de la ralentización del empuje reformista oficial y, en general, de sus planteamientos voluntaristas de combatir con escasos medios una situación que requería de acciones más enérgicas y radicales y de mayor envergadura que las permitidas en el ámbito local de actuación reservado a los Amigos del País.

Los consulados, que gozaban ya de larga tradición tanto en la Corona de Castilla como en la de Aragón, experimentaron un proceso de reactivación, que se manifestó primero en el traslado del Consulado de Sevilla a Cádiz (mayo de 1717), la publicación de las Ordenanzas del Consulado de Bilbao (1737) y el restablecimiento del Consulado de Barcelona (suprimido tras la guerra de Sucesión) bajo la forma de Junta Particular de Comercio, Tribunal y Matrícula de Comerciantes (1758). Finalmente, el Reglamento de Libre Comercio de 1778 invitó a constituir consulados en los puertos habilitados, entre los cuales respondieron al llamamiento Palma de Mallorca, Alicante, Málaga,

Sevilla, La Coruña y Santander. Los consulados setecentistas desempeñaron funciones complementarias, cuando no sustitutivas, de las llevadas a cabo por las sociedades patrióticas, aunque con un sesgo más pronunciado hacia el comercio y la navegación (con la creación de escuelas de Náutica, Comercio y Dibujo), mientras los Amigos del País se orientaban preferentemente hacia la agricultura y la industria artesanal o «popular» en el sentido de Campomanes.

Finalmente, la letra impresa cumplió asimismo su labor de divulgación de las Luces. No obstante, si bien el nivel de alfabetización experimentó un sensible adelanto (bien es cierto que sin excesiva aceleración y manteniendo el comportamiento diferencial por lugares, sexos y clases sociales), la edición se mantuvo en unas cotas discretas (con unos 400 títulos al año de media para la segunda mitad de siglo), concentrada en un reducido número de ciudades (con predominio de Madrid, donde prestaron su contribución a la cultura ilustrada los conocidos impresores Manuel Sancha y Joaquín Ibarra) y dedicada todavía con preferencia a la literatura religiosa (entre el 30% y el 40% del total de los textos publicados). Por su parte, tampoco resulta halagador el número de las librerías (menos de 200 para toda España) ni el contenido de las bibliotecas que, por regla general y con algunas excepciones, todavía aparecían pequeñas, pobres y anticuadas en la segunda mitad de la centuria.

En este contexto, no es de extrañar que la prensa constituyera el principal medio de difusión, no sólo de las noticias, sino también de los temas fundamentales que integraban el debate cultural de la Ilustración. Su contenido, en efecto, fue muy variado, incluyendo la información erudita o literaria (género que alcanzó el mayor éxito a partir del *Diario de los literatos,* de 1737), la temática religiosa, la miscelánea cultural o la exposición de asuntos especializados (medicina, pedagogía o economía, materia esta última que disfrutó del máximo apoyo gubernamental). Debe destacarse, sin embargo, la labor desarrollada por el periodismo de crítica social, cultivada por dos de los grandes periódicos del siglo, *El Pensador* (editado por José Clavijo y Fajardo, 1761-1767) y, sobre todo, *El Censor* (1781-1787), de Luis García Cañuelo, una de las mejores plumas satíricas de la época.

Del mercantilismo tardío a la fisiocracia

La Ilustración será capaz de producir un rico pensamiento mercantilista, una teorización tardía de un mercantilismo ecléctico que aúna los elementos característicos del colbertismo con otras propuestas más liberalizadoras tomadas de los tratadistas ingleses. Entre los más notables escritores del grupo hay que mencionar en primer lugar a Jerónimo de Uztáriz, autor de *Teórica y práctica de comercio y marina* (que circuló privadamente desde 1724, pero no fue editada hasta 1742), obra que contiene, además de una información económica de primera mano, los elementos fundamentales de su doctrina: la prioridad que debe conceder el Estado a la promoción de la manufactura mediante una política arancelaria coherente, al incremento de la flota mercante y al estrechamiento de los lazos comerciales con las colonias americanas.

Otros destacados teóricos del mercantilismo fueron Álvaro de Navia Osorio (*Rapsodia económico-político-monárquica,* 1732), Bernardo de Ulloa (*Restablecimiento de las fábricas y comercio español,* 1740), el ministro José del Campillo (*Nuevo sistema de gobierno de la América,* escrita en 1743 e inédita hasta 1789, donde se defiende ya con contundencia la libertad de comercio), Bernardo Ward (*Proyecto económico,* 1779, una reelaboración de los escritos inéditos del anterior) y el abate Miguel Antonio de la Gándara (*Apuntes sobre el bien y el mal de España,* redactada en 1762 pero publicada por primera vez en 1804). Sus propuestas, en general, representan una actualización del pensamiento mercantilista clásico español a la luz de las elaboraciones teóricas y las realizaciones prácticas europeas, de modo que, sin que supongan una aportación verdaderamente original, sí que ejemplifican la ilusión y la confianza de sus autores en la modernización económica como medio de devolver a España su puesto en el concierto de las naciones prósperas y civilizadas.

En la segunda mitad de siglo, el influjo fisiocrático aparece ya en el programa económico de Campomanes, tal como se expresa en el *Discurso sobre el fomento de la industria popular* (1774, compuesto en realidad por Manuel Rubín de Celis) y el *Discurso sobre la educación popular de los artesanos y su fomento* (1775), que defiende un régimen económico basado en la agricultura y en la industria popular (frente a la moderna industria fabril) como actividad complementaria. Sin embargo, el mejor escrito del siglo en defensa de la modernización agrícola fue el famoso *Informe sobre el expediente de Ley Agraria* (1795) de Jovellanos, que, utilizando eclécticamente ideas del mercantilismo agrarista, de la escuela fisiocrática e incluso del liberalismo de Adam Smith, propugna la eliminación de los obstáculos al desarrollo agrario (la vinculación nobiliaria, la amortización eclesiástica y la propiedad municipal de propios y baldíos) y la extensión de la propiedad privada o de los establecimientos enfitéuticos como único mecanismo capaz de interesar al cultivador directo en el perfeccionamiento de la agricultura. Finalmente, debe incluirse en esta literatura dedicada al fomento del sector primario la obra de Antonio Sáñez Reguart, fundamentalmente su *Diccionario de los artes de la pesca nacional* (1791-1795), que es un magnífico resumen de la situación del ramo, del mismo modo que las *Memorias políticas y económicas sobre los frutos, fábricas, comercio y minas de España* (45 volúmenes, 1785-1800) de Eugenio Larruga representan el mejor inventario de la economía española en las postrimerías del Siglo de las Luces.

El debate ideológico

La penetración de la Ilustración se operó en la primera mitad de siglo a través de la obra de una serie de humanistas que supieron transmitir el nuevo espíritu crítico que estaba animando la producción cultural europea y que, por así decirlo, contribuyeron a poner a España al compás de las nuevas corrientes ideológicas que se estaban implantando en el continente. El primero de ellos fue Benito Jerónimo Feijoo que, valiéndose de solventes fuentes extranjeras, se revelaría como un magnífico divulgador en los ocho volúmenes de su *Teatro crítico universal* (1726-1739) y en los otros cinco de sus *Cartas eruditas y curiosas* (1742-1760), donde combatiría la superstición, ofrecería información sobre las novedades científicas y discutiría algunos temas filosóficos y doctrinales, con tanto éxito que en conjunto alcanzarían los cuatrocientos mil ejemplares en el transcurso de la centuria.

A su lado, hay que situar la figura de Gregorio Mayans, cuya labor investigadora se dirigió a la crítica literaria, convirtiéndose en el verdadero fundador de la historia de la lengua y de la literatura española *(Orígenes de la lengua española* y *Vida de Miguel Cervantes Saavedra,* ambos de 1737), además de un convencido vindicador del Siglo de Oro cuyo último proyecto (la edición de la obra completa de Juan Luis Vives) está muy relacionado con su valoración del humanismo cristiano, que se compaginaba perfectamente con sus opiniones en materia religiosa y con su racionalismo crítico y reformista que le convierten en un verdadero erasmista ilustrado, en el «Erasmo español del siglo XVIII».

La historia, en efecto, fue un género muy cultivado en el Siglo de las Luces. En este sentido, hay que citar la obra de Enríque Flórez *(España Sagrada,* 27 tomos, 1747-1772, más la continuación de Manuel Risco, otros 32 tomos, 1774-1801), monumental empresa de recuperación de la historia eclesiástica de España, que detenía su rigor en aquellos puntos que tocaban a las leyendas piadosas y patrióticas, lo que le valió la severa crítica de Mayans. Otros grandes historiadores de la época fueron el erudito Marcos Antonio Burriel (cuya obra escrita es inferior a su labor archivística), Jaime Villanueva (que explora la documentación eclesiástica en su *Viaje literario a las iglesias de España,* 22 volúmenes, 1806-1852) y, sobre todo, Antonio de Capmany, autor de la mejor obra de historia económica del siglo, las *Memorias históricas sobre la Marina, el Comercio y las Artes de la ciudad de Barcelona* (2 volúmenes, 1779-1792). A su lado, deben reseñarse las eruditas aportaciones de Juan Andrés a la historia de la cultura *(Dell'origini, progressi e stato attuale d'ogni letteratura,* publicada en castellano en 10 volúmenes, 1784-1806), de Juan Sempere Guarinos a la historia literaria contemporánea *(Ensayo de una biblioteca española de los mejores escritores del reinado de Carlos III,* 1785-1789) y de Antonio Ponz a la historia del arte *(Viaje de España,* 18 volúmenes, 1772-1794).

La historia estuvo también presente en uno de los mayores debates del siglo, el suscitado por la crítica europea contra la cultura española. Como respuesta, en efecto, los jesuitas expulsos Francisco Javier Llampillas y Juan Francisco Masdeu escribirían respectivamente un *Saggio apologetico della letteratura spagnola* (1778-1781) y la extensa y erudita *Storia critica di Spagna e della cultura spagnola* (2 volúmenes, 1781-1787, que se transformarían en 20 en la traducción española, 1783-1805), mientras en España Juan Pablo Forner se encargaba de reivindicar el honor nacional con la muy conservadora *Oración apologética por España y su mérito literario* (1786), que sería inmediatamente contestada en sentido progresista por Cañuelo con su satírica *Oración apologética por el África y su mérito literario.* Finalmente, también acometieron los jesuitas expulsos la reivindicación de la obra de España en América (con particular énfasis en las misiones de la Compañía), como se comprueba en las obras de Francisco Javier Clavijero *(Storia antica del Messico,* 1780) o de Juan Nuix *(Reflexiones imparciales sobre la humanidad de los españoles en las Indias contra los pretendidos filósofos y políticos,* escrita en italiano pero publicada en español en 1782).

También debemos a un jesuita expulso el más completo tratado filológico del siglo, el *Catálogo de las lenguas de las naciones conocidas* (escrito en italiano en 1784 y publicado en castellano en 1800-1805) de Lorenzo Hervás y Panduro. Y también, uno de los mejores textos pedagógicos de la época, el *Eusebio* de Pedro Montengón (publicado en 1786 y de nuevo, tras su condena inquisitorial, en 1807), que comparte con la obra de Rousseau su entusiasmo por una educación en libertad y su añoranza del estado de naturaleza, mientras que Josefa de Amar y Borbón se consagraba a la promoción de la mujer a través de su actuación en la Junta de Damas de Honor y Mérito de la Sociedad Matritense de Amigos del País y de la publicación de su *Discurso sobre la educación física y moral de las mujeres* (1790). Finalmente, en el terreno jurídico, la mejor contribución al reformismo en materia penal, muy influida por la obra de Beccaria, sería el *Discurso sobre las penas* (1782) de Manuel de Lardizábal.

La Ilustración cristiana

El proyecto ilustrado de reforma y de modernización alcanzó también a la Iglesia. Así, se denominó jansenismo a la corriente partidaria de introducir elementos de racionalización en las estructuras eclesiásticas y de promover una depuración del sentimiento y de la práctica religiosa en el seno del catolicismo español. Uno de los componentes del jansenismo fue el regalismo que, aunque hundía sus raíces en la tradición española, encontró ahora una nueva formulación teórica que defendía no sólo el derecho sino la conveniencia de la intervención del Estado para el perfeccionamiento de la Iglesia. La dimensión espiritual y dogmática encontró asimismo sus teorizadores, como pudo ser Joaquín Lorenzo Villanueva, que además de sus escritos recomendando la lectura de la Biblia en lengua vulgar redactaría un *Catecismo de Estado según los principios de la religión* (1793), donde quedaba sistematizada la ideología del jansenismo maduro. Finalmente, otro elemento característico sería el rigorismo en materia de moral y costumbres, lo que motivaría la animosidad contra los jesuitas.

El espíritu jansenista presidió la actuación de numerosas personalidades públicas, dentro del gobierno (donde destacan algunos nombres, como los de Manuel de Roda, José Nicolás de Azara o Mariano Luis de Urquijo) y dentro del gobierno eclesiástico, donde cabe hacer una nómina de obispos que se distinguieron por su ardor reformista, como Felipe Bertrán (promotor de la reordenación de los colegios mayores), Miguel de Santander (escritor político influido por los independentistas estadounidenses), Antonio Tavira (introductor de Jovellanos en la sociedad madrileña) o incluso José Climent, preocupado por el restablecimiento de la antigua disciplina eclesiástica y por el retorno a las fuentes (escrituras, patrística y concilios) y, sin embargo, tibiamente regalista y escasamente beligerante contra los jesuitas.

En conclusión, la Ilustración cristiana fue otra de las creaciones originales del Setecientos español. El moderantismo manifestado en otros terrenos vuelve a aparecer en la esfera de las cuestiones religiosas. Frente a la expansión de ideas heterodoxas, deístas o sencillamente antirreligiosas propia de otros países, la práctica totalidad de los pensadores españoles del momento mantuvo su fidelidad a la Iglesia católica y su convencimiento de que la razón no podía contradecir la verdad revelada. Los intelectuales ilustrados tuvieron la conciencia de que el reformismo de las Luces no minaba los cimientos de la religión, sino que contribuía a reforzarlos mediante su depuración, es decir, creyeron posible la conciliación entre el catolicismo y los tiempos modernos.

El progreso de las ciencias

La obra de los *novatores* en el siglo anterior había significado la recepción en España de la revolución científica, la aceptación plena de los presupuestos de la ciencia moderna. En esa línea, durante la primera mitad de siglo, el médico Andrés Piquer, con sus escritos fundamentales (los tratados *Física moderna, racional y experimental,* 1745, y *Lógica moderna,* 1747) aparece como el más claro heredero de aquella corriente y el eslabón que une aquel movimiento con el pleno desarrollo científico de la etapa de maduración de las Luces. Un periodo que, al igual que ocurre en Europa, se distinguirá especialmente por el cultivo de las ciencias de la naturaleza y por el papel fundamental que en el desarrollo científico juegan las expediciones científicas al Nuevo Mundo.

A mediados de siglo el acontecimiento más trascendental para el futuro de la ciencia española fue la incorporación de Jorge Juan y Antonio de Ulloa a la expedición de La Condamine, destinada a determinar la longitud de un grado de meridiano en el Ecuador, al sur de Quito. Los resultados de sus experiencias quedaron resumidos en varios escritos fundamentales: las *Observaciones astronómicas y físicas hechas en los reinos del Perú* (1748), la *Relación histórica del viaje a la América meridional* (1748) y, finalmente, las *Noticias secretas de América,* un informe de carácter reservado entregado al gobierno (y por ello no publicado hasta 1826 en Londres). A partir de esta obra, Jorge Juan se convertirá en la figura más representativa de la astronomía española del siglo XVIII, del mismo modo que Antonio de Ulloa debió su fama sobre todo a sus observaciones de historia natural.

Heredera en parte de la experiencia anterior es la obra de matemáticos como Benito Bails (autor de unos *Elementos de Matemáticas,* en 10 volúmenes, 1772-1776) y José Chaix (que escribe unas *Instituciones de cálculo diferencial e integral,* de las que sólo llegó a publicar la primera parte, 1801) y de astrónomos como Gabriel Císcar y Agustín de Pedrayes, autor de un *Nuevo y universal método de cuadraturas determinadas* (1777). Por su parte, los progresos de la química se debieron, sobre todo, a la labor del francés Louis Proust (que regentó el Laboratorio de Química de la Academia de Artillería de Segovia) y a los investigadores de la Sociedad Bascongada Juan José Delhuyar, el descubridor del wolframio, y Fausto Delhuyar, cuya obra se desarrollaría en el Seminario de Minería de México, con la valiosa colaboración de Andrés del Río, el descubridor del vanadio. Finalmente, no deben dejar de recordarse los progresos de la geografía, debido a científicos tan rigurosos como Isidoro Antillón, cuya obra mayor fue una *Geografía astronómica, física y natural de España y Portugal* (1808).

Sin embargo, el siglo XVIII es para la ciencia española sobre todo el siglo de la botánica. José Quer fue el fundador del primer Jardín Botánico de Madrid y el iniciador de la publicación de la *Flora española* (extendida entre 1762 y 1784), que sería continuada por Casimiro Gómez Ortega, autor asimismo de unas *Tabulae botanicae* (1773), todavía fiel al sistema de Tournefort, y (junto con Antonio Palau) de un *Curso elemental de Botánica* (1785) y traductor de la obra de Linneo, cuyo sistema impondría definitivamente entre los naturalistas españoles. Su sucesor al frente del Jardín Botánico sería Antonio José Cavanilles, que publicaría los seis volúmenes de sus *Icones et descriptiones plantarum* (1791-1804), además de sus observaciones sobre la historia natural de la región valenciana. Sin embargo, la historia del naturalismo español no estaría completa si se omitiese una obligada referencia a la expediciones científicas patrocinadas por la Monarquía a lo largo del siglo.

Algunas de estas expediciones surgieron de la necesidad de fijar los límites entre los dominios españoles y portugueses del Nuevo Mundo. La primera empresa de este género (1754-1761), conducida inicialmente por el naturalista sueco Pehr Löfling, contribuyó poderosamente al conocimiento de la cuenca del Orinoco. Del mismo modo, una prolongación de la misma alcanzaría años más tarde el Parime en Guayana (1772-1776), mientras la última, abordada como consecuencia del Tratado de San Ildefonso, permitió a Félix de Azara llevar a cabo una memorable investigación, cuyos resultados fueron dados a conocer, entre otras obras, con la publicación de los *Apuntamientos para la historia natural de los cuadrúpedos del Paraguay y Río de la Plata* (1802).

La primera de las grandes expediciones expresamente dedicadas al estudio de la historia natural fue la Real Expedición Botánica a los reinos de Perú y Chile (1777-1786), dirigida por Hipólito Ruiz y José Antonio Pavón. Le seguiría la Real Expedición Botánica del Nuevo Reino de Granada (1782-1802), cuyo principal inspirador sería José Celestino Mutis, que dinamizaría la vida científica del virreinato. En último lugar se organizó la Real Expedición Botánica a Nueva España (1787-1803), dirigida por Martín Sessé y José Mariano Mociño, cuyos trabajos se desplegaron entre San Francisco de California y León de Nicaragua, prolongándose con incursiones a la bahía de Nutka y a las islas de Cuba, Puerto Rico y Santo Domingo. Finalmente, una síntesis de los objetivos y los espacios abarcados por el conjunto de las expediciones de la segunda mitad del siglo fue el viaje de exploración dirigido por el italiano Alejandro Malaspina (1789-1794), que junto al cartógrafo Felipe Bauzá, un selecto conjunto de naturalistas (Tadeo Haenke, Luis Née y Antonio Pineda) y un grupo de pintores (Fernando Brambila, Juan Ravenet y Tomás de Suria), recorrería las costas americanas del Pacífico, las Filipinas, Nueva Zelanda, Australia y Polinesia.

Aunque el interés oficial estuvo centrado en América, la expedición Malaspina también cubrió otras áreas del Pacífico. Del mismo modo, la expedición que puede ser considerada como la culminación del espíritu de las Luces, la llamada Expedición de la Vacuna (1803-1806), dirigida por los médicos Francisco Javier Balmis y José Salvany, incluyó asimismo a las Filipinas en su campaña para promover la inoculación contra la viruela. Y aunque el continente africano estuvo lejos del primer plano de la atención científica, no se debe dejar de reseñar las observaciones que en el transcurso de sus andanzas por el norte de África y el Imperio Otomano realizara Domingo Badía y que serían publicadas en París bajo el título de *Voyages d'Ali-Bey en Afrique et en Asie* (1814, antes de la primera versión castellana de 1836).

La producción literaria

Los nuevos rumbos del pensamiento y la nueva sensibilidad artística propiciaron la aparición de géneros literarios inéditos o poco cultivados hasta entonces, que sin duda son los más representativos del siglo: el ensayo, la comedia en prosa, el informe, el libro de viajes, el diario íntimo y el género epistolar. En ellos se vierten las pasiones intelectuales de la época: el afán didáctico, la exigencia moral, el espíritu crítico, el sentimiento patriótico, la voluntad reformista, que definen una nueva intencionalidad de la literatura y una nueva función social del arte. En este sentido, la mejor teorización de los fines de la literatura (aunque ceñida a la poesía) según los cánones del más riguroso clasicismo sería escrita por Ignacio de Luzán (*Poética,* 1737).

La primera obra literaria de peso del Setecientos se relaciona todavía con la tradición barroca: Diego de Torres Villarroel prolonga el estilo burlesco del siglo XVII en sus memorias noveladas *Vida, ascendencia, crianzas y aventuras de don Diego de Torres Villarroel* (1743-1748). Contemporáneo suyo es Benito Jerónimo Feijoo, a quien ya nos hemos referido como creador del ensayo moderno y excepcional divulgador del espíritu ilustrado. Sin embargo, el más importante cultivador del género ensayístico fue José Cadalso, de cuya extensa publicística deben retenerse *Los eruditos a la violeta* (1772), sátira contra la pedantería y el diletantismo imperante en algunos medios culturales, las *Noches lúgubres* (1792), una macabra historia de amor vagamente autobiográfica que ejercerá su influjo en la concreción del espíritu romántico y, sobre todo, las *Cartas marruecas* (1789), un ejercicio de crítica social en la línea del pensamiento ilustrado maduro. La narrativa puede cerrarse con la novela *Fray Gerundio de Campazas* (en dos partes, 1758 y 1770) de Francisco José de Isla, divertida sátira contra determinados excesos de la oratoria sagrada heredada del Barroco.

La poesía de temática amorosa o anacreóntica convivió con la poesías de intención moral o patriótica. El primer poeta lírico destacado fue Nicolás Fernández de Moratín, que dejó constancia de su amor a la tauromaquia en algunas de sus mejores creaciones *(Fiesta de toros en Madrid* y *Oda a Pedro Romero)*. Intención crítica tuvieron las obras de dos ilustres fabulistas, Félix María de Samaniego *(Fábulas morales,* 1781) y Tomás de Iriarte *(Fábulas literarias,* 1782). La primera escuela salmantina contó con el mejor poeta lírico del siglo, Juan Meléndez Valdés, que estampó sus numerosas creaciones anacreónticas en su colección de *Poesías* (1785). Ya a fin de siglo, la segunda escuela salmantina tuvo a Manuel José Quintana, autor de renombradas odas patrióticas, como su figura señera, mientras Nicasio Álvarez Cienfuegos y Juan Nicasio Gallego anuncian ya la poesía romántica. La última escuela poética del Setecientos se constituyó tardíamente en Sevilla, siendo su máximo representante José María Blanco White, aunque su obra maestra haya sido escrita en prosa y en inglés, *Letters from Spain* (1822), un espléndido fresco sobre una España que para entonces ya había desaparecido.

El teatro fue uno de los grandes vehículos de difusión cultural de la época, defendido por los ilustrados y atacado por la oposición conservadora. Ejemplos de un teatro costumbrista y moralizante son obras como las de Jovellanos *(El delincuente honrado,* escrita en 1773 y publicada en 1787) o Cándido María Trigueros *(Los menestrales,* 1784), mientras la *Raquel* (1775) de Vicente García de la Huerta es una tragedia de corte clásico pero de inspiración cercana al romanticismo por su falta de contención. Característica del siglo XVIII fue la renovación del sainete, que tuvo a sus máximos cultivadores en Ramón de la Cruz *(El fandango del candil)* y Juan Ignacio González del Castillo *(El café de Cádiz)*. Pero, sin duda, el gran dramaturgo de la época fue Leandro Fernández de Moratín, que llevó a su más alto grado la comedia de costumbres con sus dos obras maestras, *La comedia nueva o el café* (1792), sátira contra las comedias disparatadas que todavía se representaban en su tiempo, y *El sí de las niñas* (1806), un alegato feminista en favor del derecho de las jóvenes a seguir en la elección de esposo los dictados del corazón frente a la voluntad de los padres, que denota ya la aparición de una nueva sensibilidad en la sociedad española.

La creación artística

El siglo se inicia con la prolongación de las formas barrocas, tanto en arquitectura como en las restantes artes plásticas. Representantes de este barroco tardío son los arquitectos José Benito Churriguera (colonia industrial de Nuevo Baztán, en torno a 1710), Pedro de Ribera (hospicio de Madrid, 1722), Alberto Churriguera (plaza Mayor de Salamanca, a partir de 1729), Leonardo de Figueroa (colegio de San Telmo de Sevilla, a partir de 1696 y durante el primer tercio del siglo), Fernando Casas Novoa (fachada del *Obradoiro* de la catedral de Santiago, 1738), Jaime Bort (fachada de la catedral de Murcia, hacia 1749) e Hipólito Rovira (también pintor y autor del palacio del marqués de Dos Aguas de Valencia, decorado con atrevidos relieves por el escultor Ignacio Vergara, entre 1740 y 1744). Entre los artistas plásticos, debe destacarse asimismo la obra de Francisco Salzillo, continuador dieciochesco de la tradición de las composiciones procesionales de Semana Santa en los pasos realizados para las iglesias murcianas, entre ellos el que pasa por ser su obra maestra, la *Oración del Huerto* (hacia 1760).

El Barroco no podía, sin embargo, convenir a una estética que buscaba emitir un mensaje racional en un tono mesurado. El academicismo optó por el Clasicismo como el estilo más acorde a la época de la Ilustración, imponiendo las nuevas formas a partir de los palacios reales, los establecimientos de artes aplicadas, la pintura de cámara y las instituciones industriales, docentes o militares promovidas por la Corona. Así, el clasicismo fue el estilo de los edificios utilitarios del siglo, como (entre otros muchos) la Universidad de Cervera, la Escuela de Guardias Marinas de Cádiz o la Fábrica de Tabacos de Sevilla, aunque también de algunas construcciones religiosas, como la basílica del Pilar de Zaragoza.

También se edifican dentro del mismo estilo los palacios reales, que figuran sin duda entre las mayores empresas constructivas y decorativas de la época. El primer proyecto ejecutado fue el del palacio de La Granja (1719-1736), construido para Felipe V por Teodoro Ardemans y Filippo Juvarra, que continuó las obras sobre las trazas del primero. La construcción del Palacio Real de Madrid (1736-1764), decidida tras el incendio que destruyó por completo el viejo alcázar de los Austrias, fue encomendada igualmente a Juvarra, que definió una estructura general muy versallesca, luego ligeramente italianizada por su discípulo y continuador, Giovanni Battista Sacchetti. Por último hay que referirse a las obras de ampliación del Real Sitio de Aranjuez, que fueron comenzadas por Santiago Bonavía, diseñador del pueblo que se disponía en torno al palacio, y continuadas por Francesco Sabatini, el arquitecto de Carlos III.

El reinado de este soberano siguió dominado por el Clasicismo, pero también estuvo abierto a nuevas formas. Así, el monarca otorgó su confianza a Francesco Sabatini, que se convirtió en el director de las reformas urbanísticas de la capital que harán de Carlos III el «mejor alcalde de Madrid» (la Aduana, hoy Ministerio de Hacienda, o la Puerta de Alcalá, ambas de 1769), mientras la otra gran figura del clasicismo, Ventura Rodríguez, diseñaba tanto obras religiosas (fachada de la catedral de Pamplona, 1783) como sobre todo civiles (colegio de Cirugía de Barcelona [1761], ayuntamientos de Haro [1769], Toro [1776] y Burgos [1783]). Pero, por otro lado, junto a los arquitectos clasicistas, el reinado se enriquece con la obra de otra personalidad que marca la transición a las formas neoclásicas, Juan de Villanueva, autor del conjunto de edificios científicos en torno al paseo del Prado (el Jardín Botánico [1781], el museo de Ciencias Naturales, hoy museo del Prado [1785], y el Observatorio Astronómico [1790]), cuya urbanización, por otra parte, dio magnífica ocasión para ejercitarse a los escultores de la Academia de San Fernando, Juan Pascual de Mena (fuente de Neptuno, c. 1777-1786) o Francisco Gutiérrez (fuente de Cibeles, c. 1781), así como también de las Casitas de Arriba y de Abajo en El Escorial (1773) y de la Casita del Príncipe en El Pardo (1784), pequeños palacetes al gusto de la época, como lo es la Casita del Labrador (1802), levantada en Aranjuez por su discípulo Isidro González Velázquez.

La pintura de cámara fue encomendada durante la primera mitad de siglo a una serie de pintores franceses, como Jean Ranc (el retratista de Felipe V), Louis-Michel Van Loo (autor del conocido lienzo de *La familia de Felipe V,* 1743) y Michel-Ange Houasse (que nos ha dejado el mejor retrato de Luis I). Les siguieron en la segunda mitad de siglo los italianos Jacopo Amiconi (el pintor de Fernando VI), Corrado Giaquinto y Giambattista Tiepolo (autores de monumentales frescos alegóricos) y, finalmente, el bohemio Antonio Rafael Mengs, retratista de Carlos III y autor de numerosos retratos áulicos y decoraciones palaciegas, cuyo influjo se prolonga en las creaciones de sus discípulos más directos, como Mariano Salvador Maella *(Las cuatro estaciones,* 1798), y en la obra del equipo contratado para renovar los cartones para los tapices de la fábrica de Santa Bárbara. Del mismo modo, las escenas de la vida madrileña de los cartones constituirían también la temática de otros artistas, como José del Castillo *(Paseo junto al estanque del Buen Retiro,* 1780), Ginés Andrés de Aguirre *(La puerta de San Vicente,* 1785), Antonio Carnicero *(Elevación de un globo Montgolfier en los jardines de Aranjuez,* c. 1783-1790), o Luis Paret *(Fiesta en el Jardín Botánico,* 1791), mientras Luis Meléndez quedaría al margen, pintando admirables bodegones impregnados de una austera e íntima poesía.

Integrante del equipo de la fábrica de tapices fue, finalmente, el más grande pintor del siglo, Francisco de Goya, autor de las mejores escenas populares de los cartones *(El quitasol, El cacharrero, La gallina ciega, La cometa, El columpio, El pelele),* antes de convertirse en el lúcido testigo de su época a través de una obra oceánica, que comprende una numerosa colección de espléndidos retratos (entre ellos, *La familia de Carlos IV,* 1800), la decoración de la madrileña ermita de San Antonio de la Florida, los dos cuadros sobre el levantamiento de Madrid de 1808 *(El dos de mayo o la carga de los mamelucos* y *Los fusilamientos del tres de mayo,* ambos pintados en 1814), las portentosas series de grabados tituladas *Caprichos, Desastres de la guerra, Tauromaquia* y *Disparates,* y las pinturas negras de la Quinta del Sordo, pobladas de sangrientas escenas, ominosos personajes, brujas y aquelarres. Esta atormentada trayectoria íntima le llevaría en los últimos años de su vida a un voluntario exilio en tierras francesas, eligiendo morir lejos de una patria desgarrada, como último testimonio de un espíritu que había vivido las ilusiones de la Ilustración y había sufrido los desengaños de su fracaso.

Un siglo aficionado a la música

El siglo XVIII fue un siglo aficionado a la música, que al igual que las restantes artes dependió esencialmente de la demanda eclesiástica y cortesana. El dominio italiano fue, por otra parte, absoluto, como demuestra la presencia en la corte de Domenico Scarlatti, el gran cantante Carlo Broschi, llamado Farinelli, y, finalmente, Luigi Boccherini, autor prolífico que extrajo mucha de su inspiración de temas españoles, hasta el punto de ser recordado especialmente por algunos admirables quintetos con fragmentos de significativos títulos *(Fandango* o *La retirada de Madrid)*. El influjo italiano también se transparenta en las óperas de Vicente Martín y Soler *(La cosa rara, ossia bellezza e onestà,* estrenada en Viena en 1786) y en la obra del mejor músico español de la centuria, Antonio Soler, autor de numerosas obras vocales e instrumentales, entre las que destacan sus magníficas sonatas para clave que lo sitúan en la vanguardia musical del momento. Por el contrario, la reivindicación de la tradición española es el eje de las zarzuelas de José de Nebra *(Viento es la dicha de amor,* estrenada en noviembre 1743 en el teatro de la Cruz de Madrid) y de Fernando Sors, famoso por sus composiciones para guitarra, que a causa de su obligado exilio escribiría en su mayor parte fuera de España, ya dentro de una estética claramente romántica.

El fin del Antiguo Régimen

El reinado de Carlos IV puede considerarse como el primer capítulo de un proceso que conducirá a la crisis que pondrá fin al Antiguo Régimen y que alumbrará la España contemporánea. Un capítulo que se abre con la necesidad de dar respuesta a una serie de dificultades crecientes: el bloqueo de la economía, el recrudecimiento de la protesta social, la agudización de las contradicciones políticas en el seno de las clases dirigentes, la explosión de la controversia ideológica en el interior, la sucesión de los enfrentamientos militares en el exterior que conllevan la bancarrota de la hacienda y los primeros signos del movimiento de emancipación en la América española.

La Revolución Francesa generó en España el «pánico de Floridablanca», un repliegue defensivo del gobierno, que significó el retorno de la Inquisición a su primitiva función de aparato represivo de la Monarquía (que renovaba la vieja alianza entre el Altar y el Trono), la imposición de una severa censura oficial y de un cordón ideológico de sanidad en las fronteras terrestres y marítimas y la suspensión de todos los periódicos con excepción de la prensa oficial. Aunque Floridablanca fue exonerado de sus cargos (febrero de 1792) y el conde de Aranda asumió la dirección interina del gobierno, la guerra de la Convención abriría una nueva etapa en la escalada de la reacción, que se manifestaría en el llamamiento a una movilización contra los enemigos de la patria y la religión, en la estrecha vigilancia de los intelectuales, en la prohibición de nuevas ediciones y en una mayor permisividad de cara a la difusión de la literatura antirrevolucionaria, que era evidentemente también enemiga declarada de la Ilustración.

En efecto, ésta es la época dorada del pensamiento reaccionario español, que se había desplegado ya en la obra de algunos autores precedentes, como fray José Torrubia, debelador de los peligros de la masonería, por más que en realidad fuese un fenómeno prácticamente desconocido en España con anterioridad a 1808. Ahora es el momento de las predicaciones inflamadas de fray Diego José de Cádiz *(El soldado católico en la guerra de religión,* 1794) y de la reflexión teórica del filólogo Lorenzo Hervás y Panduro, que redacta sus *Causas de la Revolución Francesa* (1794), donde denuncia a las tres sectas (filosófica, jansenista y masónica) que han de ser exterminadas por una nueva Inquisición. Sus escritos encontrarán finalmente continuadores en los autores del periodo de la guerra de la Independencia, Rafael de Vélez *(Preservativo contra la irreligión,* 1812) y Francisco Alvarado *(Cartas críticas de un filósofo rancio,* 1813-1816).

En sentido contrario, estos mismos años ven también aparecer la primera literatura política de signo marcadamente liberal. Así, José Agustín Ibáñez de la Rentería publica cuatro *Discursos* (1790) que le convierten en el auténtico introductor en España del pensamiento de Montesquieu. Del mismo modo, Valentín de Foronda publica unas *Cartas sobre materias político-económicas* (1788-1789), que reflejan mejor que ningún otro de sus escritos su adscripción liberal, muy influida por la filosofía política de los independentistas norteamericanos. Más completo es el programa expuesto por León de Arroyal, tanto en sus *Cartas político-económicas al conde de Lerena* (redactadas entre 1787-1790 y 1792-1795 y publicadas en Cádiz en 1812), como en su famosa *Oración apologética en defensa del estado floreciente de España* (escrita en torno a 1792, difundida como panfleto clandestino bajo el título más cortante de *Pan y toros* y atribuida a Cabarrús a raíz de su tardía publicación en 1841). Finalmente, idéntico vigor en las formulaciones liberales expresan algunos de los principales escritos de Francisco Cabarrús, muy especialmente sus *Cartas sobre los obstáculos que la naturaleza, la opinión y las leyes oponen a la felicidad,* redactadas en 1792 pero no publicadas hasta 1808.

En este contexto, los acontecimientos de los años noventa brindaron también la primera ocasión para la aparición de movimientos opuestos al absolutismo. En efecto, durante la guerra de la Convención, las autoridades detectan hechos tan insólitos como la proclamación revolucionaria realizada en el pueblecito riojano de Torrecilla de Alesanco o el desfile llevado a cabo en la humilde localidad manchega de Brazatortas al grito de «¡Viva la Libertad!». Al mismo tiempo, algunos intelectuales ilustrados se instalan en Bayona para difundir desde Francia propaganda revolucionaria, como es el caso de José Marchena *(A la nación española,* 1792), Manuel Rubín de Celis, José Manuel Hevia o Vicente María Santibáñez *(Reflexiones imparciales de un español a su nación,* 1793). Finalmente, la conspiración de San Blas, dirigida por Juan Bautista Picornell, trataba de dar un golpe de Estado apoyado por las clases populares madrileñas a fin de instaurar una monarquía constitucional, aunque los conjurados fueron detenidos antes de poder llevar a cabo sus propósitos (febrero de 1795).

La guerra de la Convención se saldó con una inapelable derrota militar (ocupación francesa de Figueras en el frente oriental y de San Sebastián, Bilbao y Miranda de Ebro en el frente occidental) y la firma de la Paz de Basilea que, al margen de sus consecuencias territoriales (cesión de la parte española de la isla de Santo Domingo), significó el retorno al espíritu de los viejos pactos de familia, a la alianza hispano-francesa, con la firma del Tratado de San Ildefonso (agosto de 1796), cuya consecuencia más inmediata iba a ser la reanudación de la guerra con Inglaterra, inaugurada con la derrota de la flota española en la batalla del cabo de San Vicente (febrero de 1797).

El responsable de la política española era ya en este momento el hombre de confianza de los reyes, Manuel de Godoy, cuya meteórica carrera le había llevado no sólo a recibir una serie de títulos nobiliarios (duque de Alcudia y príncipe de la Paz), sino sobre todo a detentar la dirección de todos los asuntos públicos desde la secretaría de Estado (noviembre de 1792). Su actuación trató de regirse por los principios ilustrados, como demuestra su preocupación por la estadística (censo de 1797, censo de frutos y manufacturas de 1803, aunque referido a 1799), su patrocinio de las expediciones científicas, su apoyo a la enseñanza técnica (Escuela de Caminos, Puentes y Canales, 1802) o su interés por la introducción de los más modernos métodos pedagógicos (Instituto Militar Pestalozziano, 1807). Sin embargo, las dificultades interiores y exteriores impusieron a los monarcas la sustitución de Godoy (marzo de 1798) por un nuevo equipo reformista, integrado por Francisco de Saavedra, Jovellanos y Mariano Luis de Urquijo, cuya más sonada disposición fue la asunción por la Monarquía de la confirmación canónica de los obispos españoles, que además pasaban a gozar de plenas facultades en la concesión de las dispensas matrimoniales, al tiempo que el Tribunal de la Rota sustituía a los tribunales romanos y se prescindía de la figura del nuncio apostólico. Este *cisma,* pero sobre todo la voluntad de Napoleón, precipitó la caída de Urquijo (diciembre de 1800) y el retorno definitivo de Godoy, que emprendió la persecución de los integrantes del ministerio reformista y de sus colaboradores y simpatizantes (Urquijo, Jovellanos, el obispo Tavira, la condesa de Montijo) y que ya permanecería en el poder hasta la crisis final.

Sin embargo, la alianza con Francia y la guerra con Inglaterra estaban conduciendo a España a un callejón sin salida. El bloqueo de la marina inglesa a partir de 1797 había originado el colapso del tráfico atlántico y lesionado el sistema del libre comercio (obligando además a la autorización de los pabellones extranjeros bajo la denominación de «comercio de neutrales»), con los consiguientes efectos negativos sobre la exportación española de frutos y manufacturas, en un momento en que las insuficiencias de la agricultura extensiva iban a manifestarse bajo la forma de una serie de malas cosechas que provocarían severas hambrunas (como la de 1804 en Castilla). Por otra parte, el malestar popular se traduciría en la sucesión de conflictos que jalonan estos años (levantamiento campesino de 1801, motines militares de 1801 y 1804, alborotos en las fábricas de Guadalajara en 1797 y de Ávila en 1805), poniendo en evidencia el fracaso de una política que había hecho del mantenimiento de la paz social uno de sus ejes fundamentales.

La Hacienda real fue, sin embargo, la que acusó el impacto bélico de una manera más dramática. Su incapacidad de hacer frente a los gastos, redoblados por la guerra, obligó no a plantear una reforma radical del sistema fiscal (para lo cual ya era tarde), sino a inventar expedientes de urgencia que permitieran aumentar de modo inmediato el nivel de los ingresos, como en los peores tiempos del siglo XVII. Una primera fórmula fue la llamada desamortización de Godoy (puesta en práctica en septiembre de 1798), que consistió en la venta de una serie de bienes vinculados, especialmente propiedades de instituciones benéficas de la Iglesia, lo que dejaba maltrechas las rentas de la red asistencial eclesiástica. Otros expedientes fueron la exigencia de donativos y empréstitos, la venta de nuevos bienes eclesiásticos y la emisión de vales reales.

Creados durante el reinado anterior (marzo de 1780), los vales reales eran a la vez títulos de la deuda y papel moneda, transferibles por endoso y amortizables, para cuyo servicio se había fundado el Banco de San Carlos (junio de 1782). Ahora bien, si la amortización se había revelado difícil en tiempos de paz, las emisiones exigidas por las nuevas guerras alcanzaron cifras vertiginosas y obligaron a crear sucesivas instituciones dedicadas a hacer frente al pago de los títulos y los intereses de la deuda (Caja de Amortización, febrero de 1798; Cajas de Reducción, julio de 1799), además de una Junta Suprema de Amortización (enero de 1799) en el seno del gobierno. A principios del siglo XIX el Banco de España estaba en quiebra, los intereses de la deuda pública ascendían a doscientos millones de reales y los ingresos no llegaban a los quinientos millones, para hacer frente a casi novecientos millones de gastos. La inviabilidad del sistema fiscal preveía la quiebra definitiva de la Monarquía.

En estas circunstancias, la continua injerencia de Napoleón en la vida pública española, y especialmente en la orientación de la política internacional, hacía más acuciante la situación. Así, una decisión francesa obligó a declarar a Portugal (febrero de 1801) la llamada «guerra de las naranjas» (por un regalo de Godoy a la reina), que terminó con el Tratado de Badajoz (junio de 1801), que estipuló la cesión a España de la población de Olivenza. Al año siguiente se firmaba la Paz de Amiens (marzo de 1802), que significaba un momentáneo respiro, a costa de la pérdida de la isla de Trinidad y de la cesión de Luisiana a Francia. La reanudación de la guerra traería consigo el desastre naval de Trafalgar (octubre de 1805), que acabó con la armada española y con lo más granado de su oficialidad, proporcionando a Inglaterra el control absoluto del Atlántico.

Finalmente, el Tratado de Fontainebleau (octubre de 1807), que preveía el desmembramiento de Portugal, fue la ocasión para la entrada de los ejércitos napoleónicos en España. A estas alturas el desprestigio de Godoy dio alas a la formación de un «partido fernandino» aglutinado en torno al príncipe de Asturias, que se embarcaría primero en la fallida conspiración de El Escorial (octubre de 1807) y después en el motín de Aranjuez (marzo de 1808), que desembocaría en una grave crisis institucional. La abdicación de Carlos IV en su hijo Fernando fue el preludio de la salida de la familia real para Bayona donde, después de otra serie de abdicaciones, la Corona recayó en Napoleón, que se apresuró a nombrar a su hermano José nuevo rey de España (junio de 1808).

Sin embargo, la ausencia del soberano y la invasión silenciosa del territorio español por las tropas francesas motiva el levantamiento de la población de Madrid (mayo de 1808), que significa el comienzo de la guerra de la Independencia. Del mismo modo, el vacío de poder producido como consecuencia de estos acontecimientos permite la creación de un órgano de gobierno representante de la voluntad popular (la Junta Central, septiembre 1808) y la primera experiencia de un régimen parlamentario (las Cortes de Cádiz, septiembre de 1810) y posibilita asimismo que se desencadenen los primeros episodios de la emancipación americana. De este modo, el año de 1808, iniciando la crisis del Antiguo Régimen, puede con justicia poner fin a la historia moderna de España.

Reyes de España

Isabel (1474-1504) y Fernando (1479-1516).
Juana (1504-1555) y Felipe (1504-1506), reyes de Castilla.
Carlos I (1516-1556)
Felipe II (1556-1598)
Felipe III (1598-1621)
Felipe IV (1621-1665)
Carlos II (1665-1700)
Felipe V (1700-1746)
Luis I (1724)
Fernando VI (1746-1759)
Carlos III (1759-1788)
Carlos IV (1788-1808)

Cronología

1474. Isabel I, reina de Castilla.
1475. Concordia de Segovia.
1476. Batalla de Toro.
1478. Creación del Santo Oficio de la Inquisición.
1479. Fernando II, rey de Aragón.
Tratado de Alcáçovas.
1486. Sentencia Arbitral de Guadalupe.
1492. Conquista de Granada.
Descubrimiento de América.
Expulsión de los judíos.
Antonio de Nebrija: *Gramática Castellana.*
1493. Bulas Alejandrinas.
1494. Tratado de Tordesillas.
1496. Incorporación de las islas Canarias.
1497. Incorporación de Melilla.
1499. Fernando de Rojas: *La Celestina.*
1503. Creación de la Casa de la Contratación.
1504. Incorporación del Reino de Nápoles.
1505. Leyes de Toro.
1506. Primera regencia de Cisneros en Castilla.
1508. Fundación del colegio de San Ildefonso de la Universidad de Alcalá.
1509. Conquista de Orán.
1512. Anexión de Navarra.
Leyes de Burgos.
1513. Descubrimiento del océano Pacífico.
1516. Segunda regencia de Cisneros en Castilla.
1517. Llegada a España de Carlos I.
Biblia Políglota Complutense.
1519. Elección imperial de Carlos V.
1520. Comunidades de Castilla.
Germanías de Valencia.
1521. Germanías de Mallorca.
Conquista de México.
1522. Primer viaje de circunnavegación.
1525. Batalla de Pavía.
1527. Saco de Roma.
1529. Paz de Cambrai.
1533. Conquista de Perú.
1534. Fundación de la Compañía de Jesús.
1535. Conquista de Túnez.
1539. Francisco de Vitoria: *Relectio de Indis.*
1542. Leyes Nuevas de Indias.
Cristóbal de Morales: *Magnificat.*
1543. Creación del Consulado de Sevilla.
1545. Pedro de Medina: *Arte de navegar.*
1547. Batalla de Mühlberg.
1552. Bartolomé de las Casas: *Brevísima relación de la destrucción de las Indias.*
1553. Diego Ortiz: *Tratado de glosas.*
1555. Paz de Augsburgo.
1556. Martín de Azpilcueta: *Comentario resolutorio de cambios.*
1557. Batalla de San Quintín.
1559. Paz de Cateau-Cambrésis.
1561. Establecimiento de la corte en Madrid.
1562. Jerónimo de Zurita: *Anales de la Corona de Aragón.*
1563. Clausura del Concilio de Trento.
1564. Proyecto de Flotas y Galeones en la Carrera de Indias.
1566. Comienzo de la revuelta de los Países Bajos.
1568. Guerra de las Alpujarras.
1571. Batalla de Lepanto.
Fundación de Manila.
Tomás de Mercado: *Suma de tratos y contratos.*
1575. Juan Huarte de San Juan: *Examen de ingenios.*
1576. Saqueo de Amberes.
1578. Teresa de Jesús: *Las Moradas.*
1580. Unión con Portugal.
1584. Monasterio de El Escorial.
1588. Armada Invencible.
El Greco: *El entierro del conde de Orgaz.*

1590. José de Acosta: *Historia natural y moral de las Indias.*

1591. Alteraciones de Aragón.

1597. Francisco Suárez: *Disputaciones metafísicas.*

1598. Paz de Vervins.
Cesión de los Países Bajos a Alberto e Isabel Clara Eugenia.

1599. Privanza de Lerma.
Juan de Mariana: *De rege et regis institutione.* Mateo Alemán: *Guzmán de Alfarache.*

1600. Martín González de Cellorigo: *Política necesaria y útil restauración.*
Tomás Luis de Victoria: *Obras.*

1603: Juan Martínez Montañés: *Cristo de la Clemencia.*

1605. Miguel de Cervantes: Primera parte del *Quijote.*

1609. Tregua de los Doce Años. Expulsión de los moriscos.

1612. Lope de Vega: *Fuenteovejuna.*

1613. Luis de Góngora: *Soledades.*

1614. Baltasar Álamos de Barrientos: *Tácito español.*
Gregorio Fernández: *Cristo yacente.*

1619. Sancho de Moncada: *Restauración política de España.*
Luis Cabrera de Córdoba: Primera parte de la *Historia de Felipe II.*

1620. Batalla de la Montaña Blanca.
Juan de Mesa: *Cristo de la Buena Muerte.*

1622. Privanza de Olivares.

1625. Fundación del Colegio Imperial de Madrid.

1626. Unión de Armas.
Pedro Fernández de Navarrete: *Conservación de Monarquías.*
Francisco de Quevedo: *Política de Dios y Gobierno de Cristo. Vida del Buscón don Pablos.*
Francisco Correa de Arauxo: *Libro de Tientos.*

1630. Establecimiento holandés en Pernambuco.
Tirso de Molina: *El burlador de Sevilla.*

1631. Motín de la sal.
Francisco de Zurbarán: *Apoteosis de santo Tomás de Aquino.*

1634. Batalla de Nördlingen.

1635. Pedro Calderón de la Barca: *La vida es sueño.*

1636. Palacio del Buen Retiro.

1639. Batalla naval de Las Dunas. José Ribera: *El sueño de Jacob.*

1640. Revueltas de Cataluña y Portugal.
Diego de Saavedra Fajardo: *Empresas.*

1641. Conspiración del duque de Medinasidonia.

1643. Batalla de Rocroi.

1647. Conspiración del duque de Híjar.
Revuelta de Nápoles.

1648. Gobierno de Luis de Haro.
Tratado de Münster. Paz de Westfalia.

1650. Bartolomé Esteban Murillo: *Sagrada Familia del pajarito.*

1651. Baltasar Gracián: Primera parte de *El criticón.*

1652. Capitulación de Barcelona.

1656. Diego de Velázquez: *Las meninas.*

1658. Batalla campal de Las Dunas.

1659. Paz de los Pirineos.

1668. Paz de Aquisgrán.
Tratado de Lisboa.
Incorporación de Ceuta.

1672. Juan de Valdés Leal: *Jeroglíficos de las postrimerías.*

1674. Gaspar Sanz: *Instrucción de música sobre la guitarra española.*

1676. Revuelta de Messina.

1677. Ascenso de Juan José de Austria.

1678. Paz de Nimega.

1679. Creación de la Junta de Comercio.

1680. Gobierno del duque de Medinaceli.

1683. Narcís Feliu de la Penya: *Fénix de Cataluña.*

1684. Tregua de Ratisbona.

1686. Gobierno del conde de Oropesa.

1687. Juan de Cabríada: *Carta filosófica médico-química.*

1697. Paz de Rijswijk.
Regia Sociedad de Medicina de Sevilla.

1699. Motín de los Gatos.

1700. Testamento de Carlos II a favor de Felipe de Anjou.

1701. Guerra de Sucesión a la Corona de España.

1704. Ocupación de Gibraltar.

1705. Batalla de Almansa.
Decretos de Nueva Planta para Aragón y Valencia.

1710. Batallas de Brihuega y Villaviciosa.

1713. Tratado de Utrecht.
Fundación de la Real Academia Española.

1714. Creación de las secretarías de Estado.

1715. Gobierno de Alberoni.

1716. Decretos de Nueva Planta para Cataluña y Mallorca.

1717. Traslado de la Casa de la Contratación a Cádiz.
1718. Batalla del cabo Passaro.
1720. Fundación de la Academia de Matemáticas de Barcelona.
1724. Jerónimo de Uztáriz: *Teórica y práctica de Comercio y Marina.*
1726. Gobierno de Patiño.
Benito Jerónimo Feijoo: Inicio del *Teatro crítico universal.*
1733. Primer Pacto de Familia.
Expedición de La Condamine.
1736. Palacio de La Granja.
1737. Ordenanzas del Consulado de Bilbao.
Gregorio Mayáns: *Orígenes de la lengua española.*
1738. Carlos de Borbón, rey de Nápoles y Sicilia.
Fundación de la Academia de la Historia.
1739. Guerra del Asiento (o de la Oreja de Jenkins).
1742. Gobierno de Ensenada.
1743. Segundo Pacto de Familia.
1744. Fundación de la Real Academia de Bellas Artes de San Fernando.
1745. Andrés Piquer: *Física moderna, racional y experimental.*
1748. Paz de Aquisgrán.
Felipe de Borbón, duque de Parma, Piacenza y Guastalla.
Colegio de Cirugía de Cádiz.
1749. Proyecto de Única Contribución.
1753. Concordato con la Santa Sede.
Creación del Observatorio de Cádiz.
1755. Fundación del Jardín Botánico de Madrid.
1758. José Francisco de Isla: Primera parte de *Fray Gerundio de Campazas.*
1761. Tercer Pacto de Familia.
1763. Paz de París.
1764. Fundación de la Sociedad Bascongada de Amigos del País.
Palacio Real de Madrid.
1766. Motín de Esquilache.
Gobierno del conde de Aranda.
1767. Expulsión de la Compañía de Jesús.
1771. Reforma de los colegios mayores.
1774. Pedro Rodríguez Campomanes: *Discurso sobre el fomento de la industria popular.*
1777. Tratado de San Ildefonso.
Gobierno de Floridablanca.
Expedición Botánica a Chile y Perú.
1778. Decreto de Libre Comercio.
1779. Antonio de Capmany: Primera parte de las *Memorias históricas sobre la Marina, el Comercio y las Artes de Barcelona.*
1782. Fundación del Banco de San Carlos.
Expedición Botánica a Nueva Granada.
1783. Paz de Versalles.
1787. Expedición Botánica a Nueva España.
1789. Expedición de Alejandro Malaspina.
1791. Fundación del Gabinete de Máquinas.
1792. Gobierno de Aranda.
1794. Conspiración de San Blas.
Fundación del Instituto Asturiano de Minas.
1795. Paz de Basilea.
Gaspar Melchor de Jovellanos: *Informe sobre la Ley Agraria.*
1800. Francisco de Goya: *La familia de Carlos IV.*
1801. Guerra de las Naranjas.
1802. Paz de Amiens.
1805. Batalla de Trafalgar.
Publicación de la *Novísima Recopilación de las Leyes de España.*
1806. Leandro Fernández de Moratín: *El sí de las niñas.*
1807. Conspiración de El Escorial.
1808. Motín de Aranjuez.
Abdicaciones de Bayona.
Guerra de la Independencia.

BIBLIOGRAFÍA

Sobre la España Moderna existen varias obras generales de reconocida solvencia que amplían los contenidos aquí expuestos y ofrecen bibliografías exhaustivas. Por lo tanto, he preferido señalar aquí algunos libros que no siendo manuales abordan temáticas de cierta extensión, junto a algunas obras que pasan por clásicas entre los especialistas. He citado la versión española de las obras extranjeras (cuando las hay) y las ediciones más asequibles (cuando hay más de una).

G. Anes, *Las crisis agrarias en la España moderna,* Madrid, Taurus, 1970.
M. Artola, *La Hacienda del Antiguo Régimen,* Madrid, Alianza, 1982.
M. Bataillon, *Erasmo y España,* Madrid, FCE, 1966.
B. Bennassar, *Valladolid en el Siglo de Oro,* Valladolid, Ayuntamiento de Valladolid, 1983.
R. Carande, *Carlos V y sus banqueros,* Barcelona, Crítica, 1978 (3 vols.).
A. Domínguez Ortiz, *Las clases privilegiadas en la España del Antiguo Régimen,* Madrid, Istmo, 1973.
— *Sociedad y Estado en el siglo XVIII español,* Madrid, Ariel, 1976.
— *Crisis y decadencia de la España de los Austrias,* Barcelona, Ariel, 1989.
J. H. Elliott, *La rebelión de los catalanes, 1598-1640,* Madrid, Siglo XXI España, 1977.
— *El conde-duque de Olivares,* Barcelona, Crítica, 1990.
— *España y su mundo, 1500-1700,* Madrid, Alianza, 1991.
P. Fernández Albaladejo, *Fragmentos de Monarquía,* Madrid, Alianza, 1992.
M. Fernández Álvarez, *La sociedad española del siglo de Oro,* Madrid, Gredos, 1984.
R. García Cárcel, *Las Germanías de Valencia,* Barcelona, Península, 1981.
— *Las culturas del Siglo de Oro,* Madrid, Información y Revistas, 1989.
A. García Sanz, *Desarrollo y crisis del Antiguo Régimen en Castilla la Vieja. Economía y sociedad en tierras de Segovia de 1500 a 1814,* Madrid, Akal, 1986.
A. García-Baquero, *Cádiz y el Atlántico, 1717-1778,* Sevilla, Escuela de Estudios Hispano-Americanos, 1976 (2 vols.).
R. Herr, *España y la revolución del siglo XVIII,* Madrid, Aguilar, 1990.
H. Kamen, *La Inquisición española,* Madrid, Alianza, 1973.
J. L. López Piñero, *Ciencia y técnica en la sociedad española de los siglos XVI y XVII,* Barcelona, Labor, 1979.
J. A. Maravall, *Las Comunidades de Castilla. Una primera revolución moderna,* Madrid, Alianza, 1963.
P. Molas Ribalta, *La burguesía mercantil en la España del Antiguo Régimen,* Madrid, Cátedra, 1985.
J. Nadal Oller, *La población española (siglos XVI-XX),* Barcelona, Ariel, 1984.
J. Pérez, *La revolución de las Comunidades de Castilla,* Madrid, Siglo XXI España, 1977.
N. Salomon, *La vida rural castellana en tiempos de Felipe II,* Barcelona, Ariel, 1982.
J. Sarrailh, *La España ilustrada de la segunda mitad del siglo XVIII,* Madrid, FCE, 1964.
F. Tomás y Valiente, *Gobierno e instituciones en la España del Antiguo Régimen,* Madrid, Alianza, 1982.
P. Vilar, *Cataluña en la España moderna,* Barcelona, Crítica, 1988 (3 vols).

TERCERA PARTE

EDAD CONTEMPORÁNEA

Javier Tusell

El fin del Antiguo Régimen: Fernando VII

La crisis del Antiguo Régimen que se había venido gestando durante todo el reinado de Carlos IV eclosionó en 1808 con la ocupación del país por parte de los franceses, la sublevación contra ellos y el estallido de una guerra que no fue sólo de independencia sino también civil. A la guerra le acompañó el inicio de un cambio político y social decisivo en la Historia contemporánea española. Cuando Fernando VII regresó en 1814 intentó vana e incompletamente el restablecimiento del orden antiguo, incluso con ayuda exterior. Los desastres de la guerra, la permanente inestabilidad y la pérdida de las colonias redujeron a España a la condición de potencia de segundo orden y sólo el tímido reformismo del final del reinado pudo presagiar un cambio posterior a la muerte del monarca.

La guerra contra los franceses. Afrancesados y patriotas

A partir de 1808, de forma sucesiva y conectada, se produjeron una sublevación popular, un conflicto bélico con participación de tropas regulares e irregulares y, en fin, un proceso de cambio político que concluyó no sólo con la elaboración de la primera constitución española sino también con diversas medidas que supusieron el comienzo de un decisivo cambio social.

El alzamiento no puede considerarse como inevitable. Habría sido lógico que las autoridades españolas del Antiguo Régimen se plegaran a las circunstancias pues la sumisión a los proyectos de Napoleón había sido una realidad a lo largo de todo el reinado de Carlos IV. Fernando VII, al abandonar España, dejó una «Junta de Gobierno» cuya actitud fue ordenancista e inhibitoria, como la de todas las instituciones. El infante don Antonio, que la presidía, se vio obligado a abandonar Madrid hacia Bayona y el general francés Murat la presidió a continuación, lo que le permitió distribuir sus tropas por España, en especial en la capital. Los sucesos del dos de mayo de 1808 en Madrid se produjeron en el momento de la partida del infante más joven, Francisco de Paula. El movimiento fue espontáneo, de modo que ni siquiera los artilleros que colaboraron en él trataron de llevar el liderazgo. Los enfrentamientos fueron breves pero encarnizados, concluyendo con una represión durísima de la que levantó acta Goya. La aparición del pueblo en el escenario testimonió que había fuerzas capaces de sustituir a las instituciones del Antiguo Régimen. En definitiva, el levantamiento supuso una especie de reasunción de la soberanía por el pueblo y convirtió en realidad uno de los postulados esenciales del liberalismo.

La sublevación se generalizó durante la segunda quincena de mayo en toda la España no ocupada por las tropas francesas. No parece que existiera nada parecido a un plan general y tampoco puede ponerse en duda que la sublevación fuera esencialmente popular. Fueron dirigentes surgidos del pueblo quienes se impusieron a las autoridades, renuentes a la indisciplina, que consideraban inconcebible que masas populares mal armadas se pudieran enfrentar con un ejército que se había impuesto a los más fuertes de toda Europa. Se recurrió entonces a recrear instituciones antiguas o a constituir otras de nueva planta adaptadas a la situación a las que se denominó juntas supremas. Estaban compuestas por personas de gran representación social, miembros del clero, del ejército o la nobleza y se atribuyeron de manera inmediata los más amplios poderes. Al declararse supremas, asumían para sí el ejercicio de la soberanía, pero eso no quiere decir de modo necesario que los miembros de las juntas fueran todos ellos liberales.

Las juntas declararon inmediatamente la guerra a Francia e iniciaron las operaciones militares. Los franceses partieron del error de considerar que la situación bélica no era otra cosa que la prolongación de los motines madrileños pero tenían razones sobradas para justificar su optimismo. Su superioridad no se basaba tan sólo en el número sino en la condición de Ejércitos patrióticos y revolucionarios mientras el Ejército español era característico del Antiguo Régimen, es decir profesional y no guiado por afecto nacional alguno. Además, los franceses tenían una considerable superioridad numérica: a sus 110.000 soldados iniciales en España se unieron pronto otros 50.000 más.

Así se entiende que los franceses ni siquiera tomaran la precaución de concentrar sus recursos. Actuaron a lo largo de 1808 a través de cinco ejércitos desplegados en abanico a partir de la frontera francesa occidental. Napoleón pensó que aquélla iba a resultar una guerra dinástica más, pero pronto empezaron las dificultades. En Cataluña los franceses no pudieron hacerse con Gerona y se vieron aislados en una geografía hostil. Un ejército francés dirigido por el mariscal Dupont fue enviado a Andalucía y en principio obtuvo éxito al asaltar Córdoba, pero su dureza movilizó a la retaguardia en contra del invasor por lo que acabó por ser derrotado en la batalla de Bailén frente al general Castaños. Era la primera ocasión en que un ejército revolucionario francés era convertido en prisionero por el adversario. Mientras tanto, otro ejército francés se enfrentó con las tropas inglesas mandadas por Wellesley en Portugal y también se vio obligado a aceptar una derrota aunque pudo retroceder hacia España. Bailén abrió el camino de las tropas españolas hacia la recuperación de Madrid y los franceses se replegaron hacia el norte formando sus ejércitos un semicírculo en torno a Bilbao y Pamplona.

Mientras se desarrollaban estas operaciones militares se iba configurando ya la organización política de los dos bandos. En Bayona, al mismo tiempo que lograba las abdicaciones de la familia real española, Napoleón pensó en su sustitución por algún miembro de la suya propia. Acabó convenciendo al rey de Nápoles, su hermano José, y, al mismo tiempo, dirigió un manifiesto a los españoles en los que expresaba su propósito de convertirse en «regenerador» de su país. En realidad Napoleón tenía el prestigio de la autoridad y, al mismo tiempo, de la capacidad de reforma del Antiguo Régimen. Eso explica que pudiera convertirse en refugio de los antiguos ilustrados.

Su primer paso en este programa consistió en convocar una Junta de notables en Bayona, a modo de entidad consultiva para dotar a España de una legislación fundamental. Se dirigió a ciento cincuenta personas pertenecientes a los tres estamentos, pero los asistentes apenas llegaron a noventa. No pudieron tomar ninguna iniciativa realmente importante sino que se limitaron a debatir un proyecto de Constitución que el propio Napoleón les presentó; las rectificaciones que introdujeron fueron escasas. La llamada Constitución de Bayona (julio de 1808) merecería más bien la denominación de Estatuto pues fue otorgada desde arriba sin ser fruto de una decisión de sus supuestos autores. Su contenido era, así, autoritario y no liberal pero suponía un considerable avance sobre la España del Antiguo Régimen. El texto se iniciaba con una invocación a Dios decidiéndose además que el Estado sería confesional. Habría tres cuerpos colegiados —Senado, Consejo de Estado y Cortes— que no tenían otra función más que la consultiva, pues la legislativa se depositaba en el rey. Las Cortes eran de elección indirecta y conservaban el carácter estamental. La mayor importancia del documento reside en las reformas que conllevaba: había en él algo parecido a una declaración de derechos y también algunas reformas, como la abolición de la tortura o la limitación de los mayorazgos.

El reinado de José I se inició con un llamamiento a los españoles, a los que prometió la integridad e independencia de su patria. El monarca era persona de formación y agudeza, lejano a la imagen que de él dieron los patriotas y capaz de ser consciente de las limitaciones del apoyo que tuvo. Muy pronto el rey descubrió que hasta en las cuestiones más diminutas dependía de la voluntad del emperador, que no en vano tenía generales y diplomáticos suyos rodeándole.

Todo esto nos remite a ese sector de españoles que fueron denominados afrancesados, con un nombre infamante que no descubre la realidad de su posición. Muchos ilustrados herederos de tiempos pasados, y cuyo programa común consistió en el monarquismo, las reformas y el repudio de la revolución, encontraron en José I motivos para la esperanza. La tradición histórica de alianzas entre España y Francia y la supuesta imposibilidad de vencer a Napoleón fueron otros tantos motivos para colaborar con su hermano. Más que colaboracionistas los afrancesados quisieron ser mediadores entre los franceses y los españoles con un programa muy semejante al del despotismo ilustrado que luego se reencarnó en algunos liberales moderados. Su programa debió someterse a las alternativas en las relaciones entre los Bonaparte. En la práctica los franceses se apoderaron de las provincias del norte de España anexionándoselas, al menos temporalmente, y la legislación reformista más importante introducida en España fue obra del propio Napoleón, que suprimió el régimen señorial y la Inquisición, hizo desaparecer las aduanas interiores y redujo los conventos a un tercio. Las reformas llevadas a cabo por los afrancesados fueron sólo administrativas, como la división de España en prefecturas o la introducción de los liceos en la enseñanza, ambas medidas de origen netamente francés. A la caída definitiva de José I, el número de afrancesados que participaron en la primera emigración política de la Historia de España contemporánea fue de unas doce mil familias. Su regreso a España fue muy tardío; su recuperación política se produjo siempre en los sectores más autoritarios del liberalismo.

Desde un primer momento inicial, aunque las juntas supremas tuvieran una localización sólo regional, existió el propósito de constituir un gobierno de los insurrectos. La victoria en Bailén contribuyó a hacerlo posible. El Consejo de Castilla, una de las instituciones del Antiguo Régimen, trató de recuperar sus poderes pero su actuación no había tenido nada de heroica y las juntas lo rechazaron desatando una polémica que hizo nacer la opinión pública en España. Al final el Consejo se vio obligado a aceptar que la autoridad quedara en manos de un organismo nuevo y, por tanto, revolucionario. El propósito que guiaba al Consejo era crear una regencia, el organismo que de acuerdo con la estructura del Antiguo Régimen debía ocuparse de las responsabilidades de gobierno en ausencia del monarca.

Finalmente en Aranjuez se reunieron en septiembre de 1808 los diputados procedentes de las juntas provinciales y crearon una nueva entidad de gobierno. La denominaron Junta Central Suprema y Gubernativa del Reino y estuvo formada por 34 miembros. La nueva entidad no dudó en atribuirse la totalidad del poder otorgándose a sí misma el tratamiento de Majestad y dictando sus decisiones en nombre del rey. En ella había un número elevado de personas vinculadas al despotismo ilustrado, como, por ejemplo, Jovellanos, Floridablanca, etcétera, pero su papel político fue menor. Sus miembros en general eran desconocidos y sólo en este momento empezaron a desempeñar un papel político en el marco de un naciente liberalismo. «La providencia ha querido», aseguró en alguna ocasión la Junta, «que en esta crisis terrible no pudiéseis dar un paso hacia la independencia sin darlo hacia la libertad».

Las funciones de la Junta Central nunca estuvieron por completo claras. Durante los diecisiete meses de su duración tomó decisiones muy importantes, como la firma de un tratado de alianza con Gran Bretaña en enero de 1809. Las juntas provinciales fueron sometidas a la Central y se convirtieron en entidades delegadas de la misma. Existió, dependiente de ella, un gobierno en manos de Martín de Garay, con el título de secretario de Estado, dedicado principalmente a las cuestiones de carácter económico. Pero, con el paso del tiempo, se sintió una creciente necesidad de concentrar en menos manos el poder político. Varios militares pidieron la creación de una regencia que los aliados británicos solicitaban igualmente. Finalmente la Regencia quedó constituida en enero de 1810, cuando la única zona que quedaba libre de la influencia francesa era el sur. Estuvo presidida por el general Castaños, pero, acosada por problemas e irresoluta en los más importantes, acabó dimitiendo ante las Cortes reunidas en Cádiz. Si su creación había podido considerarse como un triunfo del sector más conservador, lo cierto es que a la convocatoria de aquéllas se había llegado en condiciones inmejorables para el sector más revolucionario. Su reunión era una posibilidad que pronto estuvo en el ambiente. Fue Jovellanos quien hizo la primera propuesta pero se opuso Floridablanca y la cuestión no fue decidida por el momento. Para el sector más liberal las Cortes podían ser el principio de un proceso revolucionario para llegar a «una Constitución bien ordenada» que propusiera un programa político distinto al de los afrancesados. Con el estallido de la guerra se había producido en la práctica una amplia libertad de prensa y una profunda efervescencia política.

Finalmente la decisión sobre la convocatoria de Cortes se tomó en mayo de 1809. La Junta Central llevó a cabo una consulta a las instituciones públicas y a personas ilustradas para que dieran su parecer acerca de las medidas que era preciso tomar en España, cuyo contenido demuestra un general estado de cansancio con el absolutismo en todo el país y una crítica profunda al Antiguo Régimen. Quizá quienes tenían una idea más clara en este sentido eran los revolucionarios liberales que, sin embargo, debían constituir una minoría en el país. Decidida la reunión de las Cortes, quedaba por determinar de qué modo tendría lugar pero en esta cuestión, que habría de ser de gran importancia, a fines de 1809 la Junta Central no se decidió a optar por una fórmula u otra.

Las alternativas bélicas: las Cortes de Cádiz

A estas alturas, la guerra había adquirido sus características esenciales que obligan a entenderla como un tipo de conflicto radicalmente nuevo. La guerra del Antiguo Régimen era librada por ejércitos pequeños y profesionales y solía concluir con la ocupación de alguna plaza o una pequeña modificación territorial, no con la liquidación del adversario. En cambio la de la Independencia implicó el advenimiento de la guerra de masas, en que el enemigo era considerado como demoníaco y destinado a ser exterminado. Frente a él se utilizaron algunos procedimientos inimaginables antes, como la sublevación urbana y el sitio. De hecho este nuevo tipo de guerra significó el advenimiento de las masas a la guerra y, en el mundo de la cultura, el paso del clasicismo al romanticismo.

El ejército francés, compuesto por ciudadanos, tenía clara superioridad no sólo por eso sino también en materia estratégica y táctica. Napoleón había impuesto una superior rapidez en los desplazamientos, la subsistencia viviendo de lo que el país ocupado diera de sí y, sobre todo, el choque resolutivo, sin consideración del número de bajas, como procedimiento de liquidar al adversario. El ejército español en gran parte estaba formado y dirigido por mercenarios extranjeros. El británico fue superior en calidad y, gracias a una táctica extremadamente conservadora que pasaba por considerar que en España no podía producirse ningún combate verdaderamente resolutivo, dejó siempre tras de sí un camino de retirada hacia el mar. Lo habitual era que, colocado en una posición defensiva, Wellington, que lo dirigía, siempre tratara de derrotar a los franceses por su superioridad en el fuego.

La guerrilla constituyó, sin la menor duda, el rasgo distintivo de la guerra de la Independencia y un factor primordial en la derrota de los franceses. Se trató de un tipo de guerra revolucionaria que presuponía la aceptación de la inferioridad propia, la beligerancia universal contra el invasor, incluso por parte de la población civil, un grado extremado de violencia y el dominio del terreno aunque el adversario triunfara en el campo de batalla. De este modo el conflicto se convirtió en permanente y necesariamente cruelísimo. Los líderes de la guerrilla fueron populares y surgidos de manera espontánea como testimonian sus apodos —Caracol, Chaleco, El Estudiante...—. A pesar del desprecio sentido por Wellington hacia los guerrilleros, el desenlace de la guerra de la Independencia no puede entenderse sin ellos: causaron cien bajas diarias al adversario y, teniendo los franceses más de trescientos mil soldados en España, en las grandes batallas libradas en la Península sólo pudieron utilizar menos de cien mil.

Hecha la descripción de los beligerantes, a continuación podemos pasar a narrar las campañas. Una vez concluida la retirada hacia la frontera a fines del año 1808 Napoleón, al frente de un ejército formado por sus mejores veteranos, pasó a la ofensiva. El emperador concentró en la zona central sus mejores medios y rompió la línea adversaria en dirección hacia Burgos. En diciembre de 1808 logró llegar a Madrid mientras un ejército británico desembarcado en Galicia siguió una trayectoria errática hasta acabar volviendo a su país.

A partir de entonces se inició una larga guerra de desgaste sin que los ejércitos franceses consiguieran ocupar la totalidad del territorio. La retirada del emperador hacia París ralentizó las operaciones militares y sus tropas entonces trataron de controlar las comunicaciones y los núcleos de población, pero eso les impuso una dispersión que resultó beneficiosa al adversario. Regiones enteras (Galicia, Murcia, parte de Andalucía) nunca fueron ocupadas por los franceses.

Su ataque siguió tres líneas de penetración. En la zona oriental obtuvieron los mejores resultados pero antes habían tenido que someter Zaragoza y Gerona, reducidas a pura ruina, tomando casa a casa. En Gerona, por ejemplo, el sitio había durado siete meses y los franceses tuvieron catorce mil muertos. Hacia Andalucía los franceses avanzaron tras derrotar en Ocaña a un ejército regular español reunido con ímprobos esfuerzos. En ese momento (enero de 1810) Napoleón se permitió el máximo empleo de fuerzas propias en España, unos cuatrocientos mil hombres. Los franceses ocuparon prácticamente casi toda Andalucía pero con una dispersión muy grave de sus efectivos y sin llegar a tomar Cádiz. La tercera línea de penetración francesa estuvo dirigida hacia Portugal en la errónea creencia de que, al expulsar a los británicos, acabarían por hacer desaparecer la guerrilla. El primer intento de ocupar Portugal se llevó a cabo en el año 1809 desde Galicia, pero el más importante fue en 1810, protagonizado por Massena, uno de los mejores generales napoleónicos. Aunque consiguió hacer retroceder a Wellington hacia el interior de Portugal, los británicos mantuvieron en Torres Vedras, en torno al estuario del Tajo, una formidable posición defensiva de cincuenta kilómetros de perímetro con la retaguardia cubierta por su propia flota. En mayo de 1811 los franceses estaban ya de vuelta a España con un Ejército en neta inferioridad. Massena dispuso tan sólo de unos cuarenta mil hombres para penetrar en Portugal, pero esta cifra era una quinta parte de los soldados franceses en España. En Navarra Espoz y Mina atraía a otros tantos, lo que es una buena prueba de la eficacia de la guerrilla.

Mientras tanto proseguía el cuestionamiento político del Antiguo Régimen. Las circunstancias bélicas críticas y las normas electorales de enero de 1810 contribuyeron de manera importante al triunfo revolucionario. En efecto, aunque el procedimiento de elección fuera indirecto, existió el sufragio universal. La representación popular en las Cortes estuvo formada por 208 diputados aunque estaba prevista también representación de las Juntas, de las ciudades con voto en Cortes y una pequeña cuota de los españoles americanos. Hechos como la presión de los miembros de algunas Juntas provinciales, la apatía o ignorancia políticas de la Regencia o el ambiente mismo de Cádiz contribuyeron de forma poderosa a explicar el comienzo del proceso hacia el liberalismo. Cádiz era una ciudad prácticamente insular, aislada e inmune frente a posibles ataques franceses, bien aprovisionada y, por su condición de núcleo comercial y burgués, resultaba el ambiente más apropiado para una victoria liberal. La existencia de un clero abierto, de abundante prensa y lugares de relación capaces de convertirse en algo parecido a clubes políticos contribuyeron también de modo poderoso al resultado.

La sesión de apertura de las Cortes en septiembre de 1810 se celebró en la actual San Fernando. Los diputados congregados inicialmente eran algo más de un centenar, casi la mitad de ellos «suplentes», elegidos entre los residentes en la ciudad. Con el paso del tiempo llegó a haber unos trescientos diputados. Un tercio de ellos fueron eclesiásticos mientras que los funcionarios, incluyendo militares, superaban un poco esa cifra. En cambio la burguesía comercial estuvo menos representada. En general las Cortes constituían una minoría ilustrada y urbana que no tenía por qué ser representativa del conjunto de la España de entonces.

Desde la misma sesión de apertura la iniciativa fue tomada por los más liberales. El sacerdote Muñoz Torrero propuso la aprobación de un primer decreto en que las Cortes se atribuyeron a sí mismas la condición de soberanas declarando nula la renuncia de Fernando VII «por faltarle el consentimiento de la nación». Las Cortes se reservaron para ellas mismas el poder legislativo pero admitieron la existencia de un poder judicial y de un ejecutivo que identificaron con la Regencia, nombrando otra cuando la primera presentó la dimisión. En definitiva, el decreto primero de las Cortes produjo, sin ninguna dificultad aparente, un cambio tan sustancial en la organización política que en él puede decirse que se encontraba encerrado cuanto vendría a continuación. La construcción de un orden político nuevo en gran medida se argumentó presentando como una restauración lo que era una sustitución del Estado del Antiguo Régimen.

En definitiva las Cortes de Cádiz llevaron a cabo una doble y sucesiva labor consistente, en primer lugar, en cambiar el régimen político durante el periodo 1810-1812 y, a continuación, producir una profunda transformación social en los meses entre 1812 y 1814. La base para ambas cosas fue el citado decreto primero de las Cortes, pero coadyuvó también la admisión de la libertad de imprenta. La única limitación que se impuso fue la relativa a las materias religiosas, en donde se mantuvo la situación preexistente, sin tolerancia para otras religiones y con la subsistencia del Tribunal de la Inquisición.

La elaboración de una constitución estaba implícita en el decreto primero ya citado. La comisión formada para elaborar la constitución fue presidida por Muñoz Torrero, y uno de los diputados que desempeñó un papel mayor en la elaboración fue Argüelles. El proceso fue largo y, con el transcurso del tiempo, vio aumentar la resistencia del sector más conservador de los constituyentes al texto constitucional, aprobado en marzo de 1812.

La Constitución consta de 384 artículos agrupados en cuatro títulos. Es, por tanto, una Constitución muy larga, en especial el título dedicado al poder legislativo, que por sí solo representa más de un tercio del total. El texto parte de un preámbulo en que se pretende que no se han introducido novedades en las leyes españolas. No tiene nada de extraño, por tanto, que por estas fechas los estudios históricos de Martínez Marina sirvieran para dar prestigio histórico al nuevo constitucionalismo liberal. Por otro lado, el preámbulo se inicia con una invocación a la divinidad, lógica dada la composición de la Cámara y la significación religiosa del primer liberalismo español. El título primero incluye la declaración de soberanía nacional, los derechos fundamentales y la división de poderes. Merece la pena señalar, ratificando lo anterior, que se declara que «la religión de la nación española es y será perpetuamente la católica, apostólica, romana, única verdadera» y, al referirse a los españoles «de ambos hemisferios», pretende mantener la unidad de la Monarquía española. En el legislativo se ha de subrayar la desaparición de cualquier recuerdo estamental. El sistema electoral seguía siendo indirecto y se preveía la exigencia de una renta anual para los elegibles. En cuanto a las Cortes, monocamerales, tenían poderes muy amplios y garantías muy completas de que podrían cumplir su misión, como la existencia de una Diputación permanente. El poder ejecutivo quedaba en manos del monarca, que lo ejercía a través de los secretarios de Estado, nombrados y separados libremente por el rey. El hecho de que al mismo tiempo fueran responsables ante las Cortes introducía un elemento de inviabilidad del sistema político, como acabaría demostrándose pasado muy poco tiempo. Por otro lado, la Constitución preveía también la existencia de poder colegislador en el rey que, por tanto, podía ejercer la iniciativa también en este terreno, pero a las Cortes les correspondía una última decisión en la materia.

La Constitución gaditana ha sido muy discutida en cuanto a su origen, originalidad e influencias. En realidad tal discusión se remonta al mismo momento revolucionario pues, en definitiva, los sectores reaccionarios acusaron al texto de ser una copia fiel de textos parecidos de procedencia extranjera. Uno de los representantes más caracterizados del pensamiento reaccionario llegó a establecer la comparación a dos columnas entre la Constitución española y la francesa de 1791. Se debe tener en cuenta que esta semejanza obedece a razones de identidad en los principios (soberanía nacional, división de poderes, etcétera), pero el sistema político diseñado es bastante diferente y, de cualquier modo, la inspiración francesa de la constitución de 1812 no se refiere a un solo texto sino a varios. Por otro lado, la Constitución española no sólo debe ser calificada de original sino que resultó muy influyente en otros países. Tanto en Portugal, como en Italia y en la América española fue un punto de referencia obligado para los revolucionarios liberales.

La primera experiencia constituyente no duró mucho, pues en septiembre de 1813 se eligieron ya unas Cortes ordinarias. La diferencia entre los dos periodos residió en la mayor exasperación de la tensión política. Durante la elección hubo una primera campaña en la que abundaron los reproches entre las diferentes tendencias. Sería erróneo considerar que en 1810 todos los diputados fueran liberales o existiera una clara distinción entre liberales y absolutistas. En el momento constituyente existía una pluralidad de matices e incluso posiciones un tanto contradictorias de una votación a otra pero, con el paso del tiempo, se fueron perfilando las dos posiciones antagónicas. En la citada campaña, por ejemplo, hubo un componente de marcado enfrentamiento entre clericalismo y anticlericalismo.

La razón deriva de que ya durante la etapa constituyente habían comenzado las reformas sociales que eran el correlato de la desaparición del Antiguo Régimen. La primera de ellas, en 1811, consistió en la abolición de los derechos señoriales que significaban un privilegio o jurisdicción, convirtiendo esos derechos en propiedad y manteniendo el mayorazgo. Los señores convertidos en propietarios tendrían que probar los títulos en que fundaban su propiedad, pero en general los tribunales a lo largo de todo el XIX fueron benévolos con ellos. De este modo los derechos nobiliarios se convirtieron en derechos de propiedad. Las reformas también afectaron al otro estamento privilegiado, el clero. Las Cortes decidieron no devolver a los religiosos las propiedades incautadas por José I y limitaron el número de conventos. Además, se suprimieron el voto de Santiago y la Inquisición. En su conjunto estas medidas de hecho diseñaban un comienzo de desamortización frente al que reaccionó de forma monolítica e irritada el estamento eclesiástico. En abril de 1813 fue expulsado el nuncio papal acusado de entrometerse en la política interna.

Las reformas sociales no implicaban sólo la desaparición —en muy diferente grado— de los privilegios de nobleza y clero sino la creación de un nuevo orden social. Varias disposiciones escalonadas, desde la primavera de 1813 a la de 1814, establecieron una nueva concepción de la propiedad basada en la idea de que debía ser libre y absoluta, la desaparición de los gremios y del Consejo de la Mesta, la dignificación del comercio y la libertad de contratación de los trabajadores. En coincidencia con estos planteamientos las disposiciones fiscales supusieron la desaparición de las inmunidades. En este punto quedaba pendiente una cuestión decisiva, la Deuda pública, que, como es lógico, creció vertiginosamente durante la etapa bélica y para la que no parecía fácil encontrar una solución diferente de la desamortización. No hubo problema respecto de la propiedad comunal, municipal o de realengo pero sí en la eclesiástica.

La reunión de las Cortes ordinarias contribuyó a la multiplicación de un enfrentamiento entre liberales y absolutistas. Wellington estableció la proporción entre ambos sectores indicando a sus superiores en Gran Bretaña que era de uno a dos, «aunque los últimos jamás han tenido el valor o la inteligencia para realizar sus planes». El final de la guerra, con el regreso a Madrid del monarca, habría de permitirles dar la vuelta a la situación.

Mientras tanto tenía lugar la última fase de las operaciones bélicas. La retirada de parte de los efectivos franceses para la campaña de Rusia tuvo como consecuencia que en España se tuvieran que colocar en una posición netamente defensiva. En el verano de 1812 un ejército angloportugués avanzó por Salamanca y en la batalla de Los Arapiles derrotó a los franceses. La victoria no llegó a ser decisiva aunque obligó a José I a escapar a Valencia, mientras que los franceses optaban por retirarse también de Andalucía en dirección hacia el norte. Con esas tropas el hermano del emperador volvió a entrar en Madrid. Si Wellington había demostrado su capacidad en la defensiva ahora testimonió una menor valía. Se atascó en Burgos para finalmente retroceder hacia Ciudad Rodrigo, junto a la frontera portuguesa. Fue necesario que se produjera el desastre francés en Rusia para que, otra vez, se retiraran unidades de España y el nuevo debilitamiento de la posición militar napoleónica diera oportunidades excepcionales a Wellington. A la altura del invierno del año 1812 las tropas francesas habían quedado reducidas a unos doscientos mil hombres y al año siguiente disminuyeron a tan sólo cien mil. En estas condiciones el general inglés procedió a una ofensiva más decidida. En el verano del año 1813, con un ejército que le daba ya la superioridad numérica, avanzó hacia la frontera francesa y derrotó a sus adversarios en Vitoria y San Marcial, e hizo que los franceses se retiraran a su país. El mariscal Suchet, que había permanecido virtualmente aislado en Levante, lo hizo hacia Cataluña y desde allí, ya en el año 1814, a Francia. La guerra concluía con un saldo extremadamente oneroso para España, que pasó a ser ya una potencia de segundo orden. Es posible que hubiera un millón de muertos pero fue, sobre todo, el modo de la guerra el que provocó un desastre material que dejó exhausto al país: Madrid había cambiado de manos nada menos que seis veces a lo largo de ella.

La primera Restauración

Fernando VII había pasado toda la guerra en su cautiverio de Valençay en una ignorancia absoluta de cuanto sucedía en Europa. Napoleón, que tenía la imperiosa necesidad de concentrar todos sus esfuerzos militares, firmó con él, a fines de 1813, lo que en la práctica resultó ser un reconocimiento de su derrota pues equivalía a dejarle el trono sin ninguna condición. Las Cortes españolas reunidas en Cádiz habían decidido no aceptar ningún acuerdo suscrito durante la cautividad real. Sus dos tendencias contrapuestas significaban otras tantas alternativas entre las que optar en el momento en que Fernando VII volviera a su país. El monarca envió emisarios para tratar de informarse de la situación y preparó su reaparición en España en el mes de marzo de 1814.

La información de que dispuso fue de que existía un clima de expectación y de deseo de que volviera. Los absolutistas pensaban que su vuelta supondría el triunfo de sus ideas, mientras que los liberales confiaban en que se produjera una ratificación de sus reformas. En las Cortes se aprobó una propuesta, sugerida por Martínez de la Rosa, de condena a muerte a quien propusiera el cambio del texto constitucional y al rey se le fijó un itinerario desde su entrada en el territorio nacional hasta su llegada a Madrid para jurar la Constitución. Pero Fernando VII sabía ya que las circunstancias le daban la posibilidad de dar un vuelco a la situación y así lo hizo en un plazo muy corto de tiempo.

Entrado en España, fue objeto de una recepción entusiástica que corroboró sus informaciones y le reafirmó en sus deseos de ejercer un poder absoluto. Hasta mayo mantuvo una actitud de expectativa eludiendo seguir las instrucciones de la Regencia sobre el itinerario a seguir. La utilización del término «vasallo», dirigida a los españoles, demuestra cuáles eran sus proyectos. En Valencia su llegada coincidió con la publicación del llamado *Manifiesto de los persas,* así denominado por una erudita cita con la que se iniciaba. En él un tercio de los diputados de las Cortes criticaban lo que había venido sucediendo en España desde el año 1808 y hacían un llamamiento a la implantación de la «Monarquía absoluta». Resulta significativo que esos diputados absolutistas propusieran la convocatoria, por procedimientos tradicionales, de Cortes destinadas a preparar una legislación que no permitiera la arbitrariedad y reconociera la libertad. Un documento como éste, unido a la actitud del ejército y de una parte del clero que reclamaba la vuelta a la Inquisición, contribuyeron a que el Rey adoptara su posición definitiva.

Finalmente Fernando VII hizo público un manifiesto y un decreto en los que afirmaba que las Cortes le habían despojado de su soberanía y que sus actos eran «nulos y de ningún valor ni efecto, ahora ni en tiempo alguno, como si no hubieran pasado jamás [...] y se quitasen de en medio en el tiempo». No obstante se prometía la reunión de Cortes, se declaraban «inviolables» los derechos del pueblo y se prometía libertad de prensa. La resistencia de los liberales fue muy escasa o nula. El general Eguía se encargó de llevar inmediatamente a cabo la represión inicial que supuso la detención de algunos miembros de la Regencia, ministros y diputados liberales. Tal operación fue acompañada por actos populares de exaltación absolutista.

La represión política constituyó un rasgo esencial del periodo abierto en este momento. Nada más llegar Fernando VII procedió a desterrar a cuantos habían ocupado cargos en los años posteriores a 1808. En cuanto a los liberales hubo un centenar de detenciones y Fernando VII, en plena arbitrariedad, dictó por sí mismo penas contra sesenta personas, condenadas hasta a diez años de cárcel. Los empleados públicos fueron «purificados» y no se empezó a hablar de una amnistía sino en torno a 1816 pero al año siguiente, tras una consulta a sectores muy diversos, acabó por renunciarse a ella.

La obra represiva empieza por introducirnos en los rasgos característicos de la Restauración. Se trató de una reacción opaca y sin horizontes que no supo comprender nada de lo ocurrido durante el periodo bélico, ni aceptó el menor cambio, ni agradeció el entusiasmo popular acerca del Rey. Tales rasgos se adecuaban perfectamente a las características del propio Fernando VII. Simpático y llano en el trato, el Rey fue listo y hábil, pero todos los que le conocieron certifican su incultura, su doblez, su cobardía y su incapacidad para tener un programa de gobierno. Resultaba especialmente incapaz a la hora de elegir las personas de sus consejeros y por eso entre sus ministros hubo casos manifiestos de incompetencia y de venalidad. Su camarilla se caracterizó por un plebeyismo que dejó muy atrás el reinado anterior. Todo hace pensar que los duros juicios de la historiografía liberal resultan justificados.

El posible programa intermedio quedó en nada. En los meses siguientes a la proclamación de la Monarquía absoluta se produjo un intento de restablecimiento general de las instituciones y modos del Antiguo Régimen. Reaparecieron los consejos y desaparecieron las diputaciones y los ayuntamientos constitucionales. Hasta 1816 se siguió hablando de la posible convocatoria de las Cortes pero a partir de esta fecha se olvidó por completo. Desapareció la totalidad de la prensa, la organización fiscal nacida de las Cortes de Cádiz y, lo que es más grave, se intentó seriamente la restauración de la sociedad estamental. En el Ejército fue necesario probar la pertenencia a la nobleza para ser oficial, se restableció la organización gremial, se devolvieron sus propiedades a la Iglesia e incluso se intentó resucitar el señorío en sus rasgos anteriores, incluida la función jurisdiccional. Todo este intento de radical marcha atrás resultaba especialmente difícil teniendo en cuenta que España, como Francia, era un país en el que había tenido lugar una profunda revolución política.

La forma de gobierno practicada por Fernando VII incrementó los males existentes. El poder absoluto no condujo a la estabilidad sino que se convirtió en su antítesis: hubo cinco ministerios con una treintena de responsables diferentes. Se trató de personas de escasa valía que después de abandonar el poder en ocasiones pasaban algún tiempo en la cárcel. La camarilla personal del monarca parece haber jugado un papel político importante en determinadas materias, como en la política exterior. Los modestísimos propósitos de llevar a cabo una acción coherente sólo fueron enunciados como programa en el caso de la Hacienda real, dada la catastrófica situación. El intento de reforma de Martín de Garay (1816-1817), considerado como criptoliberal cuando no era otra cosa que un técnico, provocó protestas y quedó en nada.

También en política exterior tuvo lugar un intento de volver hacia atrás. Uno de los objetivos principales de los embajadores españoles al debatir los tratados que cerraron las guerras napoleónicas fue conseguir algún tipo de compensación para los Borbones españoles en Italia, en concreto la hermana de Fernando VII, una actitud muy característica del Antiguo Régimen, más propicio a cuidar los intereses de las personas reales que los nacionales. España reivindicó la Luisiana y una indemnización de guerra para atender los problemas más acuciantes de la Hacienda. Pero toda esta negociación testimonió sólo la reducción de España a la condición de potencia de segundo orden. En efecto, no participó en ninguna de las discusiones que, entre cuatro potencias de primer orden, Austria, Prusia, Rusia y Gran Bretaña, dieron lugar a cambios territoriales y la propia Francia desempeñó un papel más importante que ella. España sólo accedió a esos tratados en el año 1817 sin que sus intereses fundamentales hubieran sido satisfechos.

Al mismo tiempo, por decisión secreta del Rey, entró en la Santa Alianza y se aproximó a la potencia más reaccionaria de la Europa de la época, la Rusia zarista. Ésta proporcionó a España un grupo de barcos que fueron pagados con la compensación económica recibida de Gran Bretaña por la supresión de la trata de esclavos. Si esta operación describe por sí sola hasta qué punto eran graves los problemas hacendísticos, el hecho de que esos barcos no sirvieran para nada certifica el desgobierno en que vivía España. Esos barcos hubieran debido servir para recuperar América, pero no hubo una política coherente al respecto porque las expediciones fueron múltiples pero sin un programa militar claro.

No puede extrañar que pronto empezaran a menudear las conspiraciones en contra del absolutismo. Su existencia prueba un cambio decisivo e inevitable en la vida política desde finales de la Ilustración. La represión de Fernando VII creó, en definitiva, el concepto de «delito político» y a la persecución de disidentes le correspondió su actuación en la clandestinidad. La conspiración solió utilizar sociedades secretas, como la masonería, y tuvo un tono romántico. El pronunciamiento constituyó una forma de actuación que si bien, en su origen y término, fue española debe reputarse en realidad como característica de toda una época, pues se dio también en Portugal e Italia e incluso, con carácter germinal, en la propia Francia. Aunque el liderazgo de los pronunciamientos estuvo siempre ligado a un militar, en la conspiración entraron también civiles que, muy a menudo, proporcionaban el contenido ideológico. Los pronunciamientos de esta época se caracterizan por ser movimientos urbanos, poco organizados, dirigidos a veces por los mandos y muy frecuentes, de modo que la repetición de los fracasos no se convirtió en un factor disuasor sino en la prueba de que se alimentaba en un descontento generalizado. No se puede olvidar la propia quiebra económica del Estado. Un Real Decreto de 1817 reconocía que el Ejército padecía «grandes estrecheces» y que la Marina carecía de «lo más preciso». Los funcionarios —también los militares— no cobraban más que una parte de sus sueldos.

La narración de los episodios conspirativos puede hacerse con brevedad reservando mayor extensión para el triunfante. Ya en el año 1814 Espoz y Mina trató de sublevarse en Pamplona. En 1815 Díaz Porlier, otro antiguo guerrillero, más liberal, se sublevó en La Coruña y consiguió durante algún tiempo un cierto apoyo. En el año 1816 la llamada conspiración del triángulo tuvo como objetivo secuestrar al Rey y obligarle a jurar la Constitución. En 1817 la conjura, dirigida por Lacy y Milans del Bosch, se localizó en Barcelona y parece haber contado también con el apoyo de la burguesía comercial. En 1818 hubo otra apoyada en sociedades secretas en Andalucía. La conspiración de 1819 —pues, como se puede apreciar había una al año— tuvo lugar en Valencia y fue reprimida con crueldad.

La geografía del pronunciamiento es, por tanto, periférica. Así queda ratificado por haberse producido el último intento en el ejército destinado a embarcarse hacia América y reunido en Cádiz. En la conspiración de Riego encontramos todos los rasgos de los pronunciamientos anteriores. En primer lugar la existencia de una masa militar descontenta, con una oficialidad en la que las sociedades secretas habían logrado adeptos y unas perspectivas de futuro problemáticas. Hubo un primer intento en el verano de 1819; en diciembre, cuando las tropas habían sido dispersadas por la Baja Andalucía por temor a una epidemia que dilató el embarque, se inició una nueva conspiración. La proclamación de la Constitución en Cabezas de San Juan el 1 enero de 1820 no fue acompañada por el éxito. El principal protagonista de la misma recorrió Andalucía con una columna que fue perdiendo efectivos hasta quedar reducida a casi la nada. Pero, como se dice en las memorias de uno de los participantes, Alcalá Galiano, «la pluma estaba más activa que la espada» y el resultado de la propaganda jugó un papel decisivo. Desde la segunda quincena del mes de febrero tuvo lugar una erupción de pronunciamientos en la periferia urbana: Galicia, Zaragoza, Pamplona y Barcelona acabaron pronunciándose también y al final lo hizo incluso el ejército formado con objeto de someter a Riego. Finalmente el Rey aceptó el triunfo del pronunciamiento y formó una junta para la inmediata transición hacia el liberalismo. Sólo hubo algunos muertos en Cádiz, lo que prueba que en este pronunciamiento, como en muchos de los anteriores y posteriores, lo esencial fue el pugilato psicológico entre quienes estaban en el poder y quienes querían acceder a él.

El Trienio constitucional. La independencia americana

El periodo histórico que se abrió a continuación reviste gran importancia pese a su brevedad. Por vez primera el liberalismo ejerció el poder como consecuencia del impulso propio y no de las circunstancias de la invasión francesa en 1808. Por otro lado, durante esta segunda etapa liberal existió una fuerte conflictividad política. Desde el principio quedó claro que el Rey estaba muy poco dispuesto a la colaboración con el régimen, empezó a estimular las actitudes más conservadoras en los estamentos militares y recurrió a las potencias de la Santa Alianza.

Frente a la Monarquía absoluta pronto se alzó una nueva cultura política liberal hecha posible con la primera regulación de la libertad de imprenta.

Las sociedades patrióticas, establecidas en los grandes núcleos de población, actuaron de caja de resonancia de la actualidad política al mismo tiempo que practicaban el derecho de petición a las Cortes con clara proclividad hacia el radicalismo liberal. Las juntas provinciales, en que se fragmentó el poder político, la prensa (casi setecientos periódicos) y, en fin, la actuación de la plebe urbana formaron parte de esa cultura política nueva. El Ejército de Cádiz actuó como una especie de garantía de permanencia de la revolución liberal y de incitador para que el régimen adquiriera un tono más radical. Algo parecido puede decirse de la Milicia nacional, cuerpo de ciudadanos armados que, si bien fue considerado como burgués, luego se extendió a más amplias capas de la población y se convirtió en un instrumento del sector maximalista. Muy pronto fue patente la división del liberalismo en dos tendencias que correspondían a talantes distintos: los moderados (Argüelles, Martínez de la Rosa, Toreno...), que eran los antiguos doceañistas que se inclinaban por una solución transaccional con el Antiguo Régimen y por la colaboración con el Monarca, y los exaltados, que tenían especial fuerza entre la oficialidad joven, la milicia nacional y los sectores populares urbanos, y con ellos compensaron su minoría en las Cortes.

Durante los dos primeros años del trienio fueron los moderados quienes ejercieron el poder pretendiendo estabilizar el régimen a base de disolver el Ejército gaditano y enviar a Riego fuera de Madrid. Mientras tanto, las Cortes iniciaron una labor de desmantelamiento del Antiguo Régimen y de construcción de un nuevo Estado liberal. Así, se puso en práctica por vez primera la división de España en provincias y se aprobó una Ley de Instrucción Pública. Pero resultó más importante la labor de desmantelamiento del Antiguo Régimen: se suprimieron todo tipo de vinculaciones y se ratificó la abolición del régimen señorial aunque, debido al veto real, la disposición tardó en ser promulgada. Lo más decisivo fue la legislación en materias religiosas, que siempre estuvo relacionada con los problemas de Hacienda. La reforma consistió en la supresión de todos los conventos de órdenes monacales, a cuya ratificación se negó el Rey, que acentuó su actitud de resistencia ante el régimen liberal.

Desde el otoño de 1821 los moderados se vieron sometidos a una doble presión. El absolutismo inició una actuación subversiva dando lugar a una latente guerra civil. Por su parte los exaltados acabaron por compartir el poder con los moderados y aun por desplazarlos por completo en el verano del año 1822. A partir de ese momento la vuelta al absolutismo dependió de una posible intervención extranjera facilitada por la existencia de la Santa Alianza, en la que se agrupaban las potencias guardianas del Antiguo Régimen. Sólo se decidió cuando, con los exaltados en el poder, el Rey pidió auxilio. El gobierno liberal formó tres ejércitos para enfrentarse con los invasores, pero no consiguió promover una resistencia popular contra el invasor. Tampoco Cádiz estaba en condiciones de resistir como en 1812 y, tras el único combate con el Ejército francés, los liberales se rindieron entregándose al Rey que abrió la vuelta a un nuevo periodo absolutista con promesas de reformas idénticas a las que había hecho ya en el año 1814.

La invasión francesa y la larga lucha por la independencia puso a la Monarquía transoceánica española en una difícil situación que no fue capaz de superar. La ausencia de autoridad peninsular provocó la creación de autoridades en América para luego tener como consecuencia la independencia y la constitución de las Repúblicas existentes en la actualidad. Lo esencial en la independencia fue el enfrentamiento entre peninsulares y criollos, estos últimos los únicos en dirigir los destinos políticos de los nuevos países. En América la intervención popular e indígena en la independencia fue escasa, por no decir nula. Sobre el sector dirigente jugaron un papel de importancia tanto las noticias relativas a la independencia estadounidense como a la revolución francesa. La derrota de Trafalgar (1805) rompió las relaciones marítimas entre uno y otro lado del Atlántico sometiéndolas al beneplácito británico. Pero resultó más grave aún el vacío de poder producido como consecuencia de la invasión francesa durante todo el periodo 1808-1814.

Como en la Península, la consecuencia inmediata de la invasión fue la proliferación de juntas que ejercieron el poder en sustitución de la autoridad anterior. Nacieron a partir de cabildos locales, pero muy pronto hubo una fuerte tensión entre sus componentes, según fueran estos criollos o peninsulares. La situación se agravó en 1811, fecha de la que datan las primeras proclamaciones de independencia, dada la situación que se vivía en España. Las Cortes de Cádiz fueron autoras de importantes reformas en el mundo colonial americano, pero siempre se partió de la consideración del Imperio como una entidad en la que sólo se admitían parciales concesiones a la libertad comercial. Si en esa fecha las autoridades peninsulares no controlaban más que las Antillas y Perú, a la altura del año 1814 habían recuperado la totalidad del espacio americano con la excepción de Buenos Aires. En México la sublevación india provocó una actitud de temor, tanto en los peninsulares como en los criollos, con el resultado de que la sublevación quedó liquidada, dado el peso demográfico de la población indígena. Perú se había convertido en la principal zona de resistencia del poder español y el desembarco de un ejército español en Venezuela permitió la reconquista de esta zona geográfica por los españoles.

Tras un paréntesis que acabó en 1817, hasta 1824 se abrió un segundo periodo en la independencia americana. Aparte de la intervención de las potencias anglosajonas, un factor explicativo de primera importancia para justificar el logro de la independencia se debió a la situación de la metrópoli. La profunda crisis interna, la incapacidad para enviar nuevos refuerzos militares y la sustitución de un régimen absolutista por el liberal en el año 1820, explican la imposibilidad de resolver la cuestión independentista. En 1817 el general San Martín independizó Chile después de atravesar los Andes, mientras que en 1819 Bolívar creaba la Gran Colombia. Cuando tuvo lugar el pronunciamiento de Riego tan sólo le quedaba al Imperio español Perú y una parte de Colombia. El gobierno del Trienio constitucional apenas hizo nada para conseguir la recuperación de las colonias, bien por confiar muy poco en que eso fuera posible o por creer que bastaba con genéricas declaraciones de igualdad. El ejército que hubiera debido ir a América era considerado por los exaltados como un baluarte para la revolución, y las medidas más radicales del Trienio constitucional provocaron el temor en los sectores más conservadores de las sociedades coloniales, en especial en México. Allí las autoridades en un principio pensaron en acoger al monarca y luego llegaron a la conclusión de que les era más conveniente declarar la independencia, como se llevó a cabo en el año 1821, manteniendo la Monarquía y la confesionalidad católica. Fue también entonces cuando los independentistas consiguieron la liberación definitiva del antiguo virreinato de Nueva Granada, correspondiente a las actuales Venezuela, Colombia y Ecuador. El virreinato de Perú mantuvo su condición de último bastión de la resistencia frente a los intentos independentistas. La existencia de una abundante población indígena no favorecía la independencia, que podría tener como consecuencia un peligro subversivo. El último episodio de la lucha por la independencia se inició en el momento en que quienes habían sido principales protagonistas de la misma desde el sur (San Martín) o desde el norte (Bolívar) se encontraron en Guayaquil (1822). Tras la batalla de Ayacucho concluyó la resistencia española en Perú (1824).

La posibilidad de que Fernando VII contara con ayuda de las potencias legitimistas para restablecer su autoridad en América indujo al reconocimiento de las nuevas naciones por parte de los países anglosajones. De ahí la formulación de la doctrina Monroe por parte de Estados Unidos, precisamente a finales del año 1823. En cuanto a Gran Bretaña, la ayuda que había prestado a la sublevación había sido indirecta pero ahora no estaba dispuesta a tolerar un restablecimiento del poder colonial de España que pudiera dificultar su comercio ultramarino.

Para España la independencia hispanoamericana tuvo una trascendencia inmensa. A los desastres de la guerra, la permanente inestabilidad y carencia de reformas hubo que sumar la pérdida de unas colonias que convertían a España en potencia de primer orden. En adelante España fue una nación de segunda fila que no tenía otro interés estratégico que controlar el Estrecho, lo que la vinculaba a una estrecha relación con Francia y Gran Bretaña. Pero esa relación nunca fue de igual a igual sino de mediatización. Paralelamente, el año en que vio la luz la primera Constitución liberal española fue también el del comienzo de una larga crisis en el comercio gaditano, que resultó irrecuperable. En 1824 habían quebrado una tercera parte de las casas comerciales existentes, de los trescientos armadores sólo quedaban veinte y los comerciantes extranjeros habían quedado reducidos a tan sólo una octava parte. En el periodo comprendido entre 1792 y 1827 el comercio español pasó a ser sólo una cuarta parte; el mayor porcentaje en esta reducción era el que se refería al comercio con América, cuya disminución fue del 90%. Hasta el momento de la independencia gran parte de ese comercio —la mitad aproximadamente— consistía en reexportar productos extranjeros e importar minerales preciosos. Ahora ambas partidas desaparecieron por completo.

Al mismo tiempo tuvo lugar en la Hacienda española una crisis de magnitud parecida. Desde el año 1814 la voluntad de Fernando VII de restablecer el Antiguo Régimen sin recurrir a procedimientos desamortizadores tuvo como consecuencia que los ingresos de la Hacienda disminuyeran. De ahí la gravísima crisis del Estado español, que incluso tuvo serias dificultades para pagar su pensión a Carlos IV. Las reformas de la Hacienda que fueron propuestas durante la primera etapa absolutista han merecido los más duros calificativos por parte de los historiadores. En el Trienio constitucional las exigencias de pago de los tributos en dinero resultaron inviables para los campesinos, sometidos a una agricultura de subsistencia. Por otro lado, la pésima cosecha del año 1822 contribuyó a provocar un levantamiento rural que tuvo que ver con el final del Trienio constitucional.

Durante la nueva década absolutista la gestión hacendística de López Ballesteros resultó muy distinta a la llevada a cabo por los primeros colaboradores de Fernando VII. Ayudado por la estabilidad en la permanencia en el cargo —rasgo muy característico de ese periodo—, López Ballesteros llevó a cabo una amplia serie de reformas. A pesar de que se le atribuyó la condición de liberal, tal denominación no parece oportuna, sino que era un heredero de la línea del despotismo ilustrado. Su obra fiscal no produjo ninguna transformación fundamental, pero obtuvo una mayor recaudación, cifrable en un 25%. López Ballesteros fue quien introdujo por vez primera el presupuesto (1828) y también fueron iniciativas suyas el Código de Comercio, el Tribunal de Cuentas y el Banco de San Fernando, en sustitución del Banco de San Carlos. Todas estas iniciativas estaban destinadas a tener una larga duración.

El volumen de la Deuda era ya muy crecido en 1808, hasta el punto de que equivalía a los ingresos de quince años, pero al final del Trienio constitucional casi había duplicado esa cifra. El más grave problema para la Monarquía fue la imposibilidad de conseguir nuevos créditos al haber decidido el Rey no reconocer la Deuda del trienio. Aunque al final debió admitirla, una Hacienda en estas condiciones dejaba reducido al Estado a la condición de impotente. En torno al final de la década de los años veinte la flota española estaba reducida en la práctica a una décima parte. Por tanto, la reducción de España a la condición de potencia de segundo orden no se produjo tan sólo como consecuencia de la pérdida de las colonias sino que también fue impuesta por la ausencia de recursos y de reformas.

Junto a todo esto existía también una penosa situación de la economía real. La moneda, carente de las aportaciones de metales preciosos de más allá del Atlántico, fue rebajando su aleación día a día. Un descenso en cascada de los precios, que en términos generales puede cifrarse en dos tercios para los agrícolas, provocado por la guerra y la ruptura con América, tuvo como consecuencia el perpetuo malestar campesino que muy a menudo se expresó en forma de bandolerismo agrario. La industria textil también presenció un espectacular descenso en sus precios, que llegaron a ser una octava parte de los que existían al final del siglo XVIII. El lamentable estado de las comunicaciones contribuyó a reducir la economía a la pura subsistencia, sin posibilidad de desarrollar un auténtico mercado nacional.

La década absolutista. Hacia la transición.

Los años que siguieron al restablecimiento de Fernando VII como rey absoluto, en octubre de 1823, tuvieron como característica una reacción que inicialmente pudo parecer más dura que en 1814. Ésta es la razón que explica el calificativo de «ominosa» aplicado a esta etapa, pero la realidad resulta mucho más merecedora de matices que la interpretación indicada. En efecto, si durante estos años hubo conspiraciones liberales también existieron las de significación realista, mientras que se enfrentaban en la Corte dos versiones diferentes de absolutismo.

Una de las primeras medidas tomadas por el absolutismo restablecido consistió en la depuración de la Administración y el reforzamiento de la administración policíaca, al mismo tiempo que se producía la creación de un cuerpo de voluntarios realistas con un propósito semejante a la milicia nacional sólo que con significación inversa. La voluntad represora se siguió manteniendo hasta el final del reinado con nuevos instrumentos de acción. La Inquisición había demostrado su ineficacia, pero su desaparición en absoluto quiere decir que se mitigara la labor represiva que utilizó como instrumento una institución nueva, más moderna, la policía, objeto de repudio por parte de los liberales pero también de los realistas. Las «purificaciones» fueron amplias en toda la Administración, llegándose a citar incluso la cifra de ochenta mil civiles afectados. Las militares estuvieron precedidas por una medida tan radical como la disolución previa del Ejército para constituir uno nuevo. El duque de Angulema, jefe de las tropas francesas ocupantes, promovió una amnistía que se llevó a cabo tardíamente; el propio monarca dejó claro que la decisión obedecía a «complacer a los soberanos aliados». La presencia de un ejército de ocupación en la Península hasta el año 1828 contribuyó a hacer ineficaz la acción de la oposición liberal.

Llegado Fernando VII a Madrid desde Cádiz declaró «nulos y de ningún valor todos los actos del gobierno llamado constitucional». Sin embargo, con el paso del tiempo, entre sus colaboradores hubo matices importantes. Todos eran absolutistas pero algunos participaban de la mentalidad del reformismo de la Ilustración y trataron de llevar a cabo transformaciones adjetivas de las distintas parcelas de la Administración. A este tipo de personas se las ha identificado con el liberalismo moderado, pero sólo con el tiempo reaparecieron con la etiqueta citada. Debe citarse a López Ballesteros y Cea Bermúdez, por ejemplo. El otro grupo de colaboradores corresponde a un tipo humano (Calomarde...) que hubiera podido ser intercambiable con los de la primera restauración. A veces estos dos sectores actuaron desde plataformas distintas. El Consejo de Estado actuó como medio de presión de los sectores más inmovilistas, mientras que el grupo más reformista controló la gestión económica. En torno al año 1826, el sector partidario del reformismo sin aperturas políticas parece haber consolidado una posición de mayor fuerza que el otro.

Las tensiones en el equipo de gobierno de Fernando VII no fueron las únicas de carácter político. Los intentos conspiratorios de Valdés y los hermanos

Bazán fracasaron, pero a partir de 1826 el liberalismo se desdobló en dos fórmulas distintas. Mientras que una Junta de Bayona, inspirada por Espoz y Mina, conspiró en el sentido de ofrecer una solución moderada al monarca, el general Torrijos, inspirador de otra Junta de Londres, mantuvo un insurreccionalismo en colaboración entre elementos militares y las masas urbanas, en definitiva más relacionado con lo que había supuesto el movimiento exaltado. En el año 1831 Torrijos se convertiría en un héroe liberal y romántico al fracasar su intento de desembarco en las costas malagueñas y ser fusilado.

Quizá resulte más representativa de este periodo la aparición de conspiraciones realistas que partían de la presunción de que el monarca había quedado en manos de consejeros traidores. Los movimientos insurreccionales de estas características fueron muy tempranos y ya en 1824 hubo una sublevación abortada. En el verano del año 1825 tuvo lugar una sublevación propiamente dicha, la del mariscal Bessières, que concluyó con su fusilamiento. Los propósitos políticos de los conjurados se cifraban en el cambio del ministerio, la supresión de la policía y el restablecimiento de la Inquisición. En los meses siguientes un acontecimiento de política exterior jugó un papel de primera importancia en la política española. La sucesión portuguesa (1826) creó en el vecino país una situación liberal que provocó temores graves en España y tuvo como consecuencia el creciente distanciamiento entre Fernando VII y su hermano el infante don Carlos, muy influido por su mujer portuguesa, de significación absolutista exaltada. Desde España se mantuvo una inicial ayuda a los reaccionarios portugueses pero luego se adoptó una posición más neutral gracias a la influencia de Gran Bretaña.

A finales de 1826 apareció un manifiesto realista profundamente crítico con el Rey, pero más decisivo todavía fue que en 1827 estallara en Cataluña una auténtica sublevación popular, primer movimiento de masas antiliberales que recibieron el nombre de agraviados o *malcontents*. De la importancia de este acontecimiento da cuenta el hecho de que los sublevados llegaran a tener en armas treinta mil personas y ocuparan varias ciudades. El propio monarca debió acudir al principado durante casi un año. El programa político que hubo detrás de la insurrección puede ser descrito como precursor del futuro carlismo.

La inflexión decisiva en el reinado de Fernando VII se produjo a finales del año 1829. En ella desempeñaron un papel de primera importancia acontecimientos familiares y exteriores para provocar, de forma lenta pero decidida, el comienzo de una transición desde el absolutismo reformista hacia una opción liberal muy tibia. La muerte de la tercera mujer del monarca, María Josefa Amalia de Sajonia, ofreció la doble posibilidad de la sucesión del monarca en la persona de su hermano don Carlos, dirigente principal del sector reaccionario, o un nuevo matrimonio de Fernando VII. Tras siete meses de viudedad, el Rey se casó de nuevo. La decisión fue el resultado de un forcejeo en la Corte. Luisa Carlota, mujer del infante Francisco de Paula y procedente de los Borbones de Nápoles, logró casar a su hermana María Cristina con el Rey. A partir de este momento los acontecimientos se produjeron con velocidad. En abril de 1830 se mandó publicar la Pragmática Sanción, decretada por Carlos IV en

1789 pero mantenida en secreto. Su contenido, al autorizar la sucesión femenina, evitaba cualquier posibilidad de que don Carlos se convirtiera en Rey, pues no tardó en anunciarse que la nueva reina estaba embarazada. En octubre de 1830 nació la futura Isabel II y entonces los carlistas presentaron la coartada de la ilegitimidad de la decisión adoptada antes. La cuestión dinástica estuvo, por tanto, muy estrechamente vinculada con la cuestión política.

En ese mismo año 1830 se produjo en Francia una revolución liberal que acabó con el absolutismo. La consecuencia fue el aumento de la actividad conspirativa de los liberales y de la actitud represora del Gobierno, pero a partir de este momento era inconcebible una nueva invasión francesa destinada a restablecer el absolutismo político. Las medidas de represión gubernamental consistieron, por ejemplo, en el cierre de las universidades y la creación de nuevas comisiones militares con objeto de purificar a la oficialidad. Fueron los reaccionarios quienes tomaron la iniciativa porque controlaban el poder con Calomarde, que era el responsable principal de la política interna. Cuando el Rey enfermó en el verano de 1832 la presión de estos sectores hizo posible la derogación de la Pragmática Sanción. Lo hizo en la conciencia de que la sucesión en la persona de su hija podía suponer el estallido de la guerra civil. Pero al mismo tiempo el Rey había permitido a la reina María Cristina sustituirle, y pronto hubo una reacción de aquellos sectores más opuestos al posible reinado de don Carlos. Los llamados sucesos de La Granja —una manifestación organizada por los sectores contrarios al infante— rectificaron la situación y le permitieron a la reina María Cristina tomar las riendas del poder.

Lo hizo en octubre de 1832, responsabilizando del Gobierno a Cea Bermúdez, cuya significación reformista conocemos. Uno de sus principales colaboradores, Encima, se hizo cargo de un ministerio nuevo, el de Fomento, que equivalía al Ministerio del Interior actual, mientras Calomarde era desterrado. Poco a poco fueron siendo sustituidos los principales mandos políticos y militares que podían ser partidarios de don Carlos, mientras que se dictaba una amplia amnistía y a los ciento veinte mil voluntarios realistas todavía existentes se les privó de fondos. Sólo cuando hubo cambiado de manera definitiva el poder político efectivo se produjo un segundo paso. El último día de diciembre del año 1832 el Rey declaró públicamente que el decreto por el que había declarado nula la Pragmática Sanción era nulo y sin valor por ser opuesto a las leyes fundamentales de la Monarquía. Esta declaración hizo posible el reinado de Isabel II.

El 29 de septiembre de 1833 se produjo la muerte de Fernando VII. Su viuda María Cristina de Nápoles no era liberal, pero las peculiaridades de la situación española la habían acercado a un tipo de reformismo administrativo como el que representaba Cea Bermúdez, al que las circunstancias políticas le harían evolucionar hasta abrir el paso a una versión muy conservadora del liberalismo.

La transición hacia el liberalismo (1833-1843)

Tras la muerte de Fernando VII, a lo largo de dos regencias sucesivas, las circunstancias políticas que parecían favorecer una transición pacífica del absolutismo al liberalismo impusieron el cambio de manera definitiva llevando a una transición desde un absolutismo que admitía ya matices reformistas hasta un liberalismo muy turbio y limitado. Este proceso sólo se pudo llevar a cabo con la conmoción de una guerra civil que, en un plazo relativamente corto de tiempo, supuso además, por el proceso dialéctico entre las diferentes tendencias liberales, el comienzo de las reformas que conllevaron el desmantelamiento de las bases jurídicas del Antiguo Régimen. Al mismo tiempo, durante este periodo inicial del ejercicio práctico del liberalismo se inició aquello que podríamos denominar como la forja de la ciudadanía nacional y la construcción de un Estado de nueva planta que no quedaría definido por completo sino desde mediados de la década de los cuarenta.

El sistema político del Estatuto Real

La muerte de Fernando VII dejó el poder político en manos de su viuda María Cristina de Nápoles, quien en la práctica lo había desempeñado ya con carácter previo. Sabemos que su procedencia no era en absoluto liberal ni tampoco quienes ejercían con ella el poder respondían a estas características. Es muy posible que en condiciones normales, sin una guerra civil, la Regente —o Reina gobernadora, como fue denominada— hubiera mantenido a su régimen en un reformismo ilustrado, lo menos complaciente que hubiera podido con el liberalismo, pero el estallido de la guerra civil hizo derivar la situación hacia una versión moderada del mismo, en primer lugar, y luego hacia un liberalismo pleno.

La figura más destacada de la política española en el periodo de transición fue Francisco Cea Bermúdez, quien ejercía ya el poder desde comienzos del año 1832. Defensor originariamente de un programa de «Monarquía sola y pura», con cuyas palabras demuestra su alejamiento del liberalismo, en el momento de la proclamación de la regencia mostró un grado mucho mayor de adaptación a las circunstancias de una época nueva ya muy distante del despotismo ilustrado. Prometió cambios pero «sin admitir innovaciones peligrosas» y reformas administrativas de las que dijo, de un modo que resulta muy característico de su persona y de su posición política, que eran las «únicas que producían inmediatamente la prosperidad y la dicha que son un bien positivo para el pueblo». Sin duda el más importante de sus colaboradores, por la labor que realizó, fue Javier de Burgos. Escritor prolífico, este personaje, nombrado ministro de Fomento, ofrece todas las características de un burócrata bien preparado, capaz de colaborar con regímenes de contrapuesto contenido en sus principios. Fue el autor de la división de España en provincias —que tenía antecedentes en el régimen afrancesado y el del Trienio Liberal— y también de los futuros gobernadores civiles, denominación definitiva de una figura de funcionario que, tras un paréntesis en que utilizó el nombre de «jefe político», él denominó «subdelegado de Fomento». Las instrucciones que les dio constituyen un buen ejemplo de lo que debía ser la acción atribuida a estos funcionarios, no sólo en el orden público sino también desde el punto de vista económico y administrativo. En realidad la denominación de jefe político —tan distinta del prefecto francés— responde mejor a lo que esta figura ha solido ser en la vida pública española. De cualquier modo, también en este periodo de transición al liberalismo se sentaron las bases de la organización judicial en audiencias que, teniendo en su vértice el Tribunal Supremo, ha subsistido hasta la actualidad.

El programa representado por Cea Bermúdez y Burgos tuvo una ventaja inmediata aunque no tardó en ser superado por las circunstancias. Ésta consistió en que, en realidad, el grueso de las clases dirigentes de la época y el mismo aparato estatal estuvieron del lado de la Regente en el momento en que se inició la guerra carlista. De este modo los voluntarios realistas pudieron ser desarmados y la mayor parte de los mandos militares permanecieron fieles a las autoridades políticas. Sin embargo en tan sólo unos meses los acontecimientos habían desplazado del centro de la vida pública a Cea Bermúdez. Una amnistía permitió el regreso de los exiliados liberales que, provenientes de un liberalismo radical, con el paso del tiempo se habían convertido en mucho más moderados. Pero fue la guerra civil la que probablemente decidió a la Regente a optar por ellos, como una especie de *tercera vía* entre los partidarios del Antiguo Régimen y los liberales exaltados. Fueron dos militares, los generales Llauder y Quesada, capitanes generales de Cataluña y Castilla la Nueva respectivamente, los que convencieron a la Regente de que optara por esa fórmula.

Quien la personificó fue Francisco Martínez de la Rosa, un antiguo liberal radical que en las Cortes de 1812 había defendido la pena de muerte para los enemigos de la Constitución o para quienes quisieran modificarla, pero que ahora estaba dispuesto a una política de mucha mayor templanza ayudado por la propia posición de la Corona. A partir de este momento, aunque conservando muchos poderes y ejerciéndolos de manera conflictiva, la Corona cedió en la práctica una porción muy considerable de los mismos o los compartió con el Gobierno. Éste amplió la amnistía e inició una obra que le conducía, en la práctica, hacia la senda de la desamortización al suprimir, por ejemplo, los conventos cuyos miembros se hubieran pasado a la sublevación carlista.

La decisión más importante y de mayor trascendencia para el futuro de Martínez de la Rosa fue la promulgación del Estatuto Real en abril de 1834. Los militares citados habían pedido la convocatoria de Cortes y, en realidad, en eso consistió el Estatuto, sin que de él pueda decirse que sea una reproducción del Antiguo Régimen ni una Constitución, pero tampoco una carta otorgada desde arriba por la simple razón de que la Regente no se atribuía la soberanía en su texto. En realidad el Estatuto, heredero de la tradición representada por el pensamiento de Jovellanos, era, como las otras cartas otorgadas —el Estatuto de Bayona, por ejemplo—, el producto de una concesión gratuita por parte del monarca. Carente de cualquier tipo de prólogo en sus estrictos términos no hacía otra cosa que utilizar la legislación vigente para convocar unas Cortes. En definitiva quizá la mejor caracterización del Estatuto sea la que equivale a una carta otorgada incompleta. No contiene, por ejemplo, ninguna alusión al poder ejecutivo o al judicial ni tampoco hace referencia a una posible tabla de derechos pero sí, en cambio, se encuentra en él una mención al legislativo. En la práctica el sistema del Estatuto Real sirvió para introducir en la vida política española la deliberación pública de los asuntos políticos, un gobierno con los poderes concentrados en su presidente e, incluso, una cierta responsabilidad del mismo de cara al legislativo.

Éste fue precisamente el aspecto más interesante del Estatuto Real y el que le da importancia en la Historia española. De acuerdo con su texto —cinco títulos y cincuenta artículos— las Cortes aparecían divididas en dos estamentos con nombres de raigambre medieval, estamento de los próceres y estamento de los procuradores. El primero estaba formado por los altos cargos y dignidades que tuvieran una renta muy elevada y el segundo sería elegido por un procedimiento indirecto en escalones de partido y de provincia a partir de un censo electoral muy reducido de los mayores contribuyentes (apenas unos dieciséis mil, el 0,15% de la población). Como puede apreciarse, el grado de apertura liberal era muy escaso pero, en la práctica, algunos de los procuradores de modo inmediato exigieron más. Las Cortes tan sólo tenían poderes para elaborar los presupuestos pero los procuradores podían ejercer el derecho de petición. A través de este procedimiento muy rápidamente se pasó a la reclamación de una amplia declaración de derechos. Además, de esta manera se inició una transición más decidida hacia el liberalismo. Un importante político liberal llegó a escribir que el Estatuto había sido, en realidad, «la primera brecha en el alcázar de la tiranía» (Fermín Caballero). El escritor Mariano José de Larra le puso un epitafio apropiado, que es una prueba de ese carácter de fórmula temporal o de paso hacia el liberalismo pleno: «Aquí yace el Estatuto. Vivió y murió en un minuto».

El trasfondo fundamental de la gestión de Martínez de la Rosa estuvo constituido por la guerra contra el carlismo. Su gestión exterior consiguió la colaboración británica pero sólo el respaldo moral de Francia. En plena guerra civil las alternativas en las operaciones bélicas tuvieron un doble efecto sobre las Cortes del Estatuto y sobre la plebe urbana liberal. En el verano del año 1835 la petición de dimisión por parte del estamento de los procuradores tuvo como consecuencia que la presentara Martínez de la Rosa, a quien sucedió el Conde de Toreno, una personalidad política de talante muy parecido. Pero aún más importante que eso fue la aparición de una subversión urbana de tono liberal radical. En julio de 1834 la tensión histérica causada por una epidemia de cólera, junto con las noticias de que eran los carlistas los que la habían provocado, degeneró en matanzas de frailes en Madrid. Un año después, frente al liberalismo moderado del gobierno, empezó a aparecer el protagonismo de unas masas populares que le acusaban de exceso de templanza y falta de decisión y que reclamaban libertad de imprenta, reforma electoral y reunión de Cortes (pues estaban suspendidas). Sin duda era la presión de la guerra lo que excitaba este tipo de protestas que se manifestó en la creación de juntas por gran parte del territorio nacional, en especial en la periferia. Como detonante para la creación de las mismas y procedimiento habitual para presionar sobre las instituciones actuó la Milicia nacional, auténtica contrahechura de los voluntarios realistas. Esta fuerza armada local era, en su composición, aun de propietarios de extracción social mucho más baja que la de los electores, de acuerdo con la ley electoral del Estatuto Real. En adelante y durante mucho tiempo, juntas y Milicia nacional fueron protagonistas muy importantes de la política de la España liberal y gracias a ambas se produjeron no pocos cambios de gobierno.

La guerra carlista, 1833-1840

El primer despegue del liberalismo español en la versión del Estatuto Real se produjo al mismo tiempo que España pasaba por la trágica experiencia de una guerra civil. Ésta no se explica sin los antecedentes previos durante el reinado de Fernando VII, no tanto por el planteamiento de la cuestión dinástica sino, sobre todo, por la existencia de una subversión realista, alimentada por los voluntarios y que había obligado al Rey a una acción decidida aunque no siempre eficaz. No es extraño que la geografía del realismo y la del carlismo posterior sean muy coincidentes.

Don Carlos María Isidro, cuatro años más joven que su hermano Fernando, ha pasado a la Historia como una persona carente de las peculiaridades negativas de su carácter, como la doblez, pero parece haberse caracterizado por un grado elevado de simpleza y bondad. Así se explica que no actuara cuando su hermano todavía reinaba y éste es un factor que puede contribuir a explicar su derrota en los medios cortesanos. Su ideario, de una simplicidad extrema, se caracterizó por una identificación del trono y el altar que fue fomentada por sus dos sucesivos matrimonios con dos hermanas de la casa de Braganza, reinante en el vecino Portugal donde había un conflicto muy semejante al español. Fue en Portugal donde tuvo su origen la tesis de la legitimidad de ejercicio: un monarca no debía tener sólo a su favor la legitimidad dinástica sino también la derivada de su forma de actuar, lo que podía justificar cualquier subversión por motivos de índole estrictamente ideológica. Esa doctrina explica buena parte de la propensión del carlismo a padecer escisiones.

Inmediatamente después de la muerte de Fernando VII se iniciaron en toda la geografía peninsular, y sobre todo en el País Vasco, Navarra y Cataluña, sublevaciones de pequeñas partidas carlistas. Sólo en un segundo momento se incorporaron a su dirección algunos elementos militares. A comienzos del año 1834 la mayor parte del País Vasco estaba ya sublevado e incluso cayeron en manos de los carlistas sus principales ciudades, como Bilbao y Vitoria.

Ha sido objeto de mucha especulación el origen del carlismo sin que se pueda dar acerca de esta cuestión una única respuesta, porque si algo caracterizó al carlismo fue precisamente su heterogeneidad. No cabe la menor duda de que para muchos de los carlistas la guerra tuvo un indudable componente religioso, pero la inmensa mayoría de la jerarquía, siguiendo las instrucciones del Vaticano, estuvo a favor de la Regente y tan sólo menos de una decena de obispos, de zonas muy caracterizadamente carlistas, se pronunciaron a favor de la sublevación. Como es lógico, la aparición del anticlericalismo contribuyó a dar a la guerra civil un tono religioso. Por otro lado, es evidente que las regiones principalmente controladas por los sublevados fueron regiones forales, con instituciones y privilegios propios, y ese particularismo institucional jugó un papel en la posición que adoptaron pero, en un principio, este rasgo no jugó un papel decisivo en los pronunciamientos de los carlistas y, además, hubo también en todas estas regiones un foralismo liberal e isabelino. Otra cosa es que con el paso del tiempo el carlismo recalcara esta nota. En tercer lugar, sin duda la lucha del carlismo contra los liberales fue la del campo contra la ciudad, como testimonian las mismas operaciones, y es posible que campesinos perjudicados por la venta de bienes comunales nutrieran las filas de la sublevación, aunque también en el medio urbano existiera un apoyo indudable al carlismo. Junto a estas tres razones hay que añadir otra más sencilla, de carácter ideológico, que es el simple apego a una vida tradicional, a la alianza entre el trono y el altar o a la identificación con un mundo de relaciones patriarcales (entre los carlistas nobles abundan más los pequeños titulados que la gran nobleza).

En cuanto a las operaciones militares resulta muy posible que, de haber actuado con mayor decisión en un principio, la sublevación carlista hubiera podido ser liquidada en un corto espacio de tiempo. No obstante, cuando Tomás Zumalacárregui se hizo con el mando de las tropas carlistas, en enero de 1834, la situación cambió muy favorablemente para éstas, que derrotaron al ejército liberal en la batalla de las Amézcoas. Sin embargo, tras esta victoria, el ejército carlista se encontró de forma inmediata con la grave disyuntiva que nacía de si intentar tomar una ciudad, como Bilbao, o mantenerse en el dominio del medio rural como hasta entonces. Optó por lo primero, pero en el sitio de la ciudad vizcaína acabó muriendo Zumalacárregui en el verano del año 1835 y los liberales, al mismo tiempo, obtuvieron alguna victoria importante, como Mendigorría. Sin embargo, ni remotamente eso les hizo dueños del medio rural. Hay que tener en cuenta que la guerra carlista tuvo una semejanza muy estrecha con la guerrilla de 1808, enormemente destructiva pero sin grandes operaciones militares. Uno de los generales liberales, Luis Fernández de

Córdova, describió el tipo de combate característico del conflicto como «guerra lánguida»: «El enemigo», escribió, «elegía siempre los terrenos y los momentos en que le acomodaban los combates por la sencilla razón de que, en caso contrario, los evitaba dispersándose en todas las direcciones; no era posible conquistar líneas o bases del enemigo, líneas de comunicaciones o plazas porque no las tenía». La única solución hubiera sido cerrar la zona dominada por el adversario con una línea fortificada y disponer de un ejército de maniobra para luchar contra las concentraciones adversarias. Pero eso requería muchos efectivos y medios materiales para imponerse a la patente hostilidad de la población. Cuando los liberales ocupaban cualquier entidad de población solían descubrir que había desaparecido todo lo que les pudiera servir de alimento.

Pero en la primavera del año 1834 María Cristina logró un apoyo exterior que le sería enormemente útil para derrotar al adversario. Los gobiernos liberales de España y Portugal subscribieron la Cuádruple Alianza con Gran Bretaña y Francia. La primera llegó incluso a tener luchando en España una legión de diez mil soldados voluntarios que fueron, por tanto, los primeros extranjeros que acudieron por motivos de principios a combatir en una guerra civil española. El político progresista Juan Álvarez Méndez, más conocido como Mendizábal, jugó un papel de primera importancia en la consecución de esa ayuda británica. Como algo parecido sucedía al oeste, en realidad se debería hablar, más que de una guerra civil española y otra portuguesa, con idénticos bandos, liberal y absolutista, de una guerra civil peninsular. La victoria de los liberales portugueses se debió en gran parte a la intervención en este país de un ejército liberal español dirigido por el marqués de Rodil.

A partir del año 1836 las operaciones militares revistieron un carácter distinto al consistir en largas expediciones mediante las cuales los carlistas querían extender la sublevación más allá de sus lugares de implantación, mientras que sus adversarios los perseguían sin conseguir sobre ellos una victoria resolutiva. De estas expediciones las más importantes fueron la del general Gómez, que con apenas unos miles de hombres atravesó toda la Península sin ser derrotado, pero sin tampoco conseguir incrementar la zona de apoyo estable a la causa carlista, y la llamada expedición real que en el año 1837 llegó hasta las puertas de Madrid, e incluso quizá estuvo en condiciones de conseguir una especie de reconciliación dinástica de no ser por el hecho de que un giro político favorable al progresismo la impidió.

La última fase de la guerra tuvo como protagonistas militares al liberal Baldomero Espartero y el carlista Rafael Maroto, en otro tiempo compañeros de armas en las guerras del Perú. Las victorias del primero, que contaba ya con un Ejército mucho más potente y organizado, pero, sobre todo, la división de los carlistas en dos tendencias —*apostólicos* o intransigentes y moderados o *transaccionistas*— facilitó la liquidación de una guerra larga y cruel. En agosto de 1839 el convenio de Vergara selló con un abrazo entre los dos generales la liquidación de la guerra mediante una relativa transacción. En efecto, los carlistas consiguieron el mantenimiento de los fueros, que serían su arma política más importante en el futuro, y, además, mantuvieron sus graduaciones militares en el Ejército. Hasta el año 1840 perduró la resistencia en el Maestrazgo bajo la dirección de Ramón Cabrera, que se convirtió en la nueva estrella militar del carlismo pero que en esa fecha debió huir hacia Francia.

Dos consecuencias obvias e inmediatas cabe extraer de la guerra civil. En primer lugar prosiguió la tradición cainita, nacida a partir de 1808, con ejecuciones sumarias y represalias brutales —fusilamiento de la madre de Cabrera, que fue respondido por procedimientos semejantes—, destinadas a repetirse en posteriores conflictos de semejantes características. Por otro lado, los militares liberales más brillantes se identificaron con un cierto género de liberalismo, a menudo anticlerical en los más exaltados, mientras que las deficiencias de la Administración civil les llevaron a un intervencionismo político que se extendió durante tres décadas.

La ruptura liberal: Mendizábal y la constitución de 1837

La narración de los acontecimientos políticos la habíamos dejado en septiembre de 1835, momento en que, después de la creación de un amplio movimiento de juntas en toda la superficie de la Península pidiendo la reunión de Cortes, una nueva ley electoral y libertad de imprenta, la Regente se vio obligada al nombramiento de un nuevo gobierno que tuvo a su cabeza a Juan Mendizábal.

Nacido en 1790 en Cádiz, muy vinculado al ambiente de su burguesía comercial y con importantes conexiones con Gran Bretaña, Mendizábal fue considerado en su época como un hombre providencial y una especie de mágico salvador de la patria. Lo cierto es que durante los tan sólo siete meses en que estuvo en el poder la revolución liberal dio un paso irreversible, bien por volver a poner en práctica la legislación de la etapa de 1812 o por decidirse a poner en marcha otra. Al servicio de su política Mendizábal demostró una enorme capacidad de trabajo así como una competencia técnica que hizo posible que desempeñara al mismo tiempo algunas de las principales carteras ministeriales. Su primer paso consistió en hacer pública una declaración ministerial de acuerdo con la cual se comprometía a convertir en realidad las peticiones de las juntas. Al crear las diputaciones provinciales, que permanecieron como un organismo clave en la configuración de la Administración liberal, consiguió controlar el movimiento de las juntas; prometió también una declaración de derechos y la responsabilidad del Gobierno ante las Cortes, elementos ambos del constitucionalismo liberal de los que carecía el Estatuto. Además, muy pronto se pudo percibir que el gobierno de Mendizábal suponía el acceso al poder de los hombres del Trienio constitucional.

Apoyado por la inmensa mayoría del estamento de los procuradores tras un voto de confianza a finales del año 1835, Mendizábal vino a ejercer durante su mandato una especie de dictadura plebiscitaria y revolucionaria que comprometió a la Corona y al país en el proceso revolucionario. En gran medida su gestión se explica por la existencia de un grave peligro carlista al que dedicó gran parte de su acción de gobierno y explica el conjunto de la misma. Convertida ahora en «Guardia nacional», la antigua Milicia multiplicó de manera considerable sus efectivos hasta conseguir el cambio en la situación militar. Más importante fue todavía el llamamiento de cien mil hombres al Ejército para combatir al adversario carlista. En realidad sólo menos de la mitad tomaron las armas porque se permitió, por vez primera, la redención del servicio militar —no obligatorio sino por sorteo— a cambio de una cantidad de dinero. Esto último nos revela uno de los aspectos más difíciles de la situación, el problema hacendístico. Mendizábal trató de resolverlo mediante los empréstitos, repartiendo por provincias unas ciertas cuotas de ingresos obligatorios y, sobre todo, como tendremos ocasión de comprobar, con la desamortización. Mientras tanto se volvían a poner en vigencia las disposiciones relativas al Antiguo Régimen en la Constitución de 1812.

A pesar del elevadísimo grado de apoyo que tuvo en esos momentos iniciales, Mendizábal empezó a encontrar dificultades a comienzos del año 1836. Cuando empezaron las discusiones en las Cortes acerca de una nueva ley electoral, pronto se apreció que una mayoría de los procuradores parecía preferir la elección por distritos pequeños, algo que favorecía a los sectores más conservadores. En la práctica Mendizábal había perdido ya el apoyo mayoritario de las Cortes, que sólo volvió a lograr tras una nueva elección en la que eliminó a sus adversarios. Pero en lo que no pudo llegar a conseguir un éxito definitivo fue en el relevo de los mandos militares que intentó llevar a cabo.

A mediados de mayo de 1836 fue sustituido por un gobierno presidido por Javier Istúriz que representaba la otra tendencia, más derechista, en la que empezó a configurarse el liberalismo. Esta división resultó, con el paso del tiempo, un elemento explicativo de primera importancia para la Historia del XIX español, pero también en este momento aparecieron otros rasgos muy característicos de la misma. En primer lugar, la Regente apoyó de manera clara a esa tendencia más derechista del liberalismo —los moderados—, como también lo haría su hija Isabel. Por otro lado, en estos meses se inició una práctica habitual en todo el siglo XIX, consistente en que cualquiera de las opciones políticas se atribuía en realidad el monopolio del poder político, imponiendo en las elecciones un resultado por completo favorable a ella misma, de modo que aquéllas sólo servían para ratificar a quienes ya estaban en el poder. Así sucedió, desde luego, en este caso. Cuando una mayoría de los procuradores estuvo en desacuerdo con el gobierno Istúriz, éste disolvió las Cortes, cambió la ley electoral (por vez primera las elecciones fueron directas, es decir, sin escalones sucesivos en ayuntamiento y provincia) y consiguió la victoria.

Pero, como sabemos, el sector más radical del liberalismo —quienes con el paso del tiempo serían denominados progresistas— tenía otra forma de actuación al margen de las elecciones que consistía en sublevarse y crear juntas provinciales y locales para, de este modo, acabar por acceder al poder. La tensión política, la persistencia del peligro carlista y los rumores de que se iba a solicitar una intervención francesa que facilitara el mantenimiento del orden, provocaron la reproducción de un fenómeno semejante al de septiembre de

1835. La conclusión del mismo, en agosto de 1836, fue la sublevación de sargentos en La Granja que impusieron a la Regente un cambio en la dirección política. María Cristina aceptó la vuelta a la Constitución de 1812, expresión constitucional por antonomasia del radicalismo político, mientras no fuera aprobada una reforma de la misma.

A esta decisión se le sumó la configuración de un nuevo gabinete, presidido por José María Calatrava, que vino a representar algo así como una reedición de la experiencia de Mendizábal. No sólo lo fue porque éste ocupó el Ministerio de Hacienda, sino también por el hecho de que, en buena medida, la obra de gobierno fue coincidente o se convirtió en la continuación radicalizada de aquella que se había puesto en práctica cuando aquél había sido el máximo responsable político. De nuevo se volvió a poner en marcha la legislación social de la época doceañista, en especial la relativa a la liquidación del régimen señorial. Se aprobó una ley de imprenta y fue ampliada la Milicia nacional, pero quizá el punto en donde más se radicalizó la legislación fue en materia de relaciones con el clero. El liberalismo español de la época siguió las doctrinas regalistas de la Ilustración, por el procedimiento de intervenir en el nombramiento o incluso en la disciplina interna del clero por temor a que se decantara hacia el carlismo.

La tarea más importante de las Cortes, tras unas elecciones celebradas después del verano, había de ser esa adaptación de la Constitución de 1812 a las nuevas circunstancias que se había conseguido imponer a la Regente en el momento de la sublevación de La Granja. Sin embargo, no hubo, en realidad, tan sólo reforma sino una verdadera elaboración de una nueva Constitución, la de 1837, que vino a enlazar la de 1812 con el Estatuto Real de 1834, convirtiéndose no tanto en una solución intermedia como en un intento de superar ambas fórmulas, que habían resultado de incierta y dificultosa aplicación. Otra cosa es que, como resultaba habitual, se apoyara el nacimiento de la constitución de 1837 fundamentándola en un pasado prestigioso. El nuevo texto constitucional fue elaborado en una primera redacción por una comisión presidida por Argüelles quien, como sabemos, había desempeñado un papel fundamental en la redacción de la Constitución de 1812. Esto indica que existió una auténtica evolución en el pensamiento de los doceañistas. Por influjo de las ideas entonces predominantes en Europa —el llamado liberalismo doctrinario— se trató de conseguir el mantenimiento de una porción de los poderes que le correspondían a la Monarquía en el Antiguo Régimen, pero dentro de un contexto político muy distinto del anterior.

De ahí los principales rasgos de la Constitución de 1837. Caracterizada por su brevedad (tan sólo 13 títulos y 77 artículos, lo que la convierte en mucho más escueta que la de Cádiz) la Constitución, aun haciendo mención en su preámbulo a la soberanía nacional, tiene como rasgo diferencial la existencia de la soberanía compartida entre el rey y las Cortes, puesto que en ella se dice que el poder legislativo corresponde a las Cortes con el rey. Éste, además, no dispone tan sólo de un veto suspensivo en relación con la legislación elaborada por las Cortes, sino absoluto, y puede disolver las cámaras provocando así una nueva convocatoria electoral. De esta manera la Monarquía queda configurada como un auténtico poder moderador. En definitiva, la Constitución de 1837 constituye uno de los primeros prototipos de texto fundamental europeo basado en la Monarquía constitucional como eje del sistema político.

Un rasgo característico de esta fórmula constitucional de 1837 es también el bicameralismo, que adopta ahora las denominaciones que llegaron a convertirse en clásicas (Congreso de los Diputados y Senado). A diferencia de la Constitución de 1812, no existe en ésta incompatibilidad entre la responsabilidad ejecutiva y la pertenencia al legislativo. Por otro lado, la Constitución de 1837 hace alusión a la Milicia nacional, contiene una declaración de derechos (entre los que explícitamente se cita a la libertad de imprenta) y hace una declaración mucho menos taxativa de confesionalidad, pues no declara al catolicismo como única religión verdadera y, además, no prohíbe explícitamente la existencia legal de otras religiones. Finalmente, como ya se habían independizado la mayor parte de las antiguas colonias, la Constitución se refiere a ellas de un modo distinto a la paridad. Lo que quedaba del antiguo Imperio español en América sería regido por «leyes especiales» que implicaban la carencia de igualdad entre españoles y americanos y contribuyó a hacer factible la explotación económica colonial.

La Constitución de 1837, por sus características, podía haberse convertido en un campo común para ambas tendencias liberales, que empezaban a dibujarse ya de forma clara en el panorama de la política española. Sin embargo, la lucha partidista se trasladó muy pronto al terreno constitucional, de tal modo que cada cambio de Gobierno tendió a conllevar de forma inevitable una modificación de la Constitución.

La Desamortización

Si desde el punto de vista político el gobierno de Mendizábal y los inmediatamente posteriores supusieron un giro esencial en la Historia española, se puede decir que desde el punto de vista social el cambio resultó todavía más decisivo. En este momento se produjo una transformación muy importante en la propiedad de la tierra que era, y seguiría siendo durante mucho tiempo, la riqueza principal en España de modo que dos tercios de los españoles todavía vivían de ella en 1900. Como sabemos, la propiedad de la tierra en el Antiguo Régimen, al estar en manos de la Iglesia —en especial de las órdenes religiosas—, de la nobleza rentista, del Estado o los municipios, era habitualmente acusada de ser objeto de una explotación muy poco racional que impedía obtener todo el beneficio de ella, pues, como escribió Jovellanos, sólo el propietario privado resultaba eficiente. Considerados esos beneficiarios como «manos muertas», el proceso de «desamortización», es decir, de paso de ellos a otros propietarios dispuestos a obtener la mejor explotación económica en beneficio propio, constituye un elemento esencial para comprender el tránsito de la sociedad del Antiguo Régimen al liberalismo, en el que la propiedad se concibe como individual y absoluta en lo que respecta a su gestión.

La desamortización debe ser entendida no como un acto aislado, sino como todo un proceso histórico que cubre una amplia etapa cronológica desde el reinado de Carlos IV hasta el final del primer cuarto del siglo XX. Sin embargo hay que atribuir una especialísima importancia a la etapa de Mendizábal, no sólo por su volumen (entre un tercio y un cuarto de la desamortización total) y por la rapidez con que se llevó a cabo, sino, sobre todo, porque a partir de este momento la desamortización fue irreversible y se fue extendiendo a otros terrenos sin que, además, en ningún instante se pensara volver al sistema de propiedad de otros momentos. En total la desamortización pudo suponer la transferencia de propiedad de la mitad de la tierra cultivable.

La desamortización tuvo una enorme complejidad y, aun estando fundamentada siempre en esa concepción de la propiedad que ya ha sido mencionada, respondió a circunstancias que muy a menudo variaron de una época a la otra. La complejidad se explica porque en toda desamortización hay un paso previo que es la nacionalización de los bienes de las manos muertas en determinadas condiciones para, en un segundo momento, ponerlos a disposición de propietarios privados aunque siempre previa obtención por parte del Estado de unos beneficios. En realidad, como en la época de Carlos IV, fue la guerra el motor principal de la desamortización al requerir unos ingresos suplementarios y urgentes que el Estado era incapaz de conseguir por procedimientos normales. En el caso de la etapa de Mendizábal hubo un cambio con respecto a la época inmediatamente anterior, en el sentido de que si durante la guerra de la Independencia se había pensado en una desamortización de los bienes comunales ahora se optó por los bienes del clero, principalmente de las órdenes religiosas. La razón estribó no sólo en la aparición de un componente anticlerical en el liberalismo español, sino en el hecho de que el coste político de la medida parecía menor. La desamortización de bienes comunales debía suponer una reforma fiscal que no era posible realizar por el momento ante las urgencias bélicas existentes.

En realidad antes incluso de que Mendizábal adoptara sus concretas medidas desamortizadoras hubo ya ciertas disposiciones que las anunciaban, señal evidente de que el Estado liberal no concebía otro procedimiento para generar recursos distintos de éste. La venta de los bienes de la Inquisición, de los jesuitas o de los conventos suprimidos, así como la devolución de los bienes adquiridos durante el Trienio constitucional, constituyen una buena prueba de esta afirmación.

En cuanto a la desamortización eclesiástica propiamente dicha se plasmó en dos disposiciones, la primera consistente en la supresión de las órdenes religiosas (octubre de 1835) y la segunda (febrero de 1836) destinada a determinar el sistema de poner en venta los bienes nacionalizados. Merece la pena citar el lenguaje empleado en estas disposiciones para comprender lo que se pretendía con ellas. De los conventos se decía que eran «inútiles y perjudiciales», de acuerdo con una mentalidad utilitaria que se remontaba a los tiempos de la Ilustración. El objetivo de las medidas era, según el propio texto, «crear una copiosa familia de propietarios», pero no dejaba de mencionarse también otra causa que, en realidad, era la más importante: «crear y fundar el crédito público cuya fuerza asombrosa y cuyo poder mágico debe estudiarse en la opulenta y libre Inglaterra». La venta de los bienes desamortizados se haría en pública subasta, previa tasación oficial, ofreciéndose dos procedimientos de pago. Todos los adjudicatarios deberían pagar una parte de la cantidad que les correspondía en efectivo, pero quienes estuvieran dispuestos a hacerlo en su totalidad dispondrían para ello de un plazo de dieciséis años, mientras que quienes pagaran mediante Deuda pública lo deberían hacer en tan sólo ocho. En el mes de julio de 1837 la desamortización eclesiástica se extendió a los conventos de órdenes religiosas femeninas y al clero secular.

La mayor parte de la desamortización religiosa se produjo en el periodo inmediatamente posterior a las disposiciones adoptadas por Mendizábal. El volumen de las ventas puede haber sido de unos 3.500 a 4.000 millones de reales hasta mediados de los años cincuenta, la mayor parte en los años treinta. Para darse cuenta de lo que significó el conjunto de estas ventas para la propiedad española baste con indicar el punto de partida del proceso desamortizador. En 1835 había en España casi cincuenta mil religiosos y unas veintitrés mil religiosas que vivían en unos tres mil conventos. El total de la transferencia de la propiedad fue muy grande aunque variando mucho de unas zonas a las otras; se ha calculado que pudo afectar a un 12% o 15% de la propiedad. De cualquier modo la transferencia de propiedad producida durante la desamortización fue infinitamente superior en importancia a aquella que tuvo lugar durante los tiempos de la reforma agraria de la Segunda República, casi un siglo después.

Tan importante proceso como la desamortización ha sido objeto de concienzudos estudios por parte de los historiadores. No se pueden establecer unas conclusiones definitivas y totales acerca de él pero sí algunas indicaciones de lo que supuso para la Historia española.

No cabe la menor duda de que gran parte de las compras fueron realizadas por la burguesía de negocios madrileña o, por lo menos, residente lejos de allí donde radicaban las fincas. Sin embargo, sería una exageración atribuir un peso exagerado a esas compras. Otro sector social que desempeñó un papel de gran importancia en ellas fue, sin duda, la burguesía agraria, formada por antiguos arrendatarios. No puede dejar de señalarse que también colaboraron en estas compras los funcionarios civiles o militares de escasa fortuna.

De lo que no cabe la menor duda es de que la desamortización no fue una reforma agraria. En realidad las condiciones eran las menos propicias para que pudiera convertirse en eso, pues el propio Mendizábal admitió que mientras se hizo la desamortización había ocasiones en que el gobierno era incapaz de ejercer el poder más allá del espacio que se veía desde una torre de Madrid. Sin duda, si las circunstancias hubieran sido diferentes la desamortización también se podría haber realizado de una manera distinta. En la práctica no aumentó ni el latifundio ni tampoco el minifundio, pero es posible que incrementara el número de latifundistas y no cabe duda de que algunos de los latifundistas que ya lo eran (el duque de Alba, por ejemplo) incrementaron sus propiedades. Muchos de los políticos de la época se dieron cuenta de que de la manera en que se estaba llevando a cabo la desamortización derivaba obligadamente una ausencia de reforma social. Flórez Estrada, por ejemplo, se quejó de que las tierras no fueran entregadas a arrendatarios que pagaran una renta o censo fomentándose así la mediana o pequeña propiedad. En vez de una «copiosa familia de propietarios» lo que en realidad produjo la desamortización fue una abundancia grande de asalariados campesinos, es decir, jornaleros cuyo trabajo dependía del ritmo estacional de las cosechas. Incluso en determinadas zonas de España, como Andalucía, se produjeron protestas agrarias importantes como consecuencia de la desamortización. Sin duda, la libre utilización de la propiedad privada pudo endurecer en más de una ocasión la situación de los campesinos sin tierra. También es posible la existencia de un pequeño propietario minifundista, proletarizado, incapaz de mejorar la explotación racional.

La importancia de este proceso de distribución de la tierra obliga a hacer consideraciones sobre otros aspectos. Una cuestión que se ha solido plantear se refiere a la relación entre el proceso desamortizador y el posible aumento de la producción agrícola. Sin duda, en la mente de los liberales latía la idea de que sólo una propiedad como ellos la concebían haría posible el incremento de aquélla. Sin embargo, este hecho no se produjo sino con lentitud. Es posible que se incrementara el área de explotación, pero debió de producirse sobre todo en tierras marginales y menos rentables. Cuestión también de gran importancia es la que se refiere a los beneficios obtenidos por la Hacienda pública. A este respecto hay que decir que el juicio común de los historiadores es que los beneficios fueron menores en comparación con lo que se esperaba. No es que las tasaciones de las tierras vendidas fueran bajas, ni tampoco puede decirse que las adjudicaciones lo fueran. Lo que sucedió con mayor frecuencia de lo esperado fue que se utilizó para las compras el papel depreciado de la Deuda pública, de tal manera que el precio real fue inferior al nominal. De ahí que un diputado se quejara de que las compras se estaban llevando a cabo mediante «cuatro papeluchos» y que todo el proceso, en lugar de favorecer a la Hacienda pública servía para «engordar a cuatro danzantes». No sólo no desapareció la Deuda pública sino que aumentó, pero también es cierto que hubiera sido imposible seguir emitiendo Deuda, que era imprescindible para que un Estado en guerra civil subsistiera, si no hubiera existido la cobertura de los bienes nacionalizados. En el terreno económico una última cuestión debatida por los historiadores ha sido hasta qué punto la desamortización supuso un desvío hacia el mundo agrario de capitales que podían haber sido empleados en la industrialización. Pero no resulta fácil decir hasta qué punto esta afirmación es cierta. No cabe la menor duda de que pudo ser, pero lo cierto es que las inversiones en el ferrocarril, por ejemplo, fueron superiores a las compras de bienes desamortizados. Claro está que, como veremos, los capitales empleados en la industrialización fueron en gran medida extranjeros.

Dejando al margen los aspectos puramente económicos, la desamortización fue también un proceso decisivo desde otros puntos de vista. Mendizábal y el resto de los dirigentes liberales acertaron en última instancia al pensar que la desamortización tendría como consecuencia la consolidación del régimen liberal. Desde el punto de vista social fue así sin la menor duda porque, en adelante, cualquiera que apoyara el restablecimiento del Antiguo Régimen debía ser consciente de que tendría enfrente a los poseedores de bienes nacionales. Ahora bien, quienes adquirieron esos bienes muy a menudo no pertenecían al género de liberalismo progresista que caracterizó a Mendizábal sino a otro más conservador. Sectores acomodados se convirtieron en adquirentes de bienes desamortizados sin dudar un instante, lo que hizo aún más imposible la vuelta atrás. Al no producirse una reforma agraria puede decirse que la desamortización benefició más al liberalismo moderado que al progresista.

Finalmente hay que poner en relación el proceso desamortizador con el definitivo triunfo de la propiedad liberal y capitalista. En los mismos momentos en que tenía lugar la desamortización de la propiedad religiosa se producía también la definitiva desaparición del mayorazgo y del señorío del Antiguo Régimen. La nobleza hizo todo lo posible por convertir a este último en propiedad y en gran parte de los casos lo logró, cuando disponía de documentación suficiente, porque los tribunales de justicia así lo admitieron. Un aspecto complementario de la desamortización fue que en ocasiones no se desamortizó sólo la propiedad sino también las rentas. De ahí derivaron los «foros», antiguos censos pasados ahora a manos de la burguesía que se asimilaba de este modo a una vida de rentista, en especial en la zona norte. La propiedad liberal supuso, en fin, la desaparición de limitaciones existentes al uso de montes o al paso de ganados, nacidas de privilegios ancestrales.

Un último aspecto de la desamortización se refiere a sus consecuencias en el terreno urbanístico, cultural y religioso. No cabe la menor duda de que en todos estos aspectos el papel de la desamortización fue decisivo. En las ciudades los grandes edificios de los conventos se convirtieron en cuarteles o edificios públicos o fueron derribados para construir grandes plazas. Con mucha frecuencia la desaparición de las instituciones religiosas supuso no sólo la destrucción de importantes edificios de otras épocas sino también la dispersión de su patrimonio mueble, aunque la creación de archivos y museos algún tiempo después permitió recoger una parte de esas riquezas del pasado. Finalmente, desde octubre de 1836 se produjo una ruptura entre el Estado y la Iglesia. El liberalismo español, sobre todo en sus versiones más radicales, adquirió un tono anticlerical y las relaciones con el Vaticano no se restablecieron sino en el momento del concordato, bastante tiempo después.

Moderados y progresistas

En realidad, hasta mediados de la década de los treinta no se puede decir que existieran partidos políticos propiamente dichos y cuando, a partir del comienzo de la vigencia de la Constitución de 1837, empezaron a surgir como tales respondieron a un modelo que tiene poco que ver con los partidos modernos. De hecho, los partidos funcionaron casi exclusivamente en los periodos electorales. Más que tener un programa suponían una diferencia de sensibilidad ideológica en matices a veces no tan grandes. No existía disciplina parlamentaria propiamente dicha y, además, muy a menudo los partidos eran sustituidos por afinidades personales, al margen de que ya desde este momento la intervención de los militares en la vida política revistió una importancia decisiva en el relevo de los gobiernos.

Así se percibió a partir del momento en que España empezó a regirse por la Constitución de 1837, promulgada en el verano de ese año. José María Calatrava apenas pudo permanecer en el Gobierno un par de meses más mientras que la guerra carlista se acercaba a Madrid, amenazado desde Segovia, que había sido ocupada por las tropas adversarias. En estos momentos hubo ya un intento de golpe de Estado militar que fue frustrado por la intervención en contra del general Baldomero Espartero, que a partir de entonces resultaría un factor político de primera importancia, como señalaron los propios protagonistas de la vida política. «El influjo [de Espartero] en todos los negocios del Estado», escribe Alcalá Galiano, «empezaba a ser preponderante». Lo sería todavía más en cuanto consiguió liquidar la guerra carlista a partir del Convenio de Vergara, pero ya en este momento actuó de una manera que tenía muy en cuenta intereses puramente personales (se opuso, por ejemplo, a la existencia de un Ejército bajo el mando de quien tenía que ser el otro personaje del Ejército politizado durante el reinado de Isabel II, Ramón Narváez) al mismo tiempo que su figura militar adquiría también una dimensión política. En efecto, muy pronto, y no sólo por razones derivadas de sus triunfos militares, Espartero se convirtió en un rival en potencia de la propia Regente al ofrecer su imagen pública unas características de popularidad y de identificación con el liberalismo popular y exaltado que no se daban en el caso de la primera.

La orientación de la política en el momento de ponerse en marcha la Constitución de 1837 siguió una creciente tendencia hacia el sector de derechas del liberalismo, en definitiva hacia el moderantismo, tras unas primeras elecciones en el mes de julio de 1837 que le proporcionaron una gran victoria (150 escaños contra 60). Esta evolución se produjo a través de una sucesión de ministerios (Bardají, Ofalia, Frías...) caracterizados por una escasísima duración. El Gobierno que alcanzó un perfil más claro fue el de Evaristo Pérez de Castro (a partir de diciembre de 1838), cuyos proyectos trataron de convertir en realidad legislativa esa sensibilidad moderada. Mediante una ley electoral que restablecía los distritos pequeños se trataba de conseguir que los resultados favorecieran a los notables locales, al mismo tiempo que una nueva ley local permitía que en los ayuntamientos resultara posible la intervención del poder central. Por otro lado, una ley de culto y clero establecería un acuerdo pacífico con Roma cicatrizando en definitiva la herida producida como consecuencia de la desamortización.

En esos términos quedó definido el programa del moderantismo, que obedece a unos registros ideológicos muy característicos y también a unas procedencias sociales y biográficas muy precisas. En su momento inicial este grupo político fue conocido con el nombre de fusionista —lo que indica la existencia de una pluralidad de significaciones en su seno— o de «estacionario», lo que equivale a conservador. En efecto, de él formaban parte muy diversas sensibilidades, desde quienes querían mantenerse en la Constitución de 1837 hasta quienes deseaban modificarla en un sentido limitador y restrictivo de la participación. En cuanto a sus miembros había antiguos colaboradores de Fernando VII en su etapa final de gobierno, burócratas, antiguos doceañistas decepcionados y liberales que habían recibido el influjo de las ideas del liberalismo doctrinario de procedencia francesa. Sin embargo, en tan diferentes sectores existía una opinión coincidente respecto de la necesidad de mantener la revolución liberal acotada a unos determinados límites que se justificaban con diferentes argumentaciones. Para todos ellos la revolución concluía en la Constitución de 1837, de la que hacían una interpretación restrictiva, como hemos visto que fue el caso de Pérez de Castro. Si se avanzaba más allá lo que habría sería un «desbordamiento popular» o, incluso, la «violencia y anarquía». El margen para no caer en ellas venía señalado por un limitado ejercicio de los derechos políticos que se justificaba por razones muy diversas. Andrés Borrego, por ejemplo, hablaba de la «soberanía de la razón», mientras que Donoso Cortés sacaba a colación la «soberanía de la inteligencia» y Alcalá Galiano aseguraba que donde estaba el poder físico y moral debía estar también el poder político. Todas estas afirmaciones concluían en una: el poder debía estar en unas aristocracias legítimas que no eran ya exclusivamente las jerarquías del Antiguo Régimen sino también la burguesía y la alta clase media o las «capacidades», es decir, aquellos elementos que, por sus conocimientos, adquirieran la relevancia social que a otros les daba la riqueza.

De acuerdo con esta sensibilidad política los moderados concretaban su programa en algunos puntos que ya han sido mencionados pero que merece la pena enumerar de nuevo. Su tendencia siempre fue limitar el sufragio y contraponer a los poderes locales una intervención del poder central que les permitiera controlarlos. También en materia de libertad de imprenta su propensión fue restrictiva traduciéndose, por ejemplo, a la hora de determinar los delitos en esta materia por los tribunales ordinarios. En cuanto al partido progresista hay que empezar por decir que sus antecedentes más obvios los encontramos en los llamados exaltados del Trienio constitucional. Si mantenían un sufragio censitario tendieron a hacerlo algo más amplio, mientras que quisieron darle un mayor grado de autonomía a los poderes locales y ampliar la libertad de imprenta. Aspectos muy característicos de la sensibilidad progresista fueron, por ejemplo, la insistencia en la soberanía nacional y la defensa y promoción de la Milicia nacional.

Eso explica que el enfrentamiento entre estas dos tendencias del liberalismo —y entre las personas que pronto se identificaron con ella, la regente María Cristina y el general Espartero— surgiera en relación con el problema de los poderes locales. A partir del año 1837 los ayuntamientos se rigieron por disposiciones que permitían una participación electoral más amplia que en el pasado o en las elecciones generales y dispusieron de facultades muy considerables. Eso supuso que existiera una disintonía entre el clima político del gobierno central y el de los ayuntamientos, que se tradujo en conflicto. El gobierno de Pérez de Castro conquistó su correspondiente mayoría parlamentaria sin dificultad, pero las elecciones locales celebradas a fines de 1839 las ganaron los progresistas en gran parte de la geografía peninsular. Merece la pena señalar cuáles fueron esas áreas geográficas porque, en realidad, dibujan la implantación de la izquierda no sólo en esos años sino también en otros muy posteriores. En efecto, los progresistas triunfaron en todo el arco mediterráneo, Andalucía y Madrid. La respuesta del gobierno moderado fue la aprobación en las Cortes por una considerable mayoría (114 contra 17) de una nueva ley local que permitía la intervención del poder central en los ayuntamientos y restringía el ejercicio del sufragio. Muy pronto la aprobación de esta disposición tuvo como resultado la aparición de fuertes protestas en los medios urbanos.

El choque entre las dos versiones del liberalismo acabó por convertirse también en el de los dos protagonistas principales de la política de la época, la regente María Cristina y el general Espartero. Mientras que la primera no sólo quería que se convirtiera en realidad el programa político del moderantismo sino que incluso se había convertido en el primer acicate del mismo, el general Espartero, cuya condición de árbitro de la situación política era cada vez más evidente, empezó a inclinarse hacia las fórmulas progresistas.

En junio de 1840 María Cristina se trasladó a Barcelona, quizá esperando encontrar apoyo en su burguesía moderada. Sin embargo el Ayuntamiento estaba en manos de progresistas que se apoyaban en lo que las fuentes de la época llamaban «descamisados», es decir, las clases populares que eran todavía un instrumento más que un protagonista de la política. En una entrevista entre María Cristina y Espartero, celebrada en las cercanías de la capital catalana, la primera ofreció el poder político al segundo, pero a condición de mantener su programa político y de que ella misma nombrara a los ministros. En cambio, Espartero propuso disolver las Cortes y el veto de la ley municipal. La Regente fue bien recibida en Barcelona pero todavía mejor lo fue Espartero. El progresismo local, incluso utilizando a los obreros textiles, ejerció una clara presión sobre el gobierno moderado hasta obligarlo a dimitir.

El desenlace de esta situación de tensión se produjo a finales del mes de septiembre. Mientras que María Cristina se trasladó a Valencia, donde quedó aislada, Espartero consiguió la sustitución de los moderados por ministerios civiles de significación afín a su persona. Mientras tanto en toda España aparecían juntas que también presionaban en sentido progresista. Tras el intento de una especie de corregencia, María Cristina acabó renunciando a ejercerla y el general terminó por asumirla. En el manifiesto que hizo público en octubre del año 1840 se refirió a la necesidad de que los ayuntamientos no fueran controlados desde el poder central y a la ampliación del sufragio, pero sobre todo se quejó de que sus adversarios hubieran aceptado «hipócritamente» la Constitución y pretendieran convertir a la reina futura en una «reina de camarillas» en vez de en una reina liberal.

Como en tantos otros movimientos populares a lo largo del siglo XIX también en este caso todas las juntas que habían aparecido por gran parte de España trataron de formar una entidad central que las representara como organismo colectivo. Sin embargo, como también en otras ocasiones, este propósito no fraguó sino que quien ejerció el poder en exclusiva fue el general Espartero, llegado al mismo rodeado de un excepcional consenso nacional.

Nacido en 1793, de procedencia muy humilde —su padre era un carretero manchego— Baldomero Espartero fue inicialmente seminarista para acabar por enderezar su vida hacia la carrera militar durante la guerra de la Independencia. Formó parte de la expedición de Morillo en 1815 destinada a intentar someter a las antiguas colonias. Combatió en Perú, y este hecho explica el nombre —«ayacuchos»— que se dio a los altos mandos relacionados con él y que luego le habrían de acompañar durante toda su trayectoria política. El prestigio de Espartero nació de convertirse en la personificación de la victoria liberal frente a los carlistas, lo que le proporcionó una legitimidad superior a la dinástica, que residía en la Regente. En realidad su identificación con el progresismo fue muy tardía y su carácter, como veremos, tendió más bien a ser autoritario. De hecho no tuvo la menor duda en su monarquismo. Incluso después de dejar de ser regente mantuvo una popularidad muy considerable que le hizo reaparecer en la política española más adelante.

La primera fórmula política que existió después de la emigración de María Cristina hacia París fue un ministerio de regencia a cuyo frente estaba el propio Espartero. Las elecciones celebradas a comienzos del año 1841 dieron como resultado una abrumadora victoria de los progresistas, al haberse producido el «retraimiento» de los moderados. Esta palabra revela la negativa a considerar como posible el acceso al poder por procedimientos legales y, en consecuencia, planteaba —en esta ocasión y en cualquier otra a lo largo del siglo XIX— el camino hacia la conspiración militar o, lo que es lo mismo, el «pronunciamiento» militar que desde un primer momento propició la ex regente desde París. Sin embargo, pronto se pudo percibir que ésa no sería la única oposición que tendría en su contra Espartero. Su tardía identificación con los progresistas había hecho que no todos lo aceptaran como dirigente único e indisputado. Cuando hubo que decidir sobre la regencia en las Cortes se planteó la posibilidad de que fuera única o plural y, una vez vencedora la primera, Espartero obtuvo unos ciento ochenta votos frente al centenar que logró el veterano Argüelles. Aun así el Regente estaba todavía más identificado con un grupo político —el progresista— que su antecesora. Desde un primer momento los gobernantes progresistas consideraron que uno de los propósitos fundamentales que debían tener era que la futura Isabel II adquiriera una educación liberal; como contraargumentación sus adversarios moderados aseguraron que la reina estaba secuestrada.

El pronunciamiento de septiembre de 1841, producto de la conspiración dirigida por la ex regente, tuvo un carácter no sólo moderado sino más amplio, al haber acudido este partido a apoyarse en quejas profesionales nacidas entre la oficialidad militar. La localización de este intento en las provincias vascas y la utilización de argumentaciones que pretendían salvar la foralidad de unos territorios que acababan de ser integrados de manera completa y total en el resto de España así lo revelan, pero al mismo tiempo, hubo un factor que pudo resultar mucho más decisivo como es el descontento de los antiguos oficiales del Ejército carlista ahora integrados en las filas del Ejército regular. De cualquier modo, esa conspiración coincidió con otra que intentó apoderarse de la persona de la futura reina en el propio Palacio Real. El fusilamiento de quienes lo intentaron reveló el autoritarismo de Espartero, que tendría otras ocasiones para manifestarse más adelante.

Mientras tanto, a partir de finales del año 1841 arreció la divergencia en el seno del progresismo, apreciable en la aparición por vez primera de sectores políticos que hacían expresa declaración de republicanismo y que obtuvieron un número importante de votos en las elecciones municipales. En estos sectores republicanos aparecen ya de manera germinal indicios de un programa de izquierda con medidas sociales como el reparto de la tierra desamortizada, la difusión generalizada de la enseñanza o la disminución del presupuesto militar.

Sin embargo, este incipiente sector político republicano no supuso un auténtico peligro para Espartero hasta que su oposición se vio multiplicada por el intento de introducir un arancel modestamente librecambista. En ello jugó un papel importante la anglofilia de Espartero, nacida de razones ideológicas, y el hecho de que gran parte del contrabando hacia España se llevara a cabo a través de Gibraltar. Además, a partir de un determinado momento los procedimientos autoritarios del Regente le enfrentaron con la prensa liberal, en su mayor parte progresista.

Estos procedimientos autoritarios fueron especialmente perceptibles en lo que respecta a la sublevación de Barcelona. Animado por los temores a la política librecambista del Gobierno, en la capital catalana se produjo un movimiento de neto carácter popular en el que tomaron parte republicanos y obreros de la industria textil sin que, en cambio, en las tres juntas que sucesivamente se formaron figuraran miembros de la burguesía local. El movimiento fue espontáneo, nacido de una protesta en contra de los impuestos y requirió por parte del Regente el desplazamiento hasta la ciudad que, en diciembre de 1842, fue bombardeada hasta ser por completo sometida y recibir como castigo la obligación de pagar una contribución extraordinaria.

Lejos de confirmar en el poder al general, los sucesos de Barcelona supusieron el comienzo de su final. Las elecciones de enero de 1843 tuvieron como resultado unas Cortes muy divididas en las que los diputados progresistas contrarios a Espartero eran casi el doble de los adictos a él. Por vez primera el Regente se vio obligado a ceder el gobierno a un dirigente progresista no dependiente de él. Ni aun así consiguió evitar que se produjera un nuevo movimiento de juntas. Sin embargo, lo decisivo fue el hecho de que a los progresistas sublevados se les sumaron también los generales moderados, que venían conspirando a través de una sociedad secreta denominada Orden Militar española. En junio de 1843 Narváez desembarcó en Valencia y poco después Espartero debía abandonar el país.

El reinado de Isabel II

El largo reinado de Isabel II (1843-1868) supuso, a la vez, la definitiva estabilización del sistema liberal y el momento en el que tuvo lugar, al margen de antecedentes previos, la construcción de un Estado liberal, con muchas limitaciones pero que en la mayor parte de sus rasgos esenciales estaba destinado a durar mucho tiempo. De esta manera puede decirse que la rotación de gobiernos en el poder no supuso cambios tan profundos a pesar de que el número de los que se sucedieron (cincuenta y cinco) pueda dar la impresión de profunda inestabilidad. Esta impresión se ratifica teniendo en cuenta que durante la mayor parte del reinado quien gobernó y, por lo tanto, dio en lo esencial el tono de las principales disposiciones, fue un liberalismo moderado. Lo hizo en lo que respecta a la Constitución pero también en otras muchas materias y, asimismo, en lo que respecta a los modos de vida y a los planteamientos culturales y estéticos de la llamada «burguesía de agitación».

Los moderados en el poder. La Constitución de 1845

A partir de finales del año 1843, superada ya la guerra carlista y liquidadas las regencias, España entró en una etapa de mayor estabilidad. En realidad ya desde 1836 la tendencia en la evolución había sido hacia el predominio de un género de liberalismo gradualista, centralista y de inspiración francesa que, si por un lado defendía el «justo medio» y el realismo, por otro tuvo siempre un marcado tono oligárquico y clasista. Como en otros países durante el mismo periodo, a la revolución liberal siguió una instalación en un mundo mucho más prosaico y estable que es el que en la literatura supuso la sustitución de Mariano José de Larra por Mesonero Romanos. Si tras Mendizábal los moderados habían empezado a imponerse, desde el comienzo del reinado de Isabel II hasta su destronamiento los paréntesis de gobierno progresista fueron mínimos y siempre acabaron por reconducirse hacia una fórmula semejante a la del moderantismo.

Así empezó por suceder inmediatamente después de la partida del general Espartero. Como en la Francia de Luis Felipe —que constituyó un régimen paralelo al moderantismo español—, hubo un breve periodo de tránsito desde una situación política plural hasta una definición final. Al Regente no sólo le habían expulsado los moderados sino también los progresistas, y en un principio éstos ejercieron el poder a través de dos de sus figuras más prestigiosas, Joaquín María López y Salustiano Olózaga. En las elecciones celebradas inmediatamente triunfaron las candidaturas de unidad constitucional que agrupaban a moderados y progresistas, pero pronto se demostró que la convivencia de estas dos opciones en el poder resultaba sencillamente imposible. Cuando el segundo de los políticos citados trató de realizar una política de acuerdo con los intereses del progresismo en materias como la Milicia nacional y la legislación local, fue inmediatamente desplazado del poder interviniendo en última instancia en esta marginación la joven reina, que aseguró haber sido forzada a suscribir una decisión que no quería. El gobierno de Luis González Bravo supuso un primer paso hacia el moderantismo. Durante él se inició la legislación restrictiva de las libertades y se esbozó la sustitución de la Milicia nacional por la Guardia Civil. Tan importante como eso fue también la vuelta a España de la ex regente doña María Cristina, a la que ya no le correspondía ningún poder político pero que podía, como es lógico, desempeñar una misión de consejo al lado de su hija.

En efecto, Isabel II había sido proclamada como reina en noviembre del año 1843 como única solución al vacío creado por el desplazamiento del regente Espartero. Espontánea, directa y vital, la reina no careció de talento natural pero sí de formación y su carácter, muy influenciable por la camarilla cortesana y carente de sensibilidad, la convirtieron en uno de los mayores peligros para la perduración del régimen liberal, en buena parte debido a sus frustraciones personales. Desde luego, en modo alguno se puede decir de ella que fuera, o siquiera tratara de ser, un árbitro entre las diferentes tendencias liberales sino que con asiduidad absoluta apoyó, dentro del moderantismo, a su sector más reaccionario.

La conquista del poder por los moderados sólo quedó ratificada en el mes de mayo de 1844 con la subida al poder, como presidente del Gobierno, del general Narváez. Este hecho era en sí mismo importante, pues representaba la emergencia de un grupo de militares más jóvenes que Espartero y formados exclusivamente en las guerras civiles. Estos generales (Serrano, Concha, O'Donnell...) tenían entre treinta y cuarenta años y protagonizaron la vida política durante todo el reinado. Narváez, nacido en Loja, tenía tan sólo cuarenta y cuatro años cuando llegó al poder y su vida es un buen ejemplo de la de estos militares. Había sido un liberal templado en la época del Trienio constitucional y, hecho prisionero por los invasores franceses al final del periodo, estuvo a punto de suicidarse en un arrebato muy característico de su personalidad. Su carrera fue muy rápida, tanto como para ascender de capitán a general en tan sólo cinco años. Valeroso y vehemente, siempre fue liberal, pero con un autoritarismo que se acentuaba por su carácter cambiante. Probablemente fue una personalidad bastante más complicada que Espartero y durante muchos años pudo ser considerado como el hombre fuerte por excelencia no sólo del partido moderado sino también de todo el régimen de

Isabel II, hasta el punto de que Juan Donoso Cortés le describió como su «columna». Sin embargo, hubo ocasiones en las que no dudó en enfrentarse a la propia Reina y hubo en el partido moderado personas situadas muy a su derecha.

Concluido ese periodo de transición en el que, según Juan Valera, los progresistas «se habían cavado su tumba como los cartujos», Narváez plantó las bases del régimen durante su primer gobierno, que duró hasta febrero del año 1846. En él contó con la colaboración de varios de los sectores del partido moderado que, en realidad, tenía un grado de unidad mucho menor de lo que se pudiera pensar. En efecto, limitado en su actuación a la preparación de las elecciones, el moderantismo tendió a subdividirse en grupos de muy diferente talante. El sector más a la derecha (representado por el marqués de Viluma) quería una vuelta a una fórmula semejante al Estatuto Real, la reconciliación con los carlistas a través del matrimonio de la Reina e incluso algún tipo de representación corporativa en lugar del parlamentarismo liberal. A la izquierda hubo un sector —denominado como «puritano» y dirigido por Joaquín Pacheco— que quería llevar a cabo la conciliación con el otro sector liberal, los progresistas, y estaba dispuesto para ello incluso a mantener la Constitución de 1837. En el centro, en donde se situaba también Narváez, aunque durante los primeros años del reinado propendió a apoyarse en la derecha del partido, estaban personas de muy distintas procedencias, desde antiguos doceañistas como Martínez de la Rosa y Alcalá Galiano hasta antiguos ilustrados como López Ballesteros y los burócratas que harían las principales reformas de la época moderada y del reinado como, por ejemplo, Pidal y Mon. Las Cortes elegidas en el verano de 1844 estuvieron claramente orientadas hacia la derecha, incluso con algún carlista, lo que explica que Narváez se inclinara sobre todo hacia el sector más derechista de su partido. Durante los meses que ejerció el poder, Narváez se comportó con dureza respecto a sus enemigos. El intento de pronunciarse de Zurbano fue liquidado con su fusilamiento.

Un papel decisivo en la configuración de un régimen de predominio moderado lo tuvo la elaboración de la Constitución de 1845. Lo interesante de su contenido radica en que, aunque muchos de sus artículos fueron la transcripción literal de la Constitución de 1837, sin embargo los cambios que se introdujeron en ella revistieron una gran importancia y configuraron su texto como una alternativa política un tanto distinta.

Así se aprecia desde su mismo preámbulo, que antecede a un texto formado por 13 títulos y 80 artículos. En aquél no se hace explícita mención a la voluntad popular o a la soberanía nacionales sino que desde el primer momento se plantea el carácter compartido del poder político entre el pueblo y el rey, rasgo distintivo del liberalismo doctrinario. En muchos otros aspectos, aunque parezca que las diferencias son puramente terminológicas, se manifiesta también un cambio político importante. Así, mientras que la Constitución de 1837 sólo constataba la condición católica del pueblo español, la de 1845 partía de la unidad religiosa y la obligación por parte del Estado de mantener el culto. A la hora de tratar de los derechos el texto constitucional, más que especificarlos, los regulaba. Un papel crucial le correspondía en la nueva Constitución al Senado, cuya composición era, en un elevado porcentaje, de senadores de nombramiento real mientras que el resto lo eran en función de su cargo. El número de senadores sería ilimitado y el cargo sería vitalicio, de modo que se puede decir que era más claramente que el Congreso el punto de confluencia de la clase política del régimen. El Congreso, además, perdía su preeminencia en materias financieras. Si ya el nombramiento de senadores atribuía más poderes al rey —a pesar de que debía hacerse dentro de determinadas categorías— había otros artículos que también los incrementaban. Se le atribuía una amplia libertad en relación con su propio matrimonio, que no existía en el texto constitucional anterior, y disponía de iniciativa legislativa así como de capacidad para nombrar y separar a los ministros o para disolver las Cortes. Es significativo también que en la Constitución no se hablara de Poder Judicial sino de Administración de la Justicia, limitando así de esta manera una independencia que en teoría podría convertirse en amplia.

Durante el primer gobierno del general Narváez no sólo se elaboró la Constitución sino que, además, se dictaron otras disposiciones de trascendencia parecida que configuraron un sistema político caracterizado por su condición oligárquica. La ley electoral —1846— contenía tales exigencias de nivel económico para los electores —y también para los elegibles— que el censo electoral se redujo a menos de cien mil personas cuando superaba el medio millón en la situación anterior. Además, se crearon distritos pequeños que eran, sin duda, más controlables por los notables locales que las provincias, que habían sido las circunscripciones elegidas por los progresistas. En cuanto a la ley municipal estableció un sistema tan centralista que permitía al Gobierno nombrar directamente a los alcaldes en los municipios de más de dos mil habitantes y privaba a esta administración de un carácter propiamente político. En fin, la legislación sobre imprenta configuró también unas condiciones restrictivas al exigir elevados depósitos previos a quienes quisieran editar un periódico y al establecer un sistema de tribunales de jueces y no de jurados populares para determinar los posibles delitos de prensa.

El debate sobre el matrimonio de la reina Isabel II fue la razón que condujo a la dimisión de Narváez, al querer doña María Cristina imponer un candidato situado demasiado a la derecha para el gusto del presidente. Por tanto, fue la segunda intromisión de Palacio en la política, aunque en esta ocasión la propia constitución elaborada por Narváez lo permitía.

La construcción del Estado liberal

La obra más importante de los moderados en el poder consistió en la creación de las instituciones fundamentales de un Estado que si, por un lado, tuvo todas las características peculiares del moderantismo como opción política, al mismo tiempo logró una perduración muy notable y duradera, de tal modo que en lo más sustancial sigue en gran medida perdurando. Por tanto, se puede decir que el Estado liberal español fue el creado por los moderados. El modelo fundamental fue el de la Francia revolucionaria (y luego orleanista) y tuvo, en consecuencia, rasgos muy parecidos como fueron el centralismo, el carácter censitario y oligárquico y la consideración de la Administración como la médula misma del Estado. Se ha podido, por tanto, hablar de una Nueva Planta liberal. Incluso en el momento actual, transcurrido nada menos que un siglo y medio de la llegada de los moderados, resultan perceptibles los rastros de las decisiones tomadas entonces, a pesar de la existencia de un sistema constitucional caracterizado por la descentralización.

Así se demuestra, en primer lugar, en lo que respecta a la configuración de la Administración central. La propia organización ministerial data de estos tiempos y fue la consecuencia de las decisiones de gobernantes moderados. Si en unos casos todavía no se plasmó en ministerios determinadas vertientes de la acción del Estado —Comercio, Instrucción Pública...— fueron responsabilidad de una unidad administrativa inferior a partir de la cual crecieron en trascendencia llegando a convertirse en ministerios con el paso del tiempo. Por otro lado, a mediados de siglo, ya se habían creado ministerios nuevos, como el de Ultramar, de gran relevancia política en la España de fin de siglo. Con los moderados en el poder la Administración española inició su despegue en lo que respecta a los medios materiales y humanos a su disposición. En los años cuarenta tenía unos treinta mil empleados (cinco mil de ellos en Madrid), que eran ya el doble en 1860 y noventa mil a comienzos de la Restauración. También en estos tiempos se resolvió la cuestión relativa a las regiones forales, que quedaron sometidas a la legislación del resto de España en determinadas materias como, por ejemplo, el servicio militar (las quintas). Respecto de la organización judicial, estos años presenciaron la configuración del Tribunal Supremo como cúspide de la Administración de la justicia mientras que ésta adquiría una relativa independencia (1862), pero todavía resulta más importante el hecho de que gran parte de la estructura legal de la España contemporánea vio la luz en estas tres décadas centrales del siglo. Los gobiernos moderados promovieron la creación de una Comisión General de Codificación en la que, por ejemplo, fue elaborado el Código Penal de 1848. En ocasiones —como sucedió con el Código Civil— los proyectos esbozados en estos tiempos fueron el germen de las fórmulas definitivas, aunque éstas resultaran muy posteriores.

Pero no basta con esta descripción genérica para referirse a la obra de los moderados en el poder sino que es necesario hacer una referencia mucho más detallada, insistiendo en lo más específico de la misma. La acción de estos gobiernos fue perceptible a la vez en el perfeccionamiento de los instrumentos al servicio del Estado y en la resolución de determinados problemas, así como en la forma precisa que revistió.

En primer lugar, en relación con los instrumentos al servicio del Estado, los moderados consiguieron estabilizar un tanto la institución militar, pues si bien no evitaron la existencia de intentos de pronunciamiento consiguieron que éstos al menos se espaciaran. Los procedimientos a que recurrieron fueron variados mezclando de forma conveniente la represión —expulsión de mil doscientos oficiales— con una elevación de sueldos que hizo desaparecer el motivo más obvio de la protesta. Propósito de los moderados hubiera sido también un esfuerzo por configurar una Administración funcionarial siguiendo el modelo francés, caracterizado por los principios de jerarquización, racionalización y selección de sus miembros. Lo cierto es que la situación de la Administración española rozaba lo catastrófico, pues los testimonios de la época hablan de retrasos en el pago de los sueldos que podían llegar a más de un año. Un esfuerzo en este sentido presidió toda la obra de los moderados, pero quizá el momento más singular de ella fue el intento de Bravo Murillo en el año 1852. En él, por ejemplo, se señalaban las normas a las que habría de someterse el acceso a la función pública; otra cosa es que este personaje político supusiera en la práctica un cierto retorno al despotismo ilustrado. En este terreno el Estado español avanzaría muy lentamente, como nos muestra la obra literaria de Mesonero Romanos o, con posterioridad, la de Benito Pérez Galdós, en la que aparece siempre la figura del cesante, es decir, aquel funcionario que pierde su puesto como consecuencia del cambio de gobierno.

Merece la pena hacer especial hincapié en los gobernadores civiles que, estos sí, quedaron perfilados de manera definitiva como cabeza de la Administración provincial, representantes del Gobierno y delegados del rey. Aunque ya sabemos que tuvieron unos antecedentes previos, fue en este momento cuando adquirieron el conjunto de amplísimas responsabilidades —electorales, judiciales, fiscales y económicas— que les caracterizó en adelante. Como testimonio de la importancia que se les atribuía baste decir que los gobernadores civiles no podían ser juzgados por el cumplimiento de órdenes emanadas del Gobierno y en caso de serlo por otros motivos su caso era conocido por el propio Tribunal Supremo, cúspide de la organización judicial. El gobernador civil tenía poderes para resolver las reclamaciones electorales municipales y nombraba los alcaldes entre los concejales (no de forma necesaria al más votado). La Diputación Provincial a su lado tenía una función puramente consultiva, mientras que los ayuntamientos veían limitado de forma estricta el número de sesiones que podían celebrar. En este sentido puede decirse que el centralismo podía incluso ser considerado como agobiante.

Un instrumento esencial configurado en estos tiempos al servicio del Estado y del orden social fue la Guardia Civil. Hasta los años cuarenta el orden público había estado estrictamente en las manos de cuerpos locales y al mismo tiempo la existencia de la Milicia nacional tenía, en la inmensa mayoría de los casos, una significación de carácter político de sentido progresista. Los proyectos para la creación de un cuerpo dedicado a mantener el orden público se deben remontar hasta los años veinte, pero sólo se plasmaron de manera definitiva en el momento de configurarse la década moderada; además en este momento el proyecto fraguó, implicando al mismo tiempo la desaparición de la Milicia. El modelo utilizado en este caso fue, como siempre, el francés, hasta el punto de que incluso al característico tricornio se le ha atribuido este origen, mientras que a la institución se la equiparó con la «gendarmería» del vecino país. Definitorio de la institución fue sobre todo tener unos fines civiles pero, al mismo tiempo, una estructura militar, lo que le daba una disciplina muy fuerte y peculiar que por otro lado la centralización acentuaba. El modo de vida en casa cuartel, con agrupación de las familias de los guardias ha sido puesta en relación, muy oportunamente, con la burguesía de la época. No cabe la menor duda de que su existencia tuvo un resultado político muy evidente, pero no ha de olvidarse tampoco que la situación del medio rural español era de un bandolerismo endémico y difícil de erradicar, consecuencia de las guerras sucesivas. Al margen de las necesidades políticas que cubrió, la Guardia Civil tenía como propósito fundamental, de acuerdo con las propias disposiciones que le dieron nacimiento, «proteger el orden y las personas y bienes de los vecinos honrados y pacíficos». Dotada de unos doce mil hombres, la estampa de la Guardia Civil como instrumento de control del orden liberal y burgués, en especial en el medio rural, formó parte en adelante del paisaje de la España contemporánea.

No sólo variaron los instrumentos de la acción del Estado sino que también la acción de éste experimentó cambios esenciales en diversos campos. El primero de ellos, y quizá el de mayor trascendencia, fue el tributario. Un especialista en estas materias, que ha sido considerado como el principal inspirador de la reforma —Ramón Santillán—, dejó escrito que en tiempos precedentes caracterizaba al sistema fiscal español una «infernal trabazón». A ello podría añadirse sin duda el hecho, crucial para cualquier desarrollo sostenido, de la radical insuficiencia de los ingresos. Los impuestos en que se basaba el sistema fiscal español eran indirectos, complicadísimos porque variaban de una región a otra e incapaces de subvenir a las necesidades. Alejandro Mon, inspirado por Santillán y por la tradición francesa, sustituyó el sistema fiscal heredado del Antiguo Régimen por unas fórmulas nuevas basadas en dos impuestos esenciales. El primero era la contribución territorial, aplicada a cada persona de acuerdo con su propiedad, principalmente agraria. A este impuesto directo se sumó un impuesto indirecto, denominado «de consumos», que encarecía los productos de uso diario y que, por ello mismo, motivó importantes protestas entre los sectores más humildes, circunstancia que se vio agravada por la tendencia habitual a arrendar los pagos y por la omnipresencia de los recaudadores situados en las entradas de las ciudades. Pero era una contribución que proporcionó ingresos importantes. Este sistema fiscal no sólo duró muchísimo sino que puede decirse que no cambió hasta bien entrado el siglo XX. Los orígenes del derecho presupuestario o incluso de la peseta como moneda patrón (subdividida en cuatro reales) datan también de este momento.

Otra reforma importante producida entonces, aunque no llegaría a fraguar de manera definitiva sino en la Ley Moyano de 1857, fue la de la Universidad. El Estado liberal en este terreno (y en general en todo el campo educativo) impuso un modelo que significaba, a la vez, secularización (desapareció el papel de la Iglesia en las instituciones de enseñanza superior y fue sustituido por un derecho de inspección por su parte que resultó de muy conflictiva aplicación), uniformización y centralismo (la Universidad de Madrid fue definida como la Central y sólo en ella se podía cursar el doctorado). Además, desde un principio se trató de una Universidad burguesa a la que llegaba sólo una porción muy reducida de la población de la que se consideraba que inevitablemente iba a convertirse en clase dirigente. Como solió acontecer con todas las reformas de los moderados, fueron el resultado de proyectos iniciales de técnicos (en este caso Antonio Gil de Zárate) que, surgidos a finales de los años cuarenta, acabaron plasmándose con posterioridad en la práctica.

Finalmente, otra reforma importante de la etapa moderada consistió en el restablecimiento de buenas relaciones entre Iglesia y Estado a través de un concordato aceptado por ambas partes en 1851. La ruptura entre ambas potestades, producida tras la desamortización religiosa, tuvo como inevitable consecuencia una larga etapa de malas relaciones entre ambas. En la época de Espartero llegó incluso a existir la posibilidad de algo semejante a un cisma por parte de un sector de la Iglesia española que pudo seguir una vía independiente de Roma. La situación empezó a cambiar cuando, con el comienzo de la década moderada, quedó suspendida también la venta de bienes nacionales procedentes de la desamortización, y definitivamente las relaciones se reanudaron en el año 1848 cuando el régimen moderado adoptó un aire extremadamente conservador, producto de la represión que hizo del movimiento revolucionario de la fecha citada. Sin embargo, desde antes estaba ya en gestación un acuerdo cuyos avatares en la negociación duraron nada menos que siete años, pero cuya trascendencia histórica resultó tan grande que puede decirse que señaló el rumbo definitivo de las relaciones entre los dos poderes hasta el advenimiento de la Segunda República. Tras la aprobación de la Constitución de 1845, en la que se trataba de la cuestión religiosa en términos favorables para el Vaticano que ya han sido mencionados, los puntos de partida quedaron perfectamente claros. El Estado deseaba la vuelta al Concordato regalista de 1753, mientras que la Iglesia hubiera preferido una declaración todavía más tajante de confesionalidad, como la de la Constitución de 1812, y la existencia de una dotación económica suficiente y precisa. En la cuestión que más distanció a ambas potestades el concordato resolvía la cuestión de las ventas de bienes eclesiásticos a cambio de una dotación de presupuesto estatal dedicado al culto. Se permitiría la existencia en España de tres órdenes religiosas, dos de ellas citadas expresamente y una tercera que sería aquella que designara la Santa Sede. Todas ellas podrían ser propietarias de bienes y el hecho de que los sucesivos gobiernos no insistieran de modo especial en esas tres órdenes sino que autorizaran en la práctica la existencia de otras tuvo como consecuencia que, en realidad, se produjera una especie de segunda amortización de la propiedad. De cualquier modo esta situación —acompañada de ciertas medidas complementarias, como una nueva división en diócesis, más parecida a la de carácter administrativo— favoreció un restablecimiento del importante papel de la Iglesia en el seno de la sociedad española. En los propios medios cortesanos isabelinos el clericalismo fue influyente y la piedad de la Reina sincera aunque en absoluto ilustrada, y por ello mismo susceptible a planteamientos milagreros y cesiones excesivas del poder del Estado.

La práctica del parlamentarismo pretoriano

Con la proclamación de Isabel II como reina de España ingresamos ya en una etapa de la Historia española que ha sido definida como «el parlamentarismo pretoriano» o «el régimen de los generales». La caracterización de la misma no debe hacerse a partir de la consideración de posteriores dictaduras militares. El régimen isabelino fue liberal en sus aspectos constitucionales e institucionales, pero a los militares les correspondía un intervencionismo fundamental que derivaba no sólo de lo largo que había sido su protagonismo en un país que tuvo que enfrentarse con invasiones extranjeras y con una guerra civil en el primer tercio del siglo XIX, sino también del hecho de que ellos mismos eran también liberales. Como escribió Pérez Galdós, «no hay España sin libertad y no hay libertad sin Ejército». De esta situación deriva la realidad de que los militares jugaran un papel decisivo en la presidencia de cada uno de los grupos políticos y que, además, desempeñaran una destacada función en el Senado. Los generales, como grupo, aun siendo liberales, se opusieron siempre a ese género de motines populares que había resultado tan habitual en las primeras décadas del siglo. Sin embargo, su posición fue siempre contraria a cualquier regreso al Antiguo Régimen. A menudo también discreparon de la influencia que sobre la Corona ejercía la camarilla cortesana.

Para comprender el funcionamiento del sistema político de la época es necesario tener presente el papel trascendental que se le atribuía a la Corona que, de acuerdo con el texto constitucional, tenía la potestad de vetar las leyes, nombrar a los ministros y disolver las Cortes. Por lo tanto, existía una auténtica «doble confianza» política indispensable para el funcionamiento de un gobierno, con el agravante de que el Congreso de los Diputados tenía unos poderes tan reducidos que incluso con frecuencia los presupuestos le eran sustraídos recurriendo a la prolongación de los anteriores. Además, ninguna de las veintidós elecciones celebradas durante el reinado de Isabel II dieron un resultado distinto al que quería el Gobierno. Para el correcto funcionamiento de las instituciones hubiera sido necesario, además, que la Reina no hubiera sido influida bien por una serie sucesiva de personalidades o por los círculos clericales. En los momentos en los que acabó por alejarse en exceso de los partidos liberales en el poder —como sucedió en 1853 o en 1864— comenzó a aparecer como irremediable el «pronunciamiento» militar. Éste, por su frecuencia, no debe ser considerado como un testimonio de permanente guerra civil entre españoles durante el periodo. En realidad, el pronunciamiento no produjo en muchos casos derramamiento de sangre, sino que constituyó una especie de pugilato psicológico entre quien estaba en el poder y quien se sublevaba. Finalmente, otro rasgo característico del sistema político de estos momentos fue la carencia de una noción de que debieran existir dos fuerzas políticas capaces de relevarse en el poder. Los moderados siempre practicaron la exclusión de los progresistas en colaboración muy a menudo con la Reina. Eso también fomentó, como es lógico, la práctica del pronunciamiento.

Concluida la primera etapa de gobierno de Narváez, España pasó a continuación por un periodo de gobiernos efímeros —seis en diecinueve meses. Durante este tiempo, hasta octubre de 1847, quedaron resueltas varias cuestiones. En primer lugar, la unión del grueso del partido moderado hizo inviable que la Corte influyera para imponer un retroceso hacia atrás. La gran cuestión de esta etapa fue la boda de la Reina. En efecto, una de las posibilidades tenía que ver con ese intento reaccionario en cuanto que podía haberse producido una boda que intentara liquidar la cuestión dinástica mediante un enlace con la otra rama. La política partidista e internacional influyó de forma decisiva en la determinación del resto de los candidatos, en el sentido de que si María Cristina propuso como candidato a su hermano, el conde de Trápani, de significación reaccionaria, hubo también un candidato progresista, el infante don Enrique de Sevilla, y también otros príncipes, uno francés y otro inglés, que demostraron el interés de cada uno de estos países por tener una influencia preponderante en España. Finalmente, en el mes de octubre de 1846, con tan sólo dieciséis años, la Reina se casó con el infante don Francisco de Asís, duque de Cádiz, sin que el matrimonio tuviera un resultado feliz. En este mismo periodo también estuvieron en el poder los «puritanos» y eso, combinado con la influencia de Serrano sobre la Reina, pudo hacer pensar que resultaba posible un sistema político en el que se turnaran pacíficamente las dos opciones distintas del liberalismo. Pero, a pesar de que los progresistas llegaron a disponer de cuarenta diputados por la buena voluntad electoral del Gobierno, esa posibilidad no tardó en desaparecer.

La razón estriba en que, por haber arreciado los problemas de orden público, en octubre de 1847 volvió al poder el general Narváez, que lo ejerció durante algo más de tres años. El general era capaz de mantenerse en un estado de ánimo sereno pero era también propicio al *pronto* y dispuesto a saltarse cualquier tipo de formalismo legal. Ahora había reclamado «carta blanca para empuñar el garrote y pegar firme». En realidad, se estaba incubando un amplio movimiento revolucionario en toda Europa que acabaría con la Monarquía francesa de Luis Felipe de Orleans, que había constituido el modelo principal del moderantismo español. En España hubo dos intentonas revolucionarias sucesivas, pero finalmente ninguna de ellas concluyó con éxito. Sin embargo, esta nueva intervención de las masas populares y urbanas tuvo consecuencias muy importantes. Narváez actuó con enorme dureza represiva ordenando un elevado número de deportaciones y ejerciendo lo que en la práctica era una dictadura legal. La sublevación se prolongó en el medio rural a través de una colaboración entre dos sectores antitéticos como eran los carlistas y los pertenecientes al mundo del liberalismo exaltado (guerra de los *matiners* en Cataluña). Hubo sectores del partido moderado —Donoso Cortés, por ejemplo— a quienes la dictadura de Narváez les pareció insuficiente por ser tan sólo temporal y poco fundada en principios y pidieron que se convirtiera en definitiva. En el otro extremo de la política de la época, apareció en los momentos inmediatamente posteriores a los acontecimientos revolucionarios de 1848 un nuevo partido, el demócrata, caracterizado por su defensa del sufragio universal y su preocupación por determinadas fórmulas de reforma social relacionadas con el socialismo premarxista. El partido demócrata sería el precedente más inmediato del posterior republicanismo.

El temor a la revolución, consecuencia de los acontecimientos de 1848, se había instalado ya definitivamente entre los moderados y ésta es la razón que explica que cuando en 1851 Narváez abandonó el gobierno le sustituyera Juan Bravo Murillo, a quien se atribuye la voluntad de hacer posible una fórmula dictatorial no tan sólo temporal sino estable, aunque de unas características distintas a las atribuidas al pensamiento reaccionario de Donoso Cortés. En efecto, mientras que éste justificaba la dictadura en su función antirrevolucionaria, Bravo Murillo propuso una forma de dictadura tecnocrática. Este calificativo parece especialmente oportuno para una persona como él, de amplia cultura, ex ministro de varias carteras e implicado en empresas editoriales, en quien renació la tradición de la Ilustración y el afrancesamiento. En efecto, para él la buena administración y el fomento de la riqueza eran factores justificativos suficientes para un gobierno. En la práctica, durante su etapa de estancia en el poder gran parte de la obra de gobierno hubo de ponerse en relación con estos propósitos. Autor de una nueva legislación sobre ferrocarriles y propulsor del Canal de Isabel II, destinado al abastecimiento de agua de Madrid, Bravo Murillo llevó a cabo una reconversión de la Deuda que fue alabada por todos. Sin embargo sus propósitos políticos, expresados en un intento de reforma constitucional, suponían la pura desaparición del régimen liberal y una vuelta a un sistema semejante al Estatuto Real. De acuerdo con él se incrementarían los poderes de la Monarquía en un grado tal que el contenido mismo quizá descubre de dónde procede el impulso inspirador del intento (la camarilla cortesana más que la Reina misma). La soberanía seguiría siendo compartida, pero ahora se situaba al rey por delante de las Cortes y se proponía «dejar más libre y expedita la voluntad real». En cuanto a las Cortes, verían reducido al máximo su funcionamiento. El Senado sería nobiliario y hereditario, mientras que el grado de censitarismo en la ley electoral dejaría reducido el número de electores por distrito a tan sólo ciento cincuenta y las sesiones de Cortes serían secretas.

El proyecto de reforma constitucional de Bravo Murillo pronto encontró adversarios numerosos e indignados. Como la mayor parte de los proyectos autoritarios o antiliberales, no nacía en medios militares sino en civiles y los intentos de darle una apoyatura castrense —quiso lograr el apoyo de O'Donnell— acabaron siempre en nada. A Bravo Murillo se le atribuyó la voluntad de hacer desaparecer la excesiva influencia de los medios militares, prueba de que a éstos hay que considerarlos liberales. Ni siquiera logró el apoyo de la ex regente María Cristina y el grueso del partido moderado estuvo en su contra. Su proyecto, no obstante, conecta con una situación muy característica de la Europa de su tiempo, pero con notables diferencias respecto de otros casos de vuelta hacia el autoritarismo. Mientras que el bonapartismo tuvo un componente populista y plebiscitario, en este caso se trataba de una pura y simple vuelta al pasado.

Los tres últimos gobiernos de la década moderada —Roncali, Lersundi, Sartorius— responden probablemente mejor a los rasgos característicos de la influencia de la Corona. Las acusaciones de inmoralidad menudearon respecto de ellos, con la ausencia de cualquier otro apoyo distinto del de la Corte, y la consecuencia final fue el hundimiento de cualquier expectativa de poder durar. El régimen moderado, como la Monarquía de Luis Felipe en Francia, tenía una apariencia muy sólida pero era mucho más ficticia que real en sus auténticos apoyos y acabó derrumbándose. Sin duda la Corona contribuyó a ello, pero es necesario precisar que tuvo la culpa de manera muy especial su incapacidad para darse cuenta de que era necesario que dos fórmulas políticas distintas se turnaran en el poder, como sucedió en Portugal con un régimen parecido.

La alternativa progresista: el bienio 1854-1856

A la altura del verano de 1854 la actuación de la Corona había tenido como consecuencia una situación en la que no era ya tan decisiva la cantidad de las oposiciones como la calidad de las mismas. A la tradicional de los progresistas se sumó ahora la de los demócratas, pero también un amplio sector de los moderados de significación «puritana». Lo característico del pronunciamiento de 1854 es que durante él estas tres tendencias compitieron por el éxito final que, sin embargo, no hubiera sido posible sin la colaboración de las tres y que estableció de forma inmediata una competencia entre ellas por ver quién obtendría la victoria. Por otro lado, este pronunciamiento resulta también muy significativo de la forma de producirse éstos, por lo que merece la pena detallar un poco su desarrollo.

Sin duda en su origen, como en muchos otros casos semejantes, hubo en el pronunciamiento de 1854 una causa social, el alza de los precios del grano, pero a este factor se sumó una radicalización de la tensión política cuando el Gobierno se lanzó a una persecución en contra de la prensa que había elegido la vida íntima de la Reina como motivo de protesta. Sin embargo, la inicial conspiración de militares moderados fracasó. Cuando en Vicálvaro los sublevados, dirigidos por el general Leopoldo O'Donnell, se enfrentaron con las tropas gubernamentales no consiguieron ningún éxito apreciable y debieron retirarse hacia el sur.

Las cosas cambiaron cuando en Manzanares, el 7 de julio de 1854, fue redactado un manifiesto, del que fue autor un joven político puritano destinado a desempeñar un importante papel en la política posterior, Antonio Cánovas del Castillo. El manifiesto empezaba por clamar contra «la camarilla que deshonraba» a la Monarquía y además pedía el cumplimiento de las leyes y la rebaja de los impuestos. Pero este programa tan genérico tenía aspectos complementarios de una manifiesta significación partidista que podían atraer a los sectores progresistas, como la autonomía de los municipios, el restablecimiento de la milicia nacional y nuevas leyes electorales y de imprenta. En cuestión de tan sólo algo más de una semana este programa y la permanencia de los sublevados con las armas en las manos hicieron que comenzaran a aparecer juntas en todo el territorio peninsular. Además, tuvo una especial significación lo ocurrido en Madrid, en donde toda la zona sur de la capital, la más popular, se llenó de barricadas que no eran ya exclusivamente progresistas sino también demócratas. Entonces la Reina trató de reconducir la situación a base de nombrar ministerios moderados que no tuvieran procedencia de la camarilla (Fernández de Córdova, duque de Rivas...), pero, siendo ya insuficientes estas medidas para conseguir el resultado deseado, a petición del general San Miguel, que estaba al frente de una junta creada en el sur de Madrid, llamó al gobierno al general Espartero. Si en el año 1843 una sublevación en principio progresista había dado lugar al comienzo de la década moderada, ahora sucedía exactamente lo contrario. Sin embargo, por otro lado, la victoria de los progresistas no se explica sin tener en cuenta los sectores populares sublevados en Madrid.

No se debe perder de vista que lo que ha sido considerado como el bienio progresista nació con una colaboración entre sectores políticos distintos y, además, apenas si llegó verdaderamente a fraguar, de tal modo que el contenido de este periodo de gobierno resultó más bien escueto aunque también fuera importante en algunos terrenos. La composición del gobierno fue progresista pero O'Donnell ocupó la cartera de Guerra. El propio Espartero era el símbolo mismo del progresismo, pero en realidad estaba muy lejano de la plebe urbana madrileña. La Monarquía en ningún momento se puso en duda, pero la ex regente María Cristina debió marchar de nuevo al exilio. La celebración de elecciones en noviembre de 1854 tuvo lugar con la aplicación de la ley electoral progresista de 1837, que admitía un censo más amplio que las disposiciones conservadoras y permitió que, por vez primera, aparecieran en las Cortes veinte diputados demócratas que expresarían sus reticencias respecto de la forma de Estado monárquica.

Como cabía esperar, el triunfo del pronunciamiento tuvo como consecuencia inmediata el planteamiento de la necesidad de elaborar una nueva Constitución. Resultaba lógico esperar que en ella se impusieran los criterios del progresismo y así fue, aunque el escaso tiempo de duración de gobierno de este partido tuvo como consecuencia que la Constitución no llegara a ver la luz. El texto contenía una declaración de soberanía nacional a partir del artículo primero así como una amplia enumeración de derechos. Sin embargo, los dos puntos en los que la Constitución resultaba más original eran los referentes a la confesionalidad del Estado y al legislativo. Con relación a la primera cuestión el texto obligaba al Estado a mantener el culto pero, además, imponía la no persecución de quienes profesaran otras doctrinas distintas del catolicismo. En cuanto al legislativo se introducía un Senado electivo con iguales poderes y responsabilidades que el Congreso, al mismo tiempo que se establecían los periodos mínimos en que deberían permanecer reunidas las Cortes; además se resucitaba la tradición de su Diputación permanente, vigente en la

Constitución de 1812. Por lo demás, la Constitución contenía la doctrina tradicional del progresismo respecto a materias como la organización municipal, la Milicia nacional y el jurado para los delitos de imprenta.

Pero la labor principal del progresismo en el poder no debe identificarse con la elaboración de esta Constitución, que no vio la luz, sino con las medidas de carácter económico que tuvieron una enorme trascendencia de cara al futuro. En primer lugar, como ya cabía esperar desde un principio, la llegada al poder de los progresistas tuvo como consecuencia la reanudación del proceso desamortizador. Las disposiciones de Pascual Madoz en mayo de 1855 se refirieron a la nacionalización y puesta en venta de los bienes de propiedad municipal y de propios y comunes, es decir, la propiedad colectiva o comunal, pero también a la venta de todos los bienes nacionalizados previamente que fueran de propiedad eclesiástica. No se trató ya sólo de bienes de las órdenes religiosas, que ya habían sido vendidos, sino de bienes seculares. Como cabía esperar, tales medidas tuvieron como consecuencia una ruptura con Roma y graves problemas de conciencia para la Reina. En cuanto al procedimiento de venta la experiencia de la desamortización anterior hizo que los legisladores progresistas adoptaran cautelas que antes no habían tomado. Eso explica que el pago debiera hacerse en metálico, con descuentos en el caso de hacer las liquidaciones en plazos más cortos que los previstos en la ley desamortizadora. Sólo en casos excepcionales habría de resultar posible la compra de bienes nacionales mediante títulos de la Deuda, pero no por su valor nominal sino de acuerdo con la cotización del día anterior. Por otro lado, se daban también facilidades para la redención de censos. La desamortización de Madoz tuvo un volumen muy considerable, duplicando en volumen a la de Mendizábal, de modo que a ella cabe atribuirle un papel más decisivo que a ésta. Fue acompañada de discusiones parecidas a las que habían tenido lugar en la ocasión anterior, relativas a los posibles beneficios obtenidos por los ricos absentistas de Madrid y por la ausencia de beneficios para los pequeños agricultores. Pero, sobre todo, en lo que los políticos de la época insistieron de forma especialísima fue en las ventajas de la propiedad individual libre y absoluta de acuerdo con la concepción característica del liberalismo. «Para gozar tranquilos de la propiedad, para gozar seguros de lo que nos pertenece», dijo Claudio Moyano, «para eso está constituida la sociedad».

Al margen de la desamortización hubo otro terreno económico en el que la obra legislativa del bienio tuvo una importancia trascendental, como tendremos ocasión de comprobar en el capítulo siguiente. En general, puede decirse que la nueva legislación favoreció la transformación del marco en el que podía empezar a nacer una economía capitalista moderna. En el verano de 1855 se aprobó una ley de ferrocarriles que permitiría el establecimiento en sólo trece años de una red de cinco mil kilómetros. Poco después, en enero de 1856, se aprobó una ley de Sociedades Anónimas de Crédito que permitió el funcionamiento en España de una banca moderna.

En fin, en el periodo del bienio se produjo la primera manifestación del movimiento obrero con repercusión en la política nacional. Las asociaciones obreras de Barcelona, existentes desde épocas muy anteriores, provocaron en el verano de 1855 una primera huelga general en la capital catalana. En Madrid se publicó un primer órgano del sindicalismo conocido con el nombre de *El Eco de la clase trabajadora* y hubo ya un proyecto de ley, elaborado por Alonso Martínez, al que se puede considerar como el más remoto precedente de la legislación social española.

Sin directa relación con esta huelga general, pero sí con los disturbios sociales, tuvo lugar la transición desde la situación política progresista hasta otra caracterizada por la vuelta a las soluciones moderadas. La existencia de una Milicia nacional armada provocaba de forma necesaria y apremiante una tensión política de la que se beneficiaba el progresismo e incluso el partido demócrata y, a la vez, esta situación tenía como consecuencia que el elemento militar se opusiera a cualquier intento subversivo y acabara decantándose hacia el orden impuesto desde arriba. Fue O'Donnell quien empezó por imponer esta solución, mientras que Espartero se limitó a declarar que para él constituía un «durísimo sacrificio» no estar al lado de la milicia nacional en las barricadas. El hecho es que la llegada al poder de O´Donnell tuvo como consecuencia inmediata la disolución de la milicia y la vuelta a la Constitución de 1845, a la que se quiso añadir ahora un «acta adicional» para darle mayor amplitud liberalizadora en materias como el juicio por jurados en los delitos de imprenta, la ampliación del sufragio, la determinación de la duración mínima del periodo de apertura de las Cortes, el nombramiento por elección de los alcaldes en poblaciones de más de cuarenta mil habitantes y un largo etcétera. Pero ese procedimiento de ampliación de la legalidad constitucional quedó en poco menos que nada.

En un plazo muy corto de tiempo, en octubre de 1856, se volvió rápidamente a la situación moderada presidida por el mismo Narváez quien de nuevo modificó la legislación en el sentido previsible. Los meses de gobierno que siguieron constituyeron el preámbulo obligado hasta el establecimiento de una nueva situación política. Tanto en el caso de O´Donnell como en el de Narváez, fue la retirada de la confianza por parte de Palacio el factor explicativo de los cambios ministeriales sucedidos, lo que pone de relieve la limitación del liberalismo español de la época.

El liberalismo pragmático de la Unión Liberal

A partir de junio de 1858 la recuperación del poder por O´Donnell no sólo supuso un periodo de estabilidad sino también la aparición de una tercera opción liberal frente a las dos existentes hasta el momento. En realidad, como sabemos, los límites entre los diferentes grupos políticos eran más imprecisos de lo que podía hacer pensar una consideración de los mismos con la óptica de tiempos posteriores. Pero, además, en la práctica los matices, incluso en materias constitucionales, resultaban mínimos. A esto se suma la diferencia de talante entre O'Donnell y Narváez, que había hecho que el primero, de procedencia moderada pero de un carácter mucho más templado, se separara del segundo y, además, hay que hacer mención también a un ambiente de la época inclinado hacia el pragmatismo y más interesado por los intereses materiales. En la práctica, por tanto, se imponía una recomposición del escenario político que en 1856 O'Donnell intentó mediante un grupo político al que denominó Centro Parlamentario y que más adelante pasó a recibir el nombre de Unión Liberal. En él figuraron incluso personas que habían jugado un papel importante en la transición del absolutismo al liberalismo, como Martínez de la Rosa, autores de alguna de las reformas de la época moderada como Alejandro Mon, políticos progresistas clásicos como Cortina, y, como era habitual, militares de larga tradición liberal como San Miguel o jóvenes militares destinados a desempeñar también un papel político en el futuro, como Prim. En realidad, la Unión Liberal no impidió que perduraran los dos grupos clásicos del liberalismo, el moderado dirigido por Narváez y González Bravo y el progresista al frente de Espartero y Olózaga. Desde esos partidos se acusó a quienes habían abandonado sus filas de «resellados», pero la realidad es que la Unión Liberal mantuvo una estabilidad política muy considerable.

En efecto, el gobierno largo de O'Donnell no sólo permaneció en el poder más de cuatro años sino que además evitó encerrarse en disputas divisivas, mostró un talante gubernamental flexible y tolerante y tuvo una preocupación predominante por cuestiones de carácter práctico. A diferencia de lo que solía ser habitual, el gobierno no trató de elaborar una fórmula constitucional. Además, hubo una política menos represiva de lo que fue habitual en los gobiernos moderados y las instituciones parlamentarias funcionaron, mientras que la legislación aprobada estuvo centrada principalmente en los aspectos económicos y administrativos. Sin duda, la prosperidad contribuyó de una forma poderosa a hacer posible la experiencia de la Unión Liberal. Hubo también otro factor político importante, como fue la gestión de José Posada Herrera en el Ministerio de la Gobernación. Fue él quien organizó las elecciones de modo tal que los gobernadores, ejerciendo un influjo que en teoría era inaceptable, conseguían con el auxilio de los modernos medios de comunicación —como el telégrafo— una sempiterna mayoría electoral pero, al mismo tiempo, también una cierta representación del adversario para que éste no se lanzara por el camino de la subversión. Este tipo de práctica electoral se convirtió en lo habitual en España hasta bien entrado el siglo XX. Sin embargo, eso no quiere decir que desapareciera de manera completa y total la subversión armada, pero su resultado fue un tanto limitado. Existieron, por ejemplo, sublevaciones agrarias, más o menos relacionadas con los grupos republicanos, en Andalucía —la más importante la de Loja en 1861— y también una intentona carlista en San Carlos de la Rápita, pero su peligro efectivo resultó escaso. Respecto de la legislación de estos años se aprobaron determinadas leyes importantes como la de Notariado y la Hipotecaria. De modo muy característico se adoptó una política desamortizadora que pretendía continuar la obra de Madoz pero, al mismo tiempo, intentaba llegar a un acuerdo con la Santa Sede siguiendo las pautas del concordato de 1851, tal como se llegó a hacer en 1859-1860.

Un rasgo muy característico durante la etapa de la Unión Liberal fue el desarrollo de una política exterior de prestigio, lo que constituye toda una novedad para lo habitual en la España del siglo XIX. En realidad, hasta mediados de siglo la única preocupación que los liberales españoles habían tenido en este terreno había sido conseguir el reconocimiento internacional o colaboración frente a la subversión ideológica interna protagonizada por el carlismo. Ahora ese intervencionismo exterior empieza por resultar la constatación de que, en realidad, el régimen español estaba ya perfectamente estabilizado y no corría peligros. Sin duda, un factor cultural contribuye también a explicar esta política exterior de prestigio. Es muy probable que un nacionalismo romántico de tardía recepción contribuya de forma importante a la manifestación de esta voluntad de presencia exterior, afirmación que reviste especial sentido referida al norte de África. Ahora bien, lo cierto es que esta política exterior de pretensiones tímidamente imperiales estuvo limitada por las circunstancias exteriores y la incapacidad material propia y no llegó a incrementar más que muy modestamente el prestigio nacional más allá de nuestras fronteras. Las intervenciones de la Unión Liberal siempre se realizaron en zonas que no tenían un interés estratégico fundamental y fueron consentidas —e incluso dirigidas— por las grandes potencias de la Europa de su época o lograron la anuencia de ellas. Quizá, por tanto, su mayor impacto residió en el efecto que tuvieron en el interior del país, en donde ejercieron un papel estimulante sobre la economía y contribuyeron de manera importante a la estabilidad política. Pero el balance que de toda esta política debe hacerse es necesariamente negativo. Realizada sobre una geografía que era la del antiguo Imperio español, careció de cualquier plan o de cualquier posibilidad de permanencia a medio plazo. Se tiene la sensación de que no fue otra cosa que una modesta caricatura de la política llevada a cabo, por ejemplo, por Napoleón III.

De todas estas intervenciones exteriores, sin duda, la más importante fue la guerra de África, respecto de la cual existió completa unanimidad en la Península excitando el patrioterismo, pero cuyos resultados fueron muy modestos desde todos los puntos de vista. Originada por ataques que, desde 1844 en adelante, habían realizado los marroquíes a las posiciones españolas en torno a Ceuta y Melilla, se inició con una declaración de guerra en el año 1859 y la posterior organización de un ejército considerable que desembarcó en Ceuta. En 1860, tras la batalla de Castillejos, que convirtió en mito a Prim como la guerra carlista había hecho con Espartero, el ejército español consiguió ocupar Tetuán, lo que le valió a O'Donnell el título de duque de esta ciudad marroquí. Sin embargo, el tratado de Wad-Ras, firmado en abril de ese año, supuso ventajas muy pequeñas para España, que logró tan sólo la pequeña pesquería de Santa Cruz de la Mar Pequeña (Ifni), la ampliación de las posiciones defensivas de Ceuta y una indemnización económica. Un posterior tratado de comercio fue, en realidad, más beneficioso para Francia y Gran Bretaña que para España. Fue la segunda de las naciones citadas la que, temerosa de que España consiguiera una situación muy sólida al otro lado del Estrecho, hizo todo lo posible por reducir las ventajas españolas que habían sido conseguidas con notables costos humanos y económicos.

Del resto de las intervenciones españolas en la política internacional tres se llevaron a cabo en la antigua América española. La expedición a México en 1861-1862 tuvo su origen en la expulsión del embajador español y en el agravio a los intereses económicos de nuestro país, pero en realidad no estuvo guiada por intereses propios sino que, por el contrario, se colaboró de forma muy estrecha con los franceses, sin ninguna ventaja propia. En el momento inicial colaboraron con el Ejército español Francia y Gran Bretaña pero la primera mantuvo como proyecto exclusivo instalar en el país hispanoamericano un monarca propio con el que satisfacer la política de altos vuelos del Emperador. España —el mando de la expedición le correspondía también a Prim— acabó retirándose de esta empresa de la que no podía obtener ninguna ventaja y el monarca dejado por los franceses resultó muy efímero. En cuanto a Santo Domingo, la iniciativa no fue española sino de la población blanca temerosa de que el vecino Haití pudiera tener veleidades expansionistas. En mayo del año 1861 los dominicanos lograron reincorporarse a la Corona española, sin que la única nación que hubiera podido oponerse (Estados Unidos) estuviera en este momento en condiciones de hacerlo porque vivía la difícil experiencia de la guerra civil. Sin embargo, Santo Domingo fue abandonado pronto no sólo porque costaba caro mantener allí una administración española sin obtener otra cosa que la seguridad de que no se instalaría otra nación sino, sobre todo, porque se produjo una sublevación en contra. Sin embargo, resultó más grave para España el hecho de que muchas naciones hispanoamericanas vieron la reaparición de la antigua metrópoli en el Nuevo Continente como un intento de recuperar su antigua influencia. Los incidentes y posterior guerra con Perú, Ecuador y Chile a lo largo de 1863 a 1866 no se entienden si no es a partir de esas circunstancias. El envío de una flotilla a estas naciones estuvo motivado por razones mínimas de puro prestigio y las operaciones contra El Callao y Valparaíso crearon una mala imagen de España entre los países de su antigua estirpe que tardó en borrarse. No se llegó a la liquidación del enfrentamiento sino hasta el año 1871.

Finalmente, la empresa exterior más lejana y también más inverosímil en sus propósitos fue la realizada durante el periodo de 1857 a 1863 en la Conchinchina, en donde habían sido asesinados unos obispos españoles que actuaban como misioneros. En este caso la expedición, que partió desde Manila, no logró más que una modesta compensación económica por parte de la autoridad indígena —el rey de Annam—, y en la práctica no se hizo otra cosa que servir de acompañante a los intereses de Francia.

Tras casi un lustro de estabilidad política, la época de la Unión Liberal, durante la que tanto este partido como el gobierno mismo habían mantenido la unidad, se volvió a una sucesión de gobiernos poco duraderos. La causa de su desplazamiento no fue la oposición de moderados o de progresistas sino la descomposición interna de una coalición de procedencia tan plural. A la estabilidad le sucedió a partir de este momento una situación diametralmente opuesta, que tuvo como consecuencia una rápida rotación de gobiernos con una creciente tendencia hacia el inmovilismo y hacia las actitudes más reaccionarias. En realidad se estaba produciendo el final de toda una época política de la que los rasgos mencionados no eran sino un testimonio. Al mismo tiempo durante estos años, que acabaron por ser los últimos del reinado de Isabel II, tuvo lugar una amplia difusión de una ideología democrática y contraria a la Reina que no revela tan sólo la dureza de la crítica en contra de su persona, sino también la quiebra de esa mentalidad ideológica característica de la transición entre el Antiguo Régimen y el liberalismo que fue el moderantismo o el liberalismo doctrinario. Un rasgo muy importante de estos momentos resultó también el progresivo adelgazamiento de la base política del régimen, al lanzarse sucesivamente todos los grupos políticos hacia el retraimiento, es decir, la no aceptación de la legalidad existente para iniciar la conspiración destinada a sustituirla por procedimientos violentos. La desaparición sucesiva de algunas de las grandes figuras políticas de la Monarquía isabelina (O'Donnell en 1867 y Narváez en 1868) contribuyó también de forma indirecta a la quiebra de la Monarquía. Finalmente, las circunstancias económicas y sociales contribuyeron de manera importante a un protagonismo de las inquietas masas populares que en la revolución de septiembre de 1868 participaron de un modo muy singular.

Pero, antes de llegar a este acontecimiento, es preciso narrar el proceso de retorno al moderantismo más cerrado que tuvo lugar a partir del momento en que O'Donnell abandonó el poder en marzo del año 1863. Vinieron a continuación una serie de gobiernos moderados (Miraflores, Mon...) que diagnosticaron como la razón causante de todos los males del régimen el exceso de apertura y acabaron por volver a la Constitución de 1845. Esto tuvo como consecuencia la primera marginación importante de un grupo político respecto de la Monarquía de Isabel II. En efecto, los progresistas pasaron al insurreccionalismo, y al culpar de su actitud a los «obstáculos tradicionales» hicieron clara referencia a la propia Reina. Un posterior gobierno de Narváez —de tan sólo nueve meses en 1864-1865— tiene el interés de hacer aparecer un nuevo tipo de conflicto político del que no fueron protagonistas las clases populares ni los militares sino los estudiantes. La existencia de un profesorado demócrata en la Universidad Central que, además, tenía como tribuna complementaria el Ateneo fue en adelante un motivo de seria preocupación para las autoridades. En el año 1865 uno de estos profesores, Emilio Castelar, futuro presidente de la República, publicó un artículo irónico sobre la venta de bienes de la Corona por parte de la Reina en el que quedaba patente que los seguía considerando como propios y no como nacionales. Los incidentes de la noche de San Daniel, de los que fueron principales protagonistas los estudiantes, demostraron la difusión del ideario republicano y los gobiernos moderados acabaron por depurar al profesorado en el año 1867.

Antes tuvo lugar el breve paréntesis de un gobierno O'Donnell que trató de enderezar la situación hacia una reedición de la Unión Liberal, ampliando el cuerpo electoral y volviendo a una legislación progresista. Sin embargo, en enero de 1866 se sublevó por vez primera Prim, ahora convertido en progresista, y en junio de este mismo año la insurrección de los sargentos del cuartel de San Gil no fue ya exclusivamente militar sino que en ella colaboraron las clases sociales populares del sur madrileño. Cuando, poco después, O'Donnell abandonó el gobierno y emigró, en realidad la totalidad del unionismo se separó de la Monarquía. La muerte del general hizo más fácil que su partido pasara a la conspiración.

El sexto y último de los gobiernos de Narváez (desde el verano de 1866 hasta abril de 1868) presenció los graves efectos de la crisis económica con inmediatas repercusiones sobre la actitud de las clases populares. En realidad, entre 1866 a 1868 España pasó por una doble crisis. Existió, en primer lugar, una crisis de subsistencias provocada por las malas cosechas, que en una economía agrícola retrasada tenía como resultado el brusco incremento de la mortalidad. Al mismo tiempo, hubo una grave crisis financiera que produjo, por ejemplo, la quiebra de la mitad de los frágiles bancos de la época. Mientras todo esto sucedía, la oposición reunida en el extranjero —pacto de Ostende— se ponía de acuerdo en un programa unitario basado en la reunión de una asamblea constituyente elegida por sufragio universal.

La muerte de Narváez tuvo como consecuencia que el poder fuera finalmente entregado a González Bravo, quien llevó hasta el extremo la represión desterrando a generales e incluso a miembros de la familia real, sin que ello detuviera una conspiración destinada a producir una importante cesura en la Historia española.

Sociedad y cultura en la España liberal

Hasta este momento hemos podido ir viendo, desde el punto de vista político, la emergencia de una nueva España como consecuencia del paso de la sociedad del Antiguo Régimen a la liberal. Este cambio estuvo acompañado por alternativas que dieron lugar a repetidos enfrentamientos bélicos, pero a mediados de siglo se podía considerar suficientemente consolidado. En el presente capítulo procuraremos hacer un retrato de España en torno a los años sesenta, cuando se apreciaban ya los cambios acontecidos, examinando de manera sucesiva la estructura social, la transformación económica y el estado de la evolución cultural. Como veremos, un rasgo de la sociedad española de la época fue el hecho de que en ella, aun habiendo cambiado de forma sustancial los fundamentos de la organización social, en la realidad se experimentó una evolución muy lenta, lo que obliga a un tratamiento a lo largo de un periodo amplio de tiempo.

Los españoles

La primera forma de acercarse a una sociedad consiste, como es lógico, en contar el número de sus componentes, porque no existe mejor retrato de ella que la determinación de la cuantía de su crecimiento en comparación con otras latitudes. A este respecto hay que empezar por señalar el lento crecimiento de la población española, en especial teniendo en cuenta la evolución de otras sociedades cercanas. Si a comienzos del XIX España podía tener unos diez millones y medio de habitantes, a finales de siglo llegaba a alcanzar entre dieciocho y diecinueve. El ritmo de este proceso de crecimiento para los años centrales de siglo resulta particularmente interesante porque revela diferencias importantes. El crecimiento fue limitado en todo el primer tercio de siglo, de manera que en 1833 habría algo más de doce millones de españoles y se hizo bastante más rápido en los años cincuenta (1857: unos quince millones y medio). La Restauración de la monarquía se inició con algo más de dieciséis millones de habitantes. Hasta ella el crecimiento español fue del orden del 0,5% anual en un régimen demográfico que recordaba mucho más a los últimos años del XVIII que al actual.

En efecto, si es importante la determinación de las grandes cifras para medir el grado de cambio de una sociedad a través de la demografía, resulta también necesario tener muy en cuenta la posible comparación con otras sociedades. Lo que mide el grado de modernidad demográfica de una sociedad es la mortalidad y la natalidad. La mortalidad fue inferior al 25‰ en Gran Bretaña al comienzo del siglo XIX y en Francia alrededor de los años cuarenta de dicho siglo. En cuanto a la natalidad estuvo por debajo del 30‰ en Francia en torno al año 1830 y Gran Bretaña sólo llegó a fines de siglo. En el caso de España ambas cifras sólo se alcanzaron en las dos primeras décadas del siglo XX. Sin duda la combinación de alta mortalidad y natalidad explica el relativo estancamiento demográfico, pero otro factor importante era también una economía antigua que hacía aparecer periódicas crisis de subsistencias y un estado de la higiene pública que favorecía el desarrollo de epidemias, principalmente del cólera. En el caso español es posible incluso establecer una relación directa entre la gráfica del precio del trigo y la mortalidad. A lo largo del XIX hubo hasta una docena de hambrunas —cada siete o diez años— a las que se deben sumar las epidemias, en especial de cólera (cuatro graves durante el siglo) que podían suponer la desaparición de un quinto de la población en algunos pueblos o del 5% en una provincia.

Tan importante como las grandes magnitudes demográficas es la distribución de las mismas. Es obvio que hubo diferencias regionales en lo que atañe a la distribución de esta población debidas a la mayor natalidad (Canarias, por ejemplo, experimentó un crecimiento superior al de otras regiones), pero no lo es menos que la movilidad de la población contribuyó de forma importante a esa distribución. Determinadas regiones y, desde luego, los núcleos urbanos experimentaron un crecimiento muy superior a la media debido a razones de carácter económico. Cataluña, que representaba el 8% del total nacional a comienzos de siglo, se aproximaba al 11% en los años sesenta. Madrid, que tenía poco más de doscientos mil habitantes en el comienzo del XIX, al comienzo de la Restauración había duplicado esta cifra.

Es importante señalar que la movilidad espacial que demuestran estas cifras fue un fenómeno nuevo en la Historia de España. A pesar de la ruptura del vínculo político con las antiguas colonias hispanoamericanas prosiguió la emigración hacia allí. En las primeras décadas de siglo fue ilegal y clandestina y ya en los años treinta se intentó dirigir la emigración hacia aquellas colonias españolas que aún quedaban, en Cuba y las Antillas. Ahora bien, las normas de tolerancia respecto de la emigración dictadas en esta fecha obedecían a una necesidad de mano de obra y tuvieron unas rigurosas consecuencias para quienes se acogieron a ellas. Como consecuencia de la prohibición de la trata de esclavos, los emigrantes se vieron obligados al cumplimiento de unos contratos de trabajo que les reducían prácticamente a la condición de tales. Sólo en el año 1853 se liberalizó la emigración pero, junto a ella, se mantuvo otra ilegal muy importante. Las cifras oficiales testimonian que a partir de estas fechas se produjo un incremento migratorio muy importante: unos trescientos mil españoles abandonaron su patria hasta 1870. La emigración transatlántica se dirigió, en proporción superior al 40%, hacia Cuba y sólo en un segundo momento hacia Argentina. La procedencia de los emigrantes fue de regiones costeras o insulares: Canarias, Galicia, Asturias y Cataluña proporcionaron los porcentajes más altos. Importa señalar que el fenómeno de la movilidad de la población fue general, de modo que a esta emigración hacia América hay que sumar también fenómenos menos significativos pero importantes. En el año 1861 existía, por ejemplo, una población española de cerca de sesenta mil personas en Argelia, procedentes del Levante español, principalmente de la provincia de Alicante. A la emigración hacia América hay que sumar la producida en el propio interior de la Península. Si las regiones costeras presenciaban el flujo de población hacia América, en las zonas del interior se emigraba hacia las capitales y grandes centros de población. Así es manifiesto, por ejemplo, en el caso de Galicia, cuyas zonas interiores enviaban sus excedentes demográficos hacia Madrid.

Un rasgo muy característico de la España de mediados del siglo XIX fue el creciente progreso de la urbanización. En este momento un cuarto de la población vivía en núcleos de más de dos mil habitantes, pero más significativo es el hecho del incremento de la población en ciudades de más de cien mil habitantes. En los años setenta España tenía ya cinco ciudades que superaban esta cifra. Aparte de Madrid, Barcelona llegó a los doscientos cincuenta mil y Valencia, Sevilla y Málaga también estuvieron por encima de esa barrera demográfica. Pero el 85% de los españoles seguía viviendo en núcleos de menos de diez mil habitantes.

Una preocupación muy característica de este crecimiento de la ciudad fue la relativa a la habitación y, relacionada con ella, estuvo la cuestión higiénica que afectaba, como es lógico de forma principal, a la clase trabajadora. Mariano José de Larra, en uno de sus artículos costumbristas, presenta a los caseros madrileños ofreciendo alquilar habitaciones que como «un baúl en él que están las personas empaquetadas de pie» y las escaleras parecen «cerbatanas». No puede extrañar en estas condiciones que a partir de este momento se promoviera la desaparición de las murallas y cercas que rodeaban a las ciudades y la creación de planes urbanísticos destinados a la expansión urbana. En general, la desaparición de las murallas medievales tuvo lugar a mediados del siglo XIX. En 1860 Cerdá, en Barcelona, y Castro, en Madrid, elaboraron sendos planes de ensanche en retículas geométricas de manzanas acompañadas por parques que no siempre se mantuvieron. Sin embargo, la puesta en práctica de la remodelación de las ciudades no se produjo hasta el final de siglo.

Junto al volumen de la población —es decir, su aspecto cuantitativo— es preciso también hacer mención a sus aspectos cualitativos. Si hemos visto que el régimen demográfico español parecía en muchos aspectos más propio de una sociedad del Antiguo Régimen, algo parecido puede decirse de la actividad y del analfabetismo de los españoles de las décadas centrales del siglo XIX. En estos dos aspectos también España parecía tener más similitudes con los países balcánicos o con Rusia que con los occidentales. A lo largo de todo el siglo XIX la población dedicada al sector primario siguió siendo dos tercios del total, sin que el aumento de la población a lo largo de todo un siglo supusiera un cambio. En cuanto al analfabetismo un buen término de comparación puede ser el hecho de que en Francia se consumían 185.000 toneladas de papel prensa mientras que en España sólo 14.000. En el vecino país sólo un tercio de la población era analfabeta mientras que en España la cifra llegaba al 70%. Los proyectos de instrucción pública legados por la Ilustración del XVIII constituyeron una preocupación constante de los españoles, pero las medidas distaron de convertirse en realidades efectivas. Aunque desde los años treinta a los sesenta quizá se pudieron construir 8.000 escuelas la competencia económica sobre el particular quedó en manos de los ayuntamientos, cuya precariedad padecieron. El Estado dedicó apenas un 1% de su presupuesto para las atenciones derivadas de la enseñanza universitaria.

Clases dirigentes y clases populares

Nobleza, burguesía y clases medias constituyeron en la España de mediados de siglo el indisputado sector dirigente, separado del resto de los españoles por la barrera creada por la necesidad legal de que existiera un mínimo de contribución para llegar a adquirir la condición de ciudadano con plenitud de derechos.

En la nobleza existió la paradójica situación de que, por un lado, mantuvo un poder social muy importante mientras que el de carácter político era menor e incluso el económico era decreciente. La gran nobleza, residente en Madrid y absentista de sus propiedades agrícolas, ocupaba cuatro quintas partes de las listas de mayores contribuyentes de la capital hasta el año 1860; sólo a partir de esta fecha hubo fortunas burguesas semejantes. Cualquier cifra de fortuna de cincuenta o más millones de reales correspondía a un gran noble que vivía de las rentas agrícolas sin ninguna preocupación por los negocios de otro tipo, hasta que bien entrada la Restauración una parte de los nobles, incluso los de alcurnia, como el duque del Infantado o el de Alba, entraron en negocios industriales o comerciales. Era la propia condición desmesurada de estas fortunas la que quitaba cualquier interés en pasar más allá de una vida de rentista. Sin embargo, hubo títulos nobiliarios que por llevar una vida particularmente suntuosa acabaron arruinándose, como fue el caso de los duques de Osuna y de Altamira. El primero, por ejemplo, tenía tierras en nada menos que una veintena de provincias españolas a comienzos de siglo. Un fenómeno característico de los años centrales de siglo XIX fue la permeabilidad del estamento nobiliario, que se vio nutrido por nuevos títulos procedentes de los servicios políticos (o militares) a la Monarquía o, más raramente durante la etapa isabelina, de los negocios. En total fueron concedidos unos cuatrocientos títulos durante el reinado de Isabel II. En cambio, no hubo un despliegue de títulos a favor de las personas relevantes del mundo de la cultura. Una forma de premiar la fidelidad a España de la clase dirigente cubana fue la concesión de títulos.

De cualquier modo, ese peso social no estuvo ya relacionado con el político. A lo largo de las etapas de gobierno moderado hubo una tendencia, en sus sectores más reaccionarios, a crear un Senado de carácter estamental y reservado a la alta nobleza, pero no triunfaron y la propia nobleza parece haber estado lejana a la lucha política. Pacheco, uno de los dirigentes del sector «puritano» del partido moderado, decía de esta gran nobleza que sus miembros «ni intelectual ni físicamente» eran comparables a sus antecesores. La adaptación de la nobleza al nuevo mundo de la industrialización y el capitalismo se produjo con lentitud y ya en la Restauración, puesto que la presencia de nobles en los consejos de Administración en época anterior ha de atribuirse principalmente a razones de puro prestigio, sin que ni tan siquiera invirtieran su fortuna en tales empresas.

Si esta alta nobleza debe considerarse como un residuo del pasado aún con una abrumadora influencia en la vida social española de entonces, en cambio la gran burguesía nació y se desarrolló principalmente en estos momentos constituyendo lo que Balmes denominó «aristocracia del oro». No se debe pensar que se tratara de una burguesía industrial, pues ningún empresario dedicado a esta rama de la actividad era, a mediados de siglo, propietario de una gran fortuna, cifrable, por ejemplo, en unos treinta millones de reales. Los grandes burgueses, más que innovadores en un sector industrial específico, fueron propietarios de tierras, comerciantes, prestamistas o arrendatarios de servicios públicos. Gran parte de ellos hicieron su fortuna en Cuba, soliendo tratarse de individuos de clase media procedentes de las zonas de emigración hacia América (cántabros, gaditanos, catalanes...) que muy a menudo tenían intereses en otras partes del mundo como, por ejemplo, en Gran Bretaña. La fortuna de estos grandes ricos cubanos solía estar compuesta principalmente por fincas urbanas y créditos personales y sólo un tercio por acciones de empresas. Un caso característico puede ser el de Juan Manuel de Manzanedo, que llegó a tener el patrimonio más importante de España y fue ennoblecido en el año 1862. Madrid, como ya se ha dicho, fue el centro de atracción de esta gran burguesía cuyo peso social se demuestra en que sus palacios eran con frecuencia de mayor tamaño que los edificios públicos de un Estado muy pobre. La burguesía catalana llevó una vida bastante independiente de Madrid y del Estado, pero el origen de su fortuna a menudo fue también cubano. López y López, luego marqués de Comillas, consolidó su fortuna en plena guerra de independencia antillana transportando las tropas españolas al otro lado del Atlántico, pero la había iniciado con el comercio y también a ella sumó la condición de prestamista. Por tanto, no se debe pensar que la repatriación de capitales cubanos tuviera lugar única y exclusivamente como consecuencia de la independencia de las Antillas.

A mediados de siglo las clases medias formaban un universo muy plural, en parte no acogido en plenitud a la ciudadanía ya que carecían de pago de una contribución suficiente que se situaba, de acuerdo con la ley electoral, en torno a doscientos y a cuatrocientos reales dependiendo de las categorías. Vale la pena repasar la composición de estas clases medias y establecer el peso concreto de cada sector de las mismas. La clase media burocrática designada en el censo como «empleados» estaba compuesta por unas sesenta y cinco mil personas, cifra casi idéntica a los miembros del clero y sus asistentes, sin contar con las órdenes religiosas, que disminuyeron en número de miembros dada la evolución histórica. Merece la pena hacer mención del fenómeno de la «cesantía», es decir la ausencia de estabilidad en los puestos como consecuencia de no estar profesionalizada la Administración y depender estrictamente de los cambios políticos, aunque algo se avanzó con las medidas tomadas por Bravo Murillo en 1852. El mayor peso de la Administración lo encontramos en el Ejército, mientras que los profesionales de la educación no llegaban a treinta mil. También llama la atención la parquedad de las clases profesionales: formaban parte de ellas unas veinte mil personas relacionadas con la abogacía y algunas más dedicadas a la medicina y veterinaria. La regulación de la vida profesional se llevó a cabo en España en torno a los años cuarenta. Bajo la rúbrica de «dedicados al comercio» figuran algo más de setenta mil personas, de las que no se puede decir ni siquiera que fueran propiamente la mayoría clase media. En cuanto a los «fabricantes» apenas aparecen en el censo del año 1860 unos trece mil. En definitiva estas cifras parecen demostrar una endeblez de la transformación social, pues las clases medias, en términos porcentuales, no parecen haber significado más allá del 2,5% del censo total. Incluso quizá sea correcto decir que las clases medias propiamente dichas en la época estaban compuestas por «labradores», es decir, grandes arrendatarios del campo.

Parece mucho más oportuno referirse con el término «clases populares» a ese género de grupos sociales alejados por el propio censo electoral de cualquier protagonismo político. De acuerdo con la mentalidad de la época, la barrera entre el ciudadano propiamente dicho y quien pertenecía a estos sectores populares estaba señalada por la propiedad. De ahí expresiones públicas de esa distancia que hoy parecen escandalosas. El diputado Esteban Collantes identificó, por ejemplo, en el propio Congreso de los Diputados la pobreza con la estupidez, mientras que Pacheco añadió que quien «ganaba afanosamente su sustento» con su trabajo no era merecedor de la estima pública. Algo muy característico de la época fue el resguardo de lo que podríamos denominar como el decoro o las apariencias, que pretendían sustituir a la realidad de una propiedad todavía inaccesible.

El protagonismo de las clases populares en la vida colectiva quedaba reducido a un género de irrupción violenta y periódica. Es muy característico en este sentido el fenómeno de las crisis de subsistencias, tanto en el medio rural como en el urbano. Se debe tener en cuenta que la mitad de la dieta popular estaba constituida por el pan, de modo que la alteración de su precio por una mala cosecha podía tener repercusión inmediata en una hambruna. Sólo a partir de mediados de siglo quedó parcialmente resuelto este problema merced al desarrollo de los medios de comunicación y la constitución de un mercado nacional. Durante este periodo la dieta de las clases populares madrileñas empezó a contar con productos nuevos y diferentes, como la carne y la patata. La protesta en contra del Estado se refería de forma especial a los impuestos, principalmente el de consumos, pero aún más a las quintas, es decir, el servicio militar mediante sorteo que implicaba no sólo un periodo largo de tiempo sino también peligros graves en caso de guerra colonial, tan frecuente entonces. Emilio Castelar se refirió en un discurso al auténtico «terror» causado por esta razón en las pequeñas poblaciones. Al establecerse la posibilidad de una redención a cambio de una cantidad de dinero, se convirtió en habitual la aparición de sociedades de seguros —con nombres tan expresivos como «El consuelo de las familias»— que permitían, a través del ahorro, la redención de esta obligación. Cuando hubo guerra colonial los ingresos del Estado, como consecuencia de la redención en metálico de las quintas, llegaban a cuadruplicarse. Para quienes no disponían de medios, el único recurso posible era la automutilación (por ejemplo, cortarse el índice). Todos estos géneros de protesta hacen pensar en una concepción del mundo y la vida de los sectores populares. Como tuvo repetidas ocasiones de probar, en el mundo urbano, fueron liberales exaltados, igualitarios y junteros y así lo demostraron en las numerosas situaciones en las que se produjeron protestas y barricadas en la capital de España.

Esta plebe, en su composición, apenas sí admite la denominación de proletariado. Lo que entendemos por éste —es decir los trabajadores industriales— aparece denominado en el censo como «trabajadores en las fábricas» y apenas eran unos ciento cincuenta mil. Incluso estirando un poco esta cantidad con parte de los artesanos se obtiene una cifra como la citada tan sólo en Barcelona, cifra que puede ser válida para el conjunto del reinado de Isabel II. Ya sabemos que los tejedores del algodón tuvieron un protagonismo político importante tanto durante la regencia de Espartero como en el bienio progresista. Conviene ahora recordar que su temprana organización en sindicatos o asociaciones semejantes se explica en gran medida por las condiciones de trabajo a que se veían sometidos. Los testimonios de la época revelan, por ejemplo, que las jornadas de doce horas resultaban habituales. Además, se debe tener en cuenta que el asociacionismo de estos primeros proletarios españoles no se limitó a la pura defensa de los intereses económicos sino que se extendió también a otras materias como la música coral.

De cualquier modo, es necesario insistir en que en la sociedad española de mitad del siglo XIX ese proletariado industrial era excepcional. Basta con recordar que, incluso si se admiten como válidas las cifras ya citadas, están muy por debajo de las que el censo menciona para sirvientes de ambos sexos (más de ochocientos mil) y que esta cifra también está por encima de los seiscientos mil artesanos. Todo ello nos remite a una sociedad en la que es todavía bien patente el recuerdo del Antiguo Régimen. En Madrid, por ejemplo, las cifras de los miembros del servicio doméstico (cuarenta mil) se situaban por encima de los jornaleros y de los artesanos. También llama la atención en el censo la presencia de una rúbrica dedicada a los «pobres de solemnidad» que acoge a nada menos que doscientas cincuenta mil personas. Los marginados resultaban hasta tal punto habituales en el paisaje de sociedad de la época que los ayuntamientos, en los peores momentos, creaban empleos temporales de jornaleros y llegaron a conceder una especie de carnet de indigencia. La asunción por parte del Estado de la obligación estable de cuidar de ellos se concretó en sucesivas leyes generales de Beneficencia, sin que ello permitiera, sin embargo, la total integración social de estos sectores. Pero, además, hay que tener en cuenta que la sensación de quedar sometidos a los avatares de la fortuna que caracterizó a estos medios vale para la totalidad de las clases populares. No sólo no existía a mediados de siglo ninguna legislación social sino que el salario era poco seguro, elástico y se debía completar de forma habitual mediante el trabajo de la mujer. Si parece evidente que durante el siglo XIX tuvo lugar una lenta mejora del nivel de vida, en especial en la dieta, ya se han señalado los problemas graves de la vivienda urbana.

Sin duda, de todos modos resulta obvio que la situación de las clases populares en el campo era mucho peor que en el medio urbano. El censo del año 1860 ofrece para los jornaleros del campo una cifra de casi dos millones y medio de personas que no sólo es la más elevada, con gran diferencia, de las rúbricas existentes sino que por sí sola permite determinar la peculiaridad de la sociedad española de la época. Es poco lo que se puede decir de este sector social. Sabemos que su forma de vida estaba todavía mucho más sujeta a las condiciones aleatorias impuestas por la meteorología, de modo que sus ingresos —parte en dinero, pero parte también en especies— sólo existían si había trabajo, circunstancia que no superaba los doscientos días al año. En estas condiciones no puede extrañar que el paso del señorío eclesiástico o nobiliario a la propiedad burguesa pudiera tener consecuencias explosivas en alguna región como Andalucía y en general en la Corona de Castilla, al venir acompañado a menudo por una disponibilidad mucho más plena y absoluta de la propiedad de la tierra. Ya en los años cuarenta se detectan quemas de cosechas en el campo andaluz, en donde la desamortización hizo aparecer una burguesía agraria formada por los antiguos grandes arrendatarios del pasado a los que en el censo se solía denominar «labradores». Los estallidos, identificados a veces con los grupos políticos democráticos o republicanos, se hicieron más fuertes en el año 1857 (El Arahal y otras poblaciones del Bajo Guadalquivir), pero resultaron especialmente significativos en la sublevación de Loja (1861). Su dirigente, Pérez del Álamo, llegó a tener bajo su mando a unos cien mil jornaleros que acabaron dispersándose ante la presencia del Ejército, iniciando así un tipo de cíclica protesta que luego se expresaría también mediante los movimientos ácratas. En cambio, en otras regiones como Valencia no les resultó tan sencillo a los señores convertir en propiedad privada sus derechos.

Si el mundo rural y el urbano eran diferentes, también tenían formas de protesta popular propias y características. En el campo, en especial en zonas apartadas, perduró hasta comienzos del siglo XX el bandolerismo, entre la protesta social (un ejemplo del bandolero *justiciero* fue José María, el Tempranillo en la Sierra Morena) y la marginalidad. En cambio, el motín anticlerical fue típico de la plebe urbana. Acosada ésta por noticias confusas —el temor a una epidemia, la cercanía de los carlistas...— se revolvió desde los incidentes de 1834 en Madrid contra el clero regular. No se debe olvidar que la inmensa mayoría de la jerarquía eclesiástica era radicalmente antiliberal y, además, utilizaba el sentimiento religioso como medio de vertebración del orden social.

La España dual: estancamiento agrario y capital extranjero

Aunque no existe ninguna cuantificación fiable de las consecuencias económicas de la guerra de la Independencia y de las guerras civiles posteriores, parece indudable que los efectos de una y otras debieron ser muy graves. Así se prueba por testimonios aproximativos producidos por políticos y escritores de la época. Cuando se inició la construcción del ferrocarril, la gran argumentación para justificarla consistió en la necesidad de remediar los inconvenientes causados durante las etapas anteriores en las comunicaciones españolas. En cuanto a la agricultura baste con recordar que en las Cortes del Trienio constitucional, cuando todavía quedaba por producirse la guerra carlista, hubo quien calculó que se producía un sexto menos de trigo, la mitad de aceite y todavía una proporción menor de vino. Todo —incluso la inestabilidad política— hace pensar que hasta la década 1830-1840 España vivió en un profundo estancamiento económico por motivos políticos internos pero también debido a la ruptura de la relación con las Indias. Sólo cambiaron las cosas a mediados de siglo.

Desde hace ya bastante tiempo ha sido habitual considerar que la España de las décadas centrales del XIX se caracterizó por su dualidad entre un mundo rural, anclado en el pasado, y un mundo urbano en el que comenzó una transformación en sentido capitalista. En la actualidad se tiende a pensar que, siendo manifiesta esa dualidad, tampoco debe ser exagerada hasta el extremo. También el mundo agrario presenció cambios importantes aunque no fueran espectaculares, sino lentos En cuanto al término con el que denominar la evolución en el mundo industrial se debe optar más por «atraso», en sentido cronológico y de impacto sobre el conjunto de la sociedad española en comparación con lo que sucedía en otras latitudes, más que el de «fracaso». España, rezagada en 1830, mantuvo su distancia respecto de otros países.

De cualquier modo parece evidente la existencia de esa dualidad que se aprecia, sobre todo, teniendo en cuenta la extraordinaria lentitud con la que se produjeron los cambios en el medio agrícola. Hasta bien entrado el siglo (en concreto hasta 1866-1868) perduró un tipo de crisis característico del mundo del Antiguo Régimen, consistente en que una mala cosecha podía producir un incremento de mortalidad, dada la penuria de las comunicaciones. Cada una de estas crisis perjudicaba más gravemente a los sectores más humildes de la población, de modo que los grandes propietarios obtenían el beneficio de la elevación de precios mientras los braceros tenían menos jornales y los pequeños propietarios debían recurrir al usurero. La última de estas crisis de subsistencias se produjo en Francia en 1857.

A pesar de la existencia de este tipo de crisis, la realidad es que la España rural experimentó cambios de importancia entre el comienzo del siglo XIX y los años sesenta. El sentido de estas modificaciones hay que encontrarlo principalmente en una mejor articulación del mercado nacional y de las relaciones con el exterior, en una cierta adaptación de los cultivos a las peculiaridades de cada región y un general incremento de la producción cuya consecuencia fue la mejor alimentación de los españoles. La articulación de un mercado nacional varió según los productos pero se impuso en el esencial, el trigo. Hubo, además, una cierta especialización de los cultivos a las peculiaridades climáticas de cada región. En el norte, por ejemplo, a partir del final del XVIII se difundió, junto con el maíz, la patata, mientras que los cereales se convertían en el cultivo predominante en las dos Castillas y Andalucía y el viñedo ocupaba cada vez más espacio en el litoral mediterráneo. En cuanto a la adaptación al mercado nacional e internacional también resulta perceptible. Incluso una región caracterizada por el autoconsumo, como era el caso de Galicia, comenzó a exportar cabezas de ganado a Gran Bretaña. Ésta, junto con Francia, fue la destinataria principal de la exportación española, abrumadoramente agrícola. Otra adaptación a las exigencias del mercado se produjo en el caso de las antiguas colonias americanas, con las que se mantuvo una relación comercial a pesar de la independencia. Las innovaciones fueron escasas: sólo se detectan algunas tan limitadas como el uso del guano —abono orgánico— en la huerta valenciana y la tendencia a una ganadería más intensiva, mular y porcina en vez de ovina.

Fundamental fue la existencia de un nuevo tipo de propiedad privada como consecuencia, principalmente, de la desamortización de los bienes comunales. Sabemos que las nuevas roturaciones en ocasiones se hicieron en tierras marginales, pero el incremento de la superficie de cultivo tuvo como resultado también un importante ascenso en la producción. Se ha calculado, por ejemplo, que de 1800 a 1860 la superficie de cereal cultivada creció del orden del 50% y pudo triplicar la de vid. Los incrementos de la producción pudieron ser del orden del 90% en trigo, más del doble en vino y esa misma proporción en aceite. No parece que los métodos de cultivo cambiaran, de modo que hay que atribuir estas cifras principalmente a tierras cultivadas por vez primera y a una mejor adaptación de los cultivos a las peculiaridades del suelo. En los años finales del periodo se producían quejas como consecuencia de la excesiva exportación de grano a otras latitudes y cuando la guerra de Crimea provocó la detención de la exportación de grano ruso hubo campesinos castellanos que expresaron sus deseos con la frase «agua y sol y guerra en Sebastopol».

La impresión que proporciona el mundo agrario resulta estática al menos en comparación con lo sucedido en el mundo urbano. En éste, en cambio, se empezaron a producir cambios importantes en la década de los años cuarenta pero fueron mucho más decisivos en la inmediatamente posterior, estando ya en el poder los progresistas o los unionistas. Estos cambios fueron la consecuencia principalmente de la apertura hacia el exterior. Tanto el Antiguo Régimen como la política seguida por los moderados —consistente en el mantenimiento de una cierta actitud intermedia— tendieron a una actitud de cerrazón que, por ejemplo, puso dificultades a la importación de maquinaria textil desde

Gran Bretaña, a pesar de los evidentes efectos positivos que podía tener sobre la industrialización española. Por otro lado, aunque a partir del final de la guerra civil se produjo una etapa de prosperidad económica, la crisis financiera producida en torno a 1848 en toda Europa arrastró en España a la mayor parte de las sociedades anónimas, que quedaron reducidas a menos de una decena. Además, a mediados de siglo tuvo lugar la reconversión de la Deuda por Bravo Murillo que, en la práctica, significó algo muy semejante a un puro y simple repudio de las obligaciones contraídas. Como consecuencia la cotización de la Deuda española quedó suspendida en el principal mercado mundial, Londres.

Como ya ha sido indicado, la situación empezó a cambiar en el bienio progresista y para que así sucediera resultó imprescindible un cambio en la legislación del Estado. Hasta el momento sólo habían existido bancos que seguían el modelo del creado por Cabarrús en 1782 y que se denominaron de San Fernando e Isabel II y luego se fusionaron. A comienzos del año 1856 se aprobó una nueva legislación relativa a las sociedades de crédito y bancos de emisión. En el verano anterior, como veremos, había tenido lugar la regulación definitiva de los ferrocarriles, que se completó por esas mismas fechas. Fue la inversión en ellos la que atrajo al capitalismo financiero extranjero a partir de 1850 (antes se había concentrado en la Deuda) pero también al nacional, que supuso la mitad del total. El capital extranjero —en concreto, francés— tuvo la ventaja de crear la trama bancaria que facilitó la inversión. Así se demuestra por el hecho de que las sociedades de crédito más importantes que se instalaron en estas fechas en España centraron el grueso de sus inversiones en redes de ferrocarril de las diferentes regiones españolas. Cada una de aquellas constituyó la representación en España de una gran banca francesa. Así los Rothschild crearon la Sociedad Española Mercantil e Industrial, los Pereire el Crédito Mobiliario y Prost la Compañía General de Crédito. La nueva legislación permitía también la existencia de una banca provincial española y a comienzos de los años sesenta aparecieron además una treintena de cajas de ahorro.

El periodo 1859-1864, coincidente con el gobierno de la Unión Liberal, resultó excepcionalmente próspero desde el punto de vista financiero. No sólo todas esas sociedades —en especial las extranjeras— contribuyeron a él sino que, además, hubo una general apertura de la economía española hacia el exterior. Ya en este momento el comercio exterior español se concentraba en Gran Bretaña y Francia, y una porción considerable de las importaciones consistía en bienes de equipo. Ambos países apostaron buena parte de los capitales que hicieron posible el comienzo de la industrialización que será descrito seguidamente.

Sin embargo la economía española siguió teniendo problemas endémicos en el aspecto financiero en años siguientes. No fueron tan sólo coyunturales, como fue el caso de los nacidos de la crisis de 1866 sino más de fondo. En lo que respecta al sistema bancario nacional la transición fue incompleta, como se prueba por el hecho de que el Banco de España tenía el 75% de los depósitos. Pero lo peor del caso fue la presión de la Deuda pública, que obligó en 1874 a conceder a esta entidad el privilegio de emisión. El déficit del presupuesto público se convirtió en crónico por las insuficiencias del sistema fiscal que hacían que los pagos fueran, como media, superiores a los ingresos en una media del 25%. Esa situación, agravada durante el sexenio revolucionario, retrajo las inversiones extranjeras y fue la mejor prueba de la impotencia de un Estado.

Industrialización y comunicaciones

Según los historiadores especializados en esta temática y en este periodo hay que hablar más de un atraso que de un fracaso en lo relativo a la industrialización española de mediados del XIX. No estaríamos ante una revolución, pero tampoco se trataría de un periodo desaprovechado en la Historia económica española sino de «una larga infancia», cifrable en casi un 3% anual e imprescindible para el posterior crecimiento. La mayor apertura de la economía española la facilitó y si la industrialización no fue mayor fue debido en gran parte a factores derivados de las propias condiciones materiales del país. Aunque es cierto que hubo una burguesía rentista poco capaz de lanzarse a aventuras empresariales, éstas existieron, como veremos a continuación. El capital extranjero fue imprescindible y no puede pensarse que su utilización tuviera consecuencias negativas para el crecimiento español. Si hubo importaciones de maquinaria o de productos siderúrgicos —por ejemplo, para la construcción de los ferrocarriles— la razón fue que la industria nacional era incapaz de proporcionarlos.

La industria por excelencia en la primera fase de la industrialización fue la siderurgia, que constituye un buen ejemplo de las dificultades existentes en el caso de España. La localización de esta industria estaba necesariamente marcada por las materias primas sin que se diera una proximidad geográfica que la facilitara. Eso explica que sucesivamente hubiera tres focos de desarrollo siderúrgico, sin que hasta el último cuarto de siglo se llegara a una ubicación definitiva. El primer alto horno se instaló en España en la provincia de Málaga, como iniciativa de Heredia, para utilizar las minas de hierro locales y la madera. Sin embargo las dificultades pronto fueron muy grandes, al utilizar un combustible de escaso poder calórico. En el plazo de treinta años este foco desapareció y la siderurgia se trasladó a Asturias, en la proximidad de las minas de carbón. El problema de las minas de esta región reside en la difícil extracción, mala calidad y escasa capacidad para ser utilizado para la siderurgia. Esta provincia tenía ya a mediados de siglo casi la mitad de la producción siderúrgica, pero estaba destinada a ser superada por la siderurgia vizcaína, que a partir de las ferrerías tradicionales evolucionaría hacia un claro predominio en toda España. En el momento de la revolución de 1868 la siderurgia vasca representaba ya el 28% de la producción nacional, mientras que la malagueña tan sólo quedaba en el 5% y la asturiana disponía del 46%. La primera moderna industria siderúrgica vasca fue propiedad de la familia Ybarra, que habría de desempeñar un papel de primera importancia en el desarrollo del capitalismo nacional, y antes del vasco. A fin de cuentas la localización vizcaína de la siderurgia resultó la más racional desde el punto de vista económico porque los barcos que exportaban el mineral de hierro a Gran Bretaña podían volver con un carbón mejor que el asturiano.

Si el caso de la siderurgia testimonia las dificultades de la industria nacional, el de la industria textil catalana lo hace de las posibilidades de desarrollo industrial a partir de un punto de partida muy modesto. Cataluña, y más en concreto Barcelona, fue descrita por alguno de los viajeros extranjeros como una «pequeña Inglaterra» y sin duda lo era, al menos en comparación con el resto de la Península, puesto que en ella se localizaban las tres cuartas partes del capital social en sociedades anónimas que había en España. Partiendo de una capitalización producida por el comercio de productos agrícolas, los industriales textiles catalanes primero crearon una industria autóctona que fue capaz de mantener, a lo largo de toda la primera mitad del siglo XIX, un contacto comercial con América que no quedó roto a pesar de la independencia política. Pero, al mismo tiempo, a través de la importación de maquinaria británica en el periodo 1830-1860 consiguieron la mecanización total de su industria que, en consecuencia, a partir de este momento quedó en condiciones óptimas para alcanzar la hegemonía sobre el resto de las industrias textiles españolas. Esa maquinaria —su denominación en inglés, «self-acting», explica que se las llamara selfatinas— motivó protestas muy duras y quemas por parte de los artesanos, pero se acabó imponiendo e incluso transformando la forma de vida en Barcelona, en donde más del 40% de la población vivía de la industria a mediados de siglo. Se pueden proporcionar algunos datos significativos acerca de los progresos de la industria textil catalana, principalmente del algodón. El incremento de la importación de materia prima fue creciente a partir de 1830 llegando a 15.000 toneladas anuales en 1845 y a 20.000-25.000 en torno a 1860; la fuerza instalada en caballos de vapor se multiplicó por nueve entre 1835 y 1861 y la tasa anual de crecimiento en torno a los cuarenta fue del 8% anual. La hegemonía de Cataluña en el textil de algodón empezó a producir en esta misma época una atracción del textil en general (lana, seda...) hacia la región, impulsada por esa superioridad técnica que arruinaba a las industrias manuales de carácter tradicional. Así se explica que en un plazo relativamente corto de tiempo Cataluña atrajera también otras industrias, como la de alimentación e incluso la de metalúrgica (La Maquinaria Terrestre y Marítima, la principal empresa del sector, fue fundada en 1855). A mediados de siglo Cataluña acogía una cuarta parte de la industria española y a fin de siglo llegaba hasta las dos quintas partes. Fue principalmente la industria textil la que empujó el crecimiento de la industria en general a un ritmo anual del 4% en 1835-1860 y algo inferior a partir de esta fecha.

La industria textil catalana, que había tenido un origen autóctono, transformó tan sólo la forma de vida en aquella región, mientras que el desarrollo del ferrocarril tuvo muy directa influencia en la vida de todos los españoles.

Los historiadores se han preguntado en ocasiones acerca de si fue la más oportuna y si la forma en que se llevó a cabo —en gran medida con importaciones de productos procedentes de otros países— perjudicó en vez de resultar beneficiosa. Sin embargo, no hubo en la época una alternativa de transporte más eficiente, en especial en un país de la complicada orografía del nuestro y, además, las importaciones citadas fueron inevitables. El ferrocarril, en comparación con la diligencia, supuso el equivalente a un ahorro entre el 10% y el 20% de los recursos, multiplicó por diez el número de viajeros y por cuatro la velocidad. Otra cosa es que su construcción fuera tardía y el modo criticable en más de un aspecto.

Hasta 1855 no hubo más que prehistoria del ferrocarril en España. En tiempos de Fernando VII existieron algunos proyectos que no llegaron a fraguar por falta de capital y de capacidad técnica, pero también porque las condiciones políticas eran las peores para que capitales extranjeros pudieran ser empleados en España. Los primeros trabajos de planificación no se produjeron sino en 1844, con el comienzo de la década moderada, momento en el que se decidió utilizar un ancho de vía superior al europeo por imaginar que sería necesario ante la previsible necesidad, impuesta por lo montañoso de la geografía española, de acudir al empleo de máquinas de mayor tamaño. Las primeras líneas creadas lo fueron para poner en relación grandes ciudades con su entorno más inmediato o para cubrir necesidades muy perentorias y peculiares. En 1848, por ejemplo, se abrió la línea Barcelona-Mataró, que resultó muy rentable y fue propiciada por el empleo de tecnología y capital británico. Otras líneas de este primer despegue del ferrocarril español fueron la abierta entre Madrid y Aranjuez y aquella que permitió llevar el carbón asturiano desde la cuenca minera hasta el puerto de Gijón. En total a la altura de 1855, fecha en que se abrió esta última línea, el número de kilómetros de ferrocarril existentes en España era de 475. La concesión de las líneas que el Estado hacía con arbitrariedad dio lugar a escándalos y muchas de las empresas explotadoras sufrieron graves crisis.

La situación cambió a partir de la nueva legislación puesta en marcha en el verano del año 1855. Antes de que se aprobara hubo una encuesta destinada a debatir el desarrollo ferroviario y, como consecuencia de ella, se optó por una ordenación más racional a partir de una red radial centrada en Madrid, con concesiones por noventa y nueve años y una serie de franquicias destinadas a la importación de material destinado a la construcción de las líneas. Como consecuencia de esta legislación a la altura de 1868 el número de kilómetros de vía construidos se acercaba ya a los cinco mil. Las principales compañías (Norte, Madrid-Zaragoza-Alicante y Ferrocarriles Andaluces) tenían detrás de sí, cada una de ellas, a una de las tres casas de banca francesas establecidas entre 1856 y 1858.

En realidad, la construcción del ferrocarril supuso un decisivo cambio en la vida española al permitir una mejor comunicación. De esta manera se explica la constitución de un auténtico mercado nacional, tan importante para la difusión de los productos agrarios y evitar las periódicas hambres. Importa recalcar que en torno a 1868 no sólo había sido construida la red ferroviaria básica sino que, además, había experimentado un desarrollo muy considerable el tráfico marítimo y la red de caminos. Es posible que la mejora del transporte de cabotaje, en gran medida todavía a vela, resultara más decisiva que el propio ferrocarril y en cuanto a la red de caminos, a partir de los años treinta, a pesar de la guerra fue multiplicando su construcción a un ritmo de quinientos kilómetros anuales y en 1868 había una red de dieciocho mil kilómetros, de los que la mitad se habían construido desde el comienzo de esa década. Gracias a esos caminos, pero sobre todo al ferrocarril, la comunicación postal pudo adquirir sus características contemporáneas y configurarse como un servicio público. El ferrocarril disminuyó los gastos del correo a tan sólo una sexta parte. En 1849 apareció el sello de correos como procedimiento de pago. También data de mediados de siglo la difusión de telégrafo eléctrico cuando hasta entonces únicamente había existido un telégrafo óptico, tan sólo utilizado por el Gobierno o la Casa Real.

Finalmente, a la altura de los últimos años de este periodo, ya en la época del sexenio revolucionario, empezó a apuntar otra novedad de importancia en el terreno industrial. La minería a mediados de siglo suponía tan sólo la exportación de unas diez mil toneladas anuales que representaban el 1% del total, pero en la primera mitad de la década de los setenta se acercaba ya al millón de toneladas, equivalentes al 8% de la exportación. La minería no creó directamente ninguna industria pero, como veremos, supuso una importante capitalización que tendría un decisivo resultado sobre la evolución económica española. Gracias a la localización minera cerca de buenos puertos fue posible esa actividad exportadora que convirtió a España en la primera aprovisionadora de determinados minerales del mercado europeo.

El Estado y la cultura

Como en el caso de la organización del Estado en general o de la organización de la economía, sin duda, el cambio desde una sociedad del Antiguo Régimen a una sociedad liberal tuvo una muy directa repercusión sobre la cultura. En primer lugar este cambio supuso el establecimiento de un régimen de libertad de imprenta dentro de los límites señalados por las leyes. En este sentido, el primer tercio del siglo constituyó una especie de contradanza de libertad y prohibición, de tal modo que no ya los libros de los escritores liberales, como Martínez Marina, sino también los de los ilustrados del XVIII, como Jovellanos, fueron publicados al ritmo de las autorizaciones concedidas por la censura.

Sin embargo, una vez triunfante el liberalismo nació todo un nuevo marco para la vida de la cultura. El rasgo principal del mismo estuvo constituido por la sustitución de los antiguos mecenas de la cultura por el Estado que, además de crear instituciones promotoras de la educación y la cultura, estableció unas normas legales por las que regir la actividad cultural y del mundo de las ideas.

En primer lugar, la desaparición del mecenazgo de la Corte o de las órdenes religiosas o su reducción al mínimo supuso que el Estado asumía esta importante obligación. Lo hizo regulando, por ejemplo, la enseñanza universitaria y secundaria. Ya hemos visto que en España así sucedió en 1857, pero siguiendo los antecedentes marcados al comienzo de la época moderada por el Plan Pidal. De acuerdo con él se establecieron los institutos de Secundaria que, a pesar de ser considerados como «termómetro de la educación de un pueblo», apenas si tuvieron unos 11.000-12.000 alumnos. Las universidades creadas fueron asumidas por el Estado, que trasladó la Complutense a Madrid, denominándola Central, y estipuló que ésta sería la única que impartiría el doctorado. En el plan quedaban previstas cinco facultades (Derecho, Filosofía, Medicina, Farmacia, Ciencias) y además la existencia de escuelas especiales, destinadas a los saberes técnicos. Los catedráticos, tanto de instituto como de universidad, habrían de ser nombrados mediante el procedimiento de la oposición. De esta manera las profesiones intelectuales no dependían ya de la Iglesia ni tampoco de las órdenes religiosas, existía una autonomía del profesorado respecto del poder político —aunque objeto de sonados conflictos e incidentes— y se difundía una educación científica, inexistente en la universidad del XVIII.

Aparte de la regulación mediante la adecuada ley, aprobada en 1847, de los derechos de autor, la libertad de imprenta permitió la difusión de la edición y también de la prensa. Los grandes editores españoles de la época, como Rivadeneyra, contribuyeron de forma poderosa a la conservación y difusión de las obras de los clásicos españoles, empezando la recuperación de quienes habían sido poco apreciados por los hombres de la Ilustración, como Calderón de la Barca. Es importante señalar que al margen de la edición culta hubo también una literatura popular de gran difusión, que al mismo tiempo resulta testimonio de los sentimientos de las grandes masas y contribuía sin duda a formar dicha personalidad. Aparte de la literatura «de cordel» —versos elementales que narraban aventuras o fábulas con un cierto mensaje moral o político—, la «novela por entregas» perteneció a este género. Difundida por los enviados de la empresa editora, esta literatura popular alcanzó su mejor expresión en *María, la jornalera,* de Ayguals de Izco, mezcla de elementos románticos y de suave reivindicación social, todo ello presentado de una manera dramática y aventurera. La «novela por entregas» solía ser objeto de lectura colectiva en los medios populares. En cuanto a la prensa, se convirtió a lo largo del siglo XIX en un instrumento esencial de la lucha política y de difusión de las ideas, lo que contribuye a explicar el decisivo papel atribuido a la determinación de los contenidos de la ley de imprenta. El ejemplo más característico de la prensa del siglo XIX es el diario identificado con un partido político, como puede ser *La Iberia,* de significación progresista. En este caso los directores y los redactores solían ser personas preeminentes en la vida política de ese partido. Sin embargo, ya a mediados del XIX empezó a aparecer en España una prensa que adoptaba una posición independiente de los partidos y que tenía, por tanto, la pretensión de influir directamente sobre la opinión pública, como fue el caso de *La Correspondencia de España* o *El Imparcial*. Otro tipo de prensa fue la ilustrada como el *Semanario Pintoresco Español* de Mesonero Romanos.

Los diarios y semanarios citados fueron impresos en Madrid, y la mención a la capital no es casual sino que obedece a un criterio de centralización de la cultura muy característico del Estado liberal, que creó no sólo una capitalidad política sino también cultural. En efecto, las instituciones públicas destinadas a la cultura se localizaron en Madrid y se alojaron en algunos de los grandes edificios de la misma, alguno de ellos anterior y otros construidos en este momento. El museo del Prado fue imaginado por vez primera por José Bonaparte y luego convertido en tal por Fernando VII, utilizando un edificio que estaba destinado a museo de Ciencias. Alojó no sólo las colecciones reales sino también las obras de arte procedentes de la desamortización, y sólo en 1868 fue nacionalizado dejando, por tanto, de pertenecer a la Corona. En el año 1866 se inició la construcción del edificio de la Biblioteca Nacional, que no se inauguró sino a finales de siglo y alojó también al museo Arqueológico, creado en 1867. El teatro de la Ópera se edificó en 1850. Muy característico de la protección de las artes por parte del Estado durante el siglo XIX fueron las exposiciones nacionales de pintura, establecidas a partir de 1856 y destinadas a mostrar las obras seleccionadas por un jurado oficial. Éstas podían ser compradas por el Estado y los autores premiados pasar a desempeñar puestos docentes en las principales instituciones pedagógicas o culturales del país. Finalmente, a las academias creadas en el pasado por la realeza se sumaron en estos momentos otras como la de Jurisprudencia y Legislación y la de Ciencias Morales y Políticas.

En Madrid, convertida en capital de la cultura por decisión política y administrativa, no sólo se localizaban los principales centros culturales públicos sino también algunos de los principales de carácter privado. Desde el triunfo del liberalismo existió una serie de asociaciones voluntarias que a menudo resultaron mucho más influyentes que las públicas. Un papel absolutamente relevante le correspondió, por ejemplo, al Ateneo, creado en 1835 y cuyo primer presidente fue el duque de Rivas. Gran parte de los debates filosóficos, políticos y literarios, desde el liberalismo doctrinario hasta las tesis democráticas pasando por el librecambismo o el proteccionismo, tuvieron lugar en su local. Hubo en la capital otros como, por ejemplo, el Liceo Literario y Artístico, relacionado con las artes plásticas o el Fomento de las Artes. Este tipo de instituciones en ocasiones se dedicaban a tan sólo un sector social —como el obrero— y se difundieron por toda la Península, bien utilizando esa misma denominación o la de Casino.

En fin, hay que tener en cuenta que si el Estado apoyaba a la cultura, al mismo tiempo ésta daba sentido al Estado. En efecto, durante los años centrales del siglo XIX se pasa de la existencia de la realidad nacional como unidad a la difusión de un sentimiento de identificación con la misma. Claro está que en España, a diferencia de Francia, por ejemplo, esta identidad nacional no pudo ser sentida tan intensamente, no sólo por la pluralidad cultural existente en la Península sino, sobre todo, por la existencia de un analfabetismo de una magnitud tan grave como ya se ha señalado. Un papel decisivo le correspondió, como en otros países, a la Historia, tanto en forma de representación como de narración. La Historia de España, en la mentalidad de la época, remitía a un pasado remoto, nada menos que los godos, y permitía constatar la existencia de un supuesto carácter nacional carente de modificaciones con el transcurso de los siglos. Aunque a mediados de siglo existieron dos versiones de nacionalismo español, una moderada y otra progresista, dando lugar a interpretaciones relativamente distintas sobre determinadas épocas y acontecimientos, desde los Reyes Católicos hasta las Comunidades, la Historia de España más difundida fue la de Mariana, proseguida por Modesto Lafuente, que tuvo numerosísimas ediciones y que ofrecía una versión válida para ambas tendencias aunque algo más escorada hacia el moderantismo.

En cuanto a la representación de la Historia, hay que referirse a los enormes cuadros dedicados a ella que constituyeron la pintura oficial por excelencia, destinada a cubrir las paredes de los grandes edificios oficiales (como, por ejemplo, el Senado). Esta pintura histórica tiene sus antecedentes en el neoclasicismo, pero alcanzó su mejor expresión en los años centrales del siglo. Además también tuvo dos versiones en lo ideológico, una moderada, la de Casado del Alisal *(La rendición de Bailén)*, más suelto desde el punto de vista estilístico, y otra progresista, de Gisbert, con la representación de los modernos héroes de la Libertad *(El fusilamiento de Torrijos)*. Muy a menudo esta pintura exaltaba las libertades de los castellanos o tenía otro tipo de referencias a la actualidad (por ejemplo, aparecía Isabel la Católica durante el reinado de Isabel II y el Compromiso de Caspe o, lo que es lo mismo, el rey elegido por los súbditos en tiempos de Amadeo de Saboya). De cualquier modo la identificación con el pasado y la libertad estaba destinada a la citada exaltación de la identidad propia a lo largo de los tiempos pasados.

Esta justificación del Estado, al que se encontraba un fundamento en la Historia nacional previa, constituye tan sólo uno de los aspectos de la cultura española en los años centrales de siglo XIX. En ellos se mantuvo como factor perdurable la influencia francesa pues, aunque existan otras (por ejemplo, la británica o la alemana) lo cierto es que la citada en primer lugar resultó la más persistente y perdurable. De influencia francesa es, por ejemplo, el liberalismo doctrinario que tanto influyó sobre el moderado de la época isabelina, y de influencia francesa sería también el socialismo utópico vinculado con los grupos más radicales dentro del liberalismo. Algo parecido puede decirse de las artes visuales.

El liberalismo coincide en su advenimiento en España con la difusión del movimiento romántico. Algunos de los protagonistas de la literatura de esta significación fueron además dirigentes políticos, como es el caso de Francisco Martínez de la Rosa, autor de *La conjuración de Venecia,* drama estrenado en 1834, o del duque de Rivas autor en 1835 de *Don Álvaro o la fuerza del sino,* quizá la obra más significativa del romanticismo. En realidad se ha señalado con razón que, aunque la influencia de este movimiento cultural date de la fecha indicada, lo cierto es que España vivió colectivamente una experiencia de romanticismo a partir de la guerra de la independencia y también en el primer liberalismo en el que la denominación misma de un grupo político como exaltado es una buena prueba de ello. Además, España se convirtió para los románticos de otras latitudes en el país romántico por excelencia por su mezcla de exotismo, arrebato vital y pasado histórico. Alguno de los grandes románticos españoles, como José de Espronceda, constituyó el ejemplo del literato interesado en la política más radical, en paralelo con el poeta británico Byron.

En realidad el romanticismo constituyó en España un fenómeno cultural que no se extinguió con la primera generación que lo vio triunfar, sino que duró a lo largo de todo el siglo. El *Don Juan Tenorio* de José Zorrilla, por ejemplo, data de 1844, pero en el teatro se puede percibir la presencia del ideal romántico, irracionalista y apartado de todas las reglas, en la obra de José de Echegaray. Algo tan característico del romanticismo como es la idea de que existe un «espíritu de la Nación» que es anterior al individuo y se le impone de manera necesaria no apareció sino en el fin de siglo, tras la traducción de los teóricos alemanes.

En relación con esta idea de la existencia de un espíritu de cada pueblo capaz de dar sentido a su trayectoria, ya se ha hecho mención a la creación de una simbología sobre España y su pasado. Sin embargo, no fue ella la única que apareció en estos momentos sino que muy poco después, o casi coincidiendo con ella, tiene lugar la recuperación de las culturas regionales y de las nacionalidades periféricas que siempre fueron una característica muy peculiar de nuestra trayectoria histórica, pero que a partir de la época moderna habían tendido a desdibujarse por directa persecución —sobre todo a partir del año 1715 en el caso de Cataluña— o por haber quedado marginadas a los medios rurales. Esta recuperación de la cultura propia se llevó a cabo en primer lugar en Cataluña, en donde la oda *A la Patria* data de 1833 y a partir de 1859 existieron unos *Jocs Florals* que recuperaron la lengua propia y le proporcionaron la respetabilidad de la versión literaria. En Cataluña, además, como sucedía con la Historia de Lafuente, se dio una interpretación que, partiendo del pasado medieval, servía para llegar a una conciencia nacional propia o a la defensa de una especificidad muy marcada, como es visible en la obra de Milá i Fontanals y Bofarull. En fin, ya en los años setenta se había iniciado, en un primer germen, el paso de la defensa de la cultura catalana al comienzo de vertebración del catalanismo como movimiento político, por lo menos en lo que respecta a la creación de una prensa propia. En el País Vasco la recuperación de la lengua fue algo posterior, de modo que, a título de ejemplo, sólo en la nueva guerra carlista producida durante la etapa revolucionaria las escuelas organizadas en la zona controlada por los tradicionalistas tuvieron una educación bilingüe. Hubo también una literatura del carácter fuerista y en la obra de Navarro Villoslada *Amaya o los vascos del año VIII* (1876) se encuentra una exaltación del pasado vasco como medio para mitificar la propia nacionalidad. Finalmente el *rexurdimento* gallego —que como la catalana *renaixença* significa lo mismo que recuperación del pasado cultural y lingüístico— empezó en torno a los años cincuenta del pasado siglo. Del año 1866 data la *Historia de Galicia* de Murguía, exaltadora del pasado. Murguía estaba casado con Rosalía de Castro, la principal gloria literaria de la Galicia del siglo XIX.

A menudo es difícil establecer un paralelismo entre las artes plásticas y la arquitectura de un lado, y los procesos históricos de carácter general y, además, esta afirmación general resulta todavía más evidente en el caso de un movimiento de introducción tan lenta como es el romanticismo. Sin duda, la dificultad del paralelismo viene marcada también por la peculiaridad de la arquitectura y de la escultura. En realidad, más que de un triunfo del romanticismo se puede hablar de la permanencia de un cierto clasicismo, bien palpable en obras como el Congreso de los Diputados, de Narciso Pascual Colomer. La permanencia de la tradición neoclásica resulta también muy patente en la escultura. El cambio fue mucho mayor en lo que se refiere a la pintura en donde, además, aparecieron más claramente las modificaciones en la condición social e histórica del artista, mientras que éstas resultaban mucho más difíciles de percibir en la arquitectura y escultura, sujetas de manera exclusiva al encargo, principalmente público. En el caso de la pintura el artista se convirtió en independiente de una Corte o de un monarca y pudo seguir la evolución estilística que considerara más oportuna, al margen por completo del posible destinatario de su obra. También en la pintura es posible percibir el tránsito desde el reinado de Fernando VII en el que perdura un epígono, muy bien dotado pero también muy frío, del neoclasicismo, como Vicente López, mientras que a partir de los años treinta aparecieron otras fórmulas como, por ejemplo, el paisaje romántico idealizado, siguiendo el modelo británico, del que fue ejemplo Genaro Pérez Villamil, o la escena de carácter costumbrista con antecedentes en Goya y una temática en la que existía un acusado paralelismo con lo literario. Por tanto, se puede decir que lo que son las escenas de Eugenio Lucas o Leonardo Alenza lo son los textos de, por ejemplo, Mesonero Romanos o Estébanez Calderón. Para terminar también se podría establecer un paralelismo muy evidente entre lo que en el mundo político y social significa el moderantismo y el elegante retratismo de la pintura de Federico de Madrazo, en el que el matiz romántico no resulta tan absolutamente patente. Por último, en música sobresale una recepción muy tardía de la gran música sinfónica del siglo, mientras que se mantenía una acusada influencia de la ópera italiana. La música española se caracteriza por una evolución hacia el casticismo, muy perceptible en Barbieri *(Pan y toros)*.

Con el transcurso del tiempo se produjo en la pintura española un mayor grado de apego a la realidad, que se alejó no ya del estereotipo característico del clasicismo sino también del romanticismo. En última instancia en la propia pintura de Historia, sujeta a una minuciosa erudición en los tratamientos de personajes y ambientes, apareció una mayor voluntad de tratamiento realista. En España un pintor como Eduardo Rosales, por sus capacidades, hubiera podido evolucionar en un sentido realista como lo hizo, por ejemplo, Manet en Francia. Mariano Fortuny significó también el camino hacia el realismo aunque de una forma peculiar, marcada por el preciosismo y el virtuosismo.

Este tránsito del romanticismo al realismo resultó también perceptible en la literatura, que evolucionó en este sentido al menos en la narrativa, aunque el teatro y la lírica permanecieran en gran medida vinculados a la tradición romántica. La novela de Fernán Caballero, a partir de finales de los cuarenta, supuso un propósito didáctico y sentimental pero alejado de la exaltación romántica, identificada con el liberalismo radical. En una línea alejada del romanticismo y más cercana al pensamiento de la burguesía tradicional y hogareña escribieron también Bretón de los Herreros y Campoamor, mientras que Juan Valera fue capaz de excepcionales retratos psicológicos, muy alejados de ese mundo romántico. De todos modos, la victoria propiamente dicha del realismo sólo tuvo lugar en el periodo revolucionario, abierto a partir de 1868, tal como escribió Clarín, un miembro de esa generación realista. A partir de Pérez Galdós la novela tuvo ya como protagonistas esenciales a las clases medias españolas.

El cambio hacia el realismo en la narrativa estuvo acompañado también de una importante transformación en el panorama ideológico. Las dos versiones político-partidistas del liberalismo que han quedado descritas en páginas anteriores tuvieron también sus respectivas elaboraciones teóricas. En general, a lo largo de la primera mitad del XIX predominó el liberalismo doctrinario en el que, por ejemplo, resulta posible encontrar matices específicamente católicos (en el caso de Jaime Balmes) o derivaciones autoritarias o dictatoriales (en el de Donoso Cortés). El liberalismo de tono progresista caracterizó a talantes como el de Mariano José de Larra pero también a escritores en materias económicas como, por ejemplo, Flórez Estrada. Lo característico del periodo posterior fue la aparición de doctrinas que superaban al liberalismo, enmarcándose dentro de un pensamiento demócrata o vinculado con el socialismo utópico, también de procedencia francesa, como fue el caso de Sixto Cámara o de Pi i Margall.

Pero mucha mayor influencia tuvo la introducción de la filosofía del alemán Krause por parte de Julián Sanz del Río. El krausismo era una ecléctica versión del idealismo, del que interesan más que nada sus consecuencias sociales y políticas. Su racionalismo armónico parte de la concepción de la filosofía como un saber de salvación. A partir de este punto de vista inicial lo básico en él fue un talante deísta impregnado de una exigencia ética. Su visión de la sociedad, armónica y evolucionista, fomentaba una concepción liberal, reformista y poco proclive a confiar en exclusiva en el Estado la solución de los problemas. Sanz del Río se dedicó tan sólo a la docencia desde 1854 hasta su muerte en 1869, pero fue el principal artífice de una línea de liberalismo, muy alejada del moderantismo y del progresismo, destinada a inspirar a gran parte de la intelectualidad y la política españolas. Sin ella empieza por no entenderse la significación del periodo revolucionario de 1868-1875.

EL SEXENIO DEMOCRÁTICO

El periodo que se abre con la revolución que depuso a Isabel II, aunque poco duradero y salpicado de cambios políticos bruscos, debe ser considerado como esencial en la Historia contemporánea española. En apariencia se trató de una etapa demasiado breve y dominada por un ritmo de sucesión de acontecimientos que podría hacer pensar en su esterilidad: se sucedieron en poco más de seis años una monarquía, dos repúblicas, dos constituciones (una de ellas nonata), una guerra colonial y otras dos civiles. Pero eso no obsta para que el periodo se deba considerar como esencial. En efecto, durante él se iniciaron una serie de experiencias que habrían de tener una amplia repercusión en años sucesivos. Significó, por ejemplo, la primera práctica del sufragio universal, el comienzo del movimiento obrero y su división en dos tendencias destinadas a perdurar e incluso, en lo que respecta al mundo intelectual, el triunfo de una nueva generación que rompía con los presupuestos del liberalismo doctrinario. En lo fundamental este periodo puede considerarse como una revisión democrática del liberalismo anterior. Aunque esa democracia se hundió en la discordia civil, la Monarquía restaurada en 1875 debió en buena medida basarse en sus principios para conseguir consolidarse.

La revolución de 1868. La etapa constituyente

La revolución de 1868 apareció, para sus contemporáneos, rodeada de unos rasgos especiales que permitían designarla como La Gloriosa. Tal especificidad no venía tan sólo de haber producido un destronamiento, sino de ser, para sus protagonistas (que siguieron desempeñando un papel de primera importancia en la vida política española durante la Restauración) el símbolo de identidad del liberalismo democrático. En cuanto a los historiadores posteriores también le han dado una importancia especial, bien por el procedimiento de identificarla con la francesa de 1848 o señalando que no se trató tan sólo de un puro pronunciamiento militar sino que tuvo un componente social de primera importancia.

Sin embargo, en los últimos tiempos se suele insistir bastante más en los factores políticos que en los económicos y sociales para explicar el estallido revolucionario. Sin duda la crisis económica influyó en el derrocamiento de Isabel II, pero existió un cierto alejamiento cronológico entre ambos sucesos pues aquélla tuvo lugar en 1866. Fue la consecuencia a la vez de un comportamiento antiguo y otro más moderno en la economía española. Por un lado, se produjo una crisis de subsistencias, producto de la mala cosecha y de la ausencia de un verdadero mercado nacional. Por otro, se detuvieron las inversiones extranjeras que se habían venido concentrando en los ferrocarriles y en la banca, y eso tuvo como consecuencia el final de una prosperidad excepcional iniciada a mediados de la década de los cincuenta. Mientras tanto la Hacienda pública pasaba por una de las peores crisis en un reinado proclive a ellas.

Pero, en definitiva, fue el creciente monopolio de la Monarquía por tan sólo un sector de la política moderada, lo que explica la caída de Isabel II. En el verano de 1866, después de la sublevación madrileña, los opositores al régimen isabelino fraguaron una alianza en el llamado Pacto de Ostende, por el que representantes de los tres partidos de oposición (unionistas, progresistas y demócratas) no coincidieron sino en «destruir todo lo existente en las altas esferas», pero sin hacer declaración alguna de republicanismo o de monarquismo. El propio sufragio universal quizá les pareciera demasiada concesión a alguno de los componentes del pacto. Muy pronto, la figura más destacada de la conspiración fue Juan Prim, que había militado en varias opciones políticas, pero que tenía para su protagonismo una brillante trayectoria militar que le convertía en el cuarto general —tras Espartero, Narváez y O´Donnell— destinado a tener un protagonismo decisivo en la vida política de la nación.

Después de varios episodios conspirativos, el pronunciamiento llegó a su recta final en el mes de septiembre de 1868. Prim, acompañado por varios conspiradores civiles, viajó desde Londres a Gibraltar y de allí a Cádiz, en donde coincidió con el resto de los generales (Serrano, por ejemplo) que habían sido alejados de Madrid por el gobierno de González Bravo. El ejecutor del golpe fue el almirante Topete, cuyos propósitos parecen no haber pasado del deseo de tener una «verdadera monarquía constitucional». Sin embargo, el manifiesto «España con honra» volvió a los propósitos señalados en el Pacto de Ostende, aun sin hablar de cambio de sistema de gobierno. Además, al margen del pronunciamiento militar propiamente dicho proliferaron muy pronto las juntas locales, en especial en toda Andalucía y en el litoral, haciendo gala siempre de un programa más radical que los sublevados militares. La aparición de estos organismos, que se prolongó a lo largo de todo el sexenio, constituye una buena prueba de la participación popular en el cambio de régimen.

Nada más conocido el pronunciamiento, Isabel II trató de conseguir los imprescindibles apoyos militares nombrando como sucesor de González Bravo al general Concha. Sin embargo, en el mismo mes de septiembre un ejército fiel a Isabel II, dirigido por el marqués de Novaliches, fue derrotado por Serrano en el puente de Alcolea, junto a Córdoba. Tras este modesto enfrentamiento quedó abierto el camino hacia Madrid, que acabó por sublevarse antes de que llegaran las tropas insurrectas. Significativamente, la primera medida de la Junta consistió en la reposición en sus puestos docentes de los profesores universitarios sancionados por su disidencia pasada. Algunos iban a desempeñar un importante papel político en los meses siguientes (Emilio Castelar, Nicolás Salmerón...), pero fueron más importantes los que tuvieron una influencia en el mundo intelectual y cultural (Julián Sanz del Río, Francisco Giner de los Ríos...), quienes habrían de convertirse en el germen de toda una trayectoria intelectual en la vida española.

Como en tantos casos de pronunciamientos anteriores, se planteó en estos momentos el grave problema de la dualidad de poderes entre los protagonistas del golpe militar y las juntas. El programa de éstas (que, en realidad, estaban compuestas por miembros de los sectores de clase media o burgueses) era más radical de lo que preveían los manifiestos definitorios de la sublevación y contenía varios principios que, sin duda, debían acabar apareciendo en un texto constitucional. En todo caso la coincidencia era muy grande en materias como sufragio universal, libertad de imprenta, descentralización, derecho de asociación, libertad de comercio e incluso reivindicaciones sociales, como la desaparición del impuestos de consumos, sustituidos por una contribución única, y abolición de las quintas (es decir el servicio militar). En Madrid llegó a haber dos juntas, una más radical y otra menos, que a comienzos de octubre se fusionaron en tan sólo una, presidida por el demócrata Nicolás María Rivero. Es significativo que una de sus primeras medidas consistiera en la proclamación de una declaración de derechos que fundamentó toda su actuación. Lo cierto es que si en un principio se mantuvo la unidad de los demócratas, sin embargo duró muy poco. De ellos pronto se escindieron los republicanos por la cuestión de régimen, aunque la verdad es que en muchos puntos discrepaban entre sí de forma decisiva. A principios de octubre se formó el gobierno provisional presidido por Serrano pero donde el segundo puesto en importancia le correspondía a Prim y, además, figuraban algunos de los políticos civiles más importantes durante este periodo y tiempos posteriores como, por ejemplo, Práxedes Mateo Sagasta, Laureano Figuerola, Manuel Ruiz Zorrilla, etcétera. Fue este gobierno el que fue logrando la autodisolución de las juntas, a lo que ayudó la imposición de una legislación a los llamados «voluntarios de la libertad», nacidos de forma espontánea, que venían a ser algo así como los herederos de la Milicia nacional. A finales de año hubo en determinadas poblaciones de Andalucía, como Málaga y Cádiz, sublevaciones republicanas resueltas con la definitiva imposición del poder central.

El gobierno provisional empezó a poner en marcha buena parte del programa revolucionario democrático en muy diversos aspectos. Algunas de las primeras medidas tuvieron un fuerte sabor anticlerical, consistiendo, por ejemplo, en la expulsión de los jesuitas o la extinción de todos los conventos, aparte de la libertad de cultos. Sin embargo, quizá la labor más importante fue la desarrollada por Laureano Figuerola en materia económica. Aparte de crear definitivamente la peseta como unidad monetaria, de poner en práctica un sistema bimetálico que no duró mucho y de intentar una fallida reforma fiscal destinada a suprimir el impuesto de consumos, Figuerola fue el promotor de dos medidas de gran importancia. En enero de 1869 dictó una nueva legislación minera que permitió en la práctica que el capital extranjero hiciera su aparición en este importante terreno. Como sabemos, la explotación minera no contribuyó en un primer momento a la industrialización ni siquiera a la capitalización, sino que tan sólo supuso una rúbrica importante para la exportación. Las minas fueron enclaves que dependían más que nada del país de donde procedían los capitales destinados a explotarlas. En realidad Figuerola había sentido, una vez más, la necesidad de aliviar la situación de la Hacienda pública y para ello tuvo que recurrir a una emisión de Deuda apoyada en los beneficios para aquélla de la liberalización minera. En el fondo se trató de algo parecido a una desamortización, con previa nacionalización y posterior puesta en venta de las riquezas mineras españolas. En la práctica, sin embargo, se avanzó muy poco en la estabilidad de la Hacienda, pues al año siguiente la mitad del presupuesto estaba dedicado al pago de la Deuda. En el verano de 1869 Figuerola logró también la aprobación de un arancel que introducía el librecambismo en España rebajando considerablemente la barrera comercial de la época anterior. El librecambismo era considerado en la época como un correlato obligado y evidente de las ideas democráticas. Se deseaba que con un arancel de tan sólo el 15% pudieran disminuir los precios de los productos de «comer, arder y beber», es decir los de consumo más inmediato y generalizado entre las clases populares.

Mientras tanto se había iniciado una importante transformación de la vida política. A diferencia de lo sucedido durante todo el reinado de Isabel II, no se trataba ahora de encontrar una legitimación del orden político heredado del pasado compensando el poder de la Monarquía con la representación nacional, sino de que ésta última fundara un sistema político nuevo aunque fuera manteniendo la Monarquía. El ejercicio del sufragio universal masculino hizo pasar el número de electores madrileños de unos doce mil a unos ochenta y tres mil, pero además y, sobre todo, muy pronto se hizo patente la presencia de las masas en la vida pública. En la propia capital unas treinta mil personas intervinieron en una manifestación monárquica, mientras que los republicanos también consiguieron la participación de casi la mitad de manifestantes en actividades políticas parecidas. Aparecieron también otras nuevas formas de acción política a través, por ejemplo, de la prensa popular, el mitin político de masas o el folleto de propaganda ideológica.

El panorama político pronto quedó organizado en torno a cuatro grupos partidistas fundamentales. Las medidas anticlericales y el talante de la revolución motivaron la movilización no sólo de los carlistas, sino también de otros sectores católicos auspiciados por el marqués de Viluma, a quien hemos visto ejerciendo el papel de mentor de los sectores católicos en el seno del partido moderado. Este grupo aunque tuvo muy pronto sus órganos de expresión política, sin embargo optó de momento por una especie de retraimiento electoral. El sector político oficial fue una coalición monárquica democrática en la que encontraron cabida desde unionistas hasta demócratas, mientras que la izquierda, influyente en el medio urbano y en el sur, estaba compuesta por los republicanos, aunque entre ellos existiera una pluralidad de matices bastante considerable. Las elecciones constituyentes se celebraron en enero del año 1869 mediante una ley electoral con circunscripciones plurinominales, lo que hacía más difícil de controlar el resultado por el Ministro de la Gobernación, que entonces fue Sagasta. Desde el momento mismo de la constitución del gobierno provisional, éste había dictado disposiciones liberalizadoras en todas las materias, desde la libertad de imprenta a la de reunión y asociación, aunque la legislación municipal le permitió influir sobre los comicios. De todos modos, las Cortes reunidas testimoniaron un grado de pluralismo muy superior a lo habitual en la España del siglo XIX, pues al lado de los 237 diputados gubernamentales hubo 85 republicanos y 20 carlistas. Merece la pena señalar que la distribución de los escaños republicanos coincide en su geografía con las juntas surgidas en torno a la revolución de 1868 (es decir, en la periferia costera).

La elaboración de la Constitución de 1869 se llevó a cabo con rapidez, como si los revolucionarios quisieran evitar las dilaciones que durante el bienio progresista impidieron la redacción de una nueva. A los cuatro meses era aprobado un texto intermedio en extensión entre las constituciones de 1812 y 1837. Constaba de 11 títulos y 112 artículos y ofrecía un diseño característico de una Monarquía constitucional y democrática.

En este sentido resulta muy característica su declaración de derechos, cuyos rasgos principales consisten en ser más precisa y más amplia que las de ocasiones anteriores, al mismo tiempo que contiene más garantías de que estos derechos serán ejercidos. En efecto, a la enumeración habitual hasta el momento se sumaron ahora la libertad de residencia, la inviolabilidad del correo y la libertad de enseñanza y de cultos, al mismo tiempo que se especificaban las condiciones que debía tener una detención legal, y a la declaración de derechos, que ocupaba una treintena de artículos, se le sumó una coletilla indicativa de que la «enumeración de derechos anterior no implica la prohibición» de cualquier otro derecho que no apareciera en esa relación. La discusión en torno a la declaración de derechos ocupó más de la mitad del tiempo dedicado al conjunto del debate de la Constitución, señal evidente de lo mucho que interesó esta cuestión a los constituyentes.

En cambio, las relaciones entre los poderes políticos ocuparon menos tiempo. La declaración respecto de la soberanía nacional resultó en el texto de esta Constitución mucho más precisa que en las anteriores, mientras que el poder ejecutivo, si bien recaía en el rey, era ejercido a través de sus ministros, responsables ante las Cortes, limitándose el monarca a sancionar y promulgar las leyes. El rey tenía capacidad para suspender las Cortes, pero una sola vez por legislatura, y éstas se deberían reunir tras un plazo de tiempo tasado. El legislativo seguía siendo, como en las constituciones inmediatamente anteriores, bicameral pero en este caso el Senado es, como el Congreso, de carácter electivo, introduciéndose una cierta representación territorial en el sentido de que había cuatro senadores por provincia con independencia de su población. Los senadores tenían que reunir determinados requisitos para poder ser elegidos como tales. Novedades radicales de la constitución de 1869 fueron la libertad de cultos, aunque el Estado se obligara a mantener el católico, y la propia discusión acerca del régimen en que la Monarquía, si triunfó por una confortable diferencia de votos, 214 a 71, por vez primera fue sometida a discusión en unas Cortes constituyentes. En definitiva la Constitución española de este momento se acercó, en contenido democrático, a las de países como Bélgica y Estados Unidos. En ella estaba incluso prevista una reforma del sistema colonial.

Concluida la elaboración de la Constitución en junio de 1869 quedó establecida una regencia temporal, para la que se acudió a la figura del general Serrano, nombrado con una confortable mayoría para reproducir de alguna manera el caso de Espartero. Hombre procedente del unionismo, Serrano jugó en los meses sucesivos el papel de una persona que, por carecer de partido propio, podía dar la sensación de ser capaz de ejercer imparcialmente una función en la que era obligada la apariencia de imparcialidad. Sin embargo la responsabilidad política esencial quedó en las manos del general Prim, quien no sólo fue presidente del gobierno sino que asumió la cartera de Guerra con el presumible propósito de controlar al Ejército y, al mismo tiempo, llevó en sus líneas esenciales la responsabilidad gubernamental en tres sucesivos gabinetes, que testimonian un progresivo acercamiento a los demócratas, o, lo que es lo mismo, hacia la izquierda. Su asesinato en diciembre de 1870 demuestra hasta qué punto una figura individual puede servir como elemento de estabilidad de un régimen, puesto que a partir de este momento fue imposible mantener la unidad en la coalición que ejercía el poder, a pesar de que no existía una diferencia programática esencial y de que esa coalición siguió acudiendo unida a las elecciones.

Por lo demás, fueron los políticos civiles los principales protagonistas de la labor concreta de gobierno durante los meses siguientes. A lo largo de 1870 jugó un papel decisivo en ella una profunda modificación de la legalidad para adaptarla a la nueva realidad democrática de la Constitución. Así hubo nuevas disposiciones acerca del poder judicial, el código penal, la ley electoral, las leyes provincial y municipal, el registro civil, el matrimonio y el orden público. Sin embargo, en esta última materia distaron mucho de aplicarse las normas legales existentes en pura teoría. Las memorias de los responsables del orden público revelan que la acumulación de dificultades de toda índole les hizo, a menudo, optar por prácticas netamente ilegales. Claro está que el insurreccionalismo de una parte de los republicanos, decepcionados por el mantenimiento del régimen monárquico contribuyó a que las dificultades resultaran excepcionales.

La Monarquía democrática (1871-1873)

La cuestión política más importante en estos momentos para los gobernantes españoles era encontrar un nuevo monarca capaz de identificarse con el contenido de la Constitución que acababa de ser aprobada, de modo que desapareciera la interinidad existente al mismo tiempo que se evitaba que la Monarquía española provocara una conmoción en la política internacional del momento, lo que se demostró imposible. El nuevo rey tenía que ser católico y liberal y eso excluía a cualquier candidato de la rama carlista pero también al propio don Alfonso, hijo de Isabel II, a quien Prim condenó con tres «jamases» por el comportamiento inconstitucional de su madre. Los candidatos fueron varios, pero muchos de ellos tuvieron muy pronto inconvenientes que les llevaron a ser desechados. Espartero traía el recuerdo de su propia Regencia en el pasado y era ya un anciano. El duque de Montpensier, aunque tuviera el apoyo de una parte de los unionistas, era un Orleans y, por eso mismo, motivó las reticencias de Napoleón III, aparte de que el haber matado al infante don Enrique en un duelo destruyó sus posibilidades. Don Fernando de Coburgo tenía la ventaja de que en él se podía llevar a cabo la unión ibérica que formó parte del programa de algunos grupos liberales, pero eso mismo era un inconveniente por lo menos para los portugueses. Leopoldo de Hohenzollern-Simmaringen, por su origen alemán, despertó las mismas reticencias en el emperador francés. Finalmente se optó por Amadeo, duque de Aosta, de la familia de los Saboya, que había sido desde un principio el candidato de Prim y los progresistas. Hijo de Víctor Manuel II, rey de Italia, aparecía identificado por completo con el liberalismo al mismo tiempo que su candidatura tenía un matiz anticlerical —por el conflicto de la Monarquía italiana con el Vaticano— que también caracterizó a la política española del periodo posterior a la revolución.

En octubre de 1870 se produjo en las Cortes la elección del nuevo rey. De 311 diputados sólo 191 votaron a Amadeo, mientras que el resto lo hicieron o bien por la república o por otros candidatos. La nueva Monarquía se iniciaba, por tanto, con un apoyo político insuficiente pero, además, el inmediato asesinato de Prim empeoró la situación al privar al Rey del apoyo más firme que había tenido.

Amadeo I cumplió su primer deber como monarca democrático, nada más llegado a la Península, al acudir ante el cadáver de Prim, asesinado por motivos oscuros entre los que quizá se mezclen los políticos con los personales. Este dramático momento permaneció recogido en un cuadro de Gisbert. El monarca fue pronto aceptado por el resto de los Estados europeos sin mayor problema, con la única excepción del Vaticano. Amadeo de Saboya no había tenido hasta el momento otra relación con España más que un breve viaje en el año 1866. De su voluntad de convertirse en un buen monarca constitucional y demócrata no cabe dudar ni tampoco de que, en efecto, lo fue. Sin embargo de él no pudo depender el curso de la política a lo largo de su reinado, por las propias características del sistema constitucional democrático. Lo esencial durante su transcurso fue la descomposición acelerada de la coalición gobernante, cuestión en que nada podía hacer el monarca. En poco más de dos años de reinado este hecho motivó nada menos que seis gobiernos y tres elecciones en las que, además, se dio la peculiaridad de que no siempre acudieron todos los partidos y a veces colaboraron con las oposiciones quienes debían ser pieza esencial del régimen.

El primer gobierno del nuevo reinado estuvo presidido de nuevo por Serrano, impuesto como una necesidad por la muerte de Prim, y en él fue la última ocasión en la que estuvieron al mismo tiempo en el ejecutivo Sagasta y Ruiz

Zorrilla, que en adelante se caracterizarían por la dureza de sus enfrentamientos. Las elecciones significaron una parcial marcha atrás en el sentido en que sin modificar el sufragio universal que la Constitución consagraba, se optó por un sistema de distritos uninominales que propendía a una opción más conservadora y, sobre todo, caciquil. Además, todo hace pensar que la presencia en el Ministerio de la Gobernación de Sagasta, doblada por la de Romero Robledo como subsecretario, favoreció a los candidatos gubernamentales. Obtuvieron éstos una considerable mayoría (135 diputados contra un centenar, entre los que la mayoría eran republicanos). En las consultas que siguieron se mantuvo una proporción semejante. También quedó confirmado el hecho de que en el medio urbano los republicanos obtenían más votos que en el rural, más controlable, por lo que se denominó, eufemísticamente, el «influjo moral» del gobierno.

De todos modos esos resultados tuvieron una muy escasa eficacia, porque en la primavera de 1871 se produjo de forma casi inmediata la división en la coalición monárquico-democrática que había presidido la vida política desde el mismo momento de la revolución. Muy pronto quedaron configurados dos partidos, los radicales de Ruiz Zorrilla, que tendieron a gravitar hacia los antiguos demócratas, y los constitucionalistas de Sagasta, que lo hicieron hacia los antiguos unionistas. De este modo era por completo inútil la existencia de una mayoría parlamentaria al manifestar ésta unas tendencias centrífugas que en la práctica la reducían a la nada. Es cierto que hubo en esta discrepancia algunos motivos de índole programática en materias como el servicio militar, la esclavitud o la libertad de cultos. Sin embargo, los motivos de carácter personal jugaron un papel tanto o más importante que ésos. En una situación de profunda inestabilidad como la que se vivía en aquellos momentos fue imposible aprobar los presupuestos, que debieron ser prorrogados.

Lo que más llama la atención en el enfrentamiento entre Sagasta y Ruiz Zorrilla es la condición de excluyente que atribuían al adversario. Así el segundo, cuando era presidente del Gobierno y el primero ocupó la Presidencia del Congreso, acabó por dimitir y no contento con eso colaboró con los adversarios de la extrema derecha e izquierda durante las elecciones. En efecto, la oposición se organizó en torno a una «coalición nacional» de la que formaron parte a la vez los republicanos, los radicales, los carlistas y los moderados. Frente a los 236 diputados gubernamentales hubo 52 republicanos, 42 radicales, 38 carlistas y 11 moderados. A pesar de la utilización de los procedimientos habituales para conseguir la mayoría, ésta, sin embargo, duró muy poco, descomponiéndose de forma inmediata cuando el gobierno fue acusado de haber transferido parte de los fondos del Ministerio de Ultramar a Gobernación para inconfesables propósitos electorales.

Después de las elecciones de abril de 1872 se inició la que resultó ser la última fase de la Monarquía democrática. Tras un paréntesis presidido por Serrano que no logró, porque no podía, estabilizar la situación política, Ruiz Zorrilla asumió el poder al mismo tiempo que el Ministerio de la Gobernación, prometiendo una gestión que habría de ser una especie de vuelta a los principios de 1869. En efecto, prometió suprimir las quintas, llegar a una solución para el problema de Cuba, la implantación del jurado, una política comercial librecambista y un largo etcétera. Las elecciones, celebradas en el mes de agosto, fueron de las más limpias del periodo, pero tuvieron el gravísimo inconveniente de que gran parte de las fuerzas políticas, incluso aquellas más identificadas con el régimen, se retrajeron de participar en la contienda electoral. Personajes tan significados como Sagasta (que hubiera debido ser uno de los apoyos del mismo), Topete (cuyas unidades navales dieron el triunfo a la revolución), Serrano (regente y reciente presidente del Gobierno) y López de Ayala (autor del manifiesto *España con honra,* con el que Isabel II había sido derribada) no fueron ahora diputados. Los radicales lograron 274 escaños, pero al lado de ellos no hubo más que unos 80 republicanos que ni siquiera representaban todas las tendencias de este sector político, pues los más extremistas se habían abstenido.

Es significativo que entre los opositores al gobierno había ya nueve diputados que se autodenominaban alfonsinos y no moderados. Por tanto, a estas alturas se planteaba la eventualidad de una oposición con un rey diferente como alternativa. En realidad, Amadeo I no había logrado en ningún momento el apoyo de la alta nobleza española (el duque de Alba, por ejemplo) ni tampoco el de muchos militares en otro tiempo vinculados con la Monarquía isabelina. Sí, en cambio, los sectores de la burguesía comercial e industrial estuvieron dispuestos a la colaboración con la Monarquía amadeísta, pero pronto, sin embargo, vieron en determinados programas como, por ejemplo, los relativos a la abolición de la esclavitud, un grave peligro para sus intereses. Antonio Cánovas del Castillo, organizador del partido alfonsino, lo conectó con los círculos antiabolicionistas con el resultado de incrementar su influencia.

Sin embargo, el verdadero motivo de la crisis de la Monarquía de Amadeo I residió más que nada en la propia clase política dirigente. La obra de gobierno de Ruiz Zorrilla no cesó de autolimitarse y de contradecirse con el programa que le había llevado al poder: frente al programa de abolición de las quintas, impuso, obligado por la guerra contra los carlistas, un nuevo llamamiento de cuarenta mil soldados, y la esclavitud sólo fue abolida en Puerto Rico. Finalmente, una cuestión aparentemente nimia acerca del cuerpo de artillería provocó la abdicación del monarca, tras recordar que durante dos años y dos meses España no había conseguido salir del estado de «constante lucha» con la que él mismo se la había encontrado desde el principio, sin que sus enemigos fueran exteriores sino las propias fuerzas que hubieran sido apoyo fundamental del régimen.

La oposición: Cuba, los federales, los carlistas, el movimiento obrero

La renuncia de Amadeo I, que supuso en la práctica el final inmediato de la Monarquía democrática, fue un caso de patología política todavía menos justificable si tenemos en cuenta que, desde el primer momento, la Monarquía estuvo amenazada por sectores políticos contrapuestos que pusieron en peligro su existencia misma nada más implantada.

Sin embargo, el problema más agudo con que se enfrentaron los gobiernos de la Monarquía democrática fue el de Cuba. Conocemos ya la gran importancia que en la alta burguesía española tuvieron las grandes fortunas provenientes de la isla. Ya hemos visto también el papel decisivo que jugaron los antiabolicionistas en el movimiento alfonsino. El marqués de Manzanedo, el patrimonio individual más importante de la época, fue uno de los principales inspiradores del movimiento antiabolicionista.

Pero los problemas fueron anteriores al planteamiento de la cuestión de la esclavitud con toda su agudeza. En primer lugar, derivaban del hecho de que entre la sociedad cubana y la española las diferencias eran crecientes. La riqueza producida por el incremento de la producción de azúcar y, secundariamente, tabaco, hacían que la percepción de Estados Unidos como mercado natural se fuera haciendo cada vez más patente, mientras que se agudizaban las tensiones entre criollos y peninsulares. Al mismo tiempo existía también una cuestión político-administrativa. En realidad el capitán general, autoridad suprema en Cuba, tenía unos poderes que de hecho equivalían a los de un monarca absoluto, pudiendo en la práctica suspender la legislación vigente en la Península. Además, la misma distancia y el hecho de la inestabilidad política en la Península impedía que desde ésta se ejerciera el poder con decisión y siguiendo una línea clara. De hecho, el capitán general en el momento en que tuvo lugar la revolución, Francisco Lersundi, al mismo tiempo que titubeaba entre los sublevados e Isabel II, adoptó una política de dura represión que resultó ya irreversible al poco tiempo. En la práctica sus sucesores mantuvieron idéntica política de dureza.

La sublevación aconteció muy poco después de la revolución, en octubre de 1868, tras el llamado «grito de Yara», logrando su implantación principal en el oeste de la isla, más pobre y teniendo como principales líderes a Maceo y Gómez. La «guerra larga», en realidad, no fue más que una interminable guerrilla que tardó diez años en ser erradicada. Una buena parte de los dirigentes republicanos (Castelar, Pi i Margall...) y alguno de los intelectuales más conocidos (Giner de los Ríos...) formaron parte de la sociedad abolicionista de la esclavitud, cuestión que, como sabemos, estaba planteada con toda su agudeza en la política española en torno a 1872-1873, siendo una más de las que no encontraron solución, con el agravante de que para resolverla era imprescindible recurrir a las quintas y eso suponía enfrentarse a una importante reivindicación popular. Menos de un año después de la revolución de 1868 presentaron los estadounidenses su primera propuesta de compra de Cuba.

El conflicto colonial cubano fue muy temprano, pero apenas si le fue a la zaga el que se produjo con los republicanos federales. Muy pronto este sector del republicanismo quedó dividido en dos líneas por completo opuestas en el modo de actuación. Mientras que un sector, los intelectuales y parlamentarios, era partidario de una actuación legal mediante el voto y en las cortes, otro sector, autodenominado «intransigente», practicaba la subversión. Esta duplicidad no era otra cosa que una consecuencia de la propia ideología federal, en la que no hay que ver una voluntad de regionalismo sino una concepción política general, que partía de la necesidad de que las naciones se constituyeran mediante pactos libres y voluntarios entre individuos, siguiendo un proceso piramidal que muchos pensaron que debía producirse de forma espontánea. Como a este planteamiento general se unía la identificación de los federales con las reivindicaciones populares de tipo social, anteriores en el tiempo y subsistentes en este momento, el federalismo se convirtió en un grave problema de orden público para los gobiernos de la Monarquía democrática.

En marzo de 1869 la insurrección quedó localizada tan sólo en torno a Jerez, pero un año después la revolución se extendió mucho más a partir de todo un proceso de pactos sucesivos. La localización de la insurrección resulta muy interesante pues, en definitiva, dibuja la implantación del movimiento federal y es demostrativa, además, de que ésta era una forma nueva de manifestarse el insurreccionalismo de los liberales exaltados de las décadas anteriores. Fue en Cataluña, el Levante y la Andalucía bética donde la sublevación logró su máxima implantación a través de numerosas partidas que exigieron el empleo de fuerzas militares y la suspensión de las garantías constitucionales.

Dominada esta sublevación, en los meses siguientes presenciaron la identificación de los republicanos, en especial en su versión federal, con las principales reivindicaciones sociales populares. Así, en los grandes núcleos de población, como Barcelona, los federales se identificaron con la protesta en contra de las quintas. En cambio en Andalucía y Extremadura la reivindicación popular se identificó con la ocupación de las tierras y, en general, en toda la Península se protestó con fuerza en contra del impuesto de consumos. Lo que sobre todo interesa es que el movimiento republicano había demostrado, antes de que cambiara el régimen, una profunda división que llegaría a ser especialmente grave en ese momento. Si había republicanos sin más y federales, dentro de estos últimos existía un doble talante, el de los denominados «benévolos», partidarios de la acción legal y los «intransigentes». Estos últimos constituirían la más grave de las amenazas de la República —incluso de la federal— cuando ésta fue proclamada.

Lo que llama la atención del carlismo durante la época de la Monarquía democrática no es que se sublevara, sino lo mucho que tardó en hacerlo ante un régimen que, debido a la libertad de cultos, chocaba frontalmente con sus planteamientos. Sin embargo, hay que tener en cuenta que ese régimen tenía una ventaja con respecto al anterior como era que permitía la propaganda política en toda su amplitud gracias a la libertad de imprenta. Además, la desaparición de Isabel II creó nuevas esperanzas en que se volviera a la línea dinástica representada por Carlos María Isidro, el hermano de Fernando VII. De ella surgió como candidato el autodenominado Carlos VII, sin duda el personaje más atrayente del carlismo histórico.

La puesta en práctica del sufragio universal les permitió a los carlistas triunfar en las elecciones de 1869 en todo el País Vasco y Navarra, mientras que la libertad de imprenta permitió la existencia de una amplia red de periódicos carlistas en gran parte de la geografía peninsular. Pronto fue patente, como en el caso de los federales, la división de los carlistas en dos tendencias, acaudillando Cándido Nocedal y sus neocatólicos la defensa de la actuación en la legalidad, mientras que otros querían la sublevación militar. La proclamación de Amadeo I como rey tuvo como consecuencia que creciera la influencia del sector más subversivo. Mientras tanto en las elecciones que tuvieron lugar durante el periodo de la Monarquía democrática quedó demostrada, a la vez, la fuerte implantación del carlismo y sus limitaciones. En efecto llegó a tener más de cincuenta diputados pero sólo dominaba de forma clara en el País Vasco y Navarra y, a lo sumo, en alguna provincia manchega o gallega permaneciendo, en cambio, virtualmente ausente en la mitad sur de la Península.

Finalmente en 1872 se produjo una sublevación general del carlismo que estuvo lejos de tener la extensión de la primera guerra carlista, pero exigió la movilización militar contra las zonas dominadas por el mismo. En mayo de ese año don Carlos cruzó la frontera, pero fue prontamente derrotado y durante algunos meses el carlismo quedó reducido a tan sólo unas cuantas partidas. A fines de año tuvo lugar una nueva sublevación que fue inicialmente de poca envergadura pero se fue extendiendo sobre todo a partir de la proclamación de la República. En el verano de 1873 volvió don Carlos a España, que había abandonado meses atrás, y tomó Estella, pero los reiterados intentos de los carlistas por conquistar Bilbao fracasaron. Un futuro gran intelectual liberal, Miguel de Unamuno, nacido en esa ciudad, recordó durante toda su vida, desde su más tierna infancia, el ruido del cañoneo oído como consecuencia de los ataques carlistas.

Hasta el momento de la revolución de 1868 la protesta popular se había expresado, como hemos visto, a través de los motines de subsistencias, la reclamación de tierra o las protestas en contra de los consumos y de las quintas. Al mismo tiempo, hemos podido comprobar cómo el desarrollo de una industria textil, muy importante en Cataluña, tuvo como consecuencia la creación de un proletariado industrial que empezó tempranamente a organizarse en entidades sindicales. Éste fue el primer paso de una evolución que seguiría rumbos cambiantes con el transcurso del tiempo. Durante los periodos de gobierno de las izquierdas liberales (en especial los progresistas) a estos incipientes sindicatos les correspondió no sólo una función reivindicativa sino también política, identificada con estos sectores políticos. Relacionados con ellos existieron algunos pensadores socialistas utópicos (Terrades, La Sagra...) que en ocasiones pasaron de la elaboración teórica a alguna realización concreta. De cualquier modo, lo que estas asociaciones introdujeron primordialmente fue la participación en los conflictos concretos por las relaciones capital-trabajo en las fábricas. Durante el sexenio democrático lo peculiar fue que el sindicalismo, en un principio sintonizado con la izquierda, se independizó de cualquier política, mientras que además estableció sus vínculos con la organización obrera internacional. La Asociación Internacional de Trabajadores fue fundada en 1864 en una reunión en la que estuvo presente algún español.

El primer contacto del obrerismo español con la Internacional se produjo en fechas muy tempranas, nada más iniciado el periodo del sexenio, gracias a un italiano llamado Fanelli. A lo largo de 1869 el internacionalismo se implantó en Madrid y Barcelona, sobre todo en la segunda. En junio de 1870 se celebró en Barcelona el primer congreso de la sección española de la Internacional, en el que hubo una representación abrumadoramente superior del obrerismo catalán (más de un 80%), procedente en su mayoría de entidades preexistentes. Ya desde este momento quedó planteada la cuestión que produciría la división del movimiento obrero en España y en todo el mundo: la participación del obrerismo organizado en la política. La implantación de la Internacional en España se había realizado por intermedio de internacionalistas de procedencia anarquista que repudiaban la actuación política y que defendían, además, la existencia de sociedades secretas como instrumento de acción subversiva en contra de la sociedad burguesa (en España, al mismo tiempo que la Internacional, quedó fundada una Alianza de la Democracia Socialista, de ese carácter). Sin embargo por el momento se optó por un criterio flexible que permitió a una parte del proletariado catalán actuar en política al lado de los republicanos federales.

Tras los acontecimientos revolucionarios de la *Commune* en Francia (1871), las propias instituciones democráticas españolas vieron con mucha prevención a la sección española de la Internacional, que muy pronto empezó a separarse del republicanismo. En una conferencia secreta reunida en Valencia se expresó esta divergencia mediante la aprobación de una moción en la que se decía que «la verdadera República democrático federal es la anarquía, la propiedad comunal y la federación económica», frase que testimonia, sin duda, la identidad terminológica entre los dos movimientos.

A lo largo de 1872 tuvieron lugar dos fenómenos de una muy considerable importancia. El primero de ellos fue la difusión del internacionalismo español por toda la Península, pero especialmente por Levante y Andalucía. Tan importante como este fenómeno fue la división del internacionalismo en dos tendencias, de las cuales una tuvo una influencia muy superior a la otra. Desde 1871 existía en Madrid un núcleo, formado principalmente por tipógrafos, como Pablo Iglesias, partidario de las tesis de Marx y de la intervención en política a través de un partido propio. Este núcleo, que tuvo como órgano de expresión un periódico denominado *La Emancipación,* fue muy pronto abrumadoramente superado por el internacionalismo de inspiración anarquista, quien consagró su victoria en un congreso celebrado en Córdoba a finales de 1872.

Este año y el siguiente fueron los de máximo esplendor del internacionalismo español durante el sexenio. Se ha calculado que pudo llegar a tener entre cincuenta mil y sesenta mil afiliados, principalmente entre los medios obreros especializados y con un elevado nivel de alfabetización. La distribución geográfica del movimiento obrero testimonia una particular perduración histórica. En efecto los dos principales puntos de apoyo de este internacionalismo en su versión anarquista (Cataluña, con dos tercios de los afiliados, y Andalucía, con algo menos del 20%) continuaron siendo las regiones primordiales de implantación del anarquismo hasta una vez concluida la guerra civil.

De cualquier modo, la participación —probablemente espontánea— de los internacionalistas en la subversión del orden durante la etapa republicana tuvo como resultado la conversión de esta organización en ilegal a partir de mayo de 1872. Es muy posible que no hubiera un propósito subversivo generalizado, pero la participación de los internacionalistas en los sucesos de Alcoy, donde una fábrica fue incendiada y el dueño asesinado, o en Sanlúcar de Barrameda y, sobre todo, el recuerdo de la revolución acontecida en Europa, tuvieron este resultado.

La República (1873-1874)

Frente a todas las apariencias no existió en realidad una ruptura tan marcada entre la proclamación de la I República y la fase anterior del sexenio democrático. En efecto, la clase política del periodo resultó en esencia la misma y si se llegó a la proclamación de la República fue porque la voluntaria renuncia del Rey impuso el cambio del régimen como única solución viable. Muy poco antes de que tuviera lugar, Emilio Castelar llegó a escribir que nadie traía en realidad la República como no fuera una conjura de la sociedad, de la naturaleza y de la Historia mismas. Sin embargo, estos términos descubrían una inevitabilidad del cambio de régimen que tampoco indicaba firmeza del nuevo. En realidad éste había tenido lugar tras una reunión no prevista en la propia Constitución vigente entre las dos Cámaras, Congreso y Senado, en vez de tras la convocatoria de unas Cortes Constituyentes. Además, el cambio de régimen fue el resultado de una colaboración entre dos grupos políticos muy distintos desde el punto de vista programático. Los radicales no eran republicanos y constituían la mayoría parlamentaria por el momento y su propio jefe político, Ruiz Zorrilla, estuvo en contra de esa colaboración con antiguos adversarios. La República nacía, así, sin apoyatura política suficiente y obligada a una manifiesta indefinición con respecto a sus contenidos pues, de producirse ésta, hubiera tenido como consecuencia inevitable el choque entre quienes la habían traído. Otra cosa es que los republicanos trajeran consigo también novedad intelectual, voluntad democrática, humanismo y reforma social.

La experiencia republicana, ya inevitable, se inició bajo los peores auspicios, aunque de momento no fuera tan perceptible. Por si fuera poco, el clima internacional no fue muy propicio a las nuevas instituciones. La República española sólo fue reconocida por otras dos con constituciones semejantes (Suiza y Estados Unidos, ambos países federales), mientras que la propia Francia republicana (en versión conservadora y contraria a cualquiera descentralización) no la reconoció a pesar de tratarse de una nación fronteriza. Gran Bretaña temió que la condición federal propiciara un intento de unificación territorial con Portugal en una fórmula ibérica que este último país rechazaba.

En cuanto a Hispanoamérica tan sólo dos pequeños países reconocieron al nuevo régimen. La altura personal, moral e intelectual de muchos de los dirigentes republicanos, que formaron parte de la generación universitaria de mediados de siglo, no debe hacer olvidar la fragilidad del régimen que fundaron. En realidad, la primera República española no constituyó una única fórmula sino varias de manera sucesiva: indefinida al principio, luego fue federal pero de dos maneras distintas —desde arriba y desde los pactos realizados desde abajo—, tuvo también una significación social, adquirió la forma cantonal y, en fin, llegó a convertirse en una fórmula de orden e incluso autoritaria presidida no sólo por militares sino también por personas con título nobiliario, como fue Serrano, duque de la Torre. La memoria que se guardó de la experiencia republicana en años sucesivos contribuye a explicar sin duda la paz de la Restauración, aunque no fuera auténtica y se basara en la corrupción. Además, de la República se guardó también la memoria del temor a una revolución social que debió de constituir un peligro mucho más aparente que real en la mayor parte de los casos.

Muy pronto quedó rota la unidad entre quienes habían proclamado las instituciones republicanas. El nuevo gobierno, inmediatamente después del cambio de régimen, estuvo presidido en febrero de 1873 por Figueras, un republicano no federal, y contó con tres ministros de esta significación, las figuras más destacadas de la clase dirigente republicana (Emilio Castelar, Francisco Pi i Margall y Nicolás Salmerón) pero el resto eran antiguos radicales y, además, un radical, Cristino Martos, ocupaba la presidencia del Congreso. Fue éste quien concibió con ayuda de algunos militares, un intento de golpe de Estado a los pocos días de ser proclamada la República. La consecuencia fue que se pasara a un gobierno formado exclusivamente por republicanos bajo la presidencia de Figueras. Hubo un intento más, en abril, de volver a una República controlada por los radicales pero, fracasado éste, se impuso como inevitable el camino hacia una República federal.

En las elecciones celebradas en mayo de 1873 la mayoría de los federales fue abrumadora, hasta el punto de que sólo dos votos se emitieron en contra de esta fórmula política. Sin embargo, lo cierto es que estos resultados no se explican si no es debido al retraimiento de la totalidad de los partidos, incluidos los radicales, sin cuyo concurso no se hubiera llegado a la proclamación del nuevo régimen. Tan sólo a título individual hubo una treintena de diputados que no tenían una adscripción federal, y éstos siguieron tratando de conspirar con los militares para llevar a la República hacia soluciones más conservadoras.

Más peligrosa que esta combinación entre retraimiento y conspiración militar fue para las instituciones que a la idea de construir la República, incluso federal, desde arriba, se solapó la pretensión de hacerlo desde abajo. Como en el año 1868 también en 1873, a pesar de no tratarse de una ocasión revolucionaria, la protesta social contribuyó a dificultar la implantación de las nuevas instituciones, situación explicable porque el proceso revolucionario engendraba reivindicaciones no sólo políticas entre las clases populares. En el caso de la República este género de peticiones sociales se hicieron más patentes. Así, en medios agrarios hubo desde el primer momento reclamaciones de reparto de tierras en febrero de 1873 (Montilla, Córdoba). Al mes siguiente se produjo un intento de proclamar un Estado catalán en Barcelona, lo que constituye una prueba de que la ideología federal muy a menudo se relacionaba con la pluralidad cultural existente en la Península. Como siempre, la protesta se dirigió también a otros dos motivos habituales de preocupación entre las clases populares, es decir el Ejército permanente y el impuesto de consumos. El proyecto de los republicanos fue siempre sustituir el Ejército obligatorio por otro de carácter voluntario con un salario.

La mención a estas dos fórmulas de planteamiento del federalismo exige hacer una alusión al pensamiento de Francisco Pi i Margall, sin duda, la figura más destacada de la experiencia republicana. Nacido en el año 1824, hijo de un obrero textil, Pi i Margall ofrece una biografía característica de un intelectual romántico disidente por anticlerical. Su ideario estuvo muy relacionado con el del francés Proudhon, un clásico del pensamiento socialista utópico, sin que ello denote influencia sino coincidencia. Las dos claves fundamentales del pensamiento de Pi fueron la solidaridad humana y la idea del contrato libre como única fuente de las instituciones políticas y jurídicas. Sólo mediante éste resultaba posible el orden a través del consentimiento y frente a la coacción o la fuerza. Además, ese programa político se combinaba con una voluntad de reforma social. Pi i Margall fue siempre un colaborador muy directo del asociacionismo obrero. Si esto último explica que en él se viera la esperanza de una profunda transformación social, al mismo tiempo de su pensamiento se deducía que el intento de llevar a cabo la federación desde arriba chocaba con los propósitos de que se intentara desde abajo. Ya en el poder, Pi i Margall intentó evitar la sustitución de las autoridades provinciales y municipales, pero cuando se produjo el cantonalismo —es decir, esa erupción del federalismo desde abajo— no pudo dejar de considerarlo, de acuerdo con sus doctrinas, como «la esperanza de la República contra la reacción futura».

Así se explica que la construcción de la República federal desde arriba coincidiera con el intento de llevarla a cabo desde abajo. Llegado a la presidencia del Gobierno en junio, Pi y Margall tenía, como primer paso, que conseguir la aprobación de una nueva Constitución. Su texto, elaborado apresuradamente por Castelar, que no era un entusiasta del federalismo, apenas si fue discutido durante tres días. Constaba de 17 títulos y 117 artículos y, como es lógico, partía de una amplia declaración de derechos en parecidos términos a la Constitución de 1869. Sin embargo, el Estado no sólo era aconfesional sino que quedaba prohibido que sufragara el culto de cualquiera confesión religiosa. Sin duda, lo más original del texto constitucional es la organización federal. España quedaba organizada en 17 «Estados», uno de los cuales sería Cuba para así resolver el problema colonial. Cada uno de ellos tendría su propia Constitución y al presidente de la República le habría de corresponder ejercer un cuarto poder —al margen de los clásicos de todas las constituciones liberales—, llamado «poder de relación», para mantener el equilibrio del conjunto de la arquitectura constitucional. Aparte de estas medidas de carácter político hubo también otras de tipo social que, aunque no llegaron en su inmensa mayoría a convertirse en realidad, denotan la existencia de un programa y explican que el federalismo siguiera teniendo el apoyo de una gran parte de la clase obrera hasta bien entrado el siglo XX. Aparte de querer satisfacer el ansia de tierras, los federales en el poder previeron disposiciones destinadas a regular el trabajo de los menores, la jornada máxima e incluso a crear unos jurados mixtos de patronos y obreros.

Pero mientras trataba de ponerse en marcha la República federal desde arriba, tenía también lugar el movimiento cantonal, que constituyó algo así como la conversión en realidad de la República federal desde abajo. Para muchos de los federales electos en las pasadas elecciones la constitución de unos poderes locales fuertes y autónomos —los «cantones»— no sólo constituía el medio para contrarrestar el espíritu centralizador sino también «la consecuencia lógica» de la proclamación de nuevo régimen. De esta manera, en un arco que va desde Levante hasta Andalucía, se produjo una floración de poderes políticos que se declaraban autónomos y que no reconocían el poder central. Protagonizaron la sublevación federal estudiantes, intelectuales y políticos provincianos pero también artesanos, tenderos y asalariados de diversas especies. Muy a menudo los límites entre el federalismo intransigente y el movimiento obrero eran un tanto imprecisos y, en realidad, los internacionalistas colaboraron con el cantonalismo en más de algún sitio porque el ideario ácrata, predominante entre los miembros de la Internacional, tenía puntos de coincidencia importantes con el federalismo y en labios de Pi i Margall con frecuencia había afirmaciones como la de asegurar que deseaba una sociedad sin poder político. No obstante, como sabemos, el internacionalismo sólo fue predominante en algunas localidades de la sublevación cantonal, como Alcoy y Sanlúcar. El punto de apoyo fundamental de esta sublevación fue Cartagena, lo que se explica por su condición de ciudad amurallada y bien protegida, que contó para su defensa con la colaboración de parte de la flota.

Entre el cantonalismo y la vuelta al orden

A fines de julio de 1873, tras tan sólo cinco meses de régimen republicano en el que se habían sucedido dos presidentes y cinco gobiernos, la República inició una rectificación, más centralista y enfocada hacia el restablecimiento del orden público. Representó esta tendencia un nuevo presidente, Nicolás Salmerón, elegido por 119 votos contra los 93 logrados por Pi i Margall. El nuevo Presidente no hizo secreto su deseo de lograr la colaboración de las clases conservadoras «sin las que no puede arraigar ninguna institución». En efecto, a lo largo del verano de ese año fueron siendo sometidos los lugares en los que había triunfado la sublevación cantonal sin excesivas dificultades. Para lograrlo fueron empleados mandos militares monárquicos, como eran Martínez Campos y Pavía en Valencia y Andalucía respectivamente, sin que, en realidad, utilizaran ejércitos muy nutridos. El rechazo de Salmerón a firmar penas de muerte tuvo como consecuencia su dimisión y el nombramiento como presidente de Emilio Castelar.

Esta elección marcó de forma definitiva el camino hacia el orden de las instituciones republicanas. Castelar, protagonista muy significado de la oposición intelectual a Isabel II, se había caracterizado en momentos anteriores por su actitud conservadora dentro del marco del federalismo. El mayor margen logrado en la votación parlamentaria con respecto al conseguido por Salmerón para su nombramiento (133 votos frente a los 67 de Pi) testimonia, sin duda, que el camino hacia el orden era considerado inevitable por parte de gran parte de los republicanos. El programa autoritario quedó definido de una manera más explícita que en el caso de Salmerón, al expresar el nuevo presidente: «lo que necesitamos es orden, autoridad y gobierno».

Este programa quedó concretado en la petición y el logro de poderes extraordinarios que implicaban la suspensión de las Cortes y, sobre todo, en el creciente papel atribuido al Ejército, incluso a aquel que tenía poco de explícitamente republicano. Castelar empezó por disolver los «voluntarios de la República», que constituían una especie de remozamiento de la Milicia nacional. Olvidando los planes republicanos para crear un Ejército voluntario y profesional, recurrió de nuevo a las quintas y aplicó en su plenitud la legislación militar vigente hasta el momento. Alguno de los nombramientos como, por ejemplo, el del general Jovellar como capitán general de Cuba, favorecieron a mandos que acabarían contribuyendo a la Restauración, pero fueron muy bien recibidos por las clases conservadoras.

Durante todos los meses de su presidencia Castelar debió dedicar una preferente atención a la subversión militar contrapuesta en significación política que existía en toda la Península. En el mismo mes de septiembre de 1873 cayó Málaga, donde había perdurado el cantonalismo, y en enero de 1874 fue recuperada Cartagena por el general López Domínguez, otra figura militar importante de la Restauración. Pero ya el problema fundamental era el carlismo, que actuaba con libertad en el País Vasco y Cataluña y extendía su acción por el resto de la Península mediante partidas, mientras que empezaba a perfilarse un Estado carlista en ciernes incluso dotado de ministerios. En la práctica, la tolerancia de las autoridades francesas permitía que los carlistas recibieran ayuda desde el exterior. Este hecho ratifica el aislamiento de los gobernantes republicanos y se encuentra confirmado por el incidente acontecido entre los estadounidenses y los españoles con motivo de la detención del navío *Virginius* (y posterior fusilamiento de parte de la tripulación), destinado a transportar armas desde Estados Unidos a Cuba.

En diciembre de 1873 una buena parte de los diputados —entre ellos los tres anteriores presidentes de la República— estaba dispuesta a someter a censura la gestión de Castelar, que cada vez se inclinaba más hacia los antiguos radicales. Derrotado Castelar en las Cortes, el general Pavía, un militar que estaba identificado con su política de orden y temía que fuera sustituido por los federales intransigentes y que, con anterioridad, había liquidado el cantonalismo en Andalucía y ahora era capitán general en Madrid, tomó el hemiciclo de las Cortes el 3 de enero de 1874 con la Guardia Civil, disolviendo la Asamblea. No hubo resistencia a lo que era evidentemente un golpe de Estado. Sin embargo, el contenido del mismo no fue estrictamente dictatorial, ni siquiera reaccionario, ni supuso la asunción del poder político por el sublevado. El manifiesto que hizo público indicaba que el golpe de Estado era en pro de la Libertad, que él permanecería en su puesto sin asumir responsabilidades políticas y sería nombrado un Gobierno en el que no habría representación de cantonales ni de carlistas, las dos contrapuestas subversiones que amenazaban a las instituciones republicanas. Éstas ni siquiera eran mencionadas pero, en cambio, se hablaba de la absoluta necesidad de un «poder robusto».

Esta sensación de deseo de una normalidad política resultaba ya muy patente en gran parte de la sociedad española, pero todavía no estaba claro cómo se convertiría en una realidad. Para medir la provisionalidad de la situación hay que tener en cuenta el hecho de que España vivía en una peculiar situación de interinidad, con una Constitución como la de 1869 que estaba suspendida y otra, la de 1873, que ni siquiera había sido promulgada. Sin embargo la corta duración de esta experiencia política —tan sólo algo menos de un año— no debe hacer pensar que se tratara de una simple fase de transición, especie de apéndice de la República y preámbulo de la Monarquía restaurada.

En realidad todo dependía del partido que pudiera sacar Serrano de la situación en que el general Pavía le había dejado. Máximo prestigio militar hasta este momento, Serrano asumió la presidencia del poder ejecutivo, incluyendo la del gobierno, rodeado de gran parte de la clase política surgida en torno a la revolución de 1868 (Martos, Rivero, Topete, Sagasta, Concha...). Incluso en el momento inicial se solicitó la presencia de Castelar y de Cánovas del Castillo en las responsabilidades gubernamentales, cosa que ambos rechazaron. Sin duda quien mejor percibió la situación fue el segundo. Se daba cuenta de que el Ejército era el factor decisorio en la situación y no renunció a atraérselo, incluyendo al propio Serrano. Pero era consciente también de que lo que en definitiva convertiría a don Alfonso, el hijo de Isabel II, en rey sería un movimiento de opinión. Así le insistió a Isabel II, reclamando de ella que tuviera paciencia.

Los acontecimientos le dieron la razón, porque Serrano siguió desde el poder una política de orden que hubiera podido dar la victoria a una solución republicana semejante a la francesa de entonces. En un periodo anterior, en la vecina Francia, un militar monárquico —el mariscal Mac Mahon— acabó por consolidar, en la práctica, la República. Durante la etapa de Serrano se tomaron medidas tendentes a ilegalizar, por ejemplo, la Internacional o perseguir a los federales más intransigentes. Pero la condición imprescindible para que algo así sucediera habría sido que se produjera una rápida victoria en el norte. Sin embargo, ésta no se produjo a pesar de que el propio Serrano acudió allí acompañado por generales alfonsinos como Martínez Campos y Concha. Por el contrario, la fuerza del carlismo sublevado no hizo sino multiplicarse. Mientras tanto, la grave situación financiera obligó a privilegiar al Banco de España con el monopolio en la emisión del papel moneda. El progresivo deslizamiento de la clase política dirigente hacia la Monarquía se vio favorecido por el manifiesto alfonsino de Sandhurst. Toda ella acabaría por integrarse en el sistema político de la Restauración.

La Restauración de 1876

La Restauración de la Monarquía creó en España un régimen estable, liberal pero no democrático, cuyas bases políticas esenciales se establecieron en la primera década y media de su implantación. En su origen se ha de atribuir un papel de primera importancia a la experiencia colectiva de la etapa inmediatamente anterior. La visión que de la primera República tuvieron los contemporáneos pesó de modo considerable en el tiempo posterior. Uno de los políticos del reinado de Alfonso XIII —Cierva— dejó escrito: «la generación posterior a estos tristes sucesos no puede suplir la impresión perdurable que la nuestra sufrió»; y el primer historiador que abordó el periodo lo definió como «interinidad y guerra civil». Si juicios parecidos aparecen en escritores de derecha (Pereda, Coloma, Menéndez Pelayo...) tampoco están muy alejados los de personajes de otra significación, como el propio Castelar. Sólo entrado el siglo XX cambió la visión acerca de ese periodo y la Restauración fue vista como la «paz de los muertos» y no como el resultado de un deseo colectivo de orden social, aun con las limitaciones que fueran.

De cualquier modo los años iniciales de la Restauración tuvieron sin duda un carácter definitorio, tanto en sus aspectos positivos como negativos. En especial en esos diez primeros años quedó demostrado que podía establecer el orden y que permanecía abierta, al menos, a ciertos cambios, aunque parecieran superficiales.

De cualquier modo, el camino que llevó hasta la Restauración de la Monarquía borbónica fue la conspiración más larga y complicada de la Historia española. Solamente en junio del año 1870 decidió abdicar la reina Isabel II pero, aun así, no entregó a Antonio Cánovas del Castillo la dirección de la causa de su hijo, el futuro Alfonso XII, hasta fecha tan tardía como 1873. Cánovas quiso actuar desde una posición superadora del enfrentamiento de 1868 y guió el proceso político que llevó a la Restauración evitando la improvisación y la posible identificación de la Monarquía con tan sólo una tendencia. Para él resultaba esencial que el nuevo régimen llegara gracias al apoyo de un movimiento de opinión para el que se debía contar con parte de la clase dirigente de la etapa revolucionaria, desconfiada con respecto a la ex reina. A ello debió dedicar sus mejores esfuerzos, contando con la ventaja de que en las clases medias existía un deseo de estabilidad y un temor duradero al federalismo. Al mismo tiempo era preciso tener en cuenta el marco internacional porque el cambio de régimen en España podía modificar el panorama de equilibrio entre las potencias. De ahí que tratara de lograr para la Restauración el respeto de Francia y de Austria-Hungría, a pesar de la gran influencia de los carlistas. Compensó la formación austriaca de don Alfonso con la británica, en la que se presumía un contenido más liberal, y trató —y consiguió— que la mayoría de los obispos se identificara con el futuro rey Alfonso XII. Le preocupó la actitud del mundo militar, del que desconfiaba y al que deseaba controlar. Sobre el Ejército actuaban intereses económicos cubanos que no deseaban la modificación del sistema esclavista allí existente. Temía de modo especial Cánovas la excesiva preponderancia de Martínez Campos, al que veía demasiado influido por el sector más reaccionario de los monárquicos. Pero si el golpe de Sagunto llegó a triunfar, no sólo fue por esa sublevación sino también porque el capitán general de Madrid, Primo de Rivera, procedente del antiguo partido unionista, permaneció pasivo. En realidad, como tantos otros casos durante el siglo XIX, protagonizó un pronunciamiento negativo que fue el verdaderamente decisorio.

Cánovas y su sistema político

Uno de los contemporáneos de Cánovas del Castillo llegó a asegurar que «decir Restauración es tanto como decir canovismo». En gran parte así es, aunque también es necesario advertir que ni fue el único protagonista del establecimiento del régimen ni éste se entiende sin un ambiente colectivo. Nacido en 1828 en Málaga, de familia humilde, se hizo a sí mismo a base de trabajo. Su talla intelectual fue excepcional en la política de su tiempo. El conocimiento de la Historia (escribió libros importantes acerca de la decadencia en el siglo XVII) le proporcionó una visión realista que completó su óptica, al mismo tiempo liberal y conservadora. Habiendo participado en pronunciamientos —fue el redactor del manifiesto de Vicálvaro— comprobó los males del caudillismo militar y procuró que no se repitieran. Como diría a un corresponsal político, pretendía evitar a su país «los pasajeros placeres y los eternos dolores del caudillaje», y en ello hubo siempre una notoria distancia respecto a Narváez, el dirigente del partido moderado. En su actitud política hubo siempre un indudable poso liberal que le hacía situarse «en un terreno igualmente equidistante del revolucionario y de una imprudente reacción». Eso le llevó desde una actitud crítica en el seno del moderantismo hasta la Unión Liberal y de allí a tratar de construir un partido conservador que no tuviera la pretensión de monopolizar la Monarquía. Los críticos de la reina Isabel II siempre le habían reprochado precisamente su exclusivismo moderado mientras que, para Cánovas, la Monarquía debía fundamentarse en un par de fuerzas que se complementaran y equilibraran. Siempre pensó en que la transacción formaba una parte inevitable de la política y que ésta era «la ciencia de lo mudable» y tenía como objeto tan sólo llevar a la práctica aquella parte del ideal que las circunstancias históricas permitieran.

El programa político de la Restauración quedó elaborado en el Manifiesto de Sandhurst, en diciembre de 1874, es decir tan sólo un mes antes de producirse aquélla. El contenido del mismo ofrecía sin duda aquello que gran parte de la sociedad española ansiaba. La propuesta consistía en tratar de integrar a todos, al margen de sus posibles antecedentes, bajo el amparo de un mismo texto constitucional. Don Alfonso dejaba bien claro que su solución no era la de un monarca absoluto y aseguraba que en él se producía la coincidencia entre dos principios que hubieran podido parecer antagónicos durante la primera mitad del siglo: el liberalismo, propio de la época que se vivía, y el catolicismo, tan vinculado con el pasado español y con la propia Monarquía.

El programa, el estilo político y la habilidad de Cánovas se demostraron en los primeros meses de su estancia en el poder, en los que tuvo en sus manos una auténtica dictadura pero la utilizó para fundar un sistema político que pretendía un área de convivencia para sectores más amplios que el partido moderado. Si gran parte de la legislación precedente fue suspendida —la ley de asociaciones, por ejemplo— al mismo tiempo Cánovas utilizó como ministros en el seno de su primer gobierno a personas que habían participado en la revolución de 1868 (López de Ayala o Romero Robledo) y en una ocasión incluso cedió el poder a uno de ellos (Jovellar) durante unos pocos meses.

El propósito fundamental de Cánovas, administrando el poder o cediéndolo, consistió en eliminar el posible papel preponderante de los moderados, situar al Ejército en su lugar y lograr que surgiera una alternativa constitucionalista a su izquierda que pudiera ser integrada bajo el imperio de una misma constitución. Los moderados hubieran querido el inmediato regreso de Isabel II y la puesta en vigor de la Constitución de 1845, así como el restablecimiento de la unidad católica. Fueron ellos los que promovieron la segunda cuestión universitaria, incidente a través del que quisieron marginar de la enseñanza universitaria oficial a quienes eran heterodoxos desde el punto de vista religioso. La política de Cánovas fue más tolerante que eso: admitió el matrimonio civil para los no católicos y, respetando el concordato, no persiguió a los disidentes religiosos. Incluso aceptó llevar a cabo las primeras elecciones del nuevo régimen con el sistema de sufragio universal. Muy pronto logró sus primeros éxitos: Sagasta, que era el presidente del Gobierno cuando se sublevó Martínez Campos, que fue condenado a muerte por conspirar contra Isabel II y habría de ser el futuro dirigente del liberalismo en la Restauración, acabó aceptando a Alfonso XII como Rey aun manteniendo la defensa de la Constitución de 1869. Las elecciones de 1876 dieron, como era habitual, la victoria al Gobierno, pero no como en la etapa isabelina en que éste conquistaba casi el monopolio de la representación parlamentaria, sino que se dejó una cuota importante para el partido opositor y mantuvieron representación los grupos republicanos. La de los moderados quedó reducida a tan sólo una cuarta parte de los conservadores. Los mandos del Ejército fueron consultados a menudo (en especial, Martínez Campos) pero, porque Cánovas temía que después de ser durante mucho tiempo jefes de partido pretendieran ser jefes de Estado —como ya había sido Serrano—, se evitó que tuvieran un protagonismo excesivo. El Ejército se ensimismó en sus abundantes problemas internos —la oficialidad se había duplicado durante las tres décadas anteriores— aunque hiciera periódicas intervenciones políticas que el Monarca tenía la misión de controlar y apaciguar.

La elaboración de lo que Cánovas del Castillo describió como «las bases de la legalidad común» fue entregada a una comisión de notables. La Constitución de 1876, la más duradera de la Historia de la España liberal, se caracterizó por su corta extensión (13 títulos y 89 artículos) y la breve discusión de su contenido en el Parlamento. En muchos aspectos fue la continuación de la tradición constitucional española con una cierta voluntad sintética. Aunque la estructura básica y el fundamento ideológico estuvieron en el doctrinarismo liberal, que Cánovas compartía, también contuvo una declaración de derechos semejante a la proclamada en el texto de 1869, aunque tardaron en ser regulados de manera concreta. Hasta que no fueron una realidad, el texto constitucional no logró el amplio consenso entre las fuerzas políticas que se deseaba. En la tolerancia de cultos y la composición mixta del Senado (electivo, pero también en parte por nombramiento real y vitalicio) la Constitución era también más amplia de lo habitual en el modelo moderado. Cánovas demostró hasta qué punto su posición era pragmática al justificar el mantenimiento de la tolerancia religiosa arguyendo que los ocho años en que había existido libertad en esta materia no permitían una pura y simple vuelta atrás.

Mientras tanto, durante los primeros meses de 1876 tenía lugar la liquidación de la guerra civil. La resistencia de los carlistas tuvo tres núcleos principales. En el centro se trataba de partidas guerrilleras con apoyo en algunas plazas fuertes y fue liquidada en primer lugar. Cabrera, el general carlista, se sometió a Alfonso XII en marzo de 1875 y ello influyó en tal resultado. En Cataluña los carlistas llegaron a dominar la mayor parte del medio rural pero en el verano de ese año fueron derrotados por Martínez Campos. Sólo fue liquidada la guerra de forma definitiva cuando el grueso del Ejército liberal se trasladó al norte y en febrero tomó Estella, comienzo del fin de la resistencia tradicionalista. Causas militares (superioridad de uno a cuatro del Ejército liberal) explican la victoria, pero, además, el carlismo carecía de posibilidades políticas en ausencia de peligro revolucionario. La Restauración se definió, por tanto, no sólo contra éste sino también contra el retroceso absolutista.

Consecuencia inmediata de la derrota de los carlistas fue la reforma del régimen foral (julio de 1876). De acuerdo con ella, no habiendo sido liquidada en esta ocasión la guerra mediante transacción, los vascos quedaron sujetos a impuestos y al servicio militar. Sin embargo, Cánovas también optó por una fórmula intermedia para abordar la relación con aquellas provincias que se habían señalado por su resistencia, al regular el sistema de conciertos económicos en febrero del año 1878. Esta fórmula permitía una cierta autonomía en materia económica al disponer que sus diputaciones determinaran por sí mismas los gravámenes que imponer, para satisfacer las cantidades a entregar al Estado y que éste imponía como medio para sufragar los gastos presupuestarios.

En cuanto a la cuestión cubana sólo fue abordada a fondo a partir del momento de la aprobación de la Constitución. A fines del año 1876 se hizo cargo de las operaciones militares el general Martínez Campos. Una combinación entre el cansancio, medidas pacificadoras y el incremento de la presión militar hicieron posible llegar a la Paz de Zanjón en febrero de 1878, a pesar de lo cual en el verano siguiente se reanudó la insurrección, aunque por poco tiempo («guerra chiquita»). La guerra había costado cien mil muertos, muchos más que la independencia de comienzos de siglo. Contra los intereses de muchos de los seguidores de Cánovas, se cumplió con uno de los compromisos más importantes adquiridos frente a los rebeldes, la abolición de la esclavitud. La ley fue aprobada en febrero de 1880, no sin dificultades.

A Cánovas le preocupaba de modo esencial completar su obra política con un sistema legal que sirviera no sólo para su partido político sino también para otros. Sin embargo hasta 1880 la oposición constitucional no estuvo organizada y el régimen de libertades se caracterizó por sus profundas limitaciones. La ley electoral de 1878 fue censitaria, mientras que la de imprenta (1879) creaba tribunales especiales para los delitos relacionados con la libertad de expresión. En cuanto a la ley de reunión (1880) impedía, por ejemplo, la celebración del aniversario de la conmemoración de la proclamación de la I República. En todos estos puntos debía cambiar de forma sustancial el régimen político si se quería integrar a los liberales en él.

La dinámica política: el turno. La aceptación exterior

A la definitiva configuración del segundo partido que completó el sistema de la Restauración no se llegó sino en 1880. La mayoría de los antiguos progresistas no ofreció una oposición cerrada a la Restauración pero mantuvo, sin embargo, la preferencia por la Constitución de 1869. No obstante en dos ocasiones antes de aquella fecha, con la presidencia de militares, como si éstos constituyeran una especie de seguro, los liberales estuvieron a punto de llegar al Gobierno. Sólo lo consiguieron después de haber demostrado su capacidad de unión, facilitada por el espíritu de la época, deseoso de estabilidad, y por una evolución hacia posiciones más conservadoras. En mayo de 1880 fue fundado el partido fusionista, nombre muy apropiado para una agrupación política en la que había militares descontentos con Cánovas (Martínez Campos y Pavía), muchos progresistas, algún unionista y otros políticos que no habían tenido inconveniente en colaborar con aquél en la redacción de la Constitución de 1876, como Alonso Martínez. Los unía una figura singular, Práxedes Mateo Sagasta que, si estaba muy lejos de la cultura enciclopédica de un Cánovas —quien en alguna ocasión le definió como «un zurcidor de voluntades»— se caracterizó, en efecto, por su habilidad para presidir coaliciones y su prosaica paciencia para evitar la discrepancia en un partido, como el suyo, formado por acumulación de tendencias. Consciente de que pasar por la experiencia del liberalismo formaba parte de la esencia de su régimen, Alfonso XII le abrió paso a comienzos del año 1881. Fue la primera ocasión en la que un monarca de la dinastía de los Borbones abría voluntariamente el camino a la izquierda.

No obstante, esa primera estancia de los liberales en el poder, que duró desde 1881 hasta 1883, no llegó a consolidar al partido de Sagasta ni tampoco introdujo unas reformas que dieran solidez al sistema político de la Restauración. Sin embargo la interpretación que durante esta etapa se dio a la legalidad vigente en materia de libertades fue mucho más amplia, de acuerdo con lo que admitió el propio Castelar. En otros aspectos también los fusionistas demostraron una voluntad reformista. Éste, por ejemplo, fue el caso de la reforma de la Hacienda, propulsada por Camacho, que hizo gravitar los impuestos españoles en torno a la contribución territorial, la industrial y la de consumos, ésta última indirecta. Muchas de las medidas tendentes al establecimiento de la nueva legalidad, como la redacción del Código Civil, tuvieron su origen en estos momentos.

Pero esta actuación reformista no fue suficiente para consolidar el partido de Sagasta. Este grupo político debía absorber a los republicanos e integrarlos en el sistema de la Restauración, pero eso no era todavía posible. La tradición progresista, vinculada con el insurreccionalismo militar, siguió teniendo influencia en los medios republicanos. Ruiz Zorrilla siguió promoviendo sublevaciones, como la que en agosto de 1883 se produjo en diversos puntos de la Península. Sin embargo esta fórmula de la insurrección militar resultaba ya decadente, poco digna de aceptación por la opinión pública, y los propios republicanos acabaron repudiándola. De manera progresiva se separaron de Ruiz Zorrilla y constituyeron un grupo parlamentario, presidido por Salmerón, dispuesto a actuar por procedimientos legales.

La reaparición de la conspiración militar no estimuló la reacción sino que ratificó una ampliación hacia la izquierda del liberalismo. En otoño del año 1883 se formó un gobierno de Posada Herrera cuya significación política fue de Izquierda Dinástica. Este partido, presidido por Serrano, resultó el último intento de mantener el programa de la revolución de 1868 como patrimonio esencial de los liberales. Pero, como dijo Sagasta, se trataba de un gobierno sin mayoría mientras que la mayoría carecía del gobierno. Después de esta experiencia gubernamental quedó claro que la otra rueda en el carro de la Restauración debía identificarse con Sagasta, correspondiendo a éste llevar a cabo la mayor porción posible del programa revolucionario de 1868, incluido el sufragio universal, como intentó a partir de 1885. De momento, sin embargo, quien volvió al poder fue Cánovas con un gobierno en que, siguiendo sus propósitos de integración de todas las fuerzas políticas, sumó a Pidal y Mon, el representante de un sector católico hasta entonces no asimilado en el sistema. Ese hecho provocó en la izquierda una actitud protestataria, de modo que el sistema político de la Restauración no estaba consolidado cuando, a finales del año 1885, murió el rey Alfonso XII como consecuencia de una epidemia de cólera.

Sin embargo, a estas alturas el régimen había dibujado ya sus características esenciales. A diferencia de la Monarquía isabelina se trataba de un régimen civil en el que la insurrección —el «pronunciamiento»— de los caudillos militares, identificados con cada partido, no era el mecanismo de acceso al poder. Además intentaba ser un sistema de integración, de tal modo que un solo partido no tuviera el monopolio del poder. Así como en la época isabelina se construyó un Estado centralizado, en la de la Restauración existió el propósito de lograr un acuerdo en el seno de la clase política para compartir el poder con una legalidad común. De esta forma el término más apropiado para definir este régimen es «pacto». Cánovas ya había dado pruebas de su voluntad de ceder el poder, de no pretender la desaparición del contrario y aceptar que influyera incluso en la legislación propia. En eso el papel jugado por su talante personal fue decisivo en la configuración de una forma nueva de hacer la política. El régimen era liberal, aunque no democrático, pero podía evolucionar en este sentido.

Cánovas atribuyó a la Monarquía un papel consustancial en la Historia de España pero, al margen de ello, en la práctica le otorgó un protagonismo de carácter crucial. El Rey sirvió de árbitro entre los partidos, decidiendo cuándo uno debía sustituir al otro, al mismo tiempo que tenía en cuenta un conjunto de reglas no escritas que evaluaban, de manera principal, la propia estabilidad del sistema, los problemas existentes, el grado de cohesión de los partidos y el tono de exigencia del poder por parte de la oposición. Así, por ejemplo, cuando un partido amenazaba con la ruptura se le solía conceder el poder. Pero lo tenía siempre tan sólo para un periodo tasado, debía respetar la existencia parlamentaria de la oposición y en ningún caso dos disoluciones seguidas del Parlamento se concedían a miembros de un mismo partido. Existió también un conjunto de procedimientos para evitar la existencia de favoritismo respecto de políticos concretos, como había sucedido en la época de Isabel II: los ministros debían despachar con el Rey tan sólo por parejas. Todo este sistema de reglas no escritas se perfiló con lentitud, pero no pudo evitar desde el principio que la actuación del Rey en ocasiones fuera sometida a severa crítica, incluso por el propio Cánovas.

El problema para el Rey consistía en que no tenía una pauta para tomar sus decisiones arbitrales porque todos los políticos —desde los más conservadores hasta los republicanos— admitían la inexistencia en España de un cuerpo electoral independiente. El sistema era liberal y por eso necesitaba legitimarse formalmente mediante las elecciones, pero en la práctica la voluntad de los ciudadanos no existía más que en los grandes núcleos de población, de manera que en los distritos rurales o bien los notables eran quienes se atribuían la determinación del voto del elector o el Gobierno, a través de las autoridades administrativas, sustituía la inexistente voluntad ciudadana. Pero ni el caciquismo fue inventado por la Restauración ni ese género de comportamientos fueron infrecuentes en otras latitudes en el tránsito del liberalismo a la democracia. Lo verdaderamente característico de la Restauración no fue tanto el caciquismo como el encasillado, es decir, la manipulación de los resultados de tal modo que, consiguiendo siempre la mayoría el gobierno y no forzándola en exceso para mantener el consenso de los partidos, conservara una cierta representación la oposición, incluida aquella que ni siquiera aceptaba la Monarquía.

La Restauración significó, por tanto, una importante novedad en la política española. Se ha dicho que sucedió algo parecido en la política exterior, pero de carácter negativo, pues el nuevo régimen habría contribuido a mantener a España en un aislamiento que facilitó luego el desastre del 98. La realidad es, no obstante, algo diferente.

En el periodo republicano la situación de inestabilidad política había debilitado mucho la posición internacional de España. El primer problema de la política exterior de la Restauración fue, por tanto, conseguir que el régimen fuera aceptado en el exterior y desde allí no se prestara ayuda a los carlistas o se pensara que el restablecimiento de la monarquía ponía en peligro el régimen liberal, como en un principio temió Gran Bretaña. De hecho surgieron algunos conflictos por la tolerancia de Francia con las partidas carlistas o por el temor de que ésta evolucionara en un sentido izquierdista y, por lo tanto, favorable a los republicanos españoles. De ahí el acuerdo de principio suscrito con Alemania en diciembre del año 1877, destinado a que este país apoyara a España en caso de peligro francés. No pasó de una declaración genérica y la evolución interna del país vecino, más allá de los Pirineos, no resultó peligrosa para la España de la Restauración.

Al mismo tiempo la política exterior de Cánovas se caracterizó siempre por un realismo que se traducía, en lo que se refiere a la política exterior, por el deseo de no involucrar a España en compromisos que fueran superiores a sus posibilidades. No se trató de una política de aislamiento pero sí de «recogimiento» o de elusión de compromisos excesivos en el marco internacional, en cuanto que pensaba que España debía concentrarse en la tarea de consolidar su sistema político. Ya en la época de la Unión Liberal Cánovas se había opuesto a las aventuras exteriores impulsadas por el Gobierno. «Apenas si tiene que emplearse nuestra acción diplomática», afirmó el artífice de la Restauración, «sino en mejorar y extender nuestras transacciones comerciales».

El «recogimiento» muy a menudo consistió también en tratar de evitar la toma de iniciativas que se daban en otros países o dejárselas a la iniciativa privada. La expansión colonial no fue promovida o animada por el Estado sino que resultó tan sólo una doctrina defendida por intelectuales como Joaquín Costa o por los promotores de la Real Sociedad Geográfica. Sin embargo, durante aquellos años tuvo lugar la exploración de Guinea por Iradier. Cuando, a mediados de 1880, se reunió en Madrid una conferencia internacional destinada a tratar de Marruecos, Cánovas trató de conseguir un aplazamiento de cualquier iniciativa sobre la colonización española y lo logró sin mayores problemas.

A pesar de esta voluntad de recogimiento, la posición geográfica española y sus intereses estratégicos en el Estrecho obligaban a una especial relación con Francia y con Inglaterra, con quienes a menudo hubo problemas. Si con la primera hubo conflictos en Argelia y Marruecos, con la segunda existieron en materia de aguas jurisdiccionales en torno a Gibraltar. Eso explica una cierta proclividad de Cánovas hacia Alemania que, sin embargo, conviene no exagerar. En otoño del año 1883 tuvo lugar un viaje del rey Alfonso XII a Austria y Alemania que dio lugar a comentarios en Francia, pero cuyo contenido no debe exagerarse. Cuando hubo un contencioso con Alemania acerca de las islas Carolinas —posesión española pero sin ocupación efectiva— se resolvió mediante un arbitraje del Papa.

Este hecho confirma la influencia que el Vaticano y el catolicismo tenían en la vida social española. Con él tuvo dificultades iniciales el régimen político de la Restauración, pero a la altura de 1885 las había superado y durante la regencia de la reina María Cristina se iniciaron ya unas relaciones de colaboración cordial.

El conflicto fundamental nació del artículo 11 de la Constitución, relativo a la tolerancia religiosa. En un principio tanto el nuncio como los obispos protestaron contra ella porque contradecía el concordato de 1851, pero en el verano del año 1876 el Papa se dio por satisfecho con las promesas gubernamentales de que la interpretación que se haría sería restrictiva. Así fue, en especial por parte de los gobiernos conservadores. Las exigencias de la Iglesia con respecto a la inspección de la ortodoxia en la enseñanza religiosa y su oposición a una enseñanza obligatoria en la que criticaba la supuesta pretensión monopolizadora del Estado impidieron la aprobación de una Ley de Instrucción Pública.

En los años ochenta, en cambio, fue visible una creciente actitud posibilista por parte de la Iglesia jerárquica, al mismo tiempo que tenía lugar una profunda división en los católicos españoles respecto del régimen político. Pidal y Mon llamó a los católicos a defender sus principios en el seno de la legalidad y de esa iniciativa surgió un grupo —la Unión Católica— que mantuvo una actitud colaboracionista y acabó vinculándose al partido conservador, en el que acabarían desembocando sus dirigentes. Otro sector, acaudillado por Nocedal, no sólo mantuvo la negativa a la colaboración, sino que cuando le fue encargada la organización de una peregrinación a Roma en apoyo del Papa le dio un contenido político muy explícito en contra del régimen vigente. Roma exigió a los católicos españoles unidad y sumisión y en esto consistió la política seguida a partir del año 1883 desde la nunciatura en Madrid. La polémica religiosa se acentuó cuando Pidal entró en el Gobierno conservador en 1884. Sin embargo, como ya se ha señalado, a la muerte del rey Alfonso XII las relaciones entre las dos potestades eran de franca colaboración.

Las bases económicas y sociales de la Restauración

La estabilidad política característica de la Restauración contribuyó de un modo importante a que en el último cuarto de siglo se produjera un cierto incremento en la tasa de crecimiento económico del país. Aunque el estancamiento característico de un mundo agrícola tradicional hacía que ese crecimiento se limitara al 0,75% anual (a comienzos de siglo era tan sólo un tercio), se empezaron a sentar ya las bases de la transformación que tendría lugar ya en el siglo XX. De todos los modos el crecimiento económico se siguió caracterizando por su lentitud.

Merece la pena abordar en primer lugar los factores más dinámicos de la economía. Un papel considerable le correspondió en este sentido al desarrollo del ferrocarril, que influyó de manera directa sobre el desarrollo de la industria. Una ley general de ferrocarriles del año 1877 confirmó las medidas de fomento y permitió que en los veinte años que transcurren desde 1875 hasta 1895 se duplicara la red ferroviaria que, de este modo, llegó a tener unos doce mil kilómetros de longitud. El número de compañías propietarias tendió a disminuir y la presencia de capital español se fue haciendo mayor que en otros tiempos (el extranjero sólo representaba alrededor del 55-60% en torno a los años ochenta). La extensión de la red ferroviaria tuvo un doble efecto sobre la economía española. En primer lugar contribuyó a crear un mercado verdaderamente nacional, inexistente a mediados del siglo XIX. Los mejores productos agrícolas españoles pudieron ser exportados: en el año 1881 pasaron por la frontera de Irún unos dos millones de hectólitros de vino con dirección a Francia. Tan importante o más que eso fue el hecho de que desde 1882 la construcción del ferrocarril influyó en el desarrollo de la industria siderúrgica. Hasta el final de siglo se habían construido en España una cincuentena de locomotoras y más de tres mil vagones de ferrocarril.

Una parte de ellos fueron fabricados por la naciente siderurgia vasca. En realidad de este momento data el despegue industrial de la cornisa cantábrica que convirtió a esta región en el ejemplo de la industria pesada española durante mucho tiempo. Una tercera parte de la hulla española fue consumida por el ferrocarril. La producción carbonífera procedía principalmente de Asturias y creció de forma considerable en el último cuarto de siglo: si en los años sesenta la producción era de un cuarto de millón de toneladas, en 1895 se había cuadruplicado. Las grandes empresas hulleras españolas nacieron precisamente en esta época.

Más importante aún fue el despegue de la explotación minera y la siderurgia vasca. Las innovaciones técnicas —el sistema Bessemer, por ejemplo— favorecieron el interés de los capitalistas británicos por el mineral de hierro muy puro y sin fósforo. Estas condiciones se daban en la cuenca del Nervión, donde la explotación se podía hacer a cielo abierto y el mineral podía ser exportado con facilidad por barco. Además la legislación española lo facilitaba, de modo que Gran Bretaña importó de allí el 80% del mineral de hierro que necesitaba. Las inversiones fueron relativamente bajas y muy pronto se alcanzaron los cinco millones de toneladas de producción anual. A comienzos del nuevo siglo se llegó incluso a nueve millones, convirtiéndose España en la primera exportadora europea de mineral. También en este mismo momento tuvo lugar la aparición de una siderurgia vasca que superó muy pronto a la existente en otros puntos de España. De todos los modos la producción se limitó a tan sólo unas ciento cincuenta mil toneladas, cuando en Gran Bretaña o Alemania era de cinco o seis millones. En el año 1902 quedó constituida Altos Hornos de Vizcaya. Más de veinte mil obreros llegaron a trabajar en las minas vascas, constituyendo una de las más densas concentraciones proletarias en toda la geografía peninsular. De esta manera nació una capitalización que tendría sus consecuencias para el mercado financiero español en su conjunto.

La riqueza minera constituyó un factor económico decisivo también en la mitad sur de la Península. La explotación de las piritas de Río Tinto llegó a una producción diez veces mayor a finales de siglo (2.700.000 toneladas) que en la etapa revolucionaria. Para comprobar lo que eso significaba en el conjunto de la economía española baste con recordar que el capital de la empresa explotadora británica era seis veces el del Banco de España. La producción de plomo en Sierra Morena y el sureste aumentó de un modo mucho menos rápido. De cualquier modo estas zonas mineras constituyeron una especie de enclaves al margen de una España que en lo esencial se mantenía en un entorno económico propio de un medio rural estancado.

De todos los modos la industria por excelencia, que suponía más de la mitad de los impuestos pagados al Estado, seguía siendo la textil catalana. En esta región la industria del algodón y la lana experimentaría una situación extraordinariamente positiva al comienzo de la Restauración, lo que tuvo como consecuencia que la época fuera denominada «la fiebre del oro». El dinamismo de la industria textil se vio multiplicado por el hecho de que una ley de relaciones comerciales del año 1882 reservó el mercado antillano para la industria española, en este caso catalana. Durante la Restauración tuvo lugar también lo que podríamos denominar como «catalanización» de la industria lanera. Los antiguos establecimientos artesanos dispersos por la geografía peninsular fueron sustituidos por la localización catalana —en Sabadell y Tarrasa—, más avanzados tecnológicamente y por tanto productores de tejido más barato.

Pero es necesario referirse también al mundo agrario estancado como la otra cara de todos esos factores de cambio. La agricultura, centrada en la trilogía mediterránea (trigo, vid y olivo), que ocupaba el 92% de la extensión territorial pero producía tan sólo el 78% del producto nacional, experimentó modificaciones muy lentas. El trigo fue disminuyendo la extensión de cultivo al empezarse a desdeñar las peores tierras, una vez que quedó configurado un mercado verdaderamente nacional. Los rendimientos eran la mitad de los franceses y un tercio de los británicos, y muy a menudo fue necesario recurrir a la importación (200.000-400.000 toneladas anuales). Los problemas de abastecimiento triguero durarían hasta fines de siglo, pero la época de la Restauración fue la de mayor prosperidad de la vid, aunque debido a razones especiales. Las plagas sufridas por las vides francesas multiplicaron por diez la exportación de vino español a este país. Como veremos, la situación cambió de forma esencial a lo largo de la última década del siglo. En cuanto al olivo, la última difusión de la superficie de cultivo, producida durante la década de los años ochenta, tuvo como consecuencia la configuración de los dos centros fundamentales de cultivo (el andaluz y el ibérico).

Todo cuanto se ha dicho permite recapitular, señalando que la España de la Restauración evolucionaba de ser tan sólo un país agrícola a merecer también la calificación de minero. El comercio exterior, que experimentó considerable desarrollo en esta época, se dirigió principalmente hacia Gran Bretaña, Francia y Cuba y tuvo como productos más significativos el hierro y el vino.

A pesar de estos cambios, la España de la Restauración estaba muy lejos de ser una economía moderna. Así se apreciaba en otros aspectos. Carecía, por ejemplo, de una red bancaria a la altura de otros países como se demuestra por el hecho de que el 70% de los depósitos bancarios estuvieran en el Banco de España que, desde los años setenta, tenía en exclusiva el privilegio de emisión.

Si en el examen de la economía española durante el periodo de la Restauración comprobamos signos de continuidad y a la vez evidencias de cambio, la aproximación a la sociedad española parece testimoniar mucho más de lo primero que de lo segundo.

Empezamos, en efecto, por constatarlo al tratar de la evolución demográfica. El número de los españoles creció desde 16 a 18 millones durante el periodo indicado sin que en el régimen de crecimiento se experimentara un cambio verdaderamente importante hasta la llegada del siglo XX. Esto quiere decir que tanto el número de nacimientos (entre el 42 y el 36 por cada 1.000 habitantes) como el de muertes (entre 37‰ y 30‰) eran altos y, por lo tanto, el crecimiento estaba caracterizado por la lentitud. Hay que tener en cuenta, además, que algunas incidencias sanitarias —la epidemia de cólera del año 1885 durante la que murió el monarca llegó a causar 120.000 muertos— o el hambre provocada por una mala cosecha —como al comienzo de la década de los años ochenta en Andalucía— podían tener consecuencias catastróficas. Otro rasgo significativo consiste en que la esperanza de vida era muy baja: tan sólo creció desde 29 a 35 años durante el último cuarto del siglo XIX. Testimonio, en fin, de la profunda sensación de continuidad de la sociedad española nos lo proporciona también el porcentaje de la población dedicada a la agricultura, que fue en torno al 65% durante todo el siglo XIX, sin cambios sustanciales hasta comienzos del siglo XX. Se puede añadir que, a pesar de esos cambios económicos, el porcentaje de la población dedicado a la industria se situó tan sólo en torno al 18-20%.

Quizá el cambio demográfico más importante que se puede apreciar en este momento reside no tanto en los datos relativos a nacimientos o muertes como en la movilidad geográfica. A este respecto es preciso empezar por señalar que un rasgo patente de la población española de la época se refiere al creciente grado de urbanización. El caso resulta especialmente significativo en aquellas poblaciones en las que el impacto de la transformación económica fue más importante, como Bilbao, que pasó de unos 30.000 a unos 80.000 habitantes. Sin embargo se trata de un fenómeno que empezó a cambiar, aunque siempre de un modo lento, la vida española. Hacia el final del siglo XIX había ya en España una ciudad de 500.000 habitantes (Madrid) y otras cuatro que superaban los 100.000, situadas todas ellas en la periferia. De todos modos la proporción de españoles que vivían en ciudades de más de 10.000 habitantes era tan sólo de un tercio del total y no llegaba a una décima parte el número de quienes vivían en zonas urbanizadas propiamente dichas, superiores a los 100.000 habitantes. La mayor facilidad en los desplazamientos —no sólo se había producido la ampliación de la red ferroviaria sino también el abaratamiento del transporte— había tenido como consecuencia la emigración del campo a la ciudad. A causa de ello las ciudades necesitaron nuevos planes urbanísticos, pronto facilitados por la ley de expropiación forzosa de 1879 y, más adelante, al final del siglo XIX, por las leyes especiales de Madrid y Barcelona.

El desplazamiento de la población rural no sólo se produjo hacia las ciudades sino que también tuvo lugar hacia más allá del Atlántico, a la América española. Aunque se trató de un fenómeno que quedó perfilado de manera definitiva durante los primeros años del siglo XX, desde mediados de los años ochenta comenzó a producirse una importante emigración exterior a América, en especial a Argentina y a Brasil. En total, un millón de españoles abandonarían su país natal en búsqueda de mejores oportunidades vitales.

En cuanto a la estructura social de la España de la Restauración, apenas es necesario recalcar hasta qué punto perduraba en ella el recuerdo del Antiguo Régimen. No existían los privilegios estamentales, pero la ley electoral censitaria de 1878 reducía el número de quienes podían elegir a los diputados a tan sólo un 5% de la población. Aproximadamente este porcentaje tenía en sus manos dos tercios de la riqueza rústica. Por otro lado, el servicio militar seguía pudiendo ser redimido pagando una determinada cantidad —1.200 pesetas en los años ochenta—, cifra que sólo podía ser pagada por un porcentaje reducido de las familias (entre el 10% y el 15% de la población). Estos porcentajes nos remiten a la clase alta o media alta de la sociedad de la Restauración. En ella convivían la aristocracia, la burguesía agraria, la comercial e industrial y los funcionarios o profesionales. Llama la atención que en gran parte de España todavía la nobleza de raigambre estaba al frente de las listas de contribuyentes o jugaba un papel social decisivo. Claro está que no correspondería a la realidad presentar la España de la época como un país dominado por una nobleza absentista y latifundista. Algunas de las grandes familias nobiliarias (como, por ejemplo los Osuna en 1884) se arruinaron y otros (los Medinaceli, los Medinasidonia...) vieron cómo su patrimonio disminuía frente a una burguesía agraria que lo compraba y lo explotaba mucho mejor que ellos. Por otro lado la burguesía comercial e industrial, fortunas de procedencia a veces humilde y muy a menudo labrada en contacto con las colonias, no dudó en pedir (y obtener) títulos nobiliarios en la primera etapa de la Restauración. Éste fue el caso de Antonio López, marqués de Comillas, quizá el capitalista por antonomasia de la España de la época, dueño de una inmensa fortuna a base de sus negocios de plantaciones esclavistas, transportes, solares y bancos. Como se ve en ella el aspecto industrial propiamente dicho reviste un peso menor. La burguesía profesional sólo al final del siglo empezó a tener sus organismos de acción colectiva que testimonian su conciencia de clase.

En cuanto a la clase baja es preciso recordar el tremendo peso que seguía teniendo la España rural, pues aún a fines de siglo la población industrial catalana no pasaba del 15%. El régimen de propiedad agraria permitía la distinción, clásica, entre una zona de latifundio, al sur de una línea entre Salamanca y Alicante, en donde, por ejemplo, el 2% de la población era dueña del 56% de la tierra en la Bética, o los sistemas de propiedad más equilibrada al norte de esa línea pero con enormes diferencias que dependían de la calidad de la tierra. Poco tenían, por ejemplo, que ver la pequeña propiedad o el arrendamiento de

Levante con los propietarios pobres castellanos o con los campesinos minifundistas gallegos. Sin embargo, la sensación de desigualdad es la predominante en este conjunto en cualquier retrato sumario de la sociedad española de la época.

Al margen del sistema: los movimientos sindicales

La Restauración consiguió integrar con el transcurso del tiempo a la mayor parte de las fuerzas políticas. Entre los republicanos sólo Ruiz Zorrilla se mantuvo en el insurreccionalismo y su influencia fue decreciente, aunque todavía en los ochenta animara movimientos subversivos apoyados en los medios militares; sin embargo, a la mayor parte de la clase política estas formas de actuación les parecían no sólo inoportunas sino vergonzosas. En el mundo católico también Nocedal mantuvo una posición semejante de repudio del régimen. Pero si estas posturas eran minoritarias y quedaron condenadas a la desaparición, aparecieron, en un principio en la clandestinidad, movimientos sindicales que nunca, por la peculiaridad oligárquica de la Restauración y por su propia debilidad, llegaron a integrarse en el sistema.

Como sabemos, durante el periodo revolucionario se había producido la primera eclosión del movimiento obrero español, que había tenido una importancia singular en comparación con el de otras latitudes. Durante la primera etapa de la Restauración este movimiento obrero quedó reducido a la condición de clandestino, dada la limitación existente en el ejercicio de la libertad de reunión, expresión y asociación. Sólo en la primera experiencia de gobierno de los liberales llegó a hacerse posible su actuación. Como veremos, también en esta etapa la cuestión social apareció como un factor de destacada importancia en la vida colectiva española y gracias a ello por vez primera se tomaron disposiciones para comenzar a solventarla.

Los internacionalistas españoles, de mayoritaria adscripción libertaria o anarquista, empezaron a ser objeto de represión en el año 1871, pero no pasaron a la clandestinidad sino con la República autoritaria. Con la Restauración se produjeron dos procesos paralelos. Por un lado, la Federación Regional española experimentó un importante descenso en su número de afiliados. Al mismo tiempo, en torno al año 1880, se recrudeció el debate entre los partidarios de la lucha sindical y los del insurreccionalismo. En realidad estas dos tendencias siempre formaron parte del alma del movimiento libertario, pero ahora chocaron frontalmente y eso produjo una crisis que dilataría la implantación de un movimiento sindical.

En un principio, a comienzos de los años ochenta, las posibilidades de acción, convertidas en realidad gracias a la apertura de que fueron autores principalmente los liberales, parecieron hacer triunfar a los sindicalistas (de acuerdo con la denominación de la época, anarco-colectivistas). En el año 1881 se reunió en Barcelona una conferencia y unos meses después quedó constituida, también en la capital catalana, la Federación de Trabajadores de la Región española. Merece la pena llamar la atención sobre el lugar de donde partió la iniciativa organizativa, porque siempre el proletariado industrial catalán tuvo una proclividad manifiesta por esa tendencia sindicalista. A la altura del año 1882 la FTRE —que había celebrado dos congresos en Barcelona y en Sevilla— contaba ya con unos sesenta mil adheridos. Su ubicación fundamental era la que descubren esas dos ciudades, Cataluña y Andalucía. Sin embargo esas dos ubicaciones encerraban también programas políticos distintos: el de un proletariado bien organizado y gradualista y el de un campesinado radical y utópico.

El llamado asunto de la Mano Negra contribuyó a agravar la crisis de la FTRE. Durante el verano de 1882 había presenciado toda Andalucía una grave crisis de subsistencias. En ese momento tuvo lugar el descubrimiento, por parte de las autoridades, de una organización secreta de carácter subversivo que habría asesinado a alguno de sus miembros. En el verano de 1883 los implicados en esta organización fueron juzgados y ocho de ellos fueron condenados a muerte. En ese momento y en épocas posteriores se discutió si esta organización subversiva no habría sido una pura invención sin otro propósito que el de facilitar la represión. Sin embargo, parece que existió, sin que estén claros sus objetivos y actuación, aunque parece haber respondido a toda una tradición en la actuación del anarquismo a través de los tiempos. De cualquier modo las noticias acerca de ella acentuaron los temores de las clases acomodadas y facilitaron la tarea de las autoridades gubernativas. De hecho la organización de la FTRE, sin dejar de condenar la represión indiscriminada, no tuvo inconveniente en condenar la acción violenta. A mediados de los años ochenta empezó a producirse una decadencia de la FTRE y, antes de concluir dicha década, se podía considerar disuelta e inoperante. Su nacimiento había sido, por tanto, fallido.

También en el caso de los socialistas la ocasión proporcionada por la apertura liberal constituyó una buena ocasión para aparecer como entidad organizada. La primera fundación del Partido Socialista Obrero Español tuvo lugar en el año 1879, pero apenas si se puede decir que tuviera trascendencia efectiva, no sólo por la ausencia de posibilidades de acción, reducido como estuvo a la clandestinidad más estricta, sino también porque el núcleo fundacional de Madrid, formado por trabajadores cualificados —«obreros de levita»— fue muy reducido en efectivos. Con la llegada al poder de los liberales la actuación pudo hacerse pública. En el año 1888 tanto el PSOE como su sindicato, la UGT —Unión General de Trabajadores—, celebraron sendos congresos en Barcelona. Como en el movimiento libertario, también en el socialismo español existieron discrepancias internas. Mientras que el grupo madrileño tenía dentro del socialismo una tendencia más revolucionaria, el catalán era más reformista. En la consolidación del socialismo español jugó un papel de primera importancia la huelga de los tipógrafos madrileños (1882) que prestigió a esta tendencia sindical y la dotó de una jefatura, la de Pablo Iglesias, que habría de durar mucho tiempo.

En fin, durante la primera parte de la Restauración quedó consolidado un tipo de acción social de origen católico que, con el transcurso del tiempo, habría de desembocar en un cierto sindicalismo de esta significación. La creación de los Círculos Católicos de Obreros durante la etapa revolucionaria debe ser entendida como un procedimiento más para la movilización del mundo católico, siendo sus inspiradores iniciales personas repudiadoras del mundo liberal. Los círculos, imitación de entidades semejantes nacidas más allá de los Pirineos, fueron obra de un jesuita, el padre Vicent, y durante la primera etapa de la Restauración se extendieron por la mitad norte de la Península (Navarra y Castilla) y por la zona levantina. El número de personas vinculadas con ellos era elevado, al menos para la época (entre 20.000 y 30.000 personas frente a los 60.000 internacionalistas). Tal difusión se explica porque en estos momentos todavía más de dos tercios de los establecimientos de beneficencia eran de carácter religioso. Hubo una directa vinculación entre el mundo de los círculos y los posteriores sindicatos católicos.

Finalmente, es preciso recodar que una gran parte del movimiento obrero español de estos momentos no tuvo que ver con ninguna tendencia política o ideológica, sino que, dedicado principalmente a la obtención de mejoras sociales concretas, utilizó como vehículo asociaciones no identificadas con ninguno de los tres movimientos indicados. Éste puede ser el caso del sindicato denominado las «Tres Clases del Vapor», que representaba a aquel sector social más característico del proletariado industrial español del momento, es decir a los obreros textiles catalanes. Su práctica habitual fue reformista, sin ningún propósito de configurar un orden social nuevo sino dedicado tan sólo a mejoras concretas en las condiciones de vida o a la creación de un rudimentario sistema de seguridad social.

Tiempos de positivismo y naturalismo

Un último aspecto de la vida española en la época de la Restauración contribuye a recalcar la condición de ésta como un régimen liberal que, pese al retraso relativo de la sociedad española, podía ofrecer un panorama prometedor desde el punto de vista cultural. En el último cuarto del siglo XIX se inicia un periodo que ha sido definido como la Edad de Plata de la cultura española en el mundo, tanto en lo literario como en lo artístico, mientras que se aprecia un primer despegue de la ciencia moderna.

La base sobre la que este cambio cultural se convirtió en realidad fue muy modesta. Las cifras de analfabetismo —entre el 60% y el 70% a fines de siglo XIX— así lo testimonian y el estado de la educación lo confirma. El porcentaje del presupuesto dedicado a ella apenas se movió entre el 0,5% y el 1,5% en la etapa final de siglo. Hasta el siglo XX la enseñanza primaria estuvo en las manos exclusivamente de los ayuntamientos, que no solían cumplir las obligaciones que la ley les marcaba: eso es lo que explica que la escolarización apenas llegara a la mitad de los niños. La enseñanza secundaria se limitaba a unas treinta mil personas y en la práctica el Estado apenas creó instituciones educativas en este nivel de la enseñanza. La Universidad contaba con unos trescientos o cuatrocientos catedráticos y diecisiete mil alumnos, de los cuales casi una tercera parte estaban en Madrid. Santiago Ramón y Cajal, que hubo de convertirse en la figura más destacada de la ciencia española y que consideró en sus memorias el año 1888 como el año decisivo en su trayectoria, aunque conseguiría el Nobel ya en el siglo XX, describía con estas palabras las posibilidades del desarrollo de una verdadera ciencia moderna española: «Admitíase que España produjera algún artista genial, tal cual poeta melenudo y gesticulantes danzarines de ambos sexos pero se reputaba absurdo que en ella surgiera un verdadero hombre de ciencia». Para este primer científico español de importancia, el problema de la ciencia española no era de decadencia desde un tiempo de esplendor sino de ineducación de la gran masa, de modo que de ella no podían surgir figuras singulares como él mismo.

Con tan débiles bases se logró que el mundo de la cultura española ofreciera una calidad excepcional. No sin graves problemas iniciales, la Restauración acabó por aceptar en la práctica un amplio margen de tolerancia ideológica. Como sabemos, los krausistas habían desempeñado un papel de primera importancia en la inspiración de la obra educativa de la Primera República. Nada más producida la Restauración tuvo lugar una segunda crisis universitaria con una protesta de unos cuarenta profesores en contra de las amenazas a la libertad de cátedra. Muchos de los protestatarios tenían significación republicana (Azcárate, Salmerón, Castelar...) pero otros acabaron integrándose en el sistema político de la Restauración. Giner, entonces, catalizó en torno suyo un proyecto educativo que trataba de agrupar a la totalidad del mundo político y universitario, liberal y disidente, para llegar a la constitución de una institución de docencia superior. Éste fue el propósito de la Institución Libre de Enseñanza, que habría de tener una influencia decisiva en la Historia de la cultura española. Pronto, sin embargo, la Institución recortó sus vuelos limitando sus pretensiones a la enseñanza secundaria y a la iniciativa privada. Las razones derivaron de problemas económicos, pero se debe tener en cuenta que con el paso del tiempo la situación se había convertido en mucho menos crítica para los sectores liberales. Las autoridades oficiales pedían ya tan sólo a los disidentes el respeto a la ortodoxia religiosa católica —no la conformidad con ella— y la llegada al poder de los liberales en 1881 supuso la vuelta a sus puestos de los profesores que habían sido marginados de la enseñanza oficial. Ya no volvió a repetirse un caso como éste e incluso los intelectuales liberales jugaron un papel de primera importancia en los organismos culturales y educativos.

En los años iniciales de la Restauración (1876-1882) tuvo lugar una polémica intelectual muy reveladora sobre la ciencia española. Enfrentó a Menéndez Pelayo, erudito polemista católico, con algunos de los intelectuales y escritores del mundo liberal, muchos de ellos relacionados con el pensamiento krausista. Según Revilla, en España la «intolerancia sistemática organizada» había tenido como consecuencia la imposibilidad de la existencia de una ciencia. Mucho mejor conocedor del pasado histórico, Menéndez Pelayo respondía que en absoluto tenía que pensarse que la unidad católica hubiera tenido ese resultado. Frente a la vaguedad de las acusaciones contra la carencia del cultivo de la ciencia, proponía para la generación más joven la realización de «estudios sólidos y macizos». Él mismo fue autor de un programa renovador de la ciencia española en una vertiente universitaria y erudita y con el apoyo público frente a la posición de la ILE. Procedente de medios católicos que repudiaban el liberalismo, Menéndez Pelayo concluyó en el partido conservador, lo que confirma la capacidad integradora de la Restauración.

No puede extrañar que en una etapa caracterizada en el terreno político por el realismo pragmático se produjera también la exigencia del conocimiento empírico y la observación. A partir de estos años, en efecto, se produce en España la difusión de la mentalidad positivista. El krausismo recibió, en efecto, influencias de filosofías como el positivismo y el evolucionismo y adaptó sus fundamentos a esas nuevas influencias. La condición crítica de la filosofía krausista y su voluntad de transformación evolutiva favorecían su adaptación a las distintas modas intelectuales dentro de un común liberalismo. El positivismo, por otro lado, si sobre la izquierda tuvo el efecto de convertirla en constructiva y realista, también influyó sobre la derecha depurándola de radicalismos y maximalismos. El clima positivista favoreció de forma especial, en el terreno de las ciencias de la naturaleza, a la Biología, y a la Psicología y la Sociología entre las ciencias sociales.

No se debe pensar que las luchas ideológicas de otro tiempo prosiguieran durante toda la Restauración. El mundo católico tuvo en sus filas polemistas de tono integrista como Ortí y Lara pero muy a menudo la polémica entre el mundo liberal y el católico encontraba puntos de coincidencia. A título de ejemplo Ceferino González, difusor de los estudios acerca del tomismo, fue partidario de una cierto evolucionismo en materia científica. El mundo de la Restauración fue, en efecto, un mundo de convivencia aunque también a menudo lo fuera en la discrepancia. En ocasiones había, además, coincidencias que nacían de forma inesperada. Los krausistas eran heterodoxos en lo religioso pero en ellos latía una emoción y una sensibilidad evidentes en estas materias, como lo prueba la *Minuta de un testamento* de Azcárate (1876). Pero, además, al ser liberales críticos del estatalismo excesivo, defendían una concepción de la sociedad como un cuerpo vivo, capaz de organización espontánea, que tenía puntos de contacto con el gremialismo y el corporativismo de los pensadores católicos. Liberales krausistas y católicos coincidieron también en la preocupación por la cuestión social, materia en la que, como veremos, no tardarían en colaborar.

Muy relacionada con el positivismo está, sin duda, la aparición de la novela realista o naturalista que, como esa filosofía, rompió con el pasado romántico. Es preciso empezar por constatar que durante esta época se produjo una amplia difusión de la lectura que resulta coincidente con el desarrollo de las comunicaciones, con una transformación de la prensa, que ya no resultaba tan dependiente de los partidos políticos como hasta el momento, e incluso con una peculiar conciencia de nación española que hasta el momento apenas había conseguido verdadera difusión. Las polémicas o las figuras literarias —Pérez Galdós, por ejemplo— adquirieron gran relevancia pública y en 1879 fue aprobada la ley de propiedad intelectual.

Con respecto a la novela naturalista, hay que empezar por señalar que en el fondo la voluntad de observación empírica, poniendo en directa relación al medio con los personajes, nace de una mentalidad idéntica al positivismo, aparte de enlazar con una tradición de la cultura española. El naturalismo tuvo en gran medida un origen francés, pero como señaló una de las principales novelistas que aceptaron esta denominación, Emilia Pardo Bazán, en una polémica producida a comienzos de los años ochenta, su versión española no encerraba determinismo (es decir mediatización del individuo por el medio) ni tampoco se centraba en casos excepcionales, sino que elegía una especie de vía media en que la crítica social o la descripción del medio natural se mantuvieron contenidos ofreciendo un documento del máximo interés para el historiador. *La Regenta* de Leopoldo Alas, *Clarín* (1884-1885), constituye una descripción agudísima de la vida provinciana en esta época, en el marco de una Vetusta que es el Oviedo de los años de la Restauración. En la obra de Pérez Galdós *(Fortunata y Jacinta,* 1887), que convierte la novela histórica del pasado en novela de tesis y perfecto retrato de y desde la clase media española, o, incluso, en la del Pereda final hay manifestaciones de este naturalismo que va a tender a desdibujarse en la etapa final del siglo XIX pero que perduró en Palacio Valdés o Blasco Ibáñez. En cambio se mantuvo en la literatura popular con esa versión tan sólo realista, algún recuerdo romántico y un tono a menudo demagógico e incluso muy reivindicativo por las injusticias sociales.

En cuanto al arte se debe establecer una diferencia entre la arquitectura y las manifestaciones de las artes plásticas. Con respecto a la primera hubo un género sincrético, suma de diversos estilos históricos desde el gótico al bizantino pasando por el plateresco (como ejemplo se podría poner el Banco de España, en Madrid). Esta arquitectura, a menudo ostentosa, proporcionó numerosos encargos a los escultores y se combinó con las aportaciones de los arquitectos que utilizaban los nuevos materiales. Quizá, sin embargo, lo más original de la arquitectura española de la época fue la interpretación del gótico con que el catalán Domènech i Montaner llegó a convertirse en el inspirador del modernismo. En cuanto a la pintura hubo paralelismos muy evidentes con los fenómenos literarios como fue, en primer lugar, la perduración de un cierto romanticismo en la temática de la pintura histórica mientras que el realismo preciosista viene a constituir una evocación semejante a la que en arquitectura se da respecto de los estilos históricos. En cambio el naturalismo literario tuvo un eco pictórico en la obra de Martí Alsina. La aparición de un paisaje ya no idealizado, sino representado tal cual era, fue iniciada por Carlos de Haes, de quien aprendieron la totalidad de los artistas que se dedicaron a este género en los tiempos siguientes. De ese descubrimiento del paisaje nacional derivaría, además, con el paso del tiempo, la constatación de la existencia de peculiaridades paisajísticas regionales. Finalmente en el final de siglo existió una pintura naturalista de carácter social en la que la temática histórica había sido sustituida por la protesta o el protagonismo del proletariado militante. Cutanda y los primeros Benedito y Sorolla fueron los mejores ejemplos de ello.

El fin de siglo

La Restauración fue un sistema de compleja gestación que ni siquiera se puede considerar que hubiera alcanzado su definición completa y total a la altura de la muerte de Alfonso XII en 1885. En esa ocasión pasó por su prueba de fuego en un momento en que la desaparición del monarca parecía constituir un grave reto porque los antecedentes de la reina Isabel II no eran positivos y todavía no estaba tan lejano el periodo revolucionario. No obstante la Restauración se consolidó y, además, logró completar la colaboración entre los dos sectores de la clase política en un consenso fundamental.

Pero, al mismo tiempo que así sucedía, el final de siglo deparó importantes novedades que parecían contradecir la estabilidad lograda en aquella fecha. El tono de la vida estuvo en España y en todo el mundo caracterizado durante la década y media del final de siglo por el cuestionamiento de las seguridades heredadas de la época anterior. Luego se ha atribuido esta situación a la crisis exterior con la pérdida de las colonias. Pero, en realidad, no fue estrictamente así. Muy lejos todavía de esa fecha aparecieron actitudes nuevas y diferentes en todos los terrenos. El clima cultural desde mediados de los ochenta supuso el final del positivismo cientifista y el realismo, ahora desplazados por un cierto irracionalismo, influido por Schopenhauer y Nietzsche, y la novela espiritualista, a menudo de influencia rusa. La presencia de la inquietud social se hizo mucho más apremiante. En el mundo de las ideas políticas se hizo presente la crítica al parlamentarismo liberal, a quien le surgieron en este momento alternativas al menos desde el punto de vista teórico. La propia religiosidad se vio influida por el clima de final de siglo, de manera que bien puede decirse que se había producido un giro decisivo en todos los terrenos, incluido el artístico. La misma pérdida del Imperio colonial no fue otra cosa que la confirmación de que se había producido una previa y profunda modificación en las condiciones de las relaciones diplomáticas mundiales.

La remodelación liberal de la Restauración

La muerte de Alfonso XII como consecuencia de epidemia del cólera de 1885 supuso una crisis grave del sistema político de la Restauración. Poco tiempo después de que hubiera sido superada, el ministro de Estado Moret escribió a los embajadores españoles felicitándose porque con la Regencia no se hubieran producido acontecimientos cuyo resultado hubiera sido no sólo «comprometer la tranquilidad sino hacer imposible o muy precaria la Monarquía constitucional». Existía el temor de que María Cristina de Habsburgo pudiera ser una repetición de Isabel II, pero no sólo no fue así sino que tampoco se identificó con la tradición autoritaria de la Monarquía austro-húngara de donde procedía. Su actuación se mantuvo dentro de los límites que la propia Constitución le señalaba aunque, al mismo tiempo, se convirtió en protectora de los gobiernos de significación más bien regeneracionista.

En realidad el turno existía desde 1881 y, además, ya entonces había quedado demostrado que el partido liberal suponía una política distinta en muy diversos aspectos como la Universidad o las libertades y derechos de la persona. Ahora los conservadores —con la excepción de Romero Robledo— estuvieron dispuestos a abandonar el poder y cedérselo a los liberales, que además estaban en unas condiciones excelentes para desempeñarlo, puesto que desde el verano de 1885 habían llegado a un acuerdo programático. De acuerdo con él se comprometían a defender un programa de reformas legales que de hecho equivalían a situar el marco institucional muy cerca de la constitución de 1869 aunque se mantuviera también en ese programa el principio doctrinario de la soberanía compartida entre el rey y las Cortes, a fin de cuentas no tan relevante, dada la real inexistencia de un cuerpo electoral. En los años siguientes, hasta 1890, el gobierno de los liberales contribuyó a consolidar el régimen, no sólo mediante la consolidación de un espacio político alternativo al de los conservadores y capaz de turnar con ellos sino también gracias a un conjunto de importantes reformas legislativas que permanecieron en el momento en que abandonaron el poder. El contenido de las mismas supuso tal cambio que el republicano Luis Morote pudo escribir luego que la importancia de Sagasta en la Restauración fue «mayor que la de Cánovas», dado que «la reconcilió con la revolución [de 1868]».

Sagasta actuó, en efecto, con una habilidad política tal que le permitió distribuir el poder entre los distintos grupos de un partido tan fragmentado como para autodenominarse «fusionista», procurando que las respectivas influencias se decantaran durante unas elecciones que siguió manipulando en gran medida, y evitando, al mismo tiempo, que las ocasionales dimisiones de los ministros se convirtieran en crisis de todo el gobierno. Muchos de los dirigentes del partido —Camacho, Montero Ríos, Moret, Gamazo...— eran superiores a él por muchos títulos, pero sólo Sagasta fue capaz de mantenerlos disciplinados en una misma formación política. De esta manera se pudo llevar a cabo una auténtica transformación liberal de la Restauración. En el periodo anterior de gobierno liberal había demostrado tan sólo una diferencia de matiz con los conservadores en materias muy concretas aunque fueran objetivamente importantes. Ahora, en cambio, se trató de ampliar el marco mismo de las libertades de acuerdo con los principios del texto constitucional de 1869 pero también en otras materias esenciales como el Ejército, la administración colonial o la Hacienda. Es cierto que la legislación no siempre se aplicó en sus estrictos términos y que se aceptó el principio doctrinario de la cosoberanía entre el Rey y las Cortes, pero en ambas materias la realidad de la sociedad española hacía imposible la existencia de una democracia. Al menos a partir de este momento no fue la propia legislación la que levantó una barrera para una posible transformación en sentido democrático del marco institucional.

No todas las reformas que figuraban en el programa de Sagasta fueron llevadas a la práctica pero sí, en cambio, las que tenían ese propósito de ampliar el ámbito liberal de la Restauración. En materia hacendística, por ejemplo, el ministro Camacho concluyó enfrentado con la mayor parte de su grupo político. Las reformas militares, impulsadas por Manuel Cassola, estaban destinadas a la implantación del servicio militar obligatorio, de los ascensos por méritos de guerra en todas las armas y a la reforma del Estado mayor. En suma, se trataba de someter a la totalidad del Ejército a idénticas normas, al mismo tiempo que se intentaba una democratización del mismo. Si las reformas fracasaron en 1888, la mejor prueba de su necesidad radica en que todas estas cuestiones reaparecerían en el futuro. Un joven diputado, Canalejas, que participó en la discusión de las reformas sería autor principal de las modificaciones del servicio militar que se produjeron durante el reinado de Alfonso XIII.

En cambio, otras reformas políticas fundamentales salieron adelante. La ley de asociaciones de 1887 afectó de forma principal a los sindicatos obreros y a las órdenes religiosas. Los primeros habían llevado hasta el momento una vida clandestina y ahora se vieron legalizados y pudieron llevar a cabo su acción reivindicativa a la luz del día. Las órdenes religiosas quedaban al margen como consecuencia del concordato, pero luego los liberales utilizarían esta disposición para intentar regularizar su presencia en España. La ley del jurado de 1888 atribuyó a este procedimiento judicial la determinación de la responsabilidad en materia de delitos de imprenta. Si por un lado la justicia militar reivindicó siempre para sí delitos como los insultos al Ejército o la Patria, lo cierto es que de esta manera existió un grado elevado de independencia de la prensa porque los tribunales civiles, en especial los más altos, negaban la competencia a los militares en estas materias. Otras reformas se refirieron a la manera de regular las relaciones entre particulares o entre ellos y el Estado. Tanto el Código Civil de 1889 como la legislación de procedimiento administrativo (1888-1889) estuvieron destinadas a tener una larga duración como piezas claves en la configuración del Estado liberal. El primero, obra de Alonso Martínez, fue obra de larga gestación y en él se dirimieron cuestiones espinosas en el panorama de la época, como por ejemplo el mantenimiento de la legislación foral o la determinación de la legislación válida para el matrimonio, optándose por un compromiso basado en la coexistencia del matrimonio civil y el religioso.

Quizá la más importante medida política tomada en este periodo parlamentario fue la ley de sufragio universal de 1890. Los conservadores la repudiaban porque pensaban que produciría la revolución o la corrupción, tal como había señalado el propio Cánovas del Castillo. Era muy posible que, en efecto, una ampliación lenta y paulatina del sufragio hubiera ido produciendo la independización del electorado, como sucedió en Gran Bretaña, pero para el sistema político de la Restauración la inclusión de este principio fue un factor legitimador de primera importancia mientras que, de no haberse introducido, otro grupo político, disidencia de los liberales, hubiera enarbolado esta bandera y, por lo tanto, la cuestión hubiera permanecido indefinidamente abierta. Con la aprobación del sufragio universal no sólo los liberales quedaron definitivamente integrados en el sistema de la Restauración sino que los propios republicanos posibilistas de Castelar se integraron en él. La única consecuencia que la ley de sufragio universal tuvo sobre el comportamiento del elector fue que se perfeccionaron las maquinarias caciquiles provinciales destinadas a sustituir a una opinión pública inexistente por la influencia del Gobierno o de la oligarquía local. Pero en la letra de la ley, España se había convertido en una de las naciones más democráticas del mundo.

En el terreno de la política exterior la presencia de los liberales en el poder no dejó de tener su influencia, aunque resultó menos duradera. El ministro de Estado, Moret, fue partidario de una actitud diplomática más activa, que llevó a la creación de cuatro nuevas embajadas en Londres, Berlín, Roma y Viena, además de las dos ya existentes (ante el Vaticano y en París). De este modo España se adecuaba a una política exterior de carácter cada vez más planetario.

La más importante gestión de la que tuvo la iniciativa Moret fue el acceso indirecto a la Triple Alianza a través de un acuerdo con Italia en 1887. En realidad el acuerdo fue muy poco explícito, de modo que puede ser entendido como una simple declaración antifrancesa. El vecino país, en efecto, era a estas alturas refugio de los conspiradores republicanos, y con él además existían frecuentes roces en relación con Marruecos. El acuerdo italo-español fue secreto y el resto de los miembros de la Triple Alianza —Alemania y Austria-Hungría— no lo suscribieron de manera explícita aunque estuvieron de acuerdo en su contenido. Gran Bretaña misma no tuvo inconveniente en admitirlo.

De todos los modos, éste era un tanto modesto y revela que los dirigentes de la Restauración todavía a estas alturas pensaban en la fragilidad del régimen con un ansia de mantenerlo que demuestra inseguridad. El acuerdo fue prorrogado en 1891 pero no en 1895. En cualquier caso, su contenido no encerraba ninguna garantía respecto de aquella zona conflictiva por excelencia para los intereses españoles, es decir el Caribe, sino que se refería tan sólo a Europa. En la década y media final del siglo XIX en realidad lo esencial en la política internacional fue sin duda el reparto de las colonias entre aquellas potencias dotadas de mayor fuerza económica y militar. En ocasiones se evitó la intromisión de potencias nuevas (como sucedió con Japón en el Pacífico en torno a 1895, en beneficio de España) pero la decadencia de los imperios arcaicos resultaba poco menos que inevitable cuando carecían de aquellas capacidades ya mencionadas. En el caso del colonialismo español todavía las dificultades eran mayores por la existencia de un sector político en los dos partidos del turno propenso al asimilismo, al mismo tiempo que las condiciones económicas de Cuba establecían una creciente distancia con respecto a España. Las reformas introducidas en Cuba por Gamazo fueron modestas, limitándose a abolir el último resto de la esclavitud y procurando mantener una vinculación comercial entre la metrópoli y las colonias que cada vez parecía más difícil.

Después de haber sorteado numerosos momentos de división interna en el partido que dirigía, Sagasta debió abandonar el poder al iniciarse la nueva década por una razón relacionada con la propensión a la fragmentación de sus seguidores. Fue el propio presidente del Congreso quien mantuvo una discrepancia crítica respecto del Gobierno. Martínez Campos, cuyo papel fue siempre muy importante en la Restauración a pesar de no dirigir partido alguno, recomendó a la Regente el relevo en el gobierno. A estas alturas se podía ya considerar lo bastante consolidado el régimen de la Restauración después de la larga estancia de los liberales en el poder. En el momento de la muerte de Alfonso XII —y en épocas posteriores— se llegó a hablar de la existencia de un supuesto «pacto de El Pardo» para establecer un sistema de turno. En realidad eso no pasa de ser una anécdota o incluso un invento. Lo que, en cambio, resulta cierto es que por vez primera se había establecido en España un régimen liberal amplio en cuanto al ejercicio teórico de las libertades en el que, además, no ejercía el poder un solo partido político, quedando condenado el otro a provocar el cambio mediante un pronunciamiento.

La debilidad de la oposición contribuyó de forma muy poderosa a la estabilidad del régimen. Ya se ha hecho mención a que los republicanos posibilistas de Castelar se integraron en el régimen de la Restauración con ocasión de la aprobación del sufragio universal. En la etapa inmediatamente precedente, además, se había producido una escisión entre dos formas radicalmente distintas de entender la acción política. Todavía en 1886 los republicanos acudieron unidos a las elecciones con un programa que incluía el sufragio universal y la Constitución de 1869. Ese mismo año, sin embargo, tuvo lugar la sublevación de Villacampa en Madrid cuyo resultado fue dividir a los republicanos en dos grupos antitéticos, los centralistas de Salmerón, dispuestos a actuar en la legalidad, y aquellos que seguían a Ruiz Zorrilla, que siguieron teniendo esperanzas en la actitud levantisca de algunos militares. Pero no eran los republicanos la única fuerza política que permanecía al margen del turno sino que también existían otras en el otro extremo. Durante el periodo de gobierno liberal, en efecto, tuvo lugar en el mundo católico un acontecimiento que a medio plazo contribuyó de forma importante a consolidar la Restauración. En 1888 un grupo de carlistas seguidores de Cándido Nocedal creó el integrismo, cuyo propio nombre demuestra una intención de buscar la estricta pureza doctrinal en materia religioso-política. Pero ello no era otra cosa que el mejor testimonio de hasta qué punto la Restauración atraía a amplios sectores de la vida nacional hacia un ámbito de convivencia común. De hecho los seguidores de Nocedal no pasaron de ser un grupo ínfimo y marginal aunque, eso sí, muy duradero.

La crisis económica y social finisecular

Un elemento de primera importancia para comprender los últimos años del siglo XIX reside en la crisis económica producida en ellos que, aunque tuvo un carácter general para todo el mundo, revistió en España algunas características diferentes y especiales. La explicación histórica general de la crisis debe encontrarse en el desarrollo de nuevos medios de comunicación por tierra y por mar que introdujeron en el mercado mundial competidores procedentes de las colonias o de lugares cuya relevancia dentro de la economía mundial había sido escasa hasta el momento. La consecuencia del impacto de estos nuevos competidores fue el descenso de los precios. La respuesta habitual en todas las latitudes consistió en imponer barreras arancelarias para cerrar el paso a la importación procedente de esos nuevos núcleos productores.

En España la crisis fue posterior en el tiempo aunque no difirió en sus orígenes. Hacia 1885 aparecieron sus primeros signos y en 1887 fue publicado un extenso informe sobre la crisis en la agricultura y la ganadería. Hubo protestas muy fuertes en las zonas del cereal del interior, sin cuya comprensión no puede entenderse gran parte de la política de la época, pero en realidad los más diversos intereses se vieron afectados por la situación crítica aunque en muy distinta proporción.

Un caso un tanto especial fue el de la vid, la cual se vio favorablemente afectada por la situación agrícola francesa. La plaga de la filoxera arruinó los viñedos de este país y provocó un gran desarrollo del comercio español de vino con efecto sustitutivo. El viñedo español, como consecuencia de ello, experimentó una creciente expansión, de tal modo que a mediados de los años ochenta cubría un tercio más de superficie que a mediados de siglo. El máximo volumen de exportación de vino español a Francia se produjo en 1891, pero se redujo considerablemente a finales de siglo. La razón estribó en que la plaga también acabó afectando a España con efectos enormemente destructivos. En provincias enteras —Málaga...— las plantaciones de vid quedaron arruinadas. En otras —por ejemplo, en Cataluña— la replantación de vides americanas que eran resistentes a la plaga superó la situación en un periodo breve de tiempo.

La crisis agraria tuvo profundos efectos sociales, de los cuales el más importante fue el fomento de la emigración al otro lado del Atlántico. En los años finales de siglo el número de emigrantes anuales hacia América alcanzaba la cifra de unos sesenta mil. De ellos la mitad eran agricultores y un elevado porcentaje dejó familia en España. Si a estos factores nuevos se suma la habitual incidencia de las malas cosechas, no puede extrañar esa sensación de agitación que fue característica del campo español en estos años. Con frecuencia se celebraron congresos agrícolas e incluso se fundó una Liga Agraria destinada a defender los interés del sector económico primario. Es muy posible que en la periferia la expansión de la pequeña propiedad se viera estimulada por esta situación de crisis.

La solución propuesta por quienes padecieron un mayor impacto de la crisis agrícola fue la elevación de barreras arancelarias en contra de los productos de otras latitudes. El proteccionismo tenía tradición y popularidad entre todas las clases sociales en Cataluña, pero en estos años finales del siglo esta doctrina alcanzó difusión importante en otras áreas geográficas y en relación con otros productos al margen de la industria textil. Todos los sectores importantes se fueron declarando proteccionistas de forma sucesiva. Lo hicieron primero los catalanes, pero a ellos les sucedieron los agricultores castellanos y finalmente los defensores de los intereses mineros vascos. En 1888 se celebró un congreso proteccionista y ya en los años noventa se produjo un impacto de estas doctrinas en el medio político, principalmente entre los conservadores pero también entre determinados liberales como Gamazo, representante de los intereses cerealísticos castellanos, y el propio Moret, tradicional portavoz de aquellos principios por su formación británica. En 1889 se creó una comisión destinada a estudiar el problema cuyo resultado fueron los aranceles de 1890 y 1891, puestos en marcha por Cánovas del Castillo.

Se ha pretendido explicar lo sucedido en este viraje proteccionista de la Restauración como consecuencia de la convergencia de un conjunto de intereses económicos que serían los exclusivos dueños de los resortes políticos del mundo de la Restauración. En realidad esta interpretación peca de francamente simplista. En primer lugar la Monarquía de 1876 no fue proteccionista desde el principio, sino que en realidad los años ochenta presenciaron la máxima apertura comercial de la Historia española. Por otro lado, el viraje proteccionista fue general en todo el mundo y se vio propiciado de forma especial por el hecho de que los países que más crecían (Alemania y Estados Unidos) lo practicaban sin ninguna cortapisa. Por otro lado, los elevados aranceles protegían en realidad a los productos españoles mucho menos de lo que podía parecer, porque en la práctica se veían considerablemente reducidos por el impacto de los convenios comerciales bilaterales con otros países. Finalmente, se debe tener en cuenta también que la generalización del proteccionismo fue una consecuencia del pragmatismo de los políticos del sistema, también, por tanto, de Sagasta y no sólo de Cánovas. Y, en fin, hay que tener en cuenta los límites que siempre tuvo el proteccionismo puesto en práctica por los políticos de la Restauración. No implicaba un deseo de hacer nacer una economía autárquica y tampoco ponía en cuestión las concepciones fundamentalmente liberales de los principales políticos. Tan sólo por el momento los republicanos se mantuvieron en el librecambismo.

Los años finales de siglo fueron también de crisis social. Con independencia de la directamente producida por los factores económicos que ya han sido indicados, hay que tener en cuenta que en este momento aparecieron a la luz las organizaciones sindicales que hasta el momento se habían desenvuelto en la clandestinidad. La ley de asociaciones de 1887 permitió la celebración en Barcelona durante 1888 de los congresos fundacionales de la UGT y el PSOE. Algo parecido cabe decir del asociacionismo obrero de inspiración ácrata. Al mismo tiempo, las disposiciones sobre libertad de imprenta tuvieron como resultado ampliar de manera considerable las posibilidades de propaganda. Pero las mismas circunstancias económicas favorecían la existencia de un público destinado a convertirse en receptor de estas ideas: en las dos últimas décadas del siglo el sector de la población ocupada dedicada a la actividad industrial se cuadruplicó.

Antes de tratar de los dos grandes movimientos sindicales existentes en España resulta imprescindible recordar que la mayor parte del asociacionismo obrero no tuvo significación ideológica precisa y que, de tenerla, buena parte de ella permaneció en la esfera del republicanismo hasta bien entrado el siglo XX. La mayor parte de las sociedades obreras eran de socorros mutuos. Como sabemos la asociación textil barcelonesa «Las Tres Clases del Vapor» —que puede ser considerada representativa de aquel sector industrial más relevante— estaba fundamentada en ese propósito.

Sólo algunas de sus secciones colaboraron en la formación de la UGT mientras que la mayor parte de ellas intentaron la creación de un grupo político socialista propio, de carácter reformista, que resultó efímero. Pero eso no hizo crecer las posibilidades del PSOE en la región industrial por excelencia. Lo cierto es que el socialismo español fue irrelevante en términos políticos durante largo tiempo. La fundación de *El Socialista,* en 1886, permitió una homogeneización ideológica, pero el contenido de la misma no contribuyó a ampliar la relevancia social del movimiento. El socialismo se definía como una organización proletaria que se atribuía fines revolucionarios y que se negaba a pactar con partidos republicanos. No consiguió de momento atraer a un grupo de intelectuales o su paso por el partido duró muy poco, como fue el caso de Unamuno, siempre propicio a escapar de cualquier ortodoxia.

La escasa influencia del socialismo se debe poner en relación con el desarrollo del anarquismo. Se ha tratado de presentar a éste como la consecuencia de una mentalidad milenarista, casi religiosa y producto del retraso de la sociedad española. Aunque en parte ello pueda ser cierto, lo que define mejor el anarquismo español de la época —y de tiempos posteriores— es la existencia de sectores diversos con una relación de condescendencia mutua que provocaba la indiscriminación a la hora de una represión que resultaba incapaz de discernir entre los estudiantes, quienes practicaban el atentado personal, los literatos bohemios o los sindicalistas. Esos sectores fueron definidos en la época como anarcocomunistas (partidarios del empleo de procedimientos violentos) y anarcocolectivistas (proclives a la acción sindical). Como la represión quedaba en manos de la autoridad militar y no la policíaca, muy a menudo tenía como consecuencia no sólo errores de hecho sino el empleo de procedimientos brutales para obtener la confesión de los detenidos.

La última década del siglo presenció una eclosión de acciones violentas realizadas por los anarquistas que trasladó su centro de gravedad desde el sur hasta Barcelona. Una protesta obrera en 1892 en Jerez concluyó con varias penas de muerte y a continuación, coincidiendo con un fenómeno que también tuvo paralelismos en otras latitudes, tuvo lugar una serie de actos, de lo que los anarquistas denominaban como «propaganda por el hecho», que pretendían multiplicar las posibilidades revolucionarias pero sólo excitaron una represión que muy pronto fue brutal. Los atentados contra el general Martínez Campos y el Liceo (1893), como el que tuvo lugar contra la procesión del Corpus (1896), fueron replicados con dos sucesivas leyes antiterroristas. La represión no sólo fue amplia sino que parece indudable que utilizó como instrumento la tortura. Los exiliados anarquistas presentaron a la España de la época como inquisitorial y bárbara y lograron el apoyo de una parte considerable de la opinión pública europea de izquierdas. En España la protesta en contra de la represión contra los anarquistas encarcelados en Montjuich (Barcelona) puede ser considerada como el primer ejemplo de protesta intelectual en torno a una cuestión política, tal y como había sido el caso Dreyfus en Francia.

También el fin de siglo supuso la aparición de la cuestión social en el terreno político. En 1883, durante el gobierno liberal, fue creada la Comisión de Reformas Sociales, que en años sucesivos estudió esta problemática y publicó una extensa información a fines de siglo. En los últimos años del mismo fueron frecuentes los debates académicos sobre el particular y en 1899-1900 se introdujeron las primeras disposiciones sobre accidentes o acerca del trabajo de la mujer y el niño. En esta materia se produjo una confluencia entre varios sectores políticos —liberales intervencionistas, republicanos reformistas, conservadores de cátedra, católicos sociales tras la aparición de las primeras encíclicas, etcétera— a los que es preciso sumar la representación obrera desempeñada por los socialistas, que tenían la única organización dispuesta a negociar con el Estado. En gran medida, por tanto, la legislación social fue en este momento inicial, y en realidad también durante toda la etapa de la Monarquía de la Restauración, obra del consenso entre estos variados sectores que fueron capaces de colaborar en una tarea de interés común.

La política de los noventa. Del regionalismo cultural al nacionalismo político

La política de los años noventa no ofrece sorpresas desde el punto de vista del turno establecido en la Restauración, pues consistió en la sucesión de cuatro gobiernos de duración aproximadamente igual en que conservadores y liberales se fueron relevando siguiendo el ritmo impuesto por sus propias divisiones. Sin embargo, a partir de mediada la década el impacto abrumador sobre el conjunto de la vida pública estuvo constituido ya por la situación en Cuba, que absorbió por completo la vida nacional.

El regreso de los conservadores al poder con Cánovas en el periodo 1890-1892 vino precedido por el primer ensayo de aplicación del sufragio universal, que no supuso novedad importante alguna aunque los republicanos vencieron en algunas de las ciudades más importantes. De todos los modos es posible que un resultado de la implantación de esta novedad fuera el mayor nivel de exigencia a los electos en el medio urbano, como se prueba por el hecho de que, a partir de este momento, se reprochara corrupción a la administración de algunas grandes ciudades como Madrid y Barcelona. Por otro lado, esta nueva etapa conservadora se caracterizó por la aparición de las primeras fracturas en el seno de los partidos del turno. El enfrentamiento entre los dos dirigentes segundones del partido conservador, Silvela y Romero Robledo, no puede atribuirse a meros factores personales o clientelares aunque estos jugaran un papel importante. El primero, aunque lastrado por el escepticismo, representaba una política de principios mientras que el segundo, muy conectado con quienes en Cuba defendían una política de absoluta identificación con la metrópoli, representaba la pura resistencia al cambio. Cánovas se inclinó por el segundo, con el que quizá se complementaba mejor porque representaba la política más profesional y carente de escrúpulos.

Si eso parece indicar un cierto agotamiento en el primer protagonista de la Restauración, algo parecido cabe decir de Sagasta en el periodo liberal inmediatamente posterior. Cánovas se había enfrentado a la cuestión proteccionista y ahora al dirigente liberal le tocó hacerlo con los atentados terroristas y con los incidentes, en el entorno de Melilla, con los indígenas, que provocaron una difícil aunque no tan duradera situación peligrosa y un extremado grado de susceptibilidad en unos militares poco propicios a mantenerse definitivamente alejados de la política (1893). No obstante, la cuestión que estaba destinada a tener mayor trascendencia en un futuro fue la cubana, a la que Sagasta no supo dar respuesta. En eso fue continuador estricto de Cánovas. Durante la etapa de gobierno de éste, aunque se habían dado mayores facilidades para la relación económica de Cuba con Estados Unidos, de hecho había aumentado la centralización al quedar dividida la isla en seis provincias españolas que elegían sus propios diputados. Maura, el joven ministro de Ultramar con el gobierno liberal, amplió el censo electoral y creó un gobierno insular único con competencias de cierta importancia en materias muy diversas, lo que permitía abrir una cierta expectativa de evolución en sentido autonomista. Pero en el partido liberal también existía un grupo de presión en favor de una política extremadamente asimilista en relación con Cuba y el resultado fue el abandono de esas reformas. Maura dimitió y en él se engendró una posición muy crítica contra la política de la Restauración que se personificó en Sagasta y que estaba destinada a tener directa repercusión en el periodo inmediatamente posterior.

Si éstas fueron las consecuencias del fracaso reformista en la política interna española, más graves resultaron todavía las que se produjeron en las colonias. En 1892 Rizal fundó la Liga Filipina, una sociedad secreta de fuerte contenido anticlerical que protagonizó la lucha por la independencia en su país. Dos años después Martí creó el partido revolucionario cubano, que sería el destinado a llevar a Cuba de modo definitivo por la vía de la independencia. A partir de 1895 la cuestión colonial empezó a dominar de forma absoluta la política española.

Mientras tanto, durante esa misma década de los noventa, se produjeron en España determinados movimientos políticos que en el medio plazo habrían de tener una repercusión importante. En los noventa, en efecto, existió una cierta movilización del mundo católico, principalmente a través de la celebración de congresos, inspirados en los organizados en Italia y destinados a consagrar la unidad de todo el mundo católico en torno a una serie de obras sociales. Aunque se trataba de detener el avance del laicismo, en realidad esos congresos hubieran tenido como consecuencia la participación de los católicos en las instituciones vigentes de acuerdo con el Estado de la Restauración. Sin embargo, un punto de partida esencial para que tal empresa pudiera llevarse a cabo era que los católicos estuvieran unidos. Esto nunca llegó a convertirse en realidad por la perduración, aun reducidos a la condición de grupúsculo, de los sectores integristas. La actitud posibilista de la jerarquía eclesiástica y, más aún, de Roma chocó con esa dificultad que privó al catolicismo español de una movilización y articulación como la que se produjo en otros países. Los congresos, suspendidos por vez primera en 1894, acabaron desapareciendo en 1902. Con ellos se desvaneció también una posible presencia de los católicos en la vida pública.

Un rasgo muy característico de la política de fines de siglo fue, en segundo lugar, la eclosión de movimientos regionalistas que en este momento empezaron a recorrer el camino que les llevaba de la afirmación de identidad cultural a la declaración de propósitos políticos. En todas las regiones en que existía una especificidad en este terreno la recuperación cultural se inició a mediados de siglo, aunque a muy variado ritmo, a través de reuniones como los Juegos Florales, que tenían un contenido primordialmente literario pero también contribuían a exaltar la peculiaridad propia. En el final de siglo la defensa de intereses económicos o la profundización en la tradición jurídica contribuyó a dar mayor fuerza a la afirmación de identidad cultural. La actuación partidista a través de organizaciones propias y con éxitos políticos estables no tuvo lugar propiamente sino en los últimos años del siglo XIX y primeros del XX. Hubo una continuidad generacional entre quienes cumplieron la primera misión y los autores de la segunda. Además, otro dato a recalcar es que la derivación hacia el nacionalismo solió proceder de ámbitos políticos distintos, desde el federalismo al carlismo, prueba indudable de que nacía en su origen de una realidad cultural objetiva.

En Cataluña la primera definición doctrinal del nacionalismo fue del antiguo federal Valentí Almirall, quien en 1885 promovió la entrega al rey de un *Memorial de agravios*. La defensa de la tradición jurídica catalana y la sensación de autosatisfacción por los éxitos económicos de los años ochenta llevaron a la creación de la Unió Catalanista en 1891, en cuyo seno se elaborarían las Bases de Manresa, el primer programa articulado del catalanismo. Pero sería la generación posterior la que llegó a transformar desde el punto de vista político este movimiento en un grupo político. En el caso del nacionalismo vasco la recuperación de la identidad cultural corrió pareja con la afirmación política. Si los planteamientos de Sabino Arana se caracterizaron por su radicalismo, la razón estriba en que la identidad propia estaba más amenazada, al haber retrocedido el vasco de forma irremisible desde el siglo XVI, y también como consecuencia de la rápida transformación del mundo agrario tradicional en industrial. Sin embargo, la difusión del nacionalismo no puede entenderse sin la protesta por la abolición de los fueros y, en general, por la existencia de un regionalismo caracterizado por menor deseo de ruptura y un tono más liberal. En Galicia también hubo una duplicidad entre las iniciales manifestaciones de regionalismo, la primera de ellas más liberal, tal como la definió Murguía, y más tradicional en los contenidos que le dio Alfredo Brañas. Pero el galleguismo tardaría en vertebrarse para la acción política hasta la época de la I Guerra Mundial y aún más en lograr representación parlamentaria.

La guerra de Cuba y sus consecuencias

El estallido, en 1895, de una nueva sublevación cubana tuvo unas consecuencias decisivas en la política desarrollada en la metrópoli y supuso un giro decisivo en la evolución histórica española.

En realidad ya desde mediado el siglo XIX se había iniciado en Cuba una profunda transformación económica que constituye un factor decisivo para explicar la independencia final. Ya en este momento la mitad de las exportaciones cubanas se dirigían hacia Estados Unidos, cifra que fue creciendo hasta casi el 90% al final del siglo. En ese momento, sin embargo, todavía casi la mitad de las importaciones venían de España. Para ella Cuba seguía siendo esencial de cara al mantenimiento de su balanza de pagos, hecho que explica la existencia de un grupo de presión empeñado en mantener el vínculo con la metrópoli. Pero era cada vez más difícil hacerlo y con el paso del tiempo las circunstancias económicas contribuyeron a alejar a Cuba de España. En efecto, la explotación del azúcar cubano se hizo por procedimientos más sofisticados que, a su vez, implicaron la inversión de capitales estadounidenses y esta realidad se impuso a cualquier intento político de sobreponerse a ella. Al mismo tiempo, en la guerra de los diez años había nacido un sentimiento nacional cubano al que no se dio ninguna satisfacción ni tampoco un resquicio de esperanza en un horizonte autonómico. La política asimilista seguida desde Madrid consideró cualquier cesión como camino hacia la independencia. La corrupción administrativa prosiguió y las tímidas medidas reformistas dirigidas a la población mestiza o negra no consiguieron contrapesar el alejamiento de los criollos.

El problema cubano quizá se podría haber prolongado algún tiempo de no ser porque la metrópoli estaba a nueve mil kilómetros, mientras que Estados Unidos tan sólo distaba ciento veinte. Para este país en cierto modo la guerra de Cuba resultó incluso más importante que para España. Aparte de los intereses económicos existentes hubo factores culturales y políticos que explican su intervención: existía una conciencia de superioridad que pretendía que «el destino manifiesto» propio de los estadounidenses era imponerse a los países decadentes, la prensa fomentó la intervención como lo hicieron también la espiral de rivalidades entre los dos partidos principales, demócrata y republicano, y, en fin, hubo también un factor idealista, incluso moralista, derivado de la brutalidad de los procedimientos empleados por los españoles en la lucha contra los independentistas. Otro aspecto de la cuestión es el que se refiere a la correlación de fuerzas existente. En términos estrictamente bélicos la superioridad estadounidense fue manifiesta desde un principio tan sólo en lo que respecta a la flota mas no quedó demostrada en el Ejército de Tierra. Para los estadounidenses el ideal hubiera sido comprar la isla y a este propósito se dirigieron hasta cinco ofertas, la última de trescientos millones de dólares. Pero la posición de todos los partidos españoles fue netamente contraria a esta posibilidad —en cambio el general Polavieja recomendó la independencia. El sistema de la Restauración se sentía lo bastante frágil como para pensar que si cedía por razones económicas o sin combatir la isla quebrarían las instituciones. El mantenimiento de las mismas era la exigencia primordial de los partidos del turno. En este sentido el acuerdo con los estadounidenses resultaba imposible.

Los datos precedentes revelan que en el conflicto cubano se enfrentaba un imperialismo antiguo a otro nuevo en que el factor económico revestía superior importancia (esta afirmación vale aun más para el caso de Filipinas y el Pacífico, en donde España apenas tenía presencia comercial). Ahora bien, en los años finales del siglo, a partir de la conferencia de Berlín (1885), se dejó de considerar como un derecho suficiente el de descubrimiento y, en cambio, pasaron a adquirir mayor relevancia el de explotación económica o comercial y la acción civilizadora. Además el ambiente de la época, entre positivista y evolucionista, tendía a considerar que existían naciones pujantes y otras moribundas que en la práctica carecían de derechos y debían ser sustituidas. La única posibilidad de que un imperio decadente conservara sus posesiones radicaba en que una de las primeras potencias la garantizara; de lo contrario se produciría un ultimátum y la consecuencia final sería el reparto de lo poseído por el más débil. Como Cánovas dijo, en esos años se plantearon cuestiones «que no esperan su solución sino de la fuerza». En estas circunstancias poco podían hacer los dirigentes políticos españoles por mucho que se empeñaran. Nadie les podía conseguir un apoyo diplomático efectivo para un imperio colonial decadente. En la práctica, las potencias europeas nunca ofrecieron una mediación armada o formaron una coalición hostil a los estadounidenses sino que tan sólo se mostraron expectantes ante los acontecimientos. Quienes estaban dispuestos a desempeñar aquella función fueron potencias distantes (Austria-Hungría) o individuos aislados (el embajador británico en Madrid).

La sublevación de 1895 supuso el relevo inmediato de los liberales por los conservadores. Cánovas envió inmediatamente a Martínez Campos con la esperanza de que pudiera repetir el resultado de su intervención de 1878, es decir, una victoria militar seguida de un acuerdo pactado final. El esfuerzo realizado por España fue máximo, pues se enviaron más de doscientos mil hombres y se contrajeron importantes préstamos. Sin embargo, en plazo corto de tiempo el responsable militar se declaró fracasado y aconsejó el paso a una política de mayor dureza llevada a cabo por otra persona. Quien se responsabilizó de ella fue el general Valeriano Weyler, que paradójicamente estaba destinado a aparecer en la Historia española con una significación liberal. En realidad, los independentistas llevaban a cabo una guerrilla para la que el Ejército español, organizado de cara a un eventual conflicto europeo, no estaba preparado. Las condiciones materiales de los soldados eran muy malas porque más de dos tercios del presupuesto militar se gastaba en los sueldos de la oficialidad: al final de la guerra habían muerto cincuenta y tres mil soldados por enfermedad y poco más de dos mil en combate. Los propios militares consideraban que era imposible «vencer en un combate serio». Weyler, en estas circunstancias, recurrió a la brutalidad de los procedimientos tradicionales en contra de la guerrilla. Creó, por ejemplo barreras o «trochas» con las que aislar las zonas insurrectas y no eludió incluso la destrucción de cosechas o la «reconcentración» de la población rural en pueblos protegidos. En el verano de 1897 la mitad de la isla estaba pacificada y una sublevación producida en Filipinas acabó vencida. Entonces quizá Cánovas pensó ofrecer una solución política, tímidamente autonómica, pero fue asesinado por un anarquista cuyo brazo había sido movido por los insurrectos cubanos.

De todos los modos, aunque Cánovas hubiera sobrevivido lo más probable es que el resultado hubiese sido el mismo. Sagasta sustituyó a Weyler por Blanco, quien recibió instrucciones de abstenerse de tomar la iniciativa y de seguir una política más humana. Al mismo tiempo Moret elaboró unos proyectos autonómicos que preveían la existencia de una especie de constitución paralela con un gobernador que ejercería un papel parecido al del rey. Pero estas medidas fueron ya demasiado tardías como para poder ser aceptadas por una sublevación que contaba con un poderoso aliado cercano.

Lo decisivo fue en este momento la intervención llevada a cabo por Estados Unidos. La voladura del barco *Maine* en La Habana, debida probablemente a un accidente, multiplicó la tensión entre los dos países y sobre todo dio alas a la propaganda de la prensa sensacionalista estadounidense. A mediados de abril de 1898 los estadounidenses presentaron un ultimátum que reclamaba para Cuba la libertad y la independencia; paradójicamente, fue la resistencia española a vender la isla lo que explica que los estadounidenses hicieran esas dos peticiones. Fracasadas las angustiadas gestiones finales con otros países llevadas a cabo por la Regente, la guerra resultó ya inevitable.

Su desenlace inicial tuvo lugar en Filipinas, donde la sublevación indígena había sido vencida por completo y el interés estadounidense parecía distante (ni siquiera por entonces Hawai había sido incorporada a Estados Unidos). En la batalla de Cavite —mayo de 1898— la flota española fue aplastada por la estadounidense, cuya potencia de fuego fue diez veces superior a la de su adversaria. La Marina española, en efecto, estaba formada por muchas unidades, pero en su mayoría pequeñas, estando en cambio las mayores en reparación o mal estado de conservación en el momento de iniciarse las operaciones. Los planes de construcción de nuevas unidades quedaron a medio camino o se incumplieron o erraron en el tipo de buques a incorporar, a pesar de la evidencia de que el enfrentamiento se aproximaba. Aun así desde España fue enviada a Cuba la flota del almirante Cervera en ese mismo mes de mayo, pero se vio bloqueada inmediatamente en Santiago. Cuando trató de romper el bloqueo, en julio, los estadounidenses la destruyeron sin problemas. Poco después se rindió la ciudad y en agosto se firmó un armisticio en Washington. Los estadounidenses estaban muy lejos de haber logrado la victoria en tierra y por el momento no quedaba claro el destino de Filipinas, pero para España, cuya flota había sido destruida y temía incluso un posible desembarco en Canarias o en las costas españolas, no había otra solución que la paz. Incluso por un momento se pensó en ampliar la protección artillera en torno a Gibraltar porque se temía un desembarco estadounidense allí, con lo que no se logró otra cosa que crear una situación tensa con Gran Bretaña.

Por el tratado de París, firmado en diciembre de 1898, España cedió Filipinas, Puerto Rico y Guam a Estados Unidos y concedió la independencia a Cuba. En realidad Cuba sólo tuvo una independencia nominal y los estadounidenses debieron enviar a Filipinas un auténtico ejército de ocupación que en 1899 sufrió más bajas que durante la guerra con España. En febrero de 1899 España vendió a Alemania los archipiélagos de Marianas, Carolinas y Palaos, donde su presencia era inexistente. Tal resultado puede parecer paradójico en su conjunto porque el interés estadounidense estaba centrado en Cuba. Lo que verdaderamente había sucedido era que con España se había puesto en práctica una vez más la redistribución colonial. Alemania hubiera deseado recibir Filipinas, pero se la compensó con las islas polinesias porque Gran Bretaña, que no tenía interés en aquélla, quería limitar la presencia alemana. Los británicos, que habían tenido ese conflicto con las autoridades españolas en relación con el entorno de Gibraltar, ofrecieron un tratado de garantía sobre la España metropolitana que no fue aceptado. Convertida en pequeña potencia tan sólo europea cuyos intereses estratégicos se limitaban al Estrecho —en donde el control decisivo correspondía a otros— España acabaría integrándose en el sistema diplomático europeo de una forma equivalente en la práctica a ser mediatizada por Francia y Gran Bretaña durante la primera década del siglo siguiente.

La sociedad española contempló la guerra colonial con visiones muy distintas. Si es cierto que existió en los medios urbanos un fácil patrioterismo, difundido a través de la prensa y el teatro populares, no parece que pueda decirse que fue idéntica la actitud de todos los sectores dirigentes. Ya sabemos de la existencia del grupo de presión en el seno del partido conservador a favor de la tesis asimilista, que tuvo como portavoz más caracterizado a Romero Robledo. En general, los políticos de los partidos del turno estuvieron mucho menos convencidos de que fuera posible conservar Cuba y, una vez iniciada la guerra, procuraron abreviarla. Los medios industriales catalanes, los más importantes de la época, fueron los que más partidarios fueron de la conservación de las Antillas por razones bien obvias. Antonio López, marqués de Comillas, el más importante capitalista de la época, fue, además, el transportista de las tropas españolas hasta Cuba y uno de los prestatarios al Estado de los recursos para financiar la guerra. Sin embargo, no puede generalizarse esta postura a todos los medios económicos. La Iglesia estuvo interesada sobre todo en Filipinas porque las órdenes religiosas desempeñaban allí un papel colonizador de primera importancia.

De los partidos situados al margen del turno ninguno causó especiales problemas a la clase política liberal y conservadora, de modo que esos temores de que acabara quebrando la Restauración se demostraron injustificados. De los republicanos tan sólo los federales de Pi i Margall fueron partidarios de una Cuba que tuviera con España una relación de igual a igual pero otros, como Blasco Ibáñez, no tuvieron el menor inconveniente en hacer demagogia patriótica. Los anarquistas tuvieron posiciones bastante contradictorias. El PSOE mantuvo una postura de cerrada oposición a la guerra por la desigualdad social que implicaba la posibilidad de redimir el servicio militar y consiguió elevar algo su modesta financiación. Los nacionalistas catalanes fueron partidarios de los planes autonomistas de Maura y Moret mientras que los vascos, mucho más radicales, dieron muestras de un insistente y duro antiespañolismo. Es difícil medir el impacto sobre las masas al margen de la expresión lograda a través de los partidos políticos, pero ni se produjo un gran incremento del número de prófugos (en torno al 4%) ni tampoco de redenciones del servicio militar (del 9% se pasó al 12%).

En realidad, el mayor y más inmediato impacto que tuvo la guerra colonial se percibió en el terreno político y mucho más en uno de los partidos del turno que en movimientos de protesta nuevos. Los intentos —de Joaquín Costa, por ejemplo— para organizar los sectores productivos al margen del turno en una Liga de productores o en una Unión Nacional, luego, fueron efímeros aunque dejaron una impronta de cierta trascendencia, gracias a unos programas que insistían en aspectos hasta el momento inéditos en materias como la economía o las obras públicas. Lo más relevante fue que, coincidiendo con la desaparición de buena parte de la clase política de este partido durante el cambio de siglo, por vez primera entre los conservadores quedó planteada la posibilidad de un programa renovador.

Lo protagonizó Francisco Silvela durante un año y medio a partir del momento de la derrota. Culto y escéptico, Silvela había criticado en Cánovas la tendencia a someterse a los dictados de la política carente de escrúpulos morales de un Romero Robledo. Su artículo *Sin pulso* situaba a España entre esas naciones moribundas de las que había hablado el responsable de la política exterior británica, lord Salisbury, como destinadas a ser sustituidas por las más jóvenes y pujantes. Silvela escribió el texto citado fundamentalmente para procurar una movilización que fuera capaz de transformar la realidad política española. En su gobierno supo contar con elementos dispares que en los tiempos inmediatos pasados se habían significado por proponer programas nuevos y de principios. El general Polavieja era un militar prestigioso que había obtenido el apoyo de la burguesía catalana gracias a propuestas descentralizadoras y de carácter económico. Duran i Bas representaba la defensa de la tradición jurídica catalana y enlazaba con el regionalismo. Dato fue uno de los primeros defensores del intervencionismo del Estado en materia de legislación social. Gasset propuso un programa de política hidráulica que resultaba coincidente con muchos de los programas de Costa. Finalmente Fernández Villaverde propuso una política de ajuste de la Hacienda que resultaba imprescindible y que en realidad fue la que transcurrido muy poco tiempo predominó sobre el resto del programa del gobierno. Lo cierto es que los programas de los diferentes ministros resultaban un tanto incoherentes: el control del gasto hacía muy difícil, por ejemplo, la modernización del Ejército que proponía Polavieja, y Silvela consideraba cualquier medida autonomista poco menos que como separatista. Por si fuera poco, el escepticismo del presidente le hundía con frecuencia en la apatía. En marzo de 1901 Silvela dimitió y se retiró de la política, siendo sustituido por Sagasta con un gobierno que sería ya el último de la Regencia.

La experiencia de Silvela en el poder es mayor que la que se deduce de la narración de sus aciertos y fracasos. Se trató en realidad del primer gobierno regeneracionista en la Historia española, en el sentido de que no tenía tan sólo unos propósitos programáticos precisos sino que además implicaba una voluntad transformadora global de la vida pública española e inició, por lo tanto, una larga serie que sólo concluyó en los albores de la I Guerra Mundial.

El malestar en la cultura

Ha sido habitual atribuir a la crisis colonial un papel crucial en la evolución de la cultura española en el tránsito entre los dos siglos. Lo cierto, sin embargo, es que se puede incluso detectar con anterioridad la sensación de malestar o de crisis en el medio cultural y no en el político. En realidad la política española no cambió a fondo en los momentos inmediatamente posteriores a la pérdida de las colonias, mientras que en el mundo cultural era ya patente el cuestionamiento de los principios en los que en su momento se basó la Restauración canovista antes de que se perdieran Cuba y las Filipinas. A lo sumo puede decirse que lo sucedido con las colonias proyectó al campo de la política una voluntad de cambio que ya había aparecido bastante clara desde mediados de los años ochenta y, sobre todo, de manera clara en los noventa.

La quiebra de valores de fines de siglo supuso la sustitución de la razón y la ciencia, considerados como columnas de la realidad, por otros de carácter mucho más vital, como la voluntad de poder, la imposición de la persona, la expresividad o la sensibilidad religiosa. Quienes representaron ese cambio en el conjunto de la cultura europea fueron, a título de ejemplo, Nietzsche, Wagner, Maeterlinck o Ibsen, todos ellos muy admirados por los autores españoles de la época. De acuerdo con esta aparición de valores profundamente contradictorios con los anteriores, la novela o el teatro naturalistas fueron sustituidos por una preocupación por la aventura íntima, a veces mucho más sugerida que descrita. La ciencia positivista y descriptiva tendió a ser desplazada por el intento de captación emocional de las esencias. El parlamentarismo liberal, en un momento en que se producía un enfrentamiento con el anarquismo y el nacionalismo periférico, se vio sometido a una crítica que en ocasiones le contraponía otras soluciones.

Quizá lo más peculiar del caso español fue la aparición de una literatura muy crítica respecto de la realidad del país, que testimonia un malestar anímico, aunque lo recubra a menudo con un amplio bagaje de datos estadísticos que todavía recuerdan al positivismo. En realidad al regeneracionismo se lo debe definir más como una actitud o un talante vital que como una escuela de pensamiento. La crítica, emparentada con una especie de inferioridad que, durante los años noventa, también se sintió en otras latitudes respecto de los países del norte, aludió a males nacionales derivados de la geografía o del clima pero insistió de manera especial en los aspectos sociales y políticos. Los regeneracionistas acostumbraron a describir la realidad española en unos tonos jeremiacos, proponiendo soluciones que con frecuencia resultaban contradictorias y en otras ocasiones nos parecen, desde una óptica actual, de escasa envergadura, incluso bordeando el puro arbitrismo. El origen del regeneracionismo podría remontarse hasta Almirall, quien en un libro titulado *España tal como es* (1885) aseguraba que nuestro país sólo era superior a los demás en Deuda pública y número de generales. Pero la gran difusión de la literatura regeneracionista data de los años noventa. *Los males de España* fueron descritos por Lucas Mallada en un libro de ese título (1890) mientras que Macías Picavea llegó a enumerar nada menos que veintidós. La significación política de estos escritores fue muy variada, pero el hecho de que muchos de ellos propusieran temporales soluciones autoritarias no debe hacer pensar que eran de derechas. Luis Morote, autor de *La moral de la derrota* (1900), fue republicano y liberal y lo mismo cabe decir de la figura más conocida de la literatura regeneracionista, Joaquín Costa.

Originariamente vinculado al krausismo liberal, Costa fue un trabajador infatigable interesado por numerosas cuestiones de la Historia española como, por ejemplo, el colectivismo agrario. Sin embargo también le apasionó el presente y el futuro, sobre los que escribió de forma incansable y vehemente. Fue el promotor de una política de realidades prácticas basada en la difusión del riego y al margen de los enfrentamientos demasiado teóricos de la política profesional. Criticó acerbamente ésta en la encuesta que organizó en el Ateneo sobre la oligarquía y el caciquismo como sistema de gobierno en España. A diferencia de gran parte de quienes respondieron a ella, llegó a proponer un «cirujano de hierro», especie de gobernante autoritario temporal, aunque controlado por un parlamento y judicatura independientes, capaz de convertir el liberalismo que en teoría existía en la legislación en una realidad práctica y vivida cada día. Su acción política fue confusa pero siempre apasionada y resultó muy influyente, al menos en su inspiración genérica de programas y en el lenguaje apocalíptico con el que se plasmaron. Aunque luego fuera utilizada en su favor por los grupos políticos de derecha, lo cierto es que Costa y en general los intelectuales finiseculares permanecieron, en lo fundamental, en el ámbito del liberalismo.

Esta afirmación vale también en términos generales para la llamada generación del 98, a la que sería preciso denominar con mayor propiedad como generación finisecular. Olvidando el cientifismo positivista que siempre caracterizó a los escritores regeneracionistas, Unamuno, en *En torno al casticismo* (1893) y Ganivet, en *Idearium español,* dos años después, trataron de descubrir la esencia de lo español en claves espirituales, físicas, tradicionales y paisajísticas. Esa voluntad de indagación sobre la «intrahistoria» nació de la influencia del escritor francés Hipólito Taine, cuya idea principal consistió en la búsqueda de esa esencia nacional para conseguir, en un segundo momento, regenerarla a partir de ella misma. En ambos escritores españoles surgió una primera y muy brillante manifestación de lo que sería luego el gran ensayismo español del siglo xx. En realidad el resto de los escritores pertenecientes a este grupo generacional —Machado, Azorín, Baroja, Maeztu...— tuvieron también una profunda preocupación por el ser nacional aunque eligieran el vehículo de la expresión literaria y no el ensayo. Su malestar finisecular queda testimoniado en su crítica a la sociedad filistea que les había tocado vivir y en un puñado de actuaciones de disconformidad respecto de ella en materias muy variadas, pero que parecen carecer de un mínimo de unidad. Jóvenes provincianos que vivieron una etapa juvenil con frecuentes radicalismos —en el anarquismo o en el republicanismo— constituyeron la primera generación de intelectuales de la Historia española, entendiendo por tales aquellos escritores que se autodefinían desde la perspectiva de una opción en la vida colectiva. Pero no vertebraron un movimiento estable con un proyecto común. A partir de un determinado momento, como escribiría Machado, «cada cual el rumbo siguió de su locura» aunque tuvieran en común «el tiempo y un común dolor». No expresaron, en cambio, una propuesta colectiva articulada en medidas concretas. La agonía religiosa de Unamuno corresponde a lo que podría ser denominado como una doctrina de la salvación individual, al mismo tiempo que su visión como observador crítico de la realidad española fue liberal y siempre insobornable. Maeztu, que desde los años veinte evolucionaría hacia el autoritarismo, fue en cambio un defensor entusiasta del desarrollo de la economía capitalista. Si a estas actitudes vitales y estéticas sumamos la evocación de la tradición literaria española, así como de su paisaje, específica de Azorín, tendremos conciencia de la pluralidad que caracterizó a la generación finisecular. Individualistas, no elaboraron una doctrina para comprender y cambiar la realidad circundante.

Lo haría en cambio de un modo más caracterizado y completo la generación posterior, aparecida en la vida pública española en torno a la I Guerra Mundial, y para plasmar su opción se apoyó en quienes, como Giner o Azcárate, habían estado en la primera fila del krausismo. Ortega llegó a decir que quienes, como él, tenían el «escudo en blanco» se habían visto influidos de modo principal por ellos. Machado mismo dijo que Giner había dejado tras de sí «un duelo de labores y esperanzas». Unas y otras resultaron muy influyentes incluso en la propia Administración española de comienzos de siglo. Por otro lado, en Giner hubo también algunas preocupaciones muy coincidentes con las de la generación finisecular. Fue él quien, por ejemplo, embarcó a sus discípulos en el descubrimiento del paisaje del entorno de Madrid, humanizado por una Historia multisecular. El principal de sus discípulos, Cossío, contribuiría, dedicando un libro a El Greco, al mejor conocimiento de este pintor que se convirtió, en la óptica de las artes plásticas del fin de siglo, en uno de los acicates de la pintura expresionista, pero también fue considerado como uno de los mejores testimonios de captación del alma castellana.

En arquitectura y artes plásticas el equivalente de la crisis de fin de siglo lo encontramos en el modernismo y sus derivaciones posteriores. Por vez primera en los años noventa los artistas plásticos españoles eligieron como lugar donde formarse París o Bruselas en vez de la mucho más académica Roma. De allí vinieron algunas de las novedades más importantes, que por otro lado ellos mismos contribuyeron a crear como testimonia Picasso. El «camino del norte» fue bien expresivo de las incertidumbres finiseculares, como la capital del mundo antiguo había sido el testimonio de las seguridades del clasicismo.

El deseo de penetrar en las peculiaridades de lo español también contribuye a explicar la evolución de la arquitectura. Al margen de un cierto estilo monumental internacionalista la resurrección, más o menos fiel, del estilo renacentista del tiempo de los Reyes Católicos o de estilos regionalistas (Aníbal González). De todos los modos en arquitectura cabe atribuir al modernismo catalán —y principalmente barcelonés— una novedad radical que convierte a esta ciudad en la capital europea por excelencia, vinculada a esta opción estética en compañía de Bruselas. Es posible que además el modernismo alcance su máxima figura en la persona de Antonio Gaudí, el cual, tras seguir una peculiar derivación del neogótico, acabó desarrollando un estilo muy peculiar con absoluto dominio de la curva, compatible con la estricta funcionalidad y una decoración ornamental a base de la utilización de los oficios artesanos (parque Güell, 1900; Casa Milá o *La Pedrera*, 1905-1910). El modernismo catalán fue también la expresión de la pujanza de una sociedad que tenía sus manifestaciones también en el terreno económico y político.

De todos los modos es en las artes plásticas donde se manifiesta de un modo más claro ese rasgo esencial del mundo finisecular que revela una forma nueva de mirar al entorno. Los paisajes melancólicos de Rusiñol, el prosaísmo de los interiores o de los espacios urbanos de Casas, los deslumbrantes fogonazos de color de Anglada Camarasa o Mir o las gitanas de Nonell supusieron una ruptura radical con la estética anterior. En el caso de otra de las capitales culturales españolas, Bilbao, esta ruptura fue menos radical quizá, pero en la obra de Zuloaga y de tantos otros pintores vascos (o norteños como Darío de Regoyos) hubo una manifiesta identidad con los escritores finiseculares en la voluntad de captar la esencia de lo español. Zuloaga, en efecto, después de haber mantenido un contacto estrecho con buena parte de los mejores pintores posimpresionistas se dedicó a recrear en la Castilla profunda la imagen de un presente al mismo tiempo tradicional y atractivo, fanático y fuerte, lleno de vigor y anclado en el retraso. En el descubrimiento del paisaje castellano le acompañaron muchos pintores vascos (Echevarría, Zubiaurre...). En Madrid, en cambio, el gusto estético tardó mucho más en renovarse, hasta el punto de que un pintor dedicado al género histórico, Pradilla, se mantuvo en el primer plano hasta su muerte en los años veinte. Sin embargo, algunos pintores derivaron hacia una visión muy moderna del prosaico paisaje castellano. Éste es el caso, por ejemplo, de Aureliano de Beruete o de Joaquín Sorolla, probablemente el pintor mejor dotado de la España de la época, como se demuestra por sus rotundos éxitos más allá de nuestras fronteras, sólo comparables a los de Zuloaga o de Anglada Camarasa.

La época regeneracionista: el reinado de Alfonso XIII (1902-1913)

Al iniciar el siglo España, aunque desde el punto de vista geográfico era una nación europea, por algunas de sus características peculiares parecía lejos de serlo. A diferencia de otros países europeos occidentales, continuaba siendo un país fundamentalmente agrario con cerca de un 70% de la población activa trabajando en el sector primario mientras que la población empleada en la industria era sólo el 16%, concentrada sobre todo en la construcción y el textil. La mayor parte de los que trabajaban en el sector terciario o de servicios lo hacían en el servicio doméstico, indicativo suficiente de una sociedad retrasada. En esas fechas un 6% de la propiedad de la tierra en España estaba en manos de la nobleza, y las fincas grandes, superiores a doscientas cincuenta hectáreas, representaban un 28% del total. En otros países de Europa occidental no existía un latifundismo semejante, pero sí en el este de Europa y, de cualquier modo, la gran propiedad no representaba un problema tan grave como en México, por ejemplo. La zona industrial por excelencia en España era Cataluña. Allí su industria más importante, la textil, sufría una serie de debilidades: tanto las materias primas —el algodón— como las patentes eran importadas del exterior, por lo que necesariamente había de apoyarse en un alto arancel. Las empresas españolas eran en su mayoría de tipo familiar.

Todos estos aspectos nos revelan una economía en la que la modernización era modesta. Pero también la sociedad española resultaba retrasada con respecto a las de Europa occidental. Una de las diferencias más marcadas con otros países europeos era el alto índice de analfabetismo existente en España en el año 1900: alrededor de un 63% de la población española no sabía leer ni escribir, mientras que en Francia este porcentaje era sólo del 24%. De todos los modos no podía afirmarse que la sociedad española se asemejara a una del Antiguo Régimen. La clase baja, formada por los jornaleros, pequeños agricultores y obreros industriales y de servicios, representaba el 75% del total de la población activa, pero a su lado había una activa burguesía que había renovado la nobleza y que, mucho más aun que ella, desempeñaba el poder político. España, al comenzar el siglo XX, era una monarquía liberal aunque no democrática. Seguía vigente la Constitución de 1876 en la que el poder legislativo era compartido por el rey, pero en España existía el sufragio universal masculino desde 1890, antes que en otros países europeos, incluida Gran Bretaña. La legislación permitía la existencia de libertades importantes y también su ejercicio. Otra cosa era la situación real que se daba al margen del contexto urbano.

Uno de los principales rasgos de la realidad española era la perduración de una serie de características que la vinculaban, a pesar de todo lo dicho, al Antiguo Régimen, durante el cual la influencia de unas pocas personas era consagrada por la propia estructura estamental, mientras que en el sistema caciquil la dependencia de unas personas hacia otras se imponía al margen de la legislación. En efecto el cacique —el rico del pueblo o el que controlaba la administración pública— ejercía el monopolio de la vida pública local y daba nombre al sistema político. Así podía suceder porque lo permitía la existencia de una generalizada desmovilización política del electorado. De este modo el cacique podía sustituir los programas políticos, ejerciendo un tipo de actividad mucho más primitiva, el clientelismo puro y simple. Aunque éste siempre había existido, lo característico es que ahora impregnaba toda la vida política, no sólo local sino también nacional.

Los intelectuales más importantes del periodo final de siglo XIX protestaron con dureza contra el mundo de la Restauración, criticaron el sistema político y, en líneas generales, acertaron al denunciar la situación existente pero no tanto al señalar algunas de sus soluciones. Costa fue el primero en recomendar una política de aprovechamiento hidráulico que con posterioridad tendría una influencia muy considerable como solución a las inclemencias de una agricultura mediterránea como la española. Pero en otro aspecto su labor fue todavía más importante. Criticó, además, la falta de veracidad del sistema liberal y, para llevar a cabo la regeneración del país, apeló a la irrupción en la vida española de una personalidad fuerte que actuara como el «cirujano de hierro». Pero fracasó en su actuación política concreta. Pretendía apelar a lo que él denominaba las «masas neutras» del país, pero la realidad era que, de momento, o éstas no existían o estaban demasiado vinculadas a la vida de los partidos políticos del turno.

Su actitud puede considerarse como el inicio del protagonismo en la vida española del término «regeneración» que indicó un deseo general de superar el retraso, llevar a cabo una modernización de la vida colectiva y renovar la vida política nacional o encontrar la solución fuera de ella. El regeneracionismo trascendió el pensamiento de quienes fueron sus creadores y llegó a tener un protagonismo de decisiva importancia en la vida política e intelectual española a todo lo largo de todo el siglo XX. Como veremos, durante todo el reinado de Alfonso XIII ese término resultó decisivo para explicar la actitud de personas y de grupos, políticos y sociales. El ansia por superar el retraso y llevar a cabo una modernización en todos los sentidos de la vida española se convirtió incluso en una obsesión, desmesurada en cuanto a los objetivos finales pero bienintencionada y, por supuesto, explicativa del conjunto de la realidad española en el momento.

Alfonso XIII: los inicios de un reinado

El nacimiento de la etapa regeneracionista prácticamente coincide con la llegada al trono de Alfonso XIII, el 17 de mayo de 1902, cuando, a la edad de dieciséis años y tras la regencia de su madre doña María Cristina de Habsburgo, llegó a su mayoría de edad legal. Desde el punto de vista humano el rey, cuya apariencia física era más la de un Habsburgo que la de un Borbón, fue un personaje atrayente que se benefició de una gran llaneza, simpatía y espontaneidad en el trato, con las que supo ganarse a los políticos extranjeros e incluso a los españoles que tenían una ideología contraria a la Monarquía. Su listeza aguda y rápida le convirtió muchas veces en superior a los profesionales de la política de entonces. En un aspecto negativo ha solido achacársele cierta superficialidad y gusto por la intriga que le granjearon la enemistad de buena parte de los políticos. La primera resulta más evidente que la segunda, que en parte se puede explicar por otras razones. En todo caso, fue indiscutible su buena voluntad, que nacía de la conciencia de la gravedad de la situación española en el momento de su advenimiento al trono. Su diario de tiempos juveniles testimonia un evidente deseo por su parte de enfrentarse a su tarea de rey con una mentalidad regeneracionista pero sintiendo, además, la responsabilidad de gobernar por él mismo con todos los inconvenientes que esto podía significar.

La gestión política como jefe de Estado de Alfonso XIII fue objeto de opiniones contrastadas. A semejanza de otros monarcas europeos de la época, careció de la preparación adecuada para hacer frente a los graves acontecimientos que le tocó vivir. Se educó en una corte indudablemente conservadora, alejada de los medios intelectuales, en la que desempeñaron un papel muy importante miembros del clero de una clara proclividad derechista así como aristócratas o militares obsesionados por la formación del joven rey en los temas relacionados con el Ejército. Aun así, Alfonso XIII fue un rey liberal a lo largo de su reinado, con todas las limitaciones y defectos de lo que se entendía por tal en la época.

En el entorno del Rey la influencia del medio conservador católico parece haber sido en el reinado de Alfonso XIII notablemente inferior a la que tuvo en la época de la regencia de María Cristina. En cuanto a sus relaciones con la oficialidad militar, es necesario recordar el papel fundamental que le había correspondido al Ejército en la creación del Estado de la Restauración. Los militares, aun apartados del ejercicio directo del poder en el Estado de la Restauración, consideraban que en una serie de temas relacionados con su profesión debían ser necesariamente consultados, llegando incluso a exigir una intervención cuando había tensiones sociales graves o en determinadas materias relativas a la unidad nacional, ofensas a la bandera o al honor militar. El monarca nunca defendió la primacía política del ejército, aunque ejerciera su jefatura y, en un principio, quisiera responsabilizarse de todos los nombramientos militares y luego siempre deseara controlarlos en algún modo. En algunos casos, al producirse un conflicto entre el estamento civil y el militar o entre dos sectores de este último, el rey ejerció un papel conciliador o de arbitraje.

A la hora de enjuiciar la actuación de Alfonso XIII hay que tener en cuenta una serie de realidades del momento. En primer lugar, por la Constitución de 1876 el Rey tenía el privilegio de nombrar todos los cargos del ejecutivo, nombrar y cesar a sus ministros, determinar los mandos militares y dispensar honores. La inexperiencia de la juventud del monarca le llevó a pretender hacer uso amplio de estas facultades y esto sirve explicar su activa intervención en la política hasta 1907. La inestabilidad política existente entre los años 1902 a 1907 ha servido para acuñar el término «crisis orientales», por alusión al Palacio de Oriente y a la participación en ellas del Rey. En efecto, se le atribuyó a Alfonso XIII un papel de primera magnitud en el desarrollo de las mismas pero, como veremos, la propia división de los partidos jugó un papel más decisivo.

A partir de esta fecha, sin embargo, consultó a todos los jefes de partido o de grupo en las crisis políticas y tendió a someterse a las sugerencias de los presidentes del Consejo de Ministros, con lo que permitió que el texto constitucional adoptase una significación más liberal. Hay que tener en cuenta que la Constitución le otorgaba, en su integridad, los nombramientos militares e incluso la condición de poder colegislador. En realidad no se responsabilizó por completo de lo primero y en nada de lo segundo. De todos modos su poder seguía siendo muy superior al de cualquier monarca constitucional de la época en Europa occidental, más que nada por la inexistencia de elecciones veraces, de lo que derivaban también mayores dificultades para el desempeño de su función. La intervención del Rey en política inevitablemente le creó un enemigo cada vez que le retiraba la confianza a un presidente del Consejo, mientras quien la obtenía del monarca para formar gobierno y convocar elecciones lo solía atribuir a sus propios méritos. Todo ello sirve para explicar las duras críticas de que ha sido objeto Alfonso XIII tanto por parte de la derecha como de la izquierda. Sin duda, los problemas de la España de su época eran consecuencia de las tensiones y contradicciones naturales en todo proceso de modernización más que de la permanente tendencia anticonstitucional del monarca, tal como le atribuyeron sus enemigos.

En el momento de la subida al trono de Alfonso XIII, en 1902, España estaba pasando por una primera experiencia regeneracionista con el gobierno de Francisco Silvela, jefe del partido conservador, dotado de un talento indudable y una brillante cultura, que venía a representar la austeridad y la moralidad pública frente a la política habitual en la Restauración. En su opinión era necesario un programa de gobierno que apelara a las masas neutras del país a fin de introducir un cambio en la vida pública. Lo que, sin embargo, le convertía en inviable como líder era un profundo escepticismo tanto respecto de sus capacidades como regenerador como acerca de la viabilidad del pueblo español para ser regenerado. En 1903 se produjo el deterioro final del gobierno y la salida del poder de Silvela, que unos meses después también dimitió de la presidencia del partido conservador.

Durante los dos años siguientes hubo un largo periodo de discrepancia entre los conservadores por la jefatura del partido. Las dos posturas predominantes en el seno del mismo fueron las representadas por Fernández Villaverde, antiguo ministro de Hacienda, y por Antonio Maura. El primero, que había hecho de la «pasión excesiva del gasto» el eje de su política, logró enderezar la Hacienda pública, en grave situación como consecuencia de la derrota colonial, con algunas reformas fiscales pero, a finales de 1903, cuando se formó el llamado «gobierno corto» de Antonio Maura, el partido conservador estaba ya unido. Durante el año que duró este gobierno, Maura se enfrentó en repetidas ocasiones a la opinión pública no conservadora por diferentes motivos, como el del nombramiento del arzobispo de Valencia, al que se oponían los sectores de la izquierda. Su gobierno se centró fundamentalmente en cuestiones de carácter político como, por ejemplo, la Ley de Reforma de la Administración Local, que fue un eje esencial de su programa desde los tiempos en que fue ministro de Ultramar. Su carácter era poco propicio a la componenda y tampoco logró ver estabilizada su presencia en el poder, por lo que hubo de abandonarlo a fines de 1904. Pero lo más importante de este gobierno no fue lo que hizo sino cuanto presagió: de alguna manera fue el ensayo de la etapa en que ejerció el poder a partir de 1907. De cualquier modo, la victoria de Maura sobre Fernández Villaverde fue la de quien dirigía la minoría parlamentaria sobre un conservador alejado del sector mayoritario del partido.

A continuación hubo una serie de gobiernos liberales poco duraderos. En dos años se sucedieron cuatro presidentes de gobierno del partido, el cual había quedado sin un programa que cumplir después de las reformas de fines del XIX. Después de morir Sagasta en 1903, el liberalismo tenía el problema esencial de definir su política y hacer frente a una persistente división interna que fue característica marcada del partido desde el comienzo del periodo de la Restauración. La necesidad de encontrar nuevas posiciones que distinguieran a los liberales de los conservadores, una vez que habían quedado consagradas en la legislación las medidas democratizadoras, tuvo el inconveniente de aumentar la fragmentación y provocar enfrentamientos personalistas.

Como no se logró una jefatura del partido liberal que fuera aceptada de manera unánime por las diferentes tendencias, se decidió que la dirección del partido se ejerciera de manera rotativa por cada uno de los dirigentes liberales. Ambos, sin embargo, nacidos en los años treinta del siglo anterior, estaban ya en estos momentos al final de la vida pública. El primero fue Montero Ríos, que había jugado un importante papel con anterioridad durante el sexenio revolucionario, pero que ya representaba más el pasado que el futuro. Además, en este momento hubo de hacer frente al persistente problema del Ejército, mal pertrechado y con el tremendo peso de una oficialidad excesiva, producto de las guerras coloniales, que ahora había de hacer frente a los sectores críticos de la sociedad por sus derrotas en la guerra contra Estados Unidos. Esta situación le convertía en extremadamente sensible, en especial cuando empezaron a convertirse en frecuentes las propagandas de los nacionalismos periféricos y pretendió limitarlas o confrontarse con ellas. En 1905 el gobierno actuó con lenidad cuando oficiales de guarnición en Barcelona asaltaron un periódico catalanista de carácter satírico y el gobierno debió dimitir.

Fue sustituido por Segismundo Moret, que presentó un programa de reformas, que incluían la modificación de la Constitución en sentido liberal, pero tampoco consiguió unir al partido liberal en torno a ellas. Con objeto de aplacar al Ejército aceptó atribuir a los tribunales militares, de acuerdo con la ley de jurisdicciones, los delitos de ofensas a la patria. Al problema militar como elemento de división de los liberales se sumó ahora el del clericalismo, que se convirtió en una cuestión de enorme trascendencia al enfrentarlos con los conservadores, partidarios del mantenimiento de la situación existente en las relaciones entre Iglesia y Estado, mientras que sus adversarios estaban dispuestos a modificarla aunque de manera leve, limitando, por ejemplo, la presencia de las órdenes religiosas. En los meses siguientes se produjo una rápida sucesión de gobiernos que no llegaron a definir un programa coherente. Esta misma división interna existente en los partidos del turno favoreció la vuelta al poder de los conservadores. El papel del Rey en esta inestabilidad fue modesto, reduciéndose a tan sólo su intervención en un enfrentamiento con Maura sobre un nombramiento militar.

Al margen del turno: nacionalistas y republicanos

El fenómeno regeneracionista pretendió dar autenticidad al régimen de la Restauración desde el ejercicio del poder en su versión conservadora o liberal. Pero hay que tener en cuenta que, en realidad, el regeneracionismo fue un fenómeno mucho más amplio: supuso también, al mismo tiempo, el desarrollo de otros movimientos políticos que pretendieron llevar a cabo una operación radicalmente contraria, es decir, movilizar a la opinión pública en contra de los partidos del turno. Los grupos políticos más importantes, surgidos o renovados como consecuencia de esta voluntad regeneracionista desde la base, fueron los de carácter regionalista o nacionalista y los de significación republicana.

Los nacionalismos supusieron un elemento de profunda transformación de la sociedad y la política españolas. Todos ellos nacieron de la existencia de unas culturas regionales vivas en un momento de modernización económica y social de la vida española. Sin duda, el movimiento nacionalista que tuvo una mayor relevancia durante el reinado de Alfonso XIII fue el catalanismo. En efecto, los otros grupos no consiguieron tener un papel de trascendencia en la vida política común, aunque todos supusieron el despertar de unas culturas de carácter regional que, hasta el momento, habían permanecido en estado larvado sin que se considerara que la lengua peculiar merecía ser defendida o cultivada ni existiera una voluntad propiamente dicha de autogobierno en el terreno político.

El catalanismo alcanzó su mayoría de edad política durante el gobierno de Silvela, con quien colaboró a través del ministro de Justicia Durán i Bas, que sería ya un personaje relevante en el primer partido nacionalista catalán. El propio fracaso de su programa regeneracionista tuvo como inmediata consecuencia que los intereses económicos y culturales, pero también la juventud intelectual, eligieran definitivamente la senda del catalanismo. En 1901 se fundó la Lliga regionalista que en las elecciones de ese año obtuvo cuatro diputados en la circunscripción de Barcelona. Previamente, dos años antes, se había fundado el diario *La Veu de Catalunya,* dirigido por Prat de la Riba, que pasaría a ser el órgano oficial del nuevo movimiento. A partir de entonces Cataluña tendría un régimen de opinión pública como no existía en el resto de España, de modo que se hizo cada vez más complicado para el encasillado oficial conseguir la victoria de los candidatos oficiales en las elecciones. Aunque hubo otros grupos catalanistas situados más a la izquierda, en realidad la Lliga fue la que claramente predominó e incluso a la altura de la I Guerra Mundial se había convertido en hegemónica en la política de la región. Su dirección, formada por la joven generación universitaria, supo dividirse los papeles, con Cambó como portavoz parlamentario y Prat de la Riba como principal responsable de la gestión política diaria en Cataluña, y llevar a cabo una importante labor de absorción de los dirigentes de los partidos del turno. Los sectores catalanistas situados más a la izquierda vieron limitada su fuerza política por el momento a tan sólo los medios intelectuales y una porción mínima de la clase obrera.

El pensamiento catalanista quedó plasmado por Prat de la Riba en su obra *La nacionalidad catalana,* publicada en 1906 y que vino a resultar un compendio histórico y, al mismo tiempo, un testimonio de que el catalanismo estaba deseoso en contribuir a la renovación de la vida española, como se demostraba por su deseo de una actuación «imperialista» respecto del resto de España. El catalanismo era una fuerza política socialmente conservadora, pero de centro en el contexto de la vida pública española, que se basaba en la aceptación de la actuación parlamentaria y electoral así como en un catolicismo no integrista. La reivindicación catalanista suponía un regeneracionismo destinado a solucionar problemas que no podían tener arreglo a nivel estatal, pero su mensaje a la sociedad española fue de regeneración de toda la política del Estado y una voluntad de modernización general de España.

También en el País Vasco existía una peculiaridad cultural propia y una autonomía económica mantenida a través de los conciertos (determinación de un cupo a pagar al Estado mediante contribuciones propias recaudadas por las instituciones locales). En esta región la dinámica social creada por la modernización económica fue un factor de vital importancia para explicar el origen del nacionalismo vasco. El crecimiento económico aumentó las divergencias con el resto de España, mayoritariamente agrícola y estancada, y provocó el desarrollo de una fuerte inmigración. En el País Vasco el desarrollo del nacionalismo coincidió con el renacimiento cultural mientras que en Cataluña éste le había precedido. Algo muy significativo es que tuvo un tono mucho más radical. El eusquera estaba mucho menos extendido que el catalán y, además, el nacionalismo resultaba incapaz de asimilar a los emigrantes que, en cambio, en Cataluña se incorporaban con mayor facilidad a la sociedad. En general, los nacionalistas vascos procedieron de la clase media baja urbana y del medio rural, frente a una identificación más burguesa del catalanismo. En el País Vasco el nacionalismo tuvo un carácter profundamente católico, incluso clerical y en ocasiones bordeando el integrismo, mientras que en Cataluña existieron por los menos dos tradiciones, una católica y conservadora y otra republicana y laica, aunque de momento ésta tuviera menor relevancia política.

El nacionalismo vasco en su origen fue obra casi exclusiva de Sabino Arana Goiri. El elemento religioso e incluso racial —aunque éste debe entenderse en el contexto de una época en que este calificativo tenía un sentido peculiar— jugó en él un papel esencial mientras que desde el punto de vista político se declaró contrario a la Monarquía. En ocasiones hizo manifestaciones claramente contrarias a la inmigración que deben ser entendidas como un deseo de mantener la vida tradicional vasca. Si en sus años jóvenes adoptó un tono muy radical, en el año de su muerte, en 1903, había iniciado el rumbo hacia una moderación táctica que no fue compartida por todos los dirigentes del partido. De todos modos, el desarrollo político del nacionalismo vasco fue más tardío que el catalán y, exceptuando Bilbao, no tuvo una representación política importante hasta después de la I Guerra Mundial.

En cuanto a los otros regionalismos existentes, el galleguismo y el valencianismo, se puede afirmar que no tuvieron un desarrollo político importante en el primer tercio del siglo XX. Tanto en Galicia como en Valencia, aunque en un grado muy inferior al del País Vasco y Cataluña, existían unos elementos culturales que favorecían la creencia en una personalidad específica, pero en estas dos regiones no se dio un desarrollo económico que propiciara la diferenciación del resto de España. Sin duda el galleguismo cultural apareció pronto, pero el político, que se identificó con reivindicaciones populares agrarias, no llegó a plasmarse en una fuerza política sino a partir de la segunda década del siglo y, aun así, sin verdadera fuerza parlamentaria, aunque todas las que actuaron en la región se atribuyeran una mayor o menor significación regionalista. Algo similar sucedió en Valencia, ya que tanto la derecha como la izquierda republicana mostraron una peculiaridad regionalista más o menos marcada. A comienzos del siglo XX se produjo la transición desde el regionalismo cultural al político, que permaneció, sin embargo, con una influencia limitada. Algo parecido cabe decir del regionalismo en el resto de España.

Es necesario hacer ahora mención al movimiento republicano pues, aunque en realidad éste ya existiera desde el comienzo del periodo de la Restauración, ahora adquirió un nuevo carácter regeneracionista. El desastre del 98 tuvo un efecto galvanizador para él, aunque luego, con el paso del tiempo, las esperanzas de que España se convirtiera en una República tendieron más a disminuir que a acrecentarse y en el año 1923 el voto de esta significación fuera bastante menor que a comienzos de siglo.

El republicanismo «de cátedra» tuvo siempre una influencia considerable entre los medios intelectuales y jugó una papel reformista en los aspectos sociales y liberal en lo político. A comienzos de siglo se opuso a la intervención de los militares en la vida política y adoptó una actitud de oposición al clericalismo, aunque a menudo en los sectores más populares degeneró en puro anticlericalismo.

La fórmula más original y difícil de entender en la actualidad de republicanismo fue, sin embargo, la que representó el Partido Radical de Alejandro Lerroux y en general la que movilizó a buena parte de la plebe urbana en toda España. Se trataba de un político de escasa formación y muchas veces demagogo, que incluso llegó a ser acusado con fundamento de corrupción administrativa, pero que sin embargo llegó a movilizar a las clases populares de Barcelona, entre las que llegó a adquirir un considerable prestigio, similar al que tuvo el escritor Vicente Blasco Ibáñez en Valencia. Colorista, anticlerical, caudillista y desmesurado, este republicanismo supo tener tras de sí y vertebrar a la clase obrera en mucho mayor grado que el socialismo hasta los años veinte.

Otro movimiento de carácter republicano fue el Partido Reformista de Melquiades Álvarez, fundado en 1912, que tuvo en sus filas a algunos de los más conocidos intelectuales españoles de ese momento, como Ortega y Gasset o Manuel Azaña. En muchos sentidos su posición era antitética al populismo del Partido Radical. Heredero del republicanismo de cátedra, su programa insistía sobre todo en los contenidos más que en el cambio de régimen propiamente dicho (de ahí su nombre). Su mayor identificación la podemos encontrar en los programas del liberalismo radical de Gran Bretaña de esos momentos.

Aunque a comienzos del siglo XX el republicanismo pudo dar la sensación de que llegaba a poner en un peligro grave a las instituciones políticas de la monarquía, con el transcurso del tiempo, a lo largo del reinado de Alfonso XIII, fue disminuyendo su peligrosidad respecto del régimen. En realidad las únicas posibilidades que tenían los republicanos radicaban en los propios errores que cometiera la Monarquía. En este sentido su evolución fue distinta a la de los partidos regionalistas, cuyo impacto e importancia fue aumentando a medida que avanzamos en el siglo XX.

Un regeneracionista en el poder: Maura

En enero del año 1907 subió al poder el partido conservador, con el político mallorquín Antonio Maura a la cabeza, en lo que se denominaría su «gobierno largo» (1907-1909). Con él y con Canalejas, ambos nacidos en los años cincuenta del XIX, nos enfrentamos a la llegada al poder del regeneracionismo. Ambos en cierto modo suponían un esfuerzo por ampliar el marco de la Restauración, Maura hacia el mundo católico y Canalejas hacia la reforma social. Pero lo que les caracterizó sobre todo fue el deseo de renovarlo y el vigor con que proclamaron esta necesidad. Paradójicamente el dirigente conservador pareció a veces en la forma de expresarse un revolucionario mientras que Canalejas, después de haber estado muy cerca de la República, parecía más conformista.

Maura fue bien consciente de que el sistema político de la Restauración no tenía un auténtico apoyo popular y que el partido conservador debía intentar llenar de contenido las instituciones políticas existentes haciendo un llamamiento a lo que denominaba las «masas neutras», indiferentes con respecto a la política. En realidad este programa no era nuevo aunque sí, en cambio, la fuerza y la sinceridad con la que lo defendió el político mallorquín.

Ahora, tras la desaparición de otros políticos conservadores que podían disputarle el liderazgo, Maura tenía tras de sí el apoyo unánime de su partido a pesar de que desde el principio le había impuesto un tono exigente. Los dos años que estuvo en el poder constituyeron un periodo de estabilidad gubernamental, de modo que sólo hubo dos crisis ministeriales por motivos de salud durante los treinta y tres meses de su gobierno. El gabinete mantuvo buenas relaciones con el monarca Alfonso XIII, que ya iba interviniendo menos en la vida política, aunque las relaciones previas con Maura habían sido conflictivas.

Desde el poder Maura realizó una intensa acción política como hasta entonces no había llevado a cabo ningún otro gobierno del sistema del turno. Las disposiciones de carácter económico sobresalen del conjunto de su actuación por constituir el inicio de una política nacionalista y de intervencionismo estatal. Se expresaron a través de una serie de medidas: la ley de protección de la industria nacional o la de fomento de industrias y comunicaciones marítimas repercutieron de una manera muy positiva, por ejemplo, sobre la siderurgia vasca. También algunas disposiciones de carácter social tuvieron importante trascendencia, como la creación del Instituto Nacional de Previsión, la ley del descanso dominical, la ley de colonización interior, la de emigración, la de los tribunales industriales, etcétera. Muchas de ellas habían sido elaboradas antes pero sólo ahora se convirtieron en realidad. El ministro de la Gobernación, La Cierva, reorganizó la policía y reprimió el bandolerismo que todavía perduraba en el medio rural español.

Pero Maura intentó, sobre todo, realizar desde el gobierno un programa político de gran importancia y de inequívoco contenido regeneracionista. La reforma de la Ley Electoral de 1907 introducía algunas novedades como el voto masculino obligatorio, el nombramiento automático de las mesas electorales o la intervención del Tribunal Supremo para la determinación de la validez de la actas electorales. A pesar de la aprobación de todas estas medidas renovadoras no se logró dar una mayor pureza a la elecciones aunque el fraude se hizo más difícil. También intentó que fuera aprobada una ley de represión del terrorismo, pero hubo de retirarla ante la cerrada oposición de las izquierdas y de los liberales ya que suponía la posibilidad de cerrar los locales de los anarquistas o deportar a éstos fuera de España. Sin duda el mayor empeño de Maura fue la Ley de Administración Local, ya que consideraba su reforma de la mayor importancia para la transformación del comportamiento político de los españoles. Pensaba Maura que la Administración central tenía demasiados medios para intervenir en la vida local y corromperla, haciendo ficticio el sistema liberal. El proyecto de reforma se basaba en dar una mayor autenticidad a aquélla, a la que además se concedería mayor autonomía. La idea de Maura era demasiado optimista, porque algunos de los peores males de la vida pública española residían en la vida local, pero su propósito era sincero y liberal.

En gran parte la buena disposición del proyecto en torno a la autonomía regional se explica por la situación catalana, que se había convertido en muy problemática después de que, en 1907, las elecciones en toda esta región presenciaron la victoria de Solidaridad Catalana. Este movimiento había nacido como resultado de la protesta colectiva de toda la región en contra de la Ley de Jurisdicciones (1905). Cambó, el principal dirigente catalanista en el parlamento de Madrid, mostró una gran receptividad de cara a Maura y eso, que contribuyó a dividir a la Solidaridad, también hizo muy receptivo al jefe de gobierno respecto a las reivindicaciones catalanas. En la ley local se incluyó la posibilidad de que las diputaciones colaboraran entre sí mediante unas llamadas mancomunidades que podían dar satisfacción parcial a los catalanistas. El presidente del Gobierno nunca estuvo de acuerdo con el nacionalismo catalán pero se mostró dispuesto a responder a algunas de sus peticiones concretas, pero éstas, que podían haber sido satisfechas con la reforma de la Administración local, se vieron defraudadas cuando la ley dedicada a este propósito quedó empantanada en las Cortes.

A partir del mes de julio de 1909 Maura, que hasta entonces apenas había tenido problemas importantes en su gestión de gobierno, hubo de afrontar una situación muy difícil a causa de los acontecimientos producidos en la Semana Trágica de Barcelona, que impusieron una sensible variación del rumbo de la vida política. Pero antes de tratar de ellos es preciso hacerlo de la nueva inserción de España en el panorama internacional, tras la pérdida de sus últimas colonias en 1898.

A partir de ese momento el centro de la acción exterior española se trasladó a la zona del Estrecho. Durante los últimos años de la Regencia estuvo, además, caracterizada por una sensación de inseguridad y de temor por sí misma. Eso evitó incluso que se aceptara la garantía ofrecida por Gran Bretaña o un acuerdo con Francia tan sólo sobre Marruecos que hubiera supuesto la obtención de una amplia y rica zona de este país. Tan sólo con el creciente acuerdo de Francia y Gran Bretaña —*entente cordiale* entre ambas potencias en 1904— España se decidió a colaborar con ellas a la vez. Esta situación reproducía en cierta manera lo ocurrido en los años treinta del siglo XIX y suponía, si no una mediatización, sí al menos una actuación a resultas de estos dos países pero con su garantía territorial. En la conferencia de Algeciras, primero y de forma indirecta (1906), y de manera definitiva y precisa en los acuerdos de Cartagena (1907) se plasmaron estas resoluciones.

La consecuencia de la inserción española en las relaciones exteriores europeas fue su participación en la expansión colonial en Marruecos. Ninguno de los políticos, liberales o conservadores, la consideró de especial interés pero venía impuesta por las circunstancias que imponían un reparto en zonas de influencia por parte de los países europeos en los reinos decadentes y ayudaba a ellas el hecho de que Gran Bretaña deseaba una barrera intermedia con el Marruecos francés. Pero la zona que le correspondió a España tuvo siempre muy especiales dificultades. Insumisa a la autoridad del sultán, esa inestabilidad obligó periódicamente a la intervención española.

Desde hacía algún tiempo la situación de Barcelona era problemática debido a la confluencia del movimiento catalanista con un periodo de agitación social. Un incidente con los marroquíes cerca de Melilla suscitó la necesidad de enviar tropas desde la Península y Maura decidió enviar a una unidad formada por reservistas catalanes casados. Si ya la guerra de Marruecos era impopular entre las clases bajas ahora también lo fue en las clases altas y todos los partidos pidieron a Maura que se retractara de su decisión. En el embarque de tropas en el puerto de Barcelona se produjeron enfrentamientos y protestas que fueron canalizados y dirigidos por los políticos de izquierda. Entre el 25 de julio y el 1 de agosto Barcelona vivió jornadas dramáticas de desorden.

El 26 de julio estalló la huelga general que al principio fue pacífica y aceptada por las clases medias. Pero desde la zona industrial de Barcelona se extendió a toda la ciudad en forma de revuelta hasta que fue duramente reprimida al cabo de una semana. El gobernador civil dimitió ante la actuación militar en la represión y el ministro de Gobernación, La Cierva, aisló Cataluña afirmando que el movimiento tenía carácter catalanista, lo que no era cierto. Los radicales de Lerroux y los anarquistas fueron culpados también sin razón de la revuelta, que no tuvo un objetivo preciso. En efecto, no hubo proclamas ni panfletos que explicaran los deseos que tenían los revoltosos. En una semana se quemaron sesenta y tres edificios y se produjo un centenar de muertos.

La represión por parte del Gobierno tuvo una enorme dureza: fueron arrestadas más de mil personas y hubo diecisiete condenas a muerte, aunque sólo fueron ejecutadas cinco. El Gobierno actuó de forma expeditiva quizá porque temía que, de no hacerlo, se le adelantara el Ejército. La figura más conocida de los inculpados, cuya ejecución levantó oleadas de indignación, fue Francisco Ferrer Guardia, inspirador de escuelas anarquistas en Barcelona. Sin duda Maura cometió errores graves ante los sucesos de la capital catalana. No sólo había obrado mal al recurrir a los reservistas sino que había dejado la ciudad con una guarnición escasa. La ejecución de Ferrer Guardia no sólo fue un error jurídico sino también político, y le convirtió en nuevo mártir y en un mito que no se corresponde con la verdadera entidad del personaje. A pesar de los llamamientos de Cambó a la prudencia en los debates en las Cortes tuvo un especial protagonismo Cierva, y eso hizo que el choque resultara especialmente duro.

Después de la represión los liberales exigieron la salida del poder de Maura. En principio la actitud del monarca fue de apoyo al jefe del Gobierno, hasta que pudo apreciar la violencia de la oposición por parte no sólo de republicanos sino también de los liberales. Finalmente el rey Alfonso XIII, en octubre de 1909, acabó por aceptar a Maura una dimisión que en realidad éste no había presentado. El jefe del partido conservador dejó el poder indignado y tardó en perdonar al Rey la forma en que había resuelto la crisis. De momento a los liberales les declaró una «implacable hostilidad» porque pensaba que se habían entregado a las fuerzas de izquierda al margen del régimen. El pacto de El Pardo parecía roto por el mutuo acuerdo de los dos jefes de los respectivos partidos turnantes.

La herencia de Maura fue recogida por Segismundo Moret, pero sólo por unos meses. El dirigente del partido liberal se enfrentó a la oposición no sólo de Maura y los conservadores sino también de los propios liberales, a los que no supo unir, mientras que con un tono aparentemente radical parecía ceder ante los republicanos. La crisis, por tanto, no tardó en estallar.

El regeneracionismo liberal de Canalejas. Clericalismo y catolicismo

En el mes de febrero de 1910 José Canalejas sustituyó a Moret en la jefatura del Gobierno. Poseedor de una sólida formación intelectual, representaba un tipo de liberalismo, intervencionista en materias sociales, muy característico del momento también en otros países europeos. Toda su vida había transcurrido en la frontera misma entre el liberalismo y el republicanismo. Su propósito fundamental en este momento era lograr lo que denominó «nacionalización» de la Monarquía de modo no quedara «ninguna energía útil fuera de ella».

El gobierno de Canalejas constituyó el segundo intento de regeneración interna del sistema de la Restauración, ahora desde la vertiente política liberal. También él era un regeneracionista, pero no a la manera de Maura. Nunca puso en cuestión el sistema político de la Restauración, quizá porque lo consideraba como el único posible en la España de entonces, y no hizo las vibrantes apelaciones a la movilización de aquél, principalmente porque cuando lo intentó (en 1902) había contribuido a su pesar a una confrontación entre clericales y anticlericales. En cambio, contando con el apoyo de la Monarquía, pretendía llevar a cabo una reforma social (impuestos progresivos, seguridad social...), un deslinde entre Iglesia y Estado, un programa educativo y una modificación del servicio militar. Con rapidez supo imponerse dentro de su propio partido. Había demostrando con sus previas dimisiones como ministro que no le importaba el puro usufructo del poder. Poseía dotes de mando, no estaba en la senilidad como Moret y por vez primera desde la Restauración los liberales dieron la sensación de haber encontrado un verdadero jefe. En los círculos del Palacio de Oriente fue recibido con recelo por su talante izquierdista, pero el Rey le apoyó y él le fue leal. Si Maura no había experimentado dificultades en su gestión hasta casi el final de su mandato, Canalejas tuvo que enfrentarse a problemas frecuentes, la mayoría de ellos relacionados con el orden público, ante los que supo imponer su autoridad tranquilizando con ello a las clases conservadoras. En ocasiones se trató de simples conflictos laborales aunque a veces complicados porque afectaban a los servicios públicos como, por ejemplo, la huelga de ferroviarios del verano de 1912. Otras veces se trató de súbitas explosiones de violencia que no tenían un propósito concreto o de intentos revolucionarios relacionados con la proclamación de la República en Portugal. En todos los casos supo actuar Canalejas de una forma mucho más prudente que Maura en 1909.

La labor legislativa de Canalejas fue mucho más difícil que la de Maura. Sustituyó el impuesto de consumos por un impuesto progresivo sobre las rentas urbanas que motivó la protesta unánime de las clases acomodadas; para conseguir que fuera aprobado en las Cortes, Canalejas hubo de acudir a la llamada a la disciplina del partido y aun así treinta liberales votaron en su contra. Otra medida popular fue la reforma de la Ley de Reclutamiento, que sería obligatorio en tiempo de guerra y, en tiempo de paz, duraría cinco meses a cambio del pago de una suma de dinero. Hasta entonces había existido una redención en metálico que permitía eludir la obligación de incorporarse a las filas del ejército a los jóvenes de las clases burguesas. Disposiciones de tipo social, no exentas de una fuerte oposición, caracterizaron la obra de este gabinete; destacan las normativas sobre el trabajo de la mujer o los contratos de trabajo.

Pero las dos grandes cuestiones del gobierno de Canalejas fueron, en realidad, las mancomunidades provinciales y la religiosa. En el mes de diciembre de 1911 los catalanes le entregaron un proyecto de mancomunidades provinciales independiente de una ley general de la Administración local, que se había demostrado imposible. En mayo de 1912 el gobierno presentó un proyecto menos amplio que éste pero que provocó la unánime irritación de los anticanalejistas y los centralistas. Canalejas hizo uso de su oratoria más brillante para lograr su aprobación y así consiguió que el proyecto fuera aprobado por el Congreso, y estaba pendiente de su paso por el Senado cuando fue asesinado. Sin las pretensiones de Maura, Canalejas supo dar respuesta a un deseo sentido por una porción importante de la sociedad española.

La modernidad de la labor política de Canalejas aparece aun más patente en el gran tema abordado durante su gobierno, el religioso, que, enfocado al margen de todo sectarismo, le valió, no obstante, el injusto calificativo de anticlerical. Canalejas consideraba que el atraso cultural en que estaba sumido el clero español se debía al concordato a través del cual se financiaba la Iglesia y, en consecuencia, pensaba que la mejor solución era llegar a la separación entre la Iglesia y el Estado a través de negociaciones entre los dos poderes. Pero Roma no lo aceptó y dilató la respuesta a este problema esperando el cambio de signo político en España. En diciembre de 1910 se aprobó la Ley del Candado, por la que no se podrían establecer nuevas ordenes religiosas en España sin previa autorización. Pero esta ley no tuvo eficacia al aceptarse una enmienda según la cual la ley perdería su vigencia si al término de esos dos años no se hubiera aprobado una nueva ley de asociaciones que incluyera las religiosas.

La labor de gobierno de Canalejas quedó truncada de manera trágica cuando fue asesinado en noviembre de 1912 en la Puerta del Sol a manos de un anarquista que no pretendía acabar con él sino con el monarca. Es difícil hacer un balance de su obra política dado lo prematuro de su desaparición, pero a pesar de lo corto de su obra, Canalejas fue una esperanza del que podía esperarse mucho más y, desde luego, el gran gobernante que tuvo el partido liberal durante el reinado de Alfonso XIII.

A partir de este momento se puede considerar que se produjo la crisis del regeneracionismo desde el poder, que vino acompañada, además, de una fuerte fragmentación de los partidos políticos del turno. Los gobiernos, en la práctica, fueron más inestables, y más que dirigir los acontecimientos se vieron dominados por ellos. Las figuras que tuvieron el protagonismo fundamental dentro del partido liberal (el conde de Romanones, García Prieto o Santiago Alba) no consiguieron unirlo y, menos aún, dotarlo de un programa. En el partido conservador se produjo un fenómeno algo distinto. Aunque se mantuvo una jefatura bajo la dirección de Eduardo Dato, figura muy interesante que había sido en gran medida el introductor de la legislación social en España, la unidad fue más aparente que real. Además, Maura constituyó un problema muy grave para el conservadurismo. Su enorme prestigio y sus capacidades políticas, apreciadas por todos, lo convertían en el centro de atracción principal de la vida pública. Sin embargo, después de su desplazamiento del poder en 1909, quedó en una situación que le inhabilitaba para ejercerlo, pues exigía que el partido liberal se retractara de su antigua oposición a él. Por otro lado, Maura fue sobre todo un gran denunciador de los males del sistema político de la Restauración más que un político moderno capaz de solucionarlo organizando un partido. El maurismo fue un movimiento de protesta popular y derechista pero que encerró elementos muy diversos que iban desde el autoritarismo reaccionario hasta el catolicismo demócrata.

Conviene tratar, por tanto, en este momento, del catolicismo, en el que también hubo un importante elemento regeneracionista. Además, ya hemos podido comprobar el papel de primera importancia que la cuestión clerical tuvo en la España de la época.

Como ya se ha indicado, la década final del siglo XIX presenció un esfuerzo para hacer presente el catolicismo en la vida pública española y movilizarlo a través de asociaciones dedicadas específicamente a ello: la mejor prueba reside en la celebración de congresos católicos, en los que el debate acerca del papel del catolicismo en la sociedad española pudo haber sido esencial en la movilización de los católicos en la vida pública. Sin embargo lo cierto es que, quizá porque nunca llegó a temerse que hubiera un peligro real para la presencia privilegiada del catolicismo en la vida nacional, la forma de actuación consistió, en vez de en esa movilización, en ejercer una influencia indirecta en los partidos a través de personajes importantes de la economía y la sociedad españolas, como puede ser el caso del marqués de Comillas. Más que movilización hubo, por lo tanto, cercanía a los medios donde residía el poder decisorio.

Sin embargo ya en el siglo XX aparecieron algunos testimonios de modernización en la actividad de los medios católicos. En 1908 fue fundada la Asociación Católica Nacional de Propagandistas, cuya figura más destacada fue Ángel Herrera. Lo que pretendía era dotar a la Iglesia española de un sector de jóvenes laicos capaces de actuar en la sociedad y en la política mediante unos procedimientos nuevos. Herrera, por ejemplo, fue el fundador de la Editorial Católica, que publicó el diario *El Debate,* el principal diario católico español, a partir de 1911. Los miembros de la asociación participaron además en los principales grupos políticos que se decían de inspiración católica. Los hubo, por ejemplo, en el maurismo, aunque hubieran preferido actuar en un grupo político específicamente católico.

Un aspecto importante de la acción pública de los católicos se refiere a su actuación en el terreno sindical. A fines del siglo XIX, como sabemos, aparecieron los «círculos católicos» que en realidad tenían una función de protección social más bien modesta y guiada por el paternalismo. Sin embargo, a través de ellos acabaron formándose ya en el siglo XX sindicatos agrarios en los que militaron los pequeños campesinos de la mitad norte de la Península, que se beneficiaron de posibilidades de cooperación técnica, crediticia y social más que hacer gala de propósitos reivindicativos. En toda aquella zona esos sindicatos permitirían luego una sólida presencia social del catolicismo, que duró mucho tiempo y tuvo repercusiones políticas. Los sindicatos católicos tuvieron una importancia mucho menor en los medios urbanos.

Con respecto al regeneracionismo católico es posible decir algo muy semejante a otros grupos: los cambios acontecidos en este momento significaron una modernización, pero insuficiente. La desunión siguió caracterizando al catolicismo español, pero también la ausencia de una movilización social y política porque para la defensa de los intereses católicos bastaba con apoyarse en los partidos de la Restauración, en especial el conservador.

El desarrollo económico. Los movimientos obreros

Si la década final del siglo XIX presenció una crisis económica generalizada en todo el mundo, durante la primera década y media del siglo XX la coyuntura económica cambió radicalmente en el sentido de producirse un crecimiento mucho más rápido.

Durante los años finales del siglo pasado en España tuvo lugar una auténtica repatriación de capitales de las colonias en una cuantía en torno a los mil millones de pesetas de entonces, una parte de los cuales contribuyó a la fundación de algunos de los bancos más importantes, como el Banco Hispano Americano en 1901. Por estas mismas fechas también apareció el Banco de Vizcaya, fruto de la capitalización obtenida por las exportaciones de mineral de hierro en la región. Los gobiernos de la época, y durante todo el reinado de Alfonso XIII, mantuvieron una política proteccionista. La acumulación de estas circunstancias produjo una época de prosperidad económica, sobre todo a partir de 1906, fecha en que se puede considerar consolidada la tendencia proteccionista que se había iniciado con Cánovas.

En la agricultura, a partir del cambio de siglo, se introdujeron una serie de mejoras técnicas y de nuevos cultivos que produjeron el comienzo de una importante transformación de la vida económica española. En el terreno de las mejoras técnicas se generalizó el arado de vertedera y comenzó el empleo de maquinaria, la utilización de abonos y el desarrollo de los regadíos. Así, en el periodo comprendido entre 1901 y 1914, la cifra de importación de maquinaria agrícola se multiplicó por diez y la de abonos se triplicó. Durante el primer tercio del siglo se empezaron a producir abonos en España, llegando a totalizar un millón de toneladas. Desde finales del XIX los programas regeneracionistas siempre habían señalado la necesidad de los regadíos para europeizar a España, y de hecho hubo varios programas de implantación de los mismos aunque casi nunca se cumplieron en su totalidad. Sin embargo un político, Rafael Gasset, pudo justificar su presencia en la vida pública tan sólo con su programa en estas materias.

Todos estos avances técnicos produjeron unos cambios importantes en los cultivos y un incremento de las superficies cultivadas. Junto a los cultivos tradicionales (trigo, vid y olivo) se introdujeron otros nuevos, como avellana, almendra, limón, plátano, tomate, algodón, etcétera. En el primer tercio de siglo hubo dos que alcanzaron una especial relevancia: la naranja y la remolacha. Debido a la pérdida de Cuba y su caña de azúcar, los gobiernos prestaron una especial protección al cultivo de la remolacha, con lo que su producción se multiplicó por cuatro en tres décadas. La producción de naranja pasó de 2,8 millones de toneladas en 1900 a 5,6 en 1913 y 10,8 en los años veinte, época en la que jugaba ya un papel importante en la balanza comercial española.

También en la industria se produjeron importantes novedades, aunque desde el punto de vista comparativo su expansión fuera más importante a partir de la I Guerra Mundial. Entre 1900 y 1914 el índice de producción industrial pasó a 76 a 102, mientras que en los años veinte se alcanzó el 144. La principal novedad fue que la exportación de minerales metálicos (cobre, hierro y plomo) disminuyó en términos relativos, mientras que aumentó de manera considerable la extracción de carbón. Esto se debió fundamentalmente al empuje extraordinario de la siderurgia vasca: en 1902 se fundó la compañía Altos Hornos de Vizcaya, a la que siguieron otras firmas igualmente importantes. Aunque al comienzo de la I Guerra Mundial todavía se exportaba sin elaborar la mayor parte del mineral de hierro vasco, ya a estas alturas le correspondía al País Vasco una clara superioridad en cuanto a siderurgia y construcción naval en el conjunto de España: allí se producían la mitad del lingote de hierro y acero así como del tonelaje de buques. Este hecho, junto al poder de la banca de esta región, sirve para explicar la extraordinaria riqueza de la ría de Bilbao.

La pérdida de las colonias produjo un gran impacto en la industria textil catalana: si en 1874 se habían importado 78.000 toneladas de algodón, en 1901 sólo se llegó a 68.000. Luego se daría una pequeña recuperación porque se reservó la totalidad de la producción del mercado interior a la industria textil catalana. Por tanto, si en este aspecto parecía que Cataluña quedaba a la zaga del País Vasco, en lo que respecta a la industria eléctrica el desarrollo de las dos regiones fue sensiblemente igual. En este campo industrial el comienzo de siglo supuso la aparición de firmas muy importantes procedentes de capital vasco o extranjero: en 1901 se fundó la Hidroeléctrica Ibérica, que se transformaría luego en Iberduero; en 1907 la Hidroeléctrica Española; en 1911 la Barcelona Traction —llamada la Canadiense por la procedencia del capital— y la Energía Eléctrica de Barcelona. También entre finales del siglo XIX y principios del XX aparecieron en España las firmas de industrias químicas que ejercerían un papel hegemónico en esta rama de la producción en los años siguientes, por ejemplo, la Unión Española de Explosivos, fundada en 1896, y la Sociedad Anónima Cros la cual, en 1904, se puso a la cabeza de la producción de superfosfatos. En cuanto a las fábricas de cementos, aunque la primera de ellas fue instalada en Asturias, sería Cataluña quien tuviera la supremacía a partir sobre todo de 1910, momento en que la producción fue aumentando a un ritmo cada vez mayor. En general puede decirse, por tanto, que, así como en el País Vasco se centralizó la industria pesada, en Cataluña estuvo localizada la ligera.

A pesar del desarrollo económico de la primera década del siglo XX, éste no fue lo suficiente como para evitar que siguiera habiendo emigración de españoles hacia el exterior. En el año 1914 todavía llegaron a Argelia unos treinta mil españoles, pero a donde mayoritariamente se dirigieron los emigrantes españoles fue a América. La mayoría procedían de regiones con una alta densidad de población y una falta de recursos económicos como, por ejemplo, era el caso de Galicia. Aunque también había algunos que procedían de regiones más desarrolladas y emigraron deseosos de aumentar sus capacidades y hacer fortuna. Fueron los llamados indianos, que a menudo desempeñaron un papel económico muy importante y contribuyeron a dotar a la sociedad española de mayor movilidad social.

La mejor demostración de que España estaba todavía muy lejos de los países del occidente europeo, a pesar de su innegable desarrollo económico de comienzos del siglo XX, la constituye la relativa debilidad del movimiento obrero y sindical, cuyo auge siempre va unido al desarrollo de la industrialización. Hasta el año 1910 no fue elegido el primer diputado obrero en el parlamento español (Pablo Iglesias, fundador del Partido Socialista), mientras que por las mismas fechas en Italia había ya 42 diputados de partidos similares, en Francia había 75 y en Alemania 110. La principal razón de ello estriba en la existencia en España de un anarquismo opuesto a cualquier intervención en la política y muy poco reformista en el terreno sindical.

Sin duda, el sindicalismo obrero jugaba un papel relativamente pequeño en la vida política española. Tan sólo en Madrid y Barcelona el número de miembros de la clase obrera afiliados a sindicatos alcanzaba al 30%, mientras que en zonas mineras e industriales, como Asturias o el País Vasco, el porcentaje estaba en torno al 20%, pero la media nacional no llegaba al 5%. Esto sirve para explicar por qué las huelgas estuvieron concentradas en unos cuantos puntos y no en todo el país. Además, tampoco existían sindicatos a nivel nacional, por lo que a la hora de una reivindicación concreta no se podía llegar a una solidaridad global o a una huelga general, a pesar de que ésta se hubiera convertido en lema de los anarquistas.

Como se ha indicado, la debilidad del movimiento obrero español era producto de su división. No sólo existía un socialismo que estaba en malas relaciones con el anarquismo sino que, además, dentro de éste existían tendencias enfrentadas. La tradición de los atentados terroristas por parte de anarquistas venía ya de la última década del siglo XIX y continuó en el XX. Los que la practicaban no eran obreros sino, sobre todo, jóvenes inestables de vida bohemia que despreciaban a las masas obreras y para los que el atentado era una forma de liberación personal de una sociedad a la que odiaban. El principal núcleo anarquista radicaba en Barcelona y quizá fuera Francisco Ferrer Guardia uno de sus mentores. Poco a poco el terrorismo fue adoptando otras formas: el atentado personal fue sustituido por la colocación de bombas en lugares muy concurridos con lo que creaban un clima de tensión. La mala organización de la policía de Barcelona contribuyó a que se repitieran los atentados, ya que apenas había detenciones y muy a menudo se cometían graves errores en la atribución de responsabilidades que contribuyeron a radicalizar el movimiento.

A partir de 1910 predominó dentro del anarquismo la corriente anarcosindicalista centrada en la difusión de sus ideas entre amplias masas y en este mismo año fue constituida la Confederación Nacional de Trabajo (CNT) cuya localización geográfica fue casi exclusivamente barcelonesa. Allí unos años antes había aparecido un sindicato llamado Solidaridad Obrera, respuesta a la organización catalanista. Se fue formando así un amplio movimiento anarcosindicalista cuya relevancia por el momento fue escasa, ya que la CNT estuvo prohibida por orden gubernativa de 1911 a 1914. A partir de esta fecha iría creciendo hasta llegar a convertirse en un movimiento de masas.

En cuanto al socialismo, a finales del siglo XIX era todavía muy minoritario y estaba localizado fundamentalmente en Cataluña. En cambio, durante la primera década del siglo XX, el socialismo español consiguió su mayor implantación en Madrid; en el año 1902 el 31% de los militantes del sindicato socialista UGT se hallaba en Madrid y en 1908 este porcentaje llegaba al 58%. Junto al núcleo de la capital, el socialismo también fue una fuerza creciente en Asturias y el País Vasco, aunque en estas dos regiones el avance fue mucho más tardío.

Durante mucho tiempo la cuestión que desde el punto de vista ideológico dividió a los socialistas españoles fue la de la colaboración con otros grupos de izquierda, en concreto con los republicanos. A partir de 1908 se aceptó la colaboración con éstos en determinadas circunstancias y después del gobierno de Maura se pactaría una alianza con ellos. Por otro lado los socialistas, en un tema tan candente en la época como era el de Marruecos, siempre condenaron cualquier tipo de expansión colonial y sobre todo que fuera la clase trabajadora la que pagara las consecuencias.

A pesar de que los socialistas dudaron hasta llegar a la alianza con los republicanos, la verdad es que ésta les proporcionó un crecimiento como no habían tenido nunca. En el periodo comprendido entre 1900 y 1904 la UGT pasó de 26.000 a 56.000 afiliados. Por el contrario, los seis años siguientes fueron de recesión, que fue superada a partir del momento de la conjunción republicano-socialista. En efecto, desde el verano de 1910 a mediados de 1913 la UGT creció como nunca lo había hecho, pasando de 40.000 a 147.000 afiliados. Además, con la elección de Pablo Iglesias como diputado por Madrid en 1910, el partido pudo disponer de un portavoz parlamentario. A partir de este momento se inició un traspaso de votos proletarios del republicanismo al socialismo en los núcleos urbanos, pero este proceso todavía tardaría mucho tiempo en convertirse en definitivo.

LA CRISIS DEL PARLAMENTARISMO (1913-1923)

Bien se puede considerar que en el año 1913 se inició la crisis de la monarquía constitucional de Alfonso XIII y del propio sistema de la Restauración. Desaparecido Canalejas, asumió el gobierno el también liberal conde de Romanones, pero la duración de su mandato resultó muy modesta aunque durante él trató de iniciar un nuevo intento de atracción de la intelectualidad republicana. En el momento en que se daban las condiciones para que volvieran al poder los conservadores, Maura pretendió el retorno a la situación tal y como había quedado definida en 1909: sólo estaba dispuesto a admitir una especie de acto de contrición del partido liberal rechazando lo que de positivo hubiera podido existir en la gestión de Canalejas. Después de resultar vanos los intentos de Dato de cambiar la actitud de Maura y mantenerle a la cabeza de los conservadores fue el primero quien se hizo cargo del poder. En adelante el partido conservador permaneció dividido. Mientras que Dato representó la posición conservadora tradicional, Maura, que siguió siendo el personaje político más respetado de la época, atrajo tras de sí a una minoría muy activa pero también contradictoria, pues agrupó desde una derecha extrema a otra reformista y democrática. Los motivos de la división de los liberales fueron más personalistas: los dirigentes más nutridos de partidarios fueron Romanones y García Prieto.

Igualmente importante para explicar lo sucedido a partir de la fecha citada fue la aparición de nuevos retos para la sociedad española. Si España no entró en la guerra mundial y así evitó las tensiones que se produjeron en otros países, presenció una profunda transformación económica. En la posguerra la agitación social, los nacionalismos, la reaparición del Ejército en la política y la presión de los acontecimientos de Marruecos contribuyeron a hacer cada vez más dificultoso el funcionamiento del parlamentarismo liberal, en especial cuando éste pareció renunciar a cualquier tipo de renovación decidida en sentido democrático. Hubo cambios en la sociedad pero las tensiones de su modernización jugaron también un papel muy importante en el advenimiento de la dictadura en 1923.

España y la I Guerra Mundial

A comienzos del siglo XX España era un potencia de segundo rango en Europa y carecía de importancia militar para presentarse como un aliado deseable de cualquiera de las grandes potencias europeas, aunque su posición estratégica fuera envidiable. Precisamente ésta, como hemos visto, explica su inserción en la política internacional del momento. La presencia española en Marruecos y su vinculación al área mediterránea ponían a su política exterior en relación más estrecha con las de Francia, de forma especial, e Inglaterra. Sin embargo el hecho de que España permaneciera aún con el recuerdo de la pérdida de sus colonias y que quedara habitualmente a resultas de lo que se decidía sin ella había creado resquemor contra ambas potencias, cuya influencia en sus medios culturales era predominante. Alemania utilizó el acercamiento a España sólo como un medio de crear problemas o dividir a sus adversarios sin que existiera una coincidencia de intereses. Poco antes de iniciarse la I Guerra Mundial Alfonso XIII exploró las posibilidades que el conflicto abría para España y las descubrió nulas.

Este planteamiento general sirve para comprender por qué la actitud española en el momento en que estalló el conflicto bélico fue neutral. La propensión ya era ésa desde el desengaño sufrido por la actitud de otras potencias en torno al 98, pero a ello se sumó un sentimiento de impotencia. Como decía Cambó, el político catalán, «somos neutrales porque no podemos ser otra cosa». La evidencia de lo mucho que resolvía enfrentarse al modesto protectorado marroquí y la posibilidad de una confrontación interna que supusiera una vuelta a las guerras civiles ratificaron esta posición. Todos los partidos reconocieron esta realidad, puesta en práctica desde el primer momento por el jefe de Gobierno, Eduardo Dato, aunque unos y otros la matizaran de una manera diferente. La guerra mundial fue un motivo más de enfrentamiento ideológico entre derechas e izquierdas, pero los gobernantes supieron mantener una neutralidad efectiva que libró al país de más graves inconvenientes en la posguerra. Alemania y sus aliados representaron para los políticos de derechas el orden y la autoridad. Resultaba una paradoja que el catolicismo conservador español se convirtiera en el defensor de una potencia protestante mientras para las izquierdas la causa de la libertad, el derecho y la razón estaban al lado de Francia e Inglaterra, aunque en muchas ocasiones daba la sensación de que los enemigos de la izquierda no eran los alemanes sino los germanófilos españoles. Esta sensación también se repitió en la derecha en sentido contrario.

Como cabía esperar, los políticos del turno se vieron afectados por la polémica que se produjo en el seno de la sociedad española y matizaron en un sentido u otro su neutralismo. Dato mostró una actitud de absoluta neutralidad evitando movilizar tropas en la frontera y procurando que las polémicas que se producían en la prensa no hicieran peligrar la postura adoptada por España. Maura, que durante su etapa de gobierno había logrado la definitiva inserción española junto a Inglaterra y Francia, ahora experimentó una presión debida a la germanofilia de las masas derechistas españolas y demandó a los aliados Gibraltar y Tánger. En el partido liberal, el conde de Romanones mostró una clara propensión hacia los aliados, considerando su victoria como propia aunque pensara que España había de permanecer al margen de la guerra.

Para la neutralidad española los problemas más graves se presentaron en la fase final del conflicto como consecuencia de la guerra submarina alemana. Cuando el conde Romanones asumió la presidencia del Consejo de Ministros sustituyendo a Dato, empezaron los torpedeamientos de los buques españoles, ante lo que intentó mantener una postura de mayor firmeza frente a Alemania. Romanones hubo de abandonar el poder no sin antes afirmar que creía que la política exterior española debía ser aliadófila pero que él no debía ni quería gobernar contra la opinión que no compartía estas ideas. El problema de los torpedeamientos de buques españoles continuó siendo grave, sin que se llegara a tomar ninguna medida hasta casi el final de la guerra, cuando fueron incautados algunos navíos alemanes mientras pérdidas españolas se cifraban por encima de las trescientas mil toneladas.

En definitiva la neutralidad fue positiva para España porque, además del importante desarrollo económico que hizo posible, evitó las graves tensiones políticas y sociales que se produjeron en otros países como, por ejemplo, Portugal e Italia, que intervinieron con grandes esperanzas destinadas a verse decepcionadas. Si a la política española le afectó gravemente la guerra mundial, no fue menos importante el modo en que la sociedad sufrió el impacto del conflicto bélico, del que se ha llegado a afirmar que tuvo una especial trascendencia desde el punto de vista del desarrollo del capitalismo español. Un economista valoró en torno a unos 5.000 millones de pesetas la verdadera riada de oro que llegó a las arcas de los industriales y comerciantes españoles. El comercio exterior creció a muy buen ritmo: si en los años anteriores a la guerra mundial la balanza comercial española arrojaba un saldo negativo de entre 100 y 200 millones de pesetas, ahora de manera brusca pasó a resultar de unos 200 a 500 millones en saldo positivo. La razón fundamental fue que una serie de productos de exportación habían experimentado en el mercado extranjero una demanda excepcional y otros, que hasta ahora quedaban limitados al mercado interior, debido a las especiales circunstancias de la guerra mundial resultaban rentables para otras naciones.

El ejemplo más característico fue el de la minería de hierro vasca, que llegó a multiplicar por catorce su negocio, o del carbón asturiano, que por sus difíciles condiciones de explotación se encontraba en clara desventaja respecto de otros carbones europeos. Antes de la guerra mundial España consumía alrededor de 7,5 millones de toneladas de carbón, 3 de los cuales eran de importación pero, a partir del comienzo del conflicto bélico, la producción aumentó entre un 10% y un 20% anual, hasta que en 1918 alcanzó la cifra de 7 millones de toneladas al año. El número de mineros en Asturias pasó de 17.000 a 40.000 y la empresa Duro-Felguera consiguió multiplicar por ocho sus beneficios. Otra industria española directamente beneficiada por la guerra mundial fue la de los fletes. Las compañías navieras tuvieron una situación inmejorable debido a los problemas provocados por el bloqueo submarino alemán y al aumento de la demanda mundial, lo que explica que entre los años 1918 a 1920 se crearan

56 empresas nuevas. Las tarifas de transportes marítimos habían subido tanto que los beneficios de algunas de estas empresas llegaron a ser del 500%.

Tanto en el caso del carbón asturiano como en el de las navieras los resultados fueron espectaculares pero en gran medida efímeros, y durante la posguerra mundial algunas empresas se vieron obligadas a solicitar una protección estatal para poder sobrevivir. Otros sectores crecieron quizá de una manera menos espectacular, pero su avance se pudo mantener luego. En líneas generales puede afirmarse que toda la actividad económica española se vio muy estimulada por la I Guerra Mundial, como se comprueba por unas cuantas estadísticas elementales: para el índice 1900=100, el año 1918 suponía 1072 respecto a la producción siderúrgica y 560 en producción de electricidad.

Por otro lado, a consecuencia de la guerra, se ratificaron dos tendencias crecientes de la economía española. En primer lugar, la guerra mundial favoreció la nacionalización de la economía española en varios sentidos: así como antes del conflicto más de la mitad de las empresas mineras y un porcentaje apreciable de las ferroviarias estaban en manos del capital extranjero, ahora el capitalismo español aprovechó para rescatar una parte importante de estas empresas. Algo parecido sucedió también con la Deuda pública exterior. En segundo lugar, la guerra mundial supuso el salto decisivo para la banca española y, en especial, la vasca. Si a comienzos del siglo XX habían aparecido algunos de los bancos más importantes, ahora surgieron otros como, por ejemplo, el Central y el Urquijo. La principal novedad consistió en el cambio del centro de gravedad de la banca española hacia el País Vasco y su papel financiador de la industria nacional a partir de este momento. Si a comienzos del siglo XX la banca catalana tenía un capital tres veces superior al de la vasca, ahora la situación varió por completo debido en gran parte a que aquélla había sido incapaz de superar esa organización familiar o cuasifamiliar que la llevaría a tener importantes dificultades en el periodo de la posguerra. Para darnos una idea de la magnitud de su crecimiento basta con decir que los recursos propios de la banca española se triplicaron, los ajenos se multiplicaron por cuatro y la cartera de valores por cinco, mientras que en ocasiones los beneficios fueron superiores al 20%.

Sin embargo, en lo relativo a los aspectos sociales la I Guerra Mundial tuvo unas consecuencias menos positivas. Aunque no se redujo la producción de materias alimenticias, el conflicto produjo en España un súbito encarecimiento, en parte motivado porque la producción marchaba a los mercados extranjeros donde era posible conseguir unos beneficios más altos. Se ha calculado que los productos de primera necesidad experimentaron durante la guerra una subida superior al 15%, que incluso llegó al 20% en algunas poblaciones pequeñas. También crecieron los salarios debido en parte a la fuerza cada vez mayor de los sindicatos y porque los patronos en ese momento consideraron que era más rentable un incremento de los mismos que los conflictos con los obreros. Pero, aun así y partiendo del crecimiento general de la renta, no subieron al mismo ritmo que los precios por lo menos hasta el año 1919, por lo que se produjeron una serie de tensiones sociales que pesaron grandemente en el desarrollo de acontecimientos políticos posteriores.

La crisis política: 1917

Como sabemos, a fines de 1913 el sucesor de Maura en la jefatura del partido conservador, Dato, hubo de enfrentarse al comienzo del conflicto mundial. Introductor de la legislación social en España, fue, además, el único capaz de mantener unido a su partido, cuya habitual posición de resistencia a los cambios políticos drásticos representó muy bien a partir de una moderación y evidente voluntad de concordia. En cambio, por el momento era mucho más escéptico que Maura acerca de la posibilidad de regeneración del sistema político de la Monarquía de la Restauración y en este terreno actuó con considerable parsimonia.

Desde otoño de 1913 a fines de 1915 ocupó la presidencia del Consejo de Ministros Dato, con un gobierno conservador cuyo propósito fundamental consistió en tratar de mantener a España lejos de la guerra. Eludió su enfrentamiento con las Cortes por el procedimiento de mantenerlas cerradas durante 18 meses de los 25 que duró su mandato. Quizá la medida positiva más importante de Dato fue la aprobación, por decreto, en diciembre de 1913, de las mancomunidades, con las que se llegaba a una cierta forma indirecta de autonomía regional. En Cataluña las diputaciones provinciales asociaron sus servicios bajo la presidencia de Prat de la Riba y tuvieron interesantes iniciativas sobre todo en el terreno cultural. Pero, en realidad, esta solución no satisfizo por completo ni a la Lliga y, cuando estalló la I Guerra Mundial, exigió una legislación económica que Dato no estaba dispuesto a aceptar porque con toda probabilidad hubiera provocado grandes protestas en otras regiones. Como, al mismo tiempo, los mauristas criticaron agriamente su política, el gobierno cayó cuando se presentó en las Cortes el acoso de todas las oposiciones.

El conde de Romanones, jefe de los liberales, fue el sucesor de Dato al frente de un gobierno que agrupaba a lo mejor de ese partido pretendiendo ser prueba de su reconstrucción. Sin embargo, ante la opinión pública, muy pronto destacó en él la figura de Santiago Alba, probablemente el político liberal de más relevancia por su preparación, su talento y su significación izquierdista. Procedente del regeneracionismo fue quizá, con Cambó, el político de mayor talla de la segunda parte del reinado de Alfonso XIII. Desde el Ministerio de Hacienda, Alba propuso un programa muy amplio de reformas económicas que iban desde la reforma fiscal al desarrollo de la industria a través de un presupuesto extraordinario que se destinaría en un alto porcentaje a instrucción pública, riegos y construcción de carreteras. Se trataba de un programa regeneracionista, muy ambicioso si se compara con otras actuaciones políticas de la época, para el que demandó un «Parlamento largo» como el que le había permitido a Sagasta democratizar la Constitución de 1876. Una pieza imprescindible de este proyecto era una contribución sobre los beneficios extraordinarios producidos por la guerra. Desde el punto de vista social este proyecto hubiera podido resultar muy positivo, pero no salió adelante por la oposición de los sectores conservadores del país, desde Cambó a De la Cierva. El primero le atribuyó ser injusto para la industria, retroactivo y demasiado complicado para la Administración española, pero en realidad defendía los intereses económicos catalanes. Alba no contó tampoco con un apoyo entusiasta del jefe de Gobierno, Romanones, centrado sobre todo en los problemas de política exterior que fueron los que provocarían su caída del poder. Fue sustituido en la presidencia del Consejo por García Prieto. En realidad se trataba de un simple cambio de personas pero sin entidad ideológica. El nuevo jefe de Gobierno hubo de enfrentarse con los dos problemas fundamentales que más tarde conducirían al movimiento revolucionario del año 1917: la protesta social y la de los militares.

A partir de la I Guerra Mundial la cuestión social experimentó un cambio sustancial, de modo que por vez primera los sindicatos españoles tuvieron tras de sí masas de afiliados. Así, por ejemplo, el sindicato socialista UGT (Unión General de Trabajadores), entre los años 1910 a 1912 triplicó sus afiliados pasando de unos 40.000 a unos 130.000. Sería al año siguiente, en 1913, cuando alcanzaría su máxima cota de afiliación por mucho tiempo, unos 147.000, que en los años siguientes disminuiría ligeramente. Al mismo tiempo apareció una nueva generación de dirigentes que empezó a ocupar los puestos claves de la organización socialista y controló también el sindicato. Julián Besteiro, Indalecio Prieto, Francisco Largo Caballero y Fernando de los Ríos fueron los más significativos entre sus miembros. El otro gran movimiento sindical, el anarquista, agrupado en la Confederación Nacional del Trabajo (CNT), a partir de 1914 vería aumentar su afiliación de forma sustancial. Su localización geográfica seguía siendo fundamentalmente catalana y su principal método de actuación por el momento fue la huelga y no el atentado. A partir de la guerra los movimientos huelguísticos empezaron a tener un carácter menos localizado y, además, el fuerte aumento de los precios contribuyó a agravar la protesta. Si en un principio ésta tuvo un carácter espontáneo, a partir de 1916 las centrales sindicales decidieron canalizarla y actuar de manera conjunta. En marzo de 1917, en un manifiesto suscrito por ambas, emplazaron al Gobierno a que remediase el problema de las subsistencias bajo la amenaza de la convocatoria de una huelga general.

Sin duda para el sistema político de la Restauración, a pesar de la gravedad de la protesta sindical, resultó más decisiva la del Ejército, dado el papel que éste desempeñaba en la Monarquía alfonsina. Como consecuencia del desastre del 98 el Ejército español era un organismo monstruoso debido a la inflación sufrida por el cuerpo de oficiales: un ejército que era seis veces inferior al francés tenía seis veces más oficiales que aquél. Además, en realidad existían dos tipos de ejército: uno el de la Península, muy burocratizado y que protestaba duramente contra el otro, el de África, cuya oficialidad se beneficiaba de los ascensos por méritos de guerra. Además, si las clases obreras hubieron de sufrir el impacto del alza de los precios, algo similar ocurrió con todos los empleados de la Administración y, por supuesto, entre ellos, los militares. Fue el ejército peninsular quien protagonizó la protesta militar que tuvo su origen, a comienzos de 1916, en un conjunto de medidas de reforma que pretendían reducir la oficialidad y someterla a pruebas a la hora de ascensos.

Así aparecieron las juntas de Defensa, especie de sindicalismo militar, dirigido por coroneles, que protestó contra el favoritismo pero también contra cualquier tipo de reformas. Su principal dirigente fue el coronel Márquez, que desde Barcelona consiguió que, en un plazo relativamente breve, se extendieran a la mayoría de las guarniciones de la Península. El movimiento fue bien recibido e incluso imitado por otros sectores de la Administración que pasaban por situaciones muy parecidas. Es más, las personas o grupos que desde hacía tiempo venían pidiendo una regeneración política vieron en las juntas militares un instrumento para ella. Incluso intelectuales como Ortega por algún tiempo pensaron en que aparecía una palanca para cambiar el sistema político. La verdad es, sin embargo, que las juntas representaban mucho menos la renovación de lo que pensaban intelectuales como él o políticos como Cambó.

La actitud por parte del Gobierno fue dubitativa y confusa. En un principio las juntas fueron aceptadas, pero luego Romanones, consciente de las dificultades que podían originarle, ordenó que fueran disueltas, lo que no se cumplió. Cuando ya gobernaba García Prieto, el ministro de la Guerra ordenó de nuevo su disolución e incluso la detención de los junteros. Pero éstos, con el apoyo de la mayoría de las guarniciones, lograron imponerse al Gobierno. El mismo Alfonso XIII, que al principio había precavido a Romanones de la existencia del movimiento militar y sugerido su disolución, hubo de ponerse en contacto con las juntas. A comienzos de junio de 1917 éstas quisieron imponer a García Prieto su reconocimiento, pero se negó a admitirlas y hubo de abandonar el poder. De nuevo el partido liberal fue incapaz de hacer frente al Ejército.

Ante la gravedad de la situación el Rey recurrió al cambio del partido del turno que estaba en el poder y llamó a formar gobierno a Dato, el cual suspendió las garantías constitucionales y las Cortes, impuso la censura de prensa y, al mismo tiempo, aceptó el reglamento de las juntas, con lo que logró provocar la indignación de los sectores renovadores de la sociedad española. Pero para una situación tan difícil esta solución dilatoria, muy típica de Dato, no sirvió porque si la protesta era tan grave, la carencia de libertades multiplicaba su intensidad y, al mismo tiempo, hacía imposible que el gobierno lo percibiera.

Una nueva protesta, la catalanista, vino a sumarse a la social y a la militar. Ya que el gobierno no quería abrir las Cortes Cambó organizó en Barcelona, en los primeros días del mes de julio, una Asamblea de Parlamentarios y con ella presionar para llevar a cabo una regeneración política con el apoyo de todos los grupos que aportaran una savia nueva de renovación. La Asamblea tuvo un programa fundamentalmente político y reformista: pidió la formación de un gobierno provisional y la convocatoria de Cortes Constituyentes. Sin embargo la Asamblea tuvo una participación reducida, tan sólo unos sesenta o setenta diputados y, además, su tono fue marcadamente izquierdista al quedar su centro de gravedad situado en el republicanismo y el catalanismo. El gobierno siguió su táctica habitual: cuando la Asamblea estaba en fase preparatoria y con escasa trascendencia pública la permitió, pero cuando luego se reunió, ya en julio, fue disuelta inmediatamente aunque sin violencia.

Poco después de la reunión de la Asamblea de Parlamentarios, los movimientos obreros comenzaron a ser los protagonistas de la actuación antigubernamental. Un conflicto social de los ferroviarios —que había tenido lugar en Valencia de manera simultánea a la reunión de los parlamentarios en Barcelona— no tuvo una solución porque también aquí el gobierno mantuvo una actitud dilatoria. De este modo el día 9 de agosto el sindicato ferroviario de la UGT decidió ir a la huelga y en los días sucesivos todo el sindicalismo socialista se sumó en general. Sin duda, el gran protagonista de los acontecimientos del 10 al 13 de agosto fue el socialismo. Los incidentes que provocó la huelga de agosto fueron muy graves, sobre todo en Asturias, y llegaron a ocasionar más de setenta muertos en toda España. Sin embargo la huelga resultó un fracaso, ya que no sólo la siguieron únicamente los socialistas sino que tampoco se sumaron todos ellos ni aun todos los ferroviarios de UGT. El programa sindical siempre estuvo lejano al reformismo político e incluyó reivindicaciones revolucionarias como la abolición del Ejército o la mediatización del Parlamento por los sindicatos. En estas circunstancias resultó evidente durante los sucesos de agosto que el Ejército, al que se podía haber considerado como un elemento renovador, era totalmente contrario a la protesta social. El mismo coronel Márquez, principal dirigente de las juntas de Defensa Militar, utilizó su regimiento para ir en contra de los huelguistas.

El desarrollo de los acontecimientos del verano de 1917 viene a demostrar que el sistema político de la Restauración siempre se mostraba tímido ante los deseos de reforma existentes en la sociedad, pero los grupos renovadores ni tenían fuerza suficiente ni tampoco actuaban unidos en contra del sistema respecto del cual tenían actitudes antitéticas. Resulta evidente que el Ejército, los parlamentarios y los obreros carecían de objetivos comunes —Maura llegó a acusarles de ser un «pisto»—, pero lo que realmente hizo fracasar la coyuntura reformista del año 1917 fue la indecisión y el confusionismo mostrado por los militares y el rumbo revolucionario adoptado por los sindicatos. El programa de los parlamentarios estaba más próximo a una solución regeneracionista y reformadora.

Los sucesos de 1917 tuvieron importantes consecuencias en la vida española, aunque sería exagerado afirmar que el sistema político de la Restauración murió en este año. Si a corto plazo se podía pensar que el gobierno de Dato había sido el triunfador de la crisis, porque había logrado dividir y enfrentar a sus adversarios, sin embargo no fue así a medio plazo. Las juntas de Defensa, al actuar de manera represiva, perdieron su popularidad, pero eso las llevó a actuar más activamente en la política. Acusaron, por tanto, al gobierno Dato de no haber previsto los acontecimientos del verano y, tan sólo dos meses después de la intentona revolucionaria, uno de los vencedores (el Ejército) acabó con la vida del otro (el Gobierno) con lo que se produjo una crisis política de difícil solución.

En el mes de noviembre fue encargado de formar gobierno de nuevo García Prieto quien trató de integrar un gabinete con los representantes de las fuerzas políticas hasta entonces marginadas. En él Cierva, ministro de la Guerra, representaba a las juntas y el regionalismo accedía al poder con el beneplácito de

Cambó. Aunque el gabinete no representaba a todas las fuerzas que se habían reunido en la Asamblea de Parlamentarios era un remedo de la solución allí propuesta, incluso en lo que respecta a pretender una elección en la que el gobierno no pesara sobre los resultados. Pero carecía de una dirección efectiva y fracasó de manera rotunda en poco tiempo. Cuando se convocaron unas elecciones calificadas como «renovadoras» lo fueron mucho menos de lo que cabía pensar y, además, no resolvieron nada porque su resultado fue una fragmentación de los partidos del turno, convirtiendo a las Cortes en una torre de Babel mientras que las fuerzas al margen del sistema tampoco parecían capaces de sustituirlo.

La crisis de la posguerra

En marzo de 1918 tuvo lugar la crisis del gobierno de García Prieto, produciéndose una situación muy grave porque daba la sensación de que nadie quería hacerse cargo del poder. Finalmente, ante la amenaza de una abdicación real, se logró formar un gobierno nacional en el que estaban los políticos más importantes y que fue recibido con gran entusiasmo. Estaba presidido por Maura y formaban parte de él los principales dirigentes políticos. El programa tenía muy escasos puntos de coincidencia entre sus miembros y a medida que iba pasando el tiempo aumentaba el número de los ministros que querían dimitir porque pensaban que les acarreaba más perjuicios que beneficios estar en el poder en las circunstancias existentes al final de la guerra mundial. Uno de los méritos que se le puede atribuir a esta efímera etapa de gobierno (duró solo nueve meses) fue haber logrado superar esos difíciles últimos meses de la neutralidad española durante la que el propio Maura llegó a pensar que «se había colmado la medida» de la agresión alemana a los barcos españoles. Durante esta etapa de gobierno brilló de manera especial un ministro, Alba, que con Cambó destacó sobre los demás políticos del periodo posterior a la I Guerra Mundial. Fue él quien proporcionó la ocasión para la caída del gobierno al solicitar un presupuesto educativo que suponía duplicar el número de escuelas.

Como consecuencia del colapso del gobierno nacional se produjo una nueva crisis política, a fines de 1918. Volvió a ser llamado a formar gobierno García Prieto, con un programa que pretendía ser renovador del liberalismo español, pero hubo de hacer frente al agravamiento del problema de la autonomía catalana y fue incapaz de darle una solución. Este hecho nos revela lo que fue la política española a partir de entonces. Desde la Asamblea de parlamentarios fue habitual recurrir a gobiernos de coalición pero todavía más frecuente resultó que las circunstancias se impusieran a los gobiernos y no al revés.

El ambiente de la posguerra mundial, con el reconocimiento de la autodeterminación de las naciones, fue propicio para la eclosión de los nacionalismos. En consecuencia, a fines de 1918 la Lliga inició una campaña a favor de la autonomía integral y redactó unas bases autonómicas que entregó al jefe del Gobierno; mientras tanto aparecían por vez primera voces más radicales, como la de Maciá. El gobierno García Prieto se descompuso por culpa del planteamiento de la cuestión catalanista ya que algunos ministros, como Romanones, estaban dispuestos a dar satisfacción a las peticiones, mientras que otros, como Alba, se negaban de manera rotunda a ello e incluso movilizaron a buena parte de la opinión castellana en contra. Fue Romanones quien sustituyó a García Prieto al frente del Consejo de Ministros pues resultaba lógico que, una vez finalizada la I Guerra Mundial, ocupara el poder quien desde dentro del sistema del turno había adoptado una postura más complaciente con los que habían sido vencedores. La formación del nuevo gabinete resultó muy complicada y, en definitiva, se lograría un gobierno no ya liberal sino romanonista, que tuvo una duración mayor de la prevista y, en su modestia, desarrolló la mejor gestión de que nunca fue capaz su presidente.

En un principio fue la cuestión autonómica de Cataluña el eje central de la actuación gubernamental. Para solucionar el problema, el Gobierno quiso crear una comisión en la que estuvieran representados los distintos partidos, pero le faltaron apoyos fundamentales para ello, tanto de las izquierdas como de las derechas. Los catalanes, por su parte, elaboraron un Estatuto de Autonomía y pretendieron que fuera aprobado bajo amenaza de un movimiento civil de protesta. En el momento de la máxima tensión en el tratamiento de esta cuestión se produjo una agitación social en Barcelona que llegó a transformar el centro de gravedad de las preocupaciones de los catalanistas y tuvo unas consecuencias políticas decisivas. Romanones, acosado por los problemas, dimitió como jefe de Gobierno mientras que Cambó y el movimiento catalanista se vieron gravemente perjudicados por el fracaso de su postura posibilista ante la Monarquía.

En efecto, los años de la primera posguerra mundial fueron de grave crisis social en todo el mundo y también en España. A partir del final de la contienda los sindicatos crecieron a una velocidad meteórica hasta llegar a dar la sensación de poder ser determinantes en la vida social y política.

Quizá lo más relevante del movimiento obrero español de esta época fue la constitución de una importante fuerza anarcosindicalista que, aunque había tenido su origen con anterioridad, ahora alcanzó la plenitud de su desarrollo y fue el principal vehículo de la protesta obrera. La mayor fuerza del anarquismo en España se logró a través del sindicalismo, ya que hasta entonces el anarquismo sólo había agrupado a unos grupúsculos de escasa importancia numérica aunque muchas simpatías. De unos 15.000 afiliados que tenía la CNT en 1915 pasó a más de 700.000 a fines de 1919, con una clara mayoría de afiliación catalana. El congreso de Sans, celebrado a comienzos del verano de 1918, marcó el despegue inicial de una nueva generación de dirigentes entre los que destacaron Ángel Pestaña y Salvador Seguí. Desde el congreso hasta la proclamación de la dictadura de Primo de Rivera en 1923 fueron los años de mayor actividad de la CNT y de su división interna en tendencias, que más adelante será analizada.

No puede extrañar que en estas condiciones se iniciaran en Barcelona, en los primeros meses del año 1919, los conflictos sociales más graves hasta el momento de la historia del movimiento obrero español, con una huelga que duró 44 días en La Canadiense, una empresa eléctrica esencial para la industria catalana. El temor a la revolución provocó una airada reacción de las clases conservadoras, cuya primera manifestación fue la creación del «somatén», un cuerpo armado voluntario de la clase media. La crudeza de la lucha social situó a los sindicatos al borde del maximalismo cuando entre sus dirigentes parecía poder abrirse el camino hacia una tendencia reivindicativa más que revolucionaria. No sólo en Cataluña, sino también en Andalucía, prendió la agitación social hasta el punto de que los años 1918-1920 fueron denominados el «trienio bolchevique». En realidad estos tres años tuvieron como protagonistas a los anarquistas que llevaron a cabo una rebelión campesina. Los dueños de la tierra observaban asustados a unos campesinos que no pedían pan sino tierra y ofrecían azadas para que cavasen los dueños. En los primeros meses los huelguistas obtuvieron triunfos pero poco a poco comenzaron a menudear las huelgas sin ningún motivo y ello produjo la práctica desaparición de los frágiles sindicatos agrícolas que habían nacido de un fervor milenarista.

Mientras tanto la lucha sindical barcelonesa se desdobló en reivindicaciones obreras pero también en simple terrorismo pistolero, al que siempre propendió el anarquismo y toleró el conjunto de la CNT, convirtiendo la situación en explosiva. Mientras tanto la policía siguió mostrándose ineficaz y abundaron en ella los casos de corrupción. Pronto fue semejante en violencia la reacción del otro lado, hasta el punto de que un sector importante de los patronos catalanes promovió su propio pistolerismo y, a finales de 1919, aparecieron en Barcelona unos sindicatos «libres», de procedencia derechista, que no excluyeron en sus actuaciones el empleo de las armas contra el adversario. Todo ello provocó el desorden en Barcelona, la intervención del ejército, por la proclamación del estado de guerra, y la vida en la ciudad acabó por hacerse muy difícil. Como consecuencia de su actuación la propia CNT acabó por autodestruirse pues, aunque hubiera cada día más atentados, el número de afiliados bajó de manera vertiginosa debido al descrédito de la organización sindical.

También crecieron de manera notable en los años de la posguerra mundial el Partido Socialista y la UGT. En 1920 el PSOE obtuvo en las elecciones municipales 578 concejales, 7 de los cuales lo eran por Madrid. En cuanto al crecimiento de afiliados en 1919 el PSOE tenía unos 42.000 mientras que el sindicato UGT rondaba los 160.000, pero la cifra máxima fue la del año 1921 con 45.000 y 240.000 respectivamente. Este importante crecimiento, tanto del partido como de la central sindical, se debió fundamentalmente al incremento de su presencia en el medio rural, sobre todo en regiones como Andalucía de las que hasta entonces habían estado ausentes. Quizá los nuevos afiliados tenían una idea poco clara de lo que era el socialismo, porque con la misma rapidez de su crecimiento se produjo su descenso cuando pasó el punto álgido de la agitación social. La cifra de afiliados al Partido Socialista descendió en 1923 a 9.000; en la UGT hubo una mayor estabilidad y tan sólo disminuyó a 210.000 afiliados.

También en el socialismo existieron fuertes controversias en estos años. El Partido tenía un carácter reformista en la práctica, aunque sin ser socialdemócrata porque en teoría defendía a largo plazo una revolución. Así se afirmaba no sólo el repudio al capitalismo sino también que los socialistas no participarían en ningún tipo de gobierno burgués, aunque podrían influir de manera decisiva desde fuera en el desarrollo de los acontecimientos. En realidad Pablo Iglesias fue un dirigente sindical de práctica moderada y también lo fueron de manera creciente quienes participaban con él en la dirección del partido ejerciendo una notable influencia en la UGT. A la muerte de Pablo Iglesias, ya durante el periodo de la dictadura de Primo de Rivera, le sucedería Julián Besteiro, un claro partidario del parlamentarismo para quien la dictadura del proletariado sólo sería justificable en Rusia.

Sin embargo, durante muchos meses la actitud de los socialistas pasó por una fuerte radicalización una vez que triunfó el nuevo régimen comunista en Rusia. Influidos por el maximalismo del momento empezaron a proliferar dentro del PSOE algunos grupos filocomunistas entre los sectores juveniles e intelectuales de izquierda socialista, que se mostraron partidarios de que el PSOE apoyara de una manera decidida el nuevo régimen. Por un momento pareció que iba a triunfar este sector del partido y que se produciría la comunistización del mismo. Pero no fue así y el inmenso prestigio de Iglesias y el carácter teóricamente revolucionario del partido fueron utilizados como un óptimo argumento por parte de los sectores más moderados, que se negaron a ingresar en la Tercera Internacional aunque se declararan genéricamente partidarios de la revolución rusa. Sólo en 1921 un sector del socialismo se separó y creó un Partido Comunista pero en España esta tendencia, con una marcada propensión al insurreccionalismo, tuvo muy poca afiliación en estos años y así siguió durante bastante tiempo. La lejanía de la revolución rusa hizo que durante algún tiempo sectores del anarquismo inspiraran también la difusión del comunismo en España.

Como el anarquismo o el socialismo, el catolicismo aspiró también a convertirse en un movimiento de masas. Si en épocas pasadas no se había imitado el comportamiento de los católicos de otros países y, por tanto, no se había llevado a cabo una movilización, desde el comienzo de la I Guerra Mundial se produjeron algunas novedades en el terreno sindical. Apareció una nueva generación de pensadores católicos que se autodenominaban «demócratas cristianos» (en sentido más social que político) los cuales intentaron llegar a las masas, postularon un cierto reformismo social, aceptaron la huelga y ejercieron una labor intelectual proporcionando un bagaje que hizo posible un intento de renovación de un sindicalismo católico. Estos intentos de renovación encontraron dificultades graves por parte de quienes habían dirigido hasta entonces la acción social católica, que se negaban a aceptar posiciones que fueran más allá del paternalismo. Las iniciativas más renovadoras se colapsaron en 1916 ante la actitud timorata de los sectores más conservadores del catolicismo español.

La posguerra mundial pudo constituir una nueva posibilidad para el sindicalismo católico, precisamente por el aumento de los temores revolucionarios. Aunque había sido fundada con anterioridad, por esos años alcanzó considerable difusión la Confederación Nacional Católica Agraria (CONCA), que llegó a tener quinientos mil afiliados, sobre todo en regiones como Castilla la Vieja; en otras, como por ejemplo Andalucía, el sindicalismo católico no tuvo ninguna vigencia. En el medio urbano, con pocas excepciones, situadas casi todas ellas en la mitad norte (País Vasco, por ejemplo) el sindicalismo católico siguió siendo irrelevante. En 1922 surgió un Partido Social Popular de existencia efímera por la inmediata proclamación de la dictadura.

Los gobiernos conservadores: Marruecos

Acosado por la protesta social, el terrorismo y la mediatización del poder militar, Romanones cayó y, dadas las circunstancias sociales, pareció lógico que fueran las derechas quienes se hicieran cargo de la situación. El partido conservador gobernó en España desde 1919 a 1921, hasta que tras el desastre de Marruecos se hizo imperiosa la constitución de un nuevo gobierno nacional.

Los meses centrales de 1919 gobernó Maura con un gabinete compuesto exclusivamente por seguidores suyos y con una clara significación derechista, lo que le hizo ser mal recibido por la oposición liberal. En efecto, el maurismo adoptó en este momento una posición netamente de extrema derecha que le hizo fracasar en su gestión y provocó el endurecimiento de la oposición en el momento de la celebración de las elecciones a Cortes, que se realizaron con las garantías constitucionales suspendidas. Sin embargo, el resultado de estas elecciones se puede calificar de inútil, porque ya en el momento mismo de abrirse las Cortes se pudo apreciar claramente que el Gobierno no tenía la mayoría y fue derrotado en cuanto se le presentó el primer incidente de escasa importancia. Maura sólo hubiera podido perdurar con el apoyo de los conservadores, pero éstos seguían distando de su posición en materia de orden público.

Dato era el jefe de la minoría más numerosa pero delegó en Sánchez de Toca, que gobernó hasta finales del año 1919. Su programa de gobierno en lo referente a la situación social de Barcelona fue sin duda de corte liberal. Situó en el Ministerio de la Gobernación a Burgos y Mazo, uno de los políticos más abiertos desde el punto de vista social-cristiano, y envió a un nuevo gobernador civil a Barcelona con el propósito de erradicar el terrorismo pero, al mismo tiempo, impulsó la legislación social e intentó que las organizaciones obreras se integraran dentro del marco de la legalidad. Sin embargo el sector patronal más duro, no sólo de Barcelona sino de toda España, se opuso a este programa que se vio condenado al fracaso. Finalmente Sánchez de Toca hubo de dimitir ante la dura oposición de la patronal, a la que apoyaba un sector del Ejército y algunos políticos conservadores.

Su formó entonces un nuevo gobierno de coalición de mayoritaria componente conservadora. La política seguida por el gobierno en lo referente a la situación de Barcelona dio un giro de 180 grados, y el nuevo ministro de la Gobernación envió un nuevo gobernador civil que adoptó una política de represión, como el cierre de los locales de la CNT, que no podía tener otra consecuencia que el crecimiento del maximalismo y un violento enfrentamiento. Finalmente a Dato no le quedó más remedio que hacerse cargo del poder de nuevo, en mayo del año 1920, con un gobierno que trató de dosificar en principio energía y flexibilidad. Sin embargo, las crecientes tensiones parecían hacer imposible ya una solución moderada. A finales del año 1920, en un giro definitivo hacia la represión, fue nombrado gobernador civil de Barcelona el general Martínez Anido, que se enfrentó a los sindicalistas por los más violentos procedimientos, no dudando en utilizar procedimientos ilegales, con lo que la situación empeoró de manera notable produciéndose a diario atentados de distinto signo. Quien sufrió las consecuencias de esta política de una manera más directa fue el propio Dato, asesinado en marzo de 1921. En esos momentos el jefe del partido conservador estaba intentando llegar a una concentración conservadora que sería presidida por Antonio Maura. Su trágica muerte hizo imposible que este proyecto se llevase a cabo. En el mes de agosto de 1921, por otro lado, de nuevo hizo su aparición en la vida política española la cuestión de Marruecos con unas consecuencias políticas muy graves.

A la hora de tratar del problema marroquí, que tanta importancia tuvo en la vida política española, es necesario hacer un pequeño planteamiento de carácter general que sirva para explicar el tipo de colonialismo que España realizaba en el norte de África y los peligros que conllevaba esta política.

Aunque teóricamente Marruecos era una monarquía independiente, en realidad apenas estaba controlada por la autoridad política del sultán. En la Conferencia de Algeciras celebrada en 1906 se estableció una protección a los intereses económicos de las potencias interesadas, con un predominio de franceses y españoles que se ocuparían de controlar los principales puertos. La implantación de un dominio efectivo español en la zona que le correspondía fue lento y siempre después de una iniciativa previa por parte francesa. Los sucesivos acuerdos entre España y Francia fueron reduciendo nuestra zona de influencia a tan sólo cuarenta y cinco mil kilómetros cuadrados. Después de los incidentes del año 1909, que produjeron en Barcelona la Semana Trágica, se amplió el efectivo dominio español sobre la zona oriental, y durante el gobierno de Canalejas se actuó con diligencia y sin bajas, incrementando bastante el territorio controlado por el ejército en la zona occidental. Quedaba, sin embargo, por controlar el Rif, zona montañosa habitada por indígenas muy belicosos.

España, tras la definitiva determinación de los límites de su protectorado en 1912, tenía en Marruecos una zona que era la vigésima parte de la francesa con menos del 10% de la población. Se trataba de una zona de muy escaso valor económico que carecía de una agricultura próspera y de una hidrografía que la hiciera posible. Su orografía era muy complicada y hacía muy difícil su penetración tanto para fines bélicos como pacíficos. La zona montañosa del interior estaba habitada por beréberes que, organizados en clanes y con vocación guerrera, practicaban la guerra, a veces de carácter religioso y otras como forma de vida. Para hacerles frente el ejército español utilizaba a soldados que desconocían el terreno y no estaban para nada interesados en la expansión colonial.

De este modo la guerra de Marruecos fue siempre muy impopular, ya que los reclutas españoles, hasta una fecha muy avanzada, procedían sólo de las clases humildes. Fueron muy escasos los profesionales de la política de uno u otro signo, incluso entre los sectores más conservadores, que se mostraron propicios a la expansión colonial, que carecía de interés económico y que complicaba el deseo de intervención de otras potencias debido a los intereses mineros y la proclividad de los indígenas a cambiar de bando. En estas condiciones los sucesivos gobiernos no se atrevieron a defender el abandono de Marruecos pero tampoco hicieron mucho por impulsar la ocupación. Los combates se limitaban a pequeñas emboscadas y constante tiroteo, pero de ellos podía derivar una descomposición psicológica que produjera el hundimiento del frente.

En el verano de 1919 el general Berenguer, militar inteligente y de alta capacidad técnica, fue nombrado alto comisario español en Marruecos e intentó realizar una penetración lenta pero resuelta haciendo uso de la fuerza sólo de manera circunstancial. Esta estrategia triunfó ampliamente en la zona occidental, pero en la oriental, separada por una amplia comarca en la que España no tenía ningún control, el general Silvestre, encargado de la comandancia de Melilla, actuó con plena autonomía. En esa zona, quien controlaba la situación política y militar era el líder nacionalista indígena Abd-el-Krim, antiguo colaborador de España pero también de Alemania.

Entre 1919 y 1921 el general Silvestre duplicó el territorio controlado por los españoles en torno a Melilla con el beneplácito de sus superiores, pero su afán de conseguir una gran victoria definitiva le llevó a la imprudencia. Su exceso de agresividad provocó la reacción de los rifeños que, a mediados de julio de 1921, atacaron por sorpresa el puesto español de Annual, lo que concluyó en una desbandada enloquecida hacia Melilla. Las tropas españolas estaban dispersas en un frente muy amplio, con un número de posiciones muy elevado, una retaguardia nada cubierta y, además, graves problemas de aprovisionamiento. El derrumbamiento del frente produjo la pérdida en tan sólo unos veinte días de todo lo que se había conseguido con graves dificultades durante años. El ejército del general Silvestre no sólo perdió a su jefe sino, también, al menos más de diez mil hombres.

Después del desastre no fue tan difícil el restablecimiento de la situación militar. Rápidamente llegaron refuerzos desde la Península y en octubre de 1921 se volvió a la línea de 1909 en la zona de Melilla. El mayor inconveniente fue que para ello hubo de emplearse una elevada cantidad de hombres con el gasto correspondiente. Annual provocó un cambio de actitud en los colonizadores: muchos dirigentes políticos expresaron su deseo de llegar a un «protectorado civil» que evitara la confrontación militar a pesar de la difícil ejecución de tal propósito. A comienzos del año 1923 la situación en la zona occidental era la misma que antes de producirse el desastre de Annual, aunque a costa de una presencia muy numerosa de tropas españolas. También ahora, por primera vez, el puesto de alto comisario español en Marruecos fue confiado a un civil.

España en el plano inclinado hacia la dictadura

Lo más grave del desastre de Annual derivó de sus consecuencias políticas, porque en un sistema ya muy criticado aparecieron nuevos motivos de protesta que contribuyeron a su definitivo colapso. El ejército se dividió aún más, pero sobre todo se irritó en contra de los políticos profesionales, y el hecho de que se presumiera que el Rey era partidario de la expansión marroquí le acarreó todo tipo de críticas, siendo acusado de supuesta responsabilidad en los hechos. La impopularidad de la guerra enfrentó a las clases populares en contra del sistema político. En realidad la cuestión de Marruecos se convirtió en un factor de descomposición política y los partidos de la Restauración se enzarzaron en una disputa violenta en torno a las responsabilidades.

El desastre de Marruecos tuvo como consecuencia la creación de un gobierno de concentración, presidido por Maura, del que formaron parte todos los grupos políticos del turno, incluidos los catalanistas. Este gobierno, que duró de agosto de 1921 a marzo de 1922, estuvo profundamente dividido entre quienes deseaban una más decidida intervención en Marruecos y aquellos que, como Cambó, querían limitar al máximo la penetración española o incluso eran partidarios del abandono. Finalmente el gobierno hubo de dejar el poder ante un problema relativamente menor como era el del restablecimiento de las garantías constitucionales en Barcelona. Se formó entonces un nuevo gobierno presidido por Sánchez Guerra, que había sido el heredero de Dato en la jefatura del partido conservador. El presidente del Gobierno, honesto, de una pieza pero impulsivo, destituyó al gobernador civil de Barcelona, general Martínez Anido, e hizo desaparecer las juntas pero, además, planteó en las Cortes la cuestión de las responsabilidades y fue precisamente este tema el que le hizo perder el poder ya que afectaba de manera muy directa a su partido y no supo prever las consecuencias de su decisión.

A finales de 1922 se formó un gobierno de concentración liberal, presidido por García Prieto. En su programa se trataba de lograr una amplia democratización de la Monarquía que hiciera inapreciables sus diferencias con una República. Sin embargo, desde un principio se pudieron apreciar las amplias diferencias de fondo que existían entre los coaligados y, sobre todo, no lograron eliminar los métodos tradicionales del sistema político de la Restauración. A la hora de celebrar las elecciones se utilizaron idénticos procedimientos y, al mismo tiempo, existió una profunda inestabilidad como consecuencia de las incluso ridículas rivalidades personales existentes entre los miembros del gobierno. Los liberales estuvieron muy lejos de cumplir sus promesas y lo más grave fue la sensación de inconsciencia que demostraron respecto del futuro, no dándose cuenta de que se estaban creando las condiciones idóneas para un golpe de Estado cuando tanto entre la opinión pública como en la prensa esa sensación era evidente. Débiles en la cuestión clerical, irresolutos en Marruecos contra el criterio del mando militar, poco precavidos acerca de la posibilidad de que éste interviniera y espectadores de un desorden inacabable en Barcelona, los liberales dieron una cumplida muestra de inconsciencia en la fase final de su presencia en el poder.

A la altura del año 1923 todo el sistema político de la Restauración estaba en plena crisis. Aunque en su seno se había producido algún cambio, es verdad que éste había sido muy insuficiente y, en la mayoría de los casos, sólo había contribuido a crear una mayor inestabilidad. Cada vez resultaba más difícil controlar desde el poder el resultado de las elecciones y, además, se había producido una proliferación de pequeños grupos políticos que exigían una mayor participación en el poder, contribuyendo con ello a que los gobiernos se sucedieran con rapidez. Entre los años 1917 a 1923 se produjeron veintitrés crisis de gobierno totales y treinta parciales, por lo que no puede extrañar que la opinión pública pensara que el Estado estaba en manos de unos incapaces que lo llevaban a la deriva. Por otro lado, apenas si existía una verdadera oposición al sistema. En efecto, el republicanismo había perdido fuerza, los católicos seguían desmovilizados y los socialistas, aunque habían crecido sus efectivos, todavía eran escasos como para producir un cambio en el sistema político. El catalanismo acabó dividiéndose con la creación de Acció Catalana, movimiento mucho más radical que la Lliga.

La sociedad española había experimentado, al mismo tiempo, una importante transformación: se había modernizado y ansiaba un cambio. Todo ello tuvo su origen en el importante desarrollo económico que se había logrado a raíz de la I Guerra Mundial y continuó en este sentido a lo largo de los años veinte. En efecto, a la altura de estos años el peso de la industria había crecido considerablemente y al final de la década la población activa agraria era inferior a la de servicios y la industrial unidas. Asimismo la actividad industrial había experimentado un fuerte aumento, en especial en la década 1910-1920, para en 1930 situarse alrededor del 25,5%.

Estas transformaciones incidían también directamente sobre la población española. Su crecimiento era ahora más rápido y constante (de 18,5 millones de habitantes a comienzos de siglo, se pasó a más de 23 en el año 1931). Hubo también un descenso en la natalidad que asemejó las tasas españolas a las europeas, pero todavía fue más espectacular el descenso de la mortalidad infantil que pasó del 12% en 1900 al 5% en el año 1931. Como muestra del desarrollo económico español se produjo también un incremento de la población urbana que es perceptible en el desarrollo que tuvieron las grandes ciudades. Asimismo la población española fue elevando su nivel de alfabetización debido en buena medida al esfuerzo realizado por parte del Estado en materia de educación. La tasa de analfabetos en 1910 era el 59% de la población y en 1920 el 52%.

Los cambios producidos por la transformación social de España afectaron a todas y cada una de las clases sociales. Durante el reinado de Alfonso XIII se produjo un notable aumento de la nobleza: muchos de los nuevos títulos recayeron sobre las personalidades políticas más relevantes y, en una menor proporción, sobre los militares, pero lo que resultó más novedoso fue que también se concedieron títulos a la burguesía industrial y de negocios. En general la vieja nobleza cada vez fue representando menos en la vida pública. En cuanto a la burguesía, una gran número de sus miembros colaboraba con el régimen, pero también existía una burguesía periférica que militaba en partidos que se oponían al sistema político del turno, como catalanes o vascos. Resulta indudable que esta burguesía fue la gran beneficiaria del crecimiento económico experimentado por España pero también las clases medias lo hicieron. En las tres primeras décadas del siglo se duplicó el porcentaje de las profesiones liberales en el total de la población activa, y la burocracia inició un proceso de estabilidad y tecnificación. El desarrollo económico afectó también a las clases humildes. Desde el comienzo de la Restauración hasta el año 1930 se redujo a la mitad el número de jornaleros del campo. La clase proletaria urbana creció de una manera considerable, aunque existen estudios oficiales que demuestran que en el año 1930 el salario de un obrero español no le permitía adquirir sino la mitad de la ración alimenticia de un obrero inglés.

Un aspecto netamente positivo de la política de la Restauración fue la aplicación de la legislación social, a pesar de que ésta no benefició apenas a los obreros rurales. Esta legislación fue obra de los dos partidos del turno, pero había sido sugerida por el Instituto de Reformas Sociales que, aunque creado a fines del siglo XIX, sería en 1903 cuando logró su organización definitiva. En él colaboraron sindicalistas socialistas, católicos sociales, liberales y republicanos, testimoniando así las posibilidades de la colaboración plural en el sistema de la Restauración. Su labor fue sugerir una buena parte de las reformas llevadas a cabo por los sucesivos gobiernos y, sobre todo, impulsar el comienzo de una mínima seguridad social. Hasta el año 1920 no se creó el Ministerio de Trabajo.

Los cambios, por otro lado, se apreciaron también en la vida cotidiana. La mujer empezó a estar muy presente en la Universidad en torno al final de los años veinte. La prensa obtuvo una notable difusión; por ejemplo, en Madrid en los años veinte se publicaban dieciocho diarios, cinco de ellos de gran tirada y alta calidad literaria. En 1924 se creó en Barcelona la primera emisora de radio profesional y en los treinta ya se había convertido en protagonista principal de la vida diaria. De la década de los años veinte data en gran medida la difusión de los deportes de masas. En ese momento se construyeron los primeros grandes estadios deportivos (y también algunas de las grandes plazas de toros, como las Ventas en Madrid). El cinematógrafo también se convirtió en una diversión popular tan conocida como apreciada.

Los medios intelectuales fueron grandes impulsores de la modernización de España y, al mismo tiempo, el contenido de sus ideas fue un producto de ella. La generación de 1914 optó de una manera decidida por el camino de Europa tanto en el campo de las ciencias humanas como en el de las ciencias naturales, como testimonia la obra de dos grandes figuras: el filósofo José Ortega y Gasset y el médico Gregorio Marañón. Frente al pesimismo de los escritores de la generación del 98, en Ortega se vislumbra una confianza en las propias fuerzas para lograr la modernización de España. En su conferencia de 1914 sobre *Vieja y nueva política*, presentó el contraste entre una España oficial anclada en el pasado y otra España nueva que era la que representaba la nueva generación capaz de modernizar y europeizar el país. En el año 1917, cuando se empezó a hacer más patente la crisis del sistema de la Restauración, Ortega fundó *El Sol*, que era sin duda el diario madrileño que tenía un tono intelectual más alto. Más tarde, en 1923, fundó la *Revista de Occidente*, más dedicada a la especulación intelectual y alejada, por lo tanto, de la política. Aunque esta generación tuvo una evidente preocupación por la vida pública española, lo cierto es que fue también una generación de especialistas en todos los campos de la ciencia y la cultura.

La verdad es, sin embargo, que no todas las iniciativas de esta generación fueron exclusivamente privadas ni en ellas el animador único fue Ortega. Por el contrario, esa nueva generación se benefició de la existencia de instituciones que ponían en contacto al mundo español con el europeo como, por ejemplo, la Junta de Ampliación de Estudios, que permitió educar a una joven generación de especialistas en las más distintas variedades científicas, o la Residencia, que proporcionó a las jóvenes generaciones el contacto con las figuras más destacadas de las ciencias y de las artes, españolas y extranjeras. Otros intelectuales de la generación de 1914, aparte de los dos ya mencionados, fueron los historiadores Américo Castro y Ramón Menéndez Pidal y los novelistas Ramón Pérez de Ayala o Gabriel Miró. El propio Azaña, aunque era poco menos que desconocido hasta 1931, puede ser considerado como una figura esencial de esta generación.

Ya en los años veinte apareció una importante vanguardia literaria y artística que era receptora de las fórmulas estéticas nuevas procedentes del otro lado de los Pirineos o resultó creadora de las mismas. La prosa surrealista de Ramón Gómez de la Serna, el desgarramiento expresivo de los *esperpentos* de Valle Inclán o la poesía de la generación de 1927 (Alberti, Diego, García Lorca...) son testimonio de ese contacto con otras latitudes estéticas. Esta transformación también es perceptible en el campo de las artes plásticas. Los artistas ya no tuvieron necesidad de acudir a la vecina Francia para poder participar en los movimientos artísticos más avanzados sino que el llamado «Salón de los ibéricos» de 1925, y una eclosión de un amplio grupo de revistas juveniles, supuso la victoria de una nueva forma de entender el arte, asumiendo las novedades ocurridas en París desde comienzos de siglo. Pero, ya en los años treinta, artistas españoles como Joan Miró o Salvador Dalí jugarían un papel decisivo en la renovación de esta vanguardia por el camino del surrealismo.

La dictadura de Primo de Rivera

Desde comienzos de 1923 la situación política española se había venido haciendo cada vez más grave, no tanto por la inminencia de una revolución o por la crecida de las oposiciones, sino por la propia crisis interna del sistema liberal parlamentario. Como en otros países europeos la consecuencia de esta situación fue la quiebra del sistema constitucional y su sustitución por una dictadura. Sin embargo, el caso español fue distinto del de otras latitudes. En Italia la decepción provocada por la I Guerra Mundial, el nacionalismo, el ambiente cultural irracionalista, la experiencia de una democracia incipiente y la posible inmediatez de una subversión revolucionaria dieron lugar a un régimen fascista que inauguró una fórmula política denominada por su autor como «totalitarismo». En Grecia y Turquía la lucha contra el adversario exterior tuvo importantes consecuencias políticas: en el primer caso la ejecución de los militares considerados como culpables y en el segundo la vertebración de un Estado que presagió los del Tercer Mundo. El caso de España se asemejó más bien al de los países del este de Europa en donde la oleada democratizadora posterior a 1918 no fraguó en regímenes estables pero tampoco aparecieron fórmulas alternativas con la pretensión de constituir una absoluta innovación. La dictadura española se consideró siempre a sí misma temporal y aunque en alguna ocasión pensó en institucionalizarse en realidad acabó recurriendo a la forma de salida más inesperada, como fue la de la dimisión del dictador.

El periodo dictatorial difícilmente puede llegar a entenderse sin hacer alusión a la personalidad de Miguel Primo de Rivera, quien lo personificó y caracterizó. Valiente y condecorado por su participación en los conflictos coloniales, tenía afición y capacidades políticas, aparte de conexiones importantes en ella pues su tío —en realidad poco menos que un padre adoptivo— había sido uno de los autores de la Restauración y le respaldó en todos los momentos decisivos de su vida. Éstos no habían excluido problemas, pues en dos ocasiones fue destituido por mostrarse poco propicio a la presencia española en Marruecos. Merece la pena recordar las causas que motivaron esta postura: pensaba que sería una forma de distraer los esfuerzos nacionales en dirección lejana hacia la propia mejora de la realidad española. Espontáneo e intuitivo, nada cruel y populista, el dictador fue también poco formado, inconstante, a veces proclive a las reacciones impulsivas y casi nunca capaz de dejarse convencer. La esencia de su programa nacía de una voluntad regeneracionista que conectaba muy bien con la mentalidad de la época puesto que la compartían los más diversos estamentos. Utilizó un lenguaje muy a menudo semejante al de Costa, a quien citó principalmente en la fase final de su régimen, pero más en el tono intemperante que en la concepción populista del pensador aragonés que siempre mantuvo una raíz liberal. El inconveniente de este talante reside en que procedía poco menos que de una mentalidad imprecisa, amenazada por las incoherencias y contradicciones. La dictadura regeneracionista suponía un deseo de modernización, lo que estimuló una política económica tecnocrática, nacionalista e intervencionista. En política se basaba en la idea de que era posible construir un sistema liberal auténtico tras una dictadura temporal de quien no era un profesional de la vida pública sino un bienintencionado cirujano de hierro.

El golpe de Estado se palpaba en el ambiente desde mucho antes de que lo intentara Primo de Rivera, de modo que se pueden contabilizar varios intentos abortados, con un contenido imprevisible o contradictorio; alguno de ellos tuvo incluso una significación izquierdista (como el del general Aguilera). Se ha acusado al Rey de complicidad en el pronunciamiento. Lo cierto es, en cambio, que en un momento anterior había pensado la posibilidad de presidir una junta militar que tuviera tras de sí al conjunto del Ejército como institución, pero finalmente parece haber desechado esta fórmula cuando Maura se la desaconsejó. Cuando el golpe se produjo, Alfonso XIII se enfrentó con una situación que no había promovido ni organizado. El propio gobierno de la concentración liberal mostró un nulo espíritu de resistencia, con contadísimas excepciones entre sus ministros, y la clase política que fue desalojada del poder no tuvo inconveniente en mostrar su aceptación de lo acontecido. Lo único que el Rey realmente hizo fue reconocer al vencedor. Así lo afirmó en el mismo momento inicial del régimen, cuando éste era muy popular, no tenía opositores y la misma opinión pública lo hubiera recibido bien.

En cuanto al golpe en sí, obedeció a los patrones clásicos del pronunciamiento. Una vez más un militar caracterizado por sus aficiones políticas trató de alzarse con el poder mediante un forcejeo psicológico con quienes lo ejercían, que pretendía evitar el derramamiento de sangre. Como en tantas ocasiones anteriores un factor esencial en el desenlace fue el pronunciamiento pasivo de gran parte de las autoridades militares y aun civiles. La relativa indiferencia de los sectores obreristas se podía descartar como también el apoyo entusiasta de toda la derecha al golpe. Mucho más inesperada fue sin embargo la voluntad de colaboración de muchos de los viejos políticos, incluido Alcalá Zamora, el futuro presidente republicano, y de parte de los intelectuales, entre los cuales el más destacado fue Ortega, quien intentó convertirse en mentor del dictador desde las páginas de *El Sol.* Lo cierto es que el golpe de Estado de septiembre de 1923 fue recibido con parecido entusiasmo con que luego sería acogida la República en abril de 1931. Pero esta última fue de modo mucho más claro la conversión en realidad del proyecto regeneracionista con el que se había iniciado el siglo.

La dictadura regeneracionista

Primo de Rivera, en el manifiesto en que había recabado el apoyo popular y de sus compañeros de armas, eligió como adversario principal al caciquismo, es decir, al sistema político vigente en el momento del golpe, e hizo mención explícita al 98 como momento inicial de una crítica que él, con su asunción del poder, llevaba a las últimas consecuencias. Para la mentalidad de la mayoría de los españoles de entonces resultaba admisible que un hombre bueno y apolítico ejerciendo un poder autoritario pero temporal, como el «cirujano de hierro» costista, aliviara todos los males políticos del país. Nombrado presidente y ministro universal por el Rey —fórmula por la que éste eludió tan sólo por poco tiempo la acusación de proceder inconstitucional— el dictador se rodeó de generales en un directorio que tenía carácter seudoinstitucional pues cada uno de ellos procedía de una región militar.

En los primeros meses de la dictadura su labor en el terreno político se centró en la persecución de los caciques locales. Merece la pena señalar que, sin embargo, durante la mayor parte del periodo dictatorial, quienes no fueron en general perseguidos de forma cruel fueron los miembros de esa «oligarquía» que Costa había señalado como cúspide de la pirámide formada por los caciques locales. En efecto, pocos fueron los dirigentes políticos objeto de una verdadera inquina (Alba, por ejemplo), que tampoco duró mucho, y casi ninguna de las figuras más relevantes de la economía española pasó por esas circunstancias. Alfonso XIII, al aceptar el golpe, puso cuidado inicialmente en pretender una apariencia de situación constitucional al entregar el poder a Primo de Rivera, pero la negativa a aceptar que las Cortes se abrieran le situó en la inconstitucionalidad, y el mero hecho de que ahora hubiera desde el poder una crítica generalizada a los políticos precedentes le enajenó el apoyo de gran parte de ellos a pesar de que en los momentos iniciales confiaron en que fuera él quien desalojara a Primo de Rivera del poder.

Pero quienes más padecieron la persecución dictatorial durante los meses de «política quirúrgica» que, a modo de nuevo Costa, llevó a cabo el dictador fueron buena parte de las autoridades locales. Se disolvieron todos los ayuntamientos y las diputaciones provinciales, sustituidos unos y otras por personas nombradas de forma automática (aunque más adelante se trató de puros adictos al régimen). Los gobernadores civiles —que eran, en realidad, militares en este momento— llevaron a cabo una fervorosa aunque poco duradera labor de inspección de cualquier tipo de irregularidad administrativa. Para descender a la escala de las menores poblaciones, en cada partido judicial fue nombrado un militar como delegado gubernativo dedicado a esos menesteres. También fue investigada la totalidad de la organización judicial en sus diversos niveles.

En la mayor parte de los casos la actuación de estas autoridades gubernativas no pasó de bienintencionada pero superficial. Por descontado los militares no estaban exentos de los mismos defectos que tenía toda la Administración española. Algunos de ellos practicaron exactamente el mismo tipo de políticas clientelares que se identificaban de forma habitual con el caciquismo. De esta manera ellos mismos se convirtieron en caciques, desplazando a los que lo habían sido con anterioridad, con la ventaja a su favor de que ahora no existían las mejores condiciones para criticar a quienes ejercían el poder al margen de cualquier control por parte de la libertad de prensa. La ventolera persecutoria de autoridades políticas locales no duró mucho pero, en cambio, los problemas fueron más duraderos en lo que respecta a la organización judicial, que en gran parte estaba enfrentada a Primo de Rivera en la fase final de la dictadura.

Siguiendo las pautas de este regeneracionismo popular en el que fundamentó su acción Primo de Rivera, a la labor de carácter quirúrgico —es decir persecutoria y desarraigadora de vicios políticos— le había de corresponder, como complemento, una tarea de construcción de una nueva realidad política que hiciera aparecer nuevos grupos o partidos capaces de llevar a cabo una vida pública nueva. En realidad la iniciativa en este terreno no fue tanto del propio dictador como de sectores del mundo católico que vieron en el clima existente la posibilidad de convertir en realidad un partido político propio de características parecidas a las que se dieron en otras latitudes europeas. Pero Primo de Rivera se apropió de la iniciativa y la llevó a cabo de una forma confusa que correspondía muy bien a sus rasgos personales. La llamada Unión Patriótica respondió inicialmente a un llamamiento genérico a las clases neutras, indiferentes o no participantes en la vida pública, y nació con autonomía respecto del régimen dictatorial. Luego el dictador, tras apoderarse de la iniciativa, la identificó con la Constitución de 1876 —que él mismo había violado— o con un ideario muy genérico o demasiado identificado con la derecha tradicional, pero siempre en términos muy imprecisos. Tan sólo cuando ya habían pasado años de la implantación de la dictadura acabó por dotarla con el programa institucionalizador del régimen, que quiso llevar a la práctica y que fue incapaz él mismo de cumplir. De procedencia relativamente plural en un principio, la Unión Patriótica, como es lógico, tuvo un reclutamiento nutrido entre dos tipos de elementos políticos. En primer lugar los oportunistas, que no habían tenido hueco o éxito en la política anterior por cualquier razón que fuera. Con el paso del tiempo la UP, que pretendió en un principio mantener la autonomía respecto del gobierno, la perdió por completo. En el año 1927 el dictador decidió que la mayoría de los ayuntamientos y las diputaciones estuvieran integrados por miembros de la UP, de tal modo que los independientes serían una excepción y más adelante, cuando se hicieron frecuentes las protestas de la oposición, incluso se atribuyó a sus miembros una función seudopolicial que no cumplieron en la práctica pero que fue la más semejante a la de un partido único. Por otro lado desde principios del régimen se había establecido en toda España una especie de milicia cívica destinada a guardar el orden social —el «somatén»— que en sus orígenes tan sólo existió en Cataluña.

Asimismo las filas de la Unión Patriótica se nutrieron también de elementos políticos procedentes de la derecha, incluso extrema. No tiene nada de particular que buena parte de los mauristas colaboraran con Primo de Rivera, incluso en contra de las opiniones de quien había inspirado su acción política. La derecha maurista, desde hacía bastante tiempo, había evolucionado en dirección hacia un autoritarismo que ahora tenía la ocasión de concretarse. En ocasiones este autoritarismo llegó a considerar la dictadura no sólo como una fórmula ocasional sino definitiva, e incluso se atribuyó a los mentores intelectuales de la dictadura la condición de herederos del tradicionalismo. Con frecuencia se sumaba a este autoritarismo una vertiente tecnocrática que dotó a los libros de propaganda del régimen de numerosas cifras y cuadros estadísticos. Pero si en todo ello cabe de algún modo establecer un precedente de lo que sería la derecha española posterior durante el régimen de Franco, hay que tener en cuenta que la Unión Patriótica no fue nunca un partido único, en primer lugar porque ni siquiera llegó a tener una auténtica voluntad de monopolio, y también porque, aunque el resto de grupos padeciera ahora más problemas a la hora de hacer su propaganda, existieron otros tolerados en mayor o menor grado. Aun gubernamental y favorecida desde el poder, nunca fue concebida más que como acompañamiento de las manifestaciones públicas del dictador y no como procedimiento para encuadrar y disciplinar a las masas.

La Unión Patriótica resultó como organización política fundamentalmente efímera pues no sirvió apenas para vertebrar el apoyo al régimen dictatorial y con el paso del tiempo, agravadas las circunstancias que le tocó vivir al régimen, se desvaneció en su mayor parte quedando sus escasos vestigios incorporados a una extrema derecha antiliberal. Esta afirmación vale además para el conjunto de la obra regeneracionista en materia política intentada por el dictador. Los caciques antiguos o se adaptaron a las nuevas circunstancias o fueron sustituidos por unos nuevos cuyo poder era mayor porque no existían las condiciones mínimas para el ejercicio de la crítica. Se puede decir, por tanto, que, en lo que respecta a la vida política, la dictadura no pasó de ser un paréntesis: nada importante cambió a pesar de que la apariencia resultara muy distinta. Si antes había caciquismo ahora perduró agravado. En otro punto los propósitos regeneradores se demostraron contradictorios: debían surgir partidos políticos nuevos que sustituyeran a los antiguos pero para ello resultaba por completo imprescindible que al mismo tiempo existieran también, como recordó Azaña, las libertades viejas. Desaparecidas éstas, las posibilidades regeneradoras eran nulas.

Una de las mejores pruebas de la ambigüedad con la que en sus momentos iniciales se planteó la dictadura ante la opinión pública (y también del hecho de que nunca pretendió ser un régimen semejante al fascismo) reside en que en sus momentos iniciales despertó las esperanzas de un sector del nacionalismo catalán preocupado por la incompetencia y la pasividad del gobierno de concentración liberal en materia de orden público. En definitiva, también el catalanismo había sido un movimiento regeneracionista y por ello cabía esperar de la dictadura una política regional más decidida que la seguida hasta entonces. Sin embargo este planteamiento —en que Cambó no siguió a los miembros de la Lliga que en un principio creyeron en Primo de Rivera— se demostró errado por completo. Aunque el dictador hizo iniciales declaraciones en este sentido e incluso prometió una organización regional de España, no tardó en desdecirse y seguir una política de retorno al más estricto centralismo. Menos de una semana después del golpe de Estado se prohibió el catalán en los actos oficiales. Pero lo peor vino unos meses después. Para su tarea regeneracionista en la vida local, Primo de Rivera había conseguido la colaboración de un político joven, procedente del maurismo, Calvo Sotelo, que fue el redactor principal de un Estatuto Municipal cuyo principal inconveniente fue que proponía una democratización de la vida local cuando en realidad ésta permaneció más que nunca en las manos del poder gubernamental. En dicho texto legal, en efecto, se admitió por vez primera el sufragio femenino, pero en realidad las autoridades municipales fueron nombradas en su totalidad por el Gobierno. Cuando en marzo de 1925 se publicó el Estatuto Provincial, se descubrió que respecto de la constitución de las regiones era tan restrictivo que suponía en la práctica la imposibilidad de que se conformaran como tales.

Eso afectó de manera especial a la política catalana. Primo de Rivera había conseguido el apoyo de ciertos sectores españolistas y los había puesto al frente de la Mancomunidad pero ahora perdió esta colaboración. A partir de este momento la vida social catalana se separó de la oficial, con la que no tuvo otros contactos que los conflictivos. El Colegio de Abogados, la Iglesia e incluso el principal equipo de fútbol catalán tuvieron problemas con el régimen. Primo de Rivera, en repetidas declaraciones, no hizo secreto su deseo de que el catalán se limitara a la esfera de lo privado. La Lliga fue perseguida de forma esporádica, pero lo más grave para ella fue que en la práctica la actuación del régimen potenció a sus adversarios. El posibilismo de Cambó pareció a partir de este momento propio de otra época, y como símbolo del catalanismo apareció Maciá, quien intentó vanamente golpes de fuerza desde la frontera francesa en la extraña compañía de militantes de la extrema izquierda.

En las demás regiones en las que existían sentimientos y movimientos autonomistas o nacionalistas la dictadura tuvo resultados parecidos. Los dirigentes de los grupos políticos de esta significación, en especial los más jóvenes, llegaron a la conclusión de que sus aspiraciones no tenían cabida en el seno de la Monarquía y, además, radicalizaron sus posturas. En todas estas regiones se produjo también una profundización en la identidad cultural propia. A la altura de 1930, tanto en Galicia como en el País Vasco había una situación política netamente peor que en el momento inicial de la dictadura.

Marruecos y la política exterior

En la política de la dictadura el conflicto de Marruecos desempeñó un papel absolutamente esencial pues, si hasta 1925 absorbió la mayor parte del tiempo de Primo de Rivera, después de haber logrado solucionarlo en la fecha mencionada su triunfo le hizo pensar en que quedaba justificada su permanencia en el poder y que podía extender su acción no sólo a la regeneración política y la solución del problema más agobiante e inmediato, sino a otros campos como el económico o incluso a la preparación de una nueva organización constitucional. En el terreno de la política a seguir con Marruecos, como en muchos otros, el dictador rectificó lo que había defendido antes de llegar al poder. En más de una ocasión sonada se había declarado partidario del abandono del protectorado porque éste constituía un esfuerzo desproporcionado y poco remunerativo, que impedía que las fuerzas nacionales se dedicaran a empresas más interesantes. Ahora intentó un trueque de Ceuta por Gibraltar; tras no lograrlo, en un primer momento pareció dispuesto incluso a una retirada hacia la costa que hubiera sido muy mal recibida por el Ejército africanista. Para ello empezó por tratar de convencer a Abd-el-Krim de que se aviniera a aceptar una autonomía política con tan sólo una nominal dependencia de España. Pero no consiguió nada y el dirigente de los rifeños extendió su influencia desde el este a la totalidad de la zona de protectorado español. A partir de marzo de 1924 Primo de Rivera, tras haber fracasado esos propósitos, trató de llevar a cabo lo que en la práctica equivalía a una política de semiabandono del norte de África. Como tantos otros gobiernos españoles pretendía limitar el gasto y el riesgo en vidas humanas del Ejército español, pero también, de la misma manera que en esas ocasiones, con esa retirada no logró otra cosa que estimular la osadía del adversario y provocar disidencias en el Ejército. Aplacadas estas últimas —que le enfrentaron al propio Franco en un sonado incidente— Primo de Rivera tomó el mando de las unidades y ordenó una retirada en la zona oeste del protectorado, que causó un elevado número de bajas que en otros tiempos, con gobierno parlamentario, hubieran sin duda tenido como consecuencia la caída del gobierno. Tal medida tuvo su fundamento porque, de no haberse producido, las consecuencias hubieran sido peores, pero hizo crecerse a Abd-el-Krim que, a diez kilómetros escasos de la capital del protectorado, pretendió actuar como un líder de la independencia que trataba de igual a igual a las potencias europeas. Disponía ya de un centenar de miles de combatientes dotados de artillería conquistada a los españoles y de armas relativamente modernas proporcionadas por contrabandistas.

Fue esta especie de megalomanía la que estuvo en el origen de su derrota final. En lugar de negociar en este momento con España cometió el error de atacar la zona del protectorado francés, mucho más feraz y por lo tanto también más rica. Se produjo entonces, aunque en términos más modestos, algo parecido al desastre de Annual en la zona francesa, y de esta manera fue posible lo que hasta el momento no había pasado de ser una pura entelequia, es decir, una colaboración estrecha por parte francesa para facilitar la derrota de los rifeños. Aunque ambos países prometieron la autonomía a Abd-el-Krim, en realidad se aprestaron a dar al problema una solución exclusivamente militar.

Los frutos de tal colaboración no tardaron en hacerse patentes. En septiembre de 1925 tuvo lugar el desembarco de Alhucemas, una operación planeada desde hacía tiempo pero que nunca había llegado a ejecutarse, en parte por indecisión pero también por temor a que supusiera un elevado número de bajas. Con muy pocas se consiguió de esta manera una división de la zona adversaria en dos, al mismo tiempo que se tomaba al enemigo por la espalda y comenzaban las operaciones coordinadas de franceses y españoles. La guerra, aun muy cruel, fue poco duradera. No se aceptaron los intentos de Abd-el-Krim de entablar negociaciones de paz y, tras los últimos combates en la primavera de 1926, el dirigente rifeño acabó entregándose a los franceses a pesar de las protestas españolas. Desterrado lejos de Marruecos, se convirtió con el transcurso del tiempo en un auténtico precursor de los movimientos independentistas, con los que llegó a conectar al final de su vida.

La solución del problema marroquí tuvo dos consecuencias importantes para Primo de Rivera. Como veremos a continuación, el dictador se sintió justificado para prolongar su estancia en el poder cuando, en los peores momentos de la guerra, nadie quería recibir su herencia sino que todo el mundo pretendió su permanencia. Pero, además, lo sucedido en Marruecos le indujo también a adoptar una política exterior con ciertos visos de grandeza aunque acabara quedando en poco menos que nada.

La política exterior española desde hacía mucho tiempo se había visto sometida a una mediatización francobritánica, de modo que la única forma de superarla era contraponerle el apoyo de otra potencia mediterránea, Italia. Sin embargo Primo de Rivera no hizo otra cosa que exhibir a Italia como alternativa sin atreverse a desafiar a fondo el *statu quo*. Lo hizo en primer lugar en 1924 y luego, ya reafirmado por su victoria marroquí, durante 1928 en relación con Tánger, enclave internacional en donde el peso político de España era mucho menor del que le correspondía por sus intereses objetivos y la composición misma de la población. A fin de cuentas, con Italia todo se redujo a unos cuantos viajes oficiales y en Tánger apenas si hubo una mejora de las responsabilidades que le correspondían a la Administración española. Otra muestra muy característica de la política exterior seguida por Primo de Rivera fue su amenaza, en 1926, de desvincularse de la Sociedad de Naciones al no aceptarse que ocupara en ella un puesto permanente en su dirección. El conflicto en realidad no era tan decisivo, porque España en la práctica siempre era elegida para ocupar este puesto gracias al apoyo de los países iberoamericanos. Finalmente Primo de Rivera moderó sus pretensiones con tan sólo haberle dedicado algún tiempo a calmarle el primer ministro inglés, y en el verano de 1929 el organismo internacional celebró una reunión en Madrid, al mismo tiempo que en Sevilla y Barcelona tenían lugar sendas exposiciones internacionales. Con ello el dictador se mostró satisfecho por el puesto en que habría logrado situar a España en el contexto internacional.

Más entidad y repercusión que estas manifestaciones de política de prestigio tuvieron para España otras muestras de actividad diplomática más perdurable. Primo de Rivera, que reformó el cuerpo diplomático ampliando el número de embajadas, anudó relaciones más estrechas con Portugal y con Hispanoamérica. En el primer caso consiguió hacer desvanecerse gran parte de las prevenciones de este país y estableció acuerdos concretos en materias de fronteras mientras que en el segundo consiguió una presencia española mucho mayor. Pero no se puede decir que en esta materia se produjera ninguna ruptura sustancial con respecto al pasado, porque ya desde el comienzo del reinado de Alfonso XIII la política exterior española había tenido una especial preocupación por estos dos marcos geográficos de actuación. Ahora, además, la identidad política con Portugal lo facilitaba. El partido oficial de este país se denominó Unión Nacional, en estrecho paralelismo con la Unión Patriótica española.

El directorio civil. Política económica y social

Tras la victoria en Marruecos, el dictador pudo pensar en una cierta vuelta a la normalidad ya que en definitiva siempre había pensado que el régimen por él presidido no era otra cosa que un corto periodo excepcional destinado a dar autenticidad al liberalismo originario. De ahí la constitución de un Directorio civil destinado a actuar durante un plazo corto de tiempo con los procedimientos de limitación de libertades característicos de un régimen dictatorial, pero con la vista puesta en el retorno a la normalidad. En el Directorio figuró como ministro de la Gobernación —y, en realidad, como segundo de a bordo— el general Martínez Anido, amigo personal de Primo de Rivera, pero la mayor parte de las responsabilidades gubernamentales fueron asumidas por políticos jóvenes procedentes del anterior régimen político, como fue el caso del ex maurista Calvo Sotelo o el ex catalanista Aunós. En otros casos se trataba de técnicos como el conde de Guadalhorce o de amigos personales de Primo de Rivera, como el antiguo diputado conservador gaditano conde de los Andes. Otros miembros del Directorio —en realidad un verdadero gobierno— fueron auténticas insignificancias procedentes de la Unión Patriótica.

El problema fundamental de la dictadura no tardó en revelarse en la forma en que daría paso a la normalidad, una vez que había recalcado esa condición temporal que siempre la caracterizó. Pasado medio año de la constitución del Directorio, Primo de Rivera anunció su propósito de convocar una Asamblea Nacional cuya misión sería encaminar el país hacia la legalidad con las modificaciones que procedieran y previa su sumisión. En el tercer aniversario del golpe de Estado convocó incluso una especie de plebiscito destinado a demostrar su popularidad. Careció de cualquier apariencia de autenticidad pues consistió en la firma en unos pliegos sin ningún tipo de garantía objetiva, aunque la realidad es que la dictadura seguía siendo apoyada por la opinión pública. De cualquier modo el plebiscito estaba destinado a presionar de forma indirecta al Rey para que aceptara esa Asamblea Nacional. De momento, sin embargo, Alfonso XIII no aceptó que se convirtiera en realidad, consciente de que con ello no sólo se enajenaría el apoyo de la vieja clase política sino que dejaría más patente aún que estaba al margen de la legalidad constitucional.

A todo esto la dictadura se enfrentaba con otro aspecto de la tarea regeneracionista que se había impuesto a sí misma. En materia económica y social obtuvo en realidad mucho mayor éxito que en la política, aunque la razón de ello estribara en gran medida en la coyuntura económica mundial y las consecuencias de la política económica seguida se demostraran menos positivas a medio plazo.

La política económica dictatorial se integró dentro de una tradición de nacionalismo e intervencionismo cuyo origen hay que remontar al comienzo del siglo XX. Lo característico de Primo de Rivera no fue adelantarse a lo que serían las grandes tendencias de la economía internacional de los años treinta —por ejemplo, al pensamiento de Keynes— sino incidir más y más en aquella tendencia propia del regeneracionismo y del nacionalismo finiseculares, haciéndolo, además, con un simplismo muy militar. Así, por ejemplo, llevó su deseo de intervención del Estado a un propósito de regular con todo pormenor cada uno de los sectores productivos a través de una serie de organismos consultivos a la cabeza de los cuales habría un Consejo de Economía nacional. Eso podía obedecer a una tendencia muy característica de la economía de la posguerra, pero tenía el grave inconveniente de provocar una burocratización asfixiante así como un corporativismo protector de todos los intereses establecidos.

De cualquier modo, el problema esencial de ese intervencionismo estatal nacía de cómo obtener la financiación del mismo. El instrumento fundamental de acción en el terreno económico del Directorio civil fue la emisión de Deuda Pública, en casi todas las ocasiones sin un criterio de control y de unidad sino a través de cajas autónomas al margen del Ministerio de Hacienda. En cambio no hubo una política fiscal avanzada, pues aunque Calvo Sotelo hizo el primer intento de introducir el impuesto sobre la renta no llegó a convertirse en realidad. Para aumentar la recaudación se creó el monopolio estatal en la venta de productos petrolíferos mediante la creación de CAMPSA. Paradójicamente una parte del consumo español de petróleo fue, a partir de este momento, de procedencia rusa mientras que algunas compañías occidentales protestaban contra la política en esta materia del Gobierno español.

A corto plazo la política económica dictatorial tuvo efectos que parecieron netamente positivos. Hubo, por ejemplo, una activa promoción de las obras públicas. La creación del Circuito de Firmes Especiales gestionó la construcción de una red de carreteras cuando empezaba a difundirse el automóvil. Además, en el transporte ferroviario la dictadura inició un camino intervencionista que había de concluir llevando a la nacionalización ya en época de Franco. En política hidráulica se inició la construcción de algunos de los proyectos procedentes de la etapa anterior que no se habían llevado a cabo por la inestabilidad parlamentaria y que concluyó luego la República. Las consecuencias de esta activa política de inversión pública se apreciaron en los índices de producción de cemento, acero y lingote de hierro, pero sin duda el conjunto de la economía nacional se vio estimulada por la inversión pública. Fue ésta, por ejemplo, una época en que la banca privada vivió una auténtica edad de oro y adquirió alguna de las características que habrían de tener largas consecuencias, como por ejemplo su peso en la industria. La dictadura también potenció la banca pública contribuyendo a crear un conjunto de organismos crediticios destinados a perpetuarse durante el futuro.

En tiempos posteriores quedó de la etapa dictatorial la imagen de la prosperidad económica. Ésta fue real —el índice de producción industrial por individuo activo pasó del 95,6 al 132— pero no se entiende sin tener en cuenta la prosperidad general del periodo que hizo que estos años fueran considerados como *los felices veinte* en todo el mundo y no sólo en España. En ésta no había existido un periodo de crecimiento semejante hasta el momento. Sin embargo, al final de la etapa los propios gestores dictatoriales padecieron una crisis de la que ellos mismos habían sido principales causantes. Un gobierno nacionalista como el de Primo de Rivera hubo de sufrir una creciente depreciación de la peseta que no supo diagnosticar, cuando la causa principal no era otra que la financiación de la inversión pública a través de la emisión de deuda. Sus adversarios pudieron afirmar entonces, no sin una parte de razón, que era la incertidumbre política del régimen dictatorial la que causaba la caída de la peseta.

A muchos de los adversarios de la dictadura les llamó la atención el hecho de que durante ella el movimiento obrero parecía carecer de la beligerancia agresiva de otras épocas. En realidad el factor que mejor explica esta situación reside en la coyuntura económica junto con el cansancio y la autodestrucción provocados por el terrorismo anarquista. Tampoco se debe dejar de tener en cuenta el hecho de que el régimen dictatorial se presentaba como una fórmula política circunstancial.

Sin embargo, la política social de la dictadura también jugó un papel pacificador al proseguir la labor promotora de la legislación social y al crear instrumentos de mediación. Desde el punto de vista de la organización de la Administración, Primo de Rivera integró el Instituto de Reformas Sociales en el Ministerio de Trabajo en 1924, dándole pues un contenido más oficial. Además en 1926 aprobó un Código de Trabajo que resumía la legislación en esta materia. Por otro lado prosiguió la elaboración de la normativa protectora, incluso ampliándola en áreas que hasta el momento permanecían vírgenes, como en materia de emigración.

No obstante el aspecto más original de la labor dictatorial, responsabilidad principal del ministro Aunós, fue la creación de un sistema corporativo a partir de los llamados comités paritarios. Éstos constituían el primer escalón de la organización de este carácter, con un segundo nivel provincial y, en fin, unos consejos de la corporación, órgano superior de cada oficio. En todos los escalones de la organización corporativa existía una representación, igual en número, de patronos y obreros, con un presidente nombrado por el gobierno. La misión de la organización corporativa era regular las condiciones de trabajo y evitar la conflictividad social. El sistema quiso ser aplicado incluso a terrenos en que su eficacia hubiera sido muy discutible como, por ejemplo, los alquileres.

Los comités paritarios no pueden ser considerados como una copia del sindicalismo fascista pues carecieron de la característica principal de éste, como fue estar motivados por un deseo de encuadrar al trabajador bajo la dirección de autoridades nombradas por el Estado, aunque haciendo gala de un lenguaje supuestamente reivindicativo y revolucionario. Aunós afirmó que, en realidad, procedían del pensamiento católico, pues los sindicatos tenían una representación libremente elegida en cada uno de los escalones mencionados. También fueron criticados desde la derecha por proporcionar un claro predominio a los socialistas, pero esto era inevitable al estar el anarquismo carente de fuerzas (aparte de su tradicional repudio a utilizar estos procedimientos de mediación con intervención estatal) mientras que el sindicalismo católico era muy poco importante en el medio urbano. El balance que se puede hacer de la tarea de los comités paritarios es que llevaron a cabo una importante labor de mediación, aunque con excesos burocráticos que resultaron siempre muy evidentes en muchas de las realizaciones dictatoriales. La clase obrera se vio beneficiada desde el punto de vista de la conservación de los puestos de trabajo y por la ampliación de la seguridad social y no tanto, en cambio, por la mejora de las condiciones salariales. El sector más cercano a la dictadura dentro del sindicalismo español no estuvo constituido por las dos grandes centrales ni tampoco por el sindicalismo católico sino por los sindicatos libres barceloneses, con los que Martínez Campos había tenido estrecho contacto en la primera posguerra mundial. Dichos sindicatos, con la colaboración del régimen, lograron durante algún tiempo un efímero predominio entre la clase obrera barcelonesa, que se desvaneció a la caída de la dictadura.

Sin embargo, durante la primera parte de la dictadura de Primo de Rivera el régimen encontró escasas dificultades en su relación con el movimiento obrero. Gran parte de las razones estriban en la combinación entre el cansancio del movimiento anarquista al que el terrorismo había condenado a poco menos que el suicidio, junto con la estricta aplicación de las leyes que regulaban el sindicalismo y una buena dosis de arbitrariedad gubernativa que, sin embargo, en ningún caso permite establecer una comparación con lo que luego sucedió en el segundo régimen dictatorial. Martínez Anido fue desde un principio el responsable de esta acción represiva en la que un papel decisivo le correspondió, por ejemplo, a la exigencia de que los sindicatos llevaran sus libros de cuentas (para no ser financiados por procedimientos terroristas), la suspensión temporal de las publicaciones, prohibiciones ocasionales de propaganda y destierros. Con ello —y alguna pena de muerte ejecutada con rapidez— bastó para que diera la sensación de que desaparecía el peligro anarquista.

Pero lo más espectacular de la relación entre la dictadura y los movimientos obreros se produjo en lo que respecta al PSOE. La propaganda del régimen siempre insistió en este tipo de colaboración con un partido al que se consideraba libre de las corruptelas de los anteriores e incluso en algún momento sugirió la posibilidad del establecimiento de una especie de turno entre la UP y el PSOE, mientras que los anarquistas criticaron este colaboracionismo. En realidad, para comprender esta relación hay que tener en cuenta, en primer lugar, que no todo el socialismo colaboró con el régimen: hubo un sector humanista y liberal —De los Ríos— y otro proclive a los republicanos —Prieto— que no lo hizo en ningún momento. Además la dictadura era un régimen tan burgués, de acuerdo con la óptica a la vez revolucionaria y reformista del PSOE, como el anterior por lo que no había que descartar la negociación con ella. Líderes sindicales de sectores en crisis, como Llaneza, dirigente de los mineros asturianos, se sintieron impelidos a tratar con Primo de Rivera, y el intervencionismo paternalista de éste les demostró que habían actuado de forma oportuna.

No se puede decir que UGT y PSOE obtuvieran resultados muy brillantes de este colaboracionismo, pues la primera apenas creció trece mil afiliados en 1923-1927. De este modo la descripción más oportuna sobre lo ocurrido durante el periodo consistiría en que el socialismo mantuvo su fuerza pero no la incrementó. En ese primer periodo de colaboración, Largo Caballero figuró como representante obrero en el Consejo de Estado porque su nombramiento procedía de elección sindical. En cambio los socialistas no quisieron estar presentes, por ejemplo, en el Consejo de Economía nacional y, con posterioridad, en 1927, en la Asamblea Nacional cuando fueron requeridos para ello, porque no era ése el caso. En el congreso del partido celebrado en 1928 venció la línea no colaboracionista y a partir de este momento el giro del socialismo español hacia la oposición pudo considerarse definitivo.

En cuanto a la CNT, sobre ella —como sobre los poco nutridos grupos comunistas— se ejerció el mayor peso de la acción persecutoria gubernamental, lo que le obligó a una situación de semiclandestinidad. Los atentados y demás actos violentos fueron erradicados por procedimientos expeditivos. Los locales de aquellas secciones de la CNT que mantenían una actitud más notoriamente subversiva fueron clausurados y lo mismo cabe decir del diario *Solidaridad Obrera,* pero hubo sindicatos libertarios y prensa de esta significación —los más caracterizados por su gradualismo— que permanecieron tolerados en la legalidad. Pestaña y Peiró, por ejemplo, pudieron seguir inspirando una prensa sindicalista, limitada en su difusión pero libre en su expresión. Esta persecución selectiva, muy característica de la peculiaridad del régimen dictatorial, no favoreció la evolución de la CNT en un sentido de moderación sino que tuvo los efectos estrictamente contrarios al congelar el debate previo entre sindicalistas y anarquistas de estricta obediencia. En efecto, en 1927 se fundó la Federación Anarquista Ibérica —FAI— que en los años de radicalización durante la etapa republicana tuvo un protagonismo predominante. En este sentido puede decirse que el régimen de Primo de Rivera tuvo el mismo efecto contraproducente sobre el movimiento obrero que en relación con los nacionalismos. En ambos casos pudo dar la sensación de que había hecho desaparecer el problema cuando en realidad lo había agravado.

Intento institucionalizador y crisis del régimen dictatorial

Primo de Rivera no había conseguido en el primer intento la convocatoria de la Asamblea Nacional, pero el Rey acabó aceptándola un año después. En septiembre de 1927 se anunció su convocatoria y sus propósitos, que habrían de ser preparar a lo largo de tres años un nuevo marco institucional que en su día sería sometido al contraste con la opinión pública y a la sanción real. Todos sus miembros fueron elegidos de forma directa o indirecta por el Ejecutivo y aunque existía la posibilidad de que pudieran ejercer un cierto control del Gobierno —tan sólo a través de preguntas al gabinete— esta posibilidad muy pronto se demostró por completo ficticia. En realidad el dictador, con la convocatoria de la Asamblea, no había hecho otra cosa que demostrar su propia incertidumbre política —seguía pensando en el retorno a la normalidad aunque fuera elaborando un nuevo texto constitucional— y, al mismo tiempo, agravar la situación de la Monarquía, cuya situación de ilegalidad quedaba cada día más patente al tiempo que perdía el apoyo que le restaba entre los miembros de la clase política precedente.

Primo de Rivera consiguió que la Asamblea elaborara un nuevo proyecto constitucional, pero su contenido demuestra una vez más esa perplejidad. Mientras que él hubiera deseado una Constitución unicameral, de ejecutivo fuerte y representación en gran parte corporativa, la Asamblea, a través de una comisión en que políticos de la derecha tradicional jugaron un papel decisivo, elaboró un texto en el que se incrementaban de forma considerable los poderes del Rey al mismo tiempo que perduraban residuos de liberalismo. Es significativo que Primo de Rivera consultara a Mussolini respecto del contenido y que éste, aun respondiendo con amabilidad, lo sintiera muy lejano a sus propios planteamientos: de ninguna manera juzgó que ese texto pudiera ser asimilado a algo parecido a la revolución fascista. Aunque la nonata Constitución de 1929 fuera el testimonio de una reacción autoritaria, estaba muy lejos de la derecha de los años treinta o tiempos posteriores.

Como ya ha sido señalado, la principal consecuencia de la convocatoria de la Asamblea consistió en incrementar la oposición al régimen, que cada vez se confundía más con la protesta contra la propia Monarquía. En concreto, la convocatoria de la Asamblea supuso un definitivo alejamiento de buena parte de la clase política del régimen constitucional, que en un principio había considerado que podía recibir el golpe de Estado con una cierta expectativa porque resultaría efímero e inocuo para ella. Sin embargo con el paso del tiempo arreció la oposición de esa vieja política, en parte porque Primo de Rivera, para hacer valer su condición de político regeneracionista, debía atacar con insistencia la política que le había precedido, y en parte porque en los medios locales y provinciales se estaba produciendo, si no una sustitución de la política caciquil, sí por lo menos una desarticulación de los cacicatos antiguos en donde residía la fuerza clientelar de los partidos del turno. De este modo lo previsible era que no sólo estuvieran condenados a la desaparición sino que incluso, si se volvía a la normalidad, no podrían reconstruir su influencia.

El rasgo más inconveniente de la oposición de los antiguos partidos del turno en contra del dictador fue su inocuidad real. Sus dirigentes no podían hacer otra cosa que gestos de protesta dirigidos al Rey o al Ejército pero, en cambio, no pudieron apelar a unas masas populares de las que sus partidos siempre habían carecido. Muerto Maura en 1925, fue el jefe del partido conservador *idóneo* José Sánchez Guerra, el representante más caracterizado de la protesta de los antiguos políticos. Cuando Primo de Rivera convocó la Asamblea Nacional decidió exiliarse en un gesto al mismo tiempo romántico, valeroso y de efectividad reducida por el momento. Pero, como veremos, esa actitud implicaba de forma inmediata lanzarse a la conspiración militar.

Antes de tratar de ella es preciso recordar que tampoco los republicanos tuvieron la posibilidad de derribar al régimen dictatorial. A estas alturas, el Partido Radical de Lerroux se diferenciaba muy poco de los liberales y, aunque tuviera respetabilidad, carecía de apoyo social suficiente. La acción propagandística de Blasco Ibáñez en Francia no llegó a adquirir más que una moderada relevancia en los medios de prensa. Por si fuera poco, los republicanos, aunque dispusieran de una coalición denominada Alianza Republicana, actuaron poco coordinados. Azaña representó un nuevo republicanismo más intolerante, intelectual y activo, pero su grupo Acción Política, nacido en 1925, por el momento no tuvo efectividad alguna permaneciendo como tan sólo una tertulia intelectual, aunque en este momento elaborara unos planteamientos que habrían de ser de enorme trascendencia en los tiempos republicanos. El carácter a la vez «docente y militante» de la democracia propuesta por Azaña presagiaba su posterior jacobinismo.

Tanto para los partidos del turno como para los republicanos la única esperanza de desplazar del poder a Primo de Rivera pasó por un golpe militar semejante al que él había dado en septiembre de 1923. Sin embargo, esta posibilidad fue remota durante mucho tiempo porque, aunque el Ejército español siempre estuvo muy dividido, tenía un enemigo común —los políticos profesionales precedentes— y un problema grave —Marruecos. Cuando los primeros parecieron poco peligrosos (o menos que el propio Primo de Rivera) y el segundo desapareció, se dieron las posibilidades de que llegara a articularse una conspiración militar importante.

En realidad, antes del verano de 1926 no hubo otra cosa entre el elemento militar que pequeños enojos personales con el dictador que este resolvió sin atribuirles verdadera relevancia. Tampoco la tuvo la llamada «Sanjuanada», en junio de ese año, pues no pasó de un intento abortado que el dictador aprovechó para inculpar a todos sus opositores aunque muchos de ellos no estuvieran involucrados en el intento. Es muy significativo, sin embargo, que entre los considerados como conspiradores hubieran militares de alta graduación como Weyler y Aguilera, políticos liberales como Romanones y Álvarez e intelectuales como Marañón.

Los verdaderos enemigos en el Ejército del régimen dictatorial fueron creados por el propio Primo de Rivera a partir de ese mismo verano. En realidad las dos tendencias principales en que hasta el momento permanecía dividido el Ejército —africanistas y *junteros*— se habían diluido un tanto, de modo que Primo de Rivera pudo adoptar sucesivamente parte de las posiciones de ambos. En un principio estuvo más cerca de los segundos, pero luego, tras la solución del problema de Marruecos, tan distante de su propia postura inicial, aceptó buena parte de las posiciones de los primeros. Así los ascensos se hicieron por elección en mucho mayor grado que en la época anterior. Además cuando en 1927 fue creada una Academia General puso al frente a Franco. En otros aspectos, sin embargo, estuvo más bien cerca de los primeros. Los militares fueron utilizados en medida variable para ocupar responsabilidades políticas —entre el 20% y el 60% de los gobernadores civiles fueron militares— o de educación patriótica. Esa militarización de la política no fue acompañada de una gestión apropiada, reformista en profundidad, destinada a solucionar los problemas militares. Aunque disminuyeron los gastos presupuestarios relativos al Ejército, eso se explica tan sólo por la desaparición del problema de Marruecos, y la oficialidad siguió siendo superabundante, sin que Primo de Rivera diera una respuesta mínima a este problema.

Precisamente aquel aspecto en que el dictador se ganó más enemigos fue uno en que le correspondía al menos una parte de la razón. El Cuerpo de Artillería permanecía en una actitud de estricta oposición a los ascensos por méritos en los que apreciaba, no sin cierto fundamento, la existencia de frecuente inmoralidad política. Cuando con escaso tacto y una aparente brutalidad Primo de Rivera trató de imponérselos, el resultado fue que la joven oficialidad se inclinó hacia soluciones conspiradoras, republicanas o incluso comunistas.

Con el paso del tiempo el dictador nutriría las filas de sus enemigos con otro sector muy distinto, el de los intelectuales. Frente a lo que hubiera podido creerse, lo cierto es que en un principio en la actitud mayoritaria de éstos hubo más bien una posición de expectativa incluso benevolente. Las excepciones estuvieron constituidas por Unamuno, que pareció querer llevar una agónica lucha personal en contra del Rey y del dictador, y Azaña, que fue un crítico implacable del regeneracionismo que elegía la vía dictatorial para llevar a cabo su programa. Pero el propio Ortega, el intelectual más influyente de su época, trató de inspirar la acción dictatorial. Esta situación duró tan sólo un par de años. A continuación los intelectuales militaron masivamente en contra del régimen —a Ortega le fueron censurados algunos de sus artículos— y las excepciones estuvieron constituidas por aquellos escritores que, por haber evolucionado hacia una actitud de extrema derecha, se convirtieron en colaboradores entusiastas del régimen dictatorial, como fue el caso de Ramiro de Maeztu y Eugenio D'Ors. Para ellos, sin embargo, el régimen de Primo de Rivera siempre fue demasiado complaciente con el pasado liberal y poco decidido a la hora de promover una dictadura estable.

El definitivo cambio en la actitud de los intelectuales tuvo lugar en los años 1927-1928. La generación juvenil vinculada con la primera fecha tuvo en un principio una actitud muy despegada de cualquier compromiso social o político, pero a partir de la segunda fecha las influencias procedentes de otras latitudes —por ejemplo de la novela rusa— la convirtieron en muy beligerante en el compromiso político y social. Por si fuera poco, en 1928 una disposición dictatorial favorable a los centros universitarios privados produjo graves incidentes estudiantiles que Primo de Rivera enfocó con muy escasa diplomacia. Al final, gran parte de las universidades fueron cerradas y algunos prestigiosos catedráticos —como el propio Ortega—, abandonaron la docencia. Mientras tanto los estudiantes de clase media —incluso de sexo femenino, lo que irritaba de forma especial a Primo de Rivera— se manifestaban en las calles, Valle Inclán escribía sus textos sobre el final del reinado de Isabel II en un paralelismo muy estrecho con el que presagiaba para su nieto.

Una vez más la propia incertidumbre de Primo de Rivera contribuyó a agravar la situación de su régimen. En enero de 1929 estalló una sublevación en Valencia y Ciudad Real que, si no triunfó, demostró la coincidencia entre militares y políticos (su inspirado y previsible caudillo había sido Sánchez Guerra). Aun así, la irritada reacción del dictador, tendente a radicalizar su régimen para asegurar su estabilidad, duró poco. A partir del verano intentó acelerar la institucionalización y, como consecuencia, su propio abandono del poder. En julio anunció el propósito de ampliar la Asamblea consultiva y obtuvo un resultado muy decepcionante pues socialistas y políticos del turno se negaron a participar, mientras que a menudo las entidades a las que se pedían representantes enviaban a manifiestos opositores del régimen, como Unamuno. Mientras tanto la cotización de la peseta se derrumbaba y el número de huelgas se incrementaba de forma espectacular. A comienzos de 1930 Primo de Rivera optó por una consulta a los altos mandos militares que le demostró que carecía de su apoyo mayoritario. Este tipo de actuación, la más peregrina de todas las llevadas a cabo por el dictador, perjudicó de manera especial a la Monarquía puesto que parecía remitir a tan sólo la posición del estamento militar sus posibilidades de supervivencia y luego arrojaba súbitamente el problema de cómo sustituirle a las manos del Rey. La peculiaridad de Primo de Rivera como dictador se demuestra por el hecho de que, careciendo de ese apoyo, se apresuró a dimitir. Más que sembrar el germen de una extrema derecha propiamente dicha, en realidad se convirtió para ella en un mito personal cuyos bienintencionados errores debían ser evitados.

España en 1930

La situación política se había convertido en gravísima para la Monarquía, que sólo habría podido sobrevivir poniéndose al frente de los deseos de cambio de una sociedad —que había experimentado un profundo cambio social de inmediata repercusión política— con una rápida acción gubernamental. Pero los dos políticos que hubieran podido emprenderla —Cambó y Alba— no estaban en condiciones para hacerlo, el primero por mala salud y el segundo por su personal enfrentamiento con el Rey. El general Berenguer, que fue quien presidió el nuevo gobierno, había sido opositor de la dictadura y tenía un deseo sincero de volver a la normalidad. Sin embargo carecía de capacidad política y su mentalidad estaba muy desfasada para las circunstancias que se vivían. En realidad no pretendió tan sólo volver a la Constitución de 1876 sino también a los procedimientos políticos de antaño, como si se pudiera controlar el comportamiento electoral de los españoles en unas elecciones o si el mantenimiento del caciquismo resultara irremisible. La opinión pública le fue en los primeros momentos propicia, pero su extremada lentitud en la acción hizo que ese apoyo no tardara en desvanecerse.

La prueba de ello la tenemos en el artículo que Ortega y Gasset escribió en el diario *El Sol*, en el otoño de 1930, bajo el título «El error Berenguer». El filósofo acusaba en él no tanto al presidente del Gobierno como a aquél que lo había nombrado. Su error consistía en «hacer como si aquí no hubiera nada radicalmente nuevo» y fuera posible intentar una pura y simple vuelta atrás. Ahora, para él, era posible implantar un régimen democrático propiamente dicho y, puesto que la Monarquía se identificaba con las soluciones vinculadas con el pasado, era preciso destruirla. En meses siguientes Ortega inspiró, con Pérez de Ayala, Machado y Marañón, una Agrupación al Servicio de la República cuya relevancia en el cambio del régimen fue enorme porque testimonió el apoyo en este sentido de los sectores profesionales y culturales más preparados a esta opción.

Una buena prueba de que las circunstancias que se vivían a fines de 1930 no eran las mismas que siete años antes reside en el hecho de que la Monarquía iba perdiendo apoyos que hasta entonces había podido considerar como adquiridos. Hasta 1923 la capacidad de atracción de republicanos por parte de la Monarquía se había demostrado muy poderosa, mucho mayor que en sentido contrario. Ahora sucedió todo lo opuesto: al republicanismo histórico de Lerroux, a los radicales-socialistas, situados un poco más a la izquierda, y a los núcleos intelectuales seguidores de Azaña se sumaron también aquellos liberales monárquicos, como Alcalá Zamora o Maura, que habían abandonado la esperanza de que la Monarquía pudiera acoger sus ideas. Otros sectores, autodenominados constitucionalistas, entre ellos Sánchez Guerra, optaron por colocarse en una posición muy crítica respecto de la Monarquía, que deterioró a ésta definitivamente sin llegar a favorecerlos a ellos mismos, pues nunca fueron una auténtica opción política. En agosto de 1930 todos los sectores republicanos llegaron al Pacto de San Sebastián, al que de hecho se sumaron los socialistas. Desde la vuelta del verano existió un gobierno provisional republicano bajo la presidencia de Alcalá Zamora que se reunía en el Ateneo de Madrid y contaba con la participación de los socialistas.

Lo que mejor testimonió el cambio que se estaba produciendo en la vida española fue la efervescencia sentida en toda ella de cara a la vida política. Se apreció no sólo en el incremento de las cifras de afiliación política y sindical en los grupos políticos de izquierda sino también en el hecho de que el interés por las cosas públicas parecía llegar ahora por vez primera a sectores inéditos en la vida pública española. Esta movilización generalizada acabaría teniendo un profundo impacto en el comportamiento electoral. Lo tuvo mucho mayor, desde luego, que la intentona revolucionaria de diciembre de 1930. Organizada según pautas muy tradicionales de pronunciamiento, sólo logró un efímero triunfo en Jaca y en el aeródromo de Cuatro Vientos, pero paradójicamente el fusilamiento de dos capitanes implicados les proporcionó héroes a los republicanos en vez de tener como consecuencia un movimiento social reactivo fundamentado en las doctrinas revolucionarias de los ejecutados.

Hasta su final el gobierno del general Berenguer permaneció ignorante a estos cambios en la vida pública. Mientras se producían todos los fenómenos mencionados en el escenario de la vida pública, el ejecutivo se limitó a elaborar un encasillado electoral para unas elecciones legislativas con la esperanza de obtener un éxito absoluto. Los dirigentes de los partidos del turno fueron, en cambio, más sensibles al ambiente y acabaron por renunciar a presentarse si no tenían lugar previamente unas elecciones municipales. Dadas las circunstancias, Berenguer se vio obligado a presentar la dimisión.

El gobierno formado a continuación, en febrero de 1931, bajo la presidencia del almirante Aznar, tuvo el inconveniente adicional sobre el anterior de que agrupaba a la totalidad de las fuerzas monárquicas junto con aquellos, como los catalanistas, que en la práctica tenían una significación semejante, con lo que ponía en peligro inmediato a la institución en caso de derrota electoral. Después de este gobierno al monarca se le había cerrado cualquier otra posibilidad, incluso la de Sánchez Guerra, a quien acudió y que renunció a formar gobierno por no poder contar con el apoyo de los republicanos. Mientras proseguía la agitación popular, Aznar se apresuró a convocar las elecciones municipales para el 12 de abril de 1931.

Característico de estas elecciones fue que por vez primera el resultado no parecía en absoluto predecible. En realidad se habían convocado en primer lugar las elecciones municipales porque se consideró requisito imprescindible para que las generales fueran veraces, pero el efecto de esta última convocatoria fue recalcar, a los ojos de la opinión pública, la diferencia existente entre el voto rural, todavía más o menos influenciable por el poder público o por los caciques, y el voto urbano, ya definitivamente independiente. El gobierno, fuera por su composición plural, por la falta de tiempo o por no dar trascendencia a una consulta administrativa, apenas intervino en estas elecciones, por vez primera en la Historia española. La jornada electoral fue concebida, sin embargo, tanto por los monárquicos como por los republicanos, como una especie de plebiscito a favor o en contra de la Monarquía. Los primeros no hicieron apenas campaña y no pusieron al frente de sus candidaturas a sus principales líderes, pero sí lo hicieron los segundos. De todos los modos lo más probable es que en cualquier caso el resultado hubiera sido el mismo porque lo que se jugaba, más que una cuestión de régimen, era un cambio profundo en la vida política. Su origen no radicaba tan sólo en la peculiar situación en la que se encontraba la Monarquía en 1930 sino en un profundo cambio en la sociedad española que acabó por tener sus inevitables consecuencias políticas.

El resultado de las elecciones de abril de 1931 fue, en efecto, la consecuencia de otro cuyos orígenes se remontaban a comienzos de siglo pero que en los últimos tiempos había quedado quizá oculto bajo la apariencia idílica de la paz dictatorial. Aunque España avanzó a menor rapidez que otros países de su entorno, como Italia, había conseguido al comienzo de la cuarta década del siglo XX disminuir la distancia que la separaba de las naciones más desarrolladas. Al iniciarse la década de los treinta España ya no era un país abrumadoramente agrícola sino que se había convertido en semiindustrial. Por vez primera en el censo de 1930 el porcentaje de la población dedicada al sector primario era inferior a la ocupada en la industria y servicios.

Pero no era ése el único indicio de cambio en dicha fecha cronológica. La tasa de mortalidad había descendido y también había comenzado a producirse una voluntaria reducción de la natalidad, signos ambos de la modernización de la estructura demográfica. La emigración, que supuso el abandono de la Península por parte de unas seiscientas mil personas desde comienzos de siglo, casi desapareció a partir de 1930, lo que parecía indicar algo semejante. La población pasó de dieciocho a veintitrés millones de habitantes, pero más importante que ese hecho fue el incremento de la población urbana, con lo que implicaba. En los treinta se podía calcular que unos diez millones vivían en un medio urbano. Madrid había llegado al millón de habitantes mientras que a Barcelona llegaron trescientos mil emigrantes tan sólo en la última década de siglo.

Otros cambios cualitativos en la vida de los españoles parecían a comienzos de los treinta también muy patentes. En 1930 el porcentaje de analfabetos era el 44%, una cifra que suponía un cambio muy positivo con respecto al pasado. El número de estudiantes de educación secundaria se había duplicado desde comienzos de siglo y el de universitarios lo había hecho en la última década; todavía existía una notoria diferencia entre la población masculina y la femenina. El cambio había sido especialmente acentuado en el caso de la mujer, cuyo porcentaje de analfabetismo llegaba al 70% a principios de siglo y ahora se situaba en el 50%. Además se acercaban a dos millares el número de estudiantes universitarias. La mujer, sin embargo, tan sólo representaba el 19% de la población activa, cifra muy lejana aún de lo habitual en el norte de Europa; en Cataluña —en la industria textil, por ejemplo— se localizaba la mayor parte de la misma. La presencia de la mujer en la vida pública sólo se empezó a convertir en visible a partir de los años veinte, y ya en los treinta algunos personajes relevantes de la política fueron mujeres.

Con el comienzo de los años treinta no sólo tuvo lugar en España el primer intento de alcanzar la democracia política sino que, además, se presenció la aparición por vez primera de las masas en la vida pública. El libro de Ortega y Gasset *La rebelión de las masas* es, por tanto, un testimonio de una realidad, al margen de resultar un ensayo interpretativo de la misma. Las propias diversiones o los medios de comunicación fueron un buen testimonio de esa presencia de las masas. A lo largo de los años veinte se construyeron algunos de los grandes estadios de fútbol y plazas de toros; también la prensa gráfica se difundió de forma considerable. En 1924 empezó a funcionar la primera emisora de radio española y a comienzos de la década de los treinta había ya cincuenta mil receptores. La radio fue un medio de comunicación decisivo en la vida de los años republicanos, como luego lo sería en el transcurso de la guerra civil y en la primera posguerra.

Todo el esfuerzo de modernización que se había iniciado con el cambio de siglo parecía haber germinado en 1931. En este momento dio la sensación de que se podía producir también un cambio sustancial de carácter netamente positivo en su vida pública. Pero los años siguientes testimoniaron que si estaba en condiciones de tener una democracia no se daban aún las circunstancias que le permitieran mantenerla estable. A la hora de juzgar los, por otro lado, evidentes errores de los políticos de la época republicana, también se debe tener en cuenta esta realidad.

La experiencia democrática republicana

Si tenemos en cuenta el resultado final del régimen republicano, resulta toda una paradoja el entusiasmo unánime con que el pueblo español lo recibió. La proclamación de la Segunda República pareció una demostración de que el pueblo español podía regirse a sí mismo y vencer, con sus propias fuerzas, la tara del caciquismo. Eso suponía un cambio total en la vida española desde el punto de vista político. España pareció tener en este momento la posibilidad de hacer viable una democracia, como aquellas otras que habían surgido en Europa después de la I Guerra Mundial. En el marco europeo esta transición pacífica de un régimen a otro resultó el acontecimiento más insólito y positivo desde el comienzo de la crisis económica. En realidad venía a ser una manifestación de plenitud sólo imaginable tras el esfuerzo modernizador de, al menos, las dos generaciones precedentes. En abril de 1931 los españoles no pensaron tanto en la anterior experiencia republicana federal como en un gran paso adelante en el camino de la modernización.

La experiencia democrática de los españoles anterior a 1977 ha de remitirse a este periodo cronológico. Como se tendrá la ocasión de comprobar, estuvo llena de limitaciones que en parte derivaron de las circunstancias de la vida española o de los protagonistas de la vida política y, en proporción menor, fueron la consecuencia de factores externos. De cualquier modo resulta evidente que hay que poner en relación el clima de entusiasmo con el que se produjo el cambio de régimen con las ambiciones de la recién proclamada República. Si la proclamación fue un acontecimiento positivo en el marco europeo, al mismo tiempo en ningún país durante la primera posguerra mundial se puso en marcha un programa reformista tan amplio y profundo como en la Segunda República española.

Las circunstancias de un cambio de régimen

El conocimiento de los resultados de las elecciones municipales del 12 de abril de 1931 causó sorpresa: la mayoría de los republicanos no esperaban el éxito y los monárquicos consideraban imposible la victoria adversaria. Los datos electorales antes de la proclamación del nuevo régimen arrojaron una mayoría de concejales monárquicos y sólo en ocho provincias (entre ellas, las cuatro catalanas) el número de republicanos fue superior al de los primeros. Sin embargo, la forma correcta de interpretar los resultados no puede basarse en el estricto recuento de concejales. Siempre, a lo largo del reinado de Alfonso XIII, se había dado diferente importancia a los resultados de los núcleos urbanos y del medio rural. Ahora, en las ciudades, la Monarquía había sufrido una verdadera hecatombe: con la excepción de muy pocas, caracterizadas por su tono conservador (Palencia) o por su corrupción electoral (el caso de Cádiz), las capitales de provincia proporcionaron una clara victoria a las izquierdas. Las diferencias eran todavía mayores en votos que en número de concejales (en Madrid los republicanos obtuvieron el triple de votos que los monárquicos y en Barcelona el cuádruple). También resulta interesante comprobar que en todos los distritos de ambas capitales, incluso en los más caracterizadamente burgueses, los antimonárquicos habían obtenido la victoria.

En realidad, el sistema caciquil de la España de la Restauración se había colapsado y por primera vez el Gobierno había sido derrotado en unas elecciones. En aquellas zonas en las que existía una opinión pública se había votado en contra de una Monarquía que en esos medios no estaba ya representada por ninguna fuerza renovadora sino únicamente por los viejos partidos oligárquicos. En el medio rural no se votó por la Monarquía sino que en realidad se había continuado sin votar, como se demuestra por el hecho de que allí el cambio de régimen se aceptó de manera pasiva y los concejales electos o bien renunciaron o se convirtieron en republicanos.

En Madrid los republicanos mantuvieron una actitud exultante, pero en un primer momento se mostraron dubitativos. El desarrollo de los acontecimientos consiguió, no obstante, convencer a los miembros del gobierno provisional republicano de la posibilidad de tomar el poder de manera inmediata. Los políticos monárquicos como La Cierva o el conde de Romanones apenas si podían dar crédito a las noticias de los resultados electorales que recibían por el teléfono, porque la posibilidad de que se hicieran unas elecciones cuyos resultados denotaran la independencia del electorado se había visto defraudada en muchas ocasiones anteriores. Ahora, España había alcanzado una mayoría de edad y ella trajo un cambio de comportamiento político que supuso el colapso de la Monarquía.

Alfonso XIII, que, de acuerdo con sus consejeros, parecía haber pensado en un primer momento en no abandonar el Trono hasta que se celebraran unas elecciones legislativas, optó al final por suspender el ejercicio de la potestad real y abandonar el país tomando un barco en Cartagena que le condujo al exilio. No pensó en resistir con ayuda de la fuerza, tal como le proponían algunos, cuando lo más probable es que ni aun así el resultado hubiera sido favorable a la Monarquía, porque la ocasión de salvar el Trono se había perdido hacía ya bastantes meses. En esos momentos, como en tantas otras ocasiones, el monarca mostró una mayor perspicacia y sentido común que algunos de sus colaboradores.

La caída de la Monarquía se había producido porque sus representantes se habían identificado en un determinado momento con todo lo que el país consideraba caduco, es decir, el sistema político de liberalismo oligárquico. La sociedad española prescindió de las instituciones monárquicas como si las considerara un estorbo en su camino hacia la modernización. La República se inició con el logro de una relativa veracidad electoral, pero en los años venideros España habría de descubrir que proscribir el régimen monárquico no significaba de forma necesaria el fin de los problemas.

Aquel entusiasmo y aquella alegría, unánimes al comienzo, no duraron mucho tiempo. Durante algunos meses pudo definirse a la República como *la niña bonita* y pudo hablarse de la existencia de una *luna de miel* entre el nuevo régimen y la sociedad española. Pero, como había sucedido en ocasiones anteriores a lo largo de la historia española, a la euforia de los primeros días le siguió un enrarecimiento del ambiente, que acabó convirtiéndose en hosco y cuyo recuerdo todavía prevalece entre quienes vivieron en España en los trágicos años treinta. De todas las maneras se debe tener en cuenta que el camino cuesta abajo de la República no se inició sino en 1934 y el trágico desenlace sólo resultó imaginable para la mayoría, a partir de la primavera de 1936

Cabe preguntarse por qué se produjo este cambio. Por un lado, el impacto de la crisis económica mundial de los años treinta desempeñó un papel importante en las dificultades que se le presentaron al régimen republicano y comprometieron su buen éxito final. La crisis económica influyó en las tensiones sociales y vino acompañada, además, de un clima ambiental y cultural que inducía a la violencia.

Pero en España hubo también un factor político que contribuye a explicar lo sucedido. La fecha del 14 de abril de 1931 supuso un cambio sustancial en la vida política del país. Nunca, ni antes ni hasta 1977, tuvo España un régimen tan semejante a lo que normalmente se denomina democracia. Pero un país no puede pretender adquirir una vida política estable en democracia como por ensalmo: la praxis democrática es consecuencia no sólo de un suficiente nivel cultural y de un nivel bajo de tensión social (aspectos que desde luego no se daban en la España de los años treinta), sino también, y sobre todo, de décadas de comportamiento habitual. Si existió un tono violento en la vida cotidiana de la Segunda República una buena razón de ello reside en la brusquedad con que se produjo esa transformación política. La clase dirigente en la etapa republicana era inexperta en un principio y a esa discontinuidad inicial se sumó la producida cuando empezó a funcionar el sistema político: en cada una de las dos elecciones posteriores a las constituyentes desapareció en la práctica el grupo que había ejercido el poder en el periodo anterior. Pero aparte de esta discontinuidad existió un inconveniente mayor, como fue la propensión a tolerar la violencia en los afines. La insurrección había sido a lo largo del siglo XIX un procedimiento habitual de rotación en el poder, pero entonces no suponía de forma necesaria derramamiento de sangre. Ahora, con el pretexto de considerar como eximente la espontaneidad, esa práctica se mantuvo con el inconveniente de que fue acompañada de muertos y, más aún, por la generalización de la amenaza de utilizar esta vía. Con el paso del tiempo a la inexistencia de hábitos democráticos se sumó la propensión hacia la violencia en una espiral que acabó resultando mortal para la convivencia democrática.

Es preciso tratar también de ese segundo factor que contribuye a explicar las dificultades de la República. En los meses finales de la dictadura ya se había hecho patente una difícil situación económica. Se había producido una constante caída de la peseta, 1930 fue un año de sequía y paro en el sur de la Península y la cifra de parados en algunas provincias andaluzas alcanzó hasta el 20%. La situación era indudablemente difícil pero no se deterioró sino tras la proclamación del nuevo régimen. Tras los *felices años veinte,* a la década siguiente le aguardaba un destino opuesto. El crack de la Bolsa de Nueva York en el año 1929 arrastró consigo al resto de las economías del mundo occidental, aunque cada una a un ritmo propio.

El caso español fue muy peculiar: no siendo nuestro país primordialmente industrial sino agrícola, el aislamiento de nuestra economía habría reducido el impacto de la crisis. Sin embargo, no siendo tan grave como en otros países, en España ésta contribuyó a agudizar las tensiones y a dificultar la estabilización de las instituciones hasta contribuir a hacer inviable el régimen republicano. La consecuencia inmediata de la crisis fue el hundimiento del comercio exterior. Fueron, pues, las regiones con productos de exportación (como vino, aceite, naranjas, hierro) las que más sufrieron las consecuencias. Asimismo la industria siderometalúrgica y la de cemento también tuvieron un notable descenso en la producción, mientras tan sólo la industria textil y la química mantuvieron una relativa prosperidad, la primera gracias a la mejora del nivel de vida de la clase obrera. Se ha calculado que la renta nacional pudo disminuir un 8% y la producción industrial un 15%.

La crisis económica repercutió de forma inevitable en la vida social. Aunque se desconfiara no sólo por motivos económicos sino también políticos, el índice de la Bolsa se derrumbó, principalmente por aquéllos, de 100 en 1930 a 53 en el año 1933, coincidiendo con la crisis del primer bienio republicano. Naturalmente, el colapso bursátil afectó a la burguesía pero, como es lógico, otros aspectos de la crisis produjeron mayor impacto en las clases proletarias, creciendo de manera vertiginosa el número de huelgas y el de parados. En lo que respecta al paro es preciso tener en cuenta dos factores complementarios: el elevado índice de crecimiento de la población española y la reducción de emigrantes. Las trescientas ochenta mil personas que en el periodo 1926-1930 habían tratado de incorporarse al trabajo, se convirtieron en más de medio millón en 1931-1935. En 1933 se registraba al menos medio millón de parados. Inmediatamente antes de la guerra civil el paro afectaba a ochocientas mil personas, un 12% de la fuerza laboral del país. La magnitud de este problema se aprecia por el hecho de que no existía el seguro, de modo que la ausencia de trabajo equivalía a la mendicidad. A la grave situación del paro se añadía el no menos grave problema de las huelgas: si en 1926 el número de jornadas laborales perdidas por esta causa fue en torno a las doscientas cincuenta mil, en el año 1933 la cifra se había multiplicado por más de cincuenta (unos catorce millones de jornadas de trabajo perdidas). Las huelgas supusieron con frecuencia la mejora de las condiciones de vida del obrero, pero no es menos cierto que en parte se debieron también a razones puramente políticas y afectaron gravemente a la producción. En España no surgió una política económica nueva para hacer frente a la crisis (como fue el *New Deal* en Estados Unidos) y todos los partidos políticos fueron incapaces de proponer un programa de respuesta a la crisis. El propósito fundamental de todos los gobiernos fue cuadrar el presupuesto, cosa que ni siquiera consiguieron.

El gobierno provisional y las Constituyentes

La Segunda República, como cada cambio de régimen a lo largo del siglo XX español, supuso un relevo casi total en la clase dirigente del país. El Gobierno Provisional que se hizo cargo del poder el día 14 de abril de 1931 estaba formado por grupos de talante y significación muy diversos. Dos políticos de la monarquía, Maura y Alcalá Zamora, ambos católicos y liberales, formaban el sector más conservador. De este último hay que destacar una memoria prodigiosa y una sólida formación jurídica; era un político a la vieja usanza, dotado de una oratoria barroca que pertenecía al pasado y una propensión al exceso de protagonismo. Con toda probabilidad los mayores defectos de Miguel Maura fueron su versatilidad y su vehemencia, aunque también era un buen orador y, como el anterior, bienintencionado propulsor de la integración de las masas católicas en el régimen. Los rasgos de ambos políticos contribuyen a explicar el fracaso de la opción política que lideraron —la Derecha Liberal Republicana—, que hubiera podido ser cardinal para estabilizar el régimen. Estuvo formada, en realidad, por antiguos caciques, y no fue nunca un partido moderno con una base social precisa ni tampoco un ideario político claro.

Dentro del Gobierno Provisional el republicanismo de más solera era el representado por Manuel Azaña, Alejandro Lerroux y los radicales socialistas. Azaña fue una de las figuras políticas más interesantes de la España del siglo XX. Tenía una gran altura intelectual y debe ser considerado, desde luego, como uno de los grandes escritores españoles del siglo XX. Era muy superior a todos los que le rodeaban, no sólo desde ese punto de vista, sino como gobernante capaz de elaborar todo un programa político de reforma global del país. El peor de sus defectos fue una actitud áspera y arrogante, poco propicia para el consenso con el adversario. Sin duda su partido político, Acción Republicana, era el más competente y capaz de los republicanos, pero estaba limitado por un apoyo social en medios intelectuales y profesionales.

Dentro del Gobierno Provisional se le adjudicaron dos carteras al Partido Radical liderado por Lerroux, aunque en realidad eran carteras de una escasa importancia; con ello se reconocía su fuerza pero se hacía evidente que sus compañeros de gabinete desconfiaban de él. El Partido Radical se había convertido en un refugio para los monárquicos inconsolables de la izquierda y para los republicanos desconsolados de la derecha. Su centrismo resultó con frecuencia el producto de su negativa a tomar una actitud clara ante cualquier tipo de problemas. Junto a él, también formaba parte del gobierno Martínez Barrio, uno de los principales dirigentes de la masonería española. El partido menos valioso del republicanismo de los años treinta, pero muy significativo del momento, fue el radical-socialista, cuyos miembros insistían en una demagogia a menudo puramente verbal, nada propicia a tener en cuenta a otros sectores. Sus principales dirigentes fueron Álvaro de Albornoz y Marcelino Domingo.

Tres figuras representaron al socialismo en el gobierno provisional: Fernando de los Ríos, Francisco Largo Caballero e Indalecio Prieto. El primero de ellos era el típico representante del socialismo de raíz humanista y liberal; era catedrático de derecho político y un intelectual vinculado a la Institución Libre de Enseñanza. Francisco Largo Caballero carecía de formación universitaria, representó la tradición sindical del partido y fue el protagonista, a partir de 1933, de la radicalización del mismo. En cuanto a Indalecio Prieto, periodista y dirigente socialista bilbaíno, poseía un talento nato para la política y para el gobierno, y siempre fue partidario de la colaboración con los republicanos de izquierda.

El Gobierno Provisional de la Segunda República emprendió muchas de las medidas de la etapa republicana a las que nos referiremos más adelante, en el marco de la reforma global de la vida española que se inició cuando Azaña se hizo cargo de la presidencia del Gobierno en diciembre de 1931. Es importante señalar que, desde el mes de abril de 1931 hasta la reunión de las Cortes Constituyentes, la unanimidad que había acompañado a la proclamación de la República comenzó a desaparecer debido, sobre todo, al planteamiento de las cuestiones de orden público y la religiosa. El ministro de la Gobernación, Maura, que había sido elegido para este puesto por su apellido, fue víctima de las circunstancias. Actuó de manera enérgica y, a veces, con acierto pero también a menudo con precipitación. Una de sus primeras medidas fue la creación del Cuerpo de Asalto, que resultó eficaz en la represión de los disturbios de orden público, evitando el mayor derramamiento de sangre.

Lo que contribuyó de una manera singular a cambiar el clima político de la Segunda República fue la cuestión religiosa y en ella le traicionó a Miguel Maura su exceso de vehemencia. La quema de conventos que tuvo lugar el día 11 de mayo, con un saldo de más de un centenar de edificios religiosos destruidos, contribuyó a hacer desaparecer la unanimidad primitiva en torno al nuevo régimen. Ante tales acontecimientos el gobierno provisional mostró una falta de decisión lamentable, a pesar de las protestas de Miguel Maura o de personalidades del mundo intelectual como Ortega y Gasset. De este modo, cuando se produjo la movilización de los sectores católicos se llevó a cabo al margen del régimen.

A finales del mes de junio tuvieron lugar las elecciones a Cortes Constituyentes y los resultados vinieron a confirmar el cambio fundamental que se había producido en la vida política española. Para estas elecciones se había aprobado una ley electoral que sustituía los pequeños distritos de la época de la Monarquía por circunscripciones provinciales y de grandes ciudades, ampliaba el censo a los varones mayores de veintitrés años, y para la atribución de escaños seguía un sistema en el que quedaba muy favorecida la lista mayoritaria. Tales características, junto con la de la posibilidad de la celebración de una segunda vuelta electoral, contribuían a combatir el caciquismo, pero también acentuaban en exceso las diferencias en la composición parlamentaria de una elección a otra al primar en exceso a la mayoría.

El resultado de las elecciones celebradas en junio de 1931 supuso un aplastante triunfo de la izquierda, que logró más de un centenar de escaños de socialistas y una cifra semejante entre Acción Republicana, radicales-socialistas y Esquerra Republicana de Catalunya, frente a noventa y un escaños que correspondían a los radicales y otros veinte a los seguidores de Miguel Maura y Niceto Alcalá Zamora. La derecha, por su parte, quedó reducida a un monárquico (conde de Romanones) y unos cuarenta escaños para los agrarios, católicos y diputados vasconavarros. A la vista de la composición de la nueva Cámara, el primero de los inconvenientes era la debilidad de las derechas, que, a causa de su desorganización con el colapso del régimen monárquico, habían obtenido en las elecciones una representación parlamentaria muy inferior a su fuerza real dentro de la sociedad. Otro inconveniente de las Cortes Constituyentes fue la inexperiencia de sus miembros, sólo comparable a la altura intelectual de los mismos. Las elecciones, sin embargo, fueron más veraces que nunca y, con la posterior movilización de la derecha en 1932-1933, se llegó a una vida política democrática, inestable y tensa, pero moderna y más semejante que nunca a la de otros países europeos. De todos los modos perduraron en algunas provincias las prácticas clientelares, y en esta misma elección hubo una candidatura oficial, gubernamental, apoyada desde el poder.

La Constitución elaborada por estas Cortes fue, en buena medida, un fiel reflejo de su composición. El socialista Jiménez de Asúa fue el presidente de la Comisión encargada de redactarla. En primer lugar, se trató de una Constitución intensamente democrática e idealista. Calificada por el presidente de la Comisión como «de izquierdas, pero no socialista», siendo, en esto, muy semejante a la mayoría de las constituciones de otros países elaboradas en la primera posguerra mundial. Esta característica se traslucía en artículos como el que hacía del régimen «una república de trabajadores de todas las clases», el que prohibía la retirada de España de la Sociedad de Naciones sin mediar una ley especial votada en las Cortes, el que afirmaba la renuncia a la guerra como instrumento de las relaciones internacionales, el que extendía el derecho de voto a la mujer y todos aquellos que regulaban los derechos sociales. Pero, en su mismo afán democrático, la Constitución resultó en exceso prolija, ya que se incluyeron artículos como el que indicaba que la enseñanza haría del trabajo «el eje de su actividad metodológica» y se inspiraría en «ideales de solidaridad humana».

Pero más grave por sus deficiencias de funcionamiento práctico fue el sistema previsto de relaciones entre los diferentes poderes de la República. La jefatura del Estado era demasiado débil frente a las Cortes y tampoco existió una segunda Cámara. Sin embargo, el más decisivo error, pero quizá inevitable, dada la composición existente en las Cortes, fue no haber intentado llegar a redactar un texto constitucional que, sobre todo en materias conflictivas como podía ser la cuestión religiosa, fuera el producto de un amplio consenso colectivo. En definitiva, la Constitución fue aceptada tan sólo por la mitad de España.

La Constitución fue unicameral en contra de los deseos de los republicanos de centro, como Alcalá Zamora y Martínez Barrio, que hubieran deseado la existencia de un Senado moderador, de algunos socialistas, que solicitaban la creación de unos consejos técnicos de carácter económico, o de los nacionalistas catalanes, que hubieran querido una segunda cámara de carácter federal. Se creó, en cambio, un Tribunal de Garantías Constitucionales, encargado de dictaminar sobre la constitucionalidad de las leyes. El régimen político puede ser calificado como muy parlamentarista hasta el punto de que las Cortes, cuando no estaban reunidas, eran sustituidas por una Diputación Permanente.

En un principio se pensó que la presidencia de la República sería una magistratura fuerte, semejante a la de Estados Unidos y por tanto elegida por sufragio universal, pero luego las Cortes, dentro de ese espíritu ultrademocrático, convirtieron al presidente «en el más débil del orbe». Era elegido por un periodo de seis años y no podía ser reelegido inmediatamente; sólo tenía facultad para disolver las Cortes en dos ocasiones, pero en el caso de realizarse la segunda disolución, además, debía dar cuenta al nuevo Parlamento una vez que éste se hubiera reunido por vez primera. El electorado no elegía directamente al presidente de la República, sino que eran las Cortes las encargadas de su nombramiento en unión de unos compromisarios especialmente votados al efecto.

Sin duda, el sistema constitucional implantado por el nuevo régimen republicano no resultaba, pese a su tono democrático, el mejor. En la práctica contribuyó en buena medida a multiplicar las dificultades del régimen naciente porque facilitó la inestabilidad gubernamental. Su efecto fue, por tanto, tan contraproducente como el de la ley electoral. De todos los modos los máximos responsables de los problemas del nuevo régimen republicano fueron los partidos políticos más que los textos legales.

La época de las grandes reformas

Aún más que la quema de conventos del mes de mayo fue la discusión de la Constitución lo que motivó la ruptura de la unanimidad con que inicialmente el país acogiera al régimen republicano. En efecto, a causa de la votación del artículo 26 de la Constitución, relativo a la cuestión religiosa, Alcalá Zamora y Maura abandonaron el poder en el mes de octubre de 1931. Cuando, en diciembre de ese mismo año, el primero de ellos fue elegido, casi por unanimidad, presidente de la República, el dirigente radical Alejandro Lerroux aprovechó la ocasión para separarse de la mayoría. Todo esto definió la situación política en los meses siguientes. Durante el periodo comprendido entre diciembre de 1931 y septiembre de 1933, Manuel Azaña se hizo cargo de la jefatura de un gobierno de alianza entre los republicanos de izquierda y los socialistas, periodo que se denomina bienio reformista.

Según Gabriel Jackson es la palabra «reforma» la que mejor define el intento de Manuel Azaña, ya que pocos gobiernos han iniciado tantas y tan profundas en un periodo tan corto de tiempo. Este historiador afirma que este bienio habría sido «una oportunidad única para aquellas fuerzas que querían una solución democrática, reformista y laica de los múltiples problemas españoles». Sin embargo, como indica el también historiador Jesús Pabón, para entender lo que realmente fue el bienio presidido por Manuel Azaña es necesario añadir al adjetivo «reformista» el de «jacobino». La esencia de ese jacobinismo consiste en tender hacia el despotismo de la libertad, a veces en las expresiones más que en los actos, y, en última instancia, a un autoritarismo reformador porque —se piensa— «no hay libertad para los enemigos de la libertad». Esta postura, que resultaba en el fondo un tanto antiliberal, corresponde muy bien al Azaña de la primera época republicana, traduciéndose en él, además, en su reiterado desdén por el adversario. De acuerdo con su punto de vista el cambio de régimen había sido un acontecimiento revolucionario: enlazando con la tradición regeneracionista, afirmaba que la República «había rasgado los telones de la España oficial» gracias al cambio de régimen que hacía posible y necesaria una transformación profunda en la vida social española. Por eso afirmaba que «no quería la paz de los espíritus» y se mostraba «encantado» de que la República tuviera «enemigos» y no aspirara a la unanimidad. Azaña tenía razón al pretender que España no había sido nunca gobernada en democracia y que era necesario aprender a hacerlo, pero no la tenía al dar por supuesto que la democracia es sólo confrontación y no, al mismo tiempo, acuerdo en lo fundamental.

Frente a la postura representada por Azaña (y también por los radicales-socialistas como Álvaro de Albornoz, siempre con mucha menor altura) se alzaron los defensores de la juridicidad y el liberalismo. Quizá quien expresó mejor los peligros y errores de esa postura fue el filósofo Ortega y Gasset, que procedía de un campo ideológico en su origen bastante similar al de Azaña. Para Ortega había que evitar la «tergiversación» del régimen: «La República es una cosa, el radicalismo otra». Interpretó de un modo por completo diferente el cambio de régimen, pues pensaba que la República no era una propiedad privada de un solo sector político sino un marco para la lucha civilizada entre todos de modo que, haciendo desaparecer de ella el radicalismo y el jacobinismo, no se atenuaba la significación del nuevo régimen sino que se convertía en más auténtico. Ortega no fue escuchado y las reformas emprendidas por Manuel Azaña en muchas ocasiones tuvieron falta de unanimidad en su planteamiento y solución, lo que las hizo muy disputadas y a menudo ineficaces.

Lo que convirtió a Azaña en una figura política de primera importancia y en Presidente del Consejo de Ministros fue su actuación como ministro de la Guerra en el Gobierno Provisional. Como revelan sus artículos relativos a las reformas militares francesas, pensaba desde hacía tiempo que la parcela de la sociedad española más necesitada de una transformación en profundidad era, sin duda, el Ejército. Las primeras reformas de Azaña estuvieron dirigidas a despojar al ejército de su carácter suntuario y limitar los efectivos militares para que fueran más proporcionados a las necesidades reales del país (en el momento en que llegó al poder habían veintiún oficiales frente a ciento dieciocho mil soldados). Se suprimieron los grados de capitán general y teniente general y se redujo a la mitad el número de unidades. También se promulgó la ley de retiro de la oficialidad por la que ésta podía retirarse con el sueldo íntegro pero, si permanecía en aquél, había de mostrar su adhesión al nuevo régimen. Así el número de oficiales se redujo de veintiún mil a ocho mil, el de generales de división de una cincuentena a unos veinte y el de generales de brigada de un centenar a unos cuarenta. Con ello el número de efectivos con respecto a la oficialidad era más proporcionado que antes.

Otra serie de medidas estuvieron dirigidas a someter al ejército al poder y al modo de vida civil. Desaparecieron los tribunales de honor y se readmitió a los expulsados por ellos; también se suprimió el Consejo Supremo de Justicia Militar y la prensa exclusivamente dirigida al Ejército. Por lo demás, diversas disposiciones beneficiaron a la suboficialidad facilitando su paso a la oficialidad. En lo que se refiere a la enseñanza militar se vinculó durante un año a la Universidad y desapareció la Academia de Zaragoza. Respecto a la duración del servicio militar sería diversa según lo requiriese la formación del recluta, favoreciendo con ello a las clases altas y mejor preparadas.

Azaña se sintió muy satisfecho de su gestión: según revelan sus diarios, se consideraba el primer gobernante español que había reducido en un espacio de tiempo muy corto los gastos del Ejército y a éste mismo, al tiempo que se había acabado con el Ejército que intervenía en la política e imponía sus condiciones al poder civil. Pero, sin duda, no todos los aspectos de su actuación resultaron positivos, porque las deficiencias materiales del Ejército no fueron solucionadas. Azaña era consciente de que faltaban cañones, fusiles y municiones y de que la aviación estaba en una situación muy precaria. Quizá él quería hacer un Ejército muy superior desde el punto de vista técnico, pero no lo consiguió durante la etapa de su mandato, aunque se incrementaran los presupuestos.

El principal fallo de Azaña al aplicar su reforma militar fue que se enfrentó con una parte de la oficialidad mejor preparada desde el punto de vista técnico. En la práctica se apoyó en los oficiales relacionados con las juntas de Defensa o genéricamente liberales en contra de los militares africanistas, y dictó una serie de disposiciones discutibles que perjudicaban su eficacia técnica por temor a una politización del Ejército, como fueron la supresión de la Academia de Zaragoza o la supresión de los ascensos por méritos de guerra. La primera resultó quizá negativa y la segunda no tenía sentido una vez liquidado el conflicto de Marruecos, pero supuso la pérdida de grado para algunos militares muy conocidos, como Franco. Lo más grave de estas medidas fue el estado de conciencia que creó en una parte del sector más valioso del Ejército. Azaña no estuvo acertado en la manera de realizar estas reformas que, sin duda, en lo esencial eran necesarias. Como casi siempre resultó hiriente para una parte de la oficialidad, pero más lo sería en otros aspectos y respecto de sectores más amplios.

Sin duda fue la cuestión religiosa la que creó más enemigos a la República y la que aportó mayores argumentos en su contra. Su planteamiento era obligado, ya que, por un lado, existía una tradición de confesionalidad religiosa y una identificación entre catolicismo, derecha y monarquía y, por otro, el republicanismo había tenido siempre unos matices anticlericales que derivaban de considerar a esos tres adversarios como sólo uno.

Con la llegada del nuevo régimen republicano, el arzobispo de Toledo y primado de España, cardenal Segura, aun defendiendo la indiferencia de la Iglesia ante las formas de gobierno, mostró inequívocas simpatías hacia la monarquía. En cambio, la postura moderada y de acatamiento al nuevo régimen la podemos encontrar en el arzobispo de Tarragona, cardenal Vidal i Barraquer, que mantuvo una correspondencia cordial, aunque discrepante, con las autoridades republicanas. También mantuvo una postura semejante el nuncio monseñor Tedeschini como representante del Vaticano en España. En general, la posición de la Iglesia en estos momentos era más cercana a las potencias democráticas como consecuencia de su enfrentamiento con los regímenes fascistas. A raíz de este enfrentamiento con el régimen republicano por parte de algunas autoridades religiosas se produjo la expulsión de España del cardenal Segura y del obispo de Vitoria, ésta última quizá carente de justificación y producto de la vehemencia de Maura. El Vaticano se mostró relativamente complaciente con la República al solicitar al cardenal Segura la dimisión de su sede.

Cuando se iba a debatir en el Parlamento el artículo 26 de la Constitución, relativo al problema religioso, el gobierno estaba ya dividido en esta materia. El presidente Alcalá Zamora y Maura, igual que muchos católicos, eran partidarios de una separación amistosa entre Iglesia y Estado, formalizada a través de un concordato aprobado por las Cortes. El Vaticano y el catolicismo español en general, aun con reticencias, estaban dispuestos a admitir la separación de Iglesia y Estado y la libertad de cultos. La postura más radical en el seno del gobierno fue la representada por el socialista Indalecio Prieto, aunque durante la discusión del artículo abundaron otras posturas extremistas. Radicales socialistas y socialistas propusieron la expulsión de todas las órdenes religiosas y la nacionalización de los bienes, mientras que los sectores más moderados, incluido el también socialista De los Ríos, solicitaban que se considerara a la Iglesia como una corporación de Derecho público y estaban de acuerdo con la fórmula concordataria.

El dilema se solucionó con la famosa intervención de Manuel Azaña en la que afirmó que la España del siglo XVI y XVII había sido católica en el sentido en que lo eran todas sus manifestaciones artísticas, sociales y culturales, mientras que la España del siglo XX había dejado de serlo, afirmación que causó escándalo pero que tenía un obvio fundamento. En cuanto a las órdenes religiosas, Azaña opinó que eran un peligro para el régimen por la influencia que pudieran tener en la educación. Como era consciente de que con ello disgustaba a los liberales pidió como solución transaccional la consistente en llevar a cabo únicamente la expulsión de los jesuitas, aduciendo su cuarto voto de obediencia al Papa, y la prohibición de la enseñanza por parte de las órdenes religiosas. Otras medidas que fueron aceptadas sin mayores problemas fueron el establecimiento del divorcio, la secularización de los cementerios, la supresión del presupuesto del clero en dos años, etcétera.

En los meses sucesivos se fueron aplicando estas disposiciones de la Constitución. Los jesuitas vieron su orden disuelta y sus bienes nacionalizados, pero no fueron expulsados de España como sucedió en la época de Carlos III. El Estado se apropió de más de un centenar de edificios, pero la enseñanza por parte de los jesuitas pudo seguir de alguna manera a través de instituciones privadas. Se dio la paradoja de que buena parte de los antiguos alumnos de los jesuitas figuraron entre los más destacados partidarios de la convivencia en el sistema republicano (por ejemplo, el vasco Aguirre).

En la Constitución de 1931 también se preveía una ley especial que regulara el régimen jurídico de las restantes órdenes religiosas. El gobierno presentó a las Cortes un proyecto que luego fue radicalizado durante la discusión en la correspondiente comisión, y poco pudieron lograr las derechas, pese a la oposición tenaz que ofrecieron. El resultado final de la discusión fue la Ley de Congregaciones, de mayo de 1933, que exigía a las órdenes ya existentes una inscripción en un registro, la limitación de posesión de bienes y la posibilidad de disolución en caso de peligro para el Estado. Incluso los sectores más centristas del republicanismo, como los radicales de Lerroux, votaron esta ley, lo que prueba hasta qué punto el nuevo régimen se identificó con el anticlericalismo.

No es extraño que el problema religioso se convirtiese en cuestión política de suma importancia y cada vez más explosiva. La efectividad de estas disposiciones ofrecía toda una serie de dificultades: por ejemplo, todos los actos externos de culto necesitaban la aprobación gubernativa y a menudo los alcaldes de signo anticlerical gravaron con impuestos por el toque de campanas o por entierros católicos. La aplicación de las medidas legislativas en torno a esta cuestión dio lugar a una reacción extremadamente clerical en la derecha española. La lucha política se convirtió en una lucha religiosa con los consiguientes inconvenientes desde el punto de vista del maximalismo de las posturas. Sin duda, esta forma de enfrentarse a un problema que, desde luego, requería otro tipo de solución dañó gravemente al régimen republicano. Ninguna cuestión como ésta le enajenó el apoyo de una parte de la sociedad española.

De todas las reformas sociales que la República tenía que afrontar fue sin duda la agraria la que tuvo mayor importancia, como consecuencia del papel que la agricultura seguía teniendo en la economía española. Era necesario enfrentarse a un problema que se venía arrastrando desde hacía siglos y que estaba particularmente agudizado por la crisis económica y por la fuerte politización de un campo español que parecía despertar de su letargo por la presión de los más jóvenes. La reforma del campo español era, no obstante, muy complicada: ni la Iglesia, ni la nobleza, ni los extranjeros poseían grandes propiedades capaces de satisfacer a los jornaleros, como había sucedido en el este de Europa tras la I Guerra Mundial. Las grandes propiedades equivalían al 5% de la tierra mientras que en México, donde se implantó con éxito una reforma agraria, equivalían al 62%.

Fue el Gobierno provisional el que puso en marcha una serie de medidas relativas a la reforma del mundo agrario, como la de protección del pequeño arrendatario, que más tarde, durante el bienio reformista, se multiplicarían. Desde un principio existieron varios proyectos para realizar una reforma agraria global. Se nombró una comisión técnica que propuso concentrar la reforma en el sur de España, realizarla con rapidez, incluso mediante decreto, financiarla con un impuesto progresivo sobre la renta y conseguir el asentamiento anual de unos sesenta mil o setenta mil campesinos. El presidente Niceto Alcalá Zamora presentó otro proyecto que limitaba la reforma a las tierras no regadas en zonas regables y a las que sistemáticamente estaban arrendadas. En todos los casos sería previa una indemnización para hacer posible la expropiación. Eran las Cortes las que habían de decidir y así, en el mes de marzo de 1932, el gobierno de Manuel Azaña presentó su propio proyecto de reforma agraria. Las discusiones se eternizaron debido no sólo a la irreductible oposición de la derecha sino también por las diferencias internas dentro de la coalición gobernante. Los republicanos de izquierda defendían la explotación individual de la tierra y a los cultivadores directos, mientras que los socialistas eran partidarios de la explotación colectiva.

La Ley de Reforma Agraria fue aprobada en septiembre de 1932 y resultó enormemente compleja debido a los compromisos a los que había sido necesario llegar para sacarla adelante. Así, por ejemplo, el asentamiento de los campesinos se haría bien en régimen colectivo o individual según decidieran ellos mismos. Se establecían hasta trece categorías diferentes de tierras expropiables. La reforma se extendería a todo el país y no solamente al sur de España, donde el problema era más grave. La expropiación se hacía con indemnización (salvo las tierras de la grandeza nobiliaria), pero ésta no sería equitativa sino proporcional a la tierra poseída. La aplicación de la ley se encomendó al Instituto de Reforma Agraria, dotado de una organización que pretendía ser técnica pero que resultaba excesivamente confusa y burocrática sin que, al mismo tiempo, dispusiera de los recursos adecuados.

Puede afirmarse que la reforma agraria durante el primer bienio fue más un intento que una realidad. Si comparamos las cifras previstas inicialmente de campesinos a asentar —se calculaba más de sesenta mil al año— comprobaremos hasta qué punto resultó un fracaso. En realidad sólo se expropiaron unas veinticuatro mil hectáreas para unos cuatro mil trescientos campesinos; también se expropiaron otras veinte mil hectáreas más, pero como eran de inferior calidad podían admitir menos colonos. En buena medida la causa de este fracaso ha de achacarse a la propia complejidad de la ley pero también a la carencia de medios suficientes para ser llevada a cabo con eficacia. Además, influyó la propia incompetencia del ministro de Agricultura, Marcelino Domingo, periodista y escritor, que fue nombrado en función de su significación política radical-socialista pero que desconocía totalmente los temas del campo, e incluso se le llegaron a insubordinar sus propios directores generales. Sus errores causaron graves quebraderos de cabeza al gobierno: en 1932, año de una de las mejores cosechas de trigo del siglo, mandó importarlo. Los ataques contra su persona fueron generalizados y muy duros, incluso por parte de los propios republicanos. Pero, sin duda, el mayor culpable en última instancia fue el propio Azaña, que lo mantuvo en el puesto y no se interesó en el proceso de la reforma.

El fracaso de la reforma agraria tuvo consecuencias muy graves para la coalición gobernante. Los campesinos habían esperado su redención del gobierno de la República y no pudieron menos de pensar que la única solución positiva que les quedaba era la revolución. Por su parte un sector de los propietarios vio cómo sus tierras muy a menudo eran consideradas como expropiables, lo que las desvalorizaba, sin que eso sirviera para resolver el problema social, ni hubiera siquiera medios para indemnizarles.

El problema de las autonomías regionales lo venía arrastrando la sociedad española desde comienzos del siglo XX. La represión de los nacionalismos llevada a cabo por la dictadura de Primo de Rivera había contribuido a exacerbarlos de manera considerable, sobre todo en Cataluña y en el País Vasco. La República debía resolver esta cuestión como consecuencia de su proyecto democrático global para España.

Los resultados electorales de abril de 1931 situaron como fuerza hegemónica en Cataluña a la Esquerra Republicana dirigida por Francesc Maciá, que se había convertido en un símbolo debido a su actuación durante el periodo de la dictadura. La Esquerra agrupaba a nacionalistas exaltados, a simpatizantes de extrema izquierda, pero también había logrado atraerse a elementos más moderados procedentes de Acció Republicana. Todos ellos estaban tan sólo unidos por el liderazgo de Maciá que, de ser una especie de profeta de la Cataluña perseguida, pasó a convertirse en un gobernante dotado de buen sentido y afán de acuerdo. No obstante la Esquerra representaba en 1931 un catalanismo exaltado y, así, el régimen que se proclamó en Barcelona el 14 de abril fue la República Catalana. Para llegar a un acuerdo tuvieron que viajar a la Ciudad Condal tres ministros del Gobierno provisional: se constituyó un gobierno catalán —la Generalitat— que debía elaborar un estatuto de autonomía para presentarlo a las Cortes Constituyentes. El Estatuto de Nuria, denominado así por el lugar donde fue redactado, fue sometido a plebiscito y obtuvo una aprobación clamorosa (600.000 votos a favor y 3.000 en contra).

Su texto contenía ambiciones federalistas que con la aprobación de la Constitución de 1931 desaparecerían. La discrepancia entre los partidos catalanistas y el gobierno de Madrid se agudizó durante la discusión en las Cortes del que sería el futuro Estatut de Catalunya. Al lado del gobierno estaban no sólo las derechas, que mantuvieron una general actitud de repudio a los estatutos de autonomía, sino también una parte importante de la intelectualidad liberal castellana, como Unamuno y Ortega y Gasset. Los socialistas mostraron también sus discrepancias, provocando con ello la reacción de la opinión catalanista que afirmó sentirse engañada. Si finalmente se llegó a un acuerdo fue debido a dos factores: en primer lugar, a la intervención de Azaña en uno de sus más conseguidos discursos parlamentarios y, en segundo lugar, gracias a la unidad republicana lograda como consecuencia del fracasado intento de golpe de Estado de agosto de 1932, protagonizado por el general Sanjurjo.

El Estatuto aprobado en septiembre de 1932 preveía, de acuerdo con la Constitución, la asignación de una serie de competencias al gobierno de la Generalitat mientras que otras quedaban reservadas al Gobierno de Madrid (Defensa, Aduanas y Asuntos Exteriores). El catalán se consideraba idioma cooficial y habría un Parlamento catalán. La delimitación de las competencias fue bastante difícil en algunos temas y se llegó a una transacción que no satisfacía por completo a ninguna de las dos partes pero que constituyó una fórmula de convivencia en los años siguientes.

Tras la proclamación de la Segunda República, el nacionalismo vasco se integró en un principio en la derecha católica. El partido nacionalista tenía una marcada connotación confesional y de ahí vinieron las prevenciones de la izquierda. Lo cierto es que durante el periodo republicano evolucionó hacia una democracia cristiana y sus dirigentes más jóvenes, como José Antonio Aguirre, defendieron un programa de reformas sociales. A pesar de ello a la autonomía vasca no se le dio ninguna solución durante el bienio reformista.

Frente a lo que sucedía en Cataluña, el eusquera sólo era hablado de manera mayoritaria en las áreas rurales de Vizcaya y Guipúzcoa. El primer proyecto de estatuto para el País Vasco fue el Estatuto de Estella de 1931, que incluyó un apartado según el cual la región podría regular directamente con Roma las relaciones entre Iglesia y Estado. Tal pretensión quedó frustrada al oponerse el gobierno republicano al mismo. Desde fines del año 1931 se rompió la primitiva unidad entre nacionalistas y tradicionalistas, y fueron éstos quienes en 1932 hicieron fracasar un segundo estatuto, al conseguir que éste fuera rechazado no sólo en Navarra (que no quería estar asociada a las provincias vascas), sino incluso aprobado por una mayoría muy débil en los municipios de Álava. A las causas expuestas con anterioridad hay que añadir la reticencia permanente de las izquierdas gubernamentales frente al nacionalismo vasco para comprender los motivos que hicieron inviable la consecución de la autonomía para esta región.

También era solicitada la tramitación de estatutos de autonomía por otras dos regiones, la valenciana y la gallega, pero se vio retrasada no sólo por la dinámica vertiginosa de la vida política nacional sino por las divisiones partidistas existentes. De todos los modos, y a pesar de que la Constitución sólo consideraba obligatoria la autonomía de los municipios y no la de las regiones, el rumbo que tomó España durante los años republicanos se dirigía hacia una progresiva regionalización. En el llamado «Estado integral», previsto en la Constitución, las regiones autónomas eran la excepción y no la regla, pero la difusión del sentimiento regional hubiera hecho a medio plazo cambiar el marco constitucional.

Aunque la cuestión agraria engloba las tensiones sociales más graves de la época republicana, a la reforma en estas materias es preciso dedicarles también una explicación. Cuando Francisco Largo Caballero se hizo cargo del

Ministerio de Trabajo se esperaba de él que realizara una actuación importante dirigida a mejorar las condiciones laborales del trabajador. A tal fin creó las delegaciones de Trabajo, promovió los seguros sociales, redujo la jornada laboral de los trabajadores del campo, etcétera. Las dos disposiciones más sobresalientes de su gestión fueron también las más discutidas: la Ley de Términos Municipales y los jurados mixtos. La primera de ellas establecía la obligación de los patronos de contratar a obreros de la localidad aduciendo que acudir a trabajadores foráneos era un procedimiento utilizado por los caciques para controlar a los campesinos. Fue una disposición muy protestada porque, en ocasiones, buenas cosechas no se pudieron recoger enteras. En cuanto a los jurados mixtos, suponían la consagración de los comités paritarios de la dictadura primorriverista. Aunque eran escasamente imparciales porque los presidentes de los Jurados fueron elegidos por el gobierno y la representación obrera estaba monopolizada por la UGT, mejoraron de una manera considerable las condiciones de vida de los trabajadores, sobre todo de los agrícolas.

Como ya sabemos, durante el régimen republicano no hubo un plan eficaz contra el paro. Sin embargo, Indalecio Prieto, siguiendo las directrices de Azaña, propuso un gran plan de Obras Públicas. Se trataba de la realización de las grandes terminales de ferrocarriles de Madrid y de los planes hidráulicos del ingeniero Lorenzo Pardo, incluido el trasvase del Tajo a la cuenca mediterránea. Estos planes contribuyeron a aliviar el paro en la capital, pero la política de inversiones públicas fue mucho más tímida que en otras latitudes, como Estados Unidos. La ausencia de una política económica anti-crisis contribuyó a ello.

Aunque no sean de carácter estrictamente social, ha de aludirse en este momento a las reformas educativas emprendidas por el primer bienio republicano. Marcelino Domingo y luego Fernando de los Ríos ocuparon el Ministerio de Instrucción al que se le atribuyó un papel de primera importancia para cambiar el modo de vida de los españoles. Su gestión se centró fundamentalmente en la enseñanza primaria. A comienzos de los años treinta existían en España 35.000 escuelas, pero se necesitaban 27.000 más. A lo largo del bienio reformista se crearon 10.000 y el presupuesto asignado a Educación se incrementó en un 50%, aumentando también sustancialmente el sueldo y el número de los maestros (unos 14.000 más). Sin embargo el gobierno se encontró con un problema muy difícil de superar: la falta de fondos; este problema no hizo sino agravarse al pretender sustituir el mismo gobierno la enseñanza impartida por las órdenes religiosas, que era importante en el nivel primario y mayoritaria en el secundario. Una muestra del deseo del régimen republicano de que la cultura se extendiera a todos los niveles fue la organización de las «misiones pedagógicas» que se enviaban desde la capital a las zonas de la España rural y en las que colaboraron algunos de los mejores intelectuales jóvenes. Es muy posible que si la República hubiera perdurado en paz durante una generación hubiera aparecido una clase política más prudente y madura.

Los adversarios del reformismo

El gobierno de Azaña durante su gestión reformista hubo de hacer frente fundamentalmente a la oposición violenta de monárquicos y anarquistas. Tanto la extrema derecha como la extrema izquierda se convirtieron en enemigos declarados de la institución parlamentaria y de la labor gubernamental.

La evolución ideológica del monarquismo tendió a recalcar unos rasgos que ya habían aparecido al final de la dictadura con la adopción de un programa claramente antidemócrata. De este modo los «monárquicos» se convirtieron en «conservadores subversivos». En cambio el exiliado Alfonso XIII siempre se mantuvo partidario de la acción legal, afirmando que la Monarquía volvería en virtud del mismo sufragio que la había derrocado. Mientras tanto se fue gestando la unión entre las dos ramas de los monárquicos, alfonsinos y carlistas. En Madrid se creó Acción Española, núcleo intelectual que tenía como misión armar ideológicamente al monarquismo en la línea del pensamiento de la extrema derecha francesa y que, siguiendo las doctrinas de Maurras, presentaba a la Monarquía tradicional como único baluarte posible contra la revolución. De acuerdo con su ideario consideraba el sufragio universal como un error, porque el pueblo «elige siempre lo peor» y en consecuencia opinaba que «la verdad puede y debe imponerse por la fuerza».

Pese a todo no parece que la sublevación que tuvo lugar el 10 de agosto de 1932 se hubiera gestado únicamente en círculos monárquicos. Es verdad que colaboraron en ella generales monárquicos, pero la mayor influencia de su principal inspirador, el general Sanjurjo, la ejercieron elementos liberales de la vieja política, que consideraban que el régimen republicano había adquirido un tono demasiado radical. Se trataba de un pronunciamiento como los del siglo XIX que creía interpretar la voluntad nacional y no quería provocar derramamiento de sangre. Aunque estaba prevista en otros puntos de España, la sublevación sólo alcanzó importancia en Sevilla, donde Sanjurjo se hizo con el poder durante unas horas, y en Madrid, donde los sublevados intentaron tomar, sin conseguirlo, el Ministerio de la Guerra, provocando varios muertos.

Estos acontecimientos tendrían efectos importantes sobre la derecha española, que se había mantenido hasta entonces en una postura de acatamiento al régimen establecido. El golpe fracasado dejó traslucir la diferencia entre quienes estaban dispuestos a gobernar incluso con los republicanos y quienes se servían del acatamiento al régimen como simple táctica circunstancial. El final de 1932 y comienzo de 1933 fue testigo del nacimiento de la CEDA (Confederación Española de Derechas Autónomas), por un lado, y de Renovación Española, por otro. Esta última, bajo una apariencia legal, proponía la difusión de una propaganda contrarrevolucionaria y la preparación de un golpe de fuerza.

En el extremo opuesto del espectro político, los primeros meses del régimen republicano supusieron el triunfo y la posterior puesta en práctica de las tesis insurreccionalistas dentro del movimiento libertario. La tesis de la FAI fue siempre que bastaba un «leve empujón» para derribar la República e implantar la revolución. Las sublevaciones anarquistas tuvieron un marco eminentemente rural y una tendencia al espontaneísmo que seguía un esquema repetido hasta la saciedad. Se daba la noticia de la revolución, los ácratas del lugar se sublevaban y atacaban a la Guardia Civil; en ocasiones se tomaba el ayuntamiento o se incendiaba el registro de la propiedad. La llegada de más tropas de la Guardia Civil suponía el fin de la revolución. Entre los años 1931 y 1933 se aplicó la táctica insurreccionalista hasta tres veces: en el Alt Llobregat (enero de 1932); un año después en Cataluña, Valencia y Andalucía (sucesos de Casas Viejas) y a finales de 1933 en Zaragoza y la cuenca del Ebro. En total estos incidentes de orden público (pues no fueron otra cosa) pudieron causar unos doscientos muertos.

No se puede negar a los anarquistas, pese a todos sus fallos, una increíble tenacidad. Si a ésta le añadimos el hambre multisecular, el mesianismo despertado en él por el régimen republicano y la barbarie de los represores tendremos los principales motivos que condujeron a sucesos como el de Casas Viejas, en donde las fuerzas de orden fusilaron sin más a varios anarquistas, una vez sofocada la sublevación. Azaña, que había dado órdenes severas de represión, pero que no fue responsable del cariz que ésta tomó, cometió el error de ignorar en un principio lo sucedido allí. La extrema izquierda desató una feroz campaña contra él que coincidió con la de la derecha. También se produjeron desórdenes públicos en el mundo rural por parte de las organizaciones campesinas de UGT, que fueron provocando incidentes que apenas diferían de los anarquistas, como los sucesos de Castilblanco en Extremadura.

Desde luego ninguna de estas dos oposiciones consiguió sus propósitos. La monárquica contribuyó, en la práctica, a afianzar la situación gubernamental de Azaña y la anarquista resultó por completo negativa: con su «gimnasia revolucionaria» contribuyó a dar argumentos a la derecha y planteó graves dificultades a la reforma agraria. En cambio, las mayores dificultades a las que hubo de hacer frente el gobierno de Azaña y que acabarían con él provinieron de sectores menos violentos que los anteriores pero mucho más efectivos en el terreno político. Procedieron de la derecha parlamentaria, acaudillada ya por José María Gil Robles, y también del propio bando republicano. Desde finales de 1932 arreciaron las protestas contra la coalición gobernante, avivadas en gran medida por haberse llegado al punto álgido de la crisis económica. A estas dificultades pronto se unieron las causadas por Lerroux y el propio Alcalá Zamora, que mantuvo escrupulosamente su papel constitucional de presidente de la República pero cuyos enfrentamientos con Azaña se hicieron más frecuentes, contribuyendo su carácter a embrollarlos de forma innecesaria. Sin embargo, lo peor para el Gobierno fue que progresivamente el país entero fue adoptando una postura crítica frente a él.

En el mes de abril de 1933 se convocaron elecciones en un elevado número de pueblos en donde los monárquicos habían obtenido sin lucha todos los puestos en disputa. Los resultados dieron una ventaja considerable a la oposición. Azaña interpretó dichos resultados como no significativos de un estado de opinión, ya que se trataba de pequeñas poblaciones de inclinación conservadora en las que el voto solía estar sujeto a la voluntad de cacique local. Una nueva consulta, en septiembre de 1933, para elegir a los vocales regionales en el Tribunal de Garantías Constitucionales, demostró de nuevo la quiebra de la popularidad del Gobierno que sólo obtuvo cinco puestos frente a los trece de la oposición. Lo más grave era que los ayuntamientos nombrados gubernativamente habían votado en contra de los candidatos que patrocinaba Azaña. Éste, que empezaba a darse cuenta de que debía abandonar el poder, se resistió sin embargo a la crisis que acabó provocando el presidente. Como todas las que debió resolver Alcalá Zamora, resultó muy complicada en su tramitación y excesiva en la intervención del presidente pero las posteriores elecciones demostraron que la coalición republicano-socialista carecía ya del apoyo popular.

De momento se formó un gobierno presidido por Alejandro Lerroux, exclusivamente republicano, que quiso iniciar una primera rectificación de la obra de gobierno en un sentido más conservador. Sin embargo, muy pronto se encontró con una radical prevención de las izquierdas, en parte porque identificaban monopolísticamente a la República con el gobierno anterior y en parte también porque no se fiaban en absoluto de Lerroux, sobre quien existían sospechas de deshonestidad. Derribado el gobierno, fue encargado de presidir uno nuevo, destinado a llevar a cabo nuevas elecciones, Martínez Barrio, también del Partido Radical. Entre las dos opciones del republicanismo representadas por Azaña y Lerroux se abrió una brecha que ya resultaría imposible superar.

Un balance de la primera etapa republicana ha de partir de que ésta fue la primera ocasión en que se plantearon globalmente los problemas más graves de la vida española con una voluntad de resolverlos de modo definitivo. Eso, sin embargo, no quiere decir que las soluciones fueran siempre acertadas ni el tratamiento dado a los problemas fuera el más oportuno. En algunos aspectos —cuestión catalana, reformas militares y parte de las sociales— se puede considerar que el resultado de la obra de gobierno reformista fue positivo. En otras materias, sin embargo, el juicio debe ser mucho más negativo. La reforma agraria fue un fracaso porque el gobierno no le concedió la prioridad que le correspondía y porque los encargados de ella testimoniaron falta de preparación para desarrollarla. El tratamiento que se dio a la cuestión religiosa fue injusto y, además, se puede considerar contraproducente ya que, por un lado, alejó del régimen a una parte considerable de la sociedad española y, por otro, debilitó el esfuerzo reformista en muchas otras materias. En el balance de la obra gubernamental siempre habrá que tener en cuenta ese esfuerzo reformista, muy superior al de cualquier otra época anterior en la vida española, pero esta realidad positiva deberá ser contrapuesta a la voluntad de considerar que la República era más un programa político que un marco de coincidencia para todos.

La crisis de la República

A pesar de lo que pensaron y proclamaron los dirigentes políticos del primer bienio republicano, el final de esta experiencia de gobierno no significaba nada más que la conclusión de una de las posibles opciones en que consistía la República. Si el régimen instaurado en abril de 1931 debe ser entendido como la primera experiencia democrática de los españoles antes de 1977, es decir, un marco institucional común y el juego entre diferentes opciones, la existencia y el ejercicio del gobierno por parte de la derecha resultaba lógica y aun imprescindible.

El resultado de las elecciones de noviembre de 1933 lo hizo inevitable. En principio resultaba imaginable que la colaboración entre la derecha católica y los partidos republicanos de centro resultara muy difícil, los primeros acabaran aceptando el régimen (y la democracia) mientras que los segundos, introduciendo parciales modificaciones de la legislación hasta entonces aprobada, ampliaran su base social. Sin embargo, las incógnitas existentes no se referían tan sólo a la actitud del centro y la derecha sino también a cómo tomaría esta posible evolución la izquierda. El periodo que siguió a continuación hubiera podido ser una simple rectificación, pero también habría podido convertirse en una etapa de pura reacción, con la derecha presionando para hacer imposible el régimen y negándose a la integración en él, o de repudio radical por parte de la totalidad de la izquierda a aceptar a la derecha en el régimen. En realidad, la etapa entre fines de 1933 y comienzos de 1936 resultó un periodo estéril en que el protagonismo político principal estuvo desempeñado por la inestabilidad gubernamental. La insurrección de 1934, inimaginable en la ortodoxia democrática pero también en el clima de la proclamación de la República, supuso el primer paso para la ruina del régimen. De todos modos sólo en la etapa del Frente Popular, a partir de marzo de 1936, se inició la senda hacia de la guerra civil.

Una nueva mayoría

La consulta electoral se desarrolló en un ambiente de gran entusiasmo por parte de ambos contendientes. En buena medida los resultados electorales dependieron de la forma en que se había planteado la campaña electoral. La Ley Electoral vigente favorecía sobre todo los alianzas y así lo tuvieron muy en cuenta las derechas, cuyo principal líder, Gil Robles, había advertido a la izquierda que la prima a la mayoría podía volverse en su contra. Los partidos que propiamente merecían el calificativo de derecha —los confesionalmente católicos— elaboraron un programa de reivindicaciones mínimas que incluía la reforma de la Constitución de 1931 y de las leyes derivadas de ella (sobre todo las relativas a la cuestión religiosa), la protección de los intereses económicos, en especial los agrícolas, y una amplia amnistía, tan amplia como la del año 1917 que benefició a las izquierdas. Era un programa que resultaba aceptable en el marco constitucional de 1931. Junto a esta derecha, se encontraba un sector republicano dominado por un espíritu moderado que tenía su principal apoyo en el Partido Radical y que, aunque su programa era impreciso, estaba decidido firmemente a que el socialismo no siguiera colaborando en las tareas de gobierno y a integrar a la derecha en la República.

El panorama electoral de la izquierda fue muy diferente. Los anarquistas, que con toda probabilidad habían participado en las elecciones de 1931, votando por la izquierda burguesa, ahora optaron por la abstención, resultando muy efectiva su propaganda abstencionista en el sur de la Península. En cuanto a los socialistas y los republicanos de izquierda, no hubo colaboración entre ellos, salvo muy escasas excepciones, a pesar de haberlo hecho hasta entonces en el gobierno. Parte de los socialistas había quedado decepcionada de su anterior experiencia gubernamental y los republicanos de izquierda estaban más divididos que nunca. Tan sólo hubo una verdadera alianza republicano-socialista en Bilbao, donde los votos obtenidos por Prieto, que se presentaba a diputado por esta ciudad, dieron también la investidura parlamentaria a Manuel Azaña.

En cuanto a los resultados electorales el porcentaje de sufragios obtenido por cada candidatura mostró una clara tendencia derechista, pero no aplastante, pues existió un relativo equilibrio entre las dos grandes fuerzas políticas en número de votos. Sin embargo, atendiendo al número de diputados obtenidos en virtud de un sistema electoral mayoritario, este equilibrio desapareció: las derechas lograron unos doscientos escaños, de los que más de la mitad correspondían a la CEDA; el centro, unos ciento sesenta, de los cuales un centenar eran del Partido Radical; y la izquierda, sólo cien, con una ventaja clara de los socialistas que, aun perdiendo escaños, lograron sesenta, mientras los republicanos tan sólo obtuvieron el resto. La debilidad de las fuerzas específicamente republicanas fue particularmente grave porque la mayoría de sus escaños procedían de los votos obtenidos en Cataluña.

En este momento Ortega y Gasset, ya ausente de la política y el Parlamento, hizo la más lúcida interpretación de los resultados electorales en un artículo titulado *Viva la República*. En él criticaba duramente la actuación política de las izquierdas durante el primer bienio republicano: en su opinión, el resultado electoral era un pronunciamiento en contra de ellas. En esas circunstancias Ortega creía necesario dirigirse a las derechas, pidiéndoles «en nombre de la Nación, claridad». Esta petición iba especialmente dirigida a Gil Robles, al que calificaba de «joven atleta victorioso». Advertía que las derechas españolas habían llegado a su techo de votos y que si había llegado a saberse qué no eran, en cambio hasta el momento se ignoraba en qué consistían.

Las dos grandes figuras triunfadoras de las elecciones del mes de noviembre fueron sin duda Lerroux y Gil Robles, y ello no sólo por su número de escaños sino por tener tras de sí una doctrina política o representar un peculiar talante con el que enfrentarse a las circunstancias vividas por el régimen republicano. Las otras fuerzas políticas, más o menos agrupadas en torno a las anteriores, estaban incapacitadas para representar algo trascendente: o por su monarquismo, como era el caso de Renovación Española, o por su carácter regional, en el caso de Lliga Catalana, o bien por estar vinculadas a la persona de su dirigente como los liberales demócratas, los agrarios o los progresistas. Ninguno de estos grupos podía ser el eje de un gobierno.

En el capítulo anterior se ha hecho referencia a la significación de Lerroux en la política de la primera etapa republicana, por lo que ahora haremos referencia a los radicales como partido. El radicalismo había dejado de ser demagógico como en el comienzo del siglo, pero no tenía un verdadero programa de recambio más allá de una vaga rectificación de la República, y un sector importante del partido consideraba mayoritariamente al poder como fin en sí mismo. Como veremos, al final de la etapa de gobierno radical reapareció el problema de la inmoralidad de algunos de los dirigentes del partido. Fundamentalmente el ideario radical consistía en estos momentos en grandes conceptos como democracia, libertad, laicismo y, sobre todo, el llamado «antimarxismo» o, lo que es lo mismo, una alergia a la presencia del PSOE en el poder a la que se atribuían males excesivos. La unidad del Partido Radical estribaba en la común reverencia a la figura de su dirigente. A pesar de su sincero deseo de estabilizar el régimen, Alejandro Lerroux, de talante moderado y dotado de habilidad política, acostumbró a dar el tratamiento de la inercia a los grandes problemas del país, en parte porque que carecía de formación y experiencia para imaginar un plan político efectivo.

La Confederación Española de Derechas Autónomas (CEDA) constituía la ejemplificación española de los partidos católicos existentes en el extranjero. Sus orígenes han de remontarse a las primeras elecciones de la República, época en la que Herrera Oria, director de *El Debate* y principal figura del laicado católico, fundó Acción Nacional; pronto este grupo pasó a denominarse Acción Popular. Como, por principio, no se pronunció en cuanto a la forma de gobierno, ello posibilitó que la mayoría de sus miembros fueran sentimentalmente monárquicos aunque una minoría aceptaba con sinceridad el postulado, característico de la doctrina católica de la época, de la indiferencia ante las formas de gobierno sólo a título de táctica y era, efectivamente, republicana. La separación del sector más monárquico del partido se produjo con ocasión del fallido golpe del 10 de agosto de 1932, cuando el sector dirigente repudió el uso de los procedimientos subversivos.

Tras la celebración de dos congresos (en 1932 y 1933) quedó configurada la CEDA como una organización política que servía como mecanismo de defensa del catolicismo. El partido, no verdaderamente democrático pero mucho menos fascista de lo que pensaban sus adversarios, agrupó a personas de muy variada procedencia que incluía desde colaboradores de la dictadura primorriverista hasta demócrata-cristianos, pasando por una gama muy variada de clericales y conservadores. Aunque unidos todos por el común ideal de la defensa del catolicismo, sólo una parte de las tendencias allí agrupadas tenía un verdadero y positivo programa político. Se trataba del sector de centro del partido, situable dentro de la tradición española del moderantismo. A la izquierda estaban los demócrata-cristianos, que representaban más claramente un programa social reformista y demócrata en lo político pero que eran una minoría reducida. La misma diversidad de grupos dentro de la CEDA explica las dificultades con que se encontraba el sector dirigente del partido. Éste era más avanzado, o si se quiere más centrista, que sus masas, a las que tenía que vigilar para que no se produjeran desvíos hacia la derecha. A medida que la inviabilidad de la República se hacía cada vez más patente se fueron agravando las tensiones entre los dirigentes y ese sector. Si se mantuvo la unidad a pesar de todos los problemas fue debido a la personalidad de Gil Robles, catedrático de Derecho Político, que desde la oposición a Azaña se había alzado con la dirección de la derecha católica española. Gran orador, bien preparado y hábil en la maniobra política, supo despertar el entusiasmo de los católicos españoles, pero con el paso del tiempo se demostró mejor táctico que estratega. Su minoría parlamentaria constituyó el conjunto más valioso que hasta entonces había ofrecido la derecha española.

En estos dos partidos, el radical y el católico, estribaba la posibilidad de una definitiva estabilización del régimen republicano mediante la incorporación, pero la tarea no era fácil y así se hizo evidente desde el primer momento.

Durante los primeros meses de este segundo bienio republicano (de diciembre de 1933 a abril de 1934) se sucedieron dos gobiernos, además de diversos cambios ministeriales menores. La inestabilidad gubernamental resultó ya evidente en este periodo —de hecho, desde el abandono del poder por Azaña ningún gobierno duró más de seis meses— pero, además, las izquierdas demostraron su total insolidaridad con el rumbo seguido por la República, a la que consideraban traicionada, desde el momento de su derrota. Azaña y otros dirigentes llegaron a pedir que las nuevas Cortes fueran disueltas. No se respetó, por tanto, el veredicto electoral y lo peor fue la razón de esta actitud: se seguía identificando al régimen con tan sólo una fórmula política.

Como sucedería en otras ocasiones durante este segundo bienio, las medidas propuestas por los primeros gobiernos presididos por Lerroux pueden ser calificadas como oportunistas o conservadoras pero no reaccionarias. Con respecto al tema religioso, Lerroux trató de apaciguar los ánimos por dos procedimientos, un intento de concordato con la Santa Sede y la dotación del clero rural. Respecto a lo primero no se llegó a nada, probablemente porque el Vaticano juzgaba más conveniente esperar a que la CEDA llegara al poder. En cuanto al clero rural, suponía entregar determinadas cantidades en consonancia con sus años de sacerdocio a los más desfavorecidos. Esta medida era anticonstitucional, ya que se había suprimido el presupuesto del clero, pero no dejaba de ser políticamente oportuna. De todos modos la cantidad fue sólo la mitad de la empleada en este menester en el último año del bienio azañista. Se mantuvo la tolerancia respecto de los colegios católicos pero lo mismo se haría en la etapa del Frente Popular.

En el aspecto social la reforma agraria no fue suspendida sino que se vio reforzada con la confirmación de unos discutidos decretos sobre la intensificación de cultivos que permitían dar más trabajo a los jornaleros e incluso se produjeron más asentamientos de campesinos, aunque sólo a título temporal, que en los años precedentes. Le fueron devueltas a la nobleza las propiedades confiscadas como consecuencia del fallido golpe de estado de 1932 y se derogó la Ley de Términos Municipales, que había sido muy criticada por sectores muy diversos. No fue restituida la tierra a los grandes de España del mismo modo que tampoco volvieron al Ejército los militares expulsados de él.

A pesar de su moderación, Lerroux hubo de encontrarse con múltiples dificultades, sobre todo en aspectos puramente políticos. Desde un principio la CEDA mostró su reticencia ante lo que consideraba como un escaso vigor en la tarea de rectificación de la gestión realizada por el primer bienio republicano y, aún más, ante la falta de ideas de los gobernantes radicales. Gil Robles atacó a Martínez Barrio por su supuesta lenidad ante el desorden público. Pronto, a consecuencia de estas tensiones internas, el Partido Radical se dividió en dos sectores: salido ya del gobierno, Martínez Barrio inició en marzo de 1934 una disidencia que le llevaría a la fundación del partido radical-demócrata. Por otro lado, también se produjo un enfrentamiento entre Lerroux y el presidente de la República en relación con la amnistía. Éste era uno de los principales puntos del programa de la derecha triunfadora en las elecciones de 1933, pero al presidente le preocupaba aparecer como traidor a los principios republicanos y quiso, por tanto, oponerse a la articulación que de aquélla se había elaborado en las Cortes. Ante ello Gil Robles pretendió enfrentarse con Alcalá Zamora, pero Lerroux se negó a seguirle por ese camino. El conflicto se resolvió a favor de la ley de amnistía aunque provocó el temporal alejamiento del poder por parte de Lerroux.

El encargado de sustituirle fue el diputado valenciano Ricardo Samper, figura de segunda fila en el Partido Radical, que tenía los mismos deseos de concordia que Lerroux pero no fue respetado ni por las derechas ni por las izquierdas. Sin embargo, hay que destacar que los problemas no sólo no disminuían sino que se multiplicaban. Hay que tener en cuenta que a los dos partidos más importantes se enfrentaban por planteamientos muy distantes en materia religiosa y que esta lucha era especialmente grave en la región de procedencia del presidente del Gobierno. A la difícil colaboración entre radicales y cedistas se sumó ahora la actitud de la izquierda socialista y republicana.

Desde que los socialistas perdieron el poder, en especial Largo Caballero y Prieto, habían mostrado una clara proclividad revolucionaria, y el socialismo no hacía secreto alguno de sus propósitos subversivos. Largo Caballero llegó a afirmar que era imposible conseguir ninguna ventaja colaborando con la burguesía y que era necesario «armarse», con lo que demostraba que para él lo esencial era el contenido del régimen —es decir, las medidas sociales que lograra introducir— y no su condición democrática. Ante las reiteradas llamadas de atención socialistas a la inminencia de una revolución el Gobierno no podía dudar acerca de los propósitos de quienes pedían «atención al disco rojo» o que, en septiembre, afirmaban que el mes siguiente podía ser «nuestro octubre», refiriéndose a la revolución rusa. Simultáneamente se descubría la existencia de importantes depósitos de armas en cuya ocultación incluso tomaron parte diputados. La posición de Prieto parece haber sido algo diferente: aunque no renunciaba a la violencia quería la colaboración republicana y parecía esperar que con esos procedimientos se podía cerrar el paso a la derecha.

Un punto importante a su favor que tuvo el Gobierno fue que el movimiento revolucionario careció casi por completo de coordinación. Los socialistas españoles hablaban en exceso de revolución pero la organizaban y preparaban mucho menos. En el verano del año 1934 el movimiento socialista campesino se lanzó a una huelga motivada no sólo por el descenso de los salarios agrícolas sino también por el maximalismo del sector dirigente. El gobierno logró liquidar con facilidad la subversión porque ésta no tuvo nunca el apoyo del sindicalismo urbano, ni siquiera del propio Largo Caballero.

Mucho más grave desde el punto de vista político fue el conflicto que se suscitó en Cataluña entre el gobierno republicano y el presidente de la Generalitat, Companys. Éste carecía del carisma político que había tenido su antecesor, Maciá, y era mucho menos capaz de dirigir el curso de los acontecimientos debido a su carácter y al temor a aparecer como poco catalanista, pues su trayectoria en este terreno había sido tibia. El conflicto tuvo su origen en la cuestión agrícola de los *rabassaires,* un tipo de arrendatarios que, en virtud de su contrato, pagaban una parte alícuota de las primeras cepas de vid al propietario de la tierra. La ley de contratos de cultivo, aprobada por un Parlamento catalán en el que predominaba la Esquerra, tuvo como objetivo permitir a los *rabassaires* el acceso a la propiedad de las tierras arrendadas. Aun siendo criticable en algunos aspectos, la ley era justa en sus propósitos. Pero surgió el problema al suscitarse la cuestión de si la regulación de los contratos de cultivo correspondía al derecho civil —y entonces era competencia autonómica— o al social, siendo en este caso el Parlamento de Madrid el encargado de regular la materia. Una parte de los propietarios catalanes acudió al Tribunal de Garantías Constitucionales, que declaró la ley inconstitucional, pero la Generalitat se negó a acatar esta decisión. Poco a poco el asunto se fue envenenando, de modo que se olvidó el sentido que el conflicto tenía en un principio y pasó a convertirse en un pleito político y autonómico. Inmediatamente antes de la revolución de octubre el presidente de la República, Alcalá Zamora, inició unas negociaciones con un catalanista de izquierda, Hurtado, para llegar a un arreglo negociado de la cuestión, lo que sin duda hubiera sido lo mejor.

También en el País Vasco se agudizó un conflicto autonómico en los primeros meses del bienio radical-cedista, al plantearse en las Cortes, a comienzos de 1934, la cuestión del Estatuto vasco. Los nacionalistas vascos recibieron la desagradable sorpresa de que sus pretensiones eran tan mal recibidas por la derecha como lo habían sido en las primeras Cortes de la República por la izquierda. Durante el verano de ese año el nacionalismo vasco tuvo otro motivo de protesta ante una supuesta modificación del concierto económico por parte del Gobierno central. Unidos a las izquierdas celebraron actos de protesta y eso pudo dar la sensación al Gobierno de Madrid de que en el norte se fraguaba una gran conspiración en su contra. Sin embargo, el nacionalismo vasco no participó en absoluto en la revolución de octubre.

Los sucesos de Cataluña y el País Vasco impulsaron a Gil Robles a un cambio de postura. Empujado por su partido a exigir una acción más decidida en materia de orden público, y pensando él mismo que en el conflicto suscitado con la Generalitat el gobierno «no podía dialogar» con ésta como «de potencia a potencia», pidió que la CEDA se incorporase al gobierno. Declaró en las Cortes que era necesario llevar a cabo una rectificación política que el Gobierno de Samper no sabía o quería emprender y de este modo provocó una de las crisis más trascendentales de la época republicana. Al solicitar la participación en el poder cabía la posibilidad de que entrase en el gobierno un partido, como el suyo, que nunca había hecho explícita profesión de fe republicana.

Octubre de 1934 y sus consecuencias

En realidad Alcalá Zamora dio a la crisis política una solución esencialmente moderada. Concedió a la CEDA tres carteras ministeriales (Justicia, Agricultura y Trabajo) pero ninguna de ellas era tan importante ni desde ella se podía imaginar un golpe de Estado contra las instituciones, y dos de las personas elegidas para desempeñarlas, Giménez Fernández y Anguera de Sojo, se declaraban republicanos. Dos de los ministros, Aizpún y Anguera, eran explícitamente partidarios del autonomismo vasco y catalán, respectivamente. Además, Anguera de Sojo había sido el fiscal de la República en el proceso contra los conspiradores del fallido golpe de agosto de 1932.

Los grupos republicanos de izquierda protestaron agriamente ante la entrada de la CEDA en el gobierno y afirmaron romper la solidaridad con las instituciones de un régimen que había sido traicionado por su presidente. Incluso hubieron republicanos que declararon, de forma más o menos explícita, estar dispuestos a volver al poder mediante la violencia. Desde luego la postura de las izquierdas republicanas era injustificable, ya que identificaron a la República con su propia política y ellas mismas reconocerían luego que la CEDA había contribuido a mantener el régimen y no a hundirlo. La entrada de este partido en el gobierno produjo un movimiento huelguístico de protesta en toda España, pero éste no fue unánime ni tampoco tuvo la gravedad suficiente como para romper la normalidad. Fue más injustificable aún la postura de los que se sublevaron, que no fueron todos los grupos de la izquierda proletaria. Los socialistas no iniciaron una subversión violenta en todas las regiones donde tenían una fuerza considerable, como el País Vasco o Madrid. Da la sensación de que la mayor parte pensó que bastaba esgrimir la amenaza de revolución para evitar el ascenso de sus adversarios al poder. Tampoco el sindicato anarquista, CNT, participó en la huelga revolucionaria. Los acontecimientos más excepcionales y graves fueron los que tuvieron lugar en Cataluña y Asturias y se debieron a circunstancias peculiares de estas dos regiones.

Como resultaba previsible, Companys fue rebasado por el catalanismo más extremista a pesar de que la cuestión agraria estaba, en lo esencial, resuelta. El Conseller de Gobernación, Dencás, había preparado un golpe de Estado catalanista aprovechando la situación y Companys proclamó la República catalana. La confusión de este movimiento comenzó por la propia declaración del presidente, que, para defender la República, sacaba a colación una anticonstitucional República federal y, al mismo tiempo, apelaba a las izquierdas a constituir un gobierno provisional en Barcelona. Además Companys no tenía armas, la guarnición, dirigida por el general Batet, permaneció fiel a las instituciones y la Generalitat tuvo que mantenerse a la defensiva. Entre las izquierdas extremas el movimiento no llegó a producir ninguna cohesión, siquiera fuera temporal. Las Alianzas Obreras (formadas por sindicatos de oposición en la CNT y los grupos comunistas) convocaron una huelga contra el Gobierno de Madrid pero no a favor de la Generalitat y la CNT se abstuvo, al igual que el sindicato *rabassaire,* por quien se había iniciado el conflicto entre la Generalitat y el gobierno central. No es de extrañar que el Ejército liquidara sin dificultades el movimiento catalanista. En los incidentes se produjeron una cincuentena de muertos.

Por el contrario, los sucesos de Asturias sí tuvieron componentes de una auténtica revolución social. Ésta era la única región en que la UGT y la CNT habían pactado una alianza «para abolir el régimen burgués». Los mineros, relativamente bien armados, lograron apoderarse de gran parte de la provincia y sitiaron Oviedo, que en buena medida fue destruido gracias al empleo de dinamita. La sublevación de Asturias fue lo más parecido a la revolución rusa que se haya producido en Europa occidental desde aquélla, a pesar de que los comunistas tuvieron en ella un papel ni mucho menos determinante. Fue necesario recurrir a una verdadera ocupación militar para derrotar a los rebeldes y proceder a una serie de operaciones que constituyeron un antecedente directo de las que tendrían lugar durante la guerra civil. Cuatro columnas del Ejército acabaron derrotando a los mineros, y las pérdidas en vidas humanas fueron considerables, alrededor de mil seiscientos muertos, de los que mil doscientos entre los sublevados. También la brutalidad mostrada en ambos bandos fue un preludio de la de la guerra civil. Los revolucionarios asesinaron a varias decenas de civiles, entre ellos una treintena de eclesiásticos, y el Gobierno realizó quince mil detenciones que dieron lugar a acusaciones de tortura e incluso ejecuciones sumarias. Independientemente de la exactitud de las cifras, así como del hecho de que el número de condenas a muerte fue relativamente bajo (en torno a veinte), la mayor responsabilidad del Gobierno residió en su tolerancia con la represión incontrolada. En Barcelona no sucedió así: el general Batet procuró evitar el derramamiento de sangre, lo que luego le fue reprochado por la derecha.

Desde un punto de vista democrático la sublevación de 1934 resulta injustificable. El llamamiento a la CEDA para ingresar en el gobierno era lógico y natural y la izquierda, al no aceptarlo, demostró falta de paciencia y de confianza en sí misma, aparte de perder autoridad moral para condenar la sublevación de 1936. La evolución de la CEDA hacia el republicanismo se hubiera acelerado ejerciendo el poder en vez de tender a detenerse por contraposición a la revolución y el régimen habría tenido un mayor apoyo social que hasta entonces. La revolución estuvo muy mal organizada y por reacción fomentó el auge de la derecha extrema en vez de cerrarle el paso. Quienes se sublevaron fundamentaron, en la práctica, la legitimidad republicana en la sublevación de Jaca y no en la mayoría de edad de la ciudadanía en abril de 1931.

En los meses posteriores a los sucesos de octubre quedó demostrado que las derechas —al menos, los radicales y la CEDA— no eran tan reaccionarias como la izquierda aseguraba. Lo que en realidad sucedió fue que el Gobierno presidido por Lerroux con tres ministros cedistas, gracias a la presión de la extrema derecha sobre la CEDA, vio colapsada su posibilidad de cualquier actuación positiva con una mínima cohesión.

La liquidación de las consecuencias de octubre fue el tema que provocó más graves conflictos en las Cortes hasta abril de 1935. Se debe tener en cuenta que hasta la prensa liberal apoyaba duras sanciones: de hecho, frente a los casos anteriores de subversión, en éste se aplicó la pena de muerte. El primer enfrentamiento lo suscitó la extrema derecha cuando quiso pedir responsabilidades al Gobierno por no haber sabido prever el intento revolucionario. Gracias a la habilidad parlamentaria de Gil Robles se pudo evitar la escisión de su propia minoría y la dimisión del gobierno. En otras varias ocasiones se plantearon conflictos semejantes a los que tuvo que hacer frente Gil Robles ya que el presidente del Gobierno, Lerroux, solía estar ausente en las Cortes. También fueron conflictivas las medidas a tomar respecto a Cataluña: los monárquicos propusieron la desaparición del Estatuto, mientras que la CEDA y los radicales se limitaron a suspenderlo temporalmente (también una octava parte de los alcaldes de toda España fueron sustituidos). Cambó consideraba que aquello era un castigo para todo el pueblo catalán y no sólo para la Esquerra que, teniendo mayoría en el Parlamento catalán, se había negado a cualquier tipo de colaboración con Madrid.

Por otro lado, las dificultades entre el presidente de la República y la coalición gobernante fueron crecientes, lo que en buena medida explica la esterilidad de esta etapa. Lo único que quedó de ella fue la labor de Giménez Fernández en el Ministerio de Agricultura. Diputado de la CEDA, capaz y demócrata convencido, tenía una gran preocupación por los temas sociales. Como los dirigentes republicanos, fue partidario de una reforma agraria que favoreciera el acceso del trabajador a la propiedad de la tierra. Su principal preocupación se centró en los arrendamientos, pero, al tratar que las Cortes aprobaran la correspondiente disposición por él presentada, se encontró con una cerrada oposición incluso entre los miembros de su partido, hasta tal punto que su proyecto quedó notablemente mutilado. Los continuos enfrentamientos en las Cortes en el seno de la mayoría gubernamental y el que Giménez Fernández tuviera que enfrentarse a su propio partido mientras que el resto de los ministros se distinguía por su ineficacia, tuvieron como consecuencia que Gil Robles se planteara la necesidad de una crisis de Gobierno.

En mayo de 1935 se formó un nuevo Gobierno presidido por Alejandro Lerroux en el que la CEDA ocupaba cinco ministerios: el mismo Gil Robles se hizo cargo de la cartera de Guerra. Parecía que era un triunfo total de la CEDA, pero no dejaba de tener razón Lerroux cuando aseguraba que ella había cambiado y no los radicales: se llegó a afirmar que este gobierno era el que más posibilidades tenía de conseguir una estabilización definitiva del régimen. Durante algún tiempo el ejecutivo pareció tener a su lado a la opinión de derechas, pero ni siquiera entonces llegó a realizar una labor debido a la falta de cohesión interna. Ello explica por qué no se llegaron a sacar adelante cuestiones en las que estaban de acuerdo todos los partidos como, por ejemplo, las reformas de la Constitución y de la Ley Electoral. La reforma constitucional se empezó a discutir a comienzos de 1935. Aunque había un acuerdo unánime en llevarla a cabo, surgieron problemas al plantearse que dicha reforma comportaba la inmediata disolución de las Cortes, punto en el que Gil Robles no estaba de acuerdo pues temía que no le diera tiempo a realizar una amplia labor legislativa paralela. De ahí que no se llegara a nada concreto. Algo similar sucedió con la reforma de la ley electoral, que no pasó de proyecto. La CEDA siempre había sido partidaria de un sistema proporcional, pero, en la derecha, los partidos de notables preferían el pequeño distrito que favorecía sus prácticas caciquiles.

En el ministerio de Guerra, tampoco el propio Gil Robles logró dotar al Ejército de mayores medios técnicos y materiales, objetivo que Manuel Azaña se había dejado pendiente. Situó en los puestos claves del ministerio a los militares africanistas, como Franco o Goded, marginados en el primer bienio. Probablemente los mayores errores del Gobierno se cometieron en temas sociales. Ante la oposición de su propio partido, Gil Robles prescindió de Giménez Fernández como ministro de Agricultura y lo sustituyó por Velayos, del partido agrario, el más conservador del gabinete, quien elaboró una ley de contrarreforma agraria que suponía deshacer todo lo que se había avanzado desde 1931. Para ello se redujo de manera drástica el presupuesto del Instituto de Reforma Agraria y se establecieron unas indemnizaciones por expropiación tan desorbitadas que equivalían a no poder realizarlas. Se trataba de una ley claramente reaccionaria que de forma inevitable fomentaba las tensiones sociales en el campo.

La crisis del segundo bienio

Hubo una nueva crisis de Gobierno en septiembre de 1935 y resultó la más complicada del periodo por el deseo de Alcalá Zamora de que Alejandro

Lerroux se apartara de la vida pública ante los inminentes escándalos administrativos que estaban a punto de darse a conocer. Además el presidente era partidario de ampliar la coalición gobernante para dar una mayor estabilidad al gabinete y, en consecuencia, se formó un Gobierno presidido por Chapaprieta que redujo el número de carteras y amplió la mayoría gobernante con un ministro de la Lliga Catalana. Pero las crisis continuas y la ausencia de una labor positiva de gobierno presagiaban que en cualquier momento se podía romper la coalición radical-cedista.

El naufragio definitivo se produjo en cuanto se empezaron a destapar los escándalos administrativos protagonizados por los radicales. En octubre de 1935 estalló el primero de ellos, conocido como el estraperlo, nombre derivado de los apellidos de los inventores de un tipo de ruleta que se intentaba poner en marcha en España. A esta denuncia se le dio un carácter político y fue utilizada por las izquierdas en contra del Gobierno. Su presidente, Chapaprieta hubo de reorganizar el gabinete con figuras de segunda fila del Partido Radical, lo que provocaba una potencial mayor inestabilidad del Gobierno. En noviembre de 1935 otro escándalo administrativo de los radicales, el caso Nombela, de mayor entidad, volvió a poner en evidencia la incapacidad de la coalición gubernamental para sacar adelante un programa político. Ante las divisiones internas, Chapaprieta presentó la dimisión a finales de 1935.

En esta nueva crisis estuvo ya en juego la posibilidad de que Alcalá Zamora aceptara a Gil Robles como jefe de Gobierno, ya que contaba con la minoría parlamentaria más numerosa. Sin embargo existía una clara incompatibilidad entre ambos personajes, que no se fiaban el uno del otro. Una vez planteada la crisis, Gil Robles dijo al presidente que no admitiría un jefe de Gobierno que no fuera de la CEDA. Cuando Gil Robles confirmó que su candidatura nunca sería aceptada, su indignación fue enorme, llegando a consultar a algunos jefes militares la posibilidad de dar un golpe de Estado, ya que consideraba que el presidente había violado la Constitución. No pasó de un amago de golpe, pero lo que sucedió es testimonio a la vez de las crecientes tensiones y del frecuente olvido del respeto a las instituciones, incluso por partidos que evolucionaban a favor del reconocimiento del régimen.

El nuevo jefe de Gobierno, Portela Valladares, de edad avanzada, tenía prestigio de su paso por el Ministerio de Gobernación en meses anteriores, pero era un representante de la vieja política caciquil que intentó crear un partido político de centro descomponiendo los ya existentes. Pero ya la disolución de las Cortes se hizo inevitable por la negativa de Gil Robles de aceptar un nuevo Gobierno en el que seis de sus ministros no eran ni siquiera diputados.

Así acaba el segundo bienio republicano, calificado por algunos como el «bienio negro». Desde luego se caracterizó más por sus esterilidad e inestabilidad que por su carácter reaccionario. Responsables de la primera fueron tanto el imposible entendimiento entre radicales y cedistas como la extrema derecha, que hizo lo posible por hacerlo inviable, y la izquierda, que ni siquiera aceptó los resultados electorales y no creyó posible la integración de la derecha en el régimen. Pero, en realidad, esta etapa de gobierno no supuso una vuelta a 1930, ya que sólo comportó ligeras modificaciones a lo legislado durante el primer bienio.

Quizá sea preciso hacer referencia aquí a dos fuerzas políticas destinadas a ser muy importantes en el futuro pero cuya relevancia durante toda la Segunda República hasta su mismo momento final fue muy escasa. Representaban a los dos totalitarismos que durante los años treinta en Europa constituyeron un reto al sistema democrático: el comunismo y el fascismo.

El momento de la proclamación de la Segunda República en el año 1931 le sorprendió al Partido Comunista de España en una situación de división interna y de máxima debilidad en cuanto a efectivos. Junto al comunismo ortodoxo existían otras tendencias heterodoxas, como la troskista o la catalanista leninista, que acabarían por unirse en 1935 formando el POUM (Partido Obrero de Unificación Marxista). El PCE interpretó que la República tenía un claro significado burgués, por lo que estuvo dispuesto a llevar la revolución hasta una ulterior fase proletaria. Ésa es la razón por la que en los comienzos del régimen republicano los comunistas provocaron incidentes en su vano intento de crear unos *soviets* revolucionarios, aunque nunca crearon serios problemas al Gobierno.

A partir del IV Congreso del partido, celebrado en Sevilla, tuvo lugar un viraje en su seno a fin de eliminar las tradiciones anarquistas del movimiento y, en realidad, conducirle a una estrategia más flexible. Entonces comenzó a surgir un nuevo sector dirigente entre el que destacaron la figura de Dolores Ibarruri, *La Pasionaria,* y José Díaz, un obrero sevillano. En 1931 las fuerzas del PCE era muy escasas: en las elecciones de ese año tan sólo obtuvo sesenta mil votos, que en las elecciones de 1933 se convertirían en cuatrocientos mil, procedentes en su mayoría de las regiones industriales del norte de España y de Andalucía.

Durante el segundo bienio republicano hubo un progresivo acercamiento comunista a los otros grupos proletarios y una tendencia a elegir una senda estratégica nueva. A finales del verano de 1934 ingresó en las Alianzas Obreras, formadas a iniciativa del POUM, y por los mismos días criticaba ya el revolucionarismo de Francisco Largo Caballero, lo que indicaba la progresiva moderación del comunismo y la radicalización del socialismo. A finales del año 1935 el partido comunista insistió en un acercamiento al sector izquierdista del socialismo y, de hecho, en abril de 1936 se unieron las juventudes comunistas y socialistas e ingresaron en la UGT los escasos afiliados que tenían los sindicatos comunistas. La esperanza del PCE de conseguir una mayor influencia no radicó nunca en su propia fuerza sino en su penetración en el socialismo. Al comenzar la guerra civil se afirmó que había cien mil comunistas en España, cifra exagerada, pero que de todos los modos resulta baja, proporcionalmente, comparada con Francia.

Tal como deseaban los comunistas, la revolución rusa se convirtió en un mito para gran parte del socialismo español aunque nunca el comunismo llegó a tener ni remotamente la hegemonía entre las fuerzas de izquierda.

Durante la Segunda República se produjo un amplio crecimiento de la base del socialismo, sobre todo en el mundo rural, por lo que no resulta extraño que esas nuevas masas socialistas se inclinaran hacia el maximalismo, ya que carecían de la educación sindicalista y la disciplina de aquellas a quienes se habían unido. Esa radicalización fue potenciada y personificada por la figura de Largo Caballero. Defensor de la colaboración de los socialistas con la dictadura de Primo de Rivera y luego con la República, después de la derrota electoral de 1933 consideró que habían finalizado las posibilidades de colaboración con la democracia burguesa y se lanzó a una propaganda revolucionaria que fue seguida con entusiasmo por la juventud socialista, gran parte del PSOE y la mayoría de la UGT. El programa de las juventudes socialistas era prácticamente comunista, opuesto al parlamentarismo y elevaba al rango de caudillo a Largo Caballero, apodado el *Lenin español.* Pero éste, en realidad, no dejó nunca de ser un líder reformista aunque empleara ese lenguaje demagógico y, desde luego, no fuera capaz de organizar una revolución.

En el extremo opuesto del PSOE estuvo la postura representada por Julián Besteiro, cuya interpretación del marxismo le llevaba a condenar la revolución violenta en España pero también una colaboración. Según él la dictadura del proletariado sólo debía producirse en países como Rusia, mientras que en España habría que realizar una intensa labor reformista en lo social, sobre todo de tipo sindical, en el seno del capitalismo pero sin identificarse con él (en este sentido tampoco puede ser calificado como socialdemócrata). Hubo, en fin, entre los socialistas una tercera postura que fue la representada por Indalecio Prieto, líder de los llamados centristas. Había colaborado en la sublevación de Asturias de octubre de 1934, de lo que acabaría arrepintiéndose al final de su vida. Aun sin oponerse al empleo de la violencia, consideró que ésta podía ser suicida en la España de 1935. Muy al contrario, era partidario de lograr una alianza con los republicanos, lo que supondría una amplia amnistía y permitiría un programa común desde el poder. Prieto criticó a la izquierda socialista porque en ella veía un revolucionarismo verbal que podía resultar suicida. De estas tres tendencias dentro del socialismo la que parecía dominar a finales de 1935 era la liderada por Largo Caballero. No sólo era la que prometía la liberación del proletariado en más breve tiempo sino que se trataba de la única capaz de una colaboración con los restantes movimientos de extrema izquierda.

En el otro extremo del espectro político la Segunda República conoció el surgimiento de una serie de grupos políticos afines a la corriente política fascista, que cada vez era más pujante en diversas partes de Europa en los años treinta. En España más que de un movimiento se trató de varios, aunque de escasa entidad, que tardaron en unirse y tener éxito. En 1931, Ramiro Ledesma Ramos fundó las JONS (Juntas de Ofensiva Nacional-Sindicalista), que decían querer una verdadera revolución social; su fundador sentía una reconocida admiración por Hitler. Asimismo hubo otros grupúsculos de escasa importancia, pero sería Falange Española la que jugaría un decisivo papel en la España del futuro. Fue fundada en octubre de 1933 por José Antonio Primo de

Rivera, hijo del dictador, figura atractiva incluso para algunos de sus enemigos. A diferencia de su padre fue, quizá, demasiado intelectual para ser un líder fascista y su apoyo social estuvo más en la clase alta que entre sectores populares. Falange fue financiada en buena medida por los monárquicos y en las elecciones a Cortes de 1933 obtuvo dos diputados elegidos en el seno de las candidaturas conservadoras. Durante el segundo bienio republicano se produjo la ruptura con los monárquicos (que tan sólo habían visto en el grupo la posibilidad de contar con un instrumento para el combate en la calle) y la desaparición de su ayuda financiera, sustituida por la ayuda italiana. A principios de 1936 Falange Española llegó a tener importancia en algunos medios universitarios pero carecía de presencia en la mayor parte de la sociedad española. Dada su escasa importancia de entonces nadie podía prever que llegaría a significar algo verdaderamente importante en la vida española, pero la creciente radicalización tuvo como consecuencia su crecimiento muy rápido en los momentos finales de la República.

Victoria del Frente Popular. La pendiente hacia la guerra civil

Para entender lo que sucedió en los últimos meses del régimen es más necesario aún hacer mención de aquel sector de la política española que sería el gran protagonista de las elecciones de febrero de 1936, es decir, las izquierdas republicanas, que habían sido derrotadas en las elecciones del año 1933 a causa de una desunión que se había tratado de remediar en los meses siguientes.

Azaña acariciaba ya desde el primer bienio la idea de formar una federación que sólo se concretó en el año 1934 con la formación de Izquierda Republicana, que unía al antiguo partido de Azaña, Acción Republicana, con la Organización Republicana Gallega Autónoma y los radical-socialistas de Marcelino Domingo. Más tarde la Unión Republicana de Martínez Barrio agrupó a aquellos radicales que no querían compartir el gobierno con la derecha. En este preciso momento el pueblo español buscó nuevos líderes vista la esterilidad de las derechas en el poder. Es cierto que Azaña había quedado desprestigiado tras su labor de gobierno durante el primer bienio republicano y por su propia aparente ambigüedad ante la revuelta de octubre de 1934, pero los ataques furibundos de la derecha lanzados contra él tras aquélla, en la que no había participado, le devolvieron el prestigio perdido. Por lo demás, en Cataluña le sucedió algo parecido a Companys.

De esta unión de las izquierdas burguesas y del sentido estratégico de Indalecio Prieto en el partido socialista nació el Frente Popular, en el que el PCE tuvo una influencia tan escasa como aquella que mantenía en el panorama político general. Pese a la similitud en la denominación con la fórmula de otros países, el Frente Popular fue un intento de reedición de la experiencia republicana del primer bienio: su programa mostraba un amplio plan de gobierno, más avanzado que el llevado a cabo desde 1931. La campaña electoral se centró en el deseo de restablecer la República del 14 de abril frente a la corrupción y el reaccionarismo atribuidos a los años de gobierno radical-cedista; la propaganda maximalista quedó reducida al sector que seguía a Largo Caballero y, aun así, fue atenuada. Una ventaja con la que contaba el Frente Popular era que centralizó la elaboración de las candidaturas que se hicieron de manera disciplinada, lo cual permitió presentar una única candidatura de izquierdas en toda España.

El panorama de las derechas resultó muy distinto. Estaban absolutamente divididas por el pasado y con el sabor amargo de una gestión de gobierno estéril, por lo que su intento de colaboración resultó en principio muy difícil. La extrema derecha quiso redactar un programa de gobierno común y subversivo para lo cual buscó la colaboración de Gil Robles, que no aceptó. Todo ello condujo a que, en un segundo momento, la CEDA se acercara a los partidos republicanos de tendencia moderada para intentar llegar a un entendimiento. Sin embargo, el pacto con ellos había de ser muy molesto en algunos casos, como el Partido Centrista que el jefe de Gobierno, Portela Valladares, quería crear desde el poder. Se trató de un pacto entre adversarios, pero la ley electoral obligaba a hacer alianzas lo más amplias posible para lograr la victoria electoral. Con tantas discrepancias internas las derechas no lograron hacer una única candidatura en toda España ni tampoco un programa electoral.

El resultado de las elecciones de febrero de 1936 constituyó una sorpresa. El país aparecía dividido en dos tendencias semejantes en cuanto a fuerza: el Frente Popular obtuvo el 34,4 % de los votos, las derechas el 32,2% y el centro —es decir, el partido de Portela y algún otro grupo, como los residuos del radicalismo y los nacionalistas vascos— el 5,4%. Lo que había cambiado con respecto a 1933 era, en primer lugar, la actitud de los anarquistas, que sólo en algunas regiones realizaron una campaña a favor de la abstención, no haciéndolo en el resto del país quizá por la promesa de una amnistía. Otro cambio respecto a las últimas elecciones fue que las masas moderadas que antes habían votado al Partido Radical ahora le volvieron la espalda, con lo que este partido, desprestigiado, prácticamente desapareció. También resultó un fracaso el intento de crear un partido de centro desde el poder, por lo que su líder, Portela Valladares, dimitió antes de conocer los resultados completos. En cuanto a la derecha, sobre todo la CEDA, conservó prácticamente los mismos votos que en el año 1933.

Se ha dicho que las elecciones de 1936 fueron el directo antecedente de la guerra civil, lo que es cierto sólo en el sentido de que en las urnas se enfrentaron las dos Españas que unos meses más tarde lo harían en las trincheras. Pero a la altura de febrero de 1936, sin duda, todavía era posible la convivencia entre ellas. El electorado había mostrado su predilección por los candidatos más moderados de cada candidatura, y ésta es una buena razón para explicar el triunfo del Frente Popular, que se presentaba como más moderado que la derecha. De ahí el fracaso electoral de los partidos situados en los extremos del espectro político: Falange Española sólo logró unos cincuenta mil votos de un electorado de trece millones; y en cuanto al Partido Comunista, que llegó a obtener catorce diputados, no los hubiera conseguido de no ir incluidos en las listas del Frente Popular. La victoria en las elecciones de febrero fue, sin duda, para la postura de centro-izquierda, representada por Azaña.

Tras la precipitada dimisión del jefe de Gobierno, Portela Valladares, fue la cabeza visible del Frente Popular, Azaña, quien se hizo cargo del Gobierno. Era bien consciente de las dificultades de la empresa que iniciaba y se mostró deseoso de evitar una guerra civil. Sus palabras conciliatorias fueron bien recibidas por la derecha, cuya principal organización, la CEDA, declaró estar dispuesta a colaborar en el mantenimiento de la estabilidad del régimen republicano. Pero estos buenos propósitos de ambas partes pronto se vieron desmentidos en la práctica.

El primer conflicto surgió en el momento de la discusión de las actas electorales. Al igual que en las otras elecciones de la época republicana, también en éstas hubo corrupción en ambos bandos. El Frente Popular, que había obtenido honestamente una corta mayoría en las urnas, se mostró dispuesto a aumentarla mediante la manipulación partidista de las actas electorales, hasta el punto de que el propio Prieto dimitió de la comisión de actas. En ésta se utilizaron criterios cambiantes según fuera el carácter político del electo. Otro grave error de después de las elecciones fue la destitución del presidente de la República, Alcalá Zamora, el 7 de abril de 1936. Sin duda ya era impopular tanto en las izquierdas como en las derechas, pero el procedimiento utilizado para su destitución fue inadmisible por tortuoso e incongruente. Durante los dos últimos años la izquierda había estado clamando por la disolución de las Cortes y cuando el presidente la decidió, entonces le reprochó a Alcalá Zamora había obrado incorrectamente antes. Por si fuera poco, las elecciones de compromisarios para nombrar al nuevo presidente se realizaron sin la participación de la derecha, lo que inducía a pensar que había elegido la senda de la subversión. Pero acaso fuera el peor de los errores la elección de Azaña como nuevo presidente de la República, porque así se eliminaba a uno de los escasos gobernantes que hubiera podido evitar el fatal desenlace que conduciría a una guerra civil. Como jefe de Gobierno fue nombrado Santiago Casares Quiroga, amigo íntimo suyo, que se demostró impotente frente al desarrollo de los acontecimientos, además de innecesariamente provocativo.

El final de la República. La cultura

El Gobierno se enfrentó a una gran tarea que cumplir, pero con un país que estaba poco decidido a que se realizaran una serie de reformas moderadas que los partidos del Frente Popular habían inscrito en su programa. Con aparente firmeza el ejecutivo se mostró dispuesto a proseguir y ampliar la reforma agraria: e instalaron entre cien mil y doscientos mil campesinos, aunque en realidad lo que se hizo fue consagrar legalmente la ocupación espontánea de la tierra. En cuanto a la sustitución de la enseñanza religiosa por la estatal, se volvió a reproducir el enfrentamiento de clericalismo y anticlericalismo como en el primer bienio.

Pero lo decisivo fue que la tarea gubernamental se vio desbordada por los acontecimientos. Desde luego, el creciente desorden público fue una causa principal del colapso del régimen. Este desorden no era general en todo el país, ya que en el norte y en Cataluña no se produjo —o tuvo menor gravedad— pero tuvo repercusiones muy graves porque incidió en una sociedad que ya tenía sobre sí el peso de una violencia política precedente. En los meses finales de la República hubo unos doscientos setenta muertos, lo que eleva el total de la violencia política en la época republicana a unos dos mil doscientos. Nada parecido se produjo en Europa occidental durante el siglo XX con la excepción de la primera posguerra mundial en Alemania; en Italia, antes de la llegada al poder de Mussolini, hubo una violencia menor. Lo peor de esta situación es que el desorden carecía de un objetivo preciso e inmediato, parecía imposible de detener y hacía crecer el temor de la derecha. Sin duda el fracaso correspondió al Gobierno, que no había sido capaz de evitarla, pero también al conjunto de las fuerzas políticas. Las dos más importantes —PSOE y CEDA— carecieron de unidad de propósitos y liderazgo firme en estos momentos. A la violencia se unió la descomposición del sistema político en el camino hacia la guerra civil.

Dentro del partido socialista el sector liderado por Largo Caballero consideró que estos desórdenes públicos eran la expresión de un nuevo orden social que estaba cercano. Pero no todos los socialistas pensaban como él, pues Prieto consideró que era imprescindible el mantenimiento de la disciplina y concluyó, además, que ese ambiente contribuía a que floreciera el fascismo. Mientras tanto los partidos de centro-derecha perdían su fuerza frente a la crecida del extremismo derechista que no podían dominar. Se estaba produciendo una radicalización de posturas hasta el punto de que Gil Robles anunció que de seguir las cosas así se vería desbordado por sus propios seguidores. En las Cortes José Calvo Sotelo, monárquico de extrema derecha, estaba empezando a sustituir a Gil Robles como líder parlamentario de la derecha y los jóvenes de la CEDA se pasaban en oleadas a Falange. Ante esta situación de crisis y de radicalización de las posturas sólo habría podido cambiar la situación si se hubiera producido una reacción organizada por parte de los sectores liberales y centristas españoles. Pero predominó en ellos una sensación de estar ante una situación inevitable ante la que era imposible actuar.

En febrero de 1936 aún no estaba claramente planteada la posibilidad de una guerra civil que, en cambio, en el mes de julio sí aparecía como un peligro inminente. Su detonante final fue el asesinato del líder de la derecha, Calvo Sotelo, el 13 de julio en Madrid a manos de guardias de Asalto, como represalia del cometido por la derecha en la persona del guardia de Asalto socialista, el teniente José Castillo. Es completamente falso que el Gobierno mandara asesinar a Calvo Sotelo, pero lo grave fue la evidencia de que el ejecutivo no controlaba a sus propios agentes y mostraba la triste situación de desorden en que se encontraba el país.

El mayor elogio que puede hacerse de la Segunda República consiste, desde luego, en lo que intentó ser. Nunca España había tenido un sistema político democrático y en 1931 intentó llegar a él. Pero las circunstancias fueron las menos propicias: hay que tener en cuenta que de los regímenes democráticos nacidos después de la I Guerra Mundial en Europa tan sólo los de Finlandia, Irlanda y Checoslovaquia consiguieron perdurar. El español, que partió de unas ambiciones superiores a las que tuvieron estos países, fracasó. La realidad es que en julio de 1936 la gran mayoría de los españoles ya estaban radicalmente insatisfechos con su sistema político, aunque no por las mismas razones sino por causas totalmente distintas. Sin duda, parte de las causas del fracaso reside en las peculiaridades de los años treinta: se quería implantar de manera súbita un sistema democrático en un país, como España en 1931, cuyo nivel cultural y cuyas tensiones sociales correspondían a los de Inglaterra o Francia de medio siglo antes. Además el clima cultural, político y social, europeo y mundial, no era propicio. Pero tampoco se deben exagerar las dificultades objetivas. España —se puede pensar— en esos años disponía del suficiente desarrollo como para tener un sistema democrático, pero no para conservarlo de una manera estable. Su caso, de todos modos, no fue el de un país que presenciara una revolución como consecuencia de un derrumbamiento de régimen, como en Rusia, o de la toma legal del poder por parte de grupos fascistas, como en Italia o Alemania. En realidad, España tenía más tradición liberal que el primer país y el último. Pero la clase política —que tuvo aciertos reformistas importantes— cometió también muchos y muy graves errores. El principal de ellos fue ignorar que había un adversario con el que compartir los fundamentos de la convivencia si de verdad se quería democracia. Eso, y la ausencia de previsión de los resultados de la acción propia, explican el desastre final.

La crisis de los años treinta tuvo sus consecuencias en los sectores intelectuales, que no pudieron permanecer al margen de los problemas sociales existentes ni del creciente maximalismo que iba dominando la vida política española. En los momentos decisivos no llegó a existir una orientación, con suficiente peso en los medios culturales, que ayudara a evitar la confrontación sino que ellos contribuyeron también al desenlace.

De entrada la crisis trajo consigo una amplia militancia de los intelectuales, sobre todo entre los más jóvenes. Una buena prueba de esta militancia generalizada fue la aparición en el año 1930 de la Agrupación al Servicio de la República, que fue fundada por Ortega y Gasset, Marañón y Pérez de Ayala. Su principal inspirador fue Ortega, quien consideraba que la monarquía estaba en descomposición y creía que en los años treinta se iba a producir la tan deseada transformación modernizadora del país. La República no sólo suponía la eliminación de la monarquía sino la reforma total de las instituciones españolas en sentido liberal-democrático y no revolucionario o jacobino.

Pero las grandes figuras de la intelectualidad española no tardaron en desilusionarse. Los miembros de la generación de 1898 se sintieron desplazados de la vida política española que ensayaba la democracia de masas. Unamuno, pese a ser nombrado ciudadano de honor de la República, mostró su desapego hacia ella, sobre todo en relación a cuestiones como las autonomías. Valle-

Inclán murió en 1936 mostrando su admiración al fascismo. Pío Baroja, en su exilio francés de 1936 a 1939, se mostró tan distanciado del bando republicano como del franquista en plena guerra civil. En cuanto a Ramiro de Maeztu, que desde el comienzo de los años veinte ya había evolucionado hacia el autoritarismo, en los años treinta se convirtió en el receptor del ideario de la extrema derecha, monárquica y dictatorial, en España. En cuanto a la generación de 1914, el propio Ortega y Gasset pronto se sintió también un tanto decepcionado. En 1930 había escrito *La rebelión de las masas* en donde, aun admitiendo que el advenimiento de éstas al poder era un indicio positivo, testimonió su preocupación de que con ello la mentalidad del europeo de la época se hiciera más simple y se facilitara el auge del bolchevismo y del fascismo, lo que consideraba eran «claros ejemplos de regresión mental». A lo largo de los años republicanos se quejó del tono demagógico que utilizaban algunos gobernantes republicanos. Algunos coetáneos de Ortega también mantuvieron una postura parecida a la suya. Azaña, en cambio, participó en el advenimiento de las masas al poder, tema al que aludiría reiteradamente en sus discursos, pero usufructuó en beneficio de la opción propia un régimen que debía ser para todos.

Fueron, sin duda, los jóvenes miembros de la generación del 27 quienes se sintieron más a gusto inmersos en la radicalización política de los años treinta, aunque con anterioridad habían estado despreocupados por estas cuestiones. En efecto, este grupo, nacido a la política en la etapa de la dictadura, supuso en ese momento un interés por la experimentación vanguardista y la concepción del arte por el arte evitando darle otro sentido que el gusto por la creación. En realidad esa generación, de la que formarían parte figuras de primerísima importancia en las artes —como Salvador Dalí, Federico García Lorca y Luis Buñuel—, fue el testimonio de la europeización del panorama cultural español, pues en nada se distinguió de cuanto se hacía en otras latitudes y además jugó un papel decisivo en la vanguardia de esos años.

Durante los años treinta, en cambio, se pasó de ese «arte deshumanizado» al «nuevo romanticismo» o, lo que es lo mismo, del esteticismo al compromiso. Este cambio es muy perceptible en los jóvenes poetas que tuvieron un directo interés por la política, como es el caso de Rafael Alberti, pero se aprecia también en quienes centraron su obra en la tragedia rural (García Lorca) o en la evocación del pasado revolucionario (Ramón J. Sender). Las instituciones republicanas realizaron una política cultural progresiva y brillante, pero aunque esto supuso un comienzo de cambio en el ambiente de la creación, en estos años en que la política dominó la vida, la creatividad estética y literaria muy a menudo quedó sometida al compromiso político. Si la mayor parte de los jóvenes intelectuales se decantaron a favor de la extrema izquierda, los hubo también en el falangismo. Una vez estallada la guerra civil, ejercieron de propagandistas en cada uno de los bandos.

La guerra civil

La guerra civil ha constituido una de las cuestiones más controvertidas para los españoles durante mucho tiempo hasta el punto de que todavía influía en sus posiciones políticas medio siglo después. El mayor problema para el historiador respecto de ella no estriba en la ausencia de bibliografía, que es oceánica, sino en lograr la objetividad. El historiador ha de intentar ser humilde, consciente de que nunca será posible llegar a la historia definitiva de unos hechos que afectaron de manera tan grave a la vida de millones de seres humanos y que siguieron teniendo tanta influencia en la vida colectiva de los españoles. A pesar de estas dificultades lo cierto es que desde los años sesenta hasta el momento actual se ha producido un considerable acercamiento de posiciones entre historiadores de diferentes tendencias, de modo que hoy puede asegurarse que son muchos más los aspectos en los que existe coincidencia que aquellos en los que existe discrepancia, que de todos los modos resulta más de matiz que verdaderamente sustancial.

Las coincidencias empiezan por la cuestión más controvertida, como es la relativa a la culpabilidad del estallido de la guerra. Hoy casi nadie discute que la República no creó los problemas de España aunque durante los años de su duración, por culpas coincidentes, la mayor parte de éstos se vieron agravados en mayor o menor grado en vez de resueltos. Nadie piensa que la guerra fuera inevitable, aunque en la fase final muchos —en cada uno de los dos sectores en que se dividió la vida española— contribuyeron a ese resultado. Ninguno de los bandos enfrentados pretendió empezar un conflicto destinado a costar tantas vidas y durar tanto tiempo: lo que ambos intentaron fue imponerse sobre el adversario sin darse cuenta de que ambas Españas tenían un peso social muy semejante y que, por tanto, este intento de imponerse al adversario quedaba condenado a convertirse en un empate y, desatada la ferocidad, se traduciría con un estrecho paralelismo en cada uno de los dos contendientes.

En el pasado no sólo se consideraba la guerra civil como inevitable sino también como el momento culminante de la Historia española contemporánea. Hoy se tiende a pensar más bien que fue el origen de la peculiaridad española durante cuarenta años más que la consecuencia de ella. El estallido de la guerra civil se explica en gran medida por ese arcaísmo que había dificultado la implantación de la democracia. Pero, en realidad, el caso español no fue ni mucho menos el único de destrucción de la democracia en la Europa de su tiempo. Aquellos países que consiguieron mantenerla tras una implantación dificultosa después de la I Guerra Mundial fueron una minoría, y otros más prósperos —Alemania, Italia...— la perdieron. España, principalmente por ser el último caso de quiebra de democracia, fue también el único en que hubo una guerra civil. La cronología, más que un ingénito defecto nacional, explica nuestra excepción.

La conspiración y la revolución

Tras la victoria del Frente Popular en las elecciones de febrero de 1936 Azaña había afirmado que el nuevo Gobierno no había venido a presidir una guerra civil. Sin embargo, con el paso de las semanas, las condiciones de vida en España se habían hecho tan difíciles que existían grupos de derecha y también de izquierda que estaban dispuestos a acabar con las instituciones republicanas mediante un acto de violencia. Fueron los primeros quienes lo intentaron, pero la revolución posterior testimonia que también parte de la izquierda estaba dispuesta a abandonar la legalidad republicana. Paradójicamente los sublevados adujeron que se habían adelantado a una revolución cuando fueron su detonante inmediato.

La conspiración contra la República por parte de la derecha fue plural y desorganizada. A las extremas derechas monárquicas que habían conseguido el apoyo financiero de Mussolini ya en 1934 se sumaron ahora algunos sectores militares, incluso republicanos, que tendrían la dirección principal de la sublevación por encima de estas fuerzas políticas. El más importante de los organizadores de la conspiración fue el general Mola en Pamplona que, según uno de sus biógrafos, tenía una «limitadísima» simpatía por la Monarquía. También estuvieron con la sublevación Goded, que había conspirado contra la dictadura, Queipo de Llano, inveterado conspirador durante esa misma época y emparentado con Alcalá Zamora, o Cabanellas, que sorprendió con su alineamiento con los sublevados por haber sido radical y masón. La participación de Franco en el Alzamiento no estuvo muy clara hasta el final. También colaboraron en la preparación de la sublevación algunos de los diputados de la CEDA, como Serrano Suñer o el conde de Mayalde. El principal dirigente de esta agrupación, Gil Robles, no fue consultado por los dirigentes de la sublevación, aunque prestó apoyo económico a ésta con los fondos electorales de su partido. Ni por un momento se pensaba por parte de los conspiradores en la posibilidad de una guerra civil: se preveía una actuación muy violenta y decidida para conseguir rápidamente el triunfo en el centro de decisiones políticas —Madrid— y el establecimiento de un régimen dictatorial militar que, en principio, no debía ser permanente pero tampoco conducir de forma necesaria a la Monarquía. No hubo mayores precisiones en unos militares que no debieron de temer nunca el derramar sangre pero que no tenían ideas políticas claras. A Mola las peticiones de los carlistas siempre le parecieron «concesiones inadmisibles».

Ante la conspiración militar cabe preguntarse cuál fue la reacción del Gobierno. Es sencillamente imposible que ignorara lo que se estaba preparando, cuando incluso la prensa hablaba de la conspiración y España entera era un rumor permanente al respecto. La realidad es que el Gobierno sí tomó disposiciones para evitar el estallido de una sublevación contra el Frente Popular. Los mandos militares superiores se habían confiado a personas de las que no cabía esperar una conspiración en contra de la República. En África, cuyo ejército, al apoyar a los sublevados, les proporcionó a éstos una de las bazas más importantes para su triunfo, los altos mandos militares también fueron fieles al régimen. Se sospechaba de Mola pero se confiaba en que no llegara a ponerse de acuerdo con los carlistas en Pamplona, y su superior en Burgos, Batet, era netamente republicano. Diversos militares sospechosos habían sido trasladados a puestos desde los que su actuación sería mucho menos peligrosa: Goded a Baleares y Franco a Canarias, por ejemplo. Otros generales —Varela y García Escámez, por ejemplo— fueron sancionados. Las fuerzas de orden público en las grandes ciudades fueron puestas al mando de autoridades adictas; esto fue decisivo en algunos sitios, como Barcelona.

El error del Gobierno —o de la mayoría parlamentaria— fue, en cambio, no prever la magnitud de la sublevación y testimoniar incapacidad para controlar a sus propias masas a tiempo de evitar la sublevación, no atreviéndose a disociarse no ya de la extrema izquierda sino también de los sectores más revolucionarios del socialismo. Su táctica consistió en esperar el estallido de un intento militar, como el de agosto de 1932, que acabaría hundiéndose por su propia debilidad y por las medidas adoptadas por el Gobierno, en cuyo caso éste quedaría reforzado ante la opinión pública, podría restablecer el orden y le sería más fácil cumplir su programa. Los dirigentes políticos, Azaña y Casares Quiroga, erraron en la valoración de sus propias fuerzas: cuando se produjo la sublevación, repercutió en un sentido opuesto al esperado por el Gobierno y, en vez de aumentar su poder, lo redujo a la nada porque dejó de controlar de modo definitivo a buena parte de sus propias masas. Como en el caso de los conspiradores, tampoco el Gobierno se planteó ni remotamente la posibilidad de una larga guerra civil.

El pronunciamiento se inició en Marruecos el 17 de julio, adelantándose a la fecha prevista por temor a ser descubierto, y allí, a partir del 19, asumió el mando el general Franco, que se había sublevado sin dificultades en Canarias, trasladándose en un avión inglés alquilado por conspiradores monárquicos. A partir del 18 de julio el alzamiento se extendió a la Península, dependiendo su resultado en los distintos puntos de factores muy variados: la preparación de la conjura, el ambiente político de la región, la unidad o división de los militares y las fuerzas de orden público, el grado de decisión de las autoridades o los conspiradores e incluso la proximidad de una gran capital que influyó en la posición de la región del entorno. En Navarra, donde Mola asumió el mando, y en Castilla, regiones católicas y conservadoras por excelencia, los sublevados lograron la victoria con facilidad. En Aragón la sublevación venció en las capitales de provincia merced a la postura del general Cabanellas, antiguo diputado republicano, que apareció alineado ahora con los sublevados. Algo parecido sucedió en Oviedo capital con el coronel Aranda, pero el resto de Asturias estuvo dominado abrumadoramente por la izquierda proletaria que había conservado una parte de su armamento desde 1934. En Galicia triunfó la sublevación dado el carácter conservador de la región, pese a la resistencia de las organizaciones obreras de algunas capitales.

La situación de Andalucía fue radicalmente opuesta allí pues el ambiente era marcadamente izquierdista. La victoria del general Queipo de Llano en Sevilla fue una sorpresa, producto de su audacia, pero su situación fue muy precaria al principio e igual sucedió en otras capitales como Cádiz, Granada o Córdoba, ya que los barrios obreros ofrecieron una resistencia a las guarniciones militares que no desapareció hasta que llegó el apoyo del ejército de África. Algo semejante sucedió en Extremadura, en donde sin embargo Cáceres se sublevó.

En Castilla la Nueva y Cataluña la suerte de la insurrección dependió de lo sucedido en las dos grandes capitales, Madrid y Barcelona: en ambas el ambiente político era izquierdista. En Madrid la conspiración estuvo muy mal organizada y los sublevados quedaron encerrados en sus cuarteles sin decidirse a salir a la calle, con lo que acabaron bloqueados por las fuerzas fieles al régimen y las milicias populares. En Barcelona salieron de ellos, pero las fuerzas de orden público les cerraron el paso. Por lo tanto en la victoria del Frente Popular en las dos capitales del país fue decisivo, por un lado, el hecho de que la sublevación no fuera secundada unánimemente por toda la guarnición, pero también la actitud de las masas proletarias, que en Madrid sitiaron el cuartel de la Montaña y en Barcelona hostilizaban a los grupos de soldados, empleando contra ellos armas que presumiblemente habían reunido los anarquistas para luchar contra el Gobierno republicano.

En otras regiones hubo titubeos hasta el final. En el Norte el País Vasco se escindió ante la rebelión: Álava estuvo a favor de ella y Vizcaya y Guipúzcoa en contra gracias a la postura de los nacionalistas vascos ante la promesa gubernamental de la inminente concesión del estatuto autonómico y debido también a su evolución hacia una actitud demócrata cristiana que les convertía en demócratas en lo político y reformistas en lo social. En las Baleares se sublevaron Mallorca e Ibiza, pero no Menorca, de tradición más izquierdista. En Valencia los sublevados dudaron mucho para, al final, ser derrotados cuando tomaron su opción definitiva. En ocasiones núcleos de resistencia sublevados —el Alcázar de Toledo, el santuario de Nuestra Señora de la Cabeza en Jaén— mantuvieron la resistencia frente a los republicanos durante muchos meses.

El balance de aquellos tres días de julio fue que España quedó dividida en dos con una serie de provincias que se habían pronunciado contra el Gobierno y otras que le eran fieles. La razón principal del estallido de la guerra civil fue que el pronunciamiento imaginado por Mola había fracasado ya que el ejército no adoptó una actitud unánime a su favor: casi la mitad de la oficialidad existente quedó del lado de los gubernamentales, aunque de ella sólo una pequeña proporción actuara en el campo de batalla a su favor (el resto fue eliminado o encarcelado). Originariamente a la República no le faltaron recursos militares, aunque los generales desempeñaron un papel más decisivo en el bando sublevado y la oficialidad joven figurara con ellos en su inmensa mayoría, factores ambos que contribuyen a explicar una mayor eficacia bélica en la etapa inicial de la guerra. En realidad, por tanto, las fuerzas de uno y otro bando estaban bastante más equilibradas de lo que puede hacer pensar el predominio de los militares entre los sublevados. Si éstos contaban con tropas de África, la porción más valiosa y técnicamente mejor preparada del Ejército español, pero situada al otro lado del Estrecho, la ventaja del Gobierno era clara en la flota —en la que, sin embargo, la oficialidad era muy conservadora y, al ser eliminada por la marinería, hizo difícil el correcto empleo de los buques— y en aviación. Además, el Frente Popular disponía de las capitales más importantes, la industria pesada y las reservas de oro del Banco de España. Así lo señaló Indalecio Prieto y sin duda este juicio era inicialmente correcto.

Lo que no tuvo en cuenta al hacer esta afirmación el dirigente socialista fue el hecho de que la situación política cambió de forma radical con el estallido de la guerra. Una de las posibilidades en el verano de 1936 hubiera sido la ruptura del Frente Popular, un giro hacia el centro y una actitud más decidida frente a los grupos extremistas de izquierda. Eso fue intentado ahora por Azaña en un momento en que era ya demasiado tarde. El gobierno Casares Quiroga trató de mantener la legalidad con sus solas fuerzas y sin repartir armas a las masas. Tras su dimisión, Azaña intentó formar un gobierno bajo la presidencia de Martínez Barrio que venía a ser el político situado más al centro dentro del espectro político republicano y trató de evitar la guerra civil. Sólo logró convencer para permanecer en la legalidad a algunas guarniciones que todavía titubeaban entre un bando y otro, pero ni Mola ni Largo Caballero aceptaron una solución de transacción porque consideraban irremediable e incluso deseable la guerra. El 19 de julio se formó un nuevo gobierno, presidido por Giral, que procedió al reparto de armas entre la población civil y dio así un giro a la situación política.

Sin duda un factor decisivo en el desarrollo de la guerra fue, como consecuencia de ello, el proceso revolucionario que estalló en la zona que controlaba el Frente Popular y que se autodenominaba republicana. Fue esto lo que despertó un interés apasionado por parte de muchos de los extranjeros que a partir de este momento visitaron España. Vistas las cosas desde el lado republicano, la revolución tuvo aspectos mucho menos dignos de entusiasmo. Consistió, en primer lugar, en la pulverización del poder político hasta el extremo de que resultaba muy difícil, por no decir imposible, descubrir a quién le correspondía tomar decisiones en un momento bélico en que éstas debían ser lo más rápidas posibles; incluso hubo tres organismos públicos de decisión superpuestos en algunas provincias como, por ejemplo, Guipúzcoa. En cada región se constituyeron juntas que, a modo de cantones y con una significación política contradictoria, se repartían el poder y lo administraban a menudo sin tener para nada en cuenta el resto del país. La revolución también tuvo consecuencias de carácter militar al no existir un mando unificado capaz de planificar la acción bélica, mientras que las unidades regulares padecieron un proceso de descomposición que las convirtió con frecuencia en inservibles. Las milicias populares que pretendieron sustituir a las unidades militares resultaron ineficaces e indisciplinadas.

Un tercer aspecto del proceso revolucionario —aquel que despertó un interés más apasionado entre los observadores extranjeros— fue el económico-social. Los anarquistas, pero también los comunistas y socialistas en la mayor parte de las regiones, pusieron en marcha una colectivización de la propiedad que fue muy mayoritaria en el campo andaluz y en la industria catalana. Se trató del más importante proceso de transferencia de propiedad producido en Europa desde la la revolución rusa en 1917, hasta tal punto que se ha podido calcular que casi la mitad de la tierra útil fue expropiada, aunque hubo regiones enteras (Cataluña y Levante, por ejemplo) en donde el porcentaje fue mínimo por la existencia en ellas de pequeños propietarios decididos a conservar su situación social. Todo esto recalca, en definitiva, la irregularidad del proceso revolucionario que, aparte de estar promovido por fuerzas políticas heterogéneas, cuando no enfrentadas, no fue total y respondió a diferencias muy notorias entre unas y otras regiones. Algo parecido sucedió en las ciudades: en Barcelona se expropiaron tres cuartas partes de las industrias pero sólo un tercio en Madrid. El índice de producción catalana, en parte como resultado de esta transferencia de la propiedad, se redujo a un tercio y no hay duda de que en lo relativo a la industria de armamento la colectivización fue un grave inconveniente. Sólo con el transcurso del tiempo las autoridades del Frente Popular fueron recuperando el control del aparato productivo. Como es natural, este proceso revolucionario impidió la unidad necesaria durante el periodo bélico y causó muchas dificultades a los combatientes republicanos.

Las fases de la guerra

Iniciada la guerra lo mejor para tener una visión global de la misma es partir de una explicación general de sus diferentes etapas. Más adelante se abordarán el impacto del estallido del conflicto en las relaciones internacionales europeas —que tuvo un papel decisivo sobre el aprovisionamiento de ambos bandos—, la organización de los dos ejércitos y los problemas de la retaguardia.

La fase inicial de la guerra se caracterizó en los dos bandos por la definición de la zona controlada por cada uno. En efecto, entre julio y noviembre de 1936 los límites de cada una de las dos zonas en que quedó dividida España no fueron precisos. La lucha adoptó la forma de enfrentamiento entre agrupaciones de fuerzas de uno y otro bando, en el que uno trataba de ampliar el área que controlaba, mientras que el otro se situaba a la defensiva. El combate entre columnas suponía la inexistencia de un frente estable y fue bien expresivo tanto de la primitiva carencia de fuerzas de uno y otro sector como de la descentralización de las decisiones bélicas. Las columnas fueron, por un lado, la herencia de la guerra colonial en Marruecos y, por otro, la forma de actuación espontánea de las milicias del Frente Popular.

En este periodo la superioridad de los sublevados en el terreno militar fue manifiesta: ello explica la rapidez con la que Franco, después de pasar el estrecho de Gibraltar, gracias a la superioridad aérea conseguida con ayuda alemana e italiana y al error gubernamental de concentrar la flota en el Cantábrico, alivió la angustiosa situación de las capitales de provincia andaluzas. Las tropas del ejército de África fueron empleadas sobre todo para forzar el camino a Madrid, en cuyos arrabales se detuvieron porque era mucho más fácil para ellas obtener la superioridad en campo abierto que en las calles de una ciudad. Además, a la capital habían empezado a llegar refuerzos internacionales que daban superioridad numérica a los defensores. En cambio los éxitos del Frente Popular fueron menores y su avance desde Cataluña hacia las capitales aragonesas quedó detenido pronto por la ineficacia de las milicias anarquistas. Otra expedición dirigida desde Barcelona a las Baleares fracasó, por lo que a partir de entonces estas islas fueron una base importante para el bloqueo de la costa mediterránea y, más adelante, para el bombardeo de Barcelona por el ejército franquista. Un último aspecto de la guerra de columnas consistió en que éste, con la toma de Irún, aisló la zona norte de sus adversarios de la frontera francesa.

Comenzó entonces la batalla en torno a Madrid (noviembre de 1936 a marzo de 1937). Durante ella los sublevados, cuyo propósito inicial había sido la captura de la capital, todavía la intentaron para acabar renunciando a ella en la fecha indicada.

A finales de 1936 se produjo un importante cambio en la guerra por el proceso creciente de militarización de las milicias populares llevado a cabo en Madrid por los generales Miaja y Rojo, que se encargaron de su defensa, mientras que el gobierno republicano partía hacia Valencia. Fueron los comunistas quienes principalmente insistieron en la urgencia de convertir las milicias en un Ejército propiamente dicho.

Franco detuvo sus fuerzas ante la capital y, puesto que era imposible el éxito mediante un ataque frontal, trató de apoderarse de las comunicaciones, con lo que pensaba que Madrid acabaría cayendo inevitablemente. En consecuencia intentó tomarla por el procedimiento de flanqueo ordenando atacar de modo sucesivo en dirección a la carretera de la Coruña, hacia el Jarama y por Guadalajara. Estas tres ofensivas dieron lugar a otras tantas batallas que testimonian el endurecimiento alcanzado por la guerra, pero, a pesar de su superioridad cualitativa y la ayuda de las tropas italianas, Franco no logró derrotar a sus adversarios sino que, por vez primera, las tropas del Frente Popular detuvieron al enemigo atacante. En los tres casos las tropas de Franco habían avanzado sobre sus posiciones anteriores, pero no habían conseguido sus objetivos. Seguían manteniendo la iniciativa, pero el enemigo había sido capaz de enfrentárseles, en batalla defensiva, dejando la solución en tablas. En la batalla de Guadalajara, por otra parte, se había demostrado que las tropas italianas, que habían sido empleadas con gran éxito en Málaga, dejaban mucho que desear cuando había dificultades meteorológicas, problemas de comunicaciones o tenían un adversario organizado enfrente. Visto que la guerra no podía ganarse en el centro, Franco, aconsejado por el general Vigón, decidió concentrar sus fuerzas en el frente norte para derrotar al adversario allí donde era más débil.

La guerra en el frente norte duró bastante tiempo (de marzo a octubre de 1937) a pesar del neto predominio atacante pero, a partir de ella, Franco adquirió una definitiva superioridad, lo que convierte a 1937 en el año crucial de la contienda. La concentración en Vizcaya de lo mejor de las tropas franquistas les dio una clara ventaja porque el adversario careció casi por completo de aviación y tampoco tuvo el apoyo de la flota, que fue empleada casi exclusivamente en misiones de escolta. De todos modos la resistencia fue dura, adquiriendo la lucha tintes de ferocidad superiores a lo habitual hasta entonces. La aviación alemana realizó bombardeos sobre poblaciones que no eran objetivos militares inmediatos, como Durango y Guernica, utilizando tácticas que luego se emplearían de forma masiva durante la II Guerra Mundial mientras que la artillería se concentraba contra las fortificaciones adversarias, cuya organización conocía el atacante al haber desertado quien las construyó.

Si la conquista de Vizcaya fue difícil, en cambio la de Santander resultó un paseo militar con el empleo de las muy móviles tropas italianas, que no encontraron apenas resistencia bien organizada. En este caso con frecuencia las tropas del Frente Popular se rindieron o desbandaron. En cambio la toma de Asturias, por la tradición izquierdista de la región y lo áspero del terreno, dio lugar a una defensa encarnizada: cuando acabó su conquista quedaron grupos guerrilleros que distrajeron a algunas tropas de Franco y tuvieron actividad militar hasta el final de la II Guerra Mundial.

La caída del frente norte de cualquier modo hubiera sido inevitable de no conseguir el ejército popular atraer al adversario a otro frente. Durante el verano de 1937 el Frente Popular lanzó tres ofensivas para distraer a las tropas de Franco en Segovia y La Granja (junio), Brunete (julio) y Belchite (agosto), pero fracasaron por no estar coordinadas y porque el Ejército republicano parecía más capacitado para la defensa a ultranza que para sacar provecho de una gran ofensiva para la que le seguía faltando resolución. Si Brunete y Belchite se hubieran producido a la vez, habrían logrado detener la caída del frente norte. Franco, por su parte, demostró mayor capacidad logística que sus adversarios con el rápido traslado de tropas desde otros frentes.

La siguiente etapa de la guerra —diciembre de 1937 a junio de 1938— bien puede denominarse Teruel y la marcha hacia el Mediterráneo porque, pese a que todo hacía pensar que Franco había logrado ya la victoria, hubo una ofensiva del Ejército Popular que lo desmintió, aunque constituyera tan sólo un alivio temporal.

Después de tomar Asturias Franco había pensado iniciar una maniobra sobre Madrid, pero el ejército popular, para evitarlo, decidió llevar a cabo una ofensiva de diversión en Teruel a pesar de las pésimas condiciones climáticas. Fue esta la primera ocasión en que este mando tomó la iniciativa de manera decidida, y lo hizo al principio con éxito: la bolsa de Teruel se cerró con sólo trescientas bajas, y por primera y única vez una capital de provincia fue conquistada por el ejército popular. Inmediatamente Franco se lanzó a una contraofensiva de desgaste con unas durísimas condiciones pero también con una superioridad material manifiesta. Las tropas republicanas demostraron que no habían hecho grandes progresos con respecto a ocasiones anteriores y la batalla concluyó con mutuos reproches entre los mandos militares y los políticos. Las tropas de Franco, abrumadoramente superiores en artillería y aviación, consiguieron recuperar Teruel, produciéndose un amplio derrumbamiento del frente que permitió a Franco llegar hasta el Mediterráneo. En menos de dos semanas las tropas franquistas avanzaron ciento veinte kilómetros y llegaron a Vinaroz, para proseguir el avance, luego, hacia Valencia pero, al intentar esta última fase de la ofensiva, no llegaron a una batalla resolutiva ante la dura resistencia defensiva, quedándose atascadas en el Maestrazgo. Se han planteado interrogantes acerca de las razones que pudieron inducir a Franco a elegir el avance hacia Levante en vez de hacia Barcelona y todo hace pensar que fue la situación internacional la que le indujo a la prudencia. En el mar la flota republicana, que hasta el momento se había mostrado ineficaz por la carencia de oficialidad, consiguió una sonada victoria al hundir el crucero *Baleares*.

En el periodo entre el verano de 1938 y febrero de 1939 de nuevo se produjo una inesperada ofensiva republicana (la batalla del Ebro) pero, como en el caso de Teruel, esta iniciativa acabó en derrota, con el colapso de Cataluña.

Estabilizado el frente en dirección hacia Valencia, el ejército popular tomó la iniciativa cruzando el Ebro frente a Gandesa. Franco, al advertir que tenía frente a sí a lo mejor del ejército popular, en vez de tan sólo detener al enemigo prefirió una batalla frontal, sangrienta, larga y poco imaginativa, con una gran concentración de fuego artillero, como jamás se había utilizado hasta el momento en la guerra civil española, y muy escaso movimiento. Tras tres meses y medio de lucha y siete ofensivas sucesivas, el ejército popular hubo de retroceder a sus posiciones de origen. Así, la batalla del Ebro acabó por decidir la guerra. Franco, en su avance, ocupó Cataluña en febrero de 1939 sin encontrar resistencia: según se dijo, Barcelona fue tomada con sólo una baja por parte de los atacantes. Para muchos españoles adictos al Frente Popular, la caída de Cataluña significaba el final definitivo de la guerra. El propio presidente de la República, Azaña, ya en Francia, presentó su dimisión. Junto a él, un total de algo más de medio millón de personas cruzaron la frontera francesa hacia el exilio y buena parte de ellas jamás volverían a hacerlo en sentido inverso.

Llegamos de esta manera al final de la guerra. Tras la dimisión de Azaña, la falta de una cabeza visible del régimen era bien significativa del ambiente de derrota existente en la zona del Frente Popular. También lo era la creciente impopularidad del gobierno Negrín y de sus principales colaboradores, los comunistas, por razones que se explicarán más adelante. Los mandos militares coincidían en dar por perdida la guerra: en febrero de 1939 Menorca se

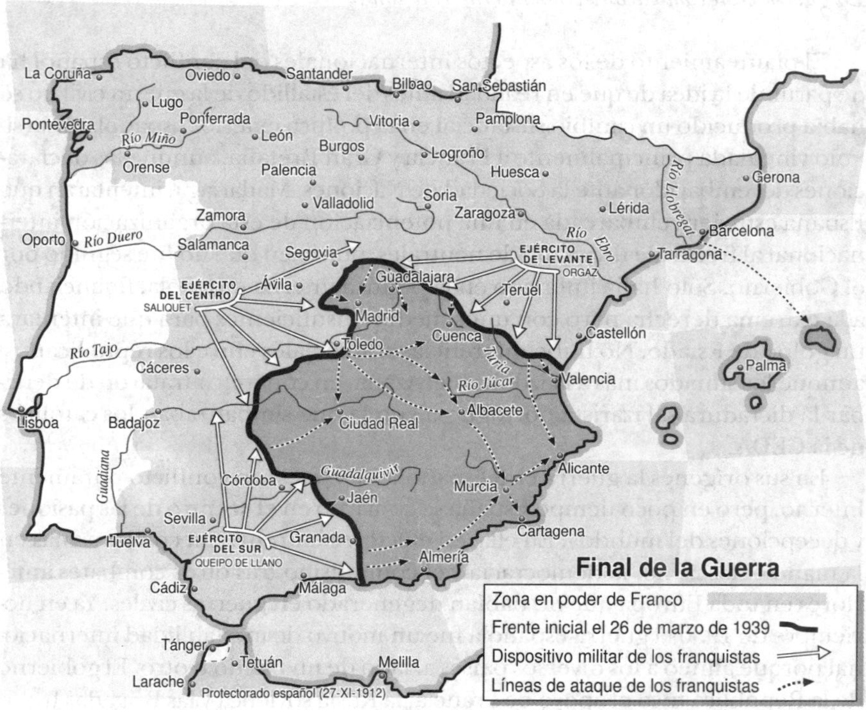

rindió sin lucha y Negrín, reunido con aquéllos en ese mismo mes, descubrió que gran parte quería entablar negociaciones con el bando franquista. Pero Negrín pensaba que había que ofrecer un aspecto exterior de resistencia para obtener unas mejores condiciones de paz o para enlazar con una eventual guerra mundial y por eso no aceptó negociación alguna que, de todos los modos, tampoco hubiera sido aceptada por Franco.

A fines de febrero y comienzos de marzo se precipitó la crisis del Frente Popular con el reconocimiento del general Franco por parte de Francia e Inglaterra. La guerra civil concluyó con una sublevación paralela en Madrid y Cartagena, en otra guerra civil interna en el bando del Frente Popular que enfrentó a los comunistas con el resto de los que combatían por la causa de la República. En la segunda quincena de marzo el coronel Casado y el socialista Julián Besteiro iniciaron las conversaciones para intentar negociar el final de la guerra con Franco. Querían que se dieran facilidades para la evacuación y que no hubiera represalias indiscriminadas. Pero Franco exigió la rendición sin condiciones y la consiguió dado el estado de descomposición de su adversario. El 1 de abril pudo anunciar la completa victoria de sus tropas.

Examinadas las operaciones militares intentaremos ahora explicar una serie de factores que contribuyen a explicarlas y que es mejor tratar por separado.

La guerra civil como acontecimiento internacional

El planteamiento de los aspectos internacionales del conflicto español ha de partir de la idea de que en realidad antes del estallido de la guerra civil no se había producido un cambio sustancial en la política exterior española. Ésta siguió vinculada principalmente a Francia y Gran Bretaña, aunque las declaraciones del embajador ante la Sociedad de Naciones, Madariaga, intentaran que España estuviera embarcada en una potenciación de esta organización internacional al frente de un grupo de neutrales, punto en que no fue seguido por el Gobierno. Sólo Italia intervino en la política interna española, financiando a la extrema derecha pero con unos medios insuficientes para que intentara un golpe de Estado. No hubo diferencias sustanciales entre los republicanos, aunque los situados más a la izquierda (Azaña, en concreto) trataron de derribar la dictadura salazarista portuguesa con la que simpatizaban los católicos de la CEDA.

En sus orígenes la guerra civil española fue, pues, un conflicto puramente interno, pero en poco tiempo España se convirtió en el «centro de las pasiones y decepciones del mundo». En ella, en efecto, se enfrentaban con las armas en la mano el fascismo, la democracia y el comunismo tras otros combates anteriores en toda Europa que no habían degenerado en guerras civiles. Ya en noviembre de 1936 la guerra española fue un motivo de inestabilidad internacional porque alineó a los diversos países al lado de un bando u otro. El gobierno de la República tuvo el apoyo de Francia, la Rusia soviética y las Brigadas Internacionales, organizadas directamente por la Tercera Internacional aunque no todos sus componentes fueron comunistas sino de muy diversas procedencias unidas por un marcado sentimiento antifascista. El bando capitaneado por el general Franco contó con apoyos más decididos: la Italia de Mussolini y la Alemania de Hitler, aunque en la mayor parte de los países los sectores católicos tendieron a apoyarle como consecuencia de la persecución religiosa en la zona del Frente Popular.

Sin duda la ayuda extranjera a cada uno de los dos bandos fue muy importante y aun decisiva para el desarrollo de la guerra porque ambos carecieron de recursos militares para lograr la victoria. Desde el mismo mes de julio, Alemania e Italia, dispuestas a aprovechar cualquier oportunidad para mejorar su posición internacional y convencidas de que lograrían un éxito rápido con poco riesgo y coto, ayudaron a Franco con los aviones que le permitieron atravesar el Estrecho. Luego lo hizo Francia y más tarde se decidió Stalin, interesado en encontrar un punto de coincidencia con las democracias y en atenuar la mala imagen de las purgas internas. Cuando la evidencia de estos alineamientos apareció de forma clara, a propuesta francesa se creó un comité de no intervención en Londres que, en teoría, propició la marginación de los países europeos del conflicto aunque generalmente se incumplieron sus recomendaciones, siendo la excepción Gran Bretaña. En Estados Unidos el presidente Roosevelt mantuvo la neutralidad a través del «embargo moral» y luego efectivo, mediante una ley específica, del material de guerra; sin embargo la compañía TEXACO proporcionó a Franco las tres cuartas partes de su petróleo. En el resto del continente americano, México apoyó con entusiasmo al Frente Popular, pero era una nación pequeña y su armamento anticuado. Otros gobiernos sudamericanos apoyaron a Franco, aunque no fuera más que diplomáticamente.

En realidad la no intervención fue una farsa aceptada como tal por todos porque servía para evitar lo que se consideró como mayor peligro, es decir, el estallido de una guerra mundial. Ambos beligerantes siguieron siendo ayudados hasta el final por sus simpatizantes, aunque de muy distinta manera.

El mayor inconveniente de la ayuda recibida por los republicanos fue depender mucho de las circunstancias de acuerdo con las características del gobierno existente en Francia (si era más izquierdista colaboraba más con la República) y, sobre todo, el hecho de que esta ayuda hubo de ser pagada de manera inmediata y poco generosa a la URSS. La ayuda francesa a los frentepopulistas españoles fue intermitente y estuvo sometida a las incidencias de la política gala y a las denuncias de la extrema derecha de este país. Aunque funcionó todo un complicado sistema de aprovisionamiento a los republicanos españoles, resultó frágil y no siempre satisfizo las necesidades existentes. En consecuencia, el gobierno republicano debió recurrir a otras fuentes de aprovisionamiento, fundamentalmente material de guerra soviético. Los rusos actuaron de un modo semejante a los alemanes: enviaron material, pero apenas hombres, y exigieron una contrapartida económica inmediata. Rusia, en efecto, no se conformó con una promesa de pago, tal como hicieron Alemania e Italia, que a fin de cuentas apoyaron a un sector político sublevado contra un Gobierno legítimo al que habían reconocido hasta el momento. El gobierno de Largo Caballero, en cambio, hubo de autorizar el traslado a Rusia de una parte del oro depositado en el Banco de España y las compras de material se hicieron contra ese depósito. Sin duda Rusia cobró su colaboración a unos precios cercanos a los reales hasta la liquidación de estos fondos. No todo lo vendido a la República a llegó a su destino, porque tanto Franco como sus aliados exteriores hostigaron con decisión las comunicaciones marítimas, únicas posibles al estar cerrada la frontera francesa.

La ayuda recibida por Franco fue pagada mucho más tarde, hasta el punto de que la de Italia se liquidó en 1969. Para los franquistas la ayuda más importante fue la de la Italia fascista, que consistió en material y en el envío de unos setenta y tres mil hombres que formaban unidades militares, en teoría voluntarias. El carácter de la ayuda alemana fue distinto y su montante global supuso entre la mitad o tres cuartas partes de la cifra italiana. En cambio restringió de forma voluntaria la aportación humana: la Legión Cóndor constó de un centenar de aviones y unos cinco mil hombres que se relevaban periódicamente. También llegaron instructores para adiestrar a las tropas franquistas y otros elementos materiales y humanos de alta cualificación. Como contrapartida, y a diferencia de los italianos, a los que les interesó sobre todo el aspecto político de su colaboración con Franco, los alemanes crearon compañías industriales cuya misión fundamental fue entrar en el capital de sociedades mineras españolas. Además, Franco también contó con la ayuda de voluntarios portugueses e irlandeses y combatieron asimismo a su lado unos setenta mil marroquíes, muy temidos por el adversario.

Difícilmente se exagerará la importancia de la ayuda exterior para cada uno de los beligerantes. En ocasiones esta ayuda constituye la mejor explicación de determinados acontecimientos de la guerra como, por ejemplo, el paso del Estrecho. Más adelante, en 1938, la ofensiva de Teruel y la del Ebro se explican por la temporal apertura de la frontera francesa. En cuanto a su volumen, es posible que no fuera tan abrumadoramente superior la recibida por el bando de Franco, tal como se ha solido decir. Contabilizando las cifras de las que disponemos hasta el momento parece que la diferencia no es abismal. Pero, sin duda, aquellos momentos en que las ayudas exteriores fueron resolutivas lo resultaron ante todo para los sublevados: no hubiera existido la guerra si Franco no atraviesa el Estrecho. De cualquier modo es innegable la mayor decisión de las potencias fascistas, que no sólo no tuvieron inconveniente en apoyar una sublevación que al principio parecía fallida, sino que además emplearon tropas regulares propias para apoyarla, no escatimaron los envíos de material y no tuvieron escrúpulos a la hora de hundir barcos de transporte, aunque pertenecieran a terceros países con los que no estaban en guerra. Todo ello contribuye a decantar el balance exterior a favor de Franco. Pero también otros factores explican su victoria.

Dos ejércitos y dos retaguardias

Una de las mayores tragedias del Frente Popular fue la de que cuando pudo contar verdaderamente con un ejército —aunque siempre inferior al adversario en calidad— ya era demasiado tarde para obtener la victoria. Los primeros esfuerzos por militarizar a las masas populares se habían producido cuando Franco comenzó su ataque a Madrid. Entonces habían llegado al Gobierno republicano las quejas de sus mandos militares en el sentido de que las milicias sólo servían para labores de retaguardia, e incluso eran un elemento perturbador, especialmente los anarquistas, mientras que los comunistas demostraban una eficiencia bastante superior. El número de milicianos fue elevado por el entusiasmo político, aunque su eficacia militar fuera escasa. A partir de fines de 1936 se fue configurando el llamado ejército popular, fruto de la conversión de las antiguas milicias en unidades regulares. La organización militar adoptada fue la de la brigada mixta, «pequeña gran unidad», caracterizada por ser una especie de ejército en miniatura y por tanto más avanzada desde el punto de vista táctico que la vieja división en regimientos y batallones. Pero esta militarización de las unidades republicanas no se produjo a la vez ni con decisión en todo el territorio controlado por el Frente Popular: Cataluña organizó un ejército por su cuenta y la «columna de hierro» anarquista de Teruel se negó a aceptar la militarización; en el norte no llegó a producirse de manera completa ni en los momentos más difíciles. Aun mostrándose fuerte en la defensiva, el nuevo ejército fracasó siempre que trató de llevar a cabo una maniobra de cierta envergadura. Aunque antiguos jefes de milicias se convirtieron en ocasiones en buenos generales, el grave inconveniente que padeció el ejército popular fue la falta de mandos válidos, en especial medios e inferiores. La Marina o la Artillería, por ejemplo, fueron poco eficientes por la ausencia de oficialidad.

En el bando franquista la constitución de un ejército encontró muchas menos dificultades porque los generales ejercían el supremo mando político. La militarización de las milicias fue posterior a la de las frentepopulistas, quizá porque su necesidad era menos acuciante y siempre se dispuso de una masa de maniobra profesional. Resultó también muy alto el número de voluntarios, cuya procedencia política era básicamente falangista o carlista. Respecto de los mandos, se crearon los alféreces y sargentos provisionales, en número de unos veintitrés mil y veinte mil respectivamente que, adiestrados por instructores alemanes, encuadraron las nuevas unidades. Como en el ejército popular, también en el de Franco hubo unidades de elite que eran las empleadas en las ofensivas o en los momentos decisivos. Un rasgo que diferenció a ambos ejércitos fue la capacidad de concentración de los mejores recursos para la ofensiva en un punto determinado del de Franco. Éste no fue tanto un gran estratega capaz de audaces maniobras como un organizador tenaz y ordenado de sus recursos. Eso bastó porque la guerra en realidad no supuso innovaciones técnicas importantes sino que fue disputada con medios siempre escasos y obsoletos.

La retaguardia también jugó un papel importante en el resultado de la guerra y al tratar de ella se debe empezar por aludir a un aspecto en que el comportamiento de los dos beligerantes no fue tan distinto. Al producirse el estallido de la guerra civil, en los dos bandos la voluntad de exterminar al adversario produjo un simultáneo terror, característico de todas las guerras civiles. Aún antes que la transformación social, la primera consecuencia de la revolución en el bando del Frente Popular fue el «terror rojo», simultáneo a un «terror blanco» que se desencadenó en el otro bando. En uno y otro bando resultaba válida la afirmación de Azaña de que la situación era producto del odio previo y de la humillación de haber tenido miedo al contrincante. Respecto a los destinatarios de la represión, en el bando sublevado se exterminó a políticos adversarios, a los masones, profesores de universidad y maestros, tildados de izquierdismo, y a una docena de generales que se habían negado a secundar el alzamiento. En la zona del Frente Popular fueron asesinados frailes, curas, patronos, militares sospechosos de fascismo y políticos de significación derechista. Lo que no resulta de momento precisable es el número de represaliados en cada bando, sobre todo teniendo en cuenta que también es preciso computar las ejecuciones llevadas a cabo por el general Franco al final de la guerra civil. El único cómputo global que daría un resultado equivalente en los dos bandos, teniendo en cuenta las ejecuciones de la posguerra, parece haber elevado en exceso el número de asesinatos en la zona del Frente Popular.

Puede decirse que la represión se produjo sobre todo en los primeros momentos del estallido del conflicto y que inicialmente tuvo un carácter espontáneo, en especial en la zona del Frente Popular. La dureza de la represión fue mayor en aquellas zonas donde el temor al adversario también lo era. El poeta Federico García Lorca fue asesinado en la Granada de comienzos de la guerra civil, prácticamente rodeada, y en el Madrid de izquierdas aterrorizado por la proximidad del enemigo tuvo lugar el asalto a la cárcel Modelo, en el que pereció un personaje de tanta raigambre republicana como el político Melquíades Álvarez. También en Madrid fue asesinado un buen número de oficiales en las cercanías de Paracuellos en las mismas semanas. Buena parte de las autoridades republicanas trataron de evitar los asesinatos indiscriminados y también lo hicieron algunos en el bando sublevado, en donde el terror tuvo un carácter más sistemático.

Una de las consecuencias de la represión fue la adopción por la Iglesia católica de una postura netamente favorable a los sublevados. En la zona controlada por el Frente Popular desapareció el culto católico y los numerosos incendios de templos llegaron a convertirse en rutinarios. El número de miembros del clero asesinados se acercó a las siete mil personas. Todo esto resultó muy grave para el Frente Popular, por cuanto la inmensa mayoría de la España católica se alineó contra él y concibió la guerra civil como una auténtica *cruzada* o guerra religiosa, aunque el Vaticano nunca se refirió a ella con esta denominación. Además la imagen de la República en el exterior se vio afectada muy negativamente. La jerarquía eclesiástica no dudó en sus preferencias y, aun antes de que los dirigentes de la sublevación identificaran su causa con la del catolicismo, ella misma lo hizo. La carta colectiva de agosto de 1937, firmada por la casi totalidad de los obispos con sólo dos excepciones, no trataba de justificar ante los españoles la visión de la guerra civil de los católicos españoles sino ante los extranjeros. En este texto se intentaba probar que la Iglesia había sido la «víctima principal» de la República. En general, por tanto, el catolicismo apoyó claramente al general Franco, a pesar de que en la propia España existía una división entre los mismos católicos, al haber optado los nacionalistas vascos y parte de los catalanes que eran católicos por la causa republicana.

Otro aspecto que es preciso mencionar para explicar el resultado de la guerra es la evolución económica en cada bando. Ya sabemos que la financiación de la guerra se hizo liquidando las reservas de oro en el caso de la República y gracias a préstamos en el de Franco, pero importa también tener en cuenta la diferencia entre las respectivas producciones y situaciones alimenticias. El Frente Popular se vio en este terreno muy negativamente afectado por los experimentos revolucionarios, las dificultades comerciales y por el hecho de contar con la mayor parte de la población rural. A fines de 1937 la cosecha de trigo disponible en la zona republicana se había reducido a un 40% de la cifra normal y la cabaña ganadera pasó a ser entre un tercio y la mitad. La producción industrial se mantenía en dos tercios de la metalúrgica en Barcelona (y el 15% en Bilbao) pero sólo un quinto del total precedente en el textil. En la otra España la situación alimenticia fue mejor gracias a contar con las zonas trigueras y a que no se habían producido destrucciones masivas cuando ocuparon las industriales. Todo este panorama influyó en el resultado de la guerra, pero factores de índole política explican también su desenlace. Sin duda el bando sublevado consiguió un mayor grado de unidad que el gubernamental y eso jugó un papel decisivo.

La evolución política de las dos Españas

Los temas que motivaron las divergencias entre los miembros del Frente Popular estuvieron relacionados con la revolución y la normalización del ejército. Las posturas extremas fueron las representadas por el partido comunista y los anarquistas. En líneas generales los partidos burgueses se inclinaban más por la actitud comunista, mientras que los socialistas, demasiado divididos, en realidad no elaboraron un programa propio y tendieron a enzarzarse en disputas personales.

Los comunistas ahora defendieron una postura diametralmente opuesta a la que habían mantenido durante la Segunda República: si antes había sido revolucionaria e insurreccionalista, ahora parecían no apreciar siquiera las oportunidades revolucionarias que se daban objetivamente en España en esos momentos. A lo sumo defendían la necesidad del control obrero y de una serie de reformas que hubieran podido ser llevadas a cabo en una república democrática. En cambio su insistencia en los problemas militares era abrumadora: todo debía ser sacrificado en aras de la victoria en la guerra. De esta forma el partido comunista logró la adhesión de pequeños propietarios temerosos de la revolución y de militares que estaban indignados con la ineficacia de las milicias populares. Los anarquistas pensaban, por el contrario, que la sublevación había creado las condiciones objetivas para el estallido de la revolución. Guerra y revolución tenían que ser dos procesos paralelos: no se podía ganar la guerra sin hacer la revolución. Así se dio la paradoja de que los anarquistas, esencialmente enemigos del Estado y defensores a ultranza de la revolución, se vieron obligados a participar en el ejercicio del poder, primero en Cataluña y luego en toda España. En la polémica se impusieron poco a poco los comunistas aunque su triunfo no fue inmediato ni tampoco completo, ni siquiera al final.

En septiembre de 1936, cuando la situación militar era muy difícil Azaña nombró jefe de Gobierno al socialista Francisco Largo Caballero, que fue recibido con «tolerancia y comprensión» por los anarquistas; tan sólo dos meses después estaban representados en el gabinete. La política seguida por Largo Caballero fue bastante menos revolucionaria de lo que se esperaba: se negó a la unificación del PSOE con el partido comunista e impulsó la militarización. Lo que dificultó su gestión de manera especial fueron los continuos roces de los anarquistas con todos los demás grupos políticos, que propiciaban, aunque en diverso grado, la unificación de esfuerzos en pro del triunfo militar. En mayo de 1937 se produjo un conflicto en Barcelona entre la Generalitat y los anarquistas, que degeneró en una lucha confusa que arrojó un saldo de cuatrocientos a quinientos muertos. Estos sucesos de mayo provocaron la caída de Largo Caballero, al concitarse contra él los comunistas y también algunos socialistas seguidores de Prieto e incluso de los grupos republicanos.

Su sucesor fue el catedrático de Medicina Juan Negrín, socialista del grupo de Prieto. Todo el mundo preveía que iba a operarse un giro hacia el orden, la autoridad y la centralización y los anarquistas calificaron el cambio de «contrarrevolucionario». Los mismos «trece puntos» en los que condensó su programa ante la guerra tuvieron un tono moderado. En efecto, el gobierno de Negrín insistió de manera prioritaria en el esfuerzo militar, pero con el paso del tiempo acabaron apareciendo sus defectos como gobernante. Bohemio y desordenado en el trabajo, cayó en el mismo personalismo de su predecesor. Su actuación se hizo cada vez más aislada de Azaña y de sus ministros. Una acusación muy frecuente contra él fue la de que estaba dominado por los comunistas. En realidad tenía una política personal y utilizaba para ella a los comunistas, pero a fuerza de descansar sobre ellos les permitió alcanzar mayor influencia que nunca. En los últimos meses de la guerra el gobierno de Negrín fue considerado por un adversario socialista como el «más inepto, más despótico y más cínico que hubiera tenido España». Juicios como éste, sin ser ciertos, testimonian hasta qué punto se mantuvo la desunión en el bando republicano. Al final de la guerra los comunistas controlaban la mayor parte de las jefaturas de los ejércitos de tierra, mar y aire, así como las direcciones generales de Seguridad y Carabineros; pero si habían alcanzado una influencia tan grande, aunque nunca decisiva, fue también en parte porque los demás no estuvieron a la altura de las circunstancias creadas por la guerra ni supieron darse cuenta de sus exigencias.

Como en el bando opuesto, también en el franquista existieron corrientes encontradas, pero en él se consiguió la unidad efectiva sin apenas derramamiento de sangre. El sentimiento católico y antirrevolucionario constituyó el factor decisivo de aglutinamiento mientras que el Ejército desempeñó un indudable papel hegemónico en el terreno político. Estos factores hicieron posible que los sublevados lograran la unidad sin excesivos inconvenientes. La sublevación se justificó como una acción preventiva frente a una revolución que se consideraba inminente. El pronunciamiento militar no fue en un principio antirrepublicano: no sólo los generales Cabanellas o Queipo de Llano, sino también Franco, así lo manifestaron en sus primeras proclamas.

En este bando la unidad fue sentida como necesaria aunque no fuera fácil. Una jefatura única indisputada hubiera podido ser la del general Sanjurjo, pero murió en accidente de aviación en Portugal el 18 de julio. A finales de este mes se estableció una junta militar, presidida por el general Cabanellas, que pronto se reveló insuficiente como órgano político. Militares monárquicos (Kindelán y Orgaz) y africanistas (Yagüe y Millán Astray) insistieron en la necesidad de una mayor unidad a través de una jefatura única, que debería ser la de Franco. Finalmente, en septiembre de 1936 se decidió la cuestión. Al parecer, la idea de unificar el mando militar y la jefatura de gobierno no presentó dificultades, pero la concentración de todo el poder en una persona tuvo mala acogida. Se proclamó a Franco «jefe del gobierno del Estado», fórmula imprecisa que éste transformó en una verdadera Jefatura del Estado, para sorpresa de alguno de sus compañeros de generalato, reduciendo el papel de la junta preexistente a un carácter administrativo en la retaguardia. Además la guerra civil le convertiría en caudillo, es decir, líder indisputado.

La situación era propicia a los partidos de extrema derecha: monárquicos alfonsinos, carlistas y falangistas, pero subsistía el problema de coordinarlos. En la primavera de 1937 hubo en este bando, como en el adversario, graves disidencias internas que concluyeron en el mes de abril con el decreto de Unificación en un partido único de carlistas y falangistas. Este proceso era predecible desde bastante antes. Los falangistas, que tenían una fuerza muy reducida en el año 1936, vieron aumentar sus efectivos en forma de una verdadera avalancha de adhesiones, pero sus dirigentes eran de escasa talla, ya que su fundador había sido ejecutado en la cárcel de Alicante y el partido estaba formado por jóvenes estudiantes sin experiencia. Por otro lado, los carlistas ya con anterioridad habían tenido que renunciar a disponer de una academia militar propia, que fue prohibida por el general Franco. Ambos grupos estaban divididos, mientras que aquellos otros que habían sido más importantes durante la etapa republicana —la CEDA, por ejemplo— prácticamente habían desaparecido.

Junto al general Franco la figura más destacada de su régimen en su primera etapa fue su cuñado, Ramón Serrano Suñer, procedente de la derecha de la CEDA. Sus propósitos, descritos por él mismo, fueron construir un Estado a base del «calor popular, social y revolucionario» de Falange y las doctrinas «algo más inactuales» del carlismo. Este carácter sincrético de toda la derecha sería muy típico del régimen de Franco. Aparte de propiciar una posición reaccionaria en materias educativas y religiosas, el régimen distó mucho de configurarse de una manera clara en esta primera etapa de su existencia. El único texto constitucional aprobado fue un Fuero del Trabajo que no pasaba de ser una declaración de principios de carácter social. Cuando, a comienzos del año 1938, se produjo la formación un Gobierno, su composición heterogénea demostró la pluralidad de componentes que existían en el bando sublevado.

Una derrota y una victoria. Cultura en guerra

La guerra civil española fue «una guerra de pobres», en la que ninguno de los dos bandos podía emprender dos acciones ofensivas simultáneas porque carecía de fuerzas suficientes. Esta afirmación vale también en el terreno material. Desde el punto de vista militar la guerra fue un conflicto de un país retrasado que no hizo prever las novedades técnicas que se utilizarían en la II Guerra Mundial a pesar de que los alemanes ensayaron alguna de ellas. El ejército del Frente Popular desaprovechó las ventajas iniciales y aunque, tras largo aprendizaje, se capacitó para combatir a la defensiva, sus ofensivas tuvieron una escasa eficacia o condujeron a verdaderos desastres a medio plazo. El ejército de Franco tuvo una capacidad de maniobra mucho mayor, pero las virtudes de quien lo dirigía fueron más la prudencia, la constancia y la capacidad logística que la audacia o la brillantez de concepción.

Por tanto, los aspectos militares no son los que explican el resultado final de la guerra ni tampoco resultó tan decisiva la ayuda exterior recibida por uno y otro bando. Hubo algo mucho más fundamental: aunque la guerra fue popular por parte de los dos bandos, el vencedor supo poner mucho mejor los medios para ganarla que el perdedor. La principal razón de ello estriba en que, aunque los propósitos de unos y otros eran negativos, lo eran mucho más los del vencedor mientras que los frentepopulistas se lanzaron a toda suerte de experimentos revolucionarios, ninguno de ellos completos y, por tanto, contradictorios mientras que subsistía un Estado imposibilitado de actuar. Si el Frente Popular fue derrotado la causa estuvo, en gran medida, en él mismo. Como escribió el general Rojo, «fuimos cobardes por inacción política antes de la guerra y durante ella».

La guerra civil española, como cualquier otra de su clase, mezcló confusamente la barbarie y el heroísmo, la obcecación y la lucidez. Quienes mejor quedan parados de ella fueron quienes hicieron todo lo posible por evitar mayor derramamiento de sangre. De ellos el que expresó esa voluntad de una forma literariamente más bella fue Azaña cuando, en un discurso pronunciado en 1938, aseguró que los cuerpos de los caídos llevarían un mensaje de «paz, piedad y perdón» a las generaciones posteriores. Así fue: sin duda durante la transición el recuerdo de la guerra sirvió para la construcción de la democracia. Ésta última padeció las peores circunstancias imaginables: una victoria republicana tras el control de la revolución u otra de los sublevados, tras un conflicto corto le hubieran otorgado muchas más posibilidades de resucitar como fórmula de convivencia.

La contienda española fue una especie de Vietnam de los años treinta: resultaba tan fácil el maniqueísmo que toda la intelectualidad liberal o izquierdista se sintió obligada a tomar postura frente al conflicto bélico a favor de la República. En consecuencia, la clara mayoría del mundo cultural se pronunció en contra del general Franco: en una encuesta inglesa, la proporción era de veinte a uno. La guerra se convirtió así en la última «gran causa». Si nunca en este siglo tantos escritores de tantos países escribieron desde un punto de vista político sobre un suceso histórico fue porque, en un mundo que parecía retroceder, decadente, ante el fascismo, el caso español les parecía «lo único que puede mantener la esperanza» (Einstein). Por ello no es extraño que lo interpretaran de una manera simple, ni que en buena medida trasladaran a un conflicto civil concreto sus propias tensiones espirituales.

Independientemente de que sus juicios fueran o no acertados, algunos —no todos— de esos intelectuales de izquierda encontraron en su experiencia española la base de algunas de sus mejores obras. Baste citar *L'Espoir* de André Malraux, *For whom the bells toll* de Ernest Hemingway o *Hommage to Ca-*

talonia de Orwell. Cada una de ellas viene a ser como una especie de autobiografía personal ante el conflicto y la última revela también enseñanzas sacadas de él. Otros intelectuales, mucho menos numerosos, apoyaron al general Franco: de un lado, la intelectualidad profascista como Charles Maurras, Ezra Pound o Roy Campbell; de otro, una buena parte de los católicos (con excepciones significativas, situadas en los antecedentes del catolicismo progresista, como Jacques Maritain y François Mauriac). Entre los católicos más conservadores recordemos en Inglaterra a Hilaire Belloc y Evelyn Waugh, y, en Francia, a Paul Claudel.

En líneas generales las posturas de unos y otros pecaron de una excesiva simplificación. Sin duda mucho más dura y difícil fue la decisión que hubieron de tomar los intelectuales españoles, que conocían mucho mejor las circunstancias que habían llevado al conflicto bélico. La llamada generación del 98, liberal pero no demócrata en todos los casos, ni tampoco socialista, se encontró incómoda en los dos bandos. Ortega y Gasset y Marañón combatieron las excesivas simplificaciones de la izquierda acerca de lo que fuera el Frente Popular y acabaron deseando secretamente la victoria de Franco aunque sólo como mal menor. Unamuno, que al principio fue un enfervorizado partidario de la sublevación, acabó decepcionándose tras un sonado incidente que tuvo con el general Millán Astray. Baroja huyó de las dos zonas en guerra pero acabó incorporándose a la de Franco.

Sin duda fueron los intelectuales más jóvenes los que más se comprometieron con uno y otro bando. La vanguardia literaria y artística prestó un buen servicio de propaganda al Frente Popular: Mientras Pablo Picasso pintaba su *Guernica* para el Pabellón de la República española en la Feria de París (1937), el poeta Miguel Hernández apostrofaba a Benito Mussolini, «dictador de cadenas, carcelaria mandíbula de canto», y Rafael Alberti cantaba a las Brigadas Internacionales: «con las mismas raíces que dan un mismo sueño, sencillamente, anónimos y hablando habéis venido». Hubo, sin embargo, también una porción considerable de la intelectualidad relacionada con la generación de 1927 que se identificó con el bando de Franco, en especial la Falange juvenil y revolucionaria, que fue la única que proporcionó a este bando el aspecto externo de una aparente modernidad.

Cronología

1808. Levantamiento contra los franceses (mayo).
Constitución de Bayona (julio).
Junta Central (octubre).
Napoleón en España (noviembre).
1810. Convocatoria de Cortes.
Apertura de las Cortes en Cádiz (septiembre).
Goya: *Los desastres de la guerra.*
1811. Abolición de los señoríos por las Cortes.
1812. Constitución de 1812 (marzo).
Batalla de Arapiles (julio).
1813. Cortes ordinarias.
Batalla de Vitoria (junio).
José I abandona España.
Martínez Marina: *Teoría de las Cortes.*
1814. Fernando VII vuelve a España (marzo).
Polémica sobre el Romanticismo.
1817. Supresión de la trata de esclavos.
Batalla de Chacabuco (San Martín en Chile).
1820. Pronunciamiento de Riego (enero).
Fernando VII acepta la Constitución (marzo).
Desamortización de bienes eclesiásticos y supresión de mayorazgos.
1822. Sublevaciones realistas.
1823. Comienza la invasión de los Cien Mil Hijos de San Luis (marzo).
Fernando VII, restablecido en sus poderes (octubre).
1824. Batalla de Ayacucho.
1827. Guerra de los agraviados (marzo).
1828. Muerte de Goya. Primeros artículos de Larra.
1829. Cuarta boda de Fernando VII.
1830. Publicación de la Pragmática Sanción de 1789.
Nacimiento de la infanta Isabel (octubre).
Primer Código Mercantil.
1831. Fusilamiento de Torrijos.
Establecimiento de la Bolsa.
1832. Creación del Ministerio de Fomento.
Derogación de la Pragmática (septiembre).
Sucesos de La Granja.
Cambio total del gobierno (octubre) y anulación de la derogación de la Pragmática (diciembre).
Primeros altos hornos en Málaga.
1833. Muerte de Fernando VII.
Regencia de María Cristina.
Primera máquina de vapor en España.
Estallido de la guerra carlista.
División de España en provincias.
1834. Gobierno de Martínez de la Rosa.
Estatuto Real.
Matanzas de frailes en Madrid.
Tratado de la Cuádruple Alianza.
1835. Mendizábal, presidente.
Rivas: *Don Álvaro o la fuerza del sino.*
1836. Desamortización eclesiástica.
Restablecimiento de la Constitución de 1812.
1837. Nueva constitución.
Don Carlos se aproxima a Madrid.
1839. Convenio de Vergara.
1840. Ley de Ayuntamientos.
Caída de María Cristina, sustituida por Espartero.
1842. Barcelona, bombardeada.
1843. Isabel II declarada mayor de edad.
1844. Creación de la Guardia civil.
Zorrilla: *Don Juan Tenorio.*
1845. Nueva Constitución.

Reforma de Hacienda de Mon.
Balmes: *El criterio.*

1846. Guerra de los *Matiners.*

1847. Fusión del Banco de San Fernando con el de Isabel II (Banco de España).
Inauguración del Liceo.

1848. Incidentes revolucionarios.
Primer ferrocarril.
Se publica *La Organización del Trabajo,* primer periódico obrero.

1849. Nace el partido demócrata.

1851. Proyecto de reforma constitucional.
Concordato con la Santa Sede.

1854. *La vicalvarada:* Manifiesto de Manzanares.
Revuelta en Barcelona contra el empleo de maquinaria.
Espartero vuelve.
Sanz del Río empieza a difundir el krausismo en España.

1855. Desamortización civil de Pascual Madoz.
Ley general de ferrocarriles.

1856. O'Donnell sustituye a Espartero como jefe de gobierno.
Empiezan las exposiciones nacionales de Bellas Artes.

1857. Ley Moyano de instrucción pública.

1858. Gobierno O'Donnell.
Expedición a Conchinchina.
Plan Cerdá para en ensanche de Barcelona.

1859. Guerra en Marruecos.

1861. Expedición a México.
Santo Domingo pretende volver a España.
Sublevación de Loja.

1862. Expedición al Pacífico.

1863. Caída de O'Donnell.
Rosales: *El testamento de Isabel la Católica.*

1864. Vuelta de Narváez.
Primeros círculos católicos obreros.
Barbieri: *Pan y toros.*

1865. Noche de San Daniel: incidentes universitarios.
Caída de Narváez y sublevación de sargentos de San Gil.

1866. Pacto de Ostende.

1868. La peseta, unidad monetaria española.
Pronunciamiento de Primo, Serrano y Topete.
Exilio de Isabel II.
Grito de Yara y comienzo de la *guerra larga* cubana.

1869. Cortes constituyentes por sufragio universal.
Regencia de Serrano.
Fundación de la Internacional en España.
Librecambismo: arancel Figuerola.

1870. Amadeo de Saboya, rey.
Asesinato de Prim.
Muere Bécquer: publicación de las *Rimas.*

1871. La Internacional, ilegal.
Creación de la Asociación para la enseñanza de la mujer.

1872. Comienzo de la tercera guerra carlista.

1873. Abdicación de Amadeo de Saboya.
Proclamación de la I República.
Insurrección cantonal.
Pérez Galdós comienza los *Episodios nacionales.*

1874. Golpe de Pavía.
El Banco de España recibe el monopolio de emisión.
Pronunciamiento de Martínez Campos (diciembre).

1875. Gobierno Cánovas. Cuestión universitaria.

1876. Elecciones a Cortes Constituyentes.
Nueva Constitución.
Fin de la guerra carlista.
Fundación de la Institución Libre de Enseñanza.
Verdeguer: *La Atlántida.*

1878. Paz de Zanjón en Cuba.
Sufragio censitario.

1879. Fundación del PSOE.
Guerra chiquita en Cuba.

1880. Creación del partido fusionista (liberal).
Abolición de la esclavitud en Cuba.
Menéndez Pelayo: *Historia de los heterodoxos.*

1881. Sagasta en el poder.
Constitución de la Federación de Trabajadores de la Región Española (anarquista).

1882. Formación de la Izquierda Dinástica.
Pardo Bazán: *La cuestión palpitante.*

1883. Gobierno de Izquierda Dinástica.
Sucesos de la *Mano Negra.*
Comisión de Reformas Sociales.

1884. Inauguración de la nueva sede del Ateneo.

1885. Epidemia de cólera.
Muerte de Alfonso XII.
Pacto de El Pardo.
Comienza el *gobierno largo* de Sagasta.
Conflicto de las Carolinas. *Clarín: La Regenta.*

1886. Nace Alfonso XIII.

Intentos republicanos.
Almirall: *Lo catalanisme.*
1887. Ley de Asociaciones.
Intento de reforma militar de Cassola.
Creación de la liga agraria.
1888. Ley de Jurado.
Creación del Tribunal Contencioso Administrativo.
Congresos fundacionales de la UGT y el PSOE.
1888. Escisión integrista del carlismo.
1889. Primer Congreso Católico Nacional.
Aprobación del Código Civil.
1890. Ley de sufragio universal masculino.
Integración de los republicanos posibilistas.
Gobierno de Cánovas.
Celebración del primero de mayo.
1891. Arancel proteccionista.
Creación del Orfeó Catalá.
1892. Bases de Manresa.
Insurrección de Jerez.
Creación de la Sociedad Hullera española.
1893. Gobierno Sagasta.
Proyecto autonomista de Maura sobre Cuba.
Guerra de Melilla.
Atentados anarquistas en Barcelona.
P. Vicent: *Socialismo y anarquismo.*
1894. Ley de represión del anarquismo.
Fundación del Partido Nacionalista Vasco.
1895. Gobierno Cánovas.
Comienza la guerra de Cuba.
Unamuno: *En torno al casticismo.*
1896. Weyler en Cuba.
Segunda ley de represión del anarquismo.
Chapí: *La revoltosa.*
1897. Procesos de Montjuich.
Picasso: *Ciencia y caridad.*
Asesinato de Cánovas (agosto).
Gobierno Sagasta. Autonomía para Cuba.
Ganivet: *Idearium español.*
1898. Guerra con Estados Unidos.
Tratado de París (diciembre).
Maragall: *Oda a España.*
Gaudí: Parque Güell.
1899. Nace y se propaga la Unión Nacional.
Gobierno regeneracionista de Silvela.
Reforma de la Hacienda por Fernández Villaverde.
1900. Primeras medidas de reforma social.
1902. Comienza a reinar Alfonso XIII.
Huelga general en Barcelona.
Valle Inclán: *Sonata de otoño.*
1903. Primer gobierno Maura.
Creación del Instituto de Reformas Sociales.
Fundación de la revista *Alma española.*
1904. *Entente cordiale* entre Francia y Gran Bretaña y convenio franco-español sobre Marruecos.
Baroja: *La lucha por la vida.*
1905. Asalto a *Cu-Cut.*
Ley de Jurisdicciones.
Blasco Ibáñez: *La bodega.*
1906. Fundación de la naviera Sota y Aznar.
Boda de Alfonso XIII.
Ley de jurisdicciones.
Creación de Solidaridad Catalana.
Acta de Algeciras.
1907. Gobierno largo de Maura.
Ley de Administración Local.
Creación del sindicato Solidaridad Obrera.
1908. Fundación del Partido Radical.
Creación del Instituto Nacional de Previsión.
1909. Campaña de Melilla: Barranco del Lobo.
Semana Trágica de Barcelona.
Fusilamiento de Ferrer Guardia.
Caída de Maura: gobierno Moret y conjunción republicano-socialista.
1910. Gobierno de Canalejas.
Pablo Iglesias, diputado.
Apertura de la Residencia de Estudiantes.
Congreso constitutivo de la CNT.
1911. Tratado hispano-francés por el que se crea el protectorado marroquí.
Ley del *candado.*
Disturbios republicanos.
I Congreso de la CNT.
Fundación de Solidaridad de Obreros Vascos.
1912. Mancomunidades provinciales.
Muere asesinado Canalejas.
Creación del Partido Reformista.
Protectorado de Marruecos.
Machado: *Campos de Castilla.*
1913. Gobierno Dato: nacimiento del maurismo.
Liga de Educación Política fundada por Ortega.
Unamuno: *Del sentimiento trágico de la vida.*

1914. Neutralidad española en la guerra mundial.
Prat de la Riba preside la Mancomunitat catalana.
Falla: *La vida breve.*

1916. Pacto CNT-UGT.

1917. Juntas militares de Defensa.
Asamblea de Parlamentarios en Barcelona.
Gobierno García Prieto.
Aparece *El Sol.*
Juan Ramón Jiménez: *Platero y yo.*

1918. Maura preside el primer gobierno de concentración.
Congreso de la CNT en Barcelona.

1919. Proyectos de Estatuto de Cataluña.
Huelga de La Canadiense.
Jornada laboral de ocho horas.
División del PSOE en torno a la III Internacional.
Gobierno derechista de Maura.

1920. Fundación del PCE.
Martínez Anido, gobernador de Barcelona: pistolerismo patronal y sindical.

1921. Asesinato de Dato.
Desastre de Annual.
Segundo gobierno nacional presidido por Maura.
Primeras revistas vanguardistas.

1922. Expediente Picasso.
Fundación de Acció Catalana.
Gobierno de concentración liberal.

1923. Asesinato de Salvador Seguí.
Golpe de Estado de Primo de Rivera (septiembre).
Suspensión de la CNT.
Fundación de *Revista de Occidente.*

1924. Supresión de la Mancomunidad catalana.
Creación de la Unión Patriótica.
Unamuno desterrado.

1925. Desembarco de Alhucemas.
Un directorio civil sustituye al militar (diciembre).
Fundación de Acció Política, de Azaña.
Alberti: *Marinero en tierra.*
Exposición de los artistas ibéricos.

1926. Fracaso de la sublevación militar contra Primo de Rivera.
Abandono de la Sociedad de Naciones por parte de España.
De los Ríos: *El sentido humanista del socialismo.*

1927. Convocatoria de la Asamblea Nacional Consultiva.
Creación de la FAI en la clandestinidad.
Creación de CAMPSA.
Homenaje de los jóvenes poetas a Góngora.

1928. Huelgas estudiantiles.
Buñuel y Dalí: *El perro andaluz.*
García Lorca: *Romancero gitano.*

1929. Intento de Sánchez Guerra.
Anteproyecto constitucional.
Exposiciones internacionales en Barcelona y Sevilla.
Dalí: *El gran masturbador.*
Ortega: *La rebelión de las masas.*
Menéndez Pidal: *La España del Cid.*

1930. Gobierno Berenguer.
Muerte de Primo de Rivera.
Huelgas universitarias.
Tentativa republicana en Jaca.

1931. Manifiesto de la Agrupación al Servicio de la República.
Gobierno Aznar.
Elecciones municipales y proclamación de la República.
Comienzo de las reformas militares.
Elecciones constituyentes (junio).
Aprobación de la Constitución.
Gobierno de Azaña.

1932. Intento de Sanjurjo (agosto).
Aprobación del Estatuto catalán y de la reforma agraria.
GATEPAC, dirigido por el arquitecto Sert.

1933. Incidentes de Casas Viejas.
Ley de Congregaciones Religiosas.
Derrota del gobierno en las municipales.
Gobierno Martínez Barrio.
Tercer alzamiento anarquista.
Fundación de Falange.
Victoria de las derechas en las elecciones.
Gobierno Lerroux.

1934. Ley de Contratos de Cultivo en el Parlamento catalán.
Huelgas campesinas.
Insurrección revolucionaria.
Maeztu: *Defensa de la Hispanidad.*
García Lorca: *Yerma.*

1935. Contrarreforma agraria.
Creciente influencia de la CEDA: Gil Robles en el Gobierno.
Hacia el final del segundo bienio: gobiernos de Chapaprieta y Portela Valladares.

Sender: *Mr. Witt en el cantón.*

1936. Disolución de las Cortes.
Formación del Frente Popular y elecciones en que logra la victoria (febrero).
Destitución de Alcalá Zamora (abril).
Sublevación en contra del Frente Popular y la República (julio).
Franco concentra el poder entre los sublevados.
Gobierno de Largo Caballero.
Machado: *Juan de Mairena.*
Asesinato de García Lorca y Maeztu.

1937. Batalla de Guadalajara.
Decreto de Unificación.
Lucha en Barcelona en el seno del Frente Popular.
Gobierno Negrín.
Conquista de la zona norte y contraataques de Brunete y Belchite.
Guernica de Picasso.

1938. Reconquista de Teruel y llegada de Franco al Mediterráneo.
Batalla del Ebro.
Primer gobierno de Franco.

1939. Toma de Barcelona (enero) y Madrid.
Fin de la guerra civil (abril).

BIBLIOGRAFÍA

José Luis Abellán, *Historia crítica del pensamiento español,* Madrid, Espasa, 1987-1991 (5 vols.).

José Álvarez Junco, *El emperador del Paralelo,* Madrid, Alianza, 1990.

José Andrés Gallego, *Pensamiento y acción social de la Iglesia en España,* Madrid, Espasa Calpe, 1984.

Miguel Artola, *La España de Fernando VII,* Madrid, Espasa Calpe, 1968.

La burguesía revolucionaria (1808-1874), Madrid, Alianza, 1990.

Ángel Bahamonde, Jesús A. Martínez, *Historia de España. El siglo XIX,* Madrid, Cátedra, 1994.

Vicente Cacho, *La Institución Libre de Enseñanza,* Madrid, Rialp, 1962.

José Luis Comellas, *Cánovas del Castillo,* Madrid, Ariel, 1997.

José Manuel Cuenca, *Aproximación a la Historia de la Iglesia española contemporánea,* Madrid, Rialp, 1979.

Manuel Espadas, *Alfonso XII y la crisis de la Restauración,* Madrid, CSIC, 1975.

Josep Fontana i Lazaro, *La quiebra de la Monarquía absoluta,* Barcelona, Ariel, 1974.

Juan Pablo Fusi y A. Niño (eds.), *Vísperas del 98,* Madrid, Biblioteca Nueva, 1997.

Santos Juliá, *Manuel Azaña,* Madrid, Alianza, 1990.

Edward Malefakis, *La guerra de España, 1936-1939,* Madrid, Taurus, 1996.

A. Martínez de Velasco, R. Sánchez Mantero, F. Montero, «El siglo XIX» en *Manual de Historia de España,* Historia 16, Madrid, 1990.

Jordi Nadal, *El fracaso de la revolución industrial en España,* Barcelona, Ariel, 1975.

Jordi Nadal, Albert Carreras, Carles Sudriá, *La economía española en el siglo XX. Una perspectiva histórica,* Barcelona, Ariel, 1987.

Jesús Pabón, *Narváez y su época,* Madrid, Espasa, 1983.

Cambó (1876-1918), Barcelona, Alpha, 1952.

Cambó (1818-1947), Barcelona, Alpha, 1969 (2 vols.).

Stanley Payne, *La primera democracia española. La segunda República, 1931-1936,* Barcelona, Paidós, 1995.

Stanley Payne y Javier Tusell (eds.), *La guerra civil,* Madrid, Temas de Hoy, 1995.

Carlos Reyero y Mireia Freixa, *Pintura y escultura en España, 1800-1910,* Madrid, Cátedra, 1995.

Santiago Roldán y José Luis García Delgado, *La formación de la sociedad capitalista en España, 1914-1920,* Madrid, Confederación Española de Cajas de Ahorro, 1973.

Nicolás Sánchez Albornoz, *La modernización económica de España,* Madrid, Alianza, 1985.

Carlos Seco Serrano, *Militarismo y civilismo en la España contemporánea,* Madrid, Instituto de Estudios Económicos, 1984.

Carlos Seco y Javier Tusell, «La España de Alfonso XIII», en *Historia de España* de Menéndez Pidal-Jover, Madrid, Espasa Calpe, 1995. Prólogo de José María Jover.

Carlos Serrano, *El final del Imperio. España 1895-1898,* Madrid, Siglo XXI, 1984.

Josep Termes, *Anarquismo y sindicalismo en España. La primera Internacional, 1864-1881,* Barcelona, Ariel, 1971.

Gabriel Tortella, *El desarrollo de la España contemporánea,* Madrid, Alianza, 1994.

Manuel Tuñón de Lara, *Medio siglo de cultura española, 1885-1936,* Madrid, Tecnos, 1977.

Manuel Tuñón de Lara, Julio Arostegui, Ángel Viñas, Gabriel Cardona, Josep M. Bricall, *La guerra civil española, cincuenta años después,* Barcelona, Labor, 1985.

José Varela, *Los amigos políticos. Partidos, elecciones y caciquismo en la Restauración (1875-1900),* Madrid, Alianza, 1977.

Varios autores, «La época del romanticismo (1808-1874)», en *Historia de España,* de Menéndez Pidal-Jover, Madrid, Espasa Calpe, 1989. Tomo a cargo de Hans Juretschke.

Varios autores, «La era isabelina y el sexenio democrático (1834-1874)» en *Historia de España,* de Menéndez Pidal-Jover, Madrid, Espasa Calpe, 1986.

Varios autores, «Los fundamentos de la España liberal (1834-1900)» en *Historia de España,* de Menéndez Pidal-Jover, Madrid, Espasa Calpe, 1997. Tomo a cargo de Antonio Fernández García.

Varios autores, «Los comienzos del siglo XX», en *Historia de España,* de Menéndez Pidal-Jover, Madrid, Espasa Calpe, 1984. Tomo a cargo de M. Tuñón de Lara.

Varios autores, «La Edad de Plata de la cultura española», en *Historia de España,* de Menéndez Pidal-Jover, Madrid, Espasa Calpe, 1993. Tomo a cargo de Pedro Laín.

Cuarta parte

Época actual

Javier Tusell

INTRODUCCIÓN

Si lo inmediato queda al margen de la obra de los historiadores, el tiempo presente debe ser examinado por ellos. Esta tarea no está exenta de dificultades: las fuentes suelen ser incompletas, el peligro de subjetividad es grande y el historiador carece de ese elemento interpretativo fundamental que es el desenlace final de los acontecimientos. Pero la Historia, con voluntad de síntesis de ciencias humanas muy variadas, siempre proporciona un conocimiento mucho más denso que el simple reportaje.

El tiempo presente es aquel que ha sido vivido por una generación aunque sea en las consecuencias finales y directas de sucesos decisivos. Su punto de partida en el caso de los países europeos suele ser la II Guerra Mundial, acontecimiento que en la Historia de España tiene su posible paralelo en la civil, concluida en 1939. El término final suele ser una cesura política relevante que en el caso de nuestro país bien pudiera ser el final de la etapa de gobierno socialista.

El régimen de Franco no era tan infrecuente en la Europa que le vio nacer y sobre todo en la que se convirtió en predominante tras las primeras victorias del Eje durante la II Guerra Mundial. Con el resultado final de este conflicto España, sin embargo, acentuó su marginalidad y excepcionalidad pero la perduración de esta situación era ya imposible en una Europa democrática, en paz y en pleno desarrollo económico. Aunque el cambio en la política económica fue tan sólo uno de los factores que explican el crecimiento español, no cabe duda de que la España del presente encuentra sus orígenes en ese momento histórico.

El cambio político que tuvo lugar a la muerte de Franco constituyó un proceso de homologación pero tuvo también una excepcionalidad muy especial, tanta que lo convirtió en modelo de cara a otras latitudes. Sin embargo, en lo esencial, el proceso de transición democrática resultó similar al de otras latitudes en el sentido de que también hubo una etapa de cambio institucional y otra, más amplia, de consolidación posterior.

EL RÉGIMEN DE FRANCO: LA ERA AZUL

Los años posteriores a 1939 no se explican sin el resultado de la guerra civil, que supuso una ruptura muy profunda, drástica y con voluntad de convertirse en irreversible respecto del pasado. Si no se hubiera producido la guerra civil, o si ésta hubiera sido más corta, habría sido imaginable una mayor continuidad entre los años treinta y los cuarenta. También habría podido imaginarse esta situación en el caso de que los vencedores hubieran optado por una solución de reconciliación en un plazo corto de tiempo. Como no fue así puede decirse que el largo periodo comprendido entre 1939 y 1975 debe ser considerado como una larguísima posguerra. En realidad la Historia española no fue tan diferente de la de otros países de semejantes contextos sociales y culturales. La guerra civil y, más aún, la perduración del régimen salido de ella, creó la verdadera peculiaridad española en la Historia del siglo XX.

Cuando la guerra civil concluyó el propósito de ruptura con respecto al pasado estaba perfectamente claro, pero lo estaba mucho menos el contenido concreto de la misma. Durante la guerra civil no había quedado perfilado por el momento nada de lo que sería el régimen posterior, con excepción de la crudeza represiva que en sus datos cuantitativos no había sido tan distinta de la practicada por el adversario. En abril de 1939 sólo estaba claro que se intentaría cortar con el pasado, erradicarlo hasta el olvido de modo que los planteamientos en materias tan distintas como política, cultura, relaciones exteriores y economía serían distintas.

Sólo con el paso del tiempo se pudo ir percibiendo en qué consistía concretamente esta ruptura con el pasado. Establecida como rasgo distintivo del régimen, se concretó en formas y modos distintos e incluso contradictorios. La persona de Franco y su manera de ejercer la dictadura dan unidad a todo el periodo, pero sus diversas etapas resultaron de apariencia tan distinta que un viajero que hubiera estado a España en 1940 y hubiera reaparecido en ella en 1970 podría pensar que se trataba de dos países distintos. La peculiaridad de la dictadura española reside no tanto en cómo fue en cada momento sino en el hecho de que tuvo elementos de continuidad indudables a pesar de todas las diferencias que experimentó con el transcurso del tiempo. En el presente capítulo examinaremos los elementos de continuidad del régimen así como su primera etapa, aquella en que tuvo mayor semejanza con los fascismos europeos, a la que podemos denominar azul por el color de la camisa falangista.

El general Franco

Francisco Franco Bahamonde nació en el año 1892 en El Ferrol en el seno de una familia de la clase media que tradicionalmente había estado vinculada a la marina. Sus años de infancia no debieron de ser muy afortunados: sus padres estaban separados y no parece haber sentido un gran afecto por su progenitor. Sus principales biógrafos describen al Franco de estos años como una persona introvertida y tímida. A la edad de catorce años ingresó en la Academia Militar de Toledo, donde era uno de los cadetes más jóvenes y de menor estatura. Fue oficial a los diecinueve años e inmediatamente solicitó su incorporación al ejército de África, que le fue concedida en 1912. Sin duda, sus años de permanencia en ese continente tuvieron una notable influencia en su vida, no sólo en la formación de su carácter sino porque también supusieron un notable progreso en su capacidad profesional y moldearon su concepción de la vida.

Fue un oficial valiente que no rehuía las situaciones de peligro, en las que además se decía que tenía mucha suerte. Resultó herido varias veces y alguna de gravedad, en 1916. Gracias a su vocación y dedicación al ejército, pronto destacó como una de las figuras relevantes del estamento militar. A partir del año 1920 se convirtió, junto a Millán Astray, en el mando principal de la Legión, grupo de elite militar y voluntario cuyo prototipo humano solía ser el del aventurero, algo muy distinto de su forma de ser. En sus destinos militares Franco se dio a conocer por su preocupación por el soldado pero también por su dureza y culto a la disciplina, a veces hasta extremos inaceptables, así como por el deseo de mantener el espíritu del cuerpo. Franco fue un consumado maestro en la guerra africana de pequeñas maniobras envolventes en un terreno accidentado y un férreo defensor de la austeridad moral en el ejército. Sus únicas preocupaciones intelectuales estuvieron centradas en su profesión y no en otros terrenos.

Su carrera militar fue meteórica, sin que pueda entenderse de no ser por los méritos contraídos en combate: en 1923 ascendió a teniente coronel, dos años más tarde a coronel, y en 1926 llegó a general de brigada con tan sólo treinta y cuatro años. Si durante la dictadura del general Primo de Rivera tuvo discrepancias con él por su política africana sin embargo, después del desembarco de Alhucemas, fue nombrado director de la Academia Militar de Zaragoza, en donde muchos de sus profesores también eran militares africanistas. De la dictadura de Primo de Rivera Franco siempre criticó su conciencia de situación provisional, pero algunos de sus colaboradores serían también pilares básicos de su propio régimen. Recibió con nulo entusiasmo la proclamación de la Segunda República y le afectó mucho en lo personal la disolución de la Academia de Zaragoza por parte del Gobierno republicano del primer bienio. Azaña le consideraba el único general verdaderamente temible para la experiencia socialista-republicana. Durante el segundo bienio el ministro radical Hidalgo le nombró jefe del Estado Mayor y su primera preocupación fue restaurar el llamado espíritu militar, a través de los tribunales de honor, así como mejorar las condiciones materiales del Ejército. También colaboró en la dirección militar de la represión de la revolución de Asturias del año 1934.

Con anterioridad a la guerra civil, Franco había tenido una actuación muy escasa desde el punto de vista político. Ante todo era un profesional del Ejército y su figura se identificaba con ideas conservadoras pero moderadas, de tal modo que incluso en el año 1933 se le ofreció formar parte de una candidatura de la CEDA, cosa que rechazó. Como otros militares de guarnición en Marruecos, abominaba del mundo de los políticos profesionales, a los que consideraba como los causantes de los males de España. En su estancia en Marruecos pudo comprobar las deficiencias de avituallamiento que sufría el Ejército, que consideró imputables a quienes gobernaban desde Madrid. Ya entonces su mentalidad era antiliberal, aunque no se caracterizara por el extremismo. Juzgaba que los políticos eran «despreciables peleles» y por ello, en una de sus primeras proclamas en julio de 1936, afirmó que los españoles estaban «hartos de ellos».

Ideas básicas de Franco anteriores a la guerra civil eran su nacionalismo a ultranza y su anticomunismo. En realidad su ideología cristalizó entre los años 1933 a 1939: en este periodo aparecieron su religiosidad y su simplicísima interpretación del pasado histórico de España, concebido como la lucha perenne entre unas fuerzas tradicionales, religiosas y patrióticas y otras antinacionales, en ocasiones vinculadas a la masonería. Franco contrajo matrimonio con Carmen Polo, de distinguida familia asturiana, comprobando en dicha región los horrores de una revolución que difícilmente podría olvidar pues, a partir de esta fecha, leería con asiduidad toda la propaganda antirrevolucionaria. Su decisión de intervenir en la guerra civil fue tardía pero, cuando lo decidió, resultó también irrevocable y aspiró desde un principio a ejercer la suprema responsabilidad política.

Franco no se asemeja en nada a otros personajes históricos de la época contemporánea que han ejercido el poder en solitario. Procedía de unos medios humanos o ideológicos muy diferentes a los de Hitler o Mussolini, y la capacidad oratoria de éstos no se puede comparar con la cortedad, tanto de gestos como de palabra, que tuvo el dictador español. Fue, ante todo y sobre todo, durante toda su vida, un militar. Sin duda, el Ejército fue para él lo primero y más importante y consideró las virtudes castrenses como las más excelentes. Amante de la disciplina, la practicó y la exigió en la política que presentó, en lo que a él mismo le atañía, como un cumplimiento del deber. Otro rasgo de su carácter fue su serenidad y tranquilidad, si se quiere incluso su frialdad, que contrastaba fuertemente con los arrebatos y entusiasmos de muchos protagonistas de la vida pública. La forma de actuar de Franco consistía casi siempre en no apresurarse. Frente a la acción brillante, contradictoria y a menudo confusa que caracterizó la dictadura de Primo de Rivera, el general Franco aplicó a los problemas el tratamiento de la inacción y el dejar pasar el tiempo para su resolución. Eso mismo contribuye a explicar su larga duración en el poder.

Resulta sorprendente que no siendo Franco un político profesional y aborreciendo este tipo humano sin embargo él mismo tuviera unas habilidades que normalmente se vinculan con esta profesión. En su actuación política, en efecto, testimonió habilidad maniobrera y astucia en el manejo de la política pequeña. Esta astucia la aplicó sobre todo al mantenimiento de la disciplina bajo su jefatura de los sectores políticos y sociales que resultaron victoriosos de la guerra civil, ejerciendo un arbitraje sobre todos ellos que resultó indisputado con el paso del tiempo. Es cierto que si Franco pudo ejercer ese arbitraje se debió en buena medida a su prestigio militar y a no haber pertenecido a ningún sector político antes de la guerra civil. No tuvo una ideología clara y en ello siempre se mostró ambiguo, lo que propiciaba que personas de diferentes opiniones lo creyeran de su parte. Todo ello le permitió mantener la estabilidad de su régimen: en la formación de sus gobiernos aplicó una mezcla cuidadosa de las distintas tendencias existentes en aquél. De este modo logró mantenerse en el poder a la vez que también evitaba el choque de ideas y la polarización de opiniones que es la esencia del liberalismo y de la democracia.

A estas sorprendentes capacidades en un terreno que no era el suyo hay que sumar obvias limitaciones. No sólo careció de una ideología firme sino también de formación suficiente. Su horizonte vital era el de un oficial de la guerra de Marruecos cuya aspiración máxima hubiera sido convertirse, a partir de un momento, en alto comisario. Sus opiniones sobre política o economía eran simplificaciones nacidas de la falta de conocimientos, la mentalidad milagrera y la mediocridad de su horizonte biográfico. Como tantas personas caracterizadas por sus limitaciones, tuvo una extremada avaricia de poder político que nunca permitió que en lo más decisivo acabara en manos de otros. Su principal preocupación fue, en efecto, atesorar y conservar lo que había conseguido en medio de una gravísima tragedia nacional. Pero sus peores defectos fueron de índole moral. No sólo asombra su indiferencia o carencia de piedad ante los padecimientos de los vencidos sino también su incapacidad para concebir siquiera una superación efectiva del clima de guerra civil que en realidad duró lo que su vida.

El arbitraje sobre las distintas tendencias existentes le dio a Franco una preponderancia que resultó decisiva dentro de la vida política española. La exaltación de su figura contribuyó a convertirle en «Caudillo», llegando a ser considerado como el hombre dado por la providencia para salvar un pueblo. Sin duda, para los franquistas era una persona providencial y ello fue ratificado por el propio Franco que se consideró a sí mismo como el centinela que velaba por el bien del país mientras los demás dormían. En ello fundaba su derecho a ejercer el poder en España, ya que había alcanzado la victoria con el favor divino que —según decía— se «había prodigado repetidamente» sobre él. Sólo tras la crisis final del régimen, ya en los últimos años de la vida de Franco, se generalizaron los juicios negativos a su obra, pues antes pudo darse la paradoja de que sus ministros deterioraran mucho más la propia imagen que él mismo. Desde su desaparición, en cambio, su figura no ha dejado de hundirse en el aprecio de la opinión.

Sin duda, una buena parte de las razones que contribuyen a explicar la perduración del franquismo durante toda la vida de su creador residen precisamente en el propio Franco, en esas habilidades y esa voluntad de permanencia que ya han quedado descritas. Si originariamente nunca estuvo interesado en la política luego tuvo el mayor poder, ejercido al margen de cualquier control, que haya tenido un dirigente español en la época contemporánea a pesar de su carencia de un mínimo bagaje político consistente. De todos los modos es indudable que la propia personalidad de Franco no basta por sí sola para poder explicar la perduración de su régimen.

El régimen: una peculiar dictadura

El régimen político que tuvo España entre los años 1939 y 1975 puede ser calificado como la dictadura franquista, pero eso no significa que fuera algo específicamente español o el producto de manera exclusiva de los rasgos personales de quien estaba al frente del mismo. Sin duda el sistema franquista, en sus concepciones y comportamientos, fue expresivo de un talante dictatorial que mantuvo notorias semejanzas con otros existentes en algunos países de Europa y América durante el largo periodo cronológico indicado. Lo verdaderamente peculiar de él fue que durante la vida del general Franco, sin cambiar de forma sustancial, pasó de la semejanza de un tipo de dictadura a otro y manteniéndose siempre al frente la misma persona.

Si tenemos en cuenta los antecedentes de la derecha española después de la I Guerra Mundial resulta paradójico que la dictadura franquista fuera tan duradera. En realidad, las tendencias autoritarias y antiparlamentarias tuvieron en España un eco bastante tardío. La dictadura del Primo de Rivera siempre se consideró a sí misma como una fórmula temporal sin ninguna voluntad de ser un régimen permanente y duradero y mantuvo un cierto recuerdo del liberalismo regeneracionista. También la aparición del fascismo en España fue tardía y aquí tuvo un éxito muy inferior al que alcanzó en otros países.

Para que el fascismo pueda desarrollarse en el seno de un país o acceder al poder depende de muy diversos factores, pero desde luego siempre es esencial la experiencia anterior de un periodo democrático y la imposibilidad de que otras alternativas de derechas jueguen un papel similar al que él se atribuye. En España la proclamación de la Segunda República supuso una brusca politización de la sociedad pero no trajo consigo el advenimiento de un partido fascista fuerte sino que, durante los años treinta, predominó en la derecha española la fórmula católica conservadora o tradicional con un claro fondo reaccionario, carente del revolucionarismo verbal de los fascistas.

Durante la II Guerra Mundial el término de comparación de la dictadura franquista no fue nunca la Alemania de Hitler sino los regímenes pseudofascistas o semifascistas. Sin duda el franquismo estaba entonces mucho más cercano a la Francia de Vichy o a algunos países del este de Europa, en donde también existió una lucha por el poder entre el Ejército y el partido fascista. Si el fascismo italiano fue un marco de referencia importante durante la guerra mundial, al acabar ésta dejó de tener tras de sí el prestigio de las victorias militares y el atractivo que le hizo tener un fuerte apoyo en una buena parte de los intelectuales y los jóvenes. En la misma Italia el totalitarismo no llegó a ser tan absoluto como en la Alemania de Hitler o la Rusia de Stalin por la existencia de poderes autónomos, como el Ejército o la Iglesia, y esta realidad fue todavía más patente en el caso español.

Pasados los años treinta y cuarenta las dictaduras de derechas se convirtieron en no totalitarias, en el sentido de que la política no ocupaba la totalidad de la sociedad y permitían un cierto pluralismo interno, aunque éste no tenía nada que ver con el de una democracia. Dentro de este tipo de dictaduras no totalitarias se puede clasificar al régimen de Franco que, además, a partir de un determinado momento, ya entrados los años sesenta, utilizó como argumento principal para su propaganda la existencia de un desarrollo económico que también se produjo en otras dictaduras semejantes. Pudo entonces ser considerada como una dictadura burocrático-administrativa más que fascista.

La dictadura franquista, sin embargo, tuvo unos rasgos fundamentales que permanecieron inalterables a lo largo de toda su existencia. Una primera nota definitoria se refiere al papel de la ideología política en el régimen dictatorial. El franquismo tuvo unas fuentes ideológicas plurales, procedentes de la derecha y que fueron sucesivas en su influencia. Estuvo cerrado a la libre circulación de opinión y expresión características de una sociedad liberal y tuvo siempre una visión autoritaria básica dentro de un contexto clerical y autoritario. Pero no se fundamentó, en cambio, en un cuerpo de doctrina concreto y elaborado. Las doctrinas de extrema derecha tenían un componente utópico que probablemente era inviable. En el caso del franquismo sólo sirvieron para romper con el pasado y establecer una apariencia de estructura institucional que no ocultaba más que un poder personal de arbitraje y parcelas menores concedidas a las diferentes tendencias de la derecha.

A diferencia de otras dictaduras hispanoamericanas o fascistas, el régimen del general Franco fue una dictadura personal, no colectiva de un partido o del estamento profesional militar. En realidad, aun siendo militar quien la personificaba, no fue nunca una dictadura del Ejército como colectividad: de ahí que para denominarla se utilice el término «franquismo». Siempre tuvo una clara voluntad de permanencia pero sin pretender someter a la totalidad de la sociedad española a un rígido esquema propio, por lo que Franco no pretendió nunca la absoluta desaparición de poderes relativamente autónomos respecto al Estado, como el Ejército o la Iglesia. Sin embargo, a diferencia de otras dictaduras que tienen una voluntad clara de estabilidad, el régimen franquista no tomó en serio la tarea de institucionalizarse. Baste recordar para ello que el régimen no tuvo verdaderamente algo parecido a una Constitución sino después de treinta años de haber nacido.

Una de las razones por las que el régimen de Franco no se institucionalizó fue porque, al tener su origen en una coalición conservadora, sus diferentes componentes tenían pareceres acerca de este particular muy distintos e incluso contradictorios. Si esta coalición coincidía en repudiar el pasado republicano o en aceptar a Franco como jefe indiscutido, sin embargo discrepaba en cuanto al futuro. El Caudillo ejercía un arbitraje sobre esta coalición conservadora que siempre tuvo un carácter informal, por lo que nunca permitió que en el Consejo de Ministros estuvieran representadas fuerzas políticas por la inclusión de personajes concretos, sino que él mismo los elegía procurando siempre que estuviera compensada la composición del gabinete entre las distintas *familias* del régimen. Incluso había carteras ministeriales que estaban asignadas de antemano para cada uno de los grupos que integraban la coalición: Asuntos Exteriores y Educación para los católicos, Justicia para los carlistas, o Agricultura y Trabajo para los falangistas. De hecho estos grupos nunca se institucionalizaron, lo que facilitó e impuso el arbitraje de Franco. Si ese pluralismo dentro del franquismo se hubiera legalizado, las familias podrían haber dirimido sus diferencias mediante unas elecciones o habrían hecho imposible la convivencia entre sí. Esas *familias* de la dictadura franquista fueron un fenómeno que, sobre todo, se dio en la primera parte del régimen, pues en los años finales fueron sustituidas por grupos exclusivamente personalistas o clientelares.

Un rasgo definitorio de los regímenes dictatoriales consiste en determinar hasta qué punto pretenden una movilización de los ciudadanos en su favor. Los regímenes fascistas son movilizadores y también el franquismo lo fue en sus primeros años. En cierta manera hasta el final, cuando se consideraba en peligro, recurría a la movilización popular y entonces se asemejaba más al fascismo. Pero lo habitual en él fue, a partir de los cincuenta, mantener una sociedad desarticulada y pasiva, ajena por completo a la política. Todo ello no significa que no hubiera una parte de la sociedad que fuera franquista y otra que no lo fuera, pero si sumamos ambas no llegaban ni siquiera a la mitad de la población española. El resto —por temor, ignorancia, desidia o cualquier otra razón— permanecía al margen.

En la dictadura de Franco hubo un partido, la Falange, que en los primeros años tuvo la pretensión de ser el único y ocupar solo todo el escenario político, aunque desde la etapa inicial esa pretensión fue derrotada. La Falange no logró tener unas milicias, ni dominar la administración, la justicia o la diplomacia como sucedió con el partido nazi en Alemania. Luego el partido se burocratizó y se convirtió en una parte del aparato del Estado que proporcionaba servicios sociales a la población. La Falange siempre tuvo su importancia y ocupó una parte del escenario político, pero tan sólo eso, sin lograr nunca la hegemonía absoluta.

En un régimen como el de Franco no tiene sentido establecer una distinción entre el ejecutivo y el legislativo porque el predominio correspondió siempre al primero. Las Cortes en realidad no servían para otra cosa que como caja de resonancia para las grandes decisiones de Franco o el debate interno de la clase dirigente del régimen sobre cuestiones adjetivas. En cuanto al ejecutivo hay que tener en cuenta que aunque las decisiones fundamentales estuvieran en las manos de Franco, éste dejó muy a menudo una amplia libertad a sus ministros para la realización de políticas concretas. En los momentos iniciales los colaboradores de Franco procedieron principalmente del Ejército o del partido, pero en la etapa final se nutrían en mayor grado de la Administración.

Vencedores y vencidos. El Nuevo Estado

Tras esta explicación general de lo que fue el franquismo y quién lo personificó debemos volver a 1939. En ese momento resulta patente un fuerte contraste entre la lamentable realidad española después de finalizada la guerra y el entusiasmo de quienes en ella habían resultado vencedores.

El primero de los desastres de la guerra se concreta en el número de muertos que ésta produjo. Aunque no existe seguridad en las cifras los cálculos más comúnmente lo sitúan alrededor de unas seiscientas cincuenta mil, lejos del millón de muertos que se suele tomar como cifra emblemática que tan sólo se alcanzaría en el caso de que contáramos a los no nacidos como consecuencia del conflicto. La guerra prolongó sus sufrimientos durante los años siguientes en la mayor incidencia de la mortalidad por enfermedad, dadas las condiciones de vida existentes.

Pero, como es lógico, hubo también una gravísima destrucción física y material durante el periodo bélico. Fue inferior a la que sufrieron países como Italia y Alemania durante la II Guerra Mundial, pero algunas cifras pueden dar cuenta de su importancia. El descenso de la renta nacional fue del 28%. Aproximadamente el 8% de las viviendas quedaron destruidas. La producción agrícola disminuyó en un 20% y la industrial el 30%. Las comunicaciones sufrieron de una manera muy especial: un 40% del parque ferroviario quedó destruido y también un tercio de la marina mercante. Las reservas de divisas y de oro se desvanecieron.

Lo peor, sin embargo, no fue tanto esa destrucción como la perduración del espíritu de guerra civil que se percibe a través de la política represiva. Lo que llama la atención de la misma es, al mismo tiempo, la complicada y acumulativa red de instrumentos de los que se sirvió y su volumen. La represión, a diferencia de lo sucedido en Alemania e Italia, fue obra principal de la justicia militar, siempre muy severa y puramente arbitraria al comienzo de la posguerra. Una característica relevante del franquismo fue la existencia de una pluralidad de jurisdicciones especiales de las que todas las que se referían a la disidencia política (y aun otras, como los accidentes ferroviarios) eran remitidas a la Justicia militar. Todavía en guerra, a comienzos de 1939, se publicó la Ley de Responsabilidades Políticas que atribuía no sólo a los jueces sino también al Ejército y al partido (e incluso a los párrocos) la determinación de las mismas en forma de sanciones económicas y destierros. Se utilizó principalmente para sancionar a los líderes reformistas más que a los revolucionarios. En marzo de 1940 fue promulgada la ley de represión de la masonería y el comunismo, producto de la obsesión de Franco respecto de la primera (en el segundo incluía al anarquismo, lo que ambos grupos habrían rechazado por completo). Tenía una pretensión de perduración que la llevó a sobrevivir hasta el final del régimen fomentando además la delación. Finalmente la totalidad de los funcionarios públicos fueron sometidos a depuración y en la posguerra el acceso a la Administración quedó reservado, incluso en un 80%, a los vencedores.

La represión de la posguerra afectó a un número muy elevado de personas: puede situarse alrededor de las 30.000-50.000 ejecuciones pero también debe hacerse mención de los condenados a muerte que pasaron años esperando la ejecución, sin que ésta se llevara a cabo. Como término de comparación puede citarse que en Francia las ejecuciones previo juicio de pasados colaboracionistas no llegaron a 800. Conocemos mejor la cifra de los presos, que venía a ser unos 270.000 en 1939 y 124.000 en 1942; no disminuyó de forma sustancial hasta 1950, pero aun en esa fecha los 30.000 presos eran tres veces más que en los años de la Segunda República, antes de que comenzaran los momentos de peor inestabilidad social. En la década de los cincuenta el número de personas encarceladas era ya inferior a la media en Europa. Tras una fuerte represión inicial el régimen, por tanto, empezaba a ser aceptado de forma pasiva. En ocasiones —en la enseñanza, en especial la universitaria— los porcentajes de depurados administrativos fueron muy altos. Uno de cada tres profesores universitarios, uno de cada cuatro diplomáticos o fiscales y uno de cada siete jueces recibieron sanciones parciales o totales, que implicaban separación de su cuerpo.

La evidencia más obvia de la división de España en dos, vencedores y vencidos, aparece en la perduración de un exilio de gran importancia numérica pero también cualitativa. Cuando la guerra civil concluía había unos 450.000 refugiados en Francia. Una parte considerable de ellos acabaron regresando a España y convirtiéndose en una especie de exilio interior, pero algo menos de la mitad se convirtieron en una emigración permanente. Entre ellos estuvieron algunos de los que hubieron de padecer peores circunstancias durante la posguerra civil. La caída de Francia en manos de los alemanes tuvo como consecuencia que una parte de estos exiliados políticos fueran devueltos a España donde sufrieron, al menos, cárcel y en muchos casos, además, ejecución (el caso del presidente de la Generalitat, Companys). Otros no fueron devueltos pero los alemanes, por considerarlos muy peligrosos, los enviaron a campos de concentración: de los trece mil que pasaron por ellos sobrevivieron menos de una sexta parte. Las filas de la resistencia francesa se vieron nutridas por un elevado número de republicanos españoles que liberaron algunas de las ciudades del sur de Francia antes de que llegaran a ellas los aliados. Resulta lógico que al final de la guerra mundial pensaran que era posible invertir el resultado de la guerra española.

La guerra mundial, por otro lado, tuvo como consecuencia que una parte importante de la emigración española acabara asentándose en América, lejos del peligro fascista. Merece la pena en especial citar el caso de México, que llegó a recibir unas veinte mil personas. Lo más importante de esta emigración fue, sin embargo, la calidad de sus componentes que contribuyeron de manera decisiva a renovar las instituciones culturales y educativas de este país. Otros países hispanoamericanos en los que el peso de la emigración procedente de España resultó muy importante fueron Cuba, Argentina, Santo Domingo y Chile. México, sin embargo, fue un caso especialísimo, como se demuestra por el hecho de que nunca mantuvo relaciones diplomáticas con la España de Franco.

Ésta nació de una clara voluntad de ruptura con respecto al pasado español. Frente al liberalismo de la época anterior los elementos determinantes de la España vencedora en la guerra civil eran el nacionalismo y el catolicismo, ambos estrechamente entrelazados. El nacional-catolicismo, más que una idea precisa, fue una mentalidad característica de los vencedores en la guerra. Significaba una voluntad de considerar que no sólo el catolicismo español era el mejor sino que debía impregnar la totalidad de la vida, incluida la política. En cuanto a la visión de España se basaba en el unitarismo radical, que suponía la voluntad de erradicar por completo las lenguas de las nacionalidades históricas. Se ha hablado de una voluntad de «genocidio cultural» y esta afirmación, por dura que pueda parecer, corresponde a la realidad, como lo demuestra la persecución de las otras lenguas diferentes del castellano. Existió también un modesto imperialismo, especialmente interesado en el norte de África, y una identificación mítica de España con su pasado en los siglos de Oro.

En ningún aspecto fue más patente esa voluntad de ruptura con el pasado que en lo que respecta a la prensa. En realidad, las disposiciones que la rigieron databan de la guerra civil (1938) pero fueron concretadas y precisadas en los años siguientes. Resultaba, por ejemplo, imprescindible disponer de un carnet para poder ejercer la profesión de periodista y sólo se le concedió a menos de la mitad de quienes lo pidieron. No sólo existía censura de prensa sino que además se repartían consignas que limitaban a casi nada la espontaneidad de los periódicos, incluso en materias deportivas. Hasta bien entrados los años cincuenta no fue posible que las empresas periodísticas nombraran a los directores de los periódicos. Pero ése fue tan sólo un aspecto de la configuración de una política nueva.

Sin duda, el régimen del general Franco en los años cuarenta tenía una apariencia claramente totalitaria. A ello contribuía el entusiasmo de los vencedores después de la guerra civil que impregnaba la vida cotidiana. Así, por ejemplo, ahora en plena efervescencia nacionalista a la ensaladilla rusa se la denominaba ensaladilla nacional y el equipo nacional de fútbol sustituyó sus camisetas rojas por azules.

Siendo la dictadura franquista un régimen dictatorial, se produjo una absoluta concentración del poder en manos del general Franco, fenómeno especialmente patente a partir de la crisis de 1939 como consecuencia de la desunión interna del primer gabinete de Franco. Una disposición de este año le atribuyó incluso la posibilidad de dictar normas sin deliberación del Consejo de Ministros. Los altos jefes militares que podían ser un obstáculo a la suprema autoridad de Franco fueron enviados al extranjero o marginados a un segundo plano de la vida política. En un deseo de institucionalizar el nuevo Estado franquista, en julio de 1942 se publicó una ley destinada a regular el funcionamiento de las Cortes, como órgano de participación del pueblo español, pero quedaron notoriamente dominadas por el gobierno que nombraba a todos sus miembros.

También se adecuó al nuevo régimen todo el sistema de derechos y libertades de los ciudadanos. Desde el mes de abril de 1940, desaparecidos ya por decreto los partidos políticos, quedó supeditado el derecho de reunión y de asociación a una autorización del Gobierno, que tenía los máximos poderes para denegarlo. En las regiones donde existían sentimientos autonomistas se dispuso no sólo la anulación de sus estatutos de autonomía y la supresión de los conciertos (excepto en Navarra) sino la prohibición de utilizar otra lengua en la educación y la Administración que el castellano. En cuanto a la Universidad, se estableció un férreo control estatal e ideológico mediante una ley del año 1943, achacando sus males a la libertad de cátedra y al influjo de corrientes extranjeras y a la influencia krausista y masónica de la Institución Libre de Enseñanza. Ahora se quería crear una Universidad que respondiera al espíritu del siglo de las cruzadas y en la que los rectores pertenecieran a la Falange. El partido único pretendió controlar la institución universitaria a través del SEU (Sindicato Español Universitario), pero ese propósito resultó efímero.

Si el régimen del general Franco no se convirtió en plenamente totalitario fue debido a que no todas las disposiciones citadas se cumplieron, a que siempre existieron poderes parcialmente autónomos y a que, a diferencia de lo sucedido en Alemania e Italia, el partido tuvo una influencia menor que en aquellos regímenes. Uno de estos poderes autónomos fue la Iglesia católica, a pesar de que en estos momentos de la posguerra las relaciones que mantuvo con el Estado fueron un tanto conflictivas. Sólo en el año 1941 se llegó a un acuerdo para el nombramiento de los obispos en un momento en que la mitad de las sedes episcopales españolas estaban vacantes. La Iglesia española, a pesar de colaborar estrechamente con el régimen, no quiso saber nada de la influencia nazi en el terreno cultural.

En la evolución de la política interior española del régimen franquista en sus primeros años tuvo una especial incidencia el desarrollo de la II Guerra Mundial. La figura predominante de estos momentos iniciales fue Ramón Serrano Suñer, cuñado de Franco, aunque su poder era desde luego muy inferior al de éste, que nunca compartió con nadie sus responsabilidades decisivas. Serrano Suñer, jurista de sólida formación, había estudiado en Italia y éste fue el modelo que trató de introducir en España, apoyándose en la Falange, de la que fue su principal inspirador y dirigente. Ambicioso y personalista, su poder fue enorme durante los dos primeros años de la posguerra para derrumbarse luego en el año 1942.

Fue el único dirigente que hubiera sido capaz, en el caso de una entrada española en el conflicto, de imponer un predominio del partido. Éste, sin embargo, muy tempranamente demostró no ser capaz de someter a la judicatura, ni tener unas milicias armadas ni poner en práctica un sindicalismo demagógico. Todas estas batallas fueron perdidas por él entre 1939 y 1941. A mediados de este año, a pesar de que el número de ministros falangistas era más alto que nunca, los resortes decisivos estaban en otras manos. Los militares, aliados a los sectores más tradicionales, católicos y conservadores, se impusieron a los falangistas, a los que consideraban jóvenes e insolventes. Pero el verdadero vencedor en esta lucha fue Franco, que de este modo consolidó su dictadura durante los años complicados en los que España estuvo a punto de entrar en la guerra mundial.

España ante la II Guerra Mundial

La postura de las autoridades españolas en el momento del estallido de la II Guerra Mundial no fue tan proclive a las potencias del Eje como podían esperar Inglaterra o Francia. Aunque Franco estaba ligado a Italia y Alemania por diversos tratados de un vago contenido y existió una voluntad imitativa de la primera, como ya sabemos, a comienzos de 1940 había procurado acercarse también a Francia e Inglaterra mediante la firma de tratados comerciales, dadas sus penurias económicas.

El estallido del conflicto mundial cogió por sorpresa a los dirigentes españoles. En el mes de septiembre de 1939 España se declaró neutral ante una guerra cuya localización geográfica distaba mucho de sus intereses territoriales y estratégicos. En los primeros meses Franco hizo reiteradas llamadas a la paz invocando a «nuestra dilecta hermana Italia». Ésta fue la principal inspiradora de la política exterior española, en perfecta concordancia con lo que sucedía en la interna. En ese momento Mussolini hubiera querido una paz negociada con el mismo como mediador y dirigente de un grupo de neutrales entre los que estuvo España.

Cuando en el verano del 1940 se produjeron las grandes victorias militares del Eje, España, sin entrar en guerra como Italia, optó por una política en la que se mostraba claramente simpatizante del Eje, con quien siempre tuvo una identidad ideológica obvia. En el mes de junio se pasó de la neutralidad a la no beligerancia, similar postura a la adoptada con anterioridad por Italia y que, en realidad, era una prebeligerancia. Ese mismo mes Franco envió a uno de sus generales a proponer a Hitler entrar en la guerra a su favor a cambio de determinadas compensaciones territoriales (la totalidad de Marruecos, parte de Argelia y la ampliación de Guinea). Desde antes de que se produjeran las victorias alemanas, España había dado facilidades de aprovisionamiento a los submarinos alemanes en sus costas y ahora las amplió, como también permitió el uso del territorio nacional a la aviación italiana. Hubo también una intensa colaboración con el Eje en materia alimenticia y de espionaje.

Cuando, en torno a agosto de 1940, Hitler se dio cuenta de que Gran Bretaña iba a permanecer en la guerra sin pedir la paz presionó a Franco de una forma un tanto caótica y breve para que entrara en la guerra al lado del Eje, permitiéndole tomar Gibraltar, una posición clave para controlar el tráfico marítimo del Imperio británico. El Caudillo, que se había limitado a ocupar Tánger en el peor momento de la derrota francesa, era consciente de las debilidades que tenía España, recién salida de una guerra civil, y quería, aparte de no poner en riesgo su dictadura, obtener el máximo beneficio con el mínimo esfuerzo. El 23 de octubre de 1940 Hitler se entrevistó con Franco en Hendaya para inducirle a que España entrara en la guerra, pero ofrecía demasiado poco —sólo Gibraltar— y no logró arrancarle un compromiso preciso. Se firmó un protocolo entre Franco y Hitler que preveía la entrada de España en el conflicto, pero era poco satisfactorio para ambas partes, ya que Hitler no obtuvo una mínima precisión acerca de la fecha ni Franco logró que se aceptaran sus exigencias territoriales. Alemania tenía un interés especial en evitar enfrentamientos con Francia, el país que debía asumir recortes territoriales para satisfacer las reivindicaciones españolas.

A comienzos del año 1941 Mussolini hizo un tímido esfuerzo por convencer a Franco de que entrara en la guerra mundial al lado del Eje. Con este motivo tuvo lugar una entrevista entre ambos en Bordighera, cuyo resultado fue nulo. Italia, que había cosechado unos resultados bélicos deficientísimos, temía compartir con España adquisiciones territoriales. Pero los puntos de identidad ideológica entre los regímenes de Hitler y Franco se mantuvieron, como se demostró por la reacción española cuando se produjo la invasión de Rusia en el verano de 1941. Sin que mediara presión alguna, España envió a Rusia tropas voluntarias, la llamada División Azul, compuesta de dieciocho mil hombres y dirigida por el general Muñoz Grandes. Se situó en la zona de Leningrado, donde a causa de la dureza del clima y las penalidades de la guerra la cifra de bajas llegó a un 30%.

Los anglosajones, a lo largo de 1940 y 1941, temieron la intervención española en la guerra a favor del Eje. El Gobierno británico trató de evitarla ejerciendo una presión económica sobre España, necesitada de materias primas alimenticias y energéticas que sólo él podía facilitarle. También Estados Unidos, que en esta primera fase aún no había entrado en la guerra, mantuvo una postura más inflexible que la de los británicos para que España no interviniera, no dudando en suspender los envíos de petróleo a Franco. Hubieron de ser los británicos quienes les convencieran para que mostraran una actitud más contemporizadora con España.

La actitud del Gobierno español en relación con la guerra durante los meses finales del año 1941 y los primeros de 1942 no experimentó cambios importantes. Franco criticaba duramente a los estadounidenses y afirmaba que el sistema totalitario había demostrado su superioridad en la guerra. Sin embargo, en el otoño de ese mismo año, la guerra dio un giro decisivo y también con él empezó a variar la postura de la diplomacia española. En el mes de septiembre, como resultado de las desavenencias interiores del gobierno, que concluyeron con el atentado al ministro del Ejército, se produjo la sustitución de Serrano Suñer en el Ministerio de Asuntos Exteriores por el general Jordana. Si el primero se había caracterizado por sus exaltadas declaraciones a favor del Eje, ahora el nuevo ministro, persona más cercana a la derecha tradicional que a Falange, aseguró al embajador estadounidense que la no beligerancia española no equivalía a la prebeligerancia italiana sino que España estaba firmemente decidida a no intervenir en el conflicto. Cuando, en noviembre del año 1942, se produjo el desembarco de los aliados en el norte de África, Franco recibió seguridades del presidente Roosevelt a través del embajador estadounidense de que España no tenía nada que temer.

Mientras tanto Alemania se veía forzada a adoptar una postura cada vez más defensiva en España. Algunos sectores militares alemanes —la Marina— insistían en la necesidad de contar con la Península como base de operaciones, pero Hitler ya no podía utilizar sus ejércitos en España porque la guerra había tomado un sesgo desfavorable para él en otros frentes, como el ruso, objeto de su especial interés. Finalmente los planes alemanes quedaron reducidos a intervenir en la Península únicamente en el caso de que se produjera un desembarco de los aliados, contando para ello con la colaboración española.

Ante el giro dado por la guerra Franco intentó potenciar su relación con Portugal, que se había mantenido más proclive a la política de los aliados. Sus respectivos dirigentes compartían muchas opiniones y a lo largo de 1942 se plasmaron en el establecimiento del llamado Bloque Ibérico, que se definió como partidario de la civilización cristiana occidental. De esta manera España, a través de su país vecino, estableció un contacto indirecto con los aliados. Al mismo tiempo potenció su relación con el Vaticano. No obstante sólo en el año 1943, cuando el Eje fue expulsado de Túnez, fue bien perceptible este cambio de tendencia en España, la cual fue haciendo diversas concesiones a los aliados. Nunca lo hizo en realidad de forma espontánea, sino al ritmo de las operaciones militares, cada vez más favorables a los aliados, y a menudo inducida hacia ese cambio como consecuencia de una presión directa.

En adelante, sobre todo a partir de 1944, Franco llegó a dividir el conflicto bélico mundial en nada menos que tres diferentes: aparte del que enfrentaba a Alemania y Rusia, el de Gran Bretaña con la primera y aquel que tenía lugar entre Japón y Estados Unidos por el control de Extremo Oriente. Así como España era favorable a Alemania en su enfrentamiento con Rusia, en cambio era neutral en la guerra entre el Eje y los anglosajones y resultaba favorable a Estados Unidos frente a los japoneses. Pero eso eran tan sólo fórmulas para adaptarse a las nuevas circunstancias internacionales. No hubo tampoco una auténtica evolución en el terreno de la política interior, pues la creación de las Cortes —reunidas en 1943— no significó ningún cambio en absoluto.

La lentitud de la evolución de Franco se aprecia teniendo en cuenta la rapidez con la que se produjo la derrota de los ejércitos del Eje en el Mediterráneo. Para la España de Franco, que en 1939-1941 había tratado de imitar a la Italia fascista, fue esencial el derrumbamiento de ésta en julio de 1943. Falange temió que se produjera algo semejante en España y así pudo suceder, como se demuestra por el hecho de que los tenientes generales se dirigieran a Franco proponiéndole que diera paso a la Monarquía en la convicción de que su régimen no podía perdurar en el caso de una victoria de los aliados. Pero a

Franco la caída de Mussolini le sugirió una enseñanza por completo distinta: lejos de inducirle a abandonar el poder le hizo pensar en resistir como fuera. Eso no implicaba que no estuviera dispuesto a hacer cesiones a los aliados, que pretendió llevar a cabo con lentitud y procurando que fueran mínimas. En octubre de 1943 ordenó la retirada de la División Azul del frente ruso, pero en el que permanecieron de forma voluntaria algunos soldados españoles. Por las mismas fechas el número de trabajadores españoles en Gibraltar era idéntico a los que trabajaban en Alemania.

Toda esta evolución les pareció a los aliados —en especial a los estadounidenses— insuficiente y tenían armas en sus manos para conseguir acelerarla. Así se demostró con el conflicto del wolframio. Éste era un mineral imprescindible en las aleaciones para la industria militar y del cual carecía Alemania tras su ruptura con Rusia; España se lo proporcionó en la última fase de la guerra, consiguiendo mediante este procedimiento pagar una parte de su propia deuda de guerra. Los aliados quisieron detener este comercio por el procedimiento de comprar este mineral aunque no lo necesitaban. Como tenían, además, muchos otros motivos de queja en contra de Franco, aprovecharon la ocasión que les proporcionó un error cometido por la diplomacia española para presentar sus reclamaciones con dureza. A fines de 1943 el Ministerio de Asuntos Exteriores español dirigió un telegrama de simpatía a un gobierno filipino que en teoría era independiente pero que en la práctica resultaba projaponés. Con este motivo, sin antes proceder a ninguna amenaza previa, en enero de 1944 Estados Unidos optó por suspender los envíos de petróleo a España. No era la primera vez que lo hacía, pero en esta ocasión la suspensión del aprovisionamiento, un auténtico ultimátum, fue más larga que en cualquier otra anterior. Sólo en el mes de mayo España y Estados Unidos llegaron a un acuerdo que solucionaba los previos problemas existentes entre los dos países. Franco aceptó cerrar el consulado alemán en Tánger, la vuelta de los trabajadores españoles en Alemania y la ratificación de que la División Azul sería repatriada, una suspensión de los envíos de wolframio, que tardó en llevarse a la práctica y nunca fue definitiva y, en fin, la entrega de los barcos italianos refugiados en España tras la derrota del fascismo.

Con eso no se solucionaron las diferencias existentes entre España y los aliados. El Caudillo creyó ver en unas palabras de Churchill en la Cámara de los Comunes británica una actitud de reconocimiento ante la supuesta neutralidad española, pero aunque el primer ministro británico nunca estuvo dispuesto a invadir España para echar a Franco, de ningún modo pensó que hubiera sido verdaderamente neutral. La pretensión española de conseguir, en la fase final del conflicto, que Gran Bretaña cambiara sus alianzas y contribuyera a detener a la URSS en su camino hacia el centro de Europa careció de cualquier sentido. El presidente Roosevelt siempre mantuvo una actitud muy contraria a la España de Franco, a la que consideró incompatible con el mundo democrático de la posguerra. De nada sirvieron los repetidos intentos del Gobierno español de ofrecer una postura cada vez más benevolente hacia los aliados. En agosto de 1944 murió el general Jordana y quien lo sustituyó, Lequerica, en realidad mucho más cercano al Eje en el pasado, mantuvo ahora una postura de absoluto plegamiento a Estados Unidos. Cuando en el mes de febrero de 1945 los japoneses asaltaron el consulado de España en Manila, el gobierno español rompió las relaciones con el japonés y hubo algún ministro que llegó a sugerir el envío de una especie de División Azul al otro extremo del mundo. Mientras tanto en el Viejo Continente las concesiones a los estadounidenses cada día eran más considerables. No sólo los prisioneros aliados huidos de Francia fueron entregados a los anglosajones —de tal modo que pudieron seguir combatiendo con sus ejércitos— sino que además los aviones estadounidenses (incluso los militares) pudieron aterrizar en los aeropuertos españoles.

Un testimonio del cambio de posición española respecto del conflicto fue que la diplomacia se dedicó a la protección de los judíos en peligro de exterminio por parte de los nazis en los últimos meses de la II Guerra Mundial. La verdad es que la España de Franco nunca practicó una política racista; a través de ella consiguieron huir muchos de los que hubieran sufrido la persecución nazi de haber permanecido en Europa. Sin embargo en la fase más aguda del predominio del III Reich tampoco tuvo una política activa de defensa de los judíos. En cambio en la fase final la política española se convirtió en favorable a la protección de la minoría judía, principalmente a través de las embajadas y consulados del este de Europa.

Resulta muy difícil reducir a un esquema simple la posición española ante la II Guerra Mundial, principalmente por tres razones. En primer lugar, fue Franco el principal responsable de ella y no siempre es fácil descubrir sus razones que, de todos modos, siempre tuvieron como eje esencial el mantenimiento de su régimen. Además, España siempre fue durante la guerra un país marginal que tan sólo interesaba por su situación estratégica y, por tanto, no por su ejército. Sólo en Tánger tomó una iniciativa durante la guerra y no fue relevante. El propio carácter cambiante del conflicto no permite, en fin, decir que la España de Franco mantuvo una única posición respecto del mismo. Sin embargo, de reducir a dos los factores determinantes de la posición española, serían, en primer lugar, una simpatía ideológica con el Eje que España siempre prefirió que resultara triunfante y, en segundo, una voluntad de utilizar esta posición en beneficio de intereses propios, que eran también del general Franco. Éste siempre consideró que no podía entrar en el conflicto sin una contrapartida territorial importante. Pero Hitler nunca pensó en otorgársela porque para él era demasiado costoso de cara a Francia y porque estaba mucho más interesado en el este de Europa que en el Mediterráneo. España no tenía otro interés para él que ser una proveedora de materias primas y una posible base militar.

Lo sorprendente no fue que España no entrara en la guerra sino lo próxima a ella que estuvo durante mucho tiempo a pesar de esas circunstancias. De cualquier modo existen, además, otros dos factores que contribuyen a explicar la no participación española en el conflicto. En primer lugar, hay que tener en cuenta el gravísimo estado de España en estos momentos: no sólo no disponía de un Ejército moderno sino que además la situación alimenticia era penosa. Por si fuera poco la situación política interna española era de una enorme tensión entre la Falange y el Ejército. En este panorama Franco supo evolucionar con habilidad y convertir lo que muchos habían pensado que debía ser una dictadura sólo temporal en algo definitivo. Pero la proclividad de Franco hacia el Eje habría de tener consecuencias muy graves en el futuro. España en el año 1939 estaba en una posguerra muy dura como consecuencia de la guerra civil. En 1945 se inició una segunda posguerra o una prolongación de la primera que duró hasta bien entrados los años cincuenta. El aislamiento internacional estuvo provocado no tanto por la dudosa neutralidad española durante el conflicto como por la decisión de no cambiar nada esencial en las instituciones políticas.

Tiempos de autarquía

La situación económica española al finalizar la guerra civil era, como ya se ha indicado, catastrófica. A la vista de la situación, no cabe duda de que aunque parecieran exageradas las peticiones de los gobernantes españoles a Alemania para intervenir en la II Guerra Mundial no lo eran tanto y desde el punto de vista nacional estaban plenamente justificadas. En realidad tal situación hacía inviable que España pudiera ser considerada como un aliado fiable en cuanto a su capacidad combativa, hasta el extremo de que Mussolini, tras entrevistarse con Franco en 1941, concluyó que no se podía hacer entrar en una guerra a un país que tenía pan para una semana. La frase no es tan exagerada: algunos cálculos de los salarios reales durante la II Guerra Mundial en las ciudades industriales los reducen a un tercio de los prebélicos.

Es obvio que los antecedentes bélicos explican en gran parte esta situación, pero no es menos cierto también que España siguió una política económica de autarquía e intervencionismo estatal y en el terreno social adoptó un tono revolucionario, en muchas ocasiones en contradicción con las disposiciones que se dictaban en el terreno económico, que resultaron gravemente perjudiciales y tuvieron como resultado aumentar las penalidades de los españoles. Además otro rasgo característico de ellas fue que perduraron mucho, de modo que no pueden explicarse sólo por las circunstancias de guerra mundial existentes hasta 1945: así como nada esencial cambió en la política interna, a partir de esta fecha tampoco hubo un cambio en la seguida por el Estado en materia económica. En realidad se dio en ella un fuerte componente ideológico o, al menos, motivado en la mentalidad de los principales responsables de la España vencedora en la guerra.

El intervencionismo estatal y la autarquía eran dos tendencias anteriores de la economía española, pero que ahora se fomentaron fundamentándose en ideas políticas nacionalistas y en el repudio radical de los principios de la economía de mercado. Pudo haber en todo ello un factor derivado del clima ambiental favorable al fascismo pero en los principales dirigentes políticos españoles —el propio Franco y los sectores militares, por ejemplo— lo que predominó fue un convencimiento de que podían simplemente imponer órdenes cuarteleras a la economía. Sin embargo, para la economía española la autarquía era y es inviable, no sólo porque carecía de las materias primas imprescindibles como caucho, petróleo o algodón, sino porque debido a situaciones meteorológicas desfavorables se puede producir una insuficiencia de recursos agrícolas. Así, por ejemplo, entre los años 1941 y 1945 hubo que importar cinco veces más trigo que durante el periodo 1931-1935. En el periodo 1941-1943 el comercio español estuvo casi totalmente dirigido hacia los países del Eje por razones políticas, cuando se hubieran podido obtener resultados económicos mucho mejores con el mantenimiento de una posición más neutral que hubiera facilitado el abastecimiento. Esas razones políticas llevaban a la presunción de que España se podía convertir en una gran potencia económica a base de extremar y radicalizar su independencia de la economía mundial, fomentar una industrialización antieconómica o convertir en omnipresente al Estado. En la práctica el intervencionismo tuvo como consecuencia la creación de un aparato burocrático agobiante, muy ineficaz y siempre dispuesto a favorecer a los más adictos. En cambio, un Estado intervencionista al máximo no tuvo un plan de reconstrucción propiamente dicho, cuando hubiera sido lo lógico dadas las circunstancias.

Una parte de las medidas adoptadas por el régimen se refirieron a la agricultura y en este terreno se mantuvo una política de carácter netamente conservador. Frente a la reforma agraria de la época republicana, que no sólo supuso la devolución de las tierras expropiadas en los años treinta sino que se propuso un programa de mejora en las explotaciones sin redistribución de la tierra que fue llevado a cabo por el Instituto Nacional de Colonización. Su efecto sobre el conjunto del campo español resultó modesto: el ritmo anual de asentamientos fue de mil quinientos por año hasta comienzos de los cincuenta. Además se creó el Servicio Nacional del Trigo destinado a regular la producción de este producto que tanto suponía para los pequeños propietarios de la mitad norte del país. Ni éstas ni otras medidas lograron satisfacer las necesidades de abastecimiento alimenticio durante toda la década de los cuarenta. De nada sirvió multiplicar hasta el extremo la intervención en el mercado interior, con sanciones gravísimas, porque el mercado negro —denominado *estraperlo*, en recuerdo de los tiempos republicanos— se enseñoreó de la economía real del país convirtiéndose en inevitable. La climatología desfavorable que redujo las cosechas a la mitad algunos años y, más aún, la falta de inversiones contribuyen a explicar esta situación.

Este último dato nos revela las preferencias de la política económica oficial. La manía de grandeza nacionalista de los políticos del momento encontró una mayor satisfacción en los grandes proyectos industriales de dudosa rentabilidad económica en vez de los más modestos dedicados a mejorar el abastecimiento de los españoles. Respecto a la política industrial el intervencionismo se concretó en la aparición, en el año 1939, de disposiciones relativas a la protección de industrias de interés nacional. Todas ellas fueron muy tempranas, claramente intervencionistas y guiadas por criterios productivistas. La obra preferida del régimen fue, sin embargo, la creación en 1941 del Instituto Nacional de Industria, imitado de una institución italiana parecida. El INI desarrolló un elevado número de industrias pero casi nunca se guiaron por criterios de rentabilidad estrictamente económicos. Resulta muy significativo que al frente de él figurara no una persona con conocimientos y práctica en el terreno industrial sino un marino, íntimo de Franco, Juan Antonio Suances. También en otros campos económicos fueron militares los principales responsables. Los proyectos iniciales del INI —destinados a extraer petróleo de las pizarras bituminosas de Puertollano— tuvieron escasa rentabilidad. Mientras tanto la industria privada padecía gravísimos problemas de abastecimiento en materias primas y en energía. En la segunda mitad de la década de los cuarenta la producción eléctrica estuvo un tercio por debajo de las necesidades y dos tercios de la lana empleada por la industria textil procedían del mercado negro. Peor, de todo modo, fue la situación de una empresa privada de capital extranjero como Río Tinto hasta que en 1954 fue adquirida por capital español. Desde el Estado se practicó una política de hostilidad permanente —en forma de embargos o subidas salariales— hasta conseguir ese resultado sin que con ello mejoraran los resultados económicos. En absoluto sirvió el intervencionismo para mejorar el índice de producción industrial. Por el contrario, se produjo un retroceso respecto de Italia mientras que el crecimiento anual permanecía por debajo del 1%. Sólo entrados los años cincuenta se recuperó el nivel productivo industrial de los treinta. España a estas alturas resultaba mucho más comparable a países hispanoamericanos, como Costa Rica, que a otros europeos.

Existió una profunda discrepancia entre la política hacendística y la comercial. El reajuste económico de la posguerra se hizo acentuando la situación favorable para el *statu quo* bancario y conservando la insinceridad tributaria, pero con resultados positivos y rápidos. Sin embargo, la política seguida a continuación testimonia los errados planteamientos económicos de los gobernantes. La Deuda Pública, emitida con generosidad y colocada a través de la banca privada, favorecía la inflación y no era controlada en la práctica por ningún organismo superior. Así, por ejemplo, se financiaron las empresas del INI. En cambio lo que caracterizó a la política comercial fue una extremada regulación tanto respecto del exterior como del interior, al que ya se ha hecho mención. Se mantuvo en teoría una divisa fuerte pero en realidad se estableció un auténtico bosque de cambios múltiples regulado de forma barroca y todavía más complicado como consecuencia del sistema de licencias a la importación. En cuanto a la financiación extranjera, estuvo en la práctica vedada por el nacionalismo que llevó a la nacionalización de las empresas existentes en España (Telefónica, por ejemplo).

El resultado global de la política económica seguida en los años cuarenta y durante los primeros de la década de los cincuenta fue muy negativo. La renta *per cápita* de la preguerra se había reducido a un tercio en 1945 y los niveles macroeconómicos no se recuperaron de forma definitiva sino en 1954, es decir, dieciocho años después del comienzo del régimen.

Mientras tanto los años iniciales del régimen presenciaron, en política social, la aparición de una serie de medidas tendentes a ampliar la seguridad social en materias como la protección familiar, el seguro de vejez o el de enfermedad; apareció también la magistratura de trabajo y se legisló sobre el contrato laboral. La responsabilidad en esta materia le correspondió al Ministerio de Trabajo, desempeñado por el falangista Girón. Si la atención médica permitió disminuir la mortalidad infantil, al mismo tiempo la demagogia a la hora de la elevación de los salarios contribuyó de forma muy acentuada a la inflación. En cuanto a los sindicatos, durante la primera etapa del régimen se les quiso atribuir un papel directivo de la economía pero muy pronto se olvidaron estos propósitos. Sólo en 1944 se produjo un comienzo de participación obrera en el nivel sindical de la empresa.

La estabilidad del franquismo (1945-1959)

Durante la guerra mundial se asentó de forma definitiva la dictadura personal de Franco en medio de unas circunstancias conflictivas en el seno de su propio régimen que el panorama exterior todavía agravaba más. Durante la primera mitad de la década de los cuarenta, el régimen franquista no encerraba ninguna peculiaridad especial con respecto a los del resto de la Europa que en Alemania ejercía su hegemonía. Tras la victoria de los aliados en 1945 ese mundo se derrumbó y de él tan sólo quedaron restos, el único relevante de los cuales fue España. Franco debió superar la prueba del aislamiento exterior impuesto por su actitud durante el conflicto y por su ausencia de deseo de un cambio político auténtico. Fue entonces cuando se creó un auténtico abismo entre España y el resto de los países europeos occidentales.

Sin embargo, y contra todas las previsiones iniciales, el régimen franquista sobrevivió gracias a que todavía perduraba demasiado en la sociedad española el recuerdo de la guerra civil. Sólo lo logró de modo definitivo a mediados de los años cincuenta, gracias a un factor no dependiente de ella como fue el cambio de la situación internacional. A fines de los cincuenta tuvo lugar una decisiva modificación de la política económica y, al mismo tiempo, una conversión definitiva de un régimen que recordaba al fascismo en otro género de dictadura burocrático-administrativa. Ambos procesos se explican en gran medida porque en estos años el régimen dio la sensación de ser aceptado pasivamente por la mayor parte de sociedad española.

El ostracismo y la presión de la oposición

La causa fundamental de que España sufriera el aislamiento internacional después de la derrota del Eje no fue la colaboración de Franco con Hitler sino el mantenimiento del régimen sin cambiar en nada fundamental. Con toda probabilidad si el sistema español hubiera evolucionado en el sentido de crear una democracia en la que existieran partidos políticos —o que tuviera un parecido, aun remoto con ella, como en el caso de Turquía o Portugal— se habría olvidado su pasado.

Desde los últimos momentos de la II Guerra Mundial empezaron a aparecer las dificultades con las que habría de enfrentarse el régimen español. En el verano del año 1945 se reunió en San Francisco una conferencia internacional —a la que España no fue invitada— de la que surgiría la creación de las Naciones Unidas. En el transcurso de ella, el delegado del gobierno mexicano, aludiendo a España, propuso —y así se aprobó— que no pudieran ser admitidos en la organización aquellos países cuyos regímenes políticos hubieran sido implantados con ayuda de las potencias del Eje. Un poco después, durante la conferencia de Postdam, los grandes, aunque divididos en cuanto a los medios a emplear, se declararon incompatibles con el régimen de Franco. España hizo público un comunicado en el que afirmaba que no mendigaría ningún puesto en organismos internacionales. Cuando hubo que decidir el destino de Tánger, España ni siquiera fue convocada a la reunión.

A comienzos del año 1946 la situación diplomática española empeoró al cerrar Francia la frontera de los Pirineos: fue la potencia democrática que más se significó por su oposición al general Franco. Las grandes potencias occidentales expusieron, en el mes de marzo, una serie de puntos sobre el régimen político español: afirmaban que Franco debía retirarse de manera pacífica, que la Falange tenía que desaparecer, y sugerían que se formara un gobierno de coalición para hacer la transición. Los países comunistas solicitaron, además, que se adoptaran medidas eficaces en contra de Franco, como la suspensión de todo tipo de relaciones económicas. Finalmente, en diciembre de 1946, las Naciones Unidas decidieron la expulsión del régimen franquista de todos los organismos internacionales, llamar a todos los embajadores acreditados en Madrid y anunciar que, en el caso de que no se restablecieran las libertades en España, se tomarían nuevas y más drásticas medidas. Esta resolución, inspirada por los estadounidenses, resultó más moderada que la que habían propuesto los países comunistas, alguno de los cuales pretendió que Franco fabricaba bombas atómicas en Ocaña. La medida adoptada por la ONU no tuvo un efecto importante ya que, de hecho, el régimen español no tenía relaciones con muchos países. En aquel momento sólo estaban presentes en Madrid los embajadores de Portugal, de Suiza y el nuncio del Vaticano. De este modo queda claro el conjunto de fuerzas internacionales con las que podía contar el régimen de Franco para mantenerse. El caso más peculiar fue el de Argentina, que no tenía embajador en Madrid pero lo envió inmediatamente después de que se aprobase la resolución de la ONU. A través del tratado de 1947 y el protocolo firmado por Franco y Perón el año siguiente, Argentina se comprometió a suministrar a España productos alimenticios a cambio de industriales. La colaboración entre ambos países fue de trascendental importancia en esos años difíciles para la alimentación de los españoles, pero los argentinos obtuvieron ventajas de unos pactos que sólo servían para que Perón demostrara su independencia respecto a Estados Unidos.

Con el estallido de la guerra fría y la adscripción de los países del este de Europa a la órbita comunista se deterioraron las relaciones entre Oriente y Occidente. Para los países occidentales —en especial Estados Unidos— se hizo evidente la necesidad de contar con el apoyo, aunque fuera estratégico, de los regímenes anticomunistas y, así, a finales de 1947, un enviado estadounidense visitó a Franco y le anunció que todos aquellos países que se oponían al comunismo eran conscientes de la necesidad de colaborar militarmente con España. Ese mismo año se abrió la frontera pirenaica con Francia. A la altura de 1950 la situación ya era claramente favorable al régimen franquista y a partir del año siguiente se normalizaron las relaciones diplomáticas entre España y las potencias occidentales y se recibió una modesta ayuda económica oficial de Estados Unidos. Finalmente, en noviembre de ese año, las Naciones Unidas aprobaron una resolución por la que, sin juzgar al régimen español, se autorizaba la reanudación de las relaciones diplomáticas con España. Por entonces se inició también la vuelta española a los organismos internacionales.

De este modo, entre los años 1945 y 1950 la política exterior de los países occidentales respecto a España varió de forma radical. Sin duda el factor más importante que contribuye a explicar el cambio de actitud de las potencias occidentales fue el estallido de la guerra fría, ya que en una situación de tensión internacional cualquier colaboración era buena, viniera de donde viniera, frente a un enemigo más peligroso, como era la URSS. Pero en el periodo anterior la política de los países occidentales fue plural y dubitativa. Francia mostró una postura muy radical pero contradictoria, con unos intereses económicos propios que acabaron primando. Gran Bretaña quiso encontrar una solución política mediante una vía intermedia basada en la Monarquía. Los Estados Unidos, al principio muy decididos en contra de Franco, siempre estuvieron en el fondo muy alejados de los problemas europeos y acabaron aceptándolo por motivos militares. El puro dejar pasar el tiempo de los aliados y la mayor urgencia de otros problemas favorecieron a Franco. De todos modos, la normalización de las relaciones no suponía la aceptación del régimen español, contra el que siguió estando la mayor parte de la opinión pública de estos países.

Una de las causas por las que el aislamiento internacional no logró acabar con el régimen del Franco fue la impotencia mostrada por la oposición. Sus dirigentes tuvieron la falsa idea de que las potencias occidentales iban a derribar a Franco, algo que ellos no conseguían por sus propias fuerzas. El peor defecto que cometió la oposición española, y que le impidió actuar de manera efectiva, fue la división. No encaró este problema por exceso de confianza en una coyuntura que parecía significar el fin de regímenes como el español.

Desde el final de la guerra los republicanos españoles permanecieron divididos. En el año 1939 había dos organizaciones (dirigidas por Negrín y Prieto) que se disputaban el destino de las riquezas sacadas de España y la representación política de la emigración. Sólo con el final de la guerra mundial los republicanos se unieron y trataron de restablecer las instituciones de 1931. En agosto de 1945 se reunieron en México las Cortes de 1936 —en realidad no más de un centenar de diputados— y eligieron un nuevo presidente de la República en el exilio, Diego Martínez Barrio, y un gobierno presidido por Giral. Pronto surgieron divisiones internas por la manera de enfocar la oposición al régimen de Franco. Parte de las dificultades de entendimiento nacía de la distancia entre los republicanos que estaban en Francia, los de México y los del interior de España. El tema central de discusión era si la oposición al general Franco debía plantearse desde unas premisas estrictamente republicanas o no. Los socialistas —en especial Prieto— preferían una República, pero aceptaban la voluntad popular si ésta se inclinaba por la Monarquía, como querían las potencias democráticas.

También otros grupos políticos, situados más a la izquierda, sufrieron crisis y divisiones al final de la guerra civil española. El Partido Comunista presenció la lucha por la jefatura de la que salió triunfante La Pasionaria, pero estaba aislado de los demás grupos exiliados que le acusaban de haber monopolizado la República al final de la guerra civil y, por eso, cuando quiso adoptar una postura de «frente nacional republicano», su nueva táctica fue mal recibida por los otros grupos de la oposición. También estaban divididos los anarquistas en cuanto a las tácticas que debían adoptar. Entre ellos habían desde quienes defendían un comunismo libertario hasta los partidarios de llegar a un acuerdo con los monárquicos. Fueron estas dos fuerzas —junto con los socialistas en algunas provincias— las que en los años cuarenta tomaron parte en la resistencia armada al régimen franquista. Al final de la II Guerra Mundial, hacia el otoño de 1944, cobró una cierta importancia para Franco el problema de la guerrilla cuando grupos de maquis españoles cruzaron la frontera de los Pirineos y entraron en España. Aunque fueron derrotados, no pudieron ser erradicados de manera definitiva hasta poco más o menos el año 1952. Entre estas dos fechas hubo en España unos diez mil guerrilleros instalados en las regiones montañosas de Asturias, León, del sistema Ibérico y en Andalucía. Carecían de material pesado y nunca supusieron una amenaza grave para el régimen, pero provocaron numerosos enfrentamientos violentos. A partir del año 1947 la oposición obrera evolucionó, utilizando procedimientos como la huelga por reivindicaciones concretas. Ese mismo año tuvo lugar en el País Vasco la primera de importancia.

Quienes, en la oposición, resultaron más aceptables para las potencias occidentales democráticas fueron los monárquicos. Desde 1942 se produjeron los primeros enfrentamientos entre el régimen y destacadas figuras del monarquismo. Al año siguiente, ante las victorias de los aliados en la guerra mundial, un grupo de militares de alta graduación, como el general Kindelán, y de personalidades políticas, como el duque de Alba, solicitaron a Franco el restablecimiento de la Monarquía, que empezaba a identificarse con una posición liberal, neutral en política exterior y reconciliadora.

A lo largo de los años 1945 y 1946, después del Manifiesto de Lausanne, que consagró esa actitud, don Juan de Borbón, hijo y sucesor de Alfonso XIII, expresó en repetidas ocasiones su deseo de sustituir al régimen franquista por una solución que fuera más acorde con la victoria de los aliados. Durante este periodo de tiempo menudearon los emisarios entre el general Franco y don Juan, aunque las posibilidades de acuerdo entre ambos personajes fueron siempre muy limitadas. Don Juan quería un régimen de superación de la guerra civil pero los monárquicos no podían pretender derribar a Franco por la fuerza y, por tanto, pretendían negociar con él la Restauración. La solución monárquica intentó atraer a toda la derecha española hacia una fórmula de convivencia homologable a la de las restantes naciones de Europa occidental. Cuando se produjo el traslado de don Juan desde Suiza a Estoril, en febrero de 1946, hubo una gran conmoción en España ante una Restauración que parecía inminente. Un número importante de personalidades, entre los que figuraban aristócratas, militares y banqueros, dirigieron un saluda a quien ya presagiaban como rey inmediato. Franco, entonces, rompió cualquier tipo de relación con don Juan de Borbón, como para demostrar que nada había más lejos en su propósito que cederle el poder. Fueron los momentos en los que Franco se expresó de una manera más violenta acerca de los monárquicos.

A partir de entonces la causa monárquica tuvo que realizar el doble juego de, por un lado, intentar resquebrajar la apoyatura social del régimen atrayéndose a los sectores que habían apoyado a Franco en la guerra civil y, por otro, llegar a algún acuerdo con la izquierda no comunista para crear un marco institucional de convivencia. Esta operación resultaba tan difícil que no llegó a fructificar. La razón fundamental de que Franco no fuera sustituido es que resulta muy difícil desplazar a un dictador que se alza con el poder en una guerra civil si éste no quiere abandonarlo y se quiere evitar otra guerra. Además, el franquismo se vio beneficiado en esos momentos por la reacción de buena parte de la opinión pública española de significación conservadora ante la posición de las potencias democráticas que condenaban al régimen. El dictador estimuló una actitud de resistencia numantina, aunque sabía que no era necesaria puesto que en ningún momento se iba a producir una intervención militar en España por parte de los que habían vencido en la II Guerra Mundial y por el recuerdo de la guerra civil. De este modo las posibilidades de la Monarquía se fueron alejando. En el verano de 1948 tuvo lugar un acercamiento, que se plasmó en el Pacto de San Juan de Luz, entre los socialistas y los monárquicos, a fin de elaborar un programa democrático para España. Sin embargo esta concordia no duró mucho tiempo, quizá porque no todos los monárquicos estaban de acuerdo y el clima internacional resultaba cada vez más desfavorable para conseguir el relevo de Franco. Al mismo tiempo don Juan cambió de táctica política, intentando un acercamiento directo a Franco, pensando que sólo de este modo resultaría posible la Restauración. En el mes de agosto de ese mismo año 1948 se produjo la entrevista entre Franco y don Juan de Borbón a bordo del yate *Azor,* en aguas vascas. El contenido de la conversación probablemente no pasó de vagas promesas por parte de Franco, ante lo que don Juan accedió a que su hijo, don Juan Carlos, se educara en España.

Aunque parezca contradictorio, los dirigentes monárquicos no consideraron incompatible ese acercamiento a Franco y el mantenimiento de conversaciones con los socialistas en el sur de Francia. Ambos interlocutores no coincidían en los procedimientos pero sí en el resultado que perseguían: la instauración de un sistema democrático homologable a los europeos. En la práctica, a finales del año 1948 se disiparon las posibilidades de una restauración, mientras que las potencias democráticas reducían a la nada su presión en contra del régimen español. Ya a la altura del año 1951 se desvanecieron, entre reproches mutuos, las posibilidades de colaboración entre socialistas y monárquicos.

El colaboracionismo católico y la normalización exterior

La proximidad de la guerra civil actuó como un fantasma en la vida pública española, y ello explica que los sectores que apoyaron al general Franco en la guerra continuaran haciéndolo después, a pesar de haberse planteado otras alternativas que resultaban mucho más homologables con los regímenes de Europa occidental. Las presiones en contra de Franco lo único que lograron fue darle más fuerza y afianzarle más, porque los vencedores en la guerra civil la tuvieron presente como nunca e interpretaron que se quería imponer un cambio político desde fuera.

La evolución política del régimen en el periodo comprendido entre 1945 y 1951 estuvo centrada en un esfuerzo por aparentar que era un régimen diferente, despojándolo de los signos externos más semejantes al fascismo. Como primer paso se formó un nuevo gobierno en el mes de julio de 1945. En la constitución del nuevo gabinete se suprimió la Secretaría General del Movimiento, se prescindió de los monárquicos más caracterizados y se utilizó al sector del franquismo más próximo a la democracia cristiana, ya que en Europa ésta era la fuerza que constituía el valladar de derecha contra el comunismo. En este gobierno, que duró hasta 1951, figuraron dos antiguos diputados de la CEDA, y la cartera de Asuntos Exteriores la ocupó Alberto Martín Artajo, presidente de Acción Católica, cuyo nombramiento causó sorpresa. Aunque con propósitos evolucionistas, participaba de la mentalidad del régimen y no tuvo inconveniente en remitirlos a un futuro que nunca se convirtió en realidad.

El régimen pretendió dar una nueva imagen mediante la promulgación de una serie de leyes fundamentales que aparentaban libertades semejantes a las existentes en otros países de Europa. Estas leyes tildaban al franquismo como «democracia orgánica». Ya antes de la II Guerra Mundial, Franco había afirmado que los sistemas políticos de las democracias inorgánicas tendían hacia el comunismo de manera inevitable. Consideraba, por el contrario, que el sistema español era democrático, sólo que en él la representatividad no se lograba a través de los partidos sino de lo que denominaba los «organismos naturales», la familia, el municipio y el sindicato. En realidad el sistema era una peculiar versión del corporativismo, sistema muy extendido en diversas ideologías de derecha a lo largo de los años treinta. Pero ese corporativismo fue ficticio, porque todo el poder político venía de arriba.

La primera de las disposiciones que pretendieron dar luz a la «democracia orgánica» española fue el Fuero de los Españoles, de julio de 1945, que intentaba ser una declaración de derechos parecida a otras constituciones. Sin embargo las libertades del fuero no pasaban de ser enunciadas en abstracto, mientras que la legislación la incumplía en la práctica. También la Ley de Referéndum de octubre de 1945 estuvo dirigida, en apariencia, a homologar el régimen político español con los europeos mediante la regulación de esta forma de participación en las grandes decisiones políticas. En la ley, el referéndum resultaba facultativo atribuyéndose al Jefe del Estado la posibilidad de convocarlo. Otras disposiciones de menor rango estuvieron dirigidas a modificar en algunos aspectos el funcionamiento de las Cortes. Tuvo, en cambio, rango constitucional la Ley de Sucesión del año 1947, que definía a España como un Estado católico, social y representativo que, siguiendo su tradición, se constituía en reino. La ley atribuía a Franco, con carácter vitalicio, la jefatura del Estado y el derecho a designar sucesor, a la vez que establecía un Consejo del Reino y otro de Regencia y hacía alusión de manera imprecisa a la estirpe real —no a la línea dinástica— como requisito imprescindible para llegar a adquirir la categoría de rey; también atribuía a Franco la potestad de conceder títulos de nobleza. Por tanto, la Ley de Sucesión se enfrentaba con uno de los más peliagudos problemas del régimen dándole la solución de aplazarlo. Don Juan de Borbón no aceptó esta ley, que tampoco dio satisfacción a sectores de la Falange que se declaraban republicanos.

Como ya se ha indicado, mucho más que el fracaso de la oposición o la evolución interior del régimen fue el estallido de la guerra fría la causa que explica el mantenimiento del franquismo cuando las circunstancias parecían propicias para hacerlo desaparecer. Así hubo de probarse con el transcurso del tiempo: cuando, en el año 1950, se planteó el conflicto de Corea, comenzó una rápida rehabilitación internacional de España que tuvo su punto culminante en 1953, año cumbre también de aquélla, con el paulatino regreso a los organismos internacionales. En el año 1951 España fue admitida en la Organización Mundial de la Salud, en la Unión Postal Internacional y en la Organización de Aviación Civil y, al año siguiente, tuvo lugar su admisión en la Unesco. Pero todavía se demoraría aún más el ingreso en las Naciones Unidas, aunque por entonces algunos miembros de esa organización ya habían declarado que verían con agrado la admisión del régimen español en la ONU. En el otoño del año 1955 España solicitó de manera oficial su ingreso en esta organización, e inmediatamente el Gobierno de Estados Unidos apoyó dicha solicitud. Finalmente, el 14 de diciembre de 1955 se produjo el ingreso. Resulta sorprendente que éste tuviera lugar junto con un grupo de naciones del bloque soviético. La aceptación de España fue el resultado de un pacto entre Estados Unidos y Rusia, que votaron a favor de todas ellas, a pesar de que tuvieran una significación ideológica contrapuesta. Alguna nación del bloque occidental se abstuvo para no dar su voto al régimen franquista. En ese mismo año España fue admitida en el Fondo Monetario Internacional, en la Organización Internacional del Trabajo y en el Banco Internacional de Reconstrucción y Fomento.

En la práctica ya se había producido con anterioridad la aceptación del régimen del general Franco a nivel internacional de modo indirecto, a través de la firma de un concordato con la Santa Sede, en agosto del año 1953, y el pacto con Estados Unidos, al que se llegó un mes después. El concordato con la Santa Sede se había empezado a negociar en el año 1950, cuando Ruiz Giménez ocupaba el puesto de embajador en Roma. Cuando fue firmado, en los medios oficiales españoles se recibió con grandes alabanzas e incluso se llegó a afirmar que era el concordato modelo entre la Santa Sede y un Estado católico del siglo XX, muy superior a a cualquier otro de todas las naciones en todos los tiempos. Todo este entusiasmo provenía de la significación que de forma indirecta tenía este concordato respecto a la política interna española, puesto que anudaba más sólidamente aún la relación entre Iglesia y Estado. En él se hacían numerosas concesiones a la primera en aspectos económicos y jurídicos. Como contrapartida a estas concesiones, el Estado, que ya intervenía en el nombramiento de los obispos, imponía la obligación rezar por las autoridades en los actos de culto públicos. El concordato fue, sin duda, un triunfo de la diplomacia franquista porque contribuía al reconocimiento exterior del régimen, pero en realidad lo esencial —la forma de nombrar los obispos— había sido decidido ya hacía tiempo.

Las negociaciones para llegar al pacto con Estados Unidos se iniciaron en el año 1951 con la visita a Franco de un destacado almirante estadounidense, y si duraron mucho tiempo, fue por la diferencia de puntos de vista entre ambos países. Estados Unidos aspiraba a una cesión territorial mientras que España insistía en la instalación de unas bases de utilización conjunta, postura que triunfó finalmente. Se instalaron en Morón, Rota, Zaragoza y Torrejón y, además, se construyó un oleoducto que unía Rota con Zaragoza. Su utilización en régimen conjunto se extendió por un periodo de diez años, renovable por otros dos de cinco cada uno. La guarnición estadounidense estuvo constituida por unas quince mil personas entre civiles y militares. España se comprometió a equilibrar su presupuesto y estabilizar su moneda, al tiempo que recibiría ayuda económica de Estados Unidos. De esta manera, aunque indirectamente, los pactos influyeron de modo considerable en la política económica española.

También este tratado supuso otro triunfo diplomático para el general Franco, cuyo gobierno supo aprovechar la preocupación de los estadounidenses por la guerra fría y la necesidad de contar con puntos de apoyo en el extremo de Europa. Franco no logró un tratado suscrito por el legislativo estadounidense sino tan sólo con el Ejecutivo, pero de este modo logró conectar con la defensa occidental. Pasado algún tiempo, Martín Artajo afirmó que la ayuda económica recibida por España fue tan sólo una novena o décima parte de la prestada a otras naciones, como por ejemplo Italia. Esto era por completo cierto e incluso Yugoslavia, comunista pero disidente, recibió más que España, pero eso se debió a la proximidad de Franco y el Eje durante la guerra mundial.

La política en los años cincuenta

Cuando, en el mes de julio de 1951, ya parecía evidente la aceptación exterior del régimen de Franco, éste realizó un cambio de gobierno. Como en otras ocasiones, la composición del gabinete mantenía un contrapeso de las distintas tendencias. El nuevo gobierno supuso una cierta recuperación de la influencia por parte de la Falange con la inclusión de tres figuras conocidas (Muñoz Grandes, Girón y Fernández Cuesta) y dos figuras procedentes de organizaciones católicas (aparte de Martín Artajo, Ruiz Giménez). También aparecía por vez primera en el gobierno una persona que destacaría por su fidelidad a Franco y que en el futuro tendría un destacado papel: el almirante Carrero Blanco. Su papel político no había dejado de crecer desde los años cuarenta.

Lo que provocó tensiones en el seno de aquel gobierno fue la actuación llevada a cabo en el Ministerio de Educación por Ruiz Giménez, que requiere alguna explicación. En realidad la vida política en el seno del régimen franquista, como ya hemos visto en los cuarenta, a menudo presenciaba duros enfrentamientos entre sectores contrapuestos. En la primera mitad de los cincuenta un sector católico tradicionalista y monárquico (Calvo Serer), de actitud muy crítica con respecto a la tradición liberal y con apoyos en el Ministerio de Información y en el Consejo de Investigaciones Científicas (revista *Arbor)*, se enfrentó con la Falange, cuyos medios intelectuales (Laín, Ridruejo...) tenían voluntad de incorporar al mundo cultural del exilio, aparte de estar dotados de un superior nivel en creatividad intelectual. En 1953 el primer sector pareció derrotado cuando quien lo dirigía perdió sus cargos, sometido a los ataques de la Falange política.

La llegada de Ruiz Giménez al ministerio supuso su colaboración con la otra Falange, la cultural, situada en una posición muy distinta. El ministro intentó la vuelta a España de destacados intelectuales exiliados, situó en el rectorado de algunas universidades a personas de conocido talante aperturista, como Laín y Tovar, e incluso tuvo problemas con la Iglesia en materias educativas. El talante aperturista de este ministerio acabó deslizándose hacia unas posiciones juzgadas como heterodoxas. Cuando, en febrero de 1956, se produjeron una serie de incidentes callejeros de cierta gravedad entre falangistas y estudiantes, Franco sustituyó a Ruiz Giménez por Rubio y al falangista Fernández Cuesta por Arrese. Entre los detenidos como supuestos culpables de incitar a la subversión estaba un conocido falangista, Ridruejo. Pero, en realidad, la importancia de estos incidentes radica mucho más en el impacto que tuvieron sobre la oposición que en su posible capacidad para derribar el régimen político. En efecto, a finales de los cincuenta el régimen se había estabilizado y la oposición parecía impotente ante él. Ya en este momento, debido a la política exterior e interior, había quedado reducida casi a la nada la posibilidad de darle la vuelta al resultado de la guerra civil. El franquismo parecía aceptado pasivamente por la mayor parte de la sociedad española: el número anual de condenas por delitos políticos apenas rebasaba un centenar y los presos por razones de este género eran menos numerosos que en 1936.

Con su hijo estudiando en España, don Juan de Borbón se vio constreñido a mantener una política de colaboracionismo, aunque nunca hubiera ni concordancia de propósitos ni cordialidad con Franco. En dos ocasiones (1954 y 1960) ambos personajes mantuvieron entrevistas cuyo contenido se redujo a programar los estudios del hijo del primero. Don Juan Carlos hizo el bachillerato y luego permaneció en las academias militares, llegando tan sólo a comienzos de los años sesenta a la universidad. Mientras tanto, aunque la causa monárquica tuvo en su seno opositores del régimen, había también un sector de ministros que se decían vinculados a la Monarquía, en la que veían la prolongación lógica del franquismo, incluso en sus vertientes más autoritarias.

En el extremo opuesto del espectro político, el Partido Comunista experimentó un cambio significativo durante estos años. A partir de 1951 proclamó la idea de la «reconciliación nacional» y su deseo de llegar al poder únicamente por medios no violentos, como la llamada «huelga nacional pacífica». Su dirigente más importante era ya Santiago Carrillo. Mientras tanto el anarquismo se desvanecía prácticamente y en la mayor parte de España no parecía existir una oposición activa. En cambio, en Cataluña y en el País Vasco nunca dejó de estar presente. En 1959 y 1960 hubo protestas en Barcelona; en el segundo año la detención de Jordi Pujol le convirtió en la figura más destacada del catalanismo opositor, mientras que en el País Vasco apareció ya en estas fechas una actitud protestataria en el clero. El nacionalismo juvenil no tardaría en radicalizarse profundamente en el País Vasco.

La novedad más importante en lo que se refiere a la oposición durante estos años atañe a la aparición de nuevos grupos en la segunda mitad de los cincuenta como consecuencia de los sucesos universitarios de 1956. Lo característico de los grupos liberales, socialistas, democristianos o radicales (Frente de Liberación Popular), aparecidos por estos años, fue que no tenían nada que ver con los vencidos en la guerra civil. Sólo los dirigentes de estos sectores (Gil Robles, Giménez Fernández, Satrústegui, Ridruejo...) tenían un pasado político, pero no así los jóvenes, muchos de los cuales acabaron por tener una actuación importante en la transición. A fines de los años cincuenta, además, se empezaba a hacer patente la superación por parte de la oposición del enfrentamiento entre aquella que actuaba en el interior y aquella presente en el exterior. La creación de la Unión de Fuerzas Democráticas (1961) entre democristianos y socialistas indicó la voluntad de superar la guerra. Pero, aunque también los conflictos sociales se multiplicaban —huelgas mineras de Asturias a fines de los cincuenta y comienzos de los sesenta—, la verdad es que el régimen nunca estuvo en verdadero peligro durante estos años.

Volviendo a la política interna del régimen, la segunda mitad de los años cincuenta se caracterizó principalmente por suponer el último intento de establecer un predominio político estable de la Falange. Franco, que tenía muy poco que ver con el modelo de líder fascista, la había utilizado siempre como un instrumento para su propio poder político, que le permitía resaltar su liderazgo al mismo tiempo que le servía contra el resto de los grupos de derecha. Sin embargo, los sucesos de febrero de 1956 en Madrid tuvieron como consecuencia que ocupara la Secretaría General del Movimiento un falangista de primera hora, Arrese, quien tuvo la pretensión de que el régimen estuviera configurado por unas instituciones que debían proporcionar un papel esencial a la Falange. Elaboró, en efecto, una especie de constitución de acuerdo con la cual el Consejo Nacional del partido revestiría el papel de Tribunal de Garantías Constitucionales y podría derribar al gobierno, al mismo tiempo que el Secretario General del Movimiento vendría a ser una especie de comisario político que controlaría toda la obra gubernamental. Todos estos proyectos encontraron una fuerte oposición en los restantes medios del régimen y en la Iglesia. A comienzos de 1957 el proyecto de *refalangistización* estaba ya condenado a ser olvidado. En un nuevo cambio de gobierno, Franco prescindió de alguno de sus ministros más duraderos, como el falangista Girón y el católico Martín Artajo pero, sobre todo, redujo a Arrese a una función puramente decorativa en el Ministerio de Vivienda. La nueva apariencia del falangismo estuvo representada por José Solís, vacuo y extrovertido personaje, que representaba en realidad mucho más a la burocracia sindical que a un partido único beligerante y fascista.

La iniciativa política se trasladó entonces al entorno del almirante Carrero Blanco. Procedente de la tradición integrista católica, profundamente antiliberal y fidelísimo a Franco, Carrero fue muy poco proclive a la Falange. Su ideal estaba mucho más cercano a una dictadura burocrática y administrativa que a un partido único, de cuyos dirigentes desconfiaba fuertemente. No tiene nada de extraño que el principal de sus consejeros fuera López Rodó, un catedrático de Derecho Administrativo, persona gris y trabajadora, también muy poco proclive a la Falange. Fue él uno de los autores principales de la Ley de Régimen Jurídico de la Administración del Estado (julio de 1957). Dicha disposición, así como la Ley de Procedimiento Administrativo, sometieron a la burocracia a una normativa que, aunque se hubiera dado ella misma, sentaba un principio de sujeción del Estado al Derecho o, al menos, de superación de la arbitrariedad pasada. Coincidiendo con este cambio de gobierno no hubo, en cambio, ninguna disposición importante de rango constitucional, puesto que la Ley de Principios del Movimiento Nacional (1958) no fue más que una enunciación muy genérica. A fines de los años cincuenta hubo todavía serias protestas de los falangistas, pero ya tenían perdida la partida.

Así se demuestra por algunos acontecimientos de comienzos de los años sesenta. A fines de 1961 Franco sufrió un accidente de caza, y aunque eso no puso en peligro su vida, sin embargo empezó a tomar algunas medidas que hacían pensar en la sucesión. En el cambio de gobierno de 1962 apareció la figura de un vicepresidente, el general Agustín Muñoz Grandes, prestigioso en el Ejército y de proclividad falangista. Su papel político nunca pudo ser comparado al que tuvo Carrero Blanco, quien influía lo suficiente como para conducir al régimen hacia la Monarquía. El príncipe don Juan Carlos, que había concluido sus estudios y se había casado en 1962 con doña Sofía de Grecia, se instaló definitivamente en 1963 en el palacio de la Zarzuela. Los nuevos ministros de 1962 (Castiella, Fraga...), por edad y por experiencia vital, tendían a pensar sobre todo en el futuro y para todos ellos la Monarquía y la necesidad de institucionalizar el régimen contaban como prioridades fundamentales. En estos mismos momentos, ya había tenido lugar el cambio en la política económica, se estaba empezando a producir el giro de la Iglesia hacia posiciones de mayor alejamiento del régimen y, en fin, se había solicitado el ingreso en la Comunidad Europea.

Franco, sin embargo, dilató cualquier solución todo lo que pudo. Había sido hasta el momento un hombre de buena salud y sólo a mediados de los sesenta se produjo su declinar, que fue muy rápido aunque viviera diez años más. La enfermedad de Parkinson afectó no sólo a su vitalidad física sino de manera especial a su voluntad, aunque sólo se apreciaría a partir de 1968. Aunque hubo proyectos constitucionales, muy pronto fueron olvidados y no existió por el momento una decisión acerca de la persona del sucesor, sino que pulularon los candidatos (por ejemplo, un pretendiente carlista, Carlos Hugo y el primo de don Juan Carlos, don Alfonso de Borbón). No obstante, en la crisis de 1965 se puede decir que Carrero Blanco, cuyos propósitos esenciales consistían en la institucionalización y la Monarquía, incrementó su poder al situar en el Consejo de Ministros a López Rodó con responsabilidad en la planificación del Desarrollo.

La economía y el comienzo de la descolonización

El comienzo de lo que se puede denominar como dictadura político-administrativa ha de ponerse en relación con el inicio del cambio en la dirección de la política económica, que tan sólo al final de la década de los cincuenta quedaría perfilada de manera definitiva. En el periodo entre 1951 y 1957, por vez primera durante la historia del régimen franquista, se produjo un importante crecimiento de la renta nacional. Hasta la mitad de la década de los años cincuenta España era uno de los países europeos con menor consumo de energía eléctrica por habitante, y su renta *per cápita* era semejante a la de Costa Rica. Ahora, en cambio, empezó a producirse una mejora de la situación económica, sobre todo en la industria, cuya tasa media de crecimiento se situó alrededor del 8%, llegando hasta el 15% en el año 1952. Mientras tanto, el papel de la agricultura en el total de la economía nacional descendía del 40% al 25%. Se trató, por tanto, de un desarrollo notable y, desde luego, muy superior al de cualquier otra etapa anterior, incluida la dictadura del general Primo de Rivera. Pero, al mismo tiempo, se trataba de un crecimiento desigual y desequilibrado porque la política económica seguía, en muchos aspectos, una línea muy parecida a la de etapas anteriores.

Dos factores contribuyen a explicar la evolución económica de estos años. En primer lugar la ayuda económica estadounidense, en una cuantía cercana a los mil doscientos millones de dólares, que sin duda, comparada con la ayuda entregada a otras naciones, era una cifra modesta, pero sin ella hubiera resultado de todo punto imposible poner en marcha un programa más liberalizador en lo económico como el implantado en el año 1951. En efecto, la ayuda estadounidense supuso la posibilidad de fomentar, a través del aumento de las importaciones, un proceso de crecimiento industrial acelerado. El segundo factor fue la política económica del gobierno formado en 1951. Sin duda, este gabinete tenía una manifiesta superioridad técnica sobre los precedentes y un programa más liberal, aunque le faltó energía para llevar a cabo un programa coherente. No logró detener la fuerte expansión monetaria, lo que provocó una grave inflación que sólo fue compensada de forma periódica con bruscas alzas de los salarios, producto de la demagogia sindical y falangista. Donde los cambios económicos resultaron más notorios fue en la política industrial, en la que desaparecieron los utópicos deseos de autoabastecimiento, aunque todavía se mantuvo la baja productividad de la época de la posguerra civil. Por otra parte, si crecieron las importaciones de productos continuaron estancadas las exportaciones, lo que produciría, al final, un grave problema a la economía española. Respecto del comercio interior, en el año 1952 se produjo la desaparición de la cartilla de racionamiento, aunque tampoco se llegó a una liberalización absoluta y siguieron existiendo los «precios vigilados». El crecimiento de la producción agrícola fue considerablemente menor que el de la industrial. A fin de subsanar esta deficiencia, durante estos años el régimen elaboró la Ley de Concentración Parcelaria, la Ley de Fincas Manifiestamente Mejorables y también una serie de disposiciones relativas a la explotación forestal, pero su impacto fue reducido.

Haciendo un balance se puede afirmar que el gobierno de 1951 se vio inmerso en una serie de contradicciones en política económica entre el deseo de ortodoxia y las bruscas alzas salariales, una política proteccionista en agricultura y otra semejante desde el Instituto Nacional de Industria, que todavía añoraba la autarquía. En el fondo se trataba del choque entre falangistas o intervencionistas y aquellos a quienes la experiencia les había hecho convertirse en liberales en materia económica.

El nuevo gobierno formado en 1957 intentó lograr una superior coordinación en el terreno económico mediante la creación de una Oficina de Coordinación y Planificación Económica. En el momento de la llegada del nuevo gobierno estaban prácticamente agotadas las reservas exteriores y existía una inflación galopante, ya que la renta nacional había crecido menos de un 5% mientras que la oferta monetaria lo había hecho en más de un 20%. La política del nuevo gobierno puede considerarse un antecedente directo del futuro plan de estabilización de julio de 1959, con un superior control del gasto público y de la política monetaria, así como una reforma fiscal que alivió el déficit del Estado gracias a un aumento de la recaudación del 20%. Además España, desde 1958, sacó partido a su pertenencia a organizaciones económicas internacionales, como el Fondo Monetario Internacional.

El cambio irreversible de la política económica española llegaría en el año 1959 tras una consulta que se hizo a diversas instituciones económicas nacionales, que respondieron afirmativamente a los proyectos liberalizadores del gobierno; en realidad, luego se demostraría que las resistencias eran mayores de las previstas. La propuesta fue del ministro de Hacienda, Navarro Rubio, y sólo fue aceptada por Franco con renuencia. Con el asesoramiento de expertos internacionales, se elaboró un plan de estabilización que abarcaba diversos aspectos de la actividad económica pero con una evidente coherencia interna. El plan partía de un préstamo internacional, al mismo tiempo que el gobierno enunciaba una serie de medidas de tipo monetario, fiscal y comercial. Estas disposiciones, adoptadas en mayo de 1959, estuvieron acompañadas del éxito pues, aunque se estancó la renta nacional, en un año no sólo se logró aliviar la situación de las reservas de divisas sino que se incrementaron en más de cuatrocientos millones de dólares. Fue la primera vez que se ponía en marcha un plan de medidas económicas coherente y articulado. A partir del año 1960 comenzaron las de carácter expansivo, al mismo tiempo que proseguía la reordenación de la economía. Con ese propósito se elaboró una reforma de la Banca (1962) que tenía como objetivo la definitiva nacionalización de la oficial y la asunción por la privada de nuevas responsabilidades. Dos años más tarde, cuando ya se había creado la Comisaría del Plan de Desarrollo, se dictaron nuevas disposiciones acerca de la reforma tributaria y de las inversiones extranjeras en España.

La política social acusó el cambio que se había producido en la economía. En general, como consecuencia del cambio en la política económica alcanzó una mayor importancia la Organización Sindical, a la que se fue concediendo mayor flexibilidad. Así, en el año 1953, se reglamentaron los jurados de empresa que se habían creado seis años antes, y en 1957 se realizaron las primeras elecciones a enlaces sindicales. También se aprobó una ley que regulaba los convenios colectivos. Aunque el sindicalismo oficial controlaba la vida interna de las empresas, lo haría contando mucho más con las reivindicaciones obreras concretas que en el pasado.

También la política exterior española experimentó cambios durante el final de los años cincuenta y el comienzo de los sesenta, aunque fueron menores que los que habían tenido lugar en la economía e incluso en la política interna, porque la peculiaridad del régimen español lo condenaba a limitaciones en sus relaciones con el exterior.

Pieza cardinal de la política exterior española siguieron siendo los acuerdos con Estados Unidos, que no experimentaron en este momento modificación significativa alguna. La renovación de los mismos, a comienzos de los años sesenta, no supuso para España otra contrapartida que una vaga alusión a la necesidad por parte de Estados Unidos de colaborar en el mantenimiento de la integridad territorial o de llevar a cabo consultas en caso de amenaza exterior. No hubo, sin embargo, una elevación de los acuerdos a la condición de verdadero tratado, con aprobación por parte del Senado estadounidense. La visita de Eisenhower a España en 1959 puede tomarse, sin embargo, como prueba de que, a pesar de la diferencia de regímenes, existía una buena relación.

Tras el cese de Martín Artajo, desde 1957 y hasta 1969, el responsable de la política exterior del régimen fue Fernando María de Castiella, a quien hay que considerar como el más duradero responsable de esa parcela durante el franquismo, por lo que muchos de los posteriores responsables de la diplomacia española se formaron a su lado. Nacionalista, Castiella había sentido la atracción de la Falange en sus tiempos juveniles aunque también estuvo ligado a la familia católica del régimen. Su actitud fue muy a menudo revisionista, en especial en relación con Estados Unidos, pues pensaba que no se obtenían los beneficios suficientes de los acuerdos con ellos. A menudo, además, trató de vincular la política española con un acontecimiento de primera importancia en la vida internacional del momento, la descolonización, pero eso no obsta para que su política también se dirigiera a Europa. En el pasado, Martín Artajo se había volcado hacia Iberoamérica y los países árabes porque no había tenido otro remedio. En cambio, de los sesenta viajes que Castiella hizo como ministro sólo uno fue a Hispanoamérica y otros seis a los países árabes.

El problema de la descolonización se le planteó por vez primera a España a mediados de los cincuenta en el caso de Marruecos. El protectorado español era poco productivo en términos económicos y era gobernado con un paternalismo que hacía que la enseñanza fuera en árabe (y no en la lengua colonial), mientras que existían libertades de prensa y partidos desconocidas en la metrópoli. Desde hacía unos años el nacionalismo tenía una actividad creciente y la política española respecto de él fue en exceso confiada, por lo menos si tenemos en cuenta el escaso deseo que tuvo Franco de que Marruecos llegara a la independencia. El alto comisario, general García Valiño, favoreció la presencia de grupos partidarios de la independencia en la zona de protectorado español, de manera especial en el momento en que los franceses se enfrentaron con el sultán Mohamed V (1953). Luego, cuando en marzo de 1956 Francia acabó por aceptar la independencia de Marruecos, España no pudo hacer otra cosa que ratificarla, pero de modo inmediato Franco quiso convencer a su aliado estadounidense de que Marruecos no estaba listo para la independencia y corría peligro de caer en manos de los comunistas. En realidad, si para Francia no era más que un girón de un imperio, para España había sido un punto de referencia decisivo en su política exterior desde comienzos del siglo XX y había significado mucho en lo personal para Franco. Además Francia, por su potencia económica, mantuvo una influencia mayor, a pesar de sus errores previos, y los marroquíes, en cambio, hicieron permanentes reivindicaciones territoriales a España. En 1957 hubo enfrentamientos armados en Ifni y Tarfaya que supusieron alrededor de trescientos muertos españoles, pero con colaboración francesa la agresión fue repelida. Al año siguiente se cedió la zona de Tarfaya, al norte del Sáhara, sin que eso, sin embargo, aplacara las reivindicaciones territoriales marroquíes sobre Ceuta y Melilla. El ejército español no abandonó el antiguo protectorado sino en 1961.

Si la descolonización afectó de esa manera negativa a la España de Franco, no le proporcionó armas diplomáticas suficientes como para conseguir la vieja reivindicación de Gibraltar. A pesar de que las Naciones Unidas reconocieron en todo momento la legitimidad de la posición española, y con ella se alinearon la mayor parte de los países que habían obtenido recientemente la independencia, diversos factores, entre los que figuraban la condición no democrática del régimen o la confortable situación económica de la colonia británica, impidieron su recuperación. De nada sirvió el cierre de la frontera, y cuando Castiella propuso un bloqueo más severo, Franco, más prudente, rechazó sus sugerencias.

Finalmente la política española respecto de la construcción de Europa fue en principio muy reticente, lo que no tiene nada de particular teniendo en cuenta el nacionalismo de Franco y la dificultad de integrar al régimen en un contexto político que le era tan ajeno. En fecha tan tardía como 1961, Franco consideraba «quiméricos» esos proyectos de unificación europea. La falta de integración en la OTAN colaboraba también a hacer lejana la posibilidad de incorporación española. Sin embargo la realidad económica acabó por imponerse, en especial cuando se hubo producido también el cambio en la política económica. En febrero de 1962 España presentó su petición de asociación, susceptible de llegar a una plena integración en el Mercado Común, pero las negociaciones tardaron nada menos que cinco años en comenzar. Eso era una buena prueba de que, aunque el aislamiento de la España del general Franco ya no fuera el de otros tiempos, tampoco era reconocida como un igual en la Europa de la época. Alemania y Francia fueron los países más dispuestos a establecer algún acuerdo con España.

Cultura y sociedad en la primera posguerra

En el momento del estallido de la guerra civil la situación de la cultura española era tan excelente que ha podido ser definida como una auténtica Edad de Plata. El trauma bélico supuso una ruptura muy grave que creó en los exiliados una conciencia peculiar y mutiló durante muchos años la cultura española de gran parte de su raigambre liberal. Si en los años cuarenta y cincuenta la ruptura era evidente, al final de esta última década había empezado ya a superarse.

La experiencia del exilio, siempre muy dolorosa, permitió, no obstante, a quienes habían partido descubrir el carácter planetario de la cultura española. A diferencia de otros exiliados europeos, los españoles en América siguieron apegados a un mundo propio que veían desdoblado más allá del Atlántico: de ahí que emplearan para autodefinirse expresiones como «transterrado». En muchos de ellos perduró como tema recurrente en su preocupación intelectual o en su narrativa el desastre acontecido en la guerra civil. De este modo, la preocupación por el ser de España perceptible en historiadores como Castro o Claudio Sánchez Albornoz tiene su exacto paralelismo en novelistas como Sender, Ayala y Andújar.

No se debe pensar que el exilio supusiera que en España hubiese un desierto cultural. Hubo, por el contrario, una cierta perduración de la tradición liberal en la medida que lo permitía la evolución de las circunstancias exteriores y el abandono del modelo fascista. Continuaron su obra en España intelectuales de primera fila y de significación liberal como, por ejemplo, el historiador Ramón Menéndez Pidal o el poeta Vicente Aleixandre. Con el paso del tiempo, además, se amplió la tolerancia con respecto a manifestaciones colectivas de la tradición liberal como, por ejemplo, el Instituto de Humanidades, inspirado por Ortega y su discípulo Julián Marías. Por otro lado, hay que tener en cuenta que la propia ortodoxia del régimen era un tanto plural y tuvo puntos de apoyo administrativos distintos. Existió una influencia predominante del catolicismo integrista en la principal institución creada de cara a la investigación, el Consejo Superior de Investigaciones Científicas (1939), pero, en cambio, las revistas intelectuales de significación más falangista a menudo intentaron recuperar en beneficio propio la tradición liberal, con lo que permitieron su supervivencia. En realidad, la intelectualidad falangista fue incapaz de crear una cultura propia más allá de algunas manifestaciones de entusiasmo imperial.

Como en el caso del exilio, el tema principal de debate entre los intelectuales del interior de España fue el del ser de España, consecuencia del trauma provocado por la grave discordia nacional. La interpretación del entonces falangista Laín —*El problema de España,* 1949— nacía de intentar incorporar esa tradición liberal, mientras que la de Calvo Serer —*España sin problema*— se basaba en esa tradición católica y tradicionalista antitética con esa trayectoria. Pero ninguna de estas dos fórmulas protagonizó en exclusiva el panorama cultural español durante la posguerra. Lo más característico de los años cuarenta y principios de los cincuenta, más que nada, fue el abandono del experimentalismo, característico de etapas anteriores, y una cierta vuelta al clasicismo y a la contención formal. Así se aprecia, por ejemplo, de manera principal en la poesía del grupo en torno a la revista *Garcilaso* (García Nieto, Rosales...). La vuelta a la novela de factura decimonónica resultó también característica de este momento y viene a significar lo mismo. Pero la presión del espectáculo de la posguerra a menudo producía una ruptura con esa tendencia general. El tremendismo de *La familia de Pascual Duarte* de Cela (1942) o el desgarramiento de *Hijos de la ira* del poeta Dámaso Alonso (1944) responden a esta realidad. Como es lógico, en el mundo literario estuvo menos presente cualquier ortodoxia oficial. En la cinematografía, en cambio, *Raza* (1941), según un texto del propio Franco, o *Locura de amor* (1948) proporcionan un buen ejemplo del llamado «cine imperial».

Tampoco en la arquitectura o las artes plásticas hubo una única ortodoxia oficial. Los intentos de imitar la arquitectura nazi o de volver a El Escorial, visibles en el Ministerio del Aire de Madrid, como los de difundir una escultura de aliento clásico, fueron poco duraderos. El modelo de arquitectura y escultura monumentales acabó siendo el muy prosaico Valle de los Caídos. En cuanto a la pintura, puede encontrarse en ella un cierto paralelismo con esa preocupación acuciante ante la realidad española. Paisajistas como Benjamín Palencia y los miembros de la Escuela de Madrid no hacían otra cosa que reflexionar sobre ella, incorporando además las novedades de la vanguardia de comienzos de siglo.

Desde mediados de los años cincuenta y durante los primeros sesenta la cultura española experimentó una tendencia hacia la normalización que tiene una curiosa concomitancia con lo ocurrido en la economía durante idéntico periodo. Ayudó a ello la evolución «en sentido aliviador» del régimen (Barral) que permitió una cierta recuperación de la tradición interrumpida durante la guerra civil, al mismo tiempo que una cierta autocrítica del catolicismo le desprendía de su excesiva vinculación con el régimen. Estos rasgos son principalmente visibles en lo que se refiere a la evolución del pensamiento español durante estos años. El más claro representante de la tradición liberal orteguiana fue Julián Marías, que vio cómo antiguos falangistas se identificaban con el más ilustre pensador español contemporáneo. Pero hay que advertir también cómo muy pronto, en parte de la intelectualidad joven, los paradigmas del liberalismo fueron considerados como insuficientes y se pasó a adoptar una actitud antiliberal pero izquierdista. López Aranguren partió de una posición católica crítica para desembocar en una preocupación ética que ya en los sesenta adquirió connotaciones políticas. Tierno Galván, siempre más cercano a estas preocupaciones, se identificó inicialmente con una cierta actitud funcionalista que ponía en crítica la ideologización oficial ejercida con voluntad de monopolio. Rafael Calvo Serer, cuya posición tradicionalista ya ha sido citada, evolucionó desde fines de los cincuenta hacia actitudes democráticas. Quizá, sin embargo, a comienzos de los años sesenta, la expresión intelectual más característica fue la revista *Cuadernos para el Diálogo* que, inspirada por Joaquín Ruiz Giménez, pasó de ser una publicación fundamentalmente católica a convertirse en el punto de encuentro de toda la oposición.

Si hay un componente más o menos lejanamente político en la evolución del pensamiento, algo parecido puede decirse en la literatura. En torno a 1950 tuvo lugar en España un cambio tendente a la recuperación de la realidad cotidiana, que bien se aprecia, por ejemplo, en *La colmena* de Camilo José Cela. El realismo definió toda una etapa de la creación literaria en sus más diversas vertientes, en paralelo con manifestaciones de otras latitudes. A menudo, pero no siempre, el realismo tenía como vertiente adicional el compromiso social o político. Parte de los escritores españoles de la época tuvieron una relación estrecha con el PCE en un momento en que éste era la oposición por antonomasia.

En narrativa, quizá la novela más característica del periodo fue *El Jarama* (1956), de Rafael Sánchez Ferlosio, narración de una excursión prosaica de un grupo de jóvenes madrileños. García Hortelano *(Tormenta de verano,* 1961) critica, en cambio, los medios altoburgueses de la España de la época. Más vinculados con la izquierda militante de la época, Juan y Luis Goytisolo derivaron hacia el reportaje de la miserable vida almeriense *(Campos de Níjar)* o la descripción de la realidad suburbial *(Las afueras)*. Al margen de ese realismo militante la obra de mayor éxito durante la época, *Los cipreses creen en Dios*, de José María Gironella (1953-1966), una clásica novela-río, fue la expresión de una voluntad de superación de la guerra civil. La obra de interés creciente de Miguel Delibes, expresión de una preocupación humana y social de fuerte aliento ético, alcanzó en *Cinco horas con Mario* (1966) una de las mejores expresiones de la autocrítica del catolicismo.

En poesía, la creciente influencia de Machado resulta expresiva de ese deseo de compromiso que en Gabriel Celaya y Blas de Otero adquirió una significación política precisa con la militancia comunista, pero en otras ocasiones (Hierro) partió de referencias puramente sociales. Más escépticos pero igualmente disidentes fueron Gil de Biedma, Valente o Claudio Rodríguez. En el teatro la manifestación de disidencia política resultaba mucho más difícil pero sin duda la linealidad y la voluntad «incendiaria» de Alfonso Sastre tampoco la facilitaron. El teatro de Antonio Buero Vallejo ha estado siempre basado en una reflexión moral acerca de la realidad humana con alusiones bastante transparentes a la realidad del momento *(Historia de una escalera,* 1949). Ambos autores pueden considerarse como los iniciadores de una escuela dramática realista frente al teatro burgués más convencional (y también más representado). Los autores consagrados oficialmente tuvieron como principal centro de atención el costumbrismo, el drama histórico (Pemán) o la temática religiosa *(La muralla,* 1954, de Joaquín Calvo Sotelo). Pero quizá lo que más haya perdurado del teatro de este momento sea la obra de Jardiel Poncela y Miguel Mihura, de un humor inteligente y desmitificador que permitía la combinación del éxito de público con la calidad e incluso cierto aire de vanguardia.

En las artes plásticas y en la cinematografía pueden percibirse también los cambios culturales de los años centrales del franquismo. En ambos casos se produjo también una cierta recuperación de la memoria histórica y un ansia cosmopolita de apertura. En pintura, el surrealismo, que había tenido importantes antecedentes en España, resultó el desencadenante de una voluntad de vanguardia. El grupo catalán Dau al Set, influido por Miró y el surrealismo europeo, puede adscribirse a esta significación de manera exclusiva. Desde mediados de los años cincuenta el previo contacto con el mundo exterior y el abandono de cualquier ortodoxia oficial en materia artística permitieron la aparición de movimientos como El Paso (1957) (Millares, Saura, Rivera, Canogar...) que emparentaba con la vanguardia estadounidense pero que, al mismo tiempo, tenía rasgos (dramatismo, españolismo crítico...) muy específicamente nacionales. En los últimos años cincuenta y primeros sesenta el nuevo arte abstracto español obtuvo considerables éxitos más allá de nuestras fronteras. A ellos colaboró también la monumental y rotunda escultura vasca (Jorge Oteiza, Eduardo Chillida...) y un tipo de abstracción lírica lejana del dramatismo de El Paso (Sempere, Rueda, Palazuelo...). Esa voluntad cosmopolita también reapareció en la arquitectura. Miguel Fisac, tras una inicial etapa clásica, fue el introductor de nuevos materiales y formas, mientras que Fernández del Amo promovió la vivienda popular y a partir de la década de los cincuenta apareció el organicismo arquitectónico (Coderch).

En cine resulta muy patente el paralelismo con la literatura. El neorrealismo, del que podrían ser buenos ejemplos *Bienvenido míster Marshall* (1953) o *El verdugo* (Luis García Berlanga, 1964), presentó una versión crítica de la realidad española. La fuerte conciencia de las limitaciones en que se desenvolvía la industria cinematográfica española, parcialmente acogida por los medios oficiales en el momento en que fue director general José María García Escudero, tuvo como consecuencia la aparición de un «nuevo cine español». En los sesenta ese cine estuvo muy vinculado con la realidad cotidiana, aunque a veces se ocultó también en un lenguaje críptico (Escuela de Barcelona). Mientras tanto, algunos de los grandes de la cinematografía española (Luis Buñuel, *Viridiana,* 1961) completaban una obra de trascendencia mundial. El cine constituyó una porción fundamental de la cultura popular, pero dentro de ella hubo también otras manifestaciones, como por ejemplo la canción, que abandonó las fórmulas vinculadas con la tradición folclórica para optar por otras mucho más cosmopolitas (Festival de Benidorm, 1959).

La era del desarrollo

Los años centrales de la década de los sesenta fueron aquellos en los que se puede considerar que tuvo lugar el apogeo del régimen de Franco. A estas alturas la oposición tenía una influencia real muy pequeña, desmantelada aquella que procedía de los tiempos anteriores a la guerra y todavía germinal la más joven. La desaparición de cualquier posibilidad de retorno a una dictadura de índole fascista, con sus presumibles correlatos en campos como la política económica, y su conversión de aquélla en otra de corto burocrático, trasladó el centro de atención del régimen hacia otras materias. De todos los modos, fue la prosperidad europea la que tuvo como consecuencia el cambio fundamental durante estos años, que residió en un importantísimo crecimiento económico, lo suficientemente duradero como para provocar una modificación a fondo de la sociedad española. No tuvo tan sólo unas consecuencias cuantitativas en la elevación de los niveles de renta, sino también cualitativas y culturales. Si las primeras estaban previstas (y fueron deseadas) por parte de la clase política, no se puede decir lo mismo de las segundas.

En el terreno político, una parte considerable de los dirigentes del régimen sintió la necesidad de creación de unas instituciones políticas que le permitieran afrontar su futuro. Además, la confianza del régimen en sí mismo durante estos años le hizo confiar en que para él resultaría inocuo ampliar el nivel de tolerancia con respecto a las libertades o las manifestaciones de la oposición. Sin embargo, los cambios políticos no fueron nunca sustanciales y la misma nueva actitud de la sociedad española contribuyó de manera acentuada a que se creara una creciente oposición.

El crecimiento económico en los sesenta

Al tratar de la profunda transformación producida en la sociedad española durante la década de los años sesenta y setenta es necesario hacer mención a los beneficios derivados de su localización geográfica o, si se quiere, a la renta de situación española. Como país ubicado en el borde meridional de una civilización industrial que, al finalizar la II Guerra Mundial, había experimentado un proceso de crecimiento económico muy importante, definido en algunos países incluso como *milagro*, España debía acabar por experimentar algo semejante, aunque se incorporó a dicho proceso con el retraso de toda una generación debido a las peculiaridades de su régimen político. No lo pudo hacer, además, hasta que tuvo lugar el giro en la política económica como consecuencia del plan de estabilización.

De esta situación geográfica española y de esa rectificación de la política económica derivaron los tres grandes motores que constituyeron el sustrato sobre el que se asentó el desarrollo español, cuyo resultado fue el crecimiento industrial y la modernización social. Estos motores fueron: el turismo, la emigración de mano de obra a Europa y las inversiones extranjeras.

Sin duda, por la importancia objetiva que tuvo no sólo desde el punto de vista económico sino también social, le corresponde un papel decisivo al turismo, convertido con rapidez en primera industria nacional. Un factor de primera importancia para ello no sólo fue el sol o el clima sino también el nivel de los precios españoles, relativamente bajos en comparación con el resto de Europa. En el periodo comprendido entre 1966 y 1970 el número de turistas pasó de diecisiete a veinticuatro millones, cuando en el año 1961 la cifra era poco más de siete millones. El papel del turismo resultó fundamental para la balanza de pagos española porque lograba equilibrar una situación comercial netamente deficitaria. En el año 1970 las exportaciones españolas representaban menos de la mitad de las importaciones, y la diferencia entre ambas fue cubierta fundamentalmente por el turismo: Sólo bien entrados los años setenta comenzó a disminuir su papel relativo en la economía española. Siempre se trató de un turismo estival y de clase media que, más que una industrialización, lo que produjo fue una *terciarización*, es decir, un aumento importante del sector terciario o de servicios. Un efecto negativo del mismo fue la destrucción de una parte de los paisajes naturales del Mediterráneo por un aumento incontrolado de la edificación. Pero, desde otro punto de vista, no cabe duda de que se transformaron los hábitos culturales y las formas de vida de los españoles gracias al contacto con el mundo exterior a través de ese turismo.

Otro motor de la economía española fue la emigración de mano de obra a Europa. Su comienzo fue una consecuencia del Plan de Estabilización del año 1959 que hizo crecer el paro pero también modificó la política oficial: el Estado español dio facilidades a la emigración y realizó una política para encauzarla. Durante la década de los sesenta el número anual de emigrantes fue siempre superior a los cien mil, y algunos años, como 1964, rozó los doscientos mil. Se ha calculado que las remesas de dinero enviadas por los emigrantes españoles supusieron para el país, durante algún año, unos ingresos dobles que los que proporcionaba la exportación tradicional española de cítricos. Además, algunos han llegado a afirmar que en el momento culminante de la emigración una décima parte de la mano de obra española estaba en el extranjero. En líneas generales, los emigrantes españoles procedían de las regiones más subdesarrolladas de España y se instalaron en los países más evolucionados de Europa, como Alemania, Francia o Suiza. Desde el punto de vista económico la emigración tuvo consecuencias positivas, ya que no sólo propició una capitalización sino que también mejoró la formación profesional e incluso, de manera indirecta, provocó un aumento de salarios en el medio rural, que por primera vez en la Historia española tenía mano de obra insuficiente. Es muy probable que desde el punto de vista económico el balance entre los aspectos positivos y negativos sea equilibrado, pero es necesario tener presente el severo trauma social que implicó la emigración para quienes tuvieron que abandonar su país.

En cuanto a las inversiones extranjeras, de nuevo la política gubernamental liberalizadora jugó un papel decisivo que permitió aprovechar el entorno europeo y mundial. En el periodo comprendido entre los años 1956 y 1958 las inversiones extranjeras sólo supusieron unos tres millones de dólares. Se ha calculado que, en cambio, entre 1959 y 1974 España recibió inversiones de capital extranjero por un monto aproximado de unos seis mil millones de dólares. A partir de 1959 se liberalizaron las inversiones inferiores al 50% del capital, mientras que sólo para las superiores a esta cifra era necesaria la aprobación gubernamental y en cualquier caso se pudieron repatriar los beneficios. La procedencia de estos capitales fue fundamentalmente estadounidense, suiza, alemana, francesa y británica. En líneas generales la inversión se dirigió a la industria química, al comercio y a la alimentación, mientras que lo que sin duda atrajo al capital europeo fue que en España existía una mano de obra barata y un mercado en vías de franca expansión. Sin este apoyo la industrialización española hubiera sido inconcebible, ya que supuso en torno al 20% de la inversión industrial y, además, proporcionó tecnologías nuevas.

El crecimiento experimentado por España en los años sesenta y setenta sin duda estuvo protagonizado por la industria, pero al mismo tiempo se produjo una profunda transformación en la agricultura. Para explicar este proceso es necesario hacer mención a la política gubernamental llevada a cabo durante los años cincuenta con la aplicación de los planes de colonización, que produjo unas transformaciones lentas en el mundo agrario sin tener una preocupación inmediata por el aumento de la productividad. A tal efecto se dictaron una serie de leyes y se creó el Servicio Nacional de Concentración Parcelaria para combatir el minifundio, aunque todavía en los años setenta la mitad de las explotaciones agrarias gallegas eran inferiores a veinte hectáreas. Las medidas relativas a la estructura agraria española tuvieron, en efecto, un resultado modesto. Entre 1958 y 1968 se decretó la concentración de más cinco millones de hectáreas, pero no se habían concluido los trabajos de transformación de la mitad de ellas. Al ritmo medio de transformación de doscientas mil hectáreas al año, se calculaba que tardaría treinta años en producirse el cambio que necesitaba la agricultura española. Todavía resultó más lenta la transformación de los regadíos y la de las fincas situadas en zonas de latifundio a fin de lograr una explotación más rentable.

En lo que respecta a la agricultura, a finales de la década de los sesenta España todavía recordaba, en algunos aspectos, a ciertos países del tercer mundo por su ausencia de modernización. El consumo de abonos y la mecanización previstos en el primer Plan de Desarrollo no se cumplieron y eso retrasó el crecimiento de la productividad. Pero si no hubieron cambios importantes en la política agraria del Gobierno, fueron las propias circunstancias del momento las que indujeron a una transformación que hizo entrar en crisis a la agricultura tradicional. La emigración al extranjero tuvo una eficacia decisiva, ya que un millón de personas activas en el medio agrario se dirigieron a la ciudad o al extranjero, lo que produjo una inmediata alza de los salarios agrícolas que afectó no sólo a los jornaleros sino también a los pequeños propietarios y, como consecuencia de ello, las pequeñas propiedades tendieron a desaparecer y las más grandes modernizaron su producción que, además, encontró mercados más amplios.

Éste fue el factor que impulsó la modernización de la agricultura española. En los años setenta el papel de la agricultura en el total de la economía nacional había ido disminuyendo, incluso en las exportaciones, que si todavía en el año 1958 eran agrícolas en un 58%, en 1970 lo eran sólo en un 36%. Los problemas de la agricultura española en estos años eran de adaptación de la producción propia a las nuevas necesidades internas y exteriores. En efecto, no había que producir más a cualquier costo, sino las cantidades oportunas de las cosechas más necesarias (o más exportables) al menor costo posible. En realidad, sólo en 1973 la agricultura comenzó a responder a las verdaderas necesidades del mercado español. A finales del régimen de Franco, aunque España estaba por debajo de la mayoría de países europeos en cuanto al empleo de maquinaria y abonos, había conseguido duplicar el rendimiento por hectárea de maíz; el de cebada y trigo aumentó en un 60%. Al mismo tiempo cuadruplicó la producción de carne por habitante y duplicó la de huevos.

Sin embargo, el crecimiento económico español de los años sesenta y setenta fue consecuencia principalmente del desarrollo industrial. A lo largo de los años sesenta se presentó la planificación indicativa como la causante del desarrollo español, pero su papel fue mucho menor del que hizo pensar la propaganda oficial. Aunque los responsables principales de la política española empezaron a ser asesorados por algunos de los mejores economistas profesionales españoles en torno a los años del plan de estabilización con el paso del tiempo este asesoramiento fue menos tenido en cuenta y no se prosiguió con decisión el camino de liberalización iniciado a fines de los años cincuenta. Este programa se fundamentaba en la apertura hacia el exterior, que encontró más dificultades a partir del primer momento, principalmente en el antiguo partido único y en los sindicatos oficiales. Así se percibió en torno a 1962, cuando se hizo público un informe del Banco Mundial sobre la economía española y, sobre todo, a partir de mediados de la década de los sesenta.

En realidad, los planes de Desarrollo no pasaron de ser una fórmula de previsión bastante imperfecta, obra principalmente de un administrativista, López Rodó, en vez de economistas. El plan, aunque contribuyó a introducir un marco más ortodoxo en el terreno económico, erró en muchas de sus previsiones y con frecuencia fue tímido a la hora de la estricta aplicación de las leyes económicas. Llama la atención, por ejemplo, que los planes de Desarrollo no supieron apreciar ni la magnitud del desarrollo turístico ni tampoco de la emigración. Además, la planificación resultó más influyente en el sector privado que en el público, puesto que en éste ni siquiera se logró controlar el gasto. Ya en los setenta, los planes industriales resultaron a menudo megalómanos y obligaron a una posterior reconversión. Con los años tampoco mejoró el grado de cumplimiento de los planes sino que se hizo menor. Pero, al menos, los planes lograron difundir un cierto ideario económico, elemental pero eficaz, en un país que había tenido la pretensión de ser autárquico e intervencionista al máximo.

El examen de la política industrial, donde se consiguió un crecimiento espectacular, resulta un buen ejemplo de hasta qué punto los propósitos liberalizadores avanzaron con lentitud. La política intervencionista continuó, y el asunto MATESA, del que se tratará más adelante, constituye una buena prueba de que el éxito de una empresa dependía en gran medida de la influencia que tuviera en los medios oficiales. Sólo en 1967 desaparecieron los requisitos relativos a la previa autorización gubernamental para el establecimiento de una industria. A pesar de ello perduraron otras fórmulas de intervencionismo que fueron utilizadas con asiduidad y masivo empleo de recursos públicos. Las dos más importantes fueron la acción concertada, consistente en la posibilidad de que el propio Estado contribuyera a la financiación de una industria en determinadas condiciones, y la política regional que permitió el establecimiento de «polos de desarrollo» que, en su localización, acostumbraron obedecer a motivos de carácter político más que económico. Muy a menudo, además, el propio Estado, que hubiera debido cumplir las obligaciones que él mismo se imponía, estuvo muy lejos de hacerlo: el gasto de un organismo tan decisivo para la política industrial como era el INI siguió sin ser controlado. De hecho siguió a su frente una persona como Suances —que había sido la expresión misma del intervencionismo e hizo lo posible por actuar al margen de la política económica gubernamental—, y, cuando fue sustituido, tampoco quien ocupó su puesto rompió con esa tendencia. En los años sesenta se pretendió que el INI no tuviera otra función que la subsidiaria con respecto a la industria privada, pero se le atribuyó también la condición de «hospital de empresas»; lo que venía a equivaler a convertirlo en receptor de las que estaban en crisis.

A pesar de ello el crecimiento industrial logrado en la década de los sesenta fue sencillamente espectacular, aunque de una forma especial en la primera mitad de ella (12,5% en el periodo 1961-1964 frente al 7,8% en 1965-1971). En total se ha calculado que entre 1965 y 1973 el crecimiento del producto industrial fue del 160%. No sólo se incrementó la producción sino también la productividad, que se duplicó en la década de los sesenta, creciendo a un ritmo doble que en Gran Bretaña y aún mayor que en Alemania. El crecimiento industrial se explica a la vez por la existencia de un mercado interior capaz de una gran demanda y por la apertura exterior de la economía española. En la década de los sesenta la importación de bienes de equipo creció a un ritmo anual del 20%, mientras que la exportación de productos manufacturados lo hizo el 14%.

Como en otros países, el desarrollo económico tuvo también inconvenientes, que nacieron, por ejemplo, de una urbanización rapidísima y unos fenómenos migratorios muy bruscos. La afirmación de Marías de que España había dejado de ser un país subdesarrollado y se había convertido ya en un país mal desarrollado parece cierta si se tiene en cuenta gran parte de la construcción de la época. La redistribución de la población, producida por razones económicas, concentró el 44% de la población en tan sólo ocho provincias, creando inmensas concentraciones suburbiales de escasa calidad urbanística y muy pronto deterioradas.

De todos los modos, la transformación económica de España producida en estos años puede considerarse como decisiva e irreversible, y éste quizá sea el acontecimiento más importante desde el punto de vista histórico producido durante la dictadura de Franco. España había dejado ya de ser un país cuya única exportación eran los cítricos; en el año 1971 fue el cuarto productor mundial de buques y también en su comercio jugaban ya un papel muy importante las máquinas herramientas. A comienzos de los años setenta España era ya descrita como una de las diez o doce potencias industriales más importantes del mundo. En los primeros años de esa década, y durante toda la anterior, fue uno de los cinco países con mejores resultados económicos. La tasa anual de crecimiento en 1960-1975 fue de un 7% anual, la más alta de Europa y una de las más altas del mundo. De algún modo puede decirse que ésa fue la verdadera revolución española y no la de los años treinta. Pero resulta una paradoja total, que no había sido prevista en su magnitud por los responsables políticos, ni se había realizado como ellos pensaron y, sobre todo, tuvo como consecuencia a medio plazo poner en cuestión el sistema político existente.

Por otra parte el desarrollo económico se enfrentó muy pronto con problemas graves. La apertura de la economía española ante el exterior era muy inferior a la del resto de los países europeos con los que, de todos los modos, estaba vinculada de una forma irreversible, en especial a partir de 1970, año en que se firmó un tratado de asociación con el Mercado Común (ya antes, un tercio del comercio se hacía con los países de esa área económica). Además, la industria siguió en exceso protegida ante el exterior e intervenida en el interior. La agricultura, como hemos visto, tuvo problemas graves de modernización y productividad. El Estado español, aun siendo mucho más intervencionista que otros europeos de la época, resultaba al mismo tiempo impotente porque carecía de los recursos fiscales necesarios para actuar: el papel de los impuestos directos —el de la renta, por ejemplo— era mínimo en comparación con otros países del entorno. Otro problema esencial del desarrollo español durante estos años fue el de los precios. Su crecimiento durante la década de mayor prosperidad fue del orden del 7% anual mientras que en Europa se quedaba en la mitad. Durante toda la década de los sesenta hubo una sucesión de momentos de fuerte inflación seguidos de periódicas políticas deflacionistas. Todos estos datos, en definitiva, testimonian que si el desarrollo económico fue muy importante también engendró periódicos desequilibrios graves.

La modernización de la sociedad española

Al mismo tiempo que se producía el desarrollo económico tenía lugar una profunda transformación de la sociedad española que, a la larga, habría de tener una indudable repercusión en el terreno político y que no puede separarse del cambio económico, ya que ambos coincidieron en testimoniar la modernización del país. Si durante los años cincuenta España se asemejaba a los países hispanoamericanos e incluso estaba por detrás de algunos de ellos —por ejemplo, Argentina— en cuanto a desarrollo, al comienzo de los años setenta era ya sin duda un país europeo, aunque en muchos aspectos estuviera a la zaga de los más adelantados. Pero la gran divergencia era la existente en las instituciones políticas.

El primer aspecto en que pudo apreciarse la modernización de la sociedad española —es decir, la homogeneización con el comportamiento de los países europeos desarrollados— fue en la demografía. Entre el censo de 1960 y el del año 1970 el número de españoles creció de treinta millones a más de treinta y tres. La reducción en la tasa de mortalidad se había producido en los años cincuenta, haciéndola similar a la de Francia o Italia, y la disminución de la natalidad tuvo lugar más tarde, en la etapa final del franquismo, descendiendo del 21‰ al 18‰. Uno de factores que indujeron a un descenso de la natalidad fue el matrimonio tardío, que empezó a ser característico de la sociedad de la época, pero también la restricción artificial de la natalidad. Aun así el crecimiento vegetativo fue muy fuerte en la fase final del régimen franquista. El envejecimiento de la población, característico de las sociedades europeas, fue en España un fenómeno tardío: aun iniciado en los años cincuenta, por el momento tuvo una menor incidencia que en otras sociedades; nuestro país era y sigue siendo un país más joven que la mayoría de los europeos.

Otro de los cambios producidos en la sociedad española fue debido a las migraciones internas. En la década de los años sesenta en torno a unos cuatro millones de españoles cambiaron su lugar de residencia y se dirigieron hacia aquellos lugares donde existían mayores posibilidades de todo tipo. El gran fenómeno migratorio consistió en el traslado de campesinos hacia los núcleos urbanos, en los que había posibilidades de trabajo y que, además, les ofrecían unos modos de vida diferentes, más libres y con opciones de promoción personal. En consecuencia, la población española se hizo cada vez más urbana. En el último censo del régimen franquista, del año 1970, sólo el 33% de la población residía en núcleos de menos de diez mil habitantes, mientras que el 36,7% lo hacía en poblaciones de más cien mil. La diferencia del lugar de residencia implicaba también una nueva forma de vida en los más variados aspectos.

También se produjo un cambio en la redistribución de la población, que tendió a gravitar hacia la periferia de la Península en lugar de hacia el centro. A comienzos del siglo XX el peso demográfico del centro era muy superior al de la periferia, pero en el año 1970 esta situación había cambiado de manera radical, arrojando unos porcentajes del 44% de la población en el centro y el 56% en la periferia. Las zonas que recibieron una mayor migración interna fueron Madrid, las costas, sobre todo Cataluña y el País Vasco, y todo el eje del río Ebro. Así, al lado de la España del desarrollo, hacinada en los suburbios de las zonas industriales, empezó a aparecer otra España despoblada de manera creciente en el interior, desertizada y condenada al subdesarrollo, pero que mantuvo mucho mejor su entorno natural.

Al mismo tiempo tuvieron lugar cambios decisivos en las ocupaciones de los españoles. En periodo comprendido entre 1960 y 1970 la población rural pasó del 42% al 25%. Cercana ya la muerte del general Franco, la población activa española ofrecía un perfil moderno en el que, aunque aún era excesivo el peso del mundo agrícola, con un 22%, ya el sector servicios ocupaba a un 40% de la población, mientras que la industria tenía el 38% del total. La población activa creció del 34% al 38% y, además, empezó incorporarse a ella la mano de obra femenina, aunque todavía ésta era, en proporción, muy inferior a la del resto de Europa. Una característica de la España de la época fue el pluriempleo laboral: rompiendo la imagen tópica, el crecimiento fue la obra de una generación trabajadora más que de los planes de Desarrollo.

En estos años hubo mucho más crecimiento económico que redistribución de la riqueza, pero las cifras relativas a la renta *per cápita* y al consumo revelan que el desarrollo fue beneficioso para la mayor parte de la población española, aunque fuera en proporción variable. En el año 1960 la renta *per cápita* de España rondaba los trescientos dólares, en 1964 era de quinientos y en 1973 llegaba a los dos mil dólares, cifra que Japón había alcanzado sólo cuatro años antes. Aunque estas cifras resultan espectaculares, no conviene exagerarlas y es necesario compararlas con las de otros países de Europa occidental. Así, por ejemplo, en 1967 la renta *per cápita* española era un 50% superior a la de Portugal pero sólo dos terceras partes de la italiana. A la muerte de Franco la renta *per cápita* seguía siendo un 25% inferior a la europea.

En el consumo se puede apreciar muy bien el cambio experimentado por la sociedad española como consecuencia del desarrollo. El despegue se inició entre 1962 y 1966, pero se generalizó en la segunda mitad de los años sesenta y principios de los setenta. Las cifras más espectaculares corresponden al periodo de 1966 a 1974, en el que se produjo un gran incremento en la producción de bienes de este tipo. España pasó de producir unos 250.000 coches a 700.000, de 570.000 a 730.000 televisores, de unos 300.000 frigoríficos a más de un millón, y de casi 400.000 lavadoras a más del doble. También fue posible percibir el grado de bienestar por la disminución del papel relativo de la alimentación en los presupuestos familiares: si al principio del periodo era en torno al 55% y luego descendió al 38%.

¿Quiénes fueron los beneficiarios y quiénes los marginados de este desarrollo económico? Durante estos años se produjeron importantes cambios en la estratificación social española. Un rasgo fundamental del crecimiento fue que hizo desaparecer el peso específico del mundo agrario y, por consiguiente, aumentó el papel del proletariado industrial especializado. Otro fenómeno de importancia semejante es que hizo emerger unas nuevas clases medias que estaban formadas, a título de ejemplo, por oficinistas, técnicos de grado medio y vendedores. Sin duda fueron estas nuevas clases medias las protagonistas fundamentales del desarrollo económico y las beneficiarias del aumento del consumo, aunque también siguió existiendo una fuerte desigualdad en la sociedad española que constituía un elemento diferenciador con respecto a la mayoría de los países europeos. Al final del régimen de Franco alrededor del 1,2% de la población española poseía el 22% de la riqueza nacional, mientras que otro 52% tenía en sus manos el 21%. Sin duda, el desarrollo económico de los años sesenta fue un fenómeno general pero que, sin embargo, no benefició a importantes áreas geográficas. Todavía en los años setenta, en Orense el 80% de los hogares no tenían agua corriente, y el 23% de los cabezas de familia de Huelva eran analfabetos.

En gran medida los acontecimientos políticos de la época y el aumento de la protesta social se explican por ese desarrollo desigual y por la incapacidad del Estado para dar respuesta a las demandas de la sociedad. Por primera vez, en el año 1970 España gastó más dinero en educación que en el Ejército. A pesar de ello aún seguían existiendo graves deficiencias en el funcionamiento del Estado, sobre todo en la educación y en los servicios sociales.

La apertura y el nombramiento de sucesor

En su etapa final el franquismo fue un régimen que demostró una total incapacidad para renovarse. Al frente estaba el general Franco, que ya no era el Caudillo victorioso de una guerra civil sino un anciano, que periódicamente era capaz de resucitar la dureza represiva que le había caracterizado en otros tiempos pero que estaba cada vez más alejado de la sociedad sobre la cual ejercía su dictadura. Su salud fue buena hasta el comienzo de los años sesenta, pero a partir de esta fecha se deterioró rápidamente. Los miembros de sus gabinetes eran, cada vez en mayor proporción, técnicos y no políticos. Los miembros jóvenes de la clase política franquista en sus últimos años fueron conscientes de que la sociedad española se desenvolvía cada vez más al margen de la política oficial. El régimen tenía enfrente una oposición, a la vez dividida y cada vez más activa, pero que, en realidad, nunca supuso un inmediato peligro —aunque sí una vaga amenaza— para un sistema político que se descomponía.

La llamada apertura en el régimen franquista fue obra de toda una generación de dirigentes y no sólo de un sector, aunque se ha solido identificar la apertura con el grupo tecnócrata que formó parte del gobierno del año 1962. En efecto, en la fase final del régimen, este grupo formó una clientela en torno al almirante Carrero Blanco, a la que sus adversarios identificaron con el Opus Dei y que ejerció una creciente influencia en el entorno del general Franco. En realidad, hubo posiciones políticas distintas entre los miembros de esta asociación, pero un elevado número de ellos, más o menos vinculados a Laureano López Rodó, desempeñó un papel muy importante durante estos años en los gobiernos de Franco.

López Rodó, perfectamente identificado con Carrero Blanco, entró en el Gobierno en 1965 tras haber ejercido un papel decisivo en la elaboración del Plan de Desarrollo. La mayor parte de los nuevos ministros de ese gabinete también se identificaban con Carrero que, en septiembre de 1967, ocupó la Vicepresidencia del Gobierno en sustitución del general Muñoz Grandes, gravemente enfermo. Éste último, procedente del sector falangista, desde 1962 mantenía una postura distinta sobre la institucionalización del régimen frente al sector más monárquico, liderado por Carrero. Probablemente el cese se debió a sus diferencias con Franco, sobre todo por la cuestión de la Monarquía a la que, como falangista, Muñoz Grandes era muy reacio. El hecho viene a confirmar el papel relevante desempeñado por el nuevo vicepresidente, persona poco ambiciosa, sin deseos de publicidad, integrista en materias religiosas, consejero temprano del general Franco y que llegó a adquirir una absoluta identificación con él.

Fue el gabinete formado en 1965 el que, en un periodo corto de tiempo, llevó a cabo la institucionalización del régimen. De entre las diferentes normas legales e iniciativas de este gobierno hubo una que resultó muy importante para cambiar las pautas de comportamiento de la sociedad española —la Ley de Prensa— y otras que se refirieron a la configuración del régimen, de las que la más importante fue la Ley Orgánica.

Por la relevancia a medio plazo que tuvo para la sociedad y también porque fue la primera norma institucionalizadora es necesario hacer referencia, en primer lugar, a la Ley de Prensa del año 1966. Hasta entonces el régimen de prensa nacido de la guerra civil había sido muy duro y el proceso de redacción de esta nueva ley fue extraordinariamente complicado, por la reticencia existente en el régimen y en el propio Franco ante la posibilidad de una mayor tolerancia en estas materias. De acuerdo con la nueva ley, el Estado se reservaba el derecho de inspeccionar la inscripción de los diarios y controlaba las noticias del extranjero a través de la agencia Efe; asimismo podía recurrir al secuestro administrativo de una publicación y sancionarla por esta vía, pero desaparecía el régimen de censura previa. Los límites a la libertad de expresión de las ideas eran muy genéricos y, por lo tanto, también discrecionales. A pesar de todo, la ley tuvo un efecto muy positivo y pronto se produjo una multiplicación de las publicaciones. Además, la prensa contribuyó de manera decisiva a divulgar las normas y principios sobre los que se fundamenta la democracia, aunque para ello hubo de sortear multitud de dificultades. En efecto, de manera inmediata se introdujeron unas normas restrictivas, como la modificación del Código Penal del año 1967 y una Ley de Secretos Oficiales que permitió declarar reservadas cuestiones como la ley sindical. Además, la misma legislación daba unas posibilidades muy amplias de sanción: ya en el mismo año de su promulgación se abrieron 22 expedientes que concluyeron en multa, cifra que aumentó hasta 72 y 91 en los dos años siguientes. Estas sanciones eran producto de la propia ley y de la dureza con la que se aplicó, pero también de la presión de la clase política del régimen, que no quería mostrar síntomas de exceso de tolerancia.

La Ley Orgánica fue promulgada en enero de 1967, aunque sus orígenes deben remontarse a los proyectos de Arrese y a un conjunto de leyes preparadas por el gobierno formado en el año 1962. En el momento de su redacción existieron fuertes tensiones entre los diversos sectores del régimen: en el último momento no se logró hacer desaparecer la mención al Movimiento Nacional por parte de los sectores más opuestos al antiguo partido único. Esta ley era un intento de convertir una dictadura constituyente en una Monarquía limitada por unas instituciones, originariamente fascistas, que eran en las que hasta entonces se había fundamentado el régimen. Se dibujaba así un sistema político más flexible, aunque sus propósitos estuvieran muy lejanos a un régimen democrático.

En la ley aparecía la figura del presidente del Gobierno, pero el cargo de momento no fue deslindado de la jefatura del Estado y, por lo tanto, ésta no pudo considerarse por el momento como una innovación efectiva. El Consejo Nacional continuaba estando reservado en la práctica a personalidades que hubieran estado muy vinculadas al partido único. La auténtica novedad de esta ley radicaba en la aparición de un sector de las Cortes, el de los llamados «procuradores familiares», sujetos a un tipo de elección directa con toda clase de cautelas, pero que exigía tomar en consideración a la opinión pública. Sólo existían ciento ocho procuradores familiares y, al existir dos por cada provincia, es evidente que para ser elegido por Barcelona hacían falta muchos más votos que para serlo por Soria. Como no había un asociacionismo político, se creaba una especie de nuevo régimen censitario en el sentido de que sólo podían concurrir a los procesos electorales quienes tuvieran una gran fortuna personal o contaran con apoyos financieros importantes.

Hubo tan sólo un corto periodo de tiempo en que pareció que la apertura podía dar ciertos frutos parciales en lo que respecta a la transformación del régimen hacia una mayor autenticidad. En las elecciones de 1967, en que se estrenó la nueva composición de las Cortes, existió con frecuencia una lucha enconada y resultaron elegidos procuradores (y algún consejero nacional) de significación independiente. Los procuradores más partidarios de la apertura se reunieron a menudo fuera de Madrid, hasta que esta modesta actividad destinada a intercambiar y dar a conocer sus puntos de vista les fue prohibida. En las siguientes elecciones, el grado de control desde el poder fue ya mucho mayor y, por lo tanto, la viveza de las Cortes resultó muy inferior o nula.

Muy pronto, por tanto, se hicieron patentes las limitaciones a la apertura y, además, la división interna en la clase política del régimen. El primero de estos fenómenos se hizo evidente en la legislación destinada a complementar la Ley Orgánica. La Ley del Movimiento Nacional de 1969 no se basó en una concepción genérica del mismo sino que potenció su aspecto organizativo y, por lo tanto, el recuerdo de la época en que constituía un partido único. Una ley de asociaciones políticas, que las sometía al Consejo Nacional pero no ponía barreras insuperables a su creación, acabó quedando encallada, sin salir adelante. Como veremos, toda la fase final del franquismo estuvo presidida por el debate acerca de cómo institucionalizar el pluralismo del régimen.

Más importante que estas dos disposiciones —y también más conflictivo— fue el intento de dotar al país de una nueva ley sindical. Tras las elecciones de 1966, un congreso celebrado por los sindicatos oficiales en mayo de 1968 en Tarragona elaboró una propuesta que, por un lado, suponía una relativa democratización pero, por otro, pretendía convertir al sindicalismo en una especie de organización autónoma que elegiría su ministro e impulsaría una política social independiente de la económica. El debate sobre el sindicalismo se hizo muy áspero por razones variadas: por un lado los medios católicos —incluyendo a la mayoría de los obispos— afirmaron que no respondía a las doctrinas de la Iglesia y, por otro, los sectores contrarios al sindicalismo oficial (en especial, los ministros económicos y también los más opuestos al falangismo) se opusieron a la creación de este tipo de sindicalismo, que incrementaría el poder de sus adversarios.

Pero la decisión política más importante de la época no fue una modificación legal sino el nombramiento del príncipe don Juan Carlos como sucesor de Franco. Educado en España desde 1948, el Príncipe había pasado por las academias militares y luego por la universidad. Casado en 1962, a partir del año siguiente, mientras completaba su formación en los ministerios y entidades oficiales, fue sometido a severa observación por Franco, que también especuló con otros posibles candidatos, entre ellos su primo don Alfonso de Borbón Dampierre. Desde fechas muy tempranas, Franco había descartado por completo a don Juan de Borbón y, aunque monárquico, siempre pensó en la Monarquía como continuidad del régimen. Don Juan Carlos se dio cuenta a partir de 1965 de esta realidad y, manteniendo una identidad sustancial con su padre, se adaptó, con discreción, prudencia y el menor grado de identificación con el régimen que le era posible —y se le exigía que fuera muy grande— a las circunstancias. En la segunda mitad de la década de los sesenta daba la sensación de que existían dos tipos de Monarquía en el horizonte. Don Juan, cuyo principal representante político fue ahora Areilza, se identificaba con la democracia, mientras que don Juan Carlos parecía representar la continuidad del régimen. Pero las diferencias eran de método y estrategia y no de fondo, como se descubriría con el transcurso del tiempo.

La decisión de Franco respecto a su sucesión fue tomada con una lentitud exasperante para quienes eran sus colaboradores, principalmente Carrero Blanco y López Rodó. Es muy probable que se adoptara en los primeros meses de 1968, cuando el Príncipe ya había cumplido treinta años, como se requería de acuerdo con la Ley de Sucesión, y tenía ya un hijo varón; es posible, además, que la presencia en España de la reina Victoria Eugenia coadyuvara a ello. De todos modos, las expectativas del nombramiento se prolongaron hasta julio de 1969. No hubo notificación previa a don Juan y la decisión de Franco le fue comunicada a don Juan Carlos sólo en última instancia y sin posibilidad de informar previamente a su padre. Cuando la decisión fue llevada a las Cortes, tan sólo diecinueve procuradores votaron en contra. En su discurso de aceptación don Juan Carlos no pudo ni siquiera citar a su padre. Éste se declaró mero «espectador» de lo sucedido y disolvió el consejo privado que hasta el momento había tenido a su lado. La decisión de Franco dificultó durante algún tiempo la relación entre padre e hijo, pero entre ambos hubo una esencial identidad de propósito, consistente en la reconciliación de los españoles y la creación de unas instituciones aceptables para todos. Durante estos años y los posteriores, don Juan Carlos mantuvo una actitud prudente y discreta en el convencimiento de que, a la muerte de Franco, le correspondería llevar a cabo el gran designio de la Monarquía.

Aunque fue Franco quien decidió el momento de la sucesión y el nombre de quien habría de personificarla, en realidad acabaron coincidiendo en ella las distintas familias del régimen. Sin embargo, ésa fue la última ocasión en que existió unanimidad porque, a partir de ese momento, se produjo una profunda división en la clase dirigente del régimen que el propio Franco no pareció capaz de arbitrar. Los factores personales o de pura lucha por el poder explican las razones de lo sucedido, pero también existieron diferencias de programa. Los identificados con Carrero Blanco eran proestadounidenses en política exterior y querían detener la descolonización; en política interna deseaban, a la vez, parar la apertura informativa, pero también recortar la influencia del Movimiento Nacional o los sindicatos. El sector contrario —Fraga, Castiella, Solís— resultaba, al mismo tiempo, más influyente en los sindicatos oficiales y el antiguo partido, por lo que una liberalización relativa de ambos hubiera multiplicado su poder.

El enfrentamiento entre estos dos sectores se centró en el llamado asunto MATESA. Ésta era una empresa de maquinaria textil que había dedicado gran parte de su producción a la exportación, obteniendo con este objeto importantes créditos oficiales. Regida con megalomanía, se produjo finalmente en ella una grave situación económica que fue utilizada por los ministros contrarios a Carrero para acusar de negligentes a sus adversarios. Puesto que Fraga controlaba la prensa, autorizó el debate en torno a la cuestión, que hizo patente el enfrentamiento en el seno del gobierno. Al final, en octubre de 1969, tuvo lugar un cambio de gobierno que, por el desplazamiento de los adversarios de Carrero Blanco, se pudo considerar como una victoria completa de éste. Pero lo verdaderamente decisivo no fue tanto esto como que en este momento se inició una división del régimen que estaba destinada a durar hasta el mismo momento de su desaparición.

De la oposición política a la oposición social

Mientras tenía lugar esta evolución en el seno de la clase dirigente del régimen también la oposición experimentaba un profundo cambio. Hemos visto que en el final de los años cincuenta aparecieron nuevos grupos cuyos miembros no tenían ya nada que ver con los vencidos en la guerra civil. Una coincidencia fundamental entre ellos residió en el común europeísmo de sus componentes. Europa se presentaba ante esos sectores políticos como un ideal de convivencia democrática, aparte de su significación económica, también tomada en consideración por el propio régimen pues, en definitiva, había solicitado la incorporación en el Mercado Común. Por su parte los grupos políticos de oposición exterior —en especial los socialistas— estaban involucrados en la construcción de Europa. La reunión de los europeístas opositores del interior y los del exterior en Múnich, en junio de 1962, dio lugar al acto más sonado de la oposición política en la década de los años sesenta. En los meses anteriores, además, había existido una importante protesta huelguística en Asturias que dio la sensación de producir una presión coincidente sobre el régimen, aunque derivara de razones distintas.

La reunión europeísta en Múnich de un centenar de personas procedentes del exilio y del interior tuvo una significación especial no sólo por demostrar que los propósitos de la oposición resultaban coincidentes con las instituciones de la Europa emergente sino, sobre todo, porque por vez primera se daba la impresión de que había cicatrizado definitivamente la guerra civil entre los españoles. Los dos personajes más importantes en la reunión, Gil Robles y Madariaga, procedían de mundos hasta entonces antagónicos, el católico y el republicano liberal. El único grupo importante de la oposición de entonces que no acudió a la reunión fue el partido comunista, por entonces contrario a la participación en las instituciones europeas.

Ello podría pensarse que moderaría la reacción gubernamental, pero no fue así. Por la coincidencia de movimientos de oposición o porque de este modo parecía surgir una oposición moderada, a la que Franco quizá consideraba más peligrosa, fue decretada una suspensión parcial del Fuero de los Españoles, y los asistentes del interior se vieron obligados a exiliarse o fueron confinados mientras que se organizaban manifestaciones contra esta supuesta injerencia exterior. La prensa oficial calificó lo sucedido de «contubernio» y desencadenó una dura campaña contra los asistentes. Éstos no pudieron defenderse, y su fuerza siguió siendo muy pequeña, pero tenían a su favor la ventaja de que estaba empezando a convertirse en imprescindible la integración de España en Europa, con lo mucho que esto significaba en el terreno político interno. Algunos de los asistentes a esta reunión acabaron jugando un papel político importante durante la transición a la democracia.

Incluso mayor importancia aún que la reunión de Múnich, a pesar de todo, la pudo tener el relevo de la oposición política por la de carácter social. En realidad los grupos políticos mencionados tuvieron una mínima significación numérica. En cambio, a partir de comienzos de la década de los sesenta la oposición pareció adquirir una mayor fuerza como consecuencia de que sectores sociales enteros entraban en conflicto con el régimen. No se produjo una confrontación frontal de ellos con el régimen ni la oposición social estuvo dominada en exclusiva por la política, pero dio la sensación de que existía una profunda incompatibilidad entre la sociedad española y el régimen político. Esta situación fue proporcionando a este último sobresaltos crecientes, mientras que una parte de la oposición social alimentó a la política.

La oposición social tuvo tres motores fundamentales que se fueron relevando con el transcurso del tiempo, al menos en cuanto a su influencia relativa. Empezó por tratarse de un desvío del catolicismo organizado para luego tomar la vanguardia de la protesta el mundo universitario y, en tercer lugar, la protesta obrera.

El desvío del catolicismo organizado se había iniciado en la década de los años cincuenta, principalmente en los grupos del apostolado obrero. Su protesta, por el momento, se refirió sobre todo a reivindicaciones concretas más que tratarse de una alternativa global en contra del régimen. A mediados de la década de los sesenta, en cambio, cuando empezó a hacerse presente la influencia del Concilio Vaticano II todas las organizaciones laicas católicas —entonces muy nutridas— se decantaron hacia una cierta discrepancia política. El desfase existente entre la jerarquía y esas organizaciones tuvo como consecuencia una grave crisis en éstas. Los medios católicos jugaron un papel decisivo en la divulgación del ideario relativo a los derechos de la persona. Un ejemplo de esto último puede proporcionarlo la revista *Cuadernos para el Diálogo,* aparecida en 1963, y que, desde esos orígenes católicos, acabó agrupando a la totalidad de la oposición. Su fundador, Joaquín Ruiz Giménez, fue en sus orígenes la figura política más joven del catolicismo colaboracionista, pero acabó convirtiéndose en uno de los más destacados opositores. A partir del año 1975, gran parte de la clase política de la democracia procedió, en sus orígenes, de los medios asociativos católicos, aunque más adelante perdieran esa significación religiosa.

Los antecedentes de la protesta estudiantil deben situarse en 1956, pero la difusión verdadera de la misma sólo se produjo en los años sesenta. A comienzos de la década el sindicato oficial de estudiantes (SEU) permitió elecciones en los escalones representativos inferiores, aunque los superiores fueran nombrados desde el poder político. De esta manera se pudo producir toda una sublevación en contra del sindicato oficial, que en 1964 no era reconocido por la mayor parte de los distritos universitarios. En el año 1965 se sumaron a la protesta algunos profesores, y el empleo de la represión por parte del Gobierno tuvo como consecuencia la creación de asambleas de estudiantes que abandonaron la democracia representativa y practicaron la directa confrontación con el régimen. En la segunda mitad de la década de los sesenta, tras unos años muy conflictivos, el régimen parecía dar ya por imposible el control de la Universidad. En el transcurso de esos diez años los estudiantes contrarios al régimen pasaron de ser una minoría ínfima a constituir una clara mayoría. Al mismo tiempo, el número de partidarios del régimen entre el profesorado se había reducido a casi la nada. Los sucesivos gobiernos parecieron dar por imposible la situación de la Universidad que, de todos los modos, a corto plazo no parecía un peligro tan grave para el régimen.

Desde siempre existió una oposición sindical al régimen del Franco, que a mediados de los años cincuenta estaba prácticamente desmantelada, pero que, bien entrada ya la década de los sesenta, reapareció con mayor fuerza. Hasta entonces la huelga, aunque tuviera como única finalidad motivos económicos, continuaba siendo un delito y las organizaciones obreras, tanto la Oposición Sindical Obrera, controlada por los comunistas, como la UGT, tenían efectivos muy limitados. Con el paso del tiempo se fue haciendo evidente que era necesaria una acción legal en los propios sindicatos oficiales.

El propio cambio social, consecuencia del económico, lo facilitaba. La nueva clase obrera industrial podía ser de procedencia inmigrante pero se sumó pronto a las tradiciones reivindicativas de las zonas industriales de las grandes ciudades. Su misma cualificación, la mejora de su nivel de vida y las largas jornadas de trabajo la convirtieron en exigente. Su protesta estuvo guiada por reivindicaciones de carácter económico, más que político, pero pronto fue consciente de que no tenía otro remedio que pasar a este segundo campo si quería conseguir sus propósitos. Además de ser opresivo en lo político, el régimen daba sobrados motivos para la protesta por la insuficiencia de sus prestaciones sociales, el pésimo urbanismo y los graves problemas de vivienda.

Por otro lado, a comienzos de la década de los años sesenta la situación legal era ya distinta. La ley de Contratos de Trabajo reguló un nuevo marco de las relaciones laborales mediante la firma de convenios, y creó en el seno de las empresas una periódica lucha reivindicativa por mejorar sus condiciones. A partir de 1965 la huelga podía mantenerse dentro de la legalidad si tenía carácter exclusivamente económico. Finalmente, las elecciones sindicales de 1966 fueron bastante libres, y en grandes núcleos de población, como Barcelona, hasta la mitad de los electos pudieron ser conceptuados como disidentes.

Con toda probabilidad, de las huelgas asturianas del año 1962 deriva el sindicalismo de la etapa final del franquismo. No se trató de un mero conflicto espontáneo, ni tampoco fue el producto de la agitación de los que habían sido derrotados en la guerra, ni tan sólo una protesta por las pésimas condiciones sociales existentes, sino que dejaron el poso suficiente para una organización posterior. Un factor decisivo que contribuye a explicar el nacimiento de un nuevo sindicalismo fue la aparición de algunos grupos obreros de procedencia católica, que estuvieron en el origen de Unión Sindical Obrera; pero aparecieron también en otras agrupaciones.

Estos grupos tuvieron en común con el Partido Comunista la utilización de la legalidad sindical para ocupar posiciones en ella. Pero fue, sin duda, este partido el que obtuvo un mayor rendimiento gracias a la creación de Comisiones Obreras. En zonas como, por ejemplo, Asturias la iniciativa de su origen fue exclusivamente de los comunistas, pero en otros lugares, como Madrid y Barcelona, jugaron un importante papel los católicos o los independientes. A mediados de la década de los años sesenta se comenzaron a formar Comisiones Obreras de carácter provincial y en las elecciones sindicales obtuvieron muy buenos resultados. De esta manera el PCE comenzó abandonar su aislamiento de la sociedad española y de los otros grupos de oposición. Es muy significativo el perfil de los elegidos en las elecciones sindicales citadas: más de la mitad tenían menos de treinta años y, por lo tanto, habían protagonizado el crecimiento económico de los últimos años en España y, además, no habían sufrido de manera directa la represión de la inmediata posguerra civil. Para este tipo humano de trabajador, Comisiones Obreras resultaba una fórmula ideal ya que era una agrupación unitaria, laxa y capaz de aceptar una parte de la legalidad, a la vez que lanzaba reivindicaciones concretas, no de carácter político.

A estas alturas el Partido Comunista ya había logrado atraer, tras una activa política desde la segunda mitad de los años cincuenta, a buena parte del mundo intelectual. Ya en los sesenta tuvieron lugar cambios políticos importantes en su seno. Antes se habían hecho más insistentes las apelaciones estratégicas a la reconciliación nacional, con voluntad de superar el enfrentamiento entre los españoles, y además se hizo cargo de la dirección del partido una generación más joven, que durante la guerra civil había emergido entre los principales dirigentes de las Juventudes Socialistas Unificadas. Los principales dirigentes fueron Santiago Carrillo y Fernando Claudín, dejando a Dolores Ibarruri en una posición poco menos que decorativa. A partir del año 1959, el nuevo equipo se lanzó a una acción mucho más decidida en el interior de España, pero en realidad por esos años el PCE movilizó sólo a un reducido número de personas aunque se atribuyó colaboraciones que no tenía. En la práctica esa estrategia de reconciliación sólo empezaría a plasmarse de forma efectiva gracias a la ampliación de la influencia de Comisiones Obreras.

El cambio en el catolicismo español

Con independencia de los propios movimientos de apostolado, la Iglesia española evolucionó de modo muy considerable tras la recepción en nuestro país del Concilio Vaticano II. Ello demuestra el cambio de mentalidad que se había producido en la sociedad respecto de todas las cuestiones, incluso también las religiosas, pero además contribuyó a acelerarla. Dada la gran influencia social que tenía la Iglesia española en los años cincuenta, ninguna otra organización hubiera podido desempeñar un papel semejante en cuestiones relacionadas con la política actuando con una cierta autonomía.

El nacional-catolicismo de la etapa anterior era una mentalidad que conectaba perfectamente con la experiencia de quienes habían vencido en la guerra civil. Sus planteamientos, sobre un fondo de integrismo religioso común, vinculaban estrechamente a la Iglesia con un Estado dictatorial, hasta diferenciarse con dificultad. Se caracterizaba por un afán de pureza y de ortodoxia que le hacía ser intolerante y permanecer alejado de las corrientes existentes más allá de nuestras fronteras, al mismo tiempo que pretendía ser el catolicismo más auténtico y exigente. Quienes dentro de la jerarquía eclesiástica expresaron durante los años cincuenta algunas reticencias con respecto al régimen, lo hacían partiendo de posiciones hiperintegristas o sólo personalistas, pero la jerarquía como tal apenas si expresó posiciones oficiales sobre problemas colectivos trascendentales. La vida religiosa española se caracterizaba por una importante movilización a través de asociaciones de apostolado, pero algunas entidades, como las Hermandades Obreras de Acción Católica o la Juventud Obrera Católica, chocaron desde los años cuarenta con las organizaciones sindicales oficiales. El papel relevante de la prensa católica se vio reducido por las limitaciones normales del régimen de la censura y por el nombramiento de los directores de los periódicos por parte del gobierno. Sin embargo, a finales de esa época surgió una autocrítica dentro del catolicismo español en algunos intelectuales, laicos o no. El propio Tarancón, futuro presidente de la Conferencia Episcopal, había dado cuenta en sus pastorales de la disparidad existente entre la apariencia de un catolicismo pujante y la realidad de unas doctrinas sociales que se practicaban muy poco. Este movimiento autocrítico, en el que militaron intelectuales como Marías, Aranguren o Laín Entralgo, reunidos en unas Conversaciones Católicas de San Sebastián y Gredos, prefiguró lo que más tarde sería el impacto en España del Concilio Vaticano II. Estos sectores intelectuales estaban más en contacto con el catolicismo europeo y, por primera vez, demostraron una nueva mentalidad que poco tenía que ver con la habitual del catolicismo respecto al franquismo.

Sin duda fue el Concilio Vaticano II el que divulgó este tipo de posturas, aunque, en realidad, la Iglesia española no jugó un papel importante en el desarrollo de las sesiones conciliares. En muchas materias el Concilio no hizo otra cosa que ratificar cuanto se había venido practicando durante años en otras latitudes, pero para el catolicismo español supuso una revelación y la necesidad de un cambio. Como consecuencia, en el seno de éste se produjo fuerte tensión entre la actitud más renovadora y la más retardataria en algunos temas como, por ejemplo, la reivindicación de los derechos de la persona en las instituciones políticas españolas.

Como consecuencia del Concilio Vaticano II se aprobó una Ley de Libertad Religiosa en el verano de 1967. Dicha ley suponía una considerable mejora de la situación legal en España de los otros cultos disidentes, pero incluso los propios organismos católicos lo consideraron insuficiente. Hasta esta fecha la situación de los protestantes en España era muy difícil, ya que sus ceremonias religiosas no podían ser públicas, e incluso sus edificios de culto no podían tener rótulos explicativos de lo que eran. A lo largo de los años cincuenta los protestantes fueron incordiados y sometidos a discriminaciones.

Fue durante el papado de Pablo VI cuando las relaciones entre poder político e Iglesia se agriaron. Este pontificado tuvo un importante impacto sobre la jerarquía eclesiástica española. Todavía un año después del concilio, el 83% de los obispos habían sido nombrados por el procedimiento de presentación previsto en el concordato del año 1953, la mayoría de ellos eran de edad avanzada y sólo tres tenían menos de cuarenta y cinco años. La inmensa mayoría procedía del medio rural, habían sido ordenados sacerdotes antes de la guerra civil y casi la mitad de ellos llevaban más de veinte años en el episcopado. Durante el periodo de 1965 a 1971 se nombraron cuarenta y dos nuevos obispos, y en la etapa final del franquismo la disparidad entre las autoridades civiles y las religiosas tuvo como consecuencia que el Vaticano recurriera a nombrar obispos auxiliares, para lo que no era necesaria la intervención del gobierno en su elección.

El verdadero cambio en la Iglesia española se produjo en la jerarquía, sustituida por otra más joven y con una mentalidad diferente, lo que se pudo apreciar en el contenido de sus enseñanzas. Desde el año 1966 la Conferencia Episcopal funcionó como un órgano colegiado del obispado. A partir de comienzos de la década de los años setenta la situación cambió ya de manera sustancial, y en ello tuvo un importante papel Roma y, sobre todo, el papa Pablo VI. El Pontífice declaró su afecto por España, pero también mostró su esperanza de que el país progresara ordenadamente siguiendo los principios de la doctrina de la Iglesia en materias sociales y políticas. Ya antes de ser Papa había pedido el indulto de un condenado por terrorismo político, pero lo que más le preocupó fue conseguir el final del enfeudamiento entre Iglesia y Estado en España. Por eso, en 1968 solicitó la desaparición del privilegio de presentación. Los obispos españoles, con algún titubeo inicial que costó la destrucción de gran parte de los movimientos apostólicos, siguieron esas indicaciones. Quizá cuando mejor se apreció el cambio sustancial de mentalidad respecto del pasado fue en septiembre de 1971, cuando se celebró la Asamblea Conjunta de obispos y sacerdotes en la que una de las proposiciones, que obtuvo mayoría pero que no pudo ser aprobada por carecer de suficiente margen de votos, se refería a la guerra civil y pedía perdón porque la Iglesia en el pasado no había sido un instrumento de reconciliación de los españoles. Esta nueva posición de la jerarquía nacía, pues, de razones religiosas, aunque tuviera también un resultado que se refería al régimen político.

Pero esta contribución de la Iglesia para lograr la convivencia entre unos y otros hubo de hacer frente a graves problemas que produjeron desgarramientos en su seno. Si la mayor parte de los españoles siguieron a sus obispos, hubo también quienes optaron por una posición que recordaba más al pasado. También el concilio produjo una desorientación entre algunos sectores católicos que se tradujo en una pérdida de vocaciones y un aumento de las secularizaciones, que tuvo su mayor incidencia a finales de los años sesenta y que perduró durante los setenta. Es indudable que para una buena parte de la Iglesia española esta crisis significó una fe mucho más auténtica, pero para otros supuso una trivialización del mensaje cristiano. La crisis de finales de los años sesenta en los movimientos apostólicos tuvo como consecuencia un trasvase desde los organismos de apostolado a las actividades políticas de oposición al régimen.

Por su parte, el régimen franquista hubo de hacer frente a esta nueva oposición que había nacido como consecuencia de la transformación de la Iglesia española. El sector dirigente se mantuvo vinculado al nacional-catolicismo e incluso nombró obispos para ser procuradores en Cortes o miembros del Consejo del Reino. A comienzos de la década de los setenta ya había cambiado esta situación y la Iglesia, en su mayoría, estaba desligada del colaboracionismo con el régimen. La actitud de disidencia por motivos de diferente carácter que los sociales comenzó en aquellas regiones en las que históricamente el catolicismo había tenido un talante más avanzado (Cataluña y el País Vasco).

La disonancia entre las autoridades políticas y religiosas se agudizó en los últimos años del régimen franquista y afectó a todos los aspectos de su relación. Desde finales de los años sesenta se planteó la necesidad de redactar un nuevo concordato, pero Franco se mantuvo en su postura de que sólo podía realizarse en el contexto global de las relaciones entre ambos poderes. La Iglesia española, no sin desgarros y tensiones, realizó su propia transición para superar la guerra civil mucho antes de que se produjera el cambio político que condujo a la democracia y el propio cambio de la sociedad. La clase dirigente del régimen, en cambio, empezando por Franco y Carrero, vivió el cambio de la Iglesia con absoluta incomprensión y como una tragedia personal. En esos medios nació un anticlericalismo de derechas y se reprochó amargamente a la Iglesia no agradecer los beneficios materiales recibidos desde el final de la guerra civil. Pero era una queja dolida que no aliviaba una situación ya irreversible.

El tardofranquismo

Los seis últimos años del régimen de Franco revisten características muy especiales que contribuyen a explicar el posterior proceso de transición hacia la democracia. No sólo el declive vital de quien lo personificaba tuvo como consecuencia su incapacidad de ejercer el arbitraje sobre el conjunto de las familias políticas, sino que, además, factores diversos multiplicaron el grado de desunión de esas tendencias. La previsible desaparición del dictador creaba un nerviosismo creciente, y no sólo en los más anclados en el pasado sino también sobre los más jóvenes, quienes veían amenazada su carrera política a plazo fijo. La desunión se vio facilitada por el aparente triunfo inicial de una tendencia que luego fue sustituida por otra, de un modo que pretendió ser todo un vuelco. Además, el entorno en que se desenvolvía el régimen se hizo hosco en otros aspectos: la situación económica empeoró y también se entenebrecieron las perspectivas exteriores.

Sin embargo, mucho más grave aún que eso fue para el régimen el hecho de que en este periodo tuvo un grado de contestación mayor que nunca. No toda ella tuvo propósitos inmediatamente políticos ni tampoco pretendía unos fines exclusivamente democráticos, pero lo que importa es que sobresaltos continuos y cada vez más graves parecieron apoderarse del escenario español. Esa situación contribuye a explicar que el cambio de régimen pareciera en 1975 inevitable a ojos de la mayoría de los españoles.

La protesta social. El terrorismo

A medida que iba pasando el tiempo el papel de la oposición al régimen del general Franco se fue haciendo creciente, aunque esto no quiere decir que pusiera en verdadero peligro al franquismo. Su principal papel fue mantener en un perpetuo estado de tensión al régimen, que cada vez veía más cercana la eventual desaparición del general Franco. La existencia misma de esa oposición obligaba a la clase política del franquismo a plantearse la posibilidad de una opción reformista, mientras que la opinión pública que iba emergiendo, gracias a una mayor tolerancia, se iba sintiendo atraída hacia la disidencia. Ese mismo nuevo clima político que iba surgiendo obligó a dicha oposición a iniciar una senda que la conduciría a la unidad. Ahora, en los años finales del régimen, parecía existir una ligazón entre los pequeños grupos políticos y la oposición social, que hasta entonces habían actuado de manera autónoma.

A partir de la segunda mitad de los años sesenta disminuyó la importancia del movimiento de oposición estudiantil, mientras que iba cobrando cada vez más pujanza la protesta obrera. En los tres estados de excepción que se produjeron entre los años 1968 a 1970, la revuelta de la Universidad desempeñó un papel semejante o incluso mayor que el movimiento obrero. La mayoría de los sancionados fueron profesores universitarios que todavía no tenían la estabilidad docente. Si se consulta una lista de los confinados de esos años se obtiene un panorama bastante completo de la clase política de la actualidad. En la fase final del régimen franquista el movimiento obrero, en cambio, tuvo un claro predominio y fue el objetivo principal de la represión. Desde mediados de los años sesenta hasta el momento de la muerte del dictador aumentó de manera considerable el número de las huelgas. Los conflictos se concentraron sobre todo en las zonas tradicionales de protesta como Asturias, de forma especial, Barcelona, el País Vasco y Madrid. La conflictividad laboral fue más intensa en los sectores productivos que tenían una mayor conciencia de clase, como la minería y la metalurgia. Por lo general, cada año supuso un importante avance en el número de jornadas perdidas. Tras un lento incremento a partir de 1968, creció en flecha en los dos últimos años de vida de Franco. Si en el año 1968 hubo cuatro millones y medio de jornadas perdidas, en 1971 se perdieron casi siete millones de jornadas, en 1973 se llegó a los nueve millones y en 1974 y 1975 se situaron alrededor de los catorce millones. En esta creciente conflictividad laboral jugó un papel decisivo la coyuntura económica, consecuencia de la crisis de 1973. Comparando con otros países europeos, se puede apreciar que Francia, con un mayor número de habitantes que España, perdía cinco veces menos jornadas de trabajo por las huelgas, a pesar de que España tenía un régimen de dictadura. Estaba en crisis el propio sistema de regulación de la conflictividad, y la paz social exigía una situación que no era posible por razones de carácter político. En ocasiones los propios patronos pactaban con los sindicatos ilegales al margen de los oficiales, o éstos estaban en manos de opositores al régimen.

Durante estos años el incremento de la protesta social vino acompañado de un aumento de la represión, aunque no llegó a ser tan dura como en los años cuarenta. Ahora la oposición no se alojaba ya de manera exclusiva en cenáculos. En 1974 fueron suspendidos de empleo y sueldo unos veinticinco mil trabajadores y ese mismo año los tribunales de justicia abrieron mil cuatrocientos sumarios políticos, que afectaron a unas seis mil personas, la mayoría sindicalistas. En el periodo comprendido entre los años 1969 a 1974 se produjeron diecisiete muertos en enfrentamientos entre las fuerzas de orden público y manifestantes. Sin duda, aquéllas, no estaban preparadas para hacer frente a manifestaciones pacíficas. En 1974 tuvieron lugar algunas huelgas generales de carácter local o regional, que por vez primera hicieron pensar que de este modo podía ser derribado el régimen.

Durante los años finales del régimen franquista, el sindicato obrero clandestino de mayor importancia siguió siendo Comisiones Obreras, en el que el Partido Comunista tenía una clara mayoría. Cuando en el año 1972 fueron detenidos los dirigentes de este sindicato, se les sancionó con gran dureza, llegando a condenas de veinte años de cárcel en los casos de reincidencia. Aunque muy lejos del anterior, el segundo sindicato en importancia solía ser la Unión Sindical Obrera, a la que la Unión General de Trabajadores, vinculada al Partido Socialista, sólo superó en algunas regiones en los últimos años del régimen.

En la fase final del régimen a esta protesta obrera se sumó la de una serie de colectivos sociales que testimoniaron hasta qué punto la sociedad española se alejaba del franquismo. La prensa jugó un papel más importante que muchos grupos políticos en la difusión de un ideario democrático. El caso más obvio de confrontación fue el del diario *Madrid* que, después de tres secuestros en los años 1967 y 1968, acabó por ser cerrado como consecuencia de una intervención del Gobierno. A finales de los años sesenta el movimiento de protesta se extendió a los colegios de Abogados, aunque en esta profesión las actitudes en contra del régimen no fueron nunca tan generalizadas como en la prensa. Tan sólo los abogados jóvenes, o aquellos que estaban más politizados, se sintieron guardianes de los derechos humanos y procuraron que la legislación recibiera una interpretación progresista o proponer otra de carácter democrático. Por su parte, las asociaciones de vecinos llegaron a tener setenta mil afiliados en una ciudad como Barcelona.

Hubo, en fin, en el Ejército un sector muy minoritario que se politizó en contra del régimen franquista y utilizó como modelo la revolución de los claveles en Portugal. En el año 1974 se organizó en Madrid y Barcelona la Unión Militar Democrática, cuyos miembros procedían en su mayoría de sectores católicos no conformistas y desembocaron en posiciones cercanas al socialismo o al comunismo. Cuando fue descubierta, tan sólo contaba con un par de docenas de miembros, pues la mayor parte de los militares españoles, después de una etapa de politización partidista del Ejército, deseaban un radical alejamiento de estas cuestiones.

Durante la segunda mitad de la década de los años sesenta surgió el terrorismo como nuevo instrumento de oposición al régimen, que resultó imposible de eliminar a pesar de los procedimientos utilizados en su contra. Aunque la organización independentista vasca ETA había nacido con anterioridad, su conversión a los procedimientos terroristas data del año 1967. Con estos métodos nunca tuvo la menor posibilidad de lograr la independencia del País Vasco, pero sí adquirió una influencia decisiva en la política española. Es indudable que el asesinato del presidente del Gobierno, almirante Carrero Blanco, varió la evolución de los acontecimientos en España por unos derroteros diferentes. Con la única excepción del IRA irlandés, el terrorismo de ETA ha sido el más activo en Europa durante tres décadas.

El origen de ETA no puede entenderse sin tener en cuenta la profunda desilusión que atravesaba el nacionalismo vasco mediados los años cincuenta, momento en el que algunos ministros franceses de izquierda clausuraban los locales de propaganda nacionalista vasca en Francia y los dirigentes del PNV se identificaban con los regímenes democráticos del occidente europeo, lo que les vedaba cualquier tipo de actuación violenta. Alrededor del año 1952 surgió en el seno de la organización estudiantil nacionalista un grupo denominado Ekin que desconfiaba de la política tradicional del partido y era partidario de mayor activismo. Este grupo se atrajo a algún sector de las Juventudes del PNV. En el verano del año 1959 nació ETA, cuyas siglas significaban «Euzkadi y libertad». Se definía como un movimiento revolucionario vasco de liberación nacional y mostraba una voluntad de actuar de manera decidida, desde unas posiciones no confesionales, en contra del régimen del general Franco. Originariamente estuvo formada sobre todo por estudiantes.

Toda la historia de ETA está plagada de interminables debates ideológicos que la mayoría de las veces concluyeron en escisiones y en mayores radicalismos pero que no lograron debilitar este movimiento, el cual siempre tuvo el firme apoyo de una parte de la sociedad vasca. Uno de los temas que ha estado muy presente en sus debates ha sido la contraposición entre el nacionalismo y el obrerismo, que ha hecho desembocar a una parte de la organización en grupos pequeños de carácter marxista. Otro de los temas de debate interno ha sido el modo de actuación a seguir —aunque en líneas generales siempre ha sido mayoritario el apoyo al activismo frente a cualquier reflexión doctrinal— y la discusión acerca de si la acción debía ser exclusivamente terrorista o también en el campo social y en las elecciones.

Durante los primeros años de la década de los sesenta tuvo lugar una radicalización en el seno de ETA y su conversión en una organización revolucionaria. Para ello adoptó un lenguaje marxista y se organizó en núcleos de liberados encargados de llevar a cabo las acciones terroristas. Pero fue en el periodo de tiempo comprendido entre 1966 y 1968 cuando ETA se configuró de manera definitiva como un movimiento terrorista, adoptando la táctica de la lucha guerrillera imitada de algunos países del Tercer Mundo, como Argelia. La dura represión llevada a cabo por el estado de excepción decretado por el régimen en 1967 dio a la lucha que protagonizaba una mayor violencia. A partir de entonces, siempre fue así. Un decreto sobre bandidaje y terrorismo proporcionó medios represivos adicionales y se hizo habitual el estado de excepción en el País Vasco. En el año 1969 la combinación entre la protesta de los estudiantes y la situación en el País Vasco provocó que se decretara un nuevo estado de excepción, en el que llegó a haber dos mil detenciones en el País Vasco. En esta ocasión, como en otras anteriores, esta organización estuvo al borde del colapso, pero el régimen ya no podía utilizar la violencia represora de que había hecho gala al finalizar la guerra civil y, además, en la sociedad española existía el suficiente grado de disidencia como para no aceptarlo. De este modo ETA se convertía, gracias a la represión, en determinante de la política española y en símbolo de resistencia para los vascos.

A comienzos del año 1970 la celebración del juicio de Burgos en contra de un grupo de militantes de ETA produjo una reacción de solidaridad tanto de la oposición en general como de la totalidad del País Vasco. La atribución a la jurisdicción militar de este juicio, sin garantías procesales, favoreció la protesta. Finalmente el régimen del general Franco actuó de manera prudente e indultó de la pena de muerte a quienes habían sido condenados. Pero, a comienzos de los años setenta, ETA creció rápidamente y ya no sólo entre los medios estudiantiles sino también entre las clases medias y bajas de determinadas zonas, sobre todo en Guipúzcoa. Sus acciones de mayor relevancia fueron los secuestros, que también utilizaban por esos días como supuesta arma política otras organizaciones terroristas de latitudes lejanas, como los tupamaros uruguayos. El atentado contra el presidente Carrero Blanco, en diciembre de 1973, estuvo planeado en un principio como un secuestro para pedir a cambio la liberación de ciento cincuenta presos, más del doble de los que estaban en libertad. Cuando finalmente ETA se convenció de que era imposible secuestrar al presidente del Gobierno, se decidió por realizar el atentado.

La controversia interna en el régimen

Es precisamente el declinar físico del general Franco, que ya había cumplido los setenta y cinco años, lo que contribuye a explicar la crisis de gobierno en 1969, pues todo hace pensar que en esa fecha ya no podía ejercer el arbitraje sobre las distintas familias del régimen. Tras ella se formó un gobierno, descrito como monocolor, en que Carrero Blanco ocupaba la vicepresidencia y Fernández Miranda la Secretaría General del Movimiento. Al mismo tiempo llegó por primera vez a la presidencia de las Cortes un político de procedencia falangista, Rodríguez de Valcárcel. El centro de gravedad de la política del régimen le correspondía al tándem Carrero Blanco-López Rodó, aunque eso no quiere decir que lo tuvieran en la totalidad del sistema político franquista. Precisamente de la disparidad entre el Gobierno, por un lado, y las Cortes, por otro, derivaron parte de sus dificultades.

El gobierno de 1969 fue, por tanto, homogéneo, y como tal pretendió enfrentarse a los problemas políticos que se le planteaban. Sin embargo, el asunto MATESA se convirtió en las Cortes en instrumento de protesta por parte del sector del régimen que procedía del Movimiento y tan sólo se zanjó la cuestión mediante un amnistía decretada por Franco en octubre de 1971, que no sólo dejó libres a los responsables políticos no juzgados por este tema sino también a otros tres mil presos. Fue una solución chapucera que sólo resulta concebible en un momento en el que Franco ya había iniciado su declinar físico.

Algo parecido puede decirse de las dudas surgidas, después del nombramiento del príncipe don Juan Carlos como sucesor de Franco, a raíz de la boda de su primo don Alfonso de Borbón con la nieta del dictador, Carmen, en 1972. Don Alfonso había sido el candidato preferido del Movimiento y de los sindicatos gracias a presentarse como una especie de guardián de las esencias del régimen, y ahora se produjeron ciertas tensiones en cuanto al tema del título nobiliario que debía concederse al matrimonio. Una situación como ésa sólo podía imaginarse por el declinar de una voluntad tan firme como la que había tenido Franco, ahora muy influido por el entorno familiar.

No sólo en los medios vinculados con el Movimiento surgió una muy temprana protesta contra el gobierno, sino que alguno de sus mayores enemigos fue una extrema derecha, representada por Blas Piñar, que consideró que la política seguida por el gobierno suponía una amenaza para el régimen y solicitó que se adoptaran medidas drásticas contra la oposición. El gobierno de 1969 no puede ser definido en absoluto como aperturista, sino que siguió una trayectoria claramente involucionista en muchos terrenos. En la prensa, aunque disminuyeron los expedientes sancionadores, el ministro Sánchez Bella ejerció una presión mucho mayor, llegando incluso al cierre de periódicos o la sustitución de las empresas que los publicaban. Pero ya entonces resultaba muy difícil el control completo de la prensa, aunque se utilizaran métodos como ésos. En el año 1971 fue aprobada una Ley Sindical por la que el Ministro de Relaciones Sindicales sería nombrado por el presidente del Gobierno y no por la organización sindical, como se venía proponiendo, lo que fue considerado regresivo por los procuradores sindicales. Lo que quería el gobierno era impedir que sus adversarios se apoyaran en el mundo sindical oficial contra su política económica.

Uno de los problemas políticos clave fue el del asociacionismo político; Manuel Fraga ya se había pronunciado con decisión a su favor a finales del año 1969, pero quedó paralizado de manera inmediata en un sinfín de declaraciones contradictorias. En realidad, Franco y Carrero Blanco eran muy reticentes a permitir cualquier tipo de pluralismo. El propio Fernández Miranda afirmó que decir sí o no a las asociaciones políticas era una trampa saducea, porque con ello no se sabía si se estaba diciendo también sí a los partidos. El proyecto fue detenido, pero empezó a surgir un grupo de jóvenes consejeros del Movimiento y procuradores a Cortes que actuaron de manera conjunta denunciando la falta de horizontes de un cambio institucional en el régimen franquista. Poco a poco pasaron a aceptar la posibilidad de una reforma en sentido democrático, y con el transcurso del tiempo de este grupo salió una buena parte de los reformistas de los comienzos de la transición a la democracia como, por ejemplo, Rodolfo Martín Villa.

También es necesario referirse a la visión que el régimen franquista tenía del peligro que representaba para él la oposición. El gobierno no tuvo reflejos para entender o adaptarse a una situación de protesta creciente en la sociedad española que no parecía que fuera a remitir. La oposición era considerada por el régimen franquista como una especie de guerrilla, que si bien le desgastaba también le servía para afianzarse en el papel que se había atribuido de guardián del orden público. Pero el recuerdo de la guerra civil se iba desvaneciendo ya y con ello se hacía difícil su perduración. Con propósitos informativos el gobierno organizó un servicio para combatir la subversión en el mes de septiembre de 1968, formado exclusivamente por militares al mando del coronel San Martín. En realidad no tuvo una gran influencia ni tampoco contó con la colaboración de los otros ministerios, lo que confirma que en la fase final de todos los regímenes de dictadura se llega a una parálisis decisoria que también se produjo en España.

Quizás porque el propio general Franco ya era consciente de su incapacidad para ejercer el poder de manera directa, nombró en junio del año 1973 como presidente del Gobierno a Carrero Blanco. Durante toda la historia del régimen se había venido hablando en repetidas ocasiones de separar la jefatura del Estado y la del Gobierno, pero Franco desde el año 1936 concentró las dos en sus manos y solamente al final se desprendió de una de ellas. A raíz de su nombramiento, Carrero Blanco intentó formar un gabinete algo más plural. Sin embargo, los puestos más importantes estuvieron en manos de sus adictos: la cartera de Asuntos Exteriores la ocupó López Rodó y la vicepresidencia del Gobierno le correspondió a Fernández Miranda. Sin duda, el gobierno de 1973 estaba formado para que hiciera una transición a la muerte de Franco pero también para mantener la continuidad sin que el elemento falangista fuera decisivo. De cualquier modo todas estas perspectivas quedaron truncadas cuando la organización terrorista ETA realizó la llamada Operación Ogro, el asesinato del presidente del Gobierno en diciembre de 1973. Resulta más que dudoso que Carrero Blanco hubiera podido reconstruir la unidad de la clase política del franquismo y que hubiera dado facilidades para realizar una sincera reforma política. Pero sus sucesores carecían de peso específico en la vida política del régimen franquista como para poder desempeñar un papel parecido al suyo, y tampoco supieron ofrecer un programa efectivo de reforma.

A la muerte de Carrero fue nombrado presidente el anterior ministro de Gobernación, Carlos Arias Navarro, en gran parte a instancias del entorno familiar de El Pardo. El único nexo de unión entre este gobierno y el anterior fue la cada vez más mermada salud física del jefe del Estado. Franco estaba cada vez más senil e inexpresivo, hablaba y articulaba mal o acababa llorando. Si en las anteriores crisis de gobierno se había ido haciendo perceptible el progresivo resquebrajamiento de su carácter, después del asesinato de Carrero Blanco se hizo bien patente el definitivo predominio del entorno familiar en la vida política. Carrero nunca había tenido en él mucho predicamento, como el que tenían el almirante Nieto Antúnez y el propio Arias Navarro. Del nuevo gabinete fue marginado el anterior vicepresidente, Fernández Miranda, a pesar de que en el momento del asesinato de Carrero había actuado con firme decisión para evitar extralimitaciones de protesta por parte de la extrema derecha. El príncipe don Juan Carlos no fue consultado en nada durante la formación del nuevo gobierno.

Pronto fueron perceptibles las limitaciones de Arias Navarro para presidir el gobierno, ya que no era una personalidad relevante del régimen franquista que pudiera tener un programa o un equipo para su etapa final, sin duda la más difícil. Intentaba convencerse a sí mismo de la necesidad de llevar a cabo una reforma política, pero esos propósitos le duraban muy poco tiempo porque en el fondo todo, desde el punto de vista sentimental, tendía a convertirlo en partidario de mantener lo que ya existía. Los abundantes nombramientos que realizó para formar su gabinete muchas veces recayeron en personas que tenían un nivel inadecuado. En conjunto, se quiso dar de manera voluntaria una sensación de ruptura con la etapa inmediatamente precedente. De ahí que la crisis se pueda interpretar como la revancha de 1969.

En un primer momento, en febrero de 1974, Arias Navarro prometió todo un programa de reformas, que iban desde el establecimiento de un sistema de incompatibilidades en Cortes o la reforma de la Ley Sindical hasta el estatuto de asociaciones, que tantas veces se había prometido para acabar encallando. El discurso del nuevo presidente ante las Cortes dio pábulo a esperanzas que se cifraron en el llamado «espíritu del 12 de febrero»: apeló, por ejemplo, a un consenso nacional, lo que pudo dar a algunos la sensación de que era posible realizar la transformación reformista del régimen desde sí mismo. Sin embargo, muy pronto se demostraron las insuficiencias y crecientes dificultades que tenía el cumplir este programa. Al mes siguiente, en marzo, se planteó una protesta oficial en contra del arzobispo de Bilbao, monseñor Añoveros, a raíz de unas declaraciones de éste sobre cuestiones vascas. La voluntad, luego fallida, de hacerle abandonar su diócesis demostró que el régimen no había perdido nada de su dureza anterior, multiplicada ahora por un anticlericalismo de extrema derecha.

Para contribuir a agravar todavía más la situación, surgieron otros problemas. En primer lugar se había producido en octubre de 1973 un aumento de los precios del petróleo, que de manera inmediata acarreó una crisis económica, especialmente grave en el caso de España por su acentuada dependencia del exterior en el aprovisionamiento de productos energéticos. Los gobiernos sucesivos, por su debilidad política, ni siquiera intentaron hacer frente a este problema, que tendría una repercusión muy importante ya que planteaba una crisis económica al mismo tiempo que se estaba produciendo un difícil relevo en la jefatura del Estado.

Por estas fechas, entre la primavera y el verano del año 1974, entraron en crisis en Europa dos regímenes dictatoriales que tenían puntos de coincidencia con el franquismo, Portugal y Grecia. El régimen salazarista del país vecino representaba mucho para Franco, que siempre había recalcado la identidad política peninsular, aunque el problema colonial hubiera distanciado a ambos regímenes. Inmediatamente los sectores más cerrados del franquismo reaccionaron ante el peligro que suponía para ellos que aquí sucediera algo parecido. Las críticas de Blas Piñar y sus seguidores se dirigieron a denunciar la infiltración de elementos liberales en el seno de la administración franquista, advirtiendo al Gobierno sobre los peligros de actuar con blandura. Todo ello provocó el creciente endurecimiento de la postura de Arias Navarro que, en el mes de junio de 1974, declaró que el Movimiento Nacional y el pueblo español venían a ser una misma cosa, clausurando con ello de manera definitiva el espíritu de apertura de su discurso de febrero. A la muerte de Franco sólo habían sido aprobadas dos de las disposiciones que Arias había anunciado en su discurso inaugural.

Al mismo tiempo, cada día existía una mayor incertidumbre respecto a la salud de Franco. En el mes de julio de 1974 una primera enfermedad obligó a que el jefe del Estado cediera temporalmente sus poderes a don Juan Carlos. El futuro Rey no quería asumir poderes de forma interina, ya que ello podía deteriorar más su figura cuando Franco volviera a reasumir de nuevo el poder, pero no le quedó más remedio que aceptar esa situación, concluida de forma súbita por influencia de la familia del general. Su padre, don Juan de Borbón, realizó entonces periódicas declaraciones que completaban la imagen de la Monarquía como una institución dirigida a todos los españoles, lo que le costó la prohibición de residir en España.

Franco reasumió los poderes tras su enfermedad en septiembre de 1974, y de manera inmediata se produjo una embestida en contra de los sectores más aperturistas del gobierno, que testimoniaba tener mucha menos unidad y claridad de propósitos de los que parecía haber mostrado el presidente en sus declaraciones; ya antes había dimitido uno de los vicepresidentes en relación con la elaboración de una ley de huelga. En el verano fue cesado el general Díez Alegría, por el temor de los sectores más reacios al cambio de que pudiera representar algo parecido a los militares demócratas portugueses que acabaron con la dictadura de Salazar. En octubre le tocó a Cabanillas, el ministro de Información, y a su cese le siguió la dimisión de una larga serie de altos cargos, incluido el vicepresidente económico, Barrera de Irimo. Los más aperturistas en el seno del régimen se habían alejado ya por completo de cualquier esperanza respecto a Arias Navarro.

A la vuelta del verano de 1975 el gobierno daba patentes muestras de desorientación y endurecimiento. En septiembre de 1975, cinco acusados de terrorismo fueron ejecutados tras haber sido condenados en juicios militares. De manera inmediata la protesta exterior arreció hasta tal extremo que dio la sensación de que la España de Franco volvía a las peores etapas del aislamiento. La respuesta del régimen fue idéntica a la de los años cuarenta. Convocó una manifestación en la plaza de Oriente madrileña, que obtuvo éxito pero que, al mismo tiempo, constituyó un patético testimonio de la perduración de la mentalidad de los años treinta en un Franco que explicó los males de la situación a base de condenaciones del liberalismo, la masonería y el comunismo. En estos momentos la sociedad española estaba ya muy lejana de este género de actitudes.

Oposición radical y moderada

A todo esto el régimen franquista desarrollaba su política en medio de una creciente protesta social. A partir del año 1973 aumentó de forma considerable, aunque alcanzaría sus cotas más altas inmediatamente después de la muerte del general Franco. En realidad no ponía en peligro inmediato la continuidad del régimen ni siempre tenía tintes revolucionarios, pero demostraba que la sociedad española se había ido independizando cada vez más del régimen, al que veía como un obstáculo frente a reivindicaciones sociales justas.

Otro telón de fondo fue también en estos momentos el terrorismo, incapaz de sustituir al régimen pero sí de testimoniar la impotencia del Estado en su política represiva y de movilizar a una parte considerable de la sociedad vasca, solidarizada de manera inmediata con los autores de los atentados. A estas alturas la brutalidad misma del terrorismo había enajenado a ETA la benevolencia con que la recibió una parte de la oposición al comienzo de los años setenta. Si en el atentado contra el presidente del Gobierno, Carrero Blanco, ya hubo muestras de repudio, cuando tuvo lugar el atentado de la calle del Correo, en septiembre del año 1974, la condena fue todavía mayor. Para este atentado ETA tuvo el apoyo de algunas personas procedentes del comunismo, que inmediatamente se vieron expulsadas del partido por parte de su dirección.

Antes de la muerte del general Franco se produjo una división del nacionalismo vasco más radical. Hubo un sector de ETA que tendió a combinar la acción violenta con actos no terroristas; a ella se la denominó ETA político-militar. Se trató del sector más extremista en términos ideológicos, pero se fue alejando de los actos terroristas hacia una acción más estrictamente política. De ahí surgiría la coalición Herri Batasuna. Sin embargo, lo que predominó fue la línea partidaria del terrorismo puro, identificada con ETA-militar. Desde comienzos de los años setenta los atentados terroristas no se circunscribieron al País Vasco y se extendieron a todo el territorio español. En el periodo comprendido entre octubre de 1974 y octubre de 1975, ETA asesinó a veintidós miembros de las fuerzas de orden público y a catorce civiles. Por otra parte, desde el año 1973, el terrorismo no se limitó solamente a la ETA sino que surgieron otros pequeños grupos de procedencia comunista prochina como fueron, por ejemplo, los GRAPO (Grupos Revolucionarios Armados Primero de Octubre), que actuaron con violencia ciega y siempre carecieron del apoyo que ETA tenía entre un sector de la sociedad.

Al margen del terrorismo y de la oposición radical, existía también una oposición moderada que, aunque tuviera una presencia mucho menor en los medios de comunicación, sin embargo habría de desempeñar en el futuro un papel mucho más decisivo, ya que a partir de las primeras elecciones democráticas de junio de 1977 ocuparía gran parte del arco parlamentario. Si bien todos los dirigentes de Alianza Popular, fundada por Fraga, procedían de la clase política del régimen franquista, en cambio la mitad de los de la Unión de Centro Democrático de Adolfo Suárez vinieron de la oposición democrática moderada. Por otro lado, es necesario hacer mención a la evolución que siguieron el PSOE y el Partido Comunista en un momento en el que ya se adivinaba el final del régimen.

La oposición moderada pareció tener menor protagonismo que el terrorismo o la protesta social, pero su papel residía en ofrecer una alternativa futura, organizada en partidos políticos, semejante a las existentes en Europa. Para las generaciones más jóvenes de la burocracia del Estado con el transcurso del tiempo se fueron desvaneciendo los límites entre régimen y oposición. Entre reformistas de un lado y moderados de otro apenas hubo ya diferencias.

En el pasado una gran parte de la oposición moderada se había identificado con la persona de don Juan de Borbón que, sobre todo en esta fase final del franquismo, acentuó su discrepancia con el régimen y reunió en torno a sí a un grupo de seguidores que lo consideraban una alternativa liberal a una Monarquía como la de su hijo, a la que atribuían una absoluta dependencia del régimen. El problema de estas personas fue siempre que su brillantez personal no les atribuía apoyos sociales amplios. Otros grupos que constituyeron esa oposición moderada fueron los democristianos y los seguidores de Dionisio Ridruejo. Quizá el momento decisivo de la Democracia Cristiana en España fue a mediados de los años sesenta, y a partir de entonces su influencia fue ya decreciente, aunque todavía en los años setenta hubiera podido tener un papel de primer orden en un sistema de partidos similar al modelo europeo. Su papel decisivo fue difundir el ideal democrático, y muchos de sus miembros, a partir del año 1973, pasaron a otras opciones, algunas situadas más a la izquierda como, por ejemplo, al PSOE. Por su parte, Ridruejo, que hubo de exiliarse después de la reunión de Múnich en 1962, formó un grupo liberal-social que, sin embargo, no llegó a desempeñar un papel importante en la transición debido a la temprana muerte de su dirigente, poco antes del fallecimiento del general Franco. Ambos grupos, democristianos y seguidores de Ridruejo, pretendían formar en el futuro partidos políticos de ámbito español.

En los años finales del franquismo surgieron también otros grupos de oposición en Cataluña y en el País Vasco entre sectores sociales de centro que alcanzaron el perfil que todavía tienen hoy en la actualidad. A mediados de los años sesenta el Partido Nacionalista Vasco perdió la característica confesional que había tenido hasta entonces. En Cataluña el declinar del franquismo coincide con la aparición de la fórmula política que tendría más éxito durante la transición y que estaba vinculada a la figura de Jordi Pujol, procedente de los medios católicos. En 1974 fue fundada Convergencia Democrática de Catalunya, integrada por elementos de distinta procedencia, incluso de izquierda moderada, cuyas primeras intervenciones datan del mismo año de la muerte de Franco.

Por las mismas fechas, a mediados del año 1973, se creó un grupo de pensamiento denominado Tácito, que publicaba sus artículos en el diario católico *Ya*. En este grupo colaboraron quienes, procedentes de medios católicos, militaban en la oposición y quienes, en el seno del régimen, eran partidarios de una transformación del mismo hacia unas pautas democráticas. Los artículos firmados por Tácito tuvieron una amplia repercusión e incluso en alguna ocasión produjeron el procesamiento de sus autores. Este grupo es un buen testimonio de hasta qué punto era difícil delimitar qué era oposición y qué régimen.

Resulta muy peculiar la inesperada evolución que se produjo en el carlismo. Cuando de manera definitiva se vieron frustradas las esperanzas de convertir al hijo de don Javier de Borbón-Parma, Carlos Hugo, en el candidato oficial al trono como sucesor de Franco, evolucionó hacia un socialismo autogestionario que poco tenía que ver con la tradición carlista pero que conectaba con los pronunciamientos habituales en la oposición de estos momentos. El año 1974 la reunión de los carlistas en Montejurra se hizo bajo la advocación de la autogestión. Esta evolución del carlismo, explicable por su catolicismo, le condujo a su muerte política en el transcurso de poco tiempo.

No es, en cambio, tan extraño que en estos momentos el carlismo intentara transfigurarse en socialismo, porque este tipo de actitud política ya no era el patrimonio de un sector reducido de exiliados sino que parecía ampliarse a otros sectores sociales. Para ello era necesario que el PSOE tuviera una dirección más adaptada a la realidad española, en especial más juvenil. Liderada por un dirigente octogenario y exiliado, el partido socialista tenía un potencial grande, pero en el interior de España existía una disintonía radical respecto al exterior y una profunda división que hacía que regiones enteras, como Cataluña, siguieran un rumbo propio o que, aparte del sector ortodoxo, hubiera otros, como el liderado por Tierno Galván.

La sustitución de la dirección exiliada fue obra de dirigentes del interior procedentes del País Vasco (Redondo), Madrid y Sevilla (Felipe González), pero requirió tiempo. Aunque, desde comienzos de los años setenta, tanto el partido como el sindicato socialistas tuvieron parte de su dirección en el interior de España, sólo se produjo la victoria definitiva de los renovadores en 1973, pero todavía hubo que esperar hasta el año siguiente para que su predominio recibiera la confirmación de la Internacional socialista y la dirección del partido se convirtiera en estable. El Congreso de Suresnes (1974) supuso la consagración de Felipe González como dirigente, sólo por la voluntaria marginación de Nicolás Redondo. El PSOE de entonces apenas tenía dos mil quinientos afiliados, de los que una quinta parte estaba en Guipúzcoa. Su tono era muy radical, repudiando el capitalismo y los «bloques militares». Este tipo de planteamiento, que luego rectificaría en el poder, en realidad no le causó especiales problemas sino que, por el contrario, lo convirtió en polo de atracción de importantes sectores juveniles y profesionales. De momento la fuerza del sindicato socialista UGT era escasa, al haber practicado una política de alejamiento de cualquier contacto con los sindicatos oficiales, pero en muchas regiones de España existían grupos que se identificaban con el socialismo y para los que las siglas tradicionales del español fueron un factor aglutinante, como también lo fue el liderazgo de Felipe González. Además, muchos militantes católicos (por ejemplo, de Unión Sindical Obrera) estuvieron pronto en condiciones de incorporarse al PSOE.

De todos modos, para muchos observadores el Partido Comunista (PCE) parecía destinado a desempeñar el mayor protagonismo en la izquierda del futuro, tanto por su mayor afiliación como por su mejor organización. Disponía, además, de un liderazgo claro y poco disputado —Santiago Carrillo— que estaba haciendo un serio esfuerzo para alejar cualquier temor acerca del partido en los medios de oposición. Su flexible posición ideológica, que le hacía impregnarse de forma creciente con los principios de la democracia, y su alejamiento de la URSS, le proporcionaron argumentos para tratar de romper el aislamiento que lo había caracterizado desde la II Guerra Mundial.

Este proceso, sin embargo, fue complicado y largo. Cuando en 1968 los soviéticos invadieron Checoslovaquia, los comunistas españoles protestaron y los soviéticos, indignados, fomentaron una disidencia dirigida por el antiguo general del ejército republicano, Líster. Carrillo, sin embargo, siguió manteniendo muy buenas relaciones con partidos comunistas de otras partes del mundo, no caracterizados por su carácter aperturista —y menos aún democrático—, como era el caso de Corea, Rumanía o China. De cara al interior, en cambio, la posición del partido se hizo cada vez más flexible. El PCE se decía defensor de un «pacto por la libertad» y declaraba como su ideal una «democracia política y social nueva». Su forma interna de regirse como partido tenía poco de democrática y, además, seguía manteniendo una vinculación sentimental indudable con la URSS, cuyos fallos remitía a errores de personas y no del sistema. Ese lenguaje democratizante, en cambio, le proporcionó apoyos muy importantes en los medios intelectuales y culturales. A finales del franquismo, en parte como consecuencia de la propaganda del propio régimen, la oposición era, para muchos, el comunismo.

Para éste la estrategia seguida tuvo el inconveniente de que hubo sectores que la consideraron en exceso moderada y, por lo tanto, se radicalizaron hacia el extremismo. A comienzos de los años setenta hubo, por ejemplo, un PCE marxista-leninista de tendencia prochina. Una derivación de él fue el Frente Revolucionario Antifascista y Patriótico (FRAP) que en los años setenta practicó el terrorismo. Otros grupos de extrema izquierda nacieron en su día de derivaciones del nacionalismo vasco en la versión de ETA. Quizá, sin embargo, la evolución más sorprendente que se pudo percibir en este sector de la política española fue la que llevó de las organizaciones católicas al maoísmo y que explica que éste controlara gran parte del movimiento sindical en una región como Navarra.

La historia de la oposición al régimen resulta también, en gran medida, la de su permanente desunión, pero esta realidad empezó a cambiar a medida que se acercaba la muerte de Franco. Desde los años sesenta hubo actuaciones colectivas de la oposición moderada con ocasión del referéndum de 1967 o de la visita del ministro de Asuntos Exteriores alemán en 1970. Pero sólo en Cataluña, a fines de 1971, se organizó una fórmula política de colaboración entre todos los sectores de oposición, incluida la izquierdista, en la llamada Asamblea de Catalunya. En el resto de España los sucesivos intentos unitarios no llegaron a fructificar a pesar de su frecuencia. En el verano de 1974 se presentó en París la llamada Junta Democrática, que tuvo como principal activo al PCE pero que también incorporó a otros sectores de importancia menor o independientes. Pasado algún tiempo, el PSOE, junto con la Democracia Cristiana, creó una Plataforma de Convergencia Democrática semejante, aunque mucho más plural y más proclive al federalismo. Una y otra no excluían la colaboración que la inminencia de la muerte de Franco planteaba como una necesidad.

España ante la descolonización y ante Occidente

En la fase final del franquismo también los acontecimientos de política exterior jugaron un papel importante. El Ministerio de Asuntos Exteriores fue ocupado durante este periodo principalmente por Castiella, a partir de 1957, y luego, desde 1969 hasta 1973, por López Bravo, quien, por su formación y experiencia anterior, insistió en los aspectos económicos y de cooperación técnica. Sus sucesores (López Rodó y Cortina Mauri) duraron demasiado poco como para poder definir una política propia.

La larga etapa de Castiella, en la que se formarían muchos de los diplomáticos de la época posterior, se caracterizó por poner en cuestión algunos de los aspectos más decisivos de la política exterior española. Estados Unidos siguió siendo una pieza esencial en la diplomacia del régimen, pero Castiella endureció la postura negociadora española durante el verano de 1968, de tal modo que por el momento fue imposible prolongar los acuerdos. Las diferencias de fondo eran grandes, no sólo porque la situación política española impedía que éstos se convirtieran en un tratado propiamente dicho, suscrito por el Senado estadounidense, sino porque existían diferencias de fondo. España hubiera querido el apoyo estadounidense para la entrada en el Mercado Común y en la reivindicación de Gibraltar, mientras que Estados Unidos hubiera deseado mayor ayuda en lo que respecta a sus conflictos con el comunismo (Vietnam y Cuba, por ejemplo). Tras el desplazamiento de Castiella, Franco, que era muy realista respecto de la política exterior que su régimen debía llevar a cabo, aceptó la posición más occidentalista de López Bravo (y del propio Carrero). El nuevo acuerdo, suscrito en 1970, insistió más en los aspectos técnicos, culturales y de cooperación económica, pero persistió el trato desigual. Sólo existía una real coincidencia de intereses en lo que respecta a un posible conflicto con el comunismo, pero en el resto de las materias había diferencias graves. Para los estadounidenses, que desde mediados de los años sesenta habían convertido a Rota en una base de submarinos nucleares, España no era más que un punto de apoyo estratégico sin que existiera una real sintonía política con ella.

Pero menor todavía era la existente, pese a las apariencias, con los vecinos europeos. A pesar de su escepticismo acerca de la posibilidad de construir una Europa unida, el general Franco autorizó la apertura de una negociación con el Mercado Común ya en 1961, pero ésta no empezó sino en 1967 y tardó en llegar a un acuerdo de asociación, no de integración plena, imposible con sus instituciones políticas. Iniciada su negociación en la época de Castiella, sólo en el verano de 1970, siendo ministro López Bravo, llegó a suscribirse este documento que estableció unas relaciones preferenciales con España. Los efectos económicos fueron inmediatos: las exportaciones a los países de la Comunidad crecieron un 30%. Como advirtió el propio ministro, la vinculación de España a Europa se había convertido ya en algo irreversible. A la existente en el terreno económico estaba destinada a seguirle la política, una vez muerto Franco.

Si López Bravo obtuvo éxitos en las relaciones españolas con los países europeos, en cambio empeoraron mucho con el Vaticano, debido a la creciente distancia de la Iglesia con respecto del régimen. Hubo incluso un intercambio epistolar un tanto duro entre Franco y Pablo VI y una tensa entrevista entre éste y el ministro español. Las posibilidades de suscribir un nuevo concordato fueron siempre mínimas, aunque nunca se dejó de hablar del particular. Una novedad importante, muy propia del pragmatismo que caracterizó la posición de López Bravo, fue la apertura a los países del Este, con los que la España de Franco no había mantenido relaciones hasta el momento. Los primeros contactos se habían iniciado en la época de Castiella, pero no se siguió de una manera coherente y completa sino a partir del nombramiento del nuevo ministro. La primera embajada española se estableció en la Alemania comunista, y en 1973, por vez primera, un ministro soviético visitó España. En 1970 el propio López Bravo había mantenido un contacto con las autoridades soviéticas en Moscú.

Sin embargo, el asunto que probablemente causó más problemas a los dirigentes del régimen y que se fue agravando más con el paso del tiempo fue el de la descolonización. En este punto hubo diferencias de criterio importantes entre Carrero, cercano a la posición de mantenimiento a ultranza de las colonias que caracterizó a Portugal, y otros dirigentes. Para Castiella, dispuesto a llevar a cabo la descolonización en África, el proceso podía tener como aspecto positivo la recuperación de Gibraltar pero, en realidad, nada consiguió y tampoco mejoraron las perspectivas bajo el ministerio de López Bravo. Castiella se apoyó en países neutralistas e incluso comunistas para tratar de presentar la reivindicación española de Gibraltar como un caso de descolonización. Aunque para ello obtuvo el apoyo de la ONU, de muy poco le sirvió. En 1966 fue interrumpido el contacto terrestre con Gibraltar y en 1969 el marítimo, pero los gibraltareños celebraron en el año 1967 un plebiscito en el que decidieron mantener su vinculación con la metrópoli; además, lograron superar sus dificultades de mano de obra por el procedimiento de recurrir a marroquíes. También López Bravo, al final de su etapa ministerial, volvía a pensar en medidas de endurecimiento tras un paréntesis de mayor blandura.

Al mismo tiempo, durante estos años se llevó a cabo la verdadera descolonización española en África, que siempre contó con graves dificultades porque Carrero fue siempre un obstáculo retardatario. Al final de los años cincuenta el Sáhara y Guinea fueron declarados provincias españolas, siguiendo el modelo portugués, pero ya en los años sesenta parecía evidente que la segunda no podía permanecer al margen de un proceso histórico que vivía la totalidad del continente. En el año 1963 se concedió una cierta autonomía, en 1966 fue autorizada la presencia de una misión investigadora de la ONU y en 1968 se votó la independencia en un referéndum. Desde la primera fecha indicada empeoraron las relaciones con Portugal por su actitud distinta sobre la descolonización. La verdad es que ésta no proporcionó a Guinea ni paz ni libertad. El dictador Macías ocultó la realidad de su régimen mediante una demagogia anticolonialista que llevó a una difícil situación en sus relaciones con España en 1972.

En cuanto al Sáhara, habitado tan sólo por unas decenas de miles de nómadas, en teoría presentaba una situación más sencilla para el régimen, que no deseaba otra cosa que seguir controlando el país en términos económicos. En 1969 fue cedido Ifni en un vano intento de dilatar las reivindicaciones marroquíes; a éstas se sumaron las argelinas y mauritanas, como consecuencia del descubrimiento de importantes yacimientos de fosfatos. Ese propósito de llegar a una «independencia controlada» provocó una dilación considerable y acabó entrando en crisis en el peor momento imaginable. En octubre de 1975 España se disponía a celebrar un referéndum sobre la independencia del Sáhara, pero la reacción del rey de Marruecos, Hassan II, fue indignada: organizó una *marcha verde* de civiles desarmados para presionar sobre la potencia administradora y ésta, en el momento de la agonía de Franco, se encontraba en las peores condiciones para resistirla.

España a la muerte de Franco. La cultura

La vida política durante el último año de la vida de Franco ofrece un panorama en el que se combinan el espectáculo grotesco ofrecido por algunas de las conspiraciones dirigidas a mantener invariable lo que había sido el régimen y la piedad que produce la agonía de un anciano. En el verano de 1974 la enfermedad que padeció Franco fue una tromboflebitis provocada por el calzado que usaba. El último año de su vida lo dedicó a reaprender a hablar y andar. Pero lo que acabó con él fue la impresionabilidad que experimentó ante conflictos como el Sáhara, aunque los sufriera de modo retardado. A partir de mediados de octubre de 1975 padeció sucesivos infartos; el 3 de noviembre fue operado de una peritonitis. Su cuerpo ya no pudo aguantar a partir de este momento más operaciones quirúrgicas, porque cualquier intervención sobre una parte de su organismo implicaba que otra dejaba de funcionar. La larga agonía de estas semanas contribuye a explicar que se fuera asimilando la inminencia de un cambio.

Con Franco agonizó también su régimen. Dotado de conciencia del deber, prudente y hábil, el juicio más positivo que de Franco puede hacerse es recordar lo que no fue. Aunque su régimen perpetuó la victoria de una parte de los españoles sobre otros, no fue nunca totalitario. La propaganda le ha atribuido el desarrollo económico de los años sesenta y la instauración de la Monarquía, pero lo cierto es que retrasó ambos y no previó las consecuencias ni del uno ni de la otra. Ambas cosas hubieran sido, sin embargo, imposibles de ser totalitario el régimen franquista. Pero tan importante al menos como hacer este balance de lo que significó Franco y su obra es indicar la situación en que se encontraba España en el momento de su desaparición. Buena parte de los observadores preveían que se produjera un estallido social importante e incluso una recaída en la guerra civil.

Un aspecto de la realidad española de esos momentos podía hacer pensar en ello. La crisis económica producida por el alza de los precios del petróleo los multiplicó por cinco a partir de comienzos de 1973. Para España la crisis de la energía resultaba especialmente grave si tenemos en cuenta que la dependencia del petróleo importado era mucho mayor que en el resto de los países europeos. Por otro lado el crecimiento de los años anteriores, aunque hubiera sido muy rápido, era todavía reciente y había creado unas expectativas que no tenían en cuenta las posibles debilidades a corto plazo. La emigración al exterior, que había sido una válvula de escape demográfica y había proporcionado recursos para equilibrar la balanza de pagos, empezó a refluir hasta su lugar de origen. La debilidad política del régimen tuvo como consecuencia que se retrasara la adopción de medidas de respuesta a la crisis económica. En 1975 el crecimiento fue ya tan sólo del 1% mientras que la inflación superaba el 15%. El paro no había sido un problema grave en la economía española hasta el momento, pero ese año alcanzaba ya el 5%. El primer año tras la desaparición del general fue el peor de la economía española desde 1960 y el más negativo en todo el mundo occidental. La descomposición política tuvo como consecuencia que la disminución del crecimiento de la productividad fuera compatible con la petición constante de salarios más altos. La sucesión política de Franco se producía en una situación económica pésima.

Pero los años siguientes estuvieron centrados para la mayoría de los españoles en preocupaciones políticas y no económicas. Resulta, por tanto, imprescindible intentar hacer un balance de cuál era la situación en estos momentos en ese terreno. Para hacerlo es preciso, en primer lugar, tener en cuenta que la clase dirigente del régimen, en especial la más joven, era muy consciente de que las instituciones de éste habían quedado carentes de cualquier prestigio y legitimidad ante una sociedad que se había desarrollado al margen de ellas y en la que, de acuerdo con la frase de Marías, la libertad había crecido como lo hace la hierba entre las rendijas de un patio enlosado.

De esta situación derivaron dos evoluciones paralelas. En primer lugar, en la clase política más joven existió una creciente tendencia a considerar que la democracia —cierto tipo de ella, al menos— era inevitable. Esta actitud fue patente en los grupos católicos, como el denominado Tácito, autor de artículos políticos en el diario *Ya,* que en cierta manera venían a constituir una combinación intermedia entre la oposición y el reformismo, pero también apareció entre los sectores juveniles neofalangistas, desde hacía tiempo enfrentados con lo que había supuesto el predominio de Carrero en la política española.

Más importante fue todavía el cambio de mentalidad producido en el seno de la propia sociedad española. Como ha escrito uno de los protagonistas de la transición, Martín Villa, no parecían existir «motivos apremiantes» por parte de la sociedad española para emprender la tarea de caminar hacia una democracia. En realidad, la actitud de esa sociedad era mucho más pasiva y estática de lo que podía pensarse por la oposición. Esto, sin embargo, no constituía una seguridad para el régimen, porque en realidad la sociedad española había llegado a estas alturas a la conclusión espontánea de que tan sólo podía vivir en democracia, aunque quizá no estuviera dispuesta a descender a la calle para luchar por ella. Las encuestas de opinión que ya entonces se llevaban a cabo testimonian esta actitud de fondo. Entre 1966 y 1974 se preguntó a los españoles acerca de si era mejor que una sola persona destacada decidiera por todos o lo hicieran personas elegidas por el pueblo; la segunda opción había pasado en el transcurso de este periodo del 35% al 60%. Valores como la justicia, la libertad y la democracia tenían cada vez más influencia en la vida social española. El número de los muy interesados por la política (que seguía siendo una minoría) se duplicó en los últimos años de la vida del régimen. En el momento de la muerte de Franco la libertad religiosa y la sindical tenían el apoyo de una inmensa mayoría de los españoles, a pesar de que la legislación no permitía la segunda más que en una versión muy limitada. Todavía resulta más expresivo el hecho de que en 1971 sólo el 12% de los españoles creía que la existencia de partidos políticos sería beneficiosa, mientras que en la primavera de 1975 la cifra llegaba al 56%, cuando esta opinión era subversiva. Se daban, por tanto, las condiciones para que se iniciara el camino hacia la democracia, pero para ello fue imprescindible también la habilidad y el talento de los protagonistas políticos durante el periodo siguiente.

La evolución de la cultura española desde mediados de la década de los sesenta hasta el final del régimen nos muestra un indudable paralelismo con la situación política, pero no porque se hubiera producido una beligerancia completa y total de los medios intelectuales en contra del régimen, sino porque el mundo de la cultura actuaba un tanto al margen de la vida oficial. Este periodo testimonia, en efecto, en el terreno cultural dos fenómenos muy característicos, como son la homologación de las inquietudes con las de otros países europeos y la recuperación de las tradiciones culturales perdidas a consecuencia de la guerra civil. Desapareció, por ejemplo, la preocupación obsesiva por el pasado y por la esencia de lo español y, en cambio, no sólo se recuperó la tradición liberal sino también la socialista, aunque la originalidad del marxismo español (Sacristán, Tierno...) resultó limitada. Muy característica del momento fue la recuperación de parte del mundo exiliado español. No obstante, cuando alguno de esos exiliados regresaba a España (Max Aub, *La gallina ciega)* descubría una sociedad que tenía muy poco que ver con las tensiones políticas y sociales de la preguerra. En esto se puede decir que, también en la vida cultural, los años finales del franquismo presagiaban la posterior transición. Desde el punto de vista de las industrias culturales se puede decir, además, que desde mediados de los años sesenta se presenció en España la aparición de unos circuitos culturales, un público y una estructura mínima que habrían de durar hasta mediados de los ochenta.

Pero, en realidad, ese presagiar la transición hacia la democracia no quiere decir necesariamente que los medios culturales fueran más beligerantes en política. Las nuevas generaciones literarias trataron a veces de forma despectiva a quienes en el franquismo intermedio habían practicado un compromiso político que juzgaban un tanto elemental y de resultados estéticos más que discutibles. Dicho con el lenguaje de las polémicas literarias del momento a la «generación de la berza», prosaica, adusta y provinciana, le sustituyó la «generación del sándalo», cosmopolita, artificiosa y experimental. La acusación de las nuevas generaciones consistió en indicar que las anteriores habían comprometido la calidad propia con la pretensión de llegar al público, en la que, además, habían fracasado. Pero también hubo un peculiar espíritu de la época que empujaba al abandono del realismo y a la búsqueda del experimentalismo y de la subjetividad.

En 1966 la publicación de cuatro novelas marcó la distancia con respecto al realismo anterior. *Tiempo de silencio,* de Martín Santos, había supuesto, con anterioridad, el principio del cambio, al centrarse en el diálogo del protagonista con la realidad. Idéntico subjetivismo encontramos en *Cinco horas con Mario,* de Delibes, mientras que *Señas de identidad,* de Juan Goytisolo, presentaba una especie de autobiografía intelectual centrada en la reflexión sobre España, y en *Últimas tardes con Teresa* de Marsé, existía una autocrítica al mundo de la oposición. Ya en los años setenta el experimentalismo fue practicado también por algunos de los más conocidos narradores hasta entonces como Cela *(San Camilo, 1936,* de 1969), Delibes *(Parábola del náufrago)* o Torrente Ballester *(La saga-fuga de J. B.).* El experimentalismo, la libertad formal, el tono culto y el contacto con los medios de comunicación contemporáneos resulta bien patente en la nueva poesía del momento, de la que una de las mejores expresiones es *Arde el mar,* de Pere Gimferrer. También en el teatro algunos de los autores consagrados, como Antonio Buero Vallejo, evolucionaron hacia el experimentalismo *(El tragaluz).* Sin embargo, aunque siempre de una forma un tanto indirecta, en el teatro hubo también una tendencia caricaturesca y destructiva de mayor intencionalidad política y social, que se aprecia, sobre todo, en la influencia conseguida por Valle-Inclán.

El mundo de las artes plásticas resultó muy heterogéneo, pero en él parece posible apreciar algunos rasgos definitorios de carácter general. Hubo, por ejemplo, un claro despegue de cualquier arte oficial del régimen, lo que no siempre se tradujo en una oposición política. Por otro lado, se pudo percibir una cierta vuelta a la figuración. Siempre había existido una tradición española en este sentido, dotada de un cordial sentido de la humanidad (Antonio López). Ahora, sin embargo, la vuelta a la figuración revistió unas características muy distintas. En algunos pintores (Genovés, Canogar...) estuvo vinculada al compromiso político directo, pero en otros se hizo en clave irónica o paródica (Arroyo, Equipo Crónica...). En otras ocasiones la referencia a la figuración no tenía que ver con ningún intento de modificar la realidad, sino que era la expresión de la propia subjetividad (Gordillo). Quizá, sin embargo, lo más característico de la nueva generación de pintores fue un desenfado al tratar del compromiso y una voluntad de centrar su obra en el disfrute mismo de la pintura, abandonando el casticismo y la negrura de *El Paso.* La arquitectura de la época se caracteriza también por la marcada personalidad de sus principales exponentes (Oiza, Bofill...)

En cuanto a la cinematografía si, por un lado, fue protagonizada gran parte de la producción más popular por una especie de zafia y reprimida sexualidad, al mismo tiempo hubo también una producción de calidad en la que aparecía un trasfondo de oposición política como se aprecia en *El espíritu de la colmena,* de Víctor Erice, o *La prima Angélica,* de Saura, ambas de 1973. De todos modos, quizá lo más significativo de toda la producción cinematográfica de la época en España es que proporciona, con muy variados niveles de calidad, una imagen de una sociedad muy alejada de los presupuestos que, por el recuerdo de la guerra civil, mantenía el régimen político. De esta manera adelantaba un cambio institucional en lo político que sólo la desaparición de Franco hizo posible.

TRANSICIÓN HACIA LA DEMOCRACIA: LA REFORMA POLÍTICA

A lo largo de la Historia del siglo XX, España ha tenido dos momentos esenciales de protagonismo, muy diferentes en cuanto al interés que han despertado en otras latitudes y también en lo que respecta a los resultados sobre los propios españoles. Durante la guerra civil se convirtió en el centro de las pasiones y las expectativas de Europa y aun del mundo. El recuerdo de aquella guerra todavía perdura, pero el resultado supuso para los españoles la ruptura con la que había sido su tradición y un largo paréntesis de separación de Europa. El segundo momento fue la transición hacia la democracia, cuyos resultados fueron mucho más positivos desde todos los puntos de vista y que ha quedado convertida en el modelo de cambio pacífico y sin traumas de una dictadura a una democracia. Curiosamente este juicio acerca de la etapa está mucho más generalizado fuera de España que en ella, como si el resultado positivo tuviera que tener como consecuencia banalizar el proceso. Pero la importancia del mismo resulta indudable y eso es lo que explica que sea preciso dedicarle un espacio que parece no corresponderse con su duración cronológica. Hay momentos en la Historia de la Humanidad en que el tiempo se adensa y parece tener una trascendencia mayor que en los periodos normales.

El punto de partida español estaba lejos de ser el mejor imaginable. Si en España en los últimos años había tenido lugar un crecimiento económico muy importante, al mismo tiempo tenía tras de sí una tradición de guerras civiles en la etapa contemporánea que pocos más países sufrieron. A ello se unía la existencia de un problema de nacionalismos periféricos, conectado en un caso con el terrorismo, que hubiera podido poner en peligro la estabilidad de cualquier transición hacia un régimen democrático. La dictadura precedente había tenido sus orígenes en una guerra civil acompañada de una represión muy dura, aunque ya estuviera lejana. Esa dictadura había sido de carácter militar, de modo que cabía pensar que quienes habían tenido hasta entonces la fuerza trataran de mantenerla en sus manos. Finalmente, en el caso español de 1975 no se repetían las condiciones que se dieron en Europa treinta años antes. No hubo ni la presión exterior provocada por el desenlace de la II Guerra Mundial —en definitiva, una derrota de los movimientos políticos partidarios de dictaduras— ni la voluntad de renovación interna nacida de esa misma circunstancia. En definitiva, no existieron las circunstancias positivas que ayudaron a implantar la democracia en Italia o en Turquía en 1945.

La peculiaridad de la vía española

El caso español ha de integrarse en un contexto universal, que ha sido denominado como «tercera ola» de las democratizaciones. Este proceso se inició en 1974 en el Mediterráneo y, tras haber producido allí la desaparición definitiva de los regímenes dictatoriales en Europa occidental, se trasladó al otro lado del Atlántico, provocando un elevado número de elecciones en un plazo muy corto de tiempo, a fines de los años setenta y comienzos de los ochenta. Sin embargo lo más sorprendente, por imprevisible, vino a continuación, cuando la Unión Soviética, a partir de 1989, dejó de considerar que para ella era un peligro la transformación política de los países del este de Europa. Después de que los regímenes políticos comunistas allí establecidos por el Ejército soviético se colapsaron, el resultado acabó trasladándose a la propia Unión Soviética, que inició su senda hacia la democracia.

En realidad el proceso de establecimiento de la democracia ha seguido un rumbo relativamente semejante en todas las latitudes. Ha sido fundamental en todas ellas la existencia de una crisis de legitimidad que derivaba de la existencia de modelos exteriores, pero también de los cambios en la mentalidad. En ese sentido la información —obtenida por los viajes o por los medios de comunicación— ha solido tener un papel de primera importancia. También el cambio en el ideario político de los grupos religiosos ha tenido una repercusión de primera importancia. Los mayores conflictos en los procesos de democratización han derivado, en el caso de las dictaduras de derecha, de la resistencia de sectores retardatarios (principalmente, los militares) y de la resolución del problema de la sanción a los represores de antaño. En el caso de los regímenes comunistas, el problema más grave no ha sido el de la transición en sí sino el de la postransición. En efecto, en ellos la transformación política ha sido siempre anterior a la que ha tenido lugar desde el punto de vista económico y social. Una vez producido el cambio institucional, todos estos países han tenido que enfrentarse con la necesidad de reconstruir su propia sociedad civil y de cambiar sus pautas culturales y de comportamiento en una sociedad libre.

La transición española a la democracia fue la primera de un país importante en el seno de esa tercera ola; Grecia y Portugal, en donde se produjo antes, por su peso económico y volumen demográfico, son países de menor relevancia. En Grecia, en realidad, la dictadura de los coroneles fue breve, nunca tuvo un propósito de perduración hasta el final de los tiempos y quedó condenada por una derrota exterior. La transición, en la que tuvo un papel protagonista la clase política preexistente, se llevó a cabo en mes y medio (mientras que en España duró cuatro años). En Portugal existían muchos menos problemas para la instalación de la democracia y el régimen dictatorial previo fue menos duro y no estuvo precedido por una guerra civil, pero hubo un momento en que pudo producirse el paso de un régimen dictatorial de derechas a otro de izquierdas. En ambos casos los regímenes precedentes fueron sustituidos por uno nuevo tras la derrota exterior, repitiéndose con ello la fórmula habitual de cambio de régimen a lo largo de la época contemporánea.

En España, en cambio, no hubo ruptura con el pasado inmediato, sino una reforma tan a fondo que cambió la base esencial del sistema político pero sin que ello supusiera traumas sociales graves. Esa reforma pactada, con efectos reales de ruptura, no tenía antecedentes ni ejemplos inmediatos ni tampoco estaba garantizado en un principio que llegara a triunfar. Hubiera sido muy posible, por ejemplo, que se quedara en una simple liberalización, una especie de apertura más amplia y profunda, sin llegar a auténtica democratización. En el fondo, lo que sucedió en Rusia con Gorbachev consistió en eso, sin que por un momento se le ocurriera poner en marcha una ley de reforma política, como la española, que cambiara la propia esencia del sistema. Además, incluso si el resultado final hubiera sido la democratización absoluta, habría podido quedar arruinada en algún tema concreto con efecto sobre el conjunto, o quedar limitada en ciertas materias sin llegar a una profundización definitiva. Hubiera sido posible por ejemplo, que en España tuvieran lugar los conflictos entre naciones, como los de los Balcanes. También habría sido imaginable que en España perduraran, como en algunos países hispanoamericanos, «enclaves autoritarios» en el seno de un régimen democrático, como ha sucedido en Chile con la institución militar. Otra posibilidad hubiera sido un régimen democrático limitado con el efectivo control de las fuerzas políticas procedentes de la dictadura precedente, como en algunos países de los Balcanes. Pero nada eso sucedió, aunque hubiera sido posible. Ese resultado es el que explica que la transición española a la democracia fuera extraordinariamente influyente y se haya convertido en el ejemplo canónico de este tipo de transformación política, de la misma manera que el colapso de la República de Weimar en Alemania constituye el ejemplo emblemático de la destrucción de la democracia. Su mensaje al resto de las transiciones intentadas ha sido el de la necesidad de llegar a un consenso entre fuerzas contrapuestas, incluso cuando la distancia entre ellas es muy grande.

Pero todo lo que antecede es sólo una parte de la peculiaridad de la vía española hacia la democracia. Se debe reconocer que existían otros factores que sin duda podían favorecer que el tránsito se hiciera en paz.

En primer lugar, antes de que tuviera lugar la transición política se produjo una profunda transformación que no sólo fue económica sino que también afectó a las pautas de comportamiento cultural y social. Durante los años cincuenta España estaba por debajo del nivel de renta *per cápita* de algún país hispanoamericano, como Costa Rica, y era superada en casi un 50% por Polonia. En 1975 era una de las doce potencias industriales del mundo y cuadruplicaba la renta polaca. Pero no sólo había cambiado la economía española sino también la sociedad y su actitud más profunda respecto de la política. La sociedad española se había convertido en más igualitaria que en cualquier otra época anterior y las actitudes liberalizadoras habían conseguido el apoyo de la mayor parte de la población. No existía, por ejemplo, libertad de sindicación o de creación de partidos pero, como sabemos, la población era favorable a ambas. La larga etapa de apertura había contribuido a deteriorar la legitimidad del régimen, de modo que éste era en buena medida consciente de que la sociedad española se desenvolvía al margen suyo y sin prestarle atención. Eso y la decadencia física de Franco habían abierto el interrogante sobre el futuro del régimen a la muerte de éste.

Un grado de cambio social y cultural como el español no se dio en otros países que emprendieron la transición hacia la democracia, pero en España hubo también otro factor muy original que fue la existencia de la institución monárquica. Desde hace mucho tiempo no es habitual en ninguna parte del mundo la restauración de monarquías, y menos aún que éstas vengan acompañando al establecimiento de regímenes democráticos. Sólo en algunos países asiáticos se ha producido algo parecido a lo que tuvo lugar en España. En ella revistió, además, un aspecto muy positivo, en el sentido de que en todo proceso de transición siempre el momento más peligroso es cuando ha desaparecido la legitimidad de un régimen y no ha nacido todavía la del sistema democrático. En España, la Monarquía era, por un lado, una institución dotada de una legitimidad dinástica, pero, además, era la decisión institucional de Franco respecto al futuro del país. Incluso se le podía atribuir una legitimidad adicional por haber tenido don Juan de Borbón un pasado de cierta oposición liberal al régimen franquista. Este solapamiento de legitimidades, hasta que quedó definitivamente instalada la del régimen democrático, impidió que quebrara el Estado durante la transición. Podían haberse disipado si el titular de la institución no hubiera sabido qué hacer, pero, como veremos, aunque no tuviera un plan preciso tenía una idea clara de cuál era el rumbo que quería que el país siguiera.

Un tercer rasgo que sirve para explicar la peculiaridad de la transición española a la democracia consiste en que ésta se realizó desde el mismo interior del régimen. Eso no ha sido nada habitual durante la tercera ola de las democratizaciones. En Chile puede dar la sensación de que fue así, pero en realidad lo que intentó el régimen de Pinochet fue simular un cambio y no llevarlo a cabo propiamente. De los países del este de Europa sólo en Hungría hubo una cierta voluntad de reformismo desde el poder. En España, no obstante, esa voluntad estuvo clara por parte del Rey y también de aquellos dirigentes políticos que él nombró para ocupar los puestos políticos más decisivos. Sin embargo, esto no quiere decir que la transición la llevaran a cabo tan sólo ellos, ni tan siquiera que tuvieran un plan por completo preciso. Si esa voluntad es indudable, al mismo tiempo no cabe la menor duda de que fue acompañada, estimulada y servida por el propio talante de la sociedad española. La transición fue una tarea colectiva en la que no se puede pretender que sólo las clases dirigentes intervinieran, como tampoco debe decirse que fuera la sociedad la que impusiera sus normas de comportamiento a la clase dirigente. Siempre —incluso en los aspectos más complicados, como la legalización del PCE— hubo una combinación entre lo individual y lo colectivo, de manera que el resultado no se entiende sin ambos. Del mismo modo no se puede decir con propiedad que la transición fuera tan sólo reforma o concluyera en ruptura. Lo más apropiado sería decir que fue ambas cosas a la vez o que concluyó en lo segundo pero por los procedimientos tradicionales en lo primero. De cualquier modo, parece evidente que si se debe citar a los protagonistas principales en el proceso de transición, no basta tan sólo con hacer mención al Rey o los dirigentes políticos nombrados por él, como Suárez, sino también a quienes, como Carrillo, legitimaron el proceso desde la izquierda y contribuyeron de manera decisiva a que la transición fuera completa y total.

Se puede hacer mención de dos aspectos más de la transición susceptibles de ser considerados como peculiares. En primer lugar, en la transición española desempeñó un papel de extremada importancia el recuerdo del pasado. El régimen de Franco había sido el resultado de una guerra civil y ésta lo había fundamentado a lo largo de toda su existencia. Sin embargo, con el transcurso del tiempo, la guerra civil dejó de ser la base fundacional del régimen y se convirtió en el paradigma de lo que había que evitar una vez desaparecido Franco por parte de todos los sectores políticos. El recuerdo de una experiencia de democratización concluida en un fracaso contribuyó de forma decisiva a que la Historia hiciera pender una espada de Damocles sobre los dirigentes políticos, que en muchas ocasiones moderaron sus apetencias de victoria sobre el adversario o procuraron encauzar hacia la convivencia a sus propios adversarios. Por otro lado, como en muchos países de Hispanoamérica, del Ejército surgieron en España la mayor parte de las resistencias involucionistas. Frente a lo que fue habitual afirmar en aquellos momentos, quizá la mayor parte de los altos cargos militares fueron poco proclives o por completo contrarios a la democratización. De todos los modos hay que tener en cuenta que el Ejército no pudo ser objeto de reproches por su participación en la represión, porque ésta se había producido en una fecha remota, durante la inmediata posguerra y no de forma inmediata. Además, puesto que el régimen pasado había sido militar por excelencia, surgió un ansia de profesionalización que trató de evitar que los oficiales se decantaran en un sentido o en otro. El Ejército más retardatario careció de protagonistas de prestigio, capaces de ejercer un liderazgo efectivo y, además, se vio maniatado por el hecho de que el Rey, aparte de ser el heredero de Franco, tuviera una formación y una imagen militar. Para los generales Juan Carlos I era un compañero de armas, y eso le permitió también convertirse en una especie de escudo protector del proceso democratizador.

El gobierno de Arias Navarro

En el momento en que don Juan Carlos I fue proclamado Rey no tenía una situación de partida nada sencilla. Entre los que deseaban la perduración del régimen de Franco existía la pretensión de controlarlo y limitar sus propósitos reformistas y, aunque empezara ya a resultar popular, era un desconocido para la media España que permanecía ignorante de sus propósitos políticos. En los años posteriores a su nombramiento como sucesor había parecido demasiado implicado con el régimen, y pocos estaban convencidos de su capacidad real. Pero en esos años había establecido también contactos con los políticos del régimen pertenecientes a su propia generación y con aquellos otros de la oposición moderada. Tenía el convencimiento de que era posible una transición sin traumas y de que sólo se llevaría a cabo a través de la propia legislación del régimen. Asumió la tarea que su padre quiso llevar a cabo treinta años antes y que él pudo llevar a cabo precisamente porque había formado parte de la clase dirigente del régimen. Las tres semanas en que permaneció como jefe de Estado interino, mientras Franco agonizaba, presenció el primer despliegue de sus capacidades políticas. Supo mantener tras de sí al Ejército gracias a haberse desplazado al Sáhara, en donde se enfrentaba con la *marcha verde* marroquí, logró evitar asperezas en posibles declaraciones de su padre, mantuvo importantes contactos directos en el exterior e incluso envió un mensaje indirecto al PCE a través del presidente rumano para evitar que pusiera dificultades en la calle al proyecto reformista.

Luego vinieron las declaraciones. En su primera intervención como Rey al jurar las leyes del régimen hizo una referencia a su padre y testimonió una voluntad de que la Monarquía amparara un orden político para todos los españoles. Existió una perfecta sintonía entre su intervención y las dos que el cardenal Tarancón hizo en las exequias de Franco y en una misa de celebración de la proclamación de la Monarquía. En los meses que siguieron, el Rey no hizo por sí mismo el cambio político ni tampoco fue propiamente su motor. En cambio tomó algunas decisiones fundamentales sin las que la transición simplemente no hubiera sido posible, contribuyó a que los españoles se convirtieran en verdaderos dueños de su destino y protegió el naciente orden democrático de posibles intromisiones involucionistas. Pero no intervino en las concretas decisiones de gobierno de las autoridades del Ejecutivo, ni tampoco en la elaboración de la Ley de Reforma Política ni tan siquiera en la de la Constitución. Se puede decir, en definitiva, que se comportó como un Rey constitucional antes de que en España hubiera una Constitución democrática.

La primera decisión trascendental que el Monarca tomó consistió en influir para que el nombramiento de presidente de las Cortes y del Consejo del Reino recayera en Torcuato Fernández Miranda. Ex vicepresidente con Carrero Blanco y marginado a su muerte, había sido profesor en materias de ciencia política de don Juan Carlos. En las conversaciones entre ambos había quedado claro para el segundo que sin duda era posible un cambio sustancial a partir de las propias leyes del régimen franquista. Fernández Miranda pronto consiguió que las Cortes aprobaran un procedimiento de urgencia y que el Consejo del Reino estableciera un sistema de trabajo asiduo y en gran parte controlado desde la presidencia. Ambas novedades habrían de resultar de la máxima importancia para llevar a cabo la transición.

Lo que el Rey no quiso —o no pudo— hacer fue presionar para que se produjera un inmediato relevo en la Presidencia del Consejo de Ministros. Arias

Navarro sin duda no era la persona oportuna para convertir en realidad una transición hacia la democracia, pero el Rey apenas disponía de margen de maniobra como para intentar una sustitución inmediata. Resulta imaginable que pensara en la posibilidad de que fuera en un segundo momento cuando pudiera nombrar, entre los propios ministros de su primer gobierno, un presidente más adecuado para esa tarea. Arias tenía una experiencia política limitada y vinculada al pasado; aunque no dejaba de reconocer la necesidad de un cambio democratizador, sus sentimientos seguían apegados al régimen dictatorial. Dubitativo y confuso, acabó considerándose superado por los acontecimientos, pero ya en la misma configuración de su gobierno demostró no ser la persona más adecuada para lo que exigía la situación.

Así se demuestra por el hecho de que en ese gabinete no estuvieron ya gran parte de sus más estrechos colaboradores, al mismo tiempo que aparecían como ministros algunos políticos significados por sus declaraciones pasadas en favor de una liberalización o democratización. Areilza en Exteriores y Garrigues en Justicia parecían identificados con esta postura, pero la mayor relevancia desde el punto de vista político parecía corresponderle a Manuel Fraga Iribarne, que asumió la cartera de Gobernación con rango de vicepresidente político. Sin embargo, las tareas que le abrumaron fueron las relativas al mantenimiento del orden público, en las que a menudo erró, al menos por su tono autoritario. Aunque se daba cuenta de que era imprescindible tratar con la oposición no lo hizo con tacto ni tampoco dando la sensación de que aceptaba puntos de vista de ella, como luego haría Suárez. Su procedimiento de abordar la transición consistió en intentar hacerla desde arriba y en estricta continuidad con el sistema político precedente, lo que ya no resultaba imaginable. Los políticos más jóvenes del gobierno, como Adolfo Suárez y Alfonso Ossorio, mucho más realistas, llevarían a cabo la reforma política y sustituirían en el centro al antiguo ministro de Información de Franco.

El programa de reforma política que auspiciaba el gobierno fue encauzado a través de una Comisión Mixta entre el Gobierno y el Consejo Nacional del Movimiento, y en ella se empantanó sin un horizonte claro y preciso que hiciera nacer la confianza en la sociedad española. Mientras que se prolongaba la duración de las Cortes, sugiriendo que las siguientes serían elegidas ya por procedimientos democráticos, se derogaron los aspectos graves de la legislación antiterrorista y Fraga consiguió la aprobación de una ley de reunión y manifestación sin apenas oposición. En la práctica, bajo su directa responsabilidad se fue ampliando la tolerancia respecto a la actuación de los partidos políticos clandestinos. Sin embargo, mayores problemas se plantearon en el momento de abordar la cuestión del asociacionismo político y, en general, el método por el cual hacer nacer un orden democrático. La nueva legislación sobre asociacionismo político proporcionó a Suárez la primera ocasión de brillar por encima de sus compañeros de gobierno. Tan importante como su contenido —aceptaba en la legalidad a cuantos respetaran los derechos humanos y hacía depender la decisión, en última instancia, de los tribunales de justicia y no de ninguna instancia política— fue el estilo de quien defendió la disposición. Suárez, en efecto, la justificó afirmando el pluralismo que ya desde hacía tiempo existía en la propia entraña de la vida española. Si esta ley fue votada por 388 procuradores, 288 no lo hicieron. La reforma del Código Penal motivó todavía recelos mayores por temor a una posible legalización del PCE, y cuando Fraga presentó un proyecto de reforma de la Ley de Cortes y la de Sucesión, el Consejo Nacional informó de modo negativo sobre el proyecto. No estaba claro que los propósitos más aperturistas del Gobierno fueran a triunfar ni tampoco, aunque así fuera, que el resultado final del proceso llegara a ser la democracia.

Al mismo tiempo, sin embargo, la oposición demostraba que su capacidad de movilización para desalojar del poder al régimen era inferior a la que pretendía. A partir de enero de 1976 hubo una protesta social muy importante en España, prolongación de la anterior pero testimonio también del clima de transición política que se vivía: en total, durante el primer trimestre de 1976, un 13% de la población activa acudió a la huelga como procedimiento reivindicativo. La protesta estuvo liderada por Comisiones Obreras, de tal modo que puede interpretarse que por este procedimiento las fuerzas de la oposición querían de algún modo tantear la fortaleza de la situación. La realidad es, sin embargo, que por muy graves que resultaran estos conflictos de ninguna manera dieron la sensación de poder derribar al Gobierno, y, pese a ese factor político, la protesta se apaciguó con incrementos de salarios. Por otro lado, desde el primer momento el Ejército dejó clara su voluntad de no dejarse arrastrar a una intervención directa en materia de orden público.

El incremento de la protesta social jugó sin duda un papel de importancia en la debilitación de cualquier posibilidad de permanencia del régimen franquista del modo en que había perdurado hasta el momento. Hubo una sensación de perpetuo sobresalto que concluyó teniendo ese resultado. Como en los años finales del franquismo, no se puede decir que existiera propiamente una política económica. En algunas ocasiones y en ciertas localidades se daban situaciones que bien pueden ser calificadas de prerrevolucionarias, con las organizaciones de masas de izquierda dominando poblaciones enteras —por ejemplo en el entorno industrial de Barcelona. Pero esto resultó un tanto excepcional. En otros momentos y ubicaciones geográficas los conflictos de orden público degeneraban en auténticas batallas campales por la impericia de las fuerzas de seguridad. Así sucedió en Vitoria, en marzo de 1976, con el resultado de cinco muertos. Fue ésta la segunda ocasión en que Suárez apareció por encima del resto de los miembros del Gobierno, al tener que ocuparse de la cuestión por ausencia de Fraga, que estaba en un viaje en el extranjero.

De todos los modos, este peligro aparente de quiebra del Estado no se correspondía, en términos generales y para toda España, a la realidad. Si la oleada de huelgas del comienzo de 1976 no llegó a tener este resultado, por otro lado sólo en marzo de 1976 los dos organismos existentes para agrupar a la oposición llegaron a configurar un instrumento de acción común al que se denominó coloquialmente como Platajunta. El desarrollo de los acontecimientos contribuyó a incrementar el realismo de la oposición. Si inicialmente había elegido la «ruptura» como fórmula frente al reformismo del Gobierno ahora, por la moderación de sus líderes y la conciencia de la limitación de sus capacidades, optó por la llamada «ruptura pactada». Persistía, sin embargo, un abismo entre el Gobierno y quienes ejercían el poder, en especial Arias, que hacía por completo imposible cualquier tipo de acuerdo. Ese cambio de actitud no llegó a ser apreciado por los opositores como una novedad o algo positivo.

Con el transcurso del tiempo las relaciones entre el Rey y el presidente del Gobierno, nunca buenas, se deterioraron profundamente. El segundo, aparte de vivir en la añoranza perpetua de Franco, no apreciaba en absoluto al primero: al presidente de las Cortes le llegó a admitir que no lo soportaba. Don Juan Carlos I, gracias a sus viajes en el interior pero también en el exterior (por ejemplo a Estados Unidos), fue definiendo una imagen pública muy apreciada, al mismo tiempo que aun la de los ministros más reformistas del Gobierno quedaba deteriorada incluso gravemente. Unas declaraciones del Monarca, publicadas en la prensa estadounidense, de acuerdo con las cuales el presidente del Gobierno era «un desastre sin paliativos» concluyeron por hacer imposible la permanencia de éste. Arias Navarro, consciente de que su tiempo político había pasado, no ofreció apenas resistencia a convertir en realidad una dimisión que él no presentó de forma espontánea. La presencia de Fernández Miranda al frente del Consejo del Reino le permitió, además, disponer de aquel candidato en que el Rey había pensado para la tarea que tenía que abordar. El procedimiento elegido para llegar a hacer la selección consistió en un sistema de eliminaciones sucesivas entre miembros de las familias del régimen. De este modo quedaron seleccionadas tres personas: López Bravo, Silva y Suárez. De ellos sería elegido el último, persona de carrera política modesta que, por su vinculación con el Movimiento Nacional, parecía el menos oportuno para enfrentarse con la tarea de llevar a cabo una transición hacia la democracia. Pero no tardaría en proporcionar sorpresas gratas señalando ya el camino hacia la democracia.

Suárez: La reforma política

En efecto, Adolfo Suárez tenía cualidades objetivas que se descubrieron como excelentes para cumplir la tarea encomendada. Procedente del mundo católico, había realizado la totalidad de su carrera política en el antiguo partido único y en él se había convertido en una personalidad aceptada por todos, quizá en parte por su aparente insignificancia pero también por un carácter propicio a llevarse bien con personas muy distintas y por su capacidad de liderazgo entre los de su generación. Vencedor del marqués de Villaverde, casado con la hija de Franco, en unas elecciones para cubrir un puesto del Consejo Nacional, había obtenido también recientes éxitos en las Cortes. Todos estos factores, incluida la amistad con Fernández Miranda, explican su elección, pero el factor decisivo fue, no obstante, la preferencia del Rey. Éste se vio sin duda influido por la evolución de las circunstancias, pero en él jugó un papel determinante su amistad temprana y estrecha con el elegido que, además, como director general de Televisión, le había prestado servicios importantes en un momento en que todavía no era por completo claro que fuera a resultar el sucesor de Franco y en que necesitaba darse a conocer. La identidad generacional pudo jugar, además, un papel muy importante en la decisión.

Ambicioso en política, Suárez era consciente de sus limitaciones —sus «lagunas», las denominaba él mismo— en el terreno cultural. Su vida profesional había sido mediocre y con el paso del tiempo se descubriría que distaban del ideal sus capacidades para la vida política en democracia plena. Nunca fue, por ejemplo, un buen orador parlamentario. Pero, para este momento de la vida política española sus virtudes, pronto patentes, resultaron de una enorme trascendencia. Profesaba un liberalismo espontáneo, tan auténtico como sincero. Su personal estilo como hombre público era la negación de la imposición y del engolamiento. Bienintencionado, buen conocedor de los políticos del régimen y pronto también de los opositores, Suárez decía querer llevar a la vida pública española lo que existía en la propia sociedad. Supo hacerlo por el procedimiento de mostrarse dialogante y ser capaz de rectificar opiniones y posiciones propias. Pero, al mismo tiempo, en el transcurso del año en que duró la gestación, aprobación y puesta en práctica de la reforma política testimonió una brillantez en su acción difícil de superar. Siempre llevó la iniciativa y tuvo claro el resultado final, al mismo tiempo que tenía muy presentes las limitaciones del Estado cuyo rumbo debía dirigir.

Su elección, sin embargo, fue mal recibida por los analistas. Las grandes figuras del Gobierno anterior se descolgaron del nuevo, que debió ser formado contando con los amigos personales del nuevo presidente, que habían tenido una trayectoria ligada al antiguo partido único (Martín Villa, Fernando Abril...) o con los de medios católicos reformistas, representados por el vicepresidente Ossorio pero también por el ministro de Exteriores, Marcelino Oreja, y el de Justicia, Landelino Lavilla. El gobierno resultó muy joven (cuarenta y cuatro años de media) y sólo uno de sus ministros —el de Marina— lo había sido anteriormente con Franco. Es correcto considerar, por tanto, que era el primer Gobierno de la Monarquía.

El tiempo del paréntesis veraniego fue dedicado por el presidente a cambiar el clima político existente. Lo hizo, en primer lugar, por el procedimiento de utilizar un lenguaje político. Afirmaba, por ejemplo, que era gestor legítimo del poder, pero prometía un gobierno elegido por la voluntad de todos los españoles. Empezó a tratar con los dirigentes de la oposición, pero fue él mismo quien se adelantó a cualquier exigencia de ellos con su propia acción, sin llegar a negociar en el estricto sentido del término. Aparte de devolver sus cátedras a los profesores universitarios que las perdieron, se aprobó una amnistía para los delitos que no implicaran derramamiento de sangre. Precisamente en este punto se demuestra de una forma muy clara la forma de actuar del gobierno reformista. Desde entonces hasta las elecciones, hubo otras dos amnistías más, la segunda de las cuales incluyó a los presos del juicio de Burgos que fueron obligados a extrañarse, es decir, a abandonar España. Ésta es una prueba de la sensibilidad gubernamental respecto del ambiente público, que exigía medidas como ésas en el País Vasco, y su ausencia de un plan preciso aunque tuviera un objetivo final muy claro; por eso fue ampliando de manera sucesiva el marco de su acción liberalizadora.

En septiembre Suárez pasó por dos experiencias contradictorias. Antes que nada tuvo lugar la primera de las crisis políticas que se repetirían a lo largo de su etapa gubernamental cuando el general De Santiago presentó su dimisión por los contactos mantenidos con los sindicatos de inspiración comunista. El general Gutiérrez Mellado, que lo sustituyó, estuvo totalmente alineado con la empresa de la transición hacia la democracia y jugó un papel decisivo en su aspecto militar. En ese mismo mes Suárez presentó la Ley de Reforma Política, en cuya elaboración jugaron un papel decisivo Fernández Miranda y Lavilla. La idea esencial de la disposición era llevar a cabo la transición «de la ley a la ley», tal como decía el primero de los políticos citados, es decir, sin quiebra del orden constitucional precedente y por los procedimientos previstos en él. Otra diferencia sustancial con respecto a lo que había sido el propósito reformista de Fraga fue abrir un camino hacia la democracia pero sin definir en absoluto sus contenidos. Incluso se evitó que la ley tuviera un preámbulo que en su redacción original hubiera hecho alusión a principios antitéticos, desde el punto de vista ideológico, a los del régimen franquista. En el articulado, en cambio, se declaraba la inviolabilidad de los derechos fundamentales de la persona humana y la obligación de que todos los órganos del Estado los respetaran. Lo fundamental era, sin embargo, la convocatoria de elecciones por sufragio universal destinada a la redacción de una nueva Constitución. De hecho, por tanto, las elecciones serían constituyentes y la posibilidad de libertad de acción que tendrían era máxima, puesto que en la ley no se hablaba de la Monarquía ni tampoco de la relación entre el Ejecutivo y el Legislativo. El Rey, sin embargo, disponía de la capacidad de convocar un referéndum, lo que le permitía una apelación al pueblo en el caso de que la clase política del pasado ofreciera resistencia a la transformación. La Ley de Reforma Política preveía tan sólo la existencia de dos cámaras, Congreso y Senado. El Rey tenía la posibilidad de nombrar una pequeña porción —un quinto— de los miembros de la segunda cámara.

La ley de Reforma Política contó con el rechazo de la oposición, aunque poco convencida y más por pura fórmula que por una razón de peso. Los mayores problemas se plantearon, en cambio, con los organismos del régimen de Franco. El Consejo Nacional realizó el informe, que resultaba preceptivo pero no era vinculante, y el Gobierno ni lo asumió ni tan siquiera se enfrentó con él. En cambio, la decisión de las Cortes era inevitable y el resultado no era seguro, conocidas sus actitudes anteriores. Parece obvio que la mayoría de los procuradores estaban dispuestos a aceptar alguna forma de democracia, pero el resultado hubiera sido muy negativo de haberse planteado la inmediata legalización del PCE. Un factor decisivo que explica el resultado de la votación fue la negociación entre el Gobierno y el único grupo organizado de procuradores (Alianza Popular) en torno a la ley electoral. El Congreso sería elegido por sistema proporcional corregido y el Senado por sistema mayoritario. La presión gubernamental sobre unos procuradores acostumbrados a la docilidad, la habilidad de Fernández Miranda y de quienes intervinieron en la sesión decisiva (Miguel Primo de Rivera y Fernando Suárez) hicieron el resto. El resultado fue confortable: 435 votos a favor por tan sólo 59 en contra y una treintena abstenciones o ausencias. Muchos de los procuradores que participaron en la votación pensaban que perdurarían en el nuevo orden político, pero no hay que negar un grado de grandeza a quienes, en contra de lo que había sido su propia trayectoria, abrieron el paso a un cambio sustancial en el régimen político.

Para que se abriera de manera definitiva este camino quedaba por cubrir una última etapa, la celebración del referéndum previsto en la propia Ley de Reforma Política. Se llevó a cabo el 15 de diciembre y tuvo como resultado la participación del 77% del censo y la aprobación por una abrumadora mayoría (el 94,5%). Los votos negativos quedaron reducidos al 2,5% y los nulos al 3%. En este caso, como a comienzos de año, había quedado demostrado que la oposición —que había aconsejado en su mayor parte la abstención— carecía de apoyo suficiente entre los ciudadanos como para derribar al régimen. Con el paso del tiempo, sin embargo, se demostraría que una porción considerable de quienes habían votado afirmativamente lo iban a hacer también en favor del Partido Socialista.

Los problemas de la transición

Pero hasta el momento en que esta última consulta se llevó a cabo transcurrió un periodo muy difícil, cuyo conocimiento resulta imprescindible para darse cuenta de que en realidad, pese al buen éxito final de la transición, no fueron sencillas las circunstancias que hubo de afrontar. En tan sólo el plazo de un año desde iniciado el proceso de la reforma política, concluyó con unas elecciones constituyentes y el inicio de la elaboración de un nuevo texto constitucional. Sin embargo, al menos en dos ocasiones dio la sensación de que el proceso estaba en grave peligro. Tanto a comienzos de 1977, por la presión del terrorismo, como en la Semana Santa de este año, con ocasión de la legalización del PCE, pudo producirse una intervención de los militares en la política para cortar el camino hacia lo que el filósofo Julián Marías denominó «la devolución» de España a sí misma. Se debe recordar que todo ello sucedía en el mismo momento en que tenía lugar una profunda crisis económica que interrumpía con brusquedad un proceso de crecimiento que databa de comienzos de los sesenta y que existía una protesta social muy acentuada.

Si la amenaza más grave que ha tenido en el caso español la senda hacia la democracia ha sido la intervención militar, al mismo tiempo ésta de seguro hubiera elegido como motivo esencial para justificarse el terrorismo de ETA. Frente a lo que podía pensarse en principio, el comienzo de la desaparición del franquismo no trajo consigo la erradicación de la lucha violenta, a pesar de la aparente generosidad de las amnistías (sólo la de la proclamación de don Juan Carlos liberó a casi setecientos de los ochocientos presos). La razón estriba de manera principal en la represión que tuvo lugar en la fase final del franquismo, la cual creó una reacción solidaria con ETA en buena parte de la población vasca. Además, perduró demasiado tiempo la condescendencia de una parte de los políticos de izquierda o nacionalistas respecto de ella. Los cuerpos de seguridad del Estado tardaron mucho tiempo en adaptarse a la nueva situación predemocrática, actuando de un modo desproporcionado que les servía a los etarras para justificar nuevos asesinatos como si en España no se hubiera producido ningún tipo de cambio. Otro factor que contribuye a explicar el mantenimiento y aun recrudecimiento del terrorismo es sin duda la ayuda que ETA recibió de países extranjeros, en especial de Argelia, durante los años de la transición.

ETA, en efecto, fue la responsable del 70% de los atentados entre 1976 y 1980. El momento álgido del terrorismo etarra no se produjo en los años mismos de la transición propiamente dicha, sino inmediatamente después de la aprobación de la Constitución. En 1979, en efecto, se pudo apreciar un salto desde la treintena de muertos por acción terrorista hasta un centenar, con un máximo, en el año siguiente, de ciento veinticuatro. Es bien posible que si los momentos claves de la transición hubieran sido los que presenciaron mayor incidencia del terrorismo (con el correlato de la posible intervención militar) la posibilidad de quiebra del proceso hubiera sido mayor. A partir de los ochenta el monopolio del terrorismo estuvo en la práctica en manos de ETA.

Antes, sin embargo, una coincidencia cronológica en la acción del terrorismo de extrema izquierda y el de extrema derecha dio la sensación, en unas semanas de tensión angustiosa, de poner en grave peligro el camino de la recuperación por los españoles de sus libertades. El GRAPO, grupúsculo izquierdista surgido en medios de grave crisis industrial, cuya misma existencia fue puesta en duda por gran parte de los medios políticos y periodísticos, fue capaz de secuestrar al presidente del Consejo de Estado cuando todavía no había sido aprobada la Ley de Reforma Política, y al del Consejo Supremo de Justicia militar tan sólo unas semanas después. El extremado sectarismo de este grupo y su convivencia en cenáculos cuasi familiares hicieron muy difícil la información policíaca y más aún la localización de los secuestrados.

Esa situación, ya de por sí grave, todavía empeoró cuando, a fines de enero de 1977, un grupo de individuos pertenecientes a la extrema derecha asaltó un despacho de abogados laboralistas, conectado con el PCE, en la calle de Atocha en Madrid, matando a siete personas. Paradójicamente el suceso tuvo unos efectos contraproducentes para los intereses políticos de los asesinos, pues demostró la disciplina de los comunistas y la solidaridad hacia ellos de los sectores políticos de otra significación. Además, una oportuna acción policíaca acabó con la liberación de los secuestrados por los GRAPO. Ambos hechos consiguieron despejar un tanto una situación política que había parecido tenebrosa durante muchos días.

Para que las elecciones pudieran celebrarse en condiciones de absoluta normalidad democrática resultaba preciso que tuviera lugar la legalización del PCE. Los principales responsables de la transición —el Rey y Suárez— habían dado por supuesto en un comienzo que esta legalización no podía llevarse a cabo en un principio y que sería necesario remitirla a un momento posterior a las elecciones. En realidad Carrillo residía en España desde febrero de 1976. Su detención en diciembre de este año concluyó con la conquista de un ambiente de peculiar tolerancia pues, aunque permaneció algunos días en esa situación, finalmente fue liberado. En febrero de 1977 mantuvo una larga conversación con Suárez en la que, sin hacerse promesas mutuas, establecieron un vínculo de confianza que resultaría duradero. Carrillo nunca estuvo dispuesto a estar ausente de las primeras elecciones o a acudir a ellas con nombre distinto del de su propio partido, por temor a que esto perjudicara al PCE de forma definitiva desde el punto de vista electoral. En cambio estaba dispuesto a acentuar su posibilismo, aparte de integrar a su partido en el proyecto democrático común.

Los antecedentes inmediatos de la legalización del PCE se encuentran, por un lado, en la ampliación progresiva de la tolerancia, manifestada en la celebración en marzo de 1977 en Madrid de una importante reunión de los dirigentes comunistas europeos y en el cambio de la opinión pública en relación con esta cuestión. En abril, ya el 45% de los españoles eran partidarios de la legalización mientras que tan sólo el 17% eran contrarios. El PCE modificó sus estatutos internos para hacerlos compatibles con el ideario democrático y los presentó ante la autoridad judicial. El Tribunal Supremo, sin embargo, se negó a aceptar que él mismo debiera ser el responsable de la decisión, y le devolvió la responsabilidad al Gobierno. El 9 de abril, Sábado Santo (y por tanto periodo vacacional), Suárez tomó la decisión legalizadora sin tan siquiera consultar con la mayor parte de sus ministros.

La decisión fue arriesgada, por un posible contragolpe de la derecha. Suárez había expuesto sus propósitos políticos a los generales cuando éstos no implicaban la legalización y, por tanto, se pudieron sentir traicionados. Además, las reuniones de los altos mandos en estos precisos momentos estuvieron mal preparadas y esto pudo contribuir a provocar ese género de reacción. Finalmente ésta se produjo, pero pudo ser controlada. El Ejército mostró su descontento, pero su alto mando aceptó la decisión política «por disciplina y patriotismo». El ministro de Marina —el arma más conservadora— dimitió y para sustituirle fue preciso recurrir a un almirante retirado que aceptara el puesto.

La legalización del PCE fue aprovechada por éste para reafirmar su deseo de encontrar la coincidencia en un marco común con el resto de los partidos. De los mítines del partido desapareció la bandera republicana, incluso a pesar de las quejas de buena parte de los asistentes. Muy pocos días antes de que la legalización se produjera y también de cara a la celebración de la consulta electoral, fue desmantelado el Movimiento Nacional mientras que sus funcionarios eran incorporados a la Administración del Estado. La aceptación máxima del pluralismo coincidió por tanto en el tiempo con la desaparición de los vestigios del que fue partido único.

Como telón de fondo de todos estos problemas de cariz político, es preciso tener en cuenta también las numerosas dificultades creadas por la crisis económica, que no dejó de acentuarse a lo largo de 1976 y 1977. Si la herencia del franquismo había sido, por un lado, una España con un grado de desarrollo económico como nunca tuvo en su Historia, al mismo tiempo fue también una urgente de necesidad de reformas, acuciada por una crisis a la que no se había querido o podido dar respuesta en el momento oportuno. España tenía a la muerte de Franco un Estado muy intervencionista pero ineficiente, una Banca poderosa, pero que no siempre respondía a criterios de carácter económico, un Estado de bienestar que apenas estaba en pañales, pero que excitaba a reclamaciones sobre su ampliación, un sistema fiscal profundamente injusto y aun arcaico y, en fin, una necesidad urgente de reconversión, en especial en algunos campos como el de la construcción naval o la siderurgia, en los que en la época inmediatamente anterior se había planificado con manifiesta megalomanía.

A estos problemas, con los que la democracia española hubiera debido enfrentarse en cualquier caso, hubo que sumar los nacidos de la crisis económica. El incremento de los precios del petróleo supuso una disminución en un quinto de la capacidad adquisitiva en el exterior. El resultado inmediato fue un desequilibrio en la balanza de pagos y el consiguiente crecimiento del endeudamiento exterior. Pero hasta este punto el impacto de la crisis en España era idéntico al padecido en otros países. La peculiaridad española fue que la subida de los precios no se trasladó a los consumidores, de tal modo que durante bastante tiempo se siguió consumiendo petróleo en exceso cuando otros países habían adoptado medidas fuertemente restrictivas. Es posible que se pensara que la crisis sería tan sólo temporal, pero la principal razón por la que los dirigentes políticos no tomaron medidas hay que atribuirla a la carencia de legitimidad, que provocaba una auténtica parálisis en la toma de decisiones. Como a esas circunstancias se sumaba una protesta social que exigía mejores condiciones de trabajo, se daban las peores circunstancias imaginables. A lo largo de 1976 todos los males de una economía en crisis agobiaron a los dirigentes de la política española. Ya la inflación alcanzaba el 20% y la balanza de pagos era muy deficitaria. En 1977 el paro se situó claramente por encima de la media de los países desarrollados. Una población relativamente joven y el acceso de la mujer al mercado de trabajo, aparte de la crisis misma, contribuyen a explicarlo. En esas condiciones se estaba llevando a cabo una transformación política complicadísima, inédita en la Historia española y hasta cierto punto también en la universal.

España, dueña de su destino

Desde abril de 1977, producida ya la legalización del PCE y determinado de esta manera el conjunto de los grupos políticos que iban a participar en un proceso electoral, que de este modo resultaba semejante al de cualquier democracia europea, quedó abierta la campaña en la práctica. En marzo se había aprobado la ley electoral, que en esencia estaba destinada a perdurar. Como si fuera patente el inicio de una nueva etapa política, en ese momento abandonó la presidencia de las Cortes Torcuato Fernández Miranda. Fue uno de esos protagonistas de la transición que desempeñaron un papel de importancia pero que acabaron quedándose al margen, probablemente porque la transición llegó más allá de lo que él hubiera querido.

Lo decisivo en este momento, en que ya la democracia estaba en el horizonte inmediato, fue la progresiva identificación entre la sociedad española y la oferta partidista. La segunda parecía abrumadora en cuanto a número de partidos que solicitaban el voto del elector, pero en realidad la posición de la primera estuvo siempre bastante clara. El grado de apasionamiento de los españoles por la política era moderado, mientras que tenían mucho mayor interés por soluciones que afectaban a su vida cotidiana —el trabajo o las condiciones de vida— que por la contraposición entre franquismo y oposición. Los españoles se situaban en su inmensa mayoría en el centro del espectro político, quizá un poco más a la derecha de la mayor parte de los europeos. Querían líderes, pero también partidos que dieran la sensación de estar bien estructurados y de ofrecer garantías de estabilidad.

Paradójicamente, la primera organización política que se vertebró como tal fue Alianza Popular, bajo la dirección de Manuel Fraga. Éste decidió agrupar tras de sí a buena parte del franquismo político —incluidos antiguos adversarios como Silva y López Rodó— con la esperanza de arrastrar a aquella porción de la sociedad española que había apoyado en el pasado aquel régimen. Sin embargo la voluntad continuista, el desgaste de imagen provocado por el ejercicio del poder en un tiempo en que era necesaria la renovación, y la negativa a apoyar la legalización del PCE contribuyeron a reducir las posibilidades de esta opción, que habían parecido importantes, en especial al haber aparecido en primer lugar y dada la red de influencia que se atribuía a los políticos de otros tiempos.

De hecho la mayor parte de lo que podría denominarse como franquismo sociológico acabó identificándose con la opción representada por Adolfo Suárez, cuya gestación fue lenta y muy tardía. Desde fines de 1976 los distintos grupúsculos centristas trataron de unirse. La coalición denominada Centro Democrático tuvo, sin embargo, una relación ambigua con el poder. Su principal orador era José María de Areilza, pero Suárez era en esta época, con mucho, el líder político mejor valorado por los españoles. Finalmente acabó poniéndose al frente de esta opción, rebautizada como Unión de Centro Democrático, enviando para ello como emisario a un ministro, Leopoldo Calvo Sotelo, mientras que el resto de los miembros del Consejo no pudieron presentarse a la elección. UCD, aunque capturara una buena parte del voto de derecha, no tuvo una significación franquista explícita (de hecho menos del 20% de sus diputados habían sido procuradores en Cortes en la época de Franco). De cualquier modo, el resto de las opciones centristas tuvieron poco que hacer frente a UCD. La democracia cristiana fue una opción situada demasiado a la izquierda como para ser bien acogida por su electorado potencial.

Aunque Alianza Popular hubiera partido en primer lugar, el PSOE llevaba ya tiempo preparando su participación en las elecciones con la colaboración de equipos competentes, quizá los mejor preparados para una ocasión como ésta. Su radicalismo programático de entonces era compatible en la práctica con una política reformista. La divisa «Socialismo es libertad» pretendía —y lo consiguió— identificar al partido con un antifranquismo aunque, de hecho, fuera reciente en buena parte de sus miembros. Felipe González se convirtió muy pronto en el segundo líder político en el aprecio de la opinión pública española. Uno de sus méritos fue conseguir agrupar en torno a las siglas de su partido a la mayor parte de los que se autodenominaban socialistas, a pesar de no ser afiliados por el momento al PSOE. Quienes no lo hicieron figuraron en una coalición cuya cabeza visible fue Tierno Galván, cuyo radicalismo teórico era mayor pero que de cara al electorado quedó identificado con una posición de centro-izquierda de cierto regusto azañista.

En cuarto lugar, el Partido Comunista de España, una vez conseguido el éxito de su legalización, podía esperar buenos resultados por sus apoyos sindicales, en el mundo intelectual y en el de la prensa. Carrillo había pensado que la ausencia del PCE en las primeras elecciones podía tener para su partido un resultado muy negativo pero, en realidad, el hecho de poder presentarse no tuvo mejores consecuencias. Muy pronto se disipó el mito del comunismo como principal y casi único representante de la oposición al régimen, en gran parte porque el PCE había sido incapaz de relevar a su dirección por otra más joven.

Finalmente, el panorama de los principales partidos quedó redondeado con la configuración de partidos nacionalistas en el ámbito catalán y vasco. En Cataluña Jordi Pujol, que había sido represaliado durante los años sesenta, agrupó tras de sí a la mayor parte del nacionalismo de corte moderado, pero también compitieron otros grupos como Unió Democrática de Catalunya o Esquerra Republicana. En el País Vasco el PNV había conseguido mantener una apoyatura social muy importante, incluso durante el franquismo, que ahora tuvo su correlato electoral, pero también aparecieron otros grupos más relacionados con la extrema izquierda de procedencia etarra, como Euskadiko Eskerra.

La campaña electoral apenas merece otra referencia que la relativa al rápido crecimiento de las expectativas de voto del PSOE, que le hizo pensar al gobierno la en principio inimaginable posibilidad de una derrota. Finalmente UCD obtuvo el 34% de los votos y 165 escaños mientras que el PSOE quedó en 118 con el 29%. Muy lejos quedaron el PCE con 20 escaños y Alianza Popular con 16. A estos cuatro grupos más importantes había que sumar una veintena de diputados nacionalistas (13 catalanes y 8 vascos) y 6 socialistas de Tierno. En el Senado, UCD se distanció mucho más del PSOE aunque sin obtener la mayoría absoluta.

El examen de la geografía electoral testimonia una cierta identidad con respecto a la etapa republicana por la coincidencia entre la derecha de los años treinta y UCD, de un lado, y el Frente Popular y el voto socialista, de otro. Pero hubo también importantes discontinuidades, como la desaparición del republicanismo o el anarquismo. El PCE trasladó hacia Cataluña y el litoral mediterráneo su influencia central. La sociología del voto testimonió un apoyo preferente a UCD en las clases medias y el mundo rural, mientras que el PSOE lo lograba de forma especial en los medios industriales, entre los más jóvenes y los parados. Aunque se habló acerca de la existencia de un bipartidismo imperfecto en España, la realidad es que el sistema de partidos que surgió de las elecciones del 15 de junio era muy plural pero, afortunadamente, carecía de la polarización que caracterizó a los años treinta. No parecía posible en un plazo corto de tiempo que los partidos más importantes (que, a fin de cuentas, sumados sólo llegaban a representar al 63% del electorado) conquistaran el espacio social de los más pequeños. Las alianzas estables entre los diferentes partidos no parecían fáciles y, como consecuencia, lo más razonable era la existencia de un gobierno monocolor, aunque minoritario. Este tipo de poder ejecutivo, como es lógico, no podía tener otro resultado que favorecer la redacción de una Constitución de consenso.

No obstante, las dificultades iniciales fueron grandes en el momento de encaminar ese legislativo democrático hacia ese resultado final. Nacían de la inexperiencia de las fuerzas políticas, parte de las cuales debían adaptarse a la democracia mientras que otras actuaban a menudo con irresponsabilidad, como si no existiera un evidente peligro de que todo el proceso pudiera ponerse en peligro. UCD no sólo tuvo que formar un nuevo gobierno, sino también configurarse como partido propiamente dicho y adaptarse a compartir la responsabilidad de crear un nuevo orden constitucional con la colaboración de otras fuerzas. El nuevo gabinete se formó en el mes de julio, y de él fueron las figuras más destacadas, aparte del ya citado Gutiérrez Mellado, Enrique Fuentes Quintana, máximo prestigio de la economía española, de quien se esperaba que pudiera hacer frente a la difícil situación existente en este terreno, y Fernando Abril Martorell, amigo personal de Suárez, en el que éste puso toda su confianza para resolver los problemas políticos más acuciantes. De momento, éstos nacían de la inexistencia, de acuerdo con el texto mismo de la Ley de Reforma Política, de una precisa determinación de la responsabilidad del Gobierno ante el Parlamento. Aunque se había hecho para no prejuzgar el contenido de la Constitución, ahora que se habían celebrado las elecciones resultaba ya inevitable la existencia de esta dependencia del Ejecutivo del Parlamento electo. Así se hizo, de acuerdo con una disposición aprobada en noviembre. En el último mes del año los numerosos grupúsculos preexistentes en la coalición electoral de UCD quedaron disueltos. Sin embargo, lo cierto fue que, apremiados por otras urgencias políticas, los dirigentes centristas no llegaron a convertir UCD en un partido propiamente dicho y eso acabó por tener consecuencias graves para ellos mismos.

El principal de los problemas con los que tuvo que enfrentarse un país como España, que en estos momentos iniciaba la elaboración de una Constitución, fue la crisis económica. Esta afirmación debe ser complementada, por un lado, con el recuerdo de que ése no era, ni mucho menos, el único nubarrón en el horizonte, porque mientras tanto también estuvo presente en el día a día de la vida pública la acción terrorista de ETA y el planteamiento de la cuestión autonómica. Por otro lado, es muy probable que si la política económica hubiera ocupado el centro del escenario político con anterioridad se habría puesto en peligro la transición misma, porque eran necesarias medidas de ajuste que resultarían difíciles de aplicar en un contexto político como el existente entonces. Ahora, en cambio, la situación económica había adquirido tintes de gravedad tales que hacían imprescindible una actuación decidida. En el momento en que ya había sido superada la dictadura política, se convirtió en posible enfrentarse con la «dictablanda» económica que había favorecido el empeoramiento de la crisis en los meses precedentes.

Lo decisivo en el caso español fue no sólo el calendario con el que la dirección política se enfrentó al problema económico sino, más aún, el haberlo hecho por el procedimiento del consenso. La iniciativa fue del Gobierno, que planteó a los grupos políticos la gravedad de una situación que se medía por la simple cifra de la inflación. Ésta, en los meses centrales de 1977, alcanzó el 40% y hacía prever magnitudes hispanoamericanas para el inmediato futuro. Tras largas discusiones se llegó, en octubre de 1977, a los llamados Pactos de la Moncloa, que constituyeron un conjunto coherente de medidas cuyo resultado era una moderación de las demandas de los asalariados a cambio de un programa de medidas de contenido social que iban desde la construcción de puestos escolares allí donde no fueran suficientes hasta la introducción de la reforma fiscal y la aprobación de un Estatuto de los Trabajadores. En general puede decirse que los acuerdos fueron mejor recibidos por UCD y el PCE que por los socialistas y la derecha pero, al final, fueron suscritos por todos. Como programa económico de estabilización, los Pactos de la Moncloa, que apenas si crearon motivos de discrepancia entre los firmantes —no sólo los partidos políticos sino también los sindicatos y organizaciones empresariales—, obtuvieron un éxito importante en un plazo corto de tiempo. Quebraron las expectativas respecto de la inflación, que a fines de 1978 se había reducido ya el 16,5% mientras que la balanza de pagos ofrecía un resultado positivo por vez primera en mucho tiempo.

Pero incluso más importante que eso fue el hecho de que los pactos crearon un consenso que precedió al constitucional y lo hicieron posible. Además facilitaron hábitos destinados a perdurar en el mundo sindical. Los dos sindicatos más importantes (Comisiones Obreras y UGT) pasaron de una actitud ofensiva en 1976 a otra defensiva provocada por la misma crisis que hizo desaparecer un tercio de los puestos de trabajo en la industria textil y una cuarta parte de los metalúrgicos. A comienzos de 1978 se celebraron las primeras elecciones sindicales, que dieron la victoria a Comisiones Obreras aunque, en el transcurso de no mucho tiempo, UGT le arrebató la primacía. De todos los modos ambos sindicatos respondieron a un mismo modelo. En realidad, a pesar de que en algún momento reivindicaron una afiliación del 70%, sus cifras efectivas muy pronto estuvieron muy por debajo de ese porcentaje. En la práctica siempre se ha tratado de sindicatos de representación más que de afiliación, cuya financiación ha dependido en su mayor parte del presupuesto público y que han practicado de forma sistemática la negociación con los diversos y sucesivos gobiernos.

Muy pronto los dos sindicatos no sólo fueron los principales sino que adquirieron carácter hegemónico, en parte por concentrar el voto de los trabajadores pero también como consecuencia de que se limitó la condición de «más representativos» a aquellos que tuvieran al menos el 10% del voto nacional. Eso hizo inviable la opción representada por USO, la cual sufrió además dos sucesivas escisiones hacia UGT y CCOO. Con ello quedó dibujado un panorama que resultó estable hasta que, más adelante, empezaron a jugar un papel importante sindicatos de corte nacionalista en el País Vasco. En cambio, la posición relativa de cada sector sindical resultó cambiante, de modo que en ocasiones uno resultaba más combativo que el otro. Ambos, sin embargo, concluyeron por firmar pactos con el Estado o con los patronos. El sindicalismo pronto logró importantes subvenciones oficiales que contribuyeron a convertirlo en un instrumento de gestión de mejoras por parte de los trabajadores. La transición sindical pudo darse por concluida en 1980, cuando se aprobó un Estatuto de Trabajadores que venía a ser una nueva normativa fundamental en el seno de la empresa.

Pero entonces existía ya una Constitución. Aunque los Pactos de la Moncloa nos han permitido una descripción global de la transición en el terreno sindical, ahora debemos volver de nuevo al terreno estrictamente político.

La construcción de la democracia española

La reforma política no hacía otra cosa que señalar el camino hacia la democracia. Ésta era ya irreversible, pero no lo era, en cambio, que el marco constitucional llegara a ser aceptado por el conjunto de las fuerzas políticas o, lo que es lo mismo, que la Constitución fuera consensuada. Tampoco se podía dar por supuesto que con la celebración de las elecciones de junio de 1977 se hubieran desvanecido todos los intentos involucionistas. Por el contrario, la amenaza más grave se produjo en 1981 cuando ya la Constitución tenía dos años de vida.

La Constitución de 1978 y los primeros estatutos de Autonomía

En el año y medio después de las elecciones, la política estuvo dominada por la elaboración de la ley fundamental. Esa infrecuente duración del proceso constituyente nos pone en contacto con un rasgo inédito en el constitucionalismo español, como es la voluntad de consenso. Pero, de forma implícita, aparece también en esta duración la dificultad con la que tuvieron que enfrentarse los constituyentes.

El punto de partida de los partidos más representados en el Parlamento era un tanto divergente. UCD hubiera deseado un texto corto, elaborado por el Ministerio de Justicia o por especialistas y que en lo que respecta a los derechos se remitiera a las declaraciones internacionales. Esto, sin embargo, era difícil de aceptar por parte de los grupos de izquierda. Entre ellos, los comunistas insistieron de forma especial en los derechos sociales, pero a los socialistas les correspondió, en realidad, la mayor responsabilidad en la longitud que acabó teniendo la Constitución. AP actuó durante la mayor parte del tiempo de acuerdo con UCD. Los catalanistas no sólo contribuyeron de forma decisiva a perfilar la organización territorial del Estado sino que mediaron en muchas otras cuestiones. En cambio los nacionalistas vascos, encastillados en la defensa de una soberanía propia, se marginaron de la elaboración del texto.

Descartada la solución en que originariamente había pensado el gobierno —una prueba más de que la transición se fue haciendo día a día— se optó por la formación de una ponencia de siete personas de las que tres fueron de UCD, una del partido socialista (Peces Barba), mientras la segunda que le correspondía fue cedida a los catalanistas (Roca) y otras dos, de Alianza Popular (Fraga) y del PCE (Solé Tura). Sólo los comunistas y Fraga presentaron proyectos completos de Constitución. De los ponentes centristas, quien desempeñó un papel más importante fue Herrero, que debió superar la carencia de claridad de su propio partido en esta materia. Las dificultades surgieron en la redacción del texto por el enfrentamiento de los dos partidos más importantes en asuntos como la educación, el aborto, la pena de muerte y cuestiones socioeconómicas. Con frecuencia, los ponentes de UCD se apoyaron en Fraga y en los catalanistas. La difusión del borrador elaborado tuvo como consecuencia una tormenta en los medios de comunicación y críticas, a veces muy duras, en los ámbitos intelectuales y periodísticos. En marzo de 1978, Peces Barba abandonó la ponencia, aunque tan sólo para forzar en su favor una renegociación de determinados puntos. En mayo el proyecto pasó a ser discutido en la comisión constitucional del Congreso, pero las cuestiones más debatidas se resolvieron a través de entrevistas de Fernando Abril y Alfonso Guerra, que desempeñaban el papel de segundos en la UCD y el PSOE respectivamente. El consenso que de esta manera se fue logrando permitió acelerar la aprobación del texto, aunque estuvo a punto de producir un nuevo abandono de la ponencia, en este caso por parte de la derecha. La Constitución fue aprobada en julio de 1978 por el Congreso. Sólo votaron en contra o se abstuvieron la extrema izquierda, los nacionalistas vascos y algunos diputados de AP. En el Senado se introdujeron algunas reformas y, sobre todo, se hizo un último intento, por parte de Abril, para sumar al PNV al consenso mediante un cierto reconocimiento de los derechos históricos. No se llegó a un acuerdo porque los nacionalistas no quisieron aceptar que el reconocimiento de esos derechos se hiciera en el marco de la propia Constitución. Los nacionalistas, sin embargo, siempre dejaron claro que actuarían dentro de ese marco. La aprobación parlamentaria definitiva tuvo lugar en octubre y el referéndum preceptivo, de acuerdo con la Ley de Reforma Política, en diciembre. La participación fue baja (69%), pero eso puede explicarse porque se daba por descontada la aprobación de la ley fundamental. Lo más relevante del resultado de este referéndum fue el hecho de que en gran parte del País Vasco la abstención resultó mucho más elevada. La construcción del consenso constitucional debe ampliarse, por tanto, hasta 1979 con la aprobación del Estatuto catalán y vasco.

A pesar de ello el esfuerzo realizado para llegar a un acuerdo se aprecia con el hecho de que el texto fue votado positivamente por personalidades tan contrapuestas como Fraga y Carrillo. En última instancia, se trató de la primera Constitución española con un tan amplio espectro de apoyos. El consenso en el que se basaba quedaba prolongado además por la existencia de un Tribunal Constitucional a quien debía someterse la interpretación de su contenido y por la existencia de leyes orgánicas, relativas a los derechos de la persona, que exigían una mayoría cualificada (absoluta y no relativa) en el Congreso.

La Constitución española de 1978 está influida por textos semejantes que estaban vigentes en la Europa de la época. Así, la configuración del Poder Judicial estuvo influida por la Constitución italiana y el voto de censura constructivo por la alemana. Las recientes constituciones de Portugal o Grecia fueron mucho menos relevantes a la hora de la redacción del texto. Otra influencia que pesó sobre los constituyentes fue la de las propias constituciones españolas, en especial las de 1812 y 1931. Un ejemplo de ello fue la configuración de la Comisión Permanente de las Cortes, derivada del texto de 1812. Las innovaciones existentes en el texto constitucional no tienen mucha trascendencia.

La Constitución española consta de 11 títulos y 106 artículos. El título primero fue, sin duda, el que dio lugar a mayores discusiones y su contenido da buena idea de los equilibrios que fueron necesarios para llegar a un acuerdo. El Estado se declara aconfesional pero al mismo tiempo se reconoce el papel de la Iglesia católica. Este problema, que podría haber envenenado la convivencia en otros tiempos, distaba ya de provocar enfrentamientos. Mucho más importantes fueron las referencias a las libertades y derechos, enumeradas prolijamente y no sólo postuladas en el texto sino también garantizadas de acuerdo con el contenido mismo de la Constitución. Se aprecia la dificultad del acuerdo en determinadas materias espinosas. El contenido de la libertad de enseñanza, por ejemplo, fue remitido a las declaraciones internacionales sobre la materia —con lo que se daba satisfacción a UCD y a la Iglesia— pero también se hizo mención a la participación de los sectores implicados en el gobierno de los centros educativos, como quería el PSOE. La admisión del aborto quedó sometida a una interpretación de sentido ambiguo. La abolición de la pena de muerte se introdujo en la Constitución, frente a lo que quería UCD, pero se admitió para delitos militares en tiempo de guerra.

Los títulos II, III y IV tratan respectivamente de la Monarquía, el Legislativo y el Ejecutivo. La primera es definida como parlamentaria, moderadora y arbitral y, en realidad, está dotada de escasos poderes, inferiores a los de otras monarquías europeas, lo que contrasta con un prestigio superior ante los ciudadanos. El Legislativo se basa en un bicameralismo atenuado que ha puesto en duda la utilidad del Senado. El referéndum está sometido a muchas cautelas y no tiene carácter decisorio, lo que se explica por su utilización por el régimen anterior. En cuanto al Ejecutivo, la existencia del voto de censura constructivo parece un seguro contra la inestabilidad que caracterizó a la Monarquía de la primera Restauración y a la República. Los títulos sexto y séptimo contienen abundantes declaraciones bienintencionadas que, en opinión de algunos constituyentes, hubieran podido quedar remitidas a la legislación ordinaria pero que contribuyen a dar a Constitución un perfil progresista. El sistema de libertades queda tutelado por tres instituciones cuya composición exige un elevado grado de consenso: el Tribunal Constitucional, el Poder Judicial y el Defensor del Pueblo.

El título VIII de la Constitución resulta la mejor prueba de las dificultades del consenso constitucional, hasta el punto de que puede decirse de él que lo remitió, por su contenido impreciso, hacia el futuro. Lo cierto es que los constituyentes tenían que dar respuesta a deseos muy diversos, desde el nacionalismo periférico hasta la simple preferencia por una cierta descentralización. Para atender al primero, fue introducido por parte de los catalanistas el término «nacionalidad», con el que se quería designar una nación cultural o carente de Estado. El texto constitucional no determina en qué se diferencian esas «nacionalidades» de las simples regiones. La única diferencia reside en el procedimiento de acceso a la autonomía pues las comunidades «históricas» ven facilitado un acceso rápido a competencias más amplias. En la práctica, sin embargo, la emulación ha tenido como consecuencia que todas las comunidades hayan solicitado idénticas competencias incluso reclamando para sí mismas la condición de «nacionalidad», a pesar de su carencia de contenido jurídico. De esta manera puede decirse que, así como en la transición se supo a dónde se quería ir, en cambio esta afirmación no vale para la organización territorial del Estado.

En 1978 y años posteriores, el problema crucial del consenso constitucional fue que en dos comunidades autónomas existían minorías importantes que sentían a España como tan sólo un Estado y no una nación. La integración de estas comunidades exigía un suplemento de consenso paraconstitucional, que fue aquel que se logró mediante la aprobación de los estatutos de 1979. Por lo tanto es preciso tratar de ellos en este momento.

Para los gobernantes centristas el caso de Cataluña resultó un temprano quebradero de cabeza, luego bien resuelto, porque en ella, a diferencia de lo sucedido en el resto de la Península, tuvo lugar en cierto modo una auténtica ruptura. La unidad de la oposición fue una realidad desde el final de los sesenta, y la izquierda ganó en Cataluña en 1977. Inmediatamente después de esta elección todos los parlamentarios catalanes menos uno reclamaron la vigencia del Estatuto de Autonomía de 1932. Afortunadamente, la existencia de una presidencia de la Generalitat en el exilio, desempeñada por Josep Tarradellas, que tenía un tenue hilo de conexión con la Cataluña de los treinta, permitió encontrar una solución. Tras una serie de reuniones en Madrid fue restablecida una Generalitat, sin poderes efectivos pero con una profunda resonancia simbólica, que sirvió de elemento de ponderación y estabilidad. Fue el único acto de ruptura con el pasado político de toda la transición. Los catalanistas, como hemos visto, intervinieron activamente en la redacción de la Constitución. El Estatuto votado en octubre de 1979 tuvo el apoyo consensuado de todas las fuerzas políticas primero y el muy mayoritario de los ciudadanos luego.

En el caso del País Vasco las dificultades fueron mayores y no sólo por la existencia del terrorismo. Allí la sociedad estaba mucho más fragmentada y con mayor tendencia a las posturas radicales: el número de los partidarios de la independencia era el doble que en Cataluña. Todo el proceso de la transición tuvo en el País Vasco un carácter frágil: sólo el 45% del electorado participó en el referéndum de la Ley de Reforma Política y el porcentaje del voto negativo fue el triple de la media en España. El referéndum constitucional pasó por parecidos problemas, con el agravante de diferencias provinciales muy acusadas: en Guipúzcoa sólo uno de cada cuatro electores votaron, pero en Navarra lo hizo la mitad. Por si fuera poco, no existía una institución como la Generalitat. La primera redacción del estatuto vasco se caracterizó por unos contenidos poco aceptables en el marco constitucional. La situación sólo empezó a cambiar cuando en 1979 el PNV obtuvo los suficientes votos como para conquistar la presidencia del Consejo General Vasco, desempeñada por Garaicoechea. Fue él quien negoció el estatuto vasco con Suárez en una serie de laboriosas conversaciones que concluyeron en un acuerdo. El referéndum celebrado en octubre de 1979 integró al País Vasco en el consenso constitucional, pues votó el 60% de la población, y el 90% de los votantes lo hizo afirmativamente. De este modo puede decirse que quedó cerrado el consenso constitucional.

Triunfo y caída de Adolfo Suárez. El 23-F

Resulta necesario ahora volver al momento en que, tras la aprobación de la Constitución de 1978, Suárez tomó la decisión de disolver las Cortes. Las elecciones de marzo de 1979 resultaron mucho más impredecibles que las de 1977. El partido socialista había conseguido sumar a sus filas al pequeño grupo político de Tierno Galván, carente de financiación suficiente. El porcentaje de voto indeciso fue muy elevado (el 40%) y la televisión jugó un papel esencial en la decisión definitiva del elector. Todos los grupos políticos trataron de atraerse al elector situado en el centro político. Para ello el PSOE trató de aparecer como un grupo político nada radical y Coalición Democrática —formada a base de AP pero con la suma de personalidades situadas en el centro como Areilza— se presentó como una opción moderada, más que derechista. Por su parte, el PCE nutrió sus candidaturas con dirigentes de Comisiones Obreras que habían obtenido previamente la victoria en las elecciones sindicales. Sin embargo, una patética intervención electoral de Suárez en televisión, en la que atacó al PSOE por su extremismo, decantó la victoria para UCD.

Las elecciones parecieron confirmar el panorama electoral tal como se había definido en 1977, tanto en lo que respecta a la distribución geográfica del voto como en lo que atañe al peso relativo de cada fuerza. Daba la sensación de que el sistema de partidos quedaba configurado con dos preponderantes y otros dos menores, pero irreductibles a ellos, además de los grupos nacionalistas y regionalistas. En estas condiciones la mayoría absoluta de un partido resultaba inconcebible. En esta ocasión UCD, aunque disminuyó en voto, logró tres escaños más gracias a los distritos sobrerrepresentados, mientras que el PSOE, aunque sumó tres escaños más, en realidad disminuyó su voto si sumamos los votos de Tierno. Coalición Democrática sufrió una catástrofe espectacular, quedando reducida a nueve escaños: no sólo los perdió ante UCD sino también hacia la extrema derecha, que obtuvo un escaño. EL PCE ascendió pero levemente, lo que parecía imposibilitar cualquier desplazamiento del PSOE de su hegemonía en la izquierda. En parte, los resultados de las elecciones municipales contribuyeron a compensar la situación creada por la derrota de la izquierda. UCD volvió a obtener la victoria, pero en ella jugó un papel de primera importancia el hecho de que Coalición Democrática no se presentara. En las grandes ciudades la coalición de socialistas y comunistas se impuso. De esta forma el propio ciudadano dio la sensación de compensar el voto en las generales.

La victoria de UCD sólo puede entenderse teniendo en cuenta la espectacular popularidad de Suárez, cuyo éxito al frente de la reforma política parecía reafirmado tras la elaboración del texto constitucional. Pero el resultado de las elecciones, si avalaba la vía española hacia la democracia, no garantizaba la actuación de uno de sus principales protagonistas en el momento de la normalidad. Desde muy pronto se pudo percibir que toda la brillantez en la acción de Suárez en los meses precedentes se desvanecía ahora mientras que su partido, protagonista esencial en la tarea de lograr el consenso, se despedazó en estériles disputas internas. Claro está que las circunstancias dibujaron un panorama muy poco satisfactorio. Al margen de la nueva crisis económica baste con citar dos problemas fundamentales, el terrorismo y el problema autonómico.

Aunque durante la reforma política pudo dar la sensación de que el problema terrorista sería resuelto con la implantación de la democracia, entre 1978 y 1981 se produjo la máxima incidencia, en número de muertos, de la violencia etarra. Sólo una parte de la organización optó por la participación en las elecciones. En 1977 Euskadiko Eskerra, vinculada con ETA (Político-Militar), tuvo representación parlamentaria por Guipúzcoa. Este sector de la organización terrorista siguió practicando la violencia, pero a partir de 1979 la combinación entre su evolución y la política de reinserción practicada por el ministro Rosón tuvieron como consecuencia la disolución del mismo poco antes de la victoria electoral de los socialistas, momento en que el número de muertos se había reducido ya a una tercera parte. Pero el terrorismo se mantuvo gracias principalmente a ETA (Militar) que, aunque tuvo su organización política paralela (Herri Batasuna), no fue atraída hacia la actuación legal con el apoyo de un sector importante de la sociedad vasca. Por desgracia algunas actuaciones de las fuerzas de orden público distaron de ser oportunas y eso retardó la reacción de la propia sociedad vasca. Sólo en 1979 empezaron las actuaciones colectivas en contra del terrorismo, pero todavía en 1980 el PNV abandonó el Parlamento por el retraso en los traspasos de las competencias y en 1981, con ocasión de la primera visita del Rey al País Vasco, los parlamentarios de HB produjeron graves incidentes. Este suceso, cercano en el tiempo al golpe de Estado del 23-F, revela el tipo de impacto causado sobre la política española por el terrorismo. Nunca pudo vencer ni doblegar a la democracia, pero pudo provocar una reacción militar o, al menos, un deterioro importante del Gobierno.

Este último, por otro lado, intentó después de las elecciones de 1979 reconducir la oleada de regionalismo que se había producido. En el verano de 1978, diez regiones, en donde vivían tres cuartas partes de los españoles, tenían sus instituciones preautonómicas que, aunque con competencias escasas, fomentaron en la clase política regional una conciencia de identidad propia. Pero el intento de encauzamiento fracasó rotundamente, señalando un rumbo irreversible al proceso de regionalización y costando un grave deterioro al partido del gobierno. En febrero de 1980, al plantearse el acceso de Andalucía a la autonomía con un techo competencial inferior a las regiones que votaron el Estatuto durante la República, los andaluces se pronunciaron en las urnas masivamente contra la propuesta gubernamental, incitados por el PSOE. En adelante cualquier ampliación de las competencias de una región vendría acompañada por la petición de las restantes.

Pero el problema fundamental del gobierno centrista radicó en su liderazgo. Fue éste un caso de auténtica patología política, porque en ninguna parte estaba escrito que un partido que había hecho la transición de modo tan brillante tuviera que desaparecer. Suárez demostró ser incapaz de crear un partido y de adaptarse a la democracia que había contribuido a fundar. Si en un principio quiso concentrar en sus más fieles el rumbo del gobierno, luego no tuvo más remedio que aceptar una especie de dirección colegiada. En mayo de 1980 fue sometido a un voto de censura del que salió irreversiblemente malparado: desde el verano estuvo por debajo de González en las encuestas. Pero los defectos del liderazgo centrista no se limitaron a su persona. Los intentos de regenerar el partido concluyeron en una agónica lucha que siempre bordeó el suicidio, porque se prefirió la liquidación del adversario aunque ésta fuera letal para uno mismo.

El momento en que de manera definitiva quebró el liderazgo de Suárez fue en octubre de 1980 cuando su candidato para la dirección del grupo parlamentario de UCD fue vencido. A fines de enero de 1981, cuando estaba planteado un conflictivo congreso de UCD, presentó su dimisión. No fue empujado por nadie: lo decisivo fue, para él, la conciencia de sus limitaciones y la idea de que la polémica acerca de su persona podía estar perjudicando a la democracia misma. Su error no fue tanto el irse en este momento cuanto el haber intentado volver después.

Sin embargo pudo dar la sensación contraria porque su dimisión fue aprovechada para un intento de golpe de Estado. En realidad, gran parte de los altos mandos militares estuvieron en contra del proceso hacia la democracia. Si no actuaron fue por carencia de liderazgo claro y porque la Monarquía actuó como escudo protector de la reforma política. En esa situación se explica la actitud de aparente lenidad respecto a los discrepantes del cambio político que estaba experimentando España. Cualquier intento de forzar un mayor grado de adhesión —se pensó— tendría un efecto contraproducente; era preciso dejar pasar el tiempo, modificar la legislación militar y llevar a cabo un cuidadoso nombramiento de los mandos claves, mientras los demás podían permanecer en manos más ambiguas. De todo ello fue responsable el general Gutiérrez Mellado. Una situación tan delicada como ésta podía quebrar en el caso de que se percibiera un vacío de poder —o la situación política se deteriorara e hiciera nacer un clima irresponsable en el seno de la clase política— en el que se considerara como aceptable un gobierno al margen del Parlamento presidido por un militar.

Ésta fue la situación que favoreció el golpe. Mientras tenía lugar la segunda votación para la elección del sucesor de Suárez, el coronel Tejero, con un grupo de guardias civiles, ocupó el Congreso. El general Milans del Bosch se sublevó en Valencia y animó a otros a que le siguieran. El general Armada, en otro tiempo muy cercano al Rey y en este momento segundo jefe del Estado Mayor, trató de aparecer como una especie de mediador con la pretensión de ser nombrado presidente por el Parlamento para resolver la situación. Sus propósitos eran los más peligrosos, pues los otros dos protagonistas tan sólo hubieran podido producir un baño de sangre o un triunfo efímero.

Pero el plan falló porque se basaba en una presunción que se demostró carente de fundamento. Para que el golpe triunfara era necesario que el Rey cediera a él o se presumiera su apoyo. Ni lo uno ni lo otro ocurrió y la actitud del Rey —consecuencia de su pasado pero revelación para una parte de la opinión pública— fue decisiva para resolver la situación. Otros factores contribuyen también a explicar el desenlace. Desde muy pronto se percibió la discordancia entre los conspiradores. Algunos militares situados en puestos clave (Gabeiras en el Estado Mayor, Quintana, gobernador militar de Madrid, Aramburu al frente de la Guardia Civil...) jugaron un papel decisivo en impedir el golpe. Finalmente, la falta de control de los medios de comunicación por los golpistas provocó una reacción decidida de la ciudadanía. En el fondo, los golpistas aprovecharon una ocasión propicia pero demasiado tardía, porque la democracia estaba ya demasiado asentada para sus propósitos. Si en los momentos precedentes no hubo sensibilidad para repudiar la creación del ambiente que favoreció el golpe, en los posteriores se desmesuraron los peligros de una repetición. España no fue nunca una democracia vigilada y menos aún después del golpe.

El gobierno de Calvo Sotelo

El sucesor de Suárez fue sugerido por él mismo. Leopoldo Calvo Sotelo había sido ministro en el primer gobierno de la Monarquía, organizador de UCD en 1977 y su portavoz parlamentario luego, hasta que volvió al Gobierno. No estaba identificado con ninguna tendencia dentro del partido y el hecho de que al frente de éste permaneciera una persona muy identificada con el ex presidente, Rodríguez Sahagún, parecía establecer un vínculo entre pasado y presente.

Calvo Sotelo tenía una procedencia y rasgos personales diferentes de los de Suárez, pero podría haber sido una versión complementaria del centrismo. Venía del mundo de la empresa y, aunque político en el régimen franquista, había estado cercano a la causa monárquica juanista. Inteligente, culto y parlamentario mordaz carecía de la brillantez de su predecesor pero parecía más sólido. De forma inevitable daba la sensación de estar situado más a la derecha de Suárez, pero resultaba imaginable que tratara de lograr una mayor definición de UCD.

El balance más positivo de su gestión radicó en la liquidación de las secuelas del intento de golpe de Estado. Un año después de los sucesos fueron juzgadas una treintena de personas por un tribunal militar, pero las penas que les fueron atribuidas fueron consideradas demasiado leves. Tras la intervención del Gobierno, el Tribunal Supremo, en un segundo momento, las agravó de forma considerable. El juicio reveló que los conspiradores estaban divididos, pero su actuación arrogante dio la sensación de que no habían sido ellos los únicos responsables del golpe o que éste se podía repetir. No era así; por parte del Gobierno se tomaron las medidas necesarias —por ejemplo, mediante la reorganización de la inteligencia militar— para evitar cualquier nueva intentona. Pero perduró la sensación del peligro de un golpe y ello contribuyó a la posterior victoria socialista.

En otros aspectos la gestión de Calvo Sotelo resultó controvertida o no llegó a definirse. Al margen de la entrada en la OTAN, que será abordada más adelante, es preciso referirse al intento de perfilar una solución definitiva a la cuestión autonómica. Lo hizo con el apoyo del PSOE y mediante la Ley Orgánica de Armonización del Proceso Autonómico (LOAPA) que acabó siendo declarada inconstitucional. El propósito tenía fundamento pero a estas alturas el procedimiento era inviable. El propio Tribunal Constitucional asumió la tarea de proceder a esa armonización interpretando el título VIII de la Constitución y lo consiguió sin discrepancias excesivas por parte de los grupos políticos más nacionalistas.

En el terreno económico la gestión del gobierno de Calvo Sotelo padeció graves inconvenientes que no fueron, en lo esencial, consecuencia de sus errores de gestión. A la crisis provocada por la elevación de los precios del crudo que había tenido lugar en 1973, y cuyas consecuencias aún no habían sido superadas por la economía española, se sumó una nueva elevación en 1979 que tuvo efectos devastadores. En 1981 la factura del petróleo importado por España llegaba al 50% de una exportación que además tendía a disminuir. Pero no era ése el único dato negativo de la realidad económica. La tasa de paro llegó al 15%, convirtiéndose en la más elevada de los países desarrollados. A los factores ya señalados para explicarla hay que añadir la existencia de un mercado de trabajo muy poco flexible. La inflación, después de descender a la mitad tras la aplicación de los Pactos de la Moncloa, había quedado consolidada en torno al 15%. Habiendo sido el desarrollo económico muy débil durante todo el periodo de la transición (en torno al 1,5%), en los dos años posteriores a la segunda elevación del precio del crudo se redujo hasta cifras negativas.

Si todos estos datos objetivos eran consecuencia de las circunstancias, el Gobierno se encontraba en las peores condiciones para hacerles frente. No existían las condiciones para la repetición de los Pactos de la Moncloa y el propio deterioro del partido que estaba en el poder impedía siquiera que se pudiera hacer cualquier tipo de política coherente. Algo tan elemental como la elaboración de un Plan Energético Nacional no se puso en marcha hasta 1979 y, además, se basó en un excesivo incremento de la capacidad productiva de electricidad. La reconversión industrial fue también tardía y pareció basarse tan sólo en las ayudas públicas a industrias concretas. El partido socialista, por su parte, impidió con actitudes demagógicas que se pudiera controlar el gasto público. Si la división de UCD fue un factor decisivo en el deterioro de su gobierno, a ella hay que sumar una larga crisis económica. En 1981 sólo el 3% de los españoles creían que la situación económica era buena, mientras que casi el 60% la consideraba mala. Tales perspectivas hicieron que la organización patronal adquiriera una beligerancia agresiva en contra del gobierno. Ya había empezado a adoptar este tipo de actitudes con motivo de determinados títulos de la Constitución, pero ahora dio la sensación de emprender una verdadera campaña para desalojar del poder a UCD.

Esto sucedía cuando a partir de 1980 emergía como alternativa el PSOE. Lo cierto es que a esta situación se llegó tras un largo camino no exento de dificultades. Las elecciones de 1979 crearon en el sector dirigente del socialismo unas expectativas desmesuradas que concluyeron en una profunda decepción: se llegó a pensar que siempre iba a ser imposible el acceso al poder. Con ello se acentuó la contradicción entre la práctica reformista y la teoría, todavía caracterizada por el radicalismo, de los programas. El diagnóstico de los más radicales fue que el olvido de los principios ni siquiera aseguraba la victoria. En cambio, el juicio de Felipe González fue que el partido que dirigía necesitaba de un definitivo empujón para convertirse en auténtica fuerza de gobierno. De ahí que, en una decisión muy personal, sugiriera la desaparición del término «marxista» de la declaración programática del partido.

Pero esta decantación estuvo a punto de producir un cataclismo en el seno del PSOE. En el congreso de mayo de 1979 la suma de las frustraciones provocó una especie de contradictorio psicodrama. Si ya la gestión de la ejecutiva fue objeto de reticencias, triunfó una declaración programática radical cuyo contenido era el contrario al que hubiera querido González, quien se negó a figurar en la dirección. Se daba así la paradoja de que el PSOE quería su liderazgo pero con otro programa. La figura de González quedó revalorizada ante la opinión al remitir su propia postura a una concepción ética de la política.

Además, como sus adversarios pecaron de absoluta incertidumbre estratégica, acabó imponiéndose, asumiendo el poder en el partido en unos términos en que nunca los tuvo nunca ningún dirigente del partido socialista. Una disposición, en apariencia intrascendente, otorgó a cada dirección regional la posibilidad de votar en representación del conjunto de afiliados, lo que permitió, por ejemplo, a Guerra controlar más del 20% del voto del Congreso. En septiembre de 1979 se celebró uno nuevo con carácter extraordinario que tuvo como resultado la victoria completa de González. Sus adversarios apenas lograron el 7% del voto y las declaraciones programáticas permanecieron en una relativa ambigüedad. Cuando el PSOE llegó al gobierno todavía la definitiva decantación ideológica estaba por hacer, en especial en materia de política económica y exterior. Pero esa ambigüedad era la de la propia sociedad española. A ella el PSOE parecía ofrecerle una combinación de ruptura respecto del pasado, preparación técnica y juventud que contribuyó de manera singular en convertirle en alternativa. Los socialistas, en los meses posteriores al intento del 23-F, estuvieron dispuestos a colaborar en un gobierno de concentración, pero luego se lanzaron a una política de acoso a la UCD —utilizando acontecimientos en los que ninguna culpa cabía atribuir al Gobierno o haciendo demagogia sobre la OTAN— que les dio resultado pero que les complicaría el futuro.

Hubo un factor complementario que vino en su ayuda: la crisis del PCE. También para este partido los resultados de 1979 constituyeron una decepción, pues a pesar del incremento del voto se confirmaba la hegemonía del PSOE en la izquierda. Sin embargo, un factor de mayor importancia en la crisis debió de ser la adaptación de los simples militantes antifranquistas, que habían formado parte del partido en el interior durante el periodo final del régimen, a la realidad de un partido cuyo eurocomunismo seguía a medio camino de la plena aceptación de la democracia y cuya dirección férrea tenía poco que ver con ese tipo de declaraciones. La protesta pronto se concentró en Carrillo, quien no hizo más que agravarla por el procedimiento de querer disciplinar a las organizaciones regionales por ser poco eurocomunistas, por resultar demasiado nacionalistas o simplemente poco sumisas al secretario general. Como en el caso de la UCD, el espectáculo de la desunión tuvo consecuencias letales para el PCE de cara a las consultas electorales de carácter regional que se celebraron a partir de 1981.

Como se ha señalado en párrafos precedentes, el gobierno de Calvo Sotelo tuvo aciertos y, sobre todo, parte de los problemas con los que se enfrentó distaba mucho de poder resolverlos. Así se explica que en sus meses iniciales reconstruyera una parte del apoyo que había tenido en la opinión pública el centrismo. Pero esta recuperación sólo fue temporal y con el paso del tiempo se recrudecieron las tendencias autodestructivas de UCD. Si se examinan las razones de la discrepancia interna —divorcio, autonomía universitaria, televisión privada...— se descubre su relativa intrascendencia. Fue la frivolidad de los dirigentes centristas, multiplicada por su «canibalismo feroz», la que explica la crisis de un partido que nunca llegó a serlo. De ninguna manera estaba escrito con carácter previo que su razón de ser tuviera que limitarse al periodo de la transición, pero las circunstancias indicadas lo hicieron inevitable. A ellas colaboró Calvo Sotelo, que no fue capaz de un liderazgo semejante al de Suárez, ni de impulsar la configuración de un partido y que, además, permaneció pasivo ante la opción de pactar con otra fuerza política, fuera cual fuera. Verdad es que si lo hubiera hecho habría fomentado la división interna de su partido.

Ya en otoño de 1981 UCD ni siquiera era el segundo partido español, sino el tercero. En octubre fue superada por AP en Galicia y en mayo de 1982 se derrumbó en Andalucía. Desde comienzos de este año empezaba la fuga de diputados, con la peculiaridad de que algunos lo hacían hacia la derecha (Herrero) y otros hacia la izquierda (Fernández Ordóñez). Tras intentar una dirección colectiva, Calvo Sotelo acabó por entregar la presidencia del partido a Lavilla, que había desempeñado la presidencia del Congreso de los Diputados desde 1979. En el verano de 1982, cuando Calvo Sotelo decidió la disolución del Parlamento, otros dos grupos —liderados por Alzaga y el propio Suárez— se habían desligado de UCD. Se daban ya la condiciones óptimas para que ésta sufriera una aparatosa derrota en las elecciones de octubre. Un factor de política exterior contribuyó de modo importante a ello.

La política exterior de la transición

Durante el periodo de la transición española a la democracia hubo un claro predominio de la política interior sobre la exterior, pero la distinción misma entre ambas no parece muy sencilla porque, en realidad, para la mayor parte de los dirigentes políticos españoles del momento democratización era lo mismo que europeización. No hubo, sin embargo, un consenso en lo que respecta a la integración en los mecanismos defensivos del mundo occidental. España necesitó diez años para realizarla y con ello establecer una identidad sustancial entre los diferentes partidos políticos en esta materia.

Antes de referirse a este proceso es preciso preguntarse hasta qué punto pudo influir la presión exterior sobre la transición española. De ningún modo puede decirse que este proceso fuera inducido desde el exterior y menos aún que lo fuera de forma directa. Cuando en septiembre de 1975 quedaron interrumpidas las negociaciones para el ingreso en la CEE, quedó ratificada la incompatibilidad del régimen de Franco con Europa, pero no se produjo una suspensión definitiva sino tan sólo temporal, a título de advertencia. En cuanto al caso de Portugal, el cambio de régimen sirvió de advertencia a la clase política sobre la inviabilidad de la subsistencia de un régimen parecido. Si en el vecino país hubiera existido una dictadura de izquierdas en el momento de iniciarse el proceso español, éste podría haberse detenido o ralentizado, pero esa posibilidad se había alejado cuando comenzó la transición española.

Tras la muerte de Franco, sin existir una presión propiamente dicha, no cabe la menor duda de que el ambiente internacional más inmediato ejerció una influencia positiva en el sentido de dirigir a España hacia la democracia. La propia enumeración de las personalidades asistentes al funeral de Franco y a la proclamación del Rey testimonia la condición de régimen aislado del personificado por el primero y la esperanza despertada por la figura del segundo. Ahora bien, una vez iniciada la transición al conseguir un resultado final inesperadamente positivo, no se produjo ninguna intervención significativa, ni siquiera por medio de declaraciones, hasta el momento del intento de golpe de Estado en febrero de 1981. Los países europeos y Estados Unidos, aun coincidentes en lo fundamental, actuaron de forma matizadamente distinta. Los primeros insistieron en la necesidad de caminar hacia la democracia y, cuando se había avanzado hacia ella, vieron a menudo sus insuficiencias, en especial los países del norte de Europa, porque la transición se había hecho desde el franquismo y con personas procedentes de este régimen. Francia se atribuyó un papel de cierto contenido paternalista sobre el proceso y más adelante dificultó de forma considerable el camino de España hacia el Mercado Común o la lucha contra el terrorismo. Los estadounidenses —Kissinger, por ejemplo—insistieron mucho más en las precauciones que debían ser observadas en el proceso del cambio que en la velocidad en que debiera llevarse a cabo. Muy desafortunada fue una nota de la embajada estadounidense en el momento del intento del golpe de Estado, que dio la sensación de que la primera potencia democrática se desinteresaba por completo de lo que sucediera en España. Finalmente, las grandes internacionales políticas jugaron un papel importante y beneficioso en la configuración del sistema de partidos españoles. A través de programas de formación, realizados de forma directa o a través de filiales españolas, contribuyeron a potenciar a los grupos más homólogos con los suyos y a situarlos en el centro del espectro político, cuando muy a menudo la propensión natural, acentuada por la inexperiencia, era distinta. En este sentido cabe decir que la influencia más significativa, con mucho, fue la desempeñada por los partidos políticos alemanes, bien dotados de fondos gracias a la legislación de su país. Si quizá fue el PSOE el partido más beneficiado no cabe la menor duda de que en un porcentaje mayor o menor todos los grupos políticos —incluido el PCE— recibieron ayuda exterior. Pero eso no quiere decir que los financiadores impusieran por completo las decisiones en materias políticas.

En términos generales puede decirse que la política exterior siguió un rumbo muy coherente desde el momento de la muerte de Franco, aunque acentuara su homologación con las potencias democráticas en la época de Calvo Sotelo. Se explica que fuera así porque el primer ministro de Exteriores de la Monarquía, Areilza, fue también la personalidad de significación más claramente liberalizadora y además su subsecretario fue quien acabó sucediéndole. Por otro lado hay que tener en cuenta que aunque el Rey se retiró muy pronto del protagonismo en política interior, en cambio mantuvo una presencia indudable en la exterior. Jugó, por ejemplo, un papel decisivo en la renuncia al privilegio de presentación en el nombramiento de los obispos, petición que había sido hecha desde hacía tiempo por el propio Papa y que tuvo un resultado muy positivo para las relaciones con la Iglesia. Sus contactos personales tuvieron también un papel muy importante para explicar el futuro de una transición cuyo resultado distaba de estar claro. El viaje del Rey a Estados Unidos y, en especial, su discurso ante el Legislativo estadounidense reafirmaron, por ejemplo, los propósitos democráticos. También fue el Rey quien alimentó la confianza de los dirigentes europeos en dicho proceso, en especial en el caso del presidente francés, Giscard d'Estaing. En el fondo, la política seguida por Areilza complementó la ya descrita para el Monarca. Consistió principalmente en vender en el exterior una mercancía: la seguridad de que en España habría democracia. Sus diarios revelan su profundísima incomodidad con Arias Navarro, que desconfiaba por completo de todos los vecinos, en especial si se trataba de países democráticos, mantenía un anticlericalismo de extrema derecha y tenía unas fuentes de información que al responsable de la política exterior le parecían sencillamente grotescas.

En el gobierno de Suárez la dirección de la política exterior le correspondió principalmente a Marcelino Oreja, persona muy discreta, capaz de dedicarse en exclusiva esa tarea y con una línea muy clara de actuación. A partir de este momento, aunque las declaraciones exteriores acerca del futuro previsible en política interior siguieron teniendo su importancia, se vieron completadas con decisiones concretas que en realidad no suponían sino la traducción al marco de la política internacional del proceso interno. Así, por ejemplo, el viaje del presidente Suárez a Estados Unidos, a comienzos de 1977, se vio acompañado por la entrega de la ratificación de los pactos sobre los derechos de la persona.

En efecto, puede decirse que si la política interna española se homologaba con la de los países democráticos, idéntica sensación de normalización produjeron las principales decisiones en la exterior. A la renuncia del Estado al derecho de presentación le acompañó el abandono por parte del Vaticano del fuero eclesiástico. En el transcurso de la elaboración de la Constitución se fueron gestando unas nuevas relaciones entre Iglesia y Estado. Si en su texto se intentó evitar que la cuestión religiosa reapareciera, con las pésimas consecuencias que el hecho tuvo en los años treinta, en enero de 1979 se suscribieron cuatro acuerdos concordatarios que regularon las relaciones entre Iglesia y Estado de un modo ampliamente consensuado entre las diferentes fuerzas políticas. Sin embargo, quedó pendiente, al menos en sus matices, la cuestión educativa. Testimonio de normalización fueron también el restablecimiento de relaciones diplomáticas con los países del Este y la superación de la situación peculiar con México, que había mantenido el reconocimiento del gobierno republicano desde 1939.

Quizá el escenario en el que los gestores políticos de la transición tuvieron más problemas fue en el Magreb. La pesada herencia del Sáhara, apresuradamente abandonado, gravitó sobre el conjunto de la política internacional española. A fines de 1977 se produjo una ruptura con Argelia, que se sentía perjudicada por la marginación del Polisario saharahui y apoyó al independentismo canario y al terrorismo de ETA. España logró evitar que la Organización de la Unidad Africana considerara Canarias como territorio a descolonizar. Sin embargo, los intereses pesqueros españoles en las costas africanas sufrieron repetidas amenazas.

Una vez aprobada la Constitución pudo apreciarse una cierta disintonía entre la política seguida por Oreja y la protagonizada por Suárez, cada vez más interesado en estas materias. Para el primero, el Mercado Común y la OTAN no eran otra cosa que una misma realidad, pero vista desde puntos distintos. En cambio el presidente del Gobierno, quizá por su procedencia falangista o por su deseo de mantener una actitud progresista, solía preferir guiños periódicos hacia el neutralismo, y pasado el tiempo admitió haber votado en el referéndum de 1981 contra el ingreso de España en la OTAN. Por el momento recibió a Arafat, el líder de la OLP, no reconoció a Israel y envió una representación a la Conferencia de países no alineados presidida por Fidel Castro. El propio Suárez visitó La Habana y no tuvo inconveniente en abrazarse a Castro. En los años posteriores a la aprobación de la Constitución fueron numerosas las visitas de dirigentes de los países comunistas. La segunda Conferencia de Seguridad y Cooperación europea se reunió en Madrid en 1980, y en la decisión de que así sucediera quizá influyó la confianza de algunos países del Este en que España pudiera adoptar una posición semejante a la de Finlandia (que acogió a la primera).

Para todos los españoles el correlato más obvio de la democratización de las instituciones era el ingreso en el Mercado Común Europeo. La petición de ingreso tuvo lugar inmediatamente después de las elecciones de 1977, y a comienzos de 1978 Leopoldo Calvo Sotelo fue nombrado ministro sin cartera dedicado específicamente a esta cuestión. La integración española era ya una cuestión vital para ella, porque la mitad de su comercio, con exclusión del petróleo, se dirigía hacia el Mercado Común. Pero si los españoles pensaban que la superación de los obstáculos políticos suponía el ingreso automático en la Comunidad, muy pronto se enfrentaron a una decepción. España en ningún momento fue recibida como un hijo pródigo que retornara al hogar, sino que se vio obligada a llevar a cabo una dura negociación en materias económicas, en la que encontró poca comprensión. Francia, de la que en principio se pensó que podría haber apadrinado la entrada española en las instituciones comunitarias (como había hecho con Grecia), acabó dando un giro que resultó muy grave para las expectativas de su vecino. En absoluto supo apreciar las enormes dificultades derivadas de una transición llevada a cabo mientras que el terrorismo producía más de un centenar de muertos al año. A comienzos de junio de 1980, el presidente Giscard hizo una declaración de acuerdo con la cual la Comunidad debiera dedicarse a concluir la primera ampliación antes de proceder a iniciar la segunda. Fue apoyado por la totalidad de las fuerzas políticas francesas, al margen de su significación. Mientras tanto, el resto de los países comunitarios se mostraban aparentemente escandalizados de la actitud francesa, pero hicieron poco o nada para contrarrestarla porque de una forma u otra la entrada de España también les afectaba de modo negativo. El resultado fue el colapso de la negociación.

Tampoco hubo una mejora sustancial en otros aspectos de la relación con los países europeos. Aunque en abril de 1980 los británicos aceptaron por vez primera tratar la soberanía de Gibraltar, no se llegó a avanzar después de la aprobación de este acuerdo de principio, ni siquiera cuando más adelante España ingresó en la OTAN (a lo que, por cierto, ni siquiera se opuso la colonia británica). En el momento de la guerra de las Malvinas, España mantuvo una actitud más bien proclive a la Argentina, absteniéndose de apoyar la resolución británica en el Consejo de Seguridad de la ONU.

La llegada al gobierno de Leopoldo Calvo Sotelo supuso una inflexión más occidentalista en la política exterior española. En realidad los programas aprobados en los congresos de UCD contenían una clara referencia al futuro ingreso de España en la OTAN, pero ahora se presentó la posibilidad de llevarlo a cabo como definición política de un partido al que con frecuencia se había acusado de ambigüedad. No cabe la menor duda de que otro factor que pudo influir en la decisión para el ingreso en esta organización fue la voluntad de integrar a los militares españoles en un ámbito defensivo amplio e inequívocamente democrático o incluso la idea de que, tomada esta decisión, resultaría irreversible y los socialistas se tendrían que someter a ella. Pero es muy posible que el factor que explique la decisión tomada sea que la renovación de los pactos con Estados Unidos en 1981 planteaba una cita inevitable. Como aseguró el ministro de Asuntos Exteriores, Pérez Llorca, la negociación de los mismos sería muy distinta en el caso de tratarse de un aliado igual y no de un auxiliar subordinado. En la mentalidad de quienes ejecutaron la política exterior española durante este periodo la homologación con los países occidentales quedaría ratificada con el establecimiento de relaciones con el Estado de Israel, otra asignatura pendiente de la época de Franco.

La petición de ingreso en la OTAN tuvo lugar en el mes de junio de 1981. Propiamente no rompió un consenso existente en política exterior porque éste no había existido nunca en este punto concreto. Hay que tener en cuenta que así como el partido socialista había evolucionado hacia el pragmatismo reformista en muchos otros aspectos, no lo hizo en política exterior. Para González el ingreso de España supondría ceder a la «infernal dinámica de la política de bloques» y provocaría una severa reacción en el adversario; además se argumentó que de este modo España perdía su neutralidad tradicional mientras que la pertenencia al tratado no suponía una garantía para las ciudades españolas del norte de África. Pero el argumento más poderoso consistió en identificar OTAN con la guerra y el arma nuclear. La divisa «OTAN, de entrada no», utilizada por los socialistas, apenas resultaba ambigua porque indicaba una resistencia a alinearse con ella, aunque de paso se pidiera la realización de un referéndum. La debilidad interna del gobierno centrista y el vigor de la ofensiva socialista tuvieron como consecuencia que en un plazo relativamente reducido de tiempo la opinión pública española pasara de una actitud favorable a otra contraria a la OTAN.

Sin embargo, la decisión para el ingreso fue tomada en un momento en que aún no era así, y por un gobierno que en este punto concreto consiguió una confortable mayoría parlamentaria (189 votos) que incluía a los partidos nacionalistas y a la derecha. Todos los miembros de la OTAN, incluidos aquellos que tenían gobiernos socialistas situados muy a la izquierda, como Grecia, invitaron a España a pertenecer al Tratado. La integración estaba destinada a ser irreversible, aunque paradójicamente así se demostraría tan sólo en el momento en que llegaron al poder quienes más se habían opuesto a ella. La URSS protestó indignada por la decisión española en una nota que el gobierno se limitó a devolver sin polemizar respecto a su contenido.

Hacia el final de la transición. El cambio cultural

Las elecciones de octubre de 1982 pueden con justicia ser consideradas como el final de la transición. En un sentido estricto ésta tendría su momento último con la aprobación de la Constitución de 1978 o, si se quiere, dada la importancia de la cuestión autonómica, en el momento de la aprobación de los estatutos vasco y catalán. Pero en un sentido más laxo, el final de la transición habría que situarlo en aquella fecha no sólo porque en ella llegó al poder por vez primera un grupo político procedente de la oposición al franquismo sino porque, en realidad, las posibilidades de involución se habían disipado ya a la altura de 1982. Las encuestas inmediatamente posteriores al intento de golpe de Estado revelaron que el número de desafectos al sistema democrático, nunca muy alto, se había reducido a la mitad. Pero, además, el resultado de esas elecciones fue tan decisivo como para constituir una auténtico terremoto, cuya trascendencia fue tan grande que abrió el paso a una definición de la política española durante nada menos que una década. La condición trascendente de estas elecciones viene señalada no tanto por la victoria del PSOE como por su magnitud. En realidad, desde el otoño de 1981 el partido del gobierno era sólo el tercero en las preferencias de los españoles y en la campaña electoral se dio por supuesta la victoria de los socialistas.

Pero lo que permite calificar los resultados de auténtico terremoto es la magnitud de los cambios en el electorado y en el sistema de partidos. Diez millones de españoles —o. lo que es lo mismo, un 40% del electorado y la mitad de los votantes— modificaron su voto. El partido socialista obtuvo el 48% de los sufragios emitidos y 202 diputados, mientras que Alianza Popular y sus aliados, con cinco millones y medios de votos, llegaban tan sólo al 6% y UCD se derrumbaba desde el 35% a tan sólo el 7%, y el CDS apenas obtenía el 3% de los votos con dos escaños. Para completar este panorama, basta con señalar que los comunistas vieron su votación reducirse a la mitad (4%), mientras que los nacionalistas vascos y catalanes resistieron bien la marea socialista. Sin embargo, esas cifras no revelan la magnitud de la victoria de González. Ésta se aprecia mejor aún por la capacidad de conquistar el voto en segmentos inesperados del electorado y en antiguos votantes de partidos muy distintos. Más de un tercio de los católicos practicantes votaron socialista y también lo hicieron un tercio de los antiguos centristas, la mitad de los comunistas y gran parte de los que en elecciones anteriores habían depositado su voto a favor de la extrema izquierda. Por si fuera poco, Felipe González era puntuado en estos momentos con un 7,5 sobre 10, una valoración por completo infrecuente en la política europea. La derecha tenía la esperanza de haber conseguido un segundo puesto prometedor para convertirse en relevo inmediato, pero debía conquistar electorado hacia el centro y eso no parecía nada sencillo, dadas las circunstancias y la peculiaridad de su liderazgo.

La explicación de este voto reside mucho más que en la variación de las actitudes de fondo de los españoles en las circunstancias que precedieron a la victoria del PSOE. La autoubicación del electorado no cambió, o lo hizo tan sólo de un modo limitado, situándose un poco más a la izquierda. Pero el electorado estaba crecientemente irritado con un gobierno caracterizado por la desunión y la apariencia —más que la realidad— de debilidad frente a los intentos involucionistas. La divisa electoral socialista —«Por el cambio»— supo expresar muy bien el ansia de la mayor parte de los electores y además evitó que se profundizara acerca del contenido programático, en el que todavía quedaban restos de la anterior posición radical de los socialistas.

En suma, a la altura de octubre de 1982 se puede considerar concluida la transición. El balance de la misma, atendiendo a los términos comparativos que ya han sido señalados, únicamente puede ser calificado como positivo.

No sólo se fundó un orden constitucional basado en el consenso, sino que se trató de una experiencia histórica común en un país que ha estado caracterizado durante la mayor parte de su existencia por visiones contrapuestas acerca del pasado. Por si fuera poco, la transición española en el contexto de la tercera ola de las democratizaciones se convirtió en el modelo ejemplar, incluso canónico, y tuvo una repercusión muy constructiva no ya en Hispanoamérica sino también en la Europa del Este. En el caso de que sea preciso señalar inconvenientes de la misma, quizá haya que referirse a una cierta propensión a encorsetar el funcionamiento de las instituciones por temor a que se repitieran de alguna manera los peligros por los que pasó la democracia en los años treinta. Esta actitud tuvo su contrapartida en la escasa participación de los españoles a través de la vida asociativa. El «desencanto» y la actitud escéptica con relación a las instituciones han sido sus consecuencias finales.

Si en términos políticos puede decirse que la transición concluyó en 1982, es bueno recordar que no en todos los aspectos de la vida, en la fecha indicada, se había producido un cambio sustancial con respecto a la España de 1975. El cambio del ciclo económico no tuvo lugar sino en 1985 y los rasgos de una nueva sociedad, que cambia con mucha mayor lentitud, no pudieron percibirse en toda su magnitud sino a comienzos de los noventa. En cambio ha de señalarse que en los primeros años de la década de los ochenta se produjo el advenimiento de nuevas generaciones del mundo de la cultura en un contexto parcialmente nuevo y mucho más estimulante que en años precedentes.

En la fase final del franquismo puede decirse que existió una beligerancia manifiesta de importantes sectores culturales en contra del régimen, tanto en cine (Saura, Erice...) como en la literatura (Goytisolo, Marsé...). Aunque esta protesta no debe considerarse de carácter general, no cabe la menor duda de que la transformación del panorama político tuvo su repercusión ambiental en la creación cultural. Aunque durante la transición los intelectuales con vocación hacia la vida pública han seguido teniendo periódicas intervenciones, el apremio por los problemas de la vida pública ha ido disminuyendo al compás del asentamiento de las libertades. Así se ha podido hablar de la existencia de un «color de la democracia» en pintura, como si la democracia hubiera traído un cromatismo menos dramático que el precedente. También la literatura de compromiso ha perdido su vigencia y su aceptación mientras que, por el contrario, se recuperaba el gusto por la narración, la pulcritud formal, el humor o la literatura de carácter íntimo. En definitiva, en un plazo corto de tiempo pareció haber triunfado el arte por el arte sobre el compromiso. Hubo, a lo sumo, un recuerdo nostálgico o irónico del pasado comprometido —por ejemplo, en *Opera prima,* de Trueba— o un recurso a la literatura de grandes masas en la que permanecía el recuerdo de un cierto trasfondo político o social, como en las novelas protagonizadas por el policía Carvalho, de las que ha sido autor Vázquez Montalbán.

El camino hacia la plena libertad expresiva se recorrió en un plazo corto de tiempo pues, por ejemplo, en 1976 sólo hubo dos películas prohibidas, y aunque en años posteriores *El crimen de Cuenca,* de Pilar Miró, padeció graves dificultades, cabe atribuírselas a los tribunales militares más que a la decisión gubernamental. Algo parecido cabe decir de la labor de recuperación de aquella porción de la cultura española que, por razones políticas, había permanecido desconocida o había sido objeto de discriminación negativa. En general, puede decirse que esta labor se desarrolló en su mayor parte durante la etapa de gobierno de UCD. Fue en ella, por ejemplo, cuando regresaron conocidos intelectuales (Madariaga, Sánchez Albornoz...), cuando algunos de los mejores artistas —Chillida, Tapies...— recibieron los honores que tenían merecidos desde hacía tiempo, y cuando tuvo lugar la recuperación del *Guernica* y, en general, de la obra de Picasso. Pero la etapa de gobierno socialista concluyó esta tarea de recuperación tanto en este último punto como premiando a personalidades de relevancia que todavía no habían sido reconocidas de acuerdo con su valor objetivo (Alberti, Zambrano...).

Al mismo tiempo que se producía este proceso de recuperación, la cultura española elegía con gran frecuencia como motivos de inspiración los de carácter histórico. En realidad la preferencia muy marcada se decantó por la guerra civil más que por la época de Franco. Tanto en cine —*La vaquilla,* de García Berlanga (1984)— como en teatro —*Las bicicletas son para el verano,* de Fernán Gómez (1982)— o en novela —*La leyenda del César visionario,* de Umbral (1991)—, la utilización de la guerra civil como temática resulta obvia, pero si esta tendencia se interpreta de una forma laxa se puede incluir en ella la adaptación cinematográfica de algunas grandes novelas (*La colmena,* de Cela, o *Los santos inocentes,* de Delibes), el primer óscar del cine español (*Volver a empezar,* de Garci, de 1982) o la novela *Galíndez,* de Manuel Vázquez Montalbán. La figura de Franco también ha servido de motivo de inspiración literaria o cinematográfica, pero los resultados han sido mucho menos logrados. En realidad, la propia sociedad española durante el franquismo ha sido objeto de menor interés, aunque dio origen a la temprana, corrosiva y divertida película de García Berlanga *La escopeta nacional* (1977).

Finalmente, también en la etapa centrista se inició un fenómeno de popularización de la cultura que pueda considerarse como un acontecimiento irreversible de la vida española. Durante la transición política, en efecto, la cultura se convirtió en objeto de atracción reverencial, se le atribuyó una condición taumatúrgica y se creó un mercado de una envergadura que no existía hasta entonces. Algunas de las grandes exposiciones antológicas (Picasso, Dalí, Velázquez, Goya...) atrajeron a centenares de miles de espectadores. Los novelistas españoles de mayor éxito empezaron a vender de cincuenta mil a cien mil ejemplares. Ferias de arte contemporáneo, como ARCO, testimoniaron la existencia de un mercado hasta el momento ignorado. En un plazo corto de tiempo —una docena o una quincena de años— la oferta cultural de las grandes ciudades se hizo similar a la de las urbes europeas incluso en aquellos terrenos en los que resultaba más difícil esperarlo, como, por ejemplo, en música clásica. Como se ha producido al mismo tiempo una recuperación del entorno histórico de esas ciudades, se puede decir que ha tenido lugar un auténtico cambio en el modo de vida de los españoles.

La construcción de lo que podría denominarse como el Estado cultural —es decir, ese conjunto de normas legales, instituciones y estructuras capaces de ofrecer una oferta a la altura de la exigencia del público— tuvo sus balbuceos durante la época de UCD, pero la inestabilidad de la cartera de Cultura durante este periodo (un ministro cada cincuenta semanas) impidió que pasará de ser un proyecto. No obstante, en este terreno gran parte de lo realizado no puede ser atribuido a un partido, sino que ha existido una esencial continuidad. Durante el periodo de gobierno socialista, por ejemplo, se aprobó la Ley del Patrimonio Histórico (1985) y al mismo tiempo prosiguió la construcción de una amplia red de auditorios musicales, aspectos de la política cultural que tuvieron origen en la etapa precedente. Aunque la red de museos había empezado a renovarse en la etapa anterior, en la socialista, por ejemplo, se convirtieron en una realidad tanto el Museo y Centro de Arte Reina Sofía como la ubicación en España de la colección Thyssen-Bornemisza. Entidades regionales y locales promovieron instituciones parecidas, en especial dedicadas a la cultura contemporánea.

Problemas recientes de la cultura española derivan, en primer lugar, de la existencia de unos hábitos de consumo cultural peculiares que indican una preferencia por la cultura audiovisual frente a la lectura, menor que en otras latitudes, como por ejemplo en Francia o Inglaterra, como si se hubiera superado demasiado velozmente la cultura escrita. Por superiores que sean las tiradas en la actualidad con respecto a comienzos de siglo (en que era frecuente que grandes libros de nuestra cultura no imprimieran más allá de tres mil ejemplares), lo cierto es que el potencial del mercado español es muy superior a la realidad actual. Por otro lado, la cultura española, como la de cualquier otra latitud, tiene un aspecto industrial que no puede desdeñarse. Si el teatro es una actividad que padece un permanente déficit, la industria editorial y la cinematográfica en todas las latitudes han obtenido por parte del Estado un tratamiento preferencial que deriva de su condición cultural. El problema reside en hasta qué punto debe el Estado ayudar a estas industrias. La mayor polémica ha tenido lugar con respecto a la industria cinematográfica, pues si bien las subvenciones previas concedidas en la etapa de gobierno socialista fueron alabadas, es muy posible también que dieran lugar a errores y a motivos de crítica. Un último aspecto de la realidad cultural española de los últimos tiempos se refiere a la supuesta o real contradicción entre lo específico de cada región o nacionalidad o la tradición cultural común que la propia Constitución protege. En este terreno se ha producido en un plazo relativamente corto de tiempo un proceso original y netamente positivo de normalización lingüística. Al mismo tiempo, no cabe duda de que también la cultura ha sido utilizada como elemento diferenciador, y eso ha servido para producir un ensimismamiento que puede haber revestido aspectos contraproducentes. Esta tendencia además, ha ido en directa contradicción con lo que ha sido habitual en la creación cultural.

En lo que respecta a las últimas generaciones culturales aparecidas a partir de mediados de los años ochenta, es posible constatar determinados rasgos que tienen mucho que ver con la propia evolución de la sociedad española. Llama la atención, por ejemplo, la desaparición del mundo rural como medio en el que se desenvuelve la acción novelística o el surgimiento de una literatura de autoría femenina que corresponde al gusto del público lector y a la realidad de que son mujeres la mayoría de los lectores de novela. Pero también el cosmopolitismo, que es un rasgo de la creación cultural reciente y resulta muy superior al de cualquier otra época, tiene probablemente que ver con la realidad de la apertura de la sociedad española al mundo en su totalidad. Las referencias de los nuevos novelistas (Marías, Muñoz Molina...), pintores (Barceló, Sicilia...), directores de cine (Trueba, Almodóvar...) pueden tener un regusto castizo pero tan sólo circunstancial, pues lo habitual es que estén conectadas con la cultura contemporánea, en especial la anglosajona, o con las medios de expresión audiovisuales. Integrada en unos circuitos cada vez más amplios, la cultura española testimonia un vigor singular que es reconocido en otras latitudes.

El gobierno socialista (1982-1996)

La victoria electoral de los socialistas en las elecciones de octubre de 1982 supuso todo un cambio de etapa histórica. Significó, en efecto, un relevo generacional al frente de la vida pública y una ruptura con respecto al pasado en el sentido de que los más significados entre los dirigentes socialistas no habían tenido que ver con el régimen anterior, aunque tampoco la mayor parte de ellos desempeñaran un papel verdaderamente relevante en la oposición al régimen hasta la década de los setenta. Pero, además, la tarea de gobierno tuvo unos contenidos muy distintos respecto a los del pasado. En la etapa anterior lo esencial fue el proceso por el que se llegó a la democracia y cómo evitarle los peores peligros. Al tiempo que la victoria de los socialistas consolidó la democracia, se puede decir que permitió que la acción gubernamental trasladara su centro de gravedad desde lo estricta y esencialmente político a otros terrenos, como lo económico, la construcción del Estado de las Autonomías o la plena normalización de la política exterior. El gobierno de los socialistas debe identificarse, en definitiva, con la consolidación de la democracia, un periodo que se ha dado en todos los procesos de transición y que es aquel en que están ahora quienes pertenecieron, en la Europa del Este, al área socialista.

Los gobiernos socialistas y la oposición

La figura y la personalidad política de Felipe González están estrechamente unidas a este periodo de gobierno al que dan unidad y coherencia. Llegado a la dirección del partido con sólo treinta y dos años, tenía cuarenta cuando alcanzó la presidencia del Gobierno. Nacido en Sevilla y procedente más de medios católicos progresistas que de la izquierda tradicional, ejerció durante algunos años como abogado laboralista. Sus capacidades personales y su liderazgo en el seno de su partido habrían de convertirle con el transcurso del tiempo en uno de los más duraderos gobernantes europeos de su época, por delante de Margaret Thatcher y sólo por detrás de Helmuth Kohl. Gran orador, tanto en el Parlamento como en campaña electoral o ante los medios de comunicación, estuvo dotado siempre de una complementaria y envidiable capacidad pedagógica. Además, su ejercicio del liderazgo sobre su propio partido, conquistado en 1979, nunca fue controvertido en serio hasta la derrota electoral de 1996. No sólo fue siempre el mejor candidato de su partido sino que tuvo capacidad para estar por encima de las disputas internas y prudencia para no fomentarlas de forma innecesaria. Partía, como tantos otros políticos procedentes de la oposición, de una sobrecarga ideológica que además tenía un tono radical, pero sobre ella se superpuso un pragmatismo, dotado de buen sentido, que le hizo optar en las decisiones fundamentales por el reformismo moderado. Su tenacidad ante las adversidades era compatible con un cierto despego respecto del poder político, que puede haber querido abandonar en más de una ocasión. Con él la democracia española obtuvo el primer líder adaptado al quehacer democrático ordinario en tiempos de normalidad. Muy por debajo de la capacidad intelectual de Azaña, supo, mucho mejor que él, establecer el calendario y el contenido de una acción reformadora.

Como es lógico, las circunstancias eran ya muy distintas de las de los años treinta. Al margen de la distancia cronológica y relativa a las respectivas características de la vida española, deben citarse también dos factores que contribuyen a explicar la duración en el poder. En primer lugar, la propensión reformista de González, al margen del programa máximo del partido o incluso del redactado para la campaña electoral, se vio estimulada por el ejemplo de la rectificación en materia económica producida en Francia. Muy pronto se pudo percibir que su sintonía en Europa se dirigía más bien hacia el democristiano Kohl. Por otro lado, frente a otros periodos de predominio de la izquierda en la política española —como en tiempos de Canalejas o de Azaña—, no existió en este caso una fragilidad política del gobierno, sino que, por el contrario, no ha existido nunca en la Historia de España uno que, en una situación democrática, tuviera tanto poder, depositado por los ciudadanos en sus manos, como el de González. Su inexperiencia en la administración fue superada gracias a la incorporación al socialismo de una parte considerable de la burocracia estatal más joven y menos vinculada con el régimen pasado.

Dotado de una confortable mayoría parlamentaria, Felipe González pudo contar con gobiernos en los que dispuso de un equipo dirigente que permaneció relativamente estable. Durante toda la década de los ochenta le correspondió un papel decisivo en él a Alfonso Guerra, polémico personaje, de lenguaje desgarrado y tono radical, que pudo aparecer como un desdoblamiento de Felipe González destinado a complacer al sector más izquierdista pero que acabó por representar una tendencia antagónica, al menos en la expresión verbal. En cambio estuvieron mucho más en la línea del propio González Narcís Serra, ex alcalde de Barcelona, ministro de Defensa y sucesor en la vicepresidencia de Guerra, Javier Solana, que ocupó de forma sucesiva tres carteras, y Carlos Solchaga, el responsable de la política económica desde 1985 hasta 1993.

El primer gobierno socialista duró hasta el verano de 1985. Al margen de la política económica, de la que fue responsable Miguel Boyer y de cuyo contenido se tratará más adelante, de su obra de gobierno resulta interesante hacer mención de las reformas educativas, las cuestiones relativas a los derechos o política judicial y penitenciaria y a la lucha antiterrorista. La Ley de Reforma Universitaria —LRU— y Ley Orgánica del Derecho a la Educación —LODE— eran una exigencia desde la aprobación de la Constitución. La primera no hizo otra cosa que consolidar la situación existente e introducir la democratización de la institución sin peligrosos radicalismos. Mucho más positivas fueron la ampliación del presupuesto de investigación y de la plantilla del profesorado. La LODE despertó reticencias en la educación privada que no siempre resultaron justificadas. Por otro lado, el gobierno remitió a las Cortes una ley de aborto y modificaciones legales en materias como la ley de enjuiciamiento criminal, asilo, asistencia al detenido, Código Penal y *habeas corpus*. Las medidas eran generosas, pero alguna de ellas, como la liberación de los detenidos pendientes de juicio, se tradujo en la multiplicación de los delitos (un 36% más en 1983). En cuanto a la política antiterrorista, lo más positivo y decisivo fue el cambio de actitud de Francia que, a partir de 1984, dio crecientes facilidades para expulsar a presuntos terroristas y acabó aceptando extraditarlos hacia España. Se demuestra la magnitud del cambio de actitud teniendo en cuenta que a estas alturas los gobernantes franceses ignoraban incluso la existencia de un Parlamento vasco con amplísimas competencias. Pero junto a estos aspectos positivos, hubo otros que se demostraron muy negativos. La nueva legislación contra el terrorismo fue declarada anticonstitucional en apartados importantes y, además, apareció un antiterrorismo irregular (los Grupos Antiterroristas de Liberación o GAL) que utilizó procedimientos parecidos a los de ETA para eliminar a los supuestos o reales miembros de la organización en territorio francés. El más grave inconveniente de los GAL fue que prolongaron en un sector de la juventud vasca la sensación de que la lucha se planteaba en idénticos términos que en el franquismo. Si por el momento apenas existieron protestas en contra del GAL, en cambio fueron muchas las que despertó la expropiación de RUMASA, una empresa que exigía una intervención del Estado pero no este género de decisión gubernamental. En efecto, la intervención se hizo por decreto ley, y este hecho tuvo como consecuencia una posterior presión sobre el Tribunal Constitucional para que convalidara la medida, como de hecho hizo.

A lo largo de la década de los ochenta la opinión pública mantuvo un apoyo decidido al gobierno socialista, entre el 30% y el 40%, pero mayor fue la satisfacción con González, que estuvo entre el 46% y el 60% del electorado. Los resultados electorales ratificaron estos datos de las encuestas. En las elecciones de 1986 el PSOE todavía mantuvo setenta y nueve escaños de diferencia con respecto a la derecha. Los cambios en el gobierno precedieron a la convocatoria electoral: fueron sustituidos Boyer, que hubiera deseado mayor capacidad de dirección del equipo económico en su totalidad, y Morán, cuya política exterior resultaba demasiado a la izquierda para los gustos de González. No hubo cambio en la política económica y apenas en otros terrenos. Tras haberse mantenido conversaciones con ETA que resultaron un fracaso (1986), a partir de 1988 los partidos democráticos consiguieron pactar una actuación similar frente al terrorismo. Al mismo tiempo, la mejora de los presupuestos de justicia dio la posibilidad de solventar alguno de sus peores inconvenientes.

En las elecciones de 1989 todavía el partido socialista consiguió la mayoría absoluta, aunque no fuera más que por un solo escaño.

Un factor esencial para comprender la estabilidad política durante la etapa de gobierno socialista reside en la impotencia de la oposición. Animada por el hecho de haber sustituido y luego liquidado a UCD, Alianza Popular creyó que quedaba configurado un sistema bipartidista en que ella, en el siguiente turno, tendría el acceso al poder que en 1982 le había sido vedado. Cuando las encuestas demostraron que ese diagnóstico carecía de fundamento, aparecieron fórmulas alternativas como el Partido Reformista de Miguel Roca, o hizo su reaparición Adolfo Suárez con su Centro Democrático y Social. Por su parte el PCE, una vez que hubo liquidado el liderazgo de Carrillo, intentó una fórmula más amplia en Izquierda Unida, coalición de diferentes grupos de esta significación. Pero las elecciones de 1986 testimoniaron que, si el voto socialista descendía algo, era suficiente para renovar la mayoría absoluta. Los otros partidos se estancaban (Alianza Popular), no llegaban a nacer (Partido Reformista), suponían una efímera resurrección destinada a desvanecerse en la elección siguiente (Suárez) o permanecían por debajo de los resultados logrados en ocasiones anteriores (Izquierda Unida como sustitutivo del PCE).

La situación de la debilidad de la oposición política se prolongó hasta comienzos de la década de los noventa. Si a fines de los ochenta aparecieron muestras de malestar en contra del gobierno socialista, no tuvieron apenas repercusión en el Parlamento y menos aún en los resultados electorales de 1989. Aparte de alguna protesta estudiantil, el peso de la oposición se centró sobre todo en los sindicatos, incluida la UGT, de tradicional significación socialista. El liderazgo de Nicolás Redondo en ella testimonia la perduración de una actitud de confrontación, poco propicia a una socialdemocracia reformista, mientras que el de Camacho en Comisiones Obreras era coincidente y mucho más previsible. En 1987 Redondo y otros dirigentes sindicales abandonaron el Parlamento y en 1988 un primer intento gubernamental de liberalizar el mercado de trabajo a través de un programa de empleo juvenil concluyó en el estallido de una huelga general que obtuvo éxito total e influyó en el rumbo de la política económica. Pero los sindicatos no vertebraron una alternativa política, ni se adscribieron a las existentes, y en las elecciones de 1989 todavía a la izquierda del PSOE había menos votos que en los momentos de mayor votación comunista. A los sindicatos se unieron en la crítica algunos medios de comunicación, sin que esto supusiera tampoco un verdadero peligro para el PSOE.

En realidad, la alternativa al partido socialista no apareció de manera clara sino en la década de los noventa, y fue mucho más la consecuencia del propio transcurso del tiempo que de la originalidad de las iniciativas. Además, supuso también la existencia de un periodo intermedio en que fueron liquidados líderes imposibles o efímeros. En el caso de la derecha hubo incluso una grave crisis interna. En 1986 los malos resultados electorales motivaron la automarginación de los democristianos (PDP), que habían intentado atraer el voto centrista sin que la figura de Fraga les permitiera conseguir ese resultado. Fraga, que nunca había sido considerado por la propia derecha sociológica española como una alternativa viable, acabó retirándose de la vida pública, pero su relevo inicial (Antonio Hernández Mancha) resultó un pronto fracaso. Sólo en los noventa, con José María Aznar como dirigente mucho más juvenil y una reconversión que supuso el abandono de las viejas siglas para denominarse Partido Popular, la alternativa empezó a esbozarse en el horizonte. En el caso de Izquierda Unida el liderazgo intermedio estuvo personificado por Gerardo Iglesias, que se libró con dificultad del tutelaje de Carrillo y acabó cediendo el paso a Julio Anguita, el primer alcalde de capital de provincia —Córdoba— que había tenido el comunismo. También en este caso es preciso atribuir la recuperación del voto izquierdista ante todo al paso del tiempo y el desgaste del gobierno socialista, más que a méritos propios.

Un modo de consolidación democrática

En el momento en que el partido socialista llegó al poder existía una indudable ansia de estabilidad gubernamental y un juicio muy negativo acerca de UCD cuyas disputas internas parecían impedirla. Quizá hubo también un vago temor a que pudiera triunfar un proceso involucionista, pero todo hace pensar que este tipo de temor estaba injustificado a estas alturas. En realidad no hubo ya conspiraciones militares: se ha especulado sobre una intentona en torno a 1985, pero el mero hecho de que no haya dado lugar ni siquiera a un juicio parece probar que no llegó a fraguar. Mientras que la política militar del periodo precedente se basó en considerar como colaboradores del proceso democratizador a quienes, en el Ejército, permanecían pasivos aunque quejosos, ahora se optó por una disciplina que afectaba incluso a las declaraciones públicas de los altos mandos militares. Al mismo tiempo se iniciaba una tarea de modernización de las Fuerzas Armadas que fue responsabilidad principal de Narcís Serra durante sus años de presencia en el Ministerio de Defensa. Fruto de ella fueron disposiciones como la Ley Orgánica de la Defensa Nacional, la reforma del Código de Justicia Militar o la Ley de Fuerzas y Cuerpos de Seguridad del Estado, gestada ésta por el Ministerio del Interior. Los presupuestos militares crecieron algo en términos relativos hasta 1985, pero el cambio de la situación internacional a partir de esta fecha provocó su disminución desde ese año.

Los españoles habían votado democracia y estabilidad en 1982, pero el resultado de su voto tuvo unos efectos inesperados que no consistieron tan sólo en la consolidación de la democracia sino en que ésta revistiera determinadas características. Si hasta este momento el sistema de partidos se caracterizaba por el pluralismo (e incluso una cierta dificultad para que pudieran establecerse coaliciones permanentes) ahora, en cambio, quedó configurado un sistema de hegemonía de un partido que se prolongó, en la práctica, hasta 1993. Constituyó toda una sorpresa poco previsible dadas las características de la sociedad española y de la ley electoral. Como sabemos la debilidad de la oposición jugó un papel de primera importancia en todo ello.

La posesión del poder político en su totalidad durante un periodo muy prolongado de tiempo, por parte de quienes se atribuían una función modernizadora que afectaba a la entraña misma de la sociedad, tuvo como consecuencia asentar con solidez la democracia pero también que ésta tuviera un nivel de calidad poco exigente, porque faltaron los elementos de control, de moral cívica y de participación imprescindibles. Estos inconvenientes no se percibieron a lo largo de toda la década de los ochenta pero fueron especialmente graves durante ella. La hegemonía parlamentaria socialista tuvo como consecuencia indirecta un estilo de gobierno poco propicio a las críticas en que los dirigentes políticos no dudaron en utilizar atajos inaceptables para conseguir sus objetivos. En el fondo, tanto la expropiación de RUMASA, como la aparición de los GAL o como la Ley de Seguridad Ciudadana se explican en ese contexto. También la corrupción tiene una evidente relación con él y, en fin, el cinismo del ciudadano respecto de la vida pública fue su peor secuela. De alguna manera la oposición colaboró de modo indirecto en la existencia de esta democracia de baja calidad porque, aunque crítica respecto de quienes ocupaban el poder, buena parte de sus comportamientos —en relación con la financiación de los partidos, por ejemplo— no fueron tan distintos.

Pero existieron, en cambio, responsabilidades muy tempranas de los socialistas, modificando el inicial equilibrio institucional previsto en la Constitución. De acuerdo con ella, determinadas instituciones como el Tribunal Constitucional o el Consejo General del Poder Judicial no sólo se caracterizaban por su autonomía respecto del Parlamento sino que en su composición mantenían el requisito del consenso o determinadas salvaguardias, como la elección por los propios jueces de una parte los miembros del segundo. Con la situación de hegemonía parlamentaria del PSOE, para el nombramiento de los miembros de esos organismos resultó mucho menos necesario el consenso con lo que se convirtieron, además, en mucho más influibles desde el Ejecutivo. En el verano de 1985 se aprobó una nueva composición del Consejo General del Poder Judicial que hizo depender el nombramiento de sus vocales tan sólo del Parlamento. A su vez, ese cambio se trasladó al Tribunal Constitucional y se dificultó el recurso ante él acerca de las leyes votadas en Cortes, como había hecho con notoria desmesura la derecha. Instituciones como la Fiscalía General del Estado acabaron por convertirse en un apéndice sumiso del Ejecutivo, mientras que la Justicia padecía de insuficiencias materiales agobiantes. El Parlamento dejó de ser un instrumento de control del Ejecutivo al resultar prácticamente imposible la constitución de comisiones parlamentarias de investigación. No se llevó a cabo una auténtica reforma de la Administración pública. En la práctica, como se habría de descubrir con el transcurso del tiempo, el control de su empleo de los recursos públicos disminuyó. Los mayores fraudes respecto de la financiación de los partidos políticos se produjeron inmediatamente después de que la legislación hubiera sido modificada para incrementar las cantidades destinadas a ellos.

En un terreno más constructivo, durante la etapa de gestión de los socialistas en el poder tuvo lugar la conversión en una realidad del título VIII de la Constitución, cuyo contenido concreto estaba por precisar todavía, mientras que los repetidos intentos de ordenar el proceso autonómico habían fracasado por el momento de manera completa y total. Hasta 1981 tan sólo se habían aprobado cinco estatutos de Autonomía, pero en 1982-1983 se pusieron en funcionamiento otros doce; hubo que esperar hasta bien entrada la década de los noventa para que los estatutos de Ceuta y Melilla fueran definitivamente puestos en marcha. En agosto de 1983 la controvertida LOAPA fue declarada inconstitucional en una porción decisiva por el Tribunal Constitucional y de este modo quedó descartado cualquier tipo de «reconducción» del proceso autonómico. El alto tribunal se atribuyó a sí mismo la potestad de realizar lo que a los políticos les había sido vedado, pero por ese procedimiento existió, al menos, un principio de ordenación de todo el proceso autonómico. De este modo hubo también una instancia capaz de enfrentarse con la tradición centralista de la Administración española. Con el transcurso del tiempo, pero con una rapidez que era difícil de predecir, aunque sin que todavía haya quedado perfilada de forma definitiva la organización territorial del Estado, se ha producido un grado de descentralización muy considerable, que incluso puede compararse con ventaja con la que disfrutan otros países que se definen como federales.

Desde el punto de vista del gobierno central, la construcción del Estado de las Autonomías ha exigido la aprobación de determinadas disposiciones de carácter general. La primera de ellas tuvo como consecuencia la aprobación del llamado Fondo de Compensación Interterritorial (1984), destinado a establecerla con carácter económico para aquellas regiones peor dotadas de recursos. También han existido otras disposiciones legislativas de carácter orgánico, motivadas por el deseo de resolver los problemas de la financiación autonómica (Ley Orgánica de Financiación de las Comunidades Autónomas). Aunque sin pretender en ningún caso una reconducción del proceso, los dos partidos más importantes no han tenido inconveniente en establecer acuerdos destinados a elevar el techo competencial de las comunidades autónomas a niveles semejantes para todas ellas (1992). Éste fue uno de los escasos ejemplos de cooperación entre el poder y la oposición a lo largo del periodo. Como se ve —y quedará definitivamente comprobado más adelante— las dos cuestiones más decisivas respecto de la organización territorial del Estado en España son las que se refieren a la financiación y al nivel de competencias.

Pero con ello recalcamos de forma especial lo que falta para completar el proceso y no aquello en que ha consistido el mismo. Vista la cuestión desde las propias comunidades autónomas, éstas han recibido un poder político y unos recursos económicos que, en un plazo corto de tiempo, han convertido a España en uno de los países más descentralizados del mundo. A la altura de comienzos de la década de los noventa unos 432.000 funcionarios habían sido transferidos a las comunidades. Sus parlamentos habían realizado una tarea legislativa propia, en ocasiones de una importante envergadura, en especial en el caso de Cataluña y Navarra. Pero el aspecto donde de forma más clara se percibe la transformación de la organización territorial del Estado es en lo que respecta a la descentralización del gasto. Mientras que el 90% era administrado a comienzos de la década de los setenta por el Estado central (y el resto por ayuntamientos y diputaciones), a comienzos de los noventa esta cifra se había reducido a menos de los dos tercios del total. A la altura de 1992 las comunidades autónomas administraban el 25% del gasto público. Hay que tener en cuenta, además, que desde un principio han tenido una ilimitada capacidad de endeudarse. En la actualidad la deuda pública de las comunidades supera el billón de pesetas. El problema más grave que se plantea con este género de deuda se refiere no tanto al caso de comunidades muy endeudadas pero con recursos —Cataluña— sino a aquellas otras en que estos últimos resultan más limitados —Cantabria.

Toda esta transformación de la organización territorial española se ha realizado en ocasiones con un elevado grado de enfrentamiento, del que resulta un buen testimonio los conflictos de competencias planteados por las autoridades de las regiones y nacionalidades ante el Tribunal Constitucional, principalmente por parte de Cataluña. Al máximo de esos conflictos se llegó al final del primer gobierno socialista (en 1985), mientras que a partir de los años noventa la cifra ha disminuido de forma considerable. Éste ha sido el procedimiento a través del cual se ha producido la transformación del Estado español, en la que el alto tribunal ha desempeñado un papel crucial.

Sin embargo, hasta el momento presente no se puede decir que el proceso de implantación de una nueva manera de organizar España como Estado de las Autonomías dé la sensación de estar concluido, ni tampoco parece que vaya a estarlo en un plazo corto de tiempo, ni aun que se adivine el rumbo definitivo que hay que seguir para lograrlo. La razón estriba en el procedimiento que se ha seguido para plantear y resolver un problema que en un momento inicial no estaba generalizado, pero al que se dio una respuesta de estas características. La metáfora que se ha empleado a este respecto es la de la liebre y la tortuga. En el periodo de la transición se quiso en principio dar respuesta a las peticiones de determinadas regiones y nacionalidades, pero cuando éstas llegaron a un determinado nivel de competencias estimularon y atrajeron hacia él al resto de las comunidades autónomas. Pero, a su vez, eso tiene como consecuencia la imposibilidad de que quede satisfecha la voluntad de esas primeras nacionalidades respecto de su propio hecho diferencial. De este modo, se estimula el «hecho diferencial» que encuentra su desembocadura en la reivindicación genérica del «derecho de autodeterminación», en la reclamación del «federalismo» o, de forma más complicada y técnica, en la reivindicación de una cierta «asimetría» en el tratamiento de estas regiones o nacionalidades. Pero todo ello resulta difícil de aceptar por parte del resto de comunidades autónomas, algunas de las cuales han llegado incluso a reivindicar para sí la condición de «nacionalidad».

El ritmo de la vida política y social española se ha adecuado al de sus regiones o nacionalidades, por lo que resulta imprescindible una breve referencia a ellas y a alguno de sus problemas esenciales. En general se puede decir que los gobiernos regionales españoles han respondido a cuatro modelos políticos.

Comunidades de predominio hegemónico de la izquierda han sido Andalucía, Castilla-La Mancha y Extremadura, la primera con periódica —y poco influyente— presencia del nacionalismo, a las que se deben sumar Asturias, Murcia y Valencia hasta 1995. En cuanto a las comunidades de hegemonía de la derecha han sido Baleares, Cantabria y Castilla-León, con tan sólo una excepción temporal en esta última. Un caso muy especial dentro de este grupo está constituido por Galicia, en donde el carácter conservador del nacionalismo ha llegado a producir la subsunción de éste en el seno del partido conservador, al menos hasta 1997. El tercer grupo está constituido por aquellas comunidades en las que existen movimientos regionalistas o nacionalistas que se han convertido en un factor crucial para la estabilidad gubernamental, decantándose la mayoría de las ocasiones hacia el centro-derecha: Canarias, Aragón, Navarra y La Rioja. En todas estas regiones existe un comportamiento diferencial en el momento de las consultas electorales, de modo que en las elecciones regionales se vota proporcionalmente más al grupo regionalista que a los partidos nacionales.

Precisamente en esto reside la diferencia con aquellas comunidades en las que el gobierno ha residido principal o exclusivamente en un grupo nacionalista. Lo que caracteriza a la política vasca es una extremada fragmentación, la presencia del terrorismo y el declive industrial. A pesar de la primera, el PNV ha estado siempre al frente de la presidencia del Ejecutivo, incluso gobernando con aquel grupo político que era una escisión suya (Eusko Alkartasuna). En cuanto al terrorismo, lo característico de este fenómeno es el lentísimo proceso de erradicación, incluso cuando ya no estuvo en condiciones de afectar a la estabilidad misma de la democracia. Cuando los socialistas llegaron al poder el número de muertos que el terrorismo de ETA producía se situaba en torno a unas cuarenta personas al año. Sólo a partir de 1986 tuvo lugar la disminución del voto a Herri Batasuna. A fines de la etapa socialista el número de muertos por acciones terroristas se situaba en torno a una decena aproximadamente. Pero quizá el problema más grave del País Vasco no sea exactamente ése sino una profunda crisis industrial que arroja al paro a la mitad de la población juvenil y que, por tanto, proporciona potenciales protestatarios. En la normalización del eusquera se avanza con lentitud, hasta el extremo de que sólo lo habla una cuarta parte de la población aunque los resultados son mucho mejores en la población en edad escolar, de la que la mitad es bilingüe.

En Cataluña el principal grupo nacionalista (Convergencia i Unió) lleva en el poder desde 1980, la mayor parte del tiempo sin la colaboración de otros grupos. Se trata de una sociedad mucho menos fragmentada en la que la conciencia nacional está desarrollada en la totalidad de los grupos políticos. Ya en los años noventa se ha producido una cierta controversia con relación a la Ley de Normalización Lingüística, pero más por parte del resto España que en el seno de la misma sociedad catalana. Aunque a comienzos de los ochenta tres cuartas partes de los maestros eran castellanoparlantes no se ha producido un auténtico conflicto, incluso en el momento de la llamada «inmersión lingüística», que presupone que en los primeros escalones de la enseñanza toda la educación se imparte en catalán. Al comienzo de la etapa socialista hubo conflictividad entre el gobierno regional y el estatal, pero quizá los mayores problemas de la vida pública catalana radiquen sobre todo en una cierta esclerosis provocada por un gobierno monocolor tan duradero, presidido por Jordi Pujol, y, sobre todo, por la peculiaridad de la situación del catalanismo en la política española desde 1993, que le convierte en bisagra para cualquier gobierno nacional cuando en el Parlamento no existe una mayoría absoluta. En tal situación, al permanecer el catalanismo fuera del poder pero como aliado del Gobierno, se le reprocha guiarse por intereses materiales, por mucho que su acción haya sido fundamentalmente estabilizadora. Una situación como la descrita puede tener consecuencias en el futuro.

La política económica y sus consecuencias sociales

En el momento de la llegada de los socialistas al poder la situación económica parecía tan lamentable como se ha señalado ya en páginas anteriores. El segundo impacto de la crisis de la energía se había solapado sobre el primero sin que las condiciones políticas hubieran permitido responder a la situación existente con una política coherente y duradera. Mientras que la inversión retrocedía, el desempleo caminaba por encima del 15%, el déficit superaba el 5% del PIB, la balanza exterior arrojaba un grave resultado negativo y el crecimiento permanecía en unos niveles inferiores al 1%. El ajuste industrial y energético permanecían pendientes. Por si fuera poco, las perspectivas de futuro estaban también entenebrecidas por el hecho de que el propio PSOE llegó al poder con un programa electoral que era la antítesis de la ortodoxia económica. La promesa de crear ochocientos mil puestos de trabajo mediante inversión pública directa y empleo creado por la Administración no podía tener otro resultado que el experimentado en Francia con una política semejante, es decir, la devaluación de la moneda y la inflación.

Sin embargo, esa política no se llevó a cabo ni parece haber estado siquiera en el horizonte de los propósitos gubernamentales, con lo que sólo se le puede atribuir a quienes la defendieron irresponsabilidad por la consciente exageración de unas promesas que ni siquiera eran necesarias porque sin ellas el PSOE podía llegar al poder. En realidad los ejecutores de la política económica fueron técnicos situados en el sector más templado de la socialdemocracia, como por ejemplo Miguel Boyer, que había iniciado la transición en el centrismo, y Carlos Solchaga, quien había defendido públicamente una contención de los salarios para superar la crisis. Ambos, además, habían sido defensores de los Pactos de la Moncloa frente a otros socialistas. En el fondo, la política económica seguida por los gestores socialistas fue una continuación de la anterior. Si los males de la economía española tuvieron como consecuencia que no se aprovechara la recuperación del ciclo sino con bastante tardanza, al menos la estabilidad política permitió desarrollar un plan coherente que hasta entonces había resultado imposible.

La primera fase de la política económica socialista, protagonizada por Boyer, consistió en realidad en una operación clásica de ajuste con su componente de saneamiento reducido a unas proporciones modestas. La prioridad esencial de la política económica se dirigió a la reducción de la inflación, que descendió del 14% al 8% desde 1982 a 1985 y seguiría bajando con el transcurso del tiempo en un cambio espectacular para lo que había sido la tradición de la economía española. El ajuste se llevó a cabo a costa del empleo, de tal modo que la tasa de paro alcanzó el 22%. Por lo tanto, no sólo no se cumplieron las previsiones en lo que respecta a la creación de puestos de trabajo sino que probablemente se destruyó un número de empleos semejante (seiscientos mil) al que se había proclamado en el programa electoral que se crearían. Particularmente afectadas resultaron la industria textil y la siderometalurgia. En contrapartida, la aparente modestia del programa de política económica acabaría por tener resultados positivos a medio plazo. El desequilibrio exterior se había enderezado ya en 1984 y pudo iniciarse la reconversión, aunque de momento afectó a un reducido número de trabajadores. El Plan Energético estableció unas pautas que debían haber sido elaboradas antes y no supuso otra cosa que la nacionalización de la red de alta tensión, con lo que su impacto real sobre la propiedad de la industria española fue modestísimo. La expropiación de RUMASA, en cambio, fue una operación técnicamente incompetente y de dudosa constitucionalidad en el decreto-ley a través del que se instrumentó. Es muy posible que sólo beneficiara a algunos intereses privados cuando una intervención del *holding* hubiera bastado para solucionar los problemas creados por sus gestores.

Los efectos de esa política económica acabaron, sin embargo, percibiéndose con el transcurso del tiempo. A partir de 1987, con una cierta tardanza con respecto al resto de los países europeos, se produjo el cambio de sentido del ciclo y la economía española creció a un ritmo anual del 5%, un porcentaje muy alto, superior en uno o dos puntos a la media de los países europeos. Sin ese crecimiento no hubiera sido imaginable poner en marcha un Estado de bienestar, como veremos que se hizo en este periodo. Lo cierto es, sin embargo, que al Gobierno no siempre le acompañó el éxito, pero sí lo consiguió en algunos terrenos. Ya en los noventa la inflación empezó a situarse por debajo del 6% una cifra hasta entonces poco frecuente en la economía española. Eso suponía una ruptura en su habitual comportamiento que ha resultado ya irreversible. En cambio, el problema del paro no sólo no fue resuelto sino que reapareció con toda su crudeza con el transcurso del tiempo. El número de trabajadores ocupados pasó de unos once millones a doce y medio a comienzos de los noventa, pero cuando la situación económica empeoró volvió a subir, llegando incluso a un porcentaje inédito, nada menos que el 24%. El paro sigue constituyendo la principal diferencia entre la economía española y la europea, hasta el punto de que si no existiera la renta *per cápita* se aproximaría el 90% de la media en Europa, cuando en realidad está 10 puntos por debajo.

A partir de comienzos de los noventa se percibieron las limitaciones de la gestión socialista de la economía. Una peseta fuerte y unos tipos de interés muy altos estimularon la presencia de capitales extranjeros que crearon una euforia, en gran parte especulativa pero que resultaba inevitable porque nacía de la globalización de la economía mundial. Pero lo peor para la marcha de la economía fue el hecho de que a finales de los ochenta la principal oposición al Gobierno fuera la sindical, mucho más que la política. Los sindicatos españoles han sido desde el comienzo de la transición unos sindicatos volcados a la concertación, pero que muy pronto quedaron reducidos a la representación ante los patronos contando con tan sólo la afiliación de una proporción pequeña de la clase trabajadora. La tendencia hacia la concertación se ha mantenido desde los Pactos de la Moncloa porque los patronos han tratado de multiplicar su legitimidad y los líderes sindicales el reconocimiento de su papel, pese a la escasa afiliación. Sin embargo, como ya sabemos, a fines de 1988, el intento del Gobierno de introducir un Plan de Empleo Juvenil tuvo como consecuencia una protesta que se liquidó con importantes cesiones por parte del Ejecutivo. Desde 1989 a 1992 casi duplicaron los fondos destinados a cubrir el desempleo, en un momento en que cambiaba el ciclo económico. En 1993 el déficit del Estado era superior al 6% en cifras de PIB, mientras que cinco años antes se situaba en un poco más de la mitad. La responsabilidad de ello no puede ser atribuida tan sólo a las concesiones a los sindicatos, sino también a una cierta megalomanía a la hora de las conmemoraciones de 1992 y a la deficiente ejecución de la política presupuestaria. Mientras tanto, si la liberalización de la economía española había avanzado un tanto, no podía decirse lo mismo respecto del mercado de trabajo. En el último periodo gubernamental socialista, tras las elecciones de 1993, Pedro Solbes, responsable principal de la política económica, consiguió encauzar un ajuste cuyos efectos, sin embargo, no aparecerían de manera clara hasta la etapa posterior. El fracaso del intento de huelga en 1994 contribuyó de forma poderosa a ello.

A la hora de establecer un balance de la gestión socialista en materia económica es preciso empezar por señalar que de ella se extraen a la vez indicios de profundo cambio y de estabilidad. El primero se aprecia, por ejemplo, en lo relativo al grado de apertura de la economía hacia el exterior, fenómeno que resultaba impredecible hace algunos años y que se ha convertido en una realidad palpable en todas las latitudes. Su consecuencia ha sido, por ejemplo, que sectores industriales cruciales en otro tiempo han perdido su papel relevante en la economía española, que se ha integrado como nunca en la mundial. En 1994, por ejemplo, la mitad de los vehículos matriculados en España había sido producida en el extranjero, mientras que la producción de vehículos para la exportación se había duplicado.

Otro cambio espectacular se refiere al papel del Estado en la vida económica. Entre 1980 y 1993 el papel del gasto público en términos del PIB pasó del 33% al 49%, merced principalmente al crecimiento de los impuestos directos. El impacto creado por la presión fiscal ha sido tanto más relevante cuanto que se ha producido en un plazo de tiempo reducido en términos comparativos con otros países. Este incremento del gasto ha estado dirigido a fines sociales, como la creación de un Estado de bienestar. En 1980 España era, junto a Grecia, el país más retrasado de Europa en lo que respecta a esta materia, en que su nivel estaba diez puntos por debajo de la media europea; al final de la década el porcentaje se había reducido a tan sólo seis. La gran trasformación producida en el gasto público se refiere de forma principal a la Educación, apartado que pasó de representar el 2,8% del PIB al 4,7%. Aunque en esta materia el impulso inicial data de la época de la transición, no cabe la menor duda de que los gobiernos socialistas lo han prolongado y profundizado. La escolaridad se prolongó hasta los 16 años, se crearon un millón y medio de nuevos puestos escolares y también fue ampliado de manera considerable el número de becarios. En segundo lugar, la Sanidad pública se generalizó a la totalidad de la población española y, en fin, la Seguridad Social no sólo amplió de manera muy considerable el número de sus beneficiarios (en 24 meses pasaron a percibir el seguro del 49% al 70% de los inscritos en las oficinas del Instituto Nacional de Empleo), sino que se actuó sobre los sectores más desfavorecidos mediante procedimientos especiales (pensiones no contributivas). También en este caso la brusquedad del proceso de cambio producido contribuye a explicar una parte de las críticas que este Estado de bienestar ha recibido. La mayor parte de ellas se refieren no tanto a él en sí, como a ciertas disfuncionalidades y desigualdades que existen en su seno y al problema de las pensiones, que se plantea como grave a medio y largo plazo teniendo en cuenta el envejecimiento de la población. El incremento de la igualdad en el seno de la sociedad española ha sido relativamente escaso durante esta etapa en comparación con el final de los años setenta, afectando tan sólo a un 1% de la riqueza total.

Pero los testimonios de estabilidad se pueden apreciar también en la distancia existente entre la renta *per cápita* española y la media de la europea. A pesar de que durante los mejores años de la etapa de gobierno socialista el crecimiento ha estado por encima de la media europea, en 1990 la renta *per cápita* española era el 80% de esa media europea, porcentaje que es idéntico a aquel que existía en 1975. Cuando los socialistas españoles llegaron al poder, la cifra que medía esa distancia era el 75%. Esos cinco puntos de diferencia ponen de manifiesto el predominio de la política sobre la economía en los años de la transición, en los que la respuesta a la crisis debió quedar dilatada ante la urgencia de cambiar el régimen político.

La normalización exterior

Constituye toda una paradoja el hecho de que una palanca que había sido utilizada por el PSOE para conseguir su acceso al poder —la oposición a la OTAN— se convirtiera con el transcurso del tiempo en la prueba más evidente de la definitiva homologación de España en el escenario internacional que le era más propio. El camino hasta llegar a este resultado fue, sin embargo, complicado, problemático y largo. En efecto, la primera medida de gobierno de los socialistas, acogida con entusiasmo, fue no integrarse en la estructura militar de la OTAN. A lo largo de 1983 las señales emitidas desde el gobierno fueron contradictorias. Si González pronto fue consciente, por su contacto con el resto de los dirigentes europeos, de hasta qué punto contrastaba su postura con la de ellos y se alineó con los alemanes en el despliegue de los misiles defensivos, Guerra y otros ministros expresaron su deseo de que España abandonara la OTAN mientras que casi la mitad de la opinión coincidía con esta última postura. Sólo a fines de 1984, sin embargo, llegó a identificarse de forma total el deseo de pertenecer a la Comunidad Europea y la pertenencia a la OTAN. En octubre, González enunció un decálogo sobre las necesidades defensivas de España que en la práctica ligaba estas dos realidades. A estas alturas se había hecho bien patente la falta de sintonía entre el presidente del Gobierno y el ministro de Asuntos Exteriores, situado más a la izquierda. Durante la etapa en que estuvo en el puesto, se produjeron algunos cambios de importancia en la política exterior española. Se anudó, por ejemplo, una mejor relación con Francia, que hizo posible la cooperación en materia antiterrorista desde 1983, y se levantaron las restricciones al tráfico con Gibraltar a partir de finales de 1982, sin que esta decisión supusiera ningún cambio sustancial en el contencioso hispanobritánico.

Mucho más importante que eso fue el avance en la negociación con la Comunidad Económica Europea. En realidad, lo fundamental era tan sólo la determinación del plazo de adaptación de la economía española, pues no sólo la presencia española en Europa se daba por descartada sino que desde 1983 España mantuvo contactos bilaterales para acelerar su ingreso con algunas de las más importantes potencias europeas, empezando por Francia. Finalmente se llegó a un acuerdo en junio de 1985 que entró en vigor a comienzos del año siguiente. España se convirtió entonces en «un fragmento de una superpotencia» de modo que tanto su economía como su propia política exterior adquirieron un rumbo nuevo y muy claro. En 1985 el porcentaje de la exportación española dirigida a Europa era el 55% pero en 1987 llegaba al 63% y en 1992 al 71%. Tras el ingreso en la Comunidad Económica Europea en la segunda década de los ochenta unos ochenta mil millones de dólares de inversión extranjera llegaron a España y contribuyen a explicar la prosperidad económica de esta etapa. En lo político, nuestro país recibió dos puestos en la Comisión Europea y sesenta eurodiputados. Una vez en Europa, España desde muy pronto se alineó de manera clara con los países más integracionistas. La embajada española en Bruselas se convirtió en el instrumento más importante y nutrido de personal de la diplomacia española. Ésta insistió en una visión unitaria de Europa, basada en una ciudadanía común, y nunca mantuvo una posición discrepante en nada esencial (como fue el caso de los socialistas griegos). En 1989, por vez primera, España ejerció la presidencia rotatoria de la Comunidad. Dos años después, cuando se avanzó en la construcción de la Unión Europea en el tratado de Maastricht, el Gobierno español contribuyó a ella con la propuesta de creación de unos «fondos de cohesión» destinados a beneficiar a los países menos desarrollados, entre otros ella misma. El tratado fue aprobado con una enorme mayoría en el Parlamento español, y ese entusiasmo europeísta no disminuyó por el momento, a pesar de los problemas planteados por el creciente progreso de integración en determinados sectores económicos.

Pero volvamos al orden cronológico. Tan sólo un mes después después de la firma del acta de adhesión a la CEE, González prescindió de Morán y lo sustituyó por Francisco Fernández Ordóñez quien, como antiguo centrista, parecía más oportuno para liderar el inmediato giro en la política exterior. El 12 de marzo de 1986 tuvo lugar el prometido referéndum sobre la pertenencia a la OTAN, que el propio González consideró como uno de los más graves errores de su etapa en la presidencia. Lejos de plantear la cuestión genérica de la necesidad de defensa integrada de los países democráticos contra la amenaza exterior, la pregunta incluyó la enunciación de una serie de condiciones para la permanencia española, como estar al margen de la estructura militar de la organización, la prohibición de instalar armas atómicas en el territorio nacional y, en fin, la reducción progresiva de la presencia militar estadounidense. Todos los partidos quedaron descolocados ante el referéndum, pues si el PSOE se desdecía, la derecha proclamó la abstención. El resultado estuvo en peligro hasta el último momento, pero al final resultó satisfactorio para el mantenimiento del *statu quo*. Votó el 60% y de él sólo el 52% lo hizo de forma positiva frente a un 40% en sentido negativo y 6,5% en blanco. En la práctica España fue un miembro más de una alianza que perdió su sentido originario a partir del momento en que se inició el proceso de cambio en la Unión Soviética. Desde 1986 hasta 1988, el Gobierno negoció la retirada de unidades de aviación estadounidenses de España, punto en el que consiguió un resultado satisfactorio. Los acuerdos definitivos para la coordinación con la OTAN se produjeron en 1989. España llegó pues al final de su etapa constituyente en el seno de la defensa occidental en el año mismo en que se derrumbaba el muro de Berlín. Sobre el cambio producido como consecuencia de este acontecimiento la política española permaneció tan interesada y desconcertada como el resto de los países europeos. González, por ejemplo, pretendió el mantenimiento de la unidad de la antigua URSS hasta que resultó ya una evidencia que eso era imposible. Sin embargo, su estrecha relación con Kohl le hizo comprender mejor la necesidad de aprovechar la ocasión para una inmediata reunificación alemana.

Concluida con la década de los ochenta la homologación de España con el resto de los países democráticos europeos, a lo largo de la segunda mitad de la década y ya en los noventa ha podido desarrollar un papel de importancia en el escenario internacional. El responsable más directo de ello fue Javier Solana desde junio de 1992, cuando la enfermedad obligó a Fernández Ordóñez a abandonar el puesto. La sintonía con el resto de los países europeos pudo apreciarse con ocasión de la invasión de Kuwait por parte de Irak, a comienzos de 1991. Aunque España no envió tropas a la primera línea de combate, no tuvo inconveniente en que barcos suyos participaran en el bloqueo marítimo del agresor, pero, sobre todo, su papel más importante radicó en convertirse en una base para la actuación de los estadounidenses (el 35% del material pasó por España de camino hacia Oriente Próximo). Una confortable mayoría de los españoles apoyó al gobierno en su actuación, lo que no impidió que Madrid fuera elegida luego como sede para la iniciación de las negociaciones de paz entre israelíes y palestinos. El Gobierno había reconocido a Israel en 1986, completando con ello su homologación con los países occidentales.

Otro aspecto del protagonismo de España en los medios internacionales nace de su colaboración en operaciones de control y de preservación de la paz. España, que es el noveno contribuyente económico de la ONU, ha enviado oficiales y tropas desde 1988 a algunos de los lugares más conflictivos del mundo como, por ejemplo Namibia, Angola, Haití, Nicaragua, El Salvador o Yugoslavia. La ayuda al desarrollo se duplicó a lo largo de la década de los ochenta, aunque no superara el 0,2%. El Instituto Cervantes ha contribuido a dar a conocer la cultura española en todo el mundo. Mientras tanto, un número creciente de españoles de muy diversas significaciones políticas desempeña un papel importante en organismos internacionales, desde la presidencia del Parlamento Europeo a la dirección de la Unesco, desde el Comité Olímpico Internacional a la secretaría general de la OTAN. La relevancia mundial de la transición democrática española ha contribuido, con independencia de méritos personales, a ello.

Merece la pena hacer una breve referencia a dos regiones del mundo en que España ha desempeñado un papel creciente por razones derivadas de la tradición cultural o de la situación geográfica pero a los que se han sumado últimamente otros. En Hispanoamérica la transición ha servido a la vez como ejemplo positivo y como instrumento para ejercer una influencia en otros terrenos. De interés especial para los gobernantes españoles ha sido el avance democratizador en el cono sur y Centroamérica. En ambos casos España —no sólo el Gobierno, sino también el conjunto de las fuerzas políticas— ha podido jugar un papel estabilizador interviniendo en las negociaciones entre las fuerzas partidistas o aportando ayuda material y humana. Desde 1991 tienen lugar las cumbres de jefes de Estado y presidentes iberoamericanos, en las que el Rey juega un papel muy significativo. La relevancia de España se ha multiplicado en Iberoamérica gracias a las importantes inversiones económicas, en un principio protagonizadas por empresas públicas y, desde la década de los noventa, por bancos privados. Se han dirigido principalmente a México y Argentina y han supuesto un sustancial cambio en el modo de influencia de España al otro lado del Atlántico. En cuanto al Magreb, España no ha llegado ni remotamente a representar lo que Francia, pero constituye un área de especial interés con la que la conflictividad ha disminuido en gran medida debido al ingreso en la Unión Europea. Sólo el 7% de la exportación española se dirige hacia el Magreb, pero de él España obtiene gran parte de sus importaciones de superfosfatos (Marruecos) o de gas natural (Argelia). En el caso del primer país, los conflictos pesqueros y los relativos a Ceuta y Melilla se atenuaron a partir del momento citado. España, en la práctica, se ha convertido en un gestor de los intereses marroquíes ante Europa, y Marruecos, al mismo tiempo, ha renunciado a reivindicar las dos plazas españolas hasta el momento en que quede resuelta la cuestión de Gibraltar. Con Argelia las relaciones empeoraron como consecuencia del debate en torno a los precios del gas, pero finalmente se llegó a una solución satisfactoria para ambas partes. El fundamentalismo la ha convertido, sin embargo, en una grave peligro potencial en la inmediata proximidad de nuestro país.

España al final de la etapa de gobierno socialista

El momento en que empezó el desmoronamiento del apoyo popular conseguido por el partido socialista se puede detectar de forma muy precisa porque coincide con la aparición de una serie de escándalos políticos. Éstos empezaron en los momentos inmediatamente anteriores a las elecciones de 1989 y se fueron agravando con el transcurso del tiempo. Resulta una injusticia atribuir a la totalidad de los socialistas aquello de lo que fueron responsables sólo una parte ínfima pero, al mismo tiempo, no cabe la menor duda de que el exceso de pragmatismo, la sensación de que el fin era óptimo y cualquier atajo resultaba permisible, la larga permanencia en el poder que excitaba al olvido de las responsabilidades y, en fin, una mala reacción de entrada ante cualquier tipo de crítica fueron vicios generalizados en la opción gobernante. En 1991 el PSOE empezó a perder el voto urbano de modo que, el año siguiente, en que se celebraron en España las olimpiadas y, además, tuvo lugar la conmemoración del quinto centenario del descubrimiento de América, lejos de significar el máximo de esplendor del gobierno González representó el comienzo de su crisis ante el aprecio público.

La primera cuestión que llamó la atención de la opinión pública fue la relativa al comportamiento en Sevilla de Juan, el hermano de Alfonso Guerra, creando una especie de pequeña satrapía del favor. El vicepresidente del Gobierno, que tuvo una reacción muy desafortunada a las críticas a su persona y que controló al partido en el posterior Congreso de 1990, no dimitió de forma definitiva hasta 1991, y durante este periodo y el posterior, hasta 1996, llevó a cabo una auténtica guerrilla contra el sector más identificado con González. Cada descubrimiento de un nuevo caso de corrupción contribuyó a envenenar la relación interna en el seno del PSOE, que por lo tanto parecía haber perdido la característica unidad que le había caracterizado hasta el momento. En 1988 fueron detenidos los policías Amedo y Domínguez, a los que se responsabilizó en exclusiva de los GAL, aunque persistió la duda de si no habrían recibido instrucciones y financiación de procedencia superior. Finalmente, en 1991 aparecieron en la prensa informaciones en torno a FILESA, una trama de empresas destinadas a incrementar la financiación del partido socialista. Se daba la paradoja de que en 1987 se había aprobado una generosa ley de financiación de partidos. El efecto acumulado de la división y de estos escándalos tuvo como consecuencia que la legislatura de 1989-1993 fuera muy complicada. El gobierno —alguna de cuyas disposiciones, como la Ley de Seguridad Ciudadana, fueron muy discutidas y resultaron luego inconstitucionales—debió apoyarse en los grupos de centro y en los nacionalistas vascos y catalanes a pesar de que tenía un amplio apoyo parlamentario.

La consulta electoral de junio de 1993 fue precedida por rumores de retirada de Felipe González y por informaciones, nacidas de encuestas previas, que daban prácticamente por segura la derrota de los socialistas. Sólo en un último momento, tras una campaña tan dudosa en lo que respecta a sus resultados como no se había producido en España desde 1979, el PSOE revalidó su victoria. Dieciocho diputados, cuatro puntos porcentuales y un millón de votos le separaban de su competidor. Las razones de la nueva victoria socialista pueden explicarse por el hecho de que González seguía siendo el político más apreciado y porque recalcó su credibilidad por el procedimiento de incorporar a sus candidaturas a independientes de prestigio, al mismo tiempo que prometía depurar todas las responsabilidades por corrupción. También pudo jugar un papel importante en la decisión popular el hecho de que el PP pareciera todavía poco preparado para el ejercicio del poder.

La situación parlamentaria obligó a González a acudir al apoyo de otros pequeños grupos parlamentarios. Desaparecido el CDS de Suárez, hubo de recurrir a los nacionalistas vascos y catalanes, que eligieron la fórmula de apoyarle en el Parlamento pero sin participar en el Gobierno, y con la previa obtención de contrapartidas importantes. Esto último, como ya se ha indicado, contribuyó de modo importante a envenenar la vida política.

Pero este hecho no se hubiera producido de no ser por la repetición de los casos de corrupción que se sumaron a todos los anteriores, muchos de los cuales no acababan de quedar solventados ante la Justicia o eran objeto de nuevas informaciones complementarias. El descubrimiento del incorrecto comportamiento de Mariano Rubio, el ex gobernador del Banco de España, llevó a la dimisión de Solchaga, antiguo responsable de la política económica y líder parlamentario socialista por entonces, a consecuencia de haberlo avalado con anterioridad, mientras que el sistemático cobro de comisiones y posterior huida del director general de la Guardia Civil, Luis Roldán, provocó la dimisión del ministro del Interior. A estas dos pérdidas González sumó en poco tiempo otro ministro, por irregularidades fiscales, y casi la totalidad de los independientes que habían figurado en sus listas electorales. Un tercer escándalo, la grabación y almacenamiento de conversaciones privadas llevada a cabo por la inteligencia militar (CESID), tuvo como consecuencia no sólo la dimisión del vicepresidente del Gobierno, Narcís Serra, y del ministro de Defensa, sino también la retirada del apoyo parlamentario catalán y en consecuencia la disolución de las Cortes con la convocatoria de nuevas elecciones. Hay que tener en cuenta que en el mismo momento en que se producían todos estos escándalos volvió al primer plano de la actualidad política la cuestión de los GAL. El intento de Belloch, ministro de Justicia e Interior, de intentar conducir por los caminos de la legalidad a la administración policial se saldó con unos resultados que, no por regeneradores, resultaron, en lo político, menos desastrosos. Amedo y Domínguez salieron de la cárcel, pero en cuanto dejaron de recibir apoyo económico dirigieron sus acusaciones en contra de sus superiores, de tal modo que un secretario de Estado y el ex ministro Barrionuevo fueron procesados e incluso se planteó la posibilidad de una responsabilidad judicial o política de González. Al mismo tiempo aparecían indicios serios de que la guerra sucia no sólo había tenido como instrumento los GAL, sino también las propias fuerzas de seguridad.

En estas circunstancias, las elecciones, celebradas en marzo de 1996, dieron la victoria al PP, pero por un margen mucho más estrecho del previsto, ya que rozó el 39% de los votos, con un incremento de cuatro puntos y 156 diputados, mientras que el PSOE apenas descendió un punto —37,5%—, manteniéndose en 141 diputados. La diferencia entre los dos grandes partidos fue de tan sólo unos trescientos mil votos. El resto de las fuerzas políticas no vio modificada en lo fundamental su situación parlamentaria. Izquierda Unida, por ejemplo, llegó a 21 diputados, tan sólo tres más de la cifra que tenía en el Parlamento anterior. La alternativa política se había convertido en una realidad, aunque para plasmarse en un gobierno necesitara de la colaboración de los partidos nacionalistas, que eran ya los únicos situados en el centro del espectro político tras la volatilización del CDS de Adolfo Suárez. La sociedad, en cambio, esperaba la llegada al poder del PP con expectación.

A lo largo de los años ochenta habían quedado perfilados en ella algunos cambios importantes, cuyo origen estuvo en los mismos momentos iniciales de la transición. Frente a la crítica que se ha hecho a la transición como un fenómeno exclusivamente político, lo cierto es que ha venido acompañado de importantes cambios sociales, que además se han producido desde su momento inicial. Si éstos resultaron la causa de los cambios políticos, al mismo tiempo estos últimos han llegado a influir sobre la sociedad.

No cabe duda, por ejemplo, de que el grado de igualitarismo es el mayor que España ha tenido en toda su Historia. Se puede añadir, además, que el gran avance en este terreno se produjo en el mismo momento de la transición, más que en la larga etapa socialista. En 1974 el 10% de los hogares con las rentas más bajas recibía el 1,7% de los ingresos, mientras que en 1981 llegaba al 2,4%, al mismo tiempo que el 10% con mayores ingresos pasó del 39,5% de los mismos al 28,8%. Fueron los incrementos salariales de esos años, así como el comienzo de la aplicación de la reforma fiscal, los que influyeron de forma más destacada en este cambio que se ha prolongado, aunque a un ritmo inferior.

Si, como ya se ha advertido, en los veinte años desde la muerte de Franco, no ha disminuido realmente la distancia existente entre España y el resto de Europa en términos de renta *per cápita*, al mismo tiempo en muchos otros aspectos se ha producido una creciente homogeneización. Así se puede apreciar, por ejemplo, en la disminución de la población dedicada a la agricultura, que está por debajo del 10% (en Francia se sitúa en el 6%). En los últimos tiempos, además, en especial desde el ingreso en la Comunidad Europea, con las consiguientes subvenciones al mundo rural, el modo de vida en el medio agrario ha experimentado un cambio sustancial. Quizá, sin embargo, el mayor cambio de la década de los ochenta consiste en el creciente papel de la mujer. La tasa de actividad laboral de la española ha crecido durante la década de los ochenta desde el 27% al 33%, a pesar de que en la primera mitad la crisis económica no lo ha facilitado. Todavía, sin embargo, está claramente por debajo de la tasa media de la mujer europea, que se sitúa en el 41%. Sin embargo, por vez primera en la Historia de España, en el curso 1987-1988 la mitad de los estudiantes universitarios pertenecían al sexo femenino. Se ha producido, por tanto, una «feminización» del estudiantado universitario, precedida por la de los estudios secundarios y seguida por el de determinadas profesiones como la judicatura. Relacionado con este fenómeno está el de la brusca disminución de las tasas de fecundidad, que ha pasado de 2,8 hijos por matrimonio a tan sólo 1,3. Llama la atención de forma especial que este cambio se haya producido de una forma muy rápida, pero, más aún, la magnitud de la misma que convierte a España en el país de más baja fecundidad de Europa. Los problemas que derivan de esta realidad se pueden convertir en acuciantes en el futuro, de cara a la estabilidad en la financiación de la Seguridad Social. Otro rasgo muy característico de la sociedad española en tiempos recientes es la secularización. A comienzos de los ochenta tan sólo un tercio de los españoles podían ser descritos como católicos practicantes, proporción que disminuía a un quinto entre los más jóvenes. En realidad, más que incrementarse el número de los agnósticos (que permanece en un 7%) lo que ha sucedido es que se ha incrementado de forma considerable el de quienes se reconocen como no practicantes. Sin embargo, permanece un difuso sentimiento de adscripción al catolicismo, como se aprecia, por ejemplo, en determinados momentos cruciales de la vida.

En parte debido a ello, y gracias a que la sociedad española mantiene un apego indudable a formas de vida tradicionales, se explica la persistencia de los valores de la familia. El 80% de los españoles los considera los más decisivos. En España el número de personas que viven solas es menos de la mitad que en el resto de Europa. Los valores familiares, por otro lado, han contribuido a aliviar en gran medida los problemas del paro. La juventud ha conseguido contrapesar en parte la ausencia de trabajo por el procedimiento de combinar de forma sucesiva el trabajo, el recurso a la economía sumergida y el paro, con la protección de la Seguridad Social o sin ella.

El mantenimiento de estos valores resulta, sin embargo, compatible con una sensación de una considerable perplejidad en otras materias. En este sentido ha podido decirse que la sociedad española padece de una cierta «anomia», es decir, una carencia de reglas fijas y valores arraigados. Mientras que en el momento actual empiezan a emerger valores posmaterialistas en la sociedad española, siguen subsistiendo algunos de carácter materialista, un tanto cínicos e insolidarios, pero respecto de los cuales el propio ciudadano se siente incómodo. Todo ello parece indicar una especie de situación intermedia en que una parte de los valores del pasado han entrado en crisis pero no han sido sustituidos por otros.

Para concluir, existen otros aspectos valorativos en la sociedad española sobre los que merece la pena llamar la atención. La actitud ante el sistema político ha sido descrita como «democratismo cínico», en el sentido de que si, por un lado, el español no tiene la menor duda de que su sistema político —la democracia— es el mejor, parte también de presunciones muy negativas acerca de los políticos y da la sensación de estar muy poco interesado en sentir la democracia como una empresa a la que debe colaborar con su propio esfuerzo. En cuanto al fenómeno de la xenofobia, que en otras latitudes, como en la vecina Francia, se ha convertido en muy grave, en España no ha tenido trascendencia por la parquedad relativa de la inmigración, a pesar de la existencia de unos trescientos mil inmigrantes ilegales.

Cronología

1939. España neutral en la guerra mundial.
Joaquín Rodrigo: *Concierto de Aranjuez.*

1940. Ley de represión de la masonería y el comunismo.
Ley de unidad sindical.
Ocupación de Tánger (junio).
Encuentro de Hendaya entre Franco y Hitler (octubre).

1941. Crisis de gobierno: entra Carrero como subsecretario (mayo).
División Azul.
Creación del INI.
D'Ors: *Academia Breve de Crítica de Arte.*

1942. Primeras conspiraciones monárquicas.
Ley de Cortes.
Atentado de Begoña y marginación de Serrano (agosto-septiembre).

1943. Escrito de tenientes generales en favor de la Restauración (noviembre).
Junta Española de Liberación.

1944. Incursión guerrillera en el valle de Arán.
Carmen Laforet: *Nada.*
Dámaso Alonso: *Hijos de la ira.*

1945. Manifiesto de Lausanne (marzo).
Cambio de gobierno: Martín Artajo, ministro (julio).
Reunión de Cortes en México.
Mueren Zuloaga, Sert y Solana.

1946. Nota tripartita contra Franco.

1947. Ley de Sucesión y referéndum.
Conversación Prieto-Gil Robles.
Protocolo Franco-Perón.

1948. Apertura de la frontera francesa.
Entrevista Franco-Don Juan.
Don Juan Carlos viene a España.
Cela: *Viaje a la Alcarria;* Laín: *España como problema.*

1949. Buero Vallejo estrena *Historia de una escalera.*

1950. Embajador estadounidense en España.

1951. Primeras huelgas (Barcelona, marzo).
Carrero y Ruiz Giménez en el gobierno (julio).
Cela: *La colmena.*

1952. España entra en la Unesco.
Mihura: *Tres sombreros de copa.*

1953. Muerte de Centeno, dirigente socialista.
Congreso del Movimiento.
Concordato y acuerdo con Estados Unidos (agosto-septiembre).
Bardem-Berlanga: *Bienvenido Mr. Marshall.*

1954. Entrevista Franco-Don Juan.

1955. Ingreso de España en la ONU.
Muere Ortega y Gasset.
Bardem: *Muerte de un ciclista.*

1956. Incidentes universitarios y cese de Ruiz Giménez y Fernández Cuesta (II).
Independencia de Marruecos.
Sánchez Ferlosio: *El Jarama.*

1957. Dimisión de Arrese tras el fracaso de su proyecto constitucional.
Crisis de gobierno: entrada de Solís y Navarro Rubio (febrero).
Nuevos partidos de oposición.

1958. Ley de principios del Movimiento Nacional.
Ley de convenios colectivos.
Triunfos de pintores españoles en el exterior.

1959. Ley de orden público.
Plan de Estabilización.
Visita de Eisenhower.
Fundación de ETA.

1960. Detención de Jordi Pujol.
Espriu: *La pell del brau.*

1961. Buñuel: *Viridiana.*
Falla y Halfter: *La Atlántida.*

1962. Boda de don Juan Carlos y doña Sofía.
Huelga minera en Asturias. Reunión de Múnich.
Cambio de gobierno: entra Fraga.
Protesta de intelectuales.
Martín Santos: *Tiempo de silencio.*

1963. Primer Plan de Desarrollo.
Tribunal de Orden Público.
Ejecución de Grimau.
Nace *Cuadernos para el Diálogo.*

1964. Apertura de conversaciones con el Mercado Común.

1965. Catedráticos expedientados.
Supresión del SEU.
Nuevo gobierno (septiembre): entran López Rodó y Silva.

1966. Ley de prensa (marzo).
Semana de Renovación universitaria en Barcelona.
Ley Orgánica del Estado.
Delibes: *Cinco horas con Mario.*

1967. Ilegalización de Comisiones Obreras.
Carrero, vicepresidente sustituyendo a Muñoz Grandes.
Ley de libertad religiosa.

1968. II Plan de Desarrollo.
Congreso Sindical.
Primer asesinato de ETA.
Independencia de Guinea

1969. Estado de excepción (enero).
Proclamación de don Juan Carlos (julio).
Escándalo MATESA.
Cambio de Gobierno: salen Fraga, Solís y Castiella.
Plataforma unitaria de la oposición en Cataluña.
Incorporación de Ifni a Marruecos.
Tarancón, primado.

1970. Acuerdo preferencial con el Mercado Común.
Congreso nacional de abogados en León.
Ley General de Educación.
Proceso de Burgos y conmutación de penas.

1971. Indulto de MATESA.
Asamblea conjunta de obispos y sacerdotes.

1972. Boda de la nieta de Franco con don Alfonso de Borbón.
III Plan de Desarrollo.
Tuñón de Lara: *El movimiento obrero en la Historia de España.*

1973. Carrero, presidente (junio).
ETA lo asesina (diciembre).
Renovación del partido socialista.
Arias, presidente.
Mueren Picasso y Casals.

1974. Incidente Añoveros (marzo).
Don Juan Carlos, jefe del Estado interino (junio).
Presentación de la Junta Democrática.
Crisis parcial del gobierno con salida de los aperturistas (octubre).
Ley de asociaciones (diciembre).
Fundación de Convergencia Democrática de Cataluña.

1975. Detención de miembros de UMD (febrero).
Cambio de gobierno (marzo).
Don Juan hace declaraciones contra Franco.
Marcha verde. Enfermedad y agonía de Franco.
Proclamación de la Monarquía (noviembre).
Fernández Miranda, presidente de las Cortes (diciembre).
Muere Dionisio Ridruejo. Suspensión de *Triunfo.*

1976. Huelgas en las grandes ciudades (enero).
Sucesos de Vitoria y Montejurra (abril-mayo).
Suárez presidente del Gobierno (junio).
Ley de Reforma Política (noviembre-diciembre).
Estreno de *El gran dictador.*
Aparece el diario *El País.*

1977. Asesinatos de Atocha (enero).
Legalización del PCE (abril).
Elecciones generales (junio).
Regreso de Tarradellas.
Pactos de la Moncloa (octubre).
Aleixandre, Premio Nobel de Literatura.
España ingresa en el Consejo de Europa.

1978. Primeras preautonomías.
Elecciones sindicales.
Constitución aprobada por referéndum (diciembre).
Mayoría de edad rebajada a 18 años.
Primera mujer en la Real Academia Española de la Lengua.

1979. Elecciones generales (marzo) en que UCD revalida su victoria.

Estatutos de Cataluña y el País Vasco.
Crisis en el PSOE.
Vázquez Montalbán: *Los mares del sur.*

1980. Referéndum en Andalucía (enero).
Estatuto de los trabajadores (marzo).
Voto de censura a Suárez (mayo).

1981. Dimisión de Suárez (enero).
Calvo Sotelo, presidente del Gobierno (febrero).
Intento de golpe de Estado (febrero).
LOAPA e ingreso en la OTAN.
Aprobación de la Ley del Divorcio.
Regreso del *Guernica.* Saura: *Deprisa, deprisa.*
Pilar Miró: *El crimen de Cuenca.*

1982. Victoria del PSOE en las elecciones generales (octubre).
Devaluación de la peseta.
Exposiciones de El Greco y Murillo.

1983. Expropiación de RUMASA.
Despenalización del aborto.
Nacionalización de la red de alta tensión.
Ley de Reforma Universitaria.
Primeras acciones del GAL.
Garci: *Volver a empezar,* óscar de Hollywood.
Muere Miró.

1984. Aprobación de la LODE.
Ley de reconversión y reindustrialización.
Primeras extradiciones de etarras.
Camus: *Los santos inocentes.*

1985. Relaciones diplomáticas con Israel.
Adhesión de España a las Comunidades Europeas.
Crisis en el gobierno socialista (julio).
El Congreso aprueba la permanencia de España en la OTAN (diciembre).
Nueva ley de Patrimonio Histórico.
Berlanga: *La vaquilla.*

1986. Referéndum sobre la OTAN.
Nueva victoria por mayoría absoluta de los socialistas.
Fraga deja la dirección de Alianza Popular.

1987. Mayor Zaragoza, director de la Unesco.

1988. Enfrentamiento entre Gobierno y UGT: huelga general (diciembre).
Amedo y Domínguez ingresan en prisión por el caso GAL.
Almodóvar: *Mujeres al borde de un ataque de nervios.*

1989. Renovación de Alianza Popular, convertida en Partido Popular.
El PSOE obtiene una nueva victoria electoral (octubre).

1990. Denuncias contra Juan Guerra.
Estalla el caso Naseiro. Saura: *¡Ay Carmela!*

1991. Guerra abandona el Gobierno.
España participa en la guerra del Golfo.
Suárez abandona la política después de su derrota en las municipales.
Condena de Amedo y Domínguez.

1992. Solana, ministro de Asuntos Exteriores.
Celebración de las Olimpiadas en Barcelona y de la Exposición Universal en Sevilla.
Trueba, *Belle époque.*

1993. El asunto FILESA ante el juez.
Cuarta victoria electoral del PSOE (junio).
Dimisión de Corcuera ante la inconstitucionalidad de la Ley de Seguridad Ciudadana.

1994. Huida de Roldán.
Victoria del PP en las elecciones europeas.
Amedo y Domínguez responsabilizan del GAL al Ministerio de Interior.

1995. Aznar sale ileso de un atentado de ETA.
Denuncia contra el CESID por grabaciones de conversaciones privadas.
Serra sale del gobierno.
Solana, secretario general de la OTAN.

1996. El PP obtiene una mayoría insuficiente para gobernar en solitario.

BIBLIOGRAFÍA

Raymond Carr y Juan Pablo Fusi, *España de la dictadura a la democracia,* Barcelona, Planeta, 1979.

Ramón Cotarelo (ed.), *Transición política y consolidación democrática (1975-1986),* Madrid, CIS, 1992.

Juan Pablo Fusi, *España. Autonomías,* Madrid, Espasa Calpe, 1989.

José Luis García Delgado (ed.), *Economía española de la transición y la democracia,* Madrid, CIS, 1990.

Alfonso Guerra, José Félix Tezanos, *La década del cambio. Diez años de gobierno socialista, 1982-1992,* Madrid, Sistema, 1992.

Santos Juliá, *Los socialistas en la política española, 1978-1982,* Madrid, Taurus, 1997.

—*Memoria de la transición,* Madrid, Taurus, 1996.

Stanley Payne, *El régimen de Franco, 1936-1975,* Madrid, Alianza, 1987.

Victoria Prego, *Así se hizo la transición,* Barcelona, Plaza y Janés, 1995.

Paul Preston, *Franco. Una biografía,* Barcelona, Grijalbo, 1994.

Manuel Tuñón de Lara (y otros), «Transición y democracia» en *Historia de España,* Barcelona, Labor, 1991.

Stanley Payne, *Franco y José Antonio. El extraño caso del fascismo español,* Barcelona, Planeta, 1997.

Javier Tusell, «La transición española a la democracia», Madrid, *Historia 16,* 1991.

—*La dictadura de Franco,* Madrid, Alianza, 1988.

Javier Tusell y Álvaro Soto, *Historia de la transición, 1975-1986,* Madrid, Alianza, 1996.

Javier Tusell, Emilio Lamo de Espinosa, Rafael Pardo, *Entre dos siglos. Reflexiones sobre la democracia española,* Madrid, Alianza, 1996.

Procedencia de los mapas

Los pueblos indígenas de la Península a partir del siglo III a. C. Por cortesía de Santos Yanguas, *Manual de Historia de España,* Madrid, Historia 16, 1991, "De la Edad de los Metales a la época romana", págs. 160-161.

La colonización fenicia y cartaginesa en el Mediterráneo Occidental. Por cortesía de Jaime Alvar, *Historia de España, 2,* Madrid, Historia 16, 1995, "De Argantonio a los romanos", pág. 19.

Las provincias hispanas durante el Bajo Imperio. Por cortesía de Fe Bajo Álvarez, *Historia de España, 5,* Madrid, Historia 16, 1995, "Los últimos hispanorromanos", pág. 26.

El Emirato de Córdoba. Por cortesía de José-Luis Martín, *Manual de Historia de España, 2,* Madrid, Historia 16, 1993, "La España Medieval", págs. 96-97.

La Península Ibérica entre 1031 y 1035. Por cortesía de José-Luis Martín, *Historia de España, 8,* Madrid, Historia 16, 1995, "Reinos y condados cristianos", pág. 31.

El Mediterráneo Occidental (siglos XIV y XV). Por cortesía de José-Luis Martín, *Manual de Historia de España, 2,* Madrid, Historia 16, 1993, págs. 512-513.

La Península Ibérica en 1480. Por cortesía de Antoni Simón Tarrés, *Historia de España, 13,* Madrid, Historia 16, 1996, "La Monarquía de los Reyes Católicos", págs. 18-19.

Estados de Carlos V en Europa. Por cortesía de Fernando Bouzo, *Historia de España, 15,* Madrid, Historia 16, 1996, "Los Austrias Mayores. Imperio y monarquía de Carlos I y Felipe II", pág. 15.

El Imperio Mundial de Felipe II. Por cortesía de Juan Antonio Sánchez Belén, *Historia de España, 16,* Madrid, Historia 16, 1996, "La Monarquía española en el siglo XVII", pág. 63.

De Westfalia (1648) a los Pirineos (1659). Carlos Martínez Shaw.

Paz de Utrecht (1713). Carlos Martínez Shaw.

Inicio de la guerra. Por cortesía de Javier Tusell, *El siglo XX,* Barcelona, Carroggio, 1976, pág. 213.

1937-1938. Por cortesía de Javier Tusell, *El siglo XX,* Barcelona, Carroggio, 1976, pág. 236.

Final de la guerra. Por cortesía de Javier Tusell, *El siglo XX,* Barcelona, Carroggio, 1976, pág. 240.

Índice alfabético

A la batalla de Lepanto, 304
A la nación española, 398
A la Patria, 491
Abadal, Ramón de, 84
Abando, 368
Abarca, Sancho, 86
Abd al-Aziz, 70
Abd al-Malik, 90, 97
Abd al-Rahmán I, 71, 82, 84, 94, 95
Abd al-Rahmán II, 74, 75, 77-80, 92, 94-96, 99
Abd al-Rahmán III, 88-95, 97, 100, 101, 106, 113
Abd al-Rahmán Sanchuelo, 97
Abd Allah, 112, 114
Abd-el-Krim, 589, 601, 602
Abén Humeya (ver Hernando de Válor)
Aboo, Abén, 271
Abrabanel, Jehudá, 238
Abrazo de Cristo a san Bernardo, 348
Abril Martorell, Fernando, 778, 786, 790
Abu Abdallah (ver Boabdil)
Abu Ishaq, 144
Abu Nasr Sa'd, 197
Abu Yaqub, 113, 115
Abu Yusuf Yaqub, 113, 115
Abu-l-Qasim Muslama, *el Madrileño,* 96
Abul Hassan, 214
Acadia, 354
Acapulco, 263, 295, 336
Acosta, José de, 295
Acuña, Antonio de, 255
Acuña, Fernando de, 229
Adam de la Parra, Juan, 340
Adriano VI, papa, 252, 254
Adriano, emperador, 45
Adriático, 332
Adulfo, 85
Aecio, 52, 53
África, 21, 26, 37, 40, 42, 45, 52, 54, 70, 71, 75, 79, 80, 88, 91-93, 96, 99, 110, 112, 114, 129, 144, 145, 174, 175, 178, 182, 238, 240, 251, 285, 322, 326, 378, 381, 393, 469, 580, 588, 601, 657-659, 661, 690, 698, 702, 763, 804
Agen, 52
Agramont, 194
Agreda, María de, 327
Agudeza y arte de ingenio, 343
Aguilera, Francisco de, 596, 609
Aguilera, Juan de, 302
Aguilera de Heredia, Sebastián, 349
Aguirre, Ginés Andrés de, 396
Aguirre, José Antonio, 629, 658
Agustín, san, 109
Ahmad ibn Muhammad al-Razi, 95
Aizpún, Jesús, 641
Ajbar Machmua, 114
Akhila, 63
Al-Andalus, 22, 69, 71, 73, 75-82, 88, 91-93, 95-100, 106-108, 110-114, 117, 118, 140
Al-Gazal (ver Yahya ibn al-Hakam)
Al-Gazal, 79
Al-Hakam I, 73, 93

Al-Hakam II, 89, 90, 92, 94, 96, 97, 101
Al-Huarizmí, 95, 96
Al-Mamún, 118
Al-Mansur (ver Almanzor)
Al-Mutamid, 114, 118
Álamos de Barrientos, Baltasar, 339
Alange, 889
Alarcos, 113
Alarico II, 52, 53
Alas, Leopoldo, Clarín, 533
Álava, 121, 126, 153, 370, 629
condado de, 102
Álava, Ignacio María, 384
Alba, duques de, 445, 476, 503
Alba, Santiago, 569, 579, 580, 583, 584, 585, 611
Albacete, 32
Albaida, marqués de, 316
Albalte de Cinca, 121
Albania, 288
Albarracín, 143, 149, 274
Albátera, 367, 368
Albelda, batalla de, 87
Alberca, 67
Alberoni, Julio, 354, 375
Alberti, Rafael, 593, 653, 675
Alberto de Austria, archiduque, 290
Albornoz, Álvaro de, 620, 623
Albret, Catalina de, 215
Albret, duques de bearne, 326
Albret, Juan de, 215
Alcacer do Sal, 127
Alcáçovas, Tratado de, 212, 241, 242
Alcalá de Henares, 50, 245, 248, 279, 307, 385
Cortes de, 153
Pacto de, 137
Universidad de, 246, 298, 299, 302
Alcalá Galiano, Antonio, 424, 447, 448, 455
Alcalá Zamora, Niceto, 597, 612, 619, 621, 622, 625, 627, 632, 633, 639-641, 644, 645, 650, 656
Alcántara, 45
orden de, 150, 231
Alcañiz, 185
Alcazarquivir, batalla de, 289
Alcedo, José de, 383
Alcira, 257, 368
Alcobaça, monasterio de, 140, 155
Alcocer, Pedro, 303
Alcolea, 496
Alcora, 301
Alcoy, 35, 359, 508, 511
Alcudia, 258
Aldana, Francisco de, 304
Aledo, 112
Aleixandre, Vicente, 724
Alejandría, 74,
Alejandro II, papa, 120
Alejandro VI, papa, 234, 235, 243
Alemán, Mateo, 304
Alemania, 33, 51, 131, 170, 522-524, 538, 541, 549, 572, 576, 577, 589, 651, 652, 656, 666, 667, 693-696, 699-703, 705, 709, 724, 730, 733, 763, 771
Alenza, Leonardo, 492
Alfonso, infante, 169, 170, 190
Alfonso de Aragón, arzobispo de Zaragoza, 213
Alfonso de Borbón Dampierre, 720, 740, 753
Alfonso el Franco, 176, 177, 183
Alfonso I de Asturias, 81, 83, 102
Alfonso I el Batallador, 112, 119-122, 124, 125, 129, 140, 150
Alfonso I Enríquez de Portugal, 120, 121
Alfonso II, 76, 77, 81, 82, 108
Alfonso II de Portugal, 147
Alfonso II el Casto, 125, 145, 148, 157
Alfonso III de Portugal, 130, 171
Alfonso III el Liberal, 176, 180
Alfonso III el Magno, 81-83, 87, 100, 108, 109, 158
Alfonso IV el Benigno, 180
Alfonso V de León, 101, 103
Alfonso V de Portugal, 169, 170, 174, 212
Alfonso V el Magnánimo, 167, 168, 186-189, 196, 240

Alfonso VI, 111, 112, 118, 119, 126, 158
Alfonso VII el Emperador, 117, 119, 120, 125, 126, 140, 146, 148, 156, 161
Alfonso VIII, 113, 126, 151, 158
Alfonso IX de León, 120, 151, 152
Alfonso X, el Sabio, 114, 116, 126, 127, 130-137, 141, 143, 145-147, 151, 156, 157, 159, 160, 177
Alfonso XI de Castilla, 153, 159-162, 192, 196
Alfonso XII, 501, 513, 515-520, 523, 535, 539
Alfonso XIII, 537, 555-558, 560, 563, 564, 566, 568, 570, 574, 576, 579, 581, 591, 596, 597, 603, 616, 631, 712
Algaba, Pedro de, 241
Algarbe, 113, 127, 131
Algeciras, 95, 111, 113
conferencia de, 565, 588
Alhama, 214
Alhucemas, 601, 690
Alí, 90
Alicante, 30, 32, 177, 261, 262, 334, 355, 362, 363, 386, 475, 527, 673
Aliseda, 34
Aljubarrota, 165, 198
Almadén, 44, 143, 261, 263, 283, 361, 366, 385
Almanak Mercantil o Guía de Comerciantes, 362
Almansa, 353
Almanzor, 88, 90, 92-94, 96, 97, 101, 103-106, 114, 122
Almazán, 138
Paz de, 163
Almeida, Lopo de, conde de Abrantes, 200
Almenar, 121
Almería, 32-34, 36, 75, 111, 114, 125, 126, 136, 215, 363, 364
Almirall, Valentí, 545, 552
Almirantazgo, islas del, 295
Almizra, tratado de, 125, 127
Almodóvar, Pedro, 809
Almoravid, García de, 147
Almuñécar, 34
Alonso, Dámaso, 725
Alonso Barba, Álvaro, 340
Alonso Martínez, Manuel, 467, 519, 537
Alpera, 32
Alpes, 92
Alpujarras, 239, 289
rebelión de las, 239, 258, 260, 271, 274, 285, 341
Alsacia, 331
Alt Llobregat, 632
Altamira, cueva de, 28, 30
Altamira, duque de, 476
Alteraciones populares de Zaragoza en 1591, 342
Altxerri, 30
Alvarado, Francisco, 398
Alvarado, Pedro de, 294
Álvarez, Melquiades, 563, 609, 670
Álvarez Cabral, Pedro, 243
Álvarez Cienfuegos, Nicasio, 394
Álvarez de Toledo, Fadrique, segundo duque de Alba, 215
Álvarez de Toledo y Pimentel, Fernando, tercer duque de Alba, 286, 289
Álvarez Méndez, Juan (ver Mendizábal)
Alzaga, Óscar, 799
Alzate, José Antonio, 383
Amadeo I de Saboya, 490, 501, 503, 506
Amadís de Gaula, 247, 304
Amalfi, 92
Amar y Borbón, Josefa de, 390
Amat, Juan Carlos, 308
Amaya o los vascos del año VIII, 491
Amaya, 55, 83
Amazonas, 294
Amberes, 175, 262, 281, 283-286, 290, 331, 343
Ambrona, 27
Amedo, José, 827, 828
Ameixial, 326
Amelot, vizconde de, 375
América, 219, 234, 236, 240-244, 251, 259, 264, 266, 274, 276, 278, 291,

294, 295, 299, 301, 310, 311, 313, 320, 321, 335, 339, 342, 352, 354, 359, 360, 363, 365, 372, 373, 378-380, 382, 384, 390, 393, 397, 419, 423, 424-428, 442, 470, 475, 477, 485, 509, 527, 540, 572, 602, 693, 697, 723, 724, 773, 806, 826, 827
Amézcoas, batalla de las, 437
Amiconi, Jacopo, 396
Amiens, Paz de, 364, 400
Amparo de los legítimos pobres y reducción de los fingidos, 273
Ampurias, 25, 34, 38, 45, 153
condado de, 69
Amrús, 84
Amsterdam, 281
Ana de Austria, 331
Anales, 95
Anales de Aragón desde el año 1525 hasta 1540, 342
Anales de Cataluña, 342
Anales de la Corona de Aragón, 303
Anchieta, Juan de, 249
Andalucía, 22, 32, 34, 36, 110, 127, 132, 133, 135, 137, 141, 143, 153, 214-218, 259, 260, 265, 268, 271, 280, 311, 315, 317, 322, 326, 328, 345, 356, 359, 412, 416, 420, 424, 445, 449, 468, 480, 482, 496, 497, 505, 507, 511, 512, 526, 529, 585, 586, 632, 646, 658, 712, 794, 799, 819
Andanzas e viajes de Pero Tafur, 200
Andes, 292, 426, 603
Andino, Cristóbal de, 308
Andrade, Domingo de, 346
Andrés, Juan, 389
Andújar, Manuel, 724
Anglada Camarasa, Hermenegildo, 554
Angles-sur-l'Anglin, 28
Angola, 826
Anguera de Sojo, 641
Anguita, Julio, 815
Angulema, 52
Angustias, iglesia de las, 346
Aníbal, 38
Annam, 470
Annobón, 381
Annual, 589, 601
Antequera, 167, 260, 359
Antifonario de León, 109
Antillas, 242, 243, 334, 426, 474, 477, 549
Antillón, Isidoro, 392
Antolínez, José, 349
Antonio, 40
Antonio, Nicolás, 342
Antonio de Orleans, duque de Montpensier, 501
Añoveros, Antonio, 756
Apología, 275
Apuntamientos para la historia natural de los cuadrúpedos del Paraguay y Río de la Plata, 392
Apuntes sobre el bien y el mal de España, 388
Aquisgrán, 84, 252
Concilio de, 77
Paz de, 334, 379
Aquitania, 52, 54, 76, 77, 84
Arabia, 71
Arafat, Yasir, 802
Aragón, 22, 36, 81, 84, 86, 103-105, 108, 110, 113, 115, 119-122, 124-129, 131, 133, 134, 138, 140, 142, 144, 148, 149, 154, 159, 162-165, 167-169, 175-178, 180, 181, 185, 186, 193, 194, 197, 199, 200, 211, 213, 215, 219, 225, 226, 231, 232, 236, 238-240, 251, 252, 260, 265, 267, 274-276, 278, 303, 311, 312, 314, 322, 324, 326, 328, 342, 352, 353, 358, 362, 369, 370, 372, 657, 819
condado de, 69, 86, 103, 104, 115
Corona de, 22, 23, 69, 110, 113, 129, 133, 143, 150, 159, 166, 175, 177, 194, 196, 212, 215, 216, 219, 220, 225-227, 231-236, 238, 239, 243, 245, 246, 248, 249, 259, 260-263, 269, 278, 297, 328, 340, 342, 353, 354, 369-372, 386
infantes de, 195, 197

Aragón, río, 103, 104
Aramburu Topete, José, 796
Arana Goiri, Sabino, 545, 562
Aranda, conde de, 354, 361, 365, 371, 376-378, 397
Aranda y Mata, Antonio, 658
Aranjuez, 276, 395, 396, 400, 414, 486
Aranjuez, palacio de, 306
Arbor, 717
Arbre de Sciència, 157
Arbués, Pedro de, 236
Arcos, duque de, 368
Arde el mar, 767
Ardemans, Teodoro, 395
Areilza, José María de, 740, 775, 784, 793, 801
Arellano, Juan de, 348
Arequipa, 384
Arévalo, conde de, 212
Arfe, Enrique, 248
Arfe, Juan de, 308
Argantonio, 34
Argel, 272, 288, 381
Argelia, 475, 522, 572, 700, 752, 781, 802, 826, 827
Argensola, Bartolomé Leonardo de, 342
Argensola, Lupercio de, 342
Argentina, 475, 527, 698, 710, 735, 803, 826
Argüelles, Agustín, 418, 425, 440, 450
Arguijo, Juan de, 298, 342, 343
Arias Montano, Benito, 300
Arias Navarro, Carlos, 755-757, 773-775, 777, 801
Áridos, 26
Arista, 87
Aristóteles, 114
Arjona, 136
Armelina, 304
Arnao de Flandes, 308
Arnau d'Erill, 155
Arnedo, 104
Arras, Unión de, 290
Arrese, 717-719, 739
Arriaga, Julián de, 376
Arroyal, León de, 398
Arroyo, Eduardo, 767
Arroyo de la Luz, iglesia de, 307
Art abreujat d'atrobar veritat, 157
Arte de la lengua castellana, 246
Arte de la Pintura, 348
Arte de los metales, 340
Arte de navegar, 302
Arte para fabricar y aparejar naos, 340
Artois, 334
Artola, Miguel, 17
Arturo, príncipe de Gales, 244
Aruba, 335
Arzobispo, colegio del, 246
Asia, 26, 51, 174, 242, 243, 274, 292
Askilula (ver Escayuela)
Asti, Paz de, 331
Astorga, 42, 43, 50, 55, 81, 83, 109, 140, 158
  catedral de, 109, 307
Asturias, 22, 26, 27, 41, 43, 76, 80, 81, 100, 215, 362, 400, 475, 484, 524, 572, 573, 577, 582, 642, 647, 658, 662, 663, 691, 712, 718, 742, 744, 750, 819
Asuntos varios sobre ciencias y artes, 1772-1773, 383
Atahualpa, 292
Atanagildo, 54
Atapuerca, sierra de, 26
Atenas, ducado de, 178
Atienza, 81
Atila, 52
Atlántico, 23, 53, 144, 158, 170, 172, 173, 240, 262, 286, 288, 290, 321, 379, 400, 426, 428, 477, 527, 540, 724, 770, 826
Atlas astronómico, 341
Atón, obispo de Vic, 105
Aub, Max, 766
Aubinyà, 67
Audi, filia, 304
Augsburgo, interín de, 288
Augsburgo, Liga de, 334

Augusto, emperador, 38, 41, 44, 45
Aunós, Eduardo, 603, 605
Aureolo, 86
Ausona, condado de, 85
Australia, 337, 393
Austrasia, 77
Austria, 252, 289, 342, 379, 423, 516, 523, 538, 547
Austria, casa de, 230-232, 251, 265, 267, 271, 274-276, 278, 282, 284, 352, 371, 372, 379
Austria, Juan de, 271, 275, 286, 289, 290
Austrialia del Espíritu Santo, 336
Auto de Fe, 248
Avempace, 114
Averroes, 115
Avicebrón (ver Salomón ben Gabirol)
Avicena, 116
Avieno, 109
Ávila, 33, 36, 143, 170, 198, 247, 248, 254, 297, 360, 374, 399
  catedral de, 308
  farsa de, 159, 169, 190
Aviñón, 165, 168, 169, 173
Avis, orden de, 150
Ayacucho, 427
Ayala, 153
Ayala, Francisco, 724
Ayamonte, 317
Ayamonte, marqués de, 326
Ayguals de Izco, Wenceslao, 488
Aytona, marqués de, 332
Azaña, Manuel, 563, 593, 599, 609, 610, 612, 619, 620, 622-625, 627, 628, 630, 633, 636
Azara, Félix de, 392
Azara, José Nicolás de, 390
Azarquiel, 114
Azcárate, Gumersindo de, 531, 532, 553
Aznar II, 86
Aznar, José María, 815
Aznar, Juan Bautista, 613
Azof, mar de, 52
Azores, 23, 170, 174, 286, 290
Azpilcueta, Martín de, 301

Badajoz, 74, 89, 95, 111, 112, 118, 143, 287, 297, 362
  catedral de, 308
  Tratado de, 400
Badía, Domingo, 393
Baena, 94
Baeza, 218, 260, 306, 307
Bagdad, 79, 80, 88, 94, 99
Bahamas, 243
Bahía, 332, 335
Bailén, 412, 414
Bails, Benito, 391
Balazote, 35
Balbo, Cornelio, 45
Balbuena, Bernardo de, 335
Balcanes, 771
Baleares, 33, 40, 42, 79, 111, 113, 128, 177, 657, 658, 661, 819
Balmes, Jaime, 477, 493
Balmis, Francisco Javier, 393
Báltico, 51, 262, 313
Banda, orden de la, 161
Banu Ganiya, 113
Banu Qasi, 70, 84, 87
Banu Sarrag, 197
Báñez, Domingo, 300, 344
Bañolas, 27
Baquíjano, José de, 383
Baracaldo, 368
Barbarroja, 288
Barbastro, 121, 324
Barbieri, Francisco, 492
Barceló, Miquel, 809
Barcelona, 43, 50, 81, 84, 86, 90, 100, 104-107, 113, 115, 122, 123, 127, 128, 135, 139, 144, 147, 149, 155, 163, 178, 181, 183, 184, 186, 187, 189-191, 198, 216, 219, 225, 226, 233, 234, 245, 248, 252, 260, 297, 313, 314, 316, 324, 325, 328, 334, 352, 354-356, 363, 364, 368, 369, 374, 375, 385, 386, 395, 424, 449, 451, 467, 475, 479, 485, 505, 507, 510, 527-529, 541-543, 559, 561, 563, 565, 566, 571-573,

581, 582, 584, 585, 587, 588, 590, 592, 602, 614, 616, 628, 642, 643, 657, 658, 660, 661, 663, 664, 670, 671, 718, 728, 744, 750, 751, 776, 812
catedral de, 249, 307
condado de, 68, 106, 168
Tratado de, 240
Barcelona-Gerona-Vic, condado de, 85
Barcelos, conde de, 200
Bardají, 447
Baroja, Pío, 553, 653, 675
Barral, Carlos, 726
Barrera de Irimo, Antonio, 757
Barrionuevo, José, 829
Bartolache, José Ignacio, 383
Basilea, 169
Basilea, concilio de, 169, 170
Basilea, Paz de, 398
Batalha, monasterio de, 298
Batallas y quinquagenas, 199
Batet, general, 642, 643, 657
Bauzá, Felipe, 392
Bayona, 140, 362, 398, 400, 411, 413, 430, 435
Baza, 214
Baza, Dama de, 35
Bazán, hermanos, 429, 430
Bazán, Álvaro de, marqués de Santa Cruz, 286
Bearne, duques de, 326
Beato de Liébana, 76, 77, 83, 109
Beatriz de Suabia, 131
Beatriz, esposa de Juan I de Castilla, 172, 173
Beaucaire, 133
Beaumont, Carlos de, 195
Beaumont, Juan de, 190, 196
Becerra, Gaspar, 307
Bedmar, marqués de, 332
Begoña, 368
Beja, 42, 127
Béjar, 143, 359
Béjar, duque de, 314
Belalcázar, Sebastián de, 294
Belchite, 138, 150, 663,
Belén, convento de, 280
Bélgica, 290, 332, 500
Belice, 380
Belloc, Hilaire, 675
Belloch, Juan Alberto, 828
Bellver, 155, 258
Belorado, 139
Beltrán de Born, 157
Belzares, 283
Benabarre, 103
Benavente, Toribio de, Motolinía, 295
Benedicto XIII, el papa Luna, 168, 169, 185, 193
Benedito Vives, Manuel, 533
Beniarrés, 32
Benjumea Burín, Rafael, conde de Guadalhorce, 603
Berceo, Gonzalo de, 156
Berenguela, 120
Berenguer Fusté, Dámaso, 589, 611-613
Berenguer Ramón I, 123
Berlín, 538, 547, 825
Bermejo, Bartolomé, 249
Bermeo, 160
Bernáldez, Andrés, 246
Berrueza, 103
Berruguete, Alonso, 307
Berruguete, Pedro, 248
Bertrán, Felipe, 390
Beruete, Aureliano de, 554
Besalú, 153
condado de, 85
condes de, 123
Besançon, 283
Besteiro, Julián, 580, 586, 647, 665
Betancourt, Agustín, 386
Bethencourt, Jean de, 241
Bética, 41, 42, 44, 45, 47, 48, 52, 54
Biar, 125
Biblia de Amberes (ver Biblia Políglota)
Biblia de Basilea, 281
Biblia de León, 109
Biblia de Ripoll, 109
Biblia de Roda, 109
Biblia Políglota, 300

Biblia Políglota Complutense, 246
Bibliotheca Hispana Nova, 342
Bibliotheca Hispana Vetus, 342
Bíclaro, Juan de, 56
Bienvenido míster Marshall, 727
Bigarny, Felipe, 307
Bilbao, 218, 318, 355, 362, 368, 398, 412, 437, 506, 526, 554, 562, 571, 636, 670, 756
Bitonto, 379
Bizancio, 46, 51, 54, 79, 96, 145
Blanca de Navarra, 194-196, 215
Blanco Erenas, Ramón, 548
Blanco White, José María, 394
Blasco, Vicente, 385
Blasco Ibáñez, Vicente, 533, 550, 563, 609
Boabdil, el Chico, 198, 214, 215
Bobastro, 74, 75, 81, 89, 95
Bocanegra, Ambrosio, 164
Boccherini, Luigi, 396
Bofarull, Antonio, 491
Bofill, Ricardo, 767
Bohemia, 330
Böhl de Faber, Cecilia, *Fernán Caballero*, 492
Bolívar, Simón, 426, 427
Bolomor, 27
Bonaire, 335
Bonaparte, Napoleón, 380, 399, 400, 411-416, 420
Bonavía, Santiago, 395
Borbón, condestable de, 286
Borbón, dinastía, 333, 352, 364, 369, 373, 378
Borbón, Enrique de, 291
Bordighera, 701
Borgoña, 244, 276, 291
Borgoña, ducado de, 251, 287, 288
Borrego, Andrés, 448
Borrell II, 106
Bort, Jaime, 394
Boumort, sierra de, 105
Boyer, Miguel, 812, 813, 820, 821
Braga, 42, 43, 53, 120
Braga, concilio de, 50
Braganza, casa de, 436
Braganza, dinastía, 326
Brambila, Fernando, 393
Brañas, Alfredo, 546
Brasil, 243, 332, 527
Braulio de Zaragoza, 58, 66
Bravo, Juan, 255
Bravo de Sobremonte, Gaspar, 340
Bravo Murillo, Juan, 458, 463, 478, 483
Brazatortas, 398
Breda, 332
Bretón de los Herreros, Manuel, 492
Breuil, Henry, 28, 30
Breve compendio de la esfera y de la arte de navegar, 302
Brevísima historia de la destrucción de las Indias, 295
Briceño, Luis de, 349
Brie, condado de, 194
Brihuega, 353, 361
Brill, 290
Britania, 46
Británicas, islas, 291
Briviesca, 140
Broschi, Carlo, Farinelli, 396
Brujas, 175
Brunete, 663
Bruselas, 230, 274, 280, 289, 554, 824
Buen Retiro, palacio del, 324, 344, 345, 348
Buena Esperanza, cabo de, 174, 292
Buenaventura de Siena, 116
Buenos Aires, 382, 426
Buero Vallejo, Antonio, 727, 767
Bugía, 113, 241, 288
Buñuel, Luis, 653, 728
Burdeos, 43, 52, 55, 145
Bureba, 118
Burgos y Mazo, Manuel, 587
Burgos, 102, 116, 121, 139-141, 143, 155, 161, 198, 216-218, 243, 245, 254, 255, 260, 262, 267, 272, 282, 395, 416, 420, 657, 752, 778, 779
catedral de, 248, 306, 308

Burgos, Javier de, 434, 587
Burjasot, 257
Burriana, 128
Burriel, Marcos Antonio, 389

Caballero, Fermín, 435
Cabanellas, Virgilio, 656, 657, 672
Cabanillas, Pío, 757
Cabanilles, Juan, 349
Cabarrús, Francisco, 398
Cabezas de San Juan, 424
Cabezón, Antonio de, 308
Cabo Verde, 243
Cabrera, Ramón, 439, 518
Cabrera de Córdoba, Luis, 341
Cabríada, Juan de, 341
Cáceres, 143, 260, 658
Cáceres, orden de, 150
Cadalso, José, 393
Cadí, sierra de, 105
Cádiz, 34, 42, 44, 218, 224, 241, 272, 286, 332, 352, 354, 356, 360-364, 374, 375, 384, 386, 395, 398, 401, 415-418, 421, 422, 424-426, 429, 439, 441, 496, 497, 616, 658
Cádiz, Diego José de, 397
Cagliari, 379
Cairuán, 73
Cajamarca, 292
Calabria, 240
Calahorra, 45, 104, 149
Calatañazor, 90
Calatayud, 45, 111, 138, 143
Calatrava, José María, 441, 447
Calatrava, orden de, 150, 231
Caldas, Francisco José de, 383
Calderón, Rodrigo, 319
Calderón de la Barca, Pedro, 309, 344, 350, 488
California, 382
Callao, 263
Calomarde, Francisco Tadeo, 429, 431
Calpe, 125
Caltabellota, Tratado de, 178
Calvo Serer, Rafael, 717, 725, 726
Calvo Sotelo, Joaquín, 727
Calvo Sotelo, José, 600, 603, 604, 651
Calvo Sotelo, Leopoldo, 784, 796, 797, 799, 801, 803
Camacho, Juan Francisco, 520, 536, 537
Camacho, Marcelino, 814
Cámara, Sixto, 493
Camarasa, marqués de, 328
Cambó, Francisco, 561, 565, 566, 576, 579, 580, 581, 583, 584, 590, 599, 600, 611, 643
Camboya, 336
Cambrai, Paz de, 287
Cambray, 333
Camino de perfección, 305
Campaña, Pedro de, 307
Campbell, Roy, 675
Campeche, 380
Campillo, José del, 376, 388
Campoamor, Ramón de, 493
Campomanes, conde de (ver Pedro Rodríguez)
Campos de Níjar, 726
Canalejas, José, 537, 563, 567, 568, 575, 588, 812
Canarias, 22, 23, 145, 150, 169-171, 174, 212, 219, 235, 240-242, 251, 259, 263, 278, 363, 474, 475, 549, 657, 802, 819
Cancionero de Palacio, 249
Cano, Alonso, 345, 347, 348
Cano, Melchor, 300
Cano, Tomé, 340
Canogar, Rafael, 727, 767
Cánovas del Castillo, Antonio, 464, 503, 513, 515-522, 536, 537, 541, 543, 544, 547, 548, 550, 570
Cantabria, 27, 80, 217, 313, 359, 375, 818, 819
Cantábrico, 30, 32, 127, 160, 162, 164, 173, 216, 218, 262, 311-313, 362, 661
Cántico espiritual, 305
Cantigas, 157
Cão, Diego, 174
Capeto, dinastía, 128, 192

Capmany, Antonio de, 389
Caprichos, 396
Caracalla, emperador, 42
Caracas, 363, 382, 383
Carambolo, 34
Caramuel, Juan de, 341
Carbonell, Alonso, 345
Carcasona, 54, 123
Cárcel de Amor, 247
Cardenal niño de Guevara, 308
Cardona, 84, 108, 139
Cardona, duque de, 225, 317
Cardoner, 139
Carducho, Vicente, 306, 345, 347
Caribe, 243, 332, 363, 538
Caridad, hospital de la, 347, 349
Carigüela, 27, 32
Carintia, 252
Carlat, 124
Carlomagno, 71, 72, 77, 81, 84, 87, 139
Carlos I (V de Alemania), 188, 213, 215, 239, 243, 245, 249-252, 255, 258, 265, 271, 274, 275, 277, 279, 281, 283, 285, 286-288, 292, 298, 303-306, 308
Carlos II, 309, 314, 319, 320, 326, 330, 336, 340, 347, 349, 351-353
Carlos II de Navarra, 165, 192-194
Carlos III, 356, 358, 366, 367, 371, 372, 374, 376, 378-381, 395, 396, 400, 626
Carlos III de Navarra, 165, 193-195
Carlos III, orden de, 364
Carlos IV, 364, 378, 397, 411, 428, 430, 443
Carlos V de Francia, 164
Carlos VI, archiduque de Austria, 353
Carlos VIII, 240
Carlos de Anjou, 134, 145, 175
Carlos de Austria, 275
Carlos de Beaumont, 195
Carlos de Valois, 176
Carlos de Viana, 168, 189, 195, 196, 199
Carlos el Calvo, 85
Carlos el Simple, 85
Carlos el Temerario de Borgoña, 190
Carlos Hugo de Borbón-Parma, 720, 759
Carlos María Isidro, infante, 430, 431, 436, 505, 506
Carnicero, Antonio, 396
Carniola, 252
Caro, Rodrigo, 343
Carolinas, 242, 295, 336, 382, 523, 549
Cárpatos, 52
Carracedo, monasterio de, 140
Carranza, Bartolomé de, 281, 300
Carreño de Miranda, Juan, 349
Carrero Blanco, Luis, 717, 719, 720, 737, 738, 740, 741, 748, 751, 753-755, 758, 762, 763, 765, 774
Carrillo, Alonso, 212
Carrillo, Santiago, 718, 745, 760, 761, 773, 782, 785, 790, 799, 814, 815
Carrión, 140
Carta filosófica médico-química, 341
Cartagena, 38, 42, 44, 126, 361, 363, 364, 374, 375, 385, 511, 512, 565, 616, 665
Cartagena de Indias, 263, 380, 384
Cartaginense, provincia, 42, 52
Cartago, 37, 38, 50
Cartajima, 359
Cartas críticas de un filósofo rancio, 398
Cartas de Itália, 200
Cartas eruditas y curiosas, 389
Cartas marruecas, 393
Cartas político-económicas al conde de Lerena, 398
Cartas sobre los obstáculos que la naturaleza, la opinión y las leyes oponen a la felicidad, 398
Cartas sobre materias político-económicas, 398
Cartuja, orden de la, 150
Carvajal, José de, 360, 376
Casado, coronel, 665
Casado del Alisal, José, 490
Casares Quiroga, Santiago, 650, 657, 659
Casas, Bartolomé de las, 247, 275, 295, 300
Casas, Ramón, 554
Casas Novoa, Fernando, 394

Casas Viejas, 632
Casillas de Berlanga, 155
Caspe, 180, 185, 190
Compromiso de, 173, 189, 490
Cassola, Manuel, 537
Castaños, Francisco Javier, 412, 415
Castelar, Emilio, 471, 479, 497, 504, 508-510, 512, 513, 515, 520, 531, 538, 539
Castello, Giovanni, el Bergamasco, 307
Castellón, 368
Castiella, Fernando María de, 719, 722, 723, 724, 741, 762, 763
Castilblanco, 632
Castilla, 22, 23, 89, 90, 98, 100-102, 104, 105, 108-110, 113, 115, 117-123, 125, 126, 128, 129-134, 136, 137, 139, 144, 146, 147, 149, 151, 153, 158, 159, 162-174, 177, 178, 180, 182, 185, 190, 192-201, 211-213, 216, 222, 225, 227, 228, 231-234, 236, 239-242, 246, 251, 252, 255, 259-261, 263, 265, 267, 268, 276-278, 283, 284, 297, 310, 314, 315, 320, 321, 323, 324, 342, 357, 359, 362, 369-371, 373, 376, 378, 399, 414, 480, 530, 554, 657
Canal Imperial de, 261, 358, 362
condado de, 69, 81, 116
Corona de, 22, 127, 131, 215, 245, 269, 322, 365, 386
Hermandad de, 160, 170
Castilla la Nueva, 22, 215, 259, 260, 271, 311, 434, 482, 658
Castilla la Vieja, 215, 260, 482, 586
Castilla-La Mancha, 819
Castilla-León, 819
Castillas de Santisteban, 35
Castillejos, 468
Castillo, José, 651
Castillo, José del, 396
Castillo de Bobadilla, Jerónimo, 278, 301
Castillo Solórzano, Alonso de, 343
Castro, 475
Castro, Américo, 593, 724
Castro, Fidel, 802
Castro, Guillén de, 344
Castro, Juan Blas de, 349
Castro, Rosalía de, 491
Castro Urdiales, 160, 218
Castrojeriz, 140
Catalina de Aragón, 244
Catalina de Lancaster, 169, 185
Cataluña, 32, 33, 42, 63, 84, 85, 106, 107, 110, 120, 122, 123-125, 127, 134, 135, 139, 140, 142, 144, 153-155, 168, 175, 176, 178, 180, 186-191, 200, 219, 225, 226, 228, 229, 232, 238, 249, 258, 260, 261, 263, 267, 269, 274, 278, 309, 311, 313, 316, 322, 324, 325, 328, 333, 334, 339, 342, 353, 357, 359, 360, 369, 372, 373, 385, 412, 420, 430, 434, 437, 462, 474, 475, 485, 491, 505-507, 512, 518, 529, 540, 541, 545, 555, 561, 562, 566, 571-573, 579, 584, 585, 598, 614, 628, 629, 632, 636, 640-643, 648, 651, 658, 660, 661, 663, 664, 668, 671, 718, 736, 747, 759-761, 785, 792, 817-819
Principado de, 22, 154, 168, 175, 215, 219, 352
Catay, 243
Cateau Cambrésis, Paz de, 287, 291
Catecismo cristiano, 281
Catecismo de Estado según los principios de la religión, 390
Catálogo de las lenguas de las naciones conocidas, 390
Catón, Marco Porcio, 38
Causas de la Revolución Francesa, 398
Cavaldá, 124
Cavanilles, José Antonio, 392
Cavite, 295, 548
Caxa de Leruela, Miguel, 339
Caxés, Eugenio, 345, 347
Cazalla, Agustín de, 281
Cazalla, María, 280
Cazalla, Pedro de, 281
Cazola, 125
Tratado de, 126, 127
Cea Bermúdez, Francisco, 429, 431, 433, 434

Cebrero, 140
Cela, Camilo José, 725, 726, 767, 807
Celanova, monasterio de, 108, 346
Celaya, Gabriel, 726
Celos aun del aire matan, 349, 350
Cendres, cuevas de las, 32
Centcelles, 67
Cerdá, 475
Cerdaña, 72, 84, 153, 175, 333
condado de, 69, 85, 134, 189, 191, 239, 240
condes de, 106, 123
Cerdeña, 38, 92, 177, 178, 182, 196, 239, 240, 252, 278, 328, 353, 379
Cererols, Juan, 349
Cerezo, condado de, 102
Cerezo, Mateo, 349
Ceriñola, batalla de, 240
Cerro de los Santos, Dama del, 35
Cervantes, Miguel de, 299, 304, 343
Cervera, Almirante, 548
Cervera, Universidad de, 385, 395
César, emperador, 40
Cesáreo de Arles, 49, 66
Cesáreo de Montserrat, 100, 105
Céspedes y Meneses, Gonzalo, 340
Ceuta, 54, 70, 91, 113, 145, 173, 174, 241, 326, 469, 601, 723, 817, 826
Cevallos, Jerónimo de, 340
Chacón, Pedro, 302
Chafar, 89
Chaffaud-à-Sevigné, 28
Chaix, José, 391
Champagne, 145
condado de, 194
Champaña, Casa de, 147
Chanson de Roland, 72
Chapaprieta, 645
Chaves, Alonso de, 302
Checoslovaquia, 652, 761
Cherasco, Tratado de, 333
Chile, 292, 294, 392, 426, 470, 698, 771, 772
Chillida, Eduardo, 727, 807
China, 23, 99, 263, 761
Chindasvinto, 59, 60
Chintila, 58, 59
Chipre, 289
Chiquitos, 382
Christianismi Restitutio, 302
Chronicon Mundi, 158
Chronicon, 66
Chumacero, Juan, 319
Churchill, Winston, 703
Churriguera, Alberto, 394
Churriguera, José Benito, 394
Cid Campeador (ver Rodrigo Díaz de Vivar)
Cierva, Juan de la, 515, 564, 566, 580, 616
Cieza de León, Pedro, 295
Cillas, 109
Cinco horas con Mario, 726, 767
Cipango, 243
Cipriano de Cartago, 50
Císcar, Gabriel, 391
Cisneros, cardenal (ver Jiménez de Cisneros, Francisco)
Císter, orden del, 139, 150, 155
Citerior, provincia, 38, 40, 41
Ciudad Real, 160, 233, 611
Ciudad Rodrigo, 420
Claris, Pau, 325
Claros varones de España, 199
Claudel, Paul, 675
Claudín, Fernando, 745
Clavijero, Francisco Javier, 390
Clavijo, batalla de, 83, 87
Clavijo y Fajardo, José, 387
Clemente VII, 279, 287
Clemente XI, 371
Climent, José, 390
Clodio Albino, 46
Clodoveo, 53, 54
Clunia, 42
Cluny, orden de, 104, 155
Cobos, Francisco de los, 277, 306
Coburgo, Fernando de, 501
Cocentaina, conde de, 316

Cocherel, 193
Coderch, Josep, 727
Codés, sierra de, 103
Codex Revisus, 55
Coello, Alonso, 349
Cogolludo, 248
Cogotas, 33
Cogull, 32
Coimbra, 81, 83, 101, 136, 151, 173, 338
Collado, Luis, 302
Collado de los Jardines, 35
Collantes, Esteban, 478
Colom, Joanot, 258
Coloma, Carlos, 341
Coloma, Luis, 514
Colombia, 292, 294, 426, 427
Colón, Cristóbal, 171, 200, 242, 243, 247, 295
Colonia, Simón de, 247
Columela, Julio, 45, 51
Comares, 137
Comares, palacio de, 198
Comellas, José Luis, 17
Comendadoras de Santiago, iglesia de las, 345
Comentario al Apocalipsis, 109
Comentario resolutorio de cambios, 301
Comentarios reales de los incas, 335
Cómodo, emperador, 45
Companys, Luis, 640, 642, 648, 697
Compendio historial, 303
Compendio matemático, 341
Concepción, Juan de la, 384
Concha, general, 454, 496, 513
Conchinchina, 470
Concordia liberi arbitrii, 300
Conflent, 134
Conquista de las islas Molucas, 342
Consejo y consejeros del príncipe, 301
Conservación de Monarquías, 339
Constantino VII, 96
Constantinopla, 46, 66, 145
Constanza de Sicilia, 135, 180
Coplas a la muerte de su padre, el maese don Rodrigo, 247
Corán, 116
Corbeil, tratado de, 128
Corbie, 333
Córdoba, 22, 41, 42, 50, 67, 69-71, 73, 74-77, 79, 81-84, 86-96, 98, 100-104, 106, 111, 113, 123, 126, 150, 214, 216, 218, 228, 260, 261, 297, 313, 317, 356, 412, 496, 507, 510, 658, 815
Corea, 715, 761
Corisco, 381
Correa de Araujo, Francisco, 349
Corrientes, Diego, 367
Cortés, Hernán, 292
Cortés, Martín, 302
Cortina Mauri, 762
Cortina, Manuel de la, 468
Cosa, Juan de la, 244
Cossío, Manuel Bartolomé, 553
Costa, Joaquín, 522, 550, 552, 556, 596, 597
Costa Rica, 707, 720, 771
Costanza, concilio de, 170, 200
Cova Fosca, 30
Cova Negra, 27
Covacho de Eudoviges, 27
Covadonga, 81, 82, 87
Covarrubias, Alonso de, 306, 307
Covarrubias, Diego de, 300
Crespí, Joan, 258
Creta, 74, 79
Crevillente, 368
Crimea, 482
Cristo, 76, 236
Cristo, orden de, 150, 171
Cristo crucificado, 348
Cristo de la Agonía, 347
Cristo de la Buena Muerte, 347
Cristo de la Clemencia, 346
Cristo de la Expiración, 347
Cristo del Buen Amor, 347
Cristo yacente, 346
Cristoforo Colombo (ver Cristóbal Colón)
Cromwell, Oliver, 333
Crònica, 199
Crónica Albeldense, 109

Crónica Byzantina-Arabica, 109
*Crónica de Alfonso VII,*158
Crónica de Álvaro de Luna, 199
Crónica de D. Duarte de Meneses, 200
Crónica de D. Duarte, D. Alfonso V y D. Juan II, 200
Crónica de los Reyes Católicos, 303
Crónica de los reyes de Navarra, 199
Crónica de Pero Niño, conde de Buelna, 199
Crónica de San Juan de la Peña, 199
Crónica de Valencia, 303
Crónica del Condestable Miguel Lucas de Iranzo, 199
Crónica del Perú, 295
Crónica do Conde D. Pedro de Meneses, 200
Crónica do descobrimento e conquista de Guiné, 200
Crónica latina de los reyes de Castilla, 158
Crónica Mozárabe, 109
Crónica najerense, 158
Crónica Profética, 82
Crónica Rotense, 109
Crónica silense, 158
Croy, Guillaume de, señor de Chièvres, 252
Cruz, Ramón de la, 344
Cuadernos para el diálogo, 726, 743
Cuatro Vientos, 612
Cuauhtémoc, 292
Cuba, 243, 292, 313, 363, 384, 392, 474, 475, 477, 503, 504, 510, 512, 525, 538, 539, 543, 544, 546, 548-551, 571, 698, 762
Cuéllar, Alonso de, 384
Cuenca, 67, 113, 144, 218, 260, 282
colegio de, 246
Cueva, Beltrán de la, 168
Cueva, Juan de la, 304
Cueva Horá, 27
Cueva Morín, 27
Cueva Victoria, 26
Cuevas, cartuja de las, 267, 348
Cuixá, monasterio de, 106
Curaçao, 335
Curso elemental de Botánica, 392
Cursus Mathematicus, 341
Cutanda, Vicente, 533
Cuzco, 292, 382

D'Ors, Eugenio, 610
Dalí, Salvador, 593, 653, 807
Damas, Paz de las (ver Paz de Cambrai)
Dancaert, 248
Dante Alighieri, 116
Danubio, 99
Daroca, 138
Dato, Eduardo, 550, 569, 575-577, 579, 581, 583, 587, 588, 590
Daza Valdés, Benito, 340
De anima et vita, 299
De concordia et discordia in humano genere, 299
De indis, 299
De institutione feminae christianae, 299
De iure belli, 300
De iustitia et iure, 300
De laudibus Hispaniae, 246
De legibus, 300
De locis theologicis, 300
De los nombres de Cristo, 305
De orbe novo decades octo, 246
De potestate civili, 300
De rege et regendi ratione, 340
De rege et regis institutione, 300
De sanguinis circulation et de arte sphygmica, 340, 341
De viris illustribus, 66
Decio, emperador, 50
Delhuyar, Fausto, 392
Delhuyar, Juan José, 392
Delibes, Miguel, 726, 767, 807
Dell'origini, progressi e stato attuale d'ogni letteratura, 389
Dencás, 642
Denia, 111-125
Desastres de la guerra, 396
Descendimiento, 307
Desclot, Bernat, 199
Desiderio, san, 66

Deusto, 368
Deza, 81
Deza, Lope de, 339
Dialoghi di Amore, 238
Diálogo de doctrina cristiana, 299
Diálogo de la lengua, 299
Diálogo de las cosas de Roma, 299
Diálogo de Mercurio y Carón, 299
Diálogo sobre la dignidad del hombre, 299
Dialogus de re medica, 302
*Diana enamorada,*304
Diario de los literatos, 387
Diario del primer viaje, 247
Dias, Bartolomeu, 174
Díaz, José, 646
Díaz de Montalvo, Alonso, 233
Díaz de Vivar, Rodrigo, el Cid Campeador, 112, 118
Díaz del Castillo, Bernal, 295
Díaz Porlier, Juan, 423
Diccionario de autoridades, 385
Diccionario de los artes de la pesca nacional, 388
Diccionario geográfico-histórico de las Indias Occidentales, 383
Diccionario usual, 385
Diego, Gerardo, 593
Díez Alegría, Luis, 757
Dinamarca, 330
Diocleciano, emperador, 42, 46, 51, 52
Dionís, rey de Portugal, 127, 171
Dioscórides, 92, 96, 302
Disciplina clericalis, 116
Discurso dirigido a la muy ilustre ciudad de Quito, 383
Discurso político y físico, 341
Discurso sobre el fomento de la industria popular, 388
Discurso sobre la educación física y moral de las mujeres, 390
Discurso sobre la educación popular de los artesanos y su fomento, 388
Discurso sobre las penas, 390
Discursos, 398
Disertación histórica y política sobre el comercio del Perú, 383
Disparates, 396
Disputaciones metafísicas, 300
Divina comedia, 116
Djerba, 286, 289
Doctor Egidio (ver Juan Gil)
Doctor Navarro (ver Martín de Azpilcueta)
Doctrina Pueril, 158
Dolores Ibarruri, *La Pasionaria,* 646, 745, 712
Domènech i Montaner, Lluís, 533
Domiciano, emperador, 44
Domingo, Marcelino, 620, 630, 648
Domingo de Silos, santo, 156
Domingo Gundisalvo, 116
Domínguez, Michel, 827, 828
Domínguez Ortiz, 17
Don, 52
Don Álvaro o la fuerza del sino, 490
Don Duardos, 304
Don Gil de las calzas verdes, 343
Don Juan Tenorio, 491
Donato, 66
Donoso Cortés, Juan, 448, 455, 462, 463, 493
Doria, Andrea, 286, 287
Dormer, Diego José, 342
Dos Aguas, marqués de, 368
Dragut, 288, 289
Drake, Francis, 286
Dreyfus, Alfred, 543
Dryander (ver Francisco de Encinas)
Duarte I de Portugal, 167, 168, 199
Dueñas, 254
Duero, 40, 43, 81, 100, 101, 103, 117, 118, 136, 138, 140-143, 216
Dulce de Provenza, 123
Dunkerque, 333
Dupont, Pierre, 412
Durán i Bas, Manuel, 560
Durango, 662
Durón, Sebastián, 350
Düsseldorf, 26

Eboli, príncipe de, 297
Ebro, 33, 38, 40, 42-44, 71, 74, 78, 81, 84, 86, 87, 101, 103, 144, 254, 322, 662-664, 668, 736
Echegaray, José de, 491
Echevarría, Juan, 554
Écija, 42, 70, 214, 260, 261, 356
Ecuador, 391, 470
Efemérides generales de los movimientos de los cielos, 340
Egas, Enrique, 247
Égica, 62, 63
Egipto, 91, 135, 145
Églogas, 304
Egmont, conde de, 289
Eguía, Francisco Ramón de, 554
Eguía, Miguel de, 279
Einstein, Albert, 674
Eiximenis, Francesc, 199
Ejea, 143
Ejercicios espirituales, 304
Ekain, 130
El aguador de Sevilla, 348
El alcalde de Zalamea, 344
El Arahal, 480
El Argar, 33
El arte real para el buen gobierno, 340
El burlador de Sevilla, 344
El caballero de Olmedo, 343
El cacharrero, 396
El Cachorro, 347
El café de Cádiz, 394
El Callao, 470
El Carrascal, 103
El Castillo, 27, 30
El Censor, 387
El collar de la paloma, 114
El columpio, 396
El condenado por desconfiado, 344
El Correo Mercantil de España y sus Indias, 361
El crimen de Cuenca, 806
El Cristo del Gran Poder, 347
El criticón, 343
El debate, 569, 637
El delincuente honrado, 394
El desdén con el desdén, 344
El diablo cojuelo, 343
El dos de mayo o la carga de los mamelucos, 396
El Eco de la Clase Trabajadora, 467
El entierro del señor de Orgaz, 308
El esclavo del demonio, 344
El Escorial, 267, 276, 291, 301, 305, 306, 345, 349, 395, 725
El espíritu de la colmena, 767, 768
El expolio, 308
El fandango del candil, 394
El Ferrol, 361, 374, 375, 385, 690
El filósofo autodidacta, 115
El fusilamiento de Torrijos, 490
El gran canciller de las Indias, 335
El gran teatro del mundo, 344
El imparcial, 489
El ingenioso hidalgo don Quijote de la Mancha, 343
El Jarama, 726
El jardín de Falerina, 350
El lindo don Diego, 344
El martirio de san Felipe, 348
El martirio de san Felipe, 348
El médico de su honra, 344
El mejor alcalde, el rey, 343
El paraíso en el Nuevo Mundo, 335
El Pardo, 276, 395, 755
  convento de, 346
  Pacto de, 539, 566
El Parpalló, 30
El Paso, 767
El patizambo, 348
El Paular, cartuja de, 248, 267
El pelele, 396
El Pensador, 387
El perro del hortelano, 343
El problema de España, 725
El quitasol, 396
El sacrificio de Isaac, 307
El Salvador, 294, 826
El sí de las niñas, 394
El Socialista, 542

El Sol, 592, 596, 612
El soldado católico en la guerra de religión, 397
El sueño de Jacob, 348
El sueño del caballero, 348
El tragaluz, 767
El verdugo, 727
El vergonzoso en palacio, 343
Elba, 285
Elcano, Juan Sebastián, 292
Elche, 67, 177, 368
Dama de, 35
marqués de, 368
Elda, 177
Elementos de Matemáticas, 391
Elena y María, 156
Elevación de un globo Montgolfier en los jardines de Aranjuez, 396
Elipando de Toledo, 76
Elna, 105
Elobey, 381
Elvira, concilio de, 50
Emma, hija de Vifredo, 85
En torno al casticismo, 552
Encarnación, convento de la, 345
Encima, 431
Encina, Juan del, 249, 304
Encinas, Francisco de, 280
Encinas, Jaime de, 280
Enrique, cardenal, rey de Portugal, 290
Enrique, infante de Aragón, 167, 168
Enrique de Borbón, 291
Enrique de Lorena, 119
Enrique de Portugal, 120
Enrique de Sevilla, infante, 462
Enrique el Navegante, 174
Enrique I de Castilla, 120,
Enrique I de Inglaterra, 115
Enrique I de Navarra, 129
Enrique II de Francia, 287
Enrique II de Trastámara, rey de Castilla, 162-165, 167, 172, 193, 197, 199
Enrique III de Castilla, el Doliente, 166, 172-174, 199, 241
Enrique IV de Castilla, 159, 168-170, 190, 196, 200, 211, 212, 246, 279, 331
Enrique VIII, 244
Enríquez, Fadrique, 255
Enríquez, Juana, 189, 196
Ensaladas, 308
Ensayo de una biblioteca española de los mejores escritores del reinado de Carlos III, 389
Entre bobos anda el juego, 344
Epístola moral a Fabio, 343
Ercilla, Alonso de, 295
Erice, Víctor, 768, 806
Ermesinda, 123
Eróticas, 342
Ervigio, 61-63
Escalante de Mendoza, Juan, 302
Escalante, Juan Antonio, 349
Escalona, 280
Escayuela, 136, 137
Escipión, 25
Escobedo, Juan de, 275
Escolano, Gaspar, 342
Esfera en común, terrestre y terráquea, 341
Eslonza, 101
Esmalcalda, Liga de, 288
Espada, orden de la, 150
Espadán, sierra de, 271
España Sagrada, 389
España sin problema, 725
España tal como es, 552
Espartero, Baldomero, 438, 447-451, 453, 454, 460, 465, 467, 468, 469, 479, 496, 500, 501
Espéculo, 153
Espejo, Eugenio, 383
Espinel, Vicente, 343
Espoz y Mina, Francisco, 417, 423, 430
Esquilache (ver Leopoldo de Gregorio)
Esquilache, motín de, 356, 362, 367, 376
Esquilache, príncipe de, 342
Esquivel, Pedro, 302
Essex, duque de, 286

Estados Unidos, 291, 380, 427, 470, 500, 504, 508, 512, 541, 544, 546, 548, 549, 559, 619, 622, 630, 666, 700, 702, 704, 710, 711, 715, 716, 722, 723, 762, 777, 800-803
Estébanez Calderón, Serafín, 492
Estella, 139, 294, 295, 506, 518, 629
Estiria, 252, 331
Estoril, 713
Estremoz, 326
Eterio de Osma, 76, 83
Etimologías, 66
Euclides, 114
Eudes, 85
Eufemia, 304
Eugenio de Toledo, 66
Eugenio IV, 169
Eugui, 359
Eulogio de Córdoba, 77, 78, 109
Eurico, 53, 55
código de, 53
Europa, 21, 26, 27, 30, 32, 96, 99, 110, 115, 116, 140, 145, 151, 155, 157, 158, 162, 164, 174, 175, 197, 217, 219, 226, 247, 262-264, 272, 279, 285, 288, 289, 300-302, 309, 320, 321, 324, 332, 353, 356, 391, 412, 420, 423, 441, 462, 463, 469, 482, 508, 538, 555, 558, 576, 592, 595, 614, 615, 626, 642, 646, 647, 651, 652, 660, 666, 687, 693, 694, 697, 703, 704, 709, 710, 713, 714, 716, 723, 724, 730, 734, 736, 742, 751, 756, 758, 762, 769, 770, 772, 790, 800, 806, 811, 812, 821, 823, 824, 826, 829, 830
Eusebio, 390
Evangelio del marco de plata, 157
Évora, 89, 325
Examen de ingenios para las ciencias, 303
Exposición del Cantar de los Cantares, 305
Exposición del libro de Job, 305
Extremadura, 22, 110, 113, 119, 120, 126, 138, 150, 215, 217, 259, 260, 280, 307, 322, 358, 360, 505, 632, 658, 819
Hermandad de, 160
Ezcaray, 360
Ezequiel, 82

Fábula de Polifemo y Galatea, 342
Fábulas literarias, 394
Fábulas morales, 394
Fadrique de Benavente, 172
Falero, Francisco, 302
Fancelli, Domenico, 247, 248
Fandango, 397
Fanelli, Giuseppe, 507
Farnesio, Alejandro, 286, 290, 291
Fazañas, 153
Federico II, 131, 135
Federico III, 200
Feijoo, Benito Jerónimo, 389, 393
Felanitx, 258
Felipe I, 212
Felipe II, 56, 239, 244, 245, 251, 258, 261, 262, 271, 272, 274, 275-279, 283, 285-287, 289-291, 296, 301-304, 306, 307-309, 316, 330, 340, 342
Felipe III, 239, 309, 310, 318, 319, 321, 330, 336, 345, 346, 349
Felipe III de Francia, el Atrevido, 130, 134
Felipe IV, 309, 318, 319, 320, 323, 324, 326, 328, 331, 340, 345, 348, 349, 352
Felipe IV de Francia, 130, 191, 192
Felipe V de Borbón, duque de Anjou, 330, 334, 352, 353, 366, 370, 375, 376, 379, 381, 395, 396
Felipe VI, 192
Felipe, infante, 379
Felipe de Evreux, 192
Félix, obispo de Urgel, 76, 77, 84
Fénix de Cataluña, 339
Fernán Gómez, Fernando, 807
Fernán González, conde, 101-104
Fernández, Alejo, 248
Fernández, García, 90, 103
Fernández, Gregorio, 346
Fernández Cuesta, Raimundo, 717
Fernández de Andrada, Andrés, 343

Fernández de Córdoba, Gonzalo, el Gran Capitán, 230, 240, 285, 303
Fernández de Córdova, Luis, 437, 438, 465
Fernández de Enciso, Martín, 302
Fernández de Gabeiras, José, 796
Fernández de Lugo, Juan, 241
Fernández de Moratín, Leandro, 394
Fernández de Moratín, Nicolás, 393, 394
Fernández de Navarrete, Juan, 306
Fernández de Navarrete, Pedro, 339
Fernández de Oviedo, Gonzalo, 199, 295
Fernández de Quirós, Pedro, 296, 336
Fernández de Velasco, Bernardino, duque de Frías, 447
Fernández del Amo, 727
Fernández Lechuga, Bartolomé, 346
Fernández Miranda, Torcuato, 753-755, 774, 777, 779, 780, 784
Fernández Ordóñez, Francisco, 799, 825
Fernández Villaverde, Raimundo, 550, 558, 559
Fernando, cardenal-infante, 332
Fernando, hermano de Carlos V, 252, 274, 288
Fernando, hijo de Carlos IV, 400
Fernando, infante de La Cerda, 133
Fernando, infante, hijo de Juana Enríquez, 189
Fernando I, 101
Fernando I de Castilla, 101, 103, 105, 117, 118, 121, 126
Fernando II de Aragón, el Católico, 22, 169, 170, 188, 190, 191, 196, 200, 211, 212, 215, 228, 229, 231-233, 239, 240, 243, 249, 251, 255
Fernando II de León, 119, 120, 149
Fernando III, el Santo, 120, 126, 127, 129, 136, 141, 158
Fernando IV, 159
Fernando VI, 376, 380, 396
Fernando VII, 411, 417, 420-423, 427-431, 433, 436, 437, 448, 486, 489, 492, 505
Fernando de Antequera, 166-169, 185, 188, 194, 195, 197
Fernando de Estiria, archiduque, 331
Fernando Poo, 381
Fernão de Magalhães (ver Fernando de Magallanes)
Ferrer Guardia, Francisco, 566, 573
Ferrer, Vicente, 173, 199
Fez, 74, 92
Fiesta de toros en Madrid, 394
Fiesta en el Jardín Botánico, 396
Figueras, 398
Figueras, Estanislao, 509
Figueroa, Leonardo de, 346, 394
Figueroa y Torres, Álvaro, conde de Romanones, 569, 575, 577, 579-581, 584, 587, 609, 616, 621
Figuerola, Laureano, 497, 498
Filabres, sierra de los, 239
Filipinas, 242, 263, 291, 292, 295, 296, 335, 336, 363, 382, 384, 393, 547-549, 551
Finale, 332
Finlandia, 652, 802
Fisac, Miguel, 727
Física moderna, racional y experimental, 391
Fitero, monasterio de, 140, 192
Fitz-James Stuart y Falcó, Jacobo, duque de Alba, 712
Flandes, 145, 173, 176, 217, 226, 252, 261, 262, 275-277, 284, 285, 289, 296, 301, 303, 323, 324, 328, 331, 332, 334, 370, 379
Flandes, conde de, 164
Flecha, Mateo, el Viejo, 308
Florencia, 286
Flórez, Enrique, 389
Flórez Estrada, Álvaro, 445, 493
Florida, 294, 380, 382
Floridablanca, conde de (ver José Moñino y Redondo)
Floridablanca, conde de, 414, 415
Focas, Nicéforo, 74
Fonseca, Alonso de, 198
Fontainebleau, Tratado de, 400

Fontevrault, orden de, 150

For whom the bells toll, 674

Forment, Damián, 249

Forner, Juan Pablo, 389

Foronda, Valentín de, 398

Fortún, Garcés, 70, 87, 88

Fortunata y Jacinta, 533

Fortuny, Mariano, 492

Fraga Iribarne, Manuel, 719, 741, 754, 758, 775, 776, 779, 784, 790, 814

Frankfurt, 283

concilio de, 76

Francia, 30, 51, 116, 125, 126, 128, 129, 150, 151, 162, 165, 168, 172, 173, 176, 177, 190-192, 194, 215, 218, 239, 244, 262, 279, 284, 287, 288, 291, 316, 330-334, 340, 362, 398-400, 412, 413, 420, 422, 423, 427, 431, 435, 438, 439, 453, 457, 464, 469, 470, 474, 476, 481-483, 489, 492, 507, 508, 513, 516, 522-525, 540, 543, 549, 555, 565, 572, 576, 588, 593, 609, 646, 652, 664-667, 675, 694, 697, 700, 701, 704, 710-713, 723, 724, 730, 735, 750, 752, 800, 803, 808, 812, 813, 820, 824, 826, 829, 831

Francisco I de Francia, 287

Francisco de Asís, duque de Cádiz, 462

Francisco de Asís, san, 150

Francisco de Paula, infante, 411, 430

Francisco Javier, san, 338

Franco, Carmen, 777

Franco Bahamonde, Francisco, 599, 601, 604, 609, 624, 644, 656, 657, 661-670, 672-675, 687, 689-707, 709-721, 723-725, 729, 732, 734, 736-738, 740-743, 748-750, 752-766, 768, 772-775, 777-779, 783, 784, 800, 801, 804, 807, 829

Franco Condado, 226, 251, 278, 286, 334

Franqueza, Pedro, 319

Fraxinetum (La Garde-Freinet), 92

Fray Gerundio de Campazas, 393

Freixo de Espada-a-Cinta, 30

Frómista, 140

Fructuoso de Braga, 66

Fruela I, 81

Frundsberg, Georg von, 286

Fúcares, 283

Fuenteovejuna, 343

Fuenterrabía, 160, 325

Fuentes, conde de, 332

Fuentes Quintana, Enrique, 786

Fuero General de Navarra, 153, 154

Fuero Juzgo, 60, 153

Fuero Viejo, 146, 153

Fueros de Aragón, 153

Fugger, 261, 283

Furió Cerio, Fadrique, 301

Gaeta, 145

Gaínza, Martín de, 306

Galba, Sulpicio, 45

Galeni Pergameni Liber de Ossibus, 302

Galeno, 114

Gales, príncipe de, 324

Galias, 40, 42, 43, 45, 53, 77

Galicia, 22, 36, 41-43, 47, 51, 52, 65, 72, 81, 82, 100, 101, 105, 107, 108, 118, 119, 133, 140, 157, 170, 215, 216, 228, 229, 254, 267, 269, 278, 312, 328, 346, 357, 359, 362, 416, 424, 475, 482, 491, 545, 562, 572, 600, 658, 799, 819

Galicia, hermandad de, 160

Galilei, Galileo, 340

Galíndez de Carvajal, Lorenzo, 247

Galíndez, 807

Galíndez, Andregoto, 86, 104

Galindo II, 86

Gallard, Diego María, 361, 362

Gallego, Fernando, 248

Gallego, Juan Nicasio, 394

Gállego, 104

Gálvez, José de, 378, 382

Gamazo, Germán, 536, 539, 541

Gándara, Miguel Antonio de la, 388

Gandesa, 664

Gandía, 30

duque de, 225, 316

Ganivet, Ángel, 552

Gante, Pacificación de, 290
Garaicoechea, Carlos, 793
Garay, Martín de, 414, 422
Garci, José Luis, 807
García, 109
García, Francisco, 317
García, hijo de Fernando I, 118
García, infante de Castilla, 104
García, rey de Navarra, 105, 121
García Berlanga, Luis, 727, 807
García Cañuelo, Luis, 387, 389
García de Almoravid, 147
García de Céspedes, Andrés, 340
García de Eugui, 199
García de la Huerta, Vicente, 394
García de Palacio, Diego, 302
García Escámez, Francisco, 657
García Escudero, José María, 727
García Hortelano, Juan, 726
García Íñiguez, rey de Navarra, 86, 87
García Jofre de Loayza, 295
García López de Roscenvalles, 199
García Lorca, Federico, 593, 653, 670
García Nieto, José, 725
García Prieto, Manuel, 569, 575, 580-584, 590, 606
García Ramírez, 122, 125, 128
García Sánchez I, 104
García Valiño, Rafael, 723
Garcilaso, 725
Garcilaso de la Vega, 304
Garcilaso de la Vega, el Inca, 335
Garellano, batalla de, 240
Garibay, Esteban de, 303
Garraf, sierra de, 105
Garrigues Walker, Joaquín, 775
Gascuña, 104
condes de, 86, 104
Gasset, Rafael, 550, 571
Gattinara, Mercurino, 277, 286
Gaudí, Antonio, 554
Gavá, 32
Gelmírez, Diego, 149, 158
Genadio, san, 109
Generaciones y semblanzas, 199
Génova, 125, 162, 163, 178, 287, 316, 332, 334
Pacto de, 353
Genovés, Juan, 767
Geografía astronómica, física y natural de España y Portugal, 392
Gerardo de Cremona, 116
Gerberto de Aurillac (ver Silvestre II)
Germana de Foix, 212, 257
Gerona, 27, 50, 56, 72, 81, 84, 105, 123, 144, 183, 334, 412, 416
catedral de, 155
condado de, 69, 85
Gesta veterum comitum Barcinonensium et regum Aragonensium, 158
Giaquinto, Corrado, 396
Gibraltar, 162, 218, 239, 240, 286, 353, 354, 379, 380, 451, 496, 522, 549, 576, 577, 601, 661, 701, 703, 723, 762, 763, 803, 824, 827
Giginta, Miguel, 273
Gijón, 78, 363, 386, 486
Gijón, Francisco Antonio, 347
Gil, Juan, Doctor Egidio, 281
Gil, Pero, 163
Gil de Biedma, Jaime, 727
Gil de Hontañón, Rodrigo, 307
Gil de Zárate, Antonio, 460
Gil Polo, Gaspar, 304
Gil Robles, José María, 632, 636-639, 641, 643-645, 649, 651, 656, 718, 742
Gimbernat, Antonio, 385
Giménez Fernández, 641, 643, 644, 718
Gimferrer, Pere, 767
Ginebra, 302
Giner de los Ríos, Francisco, 497, 504, 531, 553
Giral, 659, 711
Gironella, José María, 726
Girón de Velasco, José Antonio, 708, 717, 719
Gisbert, Antonio, 490, 501
Giscard d'Estaing, Valéry, 801, 803
Goded, Manuel, 644, 656, 657
Godescalco de Puy, 109

Godoy, Manuel de, 378, 399, 400
Gomes, Fernando, 174
Gomes Eanes de Zurara, 199
Gomesano, 109
Gómez, general, 438
Gómez de la Serna, Ramón, 593
Gómez de Mora, Juan, 345
Gómez Jordana, Francisco, 701, 703
Gómez Ortega, Casimiro, 392
Gondebaldo, 54
Góngora, Luis de, 342
González, Aníbal, 554
González, Ceferino, 532
González, Felipe, 760, 785, 795, 798, 804, 805, 811-813, 824, 825, 827
González, Juan, 116
González Bravo, Luis, 454, 468, 472, 496
González de Cellórigo, Martín, 338
González de Clavijo, Ruy, 200
González de Mendoza, Pedro, el Gran Cardenal, 248
González del Castillo, Juan Ignacio, 394
González Velázquez, Isidro, 396
Gonzalo, infante y conde de Sobrarbe-Ribagorza, 104, 105, 121
Gorbachev, Mijail, 771
Gordillo, Luis, 767
Gordon, George, lord Byron, 491
Goya, Francisco de, 396, 412, 492, 807
Goyeneche, Juan de, 360
Goytisolo, Juan, 726, 767, 806
Goytisolo, Luis, 726
Gracián, Baltasar, 343
Graco, T. Sempronio, 38
Grajas, 27
Gramática, 385
Gran Bretaña, 414, 420, 423, 427, 430, 438, 439, 469, 470, 474, 477, 482, 483, 485, 508, 522, 524, 525, 538, 549, 556, 563, 565, 666 700, 702, 703, 711, 733
Gran Canaria, 241
Gran Colombia, 426
Granada, 23, 75, 81, 110-115, 126, 132, 135, 137, 159, 162-164, 166, 167, 173, 193, 196-198, 213-216, 218, 220, 228, 230-240, 242, 260, 261, 275, 282, 286, 303, 312, 317, 359, 372, 658, 670
  Alhambra de, 198, 305
  catedral de, 248, 306, 345, 347
  hospital de, 248
  Tratado de, 240
  Universidad de, 298
Grandeza mexicana, 335
Granvela, Antonio, cardenal, 287, 289
Graus, 121
  batalla de, 118
Grecia, 51, 756, 770, 791, 803, 804, 823
Gregorio, Leopoldo de, marqués de Esquilache, 367, 376,
Gregorio X, 133
Grimaldi, marqués de, 376
Guadalajara, 30, 198, 248, 280, 399, 662
Guadalcanal, 261, 283
Guadalete, batalla de, 60, 63, 70
Guadalquivir, 34, 43, 44, 78, 95, 143, 144, 216, 260, 307, 480
Guadalupe, 143
  monasterio de, 267, 348
  Sentencia Arbitral de, 191, 229
Guadiana, 27, 43, 127
Guadix, 137
Guam, 549
Guanahaní, isla de, 243
Guanajuato, 384
Guara, 103
Guarnizo, 375
Guarrazar, 67
Guas, Juan, 247
Guastalla, ducado de, 379
Guatemala, 294, 380
Guayana, 335, 392
Guayaquil, 427
Gudiel, García, 116
Guerau, Francisco, 349
Guernica, 662
Guernica, 675, 807
Guerra de Granada, 341
Guerra, Alfonso, 790, 798, 812, 824, 827

Guerra, Juan, 827
Guerrero, Francisco, 308
Guetaria, 160
Guevara, Antonio de, 303
Guía de pecadores, 305
Guía espiritual, 338
Guillén de la Carrera, Alonso, 340
Guillermo de Orange, el Taciturno, 275, 290
Guillermo de Toulouse, duque, 81
Guinea, 241, 381, 382, 522, 700, 763
Guipúzcoa, 126, 153, 164, 170, 193, 261, 360, 367, 370
Guisando, 169
  Pacto de, 170
Guitarra española, 308
Gutiérrez, Francisco, 395
Gutiérrez de los Ríos, Gaspar, 339
Gutiérrez Mellado, Manuel, 779, 786, 795
Guzmán, Domingo de, 150
Guzmán, Nuño, 294
Guzmán de Alfarache, 272, 304

Habsburgo, dinastía, 287, 332
Haenke, Tadeo, 392
Haes, Carlos de, 533
Haití, 334, 470, 826
Hallstatt, 341
Hamen, Juan van der, 348
Haro, 395
Haro, casa de, 133, 146
Haro, Luis de, 319, 327, 328
Harvey, William, 341
Hasday ibn Saprut, 93
Hassan II, 764
Hawai, 548
Hawkins, John, 286
Hebreo, León, 238
Hemingway, Ernest, 674
Hendaya, 701
Heredia, 484
Hermán el Dálmata, 116
Hermenegildo, 55, 56
Hernández, Francisca, beata, 280
Hernández, Francisco, 302
Hernández, Miguel, 675
Hernández Mancha, Antonio, 815
Heródoto, 34
Herrera, Ángel, 569
Herrera, Antonio de, 342
Herrera, Fernando de, el Divino, 304
Herrera, Francisco de, el Viejo, 348
Herrera, Juan de, 306, 345
Herrera del Mozo, Francisco, 349
Herrera Oria, 637
Herrero, 790, 799
Hervás y Panduro, Lorenzo, 390, 398
Hevia, José Manuel, 398
Heyn, Piet, 313, 332
Hidalgo, 691
Hidalgo, Juan, 350
Hierro, José, 727
Híjar, duques de, 326
Hijos de la ira, 725
Hisham I, 72
Hisham II, 84, 90, 97
Hispania, 21, 22, 25, 37, 38, 40-51, 53, 100, 211
Hispania Citerior, 38, 40, 47
Hispania Ulterior, 38, 40, 41
Historia compostelana, 158
Historia de Felipe II, 341
Historia de Galicia, 491
Historia de la ciudad de Segovia, 303
Historia de la ciudad y reyno de Valencia. Década primera, 342
Historia de la composición del cuerpo humano, 302
Historia de la Florida, 335
Historia de la rebelión y castigo de los moriscos, 341
Historia de la vida y hechos del emperador Carlos V, 341
Historia de los bandos de los zegríes y abencerrajes, 304, 341
Historia de los godos, vándalos y suevos, 66
Historia de los indios de la Nueva España, 295
Historia de los jueces de Córdoba, 95

Historia de los movimientos, separación y guerra de Cataluña, 342
Historia de una escalera, 727
Historia del Gran Tamerlán, 200
Historia General de España, 303
Historia General de las cosas de Nueva España, 295
Historia General de las Indias, 295
Historia General de Philipinas, 384
Historia medicinal de nuestras Indias Occidentales, 302
Historia natural de las Indias, 295
Historia natural de Nueva España, 302
Historia natural y moral de las Indias, 295
Historia o descripción de la Ciudad Imperial, 303
Historia pelagiana, 372
Historia verdadera de la conquista de la Nueva España, 295
Hita, arcipreste de (ver Juan Ruiz)
Hitler, Adolf, 647, 666, 691, 693, 694, 700-702, 704, 709
Hohenzollern-Simmaringen, Leopoldo de, 501
Holanda, 289, 290, 326, 330, 334
Hommage to Catalonia, 474, 475
Honduras, 294, 380
Honorio, emperador, 46
Honshu, 336
Horn, conde de, 289
Horta, Pep de l', 368
Hospital, orden del, 121, 124
Houasse, Michel-Ange, 396
Huancavelica, 262, 294
Huarte de San Juan, Juan, 396
Huáscar, 292
Huelgas, monasterio de las, 140, 155, 161
Huelva, 43, 297, 737
Huerta, monasterio de, 140
Huesca, 32, 40, 43, 70, 84, 86, 111, 121, 148, 149, 246
Huesos, sima de los, 26
Hugo Sanctallensis, 116
Huguet, Jaume, 249
Hungría, 288, 516, 538, 547, 772
Hurtado de Mendoza, Diego, 341

Ibáñez de la Rentería, José Agustín, 398
Ibarra, Joaquín, 387
Ibarruri, Dolores, *La Pasionaria,* 646, 745
Ibeas de Juarros, 26
Iberia, 37, 50
Ibiza, 128, 258, 352-354, 658
Ibn al-Qutiyya, 95
Ibn Ammar, 114
Ibn Bassal, 115
Ibn Dawnd, 116
Ibn Hafsún, 74
Ibn Hassun, 113
Ibn Hayyan, 114
Ibn Hazm, 73, 94, 114
Ibn Hud, 113, 136
Ibn Mardanis, 113
Ibn Tufayl, 115
Ibrahim ben Said, 114
Ibsen, Henrik, 551
Icones et descriptiones plantarum, 392
Idacio, 66
Idanha-a-Velha, 67
Idea de un príncipe cristiano representada en cien empresas, 340
Idearium español, 552
Idiáquez, Alonso de, 277
Idiáquez, Juan de, 277
Ifni, 242, 469, 723, 764
Igal, 109
Iglesias, Gerardo, 815
Iglesias, Pablo, 507, 529, 572, 573, 586
Ignacio de Loyola, san, 281, 304, 338
Ildefonso de Toledo, 66, 109
Inca, 184
Independencia, guerra de la, 415, 416, 443, 450, 481
India, 23, 95, 99, 171, 174, 212, 242, 243, 251
Indias, 23, 171, 234, 235, 242, 247, 295, 303, 334
Indíbil, 38
Informe sobre el expediente de Ley Agraria, 388

Infortunios de Alonso Ramírez, 335
Inglaterra, 116, 145, 162, 164, 165, 170, 172, 173, 193, 240, 244, 262, 275, 288-291, 330, 333, 334, 352-354, 363, 364, 379, 380, 399, 400, 522, 576, 652, 665, 675, 700, 808
Inmaculada, 347
Inmaculada, La Cieguecita, 346, 347
Inocencio III, 113, 120, 125-127
Inocencio IV, 120
Instituciones de cálculo diferencial e integral, 391
Instrucción de música sobre la guitarra española, 349
Introducción al símbolo de la Fe, 305
Íñigo, Baltasar, 341
Íñigo Íñiguez, 87
Iradier, Manuel, 522
Irak, 825
Ireneo de Lyón, 50
Iriarte, Tomás de, 394
Irlanda, 330, 652
Irún, 524, 661
Isa ibn Ahmad al Razi, 95
Isabel, hija de los Reyes Católicos, 212, 244
Isabel I de Castilla, la Católica, 22, 159, 168-170, 190, 200, 211, 212, 2229, 243, 247, 249, 490
Isabel I de Inglaterra, 291
Isabel II, 431, 447, 450, 476, 479, 490, 495, 496, 498, 501, 503-506, 512, 513, 515-517, 521, 535, 536, 611
Isabel de Borbón, 331
Isabel de Portugal, 168, 274
Isabel de la Cruz, beata, 280
Isidoro de Sevilla, san, 57, 66, 158
Isla Tercera, 306
Isla, Francisco José de, 393
Istúriz, Javier, 440
Italia, 30, 38, 43, 44, 47, 52, 54, 116, 117, 178, 186, 215, 226, 230, 234, 240, 247, 266, 280, 285-288, 291, 296, 321, 324, 331, 334, 348, 352, 370, 379, 419, 423, 501, 538, 544, 572, 577, 595, 602, 613, 651, 652, 656, 666, 667, 694, 696, 699-702, 707, 716, 735, 770
Itúrbide, Miguel de, 326

Jaca, 86, 139, 148, 612
catedral de, 155
Jackson, Gabriel, 623
Jacobo I, 330
Jaén, 32, 74, 75, 81, 94, 113, 127, 136, 214, 260, 658
catedral de, 306, 345
Jaime I, 127-135, 141, 148, 154, 156-158
Jaime II, 176-178, 184
Jaime III, 180
Jaime de Urgel, 185, 190
Jalil al-Gafla, 94
Jamaica, 243, 333, 334
Japón, 538, 702, 736
Jarama, 662
Jardiel Poncela, Enrique, 727
Játiva, 125, 257, 316
Jáuregui, Juan de, 343
Javier de Borbón-Parma, 759
Jerez, 132, 214, 505, 542
cartuja de, 267, 348
Jericó, 31
Jeroglíficos de las postrimerías (Finis gloriae mundi), 349
Jeroglíficos de las postrimerías (In ictu oculi), 349
Jerusalén, 122, 135, 145
Jimena de la Frontera, 359
Jiménez de Asúa, Luis, 621
Jiménez de Cisneros, Francisco, 235, 239, 246, 248, 307
Jiménez de Quesada, Gonzalo, 294
Jiménez de Rada, Rodrigo, 158
Jimeno, Pedro, 302
Jordá, Francisco, 28
Jordán, Esteban, 307
José I, 489, 413, 414, 419, 420
José ben Nagrella, 114
José de Calasanz, san, 340
José el Sabio, *Josephus Sapiens,* 96
José María, *el Tempranillo,* 480

Jovellanos, Gaspar Melchor de, 414, 415, 435, 442, 486
Jovellar, general, 512, 517
Juan, príncipe, 212, 245, 257
Juan Carlos I de Borbón, 718, 719, 720, 740, 741, 753, 755, 757, 773, 774, 777, 781
Juan de Albret, 215
Juan de Aragón, príncipe, 212
Juan de Austria, 271, 275, 286, 289, 290
Juan de Ávila, 281, 304
Juan de Beaumont, 190, 196
Juan de Borbón, 712, 713, 715, 717, 740, 757, 759, 772
Juan de Dios, san, 304
Juan de Flandes, 247, 248
Juan de Gante, 164
Juan de la Concepción, 384
Juan de la Cruz, san, 268, 305
Juan de Lorena, 190
Juan de Sevilla, 116
Juan I de Aragón, el Cazador, 194, 198
Juan I de Avis, 173, 199, 200
Juan I de Castilla, 165, 167, 172, 173, 199
Juan I de Portugal, 199, 200
Juan II de Aragón, 168-170, 189-191, 193, 195, 196, 212, 215, 240, 247
Juan II de Castilla, 167, 168, 185, 199
Juan II de Portugal, 174, 248
Juan IV de Portugal, 306
Juan José de Austria, 319, 325, 327-329, 333, 341
Juan Manuel, 199
Juan y Santacilia, Jorge, 391
Juana, la Beltraneja, 168, 211, 212
Juana, la Loca, 129, 130, 200, 212, 245, 252
Juana de Portugal, 168, 169
Juana Enríquez, 189, 196
Juana Inés de la Cruz, sor, 335
Juanes, Juan de, 307
Juanini, Juan Bautista, 341
Júcar, 125, 128, 357
Julián de Toledo, 62, 66, 109
Juni, Juan de, 307
Juvarra, Filippo, 395
Juvenal, 109

Keynes, John, 604
Kilung, 326
Kindelán, Alfredo, 672, 712
Kinsale, 330
Kissinger, Henry, 800
Kohl, Helmuth, 811, 812, 825
Krause, Karl, 493
Kuwait, 825

L'Arbreda, 27
L'Espoir, 674
La Araña, 32
La Araucana, 295
La Arcadia, 304
La barbuda de los Abruzzos, 348
La Carlota, 356
La Carolina, 356
La Carraca, 374
La Cavada, 313, 359, 361
La Celestina, 247
La Cerda, infantes de, 133, 134
La Cocina, 32
La colmena, 726, 807
La comedia nueva o el café, 394
La cometa, 396
La Condamine, 391
La conjuración de Venecia, 490
La correspondencia de España, 489
La Coruña, 252, 253, 282, 285, 360, 362, 363, 387, 423
La cosa rara, ossia bellezza e onestà, 397
La dama boba, 343
La dama duende, 344
La Emancipación, 507
La escopeta nacional, 807
La estrella de Sevilla, 343
La familia de Carlos IV, 396
La familia de Felipe V, 396
La familia de Pascual Duarte, 725
La fragua de Vulcano, 348
La Fronda, 333

La Galatea, 304
La gallina ciega (Aub), 766
La gallina ciega (Goya), 396
La garduña de Sevilla y anzuelo de las bolsas, 343
La Granja, 395, 431, 441, 663
La Griega, 30
La Habana, 263, 363, 374, 380, 383, 384, 548, 802
La Haya, Gran Alianza de, 352
La hora de todos y la fortuna con seso, 343
La Iberia, 488
La leyenda del César visionario, 807
La Luisiana, 356
La Mámora, 331
La Mancha, 110, 126, 144, 216, 217, 260, 261, 291
La Maya, 26
La Meca, 115
La moral de la derrota, 552
La Muela de Cortes, 322
La muralla, 727
La nacionalidad catalana, 561
La Orotava, 386
La Pasiega, 30
La perfecta casada, 305
La pícara Justina, 343
La Pileta, 30
La prima Angélica, 768
La puerta de San Vicente, 396
La púrpura de la rosa, 349
La rebelión de las masas, 614, 653
La Regenta, 533
La rendición de Bailén, 490
La retirada de Madrid, 397
La Rioja, 27, 100, 328, 359, 819
La Rochela, 164
La saga-fuga de J. B., 767
La Sagra, 506
La Salle, Gadifer de, 241
La selva sin amor, 349
La vaquilla, 807
La Venus del espejo, 348
La verdad sospechosa, 344
La Veu de Catalunya, 561
La vida es sueño, 344
La Zarza, 360
Lacy, Luis de, 424
Lafuente, Modesto, 490, 491
Laguna, Andrés, 299, 302
Laín Entralgo, Pedro, 717, 725, 746
Lamego, 117, 118
Languedoc, 128
Lantarón, condado de, 102
Lanuza, Juan de, 275
Lara, casa de, 133, 146
Lara, condado de, 102
Larache, 331
Lardizábal, Manuel de, 390
Laredo, 160, 218
Largo Caballero, Francisco, 580, 607, 620, 629, 639, 640, 646, 647, 649, 651, 659, 667, 671, 672
Larra, Mariano José de, 435, 453, 475, 493
Larruga, Eugenio, 361, 362, 388
Las aceitunas, 304
Las afueras, 726
Las bicicletas son para el verano, 807
Las Caldas, 27
Las Chimeneas, 30
Las cuatro estaciones, 396
Las Dunas, 321, 331, 333
Las guerras de los Estados Bajos desde el año 1588 hasta el de 1599, 341
Las hilanderas, 348
Las Huelgas, monasterio de, 155, 161
Las lanzas, 348
Las meninas, 348
Las mocedades del Cid, 344
Las Monedas, 30
Las Moradas, 305
Las Navas de Tolosa, batalla de, 113, 126, 129
Lasso de la Vega, Pedro, 254
Lavilla, Landelino, 778, 779, 799
Lazarillo de Tormes, 272, 304
Leandro de Sevilla, 66
Lecciones de Matemáticas, 383
Ledesma, 101
Ledesma Ramos, Ramiro, 647

Leiva, Antonio de, 286
Lenguadoc, 145
Leningrado, 701
Lens, 333
León, 22, 46, 50, 51, 55, 81-83, 89, 90, 100-105, 107-110, 113, 117-120, 126, 129, 133, 140, 143, 144, 149, 152, 153, 155, 158, 160, 215, 254, 260, 326, 712
León de Narbona, 53
León de Nicaragua, 392
León Pinelo, Antonio de, 335
Leoni, Leone, 306
Leoni, Pompeo, 306, 307
Leonor, hija de Eduardo de Portugal, 200
Leonor, hija de Juan II de Aragón, 196, 214
Leonor de Aragón, 167, 168
Leonor de Castilla, 180
Leonor de Guzmán, 162
Leonor de Vivero, 280, 281
Leovigildo, 55, 56, 65
Lepanto, batalla de, 271, 286, 289, 306
Lequerica, José Félix de, 704, 705
Lérida, 32, 34, 36, 43, 84, 111, 122, 123, 125, 134, 139, 144, 154, 183, 246, 324, 325, 353
  Universidad de, 151, 298
Lerma, 345
Lerma, duque de (ver Francisco de Sandoval y Rojas)
Lerma, Pedro de, 280
Leroi-Gourhan, 29
Lerroux, Alejandro, 563, 566, 609, 612, 619, 622, 626, 632, 633, 637-639, 643-645
Lersundi, Francisco, 464, 504
Letters from Spain, 394
Lex Wisigothorum (ver Liber Iudiciorum)
Leyre, monasterio de, 104, 109, 155
Lezcano, Francisco, 336
Lezetxiki, 27
Lezo, Blas de, 380
Liber de viris illustribus, 66
Liber Iudiciorum, 60, 83, 102, 153
Libro de Job, 305
Libro de la Escala, 116
Libro de la oración y la meditación, 305
Libro de las Fundaciones, 305
Libro de los Fueros de Castilla, 146
Libro del conosçimiento de todos los reynos e tierras e señoríos que son por el mundo..., 200
Liérganes, 313, 359, 361
Liguria, 332
Lima, 292, 294, 335, 381, 383, 384
Lipsio, Justo, 339
Lira, Manuel de, 329
Lisboa, 43, 70, 78, 83, 111, 127, 136, 150, 160, 170, 173, 174, 272, 290, 326, 353
  Paz de, 326
  Universidad de, 151
Lisón y Biedma, Mateo, 339
Líster, Enrique, 761
Liuva, 55
Liuvigotona, 61, 62
Livre del ordre de cavayleria, 158
Livro das leis e posturas, 153
Livro de Arautos, 200
Llama de amor viva, 305
Llampillas, Francisco Javier, 389
Llaneza, 607
Llauder, Manuel, 434
Llibre dels Feits, 157
Llorenç, Joan, 256
Lloret, 368
Llucmajor, 288
Llull, Ramón, 157, 158
Loarre, 103
Locura de amor, 725
Löfling, Pehr, 392
Lógica moderna, 391
Logroño, 139, 143, 315
Loja, 454, 468, 480
Lombardía, 311
Londres, 230, 430, 483, 496, 538, 666
  Tratado de, 330, 332, 391
Lopes, Fernando, 199
López, Antonio, 767

López, Joaquín María, 454
López, Vicente, 492
López Aranguren, José Luis, 726, 746
López Ballesteros, Luis, 428, 429, 455
López Bravo, Gregorio, 762, 763, 777
López Bravo, Mateo, 340
López de Ayala, Adelardo, 503, 517
López de Ayala, Pedro, 199
López de Gómara, Francisco, 295
López de Legazpi, Miguel, 295
López de Mendoza, Íñigo, 199
López de Romas, Eufrasio, 345
López de Roncesvalles, García, 199
López de Úbeda, Francisco, 343
López de Villalobos, Ruy, 295
López Domínguez, José, 512
López Rodó, Laureano, 719, 720, 732, 738, 753, 755, 762, 784
López y López, Antonio, marqués de Comillas, 477, 527, 549, 569
Lorca, 112, 125, 126
Los Alfaques de Tortosa, 363
Los Arapiles, batalla de, 420
Los borrachos, 348
Los Casares, 30
Los eruditos a la violeta, 393
Los fusilamientos del tres de mayo, 396
Los males de España, 552
Los menestrales, 394
Los Milagros de Berceo, 156
Los Millares, 33
Los santos inocentes, 807
Los sueños, 343
Lucano, 45, 51
Lucas de Tuy, 158
Lucas, Eugenio, 492
Lucena,260, 317
Luesia, 103
Lugo, 42, 140, 155, 241
Luis Antonio de Borbón, duque de, Angulema, 429
Luis de Anjou, 185
Luis de Granada, 281, 305
Luis de León, 281, 304, 305, 308
Luis el Piadoso, 86
Luis Felipe de Orleans, 453, 462, 464
Luis I, 192, 376, 396
Luis IX de Francia, san Luis, 128, 129, 135
Luis XI de Francia, 189-191
Luis XII de Francia, 240
Luis XIII de Francia, 319, 325, 331
Luis XIV, 330, 333, 334, 352, 353, 375
Luisa Carlota, 430
Luisiana, 356, 380, 382, 400, 423
Lumbier, 194
Luna, Álvaro de, 167, 168, 195-198
Lusitania, 41, 42, 44, 45, 52
Lutero, 288
Luxemburgo, ducado de, 334
Luzán, Ignacio de, 393
Luzón, 295
Lyón, 77
Lyón, Tratado de, 240

Maastricht, 332
Tratado de, 824
Mac Mahon, M., 513
Macanaz, Melchor de, 375
Macao, 326, 336
Maceo, Antonio, 504
Machado, Antonio, 553, 612, 726
Machuca, Pedro, 305
Maciá, Francesc, 583, 600, 628, 640
Macías, 763
Macías Picavea, Ricardo, 552,
Madariaga, Salvador de, 666, 742, 806
Madeira, 23, 170, 174
Madoz, Pascual de, 466, 468
Madrazo, Federico de, 492
Madrid, 96, 260, 276, 283, 297, 301, 305-308, 320, 324, 328, 340, 344, 345, 347, 348, 352, 353, 355, 360-363, 367, 376, 381, 385-387, 392, 394, 396, 400, 411, 412, 416, 420, 421, 425, 429, 436, 438, 444, 447, 449, 457, 463, 465-467, 474-477, 479, 480, 486, 489, 496, 497, 507, 512, 516, 522, 523, 526, 527, 529, 531, 533, 539, 543, 546, 547, 553, 554, 565, 572, 573, 585, 592, 602, 612, 614, 616, 628-631, 640-643, 651, 656, 658,

660-663, 665, 668, 670, 691, 710, 718, 725, 736, 739, 744, 750, 751, 760, 781, 782, 792, 796, 802, 826
Tratado de, 287
Universidad de, 459, 488
Madrid, 751
Maestrazgo, 143, 439, 663
Maeterlinck, Maurice, 551
Maeztu, Ramiro de, 553, 610, 653
Magallanes, Fernando de, 292
Magdalena penitente, 347
Magreb, 92, 112, 802, 826
Maíno, Juan Bautista, 345, 347
Majano, treguas de, 168
Mal-Lara, Juan de, 299
Málaga, 27, 30, 32, 34, 111-114, 126, 136, 137, 214, 216, 218, 238, 260, 272, 355, 356, 363, 364, 386, 475, 484, 497, 512, 516, 540, 662
Malaspina, Alejandro, 392, 393
Maldonado, Francisco, 255
Malik ibn Anas, 73
Mallada, Lucas, 552
Mallaetes, 32
Mallorca, 22, 110, 124, 127, 128, 134, 144, 154, 175, 180, 182, 183, 185, 196, 198, 215, 231, 233, 257, 258, 260, 278, 312, 352-354, 369, 371, 658
Malraux, André, 674
Malta, 288, 289, 359
Malvinas, 380, 803
Manacor, 258
Mancha, canal de la, 164
Mandonio, 38
Manet, Édouard, 492
Manila, 295, 335-337, 380, 383, 470, 704
Manises, 361
Manresa, 316, 317, 325, 359
Manrique, Jorge, 199, 247
Mantua, ducado de, 331, 333
Manual de confesores y penitentes, 301
Manuel el Afortunado, 244
Manuel Filiberto de Saboya, 286
Manzanares, 464
Manzanedo, Juan Manuel de, marqués de, 477, 504
Marañón, Gregorio, 592, 609, 612, 652, 675
Marcel, Étienne, 193
Marcelo, 51
March, Ausiàs, 199, 247
Marchena, José, 398
Marcial, 45, 51
Marco Aurelio o Relox de Príncipes, 303
Marcos de Toledo, 116
Margarita de Austria, 244, 289, 321
Margarita de Saboya, 326
María, infanta, 244
María Cristina de Borbón, 430, 431, 433-435, 437-441, 447-449, 454, 456, 462, 463, 465, 523
María Cristina de Habsburgo, 536, 539, 548, 557
María de Borgoña, 244, 245
María de Inglaterra, 274, 290
María de Médicis, 331
María de Montpellier, 125
María de Portugal, 167
María Estuardo, 291
María Josefa Amalia de Sajonia, 430
María, la jornalera, 488
María Teresa de Austria, 333, 334
María Teresa, infanta, 352
Marialba, 51
Mariana, Juan de, 300, 303, 490
Mariana de Austria, 319, 328, 336, 348
Marianas, 242, 292, 295, 336, 382, 549
Marías, Javier, 809
Marías, Julián, 725, 726, 734, 746, 765, 768
Marín, José, 350
Marineo Sículo, Lucio, 246
Maritain, Jacques, 675
Mármol Carvajal, Luis del, 341
Maroto, Rafael, 438
Marquesas, archipiélago de las, 296
Márquez, coronel, 581, 582
Marrakech, 112
Marruecos, 150, 174, 240, 289, 290, 323, 381, 522, 538, 565, 566, 573, 575, 576,

587-590, 595, 600-603, 609, 610, 624, 657, 660, 691, 692, 700, 723, 764, 826
Marsé, Juan, 767, 806
Marsella, 38, 128, 145, 356
Martel, Carlos, 71, 84
Martí, José, 544
Martí Alsina, 533
Martín Artajo, Alberto, 714, 716, 717, 719, 722, 723
Martín de Dumio, 66
Martín el Humano, 167, 185, 194
Martín Santos, Luis, 767
Martín Villa, Rodolfo, 754, 765, 778
Martín y Soler, Vicente, 397
Martinete, 27
Martínez, Diego, 346
Martínez Anido, Severiano, 588, 590, 603, 606
Martínez Barrio, Diego, 620, 622, 633, 639, 648, 659, 711
Martínez Campos, Carlos, 511, 513, 516-519, 539, 542, 547, 606
Martínez Crisóstomo, 27
Martínez de Mata, Francisco, 317, 339
Martínez de la Rosa, Francisco, 421, 425, 434-436, 455, 468, 490
Martínez Marina, 418, 487
Martínez Montañés, Juan, 346
Martínez Murguía, Manuel, 491, 546
Martínez Ruiz, José, Azorín, 553
Mártir de Anghiera, Pedro, 246
Mártir Rizo, Juan, 339
Martirio de san Andrés, 348
Martorell, Joanot, 199
Martos, Cristino, 509, 513
Marx, Carlos, 507
Masaniello, 327
Masdeu, Juan Francisco, 389
Massena, André, 417
Massona, 56
Mastia, 38
Matanzas, 313
Mataró, 316
Mateo Zapata, Diego, 341
Materia Médica, 92, 302
Materno, 47
Maura, Antonio, 544, 550, 559, 560, 563-569, 573, 575, 576, 579, 582, 583, 587, 588, 590, 596, 608
Maura, Miguel, 612, 619, 620-622, 625
Mauriac, François, 675
Mauritania Tingitana, 42
Maurras, Charles, 631, 675
Maximiliano, emperador de Austria, 245
Mayalde, conde de, 656
Mayans, Gregorio, 389
Mazalquivir, 241, 381
Mazarrón, 261
Mazo, Juan Bautista del, 348
Mazouco, 30
Medidas del romano, 305
Medina al-Zahira, 94
Medina al-Zahra, 92, 94
Medina de Rioseco, 218, 254, 269, 307
Medina del Campo, 216, 218, 220, 225, 254, 260, 262, 269, 283, 307
Tratado de, 244
Medina, Bartolomé de, 301
Medina, escuela de, 73
Medina, Pedro de, 302
Medinaceli, 138
Medinaceli, duques de, 241, 319, 321, 329
Medinasidonia, duques de, 241, 326
Mediterráneo, 23, 34, 37, 40, 53, 91, 92, 99, 110, 142, 144, 145, 158, 159, 174, 177, 178, 197, 219, 240, 244, 262, 286, 288, 289, 290, 303, 321, 355, 663, 702, 704, 730, 770
Medora, 304
Mela, Pomponio, 45, 51
Melanchton, Felipe, 280
Melanesia, 291
Meléndez, Luis, 396
Meléndez Valdés, Juan, 394
Melilla, 91, 241, 381, 469, 544, 566, 589, 723, 817, 826
Mélito, conde de, 256
Melo, Francisco Manuel de, 342

Melón, monasterio de, 140
Memorial de la política necesaria y útil restauración a la política de España y estados de ellas y desempeño universal de estos reinos, 338
Memoriales y Discursos, 339
Memorias históricas sobre la Marina, el Comercio y las Artes de la ciudad de Barcelona, 389
Memorias políticas y económicas sobre los frutos, fábricas, comercio y minas de España, 388
Mena, Juan de, 199
Mena, Pedro de, 347
Mena Pascual, Juan de, 395
Mendaña, Álvaro de, 296
Mendigorría, 437
Mendizábal, Juan, 438-444, 446, 453, 466
Mendoza, cardenal, 257
Mendoza, Pedro de, 294
Mendoza, Rodrigo, 248
Menéndez Pelayo, Marcelino, 515, 531, 532
Menéndez Pidal, Ramón, 593, 724
Meneses, Alonso de, 302
Mengs, Antonio Rafael, 396
Menorca, 128, 353, 354, 380, 658, 664
Menosprecio de corte y alabanza de aldea, 303
Mercadante de Bretaña, Lorenzo, 247
Mercado, Tomás de, 301
Mérida, 41-43, 45, 50, 51, 53, 56, 67, 70, 74, 75, 83, 88, 94, 120, 143, 149, 150, 260
Mértola, 113, 127
Mesa, Juan de, 347
Mésenguy, François-Philippe, 372
Meseta Central, 44, 71, 72, 140, 216
Mesonero Romanos, Ramón, 453, 458, 489, 492
Messina, 329
Metge, Bernat, 199
Methuen, Tratado de, 352
Método para aprender a tañer la guitarra a lo español, 349
Metz, 287
Mexía, Pedro, 299
México, 291, 292, 294, 302, 336, 380, 382-384, 292, 426, 427, 470, 555, 627, 667, 698, 711, 712, 802, 826
Miaja, José, 662
Mier, Servando Teresa de, 383
Migas Calientes, 386
Miguel, nieto de los Reyes Católicos, 212, 244
Miguel, obispo, 116
Mihura, Miguel, 727
Milagro de san Isidro en el pozo, 348
Milán, 278, 285, 286, 331, 332, 352, 353
  ducado de, 274, 387
  duque de, 240
  Tratado de, 333
Milán, Luis, 308
Milans del Bosch, 424
Milans del Bosch, Jaime, 795
Milá i Fontanals, Manuel, 491
Millán, san, 156
Millán Astray, José, 672, 675, 690
Millares, Manuel, 727
Minuta de un testamento, 532
Miño, 136
Mir, Joaquín, 554
Mir Geribert, 123
Mira de Amescua, Antonio, 344
Miraflores, 471
  cartuja de, 247, 248, 267
Miranda de Ebro, 140, 398
Mirandola, Giovanni Pico della, 299
Miró, Gabriel, 593
Miró, Joan, 593, 727
Miró, Pilar, 806
Mirón II, conde de Cerdaña y Besalú, 85
Miscelánea económico-política, 373
Misiones, 382
Mislata, 181
Mociño, José Mariano, 392
Moctezuma, 292
Mohamed V, 723
Mohavia, 90
Mojos, 382
Mola, Emilio, 656, 659

Molina, Luis de, 300
Molina, María de, 160, 177, 178
Molina, Tirso de, 343
Molinos, Miguel de, 338
Molucas, 243, 291, 292, 295, 326
Mon, Alejandro, 459, 468, 471
Monardes, Nicolás, 302
Moncada, Hugo de, 286
Moncada, Sancho de, 338
Moncayo, 122
Mondejar, marqués de, 271
Monferrato, ducado de, 331, 333
Monjardín, 104, 139
Monreal, 139, 150
Montalto, marqués de, 314
Montaña Blanca, batalla de la, 332
Montblanc, 144
Monteargentario, 285
Montefilippo, 285
Montegaudio, orden de, 150
Montejurra, 103, 760
Montemayor, Jorge de, 304
Montengón, Pedro, 390
Montero Ríos, Eugenio, 536, 559
Monterrey, conde de, 307, 314, 326
Montesa, orden de, 150, 181, 231, 282
Montesclaros, 326
Montesinos, Antonio de, 243
Montijo, 326
Montijo, condesa de, 399
Montilla, 510
Montjuïc, 324, 543
Montpellier, 128, 134, 144, 175, 176
Montsec, 139
Montserrat, cuevas de, 31
Montserrat, monasterio de, 225, 345
Montserrat, sierra de, 105
Monzón, 121, 324
Monzón, Tratado de, 333
Moñino y Redondo, José, conde de Floridablanca, 355, 370, 378, 397, 414, 415
Mora, Francisco de, 345
Mora, José de, 347
Morales, Cristóbal de, 308
Morales, Luis de, 307
Morán, Fernando, 813, 825
Morella, 32
Moreruela, 155
Moret, Segismundo, 536, 538, 541, 548, 550, 560, 567
Moreto, Agustín de, 344
Morillo, 450
Moro, Antonio, 307
Morón, 716
Moros de Gabasa, 27
Morote, Luis, 536, 552
Mortara, marqués de, 325
Mosa, valle del, 100
Moscú, 763
Mose ben Ezra, 115
Mose Sefardí, 115, 116
Moura, Cristóbal de, 277
Moure, Alfonso, 28
Moyano, Claudio, 466
Mudarra, Alonso de, 308
Muhammad, emir, 78, 80
Muhammad Al Zagal, 214
Muhammad al-Jushani, 95
Muhammad ben al-Ahmar, 113
Muhammad ben Yusuf ben Nasir ben al-Ahmar, Muhammad I, 127, 136, 137
Muhammad ibn Abi Amir (ver Almanzor)
Muhammad II, 97
Muhammad V, 97
Muley Hacén (ver Abul Hassan)
Muni, 380
Múnich, 742, 759
Muntaner, Ramon, 199
Muñoz Grandes, Agustín, 700, 717, 719, 738
Muñoz Molina, Antonio, 809
Muñoz Peralta, Juan, 341
Muñoz Torrero, Diego, 417, 418
Muqtabis, 114
Murat, Joachim, 411
Murcia, 22, 36, 70, 110-113, 125-127, 132-137, 141, 153, 163, 164, 177, 215, 218, 261, 311, 313, 315, 322, 359, 394, 416, 819
Muret, 126, 127

Murillo, Bartolomé Esteban, 309, 349
Musa, 70
Musa ibn Musa, 78, 87, 88
Mussolini, Benito, 608, 651, 656, 666, 675, 691, 700, 701, 703, 705
Mut, Vicente, 341
Mutarrif, 87
Mutis, Celestino, 392
Múzquiz, Miguel de, 378

Nájera, 89, 104, 139, 140, 148, 161
Nakur, 92
Namibia, 826
Napoleón III, 469, 501
Nápoles, 145, 186, 187, 239-241, 251, 257, 274, 278, 285, 316, 326-328, 332, 348, 353, 376, 379, 413, 430, 431
Narbona, 54, 81, 84, 100, 105
Narváez, Luis de, 308
Narváez, Ramón, 447, 451, 454-456, 462, 463, 467, 468, 470-472, 496, 516
Navarra, 22, 34, 70, 86, 89, 100, 101, 103-106, 108-110, 115, 118-122, 125, 126, 128-131, 133, 138, 140, 143, 144, 147, 149, 152, 154, 155, 159, 164, 165, 167, 168, 191-196, 199, 200, 213, 215, 216, 236, 240, 259, 263, 278, 287, 291, 315, 319, 326, 359, 370, 417, 437, 505, 506, 530, 629, 657, 699, 761, 792, 817, 819
Navarro, José, 317
Navarro Rubio, Mariano, 721
Navarro Villoslada, Francisco, 491
Navas, Juan, 350
Navia Osorio, Álvaro de, 388
Neander, valle de, 26
Nebra, José de, 397
Nebrija, Elio Antonio de, 246
Née, Luis, 392
Negrín, Juan, 664, 665, 672, 711
Neopatria, ducado de, 178
Nerja, 30, 32
Nerón, emperador, 45
Nicaragua, 826
Nicolás, monje, 96
Niebla, Reino de, 132
Nieto Antúnez, almirante, 755
Nietzsche, Friedrich, 535, 551
Nieuwpoort, 331
Níjar, sierra de, 239
Nimega, Paz de, 334
Niños jugando a los dados, 349
Nithard, Juan Everardo, 319, 328
Nocedal, Cándido, 506, 523, 528, 539
Noche oscura del alma, 305
Noches lúgubres, 393
Nodicia de kesos, 109
Nombela, 645
Nombre de Dios, 263
Nonell, Isidro, 554
Nördlingen, 332
Noris, Enrico, 372
Norte de la contratación de las Indias Occidentales, 313
Norte de príncipes, 339
Norte, mar del, 262
Noticias secretas de América, 391
Novelas ejemplares, 343
Novelda, 177
Novísima Recopilación de las leyes de España, 375
Nuestra Señora de la Cabeza, santuario de, 658
Nueva España, 278, 294, 301, 336, 363, 382, 384, 392
Nueva Galicia, 294
Nueva Granada, 382, 384, 427
Nueva Guinea, 337
Nueva Orleáns, 363
Nueva Zelanda, 393
Nuevas Hébridas, 296, 336
Nuevo Baztán, 360, 394
Nuevo México, 294, 382
Nuevo sistema de gobierno de la América, 388
Nuevo y universal método de cuadraturas determinadas, 391
Nuix, Juan, 390
Numancia, 38

Núñez de Balboa, Vasco, 243, 294
Nuria, Estatuto de, 628
Nutka, 381, 382, 392

O'Donnell, Leopoldo, 454, 463-465, 467-469, 471, 472, 496
Obermayer, Hugo, 28
Observaciones astronómicas y físicas hechas en los reinos del Perú, 391
Observaciones sobre el clima de Lima, 383
Observaciones sobre la física, historia natural y artes útiles, 383
Observationes motuum celestium, 341
Oca, montes de, 118
Ocaña, 416, 710
Occitania, 126, 134
Oceanía, 242, 274, 296
Octavio, emperador, 40
Oda a Pedro Romero, 394
Odas, 304
Ofalia, 447
Olavide, Pablo de, 356, 358, 385
Oldenbarneveldt, Jan, 330
Oliba, abad, 106
Olite, 55, 130
Olivares, conde-duque de, 309, 318-321, 323-327, 340, 345, 348, 369
Olivenza, 400
Olmedo, 195
Olot, 359
Olózaga, Salustiano, 454, 468
Olsón, 103
Omerique, Hugo de, 341
Opera prima, 806
Oporto, 81
Oración apologética en defensa del estado floreciente de España, 398
Oración apologética por el África y su mérito literario, 389, 390
Oración apologética por España y su mérito literario, 389
Oración del Huerto, 395
Orán, 113, 241, 381
Orbaiceta, 359
Orbetello, 285
Orce, 26
Ordenanzas Reales de Castilla, 233
Ordóñez, Bartolomé, 307
Ordoño I, 83, 87
Ordoño II, 89, 100, 101
Oreja, Marcelino, 778, 801, 802
Orellana, Francisco de, 294
Orense, 737
  catedral de, 155
Orgaz, 67
Orgaz, Luis, 672
Oria, santa, 156
Orígenes de la lengua española, 389
Orihuela, 177
Orinoco, 380, 392
Oropesa, conde de, 319, 321, 329
Orosio, Paulo, 66, 92
Orry, Jean, 376
Ortega y Gasset, José, 553, 563, 581, 592, 593, 596, 610, 612, 614, 620, 623, 628, 636, 652, 653, 675, 725
Orti y Lara, Juan Manuel, 532
Ortiz, Diego, 308
Ortiz, Francisco, 280
Ortiz, Luis, 301
Ortografía, 385
Orwell, George, 675
Osma, 101
Osona, 316
Ossorio, Alfonso, 775, 778
Ostende, 331
Ostende, pacto de, 472, 496
Osuna, 260
Osuna, Francisco de, 304
Oteiza, Jorge, 727
Otero, Blas de, 726
Otón I, 92
Otón, 45
Otranto, 213
Otumba, batalla de, 292
Oudegherste, Peter van, 284
Oviedo, 81, 83, 108, 140, 642, 658
  Colegio de, 246
  Universidad de, 298

Pablo VI, 746, 747, 763
Pabón, Jesús, 623
Pacheco, Francisco, 348
Pacheco, Joaquín, 455, 477, 478
Pacheco, Juan, 167-169
Pacheco, María, 255
Pacífico, 243, 263, 286, 292, 296, 336, 378, 381, 382, 393, 538, 547
Padilla, Juan de, 254, 255
País Vasco, 27, 36, 47, 153, 437, 491, 505, 506, 512, 561, 562, 571-573, 578, 587, 600, 628, 629, 641, 642, 658, 712, 718, 736, 747, 750-752, 758-760, 779, 785, 788, 790, 792-794, 819
Países Bajos, 218, 251, 261, 274, 275, 278, 286, 289-291, 299, 330, 332, 333, 353
Pajarejo, 32
Palacio Valdés, Armando, 533
Palaos, 336, 549
Palas del Rey, 140
Palau, Antonio, 392
Palazuelo, Pablo, 727
Palencia, 27, 67, 140, 141, 143, 151, 248, 254, 616
Palencia, Alonso de, 246
Palencia, Benjamín, 725
Palermo, 145, 326, 379
Pallars, 81, 84, 86
Pallars-Ribagorza, condado de, 68
Palma de Mallorca, 155, 216, 246, 258, 260, 363, 369, 386
Palos de Moguer, 171, 243
Pampliega, 61
Pamplona, 43, 55, 69, 70, 79-81, 84, 86-88, 93, 103, 109, 120, 130, 147, 149, 155, 195, 412, 423, 424, 656, 657
    catedral de, 395
Pan y toros, 492
Panamá, 292, 294
    ciudad de, 263
    istmo de, 263
Pancorbo, 43
Pantoja de la Cruz, Juan, 307
Parábola del náufrago, 767
Paraguay, 382, 383
Paraíso occidental, 335
Pardo Bazán, Emilia, 533
Pardo, Lorenzo, 630
Paret, Luis, 396
Parime, 392
París, 275, 333, 341, 392, 416, 450, 538, 554, 593, 675, 761
    Paz de, 380, 382
    Tratado de, 548
    Universidad de, 168
Parma, ducado de, 379
Parpalló, 27, 30
Partidas, 151, 153
Pasajes, 375
Pascual, Mateo, 279
Pascual Colomer, Narciso, 492
Paseo junto al estanque del Buen Retiro, 396
Passaro, 379
Passau, 288
Patagonia, 292, 358
Patiño, José, 373, 376, 379
Paulo IV, 279
Paulo, duque, 60, 61
Pavía, 287
Pavía, Manuel, 511-513, 519
Pavía, Paz de, 331
Pavía y Lacy, Manuel, marqués de Novaliches, 496
Pavón, José Antonio, 392
Pazuela, Manuel de la, marqués de Viluma, 455, 498
Peces Barba, Gregorio, 790
Pechina, 75, 79
Pedralbes, Capitulación de, 191
Pedrayes, Agustín de, 391
Pedro, san, 50
Pedro I de Aragón, 116
Pedro I de Castilla, el Cruel, 161-163, 165, 193, 197, 199
Pedro III de Aragón, el Grande, 130, 142, 172, 175-177, 199
Pedro de Portugal, 190
Pedro de Ribagorza, *el del puñalet,* 180
Pedro de Toledo, 116

Pedro el Católico, 125-127, 134
Pedro el Ceremonioso, 162-164, 172, 178, 180, 181, 183, 193, 197, 199
Pedro el Venerable, 116
Pedro Valdo, 150
Peire Vidal, 157
Peiró, 607
Pelayo, 81, 82
Pellicer, José, 340
Pensacola, 380, 382
Penya, Narcís Feliu de la, 399, 342
Peña Miel, 27
Peñalosa, Benito de, 339
Peñalosa, Francisco de, 249
Peraza, Luis, 303
Pere Albert, 146, 154
Pereda, Antonio de, 345, 348
Pereda, José María de, 514, 533
Pérez, Antonio, 275, 277
Pérez, Gonzalo, 277
Pérez Bayer, Francisco, 385
Pérez de Ayala, Ramón, 593, 612, 652, 724
Pérez de Castro, Evaristo, 447-449
Pérez de Guzmán, Fernán, 199
Pérez de Herrera, Cristóbal, 273
Pérez de Hita, Ginés, 304, 341
Pérez de Oliva, Fernán, 299
Pérez de Pineda, Juan, 280
Pérez del Álamo, 480
Pérez del Pulgar, Hernán, 303
Pérez Galdós, Benito, 458, 461, 493, 532, 533
Pérez Llorca, José Pedro, 804
Pérez Villamil, Genaro, 492
Peribáñez y el comendador de Ocaña, 343
Pericot, Luis, 28
Perigueux, 52
Peris, Vicenç, 256, 257
Pernambuco, 332, 335
Perón, Juan Domingo, 710
Perpiñán, 144, 155, 362
Perrenot de Granvela, Nicolás, 277
Persia, 289
Persiles y Segismunda, 304
Perú, 262, 263, 278, 291, 294, 342, 384, 392, 426, 427, 438, 450, 470
Pescara, marqués de, 386
Pestaña, Ángel, 548, 607
Petronila, hija de Ramiro II, 122
Pi i Margall, Francisco, 493, 504, 509-512, 550
Piacenza, 283
Picardía, 333
Picasso, Pablo, 554, 675, 807
Pico della Mirandola, Giovani, 299
Picornell, Juan Bautista, 398
Pidal y Mon, 455, 520, 523
Piedad del canónigo Desplá, 249
Pigafetta, Antonio de, 292
Pimentel, Diego, obispo de Osma, 320
Pina, Ruy, 200
Pineda, Antonio, 392
Pinelo, Francisco de, 243
Pinochet, Augusto, 772
Pinzón, Hermanos, 243
Piñar, Blas, 754, 756
Piombino, 332
Pío V, papa, 289
Pipino el Breve, 84
Piquer, Andrés, 391
Pirineos, 32, 34, 38, 53, 54, 80, 81, 84, 86, 89, 103, 110, 123, 124, 128, 143, 144, 240, 522, 530, 593, 710, 712
  Paz de los, 328, 333, 334, 350, 352
Pisa, 131, 178
Pisador, Diego, 309
Pisano, Niculoso, 248
Pizarro, Francisco, 292
Pizcenza, ducado de, 379
Plasencia, 143, 260
  catedral de, 247, 346
Platón de Tívoli, 116
Poblet, monasterio de, 140, 143, 155, 225, 249
Poema de Mío Cid, 156
Poesías, 394
Poética, 393
Poitiers, 52, 71, 193
Polavieja, general, 547, 550, 551

Polinesia, 291, 303
Política de Dios y Gobierno de Cristo, 339
Política indiana, 335
Política para Corregidores, 278
Político discurso, 339
Pollensa, 258
Polo, Carmen, 691
Polonia, 771
Polvoraria, batalla de, 81
Pompeyo, 49
Ponce de la Fuente, Constantino, 281
Ponferrada, 140
Ponz, Antonio, 389
Ponza, batalla de, 186
Popayán, 384
Port Egmont, 380
Portela Valladares, 645, 649, 650
Porto Ercole, 285
Porto San Stefano, 285
Porto Santo, isla de, 174
Porto, 83, 160, 172, 173
Portobelo, 263, 380
Portocarrero, cardenal, 380
Portomarín, 140
Portugal, 22, 23, 32, 36, 67, 71, 74, 83, 89, 100, 110, 113, 119, 120, 127, 140, 143, 145 149, 150, 153, 159, 162-165, 168-175, 193, 212, 226, 238, 240, 243, 244, 277, 278, 284, 286, 288, 290, 292, 309, 325, 326, 328, 332, 352, 380, 382, 400, 412, 416, 417, 419, 423, 436, 438, 464, 508, 567, 577, 602, 603, 672, 702, 709, 710, 736, 751, 756, 763, 770, 791, 800
Posada Herrera, José, 468, 520
Postdam, 710
Potosí, 294
Pound, Ezra, 675
Pradilla, Francisco, 554
Praga, 308, 332
Prat de la Riba, 561, 579
Premostratenses, orden de los, 150
Preservativo contra la irreligión, 398
Preveza, 288
Prieto, Indalecio, 580, 620, 625, 630, 636, 639, 640, 647, 648, 650, 651, 659, 672, 711, 712
Prim, Juan, 468-470, 472, 496, 500, 501
Primera Crónica General de España, 157
Primera crónica anónima de Sahagún, 158
Primo de Rivera, José Antonio, 647
Primo de Rivera, Miguel, 516, 584, 586, 595-611, 628, 647, 690, 691, 693, 720, 780
Prisciliano, 50, 51
Propalladia, 304
Proudhon, Pierre, 510
Proust, Louis, 392
Provenza, 53, 54, 84, 92, 123-125, 128, 145, 311
conde de, 135
Proyecto económico, 388
Prusia, 423
Ptolomeo, 96
Puente la Reina, 139
Puente Viesgo, 30
Puerto Rico, 243, 332, 334, 335, 363, 392, 503, 549
Puertollano, 707
Pujol, Jordi, 718, 759, 785, 820
Pulgar, Hernando de, 199, 246, 303

Quatuor Amrici Vespucii Navigationes, 247
Queipo de Llano, Gonzalo, 656, 658, 672
Queipo de Llano, José María, conde de Toreno, 425, 436
Quer, José, 392
Querétaro, 384
Quesada, general, 434
Quevedo, Francisco de, 339, 342, 343
Quintana, Guillermo, 796
Quintana, Manuel José, 394
Quintanilla de las Viñas, 67
Quintano, Manuel, 372
Quintiliano, 45, 51
Quiroga, Gaspar de, 281
Quito, 294, 391

Rabat, 323

Rabí, conde, 73, 74, 77
Raimundo de Borgoña, 118, 119
Ramiro I de Aragón, 83, 108, 118, 121
Ramiro II, 89, 104-104, 109, 122
Ramiro III, 90
Ramón V de Toulouse, 157
Ramón Berenguer I, 123
Ramón Berenguer III, el Grande, 123, 124
Ramón Berenguer IV, 122, 124, 125, 148, 157
Ramón Borrell, 123
Ramón y Cajal, Santiago, 531
Ranc, Jean, 396
Rapsodia económico-político-monárquica, 388
Raquel, 394
Ratisbona, concilio de, 77
Ratisbona, Tregua de, 334
Ravenet, Juan, 393
Raza, 725
Razés, condado de, 123
Recaredo, 55, 56
Recesvinto, 59, 60, 69
Redondo, Nicolás, 760, 814
Reflexiones imparciales de un español a su nación, 398
Reflexiones imparciales sobre la humanidad de los españoles en las Indias contra los pretendidos filósofos y políticos, 390
Regimiento de navegación, 340
Regoyos, Darío de, 554
Regras, João das, 173
Reina, Casiodoro de, 281
Reinosa, 362
Rejón, Juan, 241
Rekhiario, 53
Relaciones, 275
Relación del Japón, 336
Relación histórica del viaje a la América meridional, 391
Relectiones theologicae, 299
Renato de Anjou, 190
Rendición de Bahía, 347, 348
Rendición de Breda (ver Las lanzas)
Repertorio de caminos, 302
Repertorio de todos los caminos de España, 302
Requena, 360
Requesens, Luis de, 290
Rerum in Hispania gestarum chronicon, 158
Restablecimiento de las fábricas y comercio español, 388
Restauración de la antigua abundancia de España, 339
Restauración política de España, 338
Revista de Occidente, 592
Reyes Católicos, 161, 165, 167, 174, 196-198, 211, 213-215, 217-222, 224-235, 237, 239-244, 246, 248, 257, 259, 264, 265, 274, 276, 277, 282, 291, 296, 297, 322, 352, 365, 368, 373, 490, 554
Riaño, Diego de, 306
Ribadeneyra, Pedro de, 300
Ribadesella, 29
Ribagorza, 84, 86, 121, 176
condado de, 104, 274
Ribagorza, Pedro de, infante, 180
Ribalta, Francisco, 347, 348
Ribera, José, 347, 348
Ribera, Juan de, 322
Ribera, Pedro de, 394
Ricardo Corazón de León, 128
Ridruejo, Dionisio, 717, 718, 759
Riego, Rafael de, 424-426
Rijswijk, Paz de, 334
Rimas, 342
Rin, 45, 52, 99
Río, Andrés del, 392
Río de la Plata, 294, 380, 382
Río Tinto, 44, 525, 707
Rioja, Francisco de, 343
Ríos, Fernando de los, 580, 606, 620, 625, 630
Ripoll, Eduardo, 28, 29
Ripoll, monasterio de, 85, 96, 105, 106, 109, 110, 155, 157, 158, 225
Ripperdá, barón de, 376
Risco, Manuel, 389
Rivadeneyra, Manuel, 488

Rivera, Manuel, 727
Rivero, Nicolás María, 497, 513
Rizal, José, 544
Rizi, Francisco, 349
Roberto de Ketten, 116
Roca, Miquel, 790, 814
Rocaguinarda, Perot, 316
Rocroi, 333
Roda, Manuel de, 376, 390
Rodas, 288
Rodez, 124
Rodil, José Ramón, 438
Rodolfo de Brujas, 116
Rodolfo II, 330
Rodrigo, 63, 70, 76
Rodrígo Díaz, Cid Campeador, 112, 118, 158
Rodrigo Ponce de León, marqués de Cádiz, 214
Rodríguez, Claudio, 727
Rodríguez, Pedro, conde de Campomanes, 365, 376, 378, 387, 388
Rodríguez, Ventura, 395
Rodríguez de Fonseca, Juan, 244
Rodríguez de Valcárcel, Alejandro, 753
Rodríguez Sahagún, Agustín, 796
Roelas, Juan de, 348
Rojas, Domingo de, 280, 281
Rojas, Fernando de, 247
Rojas Zorrilla, Francisco, 344
Rojo, Vicente, 662, 674
Roldán, duque de Bretaña, 72
Roldán, Luis, 828
Roldán, Luisa, la Roldana, 347
Roldán, Pedro, 347
Roma, 21, 25, 37, 38, 40-50, 52, 66, 67, 92, 100, 105, 119, 120-122, 124, 126, 127, 132, 135, 136, 145, 151, 171, 176, 177, 230, 235, 279, 285, 287, 299, 319, 320, 332, 340, 371, 372, 378, 538, 554, 716
Romanz del Infant García, 103
Romero Robledo, Francisco, 502, 517, 536, 543, 549, 550
Romero, Mateo, 349
Roncali, Miguel, 464
Roncesvalles, 43, 71, 84, 139
Ronda, 74, 239, 359
Rooke, almirante, 353
Roosevelt, Franklin Delano, 666, 702, 703
Rosales, Eduardo, 492
Rosales, Luis, 725
Rosas, 34
Rosellón, 69, 134, 153, 175, 189, 191, 239, 240, 325, 333
Rota, 716, 762
Rousseau, J.-J., 390
Rovira, Hipólito, 394
Rozuela, monasterio de, 109
Rubicón, río, 40
Rubín de Celis, Manuel, 388, 398
Rubio, Mariano, 828
Rudimentos filosóficos, 341
Rueda, Gerardo, 727
Rueda, Lope de, 304
Ruiz, Hernán, el Joven, 306
Ruiz, Hipólito, 392
Ruiz, Juan, arcipreste de Hita, 157, 199
Ruiz de Alarcón, Juan, 344
Ruiz de Alcaraz, Pedro, 280
Ruiz de Ribayaz, Lucas, 349
Ruiz de la Mota, Pedro, 287
Ruiz Giménez, Joaquín, 716, 717, 726, 743
Ruiz Zorrilla, Manuel, 497, 501-503, 508, 520, 528, 539
Rumanía, 761
Rusia, 420, 423, 475, 586, 647, 652, 666, 667, 694, 701-703, 715, 771
Rusiñol, Santiago, 554

S'Hertogenbosch, 332
Saavedra, Álvaro de, 295
Saavedra, Ángel de, duque de Rivas, 465, 489, 490
Saavedra, Francisco de, 399
Saavedra Fajardo, Diego de, 340
Sabadell, 359, 525
Sabatini, Francesco, 395

Saboya, Amadeo I de, duque de Aosta, 501
Saboya, ducado de, 286
Sacchetti, Giovanni Battista, 395
Sacramenia, monasterio de, 140
Sacramento, 380, 381
Sacristán, Manuel, 766
Sáenz de Oiza, Francisco, 767
Sagasta, Práxedes Mateo, 497, 499, 501-503, 512, 517, 519, 520, 536, 537, 539, 541, 544, 548, 551, 559, 579
Saggio apologetico della letteratura spagnola, 389
Sagrada Familia del pajarito, 349
Sagrada Forma, 349
Sagrajas, 112
Sagrario, iglesia del, 345
Sagrera, Diego de, 305
Sagunto, 38, 317, 516
Sahagún, 101, 140
Sahagún, Bernardino de, 295
Sáhara, 723, 763, 764, 774, 802
Saintes, 52
Sala, Joan, Serrallonga, 316
Salamanca, 36, 51, 101, 143, 151, 216, 245, 254, 260, 345, 385, 394, 420, 527
  catedral de, 155, 198, 245-248
  Universidad de, 248, 298, 299, 301, 302, 305
Salamanca, Francisco de, 248
Salazar, 757
Salazar, Alonso de, 315
Saldaña, condes de, 101
Salé, 132, 323, 331
Salinas, 103
Salinas, Francisco de, 308
Salisbury, lord, 550
Salmerón, Nicolás, 497, 509, 511, 512, 520, 531, 539
Salmos, 280
Salomón ben Gabirol, 114
Salvador de Valdediós, iglesia del, 108
Salvany, José, 393
Salviano de Marsella, 66
Salvo, abad de Albelda, 109
Salzillo, Francisco, 395
Samaniego, Félix María de, 394
Samper, Ricardo, 639, 641
Sampiro, obispo de Astorga, 109, 158
Samuel ben Nagrella, 114
San Agustín, orden de, 149
San Andrés, 348
San Antolín, cripta de, 67
San Antonio de la Florida, ermita de, 396
San Bartolomé, colegio de, 246
San Baudelio de Casillas de Berlanga, iglesia de, 155
San Bernardo de Claraval, orden de, 150
San Bruno, 347
San Buenaventura, colegio de, 348
San Camilo, 767
San Carlos de la Rápita, 468
San Cebrián de Mazote, iglesia de, 108
San Esteban de Gormaz, 89, 101
San Fernando de Cádiz, 385, 386, 417
San Fernando de Henares, 361
San Francisco, 347
San Francisco, 710
San Francisco de California, 392
San Fructuoso de Montelios, iglesia de, 67
San Germán, duque de, 326
San Gregorio, colegio de, 246, 247
San Ildefonso, colegio de, 279, 307
San Ildefonso, iglesia de, 307
San Ildefonso, retablo de, 248
San Ildefonso, Tratado de, 381, 392, 398
San Isidoro de León, iglesia de, 155
San Isidoro del Campo, monasterio de, 281, 347
San Isidro, 26
San Isidro, catedral, 345
San Jerónimo, 307
San Jerónimo, Universidad de, 383
San Jorge de Alfama, orden de, 150
San Jorge de la Mina, 326
San Juan de Baños de Cerrato, iglesia de, 67
San Juan de la Peña, monasterio de, 104

San Juan de las Abadesas, monasterio de, 85, 105
San Juan de los Reyes, monasterio de, 198, 247
San Juan de Luz, Pacto de, 713
San Juan de Uncastillo, iglesia de, 155
San Juan de la Peña, monasterio de, 87, 148, 267
San Leocadio, Paolo de, 249
San Lorenzo de El Escorial, monasterio de, 305
San Marcial, 420
San Marcos, hospital de, 198
San Martín, coronel, 754
San Martín, iglesia de, 155
San Martín, José de, 426, 427
San Martín de Albelda, monasterio de, 109, 306
San Martín de Frómista, iglesia de, 155
San Martín de Valdeiglesias, 314
San Martín Pinario, monasterio de, 267, 346
San Miguel, Evaristo, 465, 468
San Miguel, isla de, 290
San Miguel de Celanova, iglesia de, 108
San Miguel de Escalada, iglesia de, 108
San Miguel de Lillo, iglesia de, 108
San Millán de la Cogolla, monasterio de, 104, 109, 156
San Pablo, convento de, 247
San Pablo, iglesia de, 155
San Pedro, Diego de, 247
San Pedro de Balsemão, iglesia de, 67
San Pedro de la Mata, iglesia de, 67
San Pedro de la Nave, iglesia de, 67
San Pedro de Montes, monasterio de, 109
San Pedro de Vergara, 347
San Petronio, iglesia de, 287
San Plácido, iglesia de, 345
San Quintín, batalla de, 286, 306
San Quirce del Río Pisuerga, 27
San Salvador, isla de, 242
San Sebastián, 160, 398
Pacto de, 612
San Sebastián de la Muga, 259
San Telmo, colegio de, 394
San Vicente, cabo de, 399
San Vicente, iglesia de, 155
San Vicente de la Barquera, 218
Sancha, infanta, 119
Sancha, Manuel, 387
Sánchez Albornoz, Claudio, 724, 807
Sánchez Bella, 754
Sánchez Ciruelo, Pedro, 301
Sánchez Coello, Alonso, 307
Sánchez Cotán, Juan, 348
Sánchez de Monteagudo, Pedro, 147
Sánchez de Toca, Joaquín, 587
Sánchez Guerra, José, 590, 608, 611-613
Sancho I de León, 93, 104
Sancho II de Castilla, 118
Sancho II de Navarra, 104
Sancho II de Portugal, 120
Sancho III de Castilla, 119
Sancho IV, 133, 145, 157, 159, 160, 177
Sancho VI de Navarra, 128
Sancho VII de Navarra, 126, 29
Sancho de Mallorca, 184
Sancho el Mayor de Navarra, 101, 103, 104, 116-118
Sancho Garcés I de Navarra, 86, 88-90, 103, 104
Sancho Garcés II Abarca, 86
Sancho García, 90
Sancho Ramírez de Aragón, 121
Sandhurst, Manifiesto de, 514, 517
Sandoval, Prudencio de, 341
Sandoval y Rojas, Francisco, duque de Lerma, 318-320, 323, 330, 346
Sangüesa, 139, 155
Sanjurjo, José, 629, 631, 672
Sanlúcar de Barrameda, 326, 508, 511
Sant Climent de Taüll, iglesia de, 155
Sant Joan de Bohí, iglesia de, 155
Sant Jordi, Jordi de, 199
Sant Pere de Roda, iglesia de, 155
Santa Catalina, Diego de, 336
Santa Clara, monasterio, 212
Santa Coloma, conde de, 325
Santa Coloma de Farners, 325

Santa Comba de Bande, iglesia de, 67
Santa Cristina de Lena, iglesia de, 108
Santa Cruz, Alonso de, 303
Santa Cruz, colegio de, 246, 248
Santa Cruz, hospital de, 248
Santa Cruz de Maderuelo, iglesia de, 155
Santa Cruz de Tenerife, 363
Santa Cruz de la Mar Pequeña, 242, 469
Santa Fe, 214
    Capitulaciones de, 171
Santa Gadea, 118
Santa Hermandad, 161, 228, 242
Santa María de Calatayud, 155
Santa María de España, orden de, 150
Santa María de Lebeña, iglesia de, 108, 109
Santa María de Melque, iglesia de, 109
Santa María de Ripoll, monasterio de, 267
Santa María de Taüll, iglesia de, 155
Santa María del Mar, iglesia de, 155
Santa María del Naranco, iglesia de, 108
Santa María del Pi, iglesia de, 155
Santa María la Real, iglesia de, 155
Santa Rosa, Universidad de, 383
Santa Sede, 460, 468, 638, 715, 716
Santander, 121, 160, 218, 362, 377, 662
Santander, Miguel de, 390
Santángel, Luis de, 242
Santarem, 42, 127
Santarem, Gil de, 344
Santes Creus, monasterio de, 140, 143, 155, 225
Santiago, apóstol, 50, 83, 100, 109
Santiago, orden de, 150, 231, 326
Santiago, Fernando de, 779
Santiago de Chile, Universidad de, 383
Santiago de Compostela, 90, 101, 104, 119, 139, 140, 149, 150, 155, 198, 252, 255, 287, 297
    catedral de, 346, 394
Santiago de Cuba, 380, 548
Santiago de Peñalba, 108, 109
Santiago de Peñalba, monasterio de, 109
Santibáñez, Vicente María, 398
Santillán, Ramón, 459
Santillana, marqués de (ver Íñigo López de Mendoza)
Santimamiñe, 30
Santísimo Sacramento, iglesia del, 345
Santo Domingo, 243, 263, 334, 363, 392, 398, 470, 698
Santo Domingo de la Calzada, 139
Santo Domingo de Silos, monasterio de, 109, 155, 267
Santo entierro, 307
Santo Tomás, convento de, 247, 248
Santo Tomás, Universidad de, 335
Santo Tomé, iglesia de, 308
Sanz, Gaspar, 349
Sanz de Sautuola, Marcelino, 28
Sanz del Río, Julián, 493, 497
Sáñez Reguart, Antonio, 388
Saportella, Bernat, 190
Sargadelos, 359
Sarmiento de Acuña, Diego, conde de Gondomar, 332
Sarmiento de Gamboa, Pedro, 296
Sarracino, 209
Sarsa, cuevas de la, 32
Sartorius, Luis José, 464
Sastre, Alfonso, 727
Satrústegui, Joaquín, 718
Saura, Antonio, 727
Saura, Carlos, 768, 806
Sayf al-Dawla, 113
Scarlatti, Domenico, 396
Schopenhauer, Arthur, 535
Scoto, Miguel, 116
Sebastián de Portugal, 289, 290
Secunda, 73, 74
Segorbe, 149, 368
Segorbe, duque de, 255
Segovia, 30, 51, 143, 218, 254, 260, 261, 282, 313, 374, 375, 392, 447, 663
    alcázar de, 198
    catedral de, 198, 247
    Concordia de, 227
Segre, 139

Seguí, Salvador, 584
Segura, cardenal, 625
Selma, Bartolomé de, 349
Semanario de Agricultura y Artes, 358
Semanario Pintoresco Español, 489
Sempere, Eusebio, 727
Sempere Guarinos, Juan, 389
Sender, Ramón J., 653, 724
Séneca, 45, 51
Seniofré Llobet, 110
Señas de identidad, 767
Septimania, 54-57, 60, 63
Septimio Severo, 45, 46
Sepulcro, orden del, 124
Sepúlveda, 101, 138
Sepúlveda, Juan Ginés de, 300, 303
Serra, Narcís, 812, 815, 828
Serrano, Francisco, duque de la Torre, 454, 497, 500-503, 509, 513, 517, 520
Serrano Suñer, Ramón, 656, 673, 699, 701
Sertorio, 40, 43
Servet, Miguel, 302
Seso, Carlos de, 281
Sessé, Martín, 392
Sevilla, 43, 70, 75, 78, 79, 81, 89, 94, 95, 97, 111, 112, 114, 115, 118, 127, 133, 134, 137, 141, 145, 150, 162, 214, 216, 218, 219, 224, 236, 244, 245, 260-263, 270, 272, 278, 280-282, 292, 301, 302, 307, 311, 313, 317, 338, 347, 348, 356, 359, 361, 363, 376, 386, 387, 394, 475, 529, 602, 631, 646, 658, 760, 811, 827
- alcázar de, 248, 305
- catedral de, 198, 247, 306-308, 345, 346
- concilio de, 76
- Universidad de, 151, 246, 385

Sichilmasa, 92
Sicilia, 38, 79, 91, 114, 134, 135, 145, 172, 175, 178, 182, 196, 199, 239, 240, 251, 257, 278, 288, 328, 353, 379
Sicilia, José María, 809
Sidonio Apolinar, 66
Sierra Morena, 35, 41, 43, 44, 356, 480, 525
Siete Libros de la Diana, 304
Sigena, monasterio de, 155
Sigüenza, Carlos de, 335
Sigüenza, catedral de, 306
Sila, 40
Siloé, Diego de, 306
Siloé, Gil de, 247, 248
Silva de varia lección, 299
Silva, Federico, 777, 784
Silvela, Francisco, 550, 551, 558, 560
Silves, 127
Silvestre, general, 589
Silvestre II, 96, 110
Simancas, 88, 101
Simón de Montfort, 126
Siresa, 109
Siria, 95, 135, 145
Sisberto, 62
Sisebuto, 66
Sisenando, 57
Sixto IV, 212, 236
Sixto V, 279
Smith, Adam, 388
Sobrarbe, 104, 105, 121
Sofía de Grecia, 719
Solana, Javier, 812, 825
Solbes, Pedro, 822
Solchaga, Carlos, 812, 820, 828
Solé Tura, Jordi, 790
Soledades, 342
Soler, Antonio, 397
Solidaridad Obrera, 607
Solimán, el Magnífico, 287, 288
Solís, José, 719, 741
Sóller, 258
Solórzano Pereira, Juan de, 335
Somodevilla, Zenón de, marqués de la Ensenada, 365, 366, 373, 376, 377, 379
Somport, 139
Soria, 27, 138
Sorolla, Joaquín, 533, 554
Sors, Fernando, 397

Soto, Domingo de, 273, 300
Soto, Hernando de, 294, 335
Spinola, Ambrosio, 332
Stalin, Iosif, 666, 694
Stili sive ritus curiarum, 155
Storia antica del Messico, 390
Storia critica di Spagna e della cultura spagnola, 389
Struzzi, Alberto, 338
Suances, Juan Antonio, 707, 733
Suárez, Adolfo, 758, 773, 775-779, 782, 784, 786, 793-796, 799, 801, 802, 814, 828, 829
Suárez, Fernando, 780
Suárez, Francisco, 300, 338
Suárez Argüello, Francisco, 340, 344
Subida al Monte Carmelo, 305
Suchet, Louis, 420
Suecia, 320, 330
Suintila, 57, 68
Suiza, 508, 710, 713, 730
Suma de geografía que trata largamente del arte de marear, 302
*Suma de tratos y contratos,*301
Sunifredo, conde de Urgel, 85
Suñer, conde de Barcelona-Gerona-Vic, 85
Suresnes, congreso de, 760
Suria, Tomás de, 393
Surinam, 335

Tábanos, monasterio de, 78
Tablada, 78
Tablas astronómicas, 114
Tabulae botanicae, 392
Tácito español, 340
Tafalla, 194
Tahití, 381
Tahuantinsuyu, 292
Taine, Hipólito, 553
Taiwan, 326
Tajo, 26, 33, 43, 127, 138, 140, 234, 260, 417, 630
Tajón de Zaragoza, 66
Talamone, 285
Talavera, 89, 95, 143, 160, 218, 308, 361
Talavera, arcipreste de, 199
Talavera, Hernando de, 238
Tamerlán, 200
Tamman ibn Alqama, 379
Tamsui,326
Tánger, 241, 577, 602, 701, 704, 710
Tapies, Antoni, 807
Tarazona, 116, 122, 149, 275, 278
Tarfaya, 723
Tarifa, 113
Tarouca, monasterio de, 140
Tarraconense, 41, 42, 45, 47, 48, 53, 54
Tarradellas, Josep, 792
Tarragona, 41, 42, 45, 50, 51, 67, 100, 105, 124, 139, 149, 225, 325, 740
Tarrasa, 359, 525
Tarsis, 34
Tartesos, 34
Taüll, 155
Tauromaquia, 396
Tauste, 143
Tavira, Antonio, 390, 399
Tazones, 251
Teatro crítico universal, 389
Tedeschini, Federico, 625
Tejero, José María, 795
Téllez, Leonor, 173
Téllez Girón, Pedro, duque de Osuna, 332
Temple, orden del, 121, 124, 150, 171
Tendilla, conde de, 246
Tenerife, 241
Tenes, 75
Tenochtitlan, 292
Teobaldo I, conde de Champaña, 129
Teobaldo II, 129, 131
Teodomiro, conde, 70
Teodorico, 54
Teodosio, emperador, 46, 50
Teórica y práctica de comercio y marina, 387
Terceira, isla, 290
Tercer Abecedario Espiritual, 304
Teresa, hermana de Urraca, 119, 120
Teresa de Jesús, santa, 269, 305, 338

Ternate, 326
Terrades, 506
Terranova, 354, 358, 380
Tertuliano, 50
Teruel, 27, 32, 125, 128, 138, 143, 155, 176, 274, 313, 663, 668
Testamento, 109
Tetuán, 240, 469
Teudis, 54
Teudisclo, 54
Texas, 382
Thatcher, Margaret, 811
Theotocopuli, Domenico, El Greco, 308, 553
Thomar, Cortes de, 290
Tibaldi, Peregrino, 306
Tiberio, emperador, 47
Tibi, 261
Tidore, 292, 326
Tiempo de silencio, 767
Tiepolo, Giambattista, 396
Tierno Galván, Enrique, 726, 760, 766, 785, 793
Tierra de Campos, 118-120, 254
Tingis, 42
Tirol, 252
Tito Bustillo, 27, 29, 30
Tito Livio, 246
Tiziano, 288, 306
Toda, reina de Navarra, 93, 101, 104
Toisón de Oro, orden del, 252
Tokugawa Ieyasu, 336
Toledo, 50, 55, 58, 67, 70, 74-78, 83, 89, 95, 109, 111, 112, 114-116, 118, 119, 149, 150, 153, 160, 161, 216, 218, 232, 245, 254, 255, 260, 261, 281, 282, 297, 306, 307, 313, 359, 360, 690
  alcázar de, 305, 306, 658
  catedral de, 248, 307, 308, 347
  concilios, 56, 57, 62, 66
  Escuela de Traductores de, 110
Toledo, Juan Bautista de, 306
Tolosa, 140
Tombuctú, 174
Tonga, islas, 381
Topete, Juan Bautista, 496, 503, 513
Tordesillas, 254
Tordesillas, Tratado de, 243
Tormenta de verano, 726
Tormes, 26
Toro, 164, 395
  batalla de, 198, 212
  colegiata de, 155
  leyes de, 228, 266
Torquemada, Tomás de, 236
Torralba, 27
Torrecilla de Alesanco, 398
Torredonjimeno, 67
Torrejón de Ardoz, 716
Torrelobatón, 255
Torrente Ballester, Gonzalo, 767
Torres Naharro, Bartolomé, 304
Torres Vedras, 417
Torres Villarroel, Diego de, 393
Torrigiano, Pietro, 307
Torrijos, José María de, 430
Torrubia, José, 397
Tortosa, 84, 111, 122, 124, 125, 139, 144, 145, 153, 154, 185, 252, 325, 353
Toscana, 285, 332
  ducado de, 379
Toulouse, 52, 54, 84
  condado de, 86
  conde de, 124, 125, 128
Tours, Gregorio de, 56
Tovar, Antonio, 717
Tovar, Bernardino de, 279
Tracia, 51
Trafalgar, batalla de, 426
Tragicomedia de Calixto y Melibea (ver La Celestina)
Trajano, emperador, 45, 47
Trápani, conde de, 462
Trastámara, dinastía, 161-166, 199
Tratado de glosas para cláusulas en la música de violones, 308
Tratado de la religión y virtudes que debe tener el príncipe cristiano, 300
Tratado de remedio de pobres, 273
Trento, Concilio de, 281, 288, 300, 314

Tréveris, 50
Trigueros, Cándido María, 394
Trinidad, isla de, 400
Trípoli, 241, 288, 381
Trueba, Fernando, 806, 809
Tudején, castillo de, 192
Tudela, 89, 111, 122, 145
Tudillén, tratado de, 126
Tulga, 59
Túmbez, 292
Túnez, 79, 113, 129, 135, 145, 288, 289, 381
Turgud, 288
Turmeda, Anselm, 199
Turquestán, 96
Turquía, 381, 595, 709, 770
Tuy, 83

Úbeda, 260, 306
Uceda, duque de, 323
Ulfila, 52
Ulloa, Antonio de, 391
Ulloa, Bernardo de, 388
Últimas tardes con Teresa, 767
Umar ibn Hafsún, 74, 75, 83, 89
Umbral, Francisco, 807
Unamuno, Miguel de, 506, 542, 552, 553, 610, 611, 628, 652, 675
Unanue, Hipólito, 383
Uncastillo, 150, 155
Unión Soviética, 667, 703, 711, 761, 770, 804, 825
Urbano VIII, 319
Urdaneta, Andrés de, 295
Urdaspal, 109
Urgel, 72, 76, 77, 81, 105, 144, 153
    condado de, 85, 98
    condes de, 106, 121, 123
Urgel-Cerdaña, 84
    condado de, 69
Urquijo, Mariano Luis de, 390, 399
Urraca, 119, 120, 140
Ursinos, princesa de los, 375
Urtiaga, 27
Uruguay, 380, 382
Usatges de Barcelona, 106, 147, 148, 153, 154
Uso de los anteojos, 340
Utrecht, Adriano de (ver Adriano VI)
Utrecht
    Tratado de, 352, 353, 369, 376, 378-380
    Unión de, 290
Uztáriz, Jerónimo de, 387

Váez de Torres, Luis, 336
Valbuena, monasterio de, 140
Valdejunquera, 89, 100, 104
Valdés, 429
Valdés, Alfonso de, 299
Valdés, Antonio de, 378
Valdés, Fernando de, 278, 281
Valdés, Juan de, 277, 280, 299
Valdés Leal, Juan de, 309, 349
Valdivia, Pedro de, 294, 339
Valençay, 420
Valencia, 22, 27, 30, 32, 50, 110, 111, 113, 114, 118, 122, 125, 127, 128, 132, 134, 144, 148, 154, 155, 163, 172, 175-177, 346-348, 353, 357, 359, 367-369, 372, 420, 421, 424, 449, 451, 475, 480, 507, 511, 562, 563, 582, 611, 632, 658, 662-664, 796, 819
    Universidad de, 298, 302, 385, 386
Valenciennes, 333
Valente, 46
Valente, José Ángel, 727
Valentiniano, 46
Valenzuela, Fernando, 319
Valenzuela, Francisco de, 398
Valera, Cipriano de, 281
Valera, Diego de, 246
Valera, Juan, 455, 493
Valerio del Bierzo, 66
Valia, 52
Valladolid, 132, 141, 151, 212, 216, 233, 246-248, 252, 255, 260, 276, 280-282, 306, 307, 322, 345, 346, 385
    catedral de, 307
    Universidad de, 151, 298

Valle de la Cerda, Luis, 284
Valle Inclán, Ramón María del, 593, 610, 611, 652, 653, 767
Vallespir, 134
Valois, dinastía, 192, 287
Válor, Hernando de, 271
Valparaíso, 470
Valsaín, 276
Valtelina, 331-333
Valverde, Juan de, 302
Van Loo, Louis-Michel, 396
Vandelvira, Andrés de, 306
Varela, José Enrique, 657
Vargas, Luis de, 307
Vasco da Gama, 174
Vasconcelos, Miguel de, 326
Vascongadas, 215, 217
Vasconia, 22
Vasto, marqués del, 286
Vavao, islas, 381
Vázquez Coronado, Francisco, 294
Vázquez de Arce, Martín, 198
Vázquez de Leca, Mateo, 277
Vázquez de Menchaca, Fernando, 300
Vázquez Montalbán, Manuel, 806, 807
Vega, Garcilaso de la, 304, 335
Vega, Lope de, 304, 342-344, 349
Veitia y Linaje, José, 313
Velasco, 86
Velasco, Íñigo, 255
Velasco, Melchor de, 346
Velayos, 644
Velázquez, Diego de, 345, 348, 807
Vélez, marqués de los, 257, 325, 326, 329
Vélez, Rafael de, 398
Vélez de Guevara, Luis, 343
Vélez de la Gomera, 241, 381
Vellerino de Villalobos, Baltasar, 302
Venecia, 178, 230, 240, 289, 331, 332
Venezuela, 283, 335, 363, 426, 427
Vera, 125
Veracruz, 263
Vergara, Arnao de, 308
Vergara, convenio de, 438, 447
Vergara, Ignacio, 394
Vergara, Juan de, 279
Vermudo II, 90, 104
Vermudo III, 101
Versalles, Paz de, 380, 383
Veruela, monasterio de, 140
Vervins, Tratado de, 291
Vespasiano, emperador, 42, 45
Vespucio, Américo, 244, 247, 295
Viaje de España, 389
Viaje de Turquía, 299
Viaje literario a las iglesias de España, 389
Viana, Carlos de, 168, 189, 195, 196, 199
Vic, 84, 85, 105, 106, 123, 124, 144, 325, 359
Vicálvaro, 464, 516
Vicente, Gil, 304
Vichy, 694
Viciana, Pedro de, 303
Víctor Manuel II de Saboya, 501
Victoria, Tomás Luis de, 308
Victoria Eugenia, 740
Vida, 305
Vida, ascendencia, crianzas y aventuras de don Diego de Torres Villarroel, 393
Vida de Miguel Cervantes Saavedra, 389
Vida del buscón don Pablos, 343
Vida del escudero Marcos de Obregón, 343
Vida y hechos de Estebanillo González, 343
Vidal de Canellas, 148
Vidal i Barraquer, 625
Vieja friendo huevos, 348
Vieja y nueva política, 592
Viena, 230, 288, 332, 379, 397, 538
  Tratado de, 379
Viento es la dicha de amor, 397
Vietnam, 674, 762
Vifredo I el Velloso, conde de Barcelona, 85, 86, 105, 122, 123, 139, 158
Vigilán, 109
Vigo, 352
Vigón, Juan, 662
Viguera, 101
Viguera, María Jesús, 111
Vila Nova de São Pedro, 33

Vilafranca del Conflent, 139
Vilcabamba, 294
Villacampa, Manuel, 539
Villafranca, marqués de, 332
Villafranca del Bierzo, 140
Villafranca del Panadés, 183, 189-191
Villahermosa, duques de, 225
Villalar, batalla de, 255
Villalón, Cristobal de, 299
Villalón de Campos, 258
Villalpando, Francisco de, 308
Villamediana, conde de, 342
Villanueva, Jaime, 389
Villanueva, Jerónimo de, 319
Villanueva, Juan de, 395
Villaverde, marqués de, 777
Villaviciosa, 250, 326
Villaviciosa de Tajuña, 353
Villegas, Esteban Manuel de, 342
Villena, Enrique de, 169, 170, 199
Villuga, Juan de, 302
Vinaroz, 663
Viñes, Juan Bautista, 346
Violante de Bar, 134
Virgen de Belén, 347
Virgen de los Navegantes, 248
Virgen del caballero de Montesa, 249
Virgen y el niño, 348
Virgili, Pedro, 385
Virgilio, 109
Viriato, 38, 40
Viridiana, 728
Viseo, 117, 118
Vitiza, 63, 70
Vitoria, 55, 140, 160, 303, 420, 437, 776
Vitoria, Francisco de, 299, 300
Vivero, Leonor de, 280, 281
Vivero, Rodrigo de, 336
Vives, Juan Luis, 273, 389
Vives, Luis, 299
Vizcaíno, Sebastián, 336
Vizcaya, 30, 121, 153, 164, 261, 318, 360, 370, 375
Volver a empezar, 807
Vorarlberg, 252
Votos de San Millán, 156
Votos de Santiago, 156
Vouillé, 53
Voyages d'Alil-Bey en Afrique et en Asie, 393

Wad-Ras, tratado de, 469
Wagner, Richard, 551
Wall, Ricardo, 376
Wamba, 60-63
Ward, Bernardo, 388
Washington, 548
Watling, 243
Waugh, Evelyn, 675
Wellesley, 412
Wellington, duque de, 416, 417, 420
Westfalia, Paz de, 328, 330, 332, 333
Weyler, Valeriano, 547, 548, 609
Wilesindo de Pamplona, 109
Worms, 288

Xauen, 240

Ya, 759, 765
Yagüe, Juan, 672
Yahya ibn al-Hakam, 95
Yucatán, 363
Yugoslavia, 716, 826
Yuste, monasterio de, 267, 274
Yusuf ibn Tashufín, 112

Zabala, Miguel, 373
Zacatecas, 294
Zacuto, Abraham, 238
Zahara, 214
Zaidín, 121
Zaire, río, 174
Zalaca, 112
Zambrano, María, 807
Zamora, 67, 101, 104, 118, 140, 143, 245, 254
  catedral de, 155, 248
Zamorano, Rodrigo, 302
Zanjón, Paz de, 519
Zaragoza, 36, 42, 43, 72, 75, 86, 87, 89, 95, 111, 112, 114, 118, 121, 122, 123,

138, 143, 148-150, 155, 176, 180, 216, 226, 233, 234, 236, 245, 249, 252, 259, 260, 295, 297, 298, 307, 311, 313, 353, 360, 367, 369, 395, 416, 424, 632, 716
concilio de, 50, 62
Universidad de, 298, 341
Zaragoza, José, 341
Zaratán, 255
Zayas, Gabriel de, 277
Zayyan Ben Mardanis de Valencia, 113
Ziryab, 80
Zorrilla, José, 491
Zorroza, 375
Zubiaurre, 554
Zuccaro, Federico, 306
Zugarramurdi, 315
Zuloaga, Ignacio, 554
Zumalacárregui, Tomás, 437
Zumaya, Manuel de, 384
Zúñiga, Baltasar de, 332
Zurbano, Martín, 455
Zurbarán, Francisco de, 345, 348
Zurita, Jerónimo de, 122, 303, 342

Este libro
se terminó de imprimir
en los Talleres Gráficos
de Palgraphic, S. A.
Humanes, Madrid, España,
en el mes de mayo de 1998